# 四川油气田年鉴

## 2024

西南油气田编志办公室  编

石油工业出版社

图书在版编目（CIP）数据

四川油气田年鉴. 2024 / 西南油气田编志办公室编. --
北京：石油工业出版社，2024.11. -- ISBN 978-7
-5183-7062-7

Ⅰ.F426.22-54

中国国家版本馆CIP数据核字第2024PH0024号

四川油气田年鉴　2024

SICHUAN OIL AND GAS FIELDS YEARBOOK 2024

封面设计：汤　静
策划编辑：吴保国
责任编辑：邵冰华　艾　嘉
责任校对：刘晓雪
出版发行：石油工业出版社
　　　　　（北京安定门外安华里2区1号　100011）
　　　　　网　　址：www.petropub.com
　　　　　图书营销中心：（010）64523731
　　　　　编辑部：（010）64523592
经　　销：全国新华书店
印　　刷：北京中石油彩色印刷有限责任公司

2024年11月第1版　2024年11月第1次印刷
889×1194毫米　开本：1/16　印张：34.25　插页：36
字数：1100千字

定　价：298.00元
（如出现印装质量问题，我社图书营销中心负责调换）
版权所有，侵权必究

图说 2023
Pictures Special

SICHUAN OIL AND GAS FIELDS YEARBOOK
四川油气田年鉴 2024

## 突出专业引领，规模实力晋位升级

SICHUAN OIL AND GAS FIELDS YEARBOOK 2024

| 1 | 3 |
|---|---|
| 2 | 4 5 |
|   | 6 7 |

  油气勘探成果丰硕。震旦系—下古生界勘探取得重大突破，礁滩领域勘探取得重大成果，川中地区茅口组勘探取得重要进展，深层页岩气勘探取得重要发现，陆相致密气成果持续扩大。产量规模实现跨越。3 年再增产 100 亿立方米天然气，川中古隆起特大型气田建设高效推进，川南千万吨级大型页岩气田高效建成，盆地致密气取得里程碑进展，老区气田稳产上产持续夯实。能源保供坚实有力。巩固西南地区最大天然气生产和供应企业地位。把握民生保供工作主线，彰显大气区的担当作为。

1. 2023 年 4 月 8 日，西南油气田公司部署在四川内江的页岩气井——资 201 井测试获稳定日产气量 73.88 万立方米，是全球首次在距今 5.4 亿年的寒武纪古老页岩地层钻获具有商业开发价值的高产工业气流　　　　　　　　　　　　　　　　　刘　勇　摄
2. 2023 年 7 月 20 日，全球首口地质条件最复杂、钻井难度最高的万米科探井——深地川科 1 井在四川剑阁开钻　　黄文俊　摄
3. 2023 年 2 月 21 日，西南油气田公司天府气田沙溪庙组一段气藏首口先导试验水平井永浅 3 井组永浅 3-3-H3 井测试获日产天然气 41.81 万立方米，标志四川盆地沙溪庙组一段致密气开发评价获重大突破　　　　　　　　　　　　　　　　　　　曹脊翔　供

4. 2023年10月29日,西南油气田公司完成大探1井试井。首次在德阳—安岳裂陷槽西侧获天然气,展示出裂陷槽西侧规模勘探潜力

刘 浪 摄

5. 2023年6月19日,西南油气田公司研发的"用于确定岩心原始地层方向的装置和方法"获俄罗斯发明专利授权,是在岩石物理实验技术领域获得的首项俄罗斯发明专利

何家欢 摄

6. 2023年4月16日,西南油气田公司高石梯台内灯影组四段气藏先导试验井高石018-4-H1井测试获日产天然气112.27万立方米,无阻流量188.23万立方米,创造该区台内灯影组四段气藏测试产量和无阻流量新纪录,标志着高石梯台内灯影组四段气藏开发评价取得重大新进展

何 冰 摄

7. 2023年3月30日,西南油气田公司和中国石油工程技术研究院联合申报的"Well cementing method for improving well cementing quality by controlling hydration heat of cement slurry(控制水泥浆水化热程度提高固井质量的固井方法)"获加拿大发明专利授权,是在固井技术领域取得的第一项加拿大发明专利

赵 军 摄

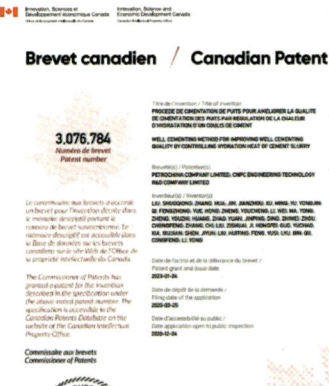

突出专业引领,规模实力晋位升级
SICHUAN OIL AND GAS FIELDS YEARBOOK **2024**

1. 2023年9月25日，西南油气田公司蓬阳6井茅口组测试获日产气240万方米，创四川盆地二叠系茅口组气藏测试新纪录　　马晨洮　摄
2. 2023的4月21日，西南油气田公司重点风险探井宣探1井飞仙关组第二层测试获日产天然气153.06万立方米，在四川盆地二叠系—三叠系礁滩领域勘探再次取得重大突破　　马华灵　摄
3. 2023年11月13日，西南油气田公司首口煤层气井宁探1H导眼井完钻，对开辟勘探开发新领域、实现资源接替具有重大意义　　郭建华　摄
4. 2023年12月14日，西南油气田公司年产天然气突破400亿立方米。图为领导班子在生产运行指挥现场举办达产仪式　　敬宇翔　摄
5. 2023年5月28日，西南油气田公司铁山坡气田中心站远程开启坡002-H4井一级节流阀，坡002-H4井的天然气进入管网，标志着中国石油首个自主开发的特高含硫气田首气成功　　王忠涛　摄
6. 2023年12月20日，川中油气矿年产油气产量当量突破1000万吨，向西南油气田公司报喜　　曾思东　供
7. 2023年12月20日，川中油气矿年产油气产量当量突破1000万吨，西南油气田公司向川中油气矿致贺信　　曾思东　供

## 突出专业引领，规模实力晋位升级
SICHUAN OIL AND GAS FIELDS YEARBOOK 2024

1. 2023年12月30日，蜀南气矿天然气年产量突破50亿立方米，打破1979年蜀南气田49.8亿立方米纪录，再创70余年天然气勘探开发史上新辉煌　　施洋摄
2. 2023年12月18日，西南油气田公司致密气日产量突破1000万立方米，年产量突破30亿立方米　　唐诗供
3. 2023年11月24日，西南油气田公司生产天然气375.2亿立方米、原油11.2万吨，油气产量当量突破3000万吨。图为生产作业中的宁201中心站　　彭刚摄

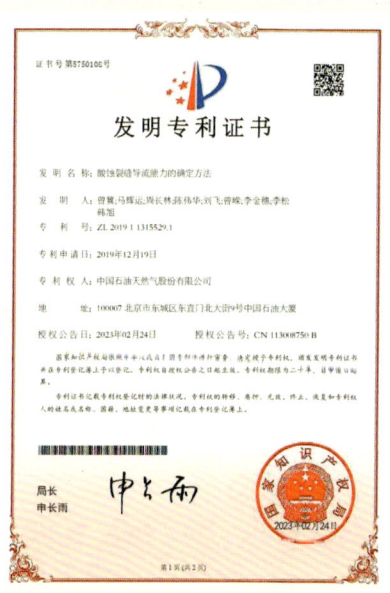

4. 2023 年 9 月 22 日，全球首口寒武系超深层页岩气战略突破井——资 201 井试采回收扩建工程投运，可满足该井每天 12 万立方米生产能力，全面实现就地回收      谢孟珂 摄
5. 2023 年 2 月 24 日，西南油气田公司申报的"酸蚀裂缝导流能力的确定方法"获国家发明专利授权      黄馨 摄
6. 2023 年 12 月，川庆威远页岩气区块东部威 215 井等 3 口评价井生产突破 1 000 万立方米，井均 EUR 达 0.85 亿立方米      李诗阳 摄
7. 2023 年 12 月 31 日，川庆威远页岩气 2023 年产量 23.1 亿立方米，全年实施挖潜措施 4 864 井次，老井增产 3.02 亿立方米

     李诗阳 摄

## 突出绿色转型，融合发展有序推进
SICHUAN OIL AND GAS FIELDS YEARBOOK 2024

指标获取实现新突破。创新构建"资源互换、合资合作、产业配套"指标获取模式，实现集团公司在川渝地区的首次突破；深挖内部市场、探索外部市场，获取地热指标74.7万平方米。项目建设取得新进展。开展余压发电、提锂、提XAI、CCUS-EGR等领域关键技术攻关，建成落地一批西南特色项目，高效推进集团公司首个规模化天然气余压发电示范工程，阶段建成装机规模5.3兆瓦。在卧龙河气田实施国内首个注二氧化碳提高气藏采收率先导试验，全力打造CCUS-EGR示范工程。

|1|3|
|---|---|
|2|4|

1. 2023年1月3日，西南油气田公司磨溪X210井地热资源开发利用先导试验工程投运，标志着国内首个气田水地热ORC发电装置正式启用。图为在四川遂宁举办投产仪式  
   向盈光 摄

2. 2023年1月3日，西南油气田公司川中龙王庙组气藏气田水已产出首批成品碳酸锂，标志着国内首套气田水提锂每天500立方米中试装置正式投运。图为在四川遂宁举办投运仪式  
   向盈光 摄

3. 2023年8月17日，国内首套单井LNG橇装回收站常温法装置BOG提XAI投运成功  
   贺龄萱 摄

4. 2023年12月20日，长宁公司自主研发的全国首套气田水逸甲烷捕获回收试验装置在长宁H30平台成功投运  
   马 杰 摄

## 突出绿色转型，融合发展有序推进
SICHUAN OIL AND GAS FIELDS YEARBOOK **2024**

1. 2023年12月31日，西南油气田公司首个分布式光伏试点项目——攀枝花钒钛园区配气站分布式光伏项目安全平稳运行826天，累计发电3.41万千瓦·时，折算经济效益2.29万元。图为攀枝花钒钛园区配气站分布式光伏项目场景　　周熙萍　摄
2. 2023年8月18日，川西北气矿苍溪净化一厂公寓楼光伏发电系统正式并网柜投运，标志着西南油气田公司2022年分布式光伏示范工程所有项目建设点位实现并网发电　　杨东升　摄

3. 2023年3月20日，西南油气田公司铁山坡气田外供电工程投运送电，标志着四川盆地铁山坡气田飞仙关组气藏产能建设供电工程进入正式送电运行阶段，助力"双碳"目标实现

    王忠涛 摄

4. 2023年11月16日，西南油气田公司首座LNG应急储备站——劳克斯LNG储备站在贵州省遵义市播州区正式投运

    邬前茗 摄

5. 2023年3月20日，川西北气矿首个零碳低功耗智慧井站在江油采气作业区中62井正式上线运行，为数字碳达峰、碳中和井站的建设积累经验

    付联 摄

6. 2023年7月13日，西南油气田公司首座充电站在资阳市乐至县加油加气站建成投运

    王震 摄

## 突出"一体两面",保障作用充分发挥

服务油气续攀高峰。把服务高效勘探、效益开发作为企业核心功能的根本体现,坚持共享、均衡、高效组织生产,构建新型井工程、大工厂化、地质工程一体化3个模式,完成钻井进尺615.6万米、整体提速7.6%,压裂酸化1.63万层次、再创新高。蓬深6井打破亚洲陆上最深直井纪录(9 026米),深地川科1井顺利钻进,打成超百万立方米高产气井66口,支撑西南油气田、长庆油田、塔里木油田产量当量再攀新高。

1. 2023年12月15日，西南油气田公司宁209H73-5井单口完成进尺1 039米，成为中国页岩气水平井钻井日进尺突破1 000米大关的首口井　代锋摄
2. 2023年7月19日，西南油气田公司在四川省剑阁县举办中国石油深地川科1井开钻仪式，该井由川庆钻探工程公司120006队承钻　敬宇翔摄
3. 2023年12月28日，川庆川东钻探公司2023年累计进尺突破40万米　薛柯摄
4. 2023年2月13日，川庆川东钻探公司90025钻井队承钻的蓬深6井完钻，井深最深9 026米，刷新亚洲最深直井纪录　周密摄
5. 2023年9月13日，川庆川东钻探公司70135钻井队以最短时间（256天）打破川渝常规井（深井）单队年进尺破万米纪录，成为中国石油自主开发川东北高含硫区块首支年进尺破万米的队伍　王林摄
6. 2023年3月12日，川庆川东钻探公司70175钻井队承钻的大安2H1-2井以67.76天完钻创大安区块最短周期纪录　薛柯摄

1. 2023年12月6日，川庆长庆固井公司远控水泥头在陇60-2井首次试验成功　　尹泺 摄
2. 2023年7月9日，集团公司2023年度国内陆上最大三维地震项目——苍溪—剑阁地区三维地震勘探项目竣工，完成野外采集工作　　任聪 摄
3. 2023年5月17日，川庆钻采院空气钻井在博孜1-2井刷新塔里木油田巨厚砾石层空气钻最深5 068米、周期最短17天、单趟钻最长1 900米等多项纪录　　蒲克勇 摄
4. 2023年1月7日，西南油气田公司川南页岩气首个加密先导试验平台——长宁H3平台完成压裂施工　　肖勇军 摄
5. 2023年3月1日，川庆威202H22平台和威202H21平台作为24小时交替压裂首次试点平台完成压裂施工

　　芡北 摄

突出"一体两面"，保障作用充分发挥
SICHUAN OIL AND GAS FIELDS YEARBOOK 2024

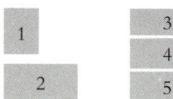

## 突出精益管理，治理效能稳步提升

经营管理提质升级。推进组织体系优化，组织体系架构进一步精简；完善投资控制管理体系，全年控减投资33亿元；推行成本精益管理，控制在预算下达目标内。安全环保抓实抓牢。统筹推进国家8个专项行动和集团公司5个集中整治，投入资金6.7亿元，治理重点隐患1 500余个；抓好生产过程减污降碳，打造净化厂尾气全时段达标现场实践模板，建成国内油气行业首个全方位甲烷管控体系，313个历史遗留池体、51个噪声超标场站实现隐患"双清零"，主要污染物排放量实现5年连降。

1. 2023年1月12日，西南油气田公司牵头完成的"炼油与化工领域硫黄回收新技术研发与工业化应用"获2022年度集团公司科技进步奖一等奖，这是2022年度集团公司炼油化工与新材料领域唯一一项一等奖，标志着西南油气田公司硫黄回收新技术成果迈上新台阶，实现跨越式发展  
　　丁　桐　摄
2. 2023年1月12日，西南油气田公司完成的"隐蔽型复杂岩性地层气藏高精度地震储层成像关键技术"获2022年度集团公司唯一一项技术发明一等奖，这是近年首个由油公司牵头的集团公司地球物理专业技术发明一等奖  
　　陈　康　摄
3. 2023年1月24日，天然气净化总厂申报的"一种自动切除供电架空线路供电的方法和装置"发明专利通过国家知识产权局审查，获授权  
　　金綦庆　摄
4. 2023年3月21日，天然气净化总厂申报的"冗余转动类设备控制系统和方法"发明专利通过国家知识产权局审查，获授权　　高　进　摄
5. 2023年9月14日，中国职业安全健康协会川庆钻探HSE科技工作站揭牌仪式在成都举行　　罗润菁　摄
6. 2023年7月20日，长宁公司生产指挥中心在宜宾市兴文县正式揭牌运行　　肖勇军　摄
7. 2023年7月15日，中国职业安全健康协会西南油气田HSE工作站揭牌仪式在成都举行　　杨艺微　摄

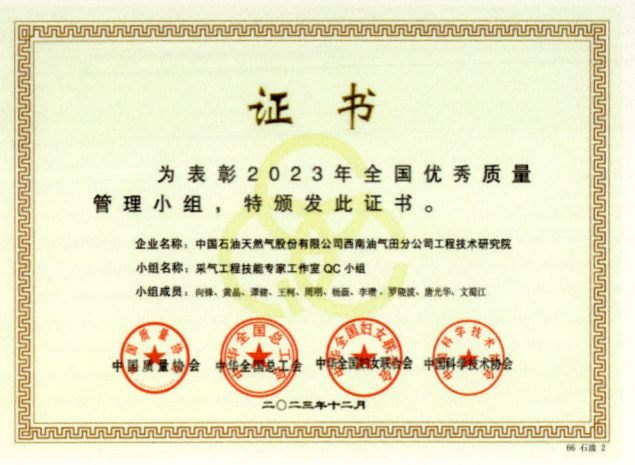
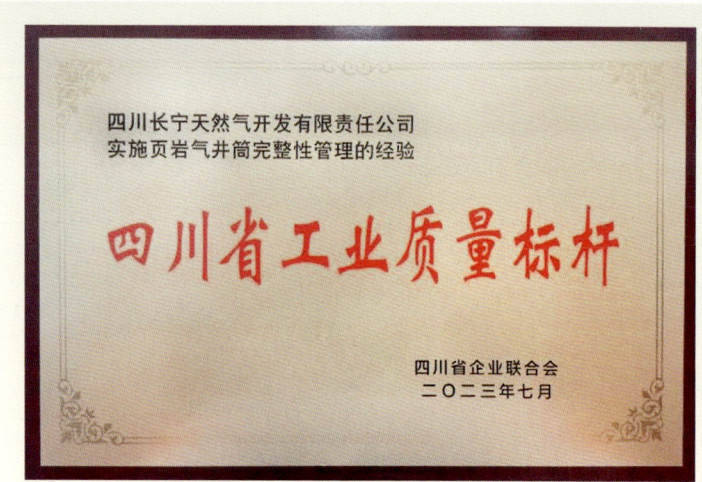

## 突出精益管理，治理效能稳步提升
SICHUAN OIL AND GAS FIELDS YEARBOOK **2024**

1. 2023年12月3日，西南油气田公司采气工程技能专家工作室QC小组获"2023年全国优秀质量管理小组"称号　　　　　　　　　　　　　　　　　黄晶 摄
2. 2023年7月10日，长宁公司实施的"页岩气井筒完整性管理的经验"被评为2023年四川省工业质量标杆　　　　　　　　　　　　　　　　　叶秀茹 摄
3. 2023年5月31日，川庆钻探工程公司党委副书记、工会主席喻著成（左六）到川庆井下作业公司遂宁分公司代授全国总工会"职工书屋"牌匾　　　　　　　　　　　　　　　　　庞圆 摄
4. 2023年12月26日，相国寺储气库公司成功投运国内首个覆盖生产、安全、经营全业务链的储气库智能云平台，标志着西南油气田公司开启储气库"数智化"运营管理新篇章　　　　　　　　任科 摄
5. 2023年8月24日，西南油气田公司从ISO国际标准化组织获悉，由天研院牵头制定的国际标准ISO 7055—2023《天然气上游领域滑溜水降阻性能测试方法》正式发布。是中国在页岩气国际标准领域取得的首次突破，为中国页岩气技术参与国际市场竞争迈出关键一步　　　　　　　　　　　　　　　　　黄媚 摄
6. 2023年3月27日，长宁公司被四川宜宾市兴文县授予2022年度突出贡献"集体三等功"　　　李晶 摄
7. 2023年10月25日，西南油气田公司在成都举办今冬明春天然气保供"压非保民"预案演练　　　杨艺微 摄

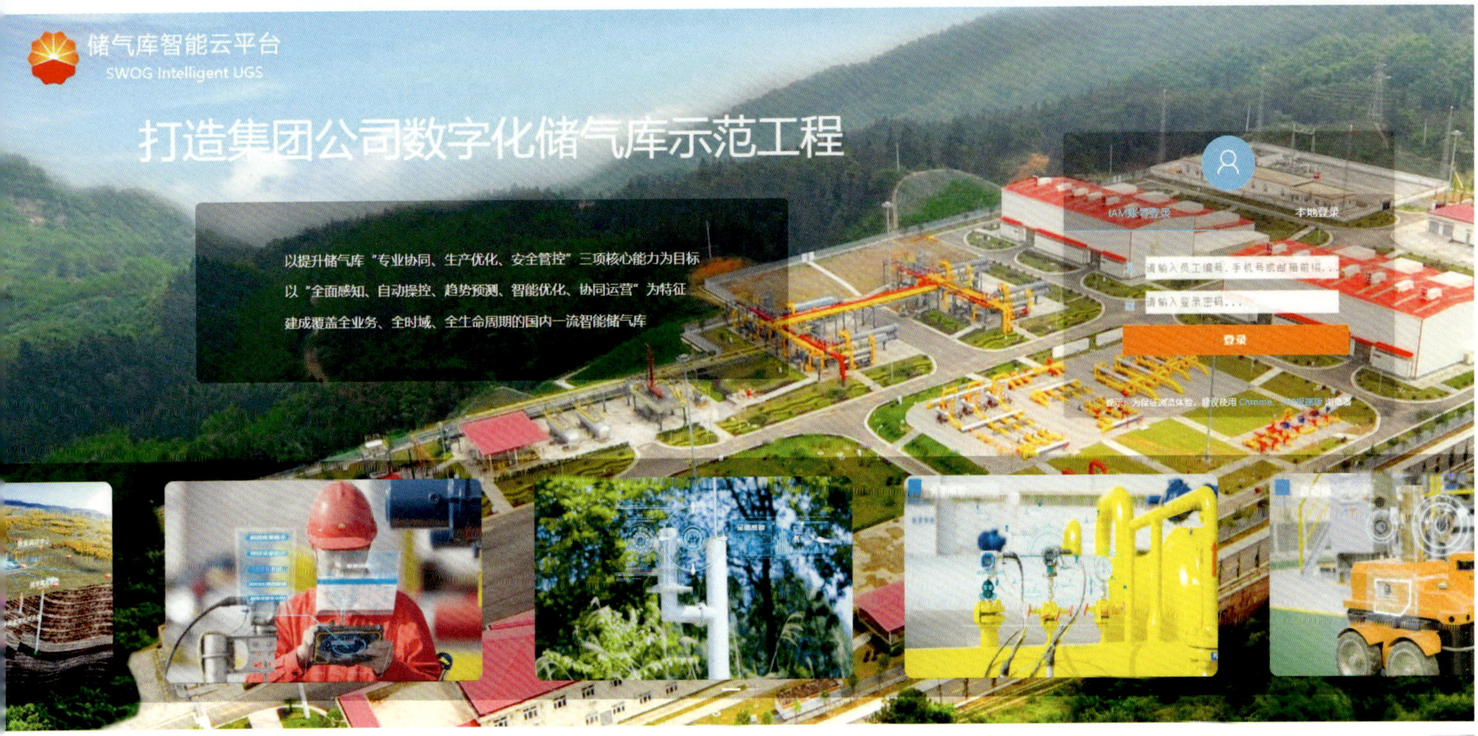


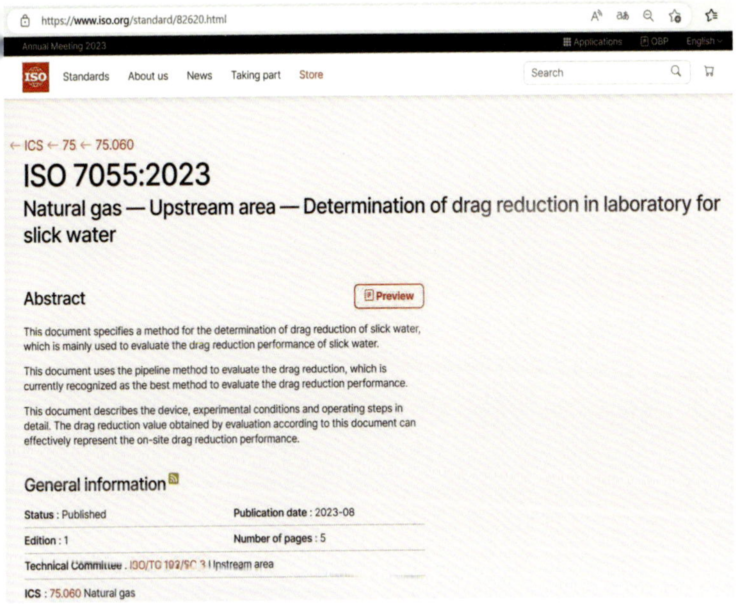
https://www.iso.org/standard/82620.html

ISO Standards About us News Taking part Store

← ICS ← 75 ← 75.060

ISO 7055:2023

Natural gas — Upstream area — Determination of drag reduction in laboratory for slick water

Abstract

Preview

This document specifies a method for the determination of drag reduction of slick water, which is mainly used to evaluate the drag reduction performance of slick water.

This document uses the pipeline method to evaluate the drag reduction, which is currently recognized as the best method to evaluate the drag reduction performance.

This document describes the device, experimental conditions and operating steps in detail. The drag reduction value obtained by evaluation according to this document can effectively represent the on-site drag reduction performance.

General information

Status : Published

Publication date : 2023-08

Edition : 1

Number of pages : 5

Technical Committee : ISO/TC 193/SC 3 Upstream area

ICS : 75.060 Natural gas

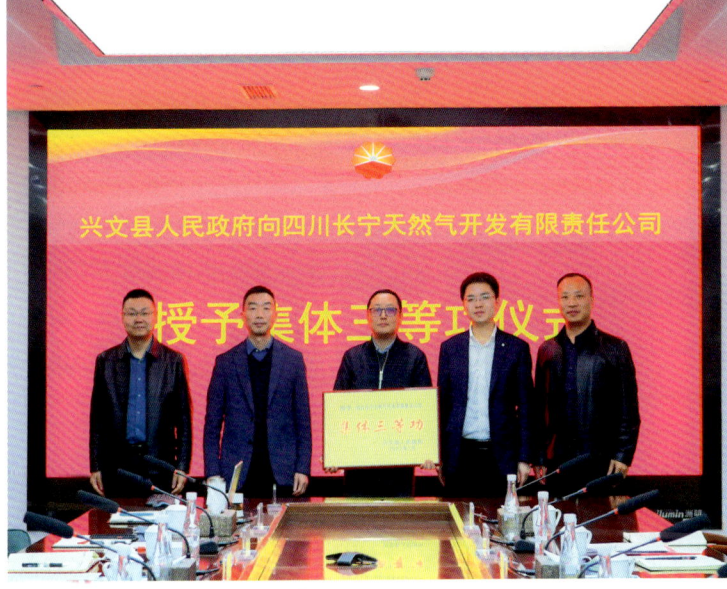

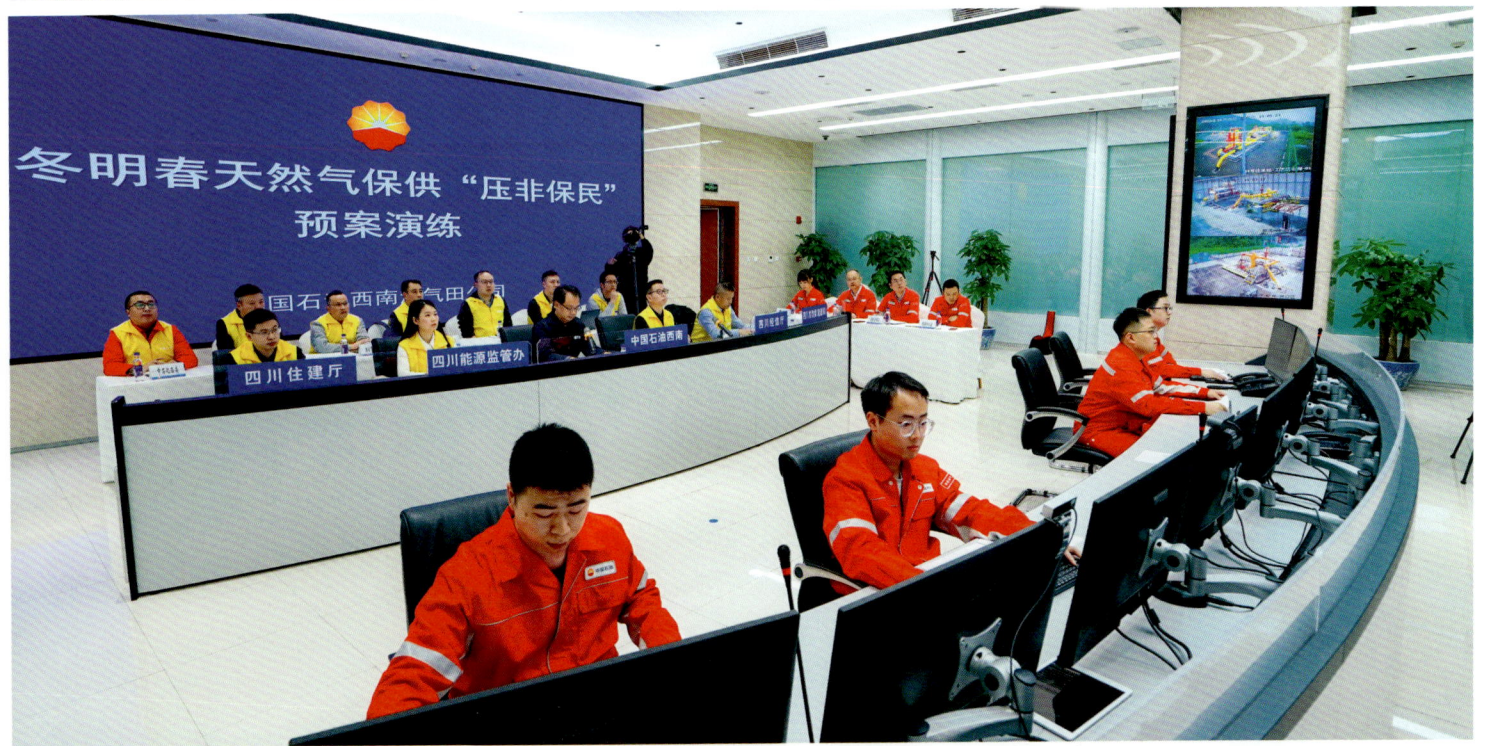

## 突出政治建设，保障作用充分彰显

SICHUAN OIL AND GAS FIELDS YEARBOOK 2024

政治责任扛稳扛牢。严格落实"第一议题"制度，始终牢记习近平总书记关于能源安全、科技创新、国企改革等重大嘱托，制订贯彻落实习近平总书记重要指示批示精神实施方案，推动习近平总书记重要指示批示精神落地生根；全面从严治党纵深推进，一体推进不敢腐、不能腐、不想腐，企业政治生态持续向上向好。主题教育走深走实。两级领导班子带头弘扬"四下基层"优良传统，提出具体工作举措和建议241项，解决民生领域突出问题77项，形成高质量调研成果并转化运用104项；有效解决影响企业高质量发展、员工急难愁盼等问题122项。

1. 2023年4月26日，西南油气田公司党委在成都举行学习贯彻习近平新时代中国特色社会主义思想主题教育读书班开班仪式　　郑海涛　摄
2. 2023年4月26日，西南油气田公司党委在成都召开学习贯彻习近平新时代中国特色社会主义思想主题教育第一次专题学习研讨暨中心组学习会　　郑海涛　摄
3. 2023年11月14日，川庆钻探工程公司在成都召开第二批主题教育工作推进会　　罗润菁　摄
4. 2023年5月23日，西南油气田公司在成都召开机关作风建设大会　　杨艺微　摄
5. 2023年6月11日，川庆长庆钻井总公司在甘肃省庆阳地区华池县干部学院举办"党员教育基地"揭牌仪式　　苏建军　摄
6. 2023年10月19日，川庆钻探工程公司党委在成都召开2023年第二轮巡察工作动员部署会　　罗润菁　摄
7. 2023年5月22日，西南油气田公司执行董事、党委书记姜鹏飞（前左）在成都讲授学习贯彻习近平新时代中国特色社会主义思想主题教育专题党课　　韩超　摄
8. 2023年9月4日，川东北作业分公司援建的重庆市开州区高桥镇初级中学如期开学　　文钊　摄
9. 2023年4月10日，宝石花汽服公司在成都新建的"健康小屋"正式投用　　马绅　摄

## 领导视察

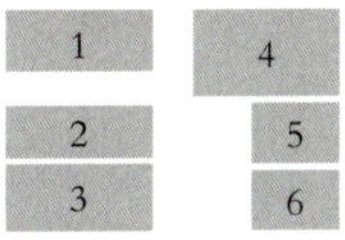

1. 2023年6月16日，国家发改委副主任李春临（左二）到西南油气田公司成厢输气站现场调研　　杨舒然 摄
2. 2023年12月21日，四川省副省长郑备（中女）到西南油气田公司调研。图为在运行中心调研　　杨舒然 摄
3. 2023年3月22日，四川省人大常委会副主任罗强（中）一行到川庆钻探工程公司开展执法调研　　卢宏 摄
4. 2023年11月1—3日，集团公司董事长、党组书记戴厚良（中）到驻渝企业调研。图为在西南油气田重庆气矿工艺技术所听取刘辉采气技能专家工作室介绍　　郑海涛 摄
5. 2023年7月24日，集团公司董事、总经理、党组副书记侯启军（中）到页岩气研究院调研　　陈丽清 摄
6. 2023年2月28日，集团公司党组成员、副总经理焦方正（中）到川庆钻采院调研指导工作　　范波 摄

## 领导视察

| 1 | 3 |
|---|---|
| 2 | 4 |
|   | 5 | 6 |

1. 2023年3月5—8日，集团公司党组成员、总会计师蔡安辉（中）到驻川渝地区石油石化企业调研。图为在西南油气田公司成都输气站调研　　　　郑海涛　摄
2. 2023年6月20日，集团公司党组成员、副总经理、安全总监黄永章（中）到川庆井控应急中心调研指导工作　　　周卫　摄

3. 2023年9月5日，集团公司党组成员、副总经理任立新（中）在重庆举办的中国智能制造国际博览会上的中国石油展台调研，西南油气田公司执行董事、党委书记何骁（左）陪同调研　　邓疆湘　摄

4. 2023年4月15日，集团公司党组成员、副总经理谢军（中）到川庆井下作业公司作业的泸203H8压裂平台调研　　庞圆　摄

5. 2023年9月14日，集团公司党组成员、副总经理张道伟（左）到四川油气田开展致密气勘探开发专题调研。图为在成都市简阳市石钟镇永浅3井组调研　　郑海涛　摄

6. 2023年10月10—12日，股份公司副总裁何江川（左）到驻川石油企业调研。图为在西南油气田公司调研　　郑海涛　摄

## 基层调研

1. 2023年1月5日，西南油气田公司执行董事、党委书记姜鹏飞（中）在四川达州生产建设一线调研
   郑海涛 摄
2. 2023年8月24日，西南油气田公司执行董事、党委书记何骁（后中）到工程院调研
   郑海涛 摄
3. 2023年5月17—18日，川庆钻探工程公司执行董事、党委书记王治平（右一）一行到川庆川东钻探公司位于渝北新基地的套油管作业队、水电安装队、机电技术服务队开展"学习贯彻习近平新时代中国特色社会主义思想主题教育"调研
   周密 摄
4. 2023年9月27日，川庆钻探工程公司执行董事、党委书记李雪岗（前中）到大安区块大安1H27钻井平台、大安1H32压裂平台，看望慰问一线干部员工，并开展节前安全检查。图为李雪岗在大安1H32平台调研慰问　岳宇 摄
5. 2023年9月14日，西南油气田公司总经理、党委副书记雍锐（右一）陪同集团公司领导开展致密气勘探开发专题调研　郑海涛 摄
6. 2023年11月14—17日，川庆钻探工程公司总经理、党委副书记谭宾（中）一行到新疆片区调研指导工作，看望慰问基层一线干部员工，与塔里木油田公司、西部钻探公司开展工作交流。图为在川庆70540钻井队承钻的富源302-H9井调研
   苏文钰 摄

 重要会议

1. 2023年1月10日，西南油气田公司在成都召开2023年工作会暨五届二次职代会工代会　　韩　超　摄
2. 2023年1月15日，川庆钻探工程公司在成都召开2023年工作会暨三届四次职代会工代会　　庞　圆　摄
3. 2023年7月24日，西南油气田公司在成都召开干部大会　　敬宇翔　摄
4. 2023年7月24日，川庆钻探工程公司在成都召开干部大会　　罗润菁　摄
5. 2023年1月9日，西南油气田公司在成都召开领导班子2022年度民主生活会　　敬宇翔　摄
6. 2023年1月11日，川庆钻探工程公司党委在成都召开领导班子2022年度民主生活会　　谷学涛　摄
7. 2023年8月16日，西南油气田公司在成都召开2023年年中干部会议　　韩　超　摄
8. 2023年8月11日，川庆钻探工程公司在成都召开2023年年中工作会　　罗润菁　摄

证书号第5845431号

发明专利证书

发明名称：古地貌恢复方法

发明人：赵圣贤;雍锐;吴建发;常程;季春海;夏自强;张成林
冯江荣;朱逸青;曹埒焰;段洋

专利号：ZL 2020 1 1211430.X

专利申请日：2020年11月03日

专利权人：中国石油天然气股份有限公司

地址：100007 北京市东城区东直门北大街9号中国石油大厦

授权公告日：2023年04月07日　　授权公告号：CN 113009591 B

国家知识产权局依照中华人民共和国专利法进行审查，决定授予专利权，颁发发明专利证书并在专利登记簿上予以登记。专利权自授权公告之日起生效。专利权期限为二十年，自申请日起算。

专利证书记载专利权登记时的法律状况。专利权的转移、质押、无效、终止、恢复和专利权人的姓名或名称、国籍、地址变更等事项记载在专利登记簿上。

局长
申长雨

国家知识产权局
2023年04月07日

第1页(共2页)

证书号第5855394号

发明专利证书

发明名称：油水分离装置及其制作方法

发明人：江晶晶;黄刚华;黄丽华;毛汀;王月;袁曦;蔡绍中;闫静

专利号：ZL 2020 1 1228768.6

专利申请日：2020年11月06日

专利权人：中国石油天然气股份有限公司

地址：100007 北京市东城区东直门北大街9号中国石油大厦

授权公告日：2023年04月07日　　授权公告号：CN 114436366 B

国家知识产权局依照中华人民共和国专利法进行审查，决定授予专利权，颁发发明专利证书并在专利登记簿上予以登记。专利权自授权公告之日起生效。专利权期限为二十年，自申请日起算。

专利证书记载专利权登记时的法律状况。专利权的转移、质押、无效、终止、恢复和专利权人的姓名或名称、国籍、地址变更等事项记载在专利登记簿上。

局长
申长雨

国家知识产权局
2023年04月07日

第1页(共2页)

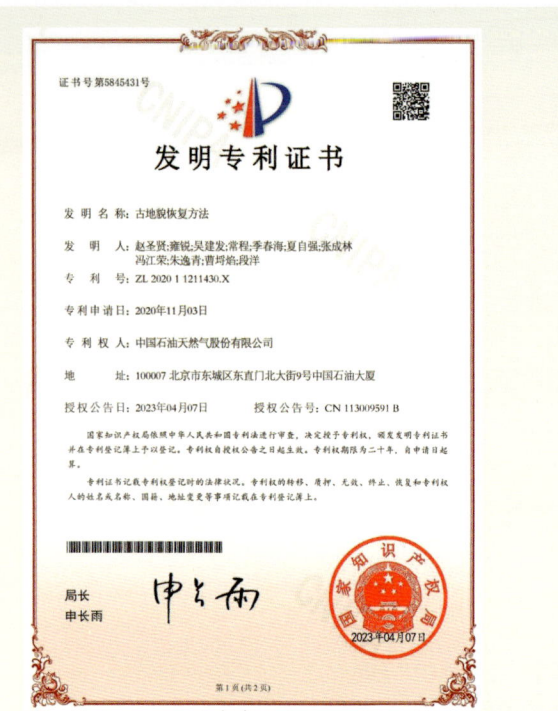

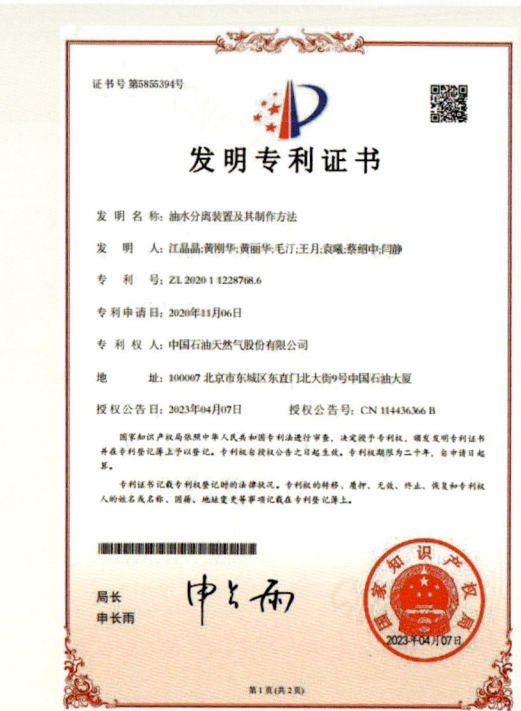

# 勘探开发、管输与天然气化工

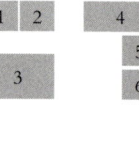

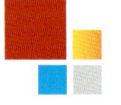

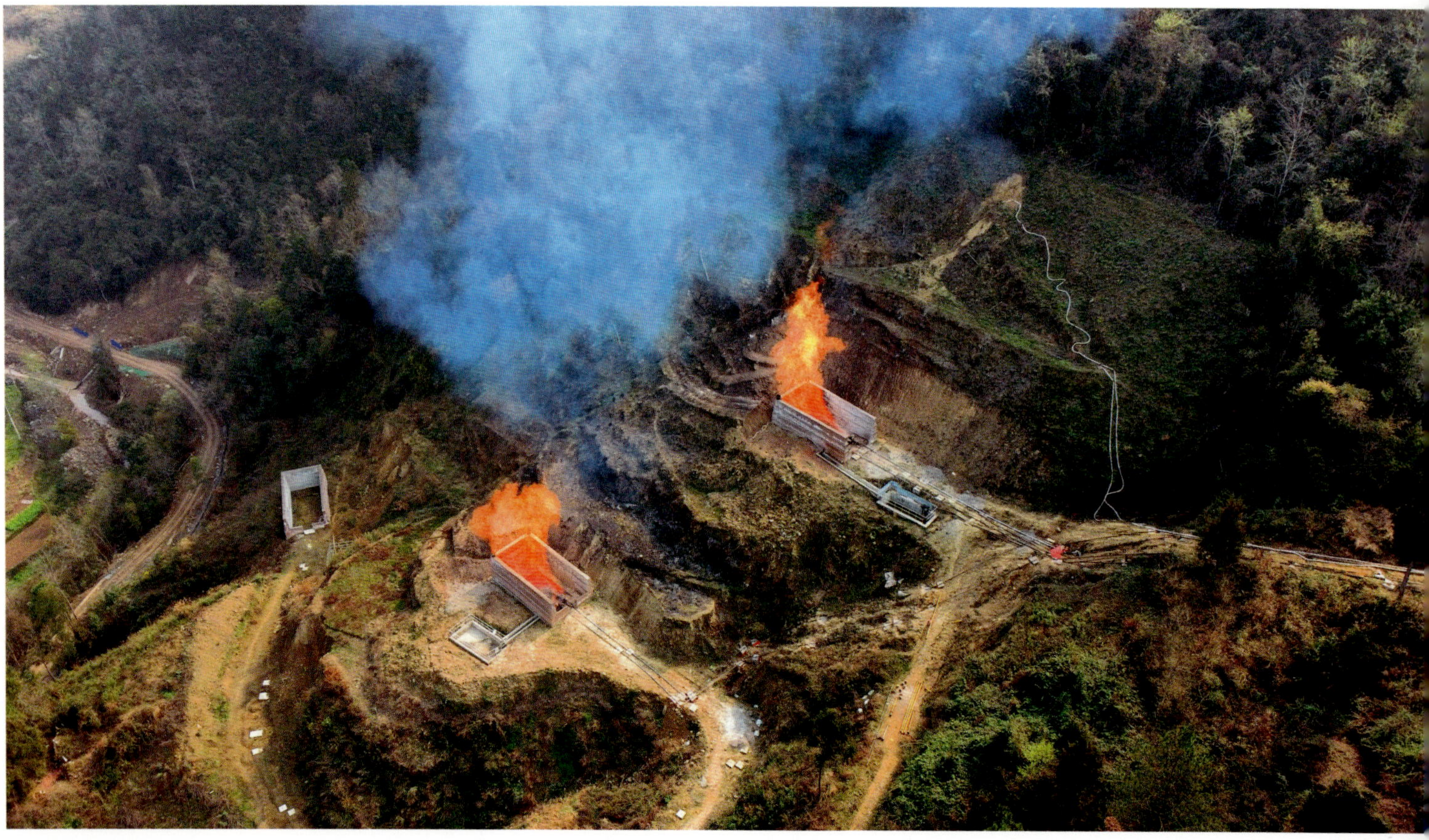

1. 2023年4月7日，西南油气田公司申报的"古地貌恢复方法"获国家知识产权局发明专利授权　　　　　　　　　　　夏自强 摄
2. 2023年4月7日，西南油气田公司申报的"油水分离装置及制作方法"获国家知识产权局发明专利授权　　　　　　　黄刚华 摄
3. 2023年3月9日，西南油气田公司铁山坡气田坡005-X3井飞仙关组测试日产气239万立方米，至此，中国石油部署在铁山坡气田的6口建产井完美收官，标志着中国石油自主开发高含硫气田取得重大进展　　肖潇 摄
4. 2023年3月13日，西南油气田公司天府气田简阳区块沙溪庙组一段2号砂组首口水平井——永浅3平台永浅3-2-H2井测获日产天然气42.85万立方米，日无阻流量80.3万立方米　　　　　　　　　　　　　朱讯 摄
5. 2023年6月28日，川庆川西钻探公司70092钻井队在广安市武胜县承钻的安岳气田茅口组首口滚动勘探开发井磨溪039-H1井测试获日产223.66万立方米高产工业气流，刷新区块测试产量纪录　　　　　　　　夏明星 摄
6. 2023年2月26日，西南油气田公司在铁山坡气田坡002-H5井飞仙关组测试获日产天然气161.54万立方米、无阻流量277.68万立方米，创坡2井区测试产量最高纪录　　肖潇 摄

## 勘探开发、管输与天然气化工

1. 2023年1月6日，西南油气田公司与四川达州市共同启动四川盆地渡口河—七里北气田开发建设项目　　王忠涛　摄
2. 2023年2月1日，川庆川东钻探公司70255钻井队承钻的国内最高含硫整装气田自主开发井——坡005-X4井测试获日产天然气222.19万立方米、日无阻流量364.65万立方米　　陈立　摄
3. 2023年7月21日，川庆川东钻探公司70135钻井队承钻的渡001-X1井飞仙关组测试获日产天然气178.99万立方米，刷新区块单井产量纪录　　周密　摄
4. 2023年8月30日，四川省首座储气库群——牟家坪、老翁场储气库群累计注气量突破3亿立方米，为推动国家能源战略储备、保障川渝地区能源供应、助推西南储气中心建设夯实基础　　艾磊　摄
5. 2023年9月1日，重庆气矿"两峡"储气库首次成功应用国内天然气储气库离心式注气压缩机组"串、并联运行模式不停机在线自动切换控制技术"，具备750万米$^3$/日天然气最大注气能力　　敖艾菲　摄
6. 2023年8月1日，黄草峡储气库集注站、草储1井、草储6井、草30井注气投运，瞬时日产量282万立方米。经过24小时测试，新安装8兆瓦低压离心压缩机测试合格，标志着黄草峡储气库集注站注气系统全面建成投运　　敖艾菲　摄
7. 2023年1月4日，川西北气矿双鱼001-X7井一次性成功投运　　侯关东　摄
8. 2023年3月2日，川西北气矿天府含气区致密气井永浅12井正式投入生产运行　　林山惠　摄
9. 2023年9月22日，输气处应用惯性测量检测先进技术，完成连彭线清管和智能检测，将管道特征点定位精度提升至20厘米以内，实现管理目标精准导航，为管道业务数字化转型应用提供有力支撑　　张明祥　摄
10. 2023年11月20日，川港燃气公司重点项目之一"攀（枝花）米（易县）线"供气管道工程通气投产，标志着米易县正式迈入管道天然气时代。图为"攀米线"终点站猛粮分输站全景　　周熙萍　摄

## 勘探开发、管输与天然气化工

1. 2023年11月30日,长宁公司历年累计生产页岩气突破300亿立方米,成为中国石油首家页岩气历年累计产量突破300亿立方米的页岩气生产单位
   李晶摄
2. 2023年11月16日,川中北部采气处成立以来累计生产天然气100.1亿立方米,突破100亿立方米大关
   王丹雨摄
3. 2023年5月31日,川西北气矿双探102井一次性成功投运
   侯关东摄

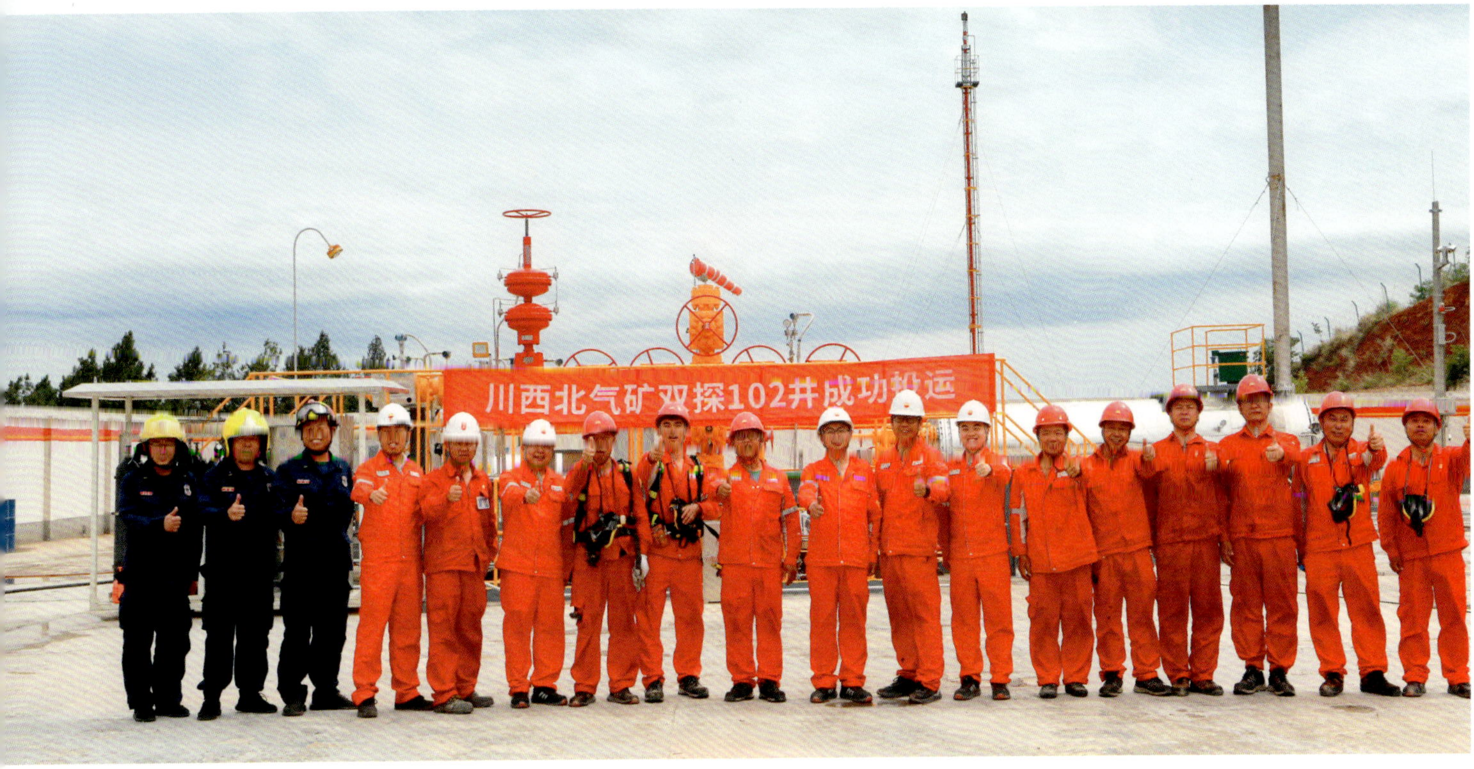


4. 2023 年 10 月 24 日，重庆气矿环浅 2 井上试获天然气后实现快速复产，开井套压 11.32 兆帕， 油压 11.44 兆帕 ，瞬时产量 5 万立方米　　张　虎　摄
5. 2023 年 6 月 30 日，天然气净化总厂申报的“一种低温硫磺回收系统及低温硫磺回收方法”发明专利通过审核，获国家知识产权局发明专利授权　　瞿　杨　摄
6. 2023 年 8 月 18 日， 四川页岩气公司在泸州举行泸州页岩气田阳 101 区块开发方案项目银团签约仪式　　赵　漾　摄
7. 2023 年 6 月 15 日，西南油气田公司首次在天然气净化总厂安岳净化公司应用低噪音轴流风机运行测试，获预期效果　　何　然　摄

证书号第6107964号

发明专利证书

发 明 名 称：一种低温硫磺回收系统及低温硫磺回收方法

发 明 人：蒋小兵;瞿杨;黄朝齐;傅适;王灵军;袁铖;何为;吴智晖;兰铃;邓苏恒

专 利 号：ZL 2020 1 0817066.5

专利申请日：2020年08月14日

专 利 权 人：中国石油天然气股份有限公司

地 址：100007 北京市东城区东直门北大街9号中国石油大厦

授权公告日：2023年06月30日

国家知识产权局依照中华人民共和国专利法进行审查，决定授予专利权，颁发发明专利证书并在专利登记簿上予以登记。专利权自授权公告之日起生效。专利权期限为二十年，自申请日起算。

专利证书记载专利权登记时的法律状况。专利权的转移、质押、无效、终止、恢复和专利权人的姓名或名称、国籍、地址变更等事项记载在专利登记簿上。

局长 申长雨

2023年06月30日

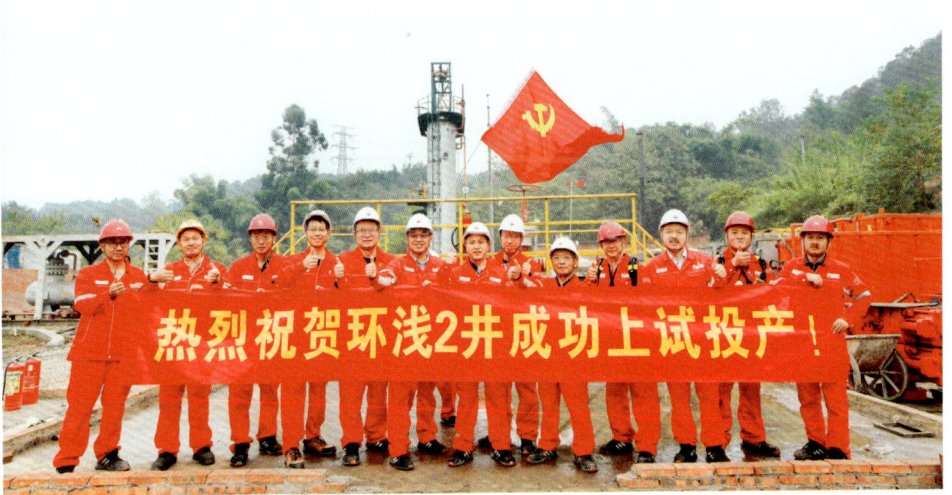

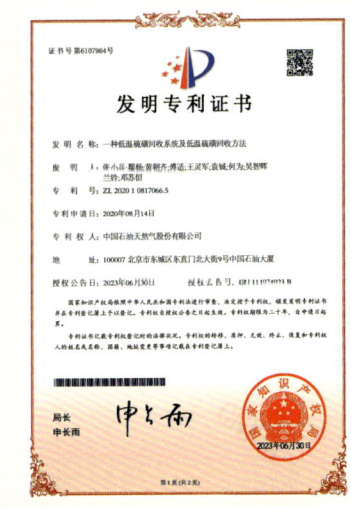

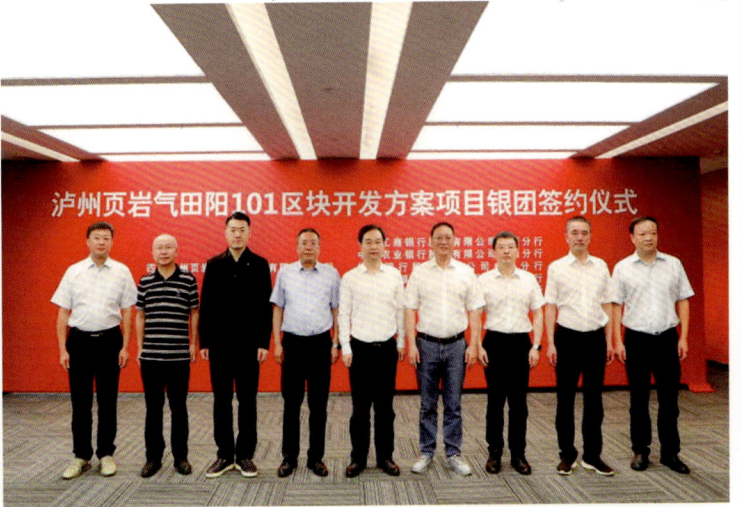

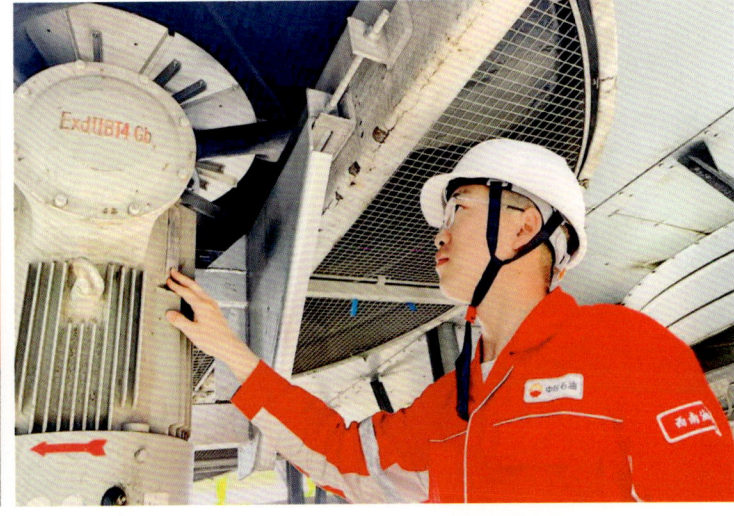

## 工程技术、生产建设服务

 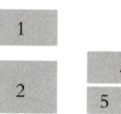 

1. 2023年12月26日，川庆井下作业公司施工的深地川科1井三开固井创3项新纪录　　　　　　　　　　　　庞圆 摄
2. 2023年12月7日，西南油气田公司大201井完成大套管固井，创页岩气339.7毫米套管下深最深纪录　　　邓勇 摄
3. 2023年10月10日，集输工程所编制的企业标准（QSY XN 0633—2023）《区域应急抢险维修中心维抢修机具及设备配置指南》和（QSY XN 0637—2023）《区域应急物资储备库应急物资配备指南》正式实施　　　　　　　　　　　刘良果 摄
4. 2023年6月5日，川庆新疆分公司承钻的迪北区块侏罗系难动用储量开发项目首口大斜度穿越煤层大位移水平井（迪北104-H6井）完钻　　　　　　　　　　　　　　张有明 摄
5. 2023年2月10日，川庆钻采院"川式"取心在永浅3-1-H4井创川渝地区水平井取心进尺最长纪录　　赵凯龙 摄
6. 2023年6月3日，川庆钻探工程公司承钻的塔里木盆地迪北区块侏罗系难动用储量开发项目首口大位移水平井完钻　马孟杰 摄

## 工程技术、生产建设服务

1. 2023年9月2日，川庆川东钻探公司70212钻井队承钻的七北001-X1井钻至完钻井深6 828米，标志着中国石油自主开发渡口河—七里北高含硫区块首轮钻井全部完钻　　　　　　　　　　　　　　　　　　　　　　　　　　　　　　　　　　　薛柯　摄
2. 2023年1月7日，西南油气田公司川南页岩气首个加密先导试验平台长宁H3平台完成压裂施工　　　　　　　　肖勇军　摄
3. 2023年9月6日，西南油气田公司万顺场储气库复杂老井池006-1井斜向器落鱼处置成功，是国内实施的首例斜向器打捞作业，为下一步万顺场改建储气库打下坚实基础　　　　　　　　　　　　　　　　　　　　　　　　　　　　　　　　　　石光辉　摄
4. 2023年6月13日，西南油气田公司2023年首个新建试采天然气橇装回收试验装置在资201井一次投产成功　　　贺龄萱　供

## 工程技术、生产建设服务

1. 2023年8月30日,西南油气田公司首次在秋林205-H1井实施连续油管中试验柱塞举升工艺取得成功　　蒋密摄
2. 2023年3月16日,川庆钻探工程公司天然气环保燃烧装置首次在永浅211井完成井联作业任务　　杨涵摄
3. 2023年10月6日,川庆新疆分公司90203钻井队承钻的克深31井用时196天钻至8 088米,创克深区块8 000米以上深井最快完钻纪录,历史性地将塔里木库车山前8 000米以上深井的完钻时间控制在200天以内　　雷彪摄
4. 2023年10月29日,西南油气田公司完成大探1井试井工作　　刘浪摄
5. 2023年10月24日,川庆长庆井下公司完成重点煤岩气井纳林2H1井压裂施工　　曹磊摄
6. 2023年12月3日,川庆长庆固井公司第四固井工程项目部在李29-26H2井固井施工,完成定边区域全年生产任务　　何健摄

川庆钻探长庆井下
对外合作项目部
麻痹是最大的隐患
失职是最大的祸根
麻痹是最大的隐患
失职是最大的祸根


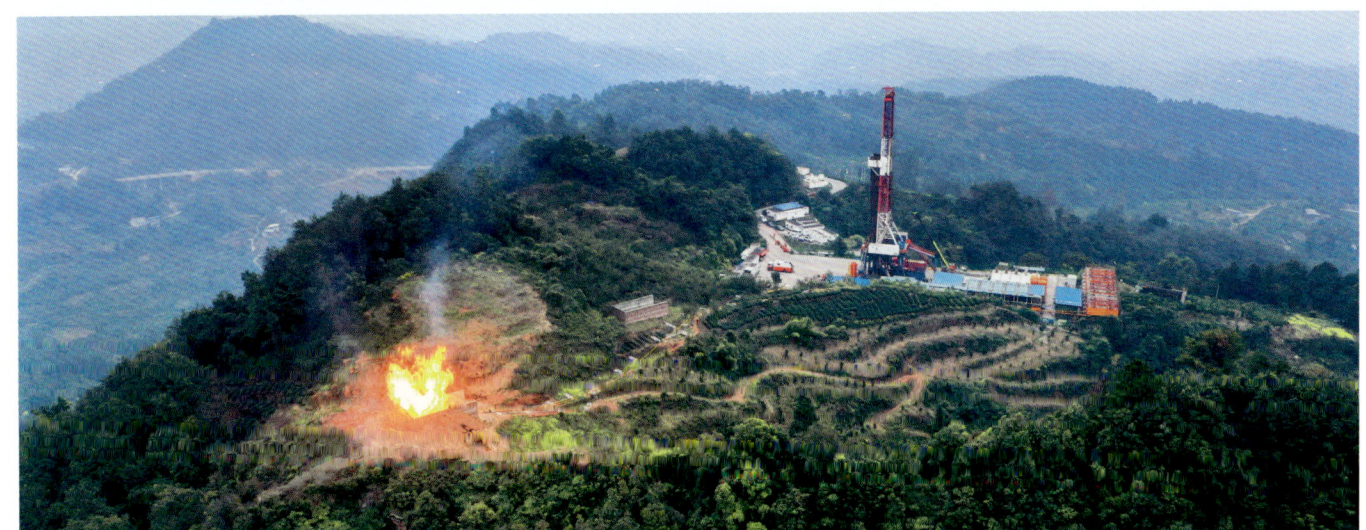

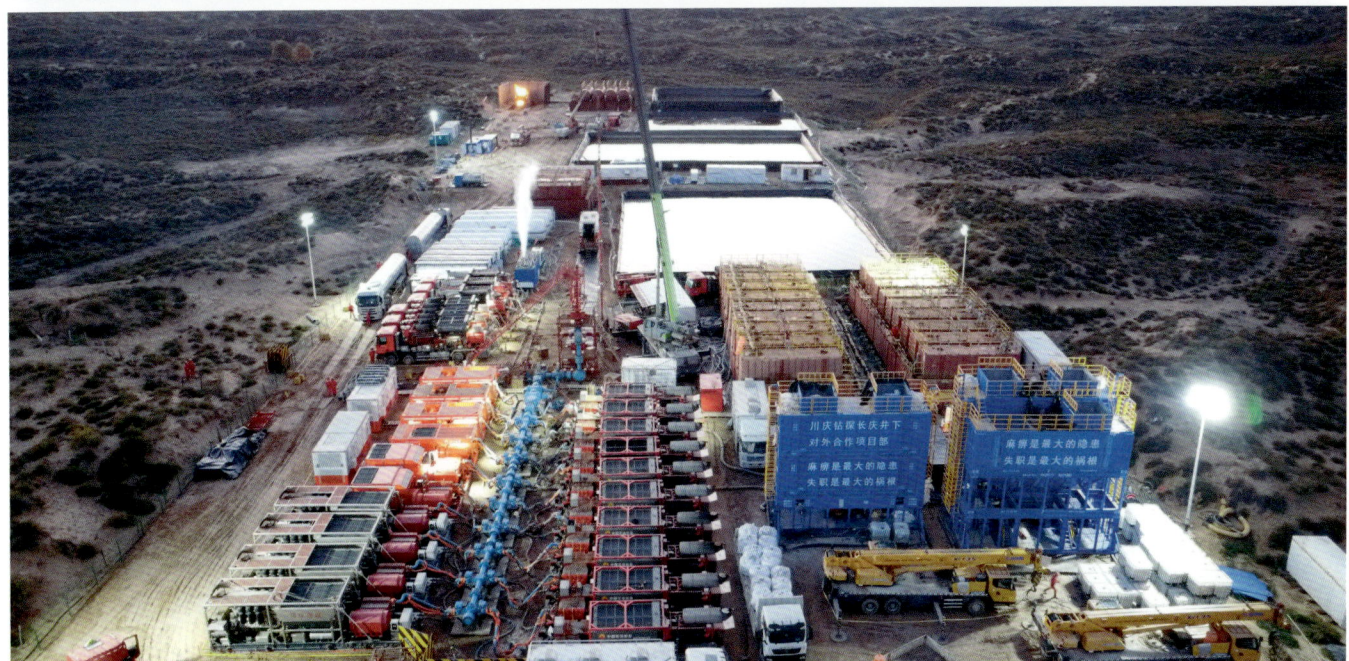

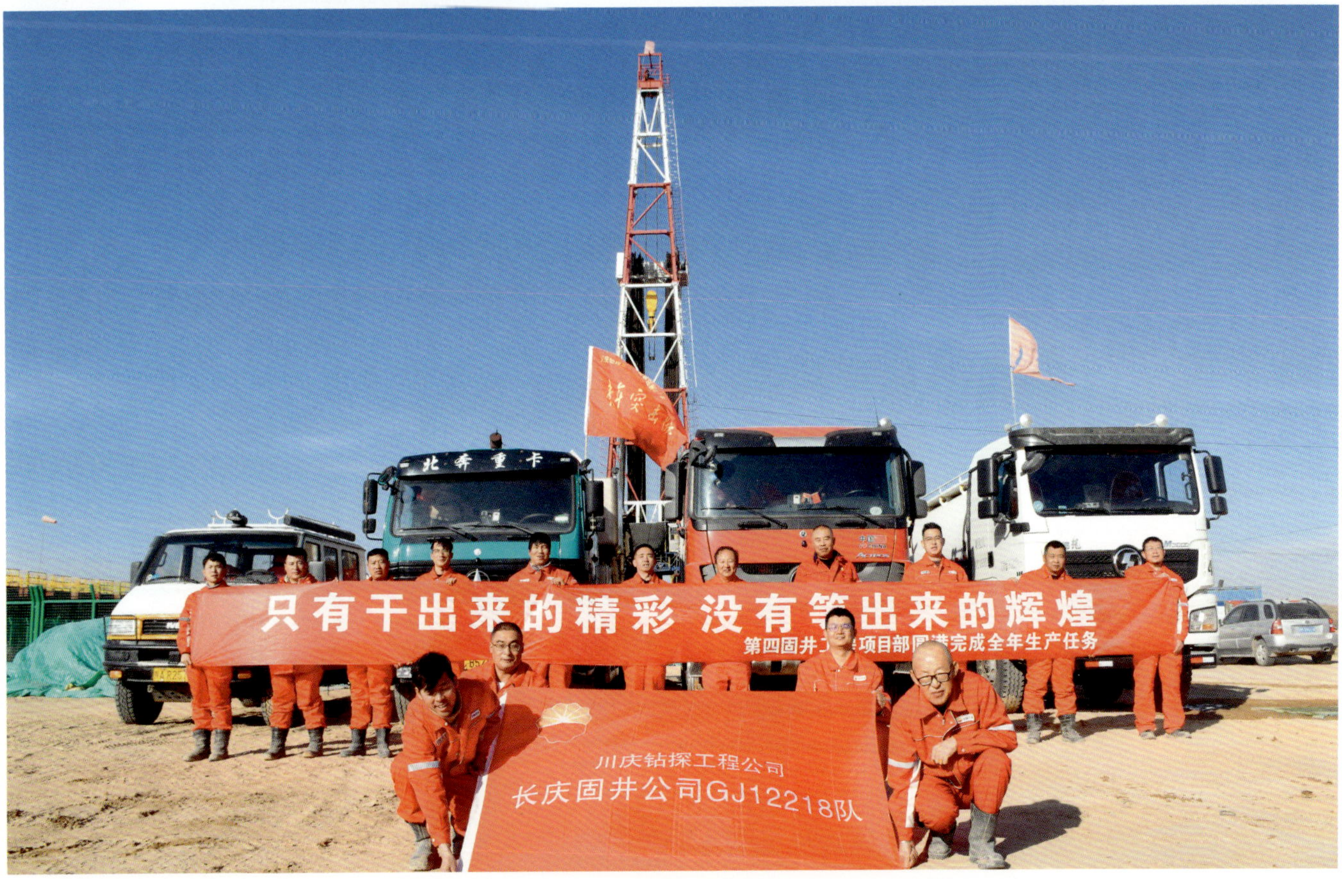

北奔重卡
只有干出来的精彩 没有等出来的辉煌
第四固井
项目部
完成全年生产任务
川庆钻探工程公司
长庆固井公司GJ12218队

## 工程技术、生产建设服务

1. 2023年12月19日，川庆长庆钻井总公司70232钻井队在长庆区域首口超2 000米水平段储气库水平井榆42-1ZH3井完井。图为在井队技术值班室观看、分析钻井各类数据参数　　苏建军　摄
2. 2023年7月23日，川庆长庆井下公司在华H105平台开展规模化应用电驱压裂施工作业　　王建恒　摄
3. 2023年5月5日，川庆井下作业公司在威202H21平台打造24小时压裂作业模式　　田翰林　摄

4. 2023年10月14日,川庆重庆运输总公司新疆分公司为70552钻井队富源302-H22井固井完后背罐车作业　　刘志琦 摄
5. 2023年12月30日,川庆国际工程公司历时3个月,完成从巴基斯坦至土库曼斯坦跨国调拨钻机任务　　曾艳 摄
6. 2023年7月30日,川庆蜀渝公司承建的新建石油射孔器材及配套生产线项目完工　　封佰成 摄

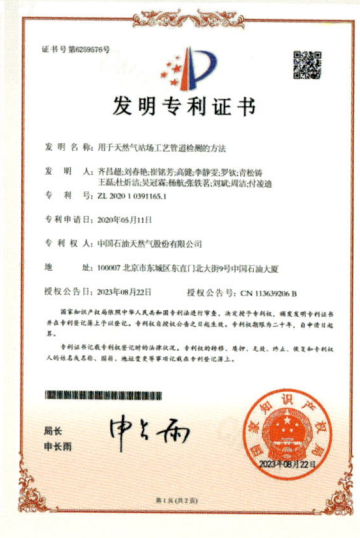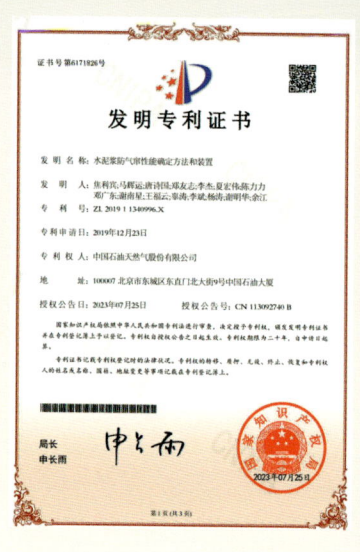

## 科研、营销、对外合作与交流

1. 2023年1月12日，页岩气研究院"川南页岩气新一代压裂技术的应用"获集团公司科技进步奖一等奖　　沈骋 摄
2. 2023年8月22日，西南油气田公司研发的"一种页岩油储层可压性评价方法"获国家发明专利授权　　王良 摄
3. 2023年8月22日，西南油气田公司研发的"用于天然气站场工艺管道检测的方法"获国家发明专利授权　　王良 摄
4. 2023年7月25日，西南油气田公司研发的"水泥浆防气窜性能确定方法和装置"获国家发明专利授权　　王良 摄
5. 2023年3月10日，西南油气田公司研发的"一种带有压力补偿结构的固井滑套"获国家知识产权局发明专利授权　　张译丹 摄
6. 2023年7月25日，西南油气田公司申报的"具有井下到达判定功能的柱塞"获国家发明专利授权　　熊杰 摄
7. 2023年12月1日，西南油气田公司"压裂返排液处理装置及方法"获国家知识产权局发明专利授权　　熊颖 摄
8. 2023年12月26日，西南油气田公司"一种页岩气压裂返排液复合处理液及其制备方法与应用"获国家知识产权局发明专利授权　　熊颖 摄
9. 2023年1月17日，川庆安检院QHSE数智支持中心在广汉举行启用揭牌仪式，正式投入使用　　吴明扬 摄
10. 2023年8月29日，数智分公司牵头的"基于信创技术体系的油气生产物联关键技术与应用"和"数字油气田数据安全智能协同防御关键技术与应用"项目成果通过中国石油和化工自动化应用协会科技成果鉴定　　邱鑫 摄
11. 2023年9月22日，川庆钻探工程公司特色技术在中国深层、超深层油气勘探开发关键技术与装备交流会上亮相。图为会议期间，川庆钻探工程公司执行董事、党委书记李雪岗（左）与代表交流　　连太炜 摄

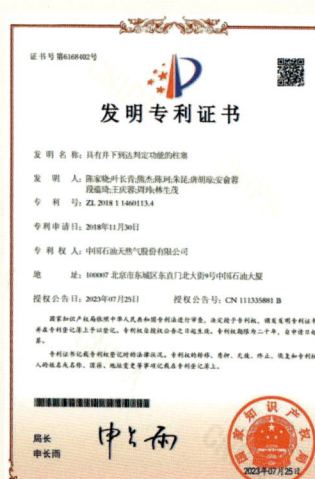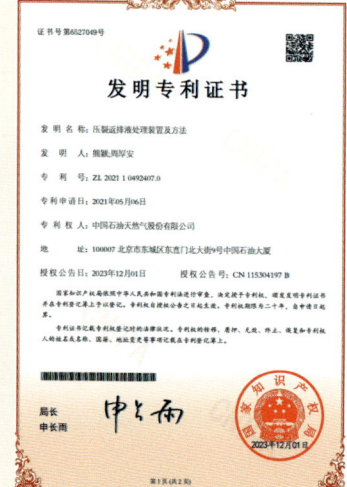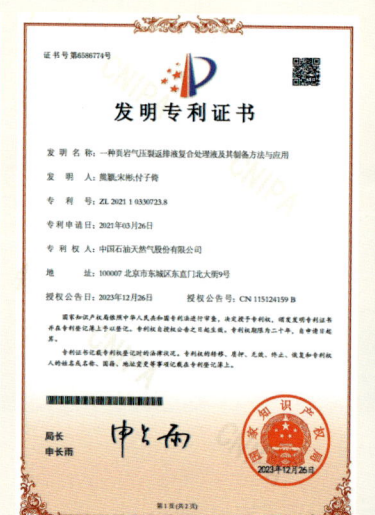

12. 2023年4月19日，川庆长庆钻井总公司在西安召开科技与信息化创新大会。图为会议期间发布物资智能管理系统和单井绩效结算与评价系统上线运行     苏建军 摄
13. 2023年6月30日，川庆钻探工程公司在成都召开打造原创技术策源地工作推进会     罗润菁 摄

 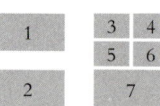

## 科研、营销、对外合作与交流

1. 2023年12月28日，川庆井下作业公司在成都召开成立60周年技术总结交流大会　　　　　　　　　　　　　　　庞　圆 摄
2. 2023年9月19日，川庆钻探工程公司在成都举办《钻采工艺》第五届编委会会议暨深地钻采学术交流会　　谢雨稼 摄
3. 2023年3月1日，川庆钻探工程公司承办的旋转地质导向系统产业化项目启动暨高端油气测控装备发展论坛在成都举行
　　　　　　　　　　　　　　　　　　　　　　　　　　　　　　　　　　　　　　　　　　　　　　　　　　　谷学涛 摄
4. 2023年3月9日，西南油气田公司承办第六届成都天然气论坛　　　　　　　　　　　　　　　　　　　　　　　韩　超 摄
5. 2023年9月20日，川庆钻探工程公司在西安举办首届职工创新成果展，召开首届职工创新大会　　　　　　　秦科善 摄
6. 2023年9月20日，越盛公司职工创新成果亮相川庆钻探工程公司首届职工创新成果展　　　　　　　　　　　叶蕭枘 摄
7. 2023年1月4日，川庆钻探工程公司与中国东方电气集团有限公司在成都签署合作框架协议　　　　　　　　　朱　杰 摄

1. 2023年2月21日，中油技服与陕西延长石油集团在西安签署战略合作框架协议，为川庆钻探工程公司在延长石油集团的钻井作业奠定基础　苏建军　摄
2. 2023年2月17日，川庆钻探工程公司与塔里木油田公司在成都就推进迪北侏罗系难动用储量开发开展工作交流，签署《迪北侏罗系难动用储量合作开发协议》　卢宏　摄
3. 2023年2月22日，西南油气田公司与北京项目管理公司在成都签署战略合作协议　韩超　摄
4. 2023年6月19日，西南油气田公司与四川省眉山市人民政府、甘孜州人民政府在成都共同签订"天然气+新能源"合作协议　张舜　摄
5. 2023年11月16日，川庆钻探工程公司与烟台杰瑞石油服务集团股份有限公司在成都签署战略合作协议　罗润菁　摄
6. 2023年12月25日，西南油气田公司与海峡能源有限公司在成都签订泸州深层页岩气规模效益开发示范区创新联合体框架协议　杨舒然　摄
7. 2023年11月29日，西南油气田公司与中国石化中原油田分公司签署战略合作框架协议　杨艺微　摄

# 科研、营销、对外合作与交流

## 科研、营销、对外合作与交流

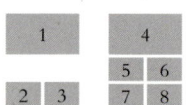

1. 2023年5月18日，西南油气田公司与重庆市万州区人民政府在成都签订战略合作协议　　　　　　张 舜 摄
2. 2023年4月3日，川庆钻探工程公司与四川销售公司在成都签署战略合作框架协议　　　　　　　朱 杰 供
3. 2023年6月27日，经研所与西南石油大学经济管理学院在成都签订结对共建协议　　　　　　　李 锐 摄
4. 2023年3月22日，西南油气田公司与中国石油安全环保技术研究院在成都签订战略合作协议　　杨艺微 摄
5. 2023年4月14日，川庆地研院与成都北方石油勘探开发技术有限公司在成都签署战略合作协议　李 璇 摄
6. 2023年11月22日，川庆长庆固井公司与西南石油大学石油与天然气工程学院在成都签订技术合作协议
   　　　　　　　　　　　　　　　　　　　　　　　　　　　　　　　　　　　　　　　　　　　郭旭亮 摄
7. 2023年3月1日，新能源事业部与天研院在成都签订合作框架协议　　　　　　　　　　　　　　谢雯洁 摄
8. 2023年12月20日，重庆气矿和重庆能源职业学院在重庆签订合作协议，并举行重庆市级首席技能大师工作站揭牌仪式"刘辉（右）重庆市首席技能大师工作站"入驻该校储能与油气工程学院　　　　　　　雷 涵 摄

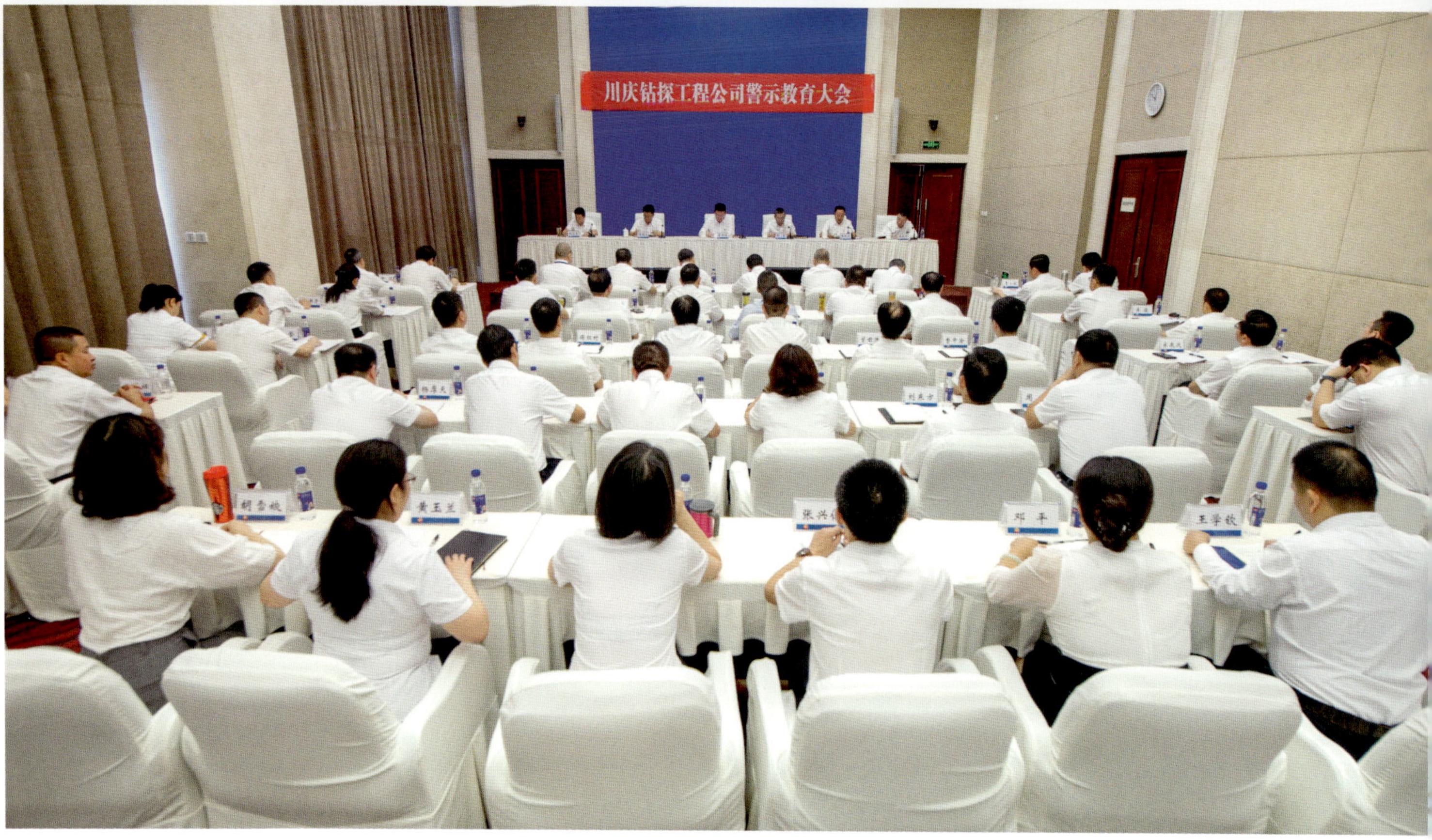

# 安全生产、企业管理、公益事业

| | |
|---|---|
| 1 | 5 |
| | 6 |
| 2 3 4 | 7 |

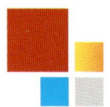

1. 2023 年 9 月 28 日，川庆钻探工程公司在成都召开警示教育大会　　罗润菁　摄
2. 2023 年 3 月 14 日，西南油气田公司申报的“一种对夹式环隙引射器”获国家知识产权局发明专利授权　　汪　蕾　摄
3. 2023 年 5 月 26 日，西南油气田公司申报的“一种动式膜生物反应器、污水处理系统及方法”获国家知识产权局发明专利授权　　黄刚华　摄
4. 2023 年 8 月 1 日，西南油气田公司领导班子到罗家寨高含硫气田开展安全生产警示教育　　郑海涛　摄
5. 2023 年 8 月 30 日，西南油气田公司在重庆举办网络安全攻防竞赛，来自 17 家单位的 22 支攻防队伍开展夺旗赛　　安　心　摄
6. 2023 年 10 月 18 日，相国寺储气库在国内率先实现安全提压全面达容，成为国内气藏型储气库安全提压运行的典范　　谭沁心　摄
7. 2023 年 12 月 22 日，西南油气田公司与川庆钻探工程公司在广汉联合举办井控应急演练　　韩　超　摄

证书号第5782120号

发明专利证书

发明名称：一种对夹式环隙引射器

发明人：张云光;汪蕾;熊运涛;叶华伦;岳志坚;罗仁江;王敏;杨帆
罗欣;郑鑫

专利号：ZL 2021 1 0889958.0

专利申请日：2021年08月04日

专利权人：中国石油天然气股份有限公司

地址：100000 北京市东城区东直门北大街9号中国石油大厦

授权公告日：2023年03月14日　　授权公告号：CN 113565804 B

国家知识产权局依照中华人民共和国专利法进行审查，决定授予专利权，颁发发明专利证书并在专利登记簿上予以登记。专利权自授权公告之日起生效。专利权期限为二十年，自申请日起算。

专利证书记载专利权登记时的法律状况。专利权的转移、质押、无效、终止、恢复和专利权人的姓名或名称、国籍、地址变更等事项记载在专利登记簿上。

局长
申长雨

2023年03月14日

第1页（共2页）

证书号第5994997号

发明专利证书

发明名称：一种动式膜生物反应器、污水处理系统及方法

发明人：黄刚华;江晶晶;黄丽华;陈文;唐永帆;田源;毛汀;袁曦
余华利;王月;李卓柯

专利号：ZL 2021 1 0042168.9

专利申请日：2021年01月13日

专利权人：中国石油天然气股份有限公司

地址：100007 北京市东城区东直门北大街9号

授权公告日：2023年05月26日　　授权公告号：CN 114763273 B

国家知识产权局依照中华人民共和国专利法进行审查，决定授予专利权，颁发发明专利证书并在专利登记簿上予以登记。专利权自授权公告之日起生效。专利权期限为二十年，自申请日起算。

专利证书记载专利权登记时的法律状况。专利权的转移、质押、无效、终止、恢复和专利权人的姓名或名称、国籍、地址变更等事项记载在专利登记簿上。

局长
申长雨

2023年05月26日

第1页（共2页）

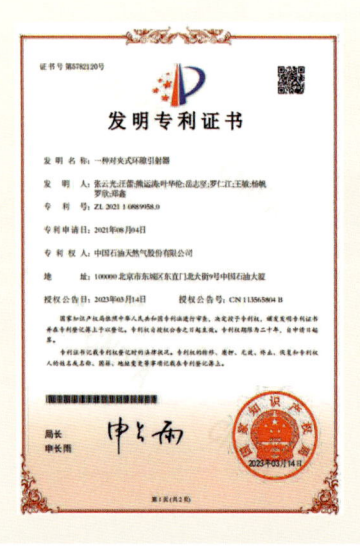

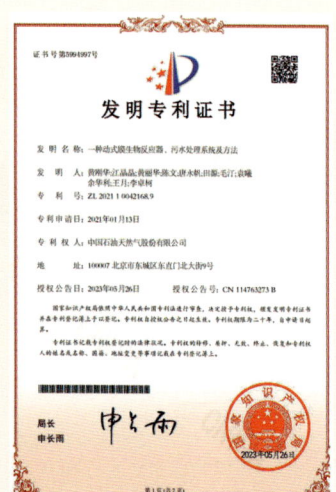

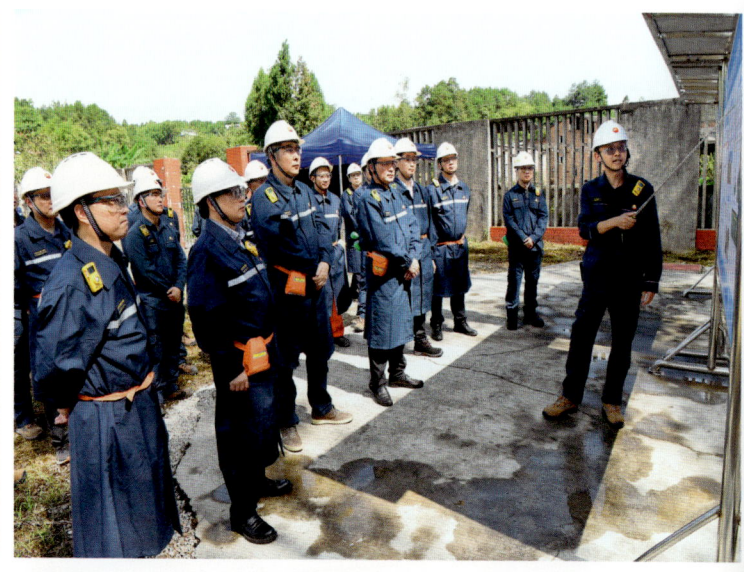

安全生产、企业管理、公益事业

1. 2023年11月18日，川庆井控应急中心参与处置辽河油田公司天然气井杜84-56-140井蒸汽泄漏事件　　胡旭光 摄
2. 2023年7月18日，川庆长庆钻井总公司首座独立燃气发电站在长庆油田陇东页岩油最大平台——合H70平台建成投运　　李安辉 摄
3. 2023年6月21日，西南油气田公司与四川省遂宁市人民政府、潼南区人民政府联合开展遂潼川渝毗邻地区含硫天然气泄漏突发事件地企联动应急演练。图为使用机器人灭火　　韩超 摄
4. 2023年12月14日，川庆川东钻探公司、西南油气田公司开发事业部、宣汉县人民政府在70255钻井队承钻的渡004-H1井联合举办高含硫井控突发事件应急演练　　王林 摄
5. 2023年6月30日，输气处联合四川巴中市发展和改革委员会、巴中市恩阳区人民政府联合开展巴中市天然气长输管道突发事件联合应急演练　　金礼国 摄
6. 2023年7月16日，川庆长庆井下公司与长庆油田公司第四采油厂产能建设项目组在陕295-02-38井组开展联合综合应急演习　　魏鹏飞 摄
7. 2023年7月5日，输气处联合广安市、武胜县等相关部门和地方企业代表、社会组织相关人员，在广安市武胜县举行"强安2023"管道保护应急救援联合实战演练　　范照明 摄
8. 2023年6月5日，长宁公司在生产建设现场开展突发环境事件实战应急演练　　唐攀 摄
9. 2023年6月14日，四川页岩气公司在泸州开展页岩气知识及管道保护宣传活动　　陈素 摄

## 安全生产、企业管理、公益事业

1. 2023年6月2日，重庆市总工会在天然气净化总厂举行"全国工人先锋号"授牌仪式　　　　　　　　　　　　　颜知音 摄
2. 2023年2月20日，西南油气田公司"杨林燃气终端技能专家工作室"在四川华油集团公司授牌成立　　　　　廖 易 摄
3. 2023年8月24日，集团公司青年突击队竞赛启动会暨现场授旗仪式在塔里木油田公司西气东输第一站举行，川庆新疆分公司70524钻井队青年突击队在现场接受集团公司团委授旗　　　　　　　　　　　　　　　　　　　　　　　　　胡 勇 摄
4. 2023年1月29日，四川宝石花医疗公司在学术厅举行三乙复审启动大会，拉开医院三乙复审大幕　　　　　陈 苗 摄
5. 2023年5月12日，宝石花汽服公司在成都对首批次24台因国二排放标准限行车辆完成了更换工作　　　　　马 绰 摄
6. 2023年3月24日，川庆酒店管理公司成都天府阳光酒店接待新冠肺炎疫情结束后成都首个境外旅游考察团——东南亚旅游业同业采风团　　　　　　　　　　　　　　　　　　　　　　　　　　　　　　　　　　　　　　　　　　　　曾 琰 摄

7. 2023年6月29日，相国寺储气库在重庆召开运营十周年工作总结座谈会　　　　　　　　　　　　　　　　刘　燕　摄
8. 2023年12月27日，越盛公司入围四川100强企业　　　　　　　　　　　　　　　　　　　　　　　　　叶蕭枘　摄
9. 2023年11月10日，宝石花汽服公司以用户需求为前提，采购部分新能源车辆，以推动节能降碳　　　　　马　绰　摄
10. 2023年7月20日，川庆川东钻探公司在80025钻井队承钻的蓬深105井举行"感恩有您"油嫂油娃走进一线体验日活动　薛　柯　摄

## 安全生产、企业管理、公益事业

1. 2023年11月8日,蜀南气矿组织开展"四川省首座储气库群建设项目"媒体开放日活动　　施洋 摄
2. 2023年11月4日,宝石花汽服公司在成都举办首届汽车驾驶员专业技能竞赛　　马绰 摄
3. 2023年7月31日,蜀南气矿在泸州举办"最美退役军人"颁奖活动　　施洋 摄
4. 2023年5月25日,物资分公司联合安研院到甘孜藏族自治州九龙县乌拉溪镇开展结对帮扶活动。物资分公司向当地受帮扶的21名学生捐赠27 300元教育帮扶金及价值24 500元抢险应急救援物资　　黄春霞 摄
5. 2023年9月5—8日,川庆钻探工程公司执行董事、党委书记李雪岗(后排左)一行到甘孜州石渠县开展乡村振兴调研工作。图为捐赠仪式签约现场　　邓斌 摄

6. 2023年6月1日,四川宝石花医疗公司团委联合儿科以"爱眼护眼、睛彩未来"为主题在门诊部和病区为患儿们开展丰富多彩的活动　　陈　苗　摄
7. 2023年7月19日,川庆长庆钻井总公司50052钻井队帮助驻地乡亲收苜蓿　　司虎林　摄
8. 2023年9月23日,"四川发布·精神午餐"公益读书项目在乐山市沐川县沐溪小学启动　　廖姝程　摄

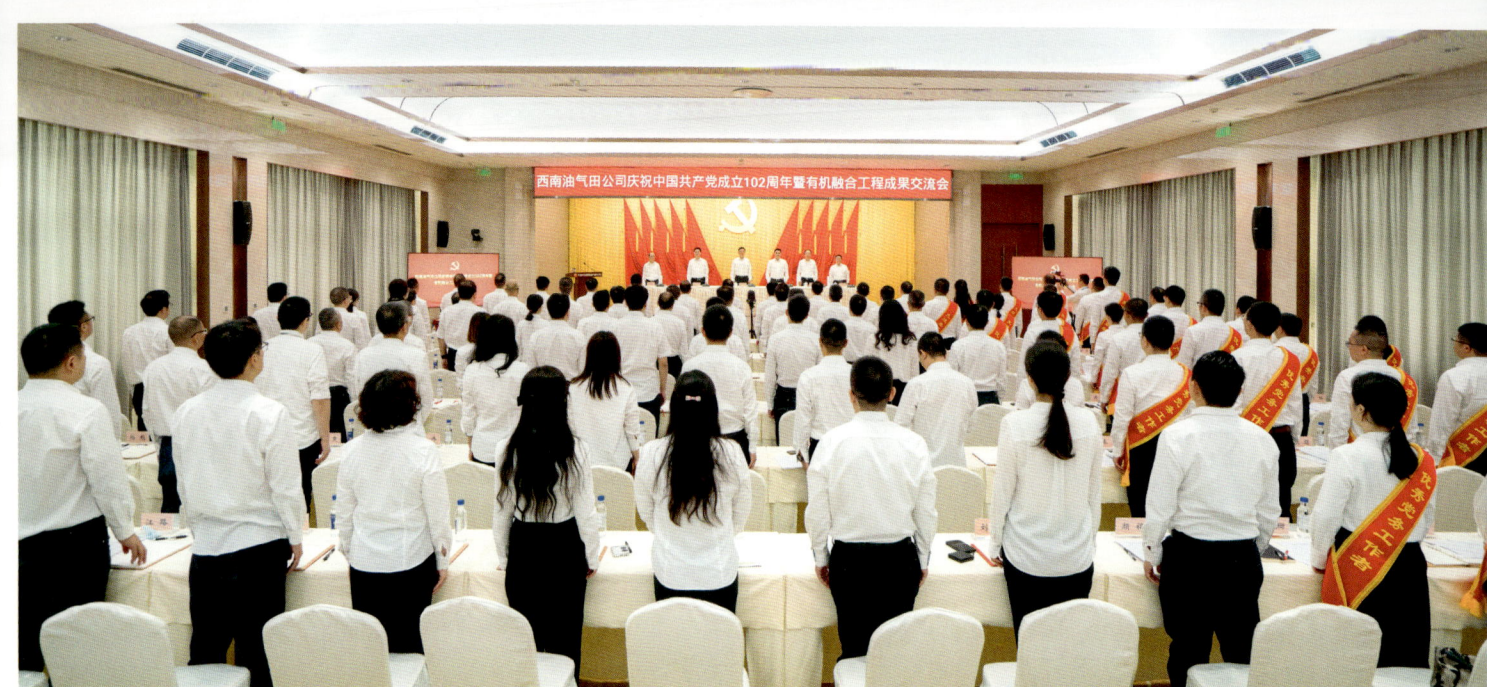

# 党建、精神文明建设

| | | |
|---|---|---|
| 1 | 3 | 4 |
| | 5 | 6 |
| 2 | 7 | 8 |

1. 2023 年 6 月 30 日，西南油气田公司在成都召开庆祝中国共产党成立 102 周年暨有机融合工程成果交流会 杨艺微　摄
2. 2023 年 6 月 28 日，川庆钻探工程公司在成都召开庆祝中国共产党成立 102 周年暨创先争优表彰大会 罗润菁　摄
3. 2023 年 1 月 11 日，西南油气田公司领导班子在成都召开的 2023 年工作会暨五届二次职代会、工代会，会议期间与劳模先进合影 敬宇翔　摄

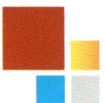

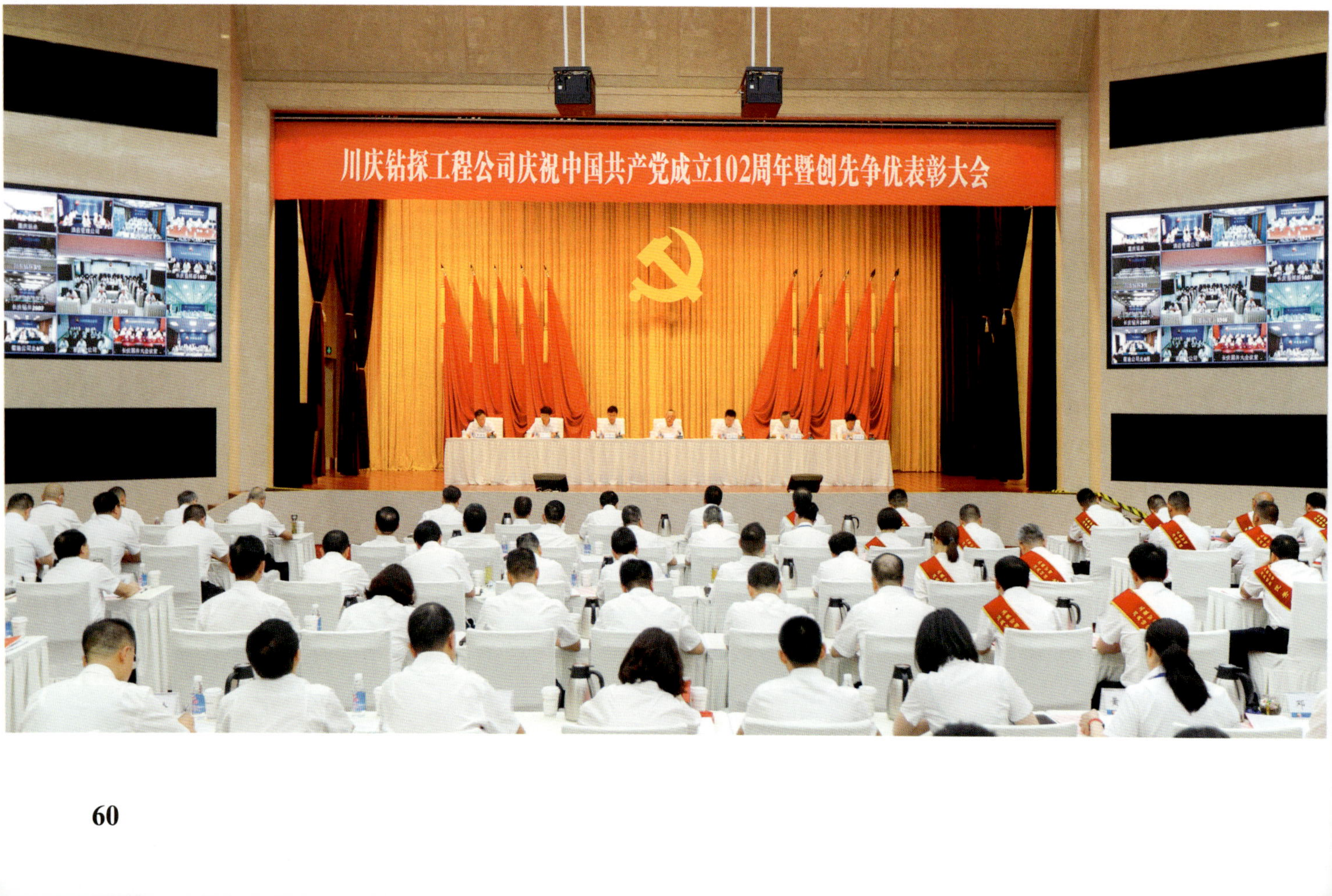

4. 2023年2月9日，西南油气田公司在成都召开党的建设工作会　　　　　　　　　　　　　　　　　　　　　　韩超 摄
5. 2023年1月6日，中国共产党川庆钻探工程公司机关第二次代表大会在成都召开　　　　　　　　　　　　谷学涛 摄
6. 2023年2月20日，勘研院被四川省企业联合会、四川省企业家协会联合授予"企业文化建设先进单位"称号　　张晨 摄
7. 2023年5月5日，集团公司在北京召开五四表彰大会暨十大杰出青年奋斗故事分享会，会上勘研院被评为集团公司"青年文明号"
　　　　　　　　　　　　　　　　　　　　　　　　　　　　　　　　　　　　　　　　　　　　　　　　　张晨 摄
8. 2023年12月6日，人民日报海外网第五届全球华人生活短视频大赛颁奖盛典在人民日报社隆重举行，中国石油选送的川庆国际工程公司微纪录片《奇迹》从全国55.4万件作品中脱颖而出，获"一带一路"特别作品奖，是中国石油本次大赛唯一获奖作品　　吴泓璇 供

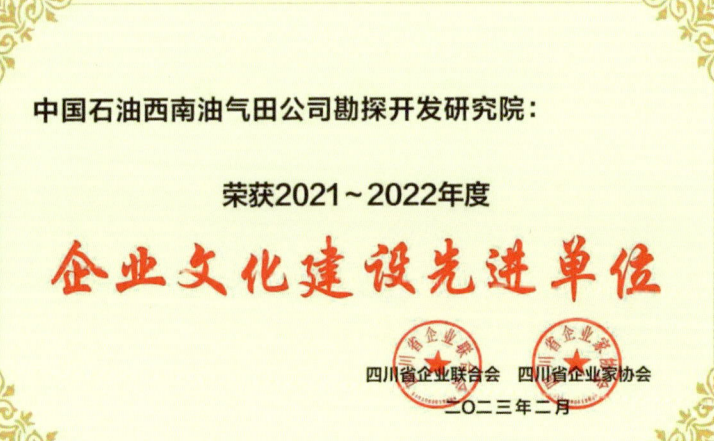

## 党建、精神文明建设

1. 2023年12月14日，川庆川西钻探公司在位于广元市剑阁县的深地川科1井现场实施组成立党建联盟　　朱　璐　摄
2. 2023年12月27日，新闻中心党委召开"融媒向党呈大气"成果发布会　　林　刚　摄
3. 2023年1月17日，西南油气田公司、川庆钻探工程公司联合开展四川油气田新春团拜会　　韩　超　摄
4. 2023年1月14日，川庆钻探工程公司在成都召开党外代表人士座谈会　　曾　琰　摄

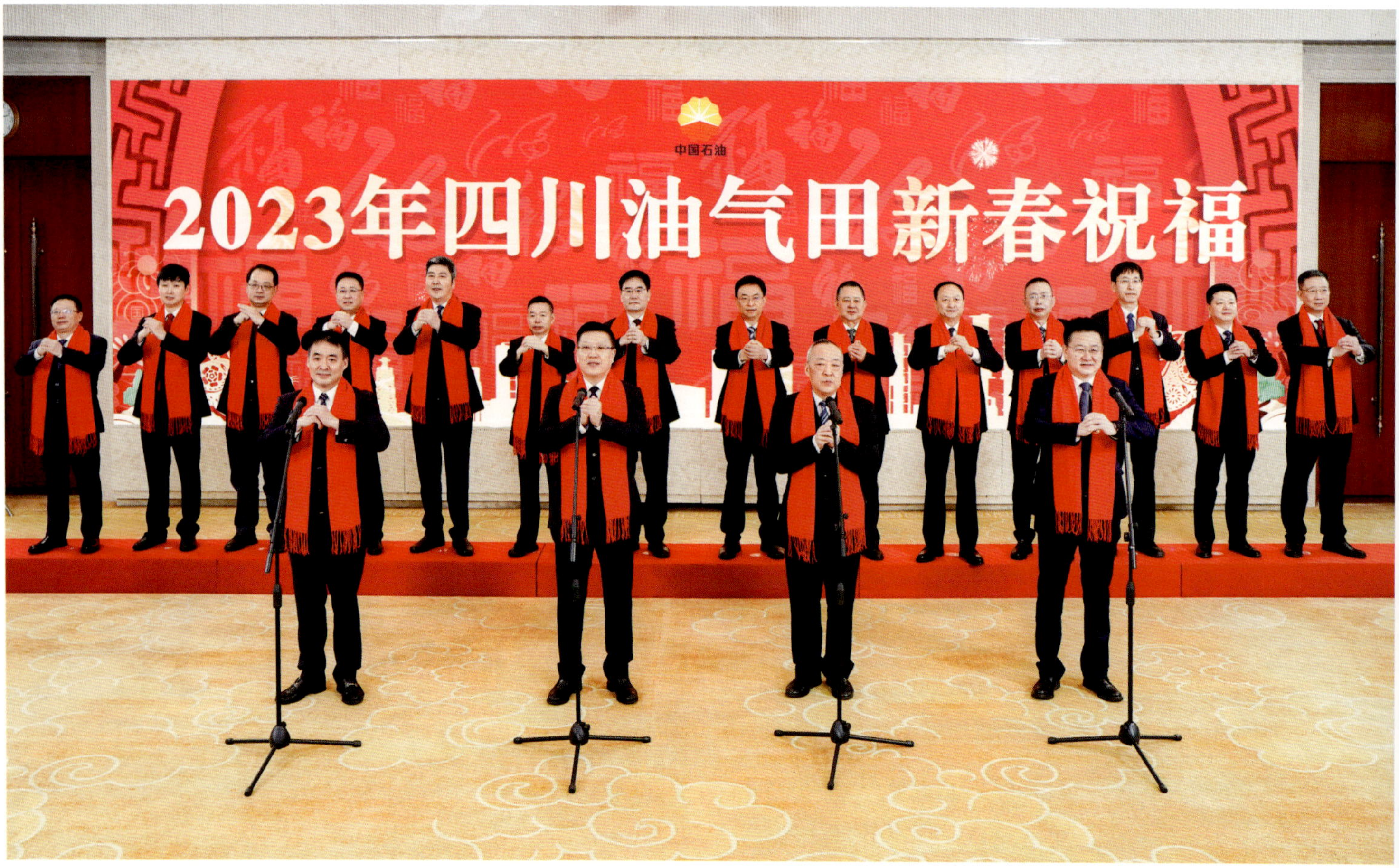

5. 2023年6月12日，川庆钻探工程公司在成都隆重举行"新时代川庆铁人"命名表彰仪式暨先进事迹报告会，川庆新疆分公司刘泽明（左）被授予"新时代川庆铁人"称号  庞 圆 摄
6. 2023年9月25日，中国石油井控应急救援响应中心主任、党委书记罗园（左）获评中国石油首届"感动石油人物"  谷学涛 摄
7. 2023年9月28日，重庆气矿举行综合展厅落成开馆揭牌仪式  郑元涛 摄
8. 2023年10月9日，重庆气矿职工谢利平（左二）参加中国工会第十八次全国代表大会  张 蓉 供
9. 2023年10月10日，川庆长庆钻井总公司在靖边区域开展"传承铁人精神、践行初心使命"暨"新时代长钻铁人""新时代最美长钻人"事迹宣讲活动  李传华 摄

# 党建、精神文明建设

1. 2023年4月8日,川庆重庆运输总公司在安徽铜陵接受5A级物流企业授牌　　　　　　　　底　洪 摄
2. 2023年3月24日,川庆钻井液公司员工刘明(左五)在2022年全国行业职业技能竞赛钻井液工比赛中获个人金奖　　　　　　　　唐仪中 摄
3. 2023年5月18日,川庆钻探工程公司承办的集团公司第二届技术技能大赛钻井安全(班组)竞赛在成都落下帷幕　　　　　　　　何　伟 摄
4. 2023年3月31日,为期4天的川庆钻探工程公司钻井安全技能比赛落下帷幕　　　　　　　　岳小波 摄
5. 2023年5月5日,川庆试修公司教导示范队队长马兵(三排左三)被授予"成都工匠"称号　　　　　　　　王　超 摄
6. 2023年4月26日,川庆钻探工程公司在成都召开"传承铁人精神、书写奋斗青春"五四主题活动　　　　　　　　伍丹丹 摄
7. 2023年7月5日,输气处团委在成都开展"知岗讲岗爱岗"讲述活动　　　　　　　　郑剑雄 摄
8. 2023年9月22日,四川省女职工"我学、我练、我能"天然气开采工职业技能大赛在射洪市闭幕,重庆气矿胡荣芳以总成绩第一名获大赛一等奖　　　　　　　　李　羽 摄
9. 2023年12月1日,天然气净化总厂在重庆市化医农林水利工会"保安全、促发展,保健康、促和谐"劳动竞赛总结表彰会上,获职业健康劳动竞赛一等奖　　　　　　　　王　博 摄

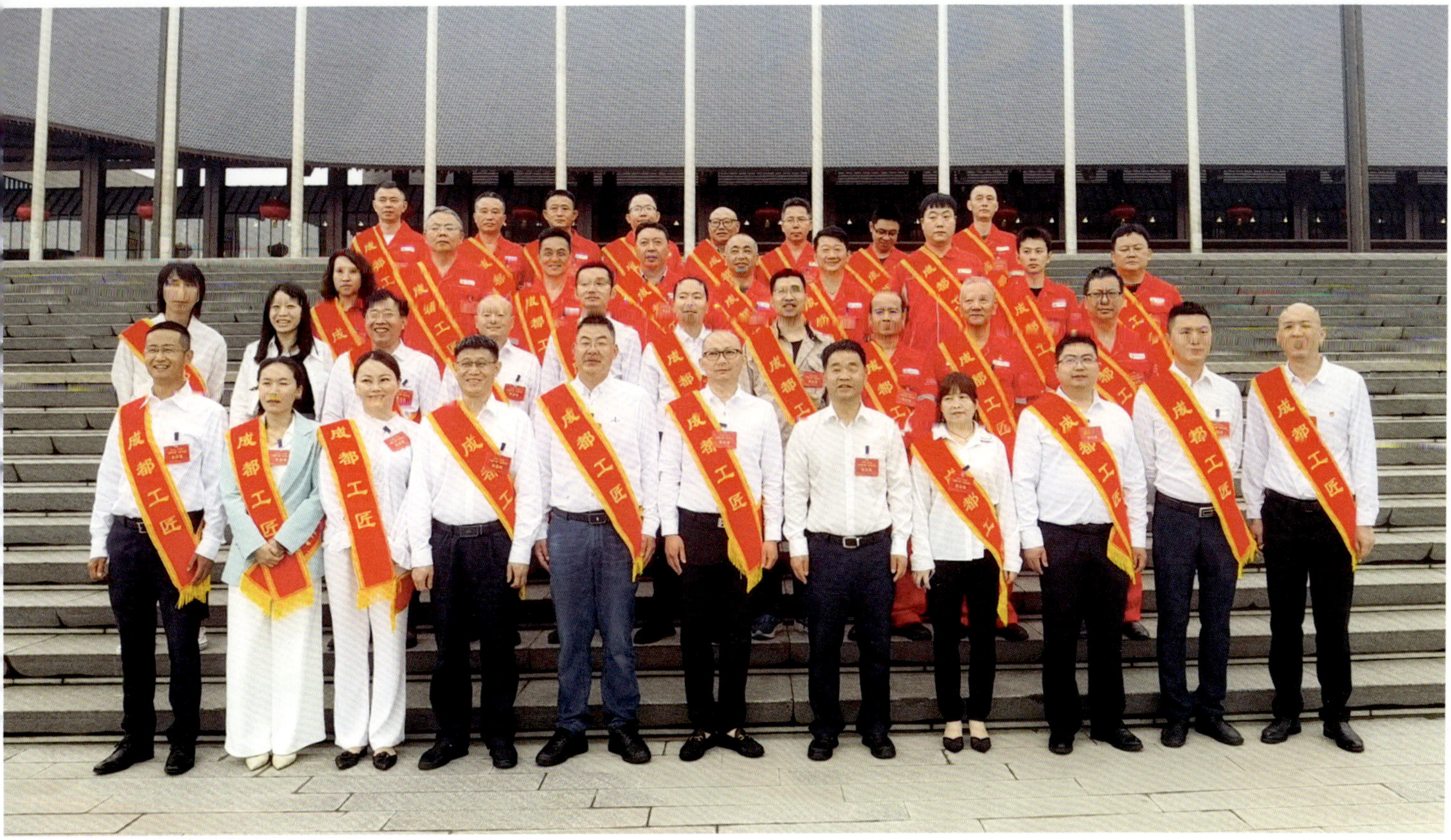

## 党建、精神文明建设

1. 2023年9月13日，数智分公司获集团公司网络安全攻防大赛团队一等奖及个人银牌等成绩　　黄飞飞 摄
2. 2023年4月25日，四川省总工会在成都召开庆祝"五一"国际劳动节暨表彰大会，为包括川庆钻探工程公司（左五）在内的7家获"全国五一劳动奖状"的单位授牌　　唐阳睿 摄
3. 2023年2月9日，川庆钻探工程公司对川庆钻采院增产稳产实验室代授甘肃省"工人先锋号"奖牌　　苏娣娣 摄
4. 2023年12月18日，西南油气田公司在成都举办天然气年产量"跨越400亿"主题活动　　杨艺微 摄
5. 2023年10月18日，西南油气田公司、川庆钻探工程公司慰问四川油气田离退休人员。图为在董中林家中慰问　　林 刚 摄

6. 2023年6月25—27日，西南油气田公司执行董事、党委书记 姜鹏飞（左）到九龙县调研乡村振兴，代表西南油气田公司捐款300万元
郑海涛 摄
7. 2023年3月14日，西南油气田公司执行董事、党委书记姜鹏飞（中）参加机关在川西北气矿众益园林公司"景怡馨苑"苗圃基地开展的义务植树活动
杨艺微 摄
8. 2023年6月27日，西南油气田公司党委副书记、工会主席李宝军（右六）出席在重庆气矿卧龙河集气总站启动的"为民办实事、夏季送清凉"一线慰问活动
郑元涛 摄
9. 2023年10月20日，西南油气田公司在成都承办全国石油石化能源系统首届"好记者讲好故事"演讲比赛
杨艺微 摄

## 党建、精神文明建设

1. 2023年10月20日，川庆国际工程公司员工马里（前左四）参加全国石油石化能源系统首届"好记者讲好故事"比赛，并获"十佳记者"　　　　　　　　　　　　　　　　　　　　　　　　　　　　　　　　　吕彬 摄
2. 2023年11月1日，蜀南气矿举办"战气"文化系列作品发布活动暨职工声乐器乐大赛，线上线下吸引28.1万人次观看
　　　　　　　　　　　　　　　　　　　　　　　　　　　　　　　　　　　　　　　　施洋 摄
3. 2023年3月7日，川庆钻采院王兰（左）获评集团公司第三届"感动石油巾帼风采"人物　　程阿师 摄

|   | 1 | 4 | 5 |
|---|---|---|---|
|   |   | 6 | 7 |
| 2 | 3 | 8 | 9 |

4. 2023年8月31日，家益公司在成都承办西南油气田公司"跨越400亿、泳往直前"职工游泳比赛　　　　　梁涵 摄

5. 2023年4月17日，中国石油书法家协会、西南油气田公司主办的中国石油书法家协会书法活动在成都开幕　　　　　韩超 摄

6. 2023年4月12日，西南油气田公司工会到雅安片区职工之家开展"心灵驿站"团体心理辅导活动启动仪式　　　　　薛嘉懿 摄

7. 2023年1月4日，四川页岩气公司在成都广汉开展"与历史对话，探索古蜀文化"三星堆亲子研学活动　　　　　林昕昕 摄

8. 2023年10月1日，川庆长庆固井公司第四固井工程项目部在定边生产基地开展国庆活动　　　　　何健 摄

9. 2023年5月28日，宝石花汽服公司工会在青白江"我的田园"开展"同心奋进'鑫'征程"户外拓展活动　　　　　马绰 摄

## 《四川油气田年鉴》编纂委员会

**主　任**
何　骁　李雪岗

**副主任**
董焕忠　张志东

**委　员**（以姓氏笔画为序）
马广文　王　欣　王　虓　卢尚勇　冯　勐　宁永乔　朱国武
刘力铭　刘利军　刘怀平　刘晓天　李　林　杨长城　杨再勇
杨　刚　宋庆波　张　川　张　明　张建国　苟昭辉　周井红
香　军　侯　斌　聂小明　党录瑞　钱　浩　徐先觉　徐非凡
黄雪松　龚建华　董剑南　敬兴胜　韩建禹　喻建胜　曾青松
曾　剑　曾　翀　谢祥锋　谢继容　蔡激扬　樊兴安　戴正海

## 《四川油气田年鉴》编辑部

**主　编**
刘怀平　卢尚勇

**副主编**
谭敬明（常务）　韩建禹（常务）　高　琼

**编　辑**
林　勇　孔令兴　闵　军

**审　核**
代华明　段义贤

**校　对**
张　丽　唐妍麟　叶玉茹　李　红　皮淑慧　于　刚　余　慧

# 编辑说明

一、《四川油气田年鉴》（简称《年鉴》）为中国石油西南油气田公司和中国石油川庆钻探工程公司联合主办的大型专业年刊，是一部全面、系统、翔实记载四川油气田年度基本情况和发展状况的资料性工具书。年鉴编纂工作始终坚持以马克思列宁主义、毛泽东思想、邓小平理论、"三个代表"重要思想、科学发展观、习近平新时代中国特色社会主义思想为指导，遵循实事求是的原则，力求做到思想性、资料性、准确性和科学性的统一。

二、本卷《年鉴》为1996年创刊后连续编辑出版的第29卷，除彩版特刊、个别表格内容外，记事时限2023年1月1日至12月31日，记事范围为西南油气田公司和川庆钻探工程公司的作业区域。全书采用分类编纂，由综合情况、动态信息和辅助资料三大部分组成，设图片特辑、总述、特载、大事记、勘探·开发、工程技术服务、市场·销售、生产服务、质量安全环保·节能节水、科技与对外合作、企业管理、党群工作·精神文明建设、单位概览、机构·人物、附录16个类目。

三、本卷《年鉴》采用全彩色设计，文字部分以类目、分目、条目分层设置，内容以条目体为主，辅以按类目标序的随文图表，特载、机构和附录中部分内容原文照录或选录；图片部分以铜版纸彩版和随文配彩照形式，专题化、形象化地突出企业的主营业务和年度特色，全方位反映四川油气田的年度大事、要事、特事。

四、为行文简洁，文中主要记事机构（单位）称谓按行业和系统惯例简称，并在书目前设置《主要机构（单位）称谓对照表》，多个称谓机构，按所设具体业务选取称谓。大事记中以"△"标示同日或同月，附录中设置《常用英文缩略词》，以利阅读、查对。书末设置索引，并附使用说明。

五、本卷《年鉴》刊用的稿件、资料、图片均由主办单位各部门和各单位提供、审核，记载的统计数据以主办单位统计部门提供的数据为准，统计部门未提供的数据，以主管部门的数据为准。

# Declaration of the *Yearbook of Sichuan Oil and Gas Fields*

I. The Yearbook of Sichuan Oil and Gas Fields (hereinafter called the Yearbook) is sponsored by PetroChina Southwest Oil & Gasfield Company and CNPC Chuanqing Drilling Engineering Co., Ltd. It is a practical reference yearbook with complete and full-detailed information about what and how happened during the period of each year in Sichuan oil and gas fields. The Yearbook is compiled based upon the Marxism-Leninism, Mao Zedong Thought, Deng Xiaoping Theory, the important thought of "Three Represents", Scientific Outlook on Development, and Xi Jinping Thought on socialism with Chinese characteristics in the new era. And followed by the principle of seeking truth from facts, the Yearbook aims to achieve the unity of ideology, information, accuracy and scientificity.

II. The Yearbook 2024 is the 29th volume in series started in 1996 which records, except for the contents of special color edition and individual tables, annual events and data from Jan. 1 to Dec. 31, 2023, which covers the operation areas of PetroChina Southwest Oil & Gasfield Company and CNPC Chuanqing Drilling Engineering Co., Ltd. This book consists of three main parts: general information, dynamic data, and reference materials. There are 21 columns including Overview, Features, Chronicle of Events, Exploration & Development, Engineering & Technical Services, Sales & Marketing, Production & Services, QHSE Management & Energy/Water Conservation, Science and Technology & Information & International Communication and Cooperation, Business Management, Community & Public Services, The Communist Party-Masses Work & Spiritual Civilization Construction, Outline of Companies, Organizations, Figures, Appendix and Index.

III. The Yearbook 2024, full of substantial information with texts and full-color pictures, is compiled by categories in different columns. Except for the original manuscripts and the collected data in such columns as Feature, Organizations, Figures, Appendix and the additional Relevant Information, texts in the other columns are in the three-leveled structure of class heading, sub-head, and entry, being illustrated by graphs and charts. Pictures, inserted in some color pages or in the texts, can reflect more literally and vividly particular topics in series of annual events, important affairs, and achievements of each sector in Sichuan oil and gas fields operated by CNPC Chuanqing Drilling Engineering Co., Ltd. and PetroChina Southwest Oil & Gasfield Company.

IV. The Yearbook 2024, to be more compact in words, chooses the way to abbreviate the names of all involved organizations and companies according to the conventional or traditional naming ways. For the convenience of checking and searching, the symbol of "△" is used to mark the same day or the same month in the Chronicle of Events and the table of the Abbreviated Names of Main Organizations and Departments is inserted before the Contents as well as the Commonly Used Abbreviations and Acronyms in the Appendixes. In addition, the instructions are also included in the index attached to this book.

V. The Yearbook 2024 collects data, materials and pictures from all the departments or offices of companies which have been reviewed by the leaders and have passed their confidential audit. Most statistical data are provided by the statistical departments of the sponsored companies, and the other data are also provided by the department in charge.

# 主要机构（单位）称谓对照表

| 全 称 | 简 称 |
|---|---|
| 中国石油天然气集团有限公司 | 集团公司或中国石油 |
| 中国东方电气集团有限公司 | 东方电气 |
| 国家石油天然气管网集团有限公司 | 国家管网集团 |
| 中国石油天然气股份有限公司 | 股份公司或中国石油 |
| 中国石油川渝地区石油企业协调组 | 川渝协调组 |
| 四川石油管理局有限公司 | 四川石油管理局 |
| 中国石油集团油田技术服务有限公司 | 中油技服 |
| 中国石油天然气股份有限公司西南油气田分公司 | 西南油气田公司 |
| 中国石油集团川庆钻探工程有限公司 | 川庆钻探工程公司 |
| 中国石油天然气股份有限公司天然气销售川渝分公司 | 天然气销售川渝分公司 |
| 中国石油天然气集团有限公司川渝页岩气前线指挥部 | 川渝页岩气前线指挥部 |
| 中国石油天然气股份有限公司西南油气田分公司川中油气矿 | 川中油气矿 |
| 中国石油天然气股份有限公司西南油气田分公司重庆气矿 | 重庆气矿 |
| 中国石油天然气股份有限公司西南油气田分公司蜀南气矿 | 蜀南气矿 |
| 中国石油天然气股份有限公司西南油气田分公司川西北气矿 | 川西北气矿 |
| 中国石油天然气股份有限公司西南油气田分公司川东北气矿 | 川东北气矿 |
| 中国石油天然气股份有限公司西南油气田分公司川中北部采气管理处 | 川中北部采气处 |
| 中国石油天然气股份有限公司西南油气田分公司输气管理处 | 输气处 |
| 重庆相国寺储气库有限公司 | 相国寺储气库公司 |
| 中国石油天然气股份有限公司西南油气田分公司天然气净化总厂 | 天然气净化总厂 |
| 中国石油天然气股份有限公司西南油气田分公司成都天然气化工总厂 | 成化总厂 |
| 中国石油天然气股份有限公司西南油气田分公司川东北作业分公司 | 川东北作业分公司 |
| 四川长宁天然气开发有限责任公司 | 长宁公司 |
| 中国石油天然气股份有限公司西南油气田分公司勘探开发研究院 | 勘研院 |
| 中国石油天然气股份有限公司西南油气田分公司天然气研究院 | 天研院 |
| 中国石油天然气股份有限公司西南油气田分公司工程技术研究院 | 工程院 |
| 中国石油天然气股份有限公司西南油气田分公司安全环保与技术监督研究院 | 安研院 |
| 中国石油天然气股份有限公司西南油气田分公司页岩气研究院 | 页岩气研究院 |
| 中国石油天然气股份有限公司西南油气田分公司集输工程技术研究所 | 集输工程所 |

| 全 称 | 简 称 |
|---|---|
| 中国石油天然气股份有限公司西南油气田分公司天然气经济研究所 | 经研所 |
| 中国石油天然气股份有限公司西南油气田分公司勘探事业部 | 勘探事业部 |
| 中国石油天然气股份有限公司西南油气田分公司开发事业部 | 开发事业部 |
| 中国石油天然气股份有限公司西南油气田分公司重庆页岩气勘探开发有限责任公司 | 重庆页岩气公司 |
| 中国石油天然气股份有限公司西南油气田分公司四川页岩气勘探开发有限责任公司 | 四川页岩气公司 |
| 中国石油天然气股份有限公司西南油气田分公司新能源事业部 | 新能源事业部 |
| 中国石油天然气股份有限公司西南油气田分公司致密油气勘探开发项目部 | 致密油气项目部 |
| 中国石油天然气股份有限公司西南油气田 数字智能技术分公司 | 数智分公司 |
| 中国石油西南油气田燃气分公司 | 燃气分公司 |
| 中国石油天然气股份有限公司西南油气田分公司新闻中心 | 新闻中心 |
| 四川华油集团有限责任公司 | 四川华油集团公司 |
| 四川川港燃气有限责任公司 | 川港燃气公司 |
| 中国石油天然气股份有限公司西南油气田分公司物资分公司 | 物资分公司 |
| 四川家益石油房地产开发有限责任公司 | 家益公司 |
| 四川华成油气工程建设监理有限公司 | 华成监理公司 |
| 中国石油天然气集团有限公司重庆地区石油企业工作协调小组 | 重庆协调小组 |
| 中国石油天然气股份有限公司西南油气田分公司公共事务中心 | 公共事务中心 |
| 四川宝石花鑫盛油气运营服务有限公司 | 宝石花油服公司 |
| 中国石油天然气股份有限公司西南油气田分公司宝石花汽车服务公司 | 宝石花汽服公司 |
| 四川宝石花医疗管理有限公司 | 宝石花医疗公司 |
| 四川华盛能源发展集团有限公司 | 四川华盛能源公司 |
| 中国石油集团川庆钻探工程有限公司长庆指挥部 | 川庆长庆指挥部 |
| 中国石油集团川庆钻探工程有限公司川东钻探公司 | 川庆川东钻探公司 |
| 中国石油集团川庆钻探工程有限公司川西钻探公司 | 川庆川西钻探公司 |
| 中国石油集团川庆钻探工程有限公司长庆钻井总公司 | 川庆长庆钻井总公司 |
| 中国石油集团川庆钻探工程有限公司新疆分公司 | 川庆新疆分公司 |
| 中国石油集团川庆钻探工程有限公司国际工程公司 | 川庆国际工程公司 |
| 中国石油集团川庆钻探工程有限公司苏里格项目经理部 | 川庆苏里格项目部 |
| 中国石油集团川庆钻探工程有限公司井下作业公司 | 川庆井下作业公司 |
| 中国石油集团川庆钻探工程有限公司长庆井下技术作业公司 | 川庆长庆井下公司 |
| 中国石油集团川庆钻探工程有限公司试修公司 | 川庆试修公司 |

| 全称 | 简称 |
|---|---|
| 中国石油集团川庆钻探工程有限公司长庆固井公司 | 川庆长庆固井公司 |
| 中国石油集团川庆钻探工程有限公司钻采工艺技术研究院 | 川庆钻采院 |
| 中国石油集团川庆钻探工程有限公司地质勘探开发研究院 | 川庆地研院 |
| 中国石油集团川庆钻探工程有限公司安全环保质量监督检测研究院 | 川庆安检院 |
| 中国石油集团川庆钻探工程有限公司四川蜀渝石油建筑安装工程有限责任公司 | 川庆蜀渝公司 |
| 中国石油集团川庆钻探工程有限公司重庆运输总公司 | 川庆重庆运输总公司 |
| 中国石油集团川庆钻探工程有限公司长庆石油工程监督公司 | 川庆长庆监督公司 |
| 中国石油集团川庆钻探工程有限公司钻井液技术服务公司 | 川庆钻井液公司 |
| 中国石油集团川庆钻探工程公司页岩气勘探开发项目经理部 | 川庆页岩气项目经理部 |
| 中国石油集团川庆钻探工程有限公司页岩气工程项目部 | 川庆页岩气工程项目部 |
| 中国石油井控应急救援响应中心 | 川庆井控应急中心 |
| 四川越盛能源集团有限公司 | 越盛公司 |
| 中国石油集团川庆钻探工程有限公司纪检审计中心 | 川庆纪检审计中心 |
| 中国石油集团川庆钻探工程有限公司培训中心 | 川庆培训中心 |
| 中国石油集团川庆钻探工程有限公司酒店管理公司 | 川庆酒店管理公司 |
| 中国石油集团工程设计有限责任公司西南分公司 | CPE 西南分公司 |
| 中国石油集团西部钻探工程有限公司 | 西部钻探工程公司 |
| 中国石油集团长城钻探工程有限公司 | 长城钻探工程公司 |
| 中国石油集团渤海钻探工程有限公司 | 渤海钻探工程公司 |
| 中国石油天然气集团公司海洋工程有限公司 | 海洋工程公司 |
| 中国石油天然气股份有限公司勘探与生产分公司 | 勘探与生产分公司 |
| 中国石油天然气股份有限公司天然气与管道公司 | 天然气与管道公司 |
| 中国石油天然气股份有限公司工程技术分公司 | 工程技术分公司 |
| 大庆油田有限责任公司 | 大庆油田公司 |
| 中国石油天然气股份有限公司华北油田分公司 | 华北油田公司 |
| 中国石油天然气股份有限公司大港油田分公司 | 大港油田公司 |
| 中国石油天然气股份有限公司长庆油田分公司 | 长庆油田公司 |
| 中国石油天然气股份有限公司新疆油田分公司 | 新疆油田公司 |
| 中国石油天然气股份有限公司塔里木油气田分公司 | 塔里木油田公司 |
| 中国石油天然气股份有限公司浙江油田分公司 | 浙江油田公司 |
| 中国石油天然气股份有限公司四川销售分公司 | 四川销售公司 |

| 全　称 | 简　称 |
|---|---|
| 中国石油天然气股份有限公司重庆销售分公司 | 重庆销售公司 |
| 中国石油天然气股份有限公司西南化工销售分公司 | 西南化工销售公司 |
| 中国石油天然气股份有限公司四川石化有限责任公司 | 四川石化公司 |
| 中国石油集团东方地球物理勘探有限责任公司 | 东方地球物理勘探公司 |
| 中国石油国际勘探开发有限公司 | 中油国际公司 |
| 中国石油化工集团有限公司 | 中国石化 |
| 中国石油宝鸡石油机械有限责任公司 | 宝石机械公司 |
| 川油广汉宏华有限公司 | 宏华公司 |
| 中国石油天然气股份有限公司西南油气田重庆分公司 | 西南油气田重庆分公司 |
| 中国海洋石油集团有限公司 | 中国海油 |
| 中国华油集团公司 | 华油集团 |
| 昆仑能源有限公司 | 昆仑能源公司 |
| 中国石油天然气集团有限公司综合管理部 | 集团公司综合管理部 |
| 中国石油报四川记者站 | 记者站 |
| 中国共产党四川省委员会 | 中共四川省委 |
| 四川省人民政府 | 四川省政府 |
| 中国共产党重庆市委员会 | 中共重庆市委 |
| 重庆市人民政府 | 重庆市政府 |
| 中国共产党成都市委员会 | 中共成都市委 |
| 成都市人民政府 | 成都市政府 |
| 国有资产监督管理委员会 | 国资委 |
| 经济和信息化委员会 | 经信委 |
| 发展与改革委员会 | 发改委 |
| 安全生产监督管理局 | 安监局 |
| 安全生产管理委员会 | 安委会 |

# 目　录

## 图片特辑

**图说 2023**     01
突出专业引领，规模实力晋位升级     02
突出绿色转型，融合发展有序推进     08
突出"一体两面"，保障作用充分发挥     12
突出精益管理，治理效能稳步提升     16
突出政治建设，保障作用充分彰显     20
领导视察     22
基层调研     26
重要会议     28
勘探开发、管输与天然气化工     30
工程技术、生产建设服务     36
科研、营销、对外合作与交流     44
安全生产、企业管理、公益事业     52
党建、精神文明建设     60

## 总　述

**四川油气田概述**     002
概貌     002
油气层系     002
油气资源     003
科技资源     003
资产总况     005
历史沿革     005

**年度工作概述**     006
经营业绩     006
油气勘探     006

工程技术服务     008
天然气开发     008
天然气销售与保供     008
风险合作开发     009
绿色转型     009
经营管理     009
安全环保     010
科技创新     010
数字化转型     011
企业党建工作     011
企业协调     012
川渝协调组部分成员单位经营业绩     013
社会责任履行     013
中国西南首个年产 400 亿立方米大气区建成     013
油气产量当量 1 000 万吨级页岩气产区建成     014

## 特　载

跨越 400 亿　迈上新台阶　为实现公司
　　高质量发展而团结奋斗     016
稳中求进　奋勇争先　为建设世界一流
　　工程技术服务企业而团结奋斗     024
坚持强根铸魂　强化有机融合　以高质量
　　党建引领推动公司高质量发展     031
在川庆钻探工程公司 2023 年工作会暨三届
　　四次职代会、工代会结束时的讲话     038

# 大事记

2023 年四川油气田大事记 …… 042

# 勘探·开发

**油气勘探** …… 064
概述 …… 064
勘探工作量 …… 064
四川盆地德阳—安岳裂陷槽西侧大探 1 井灯影组勘探重大突破 …… 064
四川盆地二叠系—三叠系礁滩新区带勘探重要发现 …… 064
四川盆地寒武系筇竹寺组深层页岩气勘探重要发现 …… 064
四川盆地川中地区茅口组多层系天然气勘探重要发现 …… 065
四川盆地川南向斜区茅口组多类型勘探获重要发现 …… 065
四川盆地第 31 套工业产层发现 …… 065
宣探 1 井飞仙关组两层获气 …… 066
勘探项目管理 …… 066
储量管理 …… 066
矿权管理 …… 066
物探技术管理 …… 066
国内首个页岩气新层系地震采集项目 …… 067

**油气田开发** …… 067
概述 …… 067
气藏评价 …… 068
开发储量 …… 068
产能建设 …… 069
采油气工艺 …… 069
天然气集输 …… 070
天然气净化 …… 070
新能源工程 …… 071
轻烃生产 …… 071
化工生产 …… 071
储气库生产建设 …… 071
中国特高含硫气田铁山坡气田投产 …… 072
中国首口产层为距今 5.4 亿年寒武系的页岩气井投产 …… 072

**油气管道** …… 073
概述 …… 073
管网输配能力建设 …… 073
管道风险治理 …… 073
管道完整性管理 …… 073
新能源技术 …… 073
终端燃气管理 …… 073
管道数字化建设 …… 073
页岩气集输干线——威江线投运 …… 074

**合作区块油气勘探开发** …… 074
概述 …… 074
苏里格合作区块生产建设 …… 074
页岩气风险作业区块生产建设 …… 074
苏里格合作区块技术运用 …… 074
页岩气风险作业区块技术运用 …… 075
苏里格合作区块生产管理 …… 075
威远页岩气生产管理 …… 075

# 工程技术服务

**钻井工程** …… 078
概述 …… 078
钻井指标纪录 …… 078
区域市场钻井指标 …… 080
川渝地区钻井 …… 080
新疆地区钻井 …… 080
长庆地区钻井 …… 081
阿姆河区块钻井 …… 081
页岩气钻井 …… 081
川渝地区水平井钻井 …… 081

| | |
|---|---|
| 长庆区域水平井钻井 | 081 |
| 新疆地区水平井钻井 | 082 |
| 钻井提速 | 082 |
| 钻井提速工艺升级 | 083 |
| 气体钻井 | 083 |
| 欠平衡／控压钻井技术应用 | 083 |
| 井身结构优化设计技术 | 084 |
| 随钻扩眼技术 | 084 |
| 垂直钻井技术 | 084 |
| 亚洲最深直井蓬深 6 井 | 084 |
| 深地川科 1 井钻井 | 085 |

| | |
|---|---|
| **钻井液** | **085** |
| 概述 | 085 |
| 钻井液技术助力钻井提速提效 | 086 |
| 防治故障复杂的钻井液工艺技术 | 086 |
| 川渝地区钻井防漏治漏 | 087 |
| 长庆区块综合治漏 | 087 |
| 钻井液数字化 | 087 |
| 川渝地区钻井液生产保障能力 | 088 |
| 川渝地区钻井液服务 | 088 |
| 井壁稳定瓶颈技术攻关与运用 | 088 |
| 万米深井钻井液保障服务 | 088 |
| 长庆地区钻井液服务 | 088 |
| 清洁化生产 | 089 |
| 钻井液质量检测 | 089 |
| 钻井液技术攻关 | 089 |
| 新疆地区钻井液成本管理 | 089 |
| 海外区块钻井液服务 | 090 |
| 钻井液质量控制 | 090 |

| | |
|---|---|
| **固井** | **090** |
| 概述 | 090 |
| 固井作业质量体系建设 | 090 |
| 固井作业技术平台打造 | 091 |
| 固井工艺技术运用 | 091 |
| 固井工具研制与运用 | 091 |
| 固完井一体化工具首次入井试用 | 092 |

| | |
|---|---|
| 固井全过程井筒压力精细控制技术 | 092 |
| 深地川科 1 井前期固井 | 092 |
| 深层页岩气高压固井 | 092 |
| 固井水泥浆应用 | 092 |

| | |
|---|---|
| **录井** | **093** |
| 概述 | 093 |
| 录井市场服务 | 093 |
| 录井科研成果 | 093 |
| 录井服务成果 | 094 |
| 录井新工艺技术试验与应用 | 094 |

| | |
|---|---|
| **试油修井及地层测试** | **094** |
| 概述 | 094 |
| 重点（特色）试油工程 | 094 |
| 清洁化生产 | 095 |
| 带压作业 | 095 |
| 连续油管作业 | 095 |
| 装备及工具研究 | 096 |
| 测试工艺技术运用 | 096 |

| | |
|---|---|
| **压裂酸化** | **096** |
| 概述 | 096 |
| 套变防治 | 096 |
| 储层改造工艺技术运用 | 096 |
| 二氧化碳加砂压裂储层改造 | 096 |
| 常规气精准酸压 2.0 技术运用 | 097 |
| 致密气多缝压裂技术攻关与运用 | 097 |
| 页岩气压裂提产技术运用 | 097 |
| 装备配套及工具研制 | 097 |
| 蓬深 6 井酸化作业 | 097 |
| 高石 018-1-H2 井酸化压裂 | 098 |

| | |
|---|---|
| **井控** | **098** |
| 概述 | 098 |
| 井控安全管理 | 098 |
| 井控监督管理 | 099 |
| 井控信息化管理 | 099 |

| | |
|---|---|
| 井控装备管理 | 100 |
| 井控基础管理 | 100 |
| 井控应急管理 | 100 |
| 溢流井情况分析 | 101 |
| 井控培训管理 | 101 |

## 地面工程　　102
| | |
|---|---|
| 概述 | 102 |
| 铁山坡气田飞仙关组气藏开发地面工程 | 102 |
| 荣县净化厂脱硫工艺改造工程 | 103 |
| 威远—泸州区块页岩气集输干线工程 | 103 |
| 相国寺储气库扩压增量工程 | 103 |
| 储气库项目 | 103 |
| 页岩气项目 | 103 |
| 页岩气标准化设计 | 103 |
| 致密油气地面建设标准化设计 | 104 |
| 数字化交付 | 104 |
| 储运专业标准体系建设 | 104 |

# 市场·销售

## 市场开发与管理　　106
| | |
|---|---|
| 概述 | 106 |
| 国内工程技术服务市场 | 106 |
| 国外工程技术服务市场 | 106 |
| 承包商准入管理 | 107 |
| 供应商准入管理 | 107 |
| 天然气市场规划 | 107 |
| "地企协同"市场开发 | 107 |
| "川渝气电"项目开发 | 107 |
| 天然气撬动新能源 | 108 |
| 高端精细化工开发 | 108 |
| 新材料项目开发 | 108 |
| 终端市场开发 | 108 |
| 新项目投产管理 | 108 |
| 氢能业务市场研发 | 108 |
| 市场开发基础管理 | 108 |

| | |
|---|---|
| 西南油气田公司首个光伏示范工程投运 | 109 |

## 营销管理　　109
| | |
|---|---|
| 概述 | 109 |
| 营销计划管理 | 109 |
| 营销策略研究 | 109 |
| 天然气保供 | 109 |
| 天然气推价与结算 | 110 |
| 天然气线上交易 | 110 |
| 客户管理与服务 | 110 |
| 货款回收 | 110 |

## 天然气销售　　110
| | |
|---|---|
| 概述 | 110 |
| 天然气销售结构 | 111 |
| 天然气区域销售 | 111 |
| 终端市场销售 | 111 |

## 石化产品销售　　113
| | |
|---|---|
| 概述 | 113 |
| 石油液体产销 | 113 |
| 化工产品产销 | 113 |
| 主要化工产品价格 | 113 |
| 产品销售管理 | 113 |

# 生产服务

## 物资采购与供应　　116
| | |
|---|---|
| 概述 | 116 |
| 物资采购制度建设 | 116 |
| 集中采购 | 117 |
| 物资采购质量控制 | 117 |
| 物资采购供应 | 118 |
| 物资采购监管 | 119 |
| 物资采购监督检查 | 119 |
| 采购物资质量合格率专项行动 | 119 |
| 采购成本控制 | 119 |

# 目录

SICHUAN OIL AND GAS FIELDS YEARBOOK 2024

| 物资仓储管理 | 120 |
| --- | --- |
| 物资信息化应用 | 120 |
| 物资招标管理 | 121 |
| 铁山坡气田物资供应 | 122 |
| 采购管理对标现场评估迎检 | 122 |
| 采购业务诊断评估 | 122 |
| 采购供应链绿色低碳转型策略研究 | 122 |
| 物资采购全过程管理建模大赛 | 122 |
| 起重工具采购方案和采购执行获"最佳实践"项目 | 122 |

| **运输生产** | **123** |
| --- | --- |
| 概述 | 123 |
| 川渝地区核心运输市场服务 | 123 |
| 区域市场运输服务 | 123 |
| 专项市场运输服务 | 124 |
| 运输车辆管理 | 124 |

| **信息化建设** | **125** |
| --- | --- |
| 概述 | 125 |
| 数字化转型项目 | 125 |
| 基础设施建设 | 125 |
| 网络安全管理 | 126 |
| 数据治理 | 126 |
| 信息"孤岛"治理 | 126 |
| 信息化管理与能力建设 | 127 |
| 数字化现场建设 | 127 |
| 生产管理系统建设 | 127 |
| 经营管理系统建设 | 128 |
| 技术运用与研究 | 128 |
| 系统维护与管理 | 128 |

| **石油建筑安装** | **128** |
| --- | --- |
| 概述 | 128 |
| 市场开发 | 129 |
| 市场管理 | 129 |
| 渡口河—七里北气田飞仙关组气藏开发地面工程 | 129 |

| 新建石油射孔器材及配套件生产线项目 | 130 |
| --- | --- |
| 塔油建大二线化验室 | 130 |
| 中国石油井控应急救援响应中心建设项目 | 130 |

| **管具** | **131** |
| --- | --- |
| 概述 | 131 |
| 钻具管理 | 131 |
| 钻具使用管理检查 | 131 |
| 检测与维修 | 132 |

## 质量安全环保·节能节水

| **安全生产** | **134** |
| --- | --- |
| 概述 | 134 |
| 安全生产专项行动 | 134 |
| 现场作业风险管控 | 134 |
| 重点领域风险防控 | 134 |
| 事故事件管理 | 134 |
| 安全环保管控 2.0 | 135 |
| "安眼工程"建设 | 135 |
| 承包商 HSE 监管 | 135 |
| 安全隐患排查治理 | 136 |
| 安全教育与培训 | 136 |
| HSE 监督检查 | 136 |
| 应急体系建设 | 137 |
| 交通安全管理 | 137 |
| 消防安全管理 | 137 |
| 危险化学品风险防控 | 137 |

| **环境保护** | **137** |
| --- | --- |
| 概述 | 137 |
| 环境保护管理 | 138 |
| 环保技术服务 | 138 |
| 环境监测 | 138 |
| 环境隐患治理 | 139 |
| 污染防治 | 139 |
| 低碳管控 | 139 |
| 清洁生产 | 139 |

| | |
|---|---|
| 科研成果 | 139 |
| 建设项目环保管理 | 139 |
| 污染源管理 | 140 |
| 环境监督 | 140 |
| 环保教育与培训 | 140 |

**质量技术监督** 140
| | |
|---|---|
| 概述 | 140 |
| 质量管理体系建设 | 140 |
| 产品质量抽查 | 140 |
| 采购物资质量监督 | 141 |
| 井工程质量监督 | 141 |
| 质量综合管理 | 141 |
| 钻探工程质量监督 | 141 |
| 计量管理 | 142 |
| 标准化管理 | 142 |

**节能节水** 142
| | |
|---|---|
| 概述 | 142 |
| 节能管理 | 142 |
| 节能技术运用 | 143 |
| 节能科研工作 | 143 |

**职业健康** 143
| | |
|---|---|
| 概述 | 143 |
| 作业场所检测 | 144 |
| 职业健康监护 | 144 |
| 职业病防护设施"三同时" | 144 |

**员工健康** 144
| | |
|---|---|
| 概述 | 144 |
| 健康体检 | 144 |
| 健康企业 | 144 |
| 健康保障 | 145 |
| 健康宣教 | 145 |

**QHSE 体系** 145
| | |
|---|---|
| 概述 | 145 |
| 安全环保责任制建设 | 146 |
| QHSE 管理体系审核 | 146 |
| QHSE 管理体系建设 | 146 |
| 基层站（队）QHSE 标准化建设 | 147 |
| 海外 HSSE 管理 | 147 |
| 海外 HSSE 培训 | 148 |

# 科技与对外合作

**科技发展** 150
| | |
|---|---|
| 概述 | 150 |
| 经费投入 | 150 |
| 科研项目 | 150 |
| 进站院士合作项目 | 150 |
| 科技管理 | 151 |
| 科技专项组织管理 | 151 |
| 科技平台建设 | 152 |
| 咨询服务 | 152 |
| 博士后科研工作站 | 152 |
| 专利与知识产权 | 152 |
| 标准工作 | 153 |
| 学会工作 | 154 |

**科技攻关与创新** 154
| | |
|---|---|
| 概述 | 154 |
| 地质勘探 | 154 |
| 地质工程技术 | 154 |
| 钻井工程技术 | 155 |
| 页岩气勘探开发 | 155 |
| 油气田开发技术 | 156 |
| 地面工程技术 | 156 |
| 天然气净化与化工 | 157 |
| HSE 与节能减排技术 | 157 |
| 质量与计量技术 | 157 |
| 安全环保技术 | 158 |
| 信息技术 | 158 |
| 经济与管理 | 158 |

目　录

| | |
|---|---|
| 新能源业务工作 | 158 |
| 党建研究成果 | 159 |
| 软科学研究 | 159 |
| | |
| **科研成果** | **159** |
| 概述 | 159 |
| 省部级科学技术奖 | 160 |
| 科学技术奖 | 160 |
| 基础研究奖 | 162 |
| 技术发明奖 | 162 |
| 人物奖 | 163 |
| | |
| **海外合作项目** | **163** |
| 概述 | 163 |
| 作业组织与市场分布 | 164 |
| 工程技术服务项目 | 164 |
| 对外合作交流 | 164 |
| 国内合作项目 | 165 |
| 油气合作开发 | 165 |
| | |
| **外事管理与交流** | **166** |
| 概述 | 166 |
| 海外业务管理 | 166 |
| 出国（境）人员管理 | 166 |
| 合作交流与外事活动 | 166 |

## 企业管理

| | |
|---|---|
| **改革与管理** | **168** |
| 概述 | 168 |
| 产业结构调整 | 168 |
| 发展战略研究 | 168 |
| 规章制度建设 | 169 |
| 内控与全面风险管理体系建设 | 169 |
| 管理创新理论研究与成果 | 170 |
| 基础建设 | 170 |
| 专职董事监事管理 | 171 |

| | |
|---|---|
| **规划计划** | **171** |
| 概述 | 171 |
| 战略规划管理 | 171 |
| 项目前期管理 | 172 |
| 投资计划管理 | 173 |
| 统计管理 | 173 |
| 综合评价管理 | 174 |
| 投资控制管理 | 174 |
| 新能源管理 | 175 |
| 股权投资管理 | 176 |
| | |
| **生产运行管理** | **176** |
| 概述 | 176 |
| 天然气生产调度 | 176 |
| 钻井运行 | 176 |
| 应急抢维修 | 177 |
| 土地管理 | 177 |
| 油地协调 | 177 |
| 水电管理 | 178 |
| 自然灾害防治 | 178 |
| 生产组织 | 178 |
| | |
| **财务资产** | **178** |
| 概述 | 178 |
| 预算管理 | 179 |
| 资金管理 | 179 |
| 成本管理 | 179 |
| 会计核算 | 180 |
| 价税管理 | 180 |
| 资产与保险管理 | 180 |
| 商业保险 | 181 |
| 财务信息化 | 181 |
| 财务共享 | 181 |
| 财务基础管理 | 181 |
| 关联交易 | 181 |
| 机关财务管理 | 181 |
| 结算管理 | 182 |
| "两金"压控与陈欠清收 | 182 |

**007**

| | |
|---|---|
| 股权管理 | 182 |
| 价税管理 | 182 |
| 财务监督 | 182 |

**企业资质** 183
| | |
|---|---|
| 概述 | 183 |
| 评估与申报 | 183 |
| 资质审查与考评 | 183 |
| 综合管理 | 184 |

**人事** 184
| | |
|---|---|
| 概述 | 184 |
| 领导班子建设 | 184 |
| 干部队伍建设 | 185 |
| 干部培训 | 186 |
| 专业技术干部及专家管理 | 186 |
| 职称评定与管理 | 187 |
| 出国（境）人员管理 | 187 |
| 基础管理 | 187 |
| 组工队伍建设 | 188 |

**劳动工资** 188
| | |
|---|---|
| 概述 | 188 |
| 劳动组织与管理 | 188 |
| 劳动用工管理 | 189 |
| 薪酬管理 | 189 |
| 业绩考核 | 190 |
| 员工培训管理 | 191 |
| 人力资源管理系统 | 191 |
| 职业技能等级认定 | 192 |
| 技能专家队伍建设 | 192 |

**工程造价** 193
| | |
|---|---|
| 概述 | 193 |
| 工程项目审查 | 193 |
| 重点领域造价管理 | 193 |
| 设备材料价格管理 | 194 |
| 定额研究计价管理 | 194 |
| 造价信息系统管理 | 194 |
| 工程项目结算管理 | 195 |
| 造价业务基础管理 | 195 |

**工程技术与监督** 195
| | |
|---|---|
| 概述 | 195 |
| 工程技术管理制度建设 | 196 |
| 工程技术管理 | 196 |
| 工程项目管理 | 196 |
| 井工程质量管理 | 197 |
| 钻井"日费制"管理 | 197 |
| 监督管理 | 197 |
| 工程项目联合监督检查 | 197 |

**设备管理** 198
| | |
|---|---|
| 概述 | 198 |
| 生产设备运行管理 | 198 |
| 生产设备技术管理 | 199 |
| 设备完整性管理 | 200 |
| 设备管理体系建设 | 200 |
| 设备质量安全管理 | 201 |
| 设备提质增效 | 201 |
| 设备数字化转型 | 201 |
| 设备节能减排 | 201 |

**审计监督与评价** 202
| | |
|---|---|
| 概述 | 202 |
| 审计管理 | 202 |
| 审计信息化建设 | 203 |
| 专项审计 | 204 |
| 经济责任审计 | 204 |
| 工程建设审计 | 204 |
| 审计问题整改 | 204 |
| 违规经营投资责任追究 | 205 |
| 审计业务培训 | 205 |

| 法律事务 | 206 |
| --- | --- |
| 概述 | 206 |
| 合规管理 | 206 |
| 合同管理 | 206 |
| 法律风险防控 | 206 |
| 重大项目法律论证与审查 | 207 |
| 普法宣传教育 | 207 |
| 纠纷案件诉讼与管理 | 207 |
| 工商商标管理 | 207 |

| 行政综合管理 | 207 |
| --- | --- |
| 概述 | 207 |
| 秘书工作 | 208 |
| 督办工作 | 208 |
| 文书机要 | 209 |
| 政策研究 | 209 |
| 乡村振兴 | 210 |
| 值班和应急工作 | 210 |
| 保密工作 | 210 |
| 档案管理 | 211 |
| 志鉴管理 | 211 |
| 信息管理 | 211 |
| 国家安全人民防线建设 | 211 |
| 机关事务管理 | 212 |
| 专项工作 | 212 |
| 队伍建设 | 213 |

| 社会保险管理 | 213 |
| --- | --- |
| 概述 | 213 |
| 社会基本保险业务 | 213 |
| 企业补充医疗保险业务 | 213 |
| 企业年金管理 | 213 |
| 有偿解除劳动合同退休人员补助 | 213 |
| 社保业务综合管理 | 213 |

| 住房公积金管理 | 214 |
| --- | --- |
| 概述 | 214 |
| 住房公积金业务 | 214 |

| 基础管理 | 214 |
| --- | --- |

## 党群工作·精神文明建设

| 党的建设 | 216 |
| --- | --- |
| 概述 | 216 |
| 党组织及党员队伍 | 216 |
| 基层组织建设 | 216 |
| "四好"班子创建活动 | 217 |
| 党员素质教育 | 217 |
| 党员发展 | 218 |
| 基础管理 | 218 |
| 机关党建工作 | 218 |

| 纪检 | 219 |
| --- | --- |
| 概述 | 219 |
| 党风建设 | 219 |
| 党委巡察机构与人员 | 219 |
| 党委巡察制度建设 | 220 |
| 巡察组织与管理 | 220 |
| 巡视巡察整改 | 220 |
| 纪律审查 | 221 |
| 监督检查 | 221 |
| 作风建设 | 222 |
| 反腐倡廉教育 | 222 |
| 队伍建设 | 223 |

| 工会工作 | 224 |
| --- | --- |
| 概述 | 224 |
| 企业民主管理与维权服务 | 224 |
| 劳动和技能竞赛 | 225 |
| 职工创新活动 | 225 |
| 保障帮扶 | 226 |
| 社会责任履行 | 226 |
| 评优选优 | 226 |
| 女职工工作 | 226 |
| 宣教文体 | 227 |

| 财务经审 | 227 |
| --- | --- |
| 工会组织建设 | 227 |
| 乡村振兴 | 228 |
| 我为员工群众办实事 | 228 |
| 培育职工文化 | 228 |
| 机关工会 | 228 |

**共青团工作** 229
| 概述 | 229 |
| --- | --- |
| 组织建设 | 229 |
| 青年思想政治教育 | 230 |
| 青年建功实践活动 | 231 |
| 青年志愿者活动 | 232 |
| 青年安全环保活动 | 232 |
| 青年典型引领 | 232 |
| 青年文化活动 | 233 |

**精神文明建设** 233
| 概述 | 233 |
| --- | --- |
| 政治理论学习 | 233 |
| 思想政治教育 | 234 |
| 意识形态工作 | 234 |
| 新闻宣传 | 235 |
| 先进典型宣传 | 235 |
| 舆情管理 | 236 |
| 企业文化品牌建设 | 236 |
| 思想政治理论研究 | 237 |
| 统战事务 | 237 |
| 媒体报道资201井 | 237 |
| 特高含硫气田铁山坡气田全面达产报道 | 238 |
| 深地川科1井媒体开放日活动 | 238 |
| 媒体报道西南首个年产400亿立方米大气区建成 | 238 |

**维稳信访安保与平安建设** 239
| 概述 | 239 |
| --- | --- |
| 维护稳定工作 | 239 |
| 信访工作 | 240 |
| 平安建设工作 | 241 |

| 内部保卫 | 241 |
| --- | --- |
| 治安反恐 | 242 |

## 单位概览

**川中油气矿** 244
| 概况 | 244 |
| --- | --- |
| 天然气勘探 | 244 |
| 油藏评价 | 244 |
| 气田开发 | 244 |
| 油田开发 | 244 |
| 安全环保 | 245 |
| 经营管理 | 245 |
| 改革创新 | 245 |
| 党建工作 | 246 |

**重庆气矿** 246
| 概况 | 246 |
| --- | --- |
| 气田开发 | 246 |
| 安全环保 | 247 |
| 地质勘探 | 247 |
| 市场营销 | 248 |
| 人才队伍建设 | 248 |
| 企业文化建设 | 248 |
| 党建工作 | 249 |

**蜀南气矿** 249
| 概况 | 249 |
| --- | --- |
| 油气勘探 | 249 |
| 产能建设 | 250 |
| 气田开发 | 250 |
| 生产运行管理 | 250 |
| 塔里木油气工程分公司 | 250 |
| 信息化建设 | 250 |
| QHSE体系管理与安全生产 | 251 |
| 市场营销 | 251 |
| 管理创新与科技攻关 | 251 |

| | | | |
|---|---|---|---|
| 财务管理 | 252 | 输气处 | 260 |
| 内控与合规管理 | 252 | 概况 | 260 |
| 党建工作 | 252 | 能源保障 | 261 |
| 企业文化建设 | 252 | 绿色发展 | 261 |
| 和谐气矿建设 | 252 | 安全工作 | 261 |
| | | 管道管理 | 261 |
| 川西北气矿 | 253 | 改革调整 | 262 |
| 概况 | 253 | 管理创新 | 262 |
| 勘探开发 | 253 | 党建工作 | 262 |
| 生产建设 | 253 | | |
| 新能源开发 | 254 | 天然气净化总厂 | 263 |
| 安全环保 | 254 | 概况 | 263 |
| 企业管理 | 254 | 生产运行 | 263 |
| 科技创新 | 255 | 安全环保 | 263 |
| 队伍建设 | 255 | 经营管理 | 264 |
| 党建工作 | 255 | 改革创新 | 264 |
| 群团工作 | 255 | 技术创新 | 264 |
| 民生保障 | 255 | 数字化转型 | 264 |
| | | 新能源发展 | 265 |
| 川东北气矿 | 256 | 净化人才 | 265 |
| 概况 | 256 | 党建工作 | 265 |
| 天然气勘探 | 256 | | |
| 气田开发 | 256 | 成都天然气化工总厂 | 265 |
| 高含硫项目建设 | 257 | 概况 | 265 |
| 改革创新 | 257 | 项目建设 | 266 |
| 安全生产 | 257 | 生产经营 | 266 |
| 经营管理 | 257 | 风险防控与安全环保 | 267 |
| 党建工作 | 258 | 管理提升 | 267 |
| | | 科技创新 | 267 |
| 川中北部采气处 | 258 | 党建工作 | 267 |
| 概况 | 258 | 和谐工厂建设 | 268 |
| 蓬莱气田勘探开发 | 258 | | |
| 高磨台缘带开发管理 | 259 | 川东北作业分公司 | 268 |
| 安全环保 | 259 | 概况 | 268 |
| 经营管理 | 259 | 安全环保 | 268 |
| 改革创新 | 259 | 生产运行 | 268 |
| 数字化转型 | 260 | 经营创效 | 269 |
| 党建工作 | 260 | 项目攻坚 | 269 |

| | |
|---|---|
| 创新管理 | 269 |
| 党建工作 | 269 |

**勘研院** 270
| | |
|---|---|
| 概况 | 270 |
| 科研工作及成果 | 270 |
| 勘探基础地质研究 | 270 |
| 区带目标井位研究 | 271 |
| 开发研究 | 271 |
| 气藏评价技术研究 | 271 |
| 地球物理研究 | 272 |
| 新能源技术研究 | 272 |
| 规划方案编制 | 272 |
| 勘探开发动态跟踪 | 272 |
| 储量及矿权研究 | 272 |
| 储气库建设 | 273 |
| 分析实验技术研究 | 273 |
| 信息化建设 | 273 |
| 科研保障 | 273 |
| 企业管理 | 273 |
| 质量安全环保工作 | 273 |
| 党建工作 | 274 |
| 工会与群团工作 | 274 |

**天研院** 274
| | |
|---|---|
| 概况 | 274 |
| 流量检定与校准 | 275 |
| 分析与测试 | 275 |
| 腐蚀与防护 | 275 |
| 天然气净化 | 275 |
| 油气田化学 | 275 |
| 新能源技术 | 275 |
| 标准化工作 | 275 |
| 平台建设 | 275 |
| 成果转化 | 275 |
| 经营管理 | 276 |
| 质量安全环保 | 276 |
| 党建工作 | 276 |
| 企业文化 | 276 |

**工程院** 277
| | |
|---|---|
| 概况 | 277 |
| 科研成果 | 277 |
| 科技攻关 | 277 |
| 技术支撑 | 277 |
| 平台建设 | 278 |
| 监督管理 | 278 |
| 质量检测 | 278 |
| 安全管理 | 278 |
| 合规管理 | 279 |
| 队伍建设 | 279 |
| 党建工作 | 279 |
| 民生工程 | 279 |

**安研院** 280
| | |
|---|---|
| 概况 | 280 |
| 科研工作 | 280 |
| 检测与技术服务 | 280 |
| QHSE 监督 | 280 |
| 信息化建设 | 281 |
| 企业管理 | 281 |
| 队伍建设 | 281 |
| 党建工作 | 281 |
| 企业文化 | 281 |
| 工会群团工作 | 281 |

**页岩气研究院** 282
| | |
|---|---|
| 概况 | 282 |
| 科研成果 | 282 |
| 五峰组—龙马溪组天然裂缝分级分类精细刻画 | 282 |
| 龙马溪组页岩气评价 | 282 |
| 页岩气井水平段长技术经济一体化设计关键技术与应用 | 283 |
| 地质力学一体化量化模拟技术 | 283 |
| 深层页岩气现场压裂技术研究 | 283 |
| 安全生产管理 | 283 |

| | |
|---|---|
| 党建工作 | 284 |
| 群团工作 | 284 |
| **集输工程所** | **284** |
| 概况 | 284 |
| 科研成果 | 284 |
| 科研攻关 | 285 |
| 技术支撑 | 285 |
| 深化改革 | 285 |
| 安全管理 | 285 |
| 党建工作 | 285 |
| **经研所** | **286** |
| 概况 | 286 |
| 科研工作 | 286 |
| 业务支撑 | 287 |
| 技术体系与常态化跟踪团队建设 | 287 |
| 成果奖励 | 287 |
| 合作交流 | 288 |
| 科技期刊 | 288 |
| "油公司"模式改革 | 288 |
| 信息产品 | 288 |
| 数字化转型 | 289 |
| 党建工作 | 289 |
| **勘探事业部** | **289** |
| 概况 | 289 |
| 勘探成果 | 289 |
| 工作成效 | 289 |
| 深地川科1井 | 290 |
| 勘探技术 | 290 |
| 管理创新 | 290 |
| 安全环保 | 290 |
| 党建工作 | 291 |
| 和谐企业建设 | 291 |
| **开发事业部** | **291** |
| 概况 | 291 |
| 管理创新 | 292 |
| 地质管理 | 292 |
| 钻井管理 | 292 |
| 试油压裂 | 293 |
| 控投降本 | 293 |
| 风险管控 | 293 |
| 党建工作 | 294 |
| **致密油气项目部** | **294** |
| 概况 | 294 |
| 地质勘探 | 294 |
| 生产建设 | 295 |
| 地面建设 | 295 |
| 提质增效 | 295 |
| 安全环保 | 296 |
| 管理创新 | 296 |
| 党建与精神文明建设 | 297 |
| **燃气分公司** | **297** |
| 概况 | 297 |
| 安全环保 | 297 |
| 市场营销 | 298 |
| 生产信息管理 | 298 |
| 基建工程建设 | 298 |
| 管道与设备管理 | 299 |
| 企业改革管理 | 299 |
| 党建工作 | 299 |
| 精神文明建设 | 300 |
| **数智分公司** | **300** |
| 概况 | 300 |
| 基础设施建设与网络安全 | 300 |
| 数据治理 | 301 |
| 信息化管理与能力建设 | 301 |
| 数字化转型重点项目 | 301 |
| 技术运用与研究 | 301 |
| 改革与管理 | 301 |
| 安全生产 | 302 |

| | |
|---|---|
| 人才队伍建设 | 302 |
| 党建工作 | 302 |
| **物资分公司** | **302** |
| 概况 | 302 |
| 服务保障 | 303 |
| 西南共享 | 303 |
| 专业价值 | 303 |
| 数字化转型 | 303 |
| 人才强企 | 303 |
| 资源创效 | 304 |
| 风险防控 | 304 |
| 党建工作 | 304 |
| **新能源事业部** | **304** |
| 概况 | 304 |
| 市场开发 | 304 |
| 前期计划 | 305 |
| 项目建设 | 305 |
| 前沿布局 | 306 |
| 经营管理 | 306 |
| 财务管理 | 306 |
| 安全管理 | 306 |
| 信息化管理 | 306 |
| 综合管理 | 307 |
| 党建工作 | 307 |
| **新闻中心** | **307** |
| 概况 | 307 |
| 新闻宣传 | 307 |
| 舆论引导 | 307 |
| 媒体融合 | 308 |
| 精益管理 | 308 |
| 队伍建设 | 308 |
| 党建工作 | 308 |
| 主题教育 | 308 |
| 品牌创建 | 309 |
| 理论建设 | 309 |

| | |
|---|---|
| 作风建设 | 309 |
| **重庆协调小组** | **309** |
| 概况 | 309 |
| 主要工作 | 309 |
| 党建工作 | 310 |
| 派驻纪检组工作 | 310 |
| **公共事务中心（武装部、保卫部）** | **310** |
| 概况 | 310 |
| 离退休管理服务 | 310 |
| 社保业务 | 311 |
| 资产管理 | 311 |
| 矿区业务 | 311 |
| 行政事务 | 312 |
| 安全环保 | 312 |
| 内控管理 | 312 |
| 党建工作 | 312 |
| **长宁公司** | **313** |
| 概况 | 313 |
| 页岩气勘探 | 313 |
| 页岩气开发 | 313 |
| 地面建设 | 314 |
| 工程技术 | 314 |
| 生产管理 | 314 |
| 安全环保 | 315 |
| 企业管理 | 316 |
| 党建工作 | 316 |
| 队伍建设 | 317 |
| 精神文明建设 | 317 |
| **相国寺储气库公司** | **318** |
| 概况 | 318 |
| 产能建设 | 318 |
| 安全环保 | 318 |
| 经营管理 | 319 |
| 信息化建设 | 319 |

| | | | |
|---|---|---|---|
| 完整性管理 | 319 | 民生建设 | 327 |
| 改革创新 | 319 | | |
| 党建工作 | 319 | **华盛能源公司** | 327 |
| 企业文化 | 320 | 概况 | 327 |
| 队伍建设 | 320 | 战略管控 | 328 |
| | | 战略布局 | 328 |
| **川港燃气公司** | 320 | 财务管理 | 328 |
| 概况 | 320 | 人力资源建设 | 328 |
| 企业改革 | 321 | 审计管理 | 329 |
| 经营管理 | 321 | 合规管理 | 329 |
| 天然气市场开发 | 321 | 股权管理 | 329 |
| 安全环保 | 322 | 党建工作 | 329 |
| 生产运行 | 322 | | |
| 党建工作 | 322 | **四川华油集团公司** | 329 |
| 和谐企业建设 | 323 | 概况 | 329 |
| | | 管理创新 | 329 |
| **四川页岩气公司** | 323 | 安全环保 | 330 |
| 概况 | 323 | 市场营销 | 330 |
| 页岩气勘探 | 323 | 生产运行 | 331 |
| 深化地质认识 | 323 | 提质增效 | 331 |
| 页岩气建产 | 323 | 党建工作 | 331 |
| 生产运行组织 | 324 | | |
| 企地协调 | 324 | **家益公司** | 332 |
| 科技创新 | 324 | 概况 | 332 |
| 管理创新 | 324 | 转型发展 | 332 |
| 安全环保 | 324 | 项目建设 | 332 |
| 效益经营 | 325 | 土地利用 | 332 |
| 共建共享 | 325 | 现代农业业务 | 332 |
| 党建工作 | 325 | 市场营销 | 332 |
| | | 经营管理 | 333 |
| **重庆页岩气公司** | 325 | 安全环保 | 333 |
| 概况 | 325 | 党建工作 | 333 |
| 勘探开发 | 325 | 精神文明建设 | 333 |
| 生产组织 | 326 | | |
| 工程技术 | 326 | **华成监理公司** | 334 |
| 经营管理 | 326 | 概况 | 334 |
| 安全环保 | 326 | 主营业务 | 334 |
| 党建工作 | 327 | 安全环保 | 334 |

| | |
|---|---|
| 科研成效 | 335 |
| 人员队伍建设 | 335 |
| 党建工作 | 335 |

**宝石花汽服公司** 335
| | |
|---|---|
| 概况 | 335 |
| 改革发展 | 336 |
| 安全环保 | 336 |
| 经营管理 | 336 |
| 队伍建设 | 336 |
| 党建工作 | 336 |
| 精神文明建设 | 337 |

**宝石花油服公司** 337
| | |
|---|---|
| 概况 | 337 |
| 法人治理体系 | 337 |
| 经营管理 | 338 |
| 创新成果 | 338 |
| 技能竞赛 | 338 |
| 主题教育 | 338 |
| 党建工作 | 338 |

**四川宝石花医疗公司** 339
| | |
|---|---|
| 概况 | 339 |
| 医疗质量 | 339 |
| 科研教学 | 339 |
| 服务油田 | 339 |
| 运营管理 | 339 |
| 安全环保 | 340 |
| 主题教育 | 340 |
| 党建工作 | 340 |
| 平安院区建设 | 341 |

**川庆长庆指挥部** 341
| | |
|---|---|
| 概况 | 341 |
| 协调关系 | 341 |
| 市场开发 | 341 |
| 组织运行 | 341 |

| | |
|---|---|
| 安全环保管理 | 342 |
| 技术进步 | 342 |
| 提质增效 | 342 |
| 党建工作 | 343 |

**川庆川东钻探公司** 343
| | |
|---|---|
| 概况 | 343 |
| 安全环保 | 343 |
| 钻井提速提效 | 344 |
| 科技进步 | 344 |
| 精细化管理 | 344 |
| "三基"工作 | 345 |
| 党建工作 | 345 |
| 党风廉政建设 | 345 |
| 企业文化 | 345 |
| 工会工作 | 345 |
| 团青工作 | 346 |

**川庆川西钻探公司** 346
| | |
|---|---|
| 概况 | 346 |
| 安全环保 | 346 |
| 科技进步 | 347 |
| 钻井提速 | 347 |
| 提质增效 | 348 |
| 数字化建设 | 348 |
| 党建工作 | 348 |
| 企业文化建设 | 348 |
| 工会工作 | 349 |
| 团青工作 | 349 |

**川庆长庆钻井总公司** 349
| | |
|---|---|
| 概况 | 349 |
| 市场布局 | 349 |
| 生产组织 | 349 |
| 技术提速 | 350 |
| 经营管理 | 350 |
| 科技研发 | 350 |
| 工程质量 | 350 |

| | |
|---|---|
| 安全环保 | 350 |
| 人才队伍建设 | 350 |
| 党建工作 | 351 |
| 党风廉政建设 | 351 |
| 思想文化建设 | 351 |
| 和谐企业建设 | 351 |

### 川庆新疆分公司　352
| | |
|---|---|
| 概况 | 352 |
| 钻井技术指标 | 352 |
| 生产组织 | 353 |
| 安全环保 | 353 |
| 经营管理 | 353 |
| 技术攻关 | 353 |
| 人才队伍建设 | 354 |
| 党群工作 | 354 |

### 川庆国际工程公司　354
| | |
|---|---|
| 概况 | 354 |
| 工作量完成情况 | 355 |
| 市场开发 | 355 |
| 重点项目 | 355 |
| 安全环保健康工作 | 356 |
| 企业管理 | 356 |
| 党建工作 | 356 |
| 幸福企业建设 | 356 |

### 川庆苏里格项目部　357
| | |
|---|---|
| 概况 | 357 |
| 产能建设 | 357 |
| 天然气生产 | 358 |
| 质量安全环保 | 358 |
| 企业管理 | 358 |
| 科技进步 | 359 |
| 党建工作 | 359 |
| 企业文化建设 | 359 |
| 和谐企业建设 | 360 |

### 川庆井下作业公司　360
| | |
|---|---|
| 概况 | 360 |
| 市场开发 | 361 |
| 生产经营 | 361 |
| 设备管理 | 361 |
| 财务资产管理 | 361 |
| 科技创新 | 362 |
| 人才培养 | 362 |
| 安全环保 | 362 |
| 队伍建设 | 362 |
| 党建工作 | 362 |
| 宣传工作 | 363 |
| 群团工作 | 363 |
| 和谐企业 | 363 |

### 川庆长庆井下公司　364
| | |
|---|---|
| 概况 | 364 |
| 质量安全环保与节能节水 | 364 |
| 经营管理 | 365 |
| 科技进步 | 365 |
| 管理创新 | 365 |
| 党建工作 | 365 |
| 民心工程 | 366 |

### 川庆试修公司　366
| | |
|---|---|
| 概况 | 366 |
| 市场开发 | 366 |
| 质量安全环保与节能节水 | 367 |
| 工程技术 | 367 |
| 科技进步 | 367 |
| 提质增效 | 368 |
| 队伍建设 | 368 |
| 企管法规 | 368 |
| 党建工作 | 368 |
| 企业文化 | 369 |
| 工团维稳工作 | 369 |

| | | | |
|---|---|---|---|
| **川庆长庆固井公司** | 369 | 经营管理 | 376 |
| 概况 | 369 | 科技进步 | 377 |
| 安全环保 | 370 | 市场开发 | 377 |
| 市场保障 | 370 | 安全监督 | 377 |
| 技术质量 | 370 | 环境保护 | 378 |
| 信息化建设 | 370 | 技术检测 | 378 |
| 经营管理 | 371 | 质量安全健康与节能节水 | 378 |
| 党建工作 | 371 | 队伍建设 | 378 |
| 队伍管理 | 371 | 党建工作 | 379 |
| **川庆钻采院** | 371 | **川庆蜀渝公司** | 379 |
| 概况 | 371 | 概况 | 379 |
| 科技创新情况 | 372 | 质量安全环保与节能节水 | 379 |
| 工程技术工作 | 372 | 经营管理 | 380 |
| 质量安全环保 | 372 | 科技进步 | 380 |
| 提质增效 | 372 | 信息化建设 | 380 |
| 党建工作 | 372 | 党建工作 | 380 |
| 工会与群团工作 | 373 | 工会工作 | 381 |
| **川庆地研院** | 373 | **川庆重庆运输总公司** | 381 |
| 概况 | 373 | 概况 | 381 |
| 生产组织 | 373 | 生产经营 | 381 |
| 科技成果及应用 | 373 | 运输生产 | 381 |
| 信息化建设 | 373 | 安全管控 | 381 |
| 市场开拓 | 374 | 市场开拓 | 382 |
| 质量安全环保 | 374 | 企业管理 | 382 |
| 合规管理 | 374 | 提质增效 | 383 |
| 财务管理 | 374 | 服务商管理 | 383 |
| 保密管理 | 375 | 信息技术 | 383 |
| 人才队伍建设 | 375 | 装备技术 | 383 |
| 党建工作 | 375 | 队伍建设 | 384 |
| 党风廉政建设 | 375 | 党建工作 | 384 |
| 企业文化建设 | 375 | | |
| 工团工作 | 375 | **川庆长庆监督公司** | 384 |
| 维稳信访与内保综治 | 376 | 概况 | 384 |
| | | HSE监督 | 385 |
| **川庆安检院** | 376 | 工程监督 | 385 |
| 概况 | 376 | 提质增效 | 385 |

| | | | |
|---|---|---|---|
| 企业管理 | 385 | 企业管理 | 394 |
| 党建工作 | 386 | 安全环保 | 395 |
| 群团工作 | 386 | 党建工作 | 395 |
| | | 企业文化 | 395 |
| **川庆钻井液公司** | **386** | 群团工作 | 395 |
| 概况 | 386 | | |
| 生产运行 | 386 | **越盛公司** | **396** |
| 工程技术 | 387 | 概况 | 396 |
| 提质增效 | 387 | 工程技术服务 | 396 |
| 质量健康安全环保 | 387 | 油田助剂产品 | 396 |
| 企业管理 | 388 | 新能源与环保业务 | 396 |
| 队伍建设 | 388 | 机械加工制造 | 396 |
| 党建工作 | 388 | 产融结合 | 397 |
| 群团工作 | 388 | 后辅保障 | 397 |
| | | 合规管理 | 397 |
| **川庆页岩气项目经理部** | **389** | 市场拓展 | 397 |
| 概况 | 389 | 科技研发成果 | 397 |
| 运行组织 | 389 | 资金管理 | 398 |
| 产建生产 | 389 | 人力资源 | 398 |
| 开发技术 | 389 | 重点投资项目 | 398 |
| 经营管理 | 389 | | |
| 质量安全环保 | 390 | **川庆纪检审计中心** | **398** |
| 党建工作 | 390 | 概况 | 398 |
| 文化民生 | 390 | 纪检工作 | 398 |
| | | 审计工作 | 398 |
| **川庆页岩气工程项目部** | **391** | 配合监督 | 398 |
| 概况 | 391 | 内部管理 | 399 |
| 生产组织 | 391 | 队伍建设 | 399 |
| 工程提速 | 391 | 党建工作 | 399 |
| 市场经营 | 392 | | |
| 安全环保 | 392 | **川庆培训中心** | **400** |
| 党建工作 | 392 | 概况 | 400 |
| | | 培训教学情况 | 400 |
| **川庆井控应急中心** | **393** | 安全环保 | 400 |
| 概况 | 393 | 基础设施建设 | 400 |
| 科技进步 | 393 | 科研成果 | 400 |
| 应急救援能力建设 | 394 | 队伍建设 | 401 |
| 井控技术支撑 | 394 | 企业管理 | 401 |

| | |
|---|---|
| 党建和精神文明建设 | 401 |
| **川庆酒店管理公司** | 402 |
| 概况 | 402 |
| 经营情况 | 402 |
| 市场开发 | 402 |
| 品质服务 | 402 |
| 强化管理 | 403 |
| 质量安全环保 | 403 |
| 党建工作 | 403 |

## 机构·人物

| | |
|---|---|
| **组织机构设置与调整** | 406 |
| 组织机构设置 | 406 |
| 内部机构调整 | 406 |
| 新建（增）机构 | 409 |
| 内部机构更名 | 409 |
| 撤销（并）机构 | 409 |
| **领导机构名录** | 428 |
| 行政领导名录 | 428 |
| 党委领导名录 | 428 |
| 纪委领导名录 | 428 |
| 工会领导名录 | 428 |
| **机关部门及直附属单位** | 431 |
| 机关部门 | 431 |
| 机关附属 | 431 |
| 直属机构 | 431 |
| **二级单位领导** | 436 |
| 西南油气田公司二级单位 | 436 |
| 川庆钻探工程公司二级单位 | 436 |
| **技术管理专家及高级专业技术人员** | 440 |
| 享受国务院政府特殊津贴专家 | 440 |
| 集团公司技术专家名录 | 440 |
| 技术专家 | 440 |
| 正高级专业技术人员 | 444 |
| 高级专业技术人员 | 444 |
| **技能专家及高级技能人员** | 448 |
| 集团公司技能专家 | 448 |
| 局级技能专家 | 448 |
| 资深技师名录 | 448 |
| 高级技师名录 | 448 |
| **先进集体与人物** | 454 |
| 国家级表彰 | 454 |
| 省部级表彰 | 454 |
| 厅局级表彰 | 454 |
| **共青团先进集体与个人** | 467 |
| 国家级表彰 | 467 |
| 省部级表彰 | 467 |
| 厅局级表彰 | 467 |
| 公司级表彰 | 467 |
| **国家级表彰集体简介** | 473 |
| 全国五一劳动奖状 | 473 |
| 马广文 | 474 |

## 附 录

| | |
|---|---|
| 专业组织 | 476 |
| 文件选编 | 488 |

## 索 引

| | |
|---|---|
| 索引 | 502 |

# CONTENTS

## Pictures Special

01 "2023 Events" in Pictures

## Overview

002 A Brief Introduction to Sichuan Oil and Gas Fields
006 Overview of the Annual Work

## Features

## Chronicle of Events

## Exploration and Development

064 Oil & Gas Exploration
067 Development of Oil and Gas Fields
073 Oil & Gas Pipelines
074 Oil & Gas Exploration and Development in Cooperative Zones

## Engineering & Technical Services

078 Drilling Engineering
085 Drilling Fluid
090 Well Lementation
093 Mud Logging
094 Production Testing, Workover Work & Formation Testing
095 Fracturing and Acidizing Work
098 Well Control
102 Ground Surface Construction Engineering

## Markets & Marketing

106 Market Development and Management
109 Marketing Management
110 Natural Gas Sales
113 Petrochemical Product Sales

## Production Services

116 Material Purchasing and Supply
123 Transportation and Operation
125 Information Construction
128 Construction and Installation
131 Tubular Goods

## QHSE Management & Energy/Water Conservation

134 Safe Production
137 Environmental Protection
140 Quality and Technology Supervision
142 Energy/Water Conservation
143 Professional Health
144 Employee Health
145 QHSE System

## Science & Technology / International Communication and Cooperation

150 Scientific & Technological Development
154 S&T Breakthrough and Innovation
159 Scientific and Research Results

163　Overseas Cooperation Projects
166　Foreign Affair Management and Communication

## Business Management

168　Outline of Reform and Management
171　Planning & Programming Management
176　Production and Operation Management
178　Financial Assets
183　Enterprise Qualification
184　Human Resources Management
188　Management of Labor Payment
193　Engineering Cost Management
195　Engineering & Technology Management and Supervision
198　Equipment Management
202　Audit Supervision and Evaluation
206　Corporate Law Affairs
207　General & Administrative Management
213　Social Security Management
214　Housing Accumulation Fund Management

## The Communist Party-Masses Work / Spiritual Civilization Construction

216　The Party Construction Work
219　Discipline Inspection
224　Labor Union Work
229　Communist Youth League and Youth Work
233　Spiritual Civilization Construction

239　Stability Maintenance Work and Handling Complaints and Appeals

## Outline of Companies

## Organizations & Figures

406　Organization Structures and Some Alteration
428　Leadership
431　Authority Departments and Direct Subordinate Units
436　Main Leaders in the Affiliated Units
440　Technical Experts, Management Experts, and Senior Professionals
448　Skilled Personnel and the Seniors
454　Outstanding Collective and Individuals
467　Advanced Collectives and Indviduals of the Communist Youth Legue
473　Introduction of National Level Commendation Collectives

## Appendixes

476　Professional Organizations
488　Selected Documents

## Index

502　index

总 述

Overview

# 四川油气田概述

【概貌】 四川油气田是指位于中国西南四川盆地以天然气为主、石油为辅的油气产区，横跨四川省、重庆市，在四川盆地有矿权面积10.33万平方千米，是中国重要天然气工业基地。2004年，四川油气田建成国内首个天然气年产量上100亿立方米的大气区，实现"川气出川"；2006年，成为国内首个以生产天然气为主的千万吨级大油气田；2020年，建成300亿立方米大气区；2022年，四川油气田油气产量当量3 061.8万吨，成为集团公司第四个跨入3 000万吨油气产量当量行列的大油气田；2023年，四川油气田油气产量当量3 361万吨，跃居集团公司上游板块第三位。四川油气田油气业务由西南油气田公司和川庆钻探工程公司承担。

西南油气田公司是集团公司在西南地区最大的天然气生产、供应企业，主要负责四川盆地油气勘探开发、天然气输配和终端销售业务，是中国天然气工业的奠基者和技术标准的主要制定者，也是国内唯一具有天然气上、中、下游一体化发展特色和优势的地区公司。油气生产主要分布于川中、蜀南、重庆、川西北、川东北5个油气区，天然气年生产能力超过400亿立方米，石油年生产能力5万吨。有油气田内部近7万千米的集气、输气、燃气管道和1座最大应急日采气能力3 800万立方米的储气库；区域管网通过中（卫）贵（阳）线和忠（县）武（汉）线与中亚、中缅、西气东输等骨干管道连接，是中国能源战略通道的西南枢纽，年综合输配气能力超过450亿立方米。2023年，西南油气田天然气产量420.3亿立方米，产量增量占集团公司的50%，连续10年实现年均30亿立方米快速增长；在川渝地区天然气销量达317.8亿立方米，产量和销量均创历史新高，生产石油液体12.5万吨，油气产量当量3 361万吨，跃居集团公司上游板块第三位。川南页岩气储量、产量跃居国内第一，建成国内首个千万吨级页岩气田。西南油气田公司所产天然气主要销往川、渝地区，并辐射滇、黔、鄂、湘等省，有1 000余家大中型工业用户和2 500多万户居民家庭，以及1万多家公用事业用户。天然气在川渝地区市场占有率始终保持在75%以上，在一次能源消费结构中占12%，高于全国5.9%的平均水平，行业利用率80%。历年累计生产天然气6 172亿立方米、石油707万吨。2023年，西南油气田公司在四川省企业100强中排名第16位。

川庆钻探工程公司是集团公司全资工程技术服务企业，享有独立对外经济贸易和经济技术合作业务权。主营钻井工程、录井、固井、储层改造、试油修井及油气合作开发等业务，国内市场主要服务于西南油气田公司、长庆油田公司、塔里木油田公司，作业区域分布于四川、重庆、陕西、甘肃、宁夏、内蒙古、新疆7个省（自治区、直辖市）；海外市场主要集中在土库曼斯坦、巴基斯坦、厄瓜多尔等国家，同时服务于壳牌、道达尔等国内反承包项目以及地方企业。川庆钻探工程公司形成以天然气工程技术服务为特色，常规油气、致密油气、页岩油气多领域工程技术协同发展的市场布局；有苏里格致密气、威远页岩气两个油气风险合作区块，是国内油气工程技术行业综合实力最强、井筒业务链完整、一体化优势突出的综合服务商。川庆钻探工程公司自组建以来，坚持服务油气与效益发展相统一，高质量服务四川盆地安岳龙王庙气田、长宁—威远国家级页岩气示范区、鄂尔多斯盆地陇东致密油气、塔里木盆地富满气田、土库曼斯坦阿姆河及复兴气田产能建设等一批重大工程、重点项目建设，先后打成中国第一口页岩气井（威201井）、国内陆上最深天然气水平井（双鱼001-H6井，9 010米）、亚洲陆上最深直井（蓬深6井，9 026米）、亚洲陆上最大水平井丛式井平台（华H100平台，31口井），累计完成钻井进尺1.1亿米，生产天然气430.8亿立方米，有力支撑西南油气田年产气量突破400亿立方米、长庆油田年产油气当量突破6 600万吨、塔里木油田年产油气当量达到3 353万吨。2023年，在四川省企业100强中排名第27位，在成都市企业100强中排名第16位。

（闵　军　汪亚军）

【油气层系】 截至2023年底，四川盆地内发现油气储层31套（图1），绝大多数气田都具有至少两个或两个以上的气层或气藏。四川盆地基底为前震旦系变质岩或岩浆岩，其上为总厚0.6万～1.2万米的沉积盖层。其中，震旦系—中三叠统为海相沉积，厚4 000～7 000米，以碳酸盐岩为主。震旦系分为上、下两统，震旦系下统在四川盆地内局部分布，厚度较小，只在川东北、川东南、鄂西及黔东等凹陷有沉积，四川盆地外围分布较广；上统在四川盆地内发育良好，岩性、岩相及厚度分布较稳定。寒武系、奥陶系、志留系在四川盆地内广泛分布，属地台型沉积，乐山—龙女寺古隆起区存在不同程度剥蚀。泥盆系、石炭系在四川盆地内大面积缺失，泥盆系只在四川盆地西部边缘有沉积，石炭系分布在四川盆地东部和西部盆缘区。二叠系在四川盆地内广泛分布，其中阳新统以海相碳酸盐岩为主，乐平统岩相分异明显，四川盆地西南部分布玄武岩和陆相沉积。三叠系中下统为一套局限海台地沉积，膏岩分布广，厚度也较大。三叠系上统为海陆过渡相含煤沉积，以碎屑岩为主，厚250～3 000米。侏罗系—第四系全为陆相碎屑岩，厚2 000～5 000米，其中侏罗系在四川盆地均有分布，白垩系分布在川北、川西南、川南地区，其余地区缺失。古近系—新近系主要由冲积扇、河流洪积的砂泥岩及砾石组成，第四系分布在现代河流的两岸，一般厚0～100米。四川盆地内现已探明常规气田和非常规油气田135个（含中国石化及中国石油各勘探公司发现的油气田），其中气田130个、油田6个，分布在四川盆地五大构造区域内，即川东高陡褶皱带、川南低陡褶皱带、川西南低陡褶皱带、川北低平褶皱带、川中平缓褶皱带。

（周　刚）

2023年8月5日，西南油气田公司部署在安岳气田的第五口滚动勘探开发井磨溪031-H4井栖霞组测获日产天然气142.66万立方米，标志着安岳气田二叠系栖霞组勘探开发一体化评价取得成效

王　勇　摄

【油气资源】　四川盆地天然气资源总量39.94万亿立方米，四川油气田在四川盆地有常规天然气和致密气总资源量18.31万亿立方米，页岩气总资源量21.63万亿立方米。截至2023年底，四川油气田在四川盆地登记常规天然气和页岩气矿业权项目156个，总面积10.33万平方千米，矿权范围内资源量30.2万亿立方米。当年新增天然气三级储量7 677亿立方米（含页岩气），其中探明天然气地质储量1 867.08亿立方米（含页岩气），连续20年实现天然气储量高峰增长，历年累计获探明天然气地质储量45 017亿立方米（含页岩气）。

（周玉彬　朱　华）

【科技资源】　截至2023年底，西南油气田公司形成以组织、技术、平台和保障四大体系为核心的科技创新体系，与西南石油大学、成都理工大学、中国石油大学（北京）等5所高校合作共建6个四川盆地（特色技术）研究中心，借助集团公司内部单位优势资源，成立"六大技术支持中心"，打造出"理论创新＋应用试验＋成果转化"的一体化产研平台。有直属科研院所7家，国家级实验平台2个、省部级实验平台3个、公司级实验平台14个、博士后工作站1个（分站7个）。科研工作者2 800余人，享受国务院政府特殊津贴专家16人，集团公司技能专家工作室4个；在聘西南油气田公司级首席专家7人，企业高级专家18人，一级工程师102人；集团公司技能专家12人、西南油气田公司级技能专家49人、资深技师56人、高级技师234人。2023年，申请发明专利首次突破600件，授权发明专利135件，发布国际标准1项，成为集团公司首家通过知识产权贯标认证的油气田企业。在勘探领域拓展、开发井产量提升、致密气规模效益开发、页岩气EUR提升等方面取得重大突破，完善"断层—岩性控圈、立体成藏、复式聚集"成藏理论，形成常规气强非均质性气藏精细描述等技术、致密气优质储层精细预测等技术、页岩气"甜点"区评价与井网优化部署技术、紫外吸收光谱法分析硫化氢检测技术等代表性技术体系。

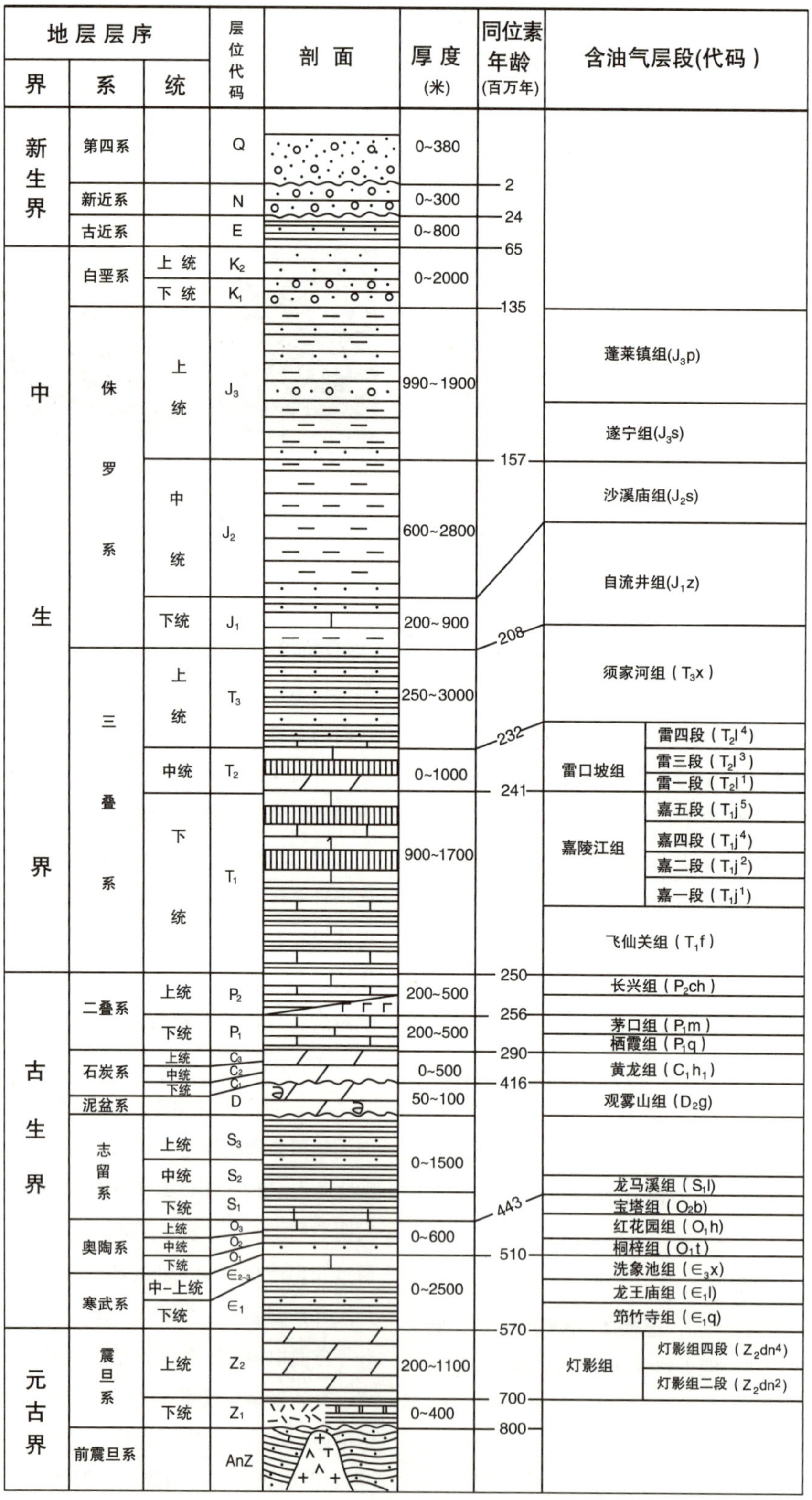

| 地层层序 | | | 层位代码 | 剖面 | 厚度（米） | 同位素年龄（百万年） | 含油气层段(代码) | |
|---|---|---|---|---|---|---|---|---|
| 界 | 系 | 统 | | | | | | |
| 新生界 | 第四系 | | Q | | 0~380 | 2 | | |
| | 新近系 | | N | | 0~300 | 24 | | |
| | 古近系 | | E | | 0~800 | 65 | | |
| 中生界 | 白垩系 | 上统 | $K_2$ | | 0~2000 | | | |
| | | 下统 | $K_1$ | | | 135 | | |
| | 侏罗系 | 上统 | $J_3$ | | 990~1900 | | 蓬莱镇组($J_3p$) | |
| | | | | | | 157 | 遂宁组($J_3s$) | |
| | | 中统 | $J_2$ | | 600~2800 | | 沙溪庙组($J_2s$) | |
| | | | | | | | 自流井组($J_1z$) | |
| | | 下统 | $J_1$ | | 200~900 | 208 | | |
| | 三叠系 | 上统 | $T_3$ | | 250~3000 | 232 | 须家河组($T_3x$) | |
| | | 中统 | $T_2$ | | 0~1000 | 241 | 雷口坡组 | 雷四段($T_2l^4$) |
| | | | | | | | | 雷三段($T_2l^3$) |
| | | | | | | | | 雷一段($T_2l^1$) |
| | | 下统 | $T_1$ | | 900~1700 | | 嘉陵江组 | 嘉五段($T_1j^5$) |
| | | | | | | | | 嘉四段($T_1j^4$) |
| | | | | | | | | 嘉二段($T_1j^2$) |
| | | | | | | | | 嘉一段($T_1j^1$) |
| | | | | | | | 飞仙关组($T_1f$) | |
| 古生界 | 二叠系 | 上统 | $P_2$ | | 200~500 | 250 | 长兴组($P_2ch$) | |
| | | 下统 | $P_1$ | | 200~500 | 256 | 茅口组($P_1m$) | |
| | | | | | | 290 | 栖霞组($P_1q$) | |
| | 石炭系 | 上统 | $C_3$ | | 0~500 | | 黄龙组($C_1h_1$) | |
| | | 中统 | $C_2$ | | | | | |
| | | 下统 | $C_1$ | | | 416 | | |
| | 泥盆系 | | D | | 50~100 | | 观雾山组($D_2g$) | |
| | 志留系 | 上统 | $S_3$ | | 0~1500 | | | |
| | | 中统 | $S_2$ | | | | 龙马溪组($S_1l$) | |
| | | 下统 | $S_1$ | | | 443 | 宝塔组($O_2b$) | |
| | 奥陶系 | 上统 | $O_3$ | | 0~600 | | 红花园组($O_1h$) | |
| | | 中统 | $O_2$ | | | | 桐梓组($O_1t$) | |
| | | 下统 | $O_1$ | | | 510 | 洗象池组($\epsilon_3x$) | |
| | 寒武系 | 中–上统 | $\epsilon_{2-3}$ | | 0~2500 | | 龙王庙组($\epsilon_1l$) | |
| | | 下统 | $\epsilon_1$ | | | 570 | 筇竹寺组($\epsilon_1q$) | |
| 元古界 | 震旦系 | 上统 | $Z_2$ | | 200~1100 | 700 | 灯影组 | 灯影组四段($Z_2dn^4$) |
| | | 下统 | $Z_1$ | | 0~400 | 800 | | 灯影组二段($Z_2dn^2$) |
| | 前震旦系 | | AnZ | | | | | |

图 1　四川盆地油气储层地质层系图

2023年，川庆钻探工程公司创新形成复杂深井、致密油气、页岩气三大系列143项特色工程技术，整体技术水平国内领先，天然气勘探开发工程技术国内第一，页岩气致密油气工程技术领跑国内，井控抢险救援技术国际一流，部分技术进入国际一流行列；国内率先建成油气工程技术智能支持平台，数字化转型走在国内同行前列。先后获省部级以上科技奖203项，其中国家级科技发明奖二等奖1项、科技进步奖一等奖2项；获授权专利2 020件，其中发明专利920件。有享受国家级特殊津贴人才8人，集团公司技术专家3人，集团公司井控资深专家4人，集团公司井控高级专家20人。1人入选国家"百千万人才工程"；建立博士后科研工作站，国家级科研基础条件平台5个，集团公司（省部级）科研基础条件平台2个。川庆钻探工程公司连续4次通过国家级高新技术企业认定，是集团公司首批创新型企业。（孔　玲　闵怡蕨　汪亚军）

【资产总况】 2023年底，西南油气田公司资产总额1 602.42亿元，负债总额472.78亿元，所有者权益1 129.64亿元，持续保持良好财务状况。设备综合管理系统2.0中在册设备总计21.01万台，原值148.29亿元，净值83.13亿元，新度系数0.55，设备综合完好率98.04%，综合利用率63.46%，平均故障停机率0.03%，维修费用率2.37%，未发生设备事故。

2023年，川庆钻探工程公司资产总额399.41亿元。有主要专业设备在册总台数9 274台（套），资产原值208.45亿元，资产净值63.63亿元，设备新度系数0.31。主要设备综合完好率98.4%，利用率73%，所属钻探公司主要设备故障停机率0.5%。有集团公司在编钻机296台（含5 000米及以上钻机226台），固井水泥车161台，综合录井仪144套，试油修井机66台、通井机110台，井下作业修井机61台、连续油管作业机30套、带压作业机22台。（罗潇寒　汪亚军）

【历史沿革】 四川油气田历史悠久，油气生产管理机构可追溯至1949年11月西南军政委员会工业部接管的中国石油有限公司四川油矿探勘处和重庆营业所。1950年7月1日，四川油矿探勘处和重庆营业所合并，设立中华人民共和国成立后四川第一个石油机构——中央燃料工业部石油管理总局重庆办事处，统一管理四川石油探勘和物资转运工作。1952年6月，中央财经委决定，重庆办事处划归西南军政委员会工业部直接领导，但行政上仍接受燃料工业部和西南军政委员会工业部双重领导。11月，中央燃料工业部石油管理总局撤销重庆办事处，成立西南军政委员会工业部西南石油探勘处。1954年4月，中央燃料工业部石油管理总局撤销西南石油探勘处，分别成立西南石油钻探处和地质处，负责西南地区的钻探和地质工作。1955年5月，鉴于钻井和地质工作因归口不同部门管理而带来协调难度较大的问题，中央燃料工业部石油管理总局合并西南石油钻探处和地质处，成立四川石油探勘局（行政级别局级），统一领导四川地区石油地质、钻探及隆昌炭黑厂生产。当年9月，四川石油探勘局划归新成立的石油工业部领导，11月更名为四川石油勘探局，机关设在成都市小关庙街附4号，1957年秋迁往成都市府青路一段3号。1958年5月，四川石油勘探局改组为四川石油管理局（行政级别正局级），统一领导四川、云南、贵州、广西地区的石油地质勘查、钻探、油气开发等工作。1958年11月至1967年1月，因生产工作需要，先后成立的川中会战总指挥部（1958年11月—1959年3月）和四川石油会战指挥部（1966年2月—1967年1月），均为会战时期的临时行政管理机构，对外仍称四川石油管理局。

1967年3月，四川石油管理局军事管制委员会成立。1968年10月，经四川省革命委员会批准，四川石油管理局革命委员会成立，与军管会并存，实行革委会一元化领导。1969年3月11日，中共四川石油管理局革命委员会核心小组成立。1970年5月，经四川省革命委员会核心领导小组批准，四川石油管理局革命委员会核心领导小组成立。同年7月1日，经国务院批准，四川石油管理局下放给四川省管理，实行省、部双重管理，以地方为主的领导体制，业务上由新成立的燃料化学工业部管理，同时更名为四川省石油管理局。1974年3月，经中共四川省委同意，四川省石油管理局军事管制委员会撤销。1978年7月，经中共四川省委批准，四川石油管理局不再沿用革委会体制，将行政名称由四川省石油管理局革命委员会改为四川省石油管理局，实行党委领导下的局长分工负责制。1979

年7月，四川省革委会、石油工业部党组决定，四川省石油管理局恢复为四川石油管理局，仍实行石油工业部和四川省双重领导，恢复以部管为主的管理体制。其后，四川石油管理局先后历经中国石油天然气总公司和中国石油天然气集团公司的领导，其工作职责、行政级别和机关所在地均未变化。

1999年7月18日，集团公司批准四川石油管理局重组改制方案，油气勘探、开发、管输、炼化、营销、部分科研业务等核心业务划入新成立的中国石油四川油田公司，工程技术服务、加工制造、生产服务、多种经营和社会服务等非核心业务仍由四川石油管理局管理，四川石油管理局享有独立对外经济贸易和技术经济合作业务权。10月20日，经集团公司批准，中国石油四川油田公司更名为中国石油西南油气田公司；12月24日，按照股份公司统一规定，股份公司西南油气田公司更名为股份公司西南油气田分公司。2000年1月1日，西南油气田分公司和四川石油管理局开始独立运作。西南油气田分公司作为股份公司所属地区分公司，行政上由股份公司直接领导，业务上由勘探与生产分公司归口管理。

按照集团公司集约化、专业化、一体化整体协调发展的体制改革总体思路，为适应建设综合性国际能源公司的战略需要，2008年2月25日，由原四川石油管理局、长庆石油勘探局及塔里木油田的工程技术等相关业务单位组建成立川庆钻探工程公司，将四川石油管理局所属的20家单位划转新组建的川庆钻探工程公司，同时授权西南油气田分公司对重组后的四川石油管理局业务、资产、人员实施全面委托管理，实行"一个领导班子、一套机关职能、一体化运作、分账核算"的管理体制，保留四川石油管理局独立法人、工商税务登记资格。至此，西南油气田分公司和川庆钻探工程公司分别成为股份公司和集团公司在四川油气田的地区公司与直属单位。

按照集团公司天然气销售体制改革精神，2016年11月，天然气销售西南分公司成立（正局级），与西南油气田公司一体化运行，下设云南、贵州、广西3个分公司和重庆、成都、泸州、遂宁、绵阳、达州6个销售部，主要负责川、渝、滇、黔、桂五省（直辖市、自治区）的天然气市场开发、营销管理、资源平衡，以及终端销售业务合作和管网规划运行的具体衔接协调工作。2017年11月底，四川石油管理局完成公司制改制，更名为四川石油管理局有限公司。同年12月26日，按照集团公司工程技术板块改革重组部署，川庆钻探工程公司将所属物探公司、测井公司、油建公司、科宏公司、佳诚检测公司等5家单位分别移交东方地球物理勘探公司、测井有限公司、工程建设有限公司。

2018年10月，股份公司调整天然气销售管理体制，天然气营销系统实行一系列机构整合与区域调整，中国石油天然气股份有限公司天然气销售西南分公司更名为中国石油天然气股份有限公司天然气销售川渝分公司，依托西南油气田公司设立，业务上由天然气销售分公司（昆仑能源有限公司）管理，业务范围由统一管理川、渝、滇、黔、桂天然气市场变更为统一管理川渝天然气市场，实行独立经营、独立核算。工商注册时间2018年11月27日，执行时间2019年1月1日。

2022年1月，川庆钻探工程公司股东由集团公司变更为中油技服。

四川地区油气业务管理沿革情况见图2。　　（闵　军）

# 年度工作概述

【经营业绩】 2023年，西南油气田公司天然气产量420.3亿立方米，创历史新高；川渝地区天然气销售量317.8亿立方米；生产石油液体12.5万吨。全年实现营业收入727.84亿元，实现税前利润96.87亿元，剔除资产减值、矿权收益金后税前利润（考核口径为利润总额）142.22亿元，净利润121亿元，经济增加值（EVA）102.46亿元，投资回报率11.64%。缴纳税费69亿元。

2023年，川庆钻探工程公司完成钻井进尺615.65万米、整体提速7.6%，压裂酸化1.63万层次，再创历史新高，生产天然气42.4亿立方米。实现营业收入386亿元、净利润3.7亿元。获评集团公司先进集体，首次获全国五一劳动奖状。

（闵　军　汪亚军）

【油气勘探】 2023年，西南油气田公司新增SEC储量609

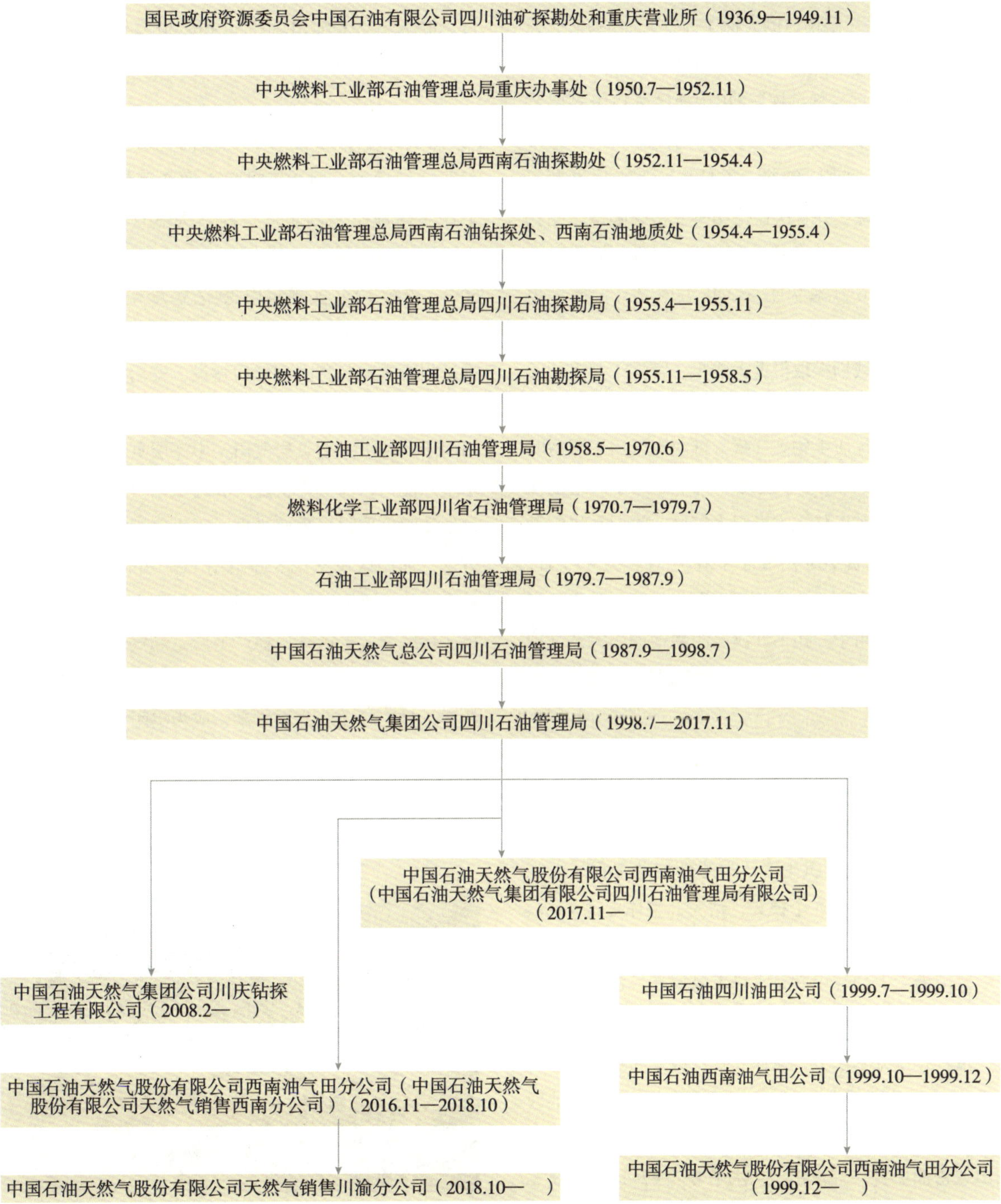

总 述

国民政府资源委员会中国石油有限公司四川油矿探勘处和重庆营业所（1936.9—1949.11）

中央燃料工业部石油管理总局重庆办事处（1950.7—1952.11）

中央燃料工业部石油管理总局西南石油探勘处（1952.11—1954.4）

中央燃料工业部石油管理总局西南石油钻探处、西南石油地质处（1954.4—1955.4）

中央燃料工业部石油管理总局四川石油探勘局（1955.4—1955.11）

中央燃料工业部石油管理总局四川石油勘探局（1955.11—1958.5）

石油工业部四川石油管理局（1958.5—1970.6）

燃料化学工业部四川省石油管理局（1970.7—1979.7）

石油工业部四川石油管理局（1979.7—1987.9）

中国石油天然气总公司四川石油管理局（1987.9—1998.7）

中国石油天然气集团公司四川石油管理局（1998.7—2017.11）

中国石油天然气股份有限公司西南油气田分公司
（中国石油天然气集团有限公司四川石油管理局有限公司）
（2017.11—　）

中国石油天然气集团公司川庆钻探工程有限公司（2008.2—　）

中国石油四川油田公司（1999.7—1999.10）

中国石油天然气股份有限公司西南油气田分公司（中国石油天然气股份有限公司天然气销售西南分公司）（2016.11—2018.10）

中国石油西南油气田公司（1999.10—1999.12）

中国石油天然气股份有限公司天然气销售川渝分公司（2018.10—　）

中国石油天然气股份有限公司西南油气田分公司（1999.12—　）

图2　四川地区油气业务管理沿革图

亿立方米，占集团公司40%；多项勘探成果获集团公司表彰，获勘探发现奖项5项，获奖数量位居集团公司之首。其中，"德阳—安岳裂陷槽西侧大探1井""二叠系—三叠系礁滩新区带勘探"获重大突破、重要发现一等奖，"寒武系筇竹寺组深层页岩气勘探""川中地区茅口组多层系天然气勘探"获重要发现二等奖，"川南向斜区茅口组多类型勘探"获重要发现三等奖。震旦系—下古生界勘探取得重大突破，大探1井首次在德阳—安岳裂陷槽西侧获气，灯影组二段（简称灯二段）、灯影组四段（简称灯四段）分别获气42.16万米³/日、82.85万米³/日，展示出裂陷槽西侧规模勘探潜力，开辟了西南油气田公司规模增储新区块。礁滩领域勘探取得重大成果，宣井1井飞仙关组两层获日产气均超百万立方米，蓬深10井长兴组首次在浅水陆棚内发现优质生物礁气藏，继龙岗气田发现后时隔16年在礁滩领域再获重要发现。川中地区茅口组勘探取得重要进展，落实千亿立方米级大气区。深层页岩气勘探取得重要发现，资201井筇竹寺组获气74万米³/日，发现全球最古老、有商业价值的超深页岩气藏。陆相致密气成果持续扩大，川中—川西沙溪庙组新增探明天然气地质储量783亿立方米，累计探明天然气地质储量2252亿立方米。

（闵　军）

【工程技术服务】 2023年，川庆钻探工程公司积极应对工作量骤降、生产不连续、深井大幅增多等困难挑战，坚持共享、均衡、高效组织生产，构建新型井工程、大工厂化、地质工程一体化3个模式，钻完井整体提速7.6%、故障复杂时率下降23.8%，打成超百万立方米高产气井66口，支撑国内三大油气田产量当量再攀新高。在川渝地区安全服务集团公司9口自主开发高含硫钻井工程，测试井日均产量百万立方米以上，蓬深6井打破亚洲陆上最深直井纪录（9026米），深地川科1井顺利钻进。在长庆地区高效服务陇东页岩油、深层煤层气、盐下高含硫工程和延长油田致密油项目，首口铝土岩水平井陇47-1CH井获无阻流量353万米³/日，创鄂尔多斯盆地上古生界勘探50余年来无阻流量最高纪录。在塔里木地区集中资源保障库车山前和台盆富满区域，两度刷新富满区块8000米以上超深井100天内完钻纪录、完钻周期领先区块平均水平60天，3口井测试平均日产油超150立方米。在海外地区精细运作厄瓜多尔安第斯钻完井和土库曼第六轮钻井总包项目，厄瓜多尔P油田年产量突破80万桶，阿姆河右岸东部气田西召102D井测试日产量75万立方米。　（汪亚军）

【天然气开发】 2023年，西南油气田公司"四大百亿工程"持续发力，用3年时间再增产百亿立方米，天然气上产主体地位不断巩固。新建天然气年产能96.18亿立方米，产量突破420亿立方米，产量增量占集团公司的50%，连续10年实现年均30亿立方米快速增长，油气产量当量3361万吨，跃居集团公司上游板块第三位。高效推进川中古隆起特大型气田建设，安岳大气田保持150亿立方米持续稳产，蓬莱气田试采评价效果显著。高效建成川南千万吨级大型页岩气田，中深层页岩气保持百亿立方米生产能力，深层评价建产和新层系评价稳步推进。四川盆地致密气取得里程碑进展，天府气田日产量突破千万立方米，简阳区块永浅3井组用11口井高效建成四川盆地首个百万立方米平台，形成可复制推广的开发配套技术模板。持续夯实老区气田稳产上产，老气田综合递减率得到有效控制；有序推进新区块上产，川东北铁山坡气田全面达产，日产气400万立方米，成为集团公司首个自主开发的特高含硫气田。

（闵　军）

2023年4月23日，西南油气田公司开展特高含硫气田铁山坡气田建设　　　　　　　　　　　　　　　　韩　超摄

【天然气销售与保供】 2023年，西南油气田公司发挥产

运储销一体化优势，精研资源与市场变化，动态调整营销策略，批零两端持续增长，全年在川渝地区销售天然气317.8亿立方米，连续7年实现年均销售10亿立方米以上增长；最高日销量1.05亿立方米，终端销量105亿立方米，市场份额始终保持在75%以上，巩固西南地区最大天然气生产和供应企业地位。把握民生保供工作主线，开足马力提产增量，千方百计筹措资源，多措并举防范风险，本轮冬季保供组织天然气资源超210亿立方米。在成都第31届世界大学生夏季运动会期间，向相关场所和燃气企业安全平稳供气5 300万立方米，彰显大气区的担当作为。

（闵　军）

【风险合作开发】 2023年，川庆钻探工程公司应对资源品位下降、老井产能递减，统筹推进新井上产、老井稳产、措施增产工作。在威远区块强化全井段地质风险预测和随钻过程跟踪分析，实时调整井眼轨迹，完钻井铂金靶体钻遇率96.3%，新投产31口井平均最终可采储量（EUR）达0.85亿立方米。加快威205井区产能评价，高质量完成三维地震处理解释，3口评价井平均EUR大于0.85亿立方米，揭示东区接替潜力。成立老井挖潜专班，升级优化工艺措施，下半年老井综合递减7%，创同期最优水平，全年生产页岩气23亿立方米。在苏里格区块推行"1+N"井位部署方式，落实"五精"水平井控制措施，平均砂体钻遇率和平均储层钻遇率分别达96.1%、80.1%，测试获气超百万立方米高产气井9口，新建年产能5亿立方米。优选区块开展煤岩气资源评价，初步筛选出4个有利区块和2口井井位目标。深化气井全生命周期管理，"一类多法、一井一策"挖潜增产，累计生产天然气19.4亿立方米，创历史新高。塔里木迪北项目，成立甲乙方联合项目部，建立工程地质联合办公机制，完钻2口井。西南油气田老区挖潜合作项目，实施53口井，增产气量4 428万立方米、油713吨。

（汪亚军）

【绿色转型】 2023年，西南油气田公司突出绿色转型，推进融合发展，指标获取实现新突破。创新构建"资源互换、合资合作、产业配套"的指标获取模式，通过市场化竞配，中标川渝地区4个集中式风光项目，获取风光指标33万千瓦，实现集团公司在川渝地区的首次突破，为风光业务规模化、效益化、产业化发展奠定基础。深挖内部市场，探索外部市场，通过合资合作，先后在四川、重庆、河南等地签订地热供暖协议5份，获取地热指标74.7万平方米。绿色转型项目建设取得新进展。发挥天然气资源优势，攻关余压发电、提锂、提XAI、CCUS-EGR等领域关键技术，加快项目实施，建成落地一批西南特色项目。高效推进集团公司首个规模化天然气余压发电示范工程，阶段建成装机规模5.3兆瓦。在磨溪152H井投运国内首套气田水提锂中试装置，建成碳酸锂年产能力40吨。在金浅3井、金浅822井投运两套单井零散气回收BOG提XAI装置，新增XAI气年回收能力4.4万立方米。在卧龙河气田实施国内首个注二氧化碳提高气藏采收率先导试验，打造CCUS-EGR示范工程。

（闵　军）

【经营管理】 2023年，西南油气田公司突出精益管理，经营管理提质升级。推进组织体系优化，完成西南油气田公司机关部分机构调整、生产后勤业务机构改革和二级单位"三定"等工作，压减三级机构92个、中基层领导职数10%以上，组织体系架构进一步精简。完善投资控制管理体系，强化项目精细评价与效益排队，全年累计控减投资33亿元。推行成本精益管理，持续优化成本结构，全面实施零基预算，压降非生产性支出与成本费用，天然气完全成本每千立方米933元，控制在预算下达目标内。实现考核口径利润总额142亿元、净利润121亿元，EVA102亿元。

2023年，川庆钻探工程公司树立精益管理出更大效益理念，围绕"一利五率"（"一利"指利润总额，"五率"指资产负债率、净资产收益率、营业现金比率、全员劳动生产率、研发经费投入强度）等关键指标，制定8个方面33项提质增效措施，累计贡献15.5亿元。深入落实"二十四字"市场营销工作方针，着力稳基础、优结构、拓空间，国内三大市场份额总体稳定，川渝深层页岩气市场份额提升至46.5%，新获延长油田一体化总包、重庆页岩气、新疆互盈等一批外部项目，签订海外钻井液、井控服务、钻井设计等技术服务项目。升级"2小时共享圈"，推动区域共享由生产资源向"生产资源+后辅保障"全面共享转变，推动井工程一体化统筹，共享增效2.7亿元。

强化以自由现金流为核心的资金管理，国内推进"总部对总部"预付款模式，海外探索"金融+服务"模式，合同资产总量压减40%，存量合同资产去化率提升28%，收回陈欠4.2亿元，资金存量同比增长6%。精准制定21条成本管控措施，节约采购资金12亿元，百元收入营业成本持续改善。抓好精细汇兑管理、低效负效资产盘活、纳税筹划，综合创效2.2亿元。亏损治理取得进展，国内钻井业务减亏2.6亿元，亏损额下降28%，川庆新疆分公司实现扭亏为盈。巩固改革三年行动成果，深化三项制度改革，完成两级机关"三定"工作和"大部门、大岗位制"改革，二级、三级机构数量及中层、基层领导职数较2020年分别减少19%、21%、15%、13%。探索井工程组织模式变革，在川东北高含硫、大安深层页岩气推行井工程一体化统筹，在遂宁地区组建跨单位联合项目部，初步构建形成数字化生产组织新机制和井工程管理新模式。深化"合规管理强化年"活动，开展物资采购、招投标等重点领域专项整治，妥善处置纠纷案件、避免经济损失1600余万元，审计取得直接经济成果1631万元，川庆钻探工程公司连续10年获评四川省"守合同重信用"企业。

（闵　军　汪亚军）

【安全环保】　2023年，西南油气田公司坚持安全发展理念，严格落实"安全生产十五条"硬措施，高效运行QHSE管理体系，深化"两个现场"（作业现场和施工现场）风险管控，统筹推进国家8个专项行动和集团公司5个集中整治，投入资金6.7亿元，治理重点隐患1500余个，本质安全水平持续提升。贯彻生态文明思想，抓好生产过程减污降碳，建成国内油气行业首个全方位甲烷管控体系；313个历史遗留池体、81个噪声超标场站实现隐患"双清零"，主要污染物排放量实现5年连降。

2023年，川庆钻探工程公司坚持"四全"原则和"四查"要求，专题开展安全生产重大事故隐患专项排查整治2023行动和"安全管理强化年"活动，突出井控、海外项目、高危作业、承包商等重点领域风险管控，紧盯敏感时段强化升级管理，各项指标均控制在集团公司下达范围内，未发生一般C级及以上工业生产安全事故，通过集团公司2023年绿色企业复审，获2023年度集团公司"QHSE先进企业"称号。落实井控"三评估三分级"要求，构建"4421"隐患排查模式，细化井控风险至层位，运用数字技术赋能井控精准管控，实现防、控、治一体化科学管控。开展污染防治攻坚战，形成清洁生产标准化管理模式，工业废水、废气达标排放率和固体废物无害化处置率均为100%。配合中央生态环保督察，治理环境隐患843个。制修订国标3项、行标16项。推进绿色低碳发展，实施钻机电代油628井次、电动压裂平台59个，清洁能源替代折算用电总当量约7.5亿千瓦·时，减少二氧化碳排放16.2万吨；推广应用二氧化碳压裂技术，施工564层，完井104口，二氧化碳用量超10万吨。

（闵　军　汪亚军）

【科技创新】　2023年，西南油气田公司突出创新驱动，科技创新动能持续增强。强化科研组织管理，加大协同研究力度，完成两个集团公司重大专项立项开题，组织各类科研项目590项，完成研发投入9.8亿元，全面完成集团公司1.71%的考核指标。加强知识产权保护，申请发明专利首次突破600件，授权发明专利135件，发布国际标准1项，成为集团公司首家通过知识产权贯标认证的油气田企业。攻关强非均质白云岩薄储层预测、浅水陆棚塔礁群刻画等关键核心技术，提高隐蔽岩性油气藏的储层和圈闭预测精度；完善以"个性化PDC钻头+大扭矩螺杆/旋转导向+优质钻井液"为主体的优快钻井技术，常规气开发井钻井周期同比缩短22%；优化页岩气井"一趟钻"技术，最高进尺2965米，实现中深层"日进一公里"、深层85

2023年12月26日，川庆钻探工程公司在深地川科1井创国内大尺寸套管下入最深、重量最重纪录　　吴育杰　摄

天钻井周期提速目标；响应"向地球深部进军"的号召，深地川科1井开钻，创造非标大尺寸井眼钻井最深、大尺寸套管下入最深、质量最重等多项世界纪录。

2023年，川庆钻探工程公司实施科研"八二"布局，投入14.5亿元攻关"卡脖子"难题，新增技术成果94项，推广应用成果创效3亿元，获集团公司2022年度科技成果转化创效奖，位列集团公司前列、中油技服第一。深度参与集团公司原创技术策源地建设，增设油气地质工程技术中心，与高校共建致密油气藏勘探开发研究中心、基础力学中心，进一步贯通创新"内外循环"。承担参与集团公司原创技术策源地建设任务，配套推进万米深地油气科探工程等科研项目126项，形成73项成果。自主研发旋转地质导150℃系统，累计作业80口井，产品出口海外创收1.4亿元；175℃系统工程应用试验4口井，超额完成"1025"专项二期年度任务。优化完善数字化转型、智能化发展顶层设计，升级拓展工程智能一体化平台功能，新建16项工程技术模块，健全EISC支撑模式，助力钻具故障和井漏时率分别降低20%、28%，溢流次数减少23%。实施信息化补强工程，组建专班配合集团公司大集中ERP项目建设，自主开发EISC等10余项核心软件和16件数字化产品，新建数字化现场86个，"措施自动生成＋专家集中决策＋一线精准执行"的数智化支撑模式更加完善，推动数字技术全面赋能生产组织、复杂防控、安全管理，助力决策效率提升80%、提速模板执行率提高16%。

（闫 军 汪亚军）

【数字化转型】 2023年，西南油气田公司围绕"业务发展、管理变革、技术赋能"三大主线，推动信息技术与主营业务深度融合，完成8个数字化转型试点项目建设，构建起油气勘探多专业协同研究、特高含硫气田地下地面一体化管控、储气库生产精细化管理、天然气净化安全高效管控等新型模式，有力支撑业务领域管理变革和创新。优化运维管控模式，提升基础设施保障能力，建成西南梦想云和区域湖，实现业务应用和数据的统一部署、管理与调用，保障信息系统和基础设施平稳高效运行。（闫 军）

【企业党建工作】 2023年，西南油气田公司突出政治建设，扛稳扛牢政治责任。健全完善学习贯彻习近平总书记重要指示批示精神落实机制，落实"第一议题"制度，始终牢记习近平总书记关于能源安全、科技创新、国企改革等重大嘱托，融会贯通转化为西南油气田发展思路、战略行动和工作抓手，制订贯彻落实总书记重要指示批示精神实施方案，聚焦党的建设、改革攻坚、提升勘探开发力度等方面建立重大专题，始终严肃跟踪问效，推动重要指示批示精神落地生根。纵深推进全面从严治党，深化落实中央八项规定精神，驰而不息纠治"四风"，一体推进不敢腐、不能腐、不想腐，企业政治生态持续向上向好。贯彻落实集团公司党组工作部署，坚持把主题教育同主责主业相贯通，两级领导班子带头弘扬"四下基层"优良传统，深入基层一线，对影响和制约高质量发展的问题根源开展"靶向治疗"，提出具体工作举措和建议241项，解决民生领域突出问题77项，在页岩气致密气规模效益开发、科技自立自强、安全隐患整治、治理体系优化、为员工群众办实事等方面，形成高质量调研成果并转化运用104项。注重把"改"字贯穿主题教育全过程，解决影响企业高质量发展、员工急难愁盼等问题122项。

2023年，川庆钻探工程公司把学习贯彻党的二十大精神作为最重要的政治任务，高质量推进两批学习贯彻习近平新时代中国特色社会主义思想主题教育，第一议题学习总书记最新重要讲话、指示批示精神167篇，两级党委理论学习中心组学习303次，"青春理响"宣讲136场，全方位、多层面推动党的创新理论入脑入心；开展调研927场次，提出高质量发展举措323项，解决民生问题82件；把研究谋划世界一流企业建设作为贯彻党的二十大精神、落实集团公司党组部署的核心举措，初步明确建设世界一流企业目标和战略部署，以实际行动捍卫"两个确立"、做到"两个维护"。开展"转观念、勇担当、新征程、创一流"主题宣讲13场次，举办纪念铁人王进喜100周年诞辰系列活动，1人获评首届"感动石油人物"，选树"新时代川庆铁人"1人。召开党外代表人士座谈会，创建集团公司首批党外代表人士建言献策工作室。开展"人才强企工程提升年"活动，选优配强中层领导干部，提拔45岁以下党委管理干部占比42%，班子结构持续优化；选聘企业高级专家7人，2人入选国家级人才计划，1名员工首次入选中组部、团中央博士服务团，1人获评集团公司首批技能大师。以"两组融合"（党小组和班组两组融合）为抓手，以"双百党支部"为标杆，推进基层党建"三基本"建设与"三基"工作有机融合，选树表彰一批"两优一先"，开展"学有榜样、追有标杆"活动，以点带面，示范带动成效明显。严格落实"两个责任"，推动监督聚焦具象、贯通协同，强力正风肃纪，开展基层腐败、违规吃喝等专项治理，高质量完成党的二十大后首轮5家单位巡察。落实职代会制度，审议通过报告8个，征集处理提案15件，职工民主权利充分保障。深化"我为员工群众办实事"，投入资金6 450万元办成147件民生实事，帮扶慰问职工562万元，创建1个全国最美家庭。举办首届职工创新大会，新增省级劳模创新工作室3个，获全国职工创新成果三等奖1项；组织省级技能比赛7项，劳动竞赛兑现奖励3 160万元。推进健康企业建设，建成"健康小屋"50个，健康干预岗98人。完成全国"两会"、成都大运会等特别重点阶段维稳信访安保工作，获集团公司电报嘉勉；有效应对海外项目所在国社会安全事件，大局保持平稳。

（闵　军　汪亚军）

【企业协调】 2023年，川渝协调组坚持日常沟通与重点汇报同向发力，在常态化向川渝地方人民政府沟通联系的同时，在岁末年初向中共四川省委、省人民政府和中共重庆市委、市人民政府专题汇报川渝石油企业年度工作情况，受到四川省、重庆市领导赞扬，中国石油在川渝地区的品牌影响力不断提升。中共四川省委、省人民政府和中共重庆市委、市人民政府领导在元旦、春节、"五一"、国庆等节假日深入现场慰问川渝石油企业一线员工，转达地方各级党委和政府的关心关怀。川渝石油企业推进与地方各级人民政府在燃气、管道、销售等领域的合资合作，取得良好效果。西南油气田公司与眉山市人民政府、甘孜州人民政府共同签订"天然气+新能源"三方合作协议，促进地企共同发展。四川销售公司与遂宁、宜宾、自贡三地地方人民政府，以及华为、上海快卜、四川时代等9家大企业、大集团签订战略合作协议，合资合作新开发加油（气）站10座、充电站26座。四川石化公司首次以铁路运输方式接卸原油，改变过去主要依靠管道运输的单一运输方式，为原油资源多渠道入川奠定基础。重庆销售公司通过与重庆市经信委、市规自局协调沟通，所属100座加油站纳入重庆中心城区充换电基础设施专项规划。

切实做好协调服务，中枢纽带作用彰显。发挥成员单位驻地优势，做好集团公司、上级政府部门领导在川渝地区调研检查期间的联络协调服务工作。高效优质完成集团公司董事长戴厚良等多名党组成员及国家部委、地方人民政府相关领导等到川渝石油企业工作调研、企事业单位及地方政府拜访、会见签约等公务活动。按照"保大运、保民生、保公用"原则，完成成都大运会天然气、油品、氢能供应保障工作，获集团公司、成都市人民政府的充分肯定和高度赞扬。四川石化公司全程参与由国务院抗震救灾指挥部办公室、应急管理部、云南省人民政府联合举行的"应急使命·2023"高山峡谷地区地震灾害空地一体化联合救援演练，高标准完成演练主会场现场卫星通信传输转播保障工作。协调组统筹协调完成国家发展和改革委员会、生态环境部、中国企业联合会、中华全国总工会、工人日报社等相关领导到川渝石油企业生产现场调研、检查等相关工作，承办全国石油石化系统加油站操作员职业技能竞赛，受到中国能化工会、集团公司及兄弟单位肯定。

巩固意识形态阵地，发展环境不断优化。牢牢把握意识形态工作领导权，确保意识形态领域的绝对安全。组织开展意识形态工作会议，专题听取意识形态工作情况汇报，分析研究意识形态工作中存在的问题，制定下一步措施。了解和掌握员工群众的思想动态，开展有针对性的政策宣传和思想教育，实现区域内平安稳定。各成员单位持续加强重点时段平安稳定工作，第一时间防范化解不稳定因素，维护企业正常生产工作秩序。发挥统筹协调作用，加强同中共四川省委、省人民政府，中共重庆市委、市人民政府相关部门的沟通衔接，有效预防异常集体上访。加强平安企业建设工作，全年未发生规模性到省群体访、异常进京访、负面涉稳舆情事件和暴恐袭击案事件。通过官方新媒体账号主动发声，对外展示中国石油在川企业"多找油气，多产油气，多供油气"的生产经营成果。加强与新华社、人民网、封面新闻、四川观察等主流媒体合作，宣传中国石油驻川渝企业在大运会保供、绿色转型、乡村振兴等方面所作的工作，西南油气田公司8个重大专题宣传、46条新闻在中央电视台累计轮播100余次,"达产400亿立方米"等3个专题报道先后登上央视《新闻联播》;四川销售公司在中央、省级以及地方社会主流媒体刊发稿件558篇次、同比增长89%,企业良好形象得到充分彰显。

(涂廷健)

【川渝协调组部分成员单位经营业绩】 2023年,西南油气田公司新增SEC储量608.6亿立方米,探明天然气地质储量连续16年实现超千亿立方米高峰增长;生产天然气420.3亿立方米、石油液体12.5万吨,建成国内第三大油气田;川渝地区天然气销量317.8亿立方米,市场占有率保持75%以上,持续巩固川渝市场主导和行业引领地位;获取风光指标33万千瓦,签订地热供暖协议面积74.7万平方米;实现营业收入727.9亿元、税前利润96.99亿元、经济增加值(EVA)102.46亿元,经营指标持续保持集团公司上游企业前列。川庆钻探工程公司构建新型井工程、大工厂化作业、地质工程一体化模式,钻完井提速6.1%,钻成百万立方米高产井66口,创造亚洲陆上最深直井(蓬深6井)等工程纪录。重庆销售公司实现净利润2.72亿元,经济增加值(EVA)0.19亿元、预算完成率347.8%;实现成品油总销量340万吨、自营纯枪量250万吨,分别同比增长10.1%、14.4%;实现非油收入12.6亿元、非油毛利2亿元,分别同比增长29.1%、24.2%;62座加油站纯枪销量超万吨,同比增加33座。四川销售公司实现油气销售总量迈上1100万吨新台阶、创历史新高,连续6年高质量站稳千万吨,其中汽油、柴油销售总量1060万吨;非油收入首次突破30亿元,非油毛利超5.5亿元。

(涂廷健)

【社会责任履行】 2023年,西南油气田公司利用在资金、人才等方面优势,对口支援重庆市开州区,定点帮扶甘孜州九龙县,托底性帮扶色达县,对外捐赠1011万元,支持帮扶地经济、教育、民生等项目;组织员工购买消费帮扶产品超2000万元,促进当地产业发展。在央企消费帮扶聚力行动之"中国石油昆仑好客第三届购物节"上,展销重庆开州区、四川九龙县农副产品,扩大帮扶地农副产品的品牌影响力和市场竞争力;选派4名优秀党员干部到九龙县、开州区蹲点从事乡村振兴工作,实时掌握、解决地方迫切需求。在九龙县开展"一对一"结对帮扶活动,资助学生200余人次,为乡村振兴贡献石油力量。

2023年,川庆钻探工程公司做好对外捐赠工作的顶层设计,审核捐赠项目和年度预算,分批安排捐赠项目,并接受集团公司专项审计。提高定点帮扶石渠县基础资料质量,2022年度定点帮扶考核位列国务院国资委系统第一梯队。召开川庆钻探工程公司乡村振兴和对口支援领导小组会议,拟定消费帮扶、呷依乡高原优质牧草种植基地建设和县三小综合楼建设项目捐赠协议,与国务院国资委、石渠县和兄弟单位对接沟通,制订年度计划,明确任务分工和责任部门,投入812万元助力石渠县推进"产业、人才、文化、生态、组织"振兴。2023年消费帮扶1273万元,捐助950万元支持地方抗旱救灾和基础设施建设;推荐40种产品进入集团公司消费帮扶产品目录。响应四川省"拼经济、搞建设、促发展"18条措施,向全体职工发放办理文旅消费券。

(蒋宏伟 汪亚军)

2023年6月25—27日,西南油气田公司执行董事、党委书记姜鹏飞(左一)到四川九龙县调研乡村振兴工作　　郑海涛 摄

【中国西南首个年产400亿立方米大气区建成】 2023年12月14日9时,西南油气田公司年产天然气量突破400亿立方米,约占2023年全国天然气产量的五分之一,成为继2020年天然气年产量突破300亿立方米后,实现的又一里程碑式跨越,标志中国西南首个年产400亿立方米大气区正式建成。西南油气田公司2004年建成中国首个百亿立方米气区,历时46年;2017年产量跨越200亿立

方米，历时13年；2020年建成300亿立方米大气区，仅用3年。2023年底，西南油气田公司天然气工业产量420亿立方米。西南油气田公司突出高效勘探、效益开发，形成规模增储上产新局面。勘探上，聚焦四川盆地二叠系、蓬莱气区、川南页岩气和致密气，在裂陷槽西侧、二叠系—三叠系礁滩等领域取得重大勘探新突破、新发现。首次在寒武系筇竹寺组钻获高产工业气流，开辟页岩气规模增储上产新阵地；威寒1井奥陶系宝塔组测试获气，发现四川盆地第31套全新工业产层。开发上，聚焦常规气、页岩气、致密气三大领域，天然气产量持续上升。常规气突破"薄层超高压气藏效益建产"等关键技术，形成四川盆地下古生界—震旦系、二叠系—三叠系新区、老气田三大常规气稳产上产新局面，年产量251亿立方米；页岩气在中深层稳产、深层上产与新层系试验取得重要进展，年标定生产能力135亿立方米，全面建成千万吨级页岩气大气田；致密气采用一体化部署、集中评价、规模上产模式，新区产量同比翻一番，年产量突破40亿立方米。2023年，西南油气田公司投产新井340余口，建成年产能近100亿立方米，钻获30余口百万立方米高产气井，"少井高产"的高效开发模式不断优化，实现储量向产量快速转化。

（闵 军）

【油气产量当量1 000万吨级页岩气产区建成】 2023年12月23日8时，西南油气田公司页岩气年产量125.8亿立方米，至月底产量达128.7亿立方米，标志西南油气田公司建成油气产量当量1 000万吨级页岩气产区。川南地区页岩气产量连续4年突破100亿立方米，历年累计生产页岩气621亿立方米，实现国内页岩气储量、产量"双领跑"，川南地区成为国内最大的页岩气生产基地。其中，长宁公司页岩气产量突破52亿立方米，完成全年生产经营奋斗目标，连续4年稳产50亿立方米以上，累计产气量突破304亿立方米，稳居川南页岩气第一。

（闵 军）

责任编辑：闵 军

特 载

Features

# 跨越 400 亿　迈上新台阶　为实现公司高质量发展而团结奋斗

## ——在西南油气田公司 2023 年工作会暨五届二次职代会、工代会上的报告（摘要）
（2023 年 1 月 10 日）

西南油气田公司总经理　姜鹏飞

**一、2022 年工作回顾**

2022 年，是党和国家历史上具有里程碑意义的一年，也是公司发展历程中极具挑战，各项工作取得突破性进展的一年。一年来，公司坚持以习近平总书记对石油战线的重要指示批示精神为统领，坚决执行集团公司党组决策部署，加速推进增储上产，持续强化管理提升，全力奋进高质量发展，各项指标再创历史新高，全面夺取了建设 3 000 万吨大油气田的重大胜利。一是油气勘探打开新局面，新增天然气地质储量 1.2 万亿立方米、探明储量 2 725 亿立方米、SEC 储量 638 亿立方米，均居集团公司之首，六项成果获得集团公司表彰奖励，其中大页 1H 井勘探取得重大突破，开辟了页岩气勘探新领域，获得中央主流媒体宣传报道。二是产量规模实现新突破，新建天然气年产能 104.7 亿立方米，产量达到 383.4 亿立方米，增量占集团公司增量的 38%，连续 8 年产量保持年均超 30 亿立方米高速增长，油气当量达到 3 061.8 万吨，成为集团公司第四个跨入 3 000 万吨油气当量行列的大油气田。三是市场营销踏上新起点，川渝地区天然气销量达 305.9 亿立方米，突破 300 亿立方米大关，最高日销量 1.04 亿立方米，销售均价同比上涨 0.25 元 / 米$^3$，市场占有率始终保持在 75% 以上，持续巩固西南地区最大天然气生产和供应企业领跑地位。四是经营管理取得新成效，改革三年行动圆满收官，风险管控力度持续加大，治理能力水平不断提高，实现营业收入 663.4 亿元，利润总额 134.8 亿元，EVA106.4 亿元，全员劳动生产率 156.4 万元 / 人，经营指标创历年最好水平。五是党的建设展现新面貌，党的二十大精神学习宣贯深入推进，党建与生产经营有效融合，职工幸福工程有序推进，内外环境和谐稳定，政治生态更加巩固，涌现了党的二十大代表、全国第十四届人大代表等一批先进典型人物。

过去一年，重点抓了七个方面的工作：

**（一）加大勘探开发力度，增储上产势头强劲**

一是突出高效勘探。坚持科学部署、精细组织，在页岩气、蓬莱气区、致密气、盆地二叠系等领域取得系列新成果。页岩气领域取得重大突破。大页 1H 井吴家坪组钻遇优质页岩气储层 13 米，测试获日产气 32.1 万立方米，估算有利区资源量超万亿立方米，获得集团公司油气勘探重大发现成果特等奖。推进深层页岩气集中评价，自 201 井区新增探明储量 671 亿立方米，自 205 井、足 203 井区新增预测储量 2 366 亿立方米，获得集团公司油气勘探重大发现成果二等奖。蓬莱气区立体勘探取得重要成果。蓬探 1 井区灯二段实现规模效益增储，新增探明储量 1 284 亿立方米；东坝 1 井区灯四段、龙王庙组首获工业气流，新增控制储量 2 386 亿立方米，获得集团公司油气勘探重大发现成果一等奖。蓬莱气区震旦—下古生界已获地质储量 7 964 亿立方米，万亿储量基础进一步夯实。致密气勘探开发一体化取得显著成效。天府气区沙溪庙组实现规模增储，新增探明储量 770 亿立方米，用两年时间高效探明千亿立方米大气田；须家河组获得重要新发现，永浅 1 井测试获日产气 31.3 万立方米，新增预测储量 1 760 亿立方米。天府气区致密气勘探获得集团公司油气勘探重大发现成果三等奖。盆地二叠系勘探取得重要进展。川中茅口组新获 3 口工业气井，多口井钻遇气层，落实龙女寺—南充、角探 1 井区两大千亿级规模增储区。宜探 1 井钻遇礁滩白云岩气层 188 米，有望取得新发现，估算储量规模 1 000 亿立方米。川中雷口坡组勘探取得重要发现。充探 1 井雷口坡组泥灰岩测试获日产气 10.9 万立方米、凝析油

4*1*立方米,揭示了海相非常规勘探新领域,获得集团公司油气勘探重大发现成果二等奖。

二是突出效益开发。坚持提产提效、控减提率,在川中古隆起、川南页岩气、致密气和老区气田取得新进展。川中古隆起评价上产持续发力。做优磨溪龙王庙组气藏整体治水,精细灯四气藏台缘带生产管理,年产能力连续两年保持在150亿立方米以上。多层系未开发区评价取得多点突破,四套层系斩获8口高产工业气井,磨溪145井无阻流量达到281.8万米$^3$/日。蓬莱气田实施勘探开发一体化,蓬探1井区灯二气藏3口试采井以日产量69.5万立方米稳定生产,开发早期评价取得良好效果。川南页岩气上产稳步推进。狠抓中深层页岩气老井产能维护和外围拓展,综合递减率控制在20%以内,长宁、威远外围区井均EUR同比提高15%。强化深层页岩气技术攻关,渝西区块薄储层、正应力态区域井均EUR同比提高10%以上,泸州区块套变、压窜防治技术攻关成效显现,产能建设有序推进,获批方案年产规模85.5亿立方米,建成第二个百亿立方米页岩气田的信心更加坚定。天府气田致密气一体化评价加速推进。配套完善四大开发主体技术序列,在金秋区块培育39口无阻流量超百万立方米气井,用17亿立方米开发工作量建成了23亿立方米年产能力,实现年产量翻两番。加快平面拓区、纵向拓层,简阳区块须家河组、梓潼区块沙一段多口井获高产工业气流,增储上产前景广阔。老区气田精细开发成效显著。强化老气田措施挖潜和滚动扩边,全面实施40亿立方米稳产工程,综合递减率控制在7.2%。全面推进川东北高含硫稳产上产,罗家寨气田补充井罗家24井测试日产量达到206.7万立方米,铁山坡气田和渡口河—七里北开发建设稳步推进。川西二叠系—三叠系试采效果良好,全面建成20亿立方米年产能。

(二)突出产销协同联动,能源保障更加有力

牢牢把握产运储销一体化优势,动态优化资源组织,科学平衡资源配置,实现产业链、供应链平稳高效运行。一是产销衔接更加顺畅。面对高温、限电、疫情、地震等不利影响,实时调整生产节奏,通过降管存、增销量、控代输、提上载等措施,实现产量超计划完成,日产量最高达1.18亿立方米。按期投运威远—泸县、威远—乐山等重点管道和地面工程,新增川南页岩气集输能力100亿米$^3$/年,

确保产能高效发挥。充分研判供需形势,灵活实施压非保民、价价联动等营销策略,最大程度发挥可中断客户"削峰填谷"作用,确保需求侧稳定可靠。主动配合地方政府招商引资,在泸县、都江堰、古蔺等新区大力推进终端燃气市场整合,新增市场规模50亿米$^3$/年,持续扩大市场后路。二是资源组织更加高效。充分发挥相国寺储气库调峰保供作用,精细优化注采运行,实现能注尽注、应采尽采,全年注气27.4亿立方米,采气23.8亿立方米,均创历史新高。按照"确保上载、兼顾西南"原则,全年向国家管网上载天然气94.6亿立方米,同比增加30.7亿立方米,在有效保障川渝民生用气的基础上,全力支持集团公司天然气供应链平稳运行。在川渝地区电力最紧缺的时期,以"让气于电"助力"让电于民",向川投、两江燃气电厂供气1.7亿立方米,同比增长240%,获得川渝地区政府特别表彰。

(三)加快绿色产业布局,融合发展有序有效

统筹谋划绿色转型顶层设计,进一步明确"天然气+五大业务链"绿色发展西南模式,深入推进新能源指标获取和项目落地,公司绿色转型全面提速。一是风光指标获取有序推进。坚持走出去、请进来,加强与地方政府和企业的广泛沟通、密切联系,先后赴"三州一市"、重庆、云南、宁夏等地积极获取风光指标,初步锁定攀枝花、凉山、黔江等地30万千瓦光伏指标。与东方电气、中国电院等14家企业签订战略协议,组建资源竞争联合体,为项目落地奠定坚实基础。二是新能源项目落地见效。加快推进天然气余压发电、分布式光伏等7个清洁电力项目落地,率先实施中国石油首个规模化天然气余压发电示范工程,累计建成装置15套,装机规模0.8万千瓦;宁夏和宁化学分布式光伏发电项目正加速推进,装机规模0.5万千瓦。利用龙王庙磨溪X210井采出水伴生地热资源,开展中低温地热发电先导试验,成功建成投运国内首个气田水地热ORC发电装置,装机规模80千瓦。递进式推进气田水有价元素提取,继龙王庙气田水产出首批成品碳酸锂之后,在磨152井成功投运国内首套气田水提锂中试装置,年产碳酸锂规模50吨。

(四)强化安全环保管控,发展态势稳定向好

严格落实安全生产十五条硬措施,突出隐患集中整

治，抓实环保污染防治，持续巩固安全环保稳定态势，连续4年获集团公司QHSE先进企业。一是安全管控能力不断增强。狠抓基层安全环保执行力建设，实施4类36项行动措施，对标新安全生产法厘清各方责任，突出岗位执行落实与考核问责，将"三管三必须"要求压实到公司各管理层级。深化安全监管数字化转型，深度集成视频监督和智能分析功能，率先建成"安眼工程"，违章上报和处置跃升至分钟级。突出重点领域安全风险集中整治，统筹推进安全生产大检查、城镇燃气等9个国家专项行动及油气井井控、集输管道等5个集团整治任务，全年投入资金5.4亿元，实施隐患治理项目123个，本质安全水平持续提升。强化应急处置保障能力建设，启动区域应急抢维修队伍整合，健全消防救援体系，夯实两小时保供圈井控应急资源，应急处置能力全面升级。二是污染防治力度持续加大。着力废水风险整治，推进"一站一策"分级分类治理，364个历史遗留泥浆池、80个固化池隐患整治已完成60%。实施工业废气达标升级改造，完成宣汉、忠县等7个净化厂尾气达标整改，提前实现公司净化厂尾气排放全面达标，二氧化硫年减排1 150吨。强化噪声超标整治，完成牧马山配气站降噪工艺调整，中央环保督察问题按期整改销项，84座超标站场排查问题整改有序推进。推动绿色矿山建设，新增12个矿权进入遴选，累计24个矿权入库，占川渝地区绿色矿山总数的80%以上。

**（五）着力科技自立自强，创新成果竞相涌现**

坚持把科技创新与信息化建设作为强企支撑，大力开展攻关研究、成果培育、数字化转型，公司发展内生动力不断增强。一是科技创新成果丰硕。加快构建天然气全产业链技术谱系，扎实推进深层页岩气有效开采关键技术等重大科技项目攻关，大力实施协同创新，加大"揭榜挂帅"推广力度，全年组织科研项目880余项，新开项目"三新"占比达83%，投入研发费用8.7亿元，全面完成集团公司1.67%的研发投入强度指标。加大科技成果培育力度，申请专利374件，授权119件，同比增幅均超60%；制定国际标准1项、国家标准5项，获得中国标准创新贡献奖提名；获得省部级科技奖励25项，其中一等奖7项、二等奖10项，获奖数量创历史新高，被认定为集团公司创新型企业。积极参加集团公司第二届创新大赛，获得一等奖6项、二等奖6项、三等奖2项，其中勘探开发专业获奖数量居集团公司榜首，展现了公司强大的创新实力。二是数字化转型协同推进。聚焦数据共享和应用集成，统筹线上一体化协同建设，构建"勘探开发、生产过程、产运储销"三个一体化顶层设计，制定"管理＋技术＋操作"全业务链数字化实施路径，系统推进公司数字化转型。试点二级单位为主体的"两化融合"管理体系贯标评定，推动34个数字化转型试点项目建设，开展13类数据专项治理，建成西南算力中心，打造数据从采集、传输、存储到分析应用的管理架构和治理体系，实现数据统一集中化管理。以组织机构精简、生产管理变革为核心，重点推进站场物联网无人值守改造、新型采气管理区作业区数字化转型等工程，持续提升生产现场安全联锁控制水平，逐步实现大型站场少人值守、中小站场无人值守。

**（六）持续强化管理提升，企业治理卓有成效**

坚持将强化管理作为企业高效运行的抓手，扎实开展"转观念、勇担当、强管理、创一流"主题教育活动，着力推动改革任务走深走实，公司治理能力和水平显著提升。一是创效能力持续提升。全面重构投资控制体系，持续优化投资结构，大力推行页岩气钻井"日费制"，抓实钻井地面造价管理，加大集约化招标和集中采购力度，实现控制投资15.8亿元，投资回报率保持在12%以上。持续完善成本管控体系，加大可控成本费用压减力度，推进生产组织精细管理，关停高能耗、低负荷净化厂，外包业务有保有压，五项费用降幅超三成，油气操作成本下降1.7%。有序开展销售推价和客户用气结构核查，加强需求侧精细管理，促进资源向高端、高效市场流动，川渝市场销售均价较门站价提高29%，实现增收137.3亿元。二是深化改革取得实质进展。统筹推进"油公司"模式、三项制度改革和对标世界一流管理提升等重点工作，全面完成改革三年行动74项任务，形成对标世界一流管理提升行动43项成果。持续深化组织体系优化调整，在两级机关有效整合地质勘探、开发、维稳信访、矿区服务等管理机构，在三级生产单位全面完成新型采气管理区作业区达标建设，压减生产保障、后勤服务等机构数量20%，在造价管理、抢险维修、人力资源等领域实施专业化管理，全面推行区域共建共享运行模式，确保完成机构数量、领导职

特载

数、两级机关编制定员各压减10%的指标任务。持续强化法人企业治理结构规范运行，扎实开展国有产权管理问题专项治理，全面推进合规管理体系建设，在5个单位试点配备总法律顾问，抓实重大法律论证及纠纷案件受控处理，有效防范经营与法律风险。

（七）全面加强党的建设，党建引领作用凸显

把政治标准和政治要求贯穿党的建设始终，推动全面从严治党向纵深发展，引领带动党的建设质量全面提高，持续筑牢公司高质量发展的"根"和"魂"。一是强化政治建设。将学习贯彻习近平新时代中国特色社会主义思想作为首要政治任务，党的二十大代表谢利平和公司党委班子成员带头宣贯党的二十大精神，公司党委全年组织"第一议题"学习32次，学习内容128项，定期开展"回头看"，在学懂弄通、学深悟透上见到新成效。把坚持和加强党的全面领导作为政治责任，进一步完善与模拟法人体制相匹配的制度机制，持续规范党委前置研究，优化"三重一大"等决策事项清单，促进党的领导作用充分发挥。深入推进基层党建"三基本"建设和"三基"工作有机融合，全面落实8项机制27项举措，持续提升基层党建工作质量。二是强化以人为本。大力推进人才强企工程，开展首期人力资源价值评价，组织新一轮优秀年轻干部调研和青年干部实践锻炼，健全完善专业技术人员培养体系，持续建强科技人才队伍，入选"青年科技人才培养计划"人员数量居集团公司前列。提升维稳信访工作质效，全面打赢特殊重点时段维稳安保攻坚战，维护了企业正常生产经营秩序，保障了员工群众合法权益，受到集团公司通报嘉勉。深化产业工人队伍建设改革，围绕公司"十四五"重大战略、重点工程、重要项目，动员广大职工积极投身主题劳动技能竞赛，广泛掀起职工建功立业热潮。三是强化文化引领。筑牢思想教育"主阵地"，唱响舆论宣传"主旋律"，统筹全媒体多平台协同发声，外媒宣传及内网信息采用量均居集团公司前列。意识形态平稳受控，主题教育有声有色，政研成果屡获佳绩，文化方案落地落实，创作和推广了《晓光》等一大批优秀文化成果，卓越文化品牌建设全面提速。四是强化从严治党。突出关键少数，加强对"一把手"和两级党委领导班子监督，努力建设具有西油特色的廉洁文化。持续构建巩固"大监督"格局，

有效发挥纪检、巡察、审计专职监督作用，不断增强监督"三道防线"贯通协同效能，坚决整治形式主义、官僚主义，持之以恒落实中央八项规定精神。创新巡察方式，探索建立两级巡察上下联动机制，全力抓好巡察共性问题整改，做实"后半篇文章"，扎实完成五年巡察全覆盖。

## 二、2023年重点工作部署

党的二十大明确了新时代能源企业新的历史方位，集团公司描绘了油气产业发展的宏伟蓝图。2023年是西南油气田加快发展、跨越发展的机遇期、黄金期，更是实现2025年"上产500亿"的关键窗口期，任务重、挑战多。站在新的发展起点上，我们必须要乘势而上、接续奋斗，努力创造更加优异的业绩。

2023年总的工作要求是：以习近平新时代中国特色社会主义思想为指导，全面贯彻党的二十大精神和集团公司各项决策部署，坚持以高质量党建引领保障高质量发展，统筹"天然气上产、新能源发展"两大业务，瞄准"产量跨越400亿"，推动"规模实力、经营效益、科技创新、安全环保、管理能力、党的建设"迈上新台阶，为实现公司高质量发展而团结奋斗，为保障国家能源安全和集团公司建设基业长青世界一流综合性国际能源公司作出新的更大贡献。

规模实力迈上新台阶。勘探上要不断获取可建产的优质规模储量，新增探明经济可采储量800亿立方米、SEC储量600亿立方米，取得2～3个战略新发现。开发上要构建可持续发展的油气田开发秩序，新建天然气年产能101亿立方米，天然气产量达到425亿立方米。营销上要坚持"二十四字"工作方针，川渝市场天然气销量达到320亿立方米，市场占有率保持在75%以上。新能源要尽快在区内、区外实现同步发展，获取风光指标30万千瓦，地热供暖面积50万平方米，新增新能源产量当量3.3万吨标准油。

经营效益迈上新台阶。树立"效益是企业生存发展之基"理念，发挥"两利四率"等关键指标的牵引和约束作用，增强效益意识，强化投资、成本、运行管控力度，构建以效能提升为目的、价值创造为核心的运营模式。全年

实现营业收入698亿元、利润总额157亿元、EVA106亿元，自营天然气完全成本控制在800元/千米$^3$以内。

科技创新迈上新台阶。着力高水平科技自立自强，完善科研管理模式、项目合作方式、成果转化机制，加强研发投入管理，集中力量攻关重大理论和关键技术，重点围绕"基础地质研究、钻井提速、压裂提产"三大攻关任务，全力破解制约增储上产的瓶颈问题，持续完善天然气工业技术体系，不断提升自主创新能力和核心竞争力。

安全环保迈上新台阶。坚持统筹发展和安全，抓实安全环保管控能力提升和执行力建设，聚焦重点领域安全监管，全产业链推广"安眼工程"，扎实推进安全生产专项整治，加大污染减排管控力度，加快应急能力专项提升，积极构建员工健康管理长效机制，坚决杜绝一般A级及以上生产安全事故和环境保护违法违规事件发生。

管理能力迈上新台阶。以优化组织体系为抓手，精简机构规模数量，提高资源配置效率，持续优化压减二三级机构及中基层领导职数各10%。以优化制度流程为支撑，提高制度质量、强化制度执行，制度总量压减至1 000个以内。以依法合规经营为保障，加强法治建设、强化合规管理，实现"强内控、防风险、促合规"管控目标。

党的建设迈上新台阶。坚持不懈用习近平新时代中国特色社会主义思想凝心铸魂，确保党的二十大精神学习宣传贯彻全覆盖，持续推进党建与生产经营深度融合，持续深入落实人才强企和文化引领战略举措，持续促进监督体系更好转化为治理效能，持续提高员工群众幸福指数，以高质量党建引领保障高质量发展。

面对新使命新要求，我们要充分认识加快发展、跨越发展的重大意义，准确把握自身优势和定位，科学应对各类风险和挑战，紧紧围绕"跨越400亿，迈上新台阶"目标任务，全力奋进高质量发展，坚定不移办好自己的事，牢牢把握发展主动权。要增强战略定力，深刻认识到"跨越400亿，迈上新台阶"，既是深入贯彻落实党的二十大精神，保障国家能源安全的必然要求，也是公司奋进高质量发展，推动综合实力进一步跃升的必然要求，更是不断满足员工对美好生活的向往，将公司发展成果更好惠及员工的必然要求。我们必须坚定这一发展目标不动摇，坚决扛起保障国家能源安全的责任使命，咬定青山不放松，脚踏实地加油干，奋力谱写跨越发展新篇章。要坚定战略自信，深刻认识到公司发展趋势清晰明朗，继续发展具有多方面优势和条件。从自身来看，经过近年来的发展，资源基础更加坚实，上产势头更加强劲，组织运行更加顺畅，尤其是广大干部员工经受住了疫情、高温等多重大考，能力素质更加过硬，发展信心更加坚定。从外部来看，四川省提出要强化能源安全保供能力建设，全力打造千亿方天然气产能基地，为公司发展创造了广阔的空间。我们必须抢抓机遇、主动作为，把"跨越400亿，迈上新台阶"作为加快发展的战略支撑，在千亿方产能基地建设中发挥主力军作用。要保持战略清醒，深刻认识到公司发展还面临着诸多挑战和不足。比如，创效盈利能力不足，天然气完全成本仍然偏高；组织运营能力不足，组织体系、运行机制不够优化；自主创新能力不足，油气勘探开发还存在技术瓶颈；部分干部员工的改革意识、效益意识还不足。我们要切实增强风险意识、忧患意识、危机意识，始终坚持问题导向，跟着问题走、奔着问题去，把解决各种突出矛盾和问题作为打开工作局面的突破口，推动公司各项事业不断前进。

2023年，重点抓好以下七个方面的工作：

（一）贯彻"新时代党的建设总要求"，不断提升党建引领能力

以学习宣传贯彻党的二十大精神为主线，坚定不移推进新时代党的建设伟大工程，促进党建与生产经营深度融合，以高质量党建引领保障高质量发展。一是深入学习领会党的二十大精神。紧密结合党中央即将在全党开展的主题教育，采取专题培训班、中油E学网络培训、支部"三会一课"等方式，面向全体党员开展多形式、分层次、全覆盖的学习培训。持续开展党的二十大精神宣讲，深化与主流媒体合作，精心组织新闻宣传，加强理论宣传、研究和阐释，推动党的二十大精神进机关、进班组、进岗位，持续营造学习宣传贯彻党的二十大精神热潮。二是加强党建与生产经营融合。按照"公司党委统筹组织、二级党组织分类实施、基层党组织实践创新"工作原则，重点抓好有机融合工程第一阶段收尾和第二阶段启动，进一步推进有机融合工程试点工作落地见效。健全完善习近平总书记重要指示批示和党中央重大决策部署落实机制，持续完善

所属单位"三重一大"决策制度体系，推进党的领导作用发挥与其他治理主体履职行权有机统一。选优配强领导班子，做深做实政治素质考察，提升干部队伍斗争品格和担当本领，强化人力资源价值评价和专业技术人才培养，进一步改善人才队伍的层次、年龄和知识结构，推进党管干部党管人才原则与选人用人有机统一。贯彻落实《关于新时代加强和改进思想政治工作的意见》，抓实各级党组织政治理论学习，扎实开展"转观念、勇担当、新征程、创一流"主题教育活动，持续深化形势目标任务责任教育，推进思想政治工作与企业文化建设有机统一。三是加强党风廉政建设。深化"三不腐"一体推进，健全完善适应"油公司"模式的纪检监察制度体系，大力推进具有西油特色的廉洁文化建设，构建清廉政治生态。健全作风建设长效机制，加大源头治理力度，持续巩固专项工作成效，进一步筑牢中央八项规定精神堤坝。深化政治巡察，研究制定新的五年全覆盖工作规划，有效推进两级巡察同向发力。

（二）贯彻"能源的饭碗必须端在自己手里"，不断提升增储上产能力

一是积极寻找新发现新突破。坚持资源为王理念，加大勘探力度，加快工作节奏，不断夯实上产资源基础。强化蓬莱气区集中勘探。推进蓬探1—蓬深3井区灯二段气藏集中评价，力争新增探明储量300亿立方米、控制储量500亿立方米。加快控制东坝1井区灯四段气藏储量规模，力争新增探明储量1 000亿立方米。加大角探1井区沧浪铺组评价力度，力争新增控制储量1 000亿立方米。加快陆相致密气勘探步伐。推进天府气田沙溪庙组、须家河组规模探明，确保新增探明储量1 000亿立方米。坚持勘探开发一体化，推进梓潼地区规模增储和效益建产，新增控制储量1 000亿立方米。加大盆地二叠系勘探力度。抓好茅二段台缘带角探1井区、台隆带龙女寺–南充地区集中评价，力争新增探明储量500亿立方米以上、控制储量1 000亿立方米。加快评价渡口河–七里北、梓潼–西充地区礁滩气藏，进一步扩大勘探成果。抓好风险勘探和拓展勘探。立足新区块、新层系、新类型，强化综合研究与目标论证，突出抓好万米科探井论证工作，全年论证风险探井8~10口，力争获得2~3个战略新发现。积极评

价吴家坪组、筇竹寺组页岩气，实施勘探开发一体化，风险勘探和预探相结合，攻关压裂工艺，评价开发潜力，加快控制资源规模。积极拓展川中雷口坡组非常规油气新领域，力争再获新突破，有效落实资源规模。推进勘探高效管理。坚持物探先行，强化施工队伍和设备保障，抓实项目高效运行，确保全年3 000平方千米三维地震全部完成。强化地震处理、解释质量提升，提高时效和质量，有效支撑勘探部署。切实加强矿权保护，做好已有矿权精细评价和政府出让新区块价值评估，加快推进"探转采"，确保油气生产依法合规，最大限度维护公司矿权利益。

二是持续加快上产稳产节奏。坚持精细开发理念，统筹好生产组织的各要素、各环节，确保天然气年产量达到425亿立方米。狠抓川中古隆起稳步上产工程。执行龙王庙组气藏开发调整方案，抓好灯四台缘带产能补充，加快安岳气田未开发区多层系开发评价和方案准备，推进蓬莱气田灯二气藏试采评价和产能建设，适时启动灯四、茅口组等层系区块评价。全年新建产能4.3亿立方米，产量达到153.5亿立方米。狠抓川南页岩气规模上产工程。抓好中深层页岩气老井产能维护和提高采收率试验，持续优化地面集输系统，推进长宁近常压区、威远次核心区外围拓展。全力推进泸州北区防套变、压窜攻关试验，加快泸州、渝西中低风险区产能建设。全年新建产能64亿立方米，产量达到140亿立方米。狠抓盆地致密气效益建产工程。加强致密气低压区井位部署模式及储层改造技术攻关，加快金浅5H、秋林16、中浅1井区沙二气藏产能补充。抓好金浅8井区建产井工程及地面配套建设，做好简阳区块永浅3井组先导试验井产能配套，在梓潼区块、五宝场区块择优建产。全年新建产能17亿立方米，产量达到42亿立方米。狠抓老区气田上产稳产工程。抓好老气田综合治理，综合递减率控制在8%以内，年产量达到40.6亿立方米。加快川东北高含硫气藏整体开发，抓好罗家寨气田补充井、铁山坡气田地面工程实施，稳步推进渡口河—七里北新井钻试和净化厂建设，年产量达到32.4亿立方米。推进川西二叠系—三叠系气藏试采评价及治水优化，及时开展外围滚动勘探开发，年产量达到16.5亿立方米。

三是全力破解增储上产技术瓶颈。坚持创新驱动发

展战略，聚焦三大科技攻关任务，突破关键理论和技术瓶颈，为勘探开发提供强力支撑。大力攻关基础地质研究。蓬莱气区加强优质储层、圈闭刻画、立体成藏机理研究，支撑规模储量提交。陆相致密气加强沉积体系及成藏模式、储层预测及含气性检测技术研究，落实不同类型储层富集规律。二叠系—三叠系加强构造—沉积格局、礁滩圈闭预测、有效烃源断裂精细刻画、盆缘造山带复杂构造高精度成像技术攻关，持续拓展勘探成果。页岩气加强沉积古地貌刻画、成藏演化过程中气体运移机理研究，优化深层页岩储层指标体系，重点攻关差异富集理论，为优选有利区带和井位目标提供支撑。大力攻关优快钻完井技术。蓬莱气区持续开展大尺寸井眼和难钻地层提速配套工艺工具研究，加大垂钻工具、大扭矩螺杆、强攻击性钻头等现场试验，力争区块提速取得突破性进展。页岩气快速推进"一趟钻"技术配套研究，优选高效提速工具，强化钻井参数，推广控压钻井技术，力争钻井周期有效缩减。分区域开展防漏治漏技术攻关与试验，提高一次堵漏成功率，缩短井漏处置时间，降低漏失量，力争提速提效取得明显进展。大力攻关压裂改造技术。常规气领域优化地质工程一体化精准酸压技术，加速推进深度缓速酸、绳结暂堵转向等新材料现场试验，探索攻关碳酸盐岩压裂先导技术。页岩气领域加大长段多簇、纤维携砂、微支撑剂等现场试验力度，优化"双控"压裂模式，完善加密井压裂工艺。致密气领域强化非均质河道砂岩储层差异化压裂攻关，快速推进高效携砂、气悬浮支撑剂等新工艺现场试验。

（三）贯彻"加强天然气产供储销体系建设"，不断提升能源供应能力

坚持一体统筹，突出高效衔接，切实抓好天然气产运储销全环节管控，确保产能充分发挥、市场平稳供应、富气后路顺畅。一是增强天然气产供保障水平。以产销平衡为核心，持续做好产运储销地上链条分析，动态优化生产组织和管网运行，强化储气库注采管控，统筹安排停气碰口作业和装置检修时间，最大程度提高生产效率、降低供气波动。抓好钻机、土地等生产建设关键要素统筹，细化落实全年计划安排，持续强化跟踪、督办、纠偏及考核机制，确保各环节高效有序运行。二是推动重点地面设施建设。按期投运威远—江津、乐山—眉山、江津—南川等页岩气重点管道，推进北内环武胜增输上载、大英—同安管道前期工程等重点项目建设，确保管网综合输配能力达到500亿米$^3$/年。围绕重点上产区块和保供区域，持续开展管网适应性分析，确保产能充分发挥、输供稳定可靠。统筹储气库建设，积极推进相国寺扩压增量工程，完成"两峡"地面工程建设和牟家坪、老翁场先导试验，完成万顺场前期评价，加快建设西南储气中心。三是持续巩固区域市场主导地位。抓住川渝需求扩大、公司持续上产的有利时机，精研营销策略，掌握资源配置主动权，增强保障产业链、供应链平稳运行的底气。坚持从需求侧发力，科学制定销售计划、动态优化销售策略，充分发挥价格的杠杆作用，引导资源向高端、高效市场流动，全力实现扩销增效。进一步加强与省市地方政府、国家管网的沟通协调，规范接管、代输气等工作管理模式，及时跟踪各地招商引资和优质工业项目建设发展情况，在竞合共赢中加大拓市增销力度，新增市场规模25亿米$^3$/年。持续提升终端公司发现机遇、发现市场、发现价值的能力，努力开发优质项目、拓展创效模式，推动产业链不断延伸。

（四）贯彻"推进绿色低碳转型"，不断提升绿色发展能力

紧紧围绕国家"双碳"战略目标，坚持项目建设与资源开发并举，合资合作与技术研究并重，不断推动新能源与天然气业务融合发展。一是完善新能源业务管理体系。优化新能源工作机制和界面划分，强化指标任务分解和考核激励，落实各单位的目标任务和主体责任。业务处室按照职责分工切实做好业务主导和技术把关，新能源事业部、属地单位分别抓好区外和各自辖区内资源摸排、指标获取、项目建设及运营管理，研究院所做好新能源技术攻关和支撑工作，确保全面完成新能源业务考核指标。二是抓好新能源指标获取。围绕已经锁定的风光资源，依托公司天然气产业优势，撬动风光指标获取，加快与攀枝花、凉山、黔江等地政府对接，确保完成30万千瓦风光指标的考核任务。统筹推进区域内外地热资源开发和市场开拓，确保获取50万平方米地热供暖指标。三是推进新能源重点项目建设。加快攀枝花集中式光伏、公司生产站场分布式光伏等发电项目建设，装机规模11.3万千瓦。加大

天然气余压发电技术推广应用力度，装机规模0.6万千瓦。高质量抓好卧龙河气田CCUS-EGR、龙王庙伴生水资源综合利用先导试验前期工作，威远气田伴生资源综合利用示范基地建设，确保年内见到成效。

（五）贯彻"统筹发展和安全"，不断提升风险管控能力

牢固树立安全发展、绿色发展理念，坚决落实"三管三必须"要求，聚焦风险防控，狠抓责任落实，坚决守住安全环保红线底线。一是深化QHSE管理体系运行。压实安全环保责任制建设，优化完善基层现场安全生产"清单制"管理机制，持续加强安全环保能力培训，积极开展基层站队QHSE标准化建设优化提升行动，切实提升安全环保管控力和执行力。充分发挥"以审促管"正向拉动作用，融合HSE监督检查成果，丰富"前馈式"审核大数据库，针对性开展"下沉式"帮扶，着力打造QHSE管理标杆试点单位，以典型示范带动全面提升，推动基层单位QHSE管理向A2级迈进。二是切实筑牢安全生产屏障。聚焦重点领域风险防控能力提升，持续抓好井控风险管控，优化井控设计，强化技术支撑，严格落实评估分级要求，确保队伍能力与井控风险精准匹配。加快安全隐患排查治理，实施隐患"一本账"管埋，突出隐患井、老旧装置、油气管道等重点整治，大力开展遗失井口排查，新区建设要严控隐患增量，老区隐患要实现存量清零。深化安全监管数字化转型，全面推进终端燃气、合资公司"安眼工程"建设，有序推进高后果区视频接入，逐步实现产业链全覆盖，切实做到"无监控不作业"。推动区域应急保障能力建设，开展基层单位抢维修人力资源与业务整合试点，完成区域抢维修值守点组建运行，全面提高应急处置保障能力。三是持续推动绿色清洁生产。加强生产过程防污治污，加快解决净化厂开停工或异常工况下的应急尾气处理，积极拓展油基岩屑资源化利用途径，有序做好噪声超标、历史遗留泥浆池等生态环境隐患治理，高效推进甲烷减排工程建设，常态化实施VOCs跟踪监测，最大限度实现增产减污。

（六）贯彻"加快建设世界一流企业"，不断提升经营管理能力

以对标世界一流为切入点，以"提增效益、提高效率、提升效能"为主线，持续推动依法合规治企和强化管理走深向实。一是持续加大控投降本力度。严格落实投资管理要求，健全落地投资管控机制，持续优化方案设计，建立"大造价"管理模式，推进公司全领域、全过程造价管理，强化生产建设过程管控，靠实投资管控考核导向，确保消存控增、标本兼治。加大业财融合，全面优化油气生产成本管控机制，实施零基预算管理，极限压降无效作业成本和非生产性支出，加强SEC储量与折旧折耗研究，深化资金集中管理和紧平衡管理，持续完善内部价格机制，有效降低综合所得税负，确保天然气完全成本硬下降。二是切实提升企业管理水平。按照"优化生产经营型单位、规范研发支持型单位、精简保障服务型单位"的思路，精简优化二级单位设置。根据"宽职能、大部门"原则，优化调整两级机关机构，努力完成二三级机构及中基层领导职数各压减10%的目标。持续优化两级管理模式，在重点规模上产新区加大推广力度，一线生产单位逐步向"调控中心＋井站无人值守＋集中巡检"模式转型。深化薪酬分配体系优化调整，完善与经济效益、劳动生产率挂钩的工资总额决定机制，切实发挥薪酬分配激励约束作用，鼓励各单位少用人、多增产、多创效。加强制度规范体系建设，实施"油公司"模式下的制度流程优化，推进制度适应性分析与持续改进，制度总量压减至1 000个以内。强化合规风险识别评估、预防控制、事件应对的全过程控制，突出项目投资、市场竞争、采购招投标、工程建设等重点领域风险防范，有效杜绝合规、廉洁问题发生。三是加快科技与信息化步伐。强化重大科技项目攻关，抓好海相碳酸盐岩、深层页岩气等重大专项推进实施，力争形成一批重大理论、关键技术和标志性成果。加强科技成果培育，深挖专利价值，加大标准化工作力度，积极申报高级别奖励，力争在数量和质量上有新提升。加强科技创新平台建设，用好特色研究中心、高校创新联合体等载体，发挥各级重点实验室资源优势，优化完善协同攻关机制，进一步释放科技创新活力。贯彻落实集团公司加快推进"数智中国石油"建设的总体要求，以全业务链一体化协同工作场景为抓手，扎实推进数字化转型试点项目建设，确保转型工作取得新进展。深入推进数据治理、系统集成整合和数据资源集中入湖，加快数据资源向数据资产转变，充分发挥数据对主业发展的支撑作用。

（七）贯彻"以人民为中心"，不断提升惠民利民能力

坚持一切为了人民、一切依靠人民，深化"我为员工群众办实事"活动实效，推动公司发展成果全员共享。一是持续推进民生工程。围绕"十四五"职工幸福工程各项具体工作，推进职工健康关爱工程，实施精准化、差异化全员健康体检，综合研判疫情形势、完善医疗服务，组织开展团体心理辅导和"一对一"心理咨询，全方位提高健康保障水平。推进工作环境提升工程，加快各级办公场所、生活基地维修改造升级，建设智慧食堂，试点打造集"健康小屋、活动中心、母婴托育"等功能为一体的职工之家，创造良好的工作生活条件。同步推进劳模专家服务一线行动，"铁人杯"篮球、羽毛球赛和"党旗下的石油红"系列精品文体活动，以及职工权益保护、特殊困难群体帮扶兜底和各类普惠项目，切实办好惠民实事。二是加强企业文化体系建设。将合气文化贯穿于公司生产经营、改革发展全过程，以先进文化和典型事迹教育员工、引领队伍，打造一批高质量的文化衍生品，持续提升品牌价值和影响力。深化推进共建共享，接续助力乡村振兴，加强储气库、管网、终端销售和新能源等领域合资合作，与各级政府、合作伙伴和广大群众构建更加紧密的关系，大力塑造公司良好形象。三是切实抓好综治维稳。加强网络意识形态管控，完善网络舆情监测、研判、会商联动和应急处置机制，确保不发生重大网络舆情事件。畅通"信、访、网、电、微"五位一体诉求表达渠道，倾听员工群众声音，有效回应员工群众所思所盼。持续优化信访服务水平，大力提升初访事项办理质量，把矛盾纠纷化解在萌芽状态。健全公司安保管理体系，坚持内外联动保重点、保要害，筑牢安保防恐防线，切实维护公司大局稳定。

（西南油气田公司办公室、党委办公室　供）

# 稳中求进　奋勇争先
## 为建设世界一流工程技术服务企业而团结奋斗

——在川庆钻探工程公司2023年工作会暨三届四次职代会、工代会上的工作报告（摘要）
（2023年1月15日）

川庆钻探工程公司执行董事、党委书记　王治平

## 一、工作回顾

2022年是公司提质增效、改革创新的攻坚之年，也是团结奋斗、逆势而进的丰收之年。一年来，面对疫情多点频发、生产组织困难、大宗物资涨价、安全风险增大等挑战，我们认真落实党中央"疫情要防住、经济要稳住、发展要安全"的总体要求，在集团公司党组的坚强领导下，紧跟中油技服工作部署，以价值创造为导向，深入推进三大战略，精准施策提质增效，全力打好抗疫保产提效主动仗，各项工作迈上新台阶。

一是经营业绩迈上新台阶。实现营业收入376亿元，完成净利润3.08亿元，超额完成考核指标，效益贡献继续保持板块前列。二是生产建设迈上新台阶。完成钻井进尺759万米、增长14.8%，创近3年新高；压裂酸化1.55万层次、增长25%，生产天然气45.1亿立方米、增长2.3%，双创历史新高。三是服务油气迈上新台阶。打成无阻流量超百万方高产气井82口，钻完井整体提速8%，创指标纪录55项，获中油技服贺信25封、各方感谢信33封，支撑西南油气田跨越3000万吨、长庆油田突破6500万吨、塔里木油田达到3300万吨。四是科技创新迈上新台阶。全年科研投入15亿元、投入强度4%、再创新高，新增成果100项、其中7项达到国际先进水平，新获省部级科技奖励20项、授权专利170件，获奖、专利数量保持集团公司所属单位前列，推广应用技术147项、创效3.1亿元。五是党的建设迈上新台阶。迎接党的二十大、宣贯二十大精神贯穿全年，召开公司第二次党代会，以政治建设统领

党的各项建设，全面从严治党向纵深发展，政治生态持续向上向好。公司获评集团公司2022年度先进集体，以高质量发展新成效献礼党的二十大。

重点抓了以下工作。

一是坚持政治领航、从严治党，引领保障作用充分发挥。制定22项举措喜迎党的二十大，推动会议精神宣贯走深走实，捍卫"两个确立"、践行"两个维护"的政治自觉更加坚定。"第一议题"学习112篇，推进习近平总书记重要指示批示精神再学习再落实再提升，推动党史学习教育常态化、长效化。坚决肃清流毒影响。意识形态工作责任制有效落实。完善基层党建"三基本"建设与"三基"工作有机融合机制，推进区域党建联盟和党支部标准化规范化建设，深化"四创四当"主题实践，"两个作用"充分发挥。"六型"机关创建扎实推进，服务基层满意度保持在95%以上。严格落实"两个责任"，推动政治监督细化实化具体化，一体推进"三不"，深入纠治"四风"，采取"专项+提级"模式分别巡察2个二级单位和6个三级单位，实现对所属各级党组织巡察全覆盖；全年受理信访举报、处置问题线索分别下降33%、25%，信访量为十年最低；立案数和处分人数分别上升10%、28%，充分释放越往后执纪越严的信号。开展"人才强企工程推进年"活动，调整配备处级干部156人次，成功引进海外高层次人才3人。精心组织"转观念、勇担当、强管理、创一流"主题教育，积极培育攻坚文化和家文化，选树宣传"川庆榜样"4名，3个集体获省级"工人先锋号"，2人获省级"五一劳动奖章"。统战联谊交友制度有效落实。以庆祝建团100周年为契机，创新开展团青工作。认真落实职代会制度，征集处理提案14件、满意度100%，建立"职工信箱"运行制度。落实政策调增工资，推动全员收入稳定增长；多方筹集防疫物资、协调海外轮休，全力保障疫情期间员工生命安全和身心健康；健全"我为员工群众办实事"长效机制，投入专项资金1 069.6万元，推动实施122项办实事项目，帮扶慰问职工613.5万元，员工幸福感、获得感、归属感更有质量。积极组织劳动竞赛，兑现奖励2 722万元。大力开展合理化建议和"五新五小"活动，公司首次获四川省"五小"活动先进单位。抓好维稳信访安保工作，公司获评集团公司2022年度平安企业。

积极履行社会责任，缴纳税费6.5亿元，投入430万元助力石渠振兴，消费帮扶351.7万元。

二是加强共享协同、集群提速，工程技术业务质效双提。深化甲乙方一体协同提效，结合疫情形势实施生产闭环管理，优化钻机套搬、分段钻井作业模式，国内钻机利用率达到94%。推进人员、物资、设施、基地全面共享，多措并举盘活用工，实现效益2.6亿元。成立亏损治理专班，对口帮促、精准施策，工程技术业务整体减亏5.2亿元。钻完井突出整体提速、复杂治理，平均单队进尺提升12%，5 000米以上深井、页岩气井、致密油气井分别提速6.6%、10%、8.6%；深入推进单井创效，平均单井周期、可控成本达标率分别为72%、62%。压裂酸化优化"大平台+工厂化+长水平段"模式，压裂效率达到2.06段/日、提速15.1%。试油修井建立预警纠偏运行机制，新开井钻机试油平均单层周期减少12.8%。跨单位组建工程地质一体化治理团队，钻井、压裂、试油故障时率分别下降8.5%、9.5%、6.3%。海外业务抢抓市场回暖机遇，完成钻井进尺21.1万米、增长17%，实现收入25亿元、增长34%；P油田项目累产401万桶，产量稳居该国同期运行的老油田增产项目首位。钻前、运输、监督检测有力支撑主业，酒店、培训克服疫情影响自我纾困。越盛公司加快改革转型，经营效益创历史新高。

三是聚焦高产培育、精细开发，风险合作业务量效齐增。积极应对资源品位下降、限电控产、外输不畅等困难，深化"三个一体化"，威远页岩气年产量连续8年硬增长，苏里格致密气在连续11年稳产18亿立方米的基础上再上19亿立方米。威远区块，平均水平段长首次突破1 900米，4米箱体钻遇率97.3%，完钻井平均周期59.6天，均创历年最优；加砂强度、液体效率创历年新高，28口测试井平均单井产量25.6万米³/日，提高15.4%，建成3个百万立方米方平台，创川渝地区页岩气最大丛式井平台（12口）纪录；措施增产4.5亿立方米，累计生产页岩气26亿立方米、增长2.8%。苏里格区块，总结形成"高产井"捕获模式，动态Ⅰ+Ⅱ类井比例提高8.3%，试获无阻流量超百万立方米气井9口，"西进"战略取得重大成果；措施增产4亿立方米，递减率控制在18.6%，累计生产天然气19.1亿立方米、增长1.7%，凝析油1.27万吨、增长15%。老区挖潜合作，川渝地区优选5个区块53口井，加强先导性试验评价，累计增产气561万立方米、油82吨。

四是强化技术立企、八二攻关，科技创新动能持续提升。召开科技与信息化创新大会，制定公司科技自立自强"双十条"措施，确立"八二"原则优化顶层设计，重奖一批突出贡献个人和集体，创新氛围更加浓厚。围绕生产需求，完善复杂深井系列技术，打成8 000米以上超深井7口，安全完成川东北、长庆盐下及土库曼高含硫高风险井钻探任务，以9 010米创国内陆上最深天然气水平井纪录；持续升级非常规钻井系列技术，川中致密气提速36.5%，平均单井无阻流量103万米$^3$/日。瞄准国际前沿，实施关键核心技术攻关任务"揭榜挂帅"，自研150℃旋转导向系统规模推广74口井，175℃系统完成样机总装联调；陆上井控应急救援关键装备，研究形成溢流早期实时监测预警系统和抢险破拆机器人。健全两级EISC，开发14项核心软件完善辅助决策功能，研发司钻领航仪、电子液面坐岗仪等16项产品，措施实时推达现场6 507条，数字化钻井、压裂队等9项应用场景赋能落地，"数字川庆"从数据治理向数据利用、从后台支撑向一线应用的全面建设阶段迈进。

五是深化开源增收、降本节支，价值创造能力不断增强。运用矩阵式管理，分层级分解落实106项指标，推动提质增效走深走实。国内总包深层页岩气、大安区块、盐下高含硫、塔里木迪北等一批项目，新进入延长油田市场，海外成功签订厄瓜多尔ISHPINGO（伊什平戈）钻井总包合同，创该国单体项目签约金额纪录（3.56亿美元）；创新增供气贸易款支付工程款模式，促成土库曼3个技术服务项目落地。建立"总部对总部、年底抵扣清算"预付款模式，开展"陈欠清收攻坚年"专项行动，存量合同资产压减23亿元，收回以前年度欠款6.9亿元，抓好汇兑管理、资产盘活、纳税筹划等综合创效5.5亿元，自由现金流大幅改善。制定26条措施精细成本管控，在大宗物资价格大幅上涨的情况下，多措并举有效节约采购资金；电代油用电5.7亿千瓦·时、增长66%，节能降本3.2亿元，百元收入营业成本改善0.27元。圆满完成改革三年行动任务69项、形成成果188项，"十四五"前两年机构及领导职数分别压减10%，二、三级单位领导班子任期制全面实施。专题部署推进依法合规治企和强化管理6个方面举措，扎实开展"严肃财经纪律、依法合规经营"综合治理和"合规管理强化年"活动，重点领域突出问题得到有效整治，通过法律手段避免损失3 500余万元，审计取得经济成果655万元。

六是突出严抓严管、防治结合，安全环保风险整体受控。深入宣贯新《安全生产法》，全员安全环保职责和"3+N"安全生产责任清单进一步完善，"三标一规范"升级推进。严格落实"十五条"硬措施，强化敏感时段升级管理，圆满完成安全生产专项整治三年行动，建立健全制度措施清单571项，发现整改问题隐患9 018项，重点领域风险全面受控，公司获集团公司QHSE先进企业。完善井控管理体系，优化工艺流程，升级装备配套，有效处置Ⅲ级井控突发事件12井次、溢流60井次。深入打好污染防治攻坚战，积极配合中央生态环保督察，整改隐患757项；扎实抓好清洁生产和节能减排，节能4 742吨标准煤、节水0.9万立方米；制定碳达峰碳中和路径，二氧化碳压裂用量4.2万吨，太阳能年供电能力520万千瓦·时，公司被集团公司认定为绿色企业。加快健康企业建设，干预调岗146人，动态调整疫情防控措施，守住了不发生聚集性疫情底线，海外实现"两稳两争两保"目标。

## 二、面临的形势任务

党的二十大擘画了全面建设社会主义现代化国家的宏伟蓝图，对国有企业和能源行业改革发展提出了新任务、新要求，特别是明确了加快建设世界一流企业的重大部署；集团公司党组确立了"牢记重大嘱托，当好标杆旗帜，全力奋进高质量发展，全面建成基业长青的世界一流综合性国际能源公司"的中心任务，作出了加快建设世界一流企业的战略安排，鼓励具备条件的企业率先建成世界一流，这些是公司把握形势、谋划发展的根本遵循。我们要立足公司建成特色鲜明、领先发展的油气工程技术综合服务商打下的坚实基础，把建设世界一流工程技术服务企业作为公司中长期发展的愿景目标。

今年是贯彻党的二十大精神的开局之年，也是公司建设世界一流企业的起步之年。当前，外部环境动荡不安，国内经济恢复的基础尚不牢固，油气行业面临的困难挑战更加突出，我们要准确把握形势变化，保持发展定力，集中精力办好自己的事。

一是集团公司稳油增气部署没有变，但效益发展更加艰难。集团公司七年增储上产计划进入攻坚期，油气投资整体保持稳定，但投资政策更加突出效益导向，明确要求杜绝超投资、无投资项目，油气单位完全成本分别控制在每桶47.5美元、每千立方米790元，下降幅度大，投资紧缩政策更严，油气田投资不足与增产增效的矛盾更加突出，势必导致勘探开发部署不均衡，对工程技术服务价格和市场带来双重冲击；同时投资区域呈现"东降西增"态势，过剩队伍将加速渗透公司基础市场；我们将面临工作量不连续、竞争更激烈、增收难增效的多重困境。

二是公司市场有利区位优势没有变，但服务保障更加艰难。国内服务的三大油气田均处于增储上产加速期，海外土库曼506项目有望重启、厄瓜多尔接连获得重大总包项目，整体工作量有保障。但油气勘探开发加快向深地领域迈进，高压、高产、高含硫井日益增多，页岩油气、致密油气逐步成为上产主力，装备高标准、技术高要求、施工高难度、井控高风险的特征更加明显，在环评安评、征地审批更加严格及甲方频繁调整部署、集中建产的环境下，我们将面临组停等停增多、井位衔接不畅、装备动用率下降等困难，对生产组织、提速提效、安全管理带来极大挑战。

三是风险作业效益支柱作用没有变，但增产增效更加艰难。威远页岩气、苏里格致密气继续稳定增产的资源基础依然坚实，西南、长庆老区挖潜和塔里木迪北产量分成项目正成为新的增长点，公司合作开发天然气年产量将接近50亿立方米，利润贡献总体有保障。但也要看到，威远、苏里格区块资源劣质化加剧、递减率控制更加困难、开发成本居高难下，页岩气补贴价格预期下调，天然气操作成本刚性增长，控投资、保产量、提效益、降成本的矛盾难以平衡。

四是板块内部竞争制胜优势没有变，但改革转型更加艰难。公司主要生产经营指标稳居板块前列，市场、规模、技术等优势依然突出。但对标世界一流，公司科研产出质量、核心技术壁垒、转化创效能力还不高，主要依靠创新驱动的内涵发展模式还未形成；依法合规管理还有短板，生产经营转型成效不够明显，精益管理还处在起步阶段，品牌知名度局限于国内和海外少量国家；组织结构臃肿，一线关键岗位人员短缺，员工老龄化进入高峰期，高层次管理和创新人才规模不足，这些问题短板短期内还难以有效解决。

综合来看，公司面临的风险挑战更加严峻，但"四个没有变"的有利条件有所强化，整体上机大于危，依然处于战略发展机遇期、转型突破窗口期。2023年公司工作的总体思路是：以习近平新时代中国特色社会主义思想为指导，深入学习贯彻党的二十大精神，认真落实集团公司党组和中油技服工作部署以及公司第二次党代会总体安排，完整、准确、全面贯彻新发展理念，坚持高质量发展，坚持稳中求进工作总基调，加强党的领导和党的建设，持续推进三大战略，着力抓好"三稳三增"，全面完成各项目标任务，为建设世界一流工程技术服务企业开好局起好步。

围绕做好全年工作，要把握以下要求：

——必须增强忧患意识，坚持居安思危，统筹危与机，科学应变、主动转变、敢于斗争，切实防范化解安全、经营、合规风险，全力以赴化危为机。

——必须增强全局意识，坚持稳中求进，统筹稳与增，着力稳根基、稳市场、稳增长，着力增产量、增动力、增效益，努力实现质的有效提升和量的合理增长。

——必须增强战略意识，坚持目标导向、问题导向、结果导向，统筹近与远，打基础、增后劲，志存高远、奋勇争先，以久久为功的恒心和韧劲推进世界一流企业建设。

## 三、2023年生产经营重点工作安排

预算主要生产经营目标是：完成钻井进尺767万米、压裂酸化1.68万层次，生产天然气47亿立方米，实现主营业务收入380亿元、净利润3.15亿元。

围绕实现全年生产经营目标，重点抓好以下工作。

（一）突出风险防控，严抓严管稳根基

坚持"严细实"总基调，深化"四全""四查"管理，一体推进体系建设、双重预防和QHSE文化建设，着力防范化解重大风险，全面推动安全绿色低碳可持续发展。深化QHSE体系管理。完善QHSE职责，健全全员安全生产责任清单，实现责权利更清晰、操作性更强，完善基层队（站）全员QHSE积分制考核。优化内部审核方式，推进公司对二级单位、二级单位对基层队（站）审核全覆盖，巩固拓展"三标一规范"建设成果。深入宣贯"两个理念""一个信念"，严格落实干部上岗前安全评估制，发布《安全文化》手册，营造浓厚安全氛围。严控安全生产风险。建立红橙黄蓝"四色"和班组"四环节"风险管控机制，严格高危作业风险控制工具应用，完善高危和联合作业风险管控措施，强化特殊敏感时段升级管理，持续提升事故事件、承包商、交通、消防、用电安全整治水平。总结固化井控管理经验，严格落实"三评估三分级"要求，抓好井控设备、坐岗、演练等关键环节管控，加强技术支持和监督，确保溢流发现和关井及时率"两个100%"。加大量化查患纠违力度，及时消除事故隐患。修订应急预案和岗位应急处置卡，开展实战化应急演练和针对性应急知识培训，完善应急救援保障体系，精准处置突发事件。推进绿色低碳发展。深入开展污染防治攻坚战，推动产品、服务和生产工艺绿色低碳升级，细化环境风险管控方案，杜绝环境污染事件。实施集气场站、后勤基地等新能源综合利用试点，规模应用钻井电代油、气代油和电驱压裂，力争用电气当量突破7亿千瓦·时。持续推进能源管控，强化后勤基地和办公楼能源消耗分区分类计量，力争节能节水1%。

（二）突出高端高效，主动出击稳市场

制定市场战略规划，以百元收入营业成本为导向，完善市场绩效考核机制；充分发挥公司地区主导优势，加强与油田公司、兄弟单位沟通协调，积极探索合作新模式，确保常规油气市场占有率稳中有升，非常规市场规模、效益均衡发展，海外传统基础市场更加稳固，全年新签合同金额370亿元。川渝地区，优先保障蓬莱、双鱼石、高石梯—磨溪、川东北高含硫、致密气等区块，跟进深层页岩气、储气库、浙江油田流转区块项目。长庆地区，深化"七个共同"，全力支撑油田新区新领域风险勘探，规模推广致密油气大平台模式，抢占水平井、气井、储气库等市场，稳固道达尔苏南市场规模，开拓延长油田、煤层气等市场，力争长庆油田市场份额达到35%。塔里木地区，围绕"五大有利区带"和博大、塔河南岸成熟开发区块，抓好"一字号"风险探井、迪北项目和钻井风险总承包试点井跟踪开发，力争市场份额达到18%。海外地区，依托中土天然气购销款合作模式，挖掘以修井、酸化、堵水、稳产增产为带动的新项目，积极助推506项目早日落地实施；全力保障厄瓜多尔安第斯项目，拓展ITT重点区块市场份额，调整P油田运行机制，力争油气增产项目取得新突破；中东区域以井控应急救援为龙头，全力拓展以工程技术一体化为核心的特色技术服务和QHSE、EISS咨询服务；全年海外市场力争新签合同金额3.2亿美元。

（三）突出快干多收，协同联动稳增长

坚持共享、均衡、高效组织生产，全力应对工作量不连续、不均衡矛盾，分级建立生产、技术、经营论证组，以井工程一体化统筹、集群提速为抓手，持续推进全面共享，动态调整设备设施部署，积极协调甲方减少组停，主要装备动用率达到95%、组停下降15%，努力实现队伍规模不增、效益提升。有序开展设备更新改造，主要设备故障停机率控制在1%以内。加大井漏治理力度，着力减少钻具、工具、仪器故障，建立以司钻领航仪为载体的数字化工艺安全体系，确保整体钻井故障时率和非地质因素复杂时率均降低10%。深化井筒质量评价和考核体系建设，确保井身质量合格率98.6%、固井质量合格率94.6%、页岩气压裂丢段率控制在0.5%以内。钻完井业务以提升纯钻时效为重点，深入推进工程地质一体化，组建多专业、跨单位提速示范工程攻关组，升级完善提速模板；突出工艺流程优化，着力提高单趟钻进尺和"一趟钻"比例，实现钻完井整体提速5%。压裂酸化业务推广平台分区分组作业模式，强化"整体调配+区域联动"，最大限度提高压裂机组动用率，力争压裂效率提升5%以上。试油修井业务抢抓机遇、加快发展，精心统筹原钻机、大小组合、作业机等方式，加快钻完井转试油工序衔接，力争原钻机试油周期下降30%、价值工作量提高10%。科研业务深化科研生产一体化服务模式，做好重点区域、重点项目、重点井技术支撑保障，大力拓展对外技术服务规模，完善科技创效分类和统计机制，着力培育高新技术服务业务链、价值链。海外业务探索以公司为作业者的经营模式，持续扩大钻井液、定向、取心、检测等特色技术服务规模，精细运作厄瓜多尔ISHPINGO（伊什平戈）油田钻完井总包、P油田增产服务和土库曼3个技术服务等项目，力争实现收入26.2亿元。新能源业务成立工作专班，构建完善"双碳"路径，效益统筹整合内部资源，全力争取天然气和新能源矿权开发区块，打造新的经济增长点。钻前、运输、监督检测、酒店、培训等业务强化自主经营、合规管理，高效支撑主业发展，着力提高质量效益。越盛公司完善治理体系，抓好业务规划和转型，不断增强行业竞争力和自我发展能力；天石和创公司在巩固扩大150℃旋转导向产业化基础上，加快175℃系统的试验研究，拓展研究强相关的工具扩大工作量；海川公司着力拓展市场、强化管理，实现盈利目标。

（四）突出资源为王，高效精细增产量

坚持地质先行，强化产能维护，全力争取落实投资，研究建立内部单位互利共赢模式，挖潜投入产出比不低于1∶1.5，每千立方米单位完全成本控制在790元以内，投资回报达到8%以上，努力实现建产动用率、采收率、收益率最优。威远页岩气，突出"深拓浅扩、酸中找甜"，以东部甜橘区为重点，系统优化水平段长、井网密度、完井参数，精细实施勘探评价、快建快投、采输管理，专项研究老井挖潜，确保"铂金"靶体钻遇率95%以上、单井EUR达到0.95亿立方米以上，全力保证上产27亿立方米。苏里格致密气，突出"薄层淘金、水中捞气"，总结完善高产井培育模式，加强苏119区块勘探评价，水平井部署实施比例不低于70%，"一类多法、一井一策"挖潜增产，确保新建年产能5亿立方米、储层钻遇率达到80%以上、年综合递减率控制在18%以内，力争生产天然气19.5亿立方米、凝析油1.2万吨。老区挖潜项目，突出地质先行、加快进度，与西南油气田联合上试50口、侧钻5口以上，力争挖潜2亿立方米；有序拓展长庆油田老井挖潜项目。塔里木迪北项目，以保护油气层为重点，突出精细研究、风险可控，完成钻井4口，建成年产能1.5亿立方米以上，力争实现产量分成0.5亿立方米。

（五）突出创新创效，技术攻关增动力

落实党委定期研究科技创新工作制度，充分发挥技术在转换动能中的主导作用，以完善科技创新体系、提高自主创新能力为核心，努力打造国内油气工程技术创新高地。增设油气地质工程技术中心，优化4个中心架构，高质量完成钻完井工程综合试验平台建设，推动现有创新联合体高效运行，持续提升整体科技创新水平。遵循"八二"攻关原则，精心组织万米超深层钻探、新一代复杂储层改造等项目设计论证，针对性开展生产难题集中立项攻关，健全项目管理评价体系，深化实施"揭榜挂帅""挂图推进""节点考核"，全年力争科技投入强度保持4%，重点任务完成率100%，新增关键核心技术成果20项。钻完井领域，以实现工具、产品自主可控为突破口，研制形成复杂深井智能化精细控压、230℃/175兆帕高温高压试油测试关键装备、超240℃高温高密度井筒工作液等10项高端装备产品，攻关形成非常规油气近钻头测量工具、高性能PDC钻头、老井治理系列工具、纳米成膜防塌钻井液等20项工具、产品及深层压裂、套变防治等10项核心配套技术，推动智能闭环导航钻井系统等研究取得新突破。数字化领域，加强工程技术大数据、专家知识库建设和自主工程软件研发，升级EISS系统辅助决策功能，优化EISC全过程管理、覆盖率达到80%，数字化现场试点范围拓展到100支（个），初步形成全业务链数字化作业模式，建立完善经营决策支持平台，加快向"智慧钻探"迈进。安全环保领域，研究建立智能压井系统，研发应急救援关键装备，推广油气层起下钻安全评价系统，试用应急一键响应系统，开展环保型工作液等项目研究，提升本质安全环保水平。新能源领域，深入开展全专业电代油配套技术攻关，推进二氧化碳压裂返排碳捕集技术研究，探索地热、太阳能、风能等新能源技术攻关。建立基于成熟度的试验推广应用机制，发布成果推广应用清单，探索"产品认定+限采限购+应用激励"新模式，构建内部产品大循环体系，推广技术成果80项以上、创效3亿元以上。统筹谋划知识产权布局，力争申请专利450件，其中发明专利占比超过70%。

（六）突出精细管理，综合施策增效益

坚持以价值创造为导向，打造提质增效"精进版"，持续提升经营管理效能。精细运营提升。统筹内外力量，研究建设世界一流企业的总体规划。开展"十四五"规划中期评估和滚动调整，编制发布新能源业务专项规划。坚持量入为出、总量控制，重点保障油气风险作业、生产急需、新能源业务等项目投资需求，建立提升投资质量效益长效机制，坚决整改项目"三不达"问题。深化全面预算管理体系建设，统筹投资、生产经营计划及全部经营活动，精准引导各类经济资源合理配置。建立以自由现金流为核心的资金管理机制，加强税收综合筹划，持续提高资金运营效率和安全创效水平；完善结算分层管理体系，总结推广总部预结算模式，加强应收账款全过程管控，持续推进清欠督导，实现自由现金流3亿元。靶向开展亏损治理，重点亏损单位再减亏10%。深入推进资产分类评价，创新闲置资产处置方式，加快提升资产使用效率和创效能力。精细成本控制。树牢"一切成本皆可降"理念，加强成本全过程控制，百元收入营业成本控制在93.5元。积极做好市场化定额修编，推动工程造价与生产、技术融合，促进措施方案成本最优化。深化实施单井创效工程，力争目标周期、成本达标率分别提升8%、6%，盈利（控亏）比例提升6%。建立大宗物资价格监测、预警模型，优化采购价格调控机制，利用信息化手段抓好物资清仓查库，全面提升供应链管理水平，有效降低采购成本、提高物资周转率。强化人工成本峰值管理，加快提升人工成本投入产出效率。全面推进基地共享，实施房屋场地租赁提级管理，大力压减租赁费用。精细合规管理。完善合规管理体系和责任体系，持续推进重点领域专项整治，严格落实招标业务"六项禁令"，强化法制教育和合同管理，逐步在单位内部配置合规官，加快推进一流法治企业建设。完善财务稽查工作机制，强化多领域、多手段、多层级联合监督；持续开展研究型审计，组织安全环保管理、生产经营效率等专项审计，精准防控经营风险。健全参股企业管理，保证公司权利主张和投资收益。精细改革管理。巩固改革三年行动和对标管理成果，完善企业发展能力评价机制。持续优化机构编制，推进"大部门制""大岗位"改革。坚持市场化用工方向，加大人力资源共享力度，缓解人力资源紧张矛盾。优化业绩考核机制，专题研究科研单位激励政策，推动科研项目收益分红，提高关键、艰苦岗位和紧缺人才薪酬竞争力。

## 四、充分发挥党建引领保障作用

认真落实新时代党的建设总要求，坚持全面从严治党战略方针，以党的政治建设为统领，统筹推进党的各项建设，着力推动党建工作与生产经营深度融合，以党建工作新成效引领保障公司高质量发展。

### （一）深化全面从严治党

把学习贯彻党的二十大精神作为最重要的政治任务，结合党中央即将开展的主题教育，抓好多形式、分层次、全覆盖的学习培训和宣传教育；第一时间传达学习贯彻习近平总书记最新重要讲话和重要指示批示精神，提高党员干部政治"三力"，坚决捍卫"两个确立"、践行"两个维护"。严明政治纪律和政治规矩，严肃党内政治生活，持续肃清流毒影响。层层压实党建工作责任，坚持大抓基层的鲜明导向，加强基层党建巡回指导服务，开展"青春理响"理论宣讲，推进基层党建"三基本"建设与"三基"工作有机融合，打造一批特色"党建品牌"，命名一批示范党支部，选树一批"四创四当"典型模范。深化"六型"机关创建和机关作风建设。牢记"两个永远在路上"，坚持严的基调不放松，突出抓好政治监督，推动各类监督贯通联动，毫不松懈纠治"四风"，一体推进"三不"建设，深入开展反腐败斗争，推进以案促改制度化常态化，有序组织新一轮巡察工作。持续做好宣传文化工作，认真落实意识形态工作实施细则，健全区域舆情应急处置支持体系；大力弘扬伟大建党精神，加强新时代石油精神和大庆精神铁人精神再学习再教育再实践，组织纪念铁人王进喜诞辰100周年活动；集中开展"转观念、勇担当、新征程、创一流"主题教育活动，加强新闻舆论宣传，选树宣传"川庆榜样"，抓好"复杂油气攻坚者"品牌文化塑造和推广。

### （二）深化人才强企工程

部署"人才强企工程提升年"重点工作，压实两级党委人才工作责任。抓好领导班子和领导人员考核评价，开展首次任期综合考核。坚持选人用人和班子建设工作重心前移，按照两个"1/5"和两个"1/8"的结构比例目标，分层级制订干部队伍接替计划，构建"全链条式"培育体系，加快培养选拔40岁和35岁左右的二、三级领导人员，推进两级班子有序接替、梯次配备。深化专业技术岗位序列制度改革，完善专家选聘机制，进一步优化公司技术专家结构。深入实施高层次科技人才队伍建设专项工程，打造多层级、跨专业专家团队，持续推进"千人计划"。建好建强"一化五型"人才库，分级分类抓好储备培养。完善三级技能革新和技艺传承平台运行机制，壮大高技能人才队伍。抓好员工队伍建设，突出岗位技能培训和依法合规教育，全面落实员工违规行为处理规定，引导全体员工自觉尊法守法、知规守矩、爱岗敬业。

（三）深化和谐企业建设

加强企业民主管理，抓好"职工信箱"运行，优化"我为员工群众办实事"长效机制，拓宽办实事渠道。持续开展劳动竞赛，大力推广合理化建议和"五新五小"优秀成果，抓好劳模创新工作室创建，营造全员创新浓厚氛围。推进倒班公寓、标准化餐厅等重点项目建设，加快推广自动化成熟产品，持续改善职工生产生活条件。全面推进健康企业建设，干预调整高危疾病员工岗位，全覆盖做好职业健康体检，广泛开展丰富多彩的群众性文体活动，坚决守住员工生命安全和身心健康防线。构建扶贫帮困长效机制，接续助力乡村振兴。创新开展团青工作，抓实"号手岗队"品牌活动。开展"巾帼建新功，奋斗新征程"行动，激发女职工创新活力。抓好统战工作，更好发挥党外人士作用。压实维护稳定工作责任，抓好重大活动、重点敏感时段升级管理，加强平安企业建设和海外社会安全管理，确保大局和谐稳定。

（川庆钻探工程公司办公室、党委办公室　供）

# 坚持强根铸魂　强化有机融合  
以高质量党建引领推动公司高质量发展

## ——西南油气田公司党的建设工作会报告（摘要）
### （2023年2月9日）
### 西南油气田公司党委副书记、工会主席　李宝军

**一、2022年工作回顾**

一年来，公司党委坚持以习近平新时代中国特色社会主义思想为指导，深入学习贯彻习近平总书记对中国石油和中国石油相关工作的重要指示批示精神，充分发挥"把方向、管大局、保落实"的领导作用，重点抓了四件大事。

一是深入学习宣传贯彻党的二十大精神。坚持把学习宣传贯彻党的二十大精神作为首要政治任务，分层分类推进党的二十大精神全面学习、全面领会、全面贯彻，公司领导班子成员深入基层、深入分管领域，带头学习、带头宣传、带头贯彻，各级党组织先后组织开展二十大精神专题学习750次、专题宣讲347场次，在公司内网建立41个专题网页，在内外部媒体刊发宣贯稿件700余篇，切实推动党的二十大精神在公司走深走实。

二是坚持政治引领，生产经营业绩创历史新高。以党的政治建设为统领，以打造党建"六大标杆"❶为主线，持续推动党建与公司治理、生产经营、改革发展深度融合，公司油气当量突破3 000万吨，川渝地区天然气销量突破300亿立方米，新增天然气地质储量1.2万亿立方米，实现营业收入663亿元，产量、销量、经营指标均创历史新高，高质量党建引领公司开创产量更大、结构更优、后劲

---

❶ 党建"六大标杆"：公司打造新时代党建工作标杆企业目标，包括"政治建设始终过硬的标杆""党的领导坚强有力的标杆""基层基础全面夯实的标杆""干部人才担当作为的标杆""正风肃纪从严从实的标杆""组织保障科学长效的标杆"等内容。

更足、实力更强的高质量发展新格局逐步形成。

三是统筹推进依法合规治企水平全面提升。严格落实在完善公司治理中加强党的领导的各项要求，优化"三重一大"决策事项清单，制定《公司进一步深化法治企业建设实施方案》，明确9类27个方面法治建设重点内容，一体推进"合规管理强化年"专项工作，理顺公司参股企业管理界面，持续优化法人治理结构体系，构建内部权力有效制衡的约束机制，提出"四新"❶合规管理举措，创新践行总法律顾问制度，公司依法合规治企和经营管理水平不断提升。

四是扎实推动全面深化改革取得实质进展。持续推进"油公司"模式改革、三项制度改革、对标世界一流管理提升等改革重点工作，编制全面深化改革重点工作举措，部署8大方面29项重点改革任务，系统推动公司结构、组织、运行、制度、监督、党建"六大体系"建设和重点改革措施落地，国企改革三年行动全面收官，对标世界一流管理提升完成率100%，圆满完成集团公司下达目标，公司治理体系和治理能力现代化水平进一步提升。

一年来，公司党委始终坚持加强党的领导，加强党的建设，坚持把服务生产经营发展作为出发点和落脚点，坚持把加强党的全面领导贯穿始终，公司党的自身建设质量和水平取得新成效。

（一）突出理论武装，把牢政治方向，全员思想共识广泛凝聚

坚持学思践悟，筑牢思想根基，发展合力充分汇聚，全员思想更加统一。抓实抓细政治理论学习。严格落实"第一议题"制度，通过多种形式对党的二十大精神、党的十九届六中全会精神、习近平总书记重要讲话、重要指示批示、重要文章等内容进行专题学习，全年组织集体学习32次。加强"第一议题"监督管理，组织开展"第一议题"制度落实情况自检自查，确保传达学习落地见效。有重点、多层次组织开展党的十九届六中全会精神、党的二十大精神专题宣讲，引导广大干部员工不断增强"四个意识"、坚定"四个自信"、做到"两个维护"。扎实推进主题教育活动。及时制定"转观念、勇担当、强管理、创一流"主题教育活动实施方案，公司领导班子成员带头开展专题宣讲，各级组织认真组织专题学习，公司主题教育专题网页及时刊载有关工作动态、经验交流、评论文章，坚持编发工作简报，向集团公司专题网页报送经验做法，公司主题教育成效显著。层层压实意识形态责任。严格落实中宣部、集团公司党组关于网络意识形态工作要求，坚持定期听取意识形态专题汇报并研究部署意识形态工作，组织开展意识形态专项检查、网络意识形态自检自查，下发《关于2021年意识形态领域督查情况的通报》，不断强化意识形态阵地管控，确保了意识形态领域平稳受控。

（二）完善选育机制，提升整体合力，干部人才队伍朝气蓬勃

坚持选贤任能，树立鲜明导向，强力推进人才强企，打造政治坚强、本领高强、意志顽强干部人才队伍。优化完善班子功能结构。推进领导干部结构性配备使用，持续做好领导人员选拔任用工作，落实三个"1/3"❷梯次配备要求，不断优化各级领导班子年龄、专业结构，探索实施纪委书记专职化及派驻纪检组管理机制，统筹抓好年轻干部选育管用，组织开展新一轮优秀年轻干部摸底调研，突出青年干部实践锻炼，加大领导人员交流挂职频次，精准补充敢担当有作为、基层历练扎实、专业本领高强的干部。全年，调整中层领导人员188人次。有序实施人才强企工程。印发《人力资源价值评价实施细则》，客观评价各单位人力资源价值保值增值情况，将结果作为领导人员任期考核重要指标，同步开展首期人力资源价值评价，充分发挥评价体系"指挥棒"作用。出台《大力发现培养选

---

❶ "四新"合规管理举措：构建参股企业分类分级管理新体制，构建参股企业多元化治理新格局，构建参股企业管理行为新规范，构建参股企业投资管控新平台。

❷ 三个"1/3"：原则上新提拔中层领导人员40岁以下、41～45岁、46岁以上干部各占三分之一左右。

拔优秀年轻干部行动计划》，加强预备队和战略预备队建设，研究部署"红日计划"❶"旭日计划"❷，打造优秀年轻干部"蓄水池"。做优做强人才储备池。聚焦重点院校，提高招聘标准，成功引进清华大学、北京大学等顶尖学府博士研究生，其中硕研以上占比65%，"985、211"工程院校和"双一流"占比75%。继续实施"英才计划"❸，新选拔10名2022年入职优秀高校毕业生，建立轮岗锻炼、导师配备机制，组织参与重大项目攻坚，为青年战略预备力量培育"铺路子、压担子"。培育壮大科技人才队伍。加快科技人才体系建设，明确科技人才重点培养目标方向，组织18名"集团公司青年科技人才"签订师徒协议，推进工程硕博士培养改革试点，为科技人才成长发展搭舞台、拓空间。2022年，引入四川大学等高校博士后16名，同时在站博士后首次获得中国博士后科学基金项目资金资助，逐步形成"引进一名博士后、突破一项技术难题、培育一批技术人才"的链式效应，公司科技创新能力全面提升。

（三）坚持党建引领，推进融合党建，党组织建设彰显活力

坚持抓基层打基础，注重党建协作，推动基层党建和基层治理有机衔接、良性互动、融合发力。完成党的二十大代表推荐考察。组织党的二十大代表和四川省第十二次党代会代表候选人推荐、考察、意见征集和材料组稿工作，公司员工光荣当选党的二十大代表、四川省第十二次党代会代表。持续开展"有机融合工程"。发布《关于进一步推进基层党建"三基本"建设和"三基"工作有机融合工程实施方案》，围绕全面落实有机融合8项机制27项举措，部署推进"655"❹重点工作机制，明确融合工程落实落地的路径和方法，持续提升基层党建工作质量。强化党务干部队伍能力提升。以培养复合型、创新型、专业型的党务干部队伍为目标，进一步规范党支部书记日常管理、教育培训等要求，组织开展基层党支部书记（党务工作者）示范培训班2期，及时学习贯彻党的二十大精神，不断提高党务干部综合素质。聚焦基层党建难点，结合公司实际开展党建实践理论课题研究，充分发挥集团党建研究会特邀研究员、公司党建研究室和党建内训师作用，年度3项课题获集团党建研究成果奖。严格落实党建工作责任制。从制度层面进一步明确公司党的建设工作领导小组工作规则，以及所属单位党组织委员履行党建工作"一岗双责"的具体要求，通过督促指导党员领导干部民主生活会、加强开展党组织书记述职评议等方式，层层压紧压实责任，公司党建工作获集团考评A档，党建工作水平始终保持两个"走在前列"❺。

（四）落实"两个责任"，强化监督执纪，廉政建设扎实深入

坚持挺纪在前，深入开展党风廉政建设，一体推进不敢腐、不能腐、不想腐。着力强化政治监督。加大对各级党组织学习贯彻党的二十大精神情况监督力度，聚焦保障国家能源安全、加大油气勘探开发力度等重点，组织开展疫情防控、提质增效、天然气保供等专项监督检查。突出对"一把手"和领导班子的监督，制定"一把手"监督工作手册，打造照单实施、梯度落实、及时提醒的监督链条，推动各级党组织主要负责人和领导班子成员落实主体责任和"一岗双责"。驰而不息纠治"四风"。紧盯重要节

---

❶ "红日计划"：遴选一定数量1982年1月及以后出生的二级副优秀领导人员，加强针对性培养，适时从中择优选拔一批具有较强管党治党意识和治企兴企本领，能力素质全面的复合型二级正领导人员，确保到"十四五"末实现40岁左右的二级正职达到相应层级正职总数的八分之一。

❷ "旭日计划"：遴选一定数量1982年1月及以后出生的三级正优秀领导人员，加强针对性培养，适时从中择优选拔一批履职成效好、经过吃劲岗位历练的二级副领导人员，确保到"十四五"末实现二级单位领导班子中40岁左右的领导人员，总体上达到相应层级领导班子成员总数的五分之一。

❸ "英才计划"：2021年启动的优秀青年人才专项计划。自2019届高校毕业生开始，从当年新招聘的高校毕业生中选拔10人，重点跟踪培养3年。

❹ "655"重点工作机制：基层党建"三基本"建设和"三基"工作有机融合工程分三个阶段推进，每阶段时间跨度为一年。"持续规范阶段"完成6项重点任务，"质量提升阶段"完成5项重点任务，"巩固深化阶段"完成5项重点任务。

❺ 两个"走在前列"：公司党的建设走在集团公司前列、走在川渝企业前列。

日、重要节点等敏感时期，部署开展专项监督检查17次，扎实推进违规吃喝专项治理，坚决整治形式主义、官僚主义，大力推行"马上就办、办就办好"工作作风，定期分析为基层减负重点任务完成情况，切实为基层减轻负担。围绕油气田主营业务和重点工作，聚焦天然气全产业链关键环节，对"四风"问题开展嵌入式、全过程监督，健全完善作风建设长效机制。高质量推进党委巡察。组织开展2022年两轮巡察，分别对18家二级和三级单位党组织开展常规巡察、专项巡察、提级巡察，发现问题439个，移交线索2个，受理信访举报11件，实现五年巡察任务全覆盖。通过探索对"一把手"监督画像、"提级巡察"打版树样、两级巡察上下联动和深化构建"双向反馈"❶机制等方式，最大限度整合巡察监督力量，一体推进巡察工作延伸到支部、辐射到站队。深化"三不"机制建设。坚持有腐必反、有案必查，统筹谋划执纪审查和"以案三促"❷，扎实推进"反围猎"专项行动，强化执纪审查成果的巩固与运用，全年公司受理信访举报、处置问题线索、运用"四种形态"等主要纪律审查指标呈现"四个下降"❸良好态势。坚持对新提任中层领导开展"六个一"廉洁教育，利用微信公众号等平台推送49期廉洁教育推文，积极推动建设具有西南油气田公司特色的廉洁文化。

（五）服务生产经营，创新方式方法，宣传文化建设卓有成效

坚持文化引领，壮大正面宣传，为公司高质量发展营造了良好干事创业氛围。党的二十大宣传出新出彩。中央及省市主流媒体对公司干部员工收听收看二十大开幕式进行广泛报道，中新网以"看见四川——中国石油西南油气田"为题发布视频，以深度报道、系列报道、短视频等多形式宣传报道，相关新闻累计阅读量超100万次。重大主题宣传有声有色。加强宣传工作的组织领导，完善"横到边、竖到底"的宣传报道网络，聚焦公司勘探开发、科技创新、冬季保供、油气当量迈上3000万吨新台阶等重大主题，主动对接媒体策划，公司在"中国石油外媒宣传排行榜""集团公司内网信息采用排行榜"均排名第二。媒体业务融合走深走实。推进传统媒体和新兴媒体融合发展，统筹全媒体多平台协同发力，网、报、端同步推出"聚焦·文化引领大家谈"专栏，策划"解码3000万吨"等专题报道，持续优化短视频、微电影、微博平台等互补互动的新媒体矩阵，官方微信、微博发布信息阅读量超过300万次。配合央视《大国基石·气蕴华夏》和凤凰卫视《中国气势》纪录片摄制，展现公司油气开发大场面。舆情导控快速有力。坚持网上和网下同步，引导和控制并举，妥善处置73起敏感负面舆情，进一步发挥网评员队伍作用，"企业一张网、全网一盘棋"的网评工作格局不断深化，为党的二十大胜利召开和公司达产3000万吨营造了良好的舆论氛围。企业文化品牌常抓常新。发挥毛泽东主席视察隆昌气矿纪念馆影响力，升级打造石油精神教育基地相18井，修缮完成"红村记忆－川油通信档案"文化墙，充分发挥公司各类文化阵地矩阵传播功能，持续巩固深化文化建设成果，成功召开四川省企业文化最佳实践企业现场会，川西北气矿获评"四川省企业文化最佳实践企业"。策划拍摄的微电影《晓光》，成为集团公司唯一获得2022年度央企品牌故事大赛一等奖作品，企业形象和文化品牌影响力持续提升。

（六）贯彻依靠方针❹，激发队伍活力，群团组织作用有效发挥

坚持发展依靠员工，发展为了员工，充分发挥群团组织桥梁纽带作用。深入推进民生工程。扎实开展帮扶送温暖工作，做实"生病住院有慰问、退休离职有欢送、结婚生育有祝福、家庭突变有探望"的"四有"服务，充分发挥就业援助等七个帮扶平台作用，开支帮扶资金5269万元，惠及职工2.2万人次。深度聚焦提素建功。广泛深入开展群众性创新创效活动，持续深化西南地区油气勘探开发全国引领性劳动和技能竞赛，部署实施11项四川省"5+1"现代产业劳动竞赛和公司级竞赛，劳模工匠人才竞相涌现，1名员工荣获全国五一劳动奖章、5名员工荣

---

❶ "双向反馈"机制：既向被巡察单位反馈巡察发现问题，又向公司机关部门反馈巡察发现的共性问题、巡察工作建议。
❷ "以案三促"：以案为鉴、以案促改、以案促治。
❸ "四个下降"：信访举报、问题线索、立案件数和处分人数等纪律审查主要指标均下降。
❹ 依靠方针：党的全心全意依靠工人阶级方针。

特 载

获四川省、重庆市五一劳动奖章,公司获评四川省五一劳动奖状。广泛凝聚青春力量。启动"青年马克思主义者培养""青年精神素养提升""青年创新创效"三大工程,持续推进"学习二十大、永远跟党走、奋进新时代"主题教育活动,17个青年典型分获四川省、集团公司和省国资委团系统"两红两优"❶,成功创建"一星级全国青年文明号"1个,集团公司青年安全生产示范岗2个,组织参加第十七届"振兴杯"全国青年职业技能大赛等赛事,荣获各类奖项11项。维护和谐稳定大局。深入开展员工群众满意窗口创建活动,高位推进治重化积专项工作,开展特殊群体待遇落实情况监督检查,全力化解信访稳定突出问题,持续深化平安油气田建设,公司28个信访积案化解清零,13个国家治安反恐防范一级重点目标通过省级达标认定,圆满完成冬奥会、全国两会、党的二十大等特别重点阶段的维稳信访安保工作目标任务,受到集团公司通报嘉勉,公司荣获集团公司2022年度平安企业荣誉称号,成为首批集团公司命名的18家平安企业之一。

## 二、2023年党的建设总体思路及下步重点工作安排

2023年,公司党的建设总体思路是:以习近平新时代中国特色社会主义思想为指导,深入学习贯彻党的二十大、二十届一中全会精神,全面贯彻落实新时代党的建设总要求和新时代党的组织路线,紧紧围绕"跨越400亿,迈上新台阶"目标,加强党的全面领导,健全全面从严治党体系,巩固"大党建"工作格局,鲜明大抓基层导向,全面推进"四个持续"❷,全力推动党的建设再上新台阶,为公司高质量发展提供坚强保障。

根据上述总体思路,2023年公司党的建设要重点抓好六个建设,提升六个力:

(一)抓好思想政治建设,提升改革发展引领力

把政治建设摆在首位,始终保持"石油工人心向党"的政治本色,推动党的政治领导与完善公司治理融合统一,以实际行动践行对党忠诚。深入学习贯彻党的二十大精神。根据党中央即将在全党开展的主题教育安排部署,以专题培训班、中油E学网络培训、支部"三会一课"等形式,开展多形式、分层次、全覆盖的学习培训,持续营造学习贯彻党的二十大精神热潮。结合公司"形势、目标、任务、责任"主题教育活动,通过开展形势任务片区宣讲,组织线上知识竞赛等方式,推动党的二十大精神和公司形势任务入脑入心、见行见效。坚持不懈用习近平新时代中国特色社会主义思想凝心铸魂。严格落实"第一议题"制度,及时跟进学习习近平总书记最新重要讲话精神,坚持理论武装同常态化开展党史学习教育相结合,制定理论学习质量标准,进一步规范理论学习的组织领导、内容重点、过程实施、指导考核,确保党的创新理论理解更深,党的二十大精神领悟更透,时刻筑牢忠诚干净担当的思想基础。持续健全完善习近平总书记重要指示批示精神和党中央重大决策部署落实机制。围绕贯彻落实习近平总书记重要指示批示精神,统筹公司改革发展稳定,常态化开展监督检查"回头看",适时开展专项调研督导,对各级党组织贯彻落实情况进行综合评估,全面提高各级党组织和党员干部政治判断力、政治领悟力、政治执行力,确保公司上下始终沿着习近平总书记和党中央指引的方向前进。

(二)抓好干部人才队伍建设,提升干事创业向心力

强化目标导向和全局思维,全面实施"人才强企"工程,推动严管厚爱与担当作为融合统一,将人才优势转化为高质量发展的竞争优势。从严从实强化干部管理。坚持严管厚爱,加强对领导班子和"一把手"全方位管理和经常性监督,开展新一轮选人用人专项检查和领导人员首轮任期考核,强化考核结果的刚性约束,持续完善考核退出渠道和方式。健全完善经营管理序列岗位体系,畅通人才职级晋升和交流转换通道。推进"铸魂、培养、提能"三大递进培训工程覆盖80%中层干部和优秀年轻干部,不

---

❶ "两红两优":五四红旗团委、五四红旗团支部、优秀共青团员、优秀共青团干部。
❷ "四个持续":持续推进党建与生产经营深度融合,持续深入落实人才强企和文化引领战略举措,持续促进监督体系更好转化为治理效能,持续提高员工群众幸福指数。

断增强干部推动高质量发展、服务群众、防范化解风险的本领。抓好后继有人根本大计。落实三个"1/3"要求，不断优化各级领导班子结构，更加接近实现40岁左右年轻干部"1/5""1/8"❶，以及主体专业"3/4"以上配备目标❷，把基层一线和重点工程作为培养锻炼年轻干部的重要途径，统筹推进年轻干部跨区域、跨单位、跨领域交流，抓实培养锻炼效果后评估及考核挂钩，持续扩大人才库规模。高度重视女干部队伍建设，加大培养力度，发挥女干部重要作用。强化专业技术人才队伍建设。持续深化专业技术岗位序列改革，扎实推进党委联系服务专家工作，完善专家考核激励体系，高标准选聘专家队伍，试点开展优秀博士后出站人才参加一级工程师选聘工作。有序推动"英才计划"实施，组织开展英才能力素质提升专项培训，定期开展英才工作述职及考核评价，坚持英才"能进能出"。依托集团青年科技人才培养计划，聚焦关键性技术难题和科研任务，匹配新能源新材料新事业发展人才需求，加速培养一批紧缺、优秀复合型人才。发挥高技能人才带头作用。持续提升集团"石油名匠"和"技能大师"后备人才综合能力，力争实现技师、高级技师担任中心井站班组长占比60%的目标，将取得重大贡献、获得相关级别奖项的技能人才聘任为企业技能专家或首席技师。

（三）抓好基层组织建设，提升服务发展战斗力

坚持大抓基层的鲜明导向，推动党的领导与基层治理现代化融合统一，把基层党组织建设成为推动公司发展的坚强战斗堡垒。

压实党建工作责任。启动新一轮党组织书记抓党建工作现场述职，点选部分基层党组织书记开展"提级述职"，找准找实基层党建存在的难点问题，针对性帮助整改提高，让"台上出汗、台下出劲"成为常态，跟踪督促所属单位党组织班子成员落实党建"一岗双责"，不断增强党员领导干部抓好基层党建工作的责任感和紧迫感。强化党建工作考核。持续优化党建工作责任制考核工作，动态更新考核指标，将定量考核与定性考核相结合，将线上全面考核和现场重点复核相结合，增强督导检查力度和分析总结深度，不断强化基层党支部"六位一体"量化考评体系❸的适用性，持续在补短板、强弱项、抓提升上下功夫，切实做到考准考实考全。抓好"三基本"建设和"三基"工作融合试点。按照"公司党委统筹组织、二级党组织分类实施、基层党组织实践创新"工作原则，重点抓好融合工程一阶段收尾和二阶段启动，督促公司各级党组织加大融合工程方案的学习宣贯，紧盯36项举措，跟踪指导重庆气矿、川西北气矿、川东北气矿、输气管理处、勘研院5家单位开展素质提升等专项试点，组织召开融合工作经验座谈交流会，深入集团基层党建"百面红旗单位"、公司示范党支部开展现场交流和对标提升，探索形成指导性强、可借鉴推广的标准范本。加大党建研究力度。统筹公司党建研究力量，聚焦基层党建重点难点，深入推动重点课题研究，探索建立项目管理、成果共用的研究工作机制，统筹组织党建项目研究交流会，搭建平台借脑引智，促进理论研究与实践应用深度结合，以高质量的成果转化引领支撑基层党建工作实践创新。

（四）抓好党风廉政建设，提升纪律规矩约束力

坚持以严的基调强化正风肃纪反腐，深化党内监督与企业内部监督融合统一，将全面从严治党不断引向深入。持续加压不断巩固执纪成效。压紧压实"两个责任"，以"三道防线"❹为抓手，聚焦勘探开发、天然气销售、物资采购等重点领域，紧盯权力集中、资金密集、资源富集的重要部门和关键岗位，严肃查处靠企吃企、化公为私、内外勾结等侵害企业利益问题，在"标本兼治"上下功夫，健全完善适应"油公司"模式的监督体系。持续加固

---

❶ 40岁左右年轻干部"1/5""1/8"配备目标：到2025年，公司所属各单位领导班子中40岁左右、各单位所属三级单位领导班子中35岁左右的领导人员，总体上达到相应层级领导班子成员总数五分之一。40岁左右的二级正职、35岁左右的三级正职领导人员，总体上达到相应层级正职总数八分之一。

❷ 主体专业"3/4"以上配备目标：40岁左右主体专业优秀年轻干部占比达到75%以上。

❸ "六位一体"量化考评体系：构建由基本组织建设、基本队伍建设、基本制度执行、基础管理工作、"五型"班组建设、改革发展业绩等六方面工作为基本考核项的党支部考评体系。

❹ "三道防线"：前移反腐防线，将业务监督作为第一道防线、将职能监督作为第二道防线、将专职监督作为第三道防线。

中央八项规定精神堤坝。加大源头治理力度，健全完善配套制度，严格"五项费用"管控，持续巩固违规吃喝专项治理、"反围猎"专项行动等工作成效，持续纠治享乐主义、奢靡之风，精准整治形式主义、官僚主义，坚决破除特权思想和特权行为，涵养新风正气。切实发挥政治巡察利剑作用。研究制定新的五年全覆盖工作规划，高起点启动2023年巡察工作，适当扩大基层党组织巡察范围，统筹衔接巡察监督与纪律监督、审计监督等各类监督，不断完善巡察体制机制，以党建考核、领导班子综合考评和领导人员绩效考核倒逼巡察整改措施落实。深化机关作风建设。扎实开展机关"学习二十大 奋进新征程"主题实践活动，持续深化"服务基层、联系群众"品牌建设，修订发布《机关首问首办负责制及限时办结制》，加强"庸懒散浮拖"整治，引导两级机关员工切实增强服务意识、责任意识，提升机关运转效率，确保政令畅通、令行禁止，着力打造模范表率机关。

（五）抓好宣传文化建设，提升品牌形象影响力

聚焦企业文化软实力建设，推动宣传思想工作与企业文化建设融合统一，确保"铸魂"与"聚心"互促互进。坚持做强正面宣传报道。协调内外主流媒体，多渠道多形式推出"跨越400亿，迈上新台阶"专题，聚焦重大成就、典型经验、一线风采，抓好"报、台、网、端、微"五位一体融媒体矩阵全方位宣传，为公司高质量发展营造良好舆论氛围。始终强化网络舆情导控。严格落实意识形态工作责任制，进一步完善监测预警、会商研判、舆论引导工作机制，选好、管好、用好公司网评员队伍，抓好公司新媒体平台建设和发布审核，巩固完善舆情"大通联"工作机制，对内加强单位部门之间的协同配合，对外强化与属地宣传、网信、公安网监等部门的沟通联系，着力网上网下同防共治，坚决防范重大网络舆情事件发生。持续深耕企业文化建设。结合"清洁能源主阵地、创新发展领头羊、公众形象新名片"品牌定位，开展"四川省最佳文明单位"申报创建工作，加强集团公司首批工业遗产和优秀文化资源保护利用，深度发掘合气文化特质，强化安全文化、廉洁文化建设，力求理论研究与实践应用取得新突破。

（六）抓好和谐企业建设，提升员工队伍凝聚力

坚持以党建带群建，充分发挥群团组织的桥梁纽带作用，推动以人为本与和谐企业建设融合统一，构建员工与企业高水平命运共同体。积极引导职工建功立业。以西南地区油气勘探开发全国引领性劳动和技能竞赛推进会为契机，部署实施8项建设"气大庆"系列竞赛，支撑跨越400亿奋斗目标如期实现。加强职工安全生产和职业健康教育，举办"知岗、讲岗、爱岗"劳动竞赛，强化全员安全环保履职能力。深化"一线创新成果推介活动"，完善公司牵头、基层跟进、每两年系统开展一轮的长效机制，畅通群众性创新创效成果转化渠道。立体展现青春风采。广泛开展"号、手、岗、队"建功行动，选树一批青年典型集体和个人，充分发挥"青马工程""青年精神素养提升工程"育人作用，量身打造"青年职业生涯导航计划"，完善"我为青年办实事"工作机制，促进团内资源和服务项目跨级别、跨区域、跨部门流动共享。做实做细职工保障关爱。统筹实施精准化、差异化的全员健康体检，完善基层"健康小屋"等医疗服务站点，全方位提高健康保障水平。完成公司文联体协换届改选，充分发挥专业协会优势，助推"健康油气田"建设，不断提升职工群众获得感幸福感安全感。切实保障职工合法权利。进一步健全企业民主管理，坚持重大决策听取职工意见，涉及职工切身利益重大问题及时通过职代会审议，充分保障职工民主权利。修订职工疗休养制度，支持工会在推动带薪休假落实方面发挥沟通和监督职能。巩固公司和谐稳定大局。深入宣贯落实《信访工作条例》，开展"大督查大接访大调研"活动，做好稳定风险防控专项检查，畅通拓宽网上诉求表达平台，推动信访问题"案结事了"，信访群众"事心双解"，提高一次性化解率和群众满意率，严格落实平安建设责任制，探索"党建+平安"建设新模式，持续营造平安油气田良好和谐氛围。

（西南油气田公司办公室、党委办公室　供）

# 在川庆钻探工程公司2023年工作会暨三届四次职代会、工代会结束时的讲话

（2023年1月16日）

川庆钻探工程公司执行董事、党委书记 王治平

## 一、深刻把握建设世界一流企业的重大意义

加快建设世界一流企业是党的二十大作出的重大部署。在今年集团公司工作会上，党组作出了加快建设世界一流企业的战略安排，鼓励具备条件的企业找准定位、积极进取，率先建成世界一流。围绕这些部署和要求，这次会上我们正式确立了建设世界一流工程技术服务企业的愿景目标。这既是公司学习贯彻二十大精神的具体行动，也是公司奋进高质量发展的现实要求。

从基础条件看，公司历经15年的改革创新、奋力攻坚，各项工作迈上新台阶，主要生产经营指标走在国内同行前列，多个领域保持领跑领先，综合实力达到国内一流、特色鲜明、领先发展的油气工程技术综合服务商的目标基本实现。去年启军总经理到川渝地区调研时勉励我们：川庆钻探具备建设世界一流钻探企业的实力，而且油田技术服务公司建设世界一流更具有现实意义。我们要志存高远、奋勇争先，努力在集团公司技服企业迈向世界一流中走在前列。

从战略意义看，未来十年，中国企业要走的路，注定将与世界政经格局演变和中华民族的伟大复兴保持同频共振，必然将面向全球进行布局和发展。公司作为以国内市场为主的工程技术服务企业，在现有业务模式和资产结构下，已进入增长平台期。要实现更高质量的发展，需要在发展路径、业务模式、市场布局、资源利用等各方面达到新的水平。我们要乘势快进、高点定位、高标引领，在融入时代大势中实现新的发展。

从现实需求看，世界一流企业是市场遍布全球、跨国服务经营的企业，更是竞争力一流的企业。当前，公司在创新能力、管理运营、人才队伍、品牌塑造等核心竞争力上积累不够，与世界一流企业相比持续发展的动力不足。尽管这些年我们在改革管理上做了不少工作，但转型升级尚未取得实质性突破。我们要以建设世界一流为契机，主动打破原有路径依赖，倒逼管理变革和能力提升，用新理念、新方法推动破局突围。

建设世界一流企业不是一朝一夕、大干快上就能实现的，必须统筹当前和长远，强化系统性谋划，不走捷径、不务虚功，一步一个脚印地坚毅前行。下来后，公司党委、公司将围绕这一课题成立工作专班，深入总结公司过去改革发展的实践，对标国内外油服企业，看清楚我们的优势，弄明白我们的短板。我们既要学习领先油服企业，也要结合国家战略、结合集团部署和公司实际进行系统分析，厘清什么是世界一流的工程技术服务企业、具体内涵有哪些、怎样建设世界一流企业，找准公司转型突破、迈向高质量发展的方向和途径，研究制定好总体规划。

今年是公司建设世界一流企业的起步之年。首要的是在打基础、增后劲、利长远的工作中开局破题、率先推进。

一是要在队伍结构调整上率先发力。迈向世界一流，必须要有高素质的队伍为支撑。去年公司全员劳动生产率依然较低，用工总量规模依然较大，且老龄化问题更加凸显，人员退出进入高峰期。我们要深入思考，什么样的队伍结构更符合世界一流企业的需求，怎样改善组织架构，以实现量质效的共同提升。集团公司党组在党建工作中明确提出大抓基层的鲜明导向，我们要认真研究，如何提高基层（项目）领导层的能力素质，打造一支让组织放心、群众信任的基层领导班子；如何精干三级机构，把人员充实到基层（项目）、降低运行成本；如何发展后辅支撑业务，按照业务、效益、规模相匹配原则进行调整，有效利用好社会资源；如何建好创新人才队伍和技术成果推广队伍，规划引进、培育以科技创新为主的人才队伍，提

高科技贡献占比，充分体现技术立企成效，如何解决施工队伍自有人员不足、且比例越来越小的问题，认真研究国际油服公司的经验，系统论证需要配什么人员、培养什么人员，实现管得住、管得好的目标。上述五个如何，是需要各级领导干部认真思考的问题，也需要公司机关相关部门认真组织研究。解决不好这些问题，建设世界一流企业就是无稽之谈，要克制盲目扩张队伍的冲动，顶住当前用工结构和模式变化的窗口期压力，抓住自然减员高峰期机遇，统筹生产需要和转型要求，加紧谋划推进人力资源结构调整，提高队伍整体素质。

二是要在提升创新能力上持续用力。科技创新是世界一流企业的核心能力，也是价值创造的根本动力。在科研上，要敢于做艰难而正确的事，转变创新理念和创新模式，围绕工程问题、技术问题、科学问题确定不同的研发路径和投入力度，处理好攻关难度、研发速度、产出质量三者之间的关系，打造一批具有世界一流水平的关键核心技术，牢牢掌握市场竞争和未来发展主动权。同时，各单位都要把创新摆在重要位置，大力提升创新能力和技术水平，引导形成全员创新的良好氛围。

三是要在加强品牌建设上久久着力。世界知名品牌，无一不是经过长时间精心培育出来的。要走向世界、迈向一流，必须将品牌建设作为提升公司综合实力、经济价值和企业形象的重要举措，充分学习借鉴知名企业的品牌理念，围绕打造复杂油气攻坚者形象，着力创建价值导向鲜明、市场高度认可的一流品牌。

公司建设世界一流，并不是要求各单位齐步走，具备基础和条件的单位要抓紧推进、率先建成。各单位要结合业务实际、围绕一流标准来思考定位自身发展路径和方向，提出建设世界一流的目标和规划，为公司整体进入世界一流行列做好支撑保障。

## 二、全面落实稳中求进工作总基调

关于今年工作，公司提出继续坚持"稳中求进"工作总基调，明确了"三稳三增"具体部署和"三个必须"的工作要求。大家要把思想和行动统一到公司党委、公司的部署上来，保持清醒、坚定信心，以稳促进、以进固稳，避免生产经营大起大落，以高质量发展新成效推动世界一流企业建设行稳致远。

一是要更加注重源头管控，确保生产经营稳健高效。要强化市场优选，更加突出效益导向，以区域内区块为单元，根据目前现状及优化生产组织，以及技术提速可能实现的目标进行精准测算，进一步扩大效益市场规模，逐步减少甚至放弃无效市场。要强化事前算赢，各主要生产单位要成立相关领导负责的生产、技术、经营专家论证小组，对新市场、新项目必须先算后干、算盈再干，建好节点控制图。特别是业务外包要算好安全账、效益账，摒弃"堆量"思想。要强化合规管理。坚持以合同为依据，全面落实"一事一策"要求，更加注重合同条款解读，全面推行合同执行计划图，强化过程管理，保证合同执行的严肃性和公司利益不受损。要严格各种材料、工具的管理，特别是紧盯易出现"跑冒滴漏"和违法违规行为的环节，严厉打击盗卖、弄虚作假的行为，通过信息化、智能化手段加强对到场工具、仪器、第三方服务、材料等验收和仓储管理，合理维护公司权益。

二是要更加注重运行优化，着力保持连续均衡生产。要持之以恒提速提效，突出抓好纯钻时效提升，进一步强化单项工程全生命周期提速，着重在压缩周期、降事故复杂、优化工序等方面下功夫，持续提高单机单队作业效率。要强化考核政策研究，有针对性制定促进人员、设备流动的措施，防止因工作量不连续出现拖工现象。要认真分析去年质量指标完成较好的经验做法，总结推广既能达标又能提效的模板，持续提高施工质量，全面完成集团公司下达的质量管理指标。

三是要更加注重内涵发展，推动业务人员规模相匹配。改变"以密集劳动挣产值、以微薄效益积财富"的思想，坚持内外发力"两条腿"走路，对外从合同开始算好账，做好过程管理；对内要下大力气改革，深挖内部潜力。要坚持三大战略，重点突出技术立企，通过技术进步、工艺改进、电气代油、新能源等助力提质增效。要加大数字赋能力度，一体推进数字现场和经营决策管理信息化建设，依托信息化、智能化手段精干管理链条，大力推行项目管理，增强管理科学性。要从业务、人员、效益综合测算减亏，优先发展优势业务。坚持依法合规，算好内干与外包、养人与养资产的经济账，效益利用社会资源。各单位要尽快组织召开专题会议，系统评估后辅业务特别是亏损业务经营管理状况，研究制定有效的治理措施。特别是亏损单位要主动加压，锐意改革、敢闯敢试，以革命性举措尽快解困扭亏。

### 三、积极践行团结奋斗的时代要求

团结奋斗是中国共产党和中国人民最显著的精神标识，也是川庆与生俱来的精神底色和成就事业的重要法宝。当前，外部形势变幻动荡，风险挑战交织集聚，世界一流企业建设任重道远，完成全年目标任务更需付出艰苦努力。我们要深入领会团结才能胜利、奋斗才会成功的价值理念，充分激发各级组织和干部员工的智慧活力，步调更加一致、行动更加坚决、意志更加顽强，同心同德奋进高质量发展。

各单位党委要将学习贯彻党的二十大精神与落实集团公司工作会议精神和公司党委、公司总体工作部署结合起来，科学谋划推动落实的重点举措，加大对重点工作的督查督办，充分发挥把方向、管大局、保落实作用。要抓好班子建设和员工队伍建设，推动基层党建"三基本"建设与"三基"工作深度融合，在落实重大部署、攻坚重点工程、防范重大风险、破解难点问题上提供强有力的组织保障和队伍支撑。要充分发挥思想政治文化工作优势，扎实抓好形势任务教育，积极组织专题宣传报道，围绕建设世界一流、突出价值创造导向，全面报道改革创新、提质增效等方面的好经验好做法，努力营造全员攻坚、团结奋斗的良好氛围。各单位、各部门要围绕大局要事，强化沟通交流、协作共享、支持配合，共同谋划好建设世界一流工程技术服务企业的总体方案，共同落实好"三稳三增"的重点任务安排。要充分发挥群团组织的桥梁纽带作用，在政策宣贯、服务员工、比赛竞赛、评先选优、畅通建言献策渠道等方面多下功夫，提振广大干部员工精气神。要进一步强化以人民为中心的发展思想，更加关注员工健康，抓好职工体检、健康干预等工作；更加关注员工困难，加强与员工交心谈心，主动解难事、办实事；要加强法制教育，引导员工尊法守法、健康生活。广大干部员工要强化"主人翁"意识，主动把自身成长与公司发展统一起来，立足岗位、担当尽责，不断提高工作质量和效率，特别是我们职工代表要带头宣传贯彻公司党委、公司部署，在急难险重任务中敢于当先锋、打头阵，积极影响带动身边群众。

弘扬践行团结奋斗的时代要求，领导干部必须进一步转变观念、创新思路、改进方法，全面提升引领发展能力，更好地团结带领广大干部员工拼搏奋斗、砥砺奋进。要带头解放思想。切实增强创新意识、斗争意识，主动克服畏难情绪、惰性思维，勇于打破盆地意识和路径依赖，以全局视野、一流标准审视本单位、本业务的问题短板，在治企理念、经营思路、管理思维上向世界一流企业看齐，善于学习吸收新理论、新知识、新方法，以自我革命的勇气走新路、开新局。要注重统筹兼顾。主动置身公司改革发展全局思考谋划工作，加强对市场形势、行业大势、竞争态势的分析研究，敏锐洞察市场先机和潜在风险，更好地处理发展与安全、规模与效益、当前与长远、局部与整体的关系，既要解决当下困难、完成好年度业绩，也要破解深层次矛盾、加快推进转型升级。要深入总结改进。主动转变只干事不总结的习惯，持续提升总结工作、分析问题的能力，定期组织梳理分管业务领域工作情况，善于从总结中提炼固化经验、发现解决问题，持续优化改进制度机制、管理方式、工作方法，不断提升管理能力和水平。要善于做好群众工作。深入开展调查研究，及时掌握员工思想动态，带头抓好政策宣贯、思想疏导、法制教育等重点工作，营造和谐清廉良好氛围。

（川庆钻探工程公司办公室、党委办公室 供）

责任编辑：闵 军

大事记
Chronicle of Events

SICHUAN OIL AND GAS FIELDS YEARBOOK

四川油气田年鉴

# 2023年四川油气田大事记

## 1月

**4日** 川庆钻探工程公司与东方电气集团有限公司在成都就装备制造、新能源、数字化智能化、节能环保等领域的合作开展交流，并签署合作框架协议。川庆钻探工程公司执行董事、党委书记王治平，总经理、党委副书记李雪岗，副总经理、安全总监张志东；东方电气集团有限公司党组副书记、总经理徐鹏，党组副书记宋致远等参加交流。

**5日** 西南油气田公司首个燃气无泄漏示范区各阶段子项目建设任务完工并通过集团公司验收，标志中国石油首个燃气无泄漏示范区建成。作为集团公司首次在燃气领域部署的无泄漏示范区建设项目，形成一套燃气"零泄漏"管理综合方案，成为国内燃气行业首个尝试以"零泄漏"为根本目标的管理体系建设项目，代表燃气行业安全管控的最高水平。

**6日** 国内自主开发的最高含硫整装气田渡口河—七里北气田开发建设项目现场推进活动在宣汉举行。项目设计新钻井8口，新建井场4座，改扩建井场2座，新建用地约173 334.2平方米的天然气净化厂1座，新建总长2.9千米的净化气外输管道1条、总长41.18千米集输气管道5条及配套阀室1座、总长17.2千米气田水回注管线2条，项目总投资54.9亿元。项目建成后，日产气规模400万立方米，年产气13.2亿立方米，年产商品气10亿立方米，年产硫黄约28万吨。

**7日** 川庆钻探工程公司50635钻井队承钻的秋林218-X1井在金秋区块须家河组二段测试获气21.34万米$^3$/日，四川盆地天府气田金秋区块须家河组气藏评价获新突破。

**9日** 川庆钻探工程公司获集团公司"中国石油绿色企业"称号，成为集团公司第一批通过的油气田工程技术服务绿色企业。

**10日** 川庆钻探工程公司在成都召开巡察工作总结推进会。会议全面总结党的十九大以来党委巡察工作，明确党的二十大期间巡察工作思路，部署工作。川庆钻探工程公司执行董事、党委书记王治平，总经理、党委副书记李雪岗，党委副书记、工会主席喻著成，纪委书记樊尚珍，党委巡察工作领导小组成员等参加会议。

**1月10日—11日** 西南油气田公司2023年工作会暨五届二次职代会以视频形式在成都召开。执行董事、党委书记姜鹏飞作题为《跨越400亿，迈上新台阶，为实现公司高质量发展而团结奋斗》工作报告，总经理、党委副书记何骁作生产经营报告，党委副书记、工会主席李宝军作工会工作报告；民主评议和测评领导班子及成员；签订业绩合同和QHSE责任书，并表彰先进集体和劳动模范。西南油气田公司领导班子成员、首席专家、助理、副总师，机关处（部）室负责人，各单位主要负责人、办公室主任、职工代表等250余人在成都主会场，重庆和四川华阳、泸州、遂宁、达州、江油等10个分会场参会。

**11日** 西南油气田公司撤销资本运营部（西南司人资〔2023〕2号）。

**15日** 川庆钻探工程公司在成都召开2023年工作会暨三届四次职代会、工代会。会议学习贯彻习近平新时代中国特色社会主义思想和党的二十大精神，全面落实集团公司党组和中油技服工作部署，总结成绩，分析形势，明确任务，激励引领广大干部员工稳中求进、奋勇争先，为建设世界一流工程技术服务企业而团结奋斗。川庆钻探工程公司领导、专家、总经理助理、总法律顾问、副总工程师，机关各处室（直附属单位）负责人、职工代表、工会会员代表及列席代表186人参加会议。

**17日** 蓬深6井钻至井深9 026米完钻，2月13日完成固井，刷新亚洲陆上最深直井纪录。该井由川庆钻探工程公司90025钻井队承钻。

**31日** 川庆钻探工程公司获集团公司2022年度"QHSE先进企业"称号。

**本月** 川庆钻探工程公司宣传片《追着石油走》获2022年度四川省国有企业优秀形象宣传片一等奖。

△ 川庆钻探工程公司自主研发的CG STEER-150旋转导向系统首次在白俄罗斯国家石油公司的白俄387井完成工业化应用。

## 2月

**1日** 铁山坡气田开发建产井坡005-X4井飞仙关组测试获气222.19万米$^3$/日、无阻流量365万米$^3$/日，硫化氢含量 228 克/米³，标志中国石油自主开发的整装气田铁山坡高含硫气田第二批首口完钻井获成功，同时打破铁山坡气田大斜度井最快完钻纪录和单井试油纪录。该井由川庆钻探工程公司 70255 钻井队承钻。

**6 日**　川庆钻探工程公司召开 2023 年"形势、目标、任务、责任"主题教育活动启动会，明确"转观念、勇担当、新征程、创一流"活动主题。川庆钻探工程公司党委副书记、工会主席喻著成，主题教育宣讲组成员等参加会议。

**7 日**　川庆钻探工程公司自主研发的 109 毫米高温高压测试封隔器首次在蓬深 8 井井深 6 802 米、井底温度 162℃、井底压力 76.24 兆帕条件下应用成功，填补中国超高温测试封隔器技术空白。

**9 日**　安岳气田高石 018-1-H2 井测试获气 56.56 万米³/日、无阻流量 94.63 万米³/日。

**12 日**　集团公司在北京召开中国石油万米钻探目标专家咨询论证会，西南油气田公司总地质师杨雨作《四川盆地超深层万米科学探索目标论证》专题汇报，介绍四川盆地超深层勘探领域分析、超深层海相含油气地质条件、万米科学探索井目标落实及井工程方案等情况。会议原则同意在四川盆地部署万米科学探索井。集团公司总经理、党组副书记侯启军，副总经理焦方正、谢军，股份公司副总裁张道伟、万军，集团公司相关院士、首席专家，西南油气田公司总经理何骁、副总经理佘朝毅参加会议。

**16 日**　西南油气田公司在成都召开 2023 年新能源工作会，会议传达学习集团公司新能源年会精神，总结 2022 年新能源工作成效，分析新能源业务发展面临的形势，研讨 2023 年新能源重点工作，表彰 2022 年度新能源工作先进单位和个人。川中油气矿、新能源事业部等 7 家单位作经验交流发言，天研院汇报新能源技术构架、谱系构建等情况，经研所解读四川省能源领域碳达峰实施方案、中国石油碳达峰行动方案及碳资产开发政策；会议邀请合作单位中国电建集团作风光项目开发技术交流。西南油气田公司总经理、党委副书记何骁，副总经理董焕忠，以及二级特类正职、首席专家、助理，处（部）室和所属单位相关负责人 60 余人参加会议。

△　川庆钻探工程公司在成都召开 2023 年党风廉政建设和反腐败工作会议，会议贯彻党的二十大、二十届中央纪委次全会精神，全面落实集团公司党风廉政建设和反腐败工作部署，系统总结 2022 年工作，部署 2023 年重点任务。川庆钻探工程公司执行董事、党委书记王治平，总经理、党委副书记李雪岗，党委副书记、工会主席喻著成，纪委书记樊尚珍，副总经理孙虎、总会计师张新刚参加会议。

**17 日**　川庆钻探工程公司与塔里木油田公司在成都就推进迪北侏罗系难动用储量开发开展工作交流，签署《迪北侏罗系难动用储量合作开发协议》。川庆钻探工程公司执行董事、党委书记王治平，总经理、党委副书记李雪岗，总工程师谭宾；塔里木油田公司执行董事、党工委书记沈复孝等参加交流。

△　集团公司技能专家、川庆钻探工程公司员工张勇被聘任为集团公司首位石油钻井技能大师，同时被国家人力资源和社会保障部评定的全国技术能手。

**21 日**　西南油气田公司召开《卧龙河气田茅口组气藏 CCUS-EGR 先导试验方案》预审查会，审查通过 CCUS-EGR 先导试验方案。该方案为国内首个 CCUS-EGR 先导试验方案，列入集团公司 2023 年重大开发试验项目。

△　天府气田简阳区块永浅 3 井组永浅 3-3-H3 井沙溪庙组一段测试获气 41.81 万米³/日、无阻流量 94.7 万米³/日。

△　川庆钻探工程公司"张杰钻井技能专家工作室"被认定为集团公司技能专家工作室。

**23 日**　川庆钻探工程公司获四川省"职工'五小'活动先进单位"称号。

**26 日**　西南油气田公司部署在铁山坡气田的开发井坡 002-H5 井飞仙关组测试获气 161.54 万米³/日、无阻流量 277.68 万米³/日，硫化氢含量 204.59 克/米³，标志铁山坡气田坡 2 井区钻探任务收官。坡 2 井区部署新井 4 口，累计获测试产量 567 万米³/日，井均日产量超百万立方米。该井由川庆钻探工程公司 70135 钻井队承钻。

**本月**　川庆钻探工程公司自主研发的 CG STEER-150 旋转导向系统在白俄罗斯国家石油公司的白俄 422 井水平段"一趟钻"钻至井深 4 150 米完钻，首次在国外实现水平段"一趟钻"应用。

△　川庆钻探工程公司中标伊拉克哈法亚油田腐蚀预防管理（CPPM）项目。该项目服务周期 3 年，合同金额超 1 亿元。

## 3月

**1日** 川庆钻探工程公司与航天科工三院三十三所及成都市金牛区共同出资的四川天石和创科技有限公司成立，标志国产旋转地质导向系统产业化项目全面启动。当日，由集团公司和中国航天科工集团主办的旋转地质导向系统产业化项目启动暨高端油气测控装备发展论坛在成都举行。四川省人民政府副省长、致公党中央副主席、四川省委主委杨兴平；股份公司总地质师、中国石油学会理事长焦方正，科技管理部副总经理钟太贤；中油技服执行董事、党委书记张宝增；西南油气田公司总经理、党委副书记何骁，副总经理佘朝毅；川庆钻探工程公司执行董事、党委书记王治平，总经理、党委副书记李雪岗；中国航天科工集团总经理龚波；中国工程院院士孙金声；西南石油大学党委常委、副校长祝效华等出席论坛。

**2日** 在成都举行的四川省纪念"三八"国际劳动妇女节113周年主题活动上，西南油气田公司工会女职工委员会获四川省"三八红旗集体"称号。

△ 川庆钻探工程公司与贝克休斯公司在成都就进一步优化合作、拓宽合作领域等开展交流。川庆钻探工程公司执行董事、党委书记王治平，贝克休斯公司亚太区钻井产品线总经理帕迪拉·弗朗西斯科等参加交流。

**3日** 川庆钻探工程公司获集团公司"2018—2022年员工教育培训工作先进单位"称号。

**7日** 川庆钻探工程公司员工王兰获评集团公司第三届"感动石油，巾帼风采"人物。

△ 川庆钻探工程公司与昆仑数智科技有限责任公司在成都就数字化转型、智能化发展，共同开启数智油田建设等工作开展交流。川庆钻探工程公司总经理、党委副书记李雪岗，总工程师谭宾，总会计师张新刚；昆仑数智科技有限责任公司董事长陈朝晖，副总经理、财务总监李森，副总经理丁闫等参加交流。

**8日** 川东北地区二叠系—三叠系礁滩领域重点风险探井宣探1井测试获气108.6万米$^3$/日，开辟四川盆地川东北地区二叠系—三叠系礁滩领域规模增储上产新区块。该井由川庆钻探工程公司70016钻井队承钻，在钻井过程中，创川东地区最长单趟进尺、241.3毫米井眼最快机械钻速两项纪录。

△ 川庆钻探工程公司与石油工业出版社有限公司在成都就深化业务对接、强化合作发展等开展工作交流。川庆钻探工程公司总经理、党委副书记李雪岗，石油工业出版社有限公司执行董事、党委书记雷平等参加交流。

**9日** 铁山坡气田坡005-X3井飞仙关组测试获气239.16万米$^3$/日、无阻流量406万米$^3$/日。至此，集团公司部署在铁山坡气田的6口建产井完成试油，累计获测试产量超千万立方米，井均产气171万米$^3$/日、无阻流量300万米$^3$/日。中国石油自主开发特高含硫气田取得重大进展。该井由川庆钻探工程公司70212钻井队承钻。

**10日** 自205H1-8井钻进至井深7 015米完钻，垂深4 112.11米，水平段长2 660米，创川南地区深层页岩气井最深和水平段最长纪录。

**14日** 川庆钻探工程公司与中国石化西南石油工程公司在成都就工程技术领域相关合作事宜等开展工作交流。川庆钻探工程公司执行董事、党委书记王治平；西南石油工程公司执行董事、党委书记唐世春，副总经理王良才等参加交流。

**15日** 川庆钻探工程公司以视频会议形式召开2023年党建工作部署会。会议强调要把党的二十大提出的关于党的建设一系列重大部署落到实处，以党建工作新成效引领、保障企业高质量发展。川庆钻探工程公司执行董事、党委书记王治平，党委副书记、工会主席喻著成等参加会议。

**17日** 川庆钻探工程公司与斯伦贝谢公司在成都就加大深层页岩气高温旋导、万米深井垂钻等工具支撑力度，探索低成本开发双赢合作模式，加强国内外合作等事项开展工作交流。川庆钻探工程公司总经理、党委副书记李雪岗，斯伦贝谢公司建井集团亚洲区总裁法礼德·费达拉等参加交流。

△ 双鱼001-X8井集气站日产量稳定在190万立方米以上。

**20日** 川庆钻探工程公司在成都召开2023年度国家安全人民防线建设小组暨保密委员会（密码工作领导小组）扩大会议，会议宣读川庆钻探工程公司国家安全人民防线建设小组、保密委员会（密码工作领导小组）成员调整名单，听取2022年国家安全人民防线建设工作、保密密码工作情况汇报，审议通过川庆钻探工程公司2023年国家安全人民防线建设、保密工作要点和保密委员会、密码工作领导小组工作规则。川庆钻探工程公司执行董事、党委书记王治平，总经理、党委副书记李雪岗，党委副书记、工会主席喻著成，总工程师谭宾，副总经理、安全总监张志东；川庆钻探工程公司国家安全人民防线建设小组组长、成员，保密委员会（密码工作领导小组）组长、成员共32人参加会议。

**22日**　四川省人大常委会副主任罗强到川庆钻探工程公司开展执法调研，强调要坚决贯彻总体国家安全观，增强员工国家安全意识，加强宣传教育，履行好人民防线建设主体责任，紧盯保密重点部位、涉外交流合作、科研成果保护、生产工控和人员社会安全等重点环节，保障国家秘密和国家能源安全，为全面建设社会主义现代化国家作出新贡献。四川省人大常委会委员、监察司法委主任委员郑东风，四川省人大常委会委员、监察司法委副主任委员侯志明，四川省人大监察司法委副主任委员苏家春，四川省国家安全厅副厅长李登军；川庆钻探工程公司执行董事、党委书记、国家安全人民防线建设小组组长王治平，党委副书记、工会主席喻著成，总工程师谭宾参加调研。

△　川庆钻探工程公司以视频会议形式召开建设世界一流工程技术服务企业规划编制暨"十四五"规划滚动调整工作启动会。川庆钻探工程公司总经理、党委副书记李雪岗，副总经理孙虎参加会议。

**23日**　川庆钻探工程公司申报的"CQ-IGS水平井一体化地质导向技术"成果获首届四川省地质科学技术奖。

**24日**　川庆钻探工程公司获厄瓜多尔Tarapoa和Sur区块为期3年的钻井技术服务合同，合同金额约1 000万美元。该合同包含钻井液、完井液及其相关附加服务。

**26日**　川庆钻探工程公司70584钻井队承钻的塔里木油田中深101井测试获日产原油折合91.2立方米，标志塔中区块志留系岩性油藏首获高产。

**28日**　在成都举行的四川省科学技术奖励大会暨第三届"四川杰出人才奖"颁奖仪式上，西南油气田公司牵头或参与的多个项目获四川省科学技术奖，其中"四川盆地页岩气地质工程一体化高效开发关键技术与装备研发"获技术发明奖一等奖，"龙门山冲断带超深层碳酸盐岩勘探理论技术与双鱼石大气田发现"等5个项目获科学技术进步奖二等奖；"大型整装含硫气田采出水处理及资源化关键技术与应用"等7个项目获科学技术进步奖三等奖。

△　川庆钻探工程公司与中车株洲电机公司在成都就节能低碳装备领域相关合作事宜等开展工作交流。川庆钻探工程公司执行董事、党委书记王治平，总经理、党委副书记李雪岗，副总经理、安全总监张志东；中车株洲电机公司党委书记、董事长聂自强，监事会主席、纪委书记谢欣等参加交流。

**31日**　川庆钻探工程公司被评为集团公司"人才强企工程推进年"先进单位。

**本月**　西南油气田公司首批分布式光伏示范工程之一的川中油气矿仪陇天然气净化厂分布式光伏项目投运，至11月10日，累计发电量超过100千瓦·时。

△　川庆钻探工程公司"田军技能专家工作室"被认定为陕西省省级技能大师工作室。

△　川庆钻探工程公司获土库曼斯坦阿姆河右岸气田酸化作业技术服务延期合同，技术服务周期2年，延期合同金额约1 600万美元。

△　川庆钻探工程公司与延长油田签订页岩油（致密油）工程技术服务一体化总包二期项目合同，合同包含95口页岩油（致密油）水平井的钻完井和压裂试油作业任务，合同金额约9亿元。

△　由川庆钻探工程公司牵头编写的国家标准《石油天然气钻采设备 井下安全阀系统设计、安装、操作、试验和维护》获国家标准化管理委员会批准发布，2023年7月1日起正式实施。

△　川庆钻探工程公司使用自主研发CG STEER-150旋转地质导向钻井系统在磨溪039-H2井井深3 170米入井，安全钻至4 339米完钻，完成进尺1 169米，工具最大造斜率4.71°/30米，作业时间29.56天，使用系统后钻井周期同比缩短12%，标志该系统首次在复杂深层常规气井完成工业化推广应用。

△　川庆钻探工程公司与中国海洋石油国际有限公司签订乌干达Kingfisher油田工程建设技术服务项目。该项目主要为建设方提供EPC项目管理、安全环保管理、工艺管理、电气通讯管理等技术服务，服务周期3年，合同金额9 700万元。

## 4月

**3日**　川庆钻探工程公司与四川销售公司在成都签署战略合作框架协议。川庆钻探工程公司执行董事、党委书记王治平，总经理、党委副书记李雪岗，副总经理、安全总监张志东，总会计师张新刚；四川销售公司执行董事、党委书记赵厚川，总经理、党委副书记陈清等参加签约仪式。

**6日** 经集团公司、集团公司党组研究，决定：解聘伍贤柱的集团公司井控抢险首席专家职务；免去伍贤柱的中国石油集团川庆钻探工程有限公司党委委员、副总经理职务（中国石油人资〔2023〕83号、中国石油党组任〔2023〕72号、中国石油任〔2023〕40号）。

**7日** 在集团公司召开的"人才强企工程提升年"活动启动会上，西南油气田公司获"人才强企工程推进年活动先进单位"称号。

△ 苏里格风险作业区苏46-16-62X2井测试获气，计算无阻流量108.46万米$^3$/日，创川庆钻探工程公司苏里格区块苏46井区山2段单层测试最高纪录。

**8日** 西南油气田公司部署在四川内江的页岩气井——资201井测试获稳定产气73.88万米$^3$/日，计算无阻流量164.89万米$^3$/日，是全球首次在距今5.4亿年的寒武纪古老页岩地层钻获具有商业开发价值的高产工业气流，开辟了四川盆地页岩气规模增储上产新领域。该井由川庆钻探工程公司70556钻井队承钻。

**9日** 川庆钻探工程公司70524钻井队承钻的富源302-H9井用时98.71天钻至井深8 051米完钻，刷新塔里木油田8 000米级超深井最快完钻纪录，并首次实现富满油田"四开"井100天内完钻目标。

**10日** 国家市场监督管理总局（国家标准化管理委员会）公布2022年中国标准创新贡献奖获奖名单，由天研院牵头、联合多家单位完成的GB/T 37124—2018《进入天然气长输管道的气体质量要求》获标准项目奖三等奖。中国标准创新贡献奖是中国标准化领域的最高级别奖项，分为标准项目奖、组织奖和个人奖。此次获奖是天研院第五次获中国标准创新贡献奖标准项目奖。

**14日** 川庆钻探工程公司在成都召开乡村振兴和对口支援领导小组2023年第一次会议。会议强调要扛起使命担当、助力全面乡村振兴，高效推进重点项目，细化目标任务，创新帮扶举措，在全面推进乡村振兴中展示现新作为、取得新成效、迈出新步伐、寻求新突破。川庆钻探工程公司党委副书记、工会主席、乡村振兴和对口支援领导小组副组长喻著成，总会计师、乡村振兴和对口支援领导小组副组长张新刚参加会议。

**16日** 川庆钻探工程公司70554钻井队承钻的高石018-4-H1井测试获气112.27万米$^3$/日、无阻流量188.23万米$^3$/日，创四川盆地高石梯台内气藏测试产量和无阻流量纪录，标志该区块灯四气藏开发评价取得新突破。

**17—19日** 集团公司党组成员、副总经理谢军到四川油气田调研，并主持召开集团公司页岩气勘探开发与工程技术研讨会。17日，谢军到川庆钻探工程公司作业的泸203H10钻井平台和泸203H8压裂平台调研，强调全面实现数字化是通向智能钻井的必由之路，要让数字化建设对钻井生产、经营管理提供有效支撑，实现钻井全过程科学引导，要求下一步要持续深入分析、合力攻坚，助力油田增储上产，为集团公司发展作出新的更大贡献。18日，谢军到川庆井控应急中心和川庆钻采院调研，要求持续推进"国际一流"井控应急救援响应中心信息化建设，构建更加科学高效的应急救援作战新模式，强化科技创新，为企业高质量发展作出更大贡献。集团公司石油工程首席专家秦永和，中油技服公司总经理、党委副书记胡欣峰，集团公司发展计划部副总经理杨霞，法律和企改部副总经理李宝功，油气和新能源分公司副总经理、安全总监何新兴，川庆钻探工程公司、西南油气田公司、西部钻探工程公司、长城钻探工程公司、渤海钻探工程公司、勘探开发研究院、工程材料研究院等单位负责人分别参加有关活动。

**18日** 西南油气田公司首个采用"新型分布式光伏发电+智能化"的"零碳"低功耗智慧井站中62井实现稳定供电。该站主要采用新型分布式光伏发电系统，具有自清洁能力的纳米结构材料PIN合成光伏板，解决了多雨及低光照条件下的发电难题。

**20日** 中油技服总经理、党委副书记胡欣峰到川庆钻探工程公司调研指导海外业务工作，并召开工作座谈会。川庆钻探工程公司总经理、党委副书记李雪岗，副总经理、安全总监张志东参加会议。

△ 川庆钻探工程公司钻试的长庆油田珠79井测试获日产油21.42吨，标志长庆油田陇东地区页岩油新类型攻关取得新进展。

**21日** 西南油气田公司重点风险探井宣探1井飞仙关组二段测试获气153.06万米$^3$/日，新发现有利勘探面积50平方千米，储量规模近1 000亿立方米。该井钻遇长兴组—飞仙关组优质礁滩储层，3月8日在飞仙关组一段测试获气108.6万米$^3$/日。至4月，该井飞仙关组累计测试产量261.66万米$^3$/日，创川东北部飞仙关组探井测试纪录，标志川东北地区二叠系—三叠系礁滩勘探获重大新突破。宜探1井的获气，揭示川东北部多期礁滩储层规模叠置发育、构造-岩性气藏群充满度高、储量丰度大，证实四川盆地二叠系—三叠系领域具备巨大的勘探潜力。该井由川庆钻探工程公司70016钻井队承钻。

**23日** 威远—泸州区块页岩气集输干线工程（威江线工程）全线投运。该工程是集团公司2021年油气田地面建设重点工程项目，2022年被列入国家油气管网设施重点工程，是保障威远、泸州、渝西三大页岩气产区上产、缓解地区供气紧张并兼顾富余气出川的重要工程。

**24日** 川庆钻探工程公司学习贯彻习近平新时代中国特色社会主义思想主题教育工作推进会在成都召开，会议总结主题教育学习宣贯党的二十大精神和开展学习习近平新时代中国特色社会主义思想主题教育相关情况。集团公司主题教育第六巡回指导组组长高贵民，川庆钻探工程公司领导、总经理助理、副总工程师等参加会议。

**25日** 川庆钻探工程公司获全国五一劳动奖状，为首次获该荣誉。

△ 川庆钻探工程公司与中油测井公司在成都就加强沟通合作、共同推进相关工作等开展工作交流。川庆钻探工程公司执行董事、党委书记王治平；中油测井公司总经理、党委副书记胡启月等参加交流。

△ 工程院申报的"支撑剂嵌入程度的确定方法、装置、设备及存储介质"获国家发明专利授权。

**27日** 川庆钻探工程公司2023年第一轮巡察工作动员部署视频会在成都召开。会议深入学习贯彻党的二十大、二十届中央纪委二次全会精神和习近平总书记关于巡视工作的重要论述，并宣布川庆钻探工程公司党委2023年第一轮巡察工作方案。川庆钻探工程公司执行董事、党委书记、巡察工作领导小组组长王治平，党委副书记、工会主席、巡察工作领导小组副组长喻著成，纪委书记樊尚珍，党委巡察工作领导小组成员等参加会议。

△ 川庆钻探工程公司历时20天完成陇东页岩油华H50-7井27个桥塞的带压钻磨作业，作业井深6 130.59米，累计清理进尺4 095.55米。为国内首次采取带压作业方式完成超长水平段下钻、钻磨，刷新国内带压作业机钻磨最大作业井深纪录，标志川庆钻探工程公司带压钻磨技术取得新突破。

**28日** 川庆钻探工程公司中标陕西延长石油产能建设地质工程一体化试验项目。该项目为期1年，包含21口常规井、3口水平井的井网井型优化、地质工程设计编制，以及钻井、录井、固井、测井、压裂试油等建井作业，合同金额约3亿元。

△ 工程院申报的"一种支撑剂破碎率的测定方法"获国家发明专利授权。

**本月** 勘研院牵头完成的"隐蔽型复杂岩性地层气藏高精度地震储层成像关键技术"获2022年度集团公司唯一技术发明奖一等奖，也是勘研院获得的首个集团公司技术发明奖一等奖，首个由油公司牵头的集团公司地球物理专业技术发明奖一等奖。该成果实现四川盆地隐蔽型复杂岩性地层气藏从"看不清"到"看得准"的跨越，隐蔽型储层的地下空间展布更加"透明化"，井位靶体目标识别更加精确。

# 5月

**1日** 川庆钻探工程公司50710钻井队承钻的陇东页岩油庆H37-9井测试获原油79吨/日、天然气5 526米$^3$/日，折合油气当量83.6吨。单井产量创陇东页岩油测试产量新高。

**5日** 在天府国际会议中心召开的2022年、2023年"成都工匠"命名大会上，1 248名"成都工匠"受到中共成都市委、市人民政府命名表彰，其中工程院绳索作业技能专家杨永韬、带压作业技能专家罗伟分获2022年、2023年"成都工匠"称号。

△ 经集团公司研究，决定：伍贤柱退休（中国石油人资〔2023〕91号）。

△ 集团公司团委召开表彰大会，授予川庆钻探工程公司团委集团公司"五四红旗团委"称号。

△ 预探井云锦2井二次完井测试获气70.76万米$^3$/日，展示蜀南云锦向斜区茅口组良好的开发潜力。

△ 川西北气矿苍溪净化一厂公寓楼光伏发电系统正式并网柜投运，标志西南油气田公司2022年分布式光伏示范工程所有项目建设点位实现并网发电。分布式光伏示范工程涉及剑阁天然气净化厂、苍溪天然气净化一厂、川东北气矿停车场、仪陇天然气净化厂4个点位，装机规模0.22万千瓦，有效安装光伏组件1.13万平方米，预计年发电量208.78万千瓦·时，实现年减排二氧化碳1 665.7吨，节

约标准煤637.8吨。

**7日** 甘肃省总工会党组书记、常务副主席李毅到川庆钻探工程公司调研。李毅参观川庆井控应急中心中国石油抢险灭火陈列馆、CG STEER旋转地质导向系统实验基地和劳模安全创新工作室、巾帼创新工作室。川庆钻探工程公司党委副书记、工会主席喻著成；甘肃省总工会党组成员、副主席罗世文，党组成员、经费审查委员会主任冯继波等参加调研。

△ 川庆钻探工程公司采用自主研发定向井随钻测斜系统作业的塔里木油田大北1302井钻进至中完井深4 992米，该系统在地层倾角大、钻压高、井段深条件下连续无故障工作342小时，钻获进尺1 254米。川庆钻探工程公司自主研发随钻测斜系统首次在新疆区域应用成功。

**9日** 川庆钻探工程公司收到厄瓜多尔国家石油公司（PEC）关于SACHA油田泥浆及固控项目延续合同的通知函，合同工作量11口井，合同金额约700万美元。

**10—11日** 国家能源局党组成员、副局长任京东到川庆钻探工程公司作业的蓬深6井、威204H96钻井平台和泸203H8压裂平台调研，了解作业现场的基本情况，重点调研蓬莱气区勘探进展成果和威远页岩气产能建设等情况。集团公司党组成员、副总经理谢军，发展计划部副总经理杨震；油气和新能源分公司副总经理、安全总监何新兴；川庆钻探工程公司执行董事、党委书记王治平；西南油气田公司总经理、党委副书记何骁等陪同调研。

**15日** 川庆钻探工程公司70563钻井队承钻的大安1H26-1井用时64.56天完井，完井井深6 636米，水平段长2 270米，创国内深层页岩气最快完井周期纪录。

**16日** 中油技服执行董事、党委书记张宝增，副总经理、安全总监高健到川庆长庆井下公司开展工作调研，参观科技创新示范园区并召开座谈会。川庆钻探工程公司副总经理孙虎参加调研。

**23日** 川庆钻探工程公司与中石化江汉工程有限公司在成都就双方合作相关事宜等开展交流。川庆钻探工程公司执行董事、党委书记王治平；中石化江汉工程有限公司总经理、党委副书记李子杰等参加交流。

△ 川庆钻探工程公司总经理、党委副书记李雪岗在西安会见到访的壳牌全球钻完井副总裁马尔科姆·琼斯，双方回顾自1999年开启长北一期等项目的友好合作，并就下一步通过多种方式进行全球性全方位合作开展交流。川庆钻探工程公司副总经理孙虎参加交流。

△ 川庆钻探工程公司50715钻井队承钻、CS2217测试队承试的龙岗83-C1井测试获气109万米$^3$/日，进一步证实长兴组生物礁增储上产潜力，为老区生物礁气藏高效开发奠定基础。

△ 四川盆地最高压力气井角探1井安全生产312天，自2022年7月6日投产后累计产气量突破1亿立方米。该井按照单井净化装置最大日处理量35.7万立方米组织生产，油压102.59兆帕、套压40.44兆帕，生产稳定。角探1井是川中古隆起北斜坡多层系立体勘探部署的风险探井，关井压力超过113兆帕，气井压力为四川盆地天然气井之最。该井在钻探过程中首次发现沧浪铺储层，在茅口组测试获气112.8万米$^3$/日，取得四川盆地茅口组滩相白云岩储层勘探重大突破；地面天然气脱硫装置采用高压直接络合铁脱硫工艺，系西南油气田公司首例。

△ 云安厂气田龙岗83-C1井长兴组测试获气108.65万米$^3$/日、无阻流量252.09万米$^3$/日，为大猫坪西区块长兴组气藏第口百万立方米气井。

**24日** 川庆钻探工程公司与中国石油物资有限公司在成都就进一步加强招投标业务管理、物资采购合作等开展交流。川庆钻探工程公司执行董事、党委书记王治平，总会计师张新刚；中国石油物资有限公司执行董事、党委书记任军革参加交流。

△ 川庆钻探工程公司与斯伦贝谢在成都就联合研发、新能源合作等开展交流。川庆钻探工程公司执行董事、党委书记王治平，斯伦贝谢北亚区董事总经理柯宁等参加交流。

**25日** 西南油气田公司完成泸州区块首个错序开发试验平台泸203H8平台41段体积压裂施工作业，井筒完整性、设计执行率均100%。

**26日** 中共四川省委副书记，四川省人民政府省长、党组书记黄强到川庆钻探工程公司承钻的蓬深6井现场调研勘探项目人员保障、装备配套、安全防控等情况，参观远控房和井口操作平台，了解蓬深6井基本情况，听取蓬莱气区储量规模及试采情况、盐亭县勘探开发部署及企地共建等情况汇报，对"蓬深6井创造亚洲最深直井系列技术突破"给予高度评价。黄强要求要抓实抓细现场安全生产工作，践行"安全为天、井控为先"的安全理念，坚持"绿水青山就是金山银山"的环保理念，推进油气事业发

# 大事记

展，为保障国家能源安全作出更大贡献。四川省政府办公厅、经济和信息化厅，中共绵阳市委、市政府，西南油气田公司总经理何骁、总地质师杨雨及川庆钻探工程公司相关人员参加调研。

**27日** 西南油气田公司完成国内首口超深"三高"气井双鱼001-X7井A层、B层、C层3层环空超声探测井下漏点检测作业。该井完钻层位栖霞组，测试产气55.29万米³/日，投产前发现该井A层环空带压41.8兆帕，B层环空带压40.7兆帕，C层环空带压15.4兆帕，各层压力较高。

**28日** 位于四川省达州市宣汉县及万源市境内的铁山坡气田中心站远程开启坡002-H4井一级节流阀，坡002-H4井的天然气进入管网，中国石油首个自主开发的特高含硫气田"首气"成功。6月6日，铁山坡气田达产，日产天然气400万立方米，标志中国特高含硫气田开发关键核心技术实现新突破。

**30日** 西南油气田公司通信与信息技术中心更名为西南油气田数字智能技术分公司（西南司人资〔2023〕45号）。

**本月** 川庆钻探工程公司与中工国际工程股份有限公司签订伊拉克九区原油中央处理设施调试服务合同，服务周期至2024年底，合同金额约4 000万元。

△ 川庆钻探工程公司与俄罗斯天然气工业股份公司签订自主研发旋转导向系统采购合同，金额1.4亿元，向俄方销售10串自主研发CG STEER旋转导向系统及部分维保配件。

△ 川庆钻探工程公司主编的GB/T39139.2—2023《页岩气环境保护 第2部分：生产作业环境保护推荐作法》获国家标准委员会批准发布，9月1日正式开始实施。

## 6月

**1日** 由集团公司主管，四川石油管理局、西南油气田公司、川庆钻探工程公司联合主办的《天然气工业》"2020—2021年度最具影响力学术论文"颁奖典礼在广西南宁举行，《中国页岩气开发进展、潜力及前景》《碳中和背景下中国"十四五"天然气行业发展》等12篇文章被评为最具影响力的学术论文。中国石油学会理事长焦方正，中国工程院院士、中国海油首席科学家谢玉洪，世界石油大会理事会副主席、中国石油学会副理事长李鹭光，中国石油学会天然气专业委员会主任马新华，四川省石油学会理事长、西南油气田公司执行董事、党委书记姜鹏飞，川庆钻探工程公司执行董事、党委书记王治平出席颁奖典礼。西南油气田公司总地质师杨雨主持典礼。

△ 西南油气田公司生产天然气174.7亿立方米，同比增长12.2%。

△ 四川省商务厅到川庆钻探工程公司就海外业务发展面临的挑战和解决途径开展工作调研。川庆钻探工程公司副总经理、安全总监张志东；四川省商务厅副厅长梁勇等参加调研。

**3日** 安岳气田高石梯区块栖霞组滚动勘探开发井高石045-H1井测试获气136.72万米³/日，计算无阻流量293.33万米³/日，成为继高石001-X45井和高石045-H2井后该区块栖霞组第三口百万立方米级高产井。高石梯地区栖霞组弱云化储层滚动勘探开发获重大新进展。

△ 川庆钻探工程公司70516钻井队承钻的高石045-H1井测试获气136.72万米³/日，是该区栖霞组获得的第三口百万立方米级高产井，标志该区域滚动勘探开发获重大新进展。

**5日** 川庆钻探工程公司与伊拉克巴士拉石油公司签订井控应急服务合同，服务周期5年，合同金额约500万美元。

**6日** 中国工业大奖办公室主任李子源、中国石油和化工联合会质量安全环保部副主任汤胜修一行到西南油气田公司调研中国工业大奖申报工作。中国工业大奖是国务院批准设立的中国工业领域最高奖项，被誉为中国工业的"奥斯卡"。西南油气田公司副总经理、总工程师、安全总监乐宏，开发首席专家胡勇，安全副总监朱进，质量安全环保处、科技处、企管法规处、气田开发管理部、经研所等部门和单位相关负责人参加调研。

△ 川庆钻探工程公司50525钻井队承钻的金浅8-8-H1井以日进尺1 190米创四川盆地致密气区块单日进尺最高纪录。

**9日** 川庆钻探工程公司50502钻井队承钻的永浅104井在须家河组四段测试获气20.19万米³/日，标志四川盆地简阳区块须家河组致密气勘探取得新突破。

**6月上旬** 国家市场监督管理总局和国家标准化管理委员会发布2023年第1号、第2号国家标准公告，西南油气田公司牵头起草的GB/T 11060.13—2023《天然气 含硫化合物的测定 第13部分：用紫外吸收法测定硫化氢含量》

等 10 项国家标准正式发布。10 项标准主要覆盖天然气有毒有害物质分析、天然气组成分析、天然气处理过程测试、页岩气勘探与开发、天然气流量测量等内容，满足常规和非常规天然气勘探开发和生产使用。

**11 日**　安岳气田高石梯灯二气藏第三口先导试验井高石 009-H3 井测试获气 72.72 万米$^3$/日，计算无阻流量 120.97 万米$^3$/日。该井于 2022 年 6 月开钻，2023 年 3 月完钻，完钻井深 6 525 米。

△　川庆钻探工程公司采用自主研发 GQX140-80 高强度预投球取心工具完成塔里木油田满探 1 井取心任务，在 8 670～8 678.5 米井段获取心进尺 8.5 米，收获率 100%，以井深 8 678.5 米刷新集团公司取心深度纪录。

**13 日**　安岳气田高石 1 井区灯二气藏开发先导试验井高石 009-H4 井测试获气 85.96 万米$^3$/日、无阻流量 147.58 万米$^3$/日。截至当日，高石 1 井区 3 口井累计获测试日产量 295.4 万立方米。

**15 日**　西南油气田公司老翁场储气库 DTY-4500 压缩机加载运行，日注天然气瞬量 80 万立方米，标志四川首座储气库群中的老翁场储气库先导试验地面工程投运。

**20 日**　云安厂气田沙塘构造云安 010-X1 井经 600 立方米胶凝酸酸化，在石炭系测试获气 113 万米$^3$/日，计算无阻流量 206 万米$^3$/日，是川东石炭系气藏 10 余年来获得的首口百万立方米级气井。

△　川庆钻探工程公司 70566 钻井队承钻的云安 010-X1 井测试获气 112.96 万米$^3$/日。

△　集团公司党组成员、副总经理、安全总监黄永章到川庆井控应急中心、川庆钻采院调研指导工作。黄永章先后参观川庆钻探工程公司 EISC 中心、中国石油抢险灭火陈列馆、井控装备实验车间和定向井技术车间，了解工程作业智能支持系统运行、井控抢险救援特色装备和技术，以及复杂油气藏钻井提速提效技术体系等相关工作情况。黄永章要求川庆钻探工程公司要持续完善科技创新体系、提高自主创新能力，全力推进井控应急救援能力建设，为集团公司发展作出新的更大贡献。集团公司安全副总监兼质量健康安全环保部总经理张明禄，发展计划部副总经理张品先；股份公司财务部副总经理周建明；油气和新能源分公司副总经理、安全总监何新兴；川庆钻探工程公司执行董事、党委书记王治平，总经理、党委副书记李雪岗等参加调研。

**25 日**　渡口河气田渡 004-X2 井飞仙关组测试获气 152.63 万米$^3$/日，计算无阻流量 307.74 万米$^3$/日，硫化氢含量 198 克/米$^3$，标志中国石油自主开发的第二个高含硫气田首战告捷。该井获气，证实"开江—梁平"海槽东侧飞仙关组晚期鲕滩白云岩储层物性和含气性优越，展现飞仙关组气藏的开发潜力。

**26 日**　西南油气田公司工程项目造价中心更名为西南油气田公司造价中心（西南司人资〔2023〕51 号）。

**27 日**　川庆钻探工程公司与集团公司经济技术研究院在成都就深化人才和科研工作，探索人工智能、绿色转型等创新发展新路径开展工作交流。川庆钻探工程公司执行董事、党委书记王治平，副总经理孙虎；经济技术研究院党委书记余国参加交流。

**28 日**　川庆钻探工程公司总经理、党委副书记李雪岗在成都会见到访的贝克休斯全球油田服务与装备集团副总裁威廉姆斯·扎克里。双方就高温旋转导向工具保障、万米深井完井工具以及钻头联合研发制造、海外项目合作等开展工作交流。川庆钻探工程公司总经理、党委副书记李雪岗，总工程师谭宾等参加交流。

△　川庆钻探工程公司在成都召开庆祝中国共产党成立 102 周年暨创先争优表彰大会，表彰"四好"领导班子创建活动先进集体、优秀共产党员、优秀党务工作者和先进基层党组织，动员各级党组织和党员干部学习先进、崇尚先进、争当先进，不断开创党的建设和各项事业发展新局面。川庆钻探工程公司领导、专家、总经理助理、副总师，受表彰的先进集体、优秀个人代表，机关各部门（含直附属单位）二级副以上领导人员，所属各单位领导、企业高级专家、一级工程师、总经理助理、副总师、党群部门负责人及党员代表 477 人参加会议。

△　川庆钻探工程公司 70092 钻井队钻试的磨溪 039-H1 井测试获气 223.66 万米$^3$/日，创高石梯—磨溪区块测试产量纪录。

**29 日**　川庆钻探工程公司与长城钻探工程公司在成都就科技创新、数字化转型、工具服务、市场开发等开展工作交流。川庆钻探工程公司执行董事、党委书记王治平；长城钻探工程公司执行董事、党委书记刘光木等参加交流。

**30 日**　天府气田金浅 8 井区凯江北区块金浅 817 平台投产试运行，当日产气量 8 万立方米。天府气田金浅 8 井区

# 大事记

位于绵阳市三台县，分凯江北区块和凯江南区块。凯江北区块地面工程包含7个平台17口生产井、7条集气管线、1条外输管线，以及相关地面配套设施，2023年4月中旬开工，仅用2个月完成区块的全部管线建设工作，具备投运条件。4个平台完工投产，剩余3个平台处于钻井试油阶段。

## 7月

**3日** 阳101H11平台阳101H11-1井完钻，标志西南油气田公司在深层页岩气领域完成首个"日费制"钻井平台钻井施工作业。阳101H11平台部署井4口，2022年7月8日开钻，2023年7月3日完钻，平均完钻井深5 957.5米，水平段长2 165米，平均钻井周期78.31天，创阳101井区平台最短钻井周期纪录，首次实现深层页岩气单钻机一年内"四开四完"目标，其中阳101H11-4井完钻井深6 090米，钻井周期58.61天，215.9毫米井眼"一趟钻"进尺2 830米，刷新"一趟钻"进尺纪录。

**4日** 土库曼斯坦主管油气业务的副总理阿曼诺夫、土库曼斯坦国家天然气康采恩总裁巴巴耶夫听取川庆钻探工程公司在该国的工作情况汇报。阿曼诺夫对川庆钻探为土库曼斯坦油气领域勘探开发作出的贡献给予充分肯定，希望川庆钻探工程公司进一步发挥技术优势，继续推进复兴气田高难度复杂井钻探和复兴气田第二天然气处理厂技术评估工作，共同推动后续维保项目尽快落地，确保处理厂冬季保供期间的运行安全。

△ 相国寺储气库9号注采站相储2井开展储层评价综合测井仪（CCFET）测井，该技术在西南储气库注采井中首次应用成功。

**6日** 川庆钻探工程公司采用自主研发的防腐韧性水泥浆在七北001-H2井完成固井作业，固井质量优质率99.6%，标志川庆钻探工程公司防腐韧性水泥浆实现国产替代。

**13日** 西南油气田公司首座充电站在资阳市乐至县加油加气站建成投运。该站由燃气分公司南充营销部与港华燃气公司合作建设，配备8台120千瓦双枪充电终端，同时满足16辆电动汽车快速充电需求。

**16日** 经研究并商得中共四川省委同意，集团公司党组决定：何骁任西南油气田公司党委书记，雍锐任西南油气田公司党委副书记，文龙任西南油气田公司党委委员。免去姜鹏飞的西南油气田公司党委书记、委员职务，免去何强、杨雨的西南油气田公司党委委员职务（中油党组任〔2023〕106号）。

△ 经研究并商得中共四川省委同意，股份公司决定：何骁任西南油气田公司执行董事，免去其西南油气田公司总经理职务；聘任雍锐为西南油气田公司总经理，聘任文龙为西南油气田公司副总经理、总地质师。以上人员聘期至2023年12月31日。免去姜鹏飞的西南油气田公司执行董事职务，退休；免去何强的西南油气田公司总会计师职务；免去杨雨的西南油气田公司总地质师职务，另有任用（石油股份任〔2023〕64号）。

△ 集团公司决定：何骁任四川石油管理局有限公司执行董事，同时聘任为四川石油管理局有限公司总经理（聘期至2023年12月31日）。免去姜鹏飞的四川石油管理局有限公司执行董事、总经理职务（中国石油任〔2023〕63号）。

△ 集团公司决定：何骁任中国石油驻川渝地区企业协调组组长；姜鹏飞不再担任中国石油驻川渝地区企业协调组组长职务（中国石油人资〔2023〕141号）。

△ 经集团公司党组研究，并商得中共四川省委同意，决定：李雪岗任川庆钻探工程公司党委书记；谭宾任川庆钻探工程公司党委副书记；免去王治平的川庆钻探工程公司党委书记、委员职务（中国石油党组任〔2023〕110号）。

△ 经集团公司研究，并商得中共四川省委同意，决定：李雪岗任川庆钻探工程公司执行董事，免去其川庆钻探工程公司总经理职务。聘任谭宾为川庆钻探工程公司总经理，聘期至2026年6月7日，免去其川庆钻探工程公司总工程师职务。免去王治平的川庆钻探工程公司执行董事职务，退休（中国石油任〔2023〕46号）。7月24日，川庆钻探工程公司召开干部大会宣布李雪岗、谭宾、王治平3人的任免决定。集团公司总经理、党组副书记侯启军，中共四川省委组织部副部长、省委"两新"工委书记、省委党建办主任易林出席会议。

**19—20日** 西南油气田公司在剑阁举办"探访中国石油深地川科1井"媒体开放日活动，新华社、中央电视台、中新社、人民网、《四川日报》、红星新闻网、封面新闻等14家媒体40余名记者走进深地川科1井开钻现场采访建设情况，了解万米深地油气钻探技术与装备运用。西南油气田公司总经理、党委副书记何骁，副总经理佘朝毅；川庆钻探工程公司总经理、党委副书记李雪岗参加活动。据不完全统计，截至7月21日，《人民日报》、新华社、中央电视台、中新社、《工人日报》等中央重点媒体第一时间报道深地川科1井开钻新闻，中央电视台、封面新闻在开钻当天直播，10余家中央驻川、省级重点媒体发布深度稿件、视频新闻，掀起国内各大媒体平台转载热潮。

20日　中国石油深地川科1井开钻仪式在四川省广元市举行。深地川科1井位于四川盆地西北部剑阁潜伏构造，地面海拔717米，设计井深10 520米，钻至前震旦系20米完钻。该井由西南油气田公司主导实施。股份公司副总裁、油气和新能源分公司执行董事、党委书记何江川，中油技服执行董事、党委书记张宝增，西南油气田公司执行董事、党委书记姜鹏飞，川庆钻探工程公司执行董事、党委书记王治平，总经理、党委副书记李雪岗，宝鸡石油机械公司党委书记、执行董事忽宝民，中油测井公司总经理胡启月，中共广元市委书记何树平，西南石油大学校长张烈辉，成都理工大学校长刘清友出席开钻仪式，中央电视台、新华社、中新社等12家相关媒体新闻记者受邀参加开钻施工仪式。西南油气田公司总经理、党委副书记何骁主持开钻仪式。

21日　川庆钻探工程公司70135钻井队承钻的渡口河—七里北高含硫区块首口100天完钻井——渡001-X1井在飞仙关测试获气178.99万米³/日，刷新渡口河—七里北高含硫区块单井产量纪录。

22日　川庆钻探工程公司70552钻井队承钻的富源302-H10井用时98.63天钻至井深8 278米完钻，刷新塔里木油田8 000米以上超深井最快完钻周期纪录。

28日　川庆钻探工程公司70262钻井队承钻的七北001-H2井钻至井深7 210米完钻，完钻周期145天，创集团公司自主开发以来川东北高含硫区块最深井纪录。8月21日，该井测试获气156.69万米³/日。

△　川庆钻探工程公司获哈里伯顿公司在厄瓜多尔地区钻机服务合同，合同工作量为1部钻机5口井，合同金额约3 600万元。这是川庆钻探工程公司首次与哈里伯顿公司开展钻机服务合作。

30日　由川庆川西钻探公司50728队承试的蓬深2井用时20.29天完成川渝地区首口"7水泥塞+2桥塞"永久封闭作业，较预计封井周期29.67天节约9.38天，创该类型最快封井纪录。

本月　足202井区外输复线（足虎线）正式投运，井区页岩气成功上载重庆燃气公司外环线，日进气瞬量197万立方米，打通渝西区块页岩气足202井区外输通道，为足202井区上产奠定基础。足虎线起于足202脱水站，止于重庆燃气公司外环线虎溪配气站，设计全长35千米，设计压力6.3兆帕，设计日输气量300万立方米。

△　西南油气田公司首个自主研发的轻质耐高温装配式燃烧池耐火材料现场试验在永浅3井经11天的天然气持续高温放喷后，材料性状及各项技术参数维持良好状态，标志一种适用于川渝地区天然气放喷的新型燃烧池研发关键技术实现新突破。新型轻质耐高温装配式燃烧池可适应野外长时间放喷及骤冷骤热的工况。

## 8月

2日　川庆钻探工程公司70552钻井队承钻的富源302-H10井测试获原油220米³/日、天然气9.67万米³/日。

5日　安岳气田磨溪031-H4井栖霞组测获气142.66万米³/日、无阻流量310.09万米³/日，是安岳气田二叠系栖霞组第五口获气百万立方米的滚动勘探开发井。磨溪031-H4井栖霞组钻获白云岩储层段长超过700米，储层缝洞发育，创安岳气田单井栖霞组薄储层段长和储层钻遇率新纪录。该区栖霞组气藏投产4口井，日产气120万立方米以上，生产运行平稳，累计生产天然气超8亿立方米。该井由川庆钻探工程公司70159钻井队钻试。

7日　川庆钻探工程公司70524钻井队承钻的跃满701-H2井用时92.5天钻至井深7 788米完钻，刷新富满区块最快完钻周期纪录。

15日　川庆钻探工程公司与昆仑信托有限责任公司在成都就进一步加强合作，推动产融融合等开展交流。川庆钻探工程公司执行董事、党委书记李雪岗，总会计师张新刚；昆仑信托有限责任公司总经理、党委副书记江昱洁等参加交流。

16日　西南油气田公司2023年年中干部会议在成都召开。会议学习贯彻习近平新时代中国特色社会主义思想和党的二十大精神，落实国务院国资委新一轮国企改革深化提升行动部署和集团公司2023年年中干部会议要求。西南油气田公司执行董事、党委书记何骁作题为《提高核心竞争力，增强核心功能，为实现高质量上产500亿而接续奋

## 大事记

斗》的主题讲话，总经理、党委副书记雍锐传达集团公司年中干部会议精神。会议听取四川盆地矿权流转区勘探开发工作、企业发展能力对标分析、上产500亿立方米实施路径等专题汇报。西南油气田公司领导李宝军、董焕忠、乐宏、徐晓炜、何小川、佘朝毅、文龙出席会议，西南油气田公司二级特类正职、首席专家、助理、副总师，以及机关处（部）室主要负责人、川渝页岩气前线指挥部部门主要负责人、所属各单位及参股企业党政主要领导100余人参加会议。

**17日** 蓬莱气区蓬阳1井在茅口组测试获气156.55万米$^3$/日，稳定油压79.16兆帕，刷新蓬阳区块茅口组茅二段储层测试产量新高，标志川中古隆起构造北斜坡带取得重大新进展。该井由川庆钻探工程公司70594钻井队承钻。

**20—24日** 永浅3平台3口先导试验井永浅3-1-H1井、永浅3-1-H2井、永浅3-2-H1井先后测试求产，分别获气60.91万米$^3$/日、55.48万米$^3$/日、55.07万米$^3$/日，无阻流量分别为101.30万米$^3$/日、101.85万米$^3$/日、110.52万米$^3$/日。该平台由川庆钻探工程公司50046钻井队承钻。

**23日** 川庆钻探工程公司与斯伦贝谢公司在成都就工程技术领域相关合作等开展交流。川庆钻探工程公司执行董事、党委书记李雪岗；斯伦贝谢建井集团北亚区总经理李维佳等参加交流。

**24日** 苏里格风险作业区苏5-8-13H1井经测试获无阻流量122.3万米$^3$/日，为川庆钻探工程公司在苏里格区块钻获的第二口无阻流量超百万立方米级的气井。

**△** ISO国际标准化组织批准西南油气田公司牵头制定的国际标准ISO 7055：2023《天然气上游领域滑溜水降阻性能测试方法》发布，中国在页岩气国际标准领域取得首次突破。该成果先后被写入中国能源行业页岩气标准化技术委员会制定发布的首批行业标准中。

**25日** 川东北高含硫气田渡口河—七里北区块飞仙关组气藏渡004-H3井测试获气205.08万米$^3$/日，计算无阻流量356.86万米$^3$/日，硫化氢含量233克/米$^3$，成为该区块首口测试日产气超200万立方米的气井。该井由川庆钻探工程公司70255钻井队承钻。至当日，渡口河—七里北飞仙关组气藏完试的4口井测试均获百万立方米工业气流。

**26日** 川庆钻探工程公司70549钻井队承钻的满深302H井用时113天钻至井深8 220米完钻，刷新塔里木油田满深区块8 000米以上深井最快完钻纪录。

**29日** 由西南油气田公司主导设计的PDC钻头在蓬深102井茅口组—栖霞组实现新突破，"一趟钻"从茅口组顶部钻至梁山组，进尺329米，机械钻速4.44米/时，较邻井提速72%，成为蓬莱气区继须家河组、雷口坡组—飞仙关组、长兴组—龙潭组之后第四个取得突破的重要层段。

**29日** 中国石油油气和新能源分公司下达《西南卧龙河气田茅口组气藏CCUS-EGR先导试验方案的批复》，西南油气田公司首个注二氧化碳提高气藏采收率的先导试验进入实施阶段。2023年2月，集团公司将该先导试验项目纳入年度新设立重大开发试验项目，西南油气田公司贯彻落实国家和集团公司碳达峰碳中和决策部署，以"落实技术可行性、探索设计先进性、配套工艺实用性、论证项目经济性"为设计思路，完成该方案的编制上报、审批工作。

**30日** 四川省首座储气库群——牟家坪、老翁场储气库群累计注气量突破3亿立方米，其中牟家坪储气库和老翁场储气库累计注气分别为1.83亿立方米、1.17亿立方米。

**本月** 川庆钻探工程公司采用自主研发CG STEER-175旋转地质导向钻井系统在深层页岩气泸203H10-2井首次完成生产井水平段实钻试验。该系统在井深4 736米入井，安全钻至井深5 398米，"一趟钻"完成进尺662米，工作时间120.5小时，循环温度136℃，平均造斜率2.45°/30米、最大井斜96.88°，平均机械钻速8.54米/时。此次在泸203H10-2井实钻试验的成功，标志川庆钻探工程公司CG STEER-175旋转导向系统研发攻关取得新突破。

## 9月

**2日** 川庆钻探工程公司70212钻井队承钻的七北001-X1井钻至井深6 828米完钻，标志集团公司首轮自主开发川东北高含硫渡口河—七里北气田项目的5口井钻井作业完成。

**2—3日** 集团公司党组成员、副总经理任立新到驻四川石油石化企业调研，了解企业生产运行情况，看望慰问一线干部员工。2日，在深地川科1井现场，任立新听取川科1井基本情况及特色钻井技术汇报，观摩司钻领航仪、钻井队数字化指挥室，了解EISC 2.0系统在该井的现场应用情况。任立新指出，作为集团公司数字化转型试点单位，川庆钻探工程公司在EISC系统的运用下了功夫，通过系统更新和不断完善，要让数字化建设为钻井生产、经营管理提供有效支撑。川庆钻探工程公司总经理、党委副书记谭宾，副总经理、安全总监张志东；西南油气田公司执行董事、党委书记何骁，副总经理、总地质师文龙等陪同调研。

3日 由川庆钻探工程公司70573钻井队钻试的西南油气田公司蓬阳3井茅口组测试获气213.15万米³/日，四川盆地二叠系勘探再获重大突破。该井是川中八角场—南充地区茅口组二段上部气藏第四口百万立方米的高产气井，也是首口超两百万立方米的高产井，展示该区块规模增储和效益建产的前景。

4日 西南油气田公司天然气累计（自1949年起）产量突破6 000亿立方米，达6 000.19亿立方米。

4日 苏里格区块桃7-20-6H井经测试获无阻流量104.2万米³/日，为川庆钻探工程公司在苏里格区块钻获的第3口无阻流量超百万立方米级的气井。

5日 中国石油川南页岩气日产气量3 899万立方米，至当日，年内累计产气100.35亿立方米，同比增长16.3%，连续4年达产100亿立方米。

5—8日 川庆钻探工程公司执行董事、党委书记李雪岗到甘孜州石渠县开展乡村振兴调研工作，与石渠县签订《石渠县第三完全寄宿制小学综合楼建设项目捐赠协议》和《石渠县呷依乡高寒优质牧草种植基地建设项目捐赠协议》。

6日 天府气田金秋区块金浅8井区金浅8-8-H1井（由川庆钻探工程公司50525钻井队承钻）和金浅815-8-H5井分别测试获气66.35万米³/日、66.87万米³/日，无阻流量124.19万米³/日、142.98万米³/日。至9月初，金浅8井区有工业产量的水平井26口，井均测试日产45万立方米，一类井占比88.5%，展现金浅8井区致密气较好开发潜力。

6日 经过17天连续打捞作业，西南油气田公司完成万顺场储气库复杂老井池006-1井斜向器落鱼处置，较计划提前23天完成，为国内实施的首例斜向器打捞作业。

10—15日 中国地质调查局油气调查中心牵头组成油气检查组，对西南油气田公司九龙山、魏城和莲花山—张家坪3个采矿权及绵竹探矿权，开展矿业权勘探开发及法定义务履行情况实地核查工作，西南油气田公司4个矿权全部通过检查。

13日 西南油气田公司工业遗产——"隆昌气矿"入选第三批中国工业遗产保护名录。该名录由中国科协创新战略研究院联合中国城市规划学会等有关全国学会和高校共同遴选。

△ 川庆钻探工程公司与长江大学在成都就教学工程、学科建设、科研改革、人才建设等开展工作交流。川庆钻探工程公司执行董事、党委书记李雪岗，长江大学校长、党委副书记刘勇胜等参加交流。

14日 集团公司党组成员、副总经理张道伟到四川油气田开展致密气勘探开发专题调研，看望慰问一线干部员工。西南油气田公司总经理雍锐，西南油气田公司、川庆钻探公司相关部门和单位负责人参加调研。

△ 川庆钻探工程公司与济柴动力有限公司在成都就动力设备改造及新能源合作等开展工作交流。川庆钻探工程公司执行董事、党委书记李雪岗，副总经理、安全总监张志东；济柴动力有限公司执行董事、党委书记周杰，副总经理魏敬国，副总经理、工会主席许传国等参加交流。

△ 川庆钻探工程公司执行董事、党委书记李雪岗在成都会见贝克休斯全球副总裁、钻井集团总裁亚历桑德罗·埃尔南德斯，双方围绕工程技术领域相关合作事宜开展交流。川庆钻探工程公司副总经理、安全总监张志东参加交流。

15日 中国职业安全健康协会西南油气田HSE工作站揭牌仪式在成都举行。中国职业安全健康协会党委委员、副理事长张凤山、王铃丁，HSE工委会副主任委员姜鹏飞、杨学文、刘志、茹阿鹏；西南油气田公司总经理、党委副书记雍锐，纪委书记徐晓炜，副总经理、总地质师文龙出席揭牌仪式，副总经理、总工程师、安全总监乐宏主持仪式。揭牌仪式上，双方签订HSE合作协议。长宁公司党委书记、总经理赵松；西南油气田公司助理、副总师，相关部门和单位负责人、安全总监、QHSE相关人员70余人参加揭牌仪式。

△ 川庆钻探工程公司与东方宏华公司在成都就钻井装备自动化、智能化及科技创新等开展工作交流。川庆钻探工程公司执行董事、党委书记李雪岗；东方宏华公司党委书记、董事长王旭等参加交流。

22日 由川庆钻探工程公司90025钻井队承钻的亚洲最深直井蓬深6井在茅口组测试获气146万米³/日。蓬深6

井是西南油气田公司部署在四川盆地川中地区斜坡带构造高部位的预探井，完钻井深9 026米，9月19日完成酸化改造。该井获气，取得四川盆地多层系立体勘探开发新进展，展示四川盆地二叠系勘探的资源潜力。

**23日** 川庆钻探工程公司70292钻井队承钻的富源304-H5井经测试获原油158米³/日、天然气4.5万米³/日。

△ 川庆钻探工程公司70594钻井队承钻的满深302井经测试获原油161米³/日、天然气2.8万米³/日。

**25日** 由川庆钻探工程公司70581钻井队钻试的蓬阳6井茅口组测试获气240万米³/日，创四川盆地二叠系茅口组气藏测试新纪录。该井位于四川省广安市，是西南油气田公司部署在川中地区茅口组气藏的评价井，旨在深化气藏认识，探明储量规模。该井钻遇优质白云岩储层33米，采用一体化完井管柱，全井钻试周期177天，创区块最快纪录。

△ 川庆井控应急中心主任、党委书记罗园获评中国石油首届"感动石油人物"。

**27日** 由川庆钻探工程公司70537钻井队承钻的龙女寺区块磨溪039-H2井茅口组测试获气166.66万米³/日。自2021年1月角探1井茅口组测试获高产后，西南油气田公司先后在八角场、南充和龙女寺等区块接连获得重大突破，获超百万立方米气井9口，井均测试产量176万米³/日，超两百万立方米气井4口，川中地区二叠系茅口组成为西南油气田公司常规气领域新的增长极。

**28日** 苏里格区块桃7-22-6H2井经测试获无阻流量118.46万米³/日，为川庆钻探工程公司在苏里格区块钻获的第4口无阻流量超百万立方米级的气井。

**本月** 工程院研制的"便携式钢丝作业指重计检测装置"创新型成果获集团公司QC成果一等奖，是西南油气田公司首个获集团公司一等奖的QC成果。

## 10月

**3日** 川庆钻探工程公司90205钻井队承钻的博孜24-5井采用空气钻井技术钻至井深5 100米，19天进尺2 097米，平均机械钻速7.03米/时，较常规钻井提高116%，分别创国内空气钻井井深最深、塔里木油田空气钻平均机械钻速最高等工程纪录。

△ 川庆钻探工程公司完成长庆油田深层煤岩气重点勘探水平井麒35H井国内最大规模二氧化碳泡沫减水压裂施工。该井累计压裂7段，泵注液态二氧化碳3 439.8吨，实现二氧化碳就地封存1 900余立方米，地面最高砂浓度、单段最大泵注液态二氧化碳、综合减水率等三项指标创国内同类型压裂最高纪录。

**4日** 川庆钻探工程公司50121钻井队承钻的双47-62YH4井完井，完钻井深4 888米，水平段长2 222米，煤层钻遇率100%，创国内深层煤岩气水平井水平段最长、煤层储层钻遇率最高等多项工程技术纪录。

**7日** 集团公司党组决定：韩宝庆、王振嘉任西南油气田公司党委委员；赵伟任长宁公司党委委员、书记；免去赵松的长宁公司党委书记、委员职务（中油党组任〔2023〕215号）。

△ 股份公司决定：聘任韩宝庆为西南油气田公司总会计师，聘任王振嘉为西南油气田公司副总经理；聘任赵伟为长宁公司总经理（二级特类正）；以上人员的聘期至2026年6月7日。免去赵松的长宁公司总经理职务，另有任用（石油股份任〔2023〕158号）。

△ 经集团公司党组、集团公司研究，决定：欧阳诚任川庆钻探工程公司党委委员，聘任欧阳诚为川庆钻探工程公司副总经理；罗鑫任川庆钻探工程公司党委委员，聘任罗鑫为川庆钻探工程公司总工程师；以上人员聘期至2026年6月7日（中国石油党组任〔2023〕220号、中国石油任〔2023〕111号）。

**9日** 深地川科1井"三开"593.73毫米钻头钻进至井深2 530米，单只钻头进尺510米，平均机械钻速3.9米/时，钻进周期6.2天，钻井速度大幅提升，钻井效率超过预期。

**10日** 川庆钻探工程公司YS48133队在深层煤岩气水平井米45-30YH3井单日完成5段压裂施工，累计加砂970立方米，泵入液量6 234立方米，创国内煤岩气单日压裂施工段数纪录。

**11日** 西南油气田公司铜锣峡、黄草峡储气库累计注气量11.07亿立方米。

**12日** 西南油气田公司页岩气产量100.51亿立方米，同比增长11.75%，连续4年产量突破100亿立方米。

**14日** 由川庆钻探工程公司80001钻井队承钻的大探1井在灯四段测试，获气81.85万米³/日，是四川盆地德阳—安岳裂陷槽西侧灯影组台缘带首口高产工业气井，标志盆地勘探再获重大突破，开辟了西南油气田公司规模增

**15日** 西南油气田公司天府气田致密气日产气量1 001万立方米，首次突破1 000万立方米，致密气产量实现跨越式增长。

**17日** 由川庆钻探工程公司70577钻井队承钻的安岳气田高石140井经测试获气124.77万米³/日。

△ 川庆钻探工程公司印发《关于印发〈川庆钻探工程有限公司企业组织体系优化顶层设计方案〉〈川庆钻探工程有限公司组织体系优化实施工作方案〉的通知》（川庆钻探人资〔2023〕30号），稳步推进组织体系优化工作，同比压减二级机构9个、三级机构110个、中层领导人员职数48人、基层领导人员职数277人，下降13%以上。

△ 川庆钻探工程公司与华为技术有限公司在成都就油气行业数字化转型发展等开展工作交流。川庆钻探工程公司执行董事、党委书记李雪岗，华为技术有限公司中国政企油气系统部总经理范涛等参加交流。

**18日** 西南地区首座储气库——相国寺储气库第11周期注气工作结束，注气量23.46亿立方米，上限压力提升2兆帕，首次实现满库容45亿立方米，工作气量增加3亿立方米。单期各生产指标均实现突破，完成提压达容任务。连续48天日注气量超过1 400万立方米，成为建库以来注气最多的周期。

**20日** 西南油气田公司将维护稳定工作办公室（信访办公室、保卫处）、矿区管理部、离退休管理部（老干部处）、行政事务中心（档案中心）与综合服务中心进行整合，设立西南油气田公司公共事务中心（保卫部、武装部），列入未上市二级单位机构序列（西南司人资〔2023〕82号）。

**21日** 国内最大的页岩气生产基地——中国石油川南页岩气田自投产后累计产气700.25亿立方米。

**23日** 川庆钻探工程公司采用自主研发的SPQX121-66水平井短筒取心工具，配合自主研发CQT558G天然金刚石取心钻头完成中国石化顺中1斜井取心任务，在9 050.2～9 054.5米井段累计取心4米，收获率100%，平均机械钻速1.08米/时，并以取心深度9 054.5米创国内大斜度井取心深度纪录。

**24日** 川庆钻探工程公司与中国石化石油机械股份有限公司在成都就钻采装备、钻完井工具等开展交流。川庆钻探工程公司执行董事、党委书记李雪岗，总工程师罗鑫；中国石化石油机械股份有限公司董事长、党委书记王峻乔，副总经理刘强等参加交流。

**24日** 蓬莱气田蓬探1井区灯二气藏自2021年1月19日投产后，累计生产天然气5.02亿立方米。

**25日** 西南油气田公司探井泸页1井连续30天日产气量超过10万立方米。

**27日** 川庆钻探工程公司与浙江油田在杭州开展工作交流。川庆钻探工程公司执行董事、党委书记李雪岗，副总经理欧阳诚；浙江油田执行董事、党委书记王希友，总经理、党委副书记何君，副总经理、总地质师、工会主席梁兴等参加交流。

**30日** 股份公司在北京组织召开四川盆地2023年第三批风险勘探目标终审论证会，西南油气田公司风险勘探团队汇报风险勘探实施进展情况，并专题汇报四川盆地川西海盆边缘茅口组、川东北茅二下云化滩、川西台地南缘礁滩、川东地区二叠系—三叠多层系礁滩、蜀南志留系5个风险领域及仁寿东风险三维地震部署情况。与会人员一致同意在川西海盆边缘茅口组多期高能滩部署集探1井，在川西剑阁—阆中台地南缘长兴组礁滩部署绵探1井。油气和新能源分公司副总经理杨雨出席会议。

**本月** 川庆钻探工程公司与新疆互盈企业管理有限公司签订工程技术服务合同，包含4口井的钻完井工程技术服务，合同金额2.82亿元。

△ 西南油气田公司在数智分公司试点启动IPv6（互联网协议第六版）升级改造项目，重点开展IPv6地址分配和资源管理方案的编制工作，并对网络系统、云平台、网站应用、安全系统、终端设备开展支持度评估。至11月10日，西南油气田公司核心网、骨干网、网络安全设备和云平台完全支持IPv6，数智分公司完成IPv4/IPv6双栈改造工作。

## 11月

**1日** 天府气田简阳区块永浅3平台11口先导试验井投运，日定产量超过100万立方米，标志西南油气田公司建成四川盆地首座百万立方米致密气生产平台。

△ 威寒1井奥陶系宝塔组测试获气9.02万米³/日，成为四川盆地宝塔组孔隙性白云岩储层首口工业气井，是四川盆地发现的第31套工业产层。11月11日，威寒1井

# 大 事 记

投产。

△ 川庆钻探工程公司印发《关于印发川庆钻探工程有限公司机关机构设置和人员编制的通知》（川庆钻探人资〔2023〕32号），将办公室（党委办公室）、维护稳定工作办公室（信访办公室、保卫处）整合为办公室/党委办公室（维稳信访工作办公室、保卫部）；将规划计划处更名为发展计划部；将对外合作和市场开发处（外事办公室、工程项目管理部）、生产协调处整合为市场与生产协调部；将财务资产处更名为财务部；将人力资源部（党委组织部）更名为人力资源部/党委组织部；将工程技术部（远程技术支持中心）更名为工程技术部（工程作业智能支持中心）；将质量安全环保处更名为质量健康安全环保部；将企管法规处更名为企管法规部；将信息管理部、科技处整合为科技信息部；将物资管理部、设备处整合为物资设备部；将审计处更名为审计部；党委宣传部（企业文化处、团委）、工会整合为党群工作部（党委宣传部、工会、团委）；将纪委办公室（党委巡察工作领导小组办公室）更名为纪委办公室（党委巡察办公室）；将机关事务中心（机关党委）更名为公共事务中心；撤销安全监督中心、人事服务中心（中国石油川庆钻探技能人才评价中心），职能分别划入安全环保质量监督检测研究院、培训中心管理，并加挂安全监督中心、技能人才评价中心的牌子；撤销油气事业部；工程造价中心调整为发展计划部的附属机构；新闻中心调整为党群工作部（党委宣传部、工会、团委）的附属机构。

**5日** 苏里格风险作业区苏46-15-64X1井、苏46-2-68H井经测试分别获无阻流量133.32万米³/日、142.63万米³/日。

△ 川庆钻探工程公司与石渠县在成都召开托底性帮扶工作座谈会。川庆钻探工程公司纪委书记樊尚珍，中共石渠县县委副书记、县长刘泽等参加会议。

△ 由川庆钻探工程公司承钻的川渝地区首口深层煤岩气水平井嘉探1H井完钻。该井是在川渝地区第一次采用双疏成膜有机盐水基钻井液体系钻完的深层煤岩气水平井。

**6—10日** 西南油气田公司举办净化炼化专业首次技术竞赛。竞赛涵盖天然气净化、天然气处理、机械、仪表4个专业，8家单位的22支参赛队183名选手以个人或团队形式参赛。来自天然气净化总厂的程晓明、王俊豪、张伟和蜀南气矿的田婧、向清林5人获个人金牌，天然气净化总厂机关团队、蜀南气矿一队获团队一等奖。获金牌的田婧被授予"西南油气田公司十佳五一巾帼标兵"称号，获铜牌的徐庆被授予"西南油气田公司五一巾帼标兵"称号；获金、银、铜牌的王俊豪等12名35岁及以下选手被授予"西南油气田公司青年岗位能手"称号，刘羚等19名35岁及以下优秀选手被授予西南油气田公司"优秀青年选手"称号，天然气净化总厂获优秀组织奖。

**7日** 西南油气田公司储气库2023年注气期结束，本期注气量29.7亿立方米，超额完成集团公司年初安排的注气计划。

**8日** 蜀南气矿牟家坪、老翁场储气库群日注气能力130万立方米，先导试验工程全面投运，标志中国复杂缝洞型储气库关键核心技术取得重大突破。该储气库群位于四川省宜宾市长宁县境内，是全国首座复杂缝洞型碳酸盐岩储气库群，设计库容量59.65亿立方米，工作量31.45亿立方米，全面建成后最大日采气量5000万立方米，将有效保障川渝地区及全国天然气保供调峰、应急供气。

**9日** 川庆井下作业公司牵头编写的（NB/T 14002.2—2023）《页岩气储层改造第二部分：工厂化压裂作业规范》和（NB/T 14002.5—2023）《页岩气储层改造第五部分：水平井钻磨桥塞作业规范》两项页岩气专业能源行业标准获国家能源局2023年第五号公告批准发布，2024年4月11日起正式实施。

**10日** 川庆钻探工程公司与三一能源装备有限公司在成都就装备智能、绿色环保、节能减排等相关领域的科研攻关、成果转化方面等开展工作交流。川庆钻探工程公司总经理、党委副书记谭宾，三一能源装备有限公司营销总经理李建君等参加交流。

△ 川庆钻探工程公司70135队承钻的渡口河1号平台渡001-X2井用时96.04天钻至井深5727米完钻，较设计钻井周期提前50天，创集团公司自主开发川东北高含硫区块最快完钻周期纪录。

△ 川庆钻探工程公司50119队作业的青石峁气田李31-26H2井经测试获无阻流量115.8万米³/日。

**上旬** 西南油气田公司与川庆钻探工程公司在成都签订《深层页岩气效益合作总承包框架合同》，该合同成为中国石油首个页岩气效益全挂钩框架合同。

**13日** 西南油气田公司首口煤层气井宁探1H导眼井完钻。该井实钻周期105天，较计划钻井进度提前约14天；

导眼井取心 7 趟，累计取心进尺 59.7 米，收获率 98.7%，主力煤层油气显示情况良好。该井是西南油气田公司部署在四川盆地乐山—龙女寺古隆起磨溪构造的风险探井，目的层龙潭组煤层，主探川中地区煤岩地层含气潜力与成藏特征。

△ 股份公司在成都召开的 2023 年度 GeoEast 软件应用技术交流会上，西南油气田公司的"GeoEast 软件在川西北梓潼地区沙溪庙组一段多波地震资料的应用""GeoEast 云平台在四川盆地井位跟踪中的应用成效"分别获一等奖和二等奖。

△ 苏里格风险作业区苏 46 区块的苏 46-2-68 平台完成测试，平台部署的 4 口井中有 3 口井测获百万立方米工业气流，平台累计获测试无阻流量 422.36 万米$^3$/日，标志川庆钻探工程公司苏里格风险作业区建成首个超 400 万立方米高产平台。

**14—15 日** 油气和新能源分公司在北京审查安岳气田龙王庙组气藏、长宁页岩气田、云安厂气田 3 个"压舱石"工程开发规划方案。会上，西南油气田公司"压舱石"工程项目组分别从气藏基本情况、气藏特征与认识进展、开发形势与潜力、开发规划部署、风险与保障措施 5 个方面汇报 3 个工程的开发规划方案，与会专家按照地质与气藏工程、钻采工程、地面工程与安全环保、经济评价等专业分组审查汇报内容，一致同意通过审查。

**15 日** 川庆钻探工程公司北京蓉驿致家酒店有限责任公司完成股权变更，股权持有人由四川石油管理局有限公司变更为川庆钻探工程有限公司。

**16 日** 西南油气田公司主导完成的"天然气组成分析用气体标准物质计量比对"项目通过国家市场监督管理总局验收。该项目经国家市场监督管理总局批准，由西南油气田公司、中国计量科学研究院联合牵头，共同开展本次 A 类国家计量比对项目，是国内首次在天然气组成分析用气体标准物质领域组织开展比对工作，也是西南油气田公司首次主导完成的 A 类国家计量比对项目。

△ 西南油气田公司首个 LNG 应急调峰储备站——四川华油集团公司所属播州公司劳克斯 LNG 储备站正式建成投运，贵州省遵义市播州区的冬季保供能力进一步提升。四川华油集团公司总经理、党委副书记曾润奇出席该站建成投运仪式。该站规划用地面积 5 758 平方米，总建筑面积 393.96 平方米，主要由 LNG 储存及气化区域、CNG 减压橇区、生产辅助区等组成，具备储存、气化、卸车、灌装、调压、计量、加臭等功能，气化能力 2 万米$^3$/时，可储存天然气 12 万立方米，实现播州区 5 天的居民用气应急调峰。

△ 川庆钻探工程公司与杰瑞集团在成都就深入合作、产品研发等开展工作交流，并签署战略合作协议。川庆钻探工程公司执行董事、党委书记李雪岗；杰瑞集团董事局主席孙伟杰，副董事长王继丽等参加交流。

△ 川庆钻探工程公司获厄瓜多尔 PCR 石油公司钻井日费追加合同，合同金额约 5 000 万元。

**20 日** 泸 214 井测试获气超 50 万米$^3$/日，揭示泸州区块中部深层页岩气勘探开发潜力。该井是四川盆地川南低褶带福集向斜构造的评价井，于 2022 年 9 月 29 日开钻，钻至 6 510 米完钻，水平段长 2 000 米，2023 年 9 月 26 日完成压裂作业。

△ 西南油气田公司重点项目之一的攀（枝花）米（易）线管道供气工程完成通气投产，进入试运行测试，标志米易县正式跨入管道天然气时代。该工程于 2022 年 4 月启动建设。

**21 日** 在天津举办的 2023 年中国创新方法大赛总决赛上，西南油气田公司创新团队获一等奖，在 11 个电视擂台赛席位中占据一席之地。作为石油系统唯一一支团队，西南油气田公司创新团队以提高致密气支撑剂回流防治效率为题，将创新方法与油气田开发技术相结合，应用创新理论，找到关键问题，使用多种解题工具，多维度多角度提出创新方案，实现"提高除砂效率、降低劳动强度、减少安全风险、避免环境污染"的目标，形成致密气支撑剂回流防治标准化建设制度，减少每年因回流的支撑剂造成的设备失效及关井等现象，推动气田高效开发生产。2023 年中国创新方法大赛，有 32 个地方赛区 1 924 家科技型企业的 5 702 个项目报名参赛，直接参与的企业科技人员超 1.7 万人。

**21—22 日** 集团公司党组成员、副总经理谢军到深地川科 1 井调研并参加集团公司工程技术业务高质量发展座谈会。21 日，谢军在深地川科 1 井听取工程技术、现场管理等方面的工作汇报，查看井下创新实钻工具，了解川庆钻探工程公司自主研发的钻杆、钻井液泵上水滤子、VMWD 随钻直井测斜工具等设备。强调要统筹抓好生产组织，加强精益管理，推进技术攻关，深化管理创新，守牢安全井

# 大事记

控底线，确保下一步钻井作业安全高效。股份公司副总裁兼油气和新能源分公司执行董事何江川，总地质师江同文，副总经理郑新权；中油技服执行董事、党委书记张宝增；集团公司发展计划部副总经理于天忠；川庆钻探工程公司执行董事、党委书记李雪岗，总工程师罗鑫；西南油气田公司总经理、党委副书记雍锐，副总经理佘朝毅等陪同调研。

**22日**　川庆钻探工程公司苏里格风险作业区苏59区块苏59-16-42H井经测试获无阻流量129.45万米³/日。

△　川庆钻探工程公司采用自主研发的全套105兆帕测试工具在大北401井完成地层测试作业，工具作业深度8 301.98米，创国内测试工具作业深度纪录，也是该工具首次在塔里木地区应用。

**23日**　川庆钻探工程公司与渤海钻探工程公司在成都就加强区块合作等工作开展交流。川庆钻探工程公司执行董事、党委书记李雪岗，总会计师张新刚；渤海钻探公司执行董事、党委书记汪国庆，党委副书记、工会主席王勇等参加交流。

**24日11时**　西南油气田公司油气产量当量3 000.6万吨，其中生产天然气375.2亿立方米，生产原油11.2万吨，同比增加283.6万吨，再创历史新高。

**24日**　由川庆钻探工程公司80031钻井队承钻的蓬深10井经测试获气206.36万米³/日，创四川盆地二叠系长兴组气藏测试新纪录。该井是四川盆地长兴组陆棚和海槽内首口高产工业气井，标志勘探获重大新发现，开辟二叠系—三叠系礁滩勘探新领域。

△　川庆钻探工程公司与中共石渠县委、石渠县人民政府在成都召开帮扶工作对接会。川庆钻探工程公司党委副书记、工会主席喻著成，中共石渠县委书记陈志勇等参加会议。

**25日**　川庆钻探工程公司CCDC-05队承钻的阿姆河右岸东部气田Drt-102D井钻至井深4 741米完钻，创阿姆河气田井深最深纪录。

**28日**　相国寺储气库1 000万立方米三甘醇脱水装置一次性投运成功，天然气脱水后水露点达标。该套装置是国内单套处理能力最大的橇装三甘醇脱水装置，设计日处理能力1 000万立方米，是相国寺储气库冬季调峰保供的核心关键设备。装置成功投运，标志相国寺储气库调峰保供的最大日冲峰能力升至3 800万立方米。

**30日**　集团公司董事长戴厚良到驻土库曼斯坦企业调研生产经营和冬季保供工作，听取川庆钻探工程公司土库曼斯坦分公司、阿姆河天然气公司、工程建设土库曼斯坦分公司、运输公司土库曼斯坦分公司和中亚俄罗斯公司等企业工作汇报。戴厚良指出，川庆钻探工程公司在开发井钻井作业中发挥了集团公司整体优势，为推动中土能源合作取得可圈可点的成绩。

△　川庆钻探工程公司与吉林油田公司在吉林松原就下一步合作事宜开展工作交流。川庆钻探工程公司执行董事、党委书记李雪岗，吉林油田公司执行董事、党委书记王峰等参加交流。

**30日8时**　西南油气田公司长宁区块自2012年投产后页岩气累计产量突破300亿立方米，折合油气当量2 390万吨，替代3 600万吨标准煤，减少碳排放近8 600万吨。长宁页岩气田先后经历先导试验评价选区、国家级页岩气示范区建设、集团公司八大"压舱石稳产工程"三个重大历程，产量从2014年的1亿立方米升至2020年的56亿立方米，持续4年稳产超50亿立方米。长宁公司成为中国石油首家累计产气突破300亿立方米的页岩气生产单位。

**本月**　工程院研发的连续管完井采气一体化工艺首次在中浅203-6-H2井和中浅203-9-H2井应用，实现连续管带压完井、井下节流、注塞举升工艺一体化实施。

△　西南油气田公司在仪陇天然气净化厂和卧北中心站分布式光伏项目首次开展分布式光伏项目综合检测评估工作。

△　川庆钻探工程公司编报的《企业年度工作报告（2022）》获集团公司"编报优秀单位"称号。为自2019年以来连续第四年获集团公司《企业年度工作报告》"编报优秀单位"表彰。

△　川庆钻探工程公司完成西南油气田公司首口煤层气导眼井——宁探1H井的取心作业，取心深度4 284～4 381.8米，取心进尺59.7米，岩心长度58.9米，收获率98.66%，创国内煤层气井最深取心纪录。

## 12月

**1日**　在北京召开的2023中国质量协会年会暨第二届全球追求卓越大会上，工程院工程技能专家工作室QC小组被中国质量协会、中华全国总工会、中华全国妇女联合会、中国科学技术协会四家单位联合授予"全国优秀质量管理小组"称号。该奖项是国内质量管理活动竞赛的最高荣誉，也是西南油气田首次获得的QC小组"国优"荣誉，该QC小组成果"便携式钢丝作业指重计检测装置的研制"同时获集团公司一等奖。

**3日** 西南油气田公司公山庙油田凉高山组页岩油评价井公119H井获日产油20吨、日产气0.6万立方米，且出油量持续上升，井底流压稳定。该井是以凉高山组夹层型砂岩段储层为评价对象而部署在公山庙构造的油藏评价井。

**4日** 在集团公司审计部主办的集团公司第二届审计数据建模大赛中，西南油气田公司作品《工程项目甲供物资AI匹配分析模型》获团队一等奖，《钻前工程信息化审计模型》获团队二等奖，个人作品《天然气销售量结算准确性分析模型》《采购物资供应链管理风险预警分析模型》《费用管理分析模型》获个人二等奖。获奖作品总数居集团公司首位。集团公司40余家单位80余个作品参赛，大赛历时7个月，分作品初赛、验证测评、现场决赛3个阶段，包含团队赛和个人赛。

△ 川庆钻探工程公司通过（GB/T 29490—2013）《企业知识产权管理规范》国家标准认证审核，获知识产权管理体系认证证书。

**5日** 西南油气田公司天府气田盐亭区块致密气中浅210平台4口水平井累计获测试产量超200万米$^3$/日、无阻流量超400万米$^3$/日，创中浅1井区沙溪庙（SXM）组9号砂组平台测试纪录。

△ 在集团公司举办的第三届网络安全攻防大赛中，西南油气田公司获团队一等奖1个、三等奖2个，个人赛银牌2枚、铜牌2枚，并获大赛优秀组织单位奖。

△ 西南油气田公司以974分通过四川省健康企业现场评审验收，提前两年实现"十四五"末通过集团公司和四川省健康企业建设"双达标"。

**6日** 川庆钻探工程公司微纪录片《奇迹》获《人民日报》海外网第五届全球华人生活短视频大赛"一带一路"特别作品奖。

**7日** 川庆页岩气项目经理部、川庆川西钻探公司120006钻井队分别获评"四川省厂务公开民主管理先进单位""四川省职工民主管理示范班组"称号。

△ 川庆钻探工程公司获集团公司2023年度"统计工作先进单位"称号。

△ 西南油气田公司自主在磨溪119井至西区复线首站直径168毫米管线成功实施内检测。该项目是集团公司上游板块自主实施的最小口径含硫管道内检测项目。

△ 川庆钻探工程公司完成西南油气田公司大201井大套管固井施工，创页岩气339.7毫米套管下深最深纪录。

**10日** 川庆钻探工程公司70593钻井队承钻的足212井直井改水平井后完钻。该井在钻进期间，"两趟"完钻刷新渝西区块井身结构"三开"311.2毫米井眼钻井周期最短、"三开"趟钻数最少、单趟钻进尺最高等多项纪录，以及川渝地区深层页岩气评价井最快完钻周期纪录，地质导向铂金靶体和龙一$_1^1$小层钻遇率均100%。足212井是西南油气田公司部署在渝西区块的一口评价井，7月1日开钻，12月10日完钻，完钻周期161.7天。

**11日** 川庆钻探工程公司90204钻井队承钻的塔里木油田克深31井测试获气106.46万米$^3$/日。

**12日** 川庆钻探工程公司苏里格项目经理部桃7-22-8H2井测试获无阻流量109.61万米$^3$/日。

**12日（伊拉克当地时间）** 川庆钻探工程公司中标伊拉克哈法亚油田井控应急保障与支持服务项目，合同期4年，合同金额约1 200万美元。

**13—14日** 在北京召开的集团公司2023年油气勘探年会上，西南油气田公司作2023年勘探成效及2024年勘探工作部署汇报。同时，西南油气田公司多项勘探成果获得表彰，获勘探发现奖项5项。其中，"德阳—安岳裂陷槽西侧大探1井""二叠系—三叠系礁滩新区带勘探"获重大突破一等奖，"寒武系筇竹寺组深层页岩气勘探""川中地区茅口组多层系天然气勘探"获重要发现二等奖，"川南向斜区茅口组多类型勘探"获重要发现三等奖。

**14日** 西南油气田公司年产天然气量突破400亿立方米，约占2023年全国天然气产量的五分之一，成为继2020年天然气年产量突破300亿立方米后，实现的又一里程碑式跨越，标志中国西南首个年产400亿立方米大气区正式建成。

△ 西南油气田公司申请的"一种低能耗的压裂返排液分级处理方法""一种全氟烷基取代的烯丙基季铵盐及制备方法、共聚物及制备方法和应用、处理废水的方法"和"一种促进硫酸盐还原菌菌落快速生长的培养基"3件国外专利通过集团公司论证，2023年提交集团公司的国外专利申请通过率100%。2023年，西南油气田公司申请国家

## 大事记

专利665件，申请发明专利618件，首次突破600件大关，是2022年申请量的1.6倍，占比93%；申请国外PCT专利15件，完成集团公司年度考核指标的250%，是2022年申请量的2.5倍。

**15日** 宁209H73-5井215.9毫米井眼龙马溪组造斜段至水平段日进尺1 039米，平均机械钻速66米/时，箱体钻遇率100%，日进尺首次突破1 000米大关，打破宁209H47-10井日进尺828米纪录，创造中国页岩气钻井速度新纪录。宁209H73平台是西南油气田公司部署在宁209井区的开发井平台，于2023年8月27日开钻，采用"日费制"管理模式。至12月18日，宁209H73-5井完钻，钻井周期创区块最短纪录15.71天，平均机械钻速创区块最快机械钻速纪录43.02米/时。

**12月中旬** 西南油气田公司以四川西油新能源有限公司为主体，先后中标川渝地区4个集中式风光项目（四川攀枝花市米易县10万千瓦光伏发电项目、重庆市丰都区新龙湾8万千瓦风电项目、重庆市黔江区鹅池镇10万千瓦风电项目、重庆市黔江区金洞乡5万千瓦风电二期项目），总计装机容量33万千瓦，超额完成集团公司下达的2023年风光指标获取任务。此次项目竞配是西南油气田公司通过市场化竞配方式获取的首批集中式风光项目，也是中国石油在川渝两地的首次突破。

**18日** 川庆钻探工程公司获集团公司"生产经营先进单位"称号。

**19日** 川庆钻探工程公司70555钻井队承钻的自201H54-5井测试获气40.31万米³/日，刷新四川页岩气自贡区块开发井产量纪录。

△ 由集团公司纪检监察组、数信部、巡视办、审计部等部门组成的调研组，到西南油气田公司开展数字化大监督平台建设调研。调研组听取西南油气田公司数字化大监督开展情况汇报，肯定西南油气田公司在数字化监督工作中取得的成效，并结合此次调研收集的意见建议和工作需求，对下一步工作提出要求。西南油气田公司财务处、企管法规处、审计处、纪委办公室、营销部、物资设备管理部、信息管理部等部门负责人和相关人员参加会议。

**19—22日** 油气和新能源分公司在北京组织专家审查西南油气田老翁场、万顺场储气库建设工程及牟家坪、老翁场储气库配套管道工程可行性研究。会议认为老翁场、万顺场两个气藏均具备良好的建库条件，物质基础扎实，方案设计合理，推荐部署方案基本可行。油气和新能源分公司副总地质师任东，西南油气田公司副总经理王振嘉，油气田开发首席专家郭贵安、文绍牧出席会议。中国石油勘探开发研究院、北京项目管理公司、工程建设公司、东方地球物理勘探公司、昆仑数智科技公司等单位相关人员参加会议。

**20日9时** 川中油气矿年产天然气超120亿立方米、石油液体超10万吨，标志中国西南地区首个千万吨级油气矿正式建成。

**20日** 国内首个针对页岩气新层系的地震采集项目——资201井区三维地震项目竣工，较计划提前10天完成任务。资201井区三维地震项目是股份公司在2020年以筇竹寺组页岩气藏为主要目的层部署的开发地震采集项目，满覆盖面积680平方千米，总炮近8万炮。

**21日** 在雅安召开的反恐怖重点目标达标建设推进会上，西南油气田公司获四川省反恐怖工作领导小组授予的"治安反恐防范达标建设先进单位"称号，川中油气矿、蜀南气矿、川西北气矿、天然气净化总厂、长宁天然气开发任公司所属的5处治安反恐防范一级重点目标获四川省反恐怖工作领导小组表彰。

△ 川中对外合作项目召开第四十一次联管会，西南油气田公司执行董事、党委书记、川中项目联管会主席何骁，洛克石油公司董事长滕磊出席会议。会上，川中对外合作项目相关人员汇报2023年生产经营情况、2024年重点工作计划及预算安排等情况，联管会中外双方代表审议通过汇报内容。川中合作项目天然气产量达到6亿立方米，创历史新高。

**23日8时** 西南油气田公司页岩气年产量125.8亿立方米，至月底产量达128.7亿立方米，油气产量当量首次突破1 000万吨，标志西南油气田公司建成油气产量当量千万吨级页岩气产区。川南地区页岩气产量连续4年突破100亿立方米，历年累产621亿立方米，实现国内页岩气储量、产量"双领跑"，川南地区成为国内最大的页岩气生产基地。

**24日** 西南油气田公司累计获取风光并网指标33万千瓦，地热供暖面积74.7万平方米，分别完成集团公司考核指标的110%、150%；清洁电力累计装机规模2.1万千瓦，年发电量突破350万千瓦·时，西南油气田公司新能源业务发展取得重要突破。

**25日** 西南油气田天府气田致密气年产气量超过30亿立方米，同比增长100%，连续4年跨越式增长。

△ 西南油气田公司与海峡能源有限公司在成都签订泸州深层页岩气规模效益开发示范区创新联合体框架协议。集团公司党组成员、副总经理张道伟；西南油气田公司执行董事、党委书记何骁，总经理、党委副书记雍锐，副总经理佘朝毅；海峡能源公司总裁周远鸿、副总裁兼海峡能科董事长李冰南、首席技术官张福祥出席签约仪式，佘朝毅与李冰南分别代表两家企业签订创新联合体框架协议。

**26日** 西南油气田公司深地川科1井完成"三开"固井施工。该井钻至3611米中完，创593.73毫米井眼钻井最深，492.13毫米+485.78毫米套管下入最深、最重等多项世界纪录。

△ 国内首个覆盖"注采运行、地质气藏、井工程、地面工程、安全管理、经营协同"全业务链的智能储气库云平台在相国寺储气库公司正式投运。该智能储气库，取得知识产权7项，发布企业标准1项，出版国内首个储气库领域数字化转型专著1本，为国内其他储气库数字化建设提供借鉴和参考。

△ 工程院杨永韬获"四川省技能大师"称号，为西南油气田公司首次获该称号的员工。

**27日** 川庆钻探工程公司与宝石机械在成都就进一步深化合作事宜开展工作交流。川庆钻探工程公司执行董事、党委书记李雪岗，总工程师罗鑫；宝石机械执行董事、党委书记忽宝民，副总经理秦强等参加交流。

△ 川庆钻探工程公司首家以井控工艺、井控装备为核心的井控劳模专家创新工作室在川庆川东钻探公司渝北生产与研发基地揭牌成立。

△ 川庆钻探工程公司70212钻井队承钻的七北001-X1井测试获气112.98万米$^3$/日。

**29日** 西南油气田公司日上载国家管网气量首次突破6000万立方米，达到6067万立方米。进入冬季保供后，西南油气田公司新投产井42口，新建年产能超10亿立方米，老井综合递减率控制在5%以下，日产天然气1.23亿立方米，同比增加600万立方米；首次实现相国寺储气库45亿立方米满库入冬，本轮采气期最高日采气量3364万立方米，同比峰值增加500万立方米。

△ 西南油气田公司零散气橇装回收装置回收天然气量2.3亿立方米，同比增长43%。2023年有14套回收装置（含新建零散气橇装回收装置8座，新增日回收规模78万立方米）安全平稳生产，日回收气量最高102万立方米，成为西南油气田公司上产新的增长点。

**30日** 长宁公司收到中国石油天然气股份有限公司《关于四川长宁天然气开发有限责任公司增资项目可行性研究报告的批复》（石油股份计划〔2024〕21号），同意4家股东按现有股权比例以现金增资15亿元。

**12月下旬** 川渝页岩气前线指挥部牵头推进的数字化测绘和三维设计技术在阳101H17钻前平台首次试点应用。相较于传统人工测绘和标准化设计方案，采用该技术减少用地5000平方米，降低土石方挖填量近50%，节约投资300余万元，同时避开高陡回填区域，施工难度和风险系数降低。

**本月** 西南油气田公司牵头编制的石油天然气行业标准《储气库监测系统设计技术要求》通过全国石油天然气标准化技术委员会储气库专业标准化委员会审查，填补国内储气库监测领域行业标准的空白。

△ 川庆钻探工程公司中标陕西省燃气集团渭南市华洲—华阴地区地热水及氦气普查项目，合同工作量包括4口氦气探井钻探项目的钻前及钻井工程，合同金额2975万元。

**本年** 西南油气田公司在川渝地区销售天然气317.8亿立方米，同比增加11.9亿立方米，增长3.9%，市场份额始终保持在75%以上，再创历史新高。

△ 西南油气田公司开钻井193口，完钻井312口，进尺155.55万米；完成试油井270口，获测试日产量6423.79万立方米，测试日产量同比增长15.67%，实现钻井试油提速提效目标。

△ 集团公司考核川庆钻探工程公司2022年党建工作，考核结果"A"档。

（闵　军　郭晓光　牟长林）

责任编辑：闵　军

Exploration and Development

SICHUAN OIL AND GAS FIELDS YEARBOOK 2024

# 油气勘探

【概述】 2023年,西南油气田公司落实习近平总书记对中国石油和中国石油相关工作的重要指示批示精神,按照集团公司决策部署、勘探年会和西南油气田公司工作会要求,聚焦盆地二叠系、蓬莱气区和致密气,突出集中勘探、强化风险勘探,不断优化部署、强化组织实施,取得多项重要勘探新发现和新成果,获集团公司奖项5项。其中,"四川盆地德阳—安岳裂陷槽西侧大探1井灯影组勘探重大突破"和"四川盆地二叠系—三叠系礁滩新区带勘探重要发现"获集团公司油气勘探一等奖,"四川盆地寒武系筇竹寺组深层页岩气勘探重要发现"和"四川盆地川中地区茅口组多层系天然气勘探重要发现"获集团公司油气勘探二等奖,"四川盆地川南向斜区茅口组多类型勘探获重要发现"获集团公司油气勘探三等奖。全年新增三级储量7 677亿立方米,其中提交探明天然气地质储量1 867亿立方米,连续20年实现天然气储量高峰增长,为西南油气田公司目标"跨越400亿,迈上新台阶"的实现奠定了资源基础。

(周玉彬)

2023年2月1日,西南油气田公司川东北地区铁山坡气田飞仙关组气藏开发井坡005-X4井测试获日产天然气222.19万立方米,无阻流量每天364.65万立方米,标志着中国石油自主开发川东北高含硫气田再上新台阶

彭 刚摄

【勘探工作量】 2023年,西南油气田公司完成三维地震采集4 930平方千米,为年度计划的100%;落实探井45口,其中风险探井8口、常规探井37口,完成率100%,全面完成年度探井部署任务。新开钻井34口,完成计划的103%;完钻井48口,探井进尺21万米,完成计划的93%;试油获油气井59口73层,探井成功率81.43%,井口测试累计获日产气2 246万立方米。2019—2023年勘探工作完成情况见表1。

(周玉彬)

【四川盆地德阳—安岳裂陷槽西侧大探1井灯影组勘探重大突破】 2023年,西南油气田公司加强裂陷槽西侧台缘带构造沉积演化研究,强化烃源岩条件与保存条件分析,创建前震旦系、下寒武统"双源供烃"成藏模式。部署实施的风险探井大探1井在灯影组二段、灯影组四段测试,分别获日产气42.16万立方米、81.85万立方米,裂陷槽西侧灯影组台缘带勘探首获重大突破,展示出裂陷槽西侧良好的勘探潜力。德阳—安岳裂陷槽西侧大探1井灯影组勘探获集团公司勘探重大突破一等奖。

(周玉彬)

【四川盆地二叠系—三叠系礁滩新区带勘探重要发现】 2023年,西南油气田公司利用新三维地震资料精细刻画礁滩体,深化构造沉积演化再认识,提出开江—梁平海槽礁滩叠置沉积,在宣汉地区部署实施的风险探井宣探1井长兴组测试获日产气10.82万立方米,飞仙关组上段、下段分别获日产气153.06万立方米、108.6万立方米;新发现海槽东侧千亿立方米高效优质储量区带,展示川东北地区二叠系—三叠系高能生物礁滩高效规模富集潜力。创建蓬溪—武胜浅水陆棚边缘礁滩体成藏新模式,在剑阁—南充地区部署实施的预探井蓬深2井、蓬深10井长兴组分获日产气25.52万立方米、206.36万立方米,蓬溪—武胜台洼礁滩勘探首获突破,开辟盆地二叠系—三叠系增储新区带。四川盆地二叠系—三叠系礁滩新区带勘探获集团公司勘探重要发现一等奖。

(周玉彬)

【四川盆地寒武系筇竹寺组深层页岩气勘探重要发现】 2023年,西南油气田公司加强德阳—安岳裂陷槽区寒武系筇竹寺组页岩气富集规律研究,强化槽内厚值区、槽缘稳定区页岩甜点刻画,部署资201井。资201井4 775～6 570米水平段压裂测试,获日产气73.88万立方米,3毫米油嘴试采,平均日产气14.64万立方米,累产气1 740万立方米;威页1H井4 549～6 265米水平段4.5

表1  2019—2023年西南油气田公司勘探工作量完成情况  览表

| 年 份 | 地震 | | 探井 | | 新增常规天然气储量 | 投资（万元） |
|---|---|---|---|---|---|---|
| | 二维（千米） | 三维（平方千米） | 井数（口） | 进尺（米） | 探明储量（亿立方米） | |
| 2019 | 4 774.35 | 3 365.77 | 47 | 228 055.43 | 1 139.40 | 572 760 |
| 2020 | 1 711.29 | 3 437.98 | 45 | 239 815.92 | 993.83 | 602 900 |
| 2021 | 830.00 | 2 711.00 | 54 | 267 900.00 | 1 282.74 | 605 384 |
| 2022 | 560.00 | 7 019.00 | 60 | 265 100.00 | 2 570.00 | 716 800 |
| 2023 | 0 | 4 930.00 | 48 | 210 000.00 | 1 867.08 | 958 400 |

毫米油嘴试采最高日产气14.98万立方米，至2023年底，日产气9.5万立方米，累产气1 972万立方米，取得四川盆地筇竹寺组深层页岩气勘探重要发现。寒武系筇竹寺组深层页岩气勘探获集团公司勘探重要发现二等奖。

（周玉彬）

【四川盆地川中地区茅口组多层系天然气勘探重要发现】 2023年，西南油气田公司加强茅二段古地貌控相、控储等成藏研究，探索新层系。部署实施的潼深10HC井茅口组三段获气152.73万米³/日，茅三段断溶体勘探首获突破；潼深8井、潼深6HC井茅二段分获气208.67万米³/日、65.59万米³/日，进一步证实茅二段灰岩储层具备高产富集条件与高效增储潜力。集中评价龙女寺，整体勘探八角场—南充区块，部署实施井位12口、老井上试7口，完试井16口，获工业气流井15口，试油平均产气87.31万米³/日，7口井产气超百万米³/日，新增探明天然气地质储量470.6亿立方米，勘探开发成效显著。茅口组多层系天然气勘探获集团公司勘探重要发现二等奖。

（周玉彬）

【四川盆地川南向斜区茅口组多类型勘探获重要发现】 2023年，西南油气田公司开展川南向斜区茅口组"顺层岩溶、表生岩溶、断控岩溶"储层发育机理研究，构建构造—岩性等多类型成藏模式。在泸州地区部署实施的风险探井泸探1井、胜探1井茅二段测试分获气20.86万米³/日、54.68万米³/日，压力系数0.88～1.09；自贡区块部署探井6口，试油的4口井均获成功，产气5.6万～30.2万米³/日；大安区块黄207井老井复试，获气112.26万米³/日，川南向斜区茅口组整体展现效益勘探前景，获集团公司勘探重要发现三等奖。

（周玉彬）

【四川盆地第31套工业产层发现】 2023年11月1日，威寒1井奥陶系宝塔组测试获日产天然气9.02万立方米，成为四川盆地宝塔组孔隙性白云岩储层首口工业气井。奥陶系宝塔组是四川盆地发现的第31套工业产层。11月11日，威寒1井投产。

（闵军）

2023年11月1日，西南油气田公司威寒1井奥陶系宝塔组测试获日产天然气9.02万立方米，成为四川盆地宝塔组孔隙性白云岩储层首口工业气井，是四川盆地发现的第31套工业产层

肖毅供

【宣探 1 井飞仙关组两层获气】 2023 年 4 月 21 日，西南油气田公司重点风险探井宣探 1 井飞仙关组上部（第二层）测试获日产天然气 153.06 万立方米。该井钻遇长兴组—飞仙关组优质礁滩储层，在飞仙关组下部测试获日产天然气 108.6 万，并在飞仙关组上部优质储层继续测试，再次获气。至此，该井飞仙关组累计获测试日产天然气 261.66 万立方米，创川东北部飞仙关组探井测试纪录。宣探 1 井获气，揭示了川东北部多期礁滩储层规模叠置发育，构造—岩性气藏群充满度高、储量丰度大，证实四川盆地二叠系—三叠系领域具备良好的勘探开发潜力。　（闵 军）

【勘探项目管理】 2023 年，西南油气田公司加强勘探项目管理，深化五大研究团队建设，打造研究组织生态链，形成具有"油公司"特色科研管理模式升级版。以油田研究院为核心，结合东方地球物理勘探公司西南物探院、中国石油勘探开发研究院四川盆地研究中心，借力各大高校及国内外先进技术团队，瞄准勘探重点热点，推动后备领域，实时调整分工及工作重点，提升研究效率，支撑勘探部署。坚持创新引领，做好顶层设计，聚焦古隆起构造沉积分异、多类型储层形成机制、全油气系统等基础地质研究，推动认识深化和理论创新，攻克勘探难点，针对性开展研究工作，保障研究成果走在钻井之前。超前谋划，全面准备，强化井位目标论证。全年累计论证井位 70 口，根据勘探实际，优化实施 45 口井，探井成功率 81.43%，为勘探突破、发现及储量提交提供有效支撑。

　（马华灵　谢 忱）

【储量管理】 2023 年，西南油气田公司持续抓好储量管理，提前谋划，年初启动三级储量摸底工作，根据钻试进度安排储量井资料录取，跟踪储量井钻试效果。深度融合储量与开发方案，抓好关键储量经济参数论证，做好方案优化，全面完成年度探明储量经济可采储量考核指标。围绕 SEC 储量储采平衡工作方案研究目标，针对茅口组等重点层系，抓好储层非均质性系统分析，结合动静态资料，开展精细化评估；加强增产措施前后生产规律变化与 SEC 储量的关系研究，开展老区提高采收率和综合治理效果精细评价与技术攻关，精细挖潜，精准施策，2023 年度 SEC 证实油气储量新增 609 亿立方米。

　（李卓沛）

【矿权管理】 2023 年，西南油气田公司强化矿权管理，维护好企业利益。强化组织和协调，加快探矿权转采矿权的节奏，降低矿权退减基数。油气资源管理部与企管法规部配合，利用法律手段与政府、法院协调，解除非油气矿冻结，推进白节滩、纳溪采矿权变更登记；完成新增探明储量区高石 18 区块、泸州页岩气采矿权的新立登记。结合新井投产计划，进一步细化报备探矿权转采矿权的时间、生产和转采跟踪及处置要求，保障油气试采依法合规，全年及时办理开采报备区块 24 个。跟踪四川盆地及周缘竞争出让油气矿权动向，对重庆市发布的重庆市巫山县煤层气探矿权招标出让，组织人员完成该新区块综合评价及价值评估，确认该区块为亏损项目，并确定不参与竞争出让。组织 20 余个单位和部门，统计西南油气田公司 2022 年度勘探开发工作和投资、储量、产量、封井、土地复垦等基础资料，按照依法合规原则，分类审查，严把资料入库关，经股份公司审查后，按时向社会公示 155 个矿权年度勘探开发和法定义务履行信息，组织相关单位和部门迎检，提前摸排风险，统一标准和举证、答疑，通过自然资源部、重庆市现场核查，自然资源部检查组给予"迎检资料准备最充分、汇报最简洁、举证最规范"的结论，油气和新能源公司专门致信表扬。加强国家矿权政策动态跟踪研究和宣传贯彻，向股份公司、自然资源部和四川省反馈《自然资源部关于深化矿产资源管理改革若干事项的意见（征求意见稿）》等六项征求意见与建议，为企业发展争取有利政策。截至 2023 年底，西南油气田公司在四川盆地有 156 个油气矿业权，面积 10.33 万平方千米。其中，探矿权 23 个，面积 8.51 万平方千米；采矿权 133 个，面积 1.82 万平方千米。

　（李林娟）

【物探技术管理】 2023 年，西南油气田公司以高质量发展为出发点，狠抓物探项目管理。坚持地震整体部署、高效设计，以高品质物探资料助推油气高效勘探开发。实施苍溪—剑阁三维采集，为当年国内最大陆上三维地震勘探项目，实现川西北地区三维地震资料连片。强化物探项目精细管理，加强现场组织保障，成立 2023 年度地震勘探项目一体化领导小组，确保管理举措有效落地。推进"两宽两高"技术，平均炮道密度由上年 68 万道/千米$^2$ 升至 2023 年的 88 万道/千米$^2$，同比增长 29%。持续优化"双高"+叠前深度偏移技术，提升岩性气藏储层及复杂构造成像质量。开展茅口组薄储层地震弱信号成像攻关，落实四川盆地茅口组台缘边界，刻画剑阁—八角场—南充—石柱宽 30~80 千米、东西延伸 480 千米的规模台缘带，蓬安—西充和南充三维项目内有利相带面积 1 500 平方千米。持续深化纵横波联合砂体刻画及含气性预测技术研究，基于纵横波联合等时地层切片及分频 RGB 融合方法，实现规模"隐蔽"河道砂体边界的精细刻画及叠置砂组的准确分离，刻画有利面积 1.5 万平方千米。攻关复杂构造背景岩性体精细刻画技术，刻画茅口组白云岩储层发育区 140.1 平方千米，新发现长兴组多个生物礁群 142.7 平方千米，展现川东二叠系—三叠系的规模勘探潜力。强化测井技术攻关，提高储层及流体识别能力，确保资料能够反映地下真实地质情况。基于人工智能分析 VPVS 与硅质含量相关性好，形成茅口组特殊矿物"硅质"含量计算新方法，提高茅口组复杂岩性定量及孔隙度计算精度。分区块分层系形成常规测井"中子—声波包络面积"与阵列声波测井高灵敏度因子交会的含气性判别方法，针对低电阻疑难层发展核磁—密度孔隙度重叠和二维核磁图版法，致密气测井解释符合率 95%，同比增长 5%。

（张光荣　张福宏）

【国内首个页岩气新层系地震采集项目】 资 201 井区三维地震项目是股份公司在 2020 年以筇竹寺组页岩气藏为主要目的层部署的开发地震采集项目，也是国内首个针对页岩气新层系的地震采集项目。西南油气田公司坚持甲方自主设计，推行甲乙方一体化、"论证—实施"一体化、"地质—物探"一体化、"采集—处理—解释"一体化，全方位优化升级管理，层层落实责任，保障实施效果；建立"市—区（县）—镇—乡—村"五级协调制度，保障施工进度；集中多支队伍的优势力量，推进三维地震项目，平均采集自然日效 1 690 炮，刷新四川盆地采集最高自然日效纪录。精细化管理药量试验、岩性分区详查、震源及偏移现场验证、采集异常整改 4 个关键环节，影响采集质量的声波、面波、外界干扰、异常道 4 项指标实现下降；利用信息化地震队管理平台全工序协同运作，针对工区特点引入"GIS+"技术优化观测系统降低安全风险，构建三级质量控制体系，取得的资料合格率 99.84%，一级品率 94.7%。2023 年 12 月 20 日，该项目较计划提前 10 天完成任务，满覆盖面积 680 平方千米，总炮近 8 万炮。项目的实施，为后续开展筇竹寺组三维地震项目树立了示范，同时为实现筇竹寺组"十四五"期间"勘探评价、先导试验、储量提交"和"十五五"期间规模上产提供了保障。

（彭　浩　王　刚　张润君）

2023 年 12 月 15 日，国内首个页岩气新层系采集三维地震项目顺利竣工　　　　　　　　　　　　　　　　　胡　静供

# 油气田开发

【概述】 2023 年，西南油气田公司夯实常规气"压舱石"，攻坚页岩气"增长极"，打造致密气"新阵地"，开拓原油"试验田"，走好新能源"低碳路"，全面完成油气生产任务，天然气产量迈上 400 亿立方米新台阶，500 亿立方米战略大气区建设高质量推进。全年天然气工业产量 420.3 亿立方米（井口产量 432.2 亿立方米），同比增加 36.9 亿立方米，增长 9.6%，其中常规气 248.3 亿立方米、致密气 43.4 亿立方米、页岩气 128.6 亿立方米。完成天然气商品量 403.1 亿立方米，商品率 95.9%。石油液体产量 12.5 万吨，同比增加 5.5 万吨。新建年产能 96.18 亿立方米（连

续4年近100亿立方米），同比增长3.27%，其中页岩气52.26亿立方米、常规气31.81亿立方米、致密气12.11亿立方米。截至2023年底，西南油气田公司获气田120个，在册总井数4 002口，其中气井3 827口、回注水井161口、观察井14口。在3 827口气井中，投产井3 820口，未投产井7口，开井2 756口（表1），日产气12 672万立方米。

（熊正禄）

【气藏评价】 2023年，西南油气田公司下达开发综合前期项目154项，其中开发规划与年度部署37项、开发井位论证8项、方案编制40项、开发储量管理18项、跟踪评价项目37项、开发综合研究项目14项。常规气（含致密气）方面涉及川中古隆起、四川盆地致密气和川南页岩气3个重点上产领域气藏评价项目，安排三维地震采集2项（满覆盖面积1 180平方千米）、地震老资料处理解释1项、评价井1口（探明未动用储量再评价）、开发先导试验井8口、测试3项、现场试验1项、方案编制8项和专题研究19项。页岩气方面安排气藏评价项目5项，涉及三维地震采集1项（680平方千米）、评价井48口（新部署井28口、跨年井20口）、方案编制10项、专题研究11项。截至2023年底，完成荣232井区三维地震采集560平方千米；完成资201井区三维地震采集680平方千米。在梓潼气田沙溪庙一段气藏批复的8口开发先导试验井陆续开钻；安岳须家河组评价井的井位论证处于进行中。《四川盆地安岳气田磨溪8井区灯四气藏开发方案》《四川盆地天府气田梓潼区块沙溪庙一段气藏开发先导试验方案》《威远页岩气田自213井区开发方案》《天府气田盐亭区块金华51井区沙溪庙一段气藏开发方案》（新增）4个方案获批复；完成《蓬莱气田角探1井区茅口组气藏开发先导试验方案》《长宁页岩气田宜203井区开发先导试验方案》2个方案的审查工作，等待批复；《天府气田简阳区块沙溪庙一段气藏开发方案》通过审查。

（熊正禄）

【开发储量】 2023年，西南油气田公司完成6个气田探明储量复（核）算报告编制和四级审查工作，净增天然气经济可采储量83.35亿立方米，解决气藏储采矛盾，支撑西南油气田公司采矿权延续及变更。开展120个探明已开

表1 2023年西南油气田公司天然气（含页岩气）井口产量统计表

| 单 位 | 开井（口） | 日产气（万立方米） | 年产气（亿立方米） | 累计产气（亿立方米） |
| --- | --- | --- | --- | --- |
| 川中油气矿 | 359 | 3 720 | 128.36 | 1 322.82 |
| 蜀南气矿（含威远页岩气） | 898 | 2 609 | 88.44 | 1 508.27 |
| 重庆气矿（含渝西页岩气） | 514 | 1 132 | 36.32 | 1 993.43 |
| 川西北气矿 | 179 | 795 | 25.30 | 426.42 |
| 川东北气矿 | 67 | 586 | 14.56 | 303.71 |
| 川中北部采气处 | 58 | 1 037 | 36.70 | 164.73 |
| 川东北作业公司 | 7 | 912 | 31.43 | 201.45 |
| 长宁公司 | 524 | 1 329 | 52.13 | 304.24 |
| 四川页岩气公司 | 150 | 550 | 18.74 | 42.87 |
| 川中油气矿（伴生气） | — | 2 | 0.22 | 37.98 |
| 合 计 | 2 756 | 12 672 | 432.20 | 6 305.94 |

发油气田可采储量全面标定工作，结合新区产能建设，全年新增动用可采储量1 405.77亿立方米；明确老区标定方法和标定原则，与SEC储量评估结果对比，分析差异和变化原因，为西南油气田公司中长期规划方案编制提供储量基础。完成常规气和页岩气探明未开发储量再评价工作方案，部署未开发储量区评价、研究工作，落实效益开发可行性，推动储量有序动用。完成6个开发利用方案编制及三级审查工作，《西南油气田公司油气开发项目开发利用方案管理办法》等待发布。推进开发储量信息化建设，优化数据入库、处理和分析方式，梳理万余条历史数据及其变化关系，储量年度统计分析周期由3个月缩至1周，实现一键生成年度报表功能。加强多业务数据联动，结合信息化工具，建立储量—产量—矿权—行政区—油气矿关系台账，共享成果数据，促进勘探开发深度融合。

（熊正禄）

【产能建设】 2023年，西南油气田公司新增年配套产能96.18亿立方米。开钻常规气井35口（含储气库注采井7口），完钻井41口（含储气库注采井12口），完成进尺15.9万米（储气库注采井进尺1.6万米），完成试油24口（含2022年铁山坡气田2口初测井），获工业气井22口，获气成功率91.67%，累计获测试产气2 700.73万米³/日。完成配套井36口，新建配套产能31.81亿米³/年，完成股份公司年度计划16.9亿立方米的188.22%，完成西南油气田公司年度计划30亿立方米的106.03%。全年开钻致密气井29口，正钻井1口，完钻井33口，进尺13.66万米，完成试油35口，获工业油气井34口，获气成功率97.14%，累计获测试产气1 159.62万米³/日。2023年累计完成配套井57口，新建配套产能12.11亿米³/年。全年开钻页岩气井186口（评价井17口、建产井169口），完钻井268口（评价井25口、建产井243口），钻井进尺163.12万米，完成压裂井203口（评价井21口、建产井182口）。2023年新投产井231口，新建配套产能52.26亿米³/年。

（熊正禄）

【采油气工艺】 2023年，西南油气田公司完成采油气工艺措施2 135井次（常规气562井次、页岩气1 573井次），年度增产气量46.9亿立方米（常规气15.15亿立方米、页岩气31.75亿立方米）。加强基础管理，推行精细化管控，注重制度标准建设，修订《西南油气田分公司油气水井完井交接管理办法》，印发《报废井安全管理要求》，制定国家标准《油气田开采废弃井永久性封井处置作业规程》，注重人才队伍培养锻炼，举办页岩气采气工艺培训班，完成西南油气田公司第八届采气工职业技能竞赛，编写《页岩气采气工程》。推广采气技术规模化应用，开展灯影组气井堵塞机理研究，建立井口和井下分级分类解堵技术体系，现场累计实施应用184井次，恢复气井产能324万立方米。研制形成配套连续油管柱塞井下系列工具，首次在秋林205-H1井、秋林202-H2井运行连续油管柱塞井下工具，单井降低修井及更换油管费用100余万元。开展井口增压、循环气举等工艺技术攻关，并在长宁H10平台、H11平台、宁209H35平台等开展星旋泵等接替工艺现场试验，井口油压最低降至0.5兆帕，具备推广应用前景。采取优化射流泵工艺管柱结构、工艺设计参数，规范现场施工作业步骤，精细化入井工具检测，科学化入井液体质量控制等措施，助力凉高山组页岩油评价井公119H井获日产油20吨、气0.6万立方米。优化以"双屏障、双扶正、双预警"为核心的带压作业技术，当年完成页岩气带压完井作业137井次，维护日产能超900万立方米。成功研制48.3毫米新型活动式井下节流器及配套作业工具，创新设计偏心油嘴和油嘴底座侧面开设进气孔，改变进气方式，降低出砂对井下节流器的影响。强化风险管控，提升气井安全保障水平，完成高风险井口装置和升高短节腐蚀检测367井次、井筒完整性检测26井次，检测发现各类问题625项，制定井完整性风险管控策略和隐患治理措施。开展停产井风险评价和降等整改，存量停产井3 134口，排查出26种类别3 139项风险，实现高风险停产井清零。开展井口遗失井搜查，提前完成196口井口遗失井搜查定位工作。完成弃置井永久性封堵作业97口，同比增长110%。完成第一批1 125口长停井安全监控并完善数据采集功能,实时采集井口压力数据、井场信息。

（熊正禄）

【天然气集输】 2023年,西南油气田公司在役天然气生产井场1 416座、集输站场721座,采集气管道13 284.6千米,在运天然气增压装置272台、脱水装置118套,气田水处理回注站76座、输水管道2 782.66千米。全年运行增压机组272台,全年增压气量111.67亿立方米,矿场脱水处理气量169.46亿立方米,干法脱硫处理气量6.43亿立方米,气田水回注193.9万立方米。集输系统安全高效运行,完善重点区域集输动态分析常态化机制,优化集输管网分析模型,组织安岳气田、川南页岩气、致密气等区块4轮次的系统分析。安全投运国内硫化氢含量最高的铁山坡整装气田,铁山坡气田按照"安全规格等级最高、工业自控水平最高、智能化水平最高、技术经济水平最高"的标准建设,首次在整装气田大规模使用耐蚀合金双金属复合材料和自主研发的缓蚀剂,建成"生产数据自动采集、生产过程联锁控制、生产区域自动布防、生产异常智能联动"智能化气田。相国寺储气库1 000万脱水装置投运,黄草峡集注站注气系统投运,完成铜锣峡注采管线建设,完成牟家坪、老翁场先导试验建设工程。提前27天完成威202-1脱水站、宁209东区脱水站、宁209中心站10套2 335万立方米脱水装置大修。提升集输系统管理和技术,推进集输系统对标管理,西南油气田公司地面生产指标持续向好,优于或等于股份公司确定的地面生产指标10项。修订完成工控标准规范与指导意见等制度6项,制编地面建设和生产管理对标规范等标准9项。开展地面专业技术攻关,安排地面专业分公司级科技项目12项。西南油气田公司11家单位的1 252名员工参加在线技能大练兵、196名选手参加理论预赛,63名选手参加决赛。填补西南油气田公司在数字化技术技能学习题库领域的空白。打造地面集输工控系统完整性管理体系,形成管理草案,建立风险评价和检测评价方法,编制气田集输仪表及自控系统诊断、工控网络设备诊断、高级报警与联锁回路管理等工控生产管控系统建设方案。提质增效成果显著,超额完成"关停并转减"计划目标,优化、简化集气站25座,拆除冗余设备65台（套）,减少用工需求40人。安排稳产增值项目21个,优化生产工艺的气井109口,改造集气站10座,增加气井产能92.06万米$^3$/日。在生产管理平台增加商品率分析模块,实现商品率指标日跟踪、周分析、月纠偏。从"两好两减"（建好计量装置、管好计量装置,减少自用气、减少损耗气）入手,部署天然气商品率提升的具体工作及措施60项,保障天然气商品率指标达95.9%。

（熊正禄）

【天然气净化】 2023年,西南油气田公司处理天然气235.62亿立方米,完成率114.28%,同比增加8.24亿立方米;计划外输净化气量189.62亿立方米,实际外输221.76亿立方米,完成率116.95%,同比增加6.39亿立方米;计划生产硫黄61.61万吨,实际生产硫黄76.21万吨（未含铁山坡气田硫黄产量18.35万吨）,完成率123.7%,同比增加7.39万吨。南充1井脱硫装置首次采用具有自主知识产权的"胺法脱硫+络合铁自循环"工艺,投运后新增规模20万米$^3$/日。完成万州、大竹、引进、磨溪4座净化厂双达标改造工程,角探1井单井试采装置,荣县净化厂、东溪脱硫站技术改造工程等8套装置的72小时性能考核。形成高效旋流管束、高效分离叶片、高效聚结滤芯三级一体化过滤分离技术,过滤分离效率由67%升至98%,减少损失三甘醇26吨,完成"克劳斯尾气氧化吸收工艺焚烧炉中硫化物燃烧动力学研究"等5项科研项目结题验收,发表SCI论文5篇,发布国家标准2项、企业标准13项。形成生产网数字化管理平台,现场巡检频次降至2次/日,通过RTO实时优化、APC自动调控,装置总体能耗下降5%。在役净化厂均通过二次组态在开发生产管理平台中查看生产实时数据,完成大竹分厂智能P&ID在开发生产管理平台上的部署。修订发布《西南油气田分公司天然气净炼化装置控制系统管理办法》,制定发布《天然气处理厂气体及溶液分析与脱硫、脱碳及硫磺回收分析评价方法 第4部分：用离子色谱法测定醇胺脱硫溶液中钠、镁、钙离子组成》国家标准1项、企业标准13项。编制发布股份公司《天然气处理厂检修规程》,修订发布《天然气处理厂投产技术手册（修订版）》。11月6—

10日举办净炼化专业首次技术竞赛，8家单位22支队伍183名选手参赛。

（熊正禄）

【新能源工程】 2023年，西南油气田公司推广应用"天然气+余压发电"绿色能源。引进分厂余压发电装置运行时效由30%升至80%，累计发电量超300万千瓦·时，减排二氧化碳0.3万吨。在万州分厂天然气余压发电装置创新推行设计、建设、调试一体化管理，11月16日余压发电装置冲转成功，实现安全并网。有序推进安岳、剑阁、磨溪净化厂、西区集输末站及相国寺储气库6套余压发电装置建设（装机规模4 510千瓦），建成3套，择机投运。编制发布《天然气差压发电装置运行规范》企业标准3项。推进"天然气+CCUS"气田开发与双碳目标融合，《卧龙河气田茅口组气藏CCUS–EGR先导试验工程》于8月29日获油气和新能源公司批复。推动引进分厂低能耗变压吸附碳捕集中试项目现场试验，该试验为国内首个注二氧化碳提高气藏采收率先导试验项目。推进天然气+伴生资源工业化示范建设，建成投运金浅3井、金浅822井零散气橇装液化气回收站BOG提XAI装置，开展零散气橇装LNG回收装置BOG提XAI建设工程可行性研究报告编制和审查。完成龙王庙组气藏1 500米³/日采出水伴生资源综合利用及达标处理项目可行性研究报告编制和审查，开展威远100米³/日气田水伴生资源综合利用及达标处理试验装置建设，2024年初投产试运。做好天然气+氢能技术研究，开展掺氢天然气氢气分离提纯技术和新工艺、新设备研究，完成熔融法甲烷裂解中试装置建设工程技术方案和可行性研究报告编制。

（熊正禄）

【轻烃生产】 2023年，西南油气田公司各轻烃装置生产液化气和稳定轻烃15 340吨。梓潼3井浅冷脱水脱烃装置于8月建成投运。开展秋林集气总站、金浅5H集气站、金浅5H东集气站、双河集气站等浅冷脱水脱烃装置性能考核，全年处理天然气21.9亿立方米。江油轻烃装置检修提前6天完成，装置一次复产成功。举办净炼化专业技术竞赛，全面提高轻烃专业干部技术水平。推进"基层站队QHSE标准化建设"相关工作，督促川中轻烃厂、江油轻烃装置修改完善"三册一图"（"三册"指厂级管理手册、班组管理手册、岗位操作手册，"一图"指设施设备工作原理及工艺流程图），开展对标整改，各轻烃装置全部通过复评。开展石油液体产品对标及质量普查，为四川石化正常接受西南油气田公司凝析油、稳定轻烃等油品提供技术支撑。

（熊正禄）

2023年11月6日，西南油气田公司在天然气净化厂举办净炼化专业技术竞赛　胡珊摄

【化工生产】 2023年，西南油气田公司生产XAI 9.5万立方米，完成计划产量8万立方米的118.8%，回收零散气2.3亿立方米，完成计划回收量1.15亿立方米的200%。在役14套零散气回收装置安全平稳生产，回收零散气超2.3亿立方米，贡献年产能2.9亿立方米。建成页岩气和致密气试采天然气橇装回收装置8套，投运4套。落实甲方监管和属地管理职责，抓好两个现场及检修"一个闭环、两个界面、三个过程"管理，设备设施检修维护工作安全受控。开展盐亭天然气处理厂轻烃回收联产氦气项目建设，完成60%三维模型设计和技术规格书审查。投运金浅3井、金浅822井零散气LNG回收站BOG提XAI装置，形成XAI年产能4.4万立方米。

（熊正禄）

【储气库生产建设】 2023年，西南油气田公司储气库注气29.66亿立方米、采气21.86亿立方米，其中相国寺储气库注气23.46亿立方米，采气21.86亿立方米。建设库铜锣峡注气0.73亿立方米；黄草峡注气3.39亿立方米，首次形成工作气量1.35亿立方米；牟家坪注气0.84亿立方米；

老翁场注气1.24亿立方米。相国寺储气库扩压增量工程取得成效，完成1 000万立方米脱水装置建设，完成"12浅井+2深井"微地震监测系统建设和运行，数字化升级改造初步完成并试运行。"两峡"储气库建库工程初步设计获得批复，推进整体建库，铜锣峡开钻注采井2口、完钻5口，黄草峡开钻注采井6口、完钻5口；完成黄草峡注气系统建设，铜锣峡5台新建压缩机到位。完成牟家坪、老翁场储气库先导试验主体工程，先导试验井牟储1井、老储1井完钻并投运，建库可行性研究方案通过油气和新能源分公司审查。开展万顺场储气库老井封堵及地应力测试，建库可行性研究通过油气和新能源分公司审查。完成中坝储气库三维地震采集，开展建库风险评价。相国寺储气库在国内率先实现安全提压、全面达容，成为国内气藏型储气库安全提压运行的典范，上限压力提升2兆帕，达到30兆帕，工作气量由23亿立方米升至26亿立方米，库存量首次达45亿立方米满库容，具备3 800万米$^3$/日冲锋能力。创新建立铜锣峡异常高压气藏建库上限压力确定方法，优化设计提升40%工作气量。攻关黄草峡多层含硫气藏建库的硫化氢含量变化预测方法，创新立体建库、多层淘洗建库模式，设计注采能力较单层提升30%。创新形成牟家坪、老翁场储气库多重介质高速注采渗流滞后定量表征技术、多尺度岩溶缝洞储集体精细刻画技术等。万顺场储气库形成水侵气藏建库关键参数设计方法，创新西南地区首次跨过先导试验直接建库模式。中坝储气库攻关水侵砂岩气藏建库优质储层预测技术。

（熊正禄）

【中国特高含硫气田铁山坡气田投产】2023年5月28日，位于四川省达州市宣汉县及万源市境内的铁山坡气田中心站远程开启坡002-H4井一级节流阀，天然气进入管网，标志中国石油首个自主开发的特高含硫气田"首气"成功，特高含硫气田开发关键核心技术实现新突破。铁山坡气田飞仙关组气藏是国内综合含硫量最高的整装气田，硫化氢含量最高达16.59%。根据开发方案，西南油气田公司按照"安全规格等级最高、工业自控水平最高、智能化水平最高、技术经济水平最高"要求建设该气田。铁山坡气田飞仙关组气藏开发地面工程是股份公司重点地面工程建设项目，2022年5月24日开工，打火组焊；12月29日，集气干线主体焊接完工，为脱水站和集气支线建设创造了条件。工程建成脱水站1座、采集气井站2座、交接计量站1座，敷设集气支线6.3千米、集气干线17.3千米。开发产能建设项目地面工程配套新井6口，累计获测试日产气超千万立方米，井均日产气171万立方米。2023年5月28日首气投运，6月6日全面达产，日产气400万立方米。

（闵军）

2023年4月19日，西南油气田公司建设中国石油首个自主开发的特高含硫气田——铁山坡气田　　韩超摄

【中国首口产层为距今5.4亿年寒武系的页岩气井投产】2023年6月12日，西南油气田公司部署在四川内江资中市的首口页岩气井资201井开井投产，开井套压74.3兆帕，瞬时流量5.8万立方米，井口天然气在站内除砂、分离、计量，输送至成都天然气化工总厂LNG回收装置处理后拉运及销售。该井是中国首口产层距今5.4亿年的寒武系古老页岩地层钻获具有商业开发价值的页岩气井。该井于2021年6月29日开钻，2022年11月12日完钻，完钻层位筇竹寺组，2023年4月8日测试，获日产量73.88万立方米。

（闵军）

# 油气管道

【概述】 2023年，西南油气田公司管道业务围绕"跨越400亿，迈上新台阶"战略目标，践行"本质安全、高效运行"发展理念，着力管网优化运行与能力提升，深化完整性管理与两个现场管控，稳步推进数字化转型、智能化发展。威远—江津管道全线投产，管网输配能力升至450亿米³/年，全年管网输气量470亿立方米，管道完整性管理水平保持7级，管道业务持续向好。 （陈 雪）

【管网输配能力建设】 2023年，西南油气田公司实现威远—江津、足虎线（足202脱水站—重燃集团虎溪输气站）投运，川南页岩气集输骨干管网基本形成；天府气田永浅3井试采外输管道投运，简阳区块致密气试采外输通道打通，新增输配能力50亿米³/年。北内环武胜增输上载可行性研究批复、初步设计通过。恢复龙肖线等7条管道清管功能，开展连彭线等3条重点困难管段清管，全年清管337段次，提升在役管道输送效率。完成2023—2025年管网滚动规划修订，以及2023—2024年5个区域管网适应性分析、15个气电项目供气适应性分析、相国寺储气库3 800万米³/日冲锋采气外输方案制定，为输配能力提升提前作准备。 （陈 雪）

【管道风险治理】 2023年，西南油气田公司制订1 994千米老旧管道总体治理方案，按照"替代停运、更新改造、升级管控"不同治理方式，停运187千米的老峡渝线等管道，进入分期报废阶段；更新改造泸威线等321千米管道。排查整治燃气老旧管道，对2 878.32千米老旧管道开展评估和分级整改，完成整改678.15千米。完成重庆主城区输气管道风险治理第一阶段工作，确定碳大线退出主城区方案，有序推进4条替代燃气管道建设前期论证工作，取得调整供气结构、消除重大隐患、提升安全保障等阶段性成果。 （陈 雪）

【管道完整性管理】 2023年，西南油气田公司完成输气管道智能检测1 007千米，管道定期检验1 016千米，场站管道定期检验204座，管道缺陷修复及阴极保护整改3 630千米，持续保障管道本质安全。运用"零报告"制，"管道管理平台"汛期风险防控模块实现线上风险全要素管理，未发生地质灾害导致的管道险情。制止第三方破坏不安全活动3 638次，制止违章占压1 053处，消除管道外部隐患421处，未新增占压等外部隐患。在仪陇新型作业区487千米输气管道全面应用无人机巡护试点，为其他区域推广打造样板。按照"产量影响最少、用户影响最小、社会影响最低"要求，开展北内环等31项停气检修风险作业，减少气量影响300万立方米。 （陈 雪）

【新能源技术】 2023年，西南油气田公司重新梳理余压资源潜力项目，纳入余压发电项目规划。推进余压发电项目，万州站进入冲撞调试阶段、纳溪站进入实施收尾阶段。推进输配气场站屋顶光伏利用，碳窑湾输气站分控大修理项目中增设值班室屋顶光伏工程内容，探索输配气场站电力替代技术路径。 （陈 雪）

【终端燃气管理】 2023年，西南油气田公司完成成都大运会天然气保供，先后15次开展多级现场巡查、安全诊断评估，利用哨兵检测系统等技术手段，全天候、无死角、信息化监测监控点，大运会期间供气5 300万立方米。完成25家公司无泄漏管控建设，开展10余次交流，行业话语权再度提升。创新应用智能化技术，建成国内首个燃气分布式智能加臭系统；开发并全面应用管道失效智能应急处置系统，整合完成眉山地区燃气管道应急抢险业务。启动燃气管道安全生产集中整治、城镇燃气安全专项整治及重大隐患对标自查工作，完成整改1 198项。 （陈 雪）

【管道数字化建设】 2023年，西南油气田公司完成9 000余千米输气管道和270余座输配气站主数据治理和入区域湖工作，实施第一批数字化管道恢复，完成11个管道数字化移交项目数据整理及治理。建成威江线数字化管道，完成输气处仪陇新型输气作业区配套工程建设，升级管道管理平台大修管理等3个业务模块，启动管道管理平台2.0

关键业务场景和六大业务流程的方案建设，数字化建设提档加速。

（陈 雪）

【页岩气集输干线——威江线投运】威远、泸州区块页岩气集输干线工程（威江线工程）是集团公司2021年油气田地面建设重点工程项目，具有保障威远、泸州、渝西三大页岩气产区页岩气上产，缓解地区供气紧张并且兼顾富余气出川的重要战略意义，也是国家发改委"2022年国家油气管网设施基础建设"和西南油气田公司实现"上产500亿"目标的重点工程。工程由输气处建设，四川石油天然气建设工程有限责任公司施工，总投资301 292万元。威江线始于威远输气站，止于江津压气站，全线总长208.97千米，是西南油气田公司截至2023年底管径最大、压力最高、钢级最高、壁厚最厚的长输管道。其中，威远—泸县段长99.87千米，管径1 016毫米，设计压力6.3兆帕，设计年输气量100亿立方米；泸县—江津段长109.1千米，管径1 219毫米，设计压力12兆帕，设计年输气量350亿立方米。2023年4月23日14时22分，输气处完成永川输气站—江津压气站的升压工作，威江线来气首次进入国家管网，西南油气田公司最大管径天然气长输管道、川渝地区第五条"川气出川"通道——威远—江津管道（威江线）全线投运。

（闵 军）

2023年4月12—13日，西南油气田公司管道管理部组织开展威远、泸州区块页岩气集输干线工程（永川输气站至江津压气站段）暨智能管道完工交接。图为现场检验工程情况　　　郑剑雄　摄

# 合作区块油气勘探开发

【概述】川庆钻探工程公司油气合作业务区块包括内蒙古苏里格地区和四川威远页岩气风险作业。2023年，油气合作开发各单位落实川庆钻探工程公司关于风险合作的各项部署和要求，强化钻井提速和压裂提效，快速推进新井上产、老井稳产、措施增产工作。威远页岩气风险作业区块克服内江地震压裂管控及成都大运会停工影响，生产页岩气23.1亿立方米；苏里格连续13年稳产18亿立方米，超额完成年度经营业绩指标。

（王 嘉）

【苏里格合作区块生产建设】2023年，川庆钻探工程公司在内蒙古苏里格合作区块开钻井63口，完钻井62口，完井62口，进尺29.53万米；完成压裂井66口403段；完试井58口，投产井70口；完成管线建设15.11千米，完成井口安装70口。生产天然气19.4亿立方米，销售凝析油1.29万吨。

（王 嘉）

【页岩气风险作业区块生产建设】2023年，川庆钻探工程公司在四川威远页岩气风险勘探项目完成钻前平台3个。开钻井37口，完钻井34口，进尺22.8万米；完成压裂井40口833段；投产井41口，完成测试井22口；敷设集气支线、干线7条32.07千米，敷设转运水管线16.12千米。生产页岩气23.1亿立方米。

（王 嘉）

【苏里格合作区块技术运用】2023年，川庆钻探工程公司编制《致密砂岩气井储层解水锁工艺技术规范》，为致密砂岩气井储层解水锁工艺设计、工艺流程等多方面提供参考标准，指导现场开展近井地带储层解水锁工艺施工，提高现场作业施工质量。首次开展密闭取心、保压取心技术并应用成功。其中，苏5-3-3井目的层密闭取心6筒，取心进尺32.4米，收获率98.77%；苏5-4-35井目的层保压取心作业4筒，取心进尺10.6米，平均收获率78.51%，平均保压率80%以上。首次在鄂尔多斯盆地伊陕斜坡构造煤层获取该区块山2段5号煤层与本溪组8号煤层，为煤层气可行性研究分析提供数据支撑。开展近钻头工具试验，提高砂体钻遇率。近钻头测量短节有较为精准的方位伽马和近井斜测量能力，在轨迹控制、判断轨迹储层位置方面具有指导作用，保证了较高的砂岩钻遇率，完成2口井现场应用试验。在压裂前置液中加入纳米修复剂，开展纳米修复剂试验。利用纳米修复剂在远端占据岩石表面位点，降低筹划剂与岩石吸附率，促进稠化剂返排。当年在苏59-8-53AX2井、桃7-20-6H井成功开展试验，返排液平均聚合物浓度较对比井提升30%。开展HDPE管内穿插技术试验，解决苏5-2-47井站—苏5-7井站临时站管线运行隐患，较传统整体换管方式，施工周期减少30%，施工费用节约70%，该管线运行正常。开展涡流内检测技术试验，在桃7区块2条集气支线开展管道内检测，了解管道内腐蚀情况，降低运行管道风险。

（王　嘉）

【页岩气风险作业区块技术运用】 2023年，川庆钻探工程公司在威远页岩气风险作业区块运用漂浮下套管技术，实现大井深、长水平段完井提速。通过全通径设计漂浮接箍，对下入位置、丝扣加工和连接、破裂盘提前击穿风险、全井筒试高压等方面逐一开展工艺安全分析，单井节约完井作业时间2.3天，在实现完井提速25.8%的同时，保障大位移长水平井井筒完整性。在威204H87井、威204H88井等深层井平台开展钻井井下复杂防控试验，降低井下工具仪器故障率，有效提升单趟钻效率。开展压裂监测综合评价现场试验，结合裂缝扩展模型、高精度停泵压力解释技术等方法，综合评价气井各小层压裂效果，并为后期裂缝预测、参数优化、立体开发等提供重要支撑。

（王　嘉）

【苏里格合作区块生产管理】 2023年，川庆钻探工程公司在苏里格合作区块推进地质工程一体化，共享建产各工序，一体协同，着力产能建设提速提效。坚持地质先行，突出地质工程"双甜点"的布井模式。抓实"大外协"，畅通工序有效衔接，从源头上保障建产实施，提高综合开发效率。运行"井工程一体化"，推进项目化管理，成立提速提效工作专班，实施二开水平井51口井，平均完井周期39.23天，同比减少5.79天，提速12.86%，建成年产能5.01亿立方米，提前60天完成产能建设目标。强化开发精细管理，天然气年产量创近10年新高。对桃7-13-2井组、桃13-6井组天然气管网分流，降低管线输压，分流后实现8万米³/日增产气量。利用机器人传感系统连续动态测量和记录井筒压力、温度，实时计算分析井筒液面位置，依靠控制柱塞中心通道的开关，实现自主定量排液，循环往复举升井筒积液，促进气井产能有效发挥。规模化开展无人机视频巡检，将管道"分类分级"，有序组织管线隐患排查。推广气井自动化装置，协同远程监控管理平台，精细气井管理，减少人员单井日常现场作业频次月均14井次。采用气动薄膜阀和小斜率定压阀两种自动开关装置，实现气井自动开关，日均增产天然气2.14万立方米。

（王　嘉）

【威远页岩气生产管理】 2023年，川庆钻探工程公司在威远页岩气风险作业区块加强设备的运行维护管理，建立压缩机故障历史库，定期开展故障分析会，系统梳理、归类分析，有效减少重复性故障；加密集中增压站的巡检频次，重点加强增压站的驻站保运。完善压缩机组及配套设施配件的备料，避免设备故障等停影响；优化增压机组停机等待时间，解决集中增压停机导致的大面积平台增压设备停机，定期开展压缩机适应性分析，动态调整压缩机运行参数，灵活改变做功方式，保障机组效能最大化。加强成本管控，全面落实提质增效工作。优化试采流程使用，加速流程替换。完成威204H52平台、威204H47平台等10个平台临时流程安装替换，较年初计划节约178.4万元。按照"站内管线轮换加注+外输管线单点防护"的整体布局思路，优化泵注设备，将原有单体气动注剂设备替换为具备远程传输和控制功能的电动轮换加注设备，形成一泵多注自动轮换加注，保证泵注效果，减少设备数量，降低现场管理难度。精细气井管理，开展"五项举措"提高采收率主体技术配套，延缓老井产量递减，提高单井EUR，通过带压起下油管、增压、气举、洗井、泡排及复合工艺等增产措施，实现增产气量4.17亿立方米。持续推进数智赋能，优化信息化平台。开展SCADA系统与地面工程数字化融合性建设，建立自动化生产、智能化控制、数字化管理的开发新形态和无人值守、电子巡检、一个气田—个中心的页岩气生产运行模式。优化13个正式流程平台及1个集气站的视频存储功能，保障每个平台"4+2N"（"4"指每个平台有4个摄像头，"N"表示压缩机，"2N"指每台压缩机内2个摄像头）的视频监控覆盖；优化激光云台监测系统功能，维修激光探头10余台，保障视频传输的稳定性。

（王　嘉）

责任编辑：闵　军

工程技术服务
Engineering & Technical Services

SICHUAN OIL AND GAS FIELDS YEARBOOK 2020

# 钻井工程

【概述】 2023年，西南油气田公司开钻井230口，完钻井319口，年进尺159.18万米。其中，开钻常规气井46口，完钻56口，进尺27.6万米；开钻致密气井44口，完钻48口，进尺19万米；开钻页岩气井133口，完钻203口，进尺111万米；开钻储气库井7口，完钻12口，进尺1.2万米。

2023年1月12日，川庆川东钻探公司70255钻井队承钻的坡005-X4井钻至井深4515米完钻，标志着铁山坡高含硫项目第二轮首口井钻探成功　　　　　　　　　　　陈立摄

2023年，川庆钻探工程公司从事钻井作业及钻井工程技术服务工作的二级单位有9个，其中二级钻探公司5个，包括川庆川东钻探公司、川庆川西钻探公司、川庆长庆钻井总公司、川庆新疆分公司、川庆国际工程公司；钻井工程技术服务的二级单位有4个，包括川庆钻采院、川庆长庆固井公司、川庆井下公司（固井作业）、川庆钻液公司。钻井系统人员22482人，在册钻井队310支，其中川庆川东钻探公司49支、川庆川西钻探公司57支、川庆长庆钻井总公司149支、川庆新疆分公司32支、川庆国际工程公司23支。截至2023年底，川庆钻探工程公司开钻井1613口，完井1694口，进尺615.65万米（表1），其中自有钻机开钻井1124口，完成1177口，进尺435.82万米，平均机械钻速11.13米/时，平均钻机月速2206米/（台·月）；完成井平均井深3766米，平均建井周期66.31天，平均钻井周期45.65天，平均完井周期10.52天。在集团公司内的国内市场开钻1050口，完成1108口，完成钻井进尺416.2万米，平均机械钻速11.32米/时，平均钻机月速2231米/（台·月）；完成井平均井深3817米，平均建井周期66.69天，平均钻井周期46.19天，平均完井周期10.75天。钻井总时间1412936小时，钻井生产时效94.34%，其中纯钻时效27.52%、固井时效24.23%、测井时效6.03%、辅助时效10.32%；非生产时效5.66%，其中组停时效1.23%、故障时效0.98%、复杂时效3.18%、修理时效0.14%、自然停工0.12%。国内自有钻井市场钻井总时间1346816小时，钻井生产时效94.33%，其中纯钻时效27.36%、固井时效24.41%、测井时效6.09%、辅助时效10.07%；非生产时效5.67%，其中故障时效1%、复杂时效3.3%、组停时效1.15%、修理时效0.09%、自然停工0.13%。井身质量合格率100%、固井质量合格率保持100%、取心收获率99.22%。

（付　志　甘红梅）

【钻井指标纪录】 2023年，西南油气田公司遂探1井"三开"蓬莱镇—沙溪庙组直径455毫米井眼单趟钻进尺1383米，创川渝地区455毫米钻头"一趟钻"进尺纪录。磨溪022-H35井钻井周期130.5天，刷新高石梯—磨溪区块灯影组水平井最短钻井周期纪录。渡口河1号平台2口井钻井周期分别为96.5天、97.6天，平台周期控制在100

表1　2023年川庆钻探工程公司钻井市场工作量统计表

| 类别 | 开钻口数 | 完成口数 | 进尺（万米） |
| --- | --- | --- | --- |
| 国内自有 | 1 050 | 1 108 | 416.20 |
| 海外自有 | 74 | 69 | 19.62 |
| 外招 | 39 | 67 | 36.91 |
| 代管 | 450 | 450 | 142.92 |
| 合计 | 1 613 | 1 694 | 615.65 |

天以内,其中蓬001-X1井刷新川东北高峰场硫区块飞仙关组全井最快完钻纪录、"四开"目的层最快完钻纪录和日进尺最高纪录等多项指标。泸208H2平台单井平均钻井周期62.4天,单井最短46.4天,刷新深层页岩气平台单井钻井周期、单趟进尺等多项纪录。足203H7-2井"四开"旋转导向"一趟钻"进尺2 965米,实现"增斜段+水平段""一趟钻"目标,创深层页岩气"一趟钻"进尺纪录。宁209H73-5井钻井周期创区块最短纪录15.71天,直径215.9毫米井眼单日完成进尺1 039米,首次突破1 000米大关,创中国页岩气钻井提速新纪录。深地川科1井完成前"三开"钻井,创直径593.73毫米井眼钻井最深、直径492.13+485.78毫米套管下入最深、套管下入最重等多项世界纪录。

2023年12月15日,西南油气田公司长宁区块宁209H73-5井在215.9毫米井眼龙马溪组造斜段至水平段钻进中,单日完成进尺1 039米,创造中国页岩气钻井速度新纪录　　代锋摄

2023年,川庆钻探工程公司钻井突破14项纪录。蓬深6井完钻井深9 026米,创亚洲最深直井纪录。该井位于绵阳市盐亭县境内,是西南油气田公司部署在乐山—龙女寺古隆起北斜坡区川北古中坳陷低缓带的预探井。该井地质条件复杂,面临超深(超过9 000米)、超高温(超过200℃)、超高压(超过150兆帕)、高含硫(超过30克/米$^3$)等挑战,对扩大油田含油气范围、寻找深部天然气资源具有重要意义。富源302-H10井是塔里木油田公司部署在塔里木盆地北部坳陷阿满过渡带的超深水平井。该井于2023年4月14日开钻,7月22日完钻,完钻井深8 278米,完钻周期98.63天,刷新由富源302-H9创造的98.71天打完8 051米纪录。深地川科1井是集团公司部署的万米深地科探工程,2023年7月20日开钻,"二开"直径812.85毫米井眼于8月17日钻至井深500米完钻,钻井周期29.48天,钻井排量170升/秒;"三开"直径593.7毫米井眼于12月1日钻至井深3 611米完钻,钻井周期91.69天,分别创全球直径812.85毫米和直径593.7毫米井眼钻深最深纪录。双47-62YH4井完钻井深4 888米,垂深2 381米,储层本溪组8号煤层水平段"一趟钻"长2 031米、水平段复合钻进长1 256米,以水平段长2 222米、煤层钻遇率100%的成绩刷新国内煤岩气井最长水平段纪录、煤层储层钻遇率纪录。威204H88-5井完钻井深5 860米,垂深3 574.66米,钻井周期47.88天,"一趟钻"完成"三开",单趟进尺2 727米,创威远3 500米以深页岩气最快钻井周期纪录。克深31井是部署在塔里木盆地库车坳陷克拉苏构造带拜城断裂带克深21号构造东翼的预探井,2023年3月15日开钻,9月27日完钻,完钻井深8 088米,完钻周期196天,创中国南天山8 000米以上井深完钻最快纪录,历史性地将塔里木库车山前8 000米以上深井完钻时间控制在200天内。自205H2-7井钻至井深6 120米完钻,全井钻井周期68.12天,区块首次突破70天,较原区块纪录提前21.88天,刷新自205区块页岩气水平井最短钻井周期纪录。云安012-X17井用115.97天钻达井深6 728米完钻,创区块最快完钻周期纪录。该井采用"一井穿三礁"方式提高单井产能,穿越长兴组3个生物礁,在中国石油四川盆地油气勘探史上属首次。重点储量井宣兴1井"四开"钻至井深6 080米完钻,钻井周期140.56天,较邻井宣探1井再提速101.19天。该井高质量完钻,固井质量合格率100%,井身质量合格率100%,对比区块其他井,"三开"钻进周期由103.6天减至54.87天,行程机械钻速由28.17米/日升至53.51米/日;在沙溪庙组机械钻速由3.06米/时升至5.63米/时,须家河组机械钻速由1.69米/时升至2.28米/时;"四开"钻进最高日进尺272米,并通过"套打"模式将作业周期缩短25天,实现安全高效开发高含硫井。魏探1井311.2毫米井眼钻至井深1 836.31米,24小时完成进尺1 000米,首次实现川渝地区日进尺上千米。遂探1井使用455毫米PDC钻头完成"三开"井段1 110米至2 493米钻进,以1 383米进尺创川渝地区455毫米钻头单只钻头进尺新纪录。蓬深106井钻至井深6 120米完钻,钻井周期177.08天,创蓬莱气区蓬深区块最快钻井周期纪录。满探1井以

井深8 678.5米再次刷新川庆钻探工程公司在中寒2井的取心井深（8 676米）纪录，再创集团公司取心深度最深纪录。直井测斜接头实现MWD脉冲器阀头国际最大尺寸5.75毫米，填补国内国际100升/秒以上随钻测斜工具的空白，在深地川科1井现场应用表现优秀，超大排量120升/秒下仪器无冲蚀、未刺漏，为万米深井提供随钻测斜数据支撑。

（付　志　甘红梅）

【区域市场钻井指标】　2023年，川庆钻探工程公司在川渝地区开钻井155口，完成189口，钻井进尺89.96万米，平均机械钻速6.35米/时，平均钻机月速1 135米/（台·月）；完成井平均井深5 257米，平均建井周期176.67天，平均钻井周期134.03天，平均完井周期22.73天。在长庆地区开钻863口，完成888口，完成钻井进尺305.48万米，平均机械钻速15.83米/时，平均钻机月速3 436米/（台·月）；完成井平均井深3 387米，平均建井周期38.57天，平均钻井周期23.08天，平均完井周期7.7天。在新疆地区开钻32口，完成40口，完成钻井进尺21.48万米，平均机械钻速6.39米/时，平均钻机月速1 160米/（台·月）；完成井平均井深6 586米，平均建井周期179.17天，平均钻井周期143.19天，均完井周期21.88天。在海外开钻74口，完成69口，完成钻井进尺19.62万米，平均机械钻速8.18米/时，平均钻机月速1 803米/（台·月）。完成井平均井深2 773米，平均建井周期59.67天，平均钻井周期35.87天，平均完井周期6天。

（甘红梅）

【川渝地区钻井】　2023年，川庆钻探工程公司在川渝地区的高石梯—磨溪区块、蓬莱气区、下川东高含硫区块、川南深层页岩气区块、川渝致密气区块完成深井、超深井钻井作业。在高石梯—磨溪区块开钻13口，完井12口，成井平均井深6 502米，平均建井周期300.85天，钻井周期250.68天，完井周期26.75天，平均机械钻速4.1米/时，平均钻机月速727.83米/（台·月）。在蓬莱气区开钻9口，完井22口，完成井平均井深6 255米，平均建井周期367.2天，钻井周期273.95天，完井周期67.19天，平均机械钻速3.93米/时，平均钻机月速550米/（台·月）。在下川东高含硫区块开钻16口，完井19口，完成井平均井深5 884米，平均建井周期274.92天，钻井周期219.74天，完井周期24.94天，平均机械钻速4.51米/时，平均钻机月速704.4米/（台·月）。其中，七里北气田完成井2口，平均井深7 019米，平均建井周期181.67天，钻井周期146.25天，完井周期17.19天，平均机械钻速6.64米/时，平均钻机月速1 358.95米/（台·月）；渡口河气田完成井5口，平均井深5 531米，平均建井周期149.49天，钻井周期121.45天，完井周期25.08天，平均机械钻速7.62米/时，平均钻机月速1 362.98米/（台·月）；铁山坡气田完成井3口，平均井深4 795米，平均建井周期167.19天，钻井周期149.12天，完井周期3.93天，平均机械钻速5.17米/时，平均钻机月速939.58米/（台·月）。在川南深层页岩气区块开钻井17口，完井58口，完成井平均井深6 285米，平均建井周期142.49天，钻井周期111.46天，完井周期14.69天，平均机械钻速7米/时，平均钻机月速1 486.93米/（台·月）。在川渝致密气区块开钻致密气井37口，完井40口，完成井平均井深3 788米，平均钻机月速2 057米/（台·月），平均机械钻速10.53米/时，平均建井周期74.79天，平均钻井周期45天，平均完井周期12.96天。

（甘红梅）

【新疆地区钻井】　2023年，川庆钻探工程公司在新疆塔里木盆地完成深井、超深井钻井39口。在库车山前开钻井15口，完井16口，完成井平均井深6 211米，平均建井周期250.64天，钻井周期225.43天，完井周期35.06天，平均机械钻速4.12米/时，平均钻机月速688.79米/（台·月）；在塔北开钻井9口，完井11口，完成井平均井深7 351米，平均建井周期119.09天，钻井周期

2023年9月17日，川庆新疆分公司90002钻井队承钻的博孜25井钻至井深8025米完钻

雷　彪　摄

94.67天，完井周期9.52天，平均机械钻速9.43米/时，平均钻机月速1883.38米/（台·月）；在塔中开钻井7口，完井13口，完成井平均井深6399米，平均建井周期114.02天，钻井周期83.03天，完井周期16.13天，平均机械钻速7.23米/时，平均钻机月速143.66米/（台·月）。

（甘红梅）

【长庆地区钻井】 2023年，川庆钻探工程公司在长庆地区开钻页岩油井74口，完井82口，完成井平均井深3814米，完成井平均钻机月速4261米/（台·月），平均机械钻速17.37米/时，平均建井周期39.35天，平均钻井周期23.71天，平均完井周期6.26天。 （甘红梅）

【阿姆河区块钻井】 2023年，川庆钻探工程公司在土库曼斯坦阿姆河区块开钻井6口，完钻6口，完井6口，进尺20671米，平均井深3445米，机械钻速3.82米/时，钻机月速794米/（台·月），平均建井周期232.31天，平均钻井周期129.94天，平均完井周期16.05天。 （甘红梅）

【页岩气钻井】 2023年，川庆钻探工程公司在长宁—威远区块开钻页岩气井开钻61口，完井97口。其中，长宁区块页岩气开钻井0口，完钻1口，完成井深6200米，机械钻速12.25米/时，钻机月速2572米/（台·月），建井周期75.54天，钻井周期62.84天，完井周期9.41天；威远区块页岩气开钻井41口，完钻井35口，完成井平均井深5722米，机械钻速8.51米/时，钻机月速2055米/（台·月），平均建井周期96.34天，平均钻井周期69.88天，平均完井周期9.9；深层页岩气开钻井17口，完井58口，完成井平均井深6285米，平均机械钻速7米/时，平均钻机月速1487米/（台·月），平均建井周期142.49天，钻井周期111.46天，完井周期14.69天。 （甘红梅）

【川渝地区水平井钻井】 2023年，川庆钻探工程公司完成水平井462口，进尺208.36万米；钻井月速2086.77米/（台·月），机械钻速9.79米/时；完成井平均井深4363米，平均建井周期76.68天，平均钻井周期55.8天，平均完井周期10.02天，平均水平段长883米。在川渝地区完成水平井102口，进尺65.22万米，钻井月速1504.95米/（台·月），机械钻速7.33米/时，完成井平均井深5528米，平均建井周期130.11天，平均钻井周期97.09天，平均水平段长1657米。其中，云安012-X17井于2023年3月8日钻达井深6728米完钻，完钻周期115.97天，是四川盆地首个"一井穿三礁"的井；2023年6月25日，磨溪022-H48井直径311.2毫米井眼从1846米须家河钻至井深2584米进入雷口坡地层，创高石梯—磨溪区块311.2毫米井眼"一趟钻"穿过须家河738米最长纪录；磨溪022-H35井于2023年10月27日钻至完井深6400米，完钻周期129.42天，创高石梯—磨溪区块水平井完钻周期最快纪录；蓬莱001-H2井于2023年11月25日钻进至井深1191米，单日斩获钻井进尺401米，创蓬莱气区直径455毫米井眼段单日进尺最高和日进尺最高两项纪录；坡002-H5井创铁山坡区块最快完钻156.98天、飞仙关组水平段单日最高进尺255米、水平段单趟进尺最高1122米、水平段平均机械钻速最快11.37米/时、"四开"水平井段8.9天最快完钻等多项铁山坡区块新纪录；2023年4月19日，七北001-H2井"一趟钻"从沙溪庙组钻至须家河组顶部"二开"中完，进尺896.97米，创下川东区块333.4毫米井眼"一趟钻"最高进尺纪录，5月27日钻至6002米"三开"中完井深，创渡口河—七里北高含硫区块241.3毫米大斜度井眼中完井深最深、定向井段一趟钻进尺最多（1042米）两项纪录；嘉探1H井于2023年11月5日钻至井深4630米完钻，是川渝地区第一口完钻的深层煤岩气水平井，也是川渝地区第一次采用仿生纳米聚膜低活度水基钻井液体系完钻煤岩气水平段的井；威204H96-6井于2023年8月25日钻至井深5666.6米，刷新区块单趟钻最高进尺2442米纪录；自205H2-7井于2023年8月19日在"四开"一趟钻旋导钻进中进尺2073米，其中钻获水平段1371米，创区块单趟钻最高进尺纪录；自205H2-6井于2023年6月1日钻至井深6160米完钻，创自贡区块钻井周期最短88.48天纪录；大安2H1-2井于2023年3月12日钻至井深6214米完钻，创大安最短周期67.76天纪录。 （甘红梅）

【长庆区域水平井钻井】 2023年，川庆钻探工程公司在长庆地区完成水平井326口，进尺128.43万米；钻井月速2718米/（台·月），机械钻速12米/时；完成井平均井深3841米，平均建井周期53.35天，平均钻井周期37.13天，平均水平段长768米。水平井实行"不同偏移距剖面设计＋轨迹控制"分段"一趟钻"模式。油井水平井入窗前后分段"一趟"钻成功率46%，水平段1500米"一趟钻"16口；气井水平井直井段"一趟钻"44井次、斜井段"一趟钻"26井次、水平段"一趟钻"12井次。页岩油井控风险区优化"三开"井身结构，页岩油高压溢流区完井20口，平均钻井周期30.13天。苏里格区块推广优化"三开"井身结构、合作区块开展"二开"井身结构，水平井完井37口，平均钻井周期42.7天。陇东深层井优化"三开"井身结构，水平井完井8口，其中"三开"结构优化井庆1-22-105H2井钻井周期43.6天。 （甘红梅）

【新疆地区水平井钻井】 2023年，川庆钻探工程公司在新疆地区完成水平井26口，进尺15.06万米，钻井月速1632米/（台·月），机械钻速9.14米/时，完成井平均井深5983米，平均建井周期110.56天，平均钻井周期79.27天，平均水平段长540米。富满区域推进钻完井"一趟钻"工程，集成运用预弯钻具组合、异形齿PDC、混合钻头、大扭矩螺杆等提速工具，其中富源302-H9井98.7天完钻，首次实现塔里木地区8000米以深井100天内完钻；富源302-H10井完钻周期缩短至98.63天。率先在塔里木油田实施钻井新型总包，实施第一口新型总包井FY3-H3井。该井2022年2月23日开钻，6月22日完井，钻完井周期118.27天，较合同提前62.73天。截至2023年底，实施新型总包井10口，平均单井约合同周期45天，多次刷新区块纪录。富源302-H10井"二开"单日钻进尺1010米，刷新塔里木油田富源区块单日进尺最高纪录；富源303-H3井用时106.3天钻至井深7591米完钻，刷新富源区块"四开"井最快完钻纪录；富源302-H9钻至井深8051米完钻，用时98.71天，首次实现塔里木油田8000米以上超深井100天内完钻目标，创塔里木油田8000米以上超深井最快完钻纪录；跃满701-H2井用时92.5天钻至井深7788米完钻，对比策划周期提前35.5天，刷新富满区块最快完钻纪录；满深302H井用时113天钻至井深8220米完钻，刷新满深区块8000米以上深井最快完钻纪录。 （甘红梅）

【钻井提速】 2023年，西南油气田公司优化完善以"个性化PDC钻头＋大扭矩螺杆/旋转导向＋优质钻井液"为主体技术的优快钻井技术，迭代更新重点区块提速模板，推进新工艺新技术，实现重点区块钻井提速。蓬莱区块开展大尺寸井眼及难钻地层提速配套研究，加大"垂钻工具＋大扭矩螺杆＋个性化钻头"现场试验，探井钻井周期290.70天，同比缩短13.96%。其中，中江—蓬莱、射洪—盐亭区块分别实现模版270天和240天目标；茅口组专层井平均钻井周期133.8天，较灯影组专层井钻至相同层位提速135.58天。在页岩气井推进"一趟钻"技术，升级"控压钻井＋降温装置＋降密度"组合拳，深层页岩气钻井周期94.92天，同比缩短16.47%，其中89口提速井平均钻井周期84.47天，实现85天提速目标。中浅层页岩气井平均钻井周期66.62天，同比缩短9.96%，其中宁209H73-5井实现日进尺1000米，创中国页岩气钻井提速新纪录。

2023年，川庆钻探工程公司钻完井周期整体提速7.69%，"五类"重点井钻井周期提速16.79%。其中，页岩气提速16.66%，致密油气提速6.29%，4000米以深井提速13.65%。钻井整体故障复杂时率3.14%，同比下降23.84%；"五类井"钻井井漏时率2.63%，同比下降15.41%。升级蓬探区块、中江区块等5个常规气井井区和威204井、泸203井等8个页岩气井区钻井提速模板，新建大安、威东、文星场、永浅等4个页岩气、致密气井区钻井提速模板，强化模板刚性执行。优化以"实时跟踪、自动评价、及时考核、科学量化"为核心的提速模板考核管理平台，严格考核兑现，页岩气区块提速模板执行率100%。整合甲乙方优势资源，组建高石梯—磨溪、蓬深、高含硫等联合项目部及遂宁联合项目部、致密气管理办公室等机构，发挥"一体化统筹、专业化保障、高端化实施、数字化赋能、精准化防控"优势，分井区统一技术标准管理，推进区域整体提速。在川渝常规气区块，集成运用"精细控压钻井、固井技术"，解决上部须家河组及雷口坡组异常高压、中部二叠系喷漏同存、下部筇竹寺组或麦地坪组与灯影组高低压段合打等技术难题，实现安全、高质量、快速钻井，保障蓬深6井创亚洲陆上直井最深9026米纪录；坡002-H5井"四开"创高含硫区块最高单趟进尺1122米、最高机械钻速11.7米/时、最高日进尺260米3项纪录。在深层页岩气区块，推进"钻井液密度上低、中控、下降"、龙马溪组"个性化PDC钻头＋高温旋导＋大扭矩螺杆＋控压降密度＋地面降温＋精细地质导向"技术，实现深层页岩气钻完井周期提速16.67%。

在川渝致密气区块，应用"强封堵钻井液体系+自主旋转导向技术+自主研发 PDC 钻头"等配套技术，系统开展主动降密度技术攻关，形成区域钻井和密度优化控制模板，钻完井周期同比提速 6.29%。（付　志　甘红梅）

【钻井提速工艺升级】 2023 年，川庆钻探工程公司持续升级提速工艺，攻克部分提速瓶颈。在川渝蓬莱区块雷口坡—飞仙关组选用"强攻击力 PDC 钻头+垂钻工具+大扭矩直螺杆"、长兴组—茅口组使用"大扭矩螺杆+复合钻头/抗研磨性 PDC 钻头"等配套提速工具，提速效果显著。蓬阳区块使用精细控压降密度，应对"上喷下漏"复杂，支撑蓬阳 1 井等 6 口井钻达地质目标。栖霞组二段—筇竹寺组同比邻井漏失钻井液减少 87.1%。高石梯—磨溪区块推进"'两优一改'定向技术+精细控压技术"，水平段长由 650 米提至 1 298 米，为单井获高产提供技术保障。储气库井采用"自主研发大井眼高效 PDC+大功率螺杆"双稳纠斜钻具组合，配套大尺寸液压减震器，加装倒滑眼扶正器，提高入窗前施工效率。深地川科 1 井在侏罗系通过开展地质工程一体化研究，优化钻井参数和防斜打直技术，优选海博瑞定制钻头、305 毫米直螺杆、钟摆防斜组合在 593.7 毫米井眼创"一趟钻"500 米进尺纪录，创 593.7 毫米井眼最深完钻井深 3 611 米纪录。在长庆区域优化定型井身结构，强化强抑制钻井液性能，丰富多堵漏浆体系，建立激进参数模板，依托工程地质一体化协作优势，组建地质导向专班，践行"研究在现场、决策在现场"的技术支撑模式，实现各区块提速 10% 以上。在新疆区域优选空气钻井、深井及超深井定向井技术、精细控压技术、川式特色取心技术，钻井周期不断缩短。其中，博孜区块巨厚砾石层气体钻井 5 口井，钻井提速 116%，平均单井节约周期 25 天，创造区块 3 项纪录；大北 1205 井创大北区块"二开"单趟钻进尺 1 596 米、"三开"单趟钻进尺 1 447 米纪录；满探 1 井创中国石油取心最深井深 8 678.5 米纪录。在海外区域推进"等壁厚螺杆、狮虎兽钻头、自主研发 PDC 钻头、自主研发 CG-STEER 旋导、精细控压、井身结构简化"等提速工具、技术使用，开展"分散地层高密度钻井液"科技攻关，提速效果明显。其中，巴基斯坦 him east-1 井创区块最短钻井周期 19 天纪录；P 油田 PRHH-035 井 406.4 毫米井段实现"一趟钻"完成，机械钻速 157.1 英尺/时。（甘红梅）

# 工程技术服务

【气体钻井】 2023 年，川庆钻探工程公司在川渝、青海、塔里木、长庆等地开展 10 次气体钻井技术服务。其中，在青海油田公司完成气体钻井浅表层治漏服务 3 井次（黄瓜峁区块 1 井次、干柴沟区块 2 井次），在川西北区块完成柘坝场柘探 1 井气体钻井提速 1 井次，在塔里木油田公司博孜区块完成气体钻井提速 5 井次，在长庆油田公司完成气体钻井技术服务 1 井次，完成的 9 井次技术服务进尺 8 076.24 米，平均机械钻速 7.56 米/时。（甘红梅）

【欠平衡/控压钻井技术应用】 2023 年，西南油气田公司推广应用欠平衡钻井 119 井次。魏探 1 井"五开"须家河组二段溢漏同存，井漏形成圈闭导致无密度窗口，地层压力系数 2.23，漏失压力系数 2.24，通过欠平衡钻井技术，用密度 2.05 克/厘米$^3$ 钻井液钻至完钻，释放地层流体 288.4 立方米，排气 74 386 立方米，节约中测降压周期近 50 天。深层页岩气钻井中实施欠平衡钻井技术 118 口井，占比 54.63%，直径 215.9 毫米井眼钻井周期 24.5 天，同比缩短 45%；机械钻速 8.29 米/时，同比提高 38%；水平段趟钻数平均 3.4 趟钻，较未实施欠平衡钻井减少 38%。其中：泸 203H153-2 井密度由 2.25 克/厘米$^3$ 降至 1.93 克/厘米$^3$，较邻井机械钻速 4.22 米/时提至 8.53 米/时，提高 102.1%；泸 208H1-1 井密度由 2.15 克/厘米$^3$ 降至 1.95 克/厘米$^3$，较邻井平均日进尺 65.09 米提至 96.06 米，提高 47.58%，单趟钻进尺最高 1 692.12 米，较邻开单趟钻进尺提高 5.66 倍。

2023 年，川庆钻探工程公司在川渝地区的蓬莱气区、高石梯—磨溪、下川东、七里北、渡口河、大安和威远页岩气等区块，塔里木油田公司、长庆油田公司等单位的 14 个地区和构造开展以精细控压钻井、固井为主，常规控压钻井和设备服务为辅的现场技术服务 804 井次。其中：精细控压钻井现场技术服务 73 井次（含精细控压固井 19 井次），完成钻井进尺 90 751.16 米；新疆常规控压现场作业钻井 52 井次（52 口井），完成进尺 86 741.51 米；页岩气完成 91 井次（76 口井），进尺 237 462.79 米；长庆控压钻井 630 口。全年完成钻井进尺 415 134.85 米，服务准点率 100%。精细控压钻井在卧深 1 井、魏探 1 井、遂探 1 井等 15 口井发现溢流或疑似溢流 31 次；在大探 1 井、蓬阳 5 井、蓬阳 6 井、磨溪 031-H4 井等 19 口井发现井漏 47 次；通过开泵数据监测、停泵关闭节流阀、起下钻跟踪灌返量等方式开展溢漏监测，及时发现异常，控制溢流量，预报井漏，避免造成严重后果，保障了井控安全，及时发现率100%。在长庆区域规模化运用控压钻井技术，有效解决高压注水区、油气叠合区、溢漏同存区出水险情及溢漏复杂。高效处置101口井出水溢流险情，降低复杂处置时间，提高钻井时效；同时，实现停注不泄压安全钻井，解决"钻、注、采"矛盾，为油区稳压保产提供新解决思路和方案。其中，安平48-4井周围注水井67口，平均注水压力15兆帕，钻进过程中，长4+5溢流出水，出水量20米$^3$/时，关井套压3兆帕，用密度1.45克/厘米$^3$的压井液控压循环加重，仅用4小时压井成功并恢复钻进。页岩油庆H31-4井通过提前预控压，降低漏失复杂风险，提高机械钻速，钻井周期15.21天，较同区块平均钻井周期缩短6.31天。新47区块、安83区块实施控压钻井5口井，周边注水压力13兆帕，均实现不泄压情况下安全钻进，保证该区域单井平均日产4吨稳产。

（付 志 甘红梅）

【井身结构优化设计技术】 2023年，西南油气田公司坚持"物探—地质—工程"一体化深度融合，细化地质风险识别，优化井身结构设计，助力提速突破。川西南部大兴场构造已钻井揭示沙湾组、峨眉山玄武岩组、栖霞组易发生井漏、恶性垮塌，安全密度窗口极窄，钻井风险高。根据大探1井三压力剖面刻画、井壁稳定性研究、必封点分析，论证井身结构设计，反复研讨实钻过程中钻遇峨眉山玄武岩恶性垮塌、栖霞组井漏失返情况，不再采用备用井身结构，通过摸索钻井液密度下限，结合高效堵漏补壁措施，钻达灯影组顶部，为目的层专打（目的层顶以上裸眼段专门下一层套管封固，然后再下钻头专门打目的层）创造有利条件，科学的井身结构设计助力德阳—安岳裂陷槽西侧灯影组勘探获重大战略新突破。高含硫区块的宜兴1井设计"四开"直径241.3毫米井眼钻至飞三顶部、"五开"直径149.2毫米井眼专打飞仙关储层的"五开五完"井身结构，实钻过程中根据雷口坡组—嘉陵江组实际压力系数1.3～1.4，具备"四开"与"五开"合打条件，井身结构优化后"四开"直径241.3毫米井眼钻至井深6 080米完钻，钻井周期140.56天，较邻井宣探1井缩短101.19天。针对渝西足203井区雷口坡组缺失，嘉陵江组与须家河组呈不整合接触，嘉三段承压堵漏难度大、恶性井漏频发的

实际，通过优化井身结构，表层套管下深由须家河组顶部调整至嘉二3亚段顶部，后续施工井在嘉陵江组未发生井漏，平均钻井周期89.8天，较未优化前减少28.37天。

（付 志）

【随钻扩眼技术】 2023年，西南油气田公司针对长裸眼段地层承压能力弱、环空间隙小、套管安全下入难度大和固井窗口窄等难点，开展斯伦贝谢随钻扩眼技术现场试验2井次，确保套管安全下入和一次性正注施工，保障固井质量。遂探1井"四开"直径333.4毫米井眼雷口坡组—嘉陵江组通过随钻扩眼，平均井径扩大至367.8毫米，扩大率10.3%，较邻井平均井径扩大率增加7.2个百分点，三扶通井作业全程无阻卡，保障282.58毫米技术套管顺利到位；扩眼前固井要求承压当量2.47克/厘米$^3$，漏层雷一段实际最大承压能力2.44克/厘米$^3$，通过随钻扩眼降低固井当量循环密度（ECD）0.03克/厘米$^3$，解决负密度窗口难题，成功创造固井安全密度窗口，保障固井施工安全，降低大尺寸长裸眼段承压堵漏损失。

（付 志）

【垂直钻井技术】 2023年，西南油气田公司推广使用垂直钻井工具52井次，释放钻井参数，全面实现防斜打快，累计进尺13 367米，平均机械钻速5.88米/时。射洪—盐亭区块使用国际先进成熟的垂直钻井工具充分释放参数，钻压从8～12吨升至14～20吨，同比使用垂钻提高56%。蓬深101井"四开"直径333.4毫米井眼雷四段—嘉一段应用垂直钻井工具单趟进尺1 192米，最大井斜0.42度。试验渤海钻探工程公司、西部钻探工程公司、航天深拓（北京）科技有限公司、格瑞迪斯石油技术股份有限公司等国产厂商垂直钻井工具25井次，累计进尺6 861米，占垂钻总进尺51.32%，平均机械钻速5.51米/时。渤海钻探工程公司垂直钻井工具于直径593.73毫米非标尺寸井眼施工6井次，累计进尺937米，平均机械钻速2.69米/时，最大井斜1.3度。蓬深17井直径241.3毫米井眼应用航天深拓（北京）科技有限公司垂直钻井工具，最高单趟进尺880米，平均机械钻速7.76米/时。（付 志）

【亚洲最深直井蓬深6井】 为探索蓬莱气区8 000米以深灯影组储层发育情况及含气性，西南油气田公司在绵阳市盐亭县部署重点预探井蓬深6井。该井于2021年7月

5日由川庆钻探工程公司90025钻井队开钻，原设计井深7 990米，为进一步探索灯影组深部地层含油气性，最终加深钻进至井深9 026米，并于2023年2月13日完钻并固井。该井在钻进过程中，面临超深（大于9 000米）、超高温（大于200℃）、超高压（大于150兆帕）、高含硫（大于30克/米³）等挑战，西南油气田公司联合川庆钻探工程公司，依托"管理+科技"双轮驱动，攻克诸多技术难题。强化地质工程一体化，精细裂缝断层刻画，建立区域三压力剖面，科学设计井身结构；攻关抗超高温高性能油基钻井液体系和超长小尾管固井、超高温小井眼测井等工艺技术，保障安全作业；加强管理提升，通过组织领导、多方联动、专家决策，实现全方位、全过程精细管控。蓬深6井是西南油气田公司继2022年完钻的双鱼001-H6井（井深9 010米，国内陆上最深天然气水平井）之后的第二口井深超9 000米的天然气井。该井完钻，标志中国钻井装备和钻井技术在亚洲居于领先地位，总体达到世界先进水平。2023年9月19日，川庆井下作业公司完成该井酸化改造，9月22日测试获日产气146万立方米。

（闵　军）

2023年9月22日，亚洲最深直井——西南油气田公司蓬深6井茅口组测试获日产天然气146万立方米，勘探取得重要成果

马华灵　摄

【深地川科1井钻井】 2023年7月20日10时30分，全球首口地质条件最复杂、钻井难度最高的万米科探井——深地川科1井在四川盆地开钻。该井位于四川盆地西北部剑阁潜伏构造，地面海拔717米，设计完钻井深10 520米，钻至前震旦系20米完钻。作为四川盆地首口垂深超过一万米的科学探井，是西南油气田公司贯彻落实党中央"四深"（深海、深地、深空、深蓝）战略的重大举措，肩负科学探索与油气发现两大任务，对实现科技自立自强、建设世界一流综合性国际能源公司、保障国家能源安全意义重大。该井由川庆120006钻井队承钻。8月18日，该井"二开"812.8毫米井眼钻进至井深500米中完，下入635毫米表层套管固井，创全球635毫米超大尺寸套管固井纪录，固井质量合格率90%，优质率67.93%。11月29日，"三开"593.73毫米井眼钻进至井深3 611米中完，创593.73毫米井眼钻井最深纪录，其中沙溪庙组上部实现单趟进尺510米，平均机械钻速3.9米/时，提速效果明显。12月26日，下492.13毫米+485.78毫米套管至井深3 608.55米，完成固井施工，下入套管串净重780吨，浮重623.2吨，创套管下入最深、最重世界纪录。（闵　军）

# 钻井液

【概述】 2023年，川庆钻探工程公司有钻井液服务从业人员1 337人，其中教授级高级专业技术职称1人、高级专业技术职称120人、中级专业技术职称296人，按学历分有博士研究生10人、硕士77人、本科409人。钻井液业务落实集团公司和中油技服整体部署，通过抓井筒质量提质提速，以EISC专家支持开展"卡脖子"技术攻关，推动万米深井等重点工程，开展复杂故障整治、区块技术模板优化、钻（完）井液技术措施升级，深化科研技术创新应用，提高科学钻（完）井水平，保障年度各项工作目标完成。为1 765口井提供钻井液技术服务，完成进尺588.48万米。完成井平均井深3 426.06米，同比增加229米。钻完井周期整体提速7.63%，"五类井"（风险探井、5 000米以上深井、页岩气井、页岩油井、储气库井）钻井周期提速8.63%。其中，页岩气提速18.57%，致密油气提速6.15%，4 000米以深井提速13.02%。钻井整体故障复杂时率3.35%，同比下降18.99%；"五类井"钻井井漏时率3.15%，同比下降16.4%，全面完成集团公司考核目标。全年回收再利用水基钻井液234 510.5立方米，回收利用率78.09%；回收油基钻井液44 288.7立方米，回收利用率98.8%。井漏复杂时率2.23%，同比降低0.23个百分点。堵漏1 045次，一次堵漏成功589次，成功率

56.39%，同比提高5.34%。漏失钻井液139 192.5立方米，万米漏失量236.53立方米，同比减少26.23%。钻井液业务收入22.08亿元，同比减少2.34亿元。

（李晓阳）

2023年11月7日，川庆钻探工程公司钻井清洁生产暨"三标一规范"现场推进会在自贡召开　　　　唐仪中　摄

【**钻井液技术助力钻井提速提效**】2023年，川庆钻探工程公司在蓬莱区块、威东区域上部大尺寸井眼以降密度提速为主线，开展"两精细，三强化"（精细化阶段密度控制，精细化维护处理，强化井浆抑制性、封堵性、油润湿反转特性）工作，大尺井段提速显著。蓬莱气区455毫米井眼三扶通井划眼时间由平均86.09小时降至12.27小时，减少75%，钻进周期由27.38天降至21.89天，减少20%，威东区块平均单井划眼时长由71.9小时降至19.5小时。持续探索深层页岩气优化破碎带治理技术，自主研发微米纤维封堵剂，结合刚性+柔性多元多级封堵方式，提高钻井液封堵性，保障井壁稳定，应对威东、大安区块井深、水平段变长后井眼清洁及通畅性。大安1H26-1井完钻井深6 642米，钻井周期首破60天，以57.8天的完钻周期突破常规控压60天完钻提速目标。引入石蜡乳液封堵材料，强化井眼封堵防塌，助力致密气区块提速，永浅102井钻完井周期89.7天（含4趟取心，取心进尺68.4米），突破致密油气区块须家河组钻完井周期90天的关卡，金浅8-8-H1井创日进尺1 190米的致密气区块最快纪录。

在长庆区域优化泥岩稳定方案，细化密度管控，页岩油水平井再提速，完成页岩油"三开"水平井22口，平均井深3 866米，同比增加278米，平均钻井周期28.61天，同比缩短7.92%；以强抑制、强封堵为抓手，以控降密度为目标，优化体系配方，推动苏里格区块"二开"水平井量质齐升，苏59-16-43H2井等创最短钻井周期、最短建井周期、最高钻机月速度等24项最优指标；优化升级CQSP-4体系，"三开"水平井完钻周期持续缩短，苏里格地区"三开"水平井11口，平均钻井周期31.65天，同比减少8.17天，常规"三开"水平井21口，平均钻井周期52.64天，同比减少7.08天。

在新疆山前带应用CQ-MHPS超高密度欠饱和盐水体系，解决勘探山前井上部大井眼井段掉块严重、阻卡频繁等地质复杂，助力克深31井用时196天钻至完钻井深8 088米，创克深区块8 000米以上深井最快完钻纪录。迪北区块优化完善防煤层垮塌井壁稳定技术，迪北104-H1井首次成功实现超70度大井斜穿越煤层及复杂破碎带；迪北104-H6井在刷新迪北区块最快完钻纪录的同时，创下迪北区块333.4毫米井眼最快钻至2 000米、最高单日进尺630米等4项钻井纪录。台盆区块，强化上部井段技术措施，优化下部抗温180℃体系，保障区域提速，中古29-H8井用时77.4天钻至完钻井深，刷新区块水平井完钻周期纪录；富源302-H9井钻至井深8 051米完钻，完钻周期98.71天，完钻周期较区域最优指标再提速7.13%，实现零故障复杂，进一步刷新区块最快完钻周期纪录，首次实现油田8 000米以深超深井100天内完钻目标。

（李晓阳）

【**防治故障复杂的钻井液工艺技术**】2023年，川庆钻探工程公司通过分阶段细化应对措施防治二氧化碳污染，形成钻井液抗酸气污染预处理模板和防控工艺，研发高固相高效稀释剂。当年川渝地区发生酸性气体污染21井次，损失时间173.6小时，损失时率0.03%，同比降低0.55个百分点，下降94.54%，酸气污染处理效果明显。开展川渝地区岩石特性、地层压力、工程参数、钻井液性能等与压差粘附卡钻的影响分析，升级解卡液配方和现场工艺，制定《油基解卡液现场应用工艺规范》，在川渝地区发生压差卡钻、泡解卡剂23井次，解卡成功21井次，成功率91.3%，同比提升18.1%。在七里北、渡口河、铁山坡、罗家寨等高含硫区块推广应用复合型除硫技术，保障井控安全。针对川渝地区尾管固井施工工艺，制定混浆及污染浆辨别及精准排放混浆及污染浆要求，利用浆柱结构特点和最优排量，提高顶替效率，减少固井作业中不同浆体互窜导致钻井液高温性能污染处理频次，2023年保障32井次电测声幅一次性成功，有效降低钻井液污染处置，助力中完作业提速。开展深层煤岩理化分析，优选封堵配方，微纳米封堵剂有效填充煤系地层微裂隙，强化体系携岩、抑制等综合性能，解决深层煤岩水平井钻进过程中的垮塌难题，保障深层煤岩气井安全钻进。在高石梯—磨溪区块提前介入预处理，加强深井、高密度、低密度、小井眼等关键井段静恒热滚实验筛查，预防钻井液高温失控、沉降等工作，2023年在该区块钻井故障复杂时率1.54%，同比下降42.32%。

（李晓阳）

【川渝地区钻井防漏治漏】 2023年，西南油气田公司针对蓬莱区块等上部大尺寸井眼部分井存在长段划眼、井壁失稳问题，结合区域地层岩性特点，制定降密度提速主线，开展"两精细，三强化"（精细化阶段密度控制、精细化维护处理，强化井浆抑制性、封堵性、油润湿反转特性）工作，提前强化体系各项性能指标，严格控制各阶段钻井液密度，钻进期间强化各级监督监管，系统解决上部易钻地层防卡、防垮、打快问题。蓬莱气区直径455毫米井眼三扶通井划眼时间由平均86.09小时降至12.27小时，下降75%，钻进周期由27.38天降至21.89天，下降20%，提速效果明显。针对高石梯—磨溪区块茅口组、栖霞组专层井和以灯影组二段为目的层井，开展关键节点提前介入预处理，通过过程管控，加强深井、高密度、低密度、小井眼等关键井段静恒热滚实验筛查，预防钻井液高温失控、沉降等，降低该区块复杂故障时率，保障井下安全。持续探索深层页岩气优化破碎带治理技术，通过研制微米纤维封堵剂，结合刚性+柔性多元多级封堵方式保障井壁稳定，支撑降密度控复杂、分区域、分井段、分层位细化钻井液保障措施，提高钻井液封堵性，应对长水平段井眼清洁及通畅性，助推深层页岩气实现钻井提速。

2023年，川庆钻探工程公司按照地质先导、联合分析、指挥策划的一体化井漏治理模式，系统推进井漏治理工作，优化模块化堵漏方案，开展30余种新材料调研评价、优选和现场试用，选定特殊固结、凝胶类、微裂缝封堵等7种新材料并总结形成现场配套工艺，研制集约型橇装混输堵漏设备，满足高滤失、固结、大颗粒堵漏等特殊工艺，井漏治理成效持续提升。当年在川渝地区为322井次提供及时有效的系统性堵漏技术支撑，平均堵漏准备时间13.26小时，同比缩短34.64%，万米漏失量716.57立方米，同比下降21.17%，井漏复杂损失时率2.64%，同比下降24.55%。

（付 志 李晓阳）

【长庆区块综合治漏】 2023年，川庆钻探工程公司推进高效堵漏模式，创建井漏模块化控降方案，推广"631"堵漏模式，即60%常规井漏由井队自治；30%复杂井漏由项目部负责—长庆钻井总公司指导；10%恶性井漏由专业团队和专家驻井负责制，项目部配合。推广成熟治漏工艺，超分子凝胶高承压堵漏技术在储气库应用超50井次，"二开"完钻后全裸眼高承压当量密度从1.18克/厘米$^3$升至1.4克/厘米$^3$，"三开"完钻后全裸眼高承压当量密度从1.28克/厘米$^3$升至1.5克/厘米$^3$，连续3年一次堵漏成功率均超过85%。推广旁通阀应用，减少起下钻频次，降低井漏治理复杂时效，2023年应用41口井，开阀67次，节约2412小时，相当于4口气常规井的钻井周期。完善测漏配套工艺技术，开展长裸眼多层系漏失井漏层识别技术攻关，确立直井段SONDEX多参数漏层识别工艺，应用13井次，漏层识别准确率大于90%，一次堵漏成功率大于72%。建立多分法动态测漏工艺，将全裸眼段分成2~4小段，每小段中再选取100~200米测量段，逐级排查漏点，单次测漏钻井液消耗量从84.7立方米降至39.2立方米，为靶向治漏奠定基础。开展开发滤失型复合结构塞体技术、集约型橇装混输堵漏设备等新技术的开发和应用，推进堵漏工艺进步。橇装式混输堵漏装置实现高固相大颗粒堵漏浆的配制与泵送，单次配浆量大于或等于20立方米，浆体残余量小于或等于8%，单次配浆时间缩短35%，该装置在苏36区块、煤岩气等钻井现场应用19井次，实现"单罐单配、单独泵送、高利用率"等多重效能。

（李晓阳）

【钻井液数字化】 2023年，川庆钻探工程公司钻井液服务依托EISC大数据中心，搭建数字化现场钻井液工作平台、钻井液运行管理、钻井液智能专家指挥平台、钻井液在线智能设计、防漏堵漏数据挖掘系统等子系统，形成完善预防、实时预警、高效处置系统与EISC支持、分析为一体的整套故障防控新体系，指导钻井液作业现场安全高效生产。开展钻井液智能化装备研制，川庆长庆钻井总公司钻井液性能智能测试仪不断升级，首次实现高温高压滤失量的自动测量，具有自动采集、自动测量、自动清洗等功能，并同步远程上传测量数据，该仪器在数字化钻井队规模化应用，在减轻现场技术人员劳动强度的同时，实现技术专家远程查看性能并提供技术策略。（李晓阳）

【川渝地区钻井液生产保障能力】 2023年，川庆钻探工程公司在川渝地区在用钻井液储配站8个、仓储总容量2.3万立方米，重晶石中心库7个、日常储备重晶石粉1万吨，构建形成覆盖川渝主要钻井作业区域的"2小时保障圈"，为川渝地区内外部钻井单位提供钻井液、重晶石、应急材料等应急资源保障。（李晓阳）

【川渝地区钻井液服务】 2023年，川庆钻探工程公司以井筒钻井液质量为重点，清查井筒钻井液质量整治情况，围绕井身质量、入井材料及钻井液质量等管控重点，突出重点区块、重点项目、重点环节、重点产品的检查，掌握推进实施情况，入井流体三方检测及自巡检关键性能指标合格率97.6%，同比提升1.14%。2023年对921批次入井材料开展到货验收及质量监督检查，确保入井材料合格率100%。通过研发"三抗一稳"完井液体系，较好解决150～180℃高温井、小井眼小环空间隙井、二氧化碳气体污染井等条件下下入管柱遇阻、遇卡难题，当年使用"三抗一稳"完井液作封闭液应用15井次，平均单井施工周期节约7～15天，均实现工具一次性下到位。首次建立国内完井液污染程度分级标准，分别对3种体系（水基、油基及无固相完井液）4种介质（地层水、残酸、硫化氢和二氧化碳）污染的完井液流变性和滤失性开展分析研究，对应建立完井液污染程度分级标准，实现对完井液受地层流体污染程度的量化评估，为制订处理方案和精准处理提供依据。加强技术攻关，开展无固相完井液研究，拓宽其应用范围，在无固相完井液最高密度1.82克/厘米$^3$基础上，优选抗温抗盐处理剂后再引入加重剂，实现固相含量较同密度常规完井液降低20%以上，密度上限升至2.1克/厘米$^3$，解决高密度无固相完井液空白。（李晓阳）

【井壁稳定瓶颈技术攻关与运用】 2023年，西南油气田公司针对自贡区块龙马溪组页岩水化导致井壁失稳的技术难题，开展多级微纳米井壁强化技术攻关，在自贡井区累计试验12口井，完钻井平均水平段长1 630米、钻井周期188天，钻井周期同比缩短45天，平均水平段长1 678米，在水平段长增加109米的情况下，水平段钻井周期缩短31天。（付 志）

【万米深井钻井液保障服务】 2023年，川庆钻探工程公司成立深地川科1井领导小组、专家支撑组、现场实施组、运行保障组及科研团队。从重大理论、核心技术、人才队伍方面开展科技攻关、技术支撑、人才培养等具体工作，为万米科探井施工提供技术支撑。结合深地川科1井钻井液实钻需要，联合西南石油大学院士团队、西南油气田公司工程院等科研院所的院士和专家开展科技攻关，解决"三开"易塌井段的井壁失稳问题，保障"三开"安全钻进；"四开"开钻前，参与建设方对钻井液技术、物资等各方面的保障工作。在"四开"钻进至须家河组，在大尺寸井眼、大循环量条件下，面对后续可能出现的高盐、高压盐水、井漏等污染及复杂情况，制定防控措施，落实管控，与中国石油工程院合作，共同做好钻井液技术保障工作。此外，还组织深层、超深层井段钻井液技术攻关，稳步推进抗260℃油基钻井液、油基完井液、抗温230℃油基堵漏材料等研发，提前做好技术储备，保障深地川科1井安全钻进。（李晓阳）

【长庆地区钻井液服务】 2023年，川庆钻探工程公司开拓煤岩气新领域，开发强封堵能力的钻井液体系，多级配强封堵钻井液方案，为煤岩气水平井规模化效益开发奠定基础。米172H钻井周期40.79天，创煤岩气优化"三开"水平井最短钻井周期；双42-62YH4井完钻井深4 888米，创煤岩气水平井最长水平段2 222米。优化延长总包项目油水平井钻井液配套技术，结合地质特征，分区域制定钻井液措施，2023年完成26口油井"二开"水平井，完钻井深增加248米，平均机械钻速20.09米/时，同比提高12.71%；平均钻井周期18.37天，同比缩短1.44%，其中第一项目部完成16口井，钻井周期同比缩短1.96天。完成页岩油"二开"水平井83口，平均钻井周期23.62天，平均钻机月速度4 164米/（台·月）；完成页岩油"三开"水平井22口，平均井深3 866米，同比增加278米，平均钻井周期28.61天，同比减少7.92%，平均钻机月速度3 708米/（台·月），同比提高11%。在苏里格苏3区块，从强抑制、强封堵入手，以控降密度为目标，持续优化钻井液体系，完成"二开"结构气水平井 18 口，平均井深 4 640 米，同比增加 427 米；钻机月速度 3 351 米/（台·月），同比提高 258 米/（台·月）。完成长北项目最后一口井 CB42-1 井的施工，以密度 1.12 克/厘米³完成第二分支 1 860 米水平段施工，壳牌长北反承包项目收关，历时 18 年无安全环保事件。

（李晓阳）

【清洁化生产】 2023 年，川庆钻探工程公司升级不落地工艺及装备，持续推动清洁化生产。优化压滤配套工艺，开展压滤液回用技术研究，聚合物阶段采用"2+4"（2 具循环罐 + 4 具套罐）循环模式，利用"S"循环路线延长地面净化流程，全井分节点压滤，保障下一个环节正常生产；开发广谱型复合酶破胶剂，通过复合生物酶固定反应床处理、混凝吸附沉淀处理、微生物电化学耦合膜分离处理等工艺，实现压滤液去色、软化、降低化学需氧量（COD）及悬浮物等指标，达到钻井废水重复配浆水质条件。开展高效固液分离技术研究，构建清洁化生产新工艺，研制水基钻井液甩干机，在苏里格和陇东区域试验 10 口井，实现自上而下全过程固液分离；经甩干机处理分离后，部分底液直接回用，产生的钻屑含水量小于 28%，满足运输要求。加快推进钻井液储配站建设，助力清洁化生产"一体化"，开展苏里格区域高价值的钻井液回收、处理、重复利用，2023 年乌审旗钻井液储配站回收钻井液 1 692 立方米，性能恢复送井重复利用 2 419 立方米。开展陇东钻井液储配站建设，支撑陇东页岩油，构建区域钻井液大循环。

（李晓阳）

【钻井液质量检测】 2023 年，川庆钻探工程公司严格执行《钻井液现场性能抽检制度》，不定期对现场钻井液性能取样检测，细化取样井段和抽检频次，采取现场抽检及基地留样检测"双保险"措施，提高监督质效，把牢钻井液质量关。推进入井钻井液质量专项整治工作，针对厂家直达运行模式，落实每批次入库材料送样检测，同时在井队现场对化工产品随机抽样进行质量检测，把住入井材料质量关口。依托靖边和陇东项目部化验室，就近检验库房样品，提升检测效率，2023 年对入井材料进行 1 534 个样品批次抽检，发现不合格 33 批次，合格率 97.85%；对不合格 33 批次产品进行停用处理，入井材料质量合格率 100%。轮南实验室完成油田助剂产品检验 144 批次，入库质检率 100%；现场钻井液性能监测 40 井次；钻井液体系配方实验 494 套；水分析试剂领取分配 132 套；井队仪器送检共计 146 井次。

（李晓阳）

【钻井液技术攻关】 2023 年，川庆钻探工程公司针对泥岩防塌、防漏堵漏等技术瓶颈问题，与院校联合开展"基于改性纳米二氧化硅的封堵剂研制""煤层防塌机理研究"等项目研究，开发一种纳米封堵剂等多项技术成果，为破解技术难题奠定基础。同步开展鄂尔多斯盆地西缘深部地层井壁稳定机理等技术的外协研究，为破解长城气崔庄组井壁问题提供理论支撑。CQ-SHIELD 微胶联封堵高性能水基钻井液技术在长庆深层煤岩气应用中取得突破，为深层煤岩水平井安全钻井和钻井液体系优化改进提供理论支撑。强抑制低电导率的防塌钻井液技术现场试验取得成功，为低阻油藏的辨识和发现提供技术支撑。利用页岩油气勘探开发关键技术研究，明确长庆西缘页岩气水平井防塌、防漏技术总体方案，快封堵防塌漏钻井液体系配方取得进展。针对塔西南勘探山前上部大井眼井段因钻遇破碎性地层井壁出现的严重掉块、垮塌导致的阻卡频繁、卡钻事故，开展"塔西南勘探区块破碎性地层钻井液技术研究及应用"，应用集中封堵技术、物理 + 化学防塌并举、轻浆 + 重稠浆携砂、全程高黏切强触变性高效携岩等技术治理井壁垮塌与井筒清洁，确保破碎性地层安全钻井。该课题论文《塔西南勘探山前破碎性地层钻井液技术对策研究》获 2023 年石油工程钻井液与完井液新技术研讨会二等奖。加强科研成果应用，推广应用"富源跃满区块优快钻井钻井液技术研究"成果，关键井段驻井把关，助力工程提速，富源 302-H10 井、跃满 701-H2 井、满深 302H 井等井先后刷新富满区块最快完钻纪录。

（李晓阳）

【新疆地区钻井液成本管理】 2023 年，川庆钻探工程公司在塔中、塔北区块实施标准化钻井液成本管理，现场工程师执行钻井液技术方案，项目部过程管控，钻井液技术服务部根据单井汇报信息，对标区块标准成本，动态分析生产情况，严把钻井事故复杂防控关。加强生产组织，统筹协调各井钻井液重复利用，全年产生水基钻井液 12 559 立方米，累计回收重复利用 10 137 立方米，水基钻井液回收率 80.72%，节约钻井液材料费 825.79 万元，扣除倒运费 229.72 万元，实现降本 596.07 万元。

（李晓阳）

【海外区块钻井液服务】 2023年，川庆钻探工程公司土库曼分公司钻井液技术服务部推进土库曼阿姆河项目及单井技术项目，制定落实"一井一案、一开一案"技术措施，推进现场技术服务高效运行。开展钻井液服务井14口、完井液服务井6口、完成钻井液服务井8口、完井液服务井6口；完成内部价值工作量966.1万美元。全年重复利用钻井液4 382立方米，节约钻井液费用约170万美元。重启巴基斯坦PPL项目，开展钻井液技术服务3井次，解决南部区块长段泥岩（平均长1 400米）易分散、强造浆、易膨胀垮塌等难题；采用研制的高性能水基钻井液，按照"低黏、低切、低MBT，高排量、强包被、高抑制"思路，以优质钻井液服务保障JHIM EAST X-1钻至完钻井深2 545米，同时创多个纪录：首次在巴基斯坦项目采用高性能水基钻井液；创区块最短完钻周期19天，较设计周期36天缩短17天，提速47%；首次实现"二开"311.15毫米和"三开"215.9毫米井眼套打，为甲方节约大量套管；"一趟钻"完成"二开"311.15毫米井眼716米至2 244米，起下钻无阻卡。首次进入厄瓜多尔12区块，推进钻井液技术服务工作，研发的棕榈油基钻井液体系为环境敏感区地层复杂井安全钻进提供关键技术储备。2023年，在厄瓜多尔钻井液项目有5支作业队，在Sacha、Tarapoa、12区块等油田开展钻完井液技术服务，形成较好的市场环境和工作量储备。截至2023年10月20日，完成钻井液服务35口，进尺8.8万米，完井液服务井28口，实现服务产值1 366.56万美元。其中：安第斯公司完成井数6口，厄瓜多尔国家石油公司ITT项目完成24口井，水平井4口；厄瓜多尔国家石油公司12区块2口；中国石化总包Sacha项目完成3口井。完成钻井液材料抽检50批次。接收国内化工材料1 080吨，开展钻井液性能评价与钻井液材料优选，通过实验室室内试验方案解决甲方提出的各项钻井液新要求，保障各个项目现场钻井液技术服务的质量。

（李晓阳）

【钻井液质量控制】 2023年，川庆钻探工程公司各四川单位加强井筒质量建设，严格监控入井材料和流体，从基础层面把好质量关。川庆安检院完成120井次的钻井液性能抽检，包括72井次水基钻井液和48井次油基钻井液抽检，涉及2 664个项目的检验，其中不符合项目81个，检测符合率97%。川庆钻井液公司完成921次油田化学品质检，出具合格质检报告908份，抽样质检合格率98.59%，不合格材料作退回处理，保障入井材料100%合格。川庆长庆钻井总公司全年批次抽检入井材料样品1 534个，发现不合格样品33批次，合格率97.85%，对不合格33批次产品作停用处理，入井材料质量合格率100%。川庆新疆分公司对油田助剂产品检验144批次，入库质检率100%。

（李晓阳）

# 固井

【概述】 2023年，川庆钻探工程公司完成固井施工作业11 340井次，其中固井8 468井次、其他注水泥浆作业（含技术措施井）4 368井次。川庆井下作业公司完成各类固井施工2 473井次，其中固井1 137井次，其他注水泥浆作业1 336井次，注入水泥量155 026.67吨；川庆长庆固井公司完成固井施工作业8 867井次，其中固完井2 626口5 835井次，技措、老井封井1 299口3 032井次，注入水泥量34.2万吨。完成固井及质量评价3 037口，不合格井133口（川庆井下作业公司12口、川庆长庆固井公司121口），固井质量合格率95.62%。

（谭雷川）

2023年9月17日，川庆长庆固井公司完成首口烃源岩预探水平井里页1井固井施工　　　尹泺 摄

【固井作业质量体系建设】 2023年，川庆钻探工程公司持续完善固井质量管理制度，修订《质量管理细则》《计

量管理细则》《标准化管理细则》《质量监督管理细则》4项制度，明确管理职责及管理流程。加强质量风险分级防控，全面辨识质量风险，按照相关标准建立、完善固井质量风险识别、评价清单，建立、落实质量风险防控措施，推进质量风险分级防控建设工作落地，提升质量体系运行效果。策划固井作业质量体系审核，落实"一体化、差异化和精准化"审核要求，加大标准化操作程序、规范化管理行为的审核力度，开展3次质量控制全要素管理体系审核，发现质量问题87项，同时加强典型问题管理追溯，重点解决屡查屡犯问题。

（谭雷川）

【固井作业技术平台打造】 2023年，川庆钻探工程公司固井作业基于川庆钻探工程公司一体化平台，打造数字化固井技术平台。通过梳理技术工作流程、技术需求，统一数据标准，重新构建线上流程6项、整理数据表单31项，力求工程技术数据全面信息化，实现施工数据共享、现场实时监测、远程技术支撑和"全天候"服务保障。基于工程技术一体化平台，在硬件设备配套、软件平台开发、EISC场所建设等方面，固井作业数字化转型取得阶段成果：在线固井设计，实现钻井数据、邻井数据实时共享，设计文本自动生成，审核、审批线上操作；施工准备及施工节点在线确认，施工作业专家远程技术支撑，施工复杂情况线上决策；实时监控生产组织流程，掌握各区域生产动态，实现生产运行资料线上填报。形成国内首家可复制、可推广的固井工程业务数字化新模式。研究制定提升固井质量的关键举措，开展固井质量全生命周期管理平台建设，试验固井井筒液面检测装置，开展全要素、全过程质量跟踪评价；聚焦水层封固质量等突出问题，推广精细控压固井技术，应用耐压低摩阻、防侵扰、自愈合等水泥浆体系，实验新型树脂扶正器、高承压分级箍，攻克现场技术瓶颈。

（谭雷川）

【固井工艺技术运用】 2023年，川庆钻探工程公司推进自动控压固井技术、固井施工实时仿真模拟系统等新技术、新软件在现场应用，提高注替水泥浆期间环空压力控制精度，降低井漏几率，固井现场科学决策能力和固井施工作业现场数字化水平得到提高。完成自动控压固井技术16井次，推动CemMaster PLus固井工程优化设计软件应用283井次，推广固井施工实时仿真模拟系统现场应用18井次。其中，蓬深6井127毫米尾管固井采用自动精细控压固井技术和固井实时监测仿真模拟系统，全过程实施井底动态压力仿真模拟及作业参数动态优化，实现超深井井筒环空压力精准控制和高效顶替，保障超深小尾管固井不窜不漏，水泥浆一次性上返到设计位置。自动精细控压固井技术在塔里木油田指定高风险探井东秋7井、克深10-6井等的固井作业中运用，固井施工顺利。针对深地川科1井"二开""三开"套管固井套管尺寸大、环空间隙大、顶替效率低等难点，通过计算模拟、室内试验优化施工参数，保障固井施工作业成功；开展水泥环密封完整性、万米超深层钻探关键工程技术、固井配套施工工具等项目研究。自主研发防酸性气体腐蚀的两套树脂水泥浆在高含硫气藏回接固井中部分替代进口水泥浆体系，解决高含硫气藏固井难题，现场应用5井次，固井质量平均优质率超过90%。新型低摩阻韧性水泥浆在川中长封固段尾管固井中开始应用，降低施工摩阻50%以上，改善窗口窄与施工排量受限之间的矛盾，经多次应用证实，固井平均合格率超过70%；自有低密度水泥浆在储气库、川东易漏失井、川中深井等区域成功应用多次，取得较好效果。

（谭雷川）

【固井工具研制与运用】 2023年，川庆钻探工程公司在页岩气、致密气固井作业中推广应用自产套管漂浮器，该工具具有开启压力准确、破裂盘碎屑小、全通径等优点，全年使用46井次63套，整体效果好，其中在威远区块两个平台同比节约下套管时间近50%。在页岩气井、致密气井和高压气井固井作业中推广使用整体弹扶，改善套管居中度和环空流道，反馈良好。自主研发的各型高压悬挂器除在川渝、长庆传统市场使用外，还在塔里木油田迪北风险总承包项目等使用，获甲方认可。其中，蓬深6井在固井作业时，面临127毫米尾管固井超深（9 026米）、超高温（197℃）、小环空间隙、油气显示活跃等难题，采用自主研发的抗200℃高温127毫米尾管悬挂器，其AFLAS氟橡胶辅以PEEK支撑挡圈密封设计结构，有效提升悬挂器长期高温高压下的密封可靠性，创127毫米尾管悬挂器下入最深、应用井温最高、直井固井最深的工程纪录。339.7毫米×244.5毫米高压尾管悬挂器在渡探1井刷新该型工具在川渝地区应用井深6 160米纪录，244.5毫米×178毫米封隔式高压尾管悬挂器在YX3井刷新该型产品使用井深最深 7 758 米、悬挂器坐挂位置最深 5 267.78 米两项纪录。

（谭雷川）

【固完井一体化工具首次入井试用】 2023 年，川庆钻探工程公司在威 204H53-10 井固井时，采取优化通井措施（增加三扶通井）、优化封隔器安放位置、论证水基完井液防塌性、强化下套管模拟、严格把控封隔器质量、严格把控固井施工过程等措施，完成固完井一体化工具首次入井试用，实现 10 组封隔器下入水平段并固井，为探索防套变新举措作出有益实践。

（谭雷川）

【固井全过程井筒压力精细控制技术】 2023 年，西南油气田公司为加强现场固井施工过程井筒压力精细控制，保证注替水泥浆全程井下不溢不漏，推进自动控压固井、固井施工实时模拟监测系统等新技术，现场应用 18 井次。通过采集实时注替排量、入井工作液密度参数，在线计算关键层位 ECD，确保关键层位 ECD 稳定在安全密度窗口内，解决压稳防漏矛盾，提高注替水泥浆期间环空压力控制精度、降低井漏几率，保障固井质量。针对深地川科 1 井直径 635 毫米、直径 485.78 毫米和平深 001-H1 井直径 339.7 毫米大尺寸套管固井超长裸眼段固井水泥浆量、裸眼环空均特别大，地面节流效应易引发井漏的难题，除配套应用固井施工实时模拟监测技术外，还通过优化设备编组提高排量稳定性、采用直径 76.2 毫米高压软管线、多通道注替降低地面节流压力等措施，优化完善固井全过程井筒压力精细控制技术，固井全过程不漏不溢，保障固井施工高效优质完成，固井质量合格率均大于 90%。（付　志）

【深地川科 1 井前期固井】 2023 年，川庆钻探工程公司成立深地川科 1 井前期固井工作小组，从固井工艺、工作液、工具 3 个方面开展工作。与西南油气田公司共同制定《深地川科 1 井固井工具质量管控规范》和《深地川科 1 井固井外加剂质量管控规范》，完成全井整体固井方案构想，确立技术攻关方向。完成的工程方案及施工方案获集团公司评审专家认可，完成相关固井技术调研和科研立项等工作。根据钻井计划的时间节点，落实专人牵头、稳步推进，提前开展方案论证、设计制图、优选材料、生产、测试与验收等工作。2023 年 8 月 24 日，完成深地川科 1 井 635 毫米插入固井施工，注水泥排量 5 米³/分，测井"一界面"合格率 90%，"二界面"合格率 92.8%，创中国陆上插入固井套管尺寸最大、川渝地区插入固井施工排量最大等施工纪录。12 月 26 日，完成深地川科 1 井 492.13 毫米 + 485.78 毫米插入固井施工，采用数字化固井储灰罐、远程语音对讲系统、固井实时监测系统、固井仿真智能决策系统，对固井储灰罐实时输灰速度、实时施工排量压力、单车水泥浆密度进行监测，并实现远程实时指挥决策，现场采用高低密度梯次搭配、两凝及双密封内插管固井工艺完成该井施工，最大施工排量 5.7 米³/分，一次注入水泥 590 吨。现场初步反馈"一界面"优质率 91.7%，合格率 98.4%。

（谭雷川）

【深层页岩气高压固井】 2023 年，川庆钻探工程公司在足 209 井固井作业中，针对本次固井具有施工作业量大、时间长、施工压力高、设备能力要求高等特点，组织专家讨论方案并现场指导把关，完成该井固井作业，创川庆钻探工程公司页岩气固井井深（7 050 米）、一次封固段长（7 044.21 米）、施工泵压（74 兆帕）新纪录，固井合格率 99.8%，优质率 98.3%。浙江油田公司大安区块页岩气井井深普遍超过 6 500 米，固井作业整体难度较大，固井作业队运用自主研发软件和工具，油层平均合格率 93%。

（谭雷川）

【固井水泥浆应用】 2023 年，川庆钻探工程公司针对川中长封固尾管压力窗口窄、漏溢矛盾突出的问题，研发新型低摩阻水泥浆和新型活性隔离液，降低环空摩阻、强化施工排量、改善冲刷效果和混浆胶结，提高固井质量。引入超细球型微锰材料和活性胶凝材料，优化水泥浆紧密堆积设计，优选低黏降失水剂和高效聚羧酸分散剂，在蓬深 104 井、磨溪 022-H35 井等应用，电测质量合格率均高于 70%。在川东地区云安 010-X1 井 250.83 毫米套管、渡探 1 井 339.7 毫米套管、九亭 1 井 273.05 毫米套管、宣兴 1 井 273.05 毫米套管固井作业中，电测质量合格率均超过 95%。在大探 1 井 219.08 后面尾管固井作业中，针对该井井漏严重、井径大且无节箍套管无配套扶正器、居中度极低等特点，固井作业队优化固井工作液性能，引入低密度加常规水泥浆配合，采用控压固井工艺完成固井任务，电测质量合格率 82.09%，远超预期。自主研发树脂水泥浆打破国外企业垄断，在高含硫项目油气层回接固井中推广应用，取得好的效果。其中，水溶性树脂水泥浆单独应用3井次，电测质量优质率均超过98%；热固型树脂水泥浆单独应用1井次，电测质量优质率96.7%。

（谭雷川）

# 录井

【概述】 2023年，西南油气田公司新开录井213口，其中综合录井213口，综合录井覆盖率100%。地质预报7983次，工程预报1012次，预报准确率均100%。取心井数59口361筒次，累计进尺3994.85米，岩心长3913.07米，收获率98%。录井验收236口，其中录井质量优秀的150口、良好的59口、合格的27口，合格率100%。

2023年4月8日，由川庆地研院承录的资201井测试获稳定日产天然气73.88万立方米。图为工程人员现场测量记录数据

李璇 摄

2023年，川庆钻探工程公司录井专业全面优化业务市场布局，推进全业务链市场拓展，支撑国内外重点项目。选聘技师和高级技师14人、特级技师3人，培养"双师型"（工程师+技师）人才4人。全年完成国内外录井施工1238口井，同比下降13.66%。完成地质导向录井141口，水平井储层平均钻遇率96.7%；完成地质设计3040口，单井跟踪解释评价176口。关键层位卡层249井次，卡准率100%；发现油气水漏显示5754次，工程预报152次，油气显示发现率、异常预报率均100%。承办四川省2023年油气勘探开发职工职业技能大赛，打造"劳模创新工作室"。录井专业实现经营收入6.59亿元，同比下降1.82亿元。

（付志 李斌）

【录井市场服务】 2023年，川庆钻探工程公司录井专业坚持国内外并重，强化市场开发管理，全年开展交流对接40余次。抓效益提升关键点，推动新定额标准编制，综合录井日费增长29%，综合录井试油增长51%。川渝地区关联交易录井市场保持100%占有率，特殊录井占有率70%以上。中标2023—2025年塔里木油田公司录井服务、冀东油田公司长庆矿权流转区录井技术服务。"一体化"业务地质导向、录井解释评价、排水采气等业务占比逐步扩大。单井跟踪评价、页岩气设计和综合研究型项目实现全额市场占有。延伸长庆区域产业链，总产值1.5亿元。海外科研推进"海外先行者"布局，签订土库曼斯坦阿姆河大包合同，推动排水采气业务在阿姆河落地。中标艾哈代布油田3年支持服务项目，续签中油锐思项目。加大海外新项目评价力度，打造中东市场新的增长极，推进西古尔纳等油气田技术支撑项目。完成文莱、哈萨克斯坦东扎、阿曼71区和印度尼西亚等多个项目初步评价，为川庆钻探工程公司海外市场开拓奠定基础。蜀南气矿技术支撑大包合同落地，拓展四川页岩气公司、长宁页岩气公司、川中北部采气作业区等研究业务，新增工艺技术研究产值3593万元。信息化市场开拓取得新突破，新增川庆钻探工程公司内部、西南油气田公司等8个业主单位，信息化对外服务产值近2200万元。

（李斌）

【录井科研成果】 2023年，川庆钻探工程公司录井专业投入科技研发费用4572万元，实现产值9750万元。围绕自营区块生产难题及前沿技术储备，牵头立项24项，D类项目优秀率100%。申请专利47件，首次申请PCT国际专利，4项成果达到"整体国际先进、部分国际领先"水平。推广自主创新成果29项，首次申报集团公司推广创效奖2项。获省部级科技奖励5项、局级奖励7项，首次获川庆钻探工程公司科技创新团队奖、技术发明一等奖。加强油气田工艺技术攻关，参与川庆钻探工程公司科研课题1项、中油技服课题1项，油化产品起消泡剂获集团公司"重大自主创新产品"称号，形成完善的排水稳产技术系列。获川庆钻探工程公司科技创新量化评估优秀等级、中油技服年度"科技创新先进单位"称号。（李斌）

【录井服务成果】 2023年，川庆钻探工程公司录井专业编制土库曼斯坦阿姆河项目6个气田的开发方案，完成34个气田精细动态描述和跟踪，新钻开发井实现一井穿多个缝洞储层，测试获日产气123万立方米，创东部新高。针对阿曼5区高含水阶段，提高水驱后油藏采收率，承担集团公司2个专题研究。伊拉克项目超额完成全年230万吨产量目标。加强致密气项目动态跟踪分析，编写10余口重点井试采方案。完成厄瓜多尔P油田项目原油产量83.5万桶，新钻井1口，初投产量306桶/日；修井2口，复产1口，PRH-31井修井后由122桶/日升至497桶/日。

（李　斌）

【录井新工艺技术试验与应用】 2023年，西南油气田公司探索录井新技术，提升油气评价手段。探索碳同位素录井技术，分析储层生烃能力与追踪后效气位置，在威页1H井、大页1H井试验，为压裂施工方案提供数据支撑。推广水平井岩屑流录井技术，随钻监测大尺寸井眼及页岩气井水平段井壁稳定性，全年开展现场试验8井次，井壁稳定性监测成功率100%。攻关地层水侵录井快速识别技术，建立一套基于介电常数的监测方法和评价模型，实现钻井液含水率实时监测，在自201H69-7井等5口井开展现场试验，监测成功率100%。

（付　志）

## 试油修井及地层测试

【概述】 2023年，西南油气田公司完成试油282口（常规气井68口112层、页岩油气井147口、致密气井67口），获气6 423.8万米$^3$/日（页岩气未测试产量）、油57.6米$^3$/日。其中：探井33口75层，累计注酸3.54万立方米，累计测试获气1 977.89万米$^3$/日、获油33.6米$^3$/日；开发井35口37层，累计注酸1.87万立方米，累计测试获气2 922.83万米$^3$/日；致密气67口，累计测试获气1 523.07万米$^3$/日；页岩油井1口（公119H井），测试获油24米$^3$/日。

2023年，川庆钻探工程公司开展试油修井及地层测试技术服务业务的二级单位有川庆井下作业公司、川庆长庆井下公司、川庆试修公司、川庆新疆分公司、川庆国际工程公司、川庆钻采院，在册总人数2 947人。有试油队

2023年6月24日，川庆试修公司CS2217队对渡004-X2井测试获日产天然气152.63万立方米　　　　　李　阳摄

156支、大修队36支、侧钻队2支、地面计量队39支、地层测试队10支、带压作业队26支、连续油管队38支、试井队9支。配套试油修井主要动力设备239台（套），其中通井机111台、车载式修井机128台，有带压作业机29套、连续油管车31套、试井车8台。配套测试设备及工具138台（套），其中液气分离器112台、测试工具26套。施工作业区域遍及川、渝、陕、甘、宁、内蒙古、晋、新等省（直辖市、自治区），同时在土库曼斯坦等国家开展国外工程技术服务，具有丘陵、沙漠、戈壁、山地、黄土塬等复杂环境施工作业的能力和经历，与国外多家知名专业化公司开展过技术交流与合作，形成一系列独特的"三高""三低"试油修井及地层测试技术，领先全国多项作业纪录。2023年，川庆钻探工程公司完成试油（气）1 526井次1 637层，同比减少64井145层；修井647井次，同比减少2井次。完成带压作业847井次，同比增加100井次。完成连续油管作业3 145井次，同比增加725井次。

（付　志　陈　曦）

【重点（特色）试油工程】 2023年，西南油气田公司升级试油提产关键技术，研发通、刮、洗、捞"四合一"井筒准备一体化技术，针对井筒准备分步作业工序繁琐、周期长的问题，研发127~196.85毫米井筒准备关键工具系列，应用28井次，层均井筒准备时间较常规作业节约62.8%。升级射孔酸化测试联作工艺，建立射孔管柱断裂判别准则，研制6~16分钟阶梯式精准分段延时射孔技术，最大可分4段，应用30井次，层均试油周期38天，较非联作工艺缩短30%，其中宣探1井实现平均单层试油

周期28.33天，树立试油提速新标杆。创建区域化、差异化试油提速技术模板，针对不同区块、不同层系、不同井况下试油工序差异，创建射孔酸化测试联作、先射孔后酸化测试等不同工艺提速模板2套，在蓬莱气区应用58井次，层均试油周期由52.43天降至50.85天，故障复杂率由11.93%降至7%。

2023年，川庆钻探工程公司在川东北高含硫气田完成三叠系飞仙关组及川中二叠系茅口组多口井的试油工作，测试产量屡获新高。其中：宣探1井在飞一段测试获气108.6万米$^3$/日，证实川东北部二叠系—三叠系礁滩领域良好的勘探潜力，开辟了四川盆地规模增储上产新区块；飞一段至飞二段测试获气153.06万米$^3$/日。该井在飞仙关组累计获测试产量261.66万米$^3$/日，创川东北部飞仙关组探井测试纪录，标志四川盆地二叠系—三叠系礁滩领域勘探再次取得重大突破。铁山坡气田坡005-X4井飞仙关组测试获气222.19万米$^3$/日，成为铁山坡气田首口测获日产量超200万立方米的气井；坡002-H5井飞仙关测获气162万米$^3$/日，创坡2井区测试产量最高纪录；坡005-X3井飞三段至飞一段测试获气239万米$^3$/日。中国石油部署在铁山坡气田的6口建产井累计获测试日产气量超千万立方米，井均产气171万米$^3$/日，井均无阻流量300万米$^3$/日，标志中国石油自主开发高含硫气田取得重大进展。渡口河气田渡004-X2井飞仙关组测试获气152.63万米$^3$/日，渡001-X1井飞仙关组测试获气178.99万米$^3$/日，渡004-H3井飞三至飞一段测试获气205.08万米$^3$/日，是渡口河—七里北区块首口测试产量超两百万立方米高产气井；渡001-X2井飞三段至飞一段测试获日产量163.64万米$^3$/日。标志继铁山坡气田全面达产后，中国石油高含硫气田自主开发再获新进展。亚洲最深直井蓬深6井茅口组测试获气146.09万米$^3$/日，标志川中茅口组八角场—南充地区发现又一个富气区块，展现四川盆地二叠系的勘探潜力。

（付 志 陈 曦）

【清洁化生产】 2023年，川庆钻探工程公司在蓬莱气区、高石梯—磨溪、双鱼石构造等区块的"三高"井持续优化并推广应用"多合一"井筒清洁工艺139井次、试油完井（封闭）一体化工艺6井次、射孔酸化测试联作工艺技术39井次，减少压井和起下管柱次数，减少压井液使用。

（陈 曦）

【带压作业】 2023年，川庆钻探工程公司开展带压作业Ⅱ级井控突发事件应急演练，升级改造13套国产卡瓦系统，完善接箍监测系统，开展主操作手能力评估分级和技术交流，修订工作防喷器检维修标准，服务保障能力得到提升。完成带压完井作业784井次，最高作业压力20.7兆帕；带压修井作业35井次，最高作业压力15.5兆帕。

（陈 曦）

【连续油管作业】 2023年，川庆钻探工程公司攻关连续油管技术，提高连续油管钻磨技术水平和复杂处置能力，保障作业安全。开展钻磨"一趟钻"试验12井次，累计钻塞200支，桥塞钻磨时间同比减少36.2%。持续推动以雷诺数大于2万为核心的《连续油管水平井钻磨作业防卡推荐做法（试行）》和连续油管防卡工具在现场应用，降低卡钻风险，严重卡钻情况同比下降46.2%。攻关推广氮气泡沫井筒清洁工艺、光纤测井及压裂实时监测评价、带压起连续采气管柱等工艺技术，拓宽连续油管应用领域。2023年，川庆钻探工程公司完成连续油管作业3 145井次。

（鄂玄吉）

2023年8月25日，西南油气田公司川东北高含硫气田渡口河—七里北区块飞仙关组气藏渡004-H3井测试获日产天然气205.08万立方米，成为该区块首口测试日产天然气超200万立方米的高产气井　　　　　　　　　　　林仁奎 摄

【装备及工具研究】 2023年，川庆钻探工程公司自主研发的悬挂完井一体化封隔器在高石梯—磨溪区块应用4井次，自主研发的通刮洗捞负压"五合一"井筒清洁工具在蓬深8井、卧深1井成功应用。

（陈 曦）

【测试工艺技术运用】 2023年，川庆钻探工程公司完善射孔酸化测试联作工艺，优化CPV阀、备用循环阀、尾管安全接头等联作管柱结构，改进压井解封方式，并细化压井解封"332"操作要点，制定联作工艺施工技术要点，射孔酸化测试封隔器联作管柱首次实现全年零卡钻。

（陈 曦）

# 压裂酸化

【概述】 2023年，川庆钻探工程公司从事压裂酸化技术服务业务的二级单位有川庆井下作业公司和川庆长庆井下公司，在册从业人员5 186人，有压裂酸化队伍64支。配套有压裂酸化泵车294台，总计水功率696 100高马力（HHP），其中1000型—2000型压裂泵车20台、2000型压裂泵车135台、2000型以上压裂泵车139台。压裂酸化辅助设备129台，其中仪表车54台、混砂车56台、制氮车3台、液氮泵车16台。施工作业区域涵盖川渝、长庆、新疆等国内油气田，同时在土库曼斯坦等国家开展国外工程技术服务，后与国外多家知名专业化公司开展技术交流与合作。2023年，川庆钻探工程公司完成加砂压裂1 897井次15 832层（段），压裂井次同比减少188井次，压裂层段增加268层（段），挤入压裂液1 735.7万立方米，同比增加149.78万立方米，挤入支撑剂241.28万立方米，同比增加68.08万立方米。完成酸化313井次443层（段），同比增加15井次、减少30层段，挤入酸液量13.2万立方米，同比增加1.42万立方米。

（鄂玄吉）

2023年2月6日，川庆井下作业公司重庆分公司YS49150压裂队施工的集团公司重点井宣探1井压酸改造完成　　庞 圆 摄

【套变防治】 2023年，川庆钻探工程公司完善套变综合防治能力，开展威远地应力场模型研究，完善套变井复合暂堵合压工艺。利用井筒听诊、井下光纤、广域电磁法等监测手段，完善压裂裂缝延伸精细刻画和压裂后评价体系。在威204H53-10井开展国内首次套管外液压式裸眼封隔器+套管内桥塞分段压裂试验，并完成加砂压裂作业，未发生套变。

（鄂玄吉）

【储层改造工艺技术运用】 2023年，川庆钻探工程公司形成支撑剂高效铺置技术，在金秋致密气、威远页岩气水平井试验20余井次，出砂较常规工艺井降低65%~77%。攻关页岩气井下光纤下入及压裂实时监测评价系统研发，并开展现场试验，初步构建光纤保护—光纤监测—光纤评价技术体系，获西南油气油田公司认可。在长庆油田公司庆H32-4井应用连续油管内0.4米³/分+环空7.6米³/分注入排量，实现长庆页岩油在139.7毫米井筒内以8米³/分排量的50.8毫米连续油管拖动分级加砂压裂，首次试验获得成功。

（鄂玄吉）

【二氧化碳加砂压裂储层改造】 2023年，川庆钻探工程公司持续推进CCUS-EOR业务发展，主要应用二氧化碳前置增能压裂技术、全过程二氧化碳伴注压裂技术、二氧化碳干法加砂压裂技术、二氧化碳注气驱连续管完井工艺技术4项技术开展加砂压裂作业，全年二氧化碳压裂井107口566层，二氧化碳用量10.64万吨。其中：二氧化碳前置增能为主要施工工艺的作业井85口463层；开展二氧化碳泵注技术服务15口井，累计注入二氧化碳7.88万吨。探索二氧化碳泡沫减水压裂，在靖64-31YH2井采用"桥塞分段+自主二氧化碳泡沫体积"压裂工艺，完成13段38簇压裂，累计加砂2 070立方米、泵注液态二氧化碳5 315立方米、入井液量9 518立方米，最高泡沫质量63%，最高地面砂浓度1 100千克/分，综合减水率超过

50%，各项参数均刷新国内二氧化碳减水压裂最高纪录。

（鄂玄吉）

2023年5月19日，川庆长庆井下公司完成苏东05-131H2井"二氧化碳前置增能+气悬浮石英砂压裂"　　　　　王　川　摄

【常规气精准酸压2.0技术运用】 2023年，西南油气田公司运用常规气精准酸压2.0技术，提高单井测试产量。针对蓬莱气区碳酸盐岩储层薄层弱云化、强非均质的地质特征，形成以"云岩段集中射孔+多级交替注入+闭合酸化"为核心的超深高温碳酸盐岩深度酸压技术，配套一体化变黏酸和深度缓速胶凝酸，酸蚀裂缝长度提升至100米以上，在蓬莱气区应用44井次，平均测试产量40.47万米³/日，其中5口井测试产量超百万立方米，支撑蓬莱气田多层系立体勘探取得新突破。完善基于机器学习的储层改造系数量化评价方法，优化"机械封隔+段内暂堵"复合分段工艺，优化"一段一策"用酸强度，实现储层高效精准酸压，开发井应用12井次，井均测试产量108.9万米³/日，较2022年提升8.8%。

（付　志）

【致密气多缝压裂技术攻关与运用】 2023年，西南油气田公司开展支撑剂运移及纤维携砂物理模拟实验，"可视化+局部粒子测速"技术首次实现支撑剂输送的微观定量表征；优选长效纤维及石墨烯纳米材料耦合剂，形成以搭建三维网络结构充填层为目标的支撑剂高效铺置技术，实现压裂防砂与提产协调统一，支撑缝长提高26%、支撑剂临界出砂流速提高1倍以上，永浅3平台新工艺实施井井均测试产量42.14万米³/日，较对比井提高63.71%。完成国内首个致密气水力压裂矿场实验室建设，科学设计永浅3井组矿场实验室建设方案，开展15项全方位—多尺度—全周期的裂缝监测评价，压后大斜度井取心216米，国内首

次完整获取支撑裂缝形态特征及核心参数，支撑缝长143米、支撑缝高30米、孔簇开启率超过92%，裂缝参数与压裂设计符合率90%以上。全年致密气开发井完试28口，井均测试产量39.16万米³/日，同比提高6.04%，打造四川盆地内首座百万立方米致密气生产平台。

（付　志）

【页岩气压裂提产技术运用】 2023年，西南油气田公司完善适合不同区块地质特征的体积压裂2.0工艺，完善长宁区块不同开发单元地质工程特征差异化改造模式，支撑中深层页岩气的效益建产；针对深层不同区块储层特征和应力状态差异大，形成"单一裂缝+走滑应力"用巧力、"网状裂缝+走滑应力"用足力、"薄储层+正应力"用全力的改造模式，实现长宁、大足区块平均最终可采储量（EUR）1.2亿立方米。

（付　志）

【装备配套及工具研制】 2023年，川庆钻探工程公司优化自主研发双封单卡体积压裂工具，完成11套工具单套压裂4段，最高入井砂量592.3立方米，实现单套工具施工段数和加砂量双突破。仅用一周时间完成陈平16-18井33段体积压裂施工，刷新区域单井老井复压效率纪录（2021年31段）。自主研发悬挂完井一体化封隔器及裸眼分段工具在高石045-H1井应用成功，系国产工具在该类地层压力系数高（1.90）、钻井液密度高（1.95克/厘米³）的"双高"复杂井况下的首次成功应用。

（鄂玄吉）

2023年7月23日，川庆长庆井下公司YS49014压裂队结束合H61井40段电驱压裂　　　　　周川宇　摄

【蓬深6井酸化作业】 蓬深6井是西南油气田公司部署在四川盆地川中地区斜坡带构造高部位的预探井。2021年7月5日，川庆钻探工程公司90025钻井队开钻，原设计井

深7990米，为进一步探索灯影组深部地层含油气性，最终加深钻进至井深9026米，并于2023年2月13日完钻并固井。为提高酸蚀裂缝长度和沟通储层天然缝洞系统概率与改造效果，增大改造范围，川庆井下作业公司压裂酸化公司按照该井酸化设计要求，优化生产设备和作业流程，发挥工程液体一体化优势，在126兆帕泵压下，实施三级交替注入酸压工艺，6小时累计注入地层总液量880立方米，最高施工排量6米$^3$/分，各项施工参数达到设计要求，创国内川渝压裂酸化施工压力最高纪录。2023年9月19日完成酸化改造，作业周期较原计划缩短1天，22日在井段8830～8880米试油，测试获气140万米$^3$/日，创造亚洲酸压施工井段垂深最深纪录。该井获气，为川中茅口组八角场—南充地区增添又一个富气区块，展现出四川盆地二叠系勘探潜力；证实蓬莱气区深层海相碳酸盐岩立体成藏、复式聚集的成藏模式，指导多层系立体勘探部署；积累了复杂特深井钻试经验，探索形成"深地工程钻完井系列配套技术"，坚定勘探开发向深地进军的信心和决心。 （鄂玄吉　闵　军）

【高石018-1-H2井酸化压裂】 高石018-1-H2井是西南油气田公司部署在四川盆地高石梯区块灯影组气藏的先导试验井，2022年3月21日开钻，11月16日完钻，完钻井深6380米，水平段长1000米。针对区内储层整体减薄、低渗特征明显的增产改造难点，西南油气田公司实施以"储层改造系数量化评价＋地质工程一体化精细分段＋差异化改造工艺及参数"为核心的水平井精准分段酸压2.0技术，优选"自生酸＋胶凝酸"多级交替注入酸压工艺及液体体系，优化施工规模及参数。2023年2月9日，高石018-1-H2井测试获气56.56万米$^3$/日。高石18井区首口先导试验井取得重大进展，为高石18井区低渗储层提产提效打造了样板。 （刘　强　何　冰）

# 井控

【概述】 2023年，西南油气田公司落实集团公司井控管理决策部署，践行积极井控和大井控理念，围绕"溢流发现及时率100%，正确关井及时率100%""减少溢流，遏制高套压，杜绝井喷"的工作目标。推进井控体系建设，以严的制度、精的技术、细的管理和快的应急，保障稳的井控，溢流发生频次及处置时间连续3年下降，井控安全形势总体平稳受控。

2023年，川庆钻探工程公司贯彻集团公司2023年井控工作要点和工作会议精神，树牢"一切事故都是可以避免的""防范胜于救灾"理念，总结固化井控管理经验，压实井控责任，完善制度标准，升级装备配套，狠抓过程管控，提高培训实效，增强应急能力，夯实井控管理基础，筑牢井控安全防线，保障井控形势总体平稳。川庆钻探工程公司被评为集团公司井控工作先进企业，21人获集团公司"井控工作先进个人"称号。 （付　志　朱仁发）

2023年12月22日，西南油气田公司、川庆钻探工程公司联合在四川广汉井控应急救援响应中心组织开展四川油气田井控警示日活动 　　　周　卫　摄

【井控安全管理】 2023年，西南油气田公司开展蓬莱、大足等区块井身结构优化，强化地质工程一体化，及时调整页岩气井井眼轨迹，试验7井次漏溢预警系统，升级配套带节流功能压井管汇，推进"天然气钻井数字化井控技术研究"，丰富以"溢漏监测技术推广应用、装备配套升级、瓶颈技术攻关"为主的风险防控手段。加强井控数字化监管，助力溢流及时关井，在远控房、录井房配套传感器，将录井声光报警信号、防喷器开关信号接入工监系统，依托EISC实现现场录井声光报警、防喷器开关状态远程实时跟踪，解决施工队伍溢流关井不及时等问题，其中深地川科1井录井声光报警信号、24口正钻井防喷器开关信号接入工监系统。开展井控能力评估，推进"例行评估＋动态评估＋专项评估"三类评估模式，全年开展394井次，评定28个区块井控风险等级，评估11支带压作业队、12

## 工程技术服务

支撑队伍井控能力，评估3 134口停产井安全风险，严把作业队伍井控能力关，推动单井井控风险等级与队伍井控能力精准匹配。抓准敏感时段管控，专题研究部署全国"两会"、成都世界大学生运动会、节假日等特殊敏感时段井控安全管理工作，制定特殊敏感时段重点井安全技术措施与预案6次；一级、二级风险井逐井落实领导驻井盯井制度，加大各EISC远程监管中心24小时值守力度，提高重点井、高风险层段抽查频次，保障关键环节管控到位。开展井控检查，从装备管理、制度落实、现场标准化和应急管理等方面排查井控隐患，根治"低、老、坏"问题，2023年检查重点井、高风险井179井次，发现问题1 422项，开具停工整改单11份。

2023年，川庆钻探工程公司抓好井控工艺安全管控，细化起下钻工艺要求，深化油气上窜速度研究，开展15井次现场验证；完善铁钻工起下钻杆止回阀抢接流程，改进抢接工具结构，提升关井速度；规范常规控压作业流程，制定《川渝地区常规控压钻井作业指南》，规范川渝地区页岩气区域控压作业规程；开展地质工程一体化综合研究，精准刻画、预测重点井断层、裂缝、膏岩等特殊地质体，随钻跟踪重点井卡层、油气水漏预报、地质复杂等，累计地质风险提示530余次，符合率82.4%；开展完井安全作业周期验证方式的优化工作，以测油气上窜速度确定安全作业时间替代井静观方式，现场试验27井次，单井试油周期缩短1.92天左右。抓好关键井井控风险管控，管控现场突出问题，收集集团公司规定和油气田细则现场实施存在的问题，同西南油气田公司召开井控研讨会，协调解决井控设计、工艺、装备、应急等问题37项；管控关键时段，升级国家法定节假日、全国"两会"、成都大运会等特殊时段管控，制定钻井、井下作业重点井井控风险控制措施229井次，落实特殊敏感时段区域应急钻井液、重晶石粉、泥浆罐车、区域压裂车、应急水泥、应急连续油管值班值守工作；管控重点区块，在川东北高含硫井、蓬莱气区重点井开展目的层钻进的演练、验收、驻井等工作；管控老井风险，应用"过油管腐蚀检测技术"评价老井井口段套承压能力，邛西10井验证与测井解释基本一致；管控深地川科1井井控安全，总结遂探1井、鹤探1井等超深井大井眼压井经验，从压井方式、压井排量、物资储备等方面入手，制订深地川科1井大井眼压井推荐方案。抓好井控风险分级管控，推进"三评估三分

级"工作，协调西南油气田公司开展鹤探1等4口井施工队伍升级评估工作；推进井控风险井分类管理工作，修订井控风险井分类标准，将各区域重点区块、成熟区块井控风险细化至层位；开展井控作业报告分级管控，实现手机终端逐级审批功能，提高工作效率。　　（付　志　朱仁发）

【井控监督管理】 2023年，川庆钻探工程公司细化监管人员井控职责，制定《安全监督井控责任清单》和《钻（试修）井驻井技术把关人员井控主要工作清单》，发挥安全监督和驻井把关人员的井控监督职能。压实引进队伍的井控监管，坚持"谁引进，谁负责；谁使用，谁监管"的社会化队伍监管原则，按照统一标准，对人员配置、装备配套、井控能力进行严格审核把关，严禁超资质、超能力施工；组织专项检查，提出现场井控管理、井控装置维保相关问题29项，印发《关于对外包队伍现场井控问题整改工作进行督查督办的通知》，有效保障外部引进队伍井控安全。抓井控监督检查，多样性开展井控督查，结合川庆钻探工程公司QHSE体系审核，以"常规检查、四不两直、驻井跟班"相结合的方式开展井控检查2次，在158支基层队伍发现问题649项；开展井控管理差异风险调研，针对川渝区域多个建设方井控管理现状，开展大安、阳高寺区块专题调研，识别引进队伍"未配备专用灌浆罐"等隐患20项；开展重点工作督查，对"防喷器安全操作及现场试压""油气层起下钻三确认两核实一汇报""储备钻井液维护"等6项重点工作开展专项督查，检查现场481个。　　　　　　　　　　（朱仁发）

【井控信息化管理】 2023年，川庆钻探工程公司推进数字井控建设，完善井控溢漏监测早期预警系统，推广应用电子液面坐岗系统163井次，其中在威204H60平台开展非满管出口流量监测、电子液面坐岗系统和司钻预警终端的整合融合试验。开发"三确认两核实"起下钻智能安全分析评价系统，在1 495趟起下钻中应用，实现现场技术干部和远程EISC（钻井工程作业智能支持中心）值班专家对起下钻过程井控安全的确认。完善一体化平台压井系统，新增压回法模块，建成司钻法、工程师法、压回法3项模块，有效应用79井次；建立EISC井控资料自动检查模块，单井试压、防喷演习等10项基础资料，实现自动检查并实时推送给EISC专家。建立井控审批信息化流程，

实现一体化平台、手机端审批井控作业报告、月度试压延期请示，在线审批2 042井次；定期完善一体化平台井控子系统，召开8次一体化平台井控子系统月度例会，讨论解决井史与子系统中相同数据采集与使用、井控风险分级自动识别、溢流数据填报审核、租借设备运转记录等100余项问题。

（朱仁发）

【井控装备管理】 2023年，西南油气田公司推动井控装备升级配套，13口新开钻的探井、评价井和预计高产井配置的105兆帕及以上压力等级压井管汇全部具备节流功能，配置率100%。117口正钻井中，103口井安装203毫米及以上液气分离器排气管线，配置率88%。推动液压锁紧防喷器、电子坐岗系统和控压装置试验、应用，其中液压锁紧防喷器配备37套、电子坐岗系统配备24套、控压装置应用95井次，提升现场本质安全的保障能力。

2023年，川庆钻探工程公司投入8 081万元购置井控装备235台（套）。抓井控装备配套，全面梳理井控装备现状，制定2023年更新改造规划；落实深地川科1井的井控装置配套及来源；落实集团公司《关于补充调整部分井控管理规定的通知》要求，严控放喷管线安装长度，简化钻井液除气器配套要求。解决井控装备关键技术瓶颈，组织开展井控装备技术研讨会，落实变径闸板、耐高温胶芯和单胶芯旋转防喷器、轻量化止回阀等新技术新产品的试用要求，解决多尺寸钻具组合闸板不足、高温井防喷器胶芯失效、部分钻机空高不足无法安装旋转防喷器等问题；开展精细控压钻井自动分流补压装置现场试验，实现钻进、接立柱、起下钻工况下不停泵作业，保障各种工况下井筒压力的精确控制；组织激光智能点火装置、天然气环保燃烧装置推广应用的可行性论证；开展板式浮阀、防喷器温压传感器在川渝地区的现场试用工作。整改带压作业机等设备隐患，制定防喷器控制装置备用动力源改造标准；削减试压泵高压风险，完善试压泵的远程控制改造技术方案；开展井口刺漏专题分析，调查井口法兰连接刺漏事件，召开专题分析会，组织开展失效机理验证实验；解决井控管汇阀门配套问题，组织召开专家论证会，明确井控管汇用阀门原厂配套的要求。

（付 志 朱仁发）

【井控基础管理】 2023年，西南油气田公司根据领导人事变动，及时调整井控管理领导小组成员，做到责任到人、落实到位。全年组织召开联合井控例会2次、井控管理领导小组工作会2次，听取井控安全工作汇报，分析问题隐患，制定完善措施，保障井控安全形势持续稳定。构建井控制度体系，制定《西南油气田分公司井控管理办法》，修订《井控突发事件专项应急预案》和钻井、井下作业井控实施细则，共同构成西南油气田公司井控管理、工艺技术和应急处置的规范性要求。压实主体责任，组织制定井控工作要点，部署5个方面17项工作。修订《井控管理主要责任清单》，压实各级管理人员井控职责。结合集团公司井控过程管理考核细则，制定西南油气田公司《井控过程管理条款》。联合川庆钻探工程公司开展井控警示日活动，组织各二级单位同步开展"12·23"警示教育活动，增强管理人员意识。设立井控技术中心，下设井控技术研究所，与专职井控专家团队双轨并行，进一步强化井控风险管控。抓严井控事件追责问责，坚持井控事件"一案一分享，一事一调查"，开展单井分析25次，对违章作业、违章指挥、逾越程序承包商与责任人追责问责，全年通报有责井控事件6起，对涉事企业、涉事相关责任人分别给予扣除合同款、相关责任人经济处罚的决定。

2023年，川庆钻探工程公司严格执行井控"一把手"工程要求，执行董事、总经理作为井控工作领导小组组长，年初同7个机关处室、19家单位签订井控目标责任书，7月3日组织召开井控工作领导小组会议，7月5日、12月27日分别召开两次井控例会，总结井控工作，安排部署下一步工作。印发《川庆钻探工程公司2023年度井控工作要点》，从6个方面安排年度20项井控管理重点工作，制定《川庆钻探工程公司2023年井控工作要点细化落实任务分解表》，把年度工作落实到单位，具体到时间。根据井控管理人员变动情况，调整井控领导小组和井控管理网络人员，落实井控安全工作党政同责，完善三级井控管理网络。制定、修订《石油天然气钻井井控技术规范》等国家、行业标准5项，《井控装备检验及分级评定规范》等集团公司标准3项，《川渝地区钻井井控现场检查规范》等企业标准14项；修订川庆钻探工程公司《井控工作管理办法》《溢流发现及处置奖惩规定》2项制度；印发《控压钻井设备现场试压作业程序》等2项技术规范。

（付 志 朱仁发）

【井控应急管理】 2023年，西南油气田公司从舆情管控，相关业务部门预警、响应程序及职责等10个方面修订《井控突发事件应急预案》，将生产井（长停井）纳入适用范围。从"提高自有应急资源保障效能和推动区域应急资源共享"入手，持续增强整体应急响应能力。自建应急钻井液储备站9座，100千米直线距离支撑服务覆盖率97%，全年调拨4 643立方米钻井液支撑应急处置35井次；6个应急车辆值班点全年出动压裂车21台次，支撑应急处置10井次；在泸县新配一套1 200米集成式连续油管，专项支撑深层页岩气应急处置；摸排钻探企业自建钻井液储备站14座，累计储备各类型钻井液1.1万余立方米，配备罐车45辆，提升区域应急协同能力。各级单位开展井控联合应急实战演练8次，其中公司级5次、二级单位3次，检测和提升作业队伍的关井能力、二级单位的响应能力、公司的应急决策与联动能力；常态化开展施工作业队伍应急演练考评395井次，7支队伍考评不合格，予以停工整顿。联合川庆井控应急中心，攻关长臂抢险机器人、悬臂式井口重置机器人等信息化孪生控制机具，研制无人机点火、激光点火等先进装备，升级远距离、超高压水力喷砂切割装置，装备实战能力持续升级，保障井控应急抢险"快速反应、高效处置"。

2023年，川庆钻探工程公司启动井控突发事件专项应急预案Ⅲ级应急响应3井次，修订完成油气井井控突发事件专项应急预案（G版），细化突发事件分级标准、完善应急汇报和启动、处置流程。提升应急保障能力，试用一体化平台应急"一键呼叫"功能；建成渝西钻井液转运站，应急泥浆站由7个增至8个；完成84个现场加重泵升级改造，加重能力由每小时30吨升至40吨。开展井控突发事件应急演练，组织带压作业现场Ⅱ级井控突发事件应急演练，设定内堵渗漏、环空动密封失效、油管头刺漏等多种突发状况，验证带压作业应急处置能力；各单位开展Ⅲ级演练24井次。推进井控应急中心建设，研制完成桅杆式井口重置装置等4套应急抢险设备，开展140兆帕井口重置装置等5套设备样机试制。

（付　志　朱仁发）

【**溢流井情况分析**】2023年，西南油气田公司发生溢流25井次（常规井2井次、页岩气井23井次），同比减少5井次；处置总耗时268小时，同比下降37.1%；单井平均处置时间10.7小时，同比下降24.6%。按溢流工况分析，钻进工况下发生溢流20井次，占比80%；起下钻工况下发生溢流1井次，占比4%；处理井漏工况发生溢流4井次，占比16%。按溢流层位分析，目的层发生溢流14井次（常规气井须家河组二段1井次、页岩气井龙马溪组13井次），占比56%；过渡层发生溢流11井次（常规气井茅口组1井次，页岩气井主要集中在石牛栏组4井次、韩家店和茅口组各3井次），占比44%。按钻井液密度分析，实钻密度、压井液密度均在设计范围内发生的溢流13井次，占比52%；实钻密度在设计范围、压井液密度超设计发生的溢流1井次，占比4%；实钻密度、压井液密度均超设计范围发生的溢流3井次，占比12%；实钻密度低于设计下限发生的溢流8井次，占比32%。溢流主要原因为钻遇异常高压、漏溢转换、钻遇油气显示、钻遇裂缝和后效气侵5个方面。

2023年，川庆钻探工程公司发生溢流10井次，溢流井次同比下降64%。所有溢流均做到及时发现、及时正确关井和正确处置，平均单井溢流准备时间2.4小时，同比下降47%；启动Ⅲ级井控突发事件3井次，同比下降50%，未启动Ⅱ级及以上井控突发事件。

（付　志　朱仁发）

【**井控培训管理**】2023年，西南油气田公司秉持"分层次、分专业、分岗位"培训理念，制订年度井控培训计划，开展例行井控培训9批次，375名技术人员和管理干部参加井控及硫化氢防护培训。规定井控和硫化氢防护取（换）证人员范围，指定四川石油井控培训中心为定点培训单位，要求新员工首次参加井控取证培训应具有至少3个月的现场见习经验。分2批次对92名工程技术专业科级干部、管理人员开展"井控明白人"培训，通过解读制度、工艺技术和案例分析，提升基层管理、技术人员井控风险管控能力。

2023年，川庆钻探工程公司开展分级培训，承办集团公司分级定点培训班6期、井喷压井应急救援技术培训班2期；举办本级二次井控能力培训班20期、司钻类专项培训班19期、坐岗工类专项培训班11期和带压作业培训班6期。加强井控教师队伍建设，增设二级、三级工程师，增聘3名专职井控教师，增加60名兼职井控培训师；会同人力资源部举办井控培训师能力提升研修班。开展井控经验分享，编制川庆钻探工程公司2022年度典型井控案例汇编、2022年溢流分析报告,以"案例"作为培训教材;组织召开前三季度溢流分析会,通报溢流3个100%落实情况和典型井控案例。强化井控实操培训,在实操模拟器中增加剪切关井功能并实现在线考核,研制坐岗工实操模拟器,增加实操考核监控摄像设备,对实操考核全程视频监考。

(付 志 朱仁发)

2023年10月18日,川庆长庆钻井总公司在陕西省榆林市子80井作业现场举办"三标一规范"暨井控标准化创建观摩会

苏建军 摄

# 地面工程

【概述】 2023年,西南油气田公司基建系统围绕快速上产425亿立方米产量目标,着力基建工程实施策划和施工组织,发挥统筹协调和技术支撑作用,组织川东北高含硫、天府致密气、川南页岩气、荣县净化厂脱硫改造、西南储气库群等重点项目建设,保障勘探开发节奏不受钻前工程和地面工程影响,无上报质量、安全、环保事故和事件。全年实施基建投资项目203项,完成投资44.71亿元,建成采集输站场112座,敷设采集输管道705.6千米,建设增压站8座、回注站1座,敷设输水管道135千米,建成脱水装置7套、单井脱硫站2座,改造净化厂1座。建成钻前平台(井场)100座。新建天然气井330口,新增配套年产能104.96亿立方米。其中,新建常规天然气井36口,年配套产能34.14亿立方米;新建致密气井66口,年配套产能15.23亿立方米;新建页岩气井228口,年配套产能55.59亿立方米。新井当年贡献天然气产量54亿立方米。西南油气田公司年度天然气生产能力超420亿立方米。

(王天宇)

【铁山坡气田飞仙关组气藏开发地面工程】 铁山坡气田飞仙关组气藏开发地面工程是股份公司重点地面工程建设项目,2022年5月24日开工,打火组焊;12月29日,集气干线主体焊接完工,为脱水站和集气支线建设创造了条件。工程建成脱水站1座、采集气井站2座、交接计量站1座,敷设集气支线6.3千米、集气干线17.3千米。根据开发方案,开发产能建设项目地面工程配套新井6口,累计获测试日产气超千万立方米,井均产气171万米³/日,实现特高含硫气田"少井高产"开发。2023年5月28日,气田首气投运;6月6日全面达产,最高日产气460万立方米。针对铁山坡气田硫化氢最高含量16.59%的实际,西南油气田公司按照"安全规格等级最高、工业自控水平最高、智能化水平最高、技术经济水平最高"要求,工程建设中坚持对标最高标准,从源头保障本质安全,在陆上石油天然气整装气田上首次大规模使用耐蚀合金双金属

2023年4月23日,西南油气田公司开展高含硫铁山坡气田建设

韩超 摄

复合材料；以最高标准、最严要求，开展工艺管道焊接与检测，首次在小管径抗硫碳钢管道上大规模采用全自动焊接，焊接参数实现数据实时采集与全过程自动监控；首次在集输管道上采用数字射线检测技术＋相控阵超声检测技术（DR+PAUT）实施100%双检测，并实现根焊"零缺陷"目标；在双金属复合管焊接时首次执行《耐腐蚀合金双金属复合管焊接及无损检测技术标准》（SY/T 7464—2020），各项质量验收指标均处于国际最严水平，并促进该标准修订，确保合理的焊接及无损检测参数。铁山坡气田的投产，标志中国特高含硫气田开发关键核心技术实现新突破。
（王天宇）

【荣县净化厂脱硫工艺改造工程】 为满足《陆上石油天然气开采工业大气污染物排放标准》中二氧化硫排放要求，蜀南气矿于2023年2月开始改造荣县天然气净化厂脱硫工艺，新建脱硫装置采用天研院自主研发的CT-Redox工艺包，通过模块化设计、橇装化安装，5月现场复装就位，提前1个月完工。5月30日，络合铁氧化还原脱硫装置进气生产。该工程首次应用中国石油自主知识产权CT-Redox络合铁氧化还原脱硫工艺，为西南油气田公司中等潜硫量偏远分散井产能发挥提供技术支持。
（王天宇）

【威远—泸州区块页岩气集输干线工程】 威远—泸州区块页岩气集输干线工程（威江线工程）是集团公司2021年油气田地面建设重点工程项目，2022年被列入国家油气管网设施重点工程，是保障威远、泸州、渝西三大页岩气产区上产、缓解地区供气紧张并兼顾富余气出川的重要工程。工程由输气处建设，四川石油天然气建设工程有限责任公司施工，总投资301 292万元。威江线管道起于内江市威远县威远输气站，止于重庆市江津区江津压气站，全长208.97千米。该工程分两个工期实施，2022年5月25日，工程一期（威远输气站—得胜阀室）完成投运投产。工程二期分为3个阶段实施，第一、第二阶段于2023年3月1日投运。2023年4月23日，输气处完成第三阶段施工管线（永川输气站—江津压气站）的升压工作，江津压气站恢复上载，威江线来气首次进入国家管网，标志该工程全部完工，西南油气田公司最大管径天然气长输管道、川渝地区第五条"川气出川"通道正式投入使用。
（王天宇）

【相国寺储气库扩压增量工程】 2022年7月，相国寺储气库扩压增量工程开工，2022年11月5日，日处理原料气300万立方米的应急脱水装置完工投运。2023年11月28日，日处理能力1 000万立方米的三甘醇脱水装置一次性投运成功，各项指标达到设计要求，天然气脱水后水露点达标。该套装置是国内单套处理能力最大的橇装三甘醇脱水装置，也是相国寺储气库冬季调峰保供的核心关键设备。装置成功投运，标志相国寺储气库调峰保供的最大日冲峰能力升至3 800万立方米。
（王天宇）

【储气库项目】 黄草峡储气库工程于2022年12月开工，完成注气系统建设，主要工程量包括在集注站安装1台8兆瓦低压离心式压缩机组及配套设施，扩建降噪厂房1座，建设2号注采井场临时注气工艺及注采气支线各1条。2023年8月1日，黄草峡储气库集注站、草储1井、草储6井、草30井注气投运，瞬产气282万米$^3$/日。经24小时测试，新安装8兆瓦低压离心压缩机测试合格，标志黄草峡储气库集注站注气系统全面建成投运。铜锣峡储气库工程于2022年5月开工建设，2023年底完成工程综合进度的50%。
（王天宇）

【页岩气项目】 2023年，西南油气田公司在川南页岩气建成阳101-1脱水站地面集输工程、阳101井区增压工程（一期）、宁209H68集气站增压工程、黄202-2井集气脱水站（2023年12月27日投产）及外输管线、威204H50平台集气站工程等重点工程，新增脱水规模900万米$^3$/日，保障阳101井区、黄202井区产能发挥，解决了威远页岩气片区东北部管输瓶颈。
（王天宇）

【页岩气标准化设计】 2023年，西南油气田公司升级迭代泸州深层页岩气平台井地面建设标准化设计，采用"井口精细控压＋两相流计量＋旋流除砂分离"地面工艺，包括标准化工艺流程6种、三维橇装模型5个等重要设计成果，2023年10月，页岩气平台中压除砂分离计量一体化集成装置通过油气和新能源公司成果鉴定验收；12月正式发布《中国石油页岩气田地面建设标准化设计手册·平台开钻分册（Ⅲ）》。运用该设计后，设备采购成本下降45%，施工周期缩短5天。
（王天宇）

【致密油气地面建设标准化设计】 2023年，西南油气田公司编制发布《致密气地面建设标准化设计手册》，采用"中低压集气+带液计量+气液混输+集中增压+集中处理"集输工艺，形成标准化设计成果文件，包括技术规定、钻前工程、钻前地面一体化、平台、集气站、集气（脱水）站6个分册。运用该设计后，单井平台建设周期30天，提速35%；集气站建设周期120天，提速20%；亿立方米产能投资控制在0.72亿元，下浮12%。 （王天宇）

【数字化交付】 2023年，西南油气田公司数字化交付系列科研项目攻关取得阶段性成果。承担的油气和新能源分公司重点科技项目（工程建设）"油气田地面工程绿色高效智能化技术研究"两项子课题"油气田地面工程数字化项目管理及交付深化研究"和"油气田地面工程建设项目智能辅助管理关键技术研究"，形成《油气田地面工程数字化交付实施技术细则》《油气田地面工建设案例建库指南》《油气田地面工程建设标准建库指南》和油气田地面工建设标准、案例结构拆解入库标准草案，完成标准智库、案例智库建设，实现结构化入库标准314项、案例20项，申报专利4件、软件著作权3件，发表科技论文3篇，基本完成项目开题设计的各项研究任务。 （王天宇）

【储运专业标准体系建设】 2023年，西南油气田公司地面建设系统发布标准15项。其中，国家标准1项——GB/T 42440—2023《页岩气 工厂化压裂用水输送系统技术要求》，行业标准1项——NB/T 11333—2023《页岩气气田供转水系统技术要求》，集团公司级企业标准1项，局级企业标准12项。申报2024年储运行业标准3项，集团公司级企业标准5项，局级企业标准16项。 （王天宇）

责任编辑：闫 军

市场·销售

Markets & Marketing

# 市场开发与管理

【概述】 2023年,西南油气田公司天然气市场开发业务面对"经济下行压力加大,招商引资难,新项目投资放缓,政府量价诉求高、总部资源管控严"等诸多困难,围绕"加大市场培育、保障生产后路畅通"中心任务,主动发现需求、创造需求,取得"天然气市场储备进一步夯实、新项目投产增量成效显著、新能源指标获取取得新突破、终端市场拓展取得新成果、市场规划引领作用凸显"等多重成效。年新增市场用气规模27.79亿立方米,新投产项目天然气增量11.63亿立方米,超额完成各项考核指标。

2023年,川庆钻探工程公司市场开发管理业务主要负责拟订实施国内外市场开发业务的工作规划,参与国内外市场开发、投标管理协调工作,跟踪国内外市场信息,收集、整理、报送国内外市场信息统计报表,编写国内外市场分析报告,参与国内外重点市场、高风险市场项目论证。国内外市场开发管理主要区域川渝地区、长庆地区、新疆地区、海外地区和国内集团外部市场。2023年,新签合同金额370.1亿元。其中,国内市场344亿元,同比增加10.2亿元,增长3.1%;海外市场26.1亿元,同比减少8.87亿元,下降25%。营业收入386亿元,其中国内市场358亿元、海外业务28.3亿元。

(陈晓霞 徐 钰 何 虹)

2023年8月28日,西南油气田公司的国家市场监管重点实验室(天然气质量控制和能量计量)在成都通过建设验收 张庆南 摄

【国内工程技术服务市场】 2023年,川庆钻探工程公司国内市场全年新签合同金额344亿元,同比增加10.2亿元,增长3.1%。其中:集团内部市场新签合同金额324.1亿元,同比增加9.2亿元;集团外部市场新签合同金额19.9亿元,同比增加1亿元。全年国内市场实现收入346.7亿元,同比减少4.5亿元,下降1.3%。其中,集团内部市场实现收入317.45亿元,集团外部市场实现收入29.25亿元。川庆钻探工程公司与西南油气田公司共同解决川渝深层页岩气投资回报率和EUR"双不达标"的困局,经过近10轮谈判,签订《深层页岩气效益合作总承包框架合同》。推动流转区块市场开发,与浙江油田公司签订页岩气、常规气、煤岩气等多类型总包项目合同,合计约8亿元,获川渝地区第一口煤岩气井嘉探1H井的工作量;重启大庆油田公司流转区块市场,与大庆油田公司四川分公司签订潼深18井等3口井和岗探1井钻井工程合同,总计2.4亿元。开拓集团公司外部市场,中标延长油田致密(页岩)油一体化总包项目(2023—2025年)和产能建设地质工程一体化试验项目。其中,致密(页岩)油一体化总包项目预计部署致密(页岩)油水平井450口,实施周期36个月,产能建设地质工程一体化试验项目预计部署常规井21口、水平井3口,实施周期12个月,合同金额约3亿元;与新疆互盈公司经过多次交流,开展项目可行性论证,获得博源1—2井井、信源301井、信源302井、信源303井4口井的工作量,合计约2.8亿元。

(徐 钰 何 虹)

【国外工程技术服务市场】 2023年,川庆钻探工程公司海外业务签订合同55个,累计签约金额26.13亿人民币,其中土库曼市场签约14.34亿元、巴基斯坦市场签约2.49亿元、厄瓜多尔市场签约6.51亿元、中东(伊拉克)市场签约2.79亿元。海外业务实现收入29.17亿元,利润总额1.76亿元。其中:川庆国际工程公司收入27.76亿元,利润总额1.27亿元;川庆安检院(伊拉克项目)收入1.41亿元,利润总额4700万元。

2023年,土库曼斯坦分公司在阿姆河市场签约阿姆河测试射孔、酸化、固井服务等项目,在天然气康采恩市场签约复兴气田第二处理厂检查评估服务;巴基斯坦分公司签约POL公司钻机日费服务项目和OGDCL公司钻机日费服务项目、PPL钻井液服务项目;厄瓜多尔分公司投标并签订哈利伯顿1部钻机日费合同，中标安第斯公司3年期钻井液技术服务，续签厄瓜多尔国家石油公司（PEC）3部修井日费服务和安第斯钻机钻井日费、固井、钻井液、修井服务等系列项目；中东分公司中标哈法亚油田腐蚀预测及预防性管理服务，签署B9油田天然气和原油开车调试运维服务；井控应急救援服务中标伊拉克鲁迈拉油田应急井控服务项目。召开中东市场开发专题会，计划向伊拉克、阿曼等国常驻市场开发人员，在中东市场扩大井应急救援、腐蚀维保、检测运维、地质研究等方面的市场份额，同时拓展钻井液、精细控压、旋转导向、数智化、新能源等特色技术服务。

（杨　刚　夏明星）

【承包商准入管理】 2023年，西南油气田公司全面运行《承包商、服务商、供应商管理办法》，严格市场管理程序，规范市场管理行为。组织人员集中评审新申请准入承包商，复核查验承包商工商证照、资质证书、财务报表等资料，调查承包商企业资质、信誉、财务状况等，量化评估专业技术能力，淘汰不合格承包商，淘汰率55%。组织开展承包商业绩综合考评，对672家准入承包商（服务商）进行年度综合业绩考评，查处47家不良业绩承包商（服务商）。

2023年，川庆钻探工程公司健全承包商管理机制，制定"三商"黑名单管理实施细则，全覆盖开展承包商企业负责人培训；针对发现的承包商属地责任落实不到位的管理短板，印发《关于进一步强化承包商属地管理的通知》；到承包商最多的阳101H56平台和自201H62平台开展现场验证，促进承包商增强属地管理责任。按照集团公司《工程建设承包商管理风险提示函》要求，组织人员核查"提示函"涉及的40个项目，责成相关单位对库外选商的5个项目作出情况说明，对7名责任人批评教育。完成承包商2023年度业绩考核评价，考核有交易业务的承包商618家，其中优秀72家、合格519家，对存在不良业绩的27家承包商作出冻结交易资格或清退处理的决定，对2家弄虚作假的承包商作出纳入黑名单的决定。

（黄涛澄　闫　涛）

【供应商准入管理】 2023年，西南油气田公司在供应商管理工作会上开展经验交流，分享"以管理制度为基础，以信息平台为依托，以过程监管为手段，以考核激励为动力，以优质服务为保障的供应商全流程闭环管理体系"管理经验。组织开展供应商业绩综合考评，对445家准入二级物资供应商进行年度综合业绩考评，查处15家不良业绩供应商。

（黄涛澄）

【天然气市场规划】 2023年，西南油气田公司天然气市场开发发挥规划引领和决策支撑作用，编制《天然气市场资讯》《天然气市场研判》，做好市场研判。开展夹江等地燃气市场、川渝地区氢能市场等专项调研5项，开展前期项目4项，撰写论文2篇，开展院士课题1项、集团公司软科学课题1项、公司级别课题1项，获管理创新奖1项。配合完成西南油气田公司"十四五"规划中评估、油气业务中长期发展规划所涉及的天然气销售业务规划编制与审查把关；组织各销售部及终端平台公司编制天然气销售业务滚动规划，编制《川渝地区2024—2028年天然气业务发展规划》，服务中心工作，规划符合率一直保持在93%以上。全年完成牟家坪储气库建设工程方案、收购贵燃播州燃气公司股权等各类市场调研报告审查22项，其中终端公司股权项目9项、终端管道项目6项、西南油气田公司管道项目7项，为西南油气田公司管道建设、合资合作等重大项目提供专业市场意见，发挥决策支撑作用。

（陈晓霞）

【"地企协同"市场开发】 2023年，西南油气田公司与开州、万州、丰都、攀枝花等市州签订战略合作协议，配合地方人民政府招商引资，推进万华化学二期、瑞柏集团电子化学品及配套项目落地，营造良好的企地环境。

（陈晓霞）

【"川渝气电"项目开发】 2023年，西南油气田公司把气电确定为"十四五"川渝市场开发主要方向，建立月度专项工作督办机制，定期对接地方人民政府及发电企业，推进气电项目核准落地。截至2023年底，川渝地区核准气电项目16个，装机规模1652万千瓦，年用气需求超75亿立方米。2023年，永川气电项目投产；资阳、广元等气电项目持续推进，将于2024年投产；大唐、泸州、内江白马等项目落地，处于建设之中。与国家电网、五大电力公司、西南电力设计院等单位定期同步工作，多次向川渝两省（市）能源局汇报，推进四川省出台多能互补激励政策；推进重庆市出台气电电价及保障资本金内部收益率等相关政策。
（陈晓霞）

【**天然气撬动新能源**】 2023年，西南油气田公司与攀枝花、丰都、黔江、秀山等地方人民政府，以及重庆三峡水利等企业多轮谈判，支持当地用气，推进东方希望玻纤材料等大型项目落地，获取新能源指标38万千瓦，支撑西南油气田公司在集中式风光项目获取上取得突破，超额完成年度新能源指标考核任务。
（陈晓霞）

【**高端精细化工开发**】 2023年，西南油气田公司支持地方产业培育，天然气化工用气量从2018年的48亿立方米增至2023年的59亿立方米，相关产业产值从4 000亿元增至6 000多亿元，随着新建项目陆续投产，绿色化工产业成为四川现代产业体系最具成长性产业。
（陈晓霞）

【**新材料项目开发**】 2023年，川渝地区燃料电池、储能电池、光伏玻璃等新能源制造企业呈快速发展态势，以宁德时代、融捷锂业等头部企业为代表的锂电产业龙头企业落户成都、宜宾等8个地市，年新增市场规模5亿立方米；以和友玻璃、协鑫颗粒硅等为代表的光伏项目落户成都、乐山等地，年新增市场规模3亿立方米。
（陈晓霞）

【**终端市场开发**】 2023年，针对川渝地区终端市场发展成熟、空白区域少、市场竞争激烈、城市燃气业务区域扩大困难的实际情况，主动与地方人政府开展战略合作，配合地方人民政府招商引资，以大项目为依托，重新规划工业园区，推进大型项目落地，并交由西南油气田公司的终端公司负责实施市场开发策略，取得内江白马、威远页岩气综合利用园、安岳经开新区、万州长岭等7个新规划终端区域，面积超过97平方千米。
（陈晓霞）

【**新项目投产管理**】 2023年，西南油气田公司天然气销售分公司明确客户天然气合同量按"保存量，控增量"原则管理，新立户客户执行"一事一议，月度滚动"机制。针对拟新投产项目88个、年用气量13.35亿立方米的实际，及时掌握业主项目和供气管道建设进度，按照"资源地主力产区、政府重点关注、终端发展支持、区域竞争项目"等原则分类，优先安排，有序投运。向股份公司天然气销售分公司申请，协调解决21家新客户立户及合同量事宜，占计划投产的72%。2023年实现新投产项目增量11.63亿立方米。
（陈晓霞）

【**氢能业务市场研发**】 2023年，西南油气田公司成立氢能领导小组，下设氢能市场开发、熔融法制氢、管道输氢等5个工作组，分工协作，推进氢能业务发展。在氢能项目开发方面，开展市场调研，对接地方人民政府和大量氢能用户、生产企业、销售单位，筛选潜在合作项目5个。在重庆气矿配合下，谋划氢能业务生态圈，筹建西南氢能产业促进会，筹建工作取得实质性进展。挑选70余家企业作为第一批会员，涵盖氢源生产、装备制造、运氢储氢、终端应用、智库高校、金融支持等全产业链企业。作为协会主管部门，重庆市经信委批复同意协会成立，并核名为重庆西南氢能产业促进会。
（陈晓霞）

【**市场开发基础管理**】 2023年，西南油气田公司组织"五矿一处"（川中油气矿、重庆气矿、蜀南气矿、川西北气矿、川东北气矿，输气处）及终端公司，对川渝地区县级以上城市燃气、工业园区的608个主体（城燃企业269个、工业园区经营主体339个），包括燃气特许经营面积14.7万平方千米开展终端市场摸底调查，重点掌握各区域经营权、销售量、市场发展潜力等情况，初步形成《川渝地区燃气特许经营区域市场调研报告》。根据集团公司、股份公司新发布的《天然气销售管理办法》相关规定，按照四川能源监督办相关要求，在征求"五矿一处"、终端平台公司意见后，修订西南油气田公司天然气市场开发管理办法及相应内控流程，完善相关记录台账和表单，确保业务管理更加合规。2023年，举办天然气市场开发业务培训班，"五矿一处"及三大终端平台公司市场开发经理、业务骨干50余人参培。邀请万华化学首席科学家、规划总院政策研究室主任等相关单位专家授课，设置天然气市场形势分析、化工新材料行业发展前景、川渝电力市场发展现状及规划等11个专题，提升市场开发队伍业务能力。
（陈晓霞）

市场·销售

2023年3月27—30日，西南油气田公司杨林燃气终端技能专家工作室联合党群工作部（工会办公室），到重庆片区开展一线服务活动，对基层管理中存在的不规范行为和生产一线操作中需要提升的方面进行现场巡诊　　　　　廖　易摄

2023年9月1日，西南油气田公司与崇州市政府开展工作座谈，双方围绕燃气市场区域整合、城市"一张网"布局建设等事宜深入交流　　　　　　　　　　　　　　廖　易摄

【西南油气田公司首个光伏示范工程投运】 2022年12月30日，川西北气矿剑阁天然气净化厂装置区和公寓区域屋顶光伏发电装置投入运行，装机总规模396.9千瓦。该装置是西南油气田公司2022年首批分布式光伏示范工程（剑阁天然气净化厂、苍溪天然气净化一厂、仪陇天然气净化厂、川东北气矿机关停车场，装机总规模2754.54千瓦）之一。2023年4月27日，川西北气矿苍溪净化一厂公寓楼光伏发电系统正式并网柜投运，标志西南油气田2022年分布式光伏示范工程所有项目建设点位实现并网发电。

（闵　军）

## 营销管理

【概述】 2023年，西南油气田公司营销系统发挥产、运、储、销一体化优势，瞄准市场营销川渝样板，加力"畅后路""拓市场""增效益"，全年销售天然气432.2亿立方米，同比增加27.6亿立方米，其中在川渝地区销售天然气317.8亿立方米（不含外输气量），同比增加11.9亿立方米。天然气和石化产品销售量效再创历史新高，获集团公司"生产经营管理先进集体"称号。（刘禹豆）

【营销计划管理】 2023年，西南油气田公司面对天然气市场供需复杂多变等因素影响，科学编制销售计划和加强计划管理，严格执行"月计划、周平衡、日指定"部署，加强销售监测，有效应对"供不应求"和"供过于求"特殊时段的天然气销售，完成年度销售任务。在川渝地区销售天然气317.8亿立方米，同比增加11.9亿立方米，增长3.9%，实现产业链平稳运行和市场稳定供应，产业链运行情况历年最优。（刘禹豆）

【营销策略研究】 2023年，西南油气田公司精准施策，在集团公司量价政策下达前，差异化编制3种合同量安排方案；量价方案下达后，在差异化方案基础上，科学编制2023年量价方案。首创合同量平衡调剂机制，客户自愿减签量由供气单位自行分配给重要民生项目、自有终端及对勘探开发发挥重要作用的客户；在年度合同总量不变基础上，科学调剂可中断客户分月合同量，全年平衡调剂合同量天然气资源5.1亿立方米，支持终端和新能源业务发展。全年为客户代输中国石化、合资页岩气公司等单位的天然气19.8亿立方米，增加管输收入2.8亿元。（刘禹豆）

【天然气保供】 2023年，西南油气田公司及时向各级人民政府汇报量价方案，统一对外解释口径。首次以分片区形式在6个片区分别召开客户座谈会，与地方人民政府、属地重点客户沟通保供工作，获地方人民政府的支持和客户的理解，构建"政府、供方、用方"协同联动机制。压实民生用气保供责任，迎峰度夏期间，根据气温变化，关注燃气电厂用气需求，提前安排极端高温天气下的防范应对工作，以"让气于电"助力"让电于民"，保障人民群众度夏；迎峰度冬期间，面对年初持续强降温，叠加中亚气短供及年末寒潮来袭形势，天然气销售从"备战"转为"战时"，执行"压非保民"政策，及时启动应急预案，发挥可中断客户"移峰作用"，日最高压减气量近2 300万立方米，保障人民群众安全温暖过冬，为集团公司天然气产业链平稳运行和冬保工作作出贡献。成都世界大学生运动会期间，提前谋划部署，与地方人民政府和客户沟通，形成每日200万~1 700万立方米的三级应急调峰能力，按需向39处大运会场所及7家城市燃气企业安全平稳供气5 300万立方米，高质量完成成都大运会天然气保供任务。

（刘禹豆）

2023年10月31日，西南油气田公司在成都参加集团公司保供视频会　　　　　　　　　　　　　　　　杨艺微　摄

【**天然气推价与结算**】 2023年，西南油气田公司在分析市场形势基础上，通过利用超产量、向集团公司争取合同资源配置、区域合同量平衡调剂等方式，挖掘可中断客户用气潜力，全年增销2.1亿立方米，增收4.4亿元。为客户代输中国石化、合资页岩气公司等单位天然气19.8亿立方米，增加管输收入2.8亿元。在保障勘探开发和生产建设后路畅通的同时，确保效益最大。根据西南油气田公司建立的天然气销售偏差结算相关制度的要求，结合近年来偏差结算实践经验，全面修订合同文本中偏差结算相关条款，为供用双方偏差结算执行提供依法合规保障。

（刘禹豆）

【**天然气线上交易**】 2023年，西南油气田公司营销系统按照天然气销售分公司关于线上交易工作安排，利用市场化手段调节供需，用好线上平台"公平、公开"配置资源，利用价格杠杆平抑供需矛盾，主动推进常态化线上交易，在保障产业链平稳运行的同时，提升销售效益。当年完成天然气线上市场化交易1.27亿立方米，增效1.95亿元。

（刘禹豆）

【**客户管理与服务**】 2023年，西南油气田公司在客户管理上坚持"高站位、敢担当、强合规、优服务、重实效"理念，开展客户管理、合同管理和客户服务等工作，按照"核查上年、用于当年、清算当年"的滚动核查原则，审查2022年结构核查结果，及时与421家客户签订2022合同年补充协议。当年清退气款8 985万元，清收气款12 138万元，合计清收3 153万元。优化核查方式，以"全面签认为主，现场核查为辅"的方式开展城镇燃气客户用气结构核查工作。以通知形式明确动态监管要求，抓资质日常动态监管工作，建立"日报告、周分析、月总结"动态管理机制，敦促无效资质客户续证办理，杜绝新增无有效资质客户用气风险，实现无有效资质用气客户"清零"。加强合同的全面合规签订，督办偏差结算执行，做精客户服务。开展客服双向评价，通过"优服宝"App发起726家客户满意度调查，非常满意客户654家，满意客户72家，总体满意度100%。2023年，优质客户率超70%，西南油气田公司客户经理走访客户74 042次，收集上报市场客户信息10 584条，解决问题9 300个，实现客户零投诉，赢得客户认可。

（刘禹豆）

【**货款回收**】 2023年，西南油气田公司坚持"先款后货"原则，加强各单位货款回收预警与催收，全年应收货款692.6亿元，货款回收率100%。年末预收款余额30.5亿元。

（刘禹豆）

## 天然气销售

【**概述**】 2023年，地缘政治形势严峻复杂，经济复苏不及预期，天然气产业链加速重构，"量紧价升"压力增大，给区域天然气市场发展带来巨大挑战。西南油气公司天然气销售业务通过夯基础、强管理、争效益，持续做大做强做优市场营销，在川渝市场销售和终端销售量效均再创新高。当年在川渝地区销售317.8亿立方米（不含外输气量），同比增加11.9亿立方米，增长3.9%。川渝市场销售均价每千立方米2110元，同比上涨134元。2023年，西南油气田公司天然气销售总量432.2亿立方米，同比增加27.6亿立方米，增长6.82%。

（刘禹豆）

2023年7月11—12日，集团公司生产经营管理部副总经理赵堂玉（左五）到川渝地区开展产供储销调研　　邓疆湘 摄

【天然气销售结构】 2023年，西南油气田公司响应集团公司"以量代例"结构核查要求，真实反映用气流向，依法合规维护企业销售效益，优化区域供气范围内的用气结构，天然气外销结构变化情况见表1。 （刘禹豆）

【天然气区域销售】 2023年，西南油气田公司所供的四川、重庆和云南区域的天然气销售量呈不同程度的增长。其中，四川省的销售量增加最多，同比增加8.6亿立方米，增长4.07%。2023年天然气区域销售情况见表2。

（刘禹豆）

【终端市场销售】 2023年，西南油气田公司终端销售依托"一体化"优势，担责任、强管理、增效益、拓市场，推动黄金终端向前迈进。建立"管网市场一张图"，厘清终端市场家底，实现各终端与区域内城镇燃气企业在市场范围、股权结构、用气规模等方面的智能化调阅，助力终端营销策略制定。发挥终端联管会作用，推进终端

表1　2023年西南油气田公司天然气外销结构变化情况一览表

单位：万立方米

| 类　别 | 2023年 | 2022年 | 同比增减量 | 增幅（%） |
|---|---|---|---|---|
| 销售合计 | 4 322 194 | 4 046 107 | 276 087 | 6.82 |
| 化肥结构量 | 200 930 | 176 596 | 24 334 | 13.78 |
| 居民结构量 | 925 533 | 922 811 | 2 722 | 0.29 |
| 非居民结构量 | 1 940 291 | 1 793 995 | 146 296 | 8.15 |
| 调峰气 | 77 542 | 79 259 | -1 717 | -2.17 |
| 额外气（非居民） | 33 779 | 86 061 | -52 282 | -60.75 |
| 　线上市场化交易 | 12 664 | 25 525 | -12 861 | -50.38 |
| 　线下气量 | 21 115 | 60 536 | -39 421 | -65.12 |
| 储气库垫底气 | 44 660 | 59 154 | -14 494 | -24.50 |
| 放空气回收 | 31 517 | 18 683 | 12 834 | 68.69 |
| 忠武线外输 | 188 652 | 204 685 | -16 033 | -7.83 |
| 磨铜线外输 | 397 523 | 364 957 | 32 566 | 8.92 |
| 江纳线外输 | 239 722 | 168 687 | 71 035 | 42.11 |
| 铁山坡外输 | 62 236 | — | 62 236 | — |
| 注相国寺储气库 | 155 406 | 166 638 | -11 232 | -6.74 |
| 注四库工作气 | 17 936 | — | 17 936 | — |
| 外输云贵 | 6 466 | 4 579 | 1 887 | 41.21 |

区内区外市场发展，助力终端顺畅运行。"因地制宜""靶向施策"制订价格方案，各终端公司完成顺价39家，增效9.27亿元。丰富资源渠道，修建单井联络线，促进合资页岩气公司资源上产与资源留存消费双向突破。打通合资合作堵点，以增资扩股方式完成对荣县健宏天然气有限公司、江安县博友天然气有限公司等收购项目，在内江市威远与地方人民政府平台公司组建威远县盛投天然气有限责任公司，实现地企双方互促共赢。推进区外"天然气+新能源"融合发展，川港燃气公司在攀枝花地区持续推进分布式光伏项目，开发攀枝花市山青钒业有限公司等5个光伏项目；四川华油集团公司签订成都天府新区独角兽岛供能项目，获取地热供能指标9万平方米；燃气分公司完成宝鸡50万平方米地热项目协议签订，推进南充综合能源示范站等新能源领域6个项目。同时，西南油气田公司在云南永仁、曲靖等地开展市场调研，与当地人民政府签订新能源业务意向协议。天然气终端市场分省区销售情况见表3，天然气三大终端燃气平台销售情况见表4。

（刘禹豆）

### 表2　2023年西南油气田公司天然气区域销售情况一览表

单位：万立方米

| 区　域 | 2023年 | 2022年 | 同比增减量 | 增　幅（%） |
|---|---|---|---|---|
| 销售总量 | 4 322 194 | 4 046 107 | 276 087 | 6.82 |
| 四川省 | 2 203 387 | 2 117 164 | 86 223 | 4.07 |
| 重庆市 | 921 803 | 888 052 | 33 751 | 3.80 |
| 云南省 | 52 884 | 53 507 | -623 | -1.16 |
| 储气库垫底气 | 44 660 | 59 154 | -14 494 | -24.50 |
| 放空气回收 | 31 517 | 18 683 | 12 834 | 68.69 |
| 忠武线外输 | 188 652 | 204 685 | -16 033 | -7.83 |
| 磨铜线外输 | 397 523 | 364 957 | 32 566 | 8.92 |
| 江纳线外输 | 239 722 | 168 687 | 71 035 | 42.11 |
| 铁山坡外输 | 62 236 | — | 62 236 | — |
| 注相国寺储气库 | 155 406 | 166 638 | -11 232 | -6.74 |
| 注四库工作气 | 17 936 | — | 17 936 | — |
| 外输云贵 | 6 466 | 4 579 | 1 887 | 41.21 |

### 表3　2023年西南油气田天然气终端市场分省区销售一览表

单位：亿立方米

| 区　域 | 2023年 | | 2022年 | | 同比增减量 | | 增　幅（%） | |
|---|---|---|---|---|---|---|---|---|
| | 总销量 | 市场销量 | 总销量 | 市场销量 | 总销量 | 市场销量 | 总销量 | 市场销量 |
| 销售总量 | 118.85 | 105.11 | 104.06 | 94.55 | 14.78 | 10.56 | 14.20 | 11.17 |
| 四川省 | 81.15 | 70.78 | 69.00 | 63.33 | 12.15 | 7.44 | 17.60 | 11.76 |
| 重庆市 | 29.57 | 27.96 | 28.54 | 24.83 | 1.03 | 3.14 | 3.60 | 12.63 |
| 云南省 | 0.53 | 0.44 | 0.91 | 0.80 | -0.38 | -0.37 | -41.74 | -45.47 |

续表

| 区域 | 2023年 | | 2022年 | | 同比增减量 | | 增幅（%） | |
|---|---|---|---|---|---|---|---|---|
| | 总销量 | 市场销量 | 总销量 | 市场销量 | 总销量 | 市场销量 | 总销量 | 市场销量 |
| 贵州省 | 2.40 | 1.38 | 1.21 | 1.18 | 1.19 | 0.20 | 98.13 | 16.80 |
| 广西壮族自治区 | 2.33 | 1.70 | 1.64 | 1.64 | 0.69 | 0.06 | 41.91 | 3.77 |
| 陕西省 | 2.85 | 2.85 | 2.77 | 2.76 | 0.08 | 0.08 | 2.84 | 3.03 |
| 安徽省 | 0.03 | 0.00 | 0.00 | 0.00 | 0.03 | 0.00 | — | — |

注：市场销量是指终端燃气公司通过自身输配设施直接向当地市场销售的天然气量，该量为西南油气田公司终端市场真实的市场规模及占有量；总销量包含市场销量、代输气贸易销量及同站点交易量。

表4  2023年西南油气田三大终端燃气平台天然气销售一览表

单位：亿立方米

| 平台名称 | 2023年 | | 2022年 | | 同比增减量 | | 增幅（%） | |
|---|---|---|---|---|---|---|---|---|
| | 总销量 | 市场销量 | 总销量 | 市场销量 | 总销量 | 市场销量 | 总销量 | 市场销量 |
| 四川华油集团公司 | 65.58 | 56.45 | 56.45 | 51.89 | 9.14 | 4.57 | 16.18 | 8.80 |
| 川港燃气公司 | 31.10 | 27.84 | 28.34 | 24.28 | 2.77 | 3.56 | 9.77 | 14.64 |
| 燃气分公司 | 22.16 | 20.81 | 19.28 | 18.38 | 2.88 | 2.44 | 14.94 | 13.25 |

# 石化产品销售

【概述】 2023年，西南油气田公司石化产品销售实现"稳市场、稳客户、稳销量、稳效益"，石油液体、硫黄等石化产品及试采井回收气销量再创历史新高，保障了西南油气田公司生产后路畅通。全年销售石油液体12.7万吨，同比增加5.8万吨，增长83.4%；销售硫黄94.6万吨，同比增加26.7万吨，增长39.2%。硫黄销售均价946元/吨；试采井回收气销售2.3亿立方米，同比增加7 600万立方米，增长48.4%。与中国石化普光气田、中石化炼油销售（上海）有限公司等单位沟通，构建区域协作机制，避免无序竞争，共同维护市场稳定。油品销售方面，优化发运方式，打通发运流程，妥善解决油品接卸堵点难题，促进油品销售安全、合规、顺畅，石油液体产品销量同比增长107%。优化试采井回收气销售模式，找准市场定位，确定绵阳、乐山等地为主要销售中心，提升川内零散气市场的话语权和价格主导权，试采销量同比增长48%，西南油气田公司试采井回收气效益稳步提升。

（刘禹豆）

【石油液体产销】 2023年，西南油气田公司生产石油液体12.8万吨，销售石油液体12.7万吨，同比增加5.8万吨。

（刘禹豆）

【化工产品产销】 2023年，西南油气田公司生产硫黄95.14万吨，销售硫黄94.6万吨，同比增加26.7万吨。试采井回收气销售2.3亿立方米，同比增加0.76亿立方米。

（刘禹豆）

【主要化工产品价格】 2023年，西南油气田公司主要化工产品销售均价下降较大，其中硫黄单价降幅最大。原油（含凝析油、稳定轻烃）销售年均价格5 196元/吨，同比下降627元/吨；硫黄销售年均价格946元/吨，同比下降1 244元/吨；液化气销售年均价格3 858元/吨，同比下降818元/吨。主要化工产品销售价格见表5。

（刘禹豆）

【产品销售管理】 2023年，西南油气田公司按照量效兼顾的总体要求，提升石化产品市场竞争力，稳固市场份额。

表5  2023年西南油气田公司主要化工产品销售价格一览表

单位：元/吨

| 产　品 | 2023年均价 | 2022年均价 | 增减量 | 增减率（%） |
|---|---|---|---|---|
| 原油（含凝析油、稳定轻烃） | 5 196 | 5 823 | -627 | -10.77 |
| 硫黄 | 946 | 2 190 | -1 244 | -56.80 |
| 液化气 | 3 858 | 4 676 | -818 | -17.49 |

针对石化产品销售竞争区域及重点客户，稳准发力，开展全面调研分析。深化硫黄和橇装零散气销售区域协同机制，从市场规划、营销策略、物流安全、道路通行等方面入手，加强产、运、储、销各环节管理，形成整体合力，增销创效。打造石化产品客户服务体系，优化客户经理和客户评级制度，实施精细化营销和差异化服务，做强"长征"牌硫黄的品牌价值，加强培育大宗客户，探索建立战略合作关系，探索长期贸易协议签订，提升客户满意度与忠诚度。

（刘禹豆）

责任编辑：闵　军

# 生产服务
Production Services

# 物资采购与供应

**【概述】** 2023年，西南油气田公司物资管理系统做实基础管理、做强物资供应管理、做精设备运行管理，完成铁山坡气田全面达产的物资供应、国务院国资委中央企业采购管理对标现场评估迎检和采购业务诊断评估等工作，参加集团公司首届物资采购全过程管理建模大赛和集团公司采购策略、最佳采购方案、最佳采购执行"三个最佳实践"活动，探索构建绿色低碳采购和设备运行体系，推进物资设备业务管理提升和高质量发展，为全面上产500亿立方米发展新征程作出新贡献。

2023年，川庆钻探工程公司物资采购系统坚持"合规、质量、效率、效益"采购管理理念，推动业务由采购管理向供应链管理转变，由采购成本最低向全生命周期总拥有成本最低转变，由采购信息化向采购数字化转变，实现集约化、专业化、协同化、绿色化、数智化、法制化转型发展，采购物资同比增长5.25%。川庆钻探工程公司获集团公司建模大赛最佳组织奖，参赛作品分别获集团公司物资采购全过程建模大赛二等奖和三等奖；获全国第四届供应链大赛三等奖；工业白油在集团公司"三个最佳实践"活动中被评选为"采购策略最佳实践""采购方案最佳实践"和"采购执行最佳实践"；获中油技服"物资管理先进企业"称号，所属3家单位获中油技服"物资管理先进单位"称号，15人获中油技服"物资管理先进个人"称号；《工程服务集中采购与管理优化实践》获石油石化企业管理现代化创新优秀成果三等奖。（向方倩　赵　芸）

**【物资采购制度建设】** 2023年，西南油气田公司物资管理系统健全制度、优化流程。结合集团公司物资供应管理规定和进口物资管理办法，调研并收集各二级单位合理化建议，完善《重点地面建设工程物资采购策划要求及考核方案（试运行）》《供应商、监造单位、检验单位服务质量考评实施细则》等制度。按照集团公司安排，牵头组织修订集团公司企业标准《二级采购物资集中采购管理与实施规范》，同时修订西南油气田公司《二级采购物资集中采购实施细则》。完成《采购物资质量分级管理规范》（初稿）编制，形成采购物资重要性分级管理规则，明确不同重要等级物资在供应全过程的质量控制措施，该规范计划于2024年正式实施。全面推进标准化建设工作。作为非API石油专用管副组长单位，牵头完成特殊无缝套管、特殊无缝油管采购技术规格书修订。作为天然气处理橇组长单位，突破标准化设计瓶颈，编写完成页岩气采出液罐橇等8项技术规格书，通过集团公司专家评审并发布。联合技术主管部门，开展标准化技术文件编制、评审，形成64份标准化技术文件，提升同类物资技术要求标准化程度。参与集团公司Q/SY13848物资分类与代码标准制定，通过集中办公、集中评审、邀请专家等方式，完成承担的6个大类10个中类物资描述标准化工作，通过集团公司评审，工作成果质量得到认可。

2023年，川庆钻探工程公司完善供应链制度体系，根据集团公司和中油技服相关制度规定，修订《川庆公司供应链管理规定》《川庆公司物资采购管理规定》《川庆公司境外采购管理规定》《川庆公司进口物资采购管理规定》，制定《川庆公司绿色采购管理规定》《非招标采购管理办法》等，修订《应急物资储备管理规定》《现场料管理暂行规定》《物资采购实施规范》《谈判采购规范》和《询价采购规范》，完善管理制度和流程，确保规范运作，优化采购系统，统一、规范、整合采购流程，强化员工合规意识和制度执行力建设。

（向方倩　赵　芸）

2023年5月12日，物资分公司作为集团公司接受国务院国资委中央企业采购管理对标评估工作组现场交流调研主会场，在筠连库现场汇报物资共享服务的做法与成效　　黄春霞　摄

【集中采购】 2023年，西南油气田公司物资管理系统加强起重工具集中采购结果跟踪评价，在当期集采价格较上期大幅下降20%的情况下，及时了解各企业采购和供货商保供情况，在质量不降低的前提下，确保全年正常保供。开展起重工具集中采购后评价，从供应商整体实力、价格水平、市场份额、协同能力、产品研发与创新能力5个维度考评供应商，确保库内供应商优秀。梳理分析起重工具的使用情况，修订技术规格书，确保物资采购技术标准的适用性和有效性。紧盯合规关键节点"选商、定价"，编制集采全过程资料模板，明确各环节合规要求，建立审批、评审机制，注重"事前控制"，在方案审批时对集体选商、价格控制、评审方法等关键内容严格把关，同时加强对集采方案、结果审核把关，提升集采合规水平和质效。加强编码管理和使用，组织物资编码数据操作培训学习，明确编码申请要素和要求，提升编码申请人员业务能力，同时清理物资编码申请人员，提高编码申请一次通过率和使用率。创新二级物资集采模式，分单位分项目分层级划小单元建立区域、项目、用户目录，拓宽目录形成渠道。全年开展114项公司层面和107个所属单位层面集采项目，项目数量同比增加1倍，发布二级目录5.3万条。对净化厂、轻烃厂用设备配件集采，发布2 139条常耗配件目录，提升快速检维修项目的保供能力；发布终端燃气17项集采物资目录，提升终端燃气采购效率和供应保障能力。通过整合需求、源头管控、日常监督检查等方式提高目录采购率和执行率，制定13项措施，提升二级物资目录采购率60%，同比提升约10%，目录执行率约80%，同比提升约6%，均完成年初制定的目标，资金节约率约8%。宣传贯彻集团公司内部优势产品规定和内部优势产品目录，协调推动西南油气田公司内部单位能特公司可回收滑溜水市场推广和应用。

2023年，川庆钻探工程公司物资采购系统两级集中采购度100%，完成集团公司下达的95%考核指标。作为集团公司白油集中采购授权组长单位，2023年4月完成2023—2024年度工业白油集中采购工作，并实时跟踪市场价格和保供情况，动态调整集采价格6次，定期召开管理小组会，协调保供问题；完成克拉玛依石化供应商现场考察；参加集团公司"采购策略管理创新提升年活动"，编制采购策略，优化采购方案，严格采购执行。按照集团公司统筹安排，作为成员单位参与石油专用管、重晶石粉、陶粒、石英砂、油井水泥、润滑油、钻采设备、石油专用工具、钻采配件等100余种一级物资的集中采购工作。多次参加集团公司及各管理小组会议，协助编制采购方案和技术规格书，参与招标方案和招标文件模板评审，配合完成采购实施、8次供应商考察、市场价格监控、价格调整、保供协调、国务院国资委数据提报等工作。依据《中国石油集团油田技术服务有限公司物资供应管理办法》和《中油技服一级物资授权集中采购工作组织方案》，川庆钻探工程公司作为副组长单位，承担油井水泥、低密高强油井水泥、磺甲基酚醛树脂、降滤失剂、油井水泥用减轻外掺料等13个品类的集采工作，负责编制物资采购技术规格书、物资品类分析、采购方案、评审报告、采购结果公告及价格目录上载文件，组织供应商准入工作，编写供应商准入方案、现场考察方案、现场考察报告及准入意见等工作。当年完成油井水泥、磺甲基酚醛树脂等7个品类的集采工作，组织编写低密高强油井水泥、降滤失剂等10个品类的采购技术规格书。作为成员单位，参与重晶石粉、液体润滑剂等11个品类的集采工作，参与集中采购及供应商管理工作，提供本单位相关物资供应数据，根据要求派出专家参与讨论和评审工作，配合组长和副组长单位共同完成管理小组工作。深化集中采购工作，持续整合物资采购资源，全面优化集中采购模式，研究制定大宗物资、关键物资中长期采购策略，高质量推进川庆钻探工程公司物资集中采购创效能力。按照川庆钻探工程公司两级三集中目录（2021版），集中采购二级物资131个品类；根据集中采购结果周期和生产任务，提前部署全年采购工作；按照2023年度物资采购计划，明确集中采购计划进度安排，确保集中采购结果无缝对接。重视万米钻机设备配套物资采购，通过提前介入，动态跟踪，每周例会，开通绿色通道等方式保障供应。 （向方倩 赵 芸）

【物资采购质量控制】 2023年，西南油气田公司物资管理系统引入第三方国际先进质量咨询机构，查摆管理差距，优化管理程序。完成物资质量管理体系及人员执行能力现状调研，提出物资质量管理存在的问题和提升建议；完成供应商履约能力评审工具开发，配套制定供应商、监造机构和检测机构履约能力审核报告模板，完成22家供应商、6家监造机构、6家检测机构的质量履约能力现场评估及报告审查；完成新准入供应商验证评估报告模板，完成2家新进供应商验证评估；制定关键物资质控清单，明确监造、检测、验收等环节质量控制要求。强化采购质量全流程管控能力，加强采购过程中的质量管理，完善物资招标文件及合同中质量条款，进一步明确质量指标及履约责任；采取"飞检"和在线抽查等形式，加大对供应商、监造机构、检测机构的质量履约能力抽查力度，强化对物资采购及使用单位质量管理能力考核，督促质量责任主体履职到位。开展质量专项检查2次，专项通报质量管控不到位等问题。全年监造设备5800余台、阀门1710只、管件3968支（件）、油套管11.84万吨、管线管2.26万吨，发现问题392个，检测2.4万件及14万吨物资，发现不合格物资214件及708吨，工厂端质控1503批次，发现质量问题127起，对相关问题提出针对性的整改措施，并闭环整改。严肃质量问题处理，对出现质量问题的供应商及履职不到位的监造单位，通过现场问题调查分析及质量履职能力评估，督促、指导责任单位整改落实，并延伸查找供应商生产制造过程的质控薄弱环节，促进供应商健全制度、优化流程、改进工艺，提升厂家质控能力，规范驻厂监造工作流程，促使监造人员履行质量监管职责，督促监造单位发挥制造现场质量监督作用。

2023年，川庆钻探工程公司物资采购系统坚持"质量第一、安全高效、源头把关、过程控制"原则，对物资供应全过程实施质量控制。严格准入管理，加强供资质审查，从源头把关供应商质量，2023年新增供应商准入6家，新增产品准入71家，开通供应商临时交易权限69家，开通产品临时交易权限156家。优化供应商资源结构，全面梳理2020—2022年连续3年与川庆钻探工程公司无交易且受管理的二级物资代理商、贸易商，清理出供应商43家。开展二级物资供应商公开招标资格审查准入，完成2023年度供应商考核评价工作，参与集团公司484个品类一级物资供应商的考评工作，量化考核评价2022年与川庆钻探工程公司发生过物资到货业务的库内物资供应商832家。依据集团公司、川庆钻探工程公司2023年产品质量监督抽查情况通报，对35个质量监督抽查不合格产品作暂停交易权限处置；根据集团公司、川庆钻探工程公司"三商"黑名单公告，对8家供应商按规定进行处置并上载至合同管理系统；健全供应商黑名单及不良业绩记录管理台帐，并及时更新发布共享，供物资采购人员实时查询，杜绝向问题供应商采购，鼓励向优质供应商采购，促进采购资源向优质供应商集中，提高物资采购整体质量，有效防范采购风险。加强直达料验收和现场料管理，严把物资入库验收关，编制《必检物资目录》及实施方案，明确检验标准和主要指标，做到必检物资理化检验全覆盖，共享检验结果。开展日常监督检查，重点关注理化检验项目、检验标准、主要指标、检验批量、抽样送样等要素，保证采购产品质量合格，2023年入库物资验收率100%。质量安全环保处组织人员抽查采购物资质量，全年完成704批次物资质量抽查工作，合格率97.3%。物资管理对产品质量监督抽查结果通报中涉及川庆钻探工程公司管理的供应商或相关产品交易资格予以冻结，督促所属单位停止使用并进行排查，采取退货、换货、索赔等方式处理，杜绝不合格品流入生产领域。（向方倩　赵　芸）

【**物资采购供应**】2023年，西南油气田公司物资管理系统推进井工程一级物资纳入集团公司集中采购。为进一步规范套管头集中管理，推动西南油气田及川南页岩气共享区块套管头纳入一级物资集采招标，主导编制《西南油气田及川南页岩气共享区块套管头集中采购方案》，将共享区块近年来使用的78种型号的套管头全部纳入集采，由集团公司总部组织开展集中采购招标，形成集团公司一级物资目录。2023年底，所有井工程大宗物资全部纳入集团公司一级物资集中采购，为提高一级物资目录采购率提供保障。推广井口物资国产化替代，针对西南油气田公司HH采气井口均为进口井口装置，存在采购周期长、费用高、到货时间不确定等不利因素，经对集团公司库内供应商调研，部分国内供应商具有HH级采气井口的生产能力，且具有成功应用业绩,西南油气田公司物资设备部在集团公司层面推动并成功开展国产HH级采气井口集中采购招标,选取3家供应商在西南油气田开展现场试验,为有效推动国产化、降低采购成本及实现快速保供奠定基础。紧跟深地川科1井的开钻需求,落实物资准备和供应。与工程技术部门、项目需求单位对接物资需求计划,协调集团总部将项目套管增补纳入年度集中采购招标,4月完成集采招标,当月下达订单。订单下达后督促中标供应商成立专项工作组,按项目进度要求组织生产制造、产品供应及现场服务,保障该项目物资及时供应。按集团公司关于开展非生产性物资电商采购专项管理提升要求,开展电商采购员工满意度、电商采购现状、后续电商采购建议等问卷调查,向集团公司汇报申请政策支持,并与昆仑好客、昆仑数智中油惠服、石油e采3家内部企业对接,采用"优先培育内部企业+依托地方服务商"的方式实现电商采购工作平稳过渡。推进代储代销工作,编制完成《西南油气田分公司地建物资代储代销运行实施方案》,确定将阀门、管件、法兰等使用频次较高的物资品类纳入代储代销,采用原材料、半成品、成品的储备方式滚动储备,确保有储备需求的4家单位代储代销落实落地,并在2024年结合确定品类代储代销运行情况逐步向其余物资品类拓展。

(向方倩)

【物资采购监管】 2023年,川庆钻探工程公司在物资采购监管方面保持高压监管态势,抓好合规采购管理,全年组织开展招标、违法违规获取项目、工程建设招投标问题3个专项整治,查治问题40项;开展年度合规采购监督检查,采取上下一体方式,发现并整改违规问题30个;专项开展180万元以上非招标物资采购项目检查,有效解决地材采购等合规问题。完成集团公司招标考核指标,年内完成招标限额以上招标项目(合同)1 389项,金额246.72亿元。其中:招标项目920项,金额203.03亿元;可不招标项目347项,金额38.4亿元;招标失败转谈判项目122项,金额5.29亿元。考核招标率100%。所有招标项目均委托集团公司内部招标专业机构实施,考核专业化招标率100%。

(蔡 奥)

【物资采购监督检查】 2023年,川庆钻探工程公司加强采购过程动态考核和监督检查工作,完善激励机制,动态考核2023年重点工作及提质增效完成过程中的采购情况,加大管理范围和深度,设置激励机制,调动员工积极性,增强采购供应系统活力。开展监督检查,增强采购供应风险防控,编制《2023年施工作业现场物资管理监督检查工作方案》,明确受检单位、检查依据和检查内容,加强现场监督检查增加常态化采购业务指导。配合采购合规性监督检查,采用自查自纠,决策支持系统物资管理模块跟踪检查、现场抽查、监督上一年检查问题的整改情况等方式检查,采取分批次、分时段、采购业务数据实时查看和对比筛选,全方位数据分析等方式,进一步强化日常采购业务指导力度。组织采购管理业务相关人员参加集团公司招标业务相关人员持证上岗培训,考试合格率100%;组织所属单位开展供应链规范管理实务培训班、供应链实务操作培训班,培训人员101人次。

(赵 芸)

【采购物资质量合格率专项行动】 2023年,西南油气田公司物资采购系统开展提高采购物资质量合格率专项行动,完成入库21 366项库存物资自查评估,形成库存物资专项自查报告,并完成对自查发现问题的整改及抽查验证,确保入库物资质量合格。推进物资质量管理标准化建设,制定供应商及服务机构审核评价工具,统一审核评价标准,做到评价结果公平公正。加强重点项目物资质量管控,编制渡口河—七里北项目物资质控总方案及专项物资质控清单,成立以质量管理委员会牵头的4级质量工作小组,明确质控职责,提升质量问题和质量澄清处理效率,保障重点项目物资质控措施落实落地。

(向方倩)

【采购成本控制】 2023年,川庆钻探工程公司物资采购系统结合《集团公司2023年物资采购提质增效价值创造实施措施》,制定《川庆钻探工程公司2023年物资采购提质增效价值创造实施措施》,制定10个方面32条提质增效措施,层层压实经营责任,督促指导所属单位稳妥开展提质增效价值创造行动。定期组织数据分析,及时跟踪、督促提质增效工作开展情况,保障提质增效目标实现。当年物资采购资金节约率7.12%，完成集团公司下达的物资采购资金节约率5%的考核指标。加强采购与生产经营相结合，及时掌握生产动态，做好生产经营所需物资，科学制订采购计划，收集整理2023年物资、工程与服务采购年度计划，根据本年度采购计划和原合同执行情况，编制《2023年采购计划编制分析报告》，根据年度计划执行率和准确率，每季度调整修正年度计划，提高需求计划的准确性和信息完整性。加强采购策略研究，深化重大项目招标方案专家评审机制，强化采购招标项目质量管控，严格把好采购方式选择、评标方法（评标标准）确定等主要关口，促进采购招标方案质量提升，评审项目同比增长约20%。实时了解使用单位物资需求及供应商供应情况，主动沟通协调，采取多种有效措施，解决供需矛盾。

（赵　芸）

【物资仓储管理】　2023年，西南油气田公司物资管理系统加强仓储基础管理，组织生产单位开展库存物资盘点交叉检查工作，形成检查问题通报及整改清单，对检查发现问题以查促改、以改促进，推进仓储管理基础工作再提升。推进回收油套管处置工作，完成进场交易3 887.37吨油套管处置，处置回收金额3 220.88万元。推动地面管线防腐厂物资业务统一管理，厘清管理职责界面，开展防腐厂业务管理能力评估及防腐管材清查工作，推进大宗管材类物资过程管控。规范井工程进口工具到货验收流程，实施库房初验清点和联合验收分步实施，形成确认清单，进一步强化进口工具验收管理。编制完成直达料验收管理工作实施意见，结合供应链信息系统开发运行流程，进一步强化直达料现场验收管理。面对井工程项目快速上产建设新形势，随时掌握厂家排产动态和项目施工进度，严格钻井设计方案调拨，加强精细调拨管理，保障井工程项目建设需求。上半年保障397口井工程甲供用料，调拨油套管1 190批次，调拨进口及国产工具331批次。推进物资供应链系统调拨功能上线运行，实现井工程物资调拨线上管理，提高工作时效和准确性。加强库存管控，在"控增量、防变量、降存量"方面持续发力，开展库存分析，形成2022年库存及结算情况通报，督促各单位落实库存管控要求，推进库存物资运行过程有效管控。清理3年以上库存物资，发布再利用物资工作安排清单，推进技术部门和设计单位开展平代调剂使用，上半年开展平库调剂井工程物资758吨，减少资金占用约2 700余万元，3年以上积压下降33%。推动集团公司内地区公司间物资调剂工作，上半年在集团公司闲置资产调剂平台发布西南油气田公司相关物资调剂信息，丰富处置渠道。联合生产运行部，探索实施产能建设零星工程余料转为应急物资储备，以实物储备方式，减少库存资金积压。强化物权单位对库存物资主体管理职责，上半年督促落实重点工程建设项目部对长期积压的龙王庙60亿立方米及高石梯—磨溪开发地面二期工程余料开展专项调研，制订详细调剂处置方案，进一步推进库存平代利用力度。

2023年末，川庆钻探工程公司库存物资比年初下降6.07%，库存周转次数44.46次，完成集团公司下达的年末库存降低率5%以上或库存周转次数10次以上的考核指标。按照集团公司"扁平化"管理要求和"零库存"管理理念，围绕仓储管理考核指标和工作指标、提质增效目标及重点工作，从降低储备规模、优化库存结构、减少储备资金占用等工作入手，及时调整物资储备共享思路，加强现场料管理力度，推动物资代储代销向纵深发展，应用川庆钻探工程公司决策系统仓储模块，整合生产需求与库存信息，查询各单位库存规模和结构变化情况，提高库存分析及管理效率，做到过程监督有效。组织14家单位参加首届仓储管理员职业技能比赛，14人分别获评金牌、银牌、铜牌选手，12人获评优秀选手，6人被评为川庆钻探工程公司青年岗位能手，1人被评为川庆钻探工程公司青年岗位能手标兵。通过比赛，达到"以赛促学，以赛促改，以赛代练"目的，提升仓储管理专业职工队伍岗位技能和整体素质。开展仓储管理、应急物资储备、危险化学品仓储管理监督检查，库存指标连年下降，不断提升仓储管理效率效益。

（向方倩　赵　芸）

【物资信息化应用】　2023年，西南油气田公司物资管理系统着眼全供应链协同和管控，推动业务由采购管理向供应链管理转变。完善物资供应链管理模式，通过优化管理制度和工作流程，规范操作，推进业务全流程线上运行和管控，实现内部有效沟通，与供应商、监造检测和承运商等外部单位高效协同，以全供应链协同响应生产建设物资需求，打造精益供应链。物资供应链管理平台建设初见成效。经过两年的持续升级和迭代开发，初步建成供应链管理平台，完成所有上市单位和11家非上市单位业务全面上线，对业务运行形成有效支撑，后续将通过数据治理、系统集成、智能分析等措施，提升平台数据质量、操作效率和供应链管控水平。推进供应链全过程监督机制。以物资需求为中心，通过组织计划执行和物资结算专项检查、聘请第三方开展全供应链业务诊断评估等多种方式的监督检查，形成监督合力，同时以问题为导向，进一步优化制度流程和供应链管控措施，形成闭环管理。

2023年，川庆钻探工程公司物资采购系统全面运用ERP、电子采购2.0系统，上网采购率100%。适时开展物资系统冗余数据和采购管理权限清理工作，保障采购数据准确性与安全性。配合集团公司大集中ERP建设，开展横向、纵向研讨，梳理物资模块及工程服务模块蓝图设计；配合集团公司推进物资编码标准化建设，配合完成物料主数据标准编制，保障大集中ERP上线实施。坚持"业务主导+数字赋能"，推进采购供应管理信息化，推广决策平台采购仓储模块在各单位应用，利用决策平台采购模块监测各单位采购数据不规范填报，加强在线监管，及时规范数据的产生和使用，用信息化保障业务实施的规范化，对关键节点实时动态监测，实时查询各单位采购数据、库存规模和结构变化情况，提高库存分析及管理效率，做到采购仓储过程监督有效。开展超千万物资数据信息统计分析，以及大宗物资及原材料价格监测、预警科研项目研究，监测追踪76项大宗物资及原材料的市场价格，监测系统采购价格异常数据，提升物资采购供应管理及价格管控水平。开展工程与服务采购管理系统研究，建立工程与服务采购全流程管控体系，实现工程与服务采购项目全流程线上应用，进一步优化采购流程，加强在线动态跟踪。川庆钻探工程公司所属单位申请所需物资编码，经物资管理部审核后，向集团公司MDM平台报审。2023年审核物资编码9121条，核准新增6432条，分发2689条。

（向方倩　赵　芸）

【物资招标管理】　2023年，根据压减制度流程要求，西南油气田公司整合修订《招标管理实施细则》《集中集约化招标管理实施细则》《专业化招标管理实施细则》《招标评审专家和专家库管理实施细则》《投标人失信管理实施细则》制度，发布《西南油气田公司招标管理办法》，并就《工程及服务非招标采购管理实施细则（试行）》制度和非招标业务及管理信息系统，推进业务全面上线工作，全年线上审批招标439单、可不招标363单、集约化招标成果运用3775单、非招标6976单。按照建设统一管控体系要求，持续推进采购全业务链系统运行，将招标、可不招标业务审批、市场准入、非招标采购、合同履行业务纳入一体化信息系统，构建市场准入—选商方案（或招标）—采购实施—结果审批—合同备案—在线评价—结算验收—业绩考核—承包商出库全业务逻辑流程，以及评委履职评价—现场监督辅助流程；进一步开发集约化招标计划管控模块和"框架合同+订单功能"模块上线运行；设置系统触发条件，构建风险预警—核实核查—整改闭环—管理业绩考核的招标监管业务流程，全年触发自动预警事项640余次，经核实存在问题68次，完成整改闭环56次，推动合规问题由事后惩治向事前防控转变。按照"十四五"规划招标专章年度规划安排，推进集中集约化招标工作，全年推进川渝页岩气35类项目集团化招标和公司两级集约化招标工作，全年发布集约化招标成果249项，覆盖西南油气田公司地面建设工程90%、钻井等上游业务20%、生产运维60%。发挥集中规模优势降本增效，减少招标频次，平均缩短采购周期30天；综合节支率5.62%，对比投资概算，节约资金6.9亿元。

2023年，川庆钻探工程公司加强招标管理，印发《关于强化招标人代表参加评标的管理通知》，严格落实集团公司招标业务突出问题专项整治工作方案和招标业务"六项禁令"，坚持问题导向，深化巡视、审计问题整改，建立完善常态化整改机制，标本兼治，提升风险防控能力。

（黄涛澄　赵　芸）

【铁山坡气田物资供应】 2023年，西南油气田公司强化采购策划和全供应链管控，严把采购物资质量关，为铁山坡气田全面达产贡献物资力量。针对铁山坡项目技术要求高、进度要求紧、新材料设备应用较多，且没有特高含硫项目开发建设经验做参考，物资供应难度非常巨大的实际情况，西南油气田公司物资供应团队早期介入市场调研，精心策划采购方案，坚持最高标准和最严要求，结合区域经验和国内外先进成果，升级质控方案、严格开展供应商现场考查与评估，高效推动物资采购、质控、验收、催交、催运等各环节高质量运行。采取服务前移、领导蹲点的方式，组织设备、阀门、仪器仪表等28家厂家现场投产保运，助力中国石油首个自主开发的特高含硫气田铁山坡气田全面达产，为渡口河项目建设的物资采购工作提供借鉴。

（向方倩）

【采购管理对标现场评估迎检】 2023年，西南油气田公司代表集团公司做好国务院国资委中央企业采购管理对标现场评估迎检工作。筹备川南页岩气物资集中共享现场展示项目，展示川南页岩气物资供应链在集中采购、集中仓储、集中物流、集中质控等方面取得的诸多成效。筹备带压作业设备国产化替代、数字化钻井现场展示项目，展示钻井、压裂、修井设备与井下关键工具的国产化替代、技术突破、应用效果和经济效益，提升供应链韧性。专题汇报西南油气田公司供应链管理体系建设情况，展现西南油气田公司物资供应链建设在合规、高效、协同、共享、安全、绿色等方面取得诸多成效，明确到2030年初步建成智慧生态供应链体系。西南油气田公司首次代表集团公司接受国务院国资委中央企业采购管理对标现场评估，展示项目和汇报成果获国务院国资委评估专家组认可。

（向方倩）

【采购业务诊断评估】 2023年，西南油气田公司开展采购业务诊断评估，促进管理提升。从管理层、操作层两个维度，围绕采购制度设计和采购内部控制，聘请专业机构对采购计划、采购实施、合同履行、仓储配送、结算付款等关键环节的制度执行情况，开展诊断、评估，发现物资采购业务中存在的问题和弊病，提出管理提升建议和长效措施，为后期开展物资采购指标治理、提升物资采购业务能力、实现数字化转型、推进传统采购向供应链管理转变提供支撑。

（向方倩）

【采购供应链绿色低碳转型策略研究】 2023年，西南油气田公司承担集团公司研究课题，开展采购供应链绿色低碳转型策略研究。完成项目研究工作的供应链现状调研、对标分析，明确绿色低碳转型的主要方向，构建绿色供应链整体框架，后续将结合碳足迹计算、绿色供应链发展水平评价等，研究制定科学有效和可执行的转型策略。通过课题研究，进一步明晰采购供应链绿色低碳转型的主要方向与任务，健全采购供应链绿色低碳管理体制机制，支撑主营业务绿色转型与高质量发展。

（向方倩）

【物资采购全过程管理建模大赛】 2023年，西南油气田公司作为集团公司物资采购价格管控模型示范项目牵头单位，组织相关建模团队，完善价格管控大模型设计，促进建模成果转化和推广应用，物资管理部门组织8个建模项目团队参加集团公司首届物资采购全过程管理建模大赛。在建模作品创作过程中，多次集中研讨，打磨和提升作品质量，经过内部严格评审后上报5个作品参加建模大赛初赛，其中4个项目进入决赛，物资设备管理部《多维度价格水平自动评价模型》获一等奖，川西北气矿《基于品名控制的智能选商模型》、物资分公司《基于关键工序的采购物资监造质量管控提升模型》和《区域集中共享井工程大宗物资供需平衡管控模型构建与应用》获二等奖。

（向方倩）

【起重工具采购方案和采购执行获"最佳实践"项目】 2023年，西南油气田公司参与集团公司采购策略、最佳采购方案、最佳采购执行3个"最佳实践"活动，牵头编写起重工具采购方案和采购执行、成套设备采购策略，以"目标引领、问题导向、提升价值、效益优先"为原则，突出相关物资、设备全生命周期管理主线，突出集中采购策略科学化，生产组织专业化，突出现场管理细节化；通过对采购、设备、管理的三重提升，建立成套设备、起重工具的精益管理体系。经集团公司专家评审，起重工具采购方案和采购执行获"最佳实践"项目。　　　　　（向方倩）

# 运输生产

【概述】 川庆重庆运输总公司是川庆钻探工程公司下设专业化运输公司，经营范围包括普通货运、危险品运输、大件运输、吊装作业、天然气净化回收、仓储服务、国际国内货运代理、汽车修理服务、汽车驾驶技术及职业技能培训等。2023年，川庆重庆运输总公司下设11个基层单位，包括成都、遂宁、渝运、渝安和汽车服务5个分公司，以及商务管理中心、智能监控指挥中心、重庆安齐盛实业有限公司、长庆运输事业部、新疆运输事业部和青海运输事业部。其中，遂宁分公司专职负责川渝地区钻机、修井机的搬迁安装，大宗物资、泥浆、抢险物资、设备运输，地面建设、重点工程项目建设物资运输任务和驾驶员、修理人员技能培训；渝安分公司专职负责酸液等危险物品和气田水运输；成都分公司主要利用社会物流车辆运行油田内部运输项目；汽车服务分公司负责川庆重庆运输总公司各区域的载人车辆管理；渝运分公司主要负责保障长宁、威远、泸州等地区页岩气钻机、修井机搬迁和物资运输；商务管理中心负责川庆重庆运输总公司运输服务商管理；智能监控指挥中心负责川庆重庆运输总公司车辆运行监控；安齐盛实业有限公司负责成品油、凝析油运输和利用社会物流车辆进行油田外部市场开发、内部市场补充保障和雪佛龙罗家寨净化厂硫黄运输任务；长庆运输事业部，负责陕、甘、宁、内蒙古地区的钻机、修井机和大宗物资运输任务；新疆运输事业部，负责新疆地区的钻机、修井机和大宗物资运输任务；青海运输事业部，负责青海地区的钻机、修井机、大宗物资运输任务和南翼山、平台站、尖北站天然气净化回收。2023年，川庆钻探工程公司有车辆2279辆，其中运输车794辆、吊车109辆、油田专用作业车875辆、载人车辆501辆。　（袁　政　何　虹）

2023月11月7日，川庆重庆运输总公司横跨五国运输钻机。图为从巴基斯坦进入中国新疆的红其拉甫　　　黄　明　摄

【川渝地区核心运输市场服务】 2023年，川庆钻探工程公司运输业务保障内部勘探基础市场，在川渝地区搬迁钻机184台次，同比增加2台次，平均运距191千米，同比增加14千米；平均周期4.13天，同比减少0.03天；搬迁试油队269队次，同比增加30队次，平均运距154千米，与2022年持平，平均周期1.31天，同比减少0.02天。跟进各区域正钻井物资使用情况，根据钻机布局，提前介入，抓实生产信息分级分类管理，及时掌握各区域生产动态；跟踪遂宁、自贡、泸州、江油等物资集中地工作量变化，适时靠前值班点，调整摆放车辆，提高运行效率。

（袁　政　何　虹）

【区域市场运输服务】 2023年，川庆钻探工程公司运输业务在长庆市场跟进专业化重组后的实际，新增钻机"拆、搬、安"及化工直达业务，做大长庆井下清洁化生产和零星运输吊装业务，四川井下和苏里格项目经理部业务均创新高，全年搬迁钻机166台次，同比增加59台次，平均运距160千米，同比增加15千米；平均周期3.08天，同比减少0.66天，试油队搬迁485队次，同比增加38队次。在新疆市场获取迪北区块长途钻机搬迁工作量，全年搬迁钻机8台次，同比增加6台次；增加测试事业部、录井事业部工作量，在弥补下降的传统保障服务工作量的同时，清洁化生产争取到库车山前井超量20%；新增西部钻探工程公司井下压裂、测试公司、巴州分公司等一系列工作量。青海区域南翼山、牛中区块、乌南天然气处理业务稳定增产，拓展平衡管起泡剂、轮采捞油等技术服务，油水混合液运输项目新增减量化处理配套服务，酸液运输稳中有增，获取物装公司仓储机具固定服务业务。发展西南油气田公司油气开发附加值市场，重点拓展场站建设、长输管道及甲供料配送等运输市场，控制发展中油外部业务市场，市场规模实现稳定增长。 （袁政 何虹）

【专项市场运输服务】 2023年，川庆钻探工程公司推进平台项目研发，全力运营建好"好运来"快运平台，发展乘用车、货运、快递等业务于一体的融合服务新业态，打造共享平台经济。在川庆钻探工程公司各二级单位中推广"好运来"快运平台，扩大零星用车、滴滴打车、快递服务、货拉拉服务。截至2023年底，平台注册单位114家（川庆钻探工程公司二级单位17家、西南油气田公司3家、中国石油内部单位4家、其他单位90家），同比增加80%；注册用户7536人，同比增长93%；完成平台各类订单70017单，同比增长200%。平台直接交易产值1450万元，为油气田公司提供了安全优质、经济高效的平台服务。跟进西南油气田公司的长宁公司、燃气分公司，以及厄瓜多尔、土库曼斯坦等国家零散气回收项目，重庆运输总公司与川庆地研院、川庆试修公司共同参与老井挖潜项目，拓展新的市场领域；做好川渝、长庆区域油田公司天然气业务推介工作，同时推广中梁山充电站试点，拓展新能源市场空间。 （袁政 何虹）

【运输车辆管理】 2023年，川庆钻探工程公司交通运输管理工作严格落实"22456"工作部署，即深化两个体系建设，健全双重预防机制，加快推进四项工程，提升五个领域专项整治水平，夯实六项基础工作。围绕大运会、全国"两会"、节假日等特殊时期和夏季冬季重点时段，落实风险分级预警机制；全面梳理生产经营活动，系统分析QHSE风险，编制专项风险防控方案和应急预案，实施升级管控；坚持风险防控方案编制评审和逐级报备机制；强化督查督导，将落实情况纳入QHSE体系审核验证。开展反疲劳、反超速专项整治，重点针对驾龄较长驾驶员和单独执行任务车辆实施整治，将有责交通事故纳入年度QHSE责任书过程考核指标，开展新增生产区域道路环境和作业环境风险评价，共享评价成果，实施超前预警。优化车辆配置，推行特种车辆等大型车辆区域集中共享。全面清理租赁使用公司员工车辆、私人车辆的情况，并立即清退。全面推广车辆主动安全预警系统，实现车辆"三级"动态视频监控。

结合工作实际，梳理"四条红线"作业风险，形成风险管控清单，制定完善安全风险管控措施，做到高危风险全面受控、非常时段施工作业安全有序，实现"四条红线"管控、措施及监督三到位。制定生产安全六项较大风险专项管控措施，落实情况检查表，梳理检查项目，细化检查内容和方法，落实牵头部门和责任单位，全面管控六项较大风险。

各单位在节假日前识别生产作业各环节潜在风险，全面、系统分析作业活动HSE风险，制定风险管理措施，落实责任人；严格执行节假日期间、重要敏感时段领导值班、带班和干部请销假制度，落实值班电话、值班地点、值班人员"三固定"值班要求，节日期间安全生产实行"零报告"制度。停驶车辆实行"三交一封"并建立台账，危险品运输实行"一车一单一审批"。

持续开展好道路交通安全专项整治三年行动，狠抓内部交通场所隐患、车辆设备安全隐患和违法违规驾驶行为整治。组织开展交通事故警示教育活动，结合岗位分析关键作业、关键环节和关键操作，开展讨论分析，明确防范措施，做好防御性驾驶。组织开展管理漏洞及现场隐患、风险排查识别。结合事故事件案例，从"人、车、路、货、环境"等因素入手，全面梳理排查管理隐患，制定切实可行的风险削减措施，及时整改销项。

加强危险物品运输管理，组织开展凝析油、柴油运输道路运输风险管控排查，提前做好行程计划，重要风险路段安排专人管控；同时加强应急培训，开展危险化学品应急演练2次。组织开展首次交通运输、危险物品泄漏和新闻媒体突发事件3个专项应急演练联合演练。应对突发自然灾害的应急防范工作，督促各基层单位落实防洪防汛及交通安全工作，组织开展自检自查并落实整改措施，做好各项汛期自然灾害应急准备工作。

加强应急物资管理，形成一套标准响应流程，同时根据各区域生产动态情况，布置应急值班车辆，设置8个泥浆运输储备点，安排运输车辆27辆。全年统筹安排应急值班运力3.79万车次，完成蓬阳2井、文浅3井、胜探1井等148次急料运输1.74万吨735车次。严格执行车辆报废审查和更新规定，2023年报废车辆116辆，更新车辆2辆。

（袁 政 何 虹）

# 信息化建设

【概述】 2023年，西南油气田公司信息化工作按照"领导推动、信息统领、业务主导、大力协同"的工作方针，围绕"业务发展、管理变革、技术赋能"三大主线，深度融合信息技术与主营业务，全面推进各转型试点重要场景项目建设，数智技术在川中北部、铁山坡、相国寺、智能工厂等重点示范场景应用中取得较好成果，技术赋能促进业务领域的管理变革和创新创效。

2023年，川庆钻探工程公司"技术立企、成本领先、数字赋能"发展战略，加快推进数字化转型试点建设，夯实"党建和安全"信息化发展基础，提升数字化建设能力，着力信息化工作合规管理，保障全年网络安全态势稳定向好，投入基础设施建设，提升网络资源利用率，为企业数字化转型工作提供稳定的基础设施保障。

（蒋 勋 彭 鑫）

【数字化转型项目】 2023年，西南油气田公司围绕"快速上产、安全受控、提质增效"三大中心任务，通过构建勘探开发工程技术一体化协同研究、天然气生产过程一体化协同管控、天然气产运储销一体化协同运营，探索天然气全业务链数字化一体协同运营模式，数字化转型示范应用取得初步成果。根据业务发展实际需求和管理存在薄弱环节，有针对性制定、修订管理制度，固化管理程序，把控关键节点，形成统一的信息管理业务制度框架体系。在面临投产井场数多、各单位内网络链路调整、生产辅助系统保障、信息化人才老龄化等突出问题时，信息化管理部门以属地区域化运维为主线，优化运维管理模式，川庆人员转型、区域化招标、整合链路等措施，加强过程监管，提高运维质量效益，全年节约310.24万元。

2023年，川庆钻探工程公司获批3项数字化转型项目，分别是数字化作业现场试点建设、工程技术边缘计算平台及数据底座建设、项目总分包（交易）管理系统建设，3个项目预计2024年11月建成。 （蒋 勋 彭 鑫）

【基础设施建设】 2023年，西南油气田公司推进光通信环网优化改造升级，项目可行性研究通过集团公司数字和信息化部审查，完成初步设计编制。全面完成IPv6基础改造，实现各单位网络IPv6支持度不低于70%，安全系统IPv6支持度不低于30%，云技术平台IPv6支持度不低于30%，二级单位机关办公终端IPv6支持率100%，所属三级单位不低于50%，互联网访问的网站与应用100%支持。完成油气生产物联网建设站场无人值守改造工程，改造中小型场站51座，减少用工人数92人，增加收益1 380万元/年。完成西南油气田公司油气生产物联网升级改造项目A11数据接入设计，实现向集团公司A11系统的全量数据推送。完成106座站场的办公网组态流程共享及编码转换。修订发布《油气生产物联网系统建设技术规范》和《物联网系统数据传输技术标准架构》，优化现

2023年11月8日，国家应急管理部陆上石油督导调研组到川庆钻探公程公司开展陆上石油天然气专项督查和信息化建设调研

谢雨稼 摄

有物联网数据传输架构，形成切合生产实际的统一物联网数据传输标准技术架构。

2023年，川庆钻探工程公司推进工程技术边缘计算平台及数据底座项目实施，扩展计算、存储等Iaas服务，为数字化转型场景提供稳定高效的网络技术服务、云计算服务、信息安全服务，服务响应能力同比提升50%、业务上线时间缩短95%、系统停机维护时长减少70%、资源利用率提升200%。在川渝、长庆生产网侧推进IPv6部署，实现井场视频数据传至工业视频监控平台，完成《2023年互联网协议第六版（IPv6）规模部署和应用工作方案及计划》编制，采用先局部试点、再规模部署的工作原则，完成川庆钻探工程公司机关办公楼IPv6改造试点实施方案编制。

（蒋勋 彭鑫）

【网络安全管理】 2023年，西南油气田公司编制《工业控制系统网络安全建设指南》，发布《网络安全等级保护工作指南》，形成新建项目"初设阶段完成定级、建设阶段完成测评整改、上线前全面完成"的工作机制，梳理完成西南油气田公司410套应用系统的网络安全等级保护工作。开展对蜀南气矿、川西北气矿、输气处、相国寺储气库公司、燃气分公司等11家单位的现场风险评估工作。开展网络安全攻防技能培训，组织网络安全攻防大赛，西南油气田公司所属17家二级单位76名选手组成22个团队参赛。在集团公司第三届网络安全攻防大赛上，西南油气田公司参赛人员获团队赛一等奖1个、三等奖2个，个人获2银2铜。

2023年，川庆钻探工程公司贯彻落实集团公司网络安全与信息化工作会议精神，与各单位签订《2023年度信息安全履责承诺书》，压实信息安全主体责任。落实"三负责、三同步、九禁止、五加强、三不放过"23条硬措施，2023年集团公司网络安全事件通报次数下降50%，基层信息风险防控能力增强。在机房等信息化重点场所设备设施"三标一规范"管理模式，提升信息化关键设施规范化管理水平。提升网络安全对抗实战能力，"石油工人队"和"万米深井队"获2023年集团公司第二届技术技能大赛网络安全攻防大赛团队赛二等奖、"川庆先行者"获三等奖，武文斌等人获个人赛金牌和"集团公司技能能手"称号。

（蒋勋 彭鑫）

【数据治理】 2023年，西南油气田公司落实集团公司"促进数据流通和共享应用，深入挖掘数据价值，构建公司数据资产生态"的要求，制定构建数据资源管理体系、滚动开展数据治理、沉淀数据资产、完善工程数据移交及考核四方面工作内容，常态化开展数据资源体系建设，数据治理工作。

2023年，川庆钻探工程公司多级协同开展数据治理，完善数据管理体系，促进数据应用水平提升，构建数据驱动业务能力。按照集团公司及技服数据治理规划部署，组织业务专家完成技服板块生产数据资源目录，整理包括钻井业务、录井业务、固井业务、井控管理、井下业务及油服板块主数据6个二级主题域的104个业务对象；按照油服标准，梳理逻辑实体、属性清单及EISC生产流程模型，为数据入湖奠定基础。组织业务部门、所属单位，在集团公司EISC数据治理成果基础上，配合完成油田技术服务领域L4—L5资源目录调研。针对经营业务，围绕数据资源盘点、数据资源目录设计、五定工作、元数据注册、数据入湖等方面完成数据治理实施工作分解（WBS），收集并梳理川庆钻探工程公司636个业务流程，明确各流程编码、流程组分类、归口管理部门，完成148个流程的表证单书梳理和业务主题域划分。印发数据管理办法，编制数据共享管理细则，组织30余人次参与集团公司数据治理专项培训，逐步构建川庆数据治理团队。以科研项目全生命周期管理为主导，集成科技管理系统、生产系统、实验室平台、外部咨询、档案管理系统、大数据平台等信息系统数据资源与功能应用，建立起统一科研项目数据采集、管理、共享、应用于一体的数字化科研项目管理模式，探索建立智能化工具级应用，以数据为要素驱动科研项目管理精细化。

（蒋勋 彭鑫）

【信息"孤岛"治理】 2023年，西南油气田公司按照油气和新能源分公司统一业务场景分类，推进信息"孤岛"治理工作，将安研院、天研院、川西北气矿和蜀南气矿4家试点单位纳入云化改造范围内的29套系统功能，通过整合、优化，形成70余个一级功能、300多个二级功能，减少各单位自建系统，推进功能和数据的共享应用。

2023年，川庆钻探工程公司加快推进信息"孤岛"治理，落实"减存量、遏增量"的治理要求，按照党委信息化项目统一归口科技信息部管理指示，数字和信息化项目实现统一归口管理。（蒋勋 彭鑫）

【信息化管理与能力建设】2023年，川庆钻探工程公司提升统一归口管理能力，研究信息系统整合策略，采用优化集成方案，启动数字办公大厅项目建设，整合办公相关系统，实现"一次登录、统一待办、业务导航"等功能，提升信息系统集成共享水平，形成统一综合办公管理平台方案，利用数字技术提升办公效率。编制完成《川庆钻探工程公司数字化作业现场管理办法》等4项制度（办法），梳理信息化项目管理流程，建立实施管理制度，明确变更管理控制关键节点，从业务流程优化、关键节点规范化、控制、实施结果后评价等管理方面提升项目建设质量。启动"数智信管平台"建设，逐年将科技信息部管理5大业务域25个业务主题工作数字化，实现信息化工作数字化转型。2023年底，建立起项目管理模块，从系统、项目、经费等维度实现项目管理业务数字化管控。（彭鑫）

【数字化现场建设】2023年，川庆钻探工程公司新建86支数字化队伍，其中钻井队伍75支、压裂队伍8支、固井队伍3支，实现川渝、长庆、新疆等区域覆盖，通过"管理变革、流程再造"，在"提速度、降复杂、控风险、促变革、减负担"等方面取得成效。

提速度，支撑高效作业。建立常规气、页岩气、致密气等区域提速模板17个，智能优化生成提速方案，2023年监控井控风险井、故障复杂井和重点提速井187口，辅助重点区域执行率提高16%。

降复杂，支撑协同提效。搭建井筒工程地质一体化系统，建立"钻前模拟钻井、钻中实时优化、钻后总结评价"一体化工作流程，推动地质、工程、钻井液数据共享，页岩气铂金箱体钻遇率由88.5%升至93.7%，在深地川科1井等重点井试点，钻井参数实时优化30井次。开发出钻井故障复杂预警模块，攻克卡钻、钻具故障和井漏三大故障复杂难题；建立卡钻诊断预警模型、钻具失效"数字画像"和防漏堵漏智能辅助决策模块，卡钻损失时率同比下降29%、钻具故障时率降低31.5%、井漏时率下降10.3%。

控风险，支撑钻井安全生产。针对常规井控管理中坐岗监测灵敏性、时效性不足难题，应用电子液面坐岗仪、非满管流量计等数字化产品，提升"溢漏监测"精准性，溢流预警时间较常规提前3~5分钟，为井控处置争取到黄金时间。2023年，在30个数字化现场识别违章隐患4 772次，准确率超过85%。

促变革，支撑效率提升。针对生产衔接不畅、资源共享困难等现实问题，重构生产运行信息系统，创新资源调度"订单式"管理，实现进度可视化、责任可追溯，生产流程运行效率提高40%。开发出钻机井位智能匹配、生产运行智能优化、单井组停预警等功能，促进生产组织无缝衔接，组停时效降低36%、平均有效井间周期缩短11%、钻机利用率提升3%。推动甲乙方共享共用EISC平台，实现甲乙方共同指挥、高效决策、快速响应，七里北高含硫井钻完井周期突破155天、大安区块钻井周期突破60天；迭代升级EISC司钻领航仪（系统），对起下钻、钻进、循环3个大类工况下35个风险点实现智能预警，为司钻精准"导航"。

减负担，实现基层减负。汇集钻参仪、录井仪、精细控压、装备等1 300余项实时数据及钻井工况等成果数据和重点区域的12路视频，实现数据共享，通过数字化精简各类报表，资料填报减少80%以上。开发出现场资料综合处理模块，一键生成各类生产报表、井史资料，有效推动基层减负。（彭鑫）

【生产管理系统建设】2023年，川庆钻探工程公司探索项目部管理模式，配套建设遂宁项目部生产运行管理系统。遂宁联合项目部生产运行系统围绕"信息化减人、智能化少人"总体目标，在数字化模式下对现场生产运行、工程技术全过程精细化智能管控；加强井控安全、提速提效、降故障复杂为核心的生产技术管理，形成统一运行管理、统一工程支撑、统一资源配置、统一安全监管的"扁平化—矩阵式"数字化生产组织新机制，一体化统筹甲乙方、协同化管理多专业，实现平均7人小组跨专业联合统筹管理15～20口井的钻完井业务。开发生产全过程数字化智能节点管理、工程技术AI跟踪等特色功能，将管理流程全部纳入信息化平台统一管理，消除业务重叠造成的人员浪费，打破各业务项目部单设、分散管理的局面，减员增效取得实质性突破，实现11个三级单位在川中北区块业务的深度融合，管理人员由过去的平均100人减至49人。

（彭 鑫）

【经营管理系统建设】 2023年，川庆钻探工程公司抓好以ERP为核心的经营管理平台建设，完善组织机构和激励考核机制，加强培训和新闻宣传等，累计19 746人次参与集团公司大集中ERP项目13门培训课程线上培训，培训覆盖率位列集团公司第二名。组织选派机关和二级单位物资、市场、生产、工程、财务等9大专业33名业务骨干，参与大集中ERP项目业务蓝图方案设计7大业务模块2个专班组工作，编制完成390个业务流程、76个端到端业务场景手册，以及204个专题方案。

（彭 鑫）

【技术运用与研究】 2023年，川庆钻探工程公司基于EISC平台"数字化转型、智能化发展"的智能中枢，以"业务需求导向、做实数字赋能"为主线，深入业务内核，实现大数据与工程技术深度融合创新，与昆仑数智等共同申报EISC2.0统建项目。针对钻井作业现场存在依赖经验作业、技术水平参差不齐、风险管控力度不够等问题，树立"大后台、强前端"的理念，提供区域后方集中支持和前端即时响应，打造智能化作业现场，形成双向实时对接、快速联动的数字化钻井作业新模式，推动钻井由"传统经验型"向"数智科学型"钻井转变。在后台集成工程地质大数据，自主研发基于26类关键钻井参数的智能预警功能，专家通过EISC进行多井远程实时监测、工程智能模拟分析、复杂情况分析，及时推送相关技术措施及决策，实现生产动态感知全面化、决策支持精准化、风险预警响应高

效化，成为支撑数字现场运行的"智能中枢"。2023年建成全数字井控、堵漏支持等工程技术模块16项，增强井控装备全方位感知。持续攻关核心算法，优化溢漏复杂预警、"三确认两核实一汇报"评价和作业过程隐患违章智能识别等模块，提升井控风险防控能力，助力钻完井周期整体提速5%，故障复杂时率下降19.21%。建立事故复杂治理系统，开发出钻具全生命周期过程管理系统，实现钻具管理智能分析，增强对钻具使用的精细掌控，助力降低钻具故障时率；探索构建起下钻防卡管控流程，利用大数据开展易卡井段的卡钻风险评估和实时监控，减小卡钻风险。钻具全生命周期过程管理系统在威远区块9口数字化井队测试应用，跟踪起下钻20次，起钻前分析记录343条，起钻中系统报警91次，进一步完善卡钻风险控制手段。

（彭 鑫）

【系统维护与管理】 2023年，川庆钻探工程公司从强化运维过程管控、网络资源动态监控、核心系统自主可控等方面提升信息系统运行维护能力。针对内部项目强化过程管理，优化项目运行机制，实行信息化项目管理季度协调会机制，集中讨论信息化项目运行情况、存在问题，提出解决方案。依托数据底座项目，提升网络资源动态监控能力，根据项目运行情况动态调整资源分布，提升网络资源200%。加强核心系统自主可控管理，组建代码管理队伍，加强代码控制，实现年度项目代码成果集中管理率100%，对自主开发及外协开发的系统代码验真，实现核心信息系统自主可控。

（彭 鑫）

# 石油建筑安装

【概述】 川庆钻探工程公司石油建筑安装主要在川渝、长庆、新疆等区域负责钻前施工、房屋建筑、装饰装修、清洁生产、勘察设计及其他地面建设施工等业务，主要作业者是川庆蜀渝公司。2023年，川庆钻探工程公司施工钻前工程153个，其中新开工139个、具搬（钻前工程具备搬

安条件）144个，同比减少15%。苏里格地区钻前工程同比增长26%，新疆地区钻前工程增长100%，土库曼钻前工程减少38%。施工房建及其他工程368个，完工311个，同比增长37%。在36个工程项目中使用装配式场面板，场面板累计使用面积67 827.5平方米。2023年投入使用项目18个，其中钻前工程16个，占全年川渝地区新开钻前工程比例17%。主要施工机械设备综合利用率84.26%。

（胡华军　杨宇可）

2023年3月29日，川庆蜀渝公司组织技术骨干在威215井开展装配式PC板观摩和技术交流活动　　　　程张倩　摄

【**市场开发**】　2023年，川庆钻探工程公司优化市场格局，实施"四全"（全域、全员、全力、全过程）策略，守住西南油气田公司及川庆钻探工程公司工程技术服务核心市场，签订框架合同18项，关联交易钻前工程占有率保持100%。参与框架合同下浮比例谈判，守住关联交易价格底线。扩展流转区块、风险合作市场，签订长宁土地复垦、渤海钻探工程公司钻前工程合同。参与川庆钻探工程公司钻井总包合同签订，保障在泸州、大足页岩气区块工作量。参与多元竞争，中标盐亭天然气处理厂场平工程、压缩机修理及成橘建设、钻完井综合试验平台工房等11个项目。新办承装（修、试）电力设施许可四级资质。勘察设计业务拓展老井挖潜、土地复垦、房屋建筑、装饰装修等市场，承接项目77个，市场空间和潜力稳步增长。聚焦国际业务，调研市场3次，培训人员23人次，创效595万元。

（胡华军　杨宇可）

【**市场管理**】　2023年，川庆钻探工程公司完善石油建筑安装资质管理，取得承装（修、试）电力设施许可四级资质，完成所属川庆蜀渝公司营业执照"输电、供电、受电电力设施的安装、维修和试验变更"经营范围增项，通过建筑施工总承包一级资质证书和防腐蚀施工资质续期注册审核，在压力管道容器证后监督检查中合格，完成蜀渝公司及8家所属分公司国家企业信用信息公示系统工商年报。取得集团公司一类承包商资格，有承揽集团公司工程建设业务的资格。进一步加强投标管理，发布《关于进一步作好投标前审查的通知》（蜀渝市开发〔2023〕2号），建立标前文件审查专家库，明确职责，集中力量，提高投标文件整体编制水平。开展市场满意度回访和工作交流，总体满意度99.6%。加强承包商管理，严肃准入办理，落实保密职责，实施动态监管，培训承包商99家。开展施工作业队伍施工作业前能力安全准入评估、施工作业过程中的监督检查、竣工后安全绩效评估，全面排查供应商关联关系，推行源头采购、制造商采购、多元化采购，编制负面清单，实行熔断机制，严格考核兑现，清退不合格承包商41家。

（胡华军　杨宇可）

【**渡口河—七里北气田飞仙关组气藏开发地面工程**】　渡口河—七里北气田飞仙关气藏开发地面工程项目位于四川省达州市宣汉县下八镇建设村，地形属深丘和浅丘交界地带，地势东北高西南低（向前河缓倾），放空区与场地高差约40米。工程由川东北气矿建设，川庆蜀渝公司施工，分为场平土石方工程、边坡防护工程及火炬区工程三大部分。场平土石方挖方量915 468立方米，填方量918 204立方米，施工道路5.5千米，预制场地2处，抗滑桩11根，加筋土边坡246 736立方米，清淤及块石换填9 864立方米。边坡防护工程需挂铁丝网喷播有机基材14 219平方米，挂铁丝网喷C25砼6 153平方米，抗滑桩49根（直径1.8米，平均深度约25米），直立式挡土墙C20混凝土5 500立方米。火炬区挖方工程量1 827立方米，填方工程量1 827立方米，抗滑桩16根（直径1.8米，平均深度约23米）。2023年2月1日，施工作业队伍进场；2023年12月21日，所有工程量完成移交。施工项目部根据项目区域划分多个施工段，明确施工段负责人，压实安全生产责任，各司其职；根据作业区域和使用功能，结合施工进度，划分、调整项目场地，划定区域范围，并在相应位置安排机械监护、交通指挥等人员，降低施工风险。川庆蜀渝公司组织项目部及设计、监理等单位开展10余次现场办公，针对项目施工难点，编写施工组织设计及专项施工方案20余个。自项目开工后，施工项目部严格执行报审报验程序，落实所有"停检点、必检点"的施工顺序，抽样检测10余种材料，技术复核20余次，完成施工工作。

（胡华军　杨宇可）

2023年2月15日，川庆蜀渝公司开展渡口河—七里北净化厂平项目施工作业　　　　　　　　　　吴泓桥　摄

【新建石油射孔器材及配套件生产线项目】　新建石油射孔器材及配套生产线项目位于四川省隆昌市三道桥工业园区人民东路北侧，总建筑面积22 390.79平方米，拟建建（构）筑物包括联合厂房、油化库、公用站房、污水处理站、非机动车棚及2个门卫室。由中油测井西南分公司出资，川庆蜀渝公司承建。该项目委派一级工程师为项目负责人，并组建成立项目管理组织机构，2022年8月3日中标，9月27日开工，2023年7月30日完工。在施工过程中，施工项目部打破传统反吊板施工流程，开展数据收集及受力分析计算，采用移动式桁架施工平台进行屋面内侧彩钢板安装，降低高处作业风险系数，保证施工效率和工程质量；施工项目部针对软弱地基的难题，开展"提高软土地基承载力特征值"QC活动，该课题获川庆钻探工程公司年度优秀QC小组活动成果二等奖。针对该项目进度控制和质量把控的施工难点，施工项目部梳理整体工序，抓住联合厂房基础和钢结构安装两个主控关键节点，合理工序穿插，优化工序搭接，化小施工单元，积极工期索赔，制定项目质量管理规划，明确质量管理要点，强化技术支撑，严格执行"四检"（自检、互检、交接检和质检员专检）制和样板引路，最终按期竣工并通过验收。

（胡华军　杨宇可）

【塔油建大二线化验室】　塔油建大二线化验室项目由塔里木油田建设工程有限责任公司建设，川庆蜀渝公司承建。工程于2023年7月26日开工，10月30日完工。项目总建筑面积4 779平方米，包含化验区（三层）、会议区（一层）、宿舍区（两层）3个区域，以及室外道路、广场等配套内容，合同约定工期97天。施工项目部强化组织管理，以班组会形式协调解决问题，对于350毫米厚度自保温砌块等非常规材料，在项目开工前提前联系，组织协调，保证材料按时进场，投入使用。强化进度管理，编制周进度计划，开展进度纠偏，加快主体结构梁板的拆模时间，同时加大盘扣式满堂架和模板、木方周转材料的投入工作。重视质量安全管理，送检钢筋、混凝土等材料145次，编制专项施工方案8个，开展技术复核10次，安全宣讲12次。该项目安全合规施工，在塔里木油田公司房建项目上展现"蜀渝速度"。

（胡华军　杨宇可）

【中国石油井控应急救援响应中心建设项目】　中国石油井控应急救援响应中心建设项目位于四川省广汉市新丰镇深圳路东二段，建筑面积10 844平方米；建筑工程量包括科研培训综合用房（地上7 362平方米、地下室1 770平方米），职工食堂（659平方米），应急救援装备库房（1 033平方米），门卫室（20平方米）。由川庆井控应急中心出资，川庆蜀渝公司承建。项目部重视质量管控，完成技术交底6项、质量复核10次，发现并解决问题12个。针对发现的问题建立起质量工作奖惩制的考核机制，并在每周例会上发布质量安全红黑榜。振冲碎石桩地基处理作为新技术在该项目现场实施，对桩径尺寸和成桩质量提出更高要求，项目部精准成桩质量，推进管控措施，成桩一次性合格率90%。将高压旋喷桩、缓黏接预应力混凝土、BIM建模技术、双代号网络图等技术推广运用于项目施工中，取得良好效果。完成QC课题《降低施工现场扬尘率》《提高高压旋喷桩一次性合格率》，发表《运用价值工程提高钢结构立柱安装精度分析》《预制装配式建筑施工技术分析》等论文7篇，获川庆钻探工程公司"质量信得过班组"称号。项目于2022年9月23日开工，2023年12月30日完工。

（胡华军　杨宇可）

# 管具

【概述】　2023年，川庆钻探工程公司从事钻井修井作业单位有川庆川东钻探公司、川庆川西钻探公司、川庆长庆钻井总公司、川庆新疆分公司、川庆国际工程公司和川庆试修公司等6个公司，从事定向钻井技术服务的单位有川庆钻采院。川庆川东钻探公司、川庆川西钻探公司和川庆长庆钻井总公司所用钻具均为自主购买、自主管理、自主使用，各单位工程技术管理部门负责钻具技术管理，生产运行部负责钻具的运行管理。下属钻具井控（管具）公司负责具体的钻具使用管理工作，负责在用钻具的维修、送井、回收及管理。川庆川东钻探公司、川庆川西钻探公司和川庆长庆钻井总公司由所属钻具井控（管具）公司对所用钻具检测。川庆新疆分公司在塔里木油田作业的钻井队所使用的钻具主要由塔里木油田公司（山前）及西部钻探工程公司（台盆区）提供钻具和工具，自有钻具的维修检测主要采用外包服务的方式进行。川庆国际工程公司海外作业使用自有钻具，钻具的管理由下属的分公司自主负责，钻具的检测和维修委托项目所在国的专业化钻具服务公司负责。川庆试修公司所用钻具全部从川庆川东钻探公司、川庆川西钻探公司租赁使用，没有自有钻具。川庆钻采院所属定向井技术服务公司自主管理使用的无磁钻具、接头等钻具，维修检测采用外包服务方式进行。2023年，使用钻杆总量239.39万米，同比下降15.36%；使用钻铤总量10.34万米，增长2.48%。

（谭雷川）

【钻具管理】　2023年，川庆钻探工程公司各钻井作业单位和管具管理单位，根据各自作业区域钻具使用特点，完善本单位钻具使用管理规定。同时，完善基础资料、实物管理台账，规范钻具检修、检测模式、检测程序。注重外包检修钻具的质量控制与管理，建立、完善钻具失效资料库，开展钻具失效原因分析，完善预防钻具失效措施。开展钻具组合优化，在大尺寸井眼段推广应用减震器，水平井推广使用加重钻杆、加厚钻杆替代钻铤，页岩气井推广应用旋转导向钻井技术，改善钻具的作业工况，减少钻具失效和井下复杂情况的发生。严格执行新钻具入库验收及钻具出场检验、检测制度，开展钻具分类分级检测工作，确保送井钻具质量满足钻井作业的要求。推广应用自动化清洗、除锈、钻具螺纹快速清理、探伤检测仪，快速、有效检测钻杆管体，采用超声波、磁粉探伤技术检测接头螺纹，配备便携式钻杆杆体电磁检测、钻杆加厚过渡带超声相控阵检测、荧光磁粉缺陷检测设备等，及时发现缺陷钻杆。加强钻井现场钻具使用管理，严格执行入井钻具定期检查、倒换使用规定。执行钻铤、接头、扶正器等钻具的强制使用检测、维修周期规定，对钻铤损坏螺纹采取切头新车扣方式处理，减少钻具疲劳损伤发生的机率。进一步试验推广RFID钻具身份识别技术，完善钻具管理系统，安检院要结合各钻探公司实际试验效果，重点把握钻具动态管理，优化钻具管理系统。各钻探公司及时、真实上报钻工具使用管理、钻具失效等存在的问题，便于系统建设及开展针对性预防研究。

（谭雷川）

【钻具使用管理检查】　2023年，川庆钻探工程公司加快信息化建设，强化钻具信息化管理系统的应用，推进钻井工具信息化管理系统应用，规划物料仓储管理系统建设，提高管理水平。按照《川庆钻探工程有限公司钻具技术管理办法》，重点检查钻具公司钻具检测维修、上井钻具出场检测管理情况、钻井作业现场钻具使用管理。结合各类现场检查，检查钻井队现场钻具管理规定执行情况，重点检查钻井队钻具探伤制度的执行情况。同时，针对钻井作业中强化钻井参数对钻具使用的影响，抓好钻具倒换使用、入井工具强制检测维修周期的执行，促进现场钻具使用管理。按照依法合规，清理技术服务外包外租情况，建立完整的准入、使用、评价和追责等承包商管理体系，强化钻具全生命周期管控。严把工具现场验收关：严格入井门槛，要求提供第三方检测报告、设备使用记录的证明文件，做到工具身份清楚、使用时间清楚。针对钻工具数量、检测服务存在的缺口及使用问题，各公司结合自身实际，从经济、钻工具使用管理方面，全方位对比分析自有钻具、检测能力与承包商钻具、检测服务，探索钻工具使用最优化方案。　　　　　　　　　　　　（谭雷川）

【检测与维修】 2023年，川庆川东钻探公司、川庆长庆钻井总公司的钻具检测与修理管理由下属的钻具公司负责，川庆川西钻探公司少数钻具、塔里木工程公司所有钻具由具有资质的专业钻具服务企业负责检测与修理。厄瓜多尔、巴基斯坦等海外地区由川庆国际工程公司委托国内外钻具维修公司在作业区域的维修站点检测修理钻具，土库曼斯坦的钻具检测由川庆钻探工程公司内部有资质的人员检测，钻具由在作业区域的维修站点修理。川渝地区、长庆区域推广使用钻杆无损检测和全自动清洗系统，增加无损检测探伤设备配备数量；钻具管理单位配备齐全超声波标准试块和实物刻槽试样，提高超声波检测精度和钻具检测效率；钻井队配备便携式超声波探伤仪。　（谭雷川）

责任编辑：闵　军

质量安全环保·节能节水

QHSE Management & Energy/Water Conservation

# 安全生产

【概述】 2023年，西南油气田公司以习近平总书记关于安全生产的重要论述为指引，全面贯彻落实国家、集团公司、油气和新能源分公司对安全生产工作的系列要求，坚持"控风险、除隐患、推体系、强业务、严监管、保目标"工作思路，聚焦增速上产、改革转型叠加风险，压实最小工作单元责任，推进安全生产专项整治，狠抓"两个现场"风险防控，安全生产形势总体稳定向好，为跨越400亿立方米高质量发展新台阶提供坚强保障。

2023年，川庆钻探工程公司以党的二十大精神为指引，深入贯彻落实集团公司、中油技服QHSE工作部署，面对作业区域点多面广、高风险作业频繁、井控安全风险突出等诸多挑战，以安全管理强化年为主线，坚持严抓严管，将工程思维和数学方法应用到QHSE工作中，强化风险防控和专项整治，着力创建绿色企业、健康企业，统筹兼顾，精准施策，安全环保形势平稳受控。未发生一般C级及以上安全环保事故事件和有责交通事故，各项QHSE指标全面完成，通过集团公司绿色企业复审和健康企业评审，获集团公司QHSE先进企业。 （侯梦龙 罗先志）

2023年2月3日，西南油气田公司在成都召开2023年质量健康安全环保会　　　　　　　　　　　　　　　韩超 摄

【安全生产专项行动】 2023年，西南油气田公司统筹推进国家8个专项行动、集团公司5个整治任务，重点领域风险防控能力显著提升。党委会专题部署，领导层例会24次听取进度报告，13次专题研判隐患整治难点。西南油气田公司领导带队分组现场检查，各级领导带队排查1 718次，业务主导"大起底"排查，一般隐患立查立改，重难点隐患立项治理，切实做到隐患底数清、防控任务实、整治效果好。强化跟踪督办，建立"周跟踪、月通报、硬考核"机制，隐患治理项目全流程督办，施工进度、结算率双达标。积极迎接外部检查，常态开展政企协作，接受各级政府、能源、经信、住建等行业主管部门专项调研检查474次，派出专人参加应急管理部陆上石油安全风险专项整治督导核查等省部级督导检查，起草2项部委规章和多个标准规范，企地协作能力增强。 （侯梦龙）

【现场作业风险管控】 2023年，西南油气田公司发布新版作业许可管理规定，针对风险作业管控新形势细化要求，推动以作业许可为核心的现场风险管控体系实效运行，全年82 925项风险作业全部受控。培训领导、培训师、员工、承包商2.1万人，升级作业许可数字化平台5项、59处，为新版作业许可执行打好基础。部署8个方面升级管控措施，在工程技术、油气开发等19个业务制定203项升级防控措施，7轮会商3 719项特殊时段风险作业，科处级领导现场指挥，全力保障春节、国庆等特殊时段安全作业。强化作业许可督导检查，实施两轮全覆盖审核，重点提升作业许可授权等基础管理，压实作业许可现场执行。 （侯梦龙）

【重点领域风险防控】 2023年，川庆钻探工程公司推进关键作业安全管控计划，建立钻井等8个专业514项四色分级关键作业清单，明确四级管控责任，预约报备红色关键作业2 108起，关键作业管控成效显著。 （倪睿凯）

【事故事件管理】 2023年，川庆钻探工程公司严格执行事故事件管理责任落实。细化HSE目标责任书，对上报的典型事件进行月度分析。按照"基层重点落实，部门审核把关"原则，抓好事件调查分析。组织宣贯最新的《中国石油天然气集团有限公司生产安全事故管理办法》，按规定时限及时准确报送事故事件相关信息。将属地内承包商发生的生产安全事故事件由总包单位按照主体责任归口管理，全面纳入统计分析。加强事故事件资源有效运用。形

成事件管理"周、月、季"定期通报分析管理机制。编制季度生产安全事件汇编、当季同行业典型生产安全事故信息通报，分发各单位开展事故事件案例宣讲，将生产安全事故事件警示教育有效融入到直接生产作业活动当中，对照事故事件教训，举一反三及时抓好岗位自查自改，消除事故隐患苗头，提升各层级事故防范能力。开展生产安全事件管理专项检查，核查验证事件真实性、相关管理制度的宣贯情况、事件填报管理流程和激励约束机制建立落实等情况。并将各单位事故事件录入、审核及提交分析报告的及时性、规范性、完整性，事故事件上报起数、可记录事件率、非生产亡人事件等指标纳入季度HSE绩效考核。

（杨鹏祺）

【安全环保管控2.0】 2023年，川庆钻探工程公司直线责任分级落实。各部门定期组织事故事件分析，开展专项检查，推进专项整治。探索实施机关部门负责人带队驻井调研检查，分区域分专业召开高风险单位QHSE管理问题诊断专题会4次，针对短板弱项帮促督导、精准施策。各级安全承包人、井控包保人定期开展进点活动4141人次，业务部门"三管三必须"得到进一步落实。提升标准化建设水平。以健康管理、吊装作业、业务外包、清洁生产、外部合作开发等为主题，组织HSE标准化建设现场观摩会5次，推广标准化建设系列创新成果和典型经验做法117项。梳理生产作业全流程，编制钻井、带压作业、连续油管等专业新版HSE标准化作业程序225个、视频170个，编制岗位、专业等四类新版HSE检查表450个。以安全管理强化年为主线。统筹推进安全生产重大事故隐患、重点领域、井场站场、吊装作业等6个专项整治，组织春节及全国"两会"、世界大学生运动会等特殊敏感时段升级管控，常态化开展井控、后辅单位等10次专项检查，排查整改重大隐患13项、较大隐患191项。完善隐患排查治理机制。固化形成"4334"隐患排查治理标准体系、"4321"排查模式和"4414"多维度系统治理等一系列可复制可推广的长效管理模式。强化安全技术研发。针对钻机拆搬安过程中的起重伤害、高处坠落等高风险作业管控问题，申报中油技服立项开展"钻机拆搬安吊装作业安全技术及风险管控研究"和"钻机井架自动化拆装装备研究"。

（倪睿凯）

【"安眼工程"建设】 2023年，西南油气田公司扩充"安眼工程"系统功能，提升数字化监管实效。安眼平台同步现场激光云台监测数据，增设承包商处罚信息共享功能，新增1800余路管道高后果区、页岩气、终端燃气、基建现场视频接入安眼平台，实现全业务链智能预警。深化系统运用实效，增设移动式防爆摄像机，探索报警分级确认机制，优化迭代算法模型，24.9%的现场问题通过安眼及时预警制止，违章行为同比下降42%，有效遏制现场违章，"人工+智能"监管模式更加成熟。

（侯梦龙）

【承包商HSE监管】 2023年，西南油气田公司压实"五位一体"监管职责，强化"联管联责"，严防"管不住"的风险。严把资质准入，修订准入HSE条件，强化资质能力审查，抓实关键人员培训，邀请政府专家授课，传递责任压力，着力把控"识风险、控风险"能力。严格过程监管，系统开展承包商专项审核，同步督查甲方履责；狠抓联管会、双区长、施工门禁等措施落地，确保全过程受控。严肃问责查处，明确30项黑名单条款，坚持"清退、末位淘汰5%，黄牌警告5%"，向50家典型问题承包商发出整改函，向2家集团内部钻探公司发出《风险警示函》，强力震慑现场违规行为。

2023年，川庆钻探工程公司按照HSE工作总体部署，围绕现场风险管控核心，坚持"严细实"工作思路，强化承包商"五关"管理，确保承包商生产现场整体安全受控。印发《承包商HSE准入审查条件》，按照4个专业类别、13个服务大类从制度规程、机构人员、企业资质、应急管理、设备设施、工伤保险等8个方面细化明确承包商准入HSE审查条件。建立外包钻井队负责人"应知应会知识测试+工作安全分析应用+事故案例分析+访谈"的评估模式，编制外包钻井队负责人评估试题2000道，收集事故案例150例。组织4个检查组，从监管责任落实、现场管理、设备设施等5个方面对8个单位进行检查，督促整改承包商管理方面问题422个。制定发布《川庆钻探工程有限公司外包监督管理办法》《外包监督岗位责任清单》，明确外包监督管理职责、管理流程、职能定位。印发《承包商 HSE 业绩考评表》，设置承包商 HSE 业绩考评指标 35 项，以指标推动承包商查患纠违积极性、安全管理自主性，严防承包商事故事件的发生。（侯梦龙　卫金平）

【安全隐患排查治理】 2023 年，川庆钻探工程公司完成 430 项安全环保隐患治理，使用资金 4.1 亿元；其中资本化安全环保隐患治理 84 项，使用资金 9 425 万元。建立安全技术措施项目"周督办、月分析、季考核"分级督办机制，及时消除事故隐患，持续提升本质安全水平。

（龚忠利）

【安全教育与培训】 2023 年，西南油气田公司强化全员履职能力提升，开展安全教育培训，推动各级干部员工能力达标、意识到位。紧盯关键少数的能力提升，建立领导干部 QHSE 教育常态化机制，开展处级领导人员履职能力评估，把准能力提升方向。强化全员安全活动，突出以赛代训，开展"安全承诺践诺"活动 476 场，安全宣讲活动 2 159 场，21 638 人参与"人人讲安全，个个会应急"网络知识竞赛，促进全员安全能力提升。刚性执行承包商关键人员 QHSE 培训取证，分类分级培训 1 863 人，不合格人员严格淘汰，推动承包商 HSE 管理能力不断加强。

2023 年 5 月 24 日，中油技服在川庆长庆钻井总公司召开 HSE 标准化队站建设新成果展示暨安全技改现场观摩会　苏建军　摄

2023 年，川庆钻探工程公司提升全员 HSE 素养。组织各类安全培训 7.16 万人次，井控取复证等资质培训 1.13 万人次。承办集团公司第二届技术技能大赛钻井安全（班组）竞赛，获团队一等奖和三等奖。总结形成钻井队 9 个岗位理论题库、巡检规范，18 种作业许可、工作安全分析案例等系列成果。组织安全总监查患纠违竞赛、安全科长讲课比赛、基层队站长和班组长 HSE 能力培训，开展第三轮全员安全履职能力评估，HSE 素养进一步提升。

（侯梦龙　罗先志）

【HSE 监督检查】 2023 年，西南油气田公司坚持"严监管"高压态势，筑牢安全生产监督屏障。构建 10 个监督防区，实现风险作业 100% 远程巡查，18 个公司级重点工程全过程"驻场＋远程"监督，8 个项目实施"旁站＋巡查"监督，确保作业现场风险受控。聚焦监管重点难点实施专项督查，联合行业专家开展防硫化氢、自控系统等专项检查 13 个，深剖问题根源，明确管理提升措施，为安全生产决策提供有力支撑。严肃违章问题查处，开具 HSE 违规处罚通知 89 份，发出 HSE 警示通报、风险预警 15 份，发挥监督检查震慑作用。

2023 年，川庆钻探工程公司通过全员、全面、全方位、全过程隐患排查治理，提升全员自查自纠隐患的能力和意识，实现对安全生产风险的精准管控，加强监督队伍建设，强化监督能力提升。落实隐患排查责任，织密四级责任网络。按照特殊敏感时段领导带队督查、拆搬安吊装关键作业旁站、一般时段监督日常巡检、电子监督远程视频监控，岗位员工、基层队站、二级单位、企业分级落实四级责任，完善隐患排查治理机制。加强基层监管力量，转变安全监管模式。为安全监督配备齐全 4G/5G 手持终端、APN 物联网执法记录仪，施工现场实施"固定＋移动"视频监控，上线应用隐患违章管理系统。推动一体化平台 QHSE 信息系统隐患违章模块的建设和上线，搭建隐患违章分类分级数据库，建立 2 402 条常见隐患违章分级分类对应关系，实现隐患违章条目自动查询、联想录入、9 个维度大数据分析功能。开展安全监督履职专项整治和督查，对履职不到位的安全监督追责 177 人次，评估不合格辞退 19 人次，末位淘汰率 2%；完善安全监督培训、考核、评估、定级、派驻等用人机制，局级培训 121 人、评估 130 人、定级 887 人。组织编制川庆钻探工程公司、集团公司首届钻井安全技术比赛技术文件，制定钻井现场 8 个岗位巡检、班前会、模拟风险控制工具题库及比赛规

则。在中油技服、川庆钻探工程公司推广比赛成果，成为指导基层钻井队的培训教材。　　　　　（侯梦龙　于　凯）

【应急体系建设】 2023年，西南油气田公司加固区域应急保障体系，加强地下、地上两个系统应急资源配置与应急能力建设。全面加强应急力量建设，完成井控、开发、燃气、消防、通信5个领域应急能力专项提升，进一步完善大应急管理体系。铁山坡脱水站等6个消防执勤点全部建成投用，细化23个消防站（点）责任保障区域，建立应急力量调动处置方案23份，确保消防力量2小时有效覆盖生产现场。联合四川遂宁市、重庆潼南区开展首次跨区域含硫天然气泄漏突发事件应急演练，与四川省公安厅、应急厅等4部门联合开展油气管道安全保护综合应急演练，提升快速响应、协同配合、专业处置及应急装备物资调配能力。　　　　　　　　　　　　　（侯梦龙）

【交通安全管理】 2023年，西南油气田公司围绕专业风险防控，强化风险预警机制建设，聚焦防御性驾驶，狠抓车辆本质安全，道路交通安全管理水平持续提升。安全行驶里程超过7 000万千米，道路交通安全形势持续稳定。狠抓道路交通安全运行，设置高风险路段"电子围栏"，确保车辆运行安全；固化"三级"监控机制，建立车辆限速、疲劳预警标准，每月动态排序通报，危险驾驶行为得到有效遏制；强化车辆本质安全，开展车辆本质安全评估，推动车辆安全评估定级、管理分级；强化驾驶员安全行车能力提升，建立防御性培训标准课件，培育防御性驾驶培训师，严格内部准驾资质考核管理，确保驾驶员具备安全驾驶水平。

2023年，川庆钻探工程公司从交通安全管理"五位一体"（驾驶员管理、车辆管理、交通安全风险预警、运行过程管控、车管单位及车队HSE体系管理5个部分形成交通安全管理一体化）入手，推进分散车辆集中专业化管理，打造交通安全管理信息平台，自有车辆全覆盖安装360主动安全预警系统，实现驾驶行为主动安全报警、360度视频影像辅助驾驶等功能。　　（黄　宇　肖琳波）

【消防安全管理】 2023年，西南油气田公司夯实应急保

## 质量安全环保·节能节水

障基础，突出重点场所防火，护航油气产能建设。全面摸排消防设施取证培训需求，完成107人现场消防设施取证工作。对标国务院专职消防队建设要求，对标评估所属6个专职消防队伍，实施178项提升措施，系统提升消防保障力。增配系留无人机、远程供水系统等新型装备86套，消防队伍战斗力大幅提升，在集团公司消防专业化队伍考核中排名前列，首次评定为优秀。固化"周监督+专项"防火检查模式，片区交叉与联合检查结合，开展防火监督检查152组次，排查整治隐患2 828项。聚焦零散气、致密气火灾风险，开展消防专项帮扶，明确27项提级措施，为下一步提升新业态消防安全管理提供有效技术支撑。专职消防队伍保障涉油气高风险作业540次，出动车辆2 834台次、人员7 433人次，完成国内首个自主开发的特高含硫气田达产的保运任务。

2023年，川庆钻探工程公司结合各单位特点，从油气消防泄漏、用电用气等7个方面开展消防风险隐患排查整治；川庆培训中心智慧消防试点项目一期工程通过验收，为后续工程和向二级单位推广应用打下坚实基础。

（谭卫军　肖琳波）

【危险化学品风险防控】 2023年，川庆钻探工程公司组织开展陆上石油井场站场安全风险专项整治，组织排查停产井223口，完善停产井"一井一案"安全档案，开展现场核查，整改问题163个；排查油气站场22个，整改问题193项，接受国家应急管理部督导检查和信息化工作调研。修订《危化品泄漏突发事件应急预案》，完善应急处置流程，优化处置程序和应对措施，完善危化品应急管理体系。开发应用危化品安全管理模块，植入到中油技服EISC-HSE平台供各企业使用。　　　　　（龚忠利）

# 环境保护

【概述】 2023年，西南油气田公司学习贯彻习近平生态文明思想，将"管理精细化，废物资源化，发展绿色化，工作规范化"作为生态环境保护工作基本工作思路，在加快

产能建设的同时，提升污染防治能力，推进"双碳"目标建设和产业结构调整，主要污染物和温室气体排放保持双下降，环境风险受控，生态环境保护形势总体稳定。

2023年，川庆钻探工程公司学习贯彻习近平生态文明思想，完善生态环境保护管理制度建设，突出生态环境保护主体责任落实，打好污染防治攻坚战，积极推进节能减碳，生态环境保护形势持续稳定向好。

（李烨楠　何天鹏）

2023年11月23日，川庆钻探工程公司在成都召开生态环境保护暨下半年QHSE管理体系审核及井控检查总结视频会　罗润菁　摄

2023年9月1日，天研院受邀在成都召开的中国质量（成都）大会分论坛作主旨演讲　　　　　　　张庆南　摄

【环境保护管理】　2023年，川庆钻探工程公司党委进一步加强对国家和集团重大生态环保任务的研究落实，将生态环境保护工作列入各级党组织"三重一大"研究讨论范围，形成"党政同责"和"一岗双责"的"大环保"工作格局。组织召开首次生态环境保护大会，系统总结党的十八大以来绿色低碳发展和生态环境保护工作成果，分析新形势下面临的新问题新挑战，理清下阶段的总体工作思路，制定工作目标，部署安排八项重点工作。进一步健全生产过程环境风险分级防控机制，加强主要业务钻井、试修、压裂、运输和油气开发生产现场环境风险管理，进一步梳理风险源，识别环境敏感目标，综合风险源污染特性和环境敏感性开展风险评估，进行红、橙、黄、蓝四色标识和分级管理，印发《生产现场环境动态风险分级管控方案》，环境风险管控水平持续提升。

（何天鹏）

【环保技术服务】　2023年，川庆钻探工程公司安检院完成清洁生产设计56井次，老井遗留钻井液池隐患排查及治理方案设计209井次，建设项目环保竣工验收12项，水土保持咨询21项，复垦区土壤环境质量调查13项。川庆川东钻探公司完成清洁生产服务103井次，资源化利用岩屑10.8万立方米。川庆川西钻探公司完成106口井清洁生产作业，井间累计回用废水6 130立方米，同井回用废水1.67万立方米，收集处理水岩屑11.1万立方米。钻井液公司在油基岩屑处理服务164井次，完成19.9万吨油基岩屑处理工作，回收使用回收油基钻井液1.19万吨，回收基础油0.26万吨，减量率6%，完成清洁生产74井次，处理岩屑15.56万吨。

（何天鹏）

【环境监测】　2023年，西南油气田公司各单位按照自行监测工作方案，开展废气、废水、噪声和周边环境质量4个方面约16万个环境监测数据，完成年度监测任务。

2023年，川庆钻探工程公司按照监测计划开展各类环境质量监测、污染源监测、甲烷泄漏检测等2 504点次，获监测数据48 235个，其中监督性监测2 340点次，测试放喷环境空气监测28井次，固体废物资源化利用过程监测47点次，完成甲烷泄漏检测24个场站，柴油机、发电机尾气监测19井次；完成应急监测46井次。参加集团公司突发环境事件联动应急演练，参加长宁公司、四川页岩气公司、蜀南气矿、川中北部采气处等地企应急演练4次。

（李烨楠　何天鹏）

【环境隐患治理】 2023年，西南油气田公司完成集团公司环保隐患专项投资治理项目10项，使用自有资金完成环保隐患治理项目11个，全面消除遗留池体隐患313个。

2023年，川庆钻探工程公司组织开展环境风险排查治理工作，制定《2023年生态环境隐患排查治理工作方案》，通过二级单位自检自查、上半年QHSE审核、生态环境保护专项检查以及环境监理检查等多种方式进行排查，形成《2023年度生态环境风险隐患排查报告》，排查整改隐患843余项，对1项重大隐患制订整改方案，购置软体罐38个、总容量680立方米，改造组合罐320立方米，增强钻井废水、钻井液、压裂液及压裂返排液外溢应急收集能力。

（李烨楠　何天鹏）

【污染防治】 2023年，西南油气田公司聚焦污染源风险防控能力提升，坚持主要污染物分类施策，以最高标准、最先进工艺、最严格监管，打好"蓝天、碧水、净土、清废保卫战"。开展净化厂全时段达标管控及治理，完成5座净化厂开停车优化操作现场试验；全方位提升工业废水风险防控能力，压裂返排液回用率89%创历史新高；深化固废全过程合规管控，完成钻井固废合规处置，聚磺体系钻井固废性质鉴定取得阶段性成果；防范土壤污染风险，实现历史遗留池体和场站噪声超标隐患"双清零"。

2023年，川庆钻探工程公司部署污染防治攻坚战重点任务33项，开展放空天然气回收技术应用，回收天然气1 124万立方米；新增环保厕所10套，改造黄标车20台；完成页岩气开发场站13个平台复垦区土壤污染现状调查。COD排放总量为0.29吨，同比下降43.18%；氨氮排放量0.0021吨，同比下降98.01%；氮氧化物排放量8 690.84吨，下降20.85%；二氧化硫排放量2.46吨，同比下降20.95%，全面完成上级下达指标。

（李烨楠　何天鹏）

【低碳管控】 2023年，西南油气田公司围绕"双碳"目标，有序推进甲烷管控试点—扩大—推广"三步走"战略部署，加强碳资产管理、碳监测体系建设和温室气体控排，布局绿色低碳转型新路径。开展甲烷管控工程，推进甲烷核算因子研究，完成国家级甲烷泄漏检测试点任务，完成18座中低含硫场站长明火炬熄灭，通过空地一体全覆盖式监控手段，首次实现国内系统化天然气开采行业全过程甲烷管控，获国家生态环境部高度肯定。

（李烨楠）

【清洁生产】 2023年，川庆钻探工程公司持续优化钻井清洁生产工艺技术，新增新一代不落地工艺清洁生产设备8套，组织召开钻井清洁生产暨"三标一规范"推进会，推广技术成果22项。牵头起草的国家标准GB/T 39139.2—2023《页岩气环境保护第2部分：生产作业环境保护推荐作法》正式发布。

（何天鹏）

【科研成果】 2023年，川庆钻探工程公司开展"高含水钻井固废自动分离脱液减量化装置研制"等6项环保科研项目研究工作，成果申请发明专利12件、申请软件著作权1项、发表论文6篇。"深层页岩气钻井废弃物分类处理和资源化利用关键技术及规模应用"获中国石油工程建设协会年度科技进步奖一等奖，"钻完井作业减污降碳关键技术及规模应用"获中国环境科学学会年度科学技术奖二等奖，"陆上钻井废弃物分类处理和资源化利用关键技术及规模应用"获中国环境保护产业协会年度环境科技进步奖二等奖。

（何天鹏）

【建设项目环保管理】 2023年，西南油气田公司深化与地方政府三级协调联动机制，5个区块环评全部纳入四川省重点支持项目调度清单，单井环评周期同比缩短18%，区块环评周期在川渝同类项目中位居前列。建设项目环保、水保"三同时"执行率100%，联合省级专业机构，共同突破页岩气区块泉域保护和高含硫区块大气风险评估等技术瓶颈。

2023年，川庆钻探工程公司组织参与建设项目可行性研究、初步设计等审查会议10余次，组织对页岩气勘探开发项目、苏里格天然气勘探开发项目的竣工环境保护自主验收和水土保持验收工作，组织相关工作协调分析会，开展现场查勘并组织专家验收会6次；完成川庆页岩气项目部、川庆苏里格项目部20余个项目的竣工环保和水土保持验收工作，建设项目环保管理进一步加强。

（李烨楠　何天鹏）

【污染源管理】 2023年，西南油气田公司对新增生产设施，严格按照《固定源排污许可分类管理名录》取得排污许可证或进行排污登记，21个重点排污单元按证落实自行监测计划并按期提交排污许可执行季度、年度报告，排污许可执行报告提交率100%。

2023年，川庆钻探工程公司开展污染源调查工作，更新污染源档案300余份。源头减少污染物产生，开展钻井液材料包装去桶化，使用吨桶替代原塑料包装桶，废包装桶同比下降89%；组织开展"水基钻井岩屑用于钻前工程抗水强基结构层技术研究"，拓宽水基岩屑资源化利用途径，污染源管控水平进一步提高。（李烨楠　何天鹏）

【环境监督】 2023年，西南油气田公司以常规监督为主要抓手，协同开展7项专项监督，派出检查组156人次，检查施工、生产现场244个，发现问题1857个，覆盖在线监测、大气、固废、废水、噪声、建设项目合规管理全要素，进一步规范各类现场员工的生态环境保护行为，更全面地发现各生产现场和施工过程中潜在的环保隐患，及时避免污染事件的发生，确保各项生产经营活动依法合规开展。（李烨楠）

【环保教育与培训】 2023年，川庆钻探工程公司组织环保管理人员管理能力提升培训，重点培训环保法律法规、环保管理工作要点、生产现场环境动态风险分级管控要求、绿色企业单位及站队建设、碳资产管理及新能源技术、污染防治技术现状及发展方向，进一步提升二级单位管理人员的业务能力和管理水平。（何天鹏）

# 质量技术监督

【概述】 2023年，西南油气田公司贯彻国家质量强国建设纲要，践行质量管理理念，坚持强基础、严监管工作思路，完善质量管理体系和量值溯源体系，聚焦产品和工程质量提升，突出计量工作基础管理，强化全过程管控，质量计量信息化水平进一步提升，两级监管力度进一步增强，各项考核指标全面完成，为高质量发展牢筑根基。

2023年，川庆钻探工程公司围绕井筒施工作业，推进"一个整治"（井筒质量整治三年行动）和"三个专项行动"（自产产品提挡创优、提高采购物资质量合格率、货物运输服务质量受控），健全质量制度标准和QHSE管理体系，规范施工程序，严格过程质量监管，强化工程、产品和服务质量管控能力，为高质量发展提供有力的保障。

（曾维烁　范湘军）

【质量管理体系建设】 2023年，西南油气田公司落实集团公司高质量发展目标要求，发布《西南油气田分公司质量强企规划》，质量管理体系与勘探开发业务进一步融合；修订自产产品质量监督、计量管理实施细则等制度，进一步明确管理范围、细化管理要求，强化监管力度，为提升质量计量监管水平提供坚实的制度保障。

2023年，川庆钻探工程公司完善质量管理制度标准体系。修订印发《质量事故事件管理实施办法》，进一步规范质量事故事件管理流程，明确质量事故事件分级分类上报、调查、处理等相关工作要求。制修订《井筒质量巡查监督工作规范》《井筒质量评价规范》《井筒质量考核规范》等一系列质量管理相关标准，从工程、产品、服务等多方面细化管理要求。开展QHSE管理一体化审核。坚持"一体化、差异化、精准化"审核原则，完善QHSE量化审核标准，督促所属单位认真整改发现的质量问题，完善质量管理体系建设。将采购和井筒质量风险纳入重大风险统一管控，规范内控流程，按季度通报风险监控状况。制定《井筒质量风险防控规范》企业标准，着力提升井身质量不合格、固井质量不合格、取心质量不合格等重点质量风险防控能力。

（倪　锐　范湘军）

【产品质量抽查】 2023年，西南油气田公司进一步统筹整合两级质检力量，推动质量监督从传统的人工定期监测方式转向"自动检测+监督校准"方式转变。完成天然气质量检测专项监督检查和硫化氢含量现场分析比对，对气质监测点设置、监测频率、分析准确度等情况全面检查，开展过程控制检查7次，抽检油气产品260批次，保障油气产品质量稳定达标。

2023年，川庆钻探工程公司开展采购物资质量专项行动。组织加强化工"三剂"采购源头控制、严格供应商质量管理、强化物资仓储质量管控等重点活动。针对物资供应、重点产品监造、必检物资入库检验等重点环节，清查整改质量管控问题226项。建立供应商质量保证能力现场审核评价机制，分专业制定现场审核检查表和评分标准，委托专业机构试点开展现场质量审核，核查供应商产品生产和质量保证能力。下发《关于全面强化川庆钻探工程公司采购物资入库质量检验工作的通知》，以严把各类物资入库检验关为重点，落实必检物资检验要求。组织长庆钻井总公司、长庆固井公司等重点单位申报实验室认可资质，督促提升实验室检验能力。细化石英砂等大宗物资入库检验，下发《关于进一步强化支撑剂产品质量检验工作的通知》，缩小入库检验取样单元，增加支撑剂入库检验频次。严格采购（自产）产品质量监督抽查，共抽查704批次，发现不合格产品19批次，总体抽查合格率97.3%，挽回直接经济损失397万元。监督抽查自产产品81批次，全部合格。

（倪　锐　范湘军）

【采购物资质量监督】　2023年，西南油气田公司制订采购物资质量提升专项行动方案，开展套管质量专项监督检查，实时跟踪重点项目物资生产进度，关口前移开展制造与监造过程检查42次，为铁山坡等项目顺利投产提供质检保障。首次实现"四个全覆盖"（重点项目全覆盖、重要物资全覆盖、生产厂家全覆盖、监造机构全覆盖）监督抽查，抽检物资1 779批次，覆盖13大类物资、230个生产厂家，形成强力监督威慑。　　　　（倪　锐）

【井工程质量监督】　2023年，西南油气田公司完成油气水井质量三年集中整治，井身质量、固井质量、压裂丢段率均优于集团考核指标；实施井筒质量专项诊断评估，优化形成《井筒质量监督手册》和《典型较大问题判定标准》，井工程质量监督标准化管理水平进一步提升；创新实施井工程监督备案管理，实现新建井质量监督全覆盖、入井材料供应商抽检全覆盖，开展监督430井次、抽检入井液体材料8 863批次。　　　　　　　　　　　　（倪　锐）

【质量综合管理】　2023年，西南油气田公司营造质量文化氛围，申报国家工业领域最高奖项——第八届中国工业大奖，以小组第一名成绩通过中国工业大奖第一轮评审；"长宁公司实施页岩气井筒完整性管理的经验""遂宁天然气净化有限公司体系建设提升质量管理"2个项目获四川省工业质量标杆；"基于NQI的天然气全产业链'科技创新和成果转化'质量管理模式"获四川省天府质量奖。备案QC小组581个、质量信得过班组50个，培育质量标杆2个、成果106项，实现多项质量创优突破，全员质量活动积极性大幅提升。

2023年，川庆钻探工程公司发布实施《质量强企规划》。细化、分解"十四五"后三年质量强企重点工作，组织开展"自产产品提档创优、提高采购物资质量合格率、货物运输服务质量受控"3个质量专项行动，推进年度重点工作任务。总结提炼群众性质量活动成果。评审、表彰优秀QC成果一等奖12项、二等奖18项、三等奖29项，质量信得过班组30个。参与集团公司年度优秀群众性质量活动成果评选，获一等奖1项、二等奖2项、质量信得过班组2个。组织川庆长庆井下公司压裂QC小组参加第六届中央企业质量管理小组成果发表赛，获二等奖。深入开展"质量月"活动，以"完善质量管理体系　推进质量强企建设"为主题，安排8项重点活动，从增强全员质量意识、深化质量体系管理、严格重点设备驻厂监造、强化采购物资质量监管等方面开展工作，推进质量管控提升。

（倪　锐　范湘军）

【钻探工程质量监督】　2023年，川庆钻探工程公司强化质量管控顶层设计。多次召开井筒质量总结分析及质量提升保障会议，宣贯学习集团公司井筒质量"七条红线"判定标准，集中研判井筒施工质量改进措施，明确工作目标和管控指标要求。严格重点井施工质量，组织制定深地川科1井入井工具、材料管理控制规范和专项监督抽查方案，针对超大尺寸钻井工程项目完善技术措施，强化施工过程管理，切实保障重点井施工质量。提升设计质量，综合运用井身结构优化技术、三维轨迹设计与控制技术、大平台防碰设计与控制技术、激进钻井配套工艺技术等一系列优势技术，提炼、总结形成最优化钻井工程设计方案。强化数字化技术应用，长庆固井公司数字化新成果"固井生产全数字化管理平台"正式上线运行，实现施工、转灌、转灰等9个固井工作流程数字化管理，建成国内首个固井生产全数字化管理平台，有效促进固井施工质量管控。加大质量监督力度，以井筒质量为核心，坚持月通报、季考核，确保施工质量受控。优化重点井质量监督巡查工作标准和检查表，巡查钻试修现场302个，督促整改问题1704项。

（范湘军）

【计量管理】 2023年，西南油气田公司全面建成国家市场监督管理总局在天然气领域唯一重点实验室——天然气质量控制和能量计量实验室，启动国际一流水平高压天然气原级标准装置建设，推进能量计量计价体系建设，组织开展天然气能量计量设备性能评价，提前做好天然气能量计量准备工作。强检计量器具检定计划完成率100%，计量仪器仪表运行有效可靠；开展井口计量、外销计量、四川华油集团公司终端燃气计量3个专项检查，完善输差动态监控和分析机制，大管网输损率控制在合理范围；完成外销计量点远传改造，实现关键节点计量数据100%采集远传，计量信息化管理水平大幅提升。

2023年，川庆钻探工程公司强化专用计量器具管理。组织开展计量工作基本情况和在用石油专用计量器具情况调查，掌握计量管理总体情况，加大专用计量器具的管理力度。抓好计量器具使用状况监管。利用计量信息系统，做好远程监管和现场管理核查。帮促川庆安检院、川庆长庆井下公司等单位开展计量标准装置的资质到期复查，督促各单位完成计量器具检定45326件（次），有效保障各项计量数据准确可靠。

（王治 范湘军）

【标准化管理】 2023年，川庆钻探工程公司加强标准制修订全过程管理。以钻井、井下作业等主营业务为核心，牵头及参与完成3项国家标准、16项行业标准、2项团体标准、5项集团公司企业标准、2项国际标准培育项目及155项企业标准的制修订。推进标准争先创优，牵头或参与的7项标准获集团公司第五届优秀标准奖励，同时推荐4项标准参与集团公司第六届优秀标准奖评选。推动重点标准宣贯，下达29项重点标准宣贯实施计划，做好重点标准的配备、宣贯和现场实施。加强国际标准培育，成功立项2项集团公司国际标准培育项目，着力提高国际标准影响力和话语权。

（范湘军）

# 节能节水

【概述】 2023年，西南油气田公司强化节约优先的理念和"节能就是增产，节约就是增效"的观念，深挖内部潜力，努力实现能耗总量有效控制和能效水平持续提升，单位气田生产综合能耗同比下降4.66%，单位（油气当量）商品量综合能耗下降4.93%，完成节能量1.18万吨标准煤，节水24万方米，完成集团公司年度节能节水考核指标。

2023年，川庆钻探工程公司消耗能源44.02万吨标准煤，新鲜水用量1453万立方米，完成技术措施节能量4735吨标准煤，节约新鲜水0.87万立方米。（周 非 吴 彤）

【节能管理】 2023年，西南油气田公司聚焦节能降耗，坚持"精优控"提升能效，践行绿色低碳，突出降本增效。开展净化厂节流损失治理。开展系统性节能监测，完成重点用能设备监测377台；监测供用能系统17个，基本用能单元305个，三级单位区块整体监测6个。严格执行节能评估审查制度，组织完成中石油遂宁天然气净化有限公司适应性改造工程、盐亭天然气处理厂等重点工程的节能评估和节能报告报审，实现节能源头管控。开发净化业务优化级能源管控系统软件。开展能源计量器具配备自查，能源计量器具配备率全面达标。

2023年，川庆钻探工程公司整改集团公司能源审计发现的问题，编制审计整改报告并上报集团公司；组织各单位清理能源计量器具，编制能源计量器具配备方案，完成后勤基地能源计量器具配备。强化节能监测、能源审计工作，完成70台柴油机及发电机、43台钻井泵、19台压裂泵、20台压缩机、2台锅炉的节能监测工作。组织对川庆新疆分公司、川庆重庆运输总公司进行能源审计。围绕节能宣传周"节能降碳，你我同行"主题，全国低碳日活动"积极应对气候变化，推动绿色低碳发展"主题，结合四川省

开展的"大运有我,低碳生活"节电宣传活动,组织开展形式多样、内容丰富的节能宣传活动。（周 非 吴 彤）

【节能技术运用】 2023年,西南油气田公司推广应用节能"四新"（新技术、新材料、新工艺、新设备）技术,实现气田高效开发和节能降耗,推进应用节能型电动机、变压器,开展低效高耗设备的清理淘汰工作。落实技措节能项目12个,实现技措节能11 847吨标准煤；开展增压、脱水系统和井站工艺流程优化等老气田节能适应性调整改造工作；开展零散气放空天然气回收；推广节能高效设备,淘汰高耗低效电机、变压器27台。

2023年,川庆钻探工程公司推进"电代油",实施钻机"电代油"589井次,用电57 281万千瓦·时,替代柴油16万余吨。实施电动压裂3 543段,用电量7 418万千瓦·时,替代柴油2.08万余吨。推进钻井液、压裂液回收利用。回收利用压裂液294.39万立方米,钻井液20.06万立方米。推进新能源在后勤基地和生产现场的应用。在高沟口基地、双河基地、乌审旗基地建设完成光伏发电项目；在川庆长庆钻井总公司庆阳维保中心、陇东指挥中心、培训中心建设完成太阳能供热供冷项目；在川庆川西钻探公司49个钻井队、川庆川东钻探公司13个钻井队、川庆井下作业公司华阳生产基地、川庆长庆钻井总公司河东生产基地、河南乡生产基地推广太阳能路灯；在川庆长庆井下公司推广应用4套"零碳"野营房；完成10套30千伏·安/80千瓦·时离网型锂电池储能设备和1套100千伏·安/215千瓦·时储能装置在修井作业中的试验应用；完成1套1兆瓦/1兆瓦·时储能装置在钻井作业中的试验应用。已建成新能源利用项目年发电/节电量159.3万千瓦·时,年储能用电达500余万千瓦·时。

（周 非 吴 彤）

【节能科研工作】 2023年,西南油气田公司为解决现阶段在天然气开发生产中的节能技术和管理瓶颈,开展天然气净化厂能源管控技术研究、天然气余压发电装置性能评价与标准体系研究等；制修订《油气田生产系统经济运行规范气田采集输系统》《天然气余压发电系统测试及计算方法》等标准。

2023年,川庆钻探工程公司完成中油技服科研项目"节能减碳技术研究与电动钻机能源监控技术应用",编制能源管控现场调研报告,形成能源管控现场数据数据点表。实现深地川科1井用能及主要耗能设备能耗的实时监测。完成"生产基地与办公楼宇智慧能源管控系统研究",整合各二级单位后勤基地用能数据,统计分析生产基地和办公楼宇每月及年度用能现状,实现后勤基地能耗数据在线分析。完成"钻井用大功率发电机储能及井电系统优化技术研究",形成1套兆瓦级储能系统,实现储能系统根据电力的需求进行智能调度,优化钻机柴油发电机运行效率,降低燃油消耗率,减少燃料消耗量和碳排放量。完成《地热资源开发前期研究》,探索地热资源开发利用的经济性评价的原理,梳理评价指标,搭建评价模型,并选取4个案例进行模拟评价,形成地热资源开发利用经济性评价方法。

（周 非 吴 彤）

# 职业健康

【概述】 2023年,西南油气田公司坚持"预防为主、防治结合"的方针,切实履行职业病防治主体责任,依法开展职业病危害因素监测评估,落实人员职业健康监护,开展职业健康宣教和培训,完成集团公司下达的各项考核指标,无新增职业病发生。

2023年,川庆钻探工程公司落实集团公司工作部署,树立"大卫生、大健康"理念,构建大健康管理和服务体

2023年3月29日,川庆钻探工程公司所属单位到川庆井下作业公司观摩健康企业建设工作　　庞 圆 摄

系，强化职业健康和健康管理，推进健康企业建设，创建健康工作环境，倡导健康文明生活方式，营造健康良好氛围。　　　　　　　　　　　　（曾　灵　彭　锌）

【作业场所检测】 2023年，西南油气田公司调研生产、净炼化以及实验室等职业危害场所，形成定期检测工作指南及检测质量控制标准。安排落实专项费用，规范开展职业病危害场所定期检测，以及场所现状评价，检测率100%，无超标场所。

2023年，川庆钻探工程公司对存在职业病危害的单位开展职业病危害作业场所检测，并落实公告告知。每季度开展噪声日常监测，及时掌握职业病危害因素强度或浓度，切实做好治理或防范工作。开展超标作业场所的治理，为作业场所配备齐全控制和消除职业病危害的设备设施，并确保员工个人防护用品符合标准要求。加强日常监督检查，确保职业病防护设施有效运行、员工正确使用职业病防护用品。　　　　　　　　　　　　（曾　灵　彭　锌）

【职业健康监护】 2023年，西南油气田公司投入1 300余万元，对9 000余名接害员工开展职业健康体检，体检率100%，组织员工开展复查，严格对职业禁忌症员工进行调岗。依托四川宝石花医疗公司建立职业健康体检"一人一档"档案库，妥善保管16 000余份档案，切实维护劳动者健康权益。

2023年，川庆钻探工程公司开展"改善工作环境和条件，保护劳动者身心健康"主题的《职业病防治法》宣传周，组织开展"五个一"活动。严格落实职业病危害合同告知，坚持与接触职业病危害因素人员签订《职业病危害及防护措施告知书》，组织接触职业病危害因素人员体检4 931人，体检率100%，加强职业健康体检发现异常的健康管理、职业禁忌证的调岗，与接害人员签订《个人职业健康体检结果告知卡》，如实告知员工职业健康体检结果，做好妥善安置。组织员工开展上岗前和在岗期间的职业健康教育培训，提升职业病危害防护意识。
　　　　　　　　　　　　（曾　灵　彭　锌）

【职业病防护设施"三同时"】 2023年，西南油气田公司建立界面明确、职责清晰、分级审查的"三同时"管理模式，依法审查职业病危害预评价、职业病防护设施设计、职业病危害控制效果评价及验收230余个，严格把关审查、施工、验收等关键环节，从源头预防和减少职业病危害因素对劳动者健康的损害和影响。
　　　　　　　　　　　　　　　　（曾　灵）

## 员工健康

【概述】 2023年，西南油气田公司贯彻落实党的二十大"推进健康中国建设，把保障人民健康放在优先发展的战略位置"的决策部署，推进打造标杆型健康企业，整体较"十四五"末目标提前两年实现四川省、集团公司健康企业"双达标"建设，生产经营和员工健康得到协调发展。
　　　　　　　　　　　　　　　　（曾　灵）

【健康体检】 2023年，西南油气田公司开展差异化、精准化全员健康体检，推进实施更加专业的"1+N+X"体检套餐，提高重要异常结果发现率和准确率。增加专项资金，启动40岁及以上员工肺癌、肠癌、胃癌早期筛查，并对阳性人员一对一跟踪指导。制定《员工健康分类分级管理要求》，掌握健康高风险员工情况，加强跟踪随访管理。

2023年，川庆钻探工程公司根据员工健康现状，优化员工年度健康体检项目，突出心脑血管筛查和基础慢性病检测，科学合理设置特征体检项目和慢性病专属项目，提高体检项目的针对性和自主选择性。督促体检结果异常人员按体检报告意见及时进行复查和诊治，严防拖延时间造成病情恶化，提高体检工作的有效性。建立单位+医院+家庭"三位一体"健康风险干预机制，定期开展健康问诊、指导和随访，实施定向干预措施。（曾　灵　彭　锌）

【健康企业】 2023年，西南油气田公司党委会专题审定《深化健康企业建设专项工作方案》，安排部署41项具体举措，以持续提升健康管理效能、改善生产生活环境、完善健康资源、培育健康文化为抓手，促进健康企业建设取得"六个一"建设成果，即建成一套规范实用的健康管理体系、构建一批关心关爱员工身心健康的长效机制、培育一支优秀的健康管理人员队伍、搭建一个100%覆盖全体员工的健康关爱网络和服务平台、获得一批受人瞩目的健康荣誉、树立一个政府和公众高度认可的良好社会口碑。

2023年，川庆钻探工程公司在办公场所、后勤场所建成"健康小屋"50个，在野外作业现场试点配备便携式随诊包766个，为员工提供测量血压、血糖、血脂、体重等健康指标。在重点工作场所推广使用除颤仪（AED），提高员工突发心脑血管疾病生命救助能力。在生活基地、野外营区，试点配备紧急呼救装置，提升突发疾病情况下的应急处置效率。邀请知名医院专家开展健康知识大讲堂，通过"川培在线"小程序发布癌症预防知识、心血管疾病防治知识等，提升员工健康意识。广泛开展健步走、跳绳、羽毛球等丰富多彩的体育健身活动，引导员工树立"每个人是自己健康第一责任人"的理念。

（曾　灵　彭　锌）

【健康保障】 2023年，西南油气田公司着力健康保障体系建设，建立首席健康官机制，配备健康网格员队伍1 700余名，培训兼职急救员654名、兼职营养员215名。持续改善生产生活环境，打造职工幸福公园、健身绿道以及健身房等休闲娱乐场所，建成"健康小屋"76个、健康角205个、职工心灵驿站29个、职工健身活动阵地556个，91个重点场所配备AED设施；完成标准化食堂建设，建立特殊人群五日带量食谱库100种；保障员工饮水健康，全覆盖检测一线场站自建或二次供水设施饮用水水质卫生情况。强化健康监测服务，累计提供员工日常血糖、血压、血脂、尿酸的便利化检测、远程问诊服务约43 000人次；连续3年开展"送健康到基层"，为一线职工提供面对面诊疗、慢性病管理等服务。强化员工心理健康关爱，持续开展心理健康筛查，安排心理卫生专家开展一对一访谈、疏导，开展职工"幸福讲堂""关爱西油人心理健康知识讲座"、沙盘辅导等团体活动。

2023年，川庆钻探工程公司在四川、重庆、长庆、新疆等主要生产经营区域建立"绿色医疗"服务通道，按照片区共享原则，指定各区域牵头单位，与医疗服务机构或当地三甲及以上医疗资质的医院签订服务合同，为1 000余人提供了医疗救护保障服务。优化员工健康管理信息系统功能，强化个人健康信息和体检结果分析应用，全方位指导和服务员工健康管理。邀请红十字会等专业机构，逐级开展兼职急救员取证培训，涵盖心肺复苏、AED操作、清除气道异物梗阻、创伤包扎、特殊伤处理等，2 841人取得红十字救护员证。

（曾　灵　彭　锌）

2023年4月10日，宝石花汽服公司在成都新建的"健康小屋"正式投用

马　绰摄

【健康宣教】 2023年，西南油气田公司组织主要负责人、管理人员共420人参与职业卫生管理资格取证培训和复训，结合专题培训班、轮班培训等方式，组织接害和特殊作业岗位员工开展法律法规、操作规程、应急处置等知识的岗前和在岗培训，委托专业机构开展覆盖全体员工的专项职业健康宣教。开展《职业病防治法》宣传周活动，组织主题宣讲354次、宣传咨询287次、警示教育活动257次、应急演练122次，宣传受众达21 316人次；开展职业健康传播作品征集和展示活动，征集展示作品90件，其中1件作品获集团公司一等奖，2件作品获三等奖。

（曾　灵）

# QHSE体系

【概述】 2023年，西南油气田公司构建安全环保主动履责长效机制，强化安全领导力示范，聚焦最小工作单元安全环保履责，对基层岗位安全履职和风险防控实施清单式管理。推动QHSE体系建设提档，优化"管理追溯思维导图"等审核工具，促进审核质量提升。以"示范站队"创建为抓手，助推基层站队QHSE标准化建设质量再提升。

2023年，川庆钻探工程公司海外社会安全管理业务贯彻落实集团公司、中油技服和川庆钻探工程公司各项工作要求，推进国际业务社会安全管理体系建设，防范化解国际业务社会安全风险，确保海外员工身心健康。年度未发生海外社会安全伤亡事件，因公出国人员防恐安全培训率100%、健康体检和评估率100%，国际业务安全平稳运行。

（蔡阳春　李子睿　何　虹）

2023年11月17日，西南油气田公司在成都召开下半年QHSE管理体系审核末次会议　　　　　　　　　　　杨艺徽　摄

【安全环保责任制建设】 2023年，西南油气田公司构建安全环保主动履责长效机制。建立领导干部QHSE教育常态化机制，委托行业协会对205名处级领导人员进行履职能力评估，以考促学提升关键少数安全领导力。聚焦最小工作单元安全环保履责，完成集团公司"两个清单"编制与运用工作试点，对基层岗位安全履职和风险防控实施清单式管理。搭建起"责任清单执行无漏项"信息化监管手段，责任清单执行自动推送考核系统、自动生成绩效数据，信息化赋能执行力监管。（蔡阳春）

【QHSE管理体系审核】 2023年，西南油气田公司推动QHSE体系建设提档。一体化提升体系审核实效性，整合分析监督审核问题数据6万余条，找准管理薄弱环节、问题高发领域和问题集中单位，优化"管理追溯思维导图"等审核工具，提前辅导、对照查改，自主整改问题3 369个。强化"监督查现场、审核溯管理"协同作用，聚焦监督检查典型问题强化管理溯源，查改管理弱项61个，技术组严格审核过程跟踪，严控问题质量。统筹监督审核、重点工作落实、典型事件等关键指标，客观评定体系运行水平，发挥量化评定"靶向"作用，引导各单位建立自我改进正反馈。

2023年，川庆钻探工程公司落实"一体化、差异化、精准化"审核要求，结合井控检查，实施"全要素审核+专项审核"，完成2次覆盖23个单位的审核，审核319个基层单位，"四不两直"检查65个现场，驻点审核33个现场，应急演练93次，作业许可模拟签票92次，岗位员工标准化操作模拟141次，全年审核发现问题4 406个，严重问题171个，问题总数同比增加1 175个，增长36.4%。2023年，迎接中油技服四川盆地、塔里木盆地、鄂尔多斯盆地审核和承包商及风险合作专项审核，共查改问题334个。QHSE管理体系通过北京中油认证有限公司再认证审核，公司HSE、OHS、E、Q管理体系符合标准规范要求，通过第三方认证审核，继续保持注册资格。

（蔡阳春　田衍亮）

2023年10月18日，川庆钻探工程公司2023年下半年QHSE管理体系第八审核组在越盛公司召开末次会议　叶蘅柄　摄

【QHSE管理体系建设】 2023年，川庆钻探工程公司通过审核发现问题数据和阶段人员、设备、工艺、环境和管理五类动态风险数据，从事故事件、违章隐患、动态风险

和短板要素4个方面，分析QHSE管理现状，画像QHSE管理情况，查找体系运行规律、特点和不足，提出针对性改进建议，实施精准帮促指导，下发安全生产现状分析提示函。每月识别人员、设备、工艺、环境和管理五类动态风险，并逐一制定动态风险管控措施，定期统计分析动态风险变化趋势，下发动态风险月报，提示动态风险管控，做好动态风险管控，完善QHSE管理体系。　　（田衍亮）

【基层站（队）QHSE标准化建设】　2023年，西南油气田公司建立完善标准化建设机制。发布标准化建设实施细则、建设指南标准，统一规范各专业标准化建设重点内容、示范站队评审标准，系统建立起标准化建设复评及示范站队考评退出机制。夯实管理基础，紧密衔接"油公司"改革模式，专题研究讨论扁平化改革单位的标准化建设体系模式，优化新型作业区标准化体系，厘清基层职责界面，优化业务流程89项，实现基层QHSE管理体系与标准化管理一体化运行，基层安全管理更加高效。提升建设质量，更新建设标准383个，指导基层对标整改各类问题1 895项，有效助推标准化建设从达标数量向达标质量转变。强化示范培育，重点培育应急抢险、物资供应、通讯保障、实验室等后辅单位示范站队13家，培育集团公司示范站队1家。

2023年，川庆钻探工程公司落实集团公司基层队站HSE标准化建设要求，结合数字化、智能化建设新要求，试用新版HSE作业计划书，编写HSE标准化作业程序和岗位HSE检查表。规范人员、设备、工艺、环境和管理五类动态风险划分标准、管控职责、管控流程、相关要求和管控月报表模板。规范现场HSE风险告知，统一钻前、钻井、井下、集气站和后辅单位现场HSE风险告知要求。推行风险控制工具有形化，开展风险控制工具运用现场帮促，推广中油技服基层队站HSE标准化建设和安全技改最新成果观摩会成果，分专业分主题开展观摩交流，提升现场HSE标准化整体建设水平。经各单位验收推荐，审查评定公司级示范队站89支，并推荐集团公司级示范队站1支。　　（罗　旭　田衍亮）

【海外HSSE管理】　2023年，西南油气田公司国内对外合作全年未发生一般C级及以上工业安全生产事故，未发生环境污染和生态破坏事件，无新增职业病，各项QHSE绩效指标均控制在下达范围内。其中，川东北项目连续安全生产6 148天，川中项目连续安全生产1 803天。海外业务实现"零伤害、零事故、零损失"工作目标。

2023年，川庆钻探工程公司梳理国际业务社会安全管理体系要素和流程，组织修订国际业务社会安全管理体系管理手册和程序文件，下发《2023年国际业务社会安全和健康管理工作要点》，修订发布《国际业务社会安全管理实施规定》，构建海外项目安全保护长效机制。识别项目风险，落实风险管控。根据集团公司安保方案新模板，指导巴基斯坦、厄瓜多尔、土库曼斯坦等海外高风险国家项目编制风险评估报告和安保方案，审查和完善安保方案42个，均一次性通过集团公司审查，针对性识别拟投标新项目的社会安全风险，并督促在项目实施过程中落实措施。完善应急预案，落实应急演练。按应急预案修订换版工作要求，修订完成《涉外社会安全突发事件专项应急预案（G版）》《涉外公共卫生突发事件专项应急预案（G版）》。组织厄瓜多尔项目针对井场被社区人员围堵事件开展四级联动应急桌面演练，优化中方人员各项流程；组织厄瓜多尔LAGO营地中方人员31人与当地军警进行实战应急演练，提升人员应急处置能力。突出预警预防，杜绝事件发生。密切关注各项目所在国政局、外交和各种社会复杂情况等动态信息，加强信息收集和研判，及时获取，准确分析。针对项目各地频发社会安全事件的严峻形势，及时发布和转发安全预警4次，督促海外项目升级社会安全管理。厄瓜多尔ISHPINGO项目CCDC28队、CCDC66队所在井场先后发生5起被社区人员围堵事件，均及时将信息上报集团公司和中油技服，督促项目积极与甲方等沟通联系并第一时间将机组中方人员安全转移至LAGO营地。组织QHSSE体系审核。按审核计划，开展国际业务QHSSE体系审核工作，对2家单位进行审核，对土库曼斯坦、厄瓜多尔、巴基斯坦等海外项目开展视频审核，共发现问题101项。接受集团公司社会安全管理体系审核，覆盖本部、厄瓜多尔项目及现场、巴基斯坦项目等，按审核要求组织线上视频审核、员工访谈、线下验证等，整改发现的31项问题。动态监测海外员工健康状态。组织因公出国人员参加健康体检及评估。评估661人次，其中合格530人次、限制性合格80人次、不合格51人次。针对不合格员工的健康情况，督促涉外单位通过药物控制、健康干预、饮食改善等方式对员工进行健康管理。督促海外中方员工按集团公司要求每日在海外风险预警平台App如实更新身体健康信息，实现健康在线监测率100%。倡导海外在岗员工参加集团公司海外员工帮助计划（EAP），按《关于深化集团公司国际业务心理健康服务工作的通知》要求，组织108名海外在岗员工进行心理测评工作。

（邓　伟　李子睿　何　虹）

【海外HSSE培训】 2023年，川庆钻探工程公司组织社会安全管理培训班1期，培训30人次。组织参加集团公司海外防恐安全培训44期次，培训411人次。因公出国（境）团组和海外项目人员的防恐安全培训率均100%。

（李子睿　何　虹）

责任编辑：林　勇

# 科技与对外合作
Science & Technology / International Cooperation

# 科技发展

【概述】 2023年，西南油气田公司着力高水平科技自立自强，完善科研管理模式、项目合作方式、成果转化机制，加强研发投入管理，集中力量攻关重大理论和关键技术，全力破解制约增储上产的瓶颈问题，完善天然气工业技术体系，提升自主创新能力和核心竞争力，推动科技创新迈上新台阶。

2023年，川庆钻探工程公司全面落实集团公司科技创新工作部署，实施"技术立企""数字赋能"战略，关键核心技术攻关与科技成果转化创效，开展知识产权布局导航与综合试验平台建设，推进工程技术中心与企校创新联合体建设，严控经费合规使用，落实科技激励政策，建立容错机制，完成各项年度科技重点任务。通过国家知识产权管理体系认证，保持国家高新技术企业资格。

（孔　玲　毛　斌）

2023年4月26日，川庆页岩气项目经理部在成都举办青年科技论坛　　　　　　　　　　　　　　　　　　　　　　杨朴岩

【经费投入】 2023年，西南油气田公司下达各级科研经费52 077万元，其中股份（集团）公司7 624万元、油气和新能源分公司投入7 725万元、自筹勘探研究计划10 522万元、自筹科技计划26 206万元。突出科技项目原创性，加强"三新"（新产品、新工艺、新技术）鉴定，新开科技项目"三新"占比达87.6%；强化预算指导和执行检查，年度科技项目经费执行率83.1%。组织召开研发投入工作推进会，贯彻落实总部研发投入工作管理要求，以更高站位凝聚科技创新共识共为；对研发支出统计实行"周跟踪、月通报"，确保与项目实际执行进度相匹配，研发投入（支出）9.805 7亿元，完成年度集团公司研发投入考核目标的104%。

2023年，川庆钻探工程公司科技研发投入持续增强，科技投入14.29亿元，占主营业务收入3.8%。拨款4.07亿元，其中集团公司经费1.53亿元、中油技服经费0.29亿元、公司级拨款经费2.25亿元。（孔　玲　毛　斌）

【科研项目】 2023年，西南油气田公司组织实施各级科技项目590项，其中集团公司科技项目50项、油气和新能源分公司科技项目27项、西南油气田公司科技项目354项、前期研究项目54项、技能人才项目16项、院士工作站及咨询项目10项、所属二级单位科技项目79项。

2023年，川庆钻探工程公司组织召开打造原创技术策源地工作推进会，系统部署打造原创技术策源地、加快关键核心技术攻关相关工作，主动承担国家、集团公司、中油技服关键核心技术攻关任务，精心布局公司D类、E类项目，各级科研项目互为补充，定位更加科学准确。承接国家集团公司关键核心技术任务。组织首席专家牵头的科研团队参与集团公司重大科研项目揭榜挂帅，成功拿下"万米超深层取心技术与工具研究"项目，承担和参与集团公司级课题43项、中油技服级课题14项，保持在集团工程技术板块的科技创新领先地位。推进科技攻关有形化导向。在D类项目中，更加注重产品类研发，努力实现高端装备、工具、软件的国产化、本地化、自主化，运行D类项目334项，其中产品类项目占比60%。围绕现场生产布局科研项目。以解决现场实际需求和技术发展为目标，优化D类项目计划。同时，发挥所属单位紧贴现场生产的特点，针对部分难度不高、现场急需的技术问题，设立E类项目攻关，部署实施E类项目388项，有效发挥科研支撑作用。

（孔　玲　毛　斌）

【进站院士合作项目】 2023年，西南油气田公司与贾承造、罗平亚、胡文瑞、黄维和4名进站院士深化合作，开展技术和决策咨询攻关研究，助推高质量上产500亿。为进一步深化陆相致密油气的成藏富集理论，开展四川盆地致密气资源量、重点区块成藏机制、油气分布规律的研究，深化地质认识，明确发展方向和目标，制定勘探策略，指导勘探部署。针对蓬莱气区长裸眼段井壁失稳和承压能力不足的问题，形成一套适合于蓬莱气区长裸眼段高效承压防漏堵漏钻井液技术体系，缩短钻井周期，提高经济效益。深刻剖析中国页岩气勘探开发特点及挑战，制订适用于页岩气勘探开发体系架构方案，为页岩气开发有效降低成本的模式探索开展技术咨询。开展天然气管网精细管控关键技术及数字化平台研发，为从根本上提升输气管网的管理水平提供核心技术支持，为下一步管网智能辅助决策技术攻关奠定基础，助力"智能油气田"规划目标的实现。针对大足井区漏失特征，建立适宜大足井区的堵漏评价模式，形成天然裂缝凝胶段塞堵漏技术及诱导性刚性桥塞堵漏技术，有效解决恶性漏失，提高一次性堵漏成功率。借鉴苏里格气田成功经验，从四川盆地致密气资源潜力、探明储量动用程度、开发成本、规模效益开发对策与建议等方面进行分析研究，为致密气规模效益开发模式的探索提出咨询建议，助推"十四五"致密气规划目标的实现。

（孔　玲）

【科技管理】 2023年，西南油气田公司创新构建天然气技术谱系。结合业务和技术发展，制定12个技术方向三类技术40项技术标签，设立专题项目，由科技处和技术咨询中心联合牵头，各院所分专业组织。首席专家、业务部门、技术咨询专家全程指导把关，系统梳理形成12大专业方向，三人类技术共2 300项，建立技术谱系信息管理模块，同时将待攻关技术与科技项目管理模块进行融合，提升技术发展的可持续性和技术管理应用的时效性。持续强化与专业高校的合作，在"基础地质、钻井提速、压裂提产"3个方向与高校开展联合攻关项目28项，并强化与高校的"揭榜挂帅"及已开展合作项目。加大业务主导和顶层设计，实施立项指南制，确保研发项目按照统一标准、统一安排、统一实施的"三统一"原则，杜绝重复研究，提高立项质量。科技处邀请各专业首席专家领衔，联合业务处（部）室，组织专家组对公司级科技项目开题设计严格把关，经审查合格，下达公司级新开科技项目161项。强化科技攻关的目标引领和业务主导，实施公司级科技项目430项，完成184项科技项目验收，支撑技术实力提升和生产任务指标完成。

2023年，川庆钻探工程公司聚焦科技创新和创效工作，以主题教育活动为契机，群策群力，优化完善科技创新体制机制，提升科技治理能力，激发创新活力。推行关键核心技术项目"揭榜挂帅"。开展"CQ-GeoDrilling井筒工程地质一体化系统研发"等8项关键核心技术"揭榜挂帅"，在川庆钻探工程公司内招聘8名领军骨干，给予相应的待遇，调动优秀科研人才干事创业的积极性。优化工程技术中心设置。增设"油气地质工程技术中心"，加快推进工程地质一体化融合进程，为自营区块、风险合作区块及主要工程服务区稳产增产提供技术支撑。推进联合攻关开放合作环境。与西安石油大学设立致密油气藏勘探开发研究中心，分别与西南石油大学、长江大学共建基础力学中心。运行创新联合体合作项目45项，验收企校合作项目36项。营造良好创新生态。开展对所属单位的科技创新能力量化审核和高水平科技自立自强专项监督，推动党委对科技发展的部署落实落地；完善制度体系，制订《软科学管理办法》，修订《科研外协管理办法》，编制《科技创新容错机制实施意见》；组织开展全国科技活动周、知识产权宣传周活动，在全国科技工作者日召开公司科技工作者座谈会，与科技战线的骨干代表共谋公司创新发展之路。

（孔　玲　毛　斌）

2023年5月25日，天研院在成都举办2023年重大科技原始创新项目"揭榜挂帅"大会　　　　　　　张庆南　摄

【科技专项组织管理】 2023年，西南油气田公司完成一批重大科技项目攻关，取得系列重大成果和应用实效。完成"膨胀管裸眼封堵技术与装备现场试验""深层页岩气有效开采关键技术攻关与试验"2个重大现场试验项目的自验收工作，高质量通过集团公司现场验收。抓好C级科技项目的组织和实施。根据油气和新能源分公司推进科技管理体制改革，优化整合科技项目的要求，组织直属院所对2021—2022年度调整和终止的32项C级科技项目进行阶段成果总结，组织专家审查验收，通过验收的项目整理

研究资料完成归档。加强组织油气和新能源分公司新开风险勘探、油气"压舱石"、油气提高采收率等5项科技专项、油气资源评价1项一般研发项目的开题设计编制和论证，确保项目攻关内容的针对性。组织正常结题的2项科技项目自验收工作。

（孔 玲）

【科技平台建设】 2023年，西南油气田公司统筹安排，落实资金，完善配套，开展实验项目攻关、设备研发和专利标准申报，加强实验室人才培养，稳步推进各级实验平台建设。国家市场监管重点实验室（天然气质量控制和能量计量）通过国家市场监管总局验收，国家级重点实验室跃升为2个；页岩气评价与开采四川省重点实验室参与四川省能源与化工行业首轮重点实验室优化重组，并通过答辩，被四川省科技厅授予"2023年度管理运行工作先进重点实验室"奖牌，连续3年获通报表扬，为助推四川盆地页岩气的上产升级，打造原始创新和成果孵化平台；完成集团公司高含硫气藏开采先导试验基地腐蚀与防腐基地建设，助力国家能源高含硫气藏开采研发中心现场试验条件提档升级，完成地面设施完整性试验基地（一期）建设并正式投运。召开国家级重点实验室、四川省重点实验室学术委员会，加强重点实验室学术委员会在实验室发展方向、基础研究、运行成效、成果评价等方面的指导把关，做好实验室顶层规划、布局基础攻关、推动开放基金项目、制订开放合作计划，进一步释放科技创新活力。

2023年，川庆钻探工程公司以国家、集团科研平台建设为载体，梳理实验设备设施，整合资源，发挥科技基础条件平台支撑作用。持续保障科技基础平台平稳运行。各基础试验平台共分析测试样品68 203件，编写实验研究报告74 359份，仪器设备使用率平均85%，科技平台运行安全平稳受控。加快推进科技基础条件平台建设。以"国际一流、国内领先"为标准，推进"钻完井工程综合试验平台"建设，完成平台建设手续审批流程，有序组织3 000米循环、井下工具功能性试验和全尺寸三轴振动测试三大试验系统建设。依托国家工信部平台建设项目，制定建设任务与时间节点，推进"旋转导向测试""高温高压完井试油工具研发""井控装备监测"三大平台模块建设进度。加快推进科研设施与仪器内部共享。初步建立科技管理系统实验室共享管理平台，设立内部科研设施与仪器资源数据库，逐步推进科研设施与仪器内部有偿共享工作落实落地，提高科技资源利用效率。（孔玲 毛斌）

【咨询服务】 2023年，西南油气田公司以勘探—开发—科技为主线，加快建设重大决策咨询参谋部。践行决策咨询制度体系，依据技术咨询中心专家费用管理、专家管理、咨询业务管理"1+3"决策咨询制度体系，探索建立咨询评估标准规范，提升业务管理能力，实现数字化管理和专业化服务。推进"咨询评估、专项调研、专题研究"三大核心业务工作。以专家资源建设为着力点，重点聚焦探矿权退减方案评估、开发方案审查、重大科技项目咨询等业务，组织开展各类咨询评估88项，提出咨询建议1 200余条，参与咨询评估专家达1 700余人次，创历年新高。以破解发展难题为主攻点，围绕勘探、开发、储气库、新能源、信息技术、土地管理、党建等领域开展专项调研9项，推动解决相关领域发展难题。以重大战略为切入点，全面推进9项专题研究工作；依托院士工作站和集团公司咨询中心两大平台，向国家、四川省或集团公司争取相应政策支持，对指导未来科技进步和发展具有重要意义。

（孔 玲）

【博士后科研工作站】 2023年，西南油气田公司加强博士后工作站建设和管理。借助博士后工作站引进培养高水平科技人才，新进站博士后19人，出站博士后11人。由出站博士后形成的科研成果丰富，取得专利、软著、论文等成果60余件（篇），支撑重点领域技术进步和生产效率提升。博士后工作站进站博士140人，出站79人，在站51人。

2023年，川庆钻探工程公司规范博士后科研工作站管理，组织博士后招收工作，引进4名博士进站工作。加强博士后资助经费管理，申请发放四川省博士后经费资助2人次。2名博士后完成研究任务，考核合格出站。在站博士后6人。

（孔玲 毛斌）

【专利与知识产权】 2023年，西南油气田公司强化知识产权与业务发展深度融合，注重顶层设计，明确知识产权方向。随着油气勘探开发加快向"深、低、非"领域集中，不仅在常规天然气勘探开发主干专业领域，还有意识地在深层、非常规油气、新能源等领域开展专利布局，围绕知识产权布局设置常态化年度科技项目，将知识产权作为科研项目硬性考核指标纳入开题，使知识产权创造融入项目研究全过程，支撑全产业链及重点技术领域专利布局。突出关键环节，提升知识产权质量。从专利挖掘入手，成立包括研发人员、管理人员和专利代理师为主体的知识产权服务组，通过与技术骨干现场交流、解疑释惑，协助专利发明人高质量完成专利技术交底书的撰写；从质量控制入手，知识产权管理人员与专利代理公司层层把关，杜绝明显无创造性专利的提交，同时，知识产权服务组协助发明人进行发明点的查新和挖掘，明确核心及次要发明点，增加专利授权率；从加强保护入手，知识产权管理人员全程审核初始专利文本、审查意见答复等资料；以核心创新点为中心，挖掘多个保护性专利，形成对核心技术的保护网；以涉及海外业务的核心发明专利为优先权基础，申报外国专利。营造知识产权氛围，培养创造意识。以"全国知识产权宣传周"为主题，开展形式多样、内容丰富的主题活动，宣传知识产权保护知识，树立和培养知识产权先进典型；党委主要领导带头作表率、申请专利、撰写文章，同步推进科技创新与生产建设，营造出浓厚的知识产权保护氛围；通过各类会议、各级培训班、网络电视、微信公众号等多种渠道，开展知识产权经验分享，引导广大干部员工从上到下形成浓厚的知识产权创造氛围。通过相关措施落实，知识产权成果数量再创新高，申请国家专利672件，其中发明专利618件，首次突破600件大关，是2022年申请量的1.6倍，发明专利占比92%，远超集团公司考核指标（发明专利占比75%），授权专利135件，刷新年授权纪录。申请国外PCT专利15件，完成集团公司年度考核指标的200%。申报软件著作权78件，认定技术秘密14件。申报的"确定焖井时间的方法、装置、计算设备和存储介质"等3件专利获集团公司第五届专利奖银奖和优秀奖。同时，建立知识产权管理体系组织架构，明确各机构知识产权工作职责和任务，完善知识产权相关文件，通过知识产权管理体系审核认证，成为集团公司首家贯标的油气田企业。

2023年，川庆钻探工程公司优化改进知识产权工作机制，知识产权保护工作开启新局面。持续完善知识产权工作体系，发布《川庆钻探工程公司2023—2030年知识产权发展规划》，规范和强化知识产权工作战略规划与顶层设计，开展贯彻《企业知识产权管理规范》国家标准工作，通过知识产权管理体系国标认证。知识产权创造水平稳步提升，组织申报专利510件，发明专利申请占比90%以上，超额完成集团公司计划指标。强化科研项目知识产权全过程管理，开展科研项目立项知识产权分析，组织开展"二氧化碳工程作业技术""新一代录井关键技术与装备"等专利导航与布局工作，核心技术知识产权培育更加科学合理。组织各级知识产权奖励申报，获集团公司专利银奖、优秀奖各1项，四川省专利银奖1项，授奖等级及数量实现新突破。知识产权人才队伍建设逐步加强，组织150余名员工参加国家专利代理师资格与集团公司知识产权专员资格取证，8人获国家专利代理师资格，3人获集团公司知识产权专员资格。

（孔 玲 毛 斌）

【标准工作】 2023年，西南油气田公司强化科技创新与标准深度融合，提升行业话语权。首次牵头集团标准与科技融合的项目，开展标准体系和国际标准研究项目，支撑标准化战略高质量发展；搭建科技研发与标准研制协同发展平台，依托博士后工作站、四川省院士（专家）工作站以及国家、集团公司、地方政府、本公司重点实验室等优势资源，发挥平台科技、设备及专家的作用，有效支撑标准研制。作为第一起草单位，发布国际标准1项、国家标准14项、行业标准5项、集团公司企业标准2项、团体标准2项、本公司企业标准124项。《天然气 上游领域 滑溜水降阻性能测试方法》国际标准的正式发布，是我国在页岩气国际标准领域取得的首次突破，为我国页岩气技术参与国际市场竞争迈出了关键一步。

（孔 玲）

2023年8月17日，中国首套具有自主知识产权的单井橇装LNG回收站常温法BOG提XAI工业装置在西南油气田公司金浅3井投运成功

张瑞春 摄

【学会工作】 2023年，四川省石油学会深入学习贯彻习近平新时代中国特色社会主义思想，围绕中国天然气工业大发展的新定位、新要求，发挥桥梁纽带作用及社团优势，在组织建设、学术交流、科技咨询等方面取得一系列重要的新成绩。促进行业学术繁荣，高效组织第六届成都天然气论坛、第33届全国天然气学术年会、中国储气库科技创新与产业发展国际高峰论坛等一批高层次、有影响的大型学术活动，交流学术论文2 180余篇，现场参会人数超6 000人次，四川省石油学会天然气学术交流平台的品牌影响力显著提升。强化行业科技奖励品牌培育，坚持推动科技创新，夯实以"质量、绩效、贡献"为核心的评价导向，开展科技成果咨询评估，学会组织各级专家1千余人次，为有关会员单位的71项成果开展评价，推荐14项成果参评四川省科学技术进步奖，推荐25项成果获四川省石油天然气科技奖（特等奖2项、一等奖10项、二等奖13项），天然气科技成果奖励的品牌影响力显著提升。按照全国一流科技社团管理标准和要求，聚焦内部管理、夯实发展基础，优化完善学会规章制度，推动依法合规管理，再次被授予"中国社会组织评估等级AAAAA"（5A级学会）称号，入选"国家科技评估标准化试点单位"，连续获四川省科学技术协会、中国石油学会先进集体表彰，社会公信力显著提升。

（孔　玲）

# 科技攻关与创新

【概述】 2023年，西南油气田公司科技工作坚持科技创新在发展全局中的核心地位，推进科技创新工程，增强自主创新能力，支撑引领高质量发展。围绕"天然气上产、新能源发展"两大业务，加大各级科技攻关项目组织，加快关键核心技术攻关，在地质勘探、钻井工程技术、油气田开发、页岩气勘探开发、地面工程、天然气净化、质量与计量、信息技术、经济与管理、党建研究、新能源等方面取得新进展和新突破。

2023年，川庆钻探工程公司实施关键核心技术攻关任务"揭榜挂帅"，编制年度攻关重点任务清单，推行项目制管理与月度领导会议制度，重点任务严格实施"挂图推进"，项目按期完成率100%。完成国家"1025"专项二期年度任务。精细管控国家"1025"专项，完成175℃高温旋转导向系统优化设计，首次完成生产井工程应用试验，一趟钻进尺662米，近钻头存储测量温度最大值146℃，达成年度任务目标。高效推进集团公司、中油技服重大科技项目。牵头和参与的集团公司、中油技服项目研发进度任务完成率100%，"页岩气长水平段井水基钻井液现场试验"等集团公司项目通过验收，"深层页岩气体积压裂关键技术研究与应用"等5个中油技服项目全部完成各项技术经济指标。年度重点攻关任务按期完成。验收项目168项，新增有形化科技创新成果90项，形成70兆帕电控自动节流压井装备等关键装备8套、11寸大排量随钻测斜仪等井下工具15项、超高强度树脂合金堵剂等油化品14项、录井智能实时报警系统V2.0等软件5套，实现关键核心技术自主可控。

（孔　玲　毛　斌）

【地质勘探】 2023年，西南油气田公司常规气方面构建并恢复古特提斯洋闭—张过程中控盆、控隆、控陷模式，提出在二叠纪早期上扬子加里东古隆起叠加地幔隆起效应控制茅口组早期地貌分异，在二叠纪中晚期上扬子西缘、北缘拉张作用控制裂陷和台缘带形成，形成二叠系白云岩薄储层相控叠前综合预测技术，引领二叠系重大勘探新突破及规模增储。围绕德阳—安岳裂陷槽生烃中心，重新认识震旦纪—早古生代沉积演化特征，指出兴凯地裂运动、加里东运动控制震旦纪—早古生代沉积演化，灯影期古裂陷控（丘）滩，寒武纪—奥陶纪古隆起控滩，受现今构造、地层、岩性等共同控制，裂陷西侧灯影组、奥陶系发育多类型气藏，整体富XAI，是四川盆地天然气增储上产的重要新领域。致密油气方面重新认识盆地致密气，提出以须家河组为主力烃源岩，形成一套含气系统、两套成藏体系，指出科填—坳陷为富集有利区带，形成二叠系白云岩薄储层相控叠前综合预测技术，为陆相致密气井位部署提供重要依据。形成多类型页岩油致密油甜点综合评价技术。揭示沙溪庙组一段致密河道砂岩、凉高山夹层砂岩、大安寨页灰互层3类储层为当前最现实的有利甜点段，公119H井取得重要突破，3类储层资源量超30亿吨，为原油增储上产重点领域。

（孔　玲）

【地质工程技术】 2023年，川庆钻探工程公司形成高含水致密砂岩气藏优质储层空间展布刻画技术，有效解决地震资料、测井资料、岩心资料尺度不匹配问题，克服单一预测手段的局限性。开发地震逆时偏移成像处理软件，能够高效输出逆时偏移地表偏移距道集的处理模块，将深度偏移速度模型迭代提高到一个新的应用水平。形成基于FZI与孔渗关系约束的分层级岩性测井识别方法，砂岩的判别符合率95%，泥岩的判别符合率90%。岩石结构层级岩性的识别符合率84%。形成三压力剖面预测技术，实现测井、录井、地震和钻井工程在钻前预测、钻中快速跟踪监测、钻后定量评价一体的地质力学综合评价。（毛 斌）

【钻井工程技术】 2023年，西南油气田公司围绕"工程技术提速提产提质提效"开展技术攻关。强化提速技术攻关，优化完善以"个性化PDC钻头+大扭矩螺杆/旋转导向+优质钻井液"为主体技术的优快钻井技术，迭代更新重点区块提速模板。蓬莱区块雷口坡—飞仙关组选用"强攻击PDC钻头+垂钻工具+大扭矩螺杆"、长兴—茅口组使用"大扭矩螺杆+复合钻头/抗研磨性PDC钻头"等配套提速工具，以茅口组为目的层的专层井钻井周期138.86天，比以灯影组为目的层的井钻至茅口组提前129天；泸州、自贡区块页岩气井推进"一趟钻"，试验井水平段机械钻速提高38%，"一趟钻"实施比例超过25%，最高"一趟钻"进尺2 965米，实现中深层"日进一公里"、深层85天钻井周期的提速目标。强化地质工程一体化研究，应用三维地震数据体开展目的层及上覆地层缝洞系统展布刻画，同时结合XPT、DFIT等手段精准预测压力系数，开展地质力学分析，优化井眼轨迹、实时调整钻井液密度，避免钻遇恶性井漏，降低工程复杂，轨迹优化28井次，开展地质预警365井次，预警准确率80%以上。攻关固井技术，推进自动控压固井技术、固井施工实时仿真模拟系统等新技术现场应用，提高水泥浆注替期间环空压力控制精度，确保固井期间不溢不漏。攻关强化井壁稳定瓶颈技术，针对自贡区块龙马溪组页岩水化导致井壁失稳的技术难题，联合西南石油大学罗平亚院士团队，开展多级微纳米井壁强化技术攻关，在自贡井区累计试验12口井，完钻井平均水平段长1 630米、钻井周期188天，钻井周期同比缩短45天，平均水平段长1 678米，水平段长增加109米的情况下，水平段钻井周期缩短31天。深化攻关页岩气套变防治技术，完善井筒协调套变预防技术，优化空心玻璃微珠配方，实现深层页岩气井的规模试验，

2口试验井压裂期间未发生套变，对比井发生套变，套变预防成效明显，夯实扩大试验的基础。升级压裂套变控制技术，通过深化断裂滑移机理研究，明确影响断裂滑移的主控因素，形成"断点避射、风险段小压、主体段强压"的差异化压裂设计技术。配套优化套变处理技术，研制系列化小直径桥塞，确保通径65毫米以上井可实现分段改造。泸州区块套变率由前期的56%降低至25%，丢段率仅0.29%。

2023年，川庆钻探工程公司在钻井工程技术方面，研制形成近钻头方位伽马测量系统，伽马成像清晰可见，在水平井能够有效的识别地层变化，数据与电测数据吻合度高，判断储层边界的能力加强。研制70兆帕电控自动节流系统，各种控制模式下均可靠运行，阀门控制灵活、可靠，阀位控制精度0.01F.S，压力控制精度在±0.5兆帕内。研制长水平段钻井井下牵引机器人，滑动、旋转等钻井工况下正常运行，控制可靠性好；平均机械钻速13米/时，对提高机械钻速意义重大。研发CQ-SEAL微纳米封堵钻井液体系，有效解决长庆地区深层页岩气水平井钻井中遇到的井壁坍塌、井漏等难题技术问题。（孔 玲 毛 斌）

【页岩气勘探开发】 2023年，西南油气田公司创新提出筇竹寺组"裂陷槽控沉积、古隆起控演化、槽—隆联合控富集"的槽隆富集模式，优选出德阳—安岳裂陷槽与乐山—龙女寺古隆起叠合区规模富气有利区。深化关键机理研究，创新开展页岩孔隙水原位赋存状态研究，建立基于冷冻电镜的孔隙水定量表征技术，首次证实孔隙水以水膜形式赋存于有机孔和无机孔壁面；构建融合"多重成像孔隙识别+流体注入连通性表征"的跨尺度数字岩心模型，采用"孔隙网络+连续介质"混合模拟技术，实现含水条件下气体多尺度流动规律的可视化、定量化表征；深化套变机理攻关，揭示地质体失稳是诱发套变的主要原因，明确摩擦系数、地应力、孔隙压力和断层产状等是影响地质体稳定性的关键因素。核心技术不断突破，储层评价技术愈加精细，创新形成无机矿物及孔隙自动识别技术，首次实现不同矿物孔隙发育程度定量表征，进一步明确3套海相页岩无机孔隙类型差异；测井评价技术持续优化，创新建立基于核磁共振、电成像的测井解释评价方法，实现深层页岩储层孔隙结构和层理量化表征；天然裂缝预测精度进一步提高，升级"敏感数据构建、敏感技术攻关、敏感参

数优选"的多级断裂预测技术2.0；开发优化技术进一步完善，创新多元耦合断裂滑移性评价方法，持续迭代开发单元划分技术，为深层页岩气"双达标"奠定基础；精细刻画剩余储量分布，形成三维空间"井网+缝控体"的精细重构技术，为老气田"压舱石"保驾护航；复杂缝网压裂技术进一步升级，形成"单一裂缝+走滑应力"用巧力、"网状裂缝+走滑应力"用足力、"薄储层+正应力"用全力的精准压裂模式，实现复杂防控和提高单井产量的有机统一；动态分析技术进一步发展，攻克基于停泵压降的人工缝网试井分析和分布式光纤产剖解释分析技术，实现由"逐井分析"到"逐段解剖"、注重"静态"到关注"动态"的转变。

2023年，川庆钻探工程公司在页岩气勘探开发技方面，形成不同特征天然裂缝与水力压裂缝的耦合作用判别技术，单井最高 EUR（1 800米水平段长折算）1.51亿立方米，井均 EUR（1 800米水平段长折算）1.21亿立方米，折算 EUR 提高11%左右。开发威远页岩气气藏地质压裂开发一体化软件，产能预测结果平均符合率超过92%，与国外同类软件对比预测精度明显提升。研制页岩气五峰/宝塔组高效长寿命 PDC 钻头，在阳101H2-5井，单只进尺1 002米（五峰/宝塔组进尺218米），同比邻井进口钻头五峰/宝塔组进尺提高109.6%。形成深部液流转向暂堵材料优选和暂堵用量定量化技术，有效解决深部液流转向工艺参数单一、暂堵参数经验化的问题。适用于存在井间压窜的页岩气井。形成页岩气藏纳米排驱剂提高采收率技术，有效提高页岩气置换效率，并在现场开展先导试验，试验页岩气井产气量有效提高。

（孔玲 毛斌）

【油气田开发技术】2023年，西南油气田公司开展开发技术攻关，取得重大进展，对生产的支撑作用明显。形成迁移型滩相滨岸岩溶储层精细描述方法，钻遇优质储层垂厚提高2～6倍；建立四川盆地走滑断裂精细刻画技术系列，形成"丘滩岩溶定带—地震响应定点—硅质层约束控轨"目标优选技术，实现低品位储量区效益目标优选，单井测试产量提高2～4倍；形成缓坡型小礁群精细刻画技术，实现1平方千米小礁体的三维精细雕刻。基于岩石物理建模叠前正演技术，优选P+G属性刻画沙溪庙组二段低阻砂体，10米以上砂体刻画精度提高至95%，河道宽度识别精度由200米提升至150米，形成"优质储层+较

高压力系数+强亮点振幅+大夹角"的高产井模式。攻关形成气井堵塞判识和配套解堵技术，形成灯影组堵塞判识技术，深化堵塞机理研究，明确堵塞物主构成，构建地下—井筒—地面解堵技术体系，现场应用190井次，复产成功率100%，恢复产能428万米$^3$/日。攻关形成井群能量循环气举、井口增压等工艺技术，应对页岩气井生产后期产能发挥受限问题，井口极限压力降至0.5兆帕，单井产量提升10%以上，完善全生命周期采气工艺技术体系，老井综合递减率下降近5%。研发连续油管预置式、免投捞完井采气一体化关键工具，减少致密气井工艺切换关井作业时间，实现井下节流、中后期柱塞举升工艺切换的无缝衔接，攻克连续油管完井采气一体化技术，缩短带压作业周期50%。通过攻关，一二类井达90%以上，常规气、致密气一类井占比分别为85%、63%。

2023年，川庆钻探工程公司在油气田开发技术方面，研制200℃/70兆帕裸眼分段酸压工具，实现进口工具完全国产化，助力提质增效，丰富裸眼分段改造工具系列产品。研制直径127毫米抗静压230兆帕、耐温230℃测试循环工具，抗静压等级从200兆帕提升到230兆帕，最大工作温度从200℃全部升级到230℃，继续保持国内试油测试技术领先地位。形成页岩油大平台水平井整体改造设计优化技术，延长油田应用83口水平井，试获最高日产油50立方米以上油井13口，单井最高日产油突破108.8立方米，连续刷新延长油田页岩油单井产量纪录，日产油量较前期井提产超60%。研发深层页岩气藏耐温160～175℃压裂液体系，有效解决川渝地区深层页岩气藏（3 500～4 500米）体积改造的耐高温、低摩阻的技术要求。

（孔玲 毛斌）

【地面工程技术】2023年，西南油气田公司重点围绕非常规气田和特高含硫气田腐蚀控制、管道缺陷检测、地面工程标准化设计等方面开展攻关研究，自主研发国内首个抗生物膜杀菌剂，抗生物膜率高于80%，杀菌率超过99.99%，可减少药剂加注量10%，在西南油气田、吉林油田的非常规气田应用，为微生物腐蚀控制技术的发展开辟新方向；优化菌类快速检测用培养基配方，SRB检测周期较国际通用方法缩短85%，在长宁、重庆页岩气和川中致密气开展200余样次现场试验。首次实现国产化缓蚀剂在特高含硫气田的应用，研发的中国石油首个具有自主知

识产权的元素硫沉积预测管理系统,在铁山坡智能气田成功上线运行,助力特高含硫气藏高效开发和智慧管理。首次建立管道漏磁内检测原始信号数据库,建立漏磁内检测管道体积型缺陷自动识别、量化模型,为下一步内检测器研发、应用提供理论支撑;形成在役埋地PE管道失效模式及安全防控技术,建立基于干涉雷达的管道地质灾害监测技术,提出气田水管道完整性管理策略,推进高含硫管道、气田水管道、储气库、燃气管网完整性管理向执行落地的发展,使完整性管理基本实现全领域覆盖。形成《西南油气田致密气地面建设标准化设计手册(试行版)》,在天府气田30余座平台、5座集气站推广应用,缩短施工周期10%~15%,降低投资10%;形成并发布《泸州深层页岩气地面建设标准化设计手册(试行版)》,在川南页岩气18个平台应用实施,减少占地面积25%,缩短现场施工周期5天,降低投资15%;形成钻前工程三维数字化测设技术,实现1平方千米内万次级选址方案自动比选优化,完善地面工程数字化交付技术标准体系,完成建设标准、案例智库建设,完善地面工程建设智能管理平台。

(孔 玲)

【天然气净化与化工】 2023年,西南油气田公司聚焦天然气中有机硫脱除、硫黄回收催化剂性能提升及尾气处理开展攻关研究,为净化厂产品气和外排尾气双达标提供技术支持。创新研发基于复杂气质的硫化物深度脱除溶剂,形成标准化络合铁法硫黄回收工艺包。将"胺法+络合铁法"成套脱硫技术应用于南充1井天然气脱硫,装置一次投产成功,有机硫脱除率高达99%,净化气满足一类气指标,尾气达标排放。针对活性氧化铝型硫黄回收催化剂堆密度高、比表面低的问题以及氧化铝制备过程和调控技术方面的空白开展研究,形成低密度高比表面改性氧化铝制备技术,试制的活性氧化铝堆积密度小于0.6克/毫升,比表面积大于350米$^2$/克,抗压碎力大于120牛/颗,磨耗率小于0.4,氧化铝型催化剂的整体技术水平进一步提升。针对尾气氧化吸收工艺吸收能力下降、污水量大等问题,从硫黄回收、过程气焚烧、氧化吸收再生等全工艺链条入手开展科研攻关,成功开发低堆密度抗氧有机硫水解催化剂,堆密度低至0.68克/毫升,实现抗氧浓度达到5000毫升/米$^3$以上,有机硫水解率大于80%;研制出尾气焚烧催化剂,形成自主知识产权的催化焚烧技术工艺包;形成国产尾气抗氧化型溶剂配方,二氧化硫氧化速率降低92.3%以上。多维度减少硫酸盐的过量积累,降低污水及尾气二氧化硫排放,为形成自主知识产权的尾气氧化吸收成套工艺奠定基础。

(孔 玲)

【HSE与节能减排技术】 2023年,西南油气田公司在安全体系方面,开展"智慧眼"应用关键技术和含硫气田应急技术研究,深化安眼平台数据应用,推进安全监管数字化转型,抓实隐患排查治理,巩固应急保障,推进专业领域风险防控能力提升。在环保方面,开展压裂返排液回用处理技术、大气环境风险预测模拟技术及净化厂开停工期间烟气达标技术研究,以及橇装化尾气达标临时处理装置研究,推进清洁化、低碳化和资源循环化水平提升,最大限度地实现增产减污。在节能减排方面,开展净化厂节流损失评价及综合治理技术研究,推动节能技术改造、节流损失治理,实现重点用能设备与装置节能高效。

(孔 玲)

【质量与计量技术】 2023年,西南油气田公司围绕天然气能量计量、流量溯源体系完善、量传技术水平提升以及新能源发展需求,加强关键技术研究。初步形成基于Rossini型气体热量计原理的0级发热量(不确定度小于0.1%)测定装置设计思路,建立激光吸收法测定天然气发热量的测试方法标准,在首次实现流量模式累积取样,为天然气发热量测定结果的准确溯源奠定基础。开发低压(2兆帕以下)高准确度气体质量称量技术,天平校准不确定度及最小称量质量技术指标提升1倍,优化原级标准不确定度控制措施,实现对环境影响因素及电磁天平高准确度测量读数影响的量化评估,形成原级标准装置全量程0.05%的技术方案。建立脉动消减措施和温度控制模型,形成高压大流量环道装置技术方案,支撑高压天然气流量环道标准装置的建设。研制乙烷中甲烷、丙烷、二氧化碳、氧气混合气体标准物质,乙烷组分不确定度优于0.5%,为凝析天然气回收乙烷组成分析提供溯源保障。形成针对高含硫原料气中组成、硫化氢、总硫和水露点检测的在线设备配置方案,开展铁山坡在用在线分析仪器的适应性评价研究,为高含硫天然气准确分析和贸易计量提供技术支撑。自主研发可在线、可便携的加臭剂GC-FPD检测设备,分析结果与标准物质偏差0.8毫克/米$^3$,检出限0.4毫克/米$^3$,

实现装备国产化，价格较进口产品降低50%以上，6台样机在四川华油集团公司现场开展超过3个月的连续在线检测，实现燃气中加臭剂含量快速准确检测。开展掺氢天然气组成分析实验，通过优化分析条件，实现高浓度氢气、氦气有效分离，分离度大于1，为掺氢天然气分析方法标准建立做好技术储备。

（孔　玲）

【安全环保技术】　2023年，川庆钻探工程公司在安全环保技术方面，形成磺化钻井固废化学强化重金属固定—微生物协同处理技术，可有效实现重金属的原位固定，避免和减少转运处置中的安全环保风险。开发QHSE综合管理系统，填补一体化平台在QHSE管理方面的空白，为建成智慧井站奠定基础。形成大井丛钻井液高效固液分离及节能减排工艺，新型可降解破胶剂同传统破胶剂相比，对环境的影响小，同时对钻井液后续的重复利用影响小。研制油防渗膜清洗装置，通过"现场减量＋循环利用"相结合的方式，为企业的"降本增效、节能减排"开辟新的路径。

（毛　斌）

【信息技术】　2023年，西南油气田公司针对信息化研究与建设中系统源代码管理不规范、智能化生产应用场景未全面覆盖、数字化转型过程中数据分析治理体系不健全、生产站控系统国产化程度不高等问题，开展基于规范管理的代码仓库研发、建立固井质量影响因素和气井自然水淹停喷的数据库及分析评估算法、科技数据聚类研究及数据资源关系网、数据资产价值评估量化指标体系与评估方法、生产站控系统国产化研究推广等相关研究，为数字化转型提供技术成果支撑。

2023年，川庆钻探工程公司开发单井创效工程信息系统，对所属单位单井成本进行跟踪，横向和纵向对标分析，开展全过程管理，创效管理能力得到明显提升。开发钻井工程技术管理系统（V1.0），实现川渝井队现场网页版全覆盖，监控川渝地区井控风险井、故障复杂井和重点提速井116口，风险提示推达现场3 729条，助推卡钻故障时率下降35%。开发管汇数据分析及辅助决策支撑系统，有效地提高管汇件管理效率，分析模型有效地辅助管汇件维保、报废决策。开发科研项目创效评价软件，为制订科技发展规划、提高科研立项质量、申报科技奖项以及促进科技成果推广等提供指导。

（孔　玲　毛　斌）

【经济与管理】　2023年，西南油气田公司经济管理立足于积极为国家地方谋划能源发展建言献策，生产经营管理提供智力服务开展攻关研究。聚焦"成渝地区双城经济圈建设"，研究形成提案《关于支持川渝地区天然气（页岩气）资源就地高效转化利用的建议》，通过驻川全国政协委员联名提案形式向全国政协会议提交，对推动国家层面出台政策支持川渝地区天然气（页岩气）资源开发，实现"双碳"目标、促进成渝地区双城经济圈建设具有重要意义。针对四川能源保供问题开展研究，形成《关于拼经济必须首先拼能源的建议》并上报，受到四川省领导高度重视，并作出批示。《关于支持打造国家天然气（页岩气）千亿立方米级产能基地的建议》对制约四川省天然气产业发展的突出问题提出针对性建议，入选四川省两会提案库，对千亿立方米级产能基地建设起到推动作用。开展对标指标体系研究，建立内部对标指标库，完成1～5层级的横向对标、纵向对标，为开展"对标世界一流管理提升行动"提供支撑。开展多元耦合天然气客户用气特性分析关键技术研究，构建销量预测模型，突破长期以来天然气客户销量预测过程中精确定位影响因素的技术难点。开展天然气管道和储气调峰设施价格形成机制研究，推动有利于本公司利益的政策制定，支撑四川省内管道和储气调峰设施价格管理政策的出台，为高质量发展创造有利政策环境。开展米易—西昌输气管道建设区域天然气价格、管输费定价机制研究，为向凉山州政府争取相关政策和新能源指标配置提供参考依据。

（孔　玲）

【新能源业务工作】　2020年，西南油气田公司围绕二氧化碳捕集、油气伴生资源评价与利用、掺氢输送、余压发电等领域开展攻关研究，支撑低碳生产建设及绿色转型。优化适用于低压、中低二氧化炭浓度的碳捕集溶剂，经长周期运行及物性测定实验，溶剂循环负载稳定，可达到0.5～0.56摩尔二氧化碳每摩尔溶剂，再生温度低于105℃、年降解率低于1%，并开发自主胺法碳捕集工艺包。首次开展四川盆地地温场精细评价，建立一套适用于四川盆地的地热资源评价方法，建立地热井基础库，并完成川渝地区主要热储层的地热资源量评价。开展锂、溴、钾等油气田采出水伴生资源潜力评价研究，掌握探区内有水气藏气田水矿化度、伴生资源含量分布规律，完成伴生资源储量计算研究。自主合成新型钛系吸附剂粉体，室内打通"杂质深度脱除—吸附提锂—分步除杂—蒸发析钠钾—电氧化提溴—达标处理"全流程技术，锂溴钾综合收率超过70%。针对天然气管道掺氢输送过程中材质氢脆风险，建立以原位慢应变拉伸测试、疲劳裂纹扩展测试和断裂韧性测试为主的天然气管道掺氢材质适应性评价方法，明确掺氢状态下针对管材（X52、X60、X70）、焊缝和非金属件在掺氢环境中材质力学性质变化规律及损伤程度。自主研发基于㶲分析法的天然气余压发电潜力评估方法，建立适用于储气库的余压发电影响因素分析方法，明确储气库余压发电变化特征及调压点余压潜力范围，为相国寺、铜锣峡、新疆油田呼图壁储气库等余压发电项目提供技术支撑。

（孔　玲）

2023年8月31日，西南油气田公司在成都召开新能源业务工作推进会
　　　　　　　　　　　　　　　　　　杨艺徽　摄

【党建研究成果】 2023年，西南油气田公司重点围绕党建理论，开展习近平总书记重要指示批示、中央重大决策部署、党内法规制度等政策研究；对"三商"监督工作现状进行分析，系统梳理存在的主要问题，构建科学高效的机制，理顺主体责任的履职方式，厘清权责边界，深化有效机制的作用，建立"三商"数字化监督平台，提高精准监督能力，发挥"技防"作用，增强信息化监督效能；开展安全文化建设体系与管理模式研究；构建不同技术岗位能力要素评价指标和系统评价方法、终端燃气技术人员履职能力评价模型；推进党建业务数字化转型，赋能基层党建工作焕发新时代生命力，推动党建工作手段升级、模式变革、效能倍增，推动党建和经营管理深度融合；研究构建新能源人才队伍建设模式。

（孔　玲）

【软科学研究】 2023年，川庆钻探工程公司在软科学研究方面，形成"三基"工作监督检查标准和"五型"班组创建标准，推动"三基"工作全面提升；以CG STEER旋转导向系统专业化发展的路径为例，明确工程技术服务企业专业化发展的优势，提出技术攻关与推广应用模式，用于指导科研活动。

（毛　斌）

# 科研成果

【概述】 2023年，西南油气田公司围绕天然气地质理论与勘探、钻完井、油气田高效开发关键瓶颈技术及工具等方面加大攻关力度，取得丰硕成果，科技支撑引领作用成效显著，为主营业务发展和年度储量产量任务的全面完成提供支撑。

2023年，川庆钻探工程公司遵循攻关成果化、推广效益化、成果市场化的原则，坚持成果要解决实际问题、要自主可控、要转化创效的导向，推进科技创新成果转化创效工作。实施两级推广应用模式。采用"公司顶层设计＋所属单位自主实施"模式，推广应用成果122项，实现经济效益3亿元，完成提质增效与中油技服推广应用考核指标。其中，150℃自主研发CG STEER旋转导向系统全在川渝、长庆、白俄罗斯等地区完成80口井，累计进尺10.98万米，以11.85天创致密气4 000米以深完钻周期最快纪录。探索实施"产品认定＋限采限购＋应用激励"新模式。组织相关部门专家与成果所属方、应用方共同组成专家团队进行自主创新产品认定，对第一批认定的6项产品已编制形成内部价格体系，拟通过实施限采限购和应用激励的组合拳调动多方积极性，逐步推动本公司内部产品大循环体系形成。建立基于成熟度的试验推广应用机制。建立并严格执行技术成熟度评价标准，设立现场试验与推广专项6项，助力成果技术成熟度快速提高。科技成果转化奖励再创新高。获集团公司科技成果转化创效奖637.8万元，获奖金额同比提高104%，位列集团公司第五位、中油技服成员企业第一位，连续3年实现翻倍增长；开展内部科技成果推广应用创效激励，发放激励奖金866万元。

（孔　玲　毛　斌）

2023年9月26日，川庆地研院新增两项科技成果获"整体国际先进、部分国际领先"鉴定评价　　李　璇　摄

【省部级科学技术奖】 2023年，西南油气田公司获集团公司科技奖励12项（其中牵头9项），包括一等奖4项、二等奖6项、三等奖2项，项目奖获奖数量与大庆油田并列集团公司第一。其中：获集团公司基础研究奖2项，包括一等奖1项、三等奖1项；获集团公司技术发明奖2项，包括一等奖1项、二等奖1项；获集团公司科学技术进步奖8项，包括一等奖2项、二等奖5项、三等奖1项。（表1）。

2023年，川庆钻探工程公司获集团公司级科学技术进步奖9项（牵头申报5项、联合申报4项），其中特等奖1项、一等奖2项、二等奖3项、三等奖3项。获集团公司级基础研究奖三等奖1项（牵头申报）。获集团公司级技术发明奖一等奖1项（联合申报）（表2）。　　（孔　玲　毛　斌）

【科学技术奖】 2023年，西南油气田公司评出科学技术进步奖63项，包括特等奖1项、一等奖13项、二等奖19项、三等奖30项（表3）。

2023年，川庆钻探工程公司评选出公司级科学技术进步奖29项，其中一等奖5项、二等奖8项、三等奖16项。　　（孔　玲　毛　斌）

表1　西南油气田公司获集团公司科技奖励一览表

| 奖项名称 | 项目名称 | 主要完成者 | 等级 |
|---|---|---|---|
| 集团公司基础研究奖 | 南方海相页岩气生物地层基础研究及工业化推广 | 王红岩　赵　群　孙莎莎　周尚文　刘　勇　王高成　梁　峰　张磊夫　刘德勋　程　峰 | 一等奖 |
| | 高温深井碳酸盐岩储层改造机理及实验方法研究 | 韩慧芬　刘　飞　刘俊辰 | 三等奖 |
| 集团公司技术发明奖 | 非常规储层物性与含油气量精细测定技术及装置 | 何家欢　李　农　田　华　李武广　党录瑞　马行陟　张德良　王　丽　赵　丹　邓晓航 | 一等奖 |
| | 气田高盐复杂废水多功能一体化处理关键技术及装备 | 陈天欣　朱　进　李　静　刘春艳　林　冬　杨　杰　王兴睿　易　畅 | 二等奖 |
| 集团公司科学技术进步奖 | 特大型低孔强水侵碳酸盐岩气藏控水开发关键技术 | 彭　先　杨洪志　杨　建　杨长城　李隆新　李　滔　刘晓华　刘　路　赵梓寒　王威林　郭振华　戚　涛　蒋德生　郭柏春　焦春艳　王　娟　朱占美　李玥洋　唐寒冰 | 一等奖 |
| | 天然气深度脱硫及计量检测关键技术研究及应用 | 周　理　罗　勤　任　佳　乐　宏　杨超越　宋　彬　朱华东　李金金　蔡　黎　刘其松　王　强　曹　强　张　镨　何　敏　李晓红　段继芹　刘　可　唐纯洁　陈学锋　陈　勇 | 一等奖 |
| | 川南中深层页岩气采气工艺关键技术及工业化应用 | 孙风景　王　强　曹光强　罗　鑫　李　楠　蔡道钢　杨　智　周　昊　余　帆　贾　敏　李泊春　程梓涵　王庆蓉　蒋　密　魏林胜 | 二等奖 |
| | 含硫气井水泥环完整性关键技术 | 郑友志　张晓兵　王福云　赵宝辉　何铁果　焦利宾　赵启阳　曾建国　付　嬙　何　雨　张占武　赵　军　袁中涛　严海兵 | 二等奖 |

续表

| 奖项名称 | 项目名称 | 主要完成者 | 等级 |
|---|---|---|---|
| 集团公司科学技术进步奖 | 天然气管道系统流动监检测及风险防控技术 | 郑思佳 别 沁 文绍牧 刘 颖 戴志向 罗 钦 郑晓春 文 明 李 琦 罗召钱 毛 华 张义兵 陈 满 丁思家 李雪源 | 二等奖 |
| | 油气田余能综合利用及节水关键技术与应用 | 魏江东 解红军 薛兴昌 徐 源 朱英如 陈由旺 赵 靓 杨应桥 林 冉 汪 洋 蒋斌勇 闻 伟 杨 飞 周 凯 程思杰 | 二等奖 |
| | 川西超深高温碳酸盐岩大斜度井、水平井分段改造技术 | 陈伟华 吴文刚 李金穗 车明光 曾 嵘 王瀚成 易海永 陈 艳 李成全 李 松 王 强 肖振华 周小金 何婷婷 | 二等奖 |
| | 油基钻井液录井采集与评价技术 | 李秀彬 徐声驰 甘仁忠 隋泽栋 李怀军 解俊昱 范江华 李开荣 妥 红 李文皓 | 三等奖 |

表2 川庆钻探工程公司获集团公司科技奖励一等奖及以上项目一览表

| 奖项名称 | 项目名称 | 主要完成者 | 等级 |
|---|---|---|---|
| 集团公司科学技术进步奖 | 苏里格巨型复杂致密砂岩气藏高效开发关键理论技术创新与应用 | 孙 虎（6） | 特等奖 |
| 集团公司科学技术进步奖 | 侧钻井/侧钻水平井关键装备与核心技术研究及规模化应用 | 倪华峰（11） | 一等奖 |
| 集团公司科学技术进步奖 | 异常高压缝洞型气藏高效开发关键技术及应用 | 欧阳诚（4） 文 涛（11） | 一等奖 |
| 集团公司技术发明奖 | 7000米级超深井超长水平井连续管作业关键技术与装备 | 费节高（6） 兰建平（9） | 一等奖 |

表3 西南油气田科技奖励项目奖（一等奖及以上）一览表

| 奖项名称 | 项目名称 | 主要完成者 | 等级 |
|---|---|---|---|
| 西南油气田公司基础研究奖 | 深层页岩气富集高产主控因素与甜点优选 | 朱逸青 吴建发 赵圣贤 杨洪志 刘文平 张成林 陈玉龙 张 鉴 刘桑阳 王世谦 | 一等奖 |
| 西南油气田公司科学技术进步奖 | 川东北特高含硫气田安全高效井工程关键技术及应用 | 蒲军宏 郭建华 青 春 葛 枫 李成全 唐青松 李玉飞 蒋德生 王秋彤 龚 浩 苏 昱 张 航 赵 军 黎 然 叶小科 荣 准 谯青松 唐 庚 林仁奎 刘桓竭 刘 森 陈思齐 王 飞 陆林峰 文春宇 肖 潇 彭 庚 张超平 张洁伟 马梓瀚 | 特等奖 |
| | 四川盆地筇竹寺组页岩气富集模式及勘探突破 | 石学文 罗 超 吴 伟 李 海 陈丽清 曾 波 余兆才 钟可塑 高 翔 何一凡 邓 琪 王 畅 田 冲 杨雨然 赵文韬 | 一等奖 |
| | 深层高陡复杂构造带礁滩气藏精益开发关键技术创新与实践 | 杨东凡 徐昌海 陶夏妍 惠 栋 黄天俊 蔡 强 邓 惠 冯 亮 文 雯 李 农 鲁 杰 陈 洋 李坷芮 闫梦楠 徐 睿 | 一等奖 |

续表

| 奖项名称 | 项目名称 | 主要完成者 | 等级 |
|---|---|---|---|
| 西南油气田公司科学技术进步奖 | 四川盆地及周缘二叠系—三叠系岩相古地理特征研究与多类型储层风险勘探突破 | 张玺华 张本健 曾令平 彭瀚霖 孙豪飞 刘 冉<br>张福宏 陈 聪 徐 亮 高兆龙 何青林 明 盈<br>李天军 谢静平 徐 唱 | 一等奖 |
| | 蓬莱气区超深井地质工程一体化钻井提速技术及应用 | 李文哲 夏连彬 周井红 沈欣宇 丁 伟 何 飞<br>付 志 肖振华 钟 峰 唐宜家 刘 强 王月纯<br>吴 杰 徐卫强 王晓娇 | 一等奖 |
| | 高磨震旦系灯影组低渗及底水气藏高效改造技术与应用 | 陈伟华 李金穗 刘 强 闵 建 杨渊宇 吕泽飞<br>谢 忱 刘云峰 刘 欣 王 涛 黄 馨 颜 洁<br>唐鑫苑 官文婷 王周炀 | 一等奖 |
| | 天然气能量计量标准体系及评价技术 | 段继芹 周 理 涂振权 曾文平 李万俊 刘丁发<br>张 镨 蔡 黎 黄 敏 任 佳 陈 勇 何 敏<br>潘春锋 谢 羽 周 芳 | 一等奖 |
| 西南油气田公司科技进步奖 | 页岩气井水平段长度技术经济一体化设计关键技术与应用 | 樊怀才 杨学锋 张德良 黄 山 李 博 胡浩然<br>李佳峻 刘东晨 方 圆 高 攀 屈重玖 任春昱<br>常 莹 蒋 鑫 李 怡 | 一等奖 |
| | 天然气站场安全风险预警与管控关键技术与应用 | 钱 浩 肖 飞 林睿南 晏贤臣 唐 伟 杨 红<br>刘兢建 李剑峰 毛学彬 王小丹 杨 露 蒲虹宇<br>陈方超 张万宏 古 冉 | 一等奖 |
| | 页岩气地面集输系统内腐蚀控制关键技术及规模化应用 | 吴贵阳 于 磊 文 崭 宋 彬 林 宇 袁 曦<br>杨建英 王彦然 王 智 吴 华 唐永帆 张小涛<br>袁 豹 陈 文 谢 明 | 一等奖 |
| | 天然气资源配置及价格市场化机制 | 何润民 王富平 李森圣 李孜孜 段言志 张友波<br>熊 伟 王 茳 高 芸 王盟浩 任雨涵 李映霏<br>陈渝静 谭 聪 王瀚悦 | 一等奖 |
| | "油公司"模式下井工程人才培养创新研究与应用 | 曾 镰 曹 强 段国彬 辜 穗 杨 森 乐彦婷<br>张浩森 米光勇 郭杰一 冉 立 欧阳清华<br>何晋越 张 峥 张 朋 何小平 | 一等奖 |
| | 基于AI和大数据的油气田安全生产智能识别与分析技术及应用 | 龚建华 李 静 刘晓天 谭龙华 申 俊 杜德飞<br>王益富 秦 林 黄 鑫 潘 欣 张 良 张 军<br>李秋池 黄 阳 谢光华 | 一等奖 |
| | 致密河道砂岩气藏开发有利区优选及对策优化技术 | 李明秋 邓海波 曹正林 朱 讯 邓清源 丰 妍<br>胥伟冲 王会强 肖红林 胡 丽 罗 皓 杨国红<br>于 鹏 朱德宇 杨 曦 | 一等奖 |

【基础研究奖】 2023年，西南油气田公司评选出公司级基础研究奖2项，包括一等奖1项、二等奖1项（表4）。

2023年，川庆钻探工程公司评选出公司级基础研究奖5项，其中一等奖1项、二等奖2项、三等奖2项。

【技术发明奖】 2023年，西南油气田司获技术发明奖二等奖1项。

2023年，川庆钻探工程公司评选出公司级技术发明奖5项，其中一等奖3项、二等奖2项。

（孔 玲 毛 斌）

（孔 玲 毛 斌）

【人物奖】 2023年，西南油气田公司评选出青年科技奖2人；技能人才奖1人（表4）。川庆钻探工程公司评选出公司级科技创新团队奖共3项、科技创新人才奖2人、青年科技创新人才奖2人、科技创新技能人才奖1人。

（孔　玲　毛　斌）

表4　西南油气田科技奖励人物奖一览表

| 奖项名称 | 姓名 | 工作单位 |
|---|---|---|
| 西南油气田公司青年科技奖 | 陈康 | 勘研院 |
| | 赵圣贤 | 页岩气研究院 |
| 西南油气田公司技能人才奖 | 谢宗宝 | 输气处 |

# 海外合作项目

【概述】 2023年。西南油气田公司推进境外项目人员倒班轮换。上半年土库曼斯坦和国内直航迟迟未恢复的情况下，细化优化出国立项，合理安排员工从第三国转机返工或回国休假。积极与阿姆河公司协调，安排海外长期工作员工尽快倒班轮换，提前做好人员健康评估、出国立项、护照换发、防恐培训、外语等级考试、出境证明等工作，做好常态化人员动迁和回国工作。办理海外项目人员护照20本次，开展健康体检79人次，完成防恐安全培训20人次。对口支持阿姆河项目人员长期面临年龄结构偏大，特别是在项目工作超期10年以上的人员较多的问题，对外合作部和人力资源部积极与阿姆河公司开展新员工选拔工作，选派6名技术过硬、身体健康、外语基础良好的技术干部赴阿姆河开展工作。2月，与阿姆河公司召开联合技术交流视频会，从有水气藏开发、井工程技术、含硫气藏腐蚀控制、天然气净化生产管理及物资供应链管理体系5个方面的关键特色技术和经验做法进行技术交流，5月以来，对外合作部牵头开展内部海外业务相关单位调研座谈，逐一了解各支持单位的业务需求、队伍建设、技术支撑等情况，细化海外项目合作内容、找准合作定位、发力优势项目。8月，应邀与川庆钻探工程公司开展土库曼斯坦复兴2号天然气处理厂（原南约洛坦年产天然气100亿立方米项目）大修技术交流会，分享国内天然气净化厂大修典型做法。加强健康管理，筑牢海外员工健康安全防线。下半年，对外合作部参照集团公司对海外业务派员的要求，与四川宝石花医疗公司试行开展海外员工健康管理一对一服务，保障海外项目每名员工身体条件完全符合出国工作。根据前期的试行优良效果，与四川宝石花医疗公司正式签订《海外员工综合医疗服务合同》，从五大方面为海外员工提供全方位国内医疗服务保障，已有超15名海外员工享受医疗服务合同为员工健康带来的切实保障。作为涉外业务的桥头堡，对外合作部派员参加集团公司国际交流与合作人才培训班、国际化经营管理人员培训班等长期脱产培训班，并从基层单位抽调新入职人员参加国际化后备人员培训班。通过培训，夯实涉外人员的专业素养和知识储备，提升涉外人员的沟通交流能力。根据集团公司海外业务工作部署及国际化业务拓展需要，推进哈萨克斯坦新项目及阿姆河项目气田后期开发治水新业务的前期调研。对外合作部牵头组织相关处部室和单位，对哈萨克斯坦的政治经济环境、营商环境、法规政策、项目经营模式、法律风险等进行讨论分析，推动国际化战略拓展框架计划方案编制工作。由对外合作部牵头，经研所和安研院具体负责，从商务、法务等方面对哈萨克斯坦油气资源勘探开发情况、新项目面临的内外部风险等进行了初步梳理和分析，计划编写《西南油气田海外天然气项目战略环境研究》专题报告，为下一步西南油气田公司海外业务拓展提供决策依据。

2023年9月14日，川庆钻探工程公司执行董事、党委书记李雪岗会见贝克休斯全球副总裁、钻井集团总裁亚历桑德罗·埃尔南德斯一行，双方围绕工程技术领域相关合作事宜进行深入交流

罗润菁　摄

2023年，川庆钻探工程公司在海外市场具有油气田勘探开发生产服务一体化优势，在服务的资源国设有分公司、项目部，有专业技术研究和管理团队，以及配套设备和专业操作人员，本地化服务程度高，能够有效办理因公出国人员手续，为承担的海外项目快速有效完成提供全方位支撑。

（邓伟 杨刚 何虹）

【作业组织与市场分布】2023年，川庆钻探工程公司海外市场主要分布在土库曼斯坦、巴基斯坦、厄瓜多尔、伊拉克等，下辖土库曼斯坦、巴基斯坦、厄瓜多尔、阿富汗、吉尔吉斯斯坦、玻利维亚、秘鲁、伊拉克、伊朗和中东10个分公司。海外31部钻修井机。其中，土库曼斯坦钻机8部、修井机4部，巴基斯坦钻机8部，厄瓜多尔钻机7部、修井机4部。钻修业务、单项技术服务市场主要分布在土库曼斯坦、巴基斯坦、厄瓜多尔、中东等国家和地区，国际贸易以迪拜为中心，辐射到南亚、中东、中亚等地区的国家。

（杨刚 何虹）

【工程技术服务项目】2023年，川庆钻探工程公司深挖海外传统市场、开拓钻机日费项目和技术服务市场，开展南美巴西、阿根廷等市场调研等工作。海外业务收入29.17亿元，利润总额1.76亿元。海外合作项目钻井开钻74口，完钻70口，完井69口，钻井进尺196164米。开钻井同比下降1.33%，完钻井下降9.09%，进尺下降7.08%。修井开试修190口，完试修188口；开试修同比增长25%，完试修增长22.08%，P油田增产项目全年产油83.13万桶。海外业务签订合同55个，金额26.12亿人民币，审核评估海外市场新项目45个，主要包括土库曼斯坦龙油公司里海切列肯区块修井服务、国家地质集团公司阿克帕特拉乌克油气田1号探井续钻，厄瓜多尔国家石油公司4个油田新一轮钻井总包服务、ENAP公司固井/钻井液/固控系列、伊拉克哈法亚油田常规技术支持与咨询服务等项目，通过审核筛选，向集团公司报备项目30个，获集团公司备案批准17个（新上报6个备案正在走审批流程），签订合同并通过备案核准6个。

土库曼斯坦分公司，在阿姆河市场，推进排水采气、地质大包项目，签约阿姆河测试射孔服务、阿姆河酸化服务、阿姆河固井服务等项目。在天然气康采恩市场，积极推介并最终签约复兴气田第二处理厂检查评估服务，乘势跟进处理厂维保大修项目；促成业主打包所属气田修井复产服务成一个大项目，减少零散招投标。在石油康采恩市场，主动对接里海西部气田6500米深井项目、ENI公司1部钻机日费服务项目和龙油25口井修井服务项目立项，积极响应后续投标；密切跟踪关注复兴气田506项目。

厄瓜多尔分公司，多次和GRANTIERRA、PETROBELL等公司进行沟通交流，了解业主新作业计划，对项目进行推进；参与FRONTRA公司的钻井日费项目的投标；投标并签订哈利伯顿1部钻机日费合同；中标安第斯公司3年期钻井液技术服务，成为安第斯公司唯一的钻井液服务商，保障集团投资业务提速、增产；续签厄瓜多尔国家石油公司（PEC）3部修井日费服务和安第斯钻机钻井日费、固井服务、钻井液服务、修井服务等系列项目。密切关注ENAP公司固控、钻井液、固井等项目的评标结果。正在组织PEC公司SACHA油田钻井总包项目投标。

巴基斯坦分公司，多次召开专题会，研究制定"没有经济效益、资金无法回笼、员工生命安全无法保障"等"三不投标"的市场策略，上半年签约POL公司钻机日费服务项目和OGDCL公司钻机日费服务项目、PPL钻井液服务项目，评估Prime公司钻井液服务项目。经争取，POL钻井日费项目合同支付方式为70%美元+30%卢比，有效降低当地货币贬值的风险。

中东分公司，再次中标哈法亚油田腐蚀预测及预防性管理服务；签署B9油田天然气和原油开车调试运维服务，发挥川庆特色技术服务优势；井控应急救援服务凭借雄厚的实力中标伊拉克鲁迈拉油田应急井控服务项目，继拿下伊拉克米桑油田三级井控服务项目后，拓展在伊新甲方新市场。召开中东市场开发专题会，计划向伊拉克、阿曼等国常驻市场开发人员，在中东市场扩大井控应急救援、腐蚀维保、检测运维、地质研究等方面的市场份额，拓展钻井液、精细控压、旋转导向、数智化、新能源等特色技术服务。

（杨刚 何虹）

【对外合作交流】2023年，西南油气田公司秉承"外事无小事、外事办实事、外事成大事"的工作思路，深化推动国际化交流与合作。对外合作部以促进生产经营发展为宗旨，细致组织新冠肺炎疫情后外事交流活动，重点聚焦油气行业先进管理和关键技术，加强与国际知名油气公司、重点高校、学术团体和机构组织的紧密联系，交流分享科技创新成果，助推技术创新、科技实力和管理水平提升。先后组织协调斯伦贝谢公司、SNAM中国公司、贝克休斯油田服务与装备集团、加拿大碳工程公司、哈利伯顿以及其他外国公司高层到访开展外事会见和交流活动12次。组织参加世界天然气联盟IGU大会，参会代表做大会发言，获各国专家的肯定和认可，提升国际影响力。针对非常规气勘探开发、高含硫气田安全生产、储气库建设运营、新能源业务拓展、油公司管理模式等生产经营面临的问题，协调与国际油公司、工程服务企业交流互动，协助开展多项专业技术交流和参观访问，增进了解和互信，探索推进技术和管理合作。筹备国际交流合作示范点建设。在集团国际部的指导下，选取对外交流条件较成熟规范的二级单位开展筹建工作，力争建成一批能展示油气生产能力、科技创新水平、先进管理经验的数字化国际交流示范点。组织审译宣传资料，主动承担宣传英文解说任务；完成高层外事活动交传翻译、国际会议、技术交流、出国培训等翻译任务，为国际化交流提供高水平、专业化的语言服务，提升国际化软实力。

（邓　伟）

【国内合作项目】 2023年，西南油气田公司川东北项目攻坚啃硬实现高桥中学高质量迁建。高桥中学搬迁是近年来最大规模迁建项目，由于历史原因，政府在建设标准、投资规模、用气指标优惠等方面期望高、诉求多，协调难度极大。经西南油气田公司和川东北项目各层级180余轮次艰难协调，历时9年，新校区于2022年12月3日正式开工，9月1日全面竣工并交付使用，突破罗家寨气田产能补充井建设最大瓶颈，为项目长期稳产迈出关键性一步。同时为当地社会经济发展注入新的活力，彰显中国石油为全面推进乡村振兴贡献石油力量的责任与担当，成为企地共建、合作共赢的又一典范项目。川东北项目年度停产检修任务完成。大修工作面临检修任务重、高温暴雨天气等多重考验，历时35天完成643项检修和75项技改项目，在保障安全和质量的前提下高效完成年度大修工作，创造项目投产7年以来工期最短、影响产量最小的大修记录；装置整体实现提前安全复产，净产量较分月生产组织安排计划增产3 200万立方米，夯实老气田"压舱石"稳产基础。川东北项目补充开发井建设安全高效推进。总结罗家24井钻井经验，紧扣"井控安全"这一核心关键，精心优化罗家22井钻井方案、精细施工安全管理，汲取邻近构造难钻地层钻井成功案例，攻克须家河地层研磨性强、钻速低等难题，在不起钻情况下实施多次堵漏作业，罗家22井达成难钻地层平均机械钻速突破4.5米/时，较罗家24井提速11.8%，再创罗家寨须家河高研磨难钻地层机械钻速新高。川东北项目库存物资降库工作初见成效。面对川东北项目物资库存高的历史遗留问题，制定"工作计划审批、设计平库论证、中外分歧协调、物资合规处置"的物资降库思路。中方账库存物资降库3 559.59万元，较年初下降10.75%，实现降库10%的工作目标；联合账降库1 477.77万元，转让收益2 600万元，经济效益显著，实现联合账库存物资遗留问题"零突破"。川中项目产量、钻完井工作量创多项历史之最。实际钻井16口（完成率100%）、完井12口（完成率120%）；新投产井12口，贡献产量占全年天然气产量的45%；安全投运角70井脱烃增压装置、角76井零散气LNG回收装置，有效解决长期以来制约八角场区块外输和偏远井产能发挥的困境。6月27日，项目日产量突破200万立方米，较年初实现产量翻番，最高日产量达260万立方米。川中项目聚焦钻完井"提速提效"成果显著。角76井组全井平均机械钻速比2022年完钻的角75井组提高12.5%，与依欧格任作业者时期相比，机械钻速提高42.3%；角109井组采用"拉链式"作业方式对四口井同时进行压裂作业，历时9天，完成52段压裂，平均每天施工5.8段，其中连续多天最高施工7段/日，非计划停待时间少于3小时，创造八角场致密气藏压裂施工的最快纪录，也是川中项目有史以来规模最大的压裂作业。

（邓　伟）

【油气合作开发】 2023年，西南油气田公司国内对外合作生产超额完成各项指标任务，产量再创历史新高。完成天然气净产量31.90亿立方米，比计划超产2.10亿立方米，完成年度指标29.8亿立方米的107.05%，同比超产3.32亿立方米，增长11.62%；交付硫黄41.57万吨，完成年度目标40万吨的103.93%；生产凝析油4 908吨、原油9 547吨、轻烃5 005吨。国内对外合作业务实现中方账收入19.15亿元，净利润3.02亿元，完成年度利润指标2.51亿的120.32%，单位成本控制在预算指标范围内，项目效益稳步提升。

（邓　伟）

# 外事管理与交流

【概述】 2023年，西南油气田公司修订完善《西南油气田分公司涉外联络工作管理办法》《西南油气田分公司因公出国（境）管理办法》《西南油气田分公司海外业务管理办法》3项涉外制度；宣贯集团公司新下发的境内石油天然气对外合作项目管理办法，完善涉外业务管理体系，为涉外业务规范化管理奠定坚实基础。

2023年，川庆钻探工程公司外事工作以服务生产经营为宗旨，按照集团公司国际合作与外事工作要求，围绕建设世界一流工程技术服务企业目标，做好因公出国（境）管理、对外交流与联络、外国人来华邀请函办理等工作，为推进对外交流合作，保障海外项目平稳有效运行、国际业务高质量发展保驾护航。

（邓 伟 张义宏 夏明星）

【海外业务管理】 2023年，川庆钻探工程公司按照国家最新出入境政策要求，组织出国（境）审核报批和手续办理工作，严控高风险国家人员派出人数，严格审查外派人员外语成绩、防恐培训成绩、健康体检评估、出国教育在线考试等"硬件"要求。办理出国立项团组118个，申办大于90天海外项目长期立项39个，小于90天临时短期立项79个，派出人数659人次。办理完成集团公司人力资源部到德国执行职业技术交流培训任务，物资采购中心到德国、奥地利、捷克执行进口底盘车框架采购协议任务，中油技服到伊拉克、阿联酋执行HSE体系审核任务，到美国执行2024年SPE年会任务等会签团组10个。申办因公护照104批次，共205本，申办签证5批次，共7本，办理出境证明727份，开展外事教育135人次，完成归国访谈645人次。无一起违反外事纪律事件发生，未出现一起签证拒签、出入境被拒事件。A8系统内设计开发海外项目人员管理系统，将海外项目人员基本信息、立项及动迁情况以及相关的外事工作台帐纳入系统管理，由系统生成相应的统计报表，海外项目人员情况周报和海外项目人员动迁情况记录可以在A8系统内根据需求获取相关信息，同时系统内建立海外项目人员基本信息库，能够查询海外员工证照信息、健康评估、防恐培训成绩有效期等信息。

（张义宏 夏明星）

【出国（境）人员管理】 2023年，西南油气田公司随着新冠肺炎疫情政策的调整，有序恢复因公出国（境）团组派出工作。对外合作部落实集团公司和西南油气田公司相关规定，举办外事和因公出国管理宣贯会、因公出国管理推进会，组织各单位专办员重新梳理出国管理流程和办理程序。严格贯彻落实集团公司关于因公出国"计划管理、总量控制""量化标准管控""三防教育""加强团组全过程管理"等一系列新要求，执行因公出国各项规定，在强化合规管理的同时提高工作透明度。严格审核因公出国申请，以服务生产经营发展为先决条件，坚持"政治素质过硬、业务素质高、语言能力强"的人员选审制度，按照"务实、高效、勤俭"原则，严控因公出国行程和费用，实施因公出国前在线考试及外事纪律、保密和安全教育全员覆盖，按要求开展回国人员回访等工作。印发《西南油气田公司因公出国团组须知》手册，做好团组全过程管理及服务工作，保障因公出国团组赴外交流顺利开展。申请出国立项52个（含境外项目12个），参加外单位团组7个；获集团公司批准立项41个，已执行完成39个，涉及因公出国243人次（含境外项目68人次）。

（邓 伟）

【合作交流与外事活动】 2023年，川庆钻探工程公司规范外国人来华签证邀请函审发流程，严格做好外国人来华访问管理，及时更新外事分管领导的邀请函申请表文件签署人信息，完成备案手续，审核被邀请人身份、来华目的及被邀请人各项材料内容，加强对来华目的业务相关性的把关，办理完成中国海油伊拉克分公司7名伊拉克外籍员工、3名巴基斯坦籍川庆巴基斯坦分公司员工及中国海油8名伊拉克籍员工来华邀请函。履行外事窗口职责，开拓对外交流渠道，建立健全与国际知名油公司、国际知名油田技术服务企业的交流合作机制，协调组织领导与壳牌、斯伦贝谢、贝克休斯等外国公司高层会晤共7次，巩固深化与壳牌、斯伦贝谢、贝克休斯等公司的现有合作，拓展在新地区、新市场、新能源等领域的合作交流。

（张义宏 夏明星）

责任编辑：林 勇

企业管理
Business Management

# 改革与管理

**【概述】** 2023年，西南油气田公司企管法规部按照"集中资源做强做优主营业务，做精做专生产保障业务，有序退出油气生产辅助及后勤服务业务"工作方针，推进业务归核化，提高企业核心竞争力，增强核心功能。

2023年，川庆钻探工程公司以习近平新时代中国特色社会主义思想为指导，贯彻党的二十大精神，落实集团公司各项工作部署，突出问题导向，推动依法治企、合规管理、法律事务、内控风险管理、采购监管、承包商管理及专职董监事管理等重点工作，完成集团公司下达的各项考核指标。

（陈奉华 常 友）

**【产业结构调整】** 2023年，西南油气田公司企管法规部聚焦机构调整优化，打造新型高效组织体系，完成资本运营业务改革，把西南油气田公司原资本运营部职能拆分，分别归入规划计划、财务、企管法规等部门，企业股权业务管理界面更加清晰、运转更加顺畅。推动企业瘦身健体，编制上报《西南油气田分公司组织体系优化调整工作实施方案》，以"并同类业务、减机构编制、压中间层级、推岗位管理"为着力点，提升企业治理体系和治理能力现代化水平。推进生产后勤业务专业化管理市场化运行，对维稳保卫、矿区留存业务、离退休业务管理部门与生产后勤服务（含行政事务）单位实施内部重组整合，组建为一个综合化服务保障单位，构建精简高效、运行顺畅的矿区服务工作体系。聚焦造价专业重组，提升业务运行效率。按照"专业化、市场化、共享化"发展方向，调整造价业务管理模式，除所属终端燃气单位、华盛能源下属投资公司外，其余二级单位造价业务的实施职能及人员调整到西南油气田公司造价中心；把西南油气田公司工程项目造价中心更名为造价中心，优化造价中心已有内设机构，组建5个区域造价站，负责区域内相关单位的投资项目"四算"（设计概算、施工图预算、成本计算、竣工决算）编制、成本费用项目"四算"（估算、概算、预算、结算）审定等工作；优化运行管理模式，对造价业务调整后的业务承接方式、职责界面、分级授权、合同及非招标审查、造价咨询等事项细化明确，确保造价业务整合有序推进、工作运行高效。聚焦页岩气效益开发，建立页岩气生产运维管理新模式。健全市场化运行机制，调整各页岩气公司支撑单位，明确由各页岩气公司直接管理一线井站生产作业，强化甲方主导地位；规范机构编制，明确不同产量规模下，各页岩气公司的机构设置规范、定员编制及领导职数，规范各支撑单位运维项目部技术、管理岗位人员配置要求；全面总结双方合作经验和问题，明确各页岩气公司与支撑单位在生产安全管理、人力资源管理、社会化业务外包管理等方面的职责界面，凝聚各方合力，推动页岩气高质量发展。

2023年，川庆钻探工程公司优化企业产业结构，牵头推动企业改革深化提升行动、对标世界一流价值创造行动、后勤业务优化等重点工作，明确年度目标，定期跟踪进度，确保新一轮改革走深走实，川庆钻探工程公司作为唯一一家钻探企业在集团公司深化改革座谈会上参与研讨。参与推动川庆钻探工程公司事业部制改革，针对组建遂宁联合项目部提出建立利益共同体等6个方面建议。

（陈奉华 肖 磊）

**【发展战略研究】** 2023年，西南油气田公司企管法规部围绕"规模实力、经营效益、科技创新、安全环保、管理能力、党的建设"迈上新台阶新任务，将企业发展战略研究融入国企改革深化提升、对标世界一流企业价值创造、经营管理迈上新台阶等专项行动中，持续推动公司高质量发展。编制发布《改革深化提升实施方案（2023—2025年）》，制定6个方面29项改革任务，统筹推进新一轮改革深化提升行动，巩固改革三年行动成效。编制《对标世界一流企业价值创造行动实施方案》，对标提升21项关键指标，提升价值创造能力。编制发布《经营管理迈上新台阶行动实

2023年8月9日，西南油气田公司在成都召开《西南天然气"气大庆"战略研究》成果交流会

郑海涛 摄

施方案》，系统谋划未来3年经营管理能力提升的重点方向和任务，安排部署15个方面48项工作举措，提升推动企业经营管理能力。

2023年，川庆钻探工程公司探索企业高质量发展路径，学习华为、斯伦贝谢等企业的创新经验，与6家单位70余名科研人员座谈交流，形成企业高水平科技自立自强26条管理建议；选取川庆川西钻探公司和川庆长庆钻井公司两支钻井队，组织实施"阿米巴"经营模式试点，编制完成实施方案和细则。

（陈奉华　肖　磊）

【规章制度建设】 2023年，西南油气田公司企管法规部建立"一级制度、两级流程"管理新体制，裁剪制度流程体系冗余，优化压减制度流程，两级制度由2 375项（不含独立法人单位制度792项）压减至699项，业务流程由1 073项压减至637项。通过梳理制度流程，揭示制度缺失，厘清职责界面，补足管理缺位。搭建业务能力框架，理顺生产经营全链条。通过全景业务分析，发布覆盖战略管理、核心业务、管理支持和党建业务4大板块5个层级466项子业务的能力框架。创新制度流程体制，简化优化管理模式。研究制度流程管理特点，广泛调研、试点运行，明确"一级制度、两级流程"的管理新模式。建立制度专项审查机制，规范制度前置审查程序，从源头化解制度流程设计与执行上的问题矛盾。强调制度的编写规范，剥离制度文本中技术操作层面的规范性内容，突出文本精炼实用。结合机构调整、业务整合和企业管理实际，制定制度流程，坚持制度、流程、合规三项审查机制，优化制度流程，完善制度流程评价机制，实现制度流程管理良性循环。问诊项目管理流程，强化工程建设管控。实施开发井工程和地面建设项目管理"端到端"现状诊断，梳理项目建设各阶段的管理程序和业务环节，找出制约油气开发建设、快速上产的堵点、卡点、涉法风险点，分析评估运行效率及存在问题，提出规范运行时限、调整审批权限、优化内部管理程序、简化冗余环节、细化管理标准等13条措施及建议，持续完善相关制度流程，把"控制周期"纳入重点项目管控系统，实现人防到技防的转变。

2023年，川庆钻探工程公司完善企业规章制度体系，进一步规范制度建设，组织系统开展规章制度适应性评价，根据国家相关法律法规和上位制度开展合规性分析。新建川庆钻探工程公司级规章制度7项，修订制度12项，废止制度45项。成立制度评估工作组，逐项梳理评估330项川庆钻探工程公司级制度，对比分析相近单位的管理制度，出具评估报告及管理建议2份，问题底稿12项，形成专项工作报告1份。对54项超期运行的试行制度，与专业部门逐项沟通，分类形成制度立、改、废的处理意见。形成所属单位56项必建制度目录，初步规范所属单位的制度框架体系。

（唐　燕　杨与嘉）

【内控与全面风险管理体系建设】 2023年，西南油气田公司企管法规部围绕"强内控、防风险、促合规"管控目标，落实国务院国资委和集团公司各项要求，树立"管理制度化、制度流程化、流程信息化"的内控与风险管理理念，完善优化内控体系，有效防范化解重大风险，内控与风险管理体系运行质量和成效提升。在体系建设方面，承担集团公司风险评估规范企业标准修订工作。按照集团公司管理要求，组织相关参与单位按时有序推进。按照"重点突出、保持稳定"的原则，根据股份公司标准、管控要求及更新事项，结合西南油气田公司管理实际，以内控体系运行要求为主，重点对原手册各部分内容修订完善，并把投资公司分册合并纳入主营业务分册，实现规范统一、集中管控。在风险管理方面，年初发布西南油气田公司风险管理报告，强化业务主导，督导管控措施及时落地。组织企业领导、机关处室、所属单位3 100余人共同参与重大风险评估，制订管控计划，落实责任和措施，并总结提炼2023年风险管控亮点及成效、典型案例，编制西南油气田公司2024年风险管理报告。强化专项和日常风险监管，指导5个投资项目开展风险评估，完成2个项目的风险评估程序性审核。做好重大重要经营风险监控，风险事件上报、审核，开展月报、季报、年报分析，上报四级风险事件6起。在体系监督方面，完成集团公司管理层测试和外部审计迎审工作，组织做好例外事项整改闭环，形成整改报告上报集团。指导相关单位开展体系建设，组织89家所属单位及投资公司开展业务流程适用性分析，完成机关层面436项业务流程的新建、修订和废止。督促和指导所属单位做好日常监督，总结西南油气田公司2023年内控与风险管理工作情况、体系运行成效等，形成年度内部控制与风险管理评价情况报告。在2023年集团公司管理层测试、外部审计中未发现内部控制管理缺陷，仅以7个一般性例外事项通过集团公司管理层测试与外部审计。全年未发生1起重要、重大风险事件，西南油气田公司内控与风险管理体系运行质量和成效获集团公司"杰出"级评价。

2023年，川庆钻探工程公司修订的《风险事件管理程序》获集团公司专标委通过；结合集团公司管理层测试、流程管理现场检查、企业机构改革、ERP大集中建设等工作，组织对管理手册、权限手册和流程文档3本手册进行优化，修订业务流程90余项，修改权限清单50余条。开展内控自我测试，监督检查机关各部门及所属单位的内部控制设计和运行有效性，对资金管理、采购管理、资产管理等7个重要专业领域开展测试。优化测试报告内容，首次对6个领域重点风险进行专项分析并开展风险提示。针对集团公司管理层测试和西南油气田分公司内控自我测试发现的例外事项，指导相关部门、单位制定措施并完成全部整改销项。内控风险管理工作收到集团公司法律与企改部感谢函。

（徐　征　杨与嘉）

【管理创新理论研究与成果】 2023年，西南油气田公司企管法规部以解决企业发展瓶颈为着力点，搭建管理创新孵化平台，提炼形成可推广复制的经验和模式，把实践经验固化为制度规范，推动管理创新转化为生产经营的实际成效。修订合并《管理创新工作实施细则》和《管理创新奖励实施细则》。"自上而下、自下而上"相结合开展管理创新工作，通过"揭榜挂帅、赛马制"优选承担单位，评出优秀管理创新成果44项、优秀论文42篇。开展成果交流推广应用，获集团公司级优秀成果9项、优秀论文3项。其中，《天然气开发对标管理模式的创新与实践》获石油石化管理创新优秀成果一等奖，《川南页岩气区域集中共享供应链管理与实践》获中国石油天然气集团有限公司管理创新成果二等奖，《相国寺储气库智能化建设管理创新与实践》《采购选商业务全流程一体化管理体系建设的探索与实践》等获石油石化管理创新优秀成果二等奖，《油气矿以实现高质量发展为目标的管理提升体系构建》《基于"油公司"模式的新型作业区管理制度体系创建与优化》等获石油石化管理创新优秀成果三等奖。

2023年，川庆钻探工程公司注重管理创新理论研究，申报各级管理创新论文及成果，有72篇论文、20项成果获奖，获奖数量创历史新高。总结提炼的《实施技术立企、数字赋能战略，高水平科技自立自强创新与实践》获中油技服管理创新成果一等奖，《油田技服企业深化科创体制机制改革探索与实践》获中国石油企业协会管理创新成果三等奖。集团级项目"钻井技服企业全产业链数字化转型实践"通过验收，《"双碳"背景下电驱压裂技术的应用实践》在《中国石油企业》刊载，川庆钻探工程公司获该杂志"优秀通联单位"称号。

（陈奉华　曹博超）

【基础建设】 2023年，西南油气田公司企管法规部聚焦抓基层、打基础、强素质，提升"三基"工作规范化、标准化水平。加强基层党建"三基本"建设，保障基层建设水平持续提升。开展载体创新、文化聚力、组织融合、制度执行落地、素质提升5项专项试点，形成"党建项目领办""党小组和班组两组融合"等一批融合工作样板。做优"铸魂、培养、提能"三大递进培训工程，分7期完成西南油气田公司中层领导人员学习贯彻党的二十大精神培训。组织西南油气田公司第四届"十佳百优"班组长选拔活动，开展"十佳班组长"事迹及班组建设经验总结、提炼和跟踪宣传，形成"十佳班组长"形象宣传片和《榜样》书籍。印发《一线班组推行阿米巴管理模式试点指导意见》，在3个班组试点推动"四精"管理在班组落地；开展"油公司"模式下"三基"工作管理体系架构及融合研究，形成《关于进一步加强"三基"工作的工作准则》《西南油气田公司"三基"工作考核办法》等成果。开展"固本+提升""三基"工作业务培训，在6个片区开展业务固本培训，在大庆开展业务提升培训，140余名"三基"工作从业者参与；发布《西南油气田分公司加强"三基"工作实施方案》，建立2023—2025年3大类18项45个重点工作清单。开展制度流程体系运行情况内部诊断和外部对标工作，推进以"两册"为载体的基层岗位责任制建设，深化管理体系融合，把制度、流程、标准、表单等管理内容融入"两册"，全年制定、修订基层站队业务流程89项、建设标准383个、手册内容2650余处，检查生产现场7423个、施工现场5251个、井工程现场1074个，查改管理弱项200余项，对标整改各类问题7000余个。开展培训需求调研，结合数字化转型工作，探索制定与当前生产模式相适应的训战结合的标准化培训体系；全面启动数字化培训教室和培训信息化建设工作，上线西油e学网络培训平台，通过微课大赛、在线学考等方式丰富网络学习平台资源，2023年开展各类培训项目1933个，培训126 201人次；建立"举办一次竞赛、开展一次提升训练、完成一次题库和培训教材开发"的技术技能竞赛模式，打造现场设备自查自检、生产安全管理流程与工具等既提升一线员工能力、又具有推广运用价值的精品课程。2023年，西南油气田公司获国家级赛事奖项1项，省部级赛事奖项11项，集团公司级奖项44项，1人被评为全国技术能手，1人被评为四川省技能大师，3人被评为四川工匠，6人被评为成都工匠，13人被评为成华工匠，18人晋升技师或高级技师。

2023年，川庆钻探工程公司落实集团公司加强"三基"工作有关部署，组织召开川庆钻探工程公司"三基"工作宣贯推进会，制订实施"三基"工作方案，明确业务部室和所属单位管理职责，落实3个方面18项重点工作；结合重点工作任务细化形成任务清单，督促所属单位按照清单推动68项具体任务落实落地。组织各单位开展"三基"工作自查，对7家单位和6支一线作业队伍现场抽查验证，对发现的149项基层党建、班组建设等不足，及时向所属单位通报，并帮促其举一反三开展自查自改。编制"两册"模板，明确适用范围，所属各单位全面完成一线队站"两册"更新。加强"五型"班组创建帮促，创建率63.1%。在川庆钻探工程公司主页开设"三基"工作专栏，挂载管理动态9条、基层经验5篇供所属单位学习借鉴；总结形成的"三基"工作动态在集团公司法律和企改部网站挂载。

（米小双　常　友）

【专职董事监事管理】 2023年，川庆钻探工程公司加快完善参股管理机制，推动参股企业健康发展。系统推进现有参股企业实施现代企业法人治理，组织参股企业股东会、董事会及监事会会议案审议，全年组织召开参股企业管理委员会11次；优化参股企业"三会"决策机制，建立"三会"议案线上审议流程，审议通过38项议案；开展2023年度产权登记核对工作，对产权登记数据的完整性、准确性和及时性3个方面进行自查，对发现的问题及时整改，整改3个方面23项问题，在国务院国资委产权登记检查中位列集团公司前列；推动参股企业股利分配，与控股股东沟通就股利分配达成一致意见，完成参股企业股利分红4 592万元；向集团公司反映股权登记面临的实际问题，提出的建议在集团公司股权信息管理制度中得到采纳；开展参股企业价值评估，反映海川公司经营管理问题并提出扭亏解困建议意见，组织签订股权管理补充协议；做好参股企业的日常指导帮促，强化对股权代持、挂靠经营、假冒国企、虚假贸易等违规经营问题排查；针对长庆油田公司希望越盛公司继续投资同欣科技的新情况，协助越盛公司对同欣科技开展投资项目跟踪评价和尽职调查，确保越盛公司投资风险受控。

（罗晓宇）

# 规划计划

【概述】 2023年，西南油气田公司围绕"决胜300亿、加快500亿、奋斗800亿"的"新三步走"❶发展战略目标，贯彻新发展理念，服务和融入新发展格局，深化战略引领和规划实施、强化前期工作进度和质量效益、优化投资总量结构和管控措施、落实零基计划管理要求、抓实新能源指标获取和项目落地、抓好统计服务、综合评价、股权投资、基础管理、党建等各项工作，完成420亿立方米天然气年度产量目标。

2023年，川庆钻探工程公司发展计划部落实集团公司、中油技服和川庆钻探工程公司的工作部署，围绕业务和市场布局，坚持和加强党的领导，贯彻新发展理念，服务和融入新发展格局，深化战略研判、规划实施、发展统筹、投资优化、项目审查、监督考核等工作，为川庆钻探工程公司加快建设世界一流综合性油气工程技术服务公司提供支撑。

（来兴宇　崔宇诗）

【战略规划管理】 2023年，西南油气田公司深化战略规划体系，引领高质量发展方向。根据勘探开发新进展，结合集团公司总部对页岩油气、煤层气最新部署，在油气和

---

❶ "新三步走"指2020年天然气产量力争达到320亿立方米，建成2 500万吨油气当量，全面建成300亿战略大气区；到2025年，天然气年产量达到500亿立方米，建成4 000万吨油气当量，成为国内最大的天然气生产企业；到2030年，天然气年产量达到800亿立方米，油气当量6 400万吨，保持长期稳产，成为国内最大的现代化天然气工业基地。

新能源公司批复的"十四五"规划基础上，编制完成西南油气田公司"十四五"规划中期评估及2024—2026年滚动计划、中长期稳产上产规划。按照"目标不变、结构调整"的思路，聚焦战略突破和规模增储，推进常规气稳步增产、页岩气效益上产、致密气规模建产、页岩油和煤层气评价攻关，确保2025年战略目标完成，为"十五五"持续上产夯实资源基础。按照"目标不变、节奏调整"的思路，加快深层页岩气建产，突破页岩气新层系、页岩油、煤层气等领域，力争2030年天然气达产630亿立方米以上。

2023年，川庆钻探公司坚持战略引领、规划先行，科学完善高质量发展蓝图。围绕集团公司和中油技服业务发展新形势、新部署、新要求，结合发展需求，组织开展"十四五"规划中期评估及2024—2026年滚动计划编制工作。组织编制川庆钻探工程公司建设世界一流工程技术服务企业规划，编制规划工作方案，下发通知文件，召开规划编制工作启动会，引入集团公司经济技术研究院专业团队，与川庆钻探工程公司政研室共同组成工作组，组织开展华为等一流企业外部调研学习和内部主要生产经营单位调研、交流，在整理形成调研报告、对标分析报告的基础上，工作组集中研讨并持续修改形成包括发展方向、发展战略、发展目标和主要举措在内的规划框架内容。组织开展新能源业务发展专项规划，年初编制形成初稿，完成相关部门意见征求工作，组织进行新能源业务科研专题研究，补充完善后形成呈报川庆钻探工程公司领导审批的送审稿。组织编制完成碳达峰行动方案并上报中油技服，总体目标于2025年实现碳达峰，成立川庆钻探工程公司碳达峰碳中和领导小组及工作机构。　　（来兴宇　崔宇诗）

**【项目前期管理】** 2023年，西南油气田公司完善项目管理体系，把控高质量发展质量，近五年第四次获油气和新能源公司"前期管理先进单位"称号。建立产能建设配套工程前期工作一体化运行工作机制，形成工作指导意见。以项目方案为纲，以可行性研究（方案）、初步设计工作流程为主线，按照可行性研究二级单位初审、西南油气田公司预审、股份公司总部审查，以及初期设计二级单位初审、西南油气田公司预审和股份公司总部审查、批复等7个节点、6个阶段作为前期工作流程控制节点。通过强化产能建设配套工程前期工作各环节的有机融合，突出可行性研究向后延伸、初步设计向前延伸，加快初步设计与专项评价、用地手续之间的成果转化，整体提升前期工作效率，为产能建设配套工程快速转入实施阶段创造有力条件。强化设计回访制度，提升前期工作水平。2023年下达设计回访项目25个，组织开展西南油气田公司级设计回访2项，查找项目前期问题9个、设计问题49个、运行等问题110个，并编制印发《设计回访报告》，对全生命周期跟踪分析，形成可复制、可推广、可借鉴的管理经验，指导促进同类建设项目前期工作管理提升。强化重大项目核准备案工作。按照国家能源局最新备案管理要求，组织开展备案要求宣贯，规范产能建设项目备案程序办理，协调总部及时取得2023年两批次项目备案批复，保障产能建设项目依法合规快速开展。提质增效理念贯穿设计全流程成果显著。2023年批复地面工程投资项目90项，批复105亿元，审减8亿元。通过方案优化、管网调配、生产制度调整等措施，终止、暂缓项目29项，节省投资20亿元。坚持土地集约节约综合利用理念，通过利用闲置土地、优化总图，减少新征地面积约170亩（113 333.9平方米），节省投资约6 300万元。积极引导、强化考核，利用库存物资，节约投资9 400万元。开展油气生产物联网和边远关停井数字化改造工程，推进老油气田物联网硬件设施完善和低功耗物联网设备应用，减少一线用工118人，每年降低成本约1 900万元。推广火炬熄灭、甲烷泄漏监测等先进技术，减排二氧化碳5 781吨/年，节约投资约550万元。强化科技攻关推动业务管理数字化向智能化发展，建立A5系统前期业务管理流程并在16家油田全面推广，创新页岩气脱水站无人值守定型化设计，开展井口数字化（虚拟）计量模型研究和现场应用试点，推进关停井远程监视项目前期工作促进低成本物联网建设。

2023年，川庆钻探工程公司履行前期工作程序，提升前期工作质量。非安装设备重点组织编报更新钻机、新能源项目等三类及以上项目可行性研究报告4个并获批，批复新购顶驱、带压作业机、连续油管作业机、固井水泥车等4类项目可行性研究报告5个。基本建设项目重点组织完成钻完井综合试验平台工房和长庆井下贺旗基地器材库房项目初步设计及概算审查批复；组织开展井筒工具智能制造中心项目建设前期论证，完成标杆企业调研和选址踏勘等工作，委托专业咨询机构开展项目规划设计。推动旋转地质导向钻井系统产业化新设股权项目，成立四川天石和创科技有限公司，完成注资并正式运营。

（来兴宇　崔宇诗）

【投资计划管理】　2023年，西南油气田公司优化投资计划体系，保障高质量发展基础。保障储量、产量、产能任务目标完成。以专业公司下达年度投资框架计划为基础，结合西南油气田公司生产建设各项工作部署和项目前期工作进展，落实股份公司投资计划286.08亿元，其中上市业务279.38亿元、未上市业务6.7亿元，同比增加43.55亿元。防范投资风险。抓好集团公司、西南油气田公司投资管理办法等相关文件的宣贯执行，坚持"管业务管投资、管方案管效益、谁主导谁负责"，管好项目方案投资和效益，管住业务投资总量和整体效益，确保效益达标、总量不超。抓项目投资实施计划下达的前置条件审查，严禁计划外、超计划等违规行为，确保不逾越红线。确保总部考核目标全面完成。发布《关于做好2023年投资计划管理的通知》，建立开发方案、前期工作计划、物探、钻井、地面项目节点运行计划、所有项目投资月度运行计划跟踪机制，实行两级计划部门牵头管理模式，实时掌握项目实施进度，加强投资项目执行、跟踪、预警、检查管理。特别是年底下达西南油气田公司第四批投资计划和年度投资调整计划后，实施投资计划运行周跟踪机制，分别按年度投资总计划、进度投资运行计划、周投资计划完成率3个维度进行统计排名，对进度投资运行计划完成率未达标单位，约谈其分管领导，督促各单位加快项目结算，确保投资完成率98%以上的考核目标完成。

2023年，川庆钻探工程公司坚持"严谨投资、精准投资、效益投资"的原则，正确处理投资规模与各单位经营需求及中长期发展的关系，有效控制单纯依靠负债进行投资的行为，从紧安排全年投资规模。安排非安装设备投资占总投资的20.7%。提升工程服务保障能力，提高钻机作业效率，改善钻机结构，强化新能源利用，增加电动钻机、深井钻机数量，续建更新ZJ90DB、ZJ70DB钻机各2台，新开更新ZJ120DB、ZJ70DB钻机各1台；支持钻机电动化、自动化升级，续建改造ZJ50DB、ZJ70DB钻机20台，新开改造ZJ50DB钻机6台；支持试修业务向高端发展，新购带压作业机1套；践行绿色低碳发展，提升压裂装备整体性能，推进储层改造工艺技术发展，提高压裂作业在油气勘探开发中的支撑保障力度，续建新购电动压裂机组2套12万水马力；提升超深井录井能力，新购万米井专用综合录井仪1台，扩大市场占有率适当补充录井队伍规模，新购常规录井仪10台。油气合作开发业务投资占总投资的60.1%。落实苏里格项目弥补递减产能建设投资、威远页岩气威211方案投资及40亿立方米稳产方案2023—2024年投资，确保川庆苏里格项目天然气年产量19亿立方米、页岩气年产量23亿立方米目标实现。基本建设项目占总投资的4.7%，重点安排旋转地质导向钻井系统产业化新设股权项目，续建川庆井控应急中心、长庆钻井马岭基地倒班公寓项目，新建钻采院钻完井综合试验平台工房、长庆井下贺旗基地器材库房项目，以及数字化作业现场试点建设、川庆钻探工程技术边缘计算平台及数据底座和项目总分包管理系统。坚持投资"一本账"管理，长摊项目投资占总投资的10.2%；安全隐患治理资本化项目投资占总投资的2.2%；公用工程项目投资占总投资2.1%。加强项目实施过程管理和验收工作，跟踪和监督落实项目实施进度，严格执行投资项目闭环管理，满足合规管理要求。按照油气风险合作开发项目竣工验收工作流程，完成苏里格项目2022年产能建设验收。抓好房屋场地资产租赁审批和费用控制工作，联合生产科研基地建设管理部审查审批所属单位租赁项目，及时有效满足公司生产保障需要。严控房屋场地租赁规模，加强基地设施综合共享利用，督促加强租用房屋场地项目的合同签订、价格谈判和日常运行管理，从外租规模和费用同口径对比分析情况来看，年度外租规模同比压减4.17%、年度外租费用压减6.5%，外租规模及租金支出均得到控制，呈下降态势。

（来兴宇　崔宇诗）

【统计管理】　2023年，西南油气田公司构建现代化服务型统计体系，推动"生产型"向"经营性"统计的转变。统计方法制度建设稳步推进，统计工作体系更加完善。修订《西南油气田公司统计工作管理实施细则》，完善综合统计核算报表制度，编制统计管理工作手册，逐步建立以统计工作管理实施细则为核心、管理工作手册为指导、报表制度为基础、指标解释为标准的工作体系。完成各类统计报表业务。全年完成各类统计报表及资料汇编近500份，向地方监管部门报送生产销售、产值、投资及能源消耗等统计资料100余份，为地方GDP核算、企地关系协调和西南油气田公司建设项目实施创造有利条件。拓展统计服务深度和广度，发挥统计信息监测和决策支撑职能。利用统计数据资源优势，开展已开发油气田效益评价及各类统计专题分析，2023年完成各类统计分析及论文82篇，为企业提质增效、投资管控等提供数据支持和信息参考。

2023年，川庆钻探工程公司完成2022年综合统计年报和2023年定期综合统计报表的编制、上报工作。完成国家统计联网直报系统数据填报工作，配合地方人民政府有关部门做好主要经济指标预测、数据查询与解释。完成集团公司2022年未上市投资、油服业务统计年报审核工作。完成川庆钻探工程公司《2022年统计资料汇编》，并配合中油技服完成《中油技服2022年统计资料汇编》。牵头组织开展生产信息统计规范应用工作，发挥统计监督作用。开展统计课题研究，推进规范管理，形成数据管理规范。牵头组织集团公司投资指标解释修订，并承担工程技术服务钻井等指标解释修订工作。组织开展统计工作手册编制，形成统计实践指南。创新统计工作方法，高效高质量开展统计调查，完成前三季度3次调查任务、第五次全国经济普查单位基本情况信息采集，在确保数据准确性的同时实现时间成本、人工成本的大幅减少，获川庆钻探工程公司2023年度"五新五小"成果二等奖。开展专题统计分析，鼓励基层单位结合生产经营实际情况撰写专题统计分析，推荐论文获第十届全国石油经济学术年会二等奖1篇、三等奖2篇，获第二十一次全国石油统计学术研讨会一等奖1篇、二等奖2篇、三等奖1篇；推荐统计分析获集团公司获二等奖1篇、三等奖1篇。

（来兴宇　崔宇诗）

【综合评价管理】 2023年，西南油气田公司完善综合评价体系，做好发展参谋。完善经济评价工作体系，强化技术经济一体化，通过在方案编制、建设实施、生产运营等阶段开展技术参数、施工组织、工具装备、市场供应等多业务、多环节协同优化，实现全生命周期各阶段经济效益及投资成本控制目标。动态跟踪方案和单井投资效果及效益。对正在实施的33项开发方案投资效果及效益进行跟踪分析，为后续开发井部署和实施提供决策建议。发布《西南油气田公司天然气单井效益跟踪速算工具使用指导意见》等规范文件，确保开发方案执行过程中单井效益跟踪测算的统一性、准确性和及时性。科学规范测算方案效益，提升方案经济评价工作质量、推动项目获批进程，助力低成本高质量发展。组织7项开发方案经济评价预审查复核，完成40项方案及36项可行性研究、初步设计经济评价审查。项目后评价作用更加凸显，获集团公司"2020—2022年度后评价先进集体"称号，为集团公司两家获奖单位之一；独立完成和参与的后评价成果获一等奖2项、二等奖1项、三等奖2项，29人次受到表彰。完成集团公司详细后评价项目——"安岳气田高磨区块灯四气藏开发项目后评价"，为深层碳酸盐岩古风化壳岩溶气藏规模高效开发提供支撑。支撑集团公司专项评价，配合集团公司做好中国石油页岩油勘探开发、集团公司增储上产等2项专项后评价。推进重点项目竣工验收。加强专项验收实施进度跟踪，加大问题沟通协调力度，首次组织开展档案验收专题推进会，推进重点项目竣工验收，完成相国寺储气库配套管道工程等4项二类项目竣工验收，占16家油气田全年重点项目验收计划总数的40%。

2023年，川庆钻探工程公司坚持投资项目后评价全覆盖，细化项目资料收集与梳理，加强详评项目自评价报告、简评项目简化评价报告编制工作，客观分析项目经济效益，提高后评价报告质量。开展详评项目3个、简评项目8个。组织6家所属单位完成后评价相关工作，在集团公司后评价管理信息系统中按时完成简评报告和自评价报告录入工作。开展后评价业务培训，加强业务指导，形成一套具有行业特色、科学全面的后评价管理培训课程体系。

（来兴宇　崔宇诗）

【投资控制管理】 2023年，西南油气田公司重构投资管控体系，积蓄高质量发展能力。实现投资成本源头控制。以投资总量控制和投资成本控降为目标，进一步细化各类投资项目的投资控制目标，确保井工程投资成本控制在批复的估算投资范围内。根据开发方案批复情况，下达9个方案钻井工程和地面工程投资控制指标。探索市场化价格落地。依托日费制钻井成本写实及页岩气井工程服务集中采购成果，促成西南油气田公司与川庆钻探工程签订《深层页岩气效益合作总承包框架合同》，实现《泸州页岩气田阳101区块开发方案》等4个方案标准井钻完井投资6130万元历史最低价，基本形成井工程服务市场价格新体系。完成限时集中结算。为解决钻井和地面工程历史遗留投资问题，加快全井结算工作，牵头成立集中结算工作组，分两阶段集中完成151口钻井工程结算工作，其中探

## 企业管理

井108口、页岩气评价井43口,下达追加投资51.12亿元,并建立日报、周报跟踪机制,跟踪督促集中结算工作进度和完成情况,分析问题原因,督导相关单位应结尽结,确保股份公司总部下达历史遗留投资在年内全部结算。

2023年,川庆钻探工程公司遵循"严谨投资、精准投资、效益投资"原则,投资总量控制在党委会审定的额度内。优化投资结构,优先向效益好、现金流贡献大的项目和单位倾斜,保障生产经营刚性需求项目和保障安全生产需求项目,严控非主业、非优势业务和非生产性投资。全年审减投资1.9亿元。非安装设备项目提升可行性研究报告编制质量,严格执行投资项目可行性研究工作管理规定。规范前期工作程序,按照党委会审定的2023年非安装设备重点项目,编制并下达四类项目前期工作计划,组织实施集团公司和中油技服二类项目、三类项目前期工作计划。实行委托专业机构编制、项目单位专业指导的模式开展可行性研究报告编制工作,审减投资980万元。执行可行性研究报告评估批复程序,落实好专家咨询论证、跨部门联审等工作制度,确保项目前期论证客观充分、立项决策科学正确。油气风险作业项目共审查钻前、钻井、完井工程项目319个,审减率4.65%。加强对项目实施的线上动态跟踪,掌握实施动进度,按需调整投资计划。强调计划执行的紧迫性和严肃性,督促项目单位加快计划执行进度,综合平衡项目节余资金和取消项目资金,推行投资绩效考核周报制度,确保计划完成率达到考核标准。发挥后评价监督评价作用,发挥项目后评价在投资项目闭环管理中的作用,完善投资项目监管体系、改善投资决策和管理、提高投资质量和效益。(来兴宇 崔宇诗)

2023年6月13日,西南油气田公司党委委员、副总经理余朝毅(右四)到长宁公司调研,听取投资成本管控工作汇报 杜鑫 摄

【新能源管理】 2023年,西南油气田公司搭建新能源多元体系,开辟高质量发展新途径。超额完成新能源指标任务。首次通过市场化竞配获取风光指标33万千瓦,签订地热供暖协议面积74.7万平方米。寻求市场开拓,形成"区内天然气撬动、区外合资合作"的多元化指标获取模式,通过市场化竞配方式在攀枝花、黔江、丰都等地获取风光指标,成为集团公司首家独立参与区外市场化竞配并获取指标的地区公司。推动清洁电力项目落地。全年清洁电力项目发电360万千瓦·时、节约标准煤1 099.8吨、减排二氧化碳2 859.5吨。建成首个矿权范围外分布式光伏工程宁夏和宁化学分布式光伏;利用油气生产场站空地建设的清洁替代光伏项目即将投运;完成攀枝花米易县10万千瓦光伏发电可行性研究报告专业公司预审。特色新能源业务取得新突破。国内首个规模化应用余压发电示范项目开工建设,总装机规模10.15兆瓦,初步形成余压发电设计建设、运行维护等配套技术体系;国内首套单井橇装LNG回收站BOG提XAI装置建成投运,2套具有自主知识产权的单井零散气回收BOG提XAI装置投运,年回收XAI气4.4万立方米;国内首套气田水提锂中试装置实现投运,磨152H井日处理气田水500立方米提锂装置可年产碳酸锂40吨,威远100米$^3$/日气田水伴生资源综合利用和达标外排装置正在加快建设,可年产碳酸锂18吨;国内首个注二氧化碳提高气藏采收率先导试验方案获批,制定首个四川盆地枯竭气藏碳埋存地质目标筛选指标,初步筛选16个气藏、二氧化碳埋存潜力1.64亿吨,卧龙河气田CCUS-EGR先导试验方案获批。

2023年,川庆钻探工程公司贯彻集团公司"清洁替代、战略接替和绿色转型"总体战略,主动融入集团公司、中油技服新能源新业务发展体系,推进生产用能清洁替代。组织编制"十四五"新能源业务发展专项规划及碳达峰行动方案,加快发展新能源新业务,逐步实现绿色地毯转型和高质量发展的规划部署。"十四五"新能源业务发展专项规划在年初编制形成初稿的基础上,完成相关部门意见征求工作,组织进行新能源业务科研专题研究,形成呈报领导审批的送审稿。碳达峰行动方案完成编制工作并上报中油技服,总体目标于2025年实现碳达峰,同时成立碳达峰碳中和领导小组及工作机构。发展新能源新业务方面,组织编制苏里格桃7—桃9集气站分布式光伏发电项目、川庆长庆井下公司朝阳七路光伏发电项目、川庆

长庆固井公司高沟口基地光伏发电项目可行性研究报告并获批。（来兴宇　崔宇诗）

【股权投资管理】 2023年，西南油气田公司做强股权合资体系，补强高质量发展拼图。根据集团公司组织体系优化调整工作要求，年初撤销资本运营部，按照部门职能划分，股权业务规划、项目设立、增资、股权收购等公司股权投资管理职能调整到规划计划处，股权投资科人员同步移交。成功设立中国石油西南片区首家新能源公司，打造"天然气+新能源"产业融合样板工程。按照集团公司新能源业务总体部署，设立四川西油新能源有限公司，助力清洁电力指标获取，成功中标兴易集中光伏项目竞配。按照国家油气体制改革要求及集团公司战略部署，与国家管网开展相国寺储气库业务合资工作。四川石油管理局持股51%、国家管网集团西南管道公司持股49%，合资项目获集团公司批复，为组建合资公司奠定基础。（来兴宇）

## 生产运行管理

【概述】 2023年，西南油气田公司生产运行系统狠抓产运储销一体化统筹，在天然气生产调度、钻井运行、应急抢维修、土地管理、油地协调、水电管理、自然灾害防治等方面着力，完成生产运行各项工作任务。获集团公司"冬季保供先进单位""2023年度生产经营管理先进集体"称号，获油气和新能源公司"2023年油气生产运行先进企业"等称号。

2023年，川庆钻探工程公司生产运行管理主要为完成企业年度工作目标编制并实施生产运行业务的年度规划和年度计划，负责钻井、试油及相关专业的生产组织、生产协调事宜，提出并协调落实主要施工作业队伍、装备需求建议。2023年，开钻井1 626口，同比（2 182口）下降25.48%，完成钻井总进尺615.6万米，同比（758.9万米）下降19%；压裂15 867层次，同比（15 640层次）增长1%；酸化400层次，同比（400层次）持平；试油2 239层次，同比（2 436层次）下降8%，修井487井次，同比（509井次）下降4%；固井10 004井次，同比（12 258井次）下降18%。（吴静　何虹　夏明星）

【天然气生产调度】 2023年，西南油气田公司生产天然气420.3亿立方米、生产原油12.5万吨，天然气产量跨越400亿立方米新台阶，西南油气田公司油气产量当量3 361万吨，成为中国石油第三大气田；川渝市场销售天然气317.8亿立方米，天然气产销均创历史新高。多措并举强化注气资源筹措，全年完成注气量29.72亿立方米；相国寺储气库成为国内首座安全提压全面达容的储气库，首次达容45亿立方米，为打造集团公司标杆储气库奠定坚实基础。科学统筹装置检修安排，缩短检修时间69天，减少产量影响1.6亿立方米。严格"一节一案"，通过降管存、增销量、控代输、提上载等措施，实现节假日无指令性压产。抓老井稳产保效和新井提速提效，提高产气能力，日产量超1.25亿立方米。加强区域整体协同联动，统筹浙江油田公司、大庆油田公司、吉林公司等兄弟油田及中国石化等外部气源41.99亿立方米，组织外部资源量再创新高。提前完成铁山坡气田外输川气东送一线手续办理，保障中国石油首个自主开发特高含硫气田铁山坡气田按时投产和顺利外输；合理配置铜梁、江津、忠武上载气量及各点的下载，年净外输上载87.1亿立方米，实现产能充分发挥。统筹开展冬季保供工作，抓实抓细特殊、重点时段天然气稳定供应，靠实保供各项措施落地，保障天然气产业链的平稳顺畅运行；完成成都世界大学生运动会保供任务，获集团公司、成都市人民政府肯定。优化威江线、足虎线投运部署，畅通页岩气上产的外输通道。四川石化停产检修期间公司油品正常接卸、生产后路畅通，减少天然气产量影响6.08亿立方米。（刘小斌）

【钻井运行】 2023年，西南油气田公司开钻井294口，完钻井387口，进尺197万米。采取"运一排二""季度滚动更新"等方式优化钻试设备运行安排，保障蓬莱气区、川东北高含硫、深层页岩气及致密气等重点领域需求，高峰时期动用钻机199台、压裂车组34套。开展页岩气评价井加快推进专项行动，截至2023年底，完成27口，从井位批复至试油压裂结束平均实施周期384天，较开展专项行动前提速36%。全面统筹井工程运行，面对钻井工作量持续保持高位、井工程运行管理环节多等形势，通过严格对标对表生产计划、进一步加强跟踪督办、应用重点项目进度管控系统，统筹抓好井工程全过程运行管理，全年运行管控井1 100余口，平均每天运行井300余口，运行效率同比提升8%。

2023年,川庆钻探工程公司动用钻机343台,同比(360台)下降4%;完成钻井总进尺615.6万米,同比(758.9万米)下降19%。川渝地区动用钻机128台,开钻井195口,同比(235口)下降17%;完成进尺126.1万米,同比(127.6万米)下降1%。自有钻机进尺89.2万米,同比(94.8万米)下降6%;引进钻机完成36.9万米,同比(32.8万米)增长13%。长庆地区动用钻机169台,开钻1321口,同比下降29%,完成进尺447.8万米,同比(593万米)下降24%。自有钻机完成320.8万米,同比(414.5万米)下降23%;引进钻机完成127万米,同比(178.6万米)下降29%。新疆地区动用钻机27台,开钻37口,同比增长23%;完成进尺22.1万米,同比(17.2万米)增长28%。国际业务动用钻机19台,开钻74口,同比下降1%;完成进尺19.6万米,同比(21.1万米)下降7%。

(姜富川　何　虹　夏明星)

【应急抢维修】 2023年,西南油气田公司推进地面生产系统应急抢维修专业化管理,各区域抢维大队组织实施站场、管道应急抢险14次,完成设备设施故障抢维修240余次,完成设备设施大修等项目作业233项,减少对天然气产量影响6400万立方米。制定、修订应急物资储备管理办法、应急物资库房形象规范图册,建立区域应急抢险报警机制,推进抢维修业务规范化管理。完成7座区域应急物资库、52座现场应急物资库标准化建设,按标准补充配置应急物资98%,集中储备各类型管材36种、弯头32种。完成重庆气矿抢维修业务整合试点、眉山和成都片区终端燃气公司应急资源整合试点,开展应急通信保障系统建设,提升地面生产终端燃气等专项领域应急能力。开展应急抢维修业务提质增效专项活动,实现降本创效2300万元;开展跨单位抢维作业服务24项,内部劳务结算1226万元,实现内部资源共享及外委成本有效节约。

(白　杨)

【土地管理】 2023年,西南油气田公司创新建立"前置手续申办、落地即可开工"征地新模式,将用地工作起点前置到井位批复前70天,全年为井工程供地125宗,面积4615亩,为地面项目供地7宗,面积393亩。强化节约集约用地,推广运用《西南油气田公司石油天然气工程用地指标》,节约集约用地3746亩,节约投资2.55亿元。强化土地复垦退耕,分区域制定土地复垦工程设计规范化样本,建立复垦设计现场评审、施工现场督查、成果现场验收工作机制,提高复垦质效,复垦退耕土地2639.85亩,相当于恢复1055.94吨粮食年产能。强化存地盘活处置,土地处置项目100%推行两级法律意见审核制度,试点推行土地资产评估报告线上审查备案,提高处置合规性和效率,建立土地补偿款回收情况动态监控机制,确保资金及时回笼,盘活存量土地11宗,面积222亩,取得收益3407.57万元。

(杜荟敏)

2023年3月30日,西南油气田公司在成都召开土地管理工作会

杨舒然　摄

【油地协调】 2023年,西南油气田公司对506个建设项目开展协调工作1156次,向地方人民政府专题汇报266次,召开专题协调会议416次;开展278个项目1139千米农村公路通行协调工作;解决各类受阻事件273次,协调地方人民政府对项目建设采取保护性措施68次,平均受阻协调周期5天。强化区域统筹协调,与中国石化、国家管网集团等能源企业,与大庆油田公司、吉林油田公司等中国石油驻川渝单位建立"地方信息共享、共性问题共商"机制,规范协调行为,避免相互影响;强化重大专项协调,以行政手段快速申办,开展油气建设项目行政手续办理时效分析,提前预判项目建设协调难点堵点,利用厅际联席机制、省级沟通平台,快速推动永浅3井、深地川科1井等50余个项目属地备案、铁路穿越外部手续申办;强化应急联动协调,建立政企常态化联络机制,采取"动态跟踪、专人处理"的工作方式,抓好全国"两会"、春节、成都世界大学生运动会等特殊敏感时段的政企沟通,确保

油气项目建设有序推进；强化敏感事件协调，与泸州市应急管理局、内江市应急管理局、四川省地震局开展工作对接20余次，争取属地人民政府理解支持，科学开展场址地震危险性评价、地震灾害风险评估、监测台（网）建设等工作，推进川南页岩气压裂作业。

（赵建平）

【水电管理】 2023年，西南油气田公司首次开展电力管理体系评估，分析研判面临的形势和存在的问题短板，形成专项评估报告和整改建议方案，明确下一步电力管理提升方向和重点工作。提升供电保障能力，探索以可靠性为中心的电气设备健康管理，探索推行电力系统完整性管理，通过推广在线监测、带电检测等新技术应用，提升供电可靠性与设备设施本质安全，年度供电可靠率99.87%。强化产能建设供电保障，建成铁山坡气田、老翁场储气库等重点供电工程并一次性投运成功，编制"十四五"后三年页岩气上产区域供电保障方案，探索"源网荷储"一体化供电保障模式，保障大规模电驱压裂用电需求。推进电力数字化转型，以打造"统一管理、集中展示、分级调度、全面感知"的智慧油气田电网为目标，优先完成变电站无人值守改造、配用电自动化改造、输电线路改造等基础性改造工作，试点开展视频AI分析、三维数字孪生等智能化应用，提升电力保障水平和智慧运维能力，35千伏及以上变电站无人值守率50%，减员增效成效显著。推进电力提质增效，以"量价双降"为目标，科学编制专项方案，强化全过程动态管控，狠抓三大类12项措施落地见效，重点强化政策解读与电价分析测算、电量统计分析与节能技术研究，最大限度降低电价政策性上涨、电量硬性增长带来的成本压力，全年降本4 300万元。 （陈 浩）

【自然灾害防治】 2023年，西南油气田公司落实防灾减灾工作部署，推行灾害防治常态化精细化管理，实时发布预警1.9万余条，汛期信息周报14期。组织各单位自检自查，并启动专项检查，抓好灾害隐患动态排查与整改。对1 176处管道河流穿跨越段、81处山洪地质灾害风险点、23处低洼易涝场站等重点部位按"一线一案""一站一卡"原则完善应急预案，落实管控措施。科学高效应对地震灾害，制定、修订《关于进一步做好防震减灾工作的通知》《地震突发事件专项处置流程》，规范管理程序、突出快速处置、强化科技减灾，应对川渝地区3.0级及以上地震70余次。开展专项应急预案演练100余次，并通过"5·12"防灾减灾日专项宣传活动，提升全员防灾减灾意识及能力。

（王 蓉）

【生产组织】 2023年，川庆钻探工程公司针对集团公司禁止实施无投资工作量和有投资无计划工作量造成的工作量不足、钻机大面积等停问题，优化生产组织，强化生产协调。提前掌握项目井位、资金批复、临时用地许可办理及用地协调情况，抓好钻前工程生产组织、工期管理，钻前工程平均有效工期39天，同比提速1天。优化钻机拆卸、搬迁、安装、钻进、完工等生产组织运行流程，将提速提效贯穿各环节，最大限度缩短等停时间，钻井组停时效1.14%，下降49%，钻井乙方组停为0，试修组停时效5.42%，下降51.3%。强化压裂保障力度，提高压裂作业效率，压裂作业效率2.18层段/（队·日），同比提升5.8%。编制《川庆钻探工程公司井筒作业持续整体提速实施方案》，召开推进会并制定单项奖励措施。其中，蓬深6井以9 026米完钻井深创亚洲最深直井纪录；富源302-H9井用时98.7天完钻，创塔里木地区8 000米以上超深井最快完钻纪录。制定《川庆钻探工程公司川渝地区井工程一体化统筹项目管理工作方案》，54支钻井队分阶段实现井工程一体化统筹管理。其中，大安1H26-3井63.88天完钻，刷新所在区块最快完钻周期纪录，节约周期9.3%，获中油技服书面表扬。强化深地川科1井的组织保障工作，创9 000米及以上深井钻机从出厂到具备开钻条件21天的新纪录，7月20日深地川科1井开钻，12月31日进尺3 611米，"三开"完钻。

（何 虹 夏明星）

## 财务资产

【概述】 2023年，西南油气田公司财务工作在夯实财务基础、聚焦预算引领、强化资金税收统筹、资产精益管理、做优财务监督等方面持续发力，提升企业经营效益，完成各项KPI指标，考核税前利润142.22亿元，经济增加值102.46亿元，投资回报率11.64%。

2023年，川庆钻探工程公司财务系统围绕企业发展战略，以提质增效、低成本发展为抓手，以价值创造和结算回款为主线，统筹推进大集中ERP项目建设，发挥财务管理战略支撑、决策支持、业务服务和风险防控职能作用，各项工作取得新的进展和成效。　（彭　颖　张　欢）

2023年8月8日，川庆井下作业公司在成都承办四川省财务技能大赛　　　　　　　　　　　　　　　　　　　庞　圆摄

【预算管理】　2023年，西南油气田公司实施8个方面42条具体工作措施，实现提质增效21.92亿元，其中增产增收21.17亿元，降本0.75亿元。落实低成本战略，降低物料能耗、措施维修等重点成本，自营天然气完全成本控制在每千立方米889元内。完成2023年区块完全成本分析，开展量效关系分析。强化业财融合，优化预算分解，按照"有保有压"原则，极限压降无效成本与非生产性支出，保证人工成本、安全环保、增产措施项目支出，落实"增产增成本"实施方案；强化预算滚动调整机制，重点抓好各单位月度成本均衡管理。推动财务信息化建设，全面上线一套集指标管控、预算执行分析、成本支出分析、效益管控和预警为一体的财务分析预警信息系统。

2023年，川庆钻探工程公司优化预算指标体系，发挥预算资源配置导向作用。采用以工作量为基础、分专业、分区块的零基预算，拓宽预算编制深度，细化预算编制颗粒。研究出台首个财务经营政策，从指标考核、预算资金、科技激励、亏损扶持、资源协同等多维度完善配套政策，激发各单位增盈减亏动力。坚持"无预算不开支"理念，弱化考核调整，加强预算过程管控，多频次开展经营预测，及时预警经营风险，提出相应建议措施，企业经营指标全面受控。两级领导班子成员结合主题教育活动，开展对口督导帮扶，组织召开亏损治理推进会，做到精准施策；相关单位积极细化亏损治理措施、层层分解落实责任，亏损治理取得阶段性成效。　（彭　颖　张　欢）

【资金管理】　2023年，西南油气田公司按照"紧平衡"要求，增加销售收入结算频率，合理控制付款节奏，资金计划符合率高于95%。规范内部结算，强化关联交易监管，落实《关于进一步加快关联交易结算进度的通知》要求，强化源头管理，及时对账结算，无争议款项支付率100%。开展"两拖欠"（拖欠工程款、拖欠农民工工资）整治，做好源头控制，强化产业链延伸管理，落实机制建设、更新及优化，加强动态管控，形成闭环管理，实现逾期无分歧民企欠款及农民工工资零拖欠。强化资金安全管理，加强担保授信业务监督，规范专项业务管理。推进产融结合管理工作，开展西南区域产融结合考核评价。推广"商信通"，增强协同效应；强化参股公司融资管理。

2023年，川庆钻探工程公司秉承"集中统一、安全受控、量入为出、效益导向"原则，健全以自由现金流为正的核心资金管理机制，做好各项资金业务的筹划、权衡、管控，保障资金状况持续稳健向好。完善"总部+项目"预收款机制，收到油气田企业预付款44.03亿元。深化现金流紧平衡管理，坚持保刚性、控弹性，分级分类拨付额度，做到日跟踪、周通报、月复盘，优化现金流资源配置。灵活运用支付手段，商业票据、授信保函、联合抵账等多措并举，有效减少资金占用、节约财务费用。治理"两拖欠"，践行企业社会责任，清旧欠、防新欠两手抓，投入专项保障资金，覆盖民营企业近5000家，账龄一年以上、金额100万以下到期小额应付款较年初下降92.87%，有效避免小隐患大事故。强化汇率风险管控，少量多频及时结汇锁定汇兑收益；及时应对国际风险，组织紧急境外资金，有效保障境外资金安全。
　　　　　　　　　　　　　　　　　（彭　颖　张　欢）

【成本管理】　2023年，川庆钻探工程公司打造提质增效"精进版"，强化顶层设计，明确"一利五率"、收入和工作量、发展质量、低成本发展和亏损治理5个方面20项总体工作目标，制定8个方面33项156条实施措施，细化126项量化指标。完善提质增效实施推进机制，以专项考核为驱动、闭环管理为抓手，强化指标跟踪监测和分析总结，通过高效严密的矩阵式管理推进专项工作走深走实，实现贡献15.53亿元。创新提质增效先进评选机制，出台《川庆钻探工程公司提质增效先进评选细则》，通过对业务类型、生产经营规模和管理难度进行分级评优树先，评选表彰提质增效价值创造行动先进单位10家、先进处室6个、先进集体58个、先进个人120人、优秀案例4篇，激发全级次单位和全员参与提质增效积极性。

（张 欢）

【会计核算】 2023年，西南油气田公司以会计信息质量提升为抓手，突出财务数据价值。每月重点分析资产负债表、损益表环比，同比等数据重大和异常变化的情况，及时分析原因，为后续生产经营提供思路；梳理管输业务，靠实成本分摊比例；开展油气资产折耗与SEC储量关系研究，强化储量、产量、区块、操作成本等多因素研究分析，与勘探、生产、计划等业务部门统筹协调，参与储量评定等重要环节，把储量评估的价值及时体现到经营效益上；全过程参与相国寺储气库公司的合资工作，提供财务解决方案，就储气库业务划转做好账务体系建设及配置。完成西南油气田公司上市及未上市会计核算操作手册修订，满足生产经营管理需要，为会计核算规范性提供保障。

2023年，川庆钻探工程公司加强与中国石油共享运营有限公司成都中心沟通合作，深化巩固"三项业务"（报表业务、资金业务、账务处理）移交成果，财务共享上线累计提单150万笔，居中油技服板块上线单位提单量首位，凭证共享率100%、资金支付笔数、支付金额共享率均100%。强化会计基础管理，完善重大项目核算体系，参与集团公司系统建设试点。完善科研业务核算，助力川庆钻探工程公司"技术立企"战略目标落地；优化标准科目和辅助核算体系，督促各单位提高账务核算准确性，会计信息质量稳步提升。开展会计信息质量监督检查，安排对12家所属企业开展收入成本、合同资产、租赁准则执行、资产处置专项检查，规范会计核算标准。以深地川科1井、遂宁联合项目部等项目实施为契机，细化项目核算、精准核算单元，探索垫资施工和井筒多专业协同合作模式下的项目一体化核算体系，巩固和提升会计信息质量。推进大集中ERP建设，组织近2万人次专题线上培训，优选33名关键用户参加集团公司集中办公，完成蓝图方案V2版验证。

（彭 颖 张 欢）

【价税管理】 2023年，西南油气田公司完成2022年度非常规天然气中央财政补贴的资料申报工作，获非常规天然气补贴28.8亿元，其中页岩气补贴20.7亿元、致密气补贴8.1亿元。建立以市场为导向的价格管理机制，规范价格的执行和监督，修订完善《西南油气田分公司油气产品及服务价格管理实施细则》，稳步推动价格工作合规开展。加强税收筹划，减轻企业税收负担。全年节约各项税费20.41亿元，其中企业所得税节约17.1亿元，所得税负降低至14.42%，资源税累计减征3.31亿元。完成"数电发票"管理软件开发工作，实现"数电发票"自动化开具及勾选，有效提升工作效率。

（彭 颖）

【资产与保险管理】 2023年，西南油气田公司开展资产分类评价工作，对低效资产进行转化、对负效资产进行处置，通过片区增压、井筒解堵、泡排等措施挖潜增效，把磨溪区块由低效变常效。开展资产轻量化工作，优化资产处置方案，全年上市单位报废资产5334项，原值7.47亿元、净值0.55亿元；未上市单位报废资产866项，原值0.56亿元，净值0.23亿元。开展资产集中处置工作，仪陇净化厂I列报废装置集中处置项目获收益1418万元，增值率133%，成为集团公司集中处置试点优秀案例。开展资产管理数智化赋能，以资产数据治理为基础，打通资产与业务系统间数据壁垒，全面上线资产数智化平台。开展股权管理保值增值，做好股利支付到账工作，51家法人企业分回股利20.5亿元，完成率130.8%。

2023年，川庆钻探工程公司强化资产价值维护，连续3年开展资产分类评价管理，加快低负效资产处置，实现从"如何做好资产分类"到"资产分类评价和成果运用并重"的跨越式提升，低负效实物资产同比下降61.7%。有序推进资产集中处置试点工作，作为先进单位在集团公司资产集中处置试点总结会上交流发言。加强低负效资产处置清理，开展闲置资产盘活调剂，完成资产处置评估备案13批次，处置资产原值4.33亿元，实现处置收入3000万元，调剂资产原值1978万元。推进商业保险集中管理工作，发挥统保优势，开展各类险种审批、投保、理赔、备案工作，商业集中保险管理成效显著，钻井设备险理赔2批次1123万元，办理深地川科1井2023年度钻井设备零费用投保；申请办理雇主责任保险理赔61人次346万元，为11人争取2018年以前出险理赔资格；

为 2.4 万余名员工办理非因工意外保险，维护员工利益。

（彭　颖　张　欢）

【商业保险】　2023 年，西南油气田公司强化保险管理，严格执行股份公司统保工作要求，油气田企业财产险纳入集团公司总部统保，做到应保尽保和科学投保。首次采用保险管理信息系统，完成集团公司、股份公司 2023 年商业保险信息采集。开展保业务梳理自查，落实保险管理责任；定期开展赔案清理，推进理赔服务方便通畅；加强保险政策宣贯，强化提升各单位风险意识；夯实精细化管理能力，维护企业权益。

（彭　颖）

【财务信息化】　2023 年，西南油气田公司统筹推进大集中 ERP 建设，完善大集中 ERP 工作组织，完成项目开发实施合同签订，编制项目建设考核激励办法。派出各业务骨干 54 人参加集中办公，跟进各组业务流程与方案设计、讨论与优化。参与 V1 版业务蓝图讨论，对涉及本版块的 84 个方案反馈问题 83 个，提出建议 37 个；对 208 个流程反馈问题 124 个，提出建议 36 个；组织讨论业务专题方案 4 个，提出 6 项建议，为后续系统上线运行做好准备。

（彭　颖）

【财务共享】　2023 年，西南油气田公司优化共享平台运行，推进商业票据业务移交及薪酬自动化发放，6 月完成票据承兑业务移交，实现承兑填单、计划申报自动生成，付款签收集中处理，极大降低承兑风险。6 月完成薪酬支付自动化切换，实现薪酬数据无缝衔接，凭证自动生成，工资发放效率进一步提升。全面优化系统功能，完善合同业务功能、优化辅助审核功能、新增全电发票验真功能，实现流程分类配置自动流转，归口审批自动流转等，财务共享效率提升。

（彭　颖）

【财务基础管理】　2023 年，西南油气田公司发布《进一步加强财会监督工作的实施方案》，组织开展"虚假贸易业务"排查、"五项"费用专项检查，完成国家审计署资产减值准备专项审计、原执行董事姜鹏飞离任审计等工作；全范围开展资产管理常态化稽查，通过事中监督及时发现资产管理中存在的问题，立查立改、举一反三、持续完善，夯实资产管理基础。开展激励警示通报。在财务处开辟专栏，对提质增效、四川石油财会稿件等重点专项工作开展通报，通过检查与通报，提升各单位对财务工作的认识和重视程度，促进企业财务管理水平的提高。加强制度建设，规范业务行为。全年组织梳理财务管理制度及内控流程，压减制度 21 个、修订 11 个，压减内控流程 38 个、修订 45 个。在确保财务管理依法合规的前提下，实现制度流程体系的科学优化。

2023 年，川庆钻探工程公司加强财会队伍党性和业务能力锤炼，组织开展总会计师和财务科长培训。强化各单位财务部门负责人选拔任用，提拔任用副总会计师 3 人，交流任用所属单位财务部门负责人 3 人。推动财务人员职业技能提升，1 人获聘正高级会计师、11 人获聘高级会计师。举办川庆钻探工程公司第四届财务会计专业业务技能比赛，24 家单位 38 支团队 120 名选手入围决赛，30 人分获会计核算组、财务管理组和合规管理组个人优胜奖、15 个团队获优胜团队奖。在集团公司第二届财会技能竞赛中，川庆钻探工程公司参赛选手获个人第一名（金奖）、团队第二名（银奖）、团体三等奖。

（彭　颖　张　欢）

【关联交易】　2023 年，西南油气田公司持续优化关联交易对账系统，提升内部交易管理水平；对接成都共享，试点对账业务移交，加快财务转型。修订发布《2023 年西南油气田关联交易名录》。提升关联交易信息质量，做好与集团公司持续性关联交易上限管理，完成 2024—2026 年持续性关联交易上限测算和填报。加快关联交易结算，督促各单位落实"当月开票、当月挂账、当月清零"，改善结算滞后的状况，推动关联交易结算长效机制的建设，无争议款项支付率 100%。

（彭　颖）

【机关财务管理】　2023 年，西南油气田公司严格机关财务管理。强化"五项"费用、日常运行费用的把控。及时分析，加强与处（部）室的沟通，及时处理预算执行中存在问题，确保费用控制在预算范围内。改进西南油气田公司留存党费管理，逐步规范代管单位党费报销单据填报；会计学会管理稳步推进，完成协会年审。

2023 年，川庆钻探工程公司机关财务立足服务机关，坚持"依法合规，热情服务"的工作理念，全面推进机关财务工作。持续做好财务服务示范窗口建设，提升服务软实力和服务硬实力，办理各类业务超过0.6万笔。提升财务管理工作能力和水平，在依法合规前提下，研究政策、精简环节，便利高效服务机关员工。强化费用预算管控，坚持所有费用纳入预算，适度控制机关公差旅费、办公费等日常运行费用，严格控制专项费用的使用，费用控制在预算范围内；严格执行资金计划，履行支付审批程序，确保资金风险、运行双可控；依法纳税，用好个税优惠政策，实现人人节税，让政策红利惠及每一位员工；梳理机关资产管理现状，强化实物资产管理；按照依法合规、规范运作总要求，做好机关党费和机关工会资金的管理，确保其受控安全运行。

（彭颖 张欢）

【结算管理】 2023年，川庆钻探工程公司关联交易坚持以结算回款为主线，多措并举强化结算管理，提升结算效率。紧抓集团公司政策契机，建立上下一体推进的外部结算机制，强化集团公司总部与油气田企业的常态化联合对账协调，适时召开结算督导会，统筹安排阶段性重点工作。所属各单位成立工作专班，细化结算任务，财务、市场等部门高效协同配合，日跟踪、周总结、月考核，提升结算工作质效，关联交易结算同比增加38亿元、增长11.35%。规范合同资产确认、转销流程，抓细抓实合同资产分析研究，协调结算难点市场，重点解决形成时间长、结算分歧大的存量合同资产结算问题，累计压减存量合同资产33.19亿元，去化率94.10%、同比提升20.66个百分点，长庆油田公司等多油田实现存量合同资产全面清零。优化调整收入结算率指标，加大指标考核奖惩力度，向责任单位和责任人传递结算收款压力和动力，奖励61家（次）单位、扣减4家单位绩效薪酬，对收入结算率完成情况靠后的10家单位下达督导函，发挥考核政策的"指挥棒"作用。

（张欢）

【"两金"压控与陈欠清收】 2023年，川庆钻探工程公司强化目标引领，升级优化"两金"压控考核体系，设立关联交易预收款和陈欠清收专项激励奖项，应收账款周转率同比提速11.11%，为5年来最快周转速度。连续2年开展陈欠攻坚年专项行动，分类施策、重点突破。坚持齐抓共管，实行两级挂牌督办机制；强化过程管控，实时发布清欠工作动态简报，对专项工作推进不力的单位下发预警函；解决老账、呆账及涉诉账款，陈欠回收4.14亿元，回收率50.49%，有效优化账龄结构，防范坏账风险。

（张欢）

【股权管理】 2023年，川庆钻探工程公司加强子公司、参股企业股权价值管理，强化年度预决算、利润分配、亏损弥补方案等重大财务事项审查，按时足额收取分红0.46亿元。开展海川公司财务专项检查，为调整完善海川公司管理模式提供有力支撑。开展旋转地质导向无形资产转让评估工作，确保国有资产保值增值；配合完成北京蓉驿致家股东变更，理顺股权法律关系。

（张欢）

【价税管理】 2023年，川庆钻探工程公司秉持依法合规税收管理理念，缴纳境内外税费7.34亿元。推进国家减税降费组合支持政策的落地实施，研究高新技术企业新购设备器具加计扣除的有利政策，审核企业所得税调整事项，完成企业所得税年度汇算清缴，实现纳税筹划减税增利1.31亿元。其中，研发费用加计扣除节税0.58亿元，高新技术企业新购设备器具100%加计扣除节税0.63亿元，西部大开发税率优惠、残疾人工资加计扣除、安全生产设备抵税等其他政策抵税0.1亿元。加强自用成品油耗用源头管理，做实做细备查资料，依法合规申报自用成品油消费税返还0.19亿元。摸清历史冗余税务登记，累计注销、变更18户临时税号，连续4年获评四川省A级纳税信用，树立企业诚信名片。召开中国石油驻川企业税收区域协调会，20余家集团内部单位及省市区各级税务部门参会，落实集团公司税收区域协调机制，搭建起税企、企企沟通良好平台。

（张欢）

【财务监督】 2023年，川庆钻探公司贯彻落实党中央、国务院、集团公司党组的有关加强财会监督指示精神和工作要求，立足企业合规管理和风险防控形势和需求，夯实财会监督体系建设，聚焦业务监管重点环节和领域，联合纪委、审计等部门开展联合监督。制定《中共川庆钻探工程有限公司党委关于进一步加强财会监督工作的实施方案》《川庆钻探工程公司稽查工作实施规范》《川庆钻探工程公司财务监管问题考核扣分实施标准》，完善财会监督制度，参与《集团公司财务稽核检查工作（指引）手册》编制工作，编制川庆钻探工程公司财务稽核检查工作手册。突出问题导向和系统治理，组织开展差旅费报销合规性监督检查、"五项"费用专项检查、银行账户及账户资金管理专项检查。加大对所属单位财务监督检查的督促工作力度，所属单位组织开展差旅费监督检查和"五项"费用、会计信息质量、资金管理、福利费管理、食堂管理、废旧物资管理等方面28项专项检查工作，促进企业合规管理水平的提升。加强组织领导，及时提供资料，主动沟通解释，及时整改完善，完成原执行董事离任审计迎审工作任务。强化巡视巡察及审计发现问题整改督导及成果运用，梳理优化督导业务流程，编制巡察、审计整改问题清单，明确督导责任和时间节点，及时追踪整改进度，业务监管有的放矢，监管效能持续提升。优化财务内控管理，结合岗位调整和制度修订，调整完善财务内控管理流程35个、风险控制文档3个，把财务监管融入业务流程之中，从制度流程上防范系统性操作风险。　　（张　欢）

## 企业资质

【概述】2023年，川庆钻探工程公司有集团公司颁发的石油工程技术服务总承包企业资质，川庆钻探工程公司所属单位取得集团公司工程技术服务企业资质29家。其中：钻井工程技术服务企业资质4家，分别是川庆川东钻探公司、川庆川西钻探公司、川庆长庆钻井总公司、川庆新疆分公司；固井工程技术服务企业资质2家，分别是川庆长庆固井公司、川庆井下作业公司；录井工程技术服务企业资质1家，即川庆地研究院；试油工程技术服务企业资质2家，分别是川庆长庆井下公司、川庆试修公司；压裂工程技术服务企业资质2家，分别是川庆井下作业公司、川庆长庆井下公司；修井工程技术服务企业资质3家，分别是川庆新疆分公司、川庆长庆井下公司、川庆试修公司；测试工程技术服务企业资质2家，分别是川庆长庆井下公司、川庆试修公司；连续管工程技术服务企业资质3家，分别是川庆井下作业公司、川庆长庆井下公司、试修公司；带压作业工程技术服务企业资质3家，分别是长庆井下技术作业公司、川庆试修公司、川庆井控应急救援响应中心；定向井工程技术服务企业资质4家，分别是川庆钻采院、川庆川东钻探公司、川庆川西钻探公司、川庆长庆钻井总公司；钻井液工程技术服务企业资质3家，分别是川庆钻井液公司、川庆钻采院、川庆长庆钻井总公司。有集团公司钻井工程设计企业资质2家，分别是川庆钻采院、川庆长庆钻井总公司。

川庆钻探工程公司有属于集团公司资质管理范畴（定向井、钻井液、固井、酸化4个专业的队伍不再纳入集团公司资质管理范畴）的内部工程技术服务施工作业队伍资质792支，其中钻井队277支、录井队182支、试油队163支、压裂队64支、大修队38支、连续油管作业队39支、带压作业队29支；设备租赁队伍资质58支，其中录井队45支、压裂队6支、连续油管作业队4支、带压作业队2支、大修队1支；业务外包队伍资质122支，其中钻井队101支、试油队21支。　　（王贵刚）

【评估与申报】2023年，川庆钻探工程公司配合集团公司认定的资质评估机构——北京康布尔石油技术发展有限公司，对川庆川东钻探公司、川庆川西钻探公司、川庆长庆钻井总公司、川庆新疆分公司、川庆长庆井下公司和川庆试修公司的104台钻机、42台试修设备开展资质评估，确保工程技术服务队伍设备性能完全符合队伍资质等级要求。对照集团公司《石油工程技术服务企业及队伍资质申办工作规程》要求，严把资质初审关，确保队伍申报资质等级与现场实际的人员、装备、业绩水平一致。全年完成64家企业722支队伍的资质预审、初审、现场抽查和申报工作。　　（王贵刚）

【资质审查与考评】2023年，西南油气田公司企管法规部贯彻落实集团公司8号文要求，建立健全工程技术服务市场化运作配套管理制度，加快市场化改革，稳步推进工程技术服务市场化。根据生产需求，经现场考察及初审，向集团公司申报5家企业、10支队伍资质换证复审、12支队伍资质新申报，集团新批准1支压裂队伍资质。组织开展资质与监督融合管理，定期开展现场资质核查，分级分类查处46支工程技术服务资质违规队伍。

2023年，川庆钻探工程公司按照集团公司资质管理委员会要求，资质初审领导小组组织专家组，对全年所有申报资质队伍分专业进行100%资料审查，按比例对施工现场进行抽查。川庆钻探工程公司资质专业考核组依照集团公司各专业资质审核标准，从人员素质、装备与设施、管理及业绩、井控4个方面，分批次集中对申报资质队伍开展初审考核评分。按照集团公司《关于开展 2023 年油气田技术服务企业和队伍资质检查的通知》要求，川庆钻探工程公司成立资质迎检领导小组，印发《关于做好迎接集团公司 2023 年资质检查的通知》，组织相关单位抽查工程技术服务企业 6 个队 169 支，其中钻井队 65 支、井下作业队伍 31 支、录井队 65 支，带压作业队伍和连续油管队伍各 4 支，对检查存在的问题责令相关单位进行现场和限期整改，确保队伍现场实际情况符合资质等级要求，推进工程技术服务企业及队伍资质管理水平提升。2023 年 9 月 5—15 日，集团公司 2023 年资质检查组对川庆钻探工程公司机关及所属 9 家企业 27 支队伍开展资质专项检查，促进整体资质管理工作水平提升。（黄韬澄　王贵刚）

【综合管理】 2023 年，川庆钻探工程公司落实集团公司《工程技术服务企业及队伍资质管理规定》和各专业《队伍资质审核标准》，促进日常资质管理工作的有序开展；坚持"谁引进、谁负责、谁使用、谁监管"的原则，抓好业务外包企业和队伍的资质初审和申报工作，严把队伍资质准入关，择优选择队伍，切实加强现场监管，推进队伍现场 HSE 管理水平，抓好队伍提质提速提效，杜绝井喷事故的发生，保障页岩气勘探开发钻井需求。推行川庆钻探工程公司《企业及队伍资质管理考核细则（试行）》和《企业及作业队伍资质管理办法》，按时对所属基层单位资质管理工作进行考核。川庆钻探工程公司国内使用的 792 支内部队伍、58 支设备租赁队伍和 122 支业务外包队伍全部取得集团公司资质，动用队伍资质合格率 100%。依照队伍资质审核标准要求，分层次、分专业、有重点、有计划地开展岗位人员培训工作，队伍岗位人员井控证、HSE 证、司钻证等证件持证率 100%。资质初审领导小组办公室组织 4 名二级副人员和 7 名资质管理业务骨干，分别于 5 月和 10 月参加为期 7 天的集团公司 2023 年资质管理培训班，进一步提升资质管理人员的管控能力。乙级钻井队"三高"井施工资质备案管理。按照集团公司资质管理规定和西南油气田公司《钻井队伍施工作业范围与资质匹配关系专家论证管理暂行规定》要求，会同西南油气田公司资质管理办公室，全年对川庆钻探工程公司在川渝地区从事"三高"井施工的 3 支乙级钻井队，按程序进行资质备案管理。队伍资质动态管理。健全队伍资质动态管理体系，随时掌握队伍人员、设备和施工现状，对设备更新、人员变化及资质升级的队伍及时进行资质变更，促进队伍资质等级与实际人员、装备、业绩水平相一致，确保队伍资质"证实相符"；按时编制资质管理月报、季报和年报，确保队伍资质信息畅通。（王贵刚）

# 人事

【概述】 2023 年，西南油气田公司学习贯彻党的二十大精神和习近平总书记关于干部人才工作的重要思想、重要论述，实施人才强企工程，推进党的组织覆盖和工作覆盖，持续加强干部队伍建设，筑牢人才主阵地，着力"厚植"人才发展沃土，为企业高质量发展提供坚强人才保障。

2023 年，川庆钻探工程公司以组织人事工作价值创造为主线，以实施"十四五"人力资源专项规划为重点，以纵深推进人才强企工程为抓手，构建人才引进、培育、使用、激励、竞争五大机制，坚持选好配强建班子，创新创效抓人才，以高质量组织人事工作服务保障企业高质量发展。（闵怡蕴　王静丽）

【领导班子建设】 2023 年，西南油气田公司党委加大后备人才储备力度，进一步强化助理副总师功能定位，把助理、副总师作为班子力量的补充和优秀年轻干部培养锻炼重要平台；加强预审把关，重点关注配备助理副总师的专业与年龄结构、主体专业占比和分工职责，做好与领导班子的优势互补；适当延长岗位工作时间，发挥好助理、副总师在专业知识、基础管理、队伍培养上的丰富经验。全年审核所属单位助理副总师选拔 18 人。坚持事业为上、人岗相适，优化调整干部队伍，统筹考虑"三定"职数压减与干部队伍调整的关系，分层级、分领域做好领导班子调整和领导人员选拔任用工作。全年调整中层领导人员 110 人次，其中提拔 5 人（均为中层正职）、进一步使用 1 人、交流调整 62 人次，跨序列转换及退出领导岗位免职 32 人。按照干部管理权限，调整机关部门和相关单位基层领导人员 56 人次，其中提拔 33 人、交流调整 19 人次、退出领导岗位免职4人。截至2023年底，西南油气田公司有在岗中层领导人员379人，因年龄原因退出领导岗位保留待遇86人；在岗379人中有中层正职117人、中层副职262人；有中共党员379人，平均年龄48.2岁；有大学本科以上文化程度370人，副高级以上专业技术职称319人。有基层领导人员2 978人，其中大学本科以上学历2 759人、中级以上职称2 795人。

2023年，川庆钻探工程公司坚持培养与使用、优结构与强功能并重，健全领导干部培养、使用、监督、激励闭环管理机制，打造政治过硬、能引领高质量发展的坚强领导集体。配合集团公司完成4名川庆钻探工程公司领导民主推荐考察工作。开展"一班子一策"分析，找准结构与履职问题，明确配备重点和方向，打造坚强有力的领导班子；开展"一人一策"评议，查找不足和短板，实施精准提素提能，打造高素质专业化干部队伍。注重初步人选素质把关，注重专业化要求，严格按照年龄段3个1/3原则，选好用好各年龄段干部，调整配备中层干部108人次，90%单位配备技术总师，专业结构更加合理；45岁及以下中层干部占比同比提升2.06个百分点，梯次配备更加明显。所属单位领导班子2022年度综合考核平均得分同比提高0.34分，整体履职情况持续向好。集团公司反馈公司2022年选人用人工作总体评价"好"的比率高于集团公司所属企业平均值3.89个百分点。领导班子2022年度考核测评综合得分在油田技术服务企业排名第二，川庆钻探工程公司获评集团公司20家2020—2022年任期业绩优秀单位之一。截至2023年底，有在岗中层领导人员281人，其中二级正职75人、二级副职206人；二级正职平均年龄51.87岁；二级副职平均年龄48.33岁，其中40岁以下的中层领导人员16人，占比5.69%。硕士研究生及以上文化程度45人，大学文化程度224人，大专文化程度11人，中专及以下文化程度1人；正高级专业技术职称6人，副高级专业技术职称234人，中级专业技术职称38人，初级专业技术职称3人。

（闵怡薇　王静丽）

【干部队伍建设】2023年，西南油气田公司党委扩大青年干部实践锻炼规模、加大领导人员占比，锤炼青年干部工作作风，提升素质能力，2023年首次安排结束锻炼人员进行全员总结发言，交流在重大工程、重点任务、重要项目的作用发挥情况，督促青年干部学知识、增才干。按照中央、四川省委要求落实驻村干部和工作队员到期考核轮换工作，聚焦干部在巩固脱贫攻坚成果、全面推动乡村振兴中的履职履责情况，客观评价2年帮扶期间的工作成效，作为评先评优、职级晋升、岗位安排的重要依据。选派2人到对口支援点担任驻村第一书记，在复杂环境、艰苦地区锤炼意志品质，推进实践锻炼工作走深、走实。持续深化干部人事制度改革，印发《西南油气田分公司党委推进管理人员能上能下工作实施细则》，明确不适宜担任现职的15种情形，以及应当考核退出的9种情形，同时对组织调整的方式、程序及后续的跟踪管理做出相应的规定，强化对干部队伍的管理和监督。组织对2023年10家巡察单位同步进行选人用人工作专项检查，通过听取汇报、个别谈话、查阅资料等方式，了解各单位选人用人工作整体情况，发掘典型做法，找准存在问题，为加强领导班子和领导人员队伍建设提供遵循。开展党委管理干部兼职清理，进一步规范兼职审批流程，对未经审批兼职、超数量兼职、非工作需要兼职的情况进行集中整治，全年审批社会团体等兼职53人次。截至2023年底，西南油气田公司有在册员工27 474人，其中在岗27 356人；在岗员工中有管理、专业技术人员14 078人，占51.5%。具有大学本科以上学历的有11 077人。其中：研究生学历1 962人，占78.68%；大专学历2 482人，占17.63%。30岁及以下1 267人，占9.0%；31～40岁4 836人，占34.4%；41～50岁4 147人，占29.5%；51岁以上3 828人，占27.2%；平均年龄43岁。

2023年，川庆钻探工程公司树立"使用是最好的培养"理念，拿出一定比例岗位采用竞争上岗方式选拔，拓宽选人视野，加大优秀年轻干部选拔力度，新提拔45岁左右二级正职3人，占30%；新提拔40岁左右二级副职8人，占47.06%。预审35批次科级干部调整计划，强化年轻干部刚性配置，按照35岁以下30%比例提拔补充一批历练扎实、素质全面的优秀年轻干部进入三级单位领导班子。加强在艰苦地区、关键岗位、重大工程中培养锻炼干部，抽调15名优秀管理人员分别组建遂宁联合项目部等3个重点项目经理层，推荐3名具有培养潜力的年轻干部参加四川省石渠县托底性帮扶工作。注重复合型人才培养，推进党委管理干部跨单位交流17人、跨专业交流11人、海外地区间交流3人。畅通基层年轻骨干人才成长通道，聘任三级副职钻井队队长12人，从操作岗位聘用到管理或专业技术岗位 90 人，有效激发工作内动力。开展管理课题人才培育"五大工程"体系研究，深化理论探索和实践应用，着力构建具有特色的人才精准培育模式。加强干部谈心谈话，强化考核结果运用，完成领导人员 2020—2022 年任期考核评价，对任期综合考核结果"优秀"的领导人员绩效兑现，对连续两年排名靠后的 5 名中层干部提醒谈话并扣减一定比例绩效薪酬。制定《关于加强年轻干部教育管理监督的意见》。抓好员工违规行为处理工作，加强集团公司《员工违规行为处理规定》等制度办法学习宣贯，严格处理违规行为，违规必究、惩教结合，累计处置 42 起违规事件、处理 168 人。川庆钻探工程公司被评为中国石油人才强企工程推进年先进单位，集团仅评选 10 家先进单位。入选成华区智慧能源企业荐才白名单，市场开发人才队伍建设等经验在集团公司人才强企企业动态专刊刊登。完成 2023 年高校毕业生招聘工作，引进 162 人，其中博士、985 及泰晤士世界大学排名前 100 院校毕业生 27 人。构建规范化人才择优选拔机制，出台《成熟人才招聘管理办法》。全年引进成熟人才 31 人，有效缓解人才紧缺矛盾。推进单位间人员余缺调剂，所属单位间交流 98 人，人才使用效能进一步提升。强化管理高效型机关建设，实施前置性通用能力考试与结构化面试相结合的公开招聘选拔机制，择优为机关部门引进 11 人。坚持补短板、强弱项，精准为长庆、新疆、苏里格、国外等人才薄弱地区（单位）补充 89 人。推动落实新入职员工"321"基础能力培养体系，完成新入职员工集中培训。实施"名校优才"订单式培养计划，对 16 名经管、党群专业管培生开展为期一年的"三跨"实践交流锻炼。截至 2023 年底，有管理、专业技术人员 8 356 人，占 42.17%；其中女员工 1 532 人，平均年龄 39.7 岁。具有硕士研究生及以上文化程度 1 082 人，占 12.95%；大学文化程度 5 712 人，占 68.36%；大专文化程度 1 360 人，占 16.28%；30 岁及以下 720 人，占 8.62%，31～40 岁 2 999 人，占 35.89%，41～50 岁 2 692 人，占 32.22%，51～60 岁 1 945 人，占 23.28%，平均年龄 42.3 岁。

（闵怡薇　王静丽）

【干部培训】 2023 年，西南油气田公司党委抓实全员思想政治能力提升、全员基本功提升和专项人才能力素质提升"三大计划"，做精做优"铸魂、培养、提能"三大递进培训工程，加强勘探开发、企业管理、数字化、新能源等重点领域专项培训，分 7 期完成西南油气田公司中层领导人员学习贯彻党的二十大精神线上轮训，实现中层正职领导人员培训全覆盖。

2023 年，川庆钻探工程公司推进"一化五型"人才精准培养。组织三级副职及以上领导人员、三级工程师及以上技术专家分两期通过"线上与线下""授课与研讨"相结合的培训方式，实现党的二十大精神专题学习研讨全覆盖，推动理论学习走深走实。推荐 5 名优秀年轻干部参加集团公司第 29 期中青班、"青马工程"第三期示范班。加快推动年轻干部由业务型向复合型转变，举办中青年干部培训班、"青马工程"暨青年人才基础力夯筑培训班，培训 92 人。推荐 121 人次参加油气勘探科技领军人才综合素质提升培训班等 32 个集团公司培训项目，自主举办技术专家研修等培训班 9 期，培训 337 人次。

（闵怡薇　王静丽）

【专业技术干部及专家管理】 2023 年，西南油气田公司党委在企业主营业务领域的 5 家单位扩大建立专业技术岗位序列，实现专业技术岗位序列可建尽建，成为集团公司首批实现全覆盖建立的油气田企业，相关工作经验在集团公司作专题交流发言。组织开展 2022 年度企业首席专家考核工作，对 86 名中层级技术专家开展聘期考核，实现岗位"能上能下"、薪酬"能增能减"。多措并举培优人才，推荐杨洪志、谢继容、范宇、张本健参加第十五批四川省学术和技术带头人及后备人选评选，吴建发、何润民等 9 人获评成都市成华区"东骄俊杰"人才项目；选送 18 人参加集团公司中高层级专家学术研修班，7 人参加集团公司 2023 年专业技术骨干进修班，组织 60 人开展技术专家、博士人才、"英才人员"勘探开发前沿技术培训班；推进工程硕博士联合培养改革专项试点工作，推荐 1 人攻读工程博士，接受 2 名工程硕士入企实践。强化博士后工作站创新运用，2023 年引入四川大学等高校博士后 19 人，推进青年科技人才与在站博士互动交流、资源共享，实现人才"裂变效应"，打造人才资源"桥头堡"。精准施策建好人才储备"蓄水池"，加大新能源、新材料等人才引进力度，2023 年招收大学生 199 人，其中硕士研究生以上占比

64%,"985、211"工程院校和"双一流"占比72%。为所属相关单位公开招聘成熟专业人才50人,满足企业不同层次专业人才、复合型管理人才需求。

2023年,川庆钻探工程公司坚持"生才有道",拓宽人才成长渠道,建立优秀人才跨单位、跨区域、跨专业交流锻炼机制,1人入选中组部博士服务团,3名博士参加集团公司所属企业交流,10人参加公司内部交流。坚持"聚才有力",开展高层次人才引进工作,制定发布战略科学家、科技领军人才、青年拔尖人才、博士后等4个层次32个岗招聘公告。利用博士后工作站引才聚才,到北京大学、武汉大学等知名高校开展专项招聘,引进4名博士进站。坚持"理才有方",完善青年人才优先发展机制,制定《关于进一步激发青年科技人才动力活力的十条措施》,明确在专业技术岗位选聘、项目经理公开招聘等方面倾斜政策,8名优秀青年科技人才成功揭榜川庆钻探工程公司重点攻关项目。召开专家座谈会,发挥技术专家建言资政、咨询参谋作用,营造敬才爱才的良好环境。坚持"用才有效",深化专业技术岗位序列制度改革,修订《川庆钻探工程公司技术专家管理办法》,完善岗位设置、选聘管理、考核激励等标准和程序,为专家脱颖而出、发挥作用提供制度保障。加强技术专家选拔使用,组织选聘7名企业高级专家,建设一支以5名企业首席专家为引领、119名中层级专家为主体、528名二级三级工程师为支撑的专家人才队伍。2023年,2人入选国家级人才计划,1人获孙越崎青年科学技术奖,2人入选四川省学术和技术带头人后备人选,11人入选成华区"东骄英才""东骄俊杰"人才项目,11人晋升正高级专业技术职称。

(闵怡薇　王静丽)

【职称评定与管理】 2023年,西南油气田公司党委响应企业数字化转型发展趋势,以"集中式"在线考试方式组织2023年度集团公司职称水平考试,在川渝地区设置成都(俄语)、成都(英语、政治)、遂宁、重庆、隆昌、绵阳考点6个,考场33个,组织西南油气田公司员工以及大庆油田公司、中油国际工程公司、川庆钻探工程公司等8家企事业单位委托人员共1 265人参加考试。2023年评审和委托评审副高级专业技术296人、评审中级专业技术99人,副高级以上专业技术人员占比70%。截至2023年底,取得各类专业技术职称人员12 692人,其中具有正高级专业技术职称人员55人、副高级专业技术职称人员3 262人、中级专业技术职称人员7 047人、初级专业技术职称人员2 328人。

2023年,川庆钻探工程公司深化职称制度改革,积极宣贯职称制度新要求,做好职称评审工作,自行评审通过179人副高级职称,推荐8人参加集团公司内部单位副高级职称评审,推荐47人参加集团公司安全环保专业副高级职称集中专业化评审。年度内212人晋升高级职称、195人晋升中级职称。截至2023年底,取得各类专业技术职称人员9 124人,其中具有正高级专业技术职称40人、副高级专业技术职称2 193人、中级专业技术职称5 470人、初级专业技术职称1 421人。

(闵怡薇　王静丽)

【出国(境)人员管理】 2023年,西南油气田公司严格执行领导干部登记备案和证件管理有关规定,新增、撤销、更新备案登记37人;严格因私出国(境)证件办理及审批程序,全年审批办理因私证件53人次、出国(境)申请51人次。

2023年,川庆钻探工程公司做好登记备案人员因私出国(境)管理和因公出国(境)人员政审工作,强化监督和指导,未发生出国外事事件。建立健全护照管理制度,严格执行登记备案人员因私出国(境)证照集中统一保管。截至2023年底,集中保管证照594本。完成登记备案人员因私出国(境)证件领取、新证件办理61人次,新增备案手续18人,撤销手续14人。严格执行因公出国(境)人员政审管理规定,办理因公出国(境)人员政审713人次。

(闵怡薇　王静丽)

【基础管理】 2023年,西南油气田公司印发《关于做好人员流动管理的通知》,推动内部人才流动,全年调动管理、专业技术岗位人员220人。改善三支人才队伍结构,指导并审核6批次38人次操作服务人员转换到经营管理岗位。制定《关于组织做好"人才强企工程提升年"活动有关工作的通知》,为企业高质量发展提供坚强人才保障;以"学、练、考、赛"选拔一批人力资源管理后备人才,西南油气田公司获评集团人才强企工程推进年活动先进单位和首届人力资源管理大赛团体一等奖。开展人力资源价值中期评价，坚持把价值创造与班子业绩相关联，从队伍实力、组织活力、产出效力三个维度，考核评价所属相关单位2021年、2022年人力资源保值、增值情况，客观分析在所属板块中的得分及排名，找准短板和弱项，人力资源价值评价结果与领导人员业绩考核、领导班子及领导人员综合考核评价等工作统筹结合，并纳入领导班子任期考核。结合人事档案专项审核、检查和巡视巡察等工作情况，对档案遗留问题进行清理，针对性制定解决措施。完成《中国石油组织史资料》2023年征编资料上报、《西南油气田组织史资料（2021—2022）》编纂备查；对公共事务中心等整合单位编纂工作人员开展"一对一"业务指导，梳理机构脉络，拟定基层卷编纂框架，帮促各单位高质量完成续编及出版工作。

（闵怡蕤）

【组工队伍建设】 2023年，西南油气田公司党委抓好组织部长监督管理，严格执行沟通、报批等程序，注重抽点新任职组织部长参加干部考察、党委巡察等重点工作，在实践中积累经验；严肃任前谈话制度，组织对7名新任职组织部长开展谈话，帮助其尽快进入新角色。

2023年，川庆钻探工程公司优化完善组织人事队伍自身建设体系，加强学习、提升能力、改进绩效、锤炼作风，建设讲政治、业务精、作风好的模范部门。对所属单位组织人事部长岗位选拔采取人力资源部和单位组织部门联合考察方式，确保考准考实。完成6名拟提拔组织人事部门领导任前跟岗锻炼，考核合格方能上岗，实现选好配强。构建常态化学习机制，设立"部门讲堂"，加强执行力建设，增强业务本领，提升履职能力。加强对系统人员监督管理，实施业绩考核，改进工作绩效。推行"精一岗、会一岗、懂一岗"三岗制，培育复合型组工干部，提升岗位价值创造力。210人参加集团公司首届人力资源管理大赛，21人获专业赛奖励，其中获一等奖2人、二等奖9人。川庆钻探工程公司获评集团公司团体一等奖。《聚焦"选育管干"突出岗位价值创造，打造一流组织人事铁军队伍的探索与实践》获中国人力资源开发研究会人才工作分会2022—2023年企业人力资源管理案例。常态化推进组织史编纂工作，坚持精编严审，抓好编纂队伍建设，完成川庆钻探工程公司组织史总部卷及组织史企业卷、基层卷（2019—2022年）编纂工作。

（闵怡蕤 王静丽）

# 劳动工资

【概述】 2023年，西南油气田公司加强技能人才队伍建设，着力推进组织体系优化提升，战略管控总工总量，强化考核分配激励保障作用，完善培养支撑体系，为高质量发展提供人力资源支持。截至2023年底，有在册员工27 474人，其中合同化员工22 371人、市场化用工5 103人。

2023年，川庆钻探工程公司深化三项制度改革，优化提升组织体系，强化考核分配和成本管控，完善员工培养模式，激发人才创新活力，以高质量人力资源工作支持企业高质量发展。截至2023年底，川庆钻探工程公司员工总量24 083人，其中合同化员工16 594人、市场化用工7 489人。

（闵怡蕤 周漳睿）

【劳动组织与管理】 2023年，西南油气田公司完成所属二级单位"三定"工作，整合二级单位机关勘探、开发、井工程、管道管理、科技信息、维稳信访、矿区服务、离退休管理、客户服务等职能；生产单位三级单位重点压减生产保障、后勤服务机构，科研单位整合信息档案、期刊编辑、科研服务等机构，终端燃气单位实行集中管理、分账核算的区域管理新模式，造价、抢险维修、信息化运维、QHSE监督、人力资源服务等业务实行区域共建共享的运行模式。二级单位领导职数总体压减10%以上，压减三级机构92个，压减定员4 330人，显化富余人员1 033人，达到在岗员工总量的3.7%。推进组织体系优化，对生产后勤业务实施改革，将维护稳定工作办公室（保卫处）、矿区管理部、离退休管理部（老干部处）、行政事务中心与综合服务中心进行整合，设立公共事务中心（保卫部、武装部）。开展页岩气"油公司"改革，调整页岩气公司支撑单位，规范机构编制，明晰职责界面。开展造价业务专业化建设，除终端燃气单位、华盛能源公司所属投资公司外，其余二级单位造价业务实施职能调整到西南油气田公司造价中心。工程项目造价中心更名为造价中心，组建5个区域造价站，纳入造价中心基层单位管理，11家单位的79名造价专业人员同步划转至造价中心。推进井工程技术机构调整，工程技术研究院加挂西南油气田分公司井控技术中心牌子，下设井控技术研究所，将页岩气研究院水平井钻井研究所相关职能、人员调整到工程技术研究院。开发事业部设立地质导向中心，承接原油气矿地质导向管理职能和业务人员。45人划转到开发事业部、勘探开发研究院、页岩气研究院等单位，充实井工程项目管理和地质勘探研究力量。

2023年，川庆钻探工程公司制定印发《关于设立钻采工程技术研究院井控技术中心的批复》，在川庆钻采院设立井控技术支持中心。制定印发《关于设立试修公司技术研发中心的批复》，在试修公司设立技术研发中心。制定印发《关于设立地质勘探开发研究院西安技术研究中心的批复》，在地研院设立西安技术研究中心。制定印发《关于调整厄瓜多尔分公司Parahuacu油田增产服务项目管理部机构设置和人员编制的通知》，调整厄瓜多尔分公司Parahuacu油田增产服务项目管理部机构设置和人员编制。制定印发《关于印发〈川庆钻探工程有限公司企业组织体系优化顶层设计方案〉〈川庆钻探工程有限公司组织体系优化实施工作方案〉》，撤销安全监督中心、人事服务中心（中国石油川庆钻探技能人才评价中心），在培训中心、安全环保质量监督检测研究院加挂安全监督中心、技能人才评价中心牌子。制定印发《关于设立川庆钻探工程有限公司遂宁联合项目部的通知》，设立川庆钻探工程有限公司遂宁联合项目部，推进区域项目一体化管理。制定印发《关于印发川庆钻探工程有限公司机关机构设置和人员编制的通知》，整合5个机关部门，撤销全部内设科室，压减人员编制62人。制定印发《关于公司所属各单位"三定"方案的批复》，撤销二级单位机关职能部门68个，新增机构17个，更名121个机构，压减二级单位机关人员编制257人。

（闵怡薇　先羿）

**【劳动用工管理】**　2023年，西南油气田公司管控人力资源优化配置，盘活存量人力资源554人，其中西南油气田公司层面统筹盘活269人，指导二级单位内部调剂盘活172人，员工转岗变更工种盘活51人，序列转换盘活44人，政策退出分流安置18人。修订完善《关于规范参股企业用工管理的指导意见》，加大2023年用工数量和人员结构的管控力度，2023年计划用工总量12 128人，比2022年净减少325人。按照《关于规范成都及周边地区乘用车驾驶业务外包的指导意见》，完成229人劳动关系调整，促进乘用车驾驶业务运行规范有序。编制《2024年一线操作业务用工需求与补充报告》，制定存量人力资源优化盘活506人、宝石花油服公司补充300人、其他业务外包94人的一线操作用工补充计划，为天然气上产提供人力资源保障。按照集团要求推进宝石花医疗公司回归国有资本，制订涉及改革员工分流方式调整方案，为推进党组织关系移交奠定基础。下达业务外包实施计划459项，下达控制费用13.83亿元；配合四川华盛能源公司开展集体经济公司审查，涉及项目365项，金额4.5亿元。加强劳动合同管理，完成700余名员工劳动合同续订，227名新入职或调入员工劳动合同签订，以及16名员工解除劳动合同办理；结合所属单位正职调整情况，完成6人劳动合同管理授权调整。完成2022年度安置256名残疾人报送，实现残保金零交纳。

2023年，川庆钻探工程公司根据业务规模和工作量变化，以"盘活存量、提升效率"为突破口，按照"内内外"的原则，加大人力资源调剂，优化人力资源配置，为企业高质量发展提供支撑。严控员工总量。新增员工指标主要用于招录大学毕业生、引进成熟人才和安置退伍军人。全年新办理提前退休103人，依法解除劳动合同31人。挖潜增效，盘活内外部存量。根据施工区域和所属单位间工作量的不平衡，开展内部劳务输出1 050人，组织协调相关单位把现场经验丰富，年龄较大，不适应一线工作的员工转岗到外包监督、安全监督、油气采输工作。发挥自身技术和服务优势，通过劳务输出、工程承揽等方式，向长庆油田公司、塔里木油田公司、西南油气田公司、勘探开发公司、集团公司阿姆河项目部等企业劳务输出392人。共享用工，挖掘员工潜能。按照专业化发展、一体化统筹的要求，对钻井现场和业务（含钻井液、录井、定向、控压和固井等）进行一体化统筹项目管理，确定各业务现场作业岗位及用工量，各类型号钻机作业现场均实现减配。全年推行井工程一体化队伍54支，实际岗位融合减员108人次。加强监管，控制社会化用工规模。坚持社会化用工规模与工作量相匹配的原则，对各单位社会化用工实行月度监管和新增用工申报制度。

（闵怡薇　刘文斐）

**【薪酬管理】**　2023年，西南油气田公司完善多元化薪酬激励约束机制，优化调整员工薪酬结构，发挥津补贴的定向激励和特殊补偿作用，加大向基层一线、关键艰苦岗位和专业技术人员的激励力度。按照"保工资收入、控其他支出"的思路，强化人工成本计划管理，建立人工成本与效益效率指标联动调控机制，提升人工成本投入产出和人力资源利用效率。按照差异化、精准化激励导向，完善新进毕业生定薪机制，对新进的泰晤士排名前30院校、"985"院校等高校毕业生制定薪酬指导标准，健全完善高层次人才的引进和培养通道，推动人才强企工程落实落地。

2023年，川庆钻探工程公司印发《关于进一步落实公司人工成本峰值管理的通知》，规范劳动保护支出、一线伙食补助等福利费项目列支，调整与安全生产相关的宣传、教育、培训支出，坚决清理不合理的劳务费支出，多措并举管控人工成本。开展人工成本"月跟踪、季分析、年评价"，对人工成本总额及各构成项目变动情况进行跟踪监测分析，对同比增长超过10%的项目进行分析，重点关注全员劳动生产率、人工成本利润率、人事费用率等反映人工成本的投入产出效率情况。按照人工成本与经济效益、业务工作量和用工情况联动匹配的原则，从严从紧差异化核定人工成本计划；按照工资总额管理办法，根据各单位利润、收入、劳效、工作量等指标完成情况核定各单位2023年度工资总额应发计划，工资总额向利润贡献大、劳动生产率和人工成本投入产出效率高、科技创新成效显著、工作条件艰苦的单位倾斜，强化工资总额分配导向。其中，强化对科技创新、高层次人才、一线关键艰苦岗位的激励保障；推进科技型企业项目收益分红激励政策，印发《关于推进公司所属单位实施科技型企业项目收益分红激励的通知》，梳理实施科项目收益分红激励的工作要点，指导符合条件的单位申报项目收益分红激励。配套制定项目收益分红激励会计核算办法考核实施细则，分别明确项目会计核算方式，项目和激励对象年度考核指标、考核兑现方式等，为开展项目收益分红激励奠定制度基础。向集团公司申报"控压钻井技术与装备现场试验"和"水平井'一趟钻'技术集成与应用"收益分红激励，进一步激发科研人员创新创效积极性；分区域开展提质增效劳动竞赛，对创造新指标、取得新突破的基层作业队进行奖励，激发员工工作积极性。　　　　（闵怡薇　吴　旭）

【业绩考核】2023年，西南油气田公司健全差异化业绩考核评价机制，强化差异化分类考核、一体化联动考核和对标考核，健全完善增储上产、投资管理、成本管控、科技自立自强、新能源业务发展等激励约束机制，引导各单位持续改革创新、提质增效和防范风险；编制印发《关于开展天然气加快上产专项考核的通知》及配套考核实施细则，制定中层领导人员月度预发奖金和单位工资总额特别奖扣政策并组织实施。提升考核分配管理水平，开展考核分配体系调研，编制《西南油气田公司考核分配体系优化调整工作方案》；指导各单位开展绩效管理自查评估，对照绩效体系审核管理办法清单，坚持问题导向，查找短板弱项，制定整改措施；编制《西南油气田公司绩效考核工具指南》，全面盘点BSC、KPI、OKR等工具的应用场景，规范各单位考核工具应用；优化升级绩效管理应用系统，强化数据分析、优化工作流程、提升工作效能，为深化全员业绩考核、强化考核结果应用、优化对标管理体系提供技术支撑。

2023年，川庆钻探工程公司按照上下有联动、压力有传导、工作有聚焦、目标有量化的"四有"原则，突出利润收入、党建工作、科技创新、QHSE、钻井业务"3个5%提升"等关键指标，结合各单位业务性质，实施差异化分类考核，优化所属各单位和机关部门主要领导2024年度和2023—2026年任期业绩考核指标体系。对P油田、万米深井、遂宁联合项目部等重点项目实行井工程一体化项目制考核，聚焦组织模式创新、运行效率提升、单井成本控制、油气效益开发、安全平稳受控等，对项目部和参建单位实行捆绑联动考核，确保整体效益最大化。制定《川庆钻探工程有限公司2023年业绩考核指标细则》，完善96项指标的考核方式和奖扣标准，明确业绩指标解释、计分方式、主管部门、奖罚标准，进一步规范考核程序，为客观公正评价各单位生产经营业绩提供指引。印发《关于明确公司所属单位2023年季度考核方式的通知》，对利润总额、收入结算率、井筒持续提速3项重点指标根据季度完成情况及排名，分别对单位领导人员按月奖的10%实施奖惩兑现，激励各级领导人员以上率下、担当作为；强化业绩指标跟踪，每季度组织相关部门测算年度经营业绩指标完成情况，并组织会议集中通报。要求相关部门对预计完成欠佳的指标开展原因分析、提出解决措施、跟踪落实情况，力争该项指标超额完成上级下达目标值，保障完成年度生产经营目标；强化考核结果反馈，在年度考核完成后，及时将考核结果反馈各单位，并告知扣分情况和经营管理薄弱环节，帮助解决问题，提升管理效能；强化考核结果应用,激发员工创优争先动力。把业绩考核结果按50%的比例计入干部综合考核评价结果,同领导班子建设和领导人员选拔任用、培养教育、问责追责结合起来,达到鼓励先进、鞭策落后的目的;强化业绩考核兑现,对所属单位领导人员年度、任期综合考核评价结果实行强制分布,并与业绩考核奖金挂钩,年度综合考核评价结果为"优秀"且排名前30%的,调增考核奖金基数,连续两年及以上年度综合考核评价结果排名末位的,调减考核奖金基数。

(闵怡薇 吴 旭)

**【员工培训管理】** 2023年,西南油气田公司重点抓好全员思想政治能力提升、全员基本功提升和专项人才能力素质提升"三大计划",加强勘探开发、造价、数字化、新能源等重点领域专项培训,开展培训项目1 933个,培训126 201人次。立足主营打造一批以储气库完整性管理、页岩气勘探开发、现场设备自查自检等为代表的既提升一线员工能力、又具有推广运用价值的新课程。深挖已建课程资源,对生产安全管理流程与工具、天然气净化、计量仪表检定等优秀课程,进行精品课程再优化。优选系列标课4门、系列微课10门参加集团公司优秀网络课程评选。重点围绕能力提升与作用发挥两个关键点,加强培训师队伍建设,举办兼职培训师能力提升培训班,组织优秀兼职培训师参与线下工作坊,产出6类岗位(业务)培训课程体系、17个工作案例。组织开展"中油e学"系统培训数据治理专项工作,完善2021年、2022年共4 243期105 968人次培训数据录入。加快推动培训数字化转型,基地信息化升级改造一期工程在试运行过程中不断修正建设内容,确保其实用性、前瞻性与代表性;在二期工程设计上,通过全仿真手段及真实软件建设数字化感知系统,提升数字化培训基地硬件和软件水平,打造具有"西油"特色的天然气全产业链数字化培训体系。承办俄罗斯天然气工业股份公司关于中国石油在天然气处理方面的创新技术培训班,受到集团公司领导与俄方学员高度评价,展示西南油气田公司天然气处理技术高水平、师资授课高质量与教育培训业务管理高标准。

2023年,川庆钻探工程公司培训133 353人次,其中经营管理人员31 588人次、专业技术人员30 969人次、操作技能人员70 796人次。安全及资质取(复)证培训71 594人次,占总培训量的54%。推进"互联网+"培训学习管理模式,强化培训项目全流程数字化管理,实现"中油e学"培训学习管理一个平台。全年在"中油e学"管理平台录入培训项目计划974个,启动培训班2 076班次;开展"中油e学"培训数据治理专项工作,调整培训计划2 455项、培训项目实施2 757项、培训项目结项2 642项。加强数字化技术在培训工作中的应用,分别在四川、陕西建设3个标准化数字教室,汇集在线直播、在线培训、视频会议、培训管理、教室管理、课程录播等功能,逐步打造各单位在线交互管理、数据同步同源的数字化智能管理应用"云课堂",实现标准化网络培训一间教室。加强标准化网络课件开发应用,促进数字技术与教育培训深度融合,组织录制涵盖基层党建、石油特色、岗位操作和通用课程四大类57个网络标准课程和微课,实现培训资源共建共享。开展川庆钻探工程公司级兼职培训师聘期内考核工作,续聘29人;围绕"项目设计、课程开发、成果转化"核心专业能力,搭建培训学习交流平台,通过"线下集训+在岗转化+授课考核"的培训方式,培养石油钻井、井下作业主体专业公司级兼职培训师19人,形成24套标准化课件;遴选人员参加集团公司培训师认证示范培训,培养新员工培训催化师6人、专业标准化培训师8人,并聘为川庆钻探工程公司级兼职培训师。打造"五型"班组建设,培训班组长95人,提升团队管理水平;采取内培外送相结合的方式缓解一线紧缺人员问题,分别在国家级技能大师工作室——冉鹏工作室、渤海钻采装备分公司、四川宝石机械专用车有限公司开展钻井、压裂现场电气(机电)人员培训,培训170人。推进"一化五型"人才精准培养,注重"走出去""请进来"相结合,推荐121人次参加油气勘探科技领军人才综合素质提升培训班等32个集团公司培训项目,自主举办技术专家研修等培训班9期,培训337人次,建设一支5名企业首席专家领衔的专家队伍。获集团公司"2018—2022年员工教育培训工作先进集体"称号。 (闵怡薇 刘 刚)

**【人力资源管理系统】** 2023年,西南油气田公司推动人力资源管理数字化转型建设,扩展工商登记机构管理范围,把分支机构、法人组织纳入系统,统一动态管理机构编码、机构属性等重要信息,实现机构数据的集中管控;启用人才开发功能,设置专业技术人才标签,建立青年科技人才、双碳人才信息库,为人才画像提供详实的基础数据；优化薪酬台账审批流程，增加财务过账信息，细化补发工资明细，提升薪酬补充台账精细化管理水平；推广权限管理中心，形成104个标准业务标签，增强系统权岗匹配管理，提升权限管理的安全性和合规性；开通证明材料在线审批流程，提供员工自助打印一站式服务，减少等待时间，提高工作效率。定期开展人力资源管理系统数据检查工作，调整人事统计制度报表，新增特殊人员就业情况表、技术专家薪酬发放统计表。人力资源系统应用在集团公司情况通报中多次获得满分，数据质量位于前列。

2023年，川庆钻探工程公司挖掘人力资源管理系统内在运用价值，坚持月度数据质量检查及整改，确保人力资源系统数据准确性、完整性和规范性。配合开展大集中ERP工作，加强人事统计分析，为企业决策提供人力资源信息支撑。做好系统信息维护，坚持人力资源管理系统应用、人事统计、人事信息报送考核通报制度，增强人事管理服务支持力度。做好国务院国资委、中央在川企业人才资源统计报表和集团公司人事报表填报。在集团公司月度、季度系统应用情况通报中排名前列。

（闵怡薇　周漳睿）

【职业技能等级认定】2023年，西南油气田公司完成职业技能等级认定31批次，参加2 448人，合格1 428人，合格率58.3%，推荐92人员参加集团公司特级技师、首席技师认定评价。对18名优秀操作技能人员、专业技术岗位转换到操作技能岗位人员，直接推荐晋升技师或高级技师。在采气工（中级）试行在线学考新型职业技能等级认定模式，组织64人完成考评试点，实现学习与理论考试的自主性。针对净化分厂、中心井站、压缩机站、压气站、轻烃站等消防设备操作人员（中级）取证不足问题，通过"以培带考"形式与地方具备相应资质的培训企业合作，组织140人参加培训与鉴定考试，76人合格取证。承担或参加集团公司天然气开发、处理、测量等专业4个工种、10个专业方向的职业技能标准编写修订；组织编写公司采气工（储气库方向）认定题库和离心式压缩机组培训教材，开发油气管道保护工（高级技师）认定细目表和题库、专业技术人员和采输气操作技能人员数字化运维题库，职业技能资源更加丰富。2023年新取得职业技能等级资格1 580人，其中特级技师45人、首席技师41人、高级技师86人、技师138人、高级工334人、中级工347人、初级工589人。

2023年，川庆钻探工程公司按年度计划组织开展技能等级认定，完成31个批次技能等级认定，申报认定人员5 398人次（初级工2 423人、中级工1 346人、高级工1 629人），其中认定第三方用工人员3 752人。加强重点技能人才技能等级认定，对"双师型"人才、优秀的一线班组长和业绩突出优秀技能人才，推荐集团公司晋升高一技能等级；开展石油钻井工等3个急需主体工种技师（高级技师）认定，139人参与认定。启动企业职业技能等级认定题库编制工作，完成6个主体工种（9个方向）企业题库编写，促进技能等级认定工作与生产实际紧密结合。外送262名管理人员和专业技术人员参与技能等级认定从业人员认证，新增高级考评员95人、考评员136人、质量督导员26人。

（闵怡薇　邹　俊）

2023年4月6日，川庆钻井液公司钻井液工技能等级认定工作正式启动。图为48名待认定人员参加理论知识考试　　唐仪中 摄

【技能专家队伍建设】2023年，西南油气田公司加快技能领军人才选树，刘辉、王川洪入选"石油名匠"重点培养对象"成熟"培养梯次；姜婷婷获"全国技术能手"称号，杨永韬获"四川省技能大师"称号，6人获评"成都工匠"、13人获评"成华工匠"称号。组织参加集团公司气藏动态分析、财务会计、网络安全攻防、人力资源师等竞赛，西南油气田公司获个人6金7银10铜，一等奖4个、二等奖7个、三等奖7个，以及团队金奖3个、银奖1个、团队一等奖1个、三等奖3个、团体一等奖1个、三等奖1个。孵化出集团公司一等奖论文3篇、案例1篇，二等奖论文2篇、案例1篇，三等奖论文1篇、案例1篇。承办集团公司技能专家协作委员会勘探开发分会年会，组织集团公司2023年一线创新成果推介活动，优选出16个西南

油气田公司创新基金项目和3个集团公司创新基金项目，为一线创新成果研发提供资金渠道。开展一线难题攻关，选出43个企业级生产难题，上报并确认12个集团级生产难题，保障一线生产安全平稳运行。评选出首个劳模和工匠人才创新工作室，助力成果孵化和一线生产提质增效。

截至2023年底，川庆钻探工程公司有在聘集团技能大师1人、集团技能专家11人、企业技能专家40人、特级技师53人。创建企业技师协会，构建"企业技师协会—技能专家工作室—一线创新团队"技能攻关和技艺传承三级模式，发挥团队平台协同攻关优势，实现资源、技术和成果共享。强化技能人才创新创效作用。组织征集一线难题优秀项目60个，其中3个被评为集团技能人才创新基金项目、7个被评为集团级一线生产难题项目；组织开展一线创新成果评选，从53个二级单位推荐优秀项目中评选出一等奖5个、二等奖8个、三等奖10个。1人获国务院政府特殊津贴，2人分获四川"技能大师"、四川省"技术能手"称号，1人获评四川省"天府青城计划"技能领军人才项目；推荐9人参评集团公司首届优秀技能人才评选表彰，推荐14名优秀人才参与四川省技能等级认定专家库入库评选。

（闵怡薇　邹　俊）

# 工程造价

【概述】2023年，西南油气田公司造价中心推进造价业务优化调整，构建"大造价"管理模式。围绕"跨越400亿，迈上新台阶"的发展目标，强化造价管理，加强投资管控，提高造价管理能力和管理水平，为企业高质量发展贡献造价力量，相关工作取得良好成效。

2023年，川庆钻探工程公司造价业务围绕总体工作部署和提质增效相关要求，以需求为导向做好工程造价管理，完善计价体系，编制印发《科研业务内部结算价格标准（试行）》等4个内部计价标准；修订油气合作开发项目钻前、钻井、完井系统工程等3个概算标准；完成西南油气田公司、长庆地区市场化定额修编相关工作；开展深地川科1井相关工作，完成费用测算、协商谈判、造价写实和合同签订等工作；开展老井挖潜项目合同谈判，与3家气矿完成合同签订，发布项目概算、结算标准，完成8井次概算审查；完成流转区块群乐1井、潼深17井、岗探1井等11口井费用测算、分析，全程参与商务谈判；深度参与川渝地区12个区域深层页岩气市场分析及总包合作商谈，完成钻完井系统工程费用测算；完成集团公司创新研究项目"钻井系统服务价格体系研究与探索"研究报告、验收资料并通过验收评审；审查油气合作264个项目概算，审核金额35.33亿元，审减1.68亿元，审减率4.76%；审查参股企业130个项目合同费用61.44亿元；完成集团公司造价人员岗位认证（资格认证），207人通过，通过率100%，通过数量居中油技服板块第一；组织参加集团第二届造价青年论坛并取得优异成绩。

（卜　嘉　任惠琴）

【工程项目审查】2023年，西南油气田公司造价中心审查投资及大修工程项目11 275项，审减额602 523万元，审减率9.13%。其中：审查投资估算187项，审减额157 752万元，审减率10.53%；审查概算890项，审减额157 474万元，审减率6.75%；审查预算（含控制价）2 166项，审减额23 845万元，审减率9.82%；审查结算8 032项，审减额263 452万元，审减率10.43%；造价中心完成机构整合后，井工程及地面工程完成计划内结算项目7 362个，完成率99.99%，完成计划外结算项目411个，完成率100%。

2023年，川庆钻探工程公司造价业务加强油气合作项目概算审查，审查苏里格及威远页岩气钻前工程、钻井系统工程、完井系统工程、地面建设工程等项目概算319个，审减1.9亿元，审减率4.65%；开展控参股企业费用审查，审查130项，审查金额61.44亿元；开展威215井、威216井、威217井钻前工程现场调研，提出优化建议方案，节约投资约500万元。

（卜　嘉　任惠琴）

【重点领域造价管理】2023年，西南油气田公司造价中心全面推动专业化管理改革转型。新增、修订管理制度8项，确保每项工作、每个环节有章可循、有规可依。拟定《造价中心员工绩效考核实施细则》，为有效运行"大造价"管理模式奠定基础。写实深地川科1井，提升成本管控。安排专人参与万米深地科探井工程可行性研究报告编制、开展井工程投资估算和拟签订合同费用分解，开展全过程成本写实工作。限时解决历史遗留井工程结算问题，限时结算涉及151口井。截至2023年12月20日，完钻探井101口井全部结算（扣除勘探事业部7口井跨年），账面追加投资100%完成；完钻页岩气评价井36口（扣除开发事业部跨年2口井、长宁公司5口井跨年）全部结算，账面追加投资100%完成。合理编制区块指标，编制下达钻井系统工程区块成本指标29项，基本实现指标的全覆盖，提升指标的科学性、合理性、指导性。完成《泸州页岩气田泸206井区开发方案》等批复方案的估算分解和指标下达，确保项目投资成本整体受控。全年开展造价一级预警管理21井（组）、二级预警管理11井（组）、三级预警管理1井（组），累计减少投资需求约3 200万元。把概算分解作为地面建设工程投资控制的主要手段，形成《2022年西南油气分公司地面工程概算分解情况报告》，指导修正下一步批复水平与指标水平并切实形成前期预判、中期控制、后期总结的闭环管理模式。

2023年，川庆钻探工程公司造价业务聚焦重点项目，深化造价分析，重点项目工程造价工作取得新成效。开展深地川科1井工程造价相关工作，与西南油气田公司共同到塔里木油田公司开展深地塔科1井调研，完成费用测算并梳理与油田公司费用差异、提出建议，沟通协调9次；深度参与老井挖潜项目，与3家气矿完成合同签订，完成充西—莲池区块沙溪庙组选井论证和CNG项目方案论证，完成8井次概算审查，保障工程项目开展；完成大庆油田公司流转区块群乐1井、潼深17井、岗探1井等11口井"03定额"和市场化定额费用测算、分析，参与商务谈判；参与西南油气田公司老井封堵总承包项目商务合同条款谈判，对比分析、优选结算建议标准；参与川渝地区12个区域深层页岩气市场分析及总包合作方式商谈，完成钻井系统工程费用测算。　　　　　（卜　嘉　任惠琴）

【设备材料价格管理】　2023年，西南油气田公司造价中心发布《地面工程设备材料价格信息》3期11.53万项111.18万条、《非安装设备价格信息》3期2 668条、《钻井系统工程预算定额未定价工具材料价格信息》3期1 437条，转发四川省地方材料信息10期26.31万条、重庆市地方材料信息10期3.74万条、物资采购ERP数据8期3.56万条。完成价格调查5 017项，其中专业化价格咨询服务公司询价1 937项。造价中心组织建立西南油气田公司原材料价格数据中心，向所属各单位及部门提供452项持续、可靠、全面的原材料价格及走势信息，为各项物资价格的科学分析、合理确定和前沿研究提供数据支撑。

2023年，川庆钻探工程公司造价业务发布年度油气合作项目物资材料价格信息并修订价格标准，为油气合作项目精细化管理创造有利条件。　　（卜　嘉　任惠琴）

【定额研究计价管理】　2023年，西南油气田公司造价中心完成市场化定额修编工作。按照集团公司推进市场化定额修订工作的有关要求，完成现场调研、数据统计、资料收集整理分析等任务，完成市场化定额修订工作并通过集团公司审查，专家组认为定额修编基础工作扎实，分析对比内容全面，定额水平测算详实，补充细化的部分计价标准具有一定指导性。6月，西南油气田公司编制的物探、油气井工程市场化定额由集团公司统一发布。发布沟下组合自动焊临时计价依据，通过开展现场调研、定额转换、耗量调整、数据对比等一系列工作，9月正式发布包含D1016、D1219钢管沟下组合自动焊、管件安装组合自动焊等54条定额子目的《西南油气田分公司长输管道沟下组合自动焊临时计价依据》。计价标准的发布解决了"威远—泸州区块页岩气集输干线工程"无相关定额计价问题，为其他采用此施工技术的工程项目费用计算提供计价依据。补充完善钻前工程、钻井工程、地面工程等专业相关计价标准22项，发布15项。

2023年，川庆钻探工程公司造价业务开展计价体系研究，编制完善计价标准。以市场化定额修编为首要工作，分别与西南油气田公司、长庆油田公司成立市场化定额修编小组，近50名工程造价骨干参与，完成定额修编工作并通过集团公司评审。编制印发《科研业务内部结算价格标准（试行）》《川庆钻探工程有限公司安全、环保、咨询及检测对外服务计价标准（试行）》《老区挖潜项目概算、结算标准》《替换钻机试油内部结算标准》4项内部计价标准。修订苏里格油气合作开发项目2023年钻前、钻井、完井系统工程等3项概算标准，为内部工程概算审查、工程结算提供保障。制定完成川庆钻探工程公司6项自主研发成熟产品计价标准、安检院内部计价标准、信息运维计价标准，进一步规范内部结算依据。　（卜　嘉　任惠琴）

【造价信息系统管理】　2023年，西南油气田公司造价中心推进数智建设，赋能高质量发展。配合集团公司物探钻井造价中心大数据信息化系统建设，做好应用、测试等基础工作。开展人工智能在工程造价管理中的应用研究，升级完善软件统计分析、投资预警等功能建设，逐步实现大数据处理分析，为投资控制提供科学决策。把工程造价融入ERP系统，实现数据的互联互通，运用数据结构化技术开展"价格数字化管理模式"研究。

2023年，川庆钻探工程公司推动工程造价信息化建设，调研学习其他单位造价信息系统建立的经验，通过造价信息系统架构、前期测试、模块建立、信息资料录入等工作，完成川庆钻探工程公司工程造价信息化系统平台建设。完成"03定额""19定额"钻完井系统工程15个基础项目参数录入和950余项费用计算表格编辑，写入计算代码30 020行，通过96口常规井和非常规井在线测算；举办工程造价信息系统培训班，完成数据录入并调试，为信息化建设提供支撑。　　　　　　（卜　嘉　任惠琴）

【工程项目结算管理】 2023年，西南油气田公司造价中心创新结算编制上报模式。通过与建设单位协调，主体工程结算首次采用造价咨询西南油气田公司主编、施工单位配合的新模式，编制与初审同步展开，提高结算审查质量。推行"单项工程分解、结算人员分组"流水式审查，提高项目审查时效，细化完善《工程结算资料交接台账》，拟定资料接收和退回机制，提高各参建单位对结算资料重视程度，资料一次提交合格率90%。剑阁礁滩气藏试采地面工程通过创新结算模式，较同类型项目的结算完成时间提高33%，竣工决算审计造价因素审减率0.4%。重组后完成井工程结算情况。8—12月，计划完成243口井（探井105口、页岩气井96口、常规开发井42口）的结算工作，截至2023年12月23日，完成结算井219口，结算金额164亿元。　　　　　　　　　　　　　　（卜　嘉）

【造价业务基础管理】 2023年，西南油气田公司造价中心促进造价咨询业务统一管理。8月完成造价咨询集约化招标，发布《西南油气田分公司2023年度工程造价咨询服务集中招标结果的通知》。截至10月底，造价中心委托的造价咨询业务与中标企业完成合同签订，各项委托工作如期开展。造价咨询统一集约化招标及合同签订，标志着造价咨询业务纳入造价中心"大造价"体系统一管理，为持续规范、提高石油工程造价咨询质量奠定基础。按照西南油气田公司第二批主题教育部署安排和造价中心调查研究工作方案，撰写专题调研报告5篇，截至11月底，领导班子成员调研26次，获取意见建议近50条，把调研成果转化为解决问题、改进工作的实际举措。全年选送34人参加集团公司造价培训，3人参加国家注册造价工程师职业资格考试并获取相应资格证书；举办物探钻井工程造价管理培训班，造价中心及川庆钻探工程公司、吉林油田公司造价业务部门40余人参加；组织川东北气矿、重庆页岩气公司等建设单位开展线上造价业务培训。全年完成系统内地面工程造价人员岗位认证15人次，系统外造价咨询单位业务人员地面工程岗位认证86人次。造价中心组织相关专业人员，制作造价各专业交流课件和授课视频，并在"中油e学"发布，110人次参与学习。完善造价业务基础资料收集整理。完成《2022年地面建设工程项目审批资料汇编》《2022年地面建设项目主要工程类型造价指标》等编制和修编工作。

2023年，川庆钻探工程公司定额造价分析取得新成果。完成西南油气田公司2021—2022年完成结算井风险探井、一般探井、开发井定额与结算水平对比分析；完成西南油气田公司未结算风险探井费用分析，为油田公司追加风探井投资提供数据支持；完成塔里木油田公司2023年定额标价对比分析，为经营策略和生产组织优化提供理论支撑；根据集团公司下发的2023年市场化定额钻井日费、顶驱、钻具、井控、柴油等项目费用对比分析，为区域定额修编积累资料。开展集团工程造价人员认证工作，通过认证207人，通过率100%，通过数量为工程技术服务企业第一位；完成集团创新研究项目"钻井系统服务价格体系研究与探索"研究报告、验收资料并通过验收评审；组织完成2023市场化定额培训（参培68人），机关部门、二级单位及西南油气田公司造价、结算、工程等相关人员参加，取得良好效果；组织参加集团第二届造价青年论坛（成都），取得二等奖1项、三等奖1项。（卜　嘉　任惠琴）

# 工程技术与监督

【概述】 2023年，西南油气田公司工程技术践行"抓实常规气、攻坚页岩气、加快致密气"的工作思路，围绕工程技术提速提产提质提效，以管理创新为驱动、以技术赋能为引领，完善工程技术"五大"精细管控体系，不断推进地质工程一体化，着力深井超深井优快钻井，提升单井产量，为天然气产量跨越400亿立方米贡献工程技术力量。

（徐冰青）

2023年11月8日，西南油气田公司在成都召开采油气工程技术交流会　　　　　　　　　　　　　　　　杨舒然　摄

【工程技术管理制度建设】 2023年，西南油气田公司完善工程技术管理制度和标准体系建设，制定、修订《西南油气田分公司工程技术投资控制实施细则（试行）》《西南油气田分公司录井管理办法》《西南油气田分公司测井监督工作管理规范》《西南油气田分公司钻井液技术规范》《新井试油国产采气井口管理要求》等10余项管理规范，进一步完善工程技术管理体系建设，确保工程技术管理涉及的各项工作能够有章可循、有规可依。（徐冰青）

【工程技术管理】 2023年，西南油气田公司开展井工程方案会审634井次，完成钻井、固井、试油、压裂酸化、录井设计审批745井次。开展先导试验方案、开发方案钻完井方案专项审查，进一步强化钻采方案编制质量。开展专项审查8次，其中深层页岩气根据二叠系等压力系数最新预测成果，精细设计进一步优化单井套管选型，单井降低甲方供料费用40万~70万元。组织修订钻井工程合同标准文本，制定详细技术要求和违约考核条款，细化各专业单项技术参数和违约追责条件，取代以往开口框架合同，大幅提升合同约束力和可执行度。

强化过程监管。结合先导试验和科研攻关成果，实时更新迭代提速模板并纳入设计，强化过程管控，提升提速模板执行率，全力推动钻井提速。2023年制定、修订提速模版10个，区块提速模板执行率85%以上。建立联合管理、全面跟踪、优快决策工作机制，联合钻探公司成立专家组制定针对性防治措施，提高故障复杂处理时效。2023年故障复杂时效7.08%，同比下降0.11个百分点；损失时间2910天，同比减少1096.76天。加强固井等大型施工质量管控，实行"菜单式"监管，形成"步步确认"清单；加强取心等特殊作业质量管控，明确责任主体，严格落实各方责任，强化技术能力建设，建立并完善取心等特殊作业标准程序，提升取心质量，2023年取心收获率98.1%。深化现场技术交底，压实监督管理职责，建立井口、油管、工具现场三方联合检查机制，强化技术人员关键工程环节驻井把关，加强试油全过程管控，现场关键节点把关125人次。开展现场关键岗位人员分级评估，从队伍作业能力、关键岗位人员履职情况和技能水平3个方面对服务于西南油气田公司范围内的346名地质师、224名仪器师开展分级评估，实现关键岗位人员能力与录井作业难度精准匹配，进一步夯实录井施工质量。开展综合录井仪器检测，实现新开钻井检测全覆盖。全年开展传感器检测129井次，平均合格率提升至97.3%，有力保障录井质量。

强化施工队伍考核考评。修订施工作业考评规范，建立住井监督负责月度考评、建设单位、工程技术监督中心、工程技术处共同年度考评的分级考评机制，优化钻井试油压裂录井队伍队伍考评细则，强化施工作业队伍考评的科学性、针对性。遵循"统一标准、分级负责、客观公正"的原则，开展施工队伍考评。2023年度考评钻井、录井队伍272支，最高得分1030分，最低得分489分。强化对施工队伍违反设计、甲方指令、井控细则等行为实时通报、停钻、处罚、清退，严格考评兑现。（徐冰青）

【工程项目管理】 2023年，西南油气田公司工程项目管理坚持以安全、质量、产量、效益为中心，强化设计方案审查，不断优化区域钻井提速、优质固井等关键技术模板，强化关键节点检查验收，细化井控安全防控和应急保障措施，推进川东北高含硫气田井工程项目建设。全年完钻7口井，平均钻井周期131.06天，平均试油周期22.63天，井工程建设平均周期较计划周期缩短53.81天，完钻时间较计划提前112天，渡口河—七里北区块平均测试产量159.1万米$^3$/日，累计测试获气1 272.77万米$^3$/日。其中：渡001-X2井创造97.63天最短钻井周期；渡001-X2

井创造 9.42 天试油周期最短纪录；渡 004-H3 井测试获产 205.08 万米³/日，创造渡口河—七里北气田最高日产气测试纪录。

（徐冰青）

【井工程质量管理】 2023 年，西南油气田公司强化设计源头井筒质量管控，加强轨迹实时监控和设计变更管理，对因地质追层造成轨迹调整超过设计值的情况及时进行设计变更，对超标井及时制定纠偏措施，井身质量红线合格率 97.3%。严格分级分类管理，强化井眼准备工作，专职固井监督团队实行"菜单式"监管，步步确认，定期组织召开固井质量专题分析会，固井质量红线合格率 93%，界面胶结质量合格率 89.1%，优质率 69.6%，其中高含硫井、储气库井合格率 90% 以上、优质率 70% 以上。健全现场检测质控体系，提升质控标准，规范不合格处理程序，钻井液、水泥浆抽检覆盖率分别为 100%、95%，压裂液、酸液检测覆盖率均 100%，不合格项整改完成率均 100%。强化页岩气井套变风险预警与处置力度。建立页岩气一体化方案审查模式，进一步强化方案审查阶段的断裂预测与风险评估，形成"提产＋控复杂"精细化设计与实施理念。配套小直径系列桥塞攻关与应用，实现全年仅丢段 772 米，丢段率 0.29%，同比下降 14.7%。

（徐冰青）

【钻井"日费制"管理】 2023 年，西南油气田公司完善以"组织管理、技术管理、经营管理"为核心的"日费制"管理体系，打造西南特殊的"日费制"钻井技术与管理模式，日费制钻井由页岩气井推广到常规超深井，初步实现协同效应最大化、生产组织最优化、综合效益最大化。

扩大页岩气"日费制"规模。通过统筹"日费制"项目整体运作，发挥"油公司"技术、经营、管理三位一体的统筹协调优势，扩大实施规模，开展日费制钻井 53 口，占比 14.48%，提升 6.1%。其中，长宁页岩气"日费制"作业 35 口，总进尺 11.5 万米，完钻 22 口井。评价井钻井周期 129.95 天，同比缩短 8.75%；开发井钻井周期 54.78 天，同比缩短 15.59%。深层页岩气作业 24 口，总进尺 8.8 万米，完钻 15 口。评价井钻井周期 196.92 天，同比缩短 13.72%；开发井钻井周期 86.38 天，同比缩短 29.21%

常规气探井试验钻井"日费制"。蓬深 16 井、蓬深 17 井创新项目管理体制、优化生产作业组织方式、拓展现场实时管控手段，通过细化分井段提速措施，精细过程管控，两口井平均钻井周期 133.8 天，较提速模板缩短 40.88 天，较邻井缩短 57.96 天。

深层页岩气探索联管总包。联合中油技服在深层页岩气创新形成"联合管理、优快决策"联管总包钻井新模式，油田公司负责统筹项目、整体运作，钻探公司负责施工组织，实施 20 平台（79 口井），钻井周期 88.4 天，较区块平均缩短 16.07%，故障复杂时效 3.61%，较区块平均下降 1.27%。

（徐冰青）

【监督管理】 截至 2023 年底，西南油气田公司有在册监督 592 人，其中住井监督 433 人、巡井（项目部）监督 41 人、远程监督 43 人、固井监督 9 人、HSE 监督 10 人、测井监督 11 人、室内管理人员 45 人。通过完善监督专业，补齐"日费制"监督、井下作业监督、测井监督，建立多元化监督队伍，构建井筒全生命周期监督体系。制定《西南油气田分公司测井监督工作管理规范》，明确测井作业各个环节的监督流程、监督内容、验收标准，提升监督质量，保障测井作业现场安全。严把监督选聘入口关，每月组织监督入职选拔，一级至五级监督由各专业总监督负责选拔，全年面试监督 134 人，面试通过 84 人，通过率 62.6%。持续提升监督综合能力，编制《监督应知应会手册》，分级开展监督培训，组织监督大比武竞赛，培训"懂技术、会管理"的复合型工程技术监督人才，全年对 266 名监督开展培训，中级监督占比提高至 32%，建成 80 人日费制监督团队能够同时支撑 15 口日费制钻井工作。开展监督问题专项治理行动，治理监督履职存在 14 类典型问题，形成旁站履职、巡检履职周通报和季度考核机制，每季度通报考核情况及排名靠后的 3 家监督服务公司。按照"5+2"七级监督评级制度，推行"季度考核定绩效＋半年考核定等级＋年度考核定去留"的分级考核模式，全年考核监督 1 667 人次，通报监督 25 人，清退 32 人，处罚监理公司 4 家。严格监督服务机构年度考核，根据监理公司机构建设、所属监督履职表现等方面进行量化打分，完成驻川 11 个监督服务机构的考评工作并上报集团公司。

（徐冰青）

【工程项目联合监督检查】 2023 年，西南油气田公司工程技术监督开展巡井检查 127 125 次，关键环节旁监督 25 290 井次，固井和压井作业步步确认 649 井次，开展钻开设计提示第一个油气层验收153次，各开次验收532次，发现问题3 844个，下达停钻（停工通知书）22井次，处罚施工队伍77井次。审查变更2 020项，其中重大变更482项、一般变更1 329项、应急变更56项、微小变更153项。

（徐冰青）

# 设备管理

【概述】 2023年，西南油气田公司在设备全生命周期流程环节、隐患治理、数据治理等方面发力，提升设备管理工作质量，助力西南气田公司建成400亿立方米战略大气区，为上产500亿立方米夯实基础。截至2023年底，设备综合管理系统2.0中在册设备总计21.01万台，原值148.29亿元，净值83.13亿元，新度系数0.55，设备综合完好率98.04%，综合利用率63.46%，平均故障停机率0.03%，维修费用率2.37%，未发生设备事故。2023年，西南油气田公司获设备类国内外专利授权49项，完成设备类科技攻关成果13项，"四川盆地天然气井井下节流与维护关键技术"项目获四川省石油天然气科学技术奖一等奖，"基于流体驱动的天然气管道内部腐蚀缺陷检测机器人"项目获2023年度川渝科技学术大会三等奖。

2023年，川庆钻探工程公司设备管理工作以全生命周期管理为主线，坚持提质增效工作目标不动摇，完善管理体系，稳步推进信息化和自动化建设，加大绿色能源利用，加强设备设施完整性和可靠性管理，为企业完成安全生产经营工作目标提供支撑。主要专业设备在册总台数9 274台（套），资产原值208.45亿元，资产净值63.63亿元，设备新度系数为0.31。主要设备综合完好率98.4%，利用率73%，主要设备故障停机率0.5%。提升设备设施完整性和可靠性管理水平，无一般B级及以上设备事故发生，设备运行风险整体受控。扩大钻井、压裂现场电（气）代油应用规模和综合利用率，全年电（气）总当量7.48亿千瓦·时，同比增长31.69%。装备自动化建设成果深化应用，完成中油技服和川庆钻探工程公司项目31项798台（套），设备设施数量完成率105%。科技创新发展成效显著，"西南油气田钻井作业节能减污降碳关键技术与规模应用"获2023年度中国石油与化学工业联合会科学技术进步奖二等奖。"工程技术设备完整性管理创新建设与实践"获中油技服2023年创新管理成果二等奖。

（罗潇寒　沈凡儿）

【生产设备运行管理】 2023年，西南油气田公司设备总体安全平稳运行，在用压缩机组221台，累计增压天然气235.89亿立方米，其中完成储气库增压注气29.65亿立方米、增压上载国家管网80.26亿立方米。净化装置累计净化天然气236.62亿立方米，工业泵累计处理各类溶液量2.6亿立方米，电力设备生产供电14.02亿千瓦·时。加强关键设备运行管理，提升现场精益水平助力油气稳生产，开展铜梁压气站压缩机组冷却系统超温及站场ESD异常连锁、兴文压气站压缩机变速箱高速轴损坏、长宁压缩机热交换器失效等事件专题分析，制订适应性整改方案与措施。开展压缩机组外委维护维修业务集中招标，推进机组备品备件价格控制及交货周期保障，降本增效保障生产。立足现场高效运行，集思设备改造，串并联改造老翁场储气库DTY4500压缩机组，增加注气量，节约压缩机运行成本；实施雷15井ZTY170-1号气举流程改造，优化机组的余隙提高进气压力，挖掘老气田产能。

2023年，川庆钻探工程公司打造行业装备利器，提升钻探开发能力。与宝石机械共同开发研究适合川渝区域施工作业的万米钻机，开发应用模块化拼装绞车、大口径转盘、3000U 70兆帕钻井泵、120型顶驱、电驱动钻台面机械、160型多功能铁钻工等设备，有效保障深地川科1井勘探开发。以集团公司首台"一键式"人机交互7000米自动化钻机为模板，结合长庆区域特点，在第二部7000米自动化钻机升级优化123项技术，进一步提升钻机可靠性、适用性。配合宝石机械公司优化完善带压作业机性能，增设双防顶卡瓦，并完成1台现场应用，进一步保障现场使用作业安全。推进自动化成熟产品应用，提升设备本质安全。加大二层台机械手、动力卡瓦、液压吊卡等井口自动化设备标准配置，2023年推广应用二层台机械手27套，累计应用179套，5 000米及以上钻机配置率92%。开发新型行吊排管装置及三一160型视觉识别多功能铁钻工，并在万米钻机配套使用，多功能铁钻工实现自动寻扣功能，上、卸扣时间60秒，提高运行效率。完成2台JJC铁钻工推广应用，降低现场作业劳动强度。推动自动化钻机减人工作，在141部钻机减配242人，节约人工成本 4 000 余万元。开展 2 部 225T 修井机、1 部 120T 修井机自动化改造现场应用评价，优化完善，提高作业效率，提升修井装备自动化水平。加大高性能易损件应用，提高单队单机效率。推广气动重粉罐 70 套，累计应用 527 套，实现川渝、新疆地区全覆盖。推广应用载人载物电动绞车 29 台，实现顶驱钻井队全覆盖。推进高性能易损件应用，川渝、新疆区域所有井队全面推广陶瓷缸套现场应用，长庆区域重点井推广应用 48 支钻井队，使用寿命最高 5 100 小时；川渝、新疆区域标准化配置应用机械密封冲管，最长使用寿命 1 200 小时。增强压裂现场长寿命易损件、高性能产品应用，全年推广长寿命泵阀箱 140 套和阀体阀座 200 套、单通道大管径压裂管线 4 套、拼接式蓄水装置 7 套，提升压裂设备整体运行效率。持续开展润滑油按质换油工作，全年节约费用 1 560 万元，其中周期延长节约 962 万元、油品替代节约 598 万元。

（罗潇寒　沈凡儿）

2023 年 6 月 26 日，集团公司设备检查第三组专家一行 12 人到天然气净化总厂开展设备管理专项检查　　颜知音　摄

【生产设备技术管理】 2023 年，西南油气田公司重点关注设备选型、验收、安装调试、调剂、报废等技术环节管理，实施 32 批次 267 台设备购置把关，报废审查设备设施 6 483 台（套）。强化新建项目关键设备选型论证与购置管理，落实关键设备前期管理要求。组织相国寺、铜锣峡、黄草峡、老翁场储气库工程、盐亭处理厂、武胜增输上载等重点工程 39 台压缩机组及关键设备的选型论证、技术审查、设计联络，重点把控进口离心机质量控制方案和监造进度计划。开展离心压缩机评价技术、大型硫黄回收装置燃烧器技术交流，推动重点项目建设与关键设备购置。推进设备类一级、二级物资集中采购管理，完成集团公司压缩机组、通用机泵、起重机械等 18 家供应商的考察。完成重点设备出厂验收及重要工程设备试运投产，开展老翁场储气库先导试验压缩机组、铜锣峡储气库 5 台 DTY5200 压缩机组等重点设备出厂验收，铁山坡高含硫项目闪蒸气压缩机、水套加热炉等重点设备一次投产成功。黄草峡储气库实施国内储气库离心式注气压缩机组"串、并联运行模式不停机在线自动切换控制技术"应用，实现稳定提升注气，有效避免回流增压。协调推进新能源设备建设，新建安岳、剑阁、磨溪等净化厂余压发电装置 7 套，总装机规模 0.53 万千瓦，年发电量 3 286 万千瓦·时，减碳 1.83 万吨；实施集团公司科研项目"天然气压差发电技术及装备研究"配套的万州分厂产品气余压发电配套工程，装机规模 0.07 万千瓦，年发电量 210 万千瓦·时。

2023 年，川庆钻探工程公司加强设备全生命周期关键环节技术管理。做好设备选型技术审查，完成万米钻机、电驱压裂橇及电动化改造钻机等各型重点设备技术方案审查 40 余项，批复长摊资产设备 1 690 台（套）。抓好设备监造验收，落实关键设备落实驻厂监造，安排重大设备监造 50 台（套）。强化设备租赁管理，严格执行中油技服重大统筹装备租赁申报审批制度，2023 年批复设备租赁 20 项，合计资金约 19 亿元。规范设备编号管理，组织相关单位完成钻机、修井机、固压机组及连续油管装置等设备和队伍的清理，按照新的编号管理办法完成相关设备及队伍编号的申请。开展设备更新和改造。完成 ZJ120DB 万米钻机、第二台"一键式"7000 米自动化钻机、20 台机械钻机电动化改造、2 套电驱压裂橇等关键设备的技术方案审查、厂内监造、安装调试并投用。完成未来 5 年钻机压减、更新及改造方案，计划压减钻机 40 台，更新钻机 62 台、机械钻机电动化改造 57 台、电动钻机局部升级 58 台。加强现场设备运维管理。围绕井筒作业持续提速实施方案提速提效目标，组织 9 家主要生产单位召开井筒作业提速装备保障措施讨论推进会，分别从维保质量管控、预防性维修、长寿命易损件应用、机泵能力提升等方面制定保障措施，2023 年主要设备故障停机率平均值 0.5%。采用装备小组组织协调、厂家人员服务维保、现场人员落实操作的运行模式，建立组织保障、责任落实等 7 项运行机制，做好深地川科 1 井装备保障工作。推进川渝地区机修维保资源共享，通过上井及进厂维修方式，开展钻机、泥浆泵、顶驱及柴油机等设备修理 97 台（套）。开展设备共享调剂使用，组织川庆国际公司土库曼项目所需3台钻机、4台2500型压裂等设备的调剂使用；制定独立电动泵组的改造方案，加快推进80型、90型试油钻机第三台2200HP钻井泵的调剂使用工作，提升泥浆泵的使用效率。制订2023年设备维修管理监督检查方案和检查计划，从设备外修合规选商、维修资金使用管理、制度规范建立执行等8个方面规范设备维修管理。　　（罗潇寒　沈凡儿）

【设备完整性管理】　2023年，西南油气田公司发布《设备完整性管理工作方案》，部署3年工作计划，推进14家所属单位试点，总结成熟工作模式、提炼有形化成果，聚焦实现上产500亿立方米的中心任务和打造天然气全产业链创新创效标杆企业的战略部署，构建以KPI为引领、以风险管控为中心、以"可靠性+经济性"为原则、以设备全生命周期管理为主线、以数字化转型信息技术为依托的设备完整性管理体系。完成设备健康管理数字化中心项目建设，通过统一监测平台，实现设备智能预警、智能诊断，以量化数据支撑预测性维修为主、定期维修为辅的"动"维修模式，支持高层决策、中层控制、基层运作的集成化管理，形成资源整合与信息共享。对317台在用锅炉、加热炉实施高风险装置第三方对标专项检测，并接受集团公司高风险装置东北检测中心对锅炉、加热炉及安全联锁装置的年度专项抽检，问题数量同比下降50%。

2023年，川庆钻探工程公司制订发布全面推进设备完整性管理工作方案，安排部署后3年设备完整性管理工作。在90028钻井现场迎接集团公司、中油技服和7家油田技术服务企业进行设备完整性管理工作观摩交流，集团公司和与会企业代表对设备完整性工作成果给予赞扬。汇编整理川庆钻探工程公司设备完整性管理手册和18项设备完整性管理程序文件，明确设备完整性管理要素和各层级管理界面，规范设备完整性管理各环节的管理程序、流程节点和管理要求，并在川庆钻探工程公司范围内发布施行。突出关键设备风险管控。强化新型设备风险管控，严格执行试用风险管理程序，对纽威石油单通道大管径压裂管汇、三一6000型电驱压裂橇等23个项目开展效果评价，确保风险控制措施全面有效。防范2023年十大风险中的压裂高压管汇失效风险，制订压裂高压管汇风险管控方案，确保压裂施工设备运行风险整体受控。组织召开近3年设备设施类事故事件专题分析会，从理清设备管理

现状、整合设备检验检验资源、抓实全过程管理等方面防范设备风险，避免同类事故事件发生。抓牢设备隐患排查治理。组建设备管理内部第三方监督检查队伍，开展季度全覆盖监督检查，监督检查作业现场和后辅场站847队（站），发现并整改问题4 911项。组织设备类安全技术措施项目专家审查，对11家单位24个设备类项目，从实施方案的必要性、可行性等方面进行立项审查。强化特种设备安全管理，修订特种设备事故专项应急预案，督促各单位特种设备在集团公司HSE信息系统的录入，做到帐物负荷率100%，对835台（套）特种设备开展诊断评估，发现并整改问题222项。　　（罗潇寒　沈凡儿）

【设备管理体系建设】　2023年，西南油气田公司为优化管理流程，并结合分类分级、数智赋能、绿色低碳等要求修订《设备管理办法》《天然气压缩机组管理实施细则》《工艺与设备变更管理办法》。制定、修订离心机组操作维护、设备数据管理、设备现场检查等9项相关企业标准，制定5年标准建设规划，丰富技术标准体系。制定设备管理体系评审和离心式压缩机组技术评价方案。推动建成西南油气田公司设备管理专家库，首批入库12个专业组别专家211人。开展制度与企标贯标、新能源和绿色低碳设备技术、设备分类分级检查标准、设备信息数据规范等专业知识和技能的培训，培训210余人。

2023年，川庆钻探工程公司收集整理所属12家主要生产单位已有设备管理制度，对标现行设备管理制度开展问题分析，明确持续完善基础管理、工作规程和专业技术三类管理制度的设备管理体系。形成川庆钻探工程公司及各二级单位2023年补充完善的制度清单92项，并全部完成制定、修订工作。组织修订钻（修井）机关键设备检验管理规定、设备安全操作规程管理规定等制度，进一步促进企业规范管理。完成《电动压裂装备检测及评价技术规范》等5项标准的制定及川庆钻探工程公司机械专标委20项标准的修订评审。开展设备操作规程的动态优化，重点把电驱压裂设备安全操作规程纳入川庆钻探工程公司一级目录进行管理，完成第一批钻井、井下专业10项一级目录安全操作规程的视频拍摄。牵头完成ZJ30~ZJ90钻机、川庆钻井液公司、川庆钻采院等相关HSE岗位检查表3轮评审工作。制定2023年《设施完整性和可靠性HSE管理方案》。从抓好完整性试点和精益管理工作，突出设备

企业管理

风险和隐患双重预防机制，强化新型设备、租赁设备等4项管理重点。　　　　　　　　（罗潇寒　沈凡儿）

【设备质量安全管理】 2023年，西南油气田公司设备管理指标持续保持良好，本质安全管控到位。接受集团设备专项检查，量化评估制度规范、基础工作、人员素质、设备健康状态等4个要素，处于集团先进水平。组织设备检查考核，完成1次半年检查、1次年度检查，并通过抽检、自检多形式对所属主要生产单位开展检查工作，发现问题1 017项，无重大设备隐患。完成167台压力容器、16台加热炉、24台压缩机组仪表柜防爆系统及10座增压站压缩机润滑油系统隐患治理，开展7台压缩机组优化改造大修。　　　　　　　　　　　　　　　　（罗潇寒）

【设备提质增效】 2023年，西南油气田公司设备管理创效多措并举，实施设备提质增效4 649台（套），年创效1.43亿元，再创新高，同比增长23%。其中，通过设备调剂利用101台，节约费用775万元。搬迁利旧4台压缩机组至页岩气平台使用，节约资金238.59万元。发掘和对接"油公司"管理模式下低成本运维、高效使用的新方式，租用一体化脱水脱烃橇装置处理天然气直销用户，创效1 518.04万元。租用LNG工艺装置回收零散气20 348.88万立方米，创效6 104.66万元。　　　　（罗潇寒）

【设备数字化转型】 2023年，西南油气田公司设备健康管理数字化中心作为油气田设备数字化转型和智能化管理载体，落实运维三级管控，实施动设备在线监测、故障诊断、性能分析及健康的集中管理，发布动设备状态监测与故障诊断分析报告240份，分析典型案例22例；系统累计报警1 250次，准确率83.44%；发现故障问题90台次，正确率99%。在关键离心压缩机组试点应用油液在线监测诊断系统2台（套）。开展系统内设备动态数据治理，管控运行和检维修数据质量，完成设备主数据及特种设备安全技术档案入湖准备工作，升级完善设备管理系统2.0。

2023年，川庆钻探工程公司推进设备信息化建设，助力数字化转型。统筹安排设备管理信息系统融合建设。完成所有主要生产单位EISC设备管理信息系统线上运行，覆盖基层队伍500余支。开发手机端对调拨、维修业务发起和审批功能，提高系统使用的便捷性，拓展使用范围。根据大集中ERP设备模块建设要求，开展EISC设备管理系统与ERP系统集成建设。参加ERP设备模块总体方案规划、业务架构、流程架构、功能架构及蓝图设计等工作，在最终采用的22个流程方案中梳理出2个系统的管理界面及数据流转节点128个。组织更新集团公司新设备编码中的钻井、井下和起重输送3大板块设备分类体系，涉及编纂2 000余条码，并建立相关A类设备特性分类标准，为大集中ERP数据标准化建设打下基础。推动关键设备的数字技术。推进更新改造设备信息数据验收标准制订，要求设备符合川庆钻探工程公司数据标准和数据管理规范，数据接口测试必须纳入设备验收清单。以实际应用需求为导向，推进生产设备的信息化与自动化结合，重点推进自动化钻机设备数据自动化采集、远程监测和远程技术，在11部钻机完成实时数据采集和3D建模与集成分析，采用大数据分析支撑设备预防性维保、自动化监测和设备故障辅助诊断。拓展系统数据应用。严格信息系统考核和数据质量管理，季度通报各单位填报情况，集中开展信息系统数据清理，保证数据源统一，数据真实有效，为辅助决策提供准确的信息来源。开展"设备故障库构建及应用"科技项目攻关，通过完善钻井专业在线监测，对运行实时情况、动态数据、故障相关数据进行综合分析建模。初步建立钻井泵前期参数故障诊断模型，并通过实时数据进行调整和学习以提高预警分析模块的准确性。围绕设备管理需求，利用系统数据，建立检验检测、机厂内部修理等功能模块，并推进生产、工程、设备数据融合，为EISS系统建设和完善做好设备数据支撑。（罗潇寒　沈凡儿）

【设备节能减排】 2023年，川庆钻探工程公司按照"宜电则电、宜气则气、能用尽用"原则，分区域高标准推进钻机电代油实施。保持川、渝及新疆区域实施比例，提升长庆区域电代油井队实施数量，并进一步规范电代油井队的柴油使用，降低柴油消耗量，加大钻机电代油项目推广实施力度和范围。制定《"十四五"后三年电驱压裂规模化应用保障方案》，通过网电、燃气发电等供电模式加大电驱设备使用数量，推进重点区域电驱压裂高效实施和规模化应用推广。2023年，实施钻机电代油628井次，59个平台实施电驱压裂，电、气总当量7.45亿千瓦·时，同比增长31.2%。推进储能技术调研及试验。组织钻井用大功率发电机储能及井电系统优化技术现场试验，验证储能装置与柴油发电机组的配合使用效果。协调推进渤装1000千瓦储能装置现场试用，验证储能装置匹配网电特性的适用性。督促电驱压裂设备出租服务商，在压裂施工现场同步配套储能装置并制定其现场应用方案，探索利用储能装置补充电网容量不足的可行性方案。发挥气代油对电代油的补充作用。加大气代油在边远及网电欠缺区域的推广应用，推动清洁能源替代，川庆长庆钻井总公司在15支钻井队、43口井实施气代油作业，用气673万立方米，同时建成一座10.8兆瓦燃气微电站，可同时为附近3支钻井队供电，清洁能源替代比例提升显著；川庆川东钻探公司首次在在川渝区域3口不具备电网条件的井位开展气代油应用，用天然气127万立方米；2家井下作业公司推进燃气发电压裂深度应用，在26个平台开展燃气发电压裂，用气900余万立方米，补充网电不足成效显著。

（沈凡儿）

# 审计监督与评价

【概述】 2023年，西南油气田公司内部审计以习近平新时代中国特色社会主义思想为指导，学习贯彻党的二十大精神、习近平总书记在二十届中央审计委员会第一次会议上的重要讲话精神，在西南油气田公司党委审计工作领导小组的领导下，围绕"天然气上产、新能源发展"两大业务，聚焦增储上产、安全环保、深化改革、提质增效等领域，全面履职尽责，忠诚担当作为，为实现"跨越400亿，迈上新台阶"提供坚强审计保障。全年开展审计项目96个，发现问题1 157个，发现问题金额4.3亿元，取得经济成果2.44亿元（含直接经济成果1.3亿元），提出审计建议65条，呈报专题报告及管理建议书13份，促进西南油气田公司完善规章制度43项。审计部获"2020—2022年全国内部审计先进集体"称号、国家工信部组织的第四届IT新治理领导力论坛审计数字化转型领域"年度影响力团队"称号；组织参加集团公司第二届审计数据建模大赛，2个团体组作品分别获一等奖、二等奖，个人组作品获二等奖3个，获奖作品总数排名集团公司首位；1人获集团公司"改革三年行动先进个人"称号。

2023年12月5日，西南油气田公司在全国内部审计先进表彰大会上获"2020—2022年全国内部审计先进集体"称号  周 越 摄

2023年，川庆钻探工程公司内部审计工作坚持党委及主要负责人直接领导下的内部审计领导体制，落实建立健全内部审计领导体制的新要求，成立党委审计工作领导小组。组织实施审计项目27项，其中经济责任审计项目9个、投资与建设审计项目13个、管理及专项审计项目4个、集团公司授权自审项目1个。选送的"围标串标风险智能化识别"及"拆分合同分析"等两个模型分获集团公司第二届审计数据建模大赛二等奖、三等奖，2个审计项目分获集团公司优秀审计项目二等奖、三等奖，6篇审计论文获集团公司优秀审计论文。

（周 越 邹永芳）

【审计管理】 2023年，西南油气田公司内部审计深入学习党的创新理论，严格落实"第一议题"制度，学习贯彻习近平总书记重要讲话、指示批示精神、署名文章等50余篇；高标准开展主题教育，将必读书目列入党支部理论学习"第一课程"，班子成员结合重点工作形成3项高质量调研成果，并做好监督效能提升、问题整改、成果运用等中心工作；严肃开展党内政治生活，按程序完成支委换届选举工作，确定新一届支委职责分工，开展"认真学习党章、严格遵守党章"等主题党日活动，组织参观成都十二桥烈士墓等爱国主义教育基地，引导党员干部在组织生活中淬炼坚强党性。聚焦增储上产攻坚大局，推动生产经营效益有效提升；聚焦推进企业改革创新，确保重大工作部署落地生根；聚焦防范化解风险隐患，提高合规稳健发展保障能力；聚焦外包业务管理合规，助力人力资源利用效率提升；聚焦工程建设项目全覆盖，挖掘重大项目提质创效潜力；聚焦规范权利运行与责任落实，加强对权利运行的制约监督。建立审计项目全周期管控机制，通过创新优化审计制度流程、创新开展计划线上征集、创新实施全过程实时在线审理，全面推动审计工作量质齐升；抓好问题整改落实，完成国家和集团公司审计存量问题整改工作，推进集团公司、西南油气田公司2023年审计发现问题整改；参加集团公司标准化体系建设，参与各级课题理论研究，开展的审计项目获集团公司2022年度优秀审计项目表彰一等奖2个、二等奖1个、三等奖3个，撰写的审计论文获集团公司2023年度优秀审计论文一等奖2篇、二等奖4篇、三等奖1篇，撰写的课题获西南油气田公司2022年管理创新优秀成果二等奖，促进审计成果推广运用。推进审计数字化转型工作，加强审计数据分析模型建设，丰富审计信息化系统应用功能，高效完成西南油气田审计数字化指挥中心建设；组织审计系统参加集团大集中ERP项目线上培训，派出骨干力量参加集团各类信息化审计项目，为开展信息化项目审计积累宝贵经验。参加集团公司、西南油气田公司组织的审计专业培训，组织覆盖审计系统全员的脱产培训2次，加强思想淬炼、政治历练、实践锻炼、专业训练；完成年度党风廉政建设责任书签订工作，并结合廉洁风险排查和防控工作情况，填报《业务领域廉洁风险评价及防控表》《岗位廉洁风险评价及防控表》；加强审计一线党风廉政建设，鼓励被审计单位对审计组在审计期间廉洁从审、文明审计的情况给予监督评价，把党风廉政建设贯穿审计工作全过程。

2023年，川庆钻探工程公司审计部加强党建与业务工作的融合，推出党建融入审计日常工作的具体举措，全年领导班子成员开展专题调研12次，调研成果转化运用1个；纪检审计中心用新时代中国特色社会主义思想指导工作，以高质量党建引领高质量发展，把党建"三基本"建设与审计业务同部署、同落实、同考核，开展班子成员及党支部书记讲党课，在外项目组成立临时党小组开展集中学习，开展主题教育，党的理论学习和党性教育方式呈现多样化。

（周越 邹永芳）

【审计信息化建设】 2023年，西南油气田公司重视信息技术在审计工作中的应用与发展，坚持向信息化要资源、向大数据要效率，探索谋划"科技强审"的新思路和新方法，推进审计信息化、数字化建设。全面推进审计数字化转型，融入集团公司审计数字化转型工作大局，高效推动西南油气田公司承担的审计建模和企业数字化转型专项审计2项试点任务落实。模型建设方面，构建钻前工程信息化审计、工程甲供料物资AI匹配分析、天然气销售量结算准确性分析、采购物资供应链管理风险预警、业务招待费风险分析等5大模型，自主建设3个采购模型被集团公司采纳和推广运用。推进企业数字化转型专项审计试点工作方面，以信息化运维业务为突破口，开展信息化运维专项审计，并研讨构建企业数字化转型审计框架体系，推进编写专项审计工作方案和作业指南初稿。提升审计信息化层次水平，打造西南油气田审计数字化指挥中心，把已投入使用的审计信息化监督管理平台、审计管理系统、工程造价审计系统等统一纳入其中，推动审计管理系统向智能化、集成化发展。参加集团公司大集中ERP项目线上培训，为应对即将到来的审计模式变革做好知识储备；选派专人参加集团公司大集中ERP风控审计模块需求分析和蓝图设计，推动构建基于大集中ERP模式下的实时审计工作模式。积累信息化建设项目审计实战经验，派员参加集团公司天然气销售核心业务信息系统专项审计及新疆油田广域网3.0、工控安全、科学云平台等多个信息化审计项目，培养系统硬件部署架构等方面发现问题能力，为开展信息化项目审计积累经验。

2023年，川庆钻探工程公司坚持推动科技强审，提升审计信息化建设和数字化审计能力。围绕数字化转型智能化发展，探索业审融合，按照集团公司《2023年内部审计数字化转型工作方案》，推进审计数字化转型基础能力建设，实施审计数字化转型。研发审计项目模块化管理，系统搭建敏捷化审计底层逻辑；根据集团公司《审计数字化转型工作指导意见》要求，完成工程技术板块"外包服务"审计模型开发建设；完成A8协同决策平台审计模型，初步实现审计数据智能化分析；运用川庆钻探工程公司生产经营决策智能平台搭建审计风险模块，完成财务风险、物资风险、合同风险等3类功能建设，促进生产经营业务跟踪审计模式落地；参加集团公司大集中ERP风控审计模块集中办公，结合审计及内控测试工作实际，向专业项目组提出涉及16个子专题方案的专业修改意见24项，项目组采纳意见18项，新增钻探专业板块审计专题4项。

（周　越　邹永芳）

【专项审计】 2023年，西南油气田公司内部审计服务中心工作，促进企业各项重大决策部署落实。围绕增储上产攻坚大局，创新开展钻井工程压裂酸化业务专项调查，采取"现场写实+对比分析"的调查方式，全面了解压裂施工的作业环节与成本构成情况，在揭示问题的同时提出3项改进建议；首次对西南油气田公司电力管理情况开展专项审计，重点审查7家单位近两年自建自管、自建外委、投建运一体化3种模式在立项、建设、运维等关键环节的合规性与效益性。围绕推进企业改革创新，探索使用"两段式+标准化+研究型"相结合的审计模式对西南油气田公司信息化运维业务进行专项审计，揭示问题79个，收回多结算不实费用77.29万元，提出完善机制和优化管理模式建议4条，为规范信息化运维、健全管理体系提供决策依据。围绕防范化解风险隐患，完成终端燃气管道隐患排查整治工作与油气井及管道隐患治理专项审计，揭示制约燃气管道安全及油气井隐患治理和费用管理中存在突出问题，并向西南油气田公司领导作专题汇报，追责重点问题，处理相关人员，加大安全履职考评和追责问责力度。围绕外包业务管理合规，开展西南油气田公司业务外包管理专项审计，调查10家单位2022—2023年度业务外包管理现状，审查外包业务项目必要性、管理合规性、综合效益性以及与西南油气田公司"三定"工作要求的契合度，规范业务外包项目管理，控减业务外包费用，提升人力资源利用效率。

2023年，川庆钻探工程公司专项审计推进落实党和国家、川庆钻探工程公司重大决策部署，防范化解重大风险，安排开展数字化转型工作、安全环保管理等5个管理及专项审计项目。

（周　越　邹永芳）

【经济责任审计】 2023年，西南油气田公司首次把企业发展战略规划的制定、执行和效果情况纳入行政领导经责审计内容，并结合不同单位领导干部的履职重点，找准审计查证要点，增强审计精准度。全年开展39个领导干部经济责任审计，发现存在工程结算滞后、事后合同、报废资产处置不规范等323个问题，对涉及选商、合同管理、资产管理等81个问题提出追责处理，准确界定责任范围，客观评价领导干部，保护领导干部干事创业的积极性、主动性和创造性。

2023年，川庆钻探工程公司经济责任审计聚焦主责主业，推进经济责任审计全覆盖，规范权力运行，促进反腐倡廉，强化合规监督，安排经济责任审计9项。

（周　越　邹永芳）

【工程建设审计】 2023年，西南油气田公司工程建设审计紧盯提质增效目标实现，推进工程审计全覆盖。在重点工程跟踪审计中，采取过程跟踪方式分两阶段对渡口河—七里北气田飞仙关组气藏开发工程进行监督，及时发现并纠正建设过程中多计工程结算费用、设计变更程序不规范等13个问题，并提出相关审计建议。在钻前工程结算审计中，重点关注合同履行、工程造价、施工管理等内容，审查四川页岩气、致密油气勘探开发项目部等9家单位的143项工程，为保障常规气、页岩气、致密气等规模效益开发、助力西南油气田公司成本管控贡献审计力量。在地面建设及其他工程竣工决（结）算审计中，对川中油气矿、长宁公司等22家建设单位的项目投资完成情况、建设程序履行及建设管理情况等内容进行审查，审减1.08亿元，通过审减不实工程成本、纠正违规建设问题、收回结算多计费用，提升项目管理水平，保障建设资金使用效益。

2023年，川庆钻探工程公司工程建设审计推进建设工程项目事前、事中风险预警及问题干预机制的落地，及时发现和纠正投资及工程项目建设期间出现的各类问题，确保所属单位严格执行程序，合理控制造价，安排实施投资及建设工程项目审计13项。

（周　越　邹永芳）

【审计问题整改】 2023年，西南油气田公司内部审计狠抓问题整改落实，做实审计"后半篇文章"。国家和集团公司方面，对2019—2022年国家和集团公司审计发现的30个未完成整改的问题提出整改推进建议，呈报西南油气田公司党委会审定通过，完成整改12个，18个持续整改中；根据集团公司2023年下达的8个项目审计意见，推进64个问题的整改，完成整改46个，18个持续整改中。西南油气田公司方面，2022年审计发现问题1 078个，通过多次督导，完成整改1 032个。追责内部员工184人次，含解聘岗位职务1人，调离工作岗位2人，责令书面检查3人次，通报批评2人次，批评教育、提醒谈话、诫勉及扣减薪酬176人次，共扣减薪酬6.7万元；对外部单位追缴罚款或违约金43次36.3万元，对3人限期禁入西南油气田公司部分市场，1家单位暂停准入西南油气田公司部分市场，对12家单位进行警告处理。创新开展审计质量回访，结合18家单位实际出具《审计风险提示报告》，通报审计发现问题及整改情况，提示典型问题，分析问题成因，并重点宣贯整改考核、违规经营投资责任追究等制度要求，为基层单位提供"有尺度、有温度、有深度"的审计服务。

2023年，川庆钻探工程公司推进审计发现问题整改长效机制的落实，健全完善审计与其他监督贯通协同的制度体系，推动各类监督在深化审计成果运用上相向而行、同向发力，压实审计整改责任，优化管控措施，有效改变审计整改监管责任及审计整改责任不到位的现状。推行"3576"❶审计整改模式，通过联合监督、审计回访等方式，对不整改、假整改以及整改不到位的行为进行专项整治，牵头完成"川庆钻探工程公司部分所属单位审计查出问题整改情况监督检查"项目，督促相关单位76项未整改问题完成整改，促进治理完善和合规管理一体化推进。

（周　越　邹永芳）

【**违规经营投资责任追究**】 2023年，西南油气田公司内部审计进一步加强违规经营投资责任追究力度，保障审计权威高效。完善违规经营投资责任追究体系，构建统一领导、归口管理、分级负责、全面覆盖的违规经营投资责任追究工作机制，做好重点追责事项的落实，以追责促追损、以追责促合规，发挥警示惩戒作用。完成集团公司审计部对违规经营投资责任追究工作调研汇报，形成《西南油气田审计整改与违规经营投资责任追究工作开展情况报告》。部署落实违规经营投资责任追究工作，组织学习《集团公司2023年违规经营投资责任追究工作方案》，推动违规经营投资责任追究工作落实落细。全年受理2条违规经营投资线索，联合西南油气田公司违规经营投资责任追究领导小组成员部门完成问题核查工作，呈报西南油气田公司违规经营投资责任追究领导小组会审议通过追责事项核查和定责报告，挽回经济损失301.05万元，追责17人。

2023年，川庆钻探工程公司推进违规经营责任追究工作走深走实，加快职责明确、流程清晰、规范有序的工作机制有效落地，加大违规经营投资责任追究工作力度，做好重点追责事项落实，建立审计谈话机制，把追责成果转化为促进合规健康发展的监督效能，全年完成责任追究事项1件。

（周　越　邹永芳）

【**审计业务培训**】 2023年，西南油气田公司内部审计持续推进"人才强审"建设，发挥审计业务实践锻炼机制作用，遴选两批8人参加实践锻炼，帮助年轻干部打好业务基础，提升基层单位合规能力。聚焦审计队伍素质能力提升，参加集团公司《高级审计管理岗位标准化培训》《审计管理岗位标准化培训班（投资与基建、经责与专项审计模块）》《数字化审计专项培训》等课程；组织审计系统50余人开展审计人员继续教育培训，重点学习审计底稿编制方法、大集中ERP建设，以及大数据审计技术及应用等内容，并创新开展岗位演讲、底稿竞赛等活动；组织西南油气田公司与川庆钻探工程公司审计战线干部员工前往南京审计大学联合开展审计业务骨干转型能力提升培训，拓宽合作领域，共建共享审计资源。

2023年，川庆钻探工程公司审计部针对审计业务发展方向及管理需求，科学开列审计培训项目，对专兼职审计人员实施专业培训104人次；川庆纪检审计中心出台激励政策，鼓励员工参加学历教育、职称和职业资格考试，同时采用以审代训、师带徒等多种方式提升审计人员理论及业务素养，审计队伍知识结构失衡、能力发展不均衡等矛盾得到缓解。

（周　越　邹永芳）

---

❶ "3576"："3化"即流程化、信息化、标准化；"5分类"即重要性分类、时间分类、自查分类、追问责分类、长效分类；"7把关"即被审计单位领导把关、业务部门把关、主审把关、审计整改岗位把关、审计部门领导把关、审计回头看专项把关、重大问题整改公司领导把关；"6应用"即专项分析控风险、挽回损失严问责、完善制度建长效、典型通报警示、考核过硬压责任、业务培训提能力。

# 法律事务

【概述】 2023年，西南油气田公司企管法规部贯彻落实中央依法治国新理念新思想新战略和集团公司法治工作部署，围绕企业改革发展中心任务，采取有效措施，推动法治建设。召开以"坚持依法合规治企"为主题的经营管理迈上新台阶工作会，建立法治建设示范企业创建定期报告制度，优化重建法律合规制度3项。西南油气田公司法治示范企业创建任务完成率近80%，法律论证意见采纳率100%，集团公司口径纠纷案件胜诉率94.12%。

2023年，川庆钻探工程公司度落实法治建设各项工作，以合规管理体系建设为抓手，推进企业依法经营，突出法律风险防控，加强纠纷案件处置，提高合同管理质量，强化法律队伍建设，开展法治宣传教育，法律风险平稳受控。

（黄韬澄 雍幸）

【合规管理】 2023年，西南油气田公司企管法规部修订印发《西南油气田公司合规管理办法》《西南油气田公司合规审查实施办法》，形成完备的合规制度体系。开展合规管理体系有效性评价工作，对照集团公司81项评价工作指标分析评价，自评得分95.5分，获集团公司合规管理有效性评价现场评审"优秀"级评价。

2023年，川庆钻探工程公司开展合规管理体系有效性评价，体系建设符合集团公司指标要求。修订《川庆钻探工程公司合规管理办法》，明晰总法律顾问、首席合规官、专业部门、合规管理部门的合规职责和涉法事项审查范围。开展重大涉法事项专项合规审查37项，评估生产现场高危作业施工、服务外包、清洁化生产等法律风险，研判开拓新疆钻井外部市场风险，为深地川科1井提供专项法律保障服务，对钻井作业、环境保护、设备采购等事项提供法律支撑，做好生产经营法律合规风险防控。

（陈圭 雍幸）

【合同管理】 2023年，西南油气田公司企管法规部贯彻落实集团公司依法合规与强化管理的总体部署，锚定"上产500亿，奋斗800亿"工作目标，结合对标世界一流管理提升和提质增效等专项行动，提升合同管理精细化水平，优化合同管理制度顶层设计，开展合同管理突出问题专项治理，推进合同标准化建设，加强合同交易风险领域履行监管，协助重点项目推进，合同管理水平稳居集团公司前列，西南油气田公司连续21年获"守合同重信用企业"称号。2023年审批签订合同14 956份，标的金额1 338.88亿元。其中：西南油气田签订合同13 352份，标的金额713.07亿元；四川石油管理局签订合同862份，标的金额8.23亿元；川渝销售公司签订合同742份，标的金额617.58亿元。全年对124份合同的117家合同相对人追究违约责任，追究违约金172.48万元。合同审查效率平均用时2.92个工作日（集团公司指标小于7个工作日），事后合同发生率控制在0.06%（集团公司指标1%），示范文本使用率上升至97.12%（集团公司指标90%），合同3项审查率100%，均优于集团公司下达考核指标。

2023年，川庆钻探工程公司开展合同专项检查，与重点单位开展交流座谈，指导解决10类32项具体问题。举办合同管理提升培训班，针对合同管理人员新老交替、承办人员变动率大的实际情况，编制《川庆钻探工程公司合同管理系统操作指引》。推进合同全过程管理，提高合同运行质量和效率。事后合同率由0.27%下降至0.05%，优于集团公司事后合同1%的目标。定期发布合同管理通报，重点对合同审查质量、合同审查效率、履行模块的使用等方面进行梳理分析；针对疑似拆分合同的情况，对部分单位和同一外部相对人交易频次较高的情况进行通报。推动标准化文本优化和使用，标准文本使用率91.28%，高于集团公司考核指标80%，对集团公司《钻井工程合同》等19个合同文本提出42条修改建议。

（谢敬华 张一翔）

【法律风险防控】 2023年，西南油气田公司企管法规部着力合规风险预警，协同有关部门编制油气建设项目行政许可办理等业务指引，发布防范知识产权、假冒国企为主题的两期法律风险提示函，开展两次QHSE法律法规和其他要求信息的识别并形成有适用规范372项的清单。

2023年，川庆钻探工程公司注重企业法律风险防控，发布《关于出租设备管控不到位的法律风险提示》《关于高压电伤人纠纷案件法律风险提示》2个法律风险提示书，帮助基层单位梳理总结相关法律风险，加强企业法律风险防控水平。

（陈圭 雍幸）

【重大项目法律论证与审查】 2023年，西南油气田公司企管法规部严格把关法律合规审查，对西南油气田公司及党委制定、修订制度86余项，法人章程议案10余个及涉及新能源项目、资产处置、合资合作等50余起重大事项及《自然资源行政处罚办法》等，提出法律合规审查意见100余条、法律合规意见书10余份。 （黄韬澄）

【普法宣传教育】 2023年，西南油气田公司企管法规部学习习近平法治思想，落实中心组集体学法制度，多次组织法治专题学习，把法治作为党校班、中青班、管理提升班必修课，印发普法工作计划，举办法治专题网络培训，编印法律咨讯、法治知识考试，拍摄"法治微电影"等，实现干部员工法治培训全覆盖。

2023年，川庆钻探工程公司召开法治工作会，传达解读集团公司法治会议精神，深入剖析工作困局，总结经验成果；制定发布2022—2023年普法工作计划，突出普法重点，推动"以案促改""送法到基层""创新普法"等工作机制；开展"12·4"宪法宣传日活动，分级分类制定《川庆钻探工程公司领导干部应知应会国家法律和党内法规清单》，促进领导干部带头学法，全员自觉遵法守法；组织采选钻探工程公司各级法治工作先讲做法及案例，在川庆钻探工程公司网页"法治川庆"专栏、今日川庆"普法进行时"栏目、企管法规部"改革和管理动态"专栏进行发布和宣传，提高员工的法治意识，分享优秀工作经验。选派20人参加国家法律职业资格考试培训，6人一次性通过，通过率高于社会平均水平；1人作为四川省代表队成员参加全国人社法治知识竞赛，助力四川省代表队取得全国第一名。 （黄韬澄　雍　幸）

【纠纷案件诉讼与管理】 2023年，西南油气田公司企管法规部狠抓案件管理与维权，编制案例分析，针对多发领域开展源头治理，强化律师使用管理，突出一原公司处置废弃脱硫富剂纠纷案、长宁公司矿权争议再审案等重大案件处理并取得实效。全年处理公司口径纠纷案件58起，结案33起，胜诉30起，胜诉率90.90%，避免或挽回损失5 063余万元。

2023年，川庆钻探工程公司妥善处置各类纠纷案件12件，避免经济损失约1 600万元。开展境外重大案件现场督办，坚持境外案件"双律师"办理机制，厄瓜多尔税务调查案件全面胜诉，消除涉税刑事风险；坚持SI案件周报制度，定期对重点案情进行会商，切实推进案件妥善处置。以川庆钻探工程公司知识产权胜诉案、厄瓜多尔税务调查胜诉案为背景编写的案例入选集团2023年典型案例。 （黄韬澄　雍　幸）

【工商商标管理】 2023年，西南油气田公司企管法规部狠抓商事行政管理，组织西南油气田公司上下抓好商事主体、商标及政务网的登记与维护，开展经营证照突出问题专项排治，梳理西南油气田公司商标资产26个，整改存在的商标过期、违规使用及撤销等问题10余个。

2023年9月11日，川庆钻探工程公司执行董事、法定代表人由王治平变更为李雪岗；川庆钻探工程公司总经理由李雪岗变更为谭宾。完成北京蓉驿致家酒店股权变更工作，股东由四川石油管理局有限公司变更为川庆钻探工程公司，解决蓉驿致家经营管理与法律登记股东长期分离的重组改革历史问题，确保蓉驿致家酒店用房（4 500平方米，价值5亿元）的法律归属。

（黄韬澄　白晓洪）

# 行政综合管理

【概述】 2023年，西南油气田公司办公室（党委办公室）围绕企业高质量发展，以及为各项主营业务服好务的中心目标，落实西南油气田公司党委、行政各项决策部署，坚持超前谋划、主动作为，履行参谋助手、综合协调和服务保障职能，完成各项工作任务。

2023年，川庆钻探工程公司办公室（党委办公室）以"快、稳、严、准、细、实"要求为工作着力点，全面提高"三服务"工作能力水平。川庆钻探工程公司获"2023年四川省直国家安全人民防线建设小组先进单位"称号，获"集团公司政策研究工作先进集体"称号，在集团公司档案工作评价中被评为优秀（A级），信息工作排名集团所属单位第五名。

（郭晓光　梁治国）

2023年9月28日，西南油气田公司办公室党支部学习贯彻习近平新时代中国特色社会主义思想主题教育专题组织生活会

杨艺徽 摄

【秘书工作】 2023年，西南油气田公司办公室（党委办公室）坚持立足全局、统筹协调，针对全局性工作，需多个部门共同办理的重大事项，办公室主动牵头抓总，协调调度，形成上下贯通、有序运转、无缝对接的格局。面对产能建设加快、重点工程增多，企地用气、合资合作需求日益强烈，联络协调任务繁重而艰巨，办公室集结力量、克服困难，组织开展地方政府、企事业单位到西南油气田公司拜访、会见签约等公务活动100余次，为勘探开发、生产经营工作任务的开展提供支撑。编制中共四川省委副书记、省长黄强，四川省副省长郑备，集团公司董事长、党组书记戴厚良，集团公司总经理、党组副书记侯启军，集团公司党组成员焦方正、蔡安辉、黄永章、谢军、张道伟等地方人民政府和集团公司领导到四川地区石油企业工作调研方案及接待实施工作，获地方人民政府和集团公司肯定。制定《中共中国石油西南油气田分公司委员会规范性文件制定管理办法》，进一步明确计划起草、审核审议、公布备案的全流程管理要求，形成党委规范性文件管理体系；严把上会议题"入口关"，全年组织召开党委会21次，审查议题97项；召开总经理办公会9次，审查议题51项，执行董事办公会3次，审查议题3项；召开领导工作例会18次，形成会议纪要18期。

2023年，川庆钻探工程公司办公室（党委办公室）落实"三重一大"决策制度，开展专项检查，督促指导13家单位健全完善制度、厘清决策事项清单、规范决策程序；川庆钻探工程公司和独立法人企业决策数据均按期上传，并确保准确性、及时性。落实党委重大事项请示报告制度，接收办理所属单位党委相关请示报告，督促业务部门按时限办理，向集团公司党组呈报请示报告3份，接收办理所属单位报送请示报告88份。川庆钻探工程公司主要领导2023年履行报备程序20次。统筹安排重大会议、活动，完成川庆钻探工程公司"三会"、深地川科1井开钻仪式等重要会议活动筹办7次，相关兄弟企业、高校院所、地方政府等单位交流座谈50余次，上级部门调研活动12次，外事活动7次。严格会议计划管理及计划外会议审批，审批计划外费用7次，会议费用控制在预算范围内。规范业务招待和内部接待管理，完善报销流程，全年业务支出费用受控。清理办公用房和公务用车，督促7家单位及时按要求抓好整改。修订《川庆钻探工程公司党委关于贯彻落实中央八项规定精神实施细则》，做好党的十九大以来的落实情况总结。开展论坛活动专项清理整治工作，向集团公司上报"零报告"。落实重点时期请销假管理，处理党委管理干部请销假事项430人次。

（郭晓光 梁治国）

【督办工作】 2023年，西南油气田公司办公室（党委办公室）围绕企业中心工作、重大决策等，开展督查督办和跟踪问效，重点对企业"三重一大"决策事项、年度或阶段性重点工作任务、领导关注事项进行立项督办，在创新思路、改进方式上狠下功夫，提升工作质量和水平，做到"批必督、督必办、办必果、果必报"。全年开展学习贯彻习近平总书记重要指示批示精神暨重点工作任务督查督办，涉及勘探、开发、新能源等11类业务63项具体工作任务，完成60项，完成率95%，推动党委年初各项重大决策部署有效落地；从对标分析补短板、优化制度强管理、多措并举抓进度等6个方面开展深地川科1井钻井工作专项督办，确保深地川科1井各项工作有序推进。

2023年，川庆钻探工程公司办公室（党委办公室）围绕党委、行政中心工作，完成督办事项565个。其中，分解集团公司、中油技服和川庆钻探工程公司年度重点工作任务104项，督办推进集团公司领导调研期间安排部署的工作37项，督办整改党委学习贯彻习近平新时代中国特色社会主义思想主题教育调查研究发现问题34项，梳理督办领导检查调研收集的问题建议和提出的工作要求31项，督办党委会、领导工作例会、党建工作领导小组办公会等会议要求306项，督促办理各单位意见建议38项、职工提案15项，推进党委、行政各项决策部署和战略目标的贯彻落实。聚焦重点领域开展专项督办，跟进老井挖潜项目、风险合作项目，调研编制专题督办报告。牵头制定《中共中国石油集团川庆钻探工程有限公司委员会关于加强督促检查工作的实施办法》。完善督办管理系统，拓宽系统应用范围，提升系统接受度和使用率。

（郭晓光　朱　杰）

【文书机要】 2023年，西南油气田公司办公室（党委办公室）严格执行集团公司、地方人民政府机要文件管理有关要求，完成集团公司、地方人民政府、企业收文6 139份，其中涉密纸质文件452份，中央红头文件378份。完成办公室2022年文件归档工作，共归档涉密文件90份、OA电子文件2 084份、中央省委红头文件235份。开展电子公文系统升级2.0工作，自主完成9 419条西南油气田公司级流程测试，配合集团完成1.0系统迁移。录制西南油气田公司53套发文流程测试及系统上线培训视频，完成3个单位（部门）调整后电子公文系统的新建、整合和调整工作。

2023年，川庆钻探工程公司办公室（党委办公室）强化公文规范工作，做好公文审核，确保发文质量过硬，公文合格率98%，上报公文"零退文"，获"集团公司报文优秀单位"称号。落实重大事项请示报告制度，清理通报各部门（单位）落实制度情况，按要求审核行文对象、流程、规范，呈报请示报告9份。印发川庆钻探工程公司发文代字、公文格式和两级机构（部门）中英文全称及简称的通知，为进一步规范发文提供依据。印发《关于深入做好精简文件工作的通知》，强化发文数量、质量和篇幅的监控，公文数量同比下降8%左右。推动公文高效运转。提升收文办理效率，坚持公文追踪督办，每季度清理通报待办文件，按照阅件、办件优化办文方式，公文办理时效同比提升8%。推动公文系统2.0上线，完成公文系统机构设置、人员调整等配置流程800余条，实现公文系统平稳过渡，公文管理更加便捷，移动办文效率更高。落实印章合规管理。强化用印流程管控，印发《关于进一步规范公司印章使用管理工作的通知》，进一步规范印章申请使用工作。做好用印流程审核，审查印章使用内容，确保审批流程合规完善，盖章12 600余次。优化印章使用电子流程。统筹开发川庆钻探工程公司印章、所属单位印章使用电子流程6个，覆盖机关、所属单位机关、基层单位，局处两级印章使用全面实现审批流程电子化，印章合规管理再上新台阶。严守机要文件管理纪律。确保机要文件安全传阅管理，细化机要文件传阅全过程管控，接收办理机要文件655份，均做到安全传阅。完成2022年机要文件清退工作，做到全部清退，没有遗漏。

（郭晓光　王　涛）

【政策研究】 2023年，西南油气田公司办公室（党委办公室）紧扣企业年度重要生产经营任务，推动《领导参阅》价值提升，及时收集掌握国际国内、能源行业的时事热点，结合勘探开发、新能源、改革创新等方面重点工作，编印《领导参阅》20余期；组织开展科技创新工作调研，形成调研总结报告，助力科技创新提质升级；制定党委2023年工作要点，定期开展党建重点工作专项督办，起草党委工作报告；组织完成给集团公司第八巡回督导组的主题教育报告、党建课题论文、落实全面从严治党主体责任报告、西南油气田公司落实习近平总书记重要指示批示情况汇报，以及党委领导党课、在各次会议上的讲话等材料40余份，为党委办公室发挥参谋助手作用提供支撑。

2023年，川庆钻探工程公司办公室（党委办公室）开展形势分析研判，围绕建设世界一流工程技术服务企业的中长期愿景目标，研究提出川庆钻探工程公司2023年工作的总体思路、"三个必须、三个坚持"的工作要求以及"三稳三增"重点工作部署的建议，并被党委采纳。围绕全面学习贯彻党的二十大精神，起草完成主要领导在学习贯彻党的二十大专题研讨班上的讲话。系统总结川庆钻探工程公司工作情况，先后完成向集团公司副总经理焦方正、副总经理谢军的汇报材料。参与完成领导在川庆钻探工程公司HSE委员会会议、党风廉政建设和反腐败工作会、人才强企工程提升年启动会、科技工作座谈会、国家安全人民防线建设小组会议等重要会议上的讲话起草。全年撰写各类材料92篇约44万字，发挥以文辅政作用。紧盯事关企业发展的大事要事，开展调查研究，与发展计划部配合，先后到斯伦贝谢、海峡能源、东方地球物理勘探物探、华为公司等企业开展学习交流5次，到所属部分单位进行调研，形成"建设世界一流工程技术服务企业路径和举措研究"课题报告初稿，参与谋划公司世界一流企业建设。

（郭晓光　汪亚军）

【乡村振兴】 2023年，西南油气田公司办公室（党委办公室）深化消费帮扶工作，超额完成集团公司任务指标，全年员工购买消费帮扶产品2110万元。精细对外捐赠工作，定点帮扶四川省九龙县，对口支援重庆市开州区，全年捐赠资金总投入1011万元，促进当地产业、经济、教育、旅游、卫生等民生项目的发展。强化人才帮扶工作，新选派2名驻村干部到九龙县蹲点从事乡村振兴工作，开展"一对一"自愿捐资助学活动，捐款24万元，帮扶九龙县困难学子199名。加强乡村振兴宣传工作，在《四川石油报》等媒体上发布多篇信息报道，联合新闻中心拍摄发布《向光而行》《变迁》纪录片，《变迁》获第十届亚洲微电影艺术节乡村振兴单元优秀作品奖项，《向光而行》在学习强国、四川国资委等平台展播。

（郭晓光）

2023年11月13日，西南油气田公司总经理、党委副书记雍锐与重庆市开州区政府开展工作座谈　　韩超摄

【值班和应急工作】 2023年，西南油气田公司办公室（党委办公室）发挥应急协调、应急处突中枢作用，与业务部门共同处置了川南地震、天东9井阀室泄漏、北内环输气管线泄漏等40余起突发事件；加强节日值班管理，节前收集呈报集团公司总部及西南油气田公司各级值班领导安排、值班领导备参，节日期间检查值班值守，并集中通报节日期间存在的问题，节后整理安全生产、维护稳定、值班值守等情况呈报领导，确保党委第一时间了解节日期间西南油气田公司整体情况。

2023年，川庆钻探工程公司办公室（党委办公室）围绕新形势下值班工作的部署要求，运用闭环工作法狠抓落实，着力构建责任明确、运行高效、反应灵敏、协调有力的值班工作体系。印发做好节日期间相关工作的通知5份，编印值班工作手册5册，开展节日值班抽查5次，制定《公司节假日值班工作提示》，进一步规范节日值班工作。

（郭晓光　苏志刚）

【保密工作】 2023年，西南油气田公司办公室（党委办公室）加强保密管理，筑牢保密防线。修订《西南油气田分公司保密管理办法》，制定《西南油气田分公司领导干部保密工作责任制管理实施细则》；开展"4·15"全民国家安全教育日和全国保密宣传教育月系列活动；抓好重点人员国家安全和保密"两识"教育，宣传普及新《反间谍法》《集团公司涉外保密工作管理办法》；开展保密工作检查，将保密检查与宣教一体化开展；有效强化保密工作交流，召开第七协作组保密工作研讨会，组织川庆钻探工程公司、四川销售公司到湖北销售公司、湖南销售公司开展保密工作现场检查。

2023年，川庆钻探工程公司办公室（党委办公室）贯彻落实保密委各项安排部署，提升管密治密水平。健全管理体系，加强党对保密工作的绝对领导，召开保密委员会会议2次，组织各单位（部门）负责人签订《保密责任书》《保密协议》3500余份，落实保密工作专项经费209.68万元，将保密密码工作纳入党委巡察范畴和年度绩效考核。提升基础管理。制定《保密委员会（密码工作领导小组）工作规则》等3项管理制度，完成涉国密岗位复审109个，涉密人员复审209人。加强网络保密管理。完成四川省办公专网新增接入点建设，完成涉密电子政务内网新密码设备和集团公司密码设备换装工作，更换办公专网网络密码机、传真密码机各1台，清退集团公司密码设备5套，完成4家新增接入点单位专网硬件建设工作，对商业秘密信息系统开展测评并进行整改。开展保密专项检查。完成所属各单位、机关各部门办公计算机和移动存储介质全覆盖检查2次，清理违规标密资料2796份，全年形成《保密监测通报》11期，查处理内部风险事件121起，内部风险事件下降91%。抓实宣传培训教育。举办保密管理干部培训班2次，培训人数128人次，针对重点单位、重点工程开展专项保密培训7次，组织63名保密干部参加四川省保密教育实训。组织员工网上学习、答题23597人次，开展"两识教育"437次，累计培训员工8300余人，获集团公司"保密宣传教育下基层"优秀组织奖。全年未发生失泄密事件，在集团公司保密现场检查评价中获评"优秀"等级。1项管理成果、3篇管理论文在中国石油企协、四川石油企协管理创新评比中获奖。

（郭晓光　张宇　张颢新）

## 企业管理

【档案管理】 2023年，西南油气田公司39家所属单位、参股企业接收纸质档案55 015卷、76 639件，电子档案134 043千兆字节，实物档案378件；提供利用档案2 638人次、52 992卷（件）。探索改革路径，开展西南油气田档案集约化管理模式研究，试点推进成都地区档案集约化；创新建立档案工作动态评价机制，开展机关职能处室管理类档案归档范围和保管期限重新编制确认，加强勘探开发、建设项目、重大活动等重点领域档案管理，完成对105个建设项目档案验收。规范地质资料汇交管理，协同业务部门研讨修订地质资料管理有关制度；抓好企业记忆工程建设，首次开展的天然气净化总厂"东溪脱硫车间口述历史"项目取得阶段性成果，推动工业遗产档案保护；策划档案宣传，全年档案宣传工作整体保持良好态势，《档案馆的镇馆之宝》获中国石油档案微视频评选一等奖、2022年度中国石油电视新闻二等奖，实现从档案到新闻领域的"出圈"；周全准备，客观审视西南油气田公司3年档案管理工作，抓细对标自查，准备完善迎检资料，完成迎接集团公司档案工作评价任务。抓人才强档，举办1期档案业务培训班，草拟西南油气田公司档案专家评选方案，为下一步建设西南油气田公司档案人才库打下基础。

2023年，川庆钻探工程公司22个档案管理机构接收纸质档案22 767卷52 223件，电子档案238.3千兆字节，实物档案257件；提供利用档案1 601人次19 274卷（件）。完善档案管理机制，制定《川庆钻探工程公司档案工作管理办法》，编制机关职能部门管理类文件材料归档范围和保管期限表，组织所属单位开展文件材料归档范围确认工作；加强对重点项目档案工作指导，组织制定《深地川科1井档案工作方案》，指导重点建设项目制定相应档案工作方案；抓好档案用房及安全管理，推动越盛能源大厦档案共享用房投用，指导档案库房搬迁单位做好搬迁方案，完成搬迁工作；开展档案宣传及培训，组织开展国际档案日宣传活动，举办1期档案业务培训班；探索钻井业务电子单套归档，推动工程数据档案一体化融合探索研究项目实施。在集团公司档案工作评价中获评A级（优秀）。

（张　丽　范淑清）

【志鉴管理】 2023年，西南油气田公司抓好《四川油气田年鉴2023》编纂、《西南油气田公司大事记编纂规范》制定和《西南油气田公司（四川石油管理局）大事记1999—2024》编研等重点事项，编纂年度年鉴突出"三早"（早布署、早启动、早落实），出版时效大幅提前，年鉴出版实现"四个当年"（当年征集、当年编纂、当年出版、当年见书）。《四川油气田年鉴2022》获中国地方志指导组专业年鉴评比二等奖、石油石化联合会优秀图书奖一等奖。完成向《中国石油天然气集团公司有限年鉴2023》《四川年鉴2023》供稿。启动《西南油气田公司（四川石油管理局）大事记1999—2024》的编纂工作。对宝石花服服公司、川港燃气公司、重庆气矿、川中油气矿提供年鉴编纂业务指导、天然气净化总厂口述史业务指导和企情资料提供、川庆钻采院志书编纂指导。

2023年，川庆钻探工程公司办公室（党委办公室）完成并上报《中国石油天然气集团有限公司年鉴2023》《四川油气田年鉴2023》《四川年鉴2023》供稿。印发川庆钻探工程公司2023卷年鉴编纂大纲，收集整理各处室和各单位报送年鉴资料。

（林　勇　汪亚军）

【信息管理】 2023年，川庆钻探工程公司办公室（党委办公室）围绕集团公司党组对工程技术服务企业提出的"向自立自强的战略支持力量转变"新定位，将贯彻落实集团公司决策部署、服务油气增储上产、重大科技创新成果、重点工程成效等工作情况作为信息选题的主攻方向，定期开展会商研判，分类跟踪进度成效，及时高效向集团公司上报有关信息。树立"立足大势看川庆、跳出川庆看趋势"的理念，升级信息载体，拓宽信息渠道，注重分析研判，形成有见解、有高度的信息期刊，为领导决策提供更具前瞻性、启示性的信息支撑。全年编报《川庆要情》223期，《川庆动态》1 492篇，《深地川科1井专报》31篇；编印《领导参阅》普刊48期、专刊2期，《公司信息》253期。信息工作年度排名位列集团公司所属企业第5，连续5年进入集团公司所属企业前十，连续15年获集团公司"信息工作先进单位"称号。

（苏志刚）

【国家安全人民防线建设】 2023年，川庆钻探工程公司办公室（党委办公室）执行集团公司国家安全人民防线建设小组、四川省国家安全厅各项工作部署，筑牢新安全格局下的能源防线。川庆钻探工程公司获评四川省直国家安全人民防线建设小组先进单位，2人获评四川省直国家安全人民防线建设小组先进个人。完善工作机制，党委中心组集中学习国家安全和保密规章制度、会议精神2次，制定《国家安全人民防线建设工作绩效考核指标》，将防线建设工作纳入干部考核和巡察范畴。开展创新宣教，组织片区单位共同开展国家安全社区志愿服务，龙潭片区4家单位联合成都市龙潭工业园开展"党建+保密"活动，四川培训中心创新开展保密"微课堂"，长庆片区5家单位联合西安市第六十六中学开展"国家安全进校园"活动，对500余名高中生进行专题宣教，宣传教育活动被《四川保密工作》《中国石油报》等媒体报道。全年举办国家安全人民防线建设工作培训班1次。选拔员工参加"新格局"杯全国国家安全人民防线宣教比武，获四川省一等奖，代表四川省参加全国决赛获创新奖。

（张　宇　张颢新）

【机关事务管理】 2023年，川庆钻探工程公司加强机关事务制度建设，科学合规管理。建立修订《新能源汽车充电桩使用管理规定》等安全管理制度8项，修订《科研综合楼运行费用管理实施细则》等资金管理制度3项，组织修订应急预案3项，修订应急处置程序8项，制订《科研综合楼外收发室、文印中心保密管理工作要求》，管干分开的保障格局更加清晰。集中资金资源，统一管理调配。严格运行费用管理，将各类采购项目纳入预算，内部单位结算占总费用74%。管理固定资产，新购固定资产40台（套），清理待报废公共固定资产10台。统筹办公用房资源，整改办公用房7间，调整办公室40余间。全面推进电商采购，推进非生产性物资电商采购管理工作提升。实施精细管理，推动提质增效。加强餐厅运行检查，发现监管方问题11个、反食品浪费问题2个，组织制订反食品浪费工作方案，向集团公司综合管理部专题汇报办公楼反食品浪费工作开展情况。对承商进行梳理评估，暂停与3家不合格供应商合作，修订《公共事务中心承包商HSE监督管理手册》明确承包商管理职责。完成员工餐厅等空调制冷效果改进，进一步落实节能降耗，科研综合楼同比节能约5.5%。强化服务保障，确保平稳有序。升级管控大运会期间科研综合楼维稳、安保工作，确保运行平稳有序。优化物业服务考评，实施月度无记名考评，定期通报物业满意度考评情况。整顿安保工作纪律，提升安保工作作风。推进智能化发展，组织完成访客管理、会议预订管理系统开发、测试。推进健康安全环保工作。建立安全隐患整改反馈机制，有效控制安全隐患。开展科研综合楼隐患检查排查，全年检查整改违章隐患500余项。制定实施《科研综合楼消防安全隐患大排查专项大治理工作方案》，深化重点领域专项整治。开展员工安全教育，组织急救员取证培训、知识竞赛、安全讲座、应急演练等，总参与人次千余人。深化健康企业建设，开展专题调研，制定具体措施25条，确保办公楼饮用水、通风、噪声、采光、病媒防治等符合国家标准。加强硬件配套，配置血压计、体外除颤仪、体脂称等设备。制作发放工装、管理服904套，发放小劳保及女职工保健用品121.3万余元。落实绿化委员会责任，组织公司万名职工完成"我为碳中和种棵树"募捐活动，捐款资金32.1万余元。

（刘文涛　李　兵）

【专项工作】 2023年，川庆钻探工程公司办公室（党委办公室）落实党委主题教育工作安排，牵头制定《中共川庆钻探工程有限公司委员会调查研究工作方案》《川庆钻探工程公司领导班子调查研究总体工作方案》，做好主题教育专题调研统筹协调工作，常态化梳理领导班子成员专题调研情况，每周向指导组上报领导班子成员调研情况；牵头做好主题教育整改整治有关工作，汇总领导调研问题清单8个，督促相关处室针对川庆钻探工程公司层面需要解决问题制定15项整改措施，形成问题专项整治方案3个；按照主题教育有关要求，起草完成川庆钻探工程公司主要领导主题教育专题党课材料2篇；牵头制定《主题教育检视问题整改和专项整治工作方案》，汇总形成6个方面39个问题清单，细化整改措施，落实整改责任，明确完成时限，推进问题整改整治工作；印发主题教育资料模版，督促指导各二级单位党委第二批主题教育调查研究工作有序开展。开展学习贯彻习近平总书记重要指示批示精神情况自查，抓好自查发现问题整改。坚持开展贯彻落实习近平总书记重要指示批示精神情况常态化专项督查，组织开展对13家所属单位党委贯彻习近平总书记重要指示批示精神和第一议题制度执行情况专项检查，发现并督促整改问题25项；在门户网站刊发各单位学习贯彻亮点经验22篇，督促推动习近平总书记重要讲话和重要指示批示精神在公司的学习贯彻落实。落实《川庆钻探工程公司党委规范性文件制定管理办法》，组织制订党委规范性文件年度计划，前置审核相关部门制修订文件6个；对13家所属单位制度建立及执行情况开展专项检查，提出改进意见10项，进一步提升党内规范性文件规范化管理水平。开展联合监督检查，通过自查和现场检查对发现的5个方面97项问题进行督促整改销项。针对党委巡察发现的所属单位关于"执行第一议题制度不到位"等7个方面问题，开展问题整改重点指导，督促被巡察党组织落实巡察整改主体责任、制定整改措施并落实到位。　　　　（汪亚军　梁治国）

【队伍建设】 2023年，川庆钻探工程公司办公室（党委办公室）以示范党支部为抓手，落实"三会一课"制度，并与主题党日有机融合，开展主题党日活动10次、党小组会21次，学习贯彻党的二十大精神，深刻领悟"两个确立"的决定性意义，推动"三服务"工作提质增效。围绕做好"三服务"，推进作风建设常态化，按照"三老四严、担当尽责，马上就办、办就办好，出手过硬、精益求精"二十四字要求，在工作中"讲责任、不推诿，讲规矩、不越线，讲礼仪、不焦躁"，做到高标准、高效率、高质量。在不断提升办公室全员政治理论水平的同时，以开展制度化、流程化、数智化建设为抓手，建设数字办公室，完成流程框架初步建设。办好公文写作、档案、保密、文书机要业务培训班。坚持严的基调、严的措施、严的氛围，教育引导办公室全体人员始终知敬畏、存戒惧、守底线，营造风清气正的政治生态。　　　　　　　　（梁治国）

# 社会保险管理

【概述】 2023年，四川油气田社会保险工作落实集团公司和西南油气田公司工作部署，推动社保高质量发展，统筹抓好服务水平提升和数字化转型，完成全年各项工作任务。加强各项费用征缴和待遇发放工作，全面实现"四个100%"，即社会保险、企业补充保险缴费率100%，住房公积金归集率100%，各项待遇支付率100%，资金安全率100%；着力企业补充保险精准施策；推进"十四五"职工幸福生活工程；争取地方政府惠企惠民政策；聚焦数字化转型工作，使企业和员工充分受益，维护企业和谐稳定。　　　　　　　　　　　　　（杨　枢）

【社会基本保险业务】 2023年，四川油气田缴纳养老保险费25.06亿元，工伤保险费0.67亿元，失业保险费0.88亿元，基本医疗保险费6.87亿元。申报工伤待遇0.22亿元，发放在职员工和退休人员死亡待遇1.16亿元。根据地方为企业减负相关文件精神，为四川油气田在川参保单位申领失业保险稳岗补贴2 714.69万元。完成四川油气田2024年正常退休2 815人、2023年特殊工种退休179人的退休档案送审工作；调整四川油气田44 247名退休人员养老金待遇，调待后人均养老金增长165.65元。
　　　　　　　　　　　　　　　　　　（杨　枢）

【企业补充医疗保险业务】 2023年，四川油气田缴纳企业补充医疗保险缴费5.89亿元；与中意人寿保险公司四川省分公司签订《团体补充医疗保险》《团体补充医疗（优化）保险》和《重大疾病保险》投保协议，支付保费2.6亿元；理赔补充医疗保险2.07亿元。分析研判集团公司补充医疗保险政策，在不突破上位制度的原则下，精准化调整四川油气田补充医疗保障项目，提高重疾和高龄人员医疗费用报销比例，其中重病人员平均报销比例98%，减轻患病员工医疗负担。全年理赔团体补充医疗案件13.4万余件，金额1.08亿元；集团公司重病理赔案件7 040件，金额0.29亿元；App自助理赔一般门诊费20.73万人次，金额0.98亿元。　　　　　　　　　　　　　　（杨　枢）

【企业年金管理】 四川油气田推进新企业年金办法实施工作，社会保险中心管理西南油气田公司40余家参保单位43 876个企业年金个人账户，截至2023年底，西南油气田公司企业年金人均账户净值18.28万元。完成各项补贴发放工作，退休人员生活补贴（集团公司过渡年金）、企业过渡年金业务平均直发成功率99.98%，集团公司考核结果为优秀。　　　　　　　　　　　（杨　枢）

【有偿解除劳动合同退休人员补助】 2023年，四川油气田加强有偿解除劳动合同人员生活补贴、补助金、慰问金、物业费发放管理工作，全年发放有偿解除劳动合同退休人员各项待遇2.21亿元，为1993—1998年提前退休人员发放补助费3 000余万元。　　　　　　　（杨　枢）

【社保业务综合管理】 2023年，四川油气田加强社保财务、内控、系统等管理工作，提升社保业务综合管理水平。完成新一代四川油气田社保（公积金）业务综合管理2.0系统的开发上线工作，核心缴费业务和支付业务全面实施数字化，推动财务核算信息自动化，加强资金管控，推进财务管理和业务工作双融合，促进四川油气田社保管理水平迈上新台阶。联合四川省住建厅住房公积金监管处党支部在毛泽东主席视察隆昌气矿纪念馆开展"庆祝建党102周年暨住房公积金互助互学一家亲——走进中国石油西南油气田"主题党日活动；推进党建引领业务发展融合，通过成立党员志愿服务队，深入基层一线开展"我为员工办实事"实践活动。

（杨枢）

## 住房公积金管理

【概述】 2023年，四川油气田住房公积金管理机构坚持"深入基层、贴近员工、优质高效、倾情服务"的工作理念，聚焦落实惠民政策，开展"我为员工群众办实事"实践活动，多举措提升油气田员工群众获得感和幸福感。各项住房公积金业务平稳运行，资金安全可控，较好地完成年度工作目标任务，实现缴存归集率100%，资金安全率100%。

（王斌）

【住房公积金业务】 2023年，四川油气田新增缴存职工922人，新增缴存归集28.08亿元，同比增长6.76%，累计缴存归集总额279.99亿元。办理内部转移接续职工623人次资金4349万元，通过全国异地转移接续平台转入职工288人次资金1320万元，转出职工50人次资金252万元。91383人次使用提取公积金25.68亿元，同比增长16.78%。其中：住房类消费提取20.13亿元，占资金使用提取的78.39%；非住房类消费提取5.55亿元。历年累计使用提取总额228.06亿元。新增发放个人住房贷款456笔2.73亿元，收回贷款本金5531万元，实现贷款回收无逾期，住房贡献率81.12%，贷款余额6.14亿元。2023年，实现业务收入1.76亿元，业务支出7865万元；实现增值收益9750万元。其中，计提管理费用340万元，计提贷款风险准备金614万元，贷款风险准备金余额7205万元，计提城市廉租住房建设补充资金8796万元，增值收益率1.87%，累计提取城市廉租住房建设补充资金4.67亿元。当年，上缴城市廉租住房建设补充资金8905万元，上缴管理费用340万元。2023年，住房公积金结余资金银行存款45.01亿元。其中，活期存款494万元，一年以上定期存款42.35亿元，其他（协议、协定、通知存款等）2.61亿元，定期及协定利率均上浮。

（王斌）

【基础管理】 2023年，四川油气田贯彻落实住建部、四川省住建厅和成都住房公积金管委会的工作要求，严格执行四川油气田住房公积金缴存、提取、贷款3个实施细则，做到合规管理，守牢资金安全底线。结合石油缴存职工跨省、直辖市和多个设区城市的居住和工作特点，因地制宜做好异地住房公积金贷款工作，满足缴存职工需要。累计审核商转公住房贷款1448笔资金7.36亿元，配比商业贷款资金2.02亿元，贷款职工在有效还款期内可减少贷款利息支出近亿元。规范协助司法查询、冻结、扣划工作，全年协助司法查询、冻结职工20人次，司法解冻3人次，司法扣划15人次，划转住房公积金资金232.87万元。参与城市住房公积金办法讨论制定和政策咨询工作，完成四川省住建厅公积金监管处、成都住房公积金管委会调研检查工作。开展企地党建联建，与城市住房公积金管理中心签订"互助互学一家亲"活动协议，与西南油气田公司科研院所开展支部共建活动，与四川省住建厅公积金监管处党支部联合举办走进中国石油西南油气田公司主题党日活动。开展"四川油气田公积金政策"专题讲座进机关、进基层，助力"我为员工群众办实事"实践活动走深走实，增强员工归属感和幸福感。

（王斌）

2023年6月25日，西南油气田公司社保（公积金）中心与四川省住建厅公积金监管处在隆昌联合举办"庆祝建党102周年，四川省住房公积金互助互学一家亲，走进中国石油西南油气田公司"主题党日活动
王斌 摄

责任编辑：孔令兴 闵军

党群工作·精神文明建设

The Communist Party-Masses Work/Spiritual Civilization Construction

# 党的建设

【概述】 2023年，西南油气田公司党委坚持以习近平新时代中国特色社会主义思想为指导，学习贯彻党的二十大精神，筹推进学习贯彻习近平新时代中国特色社会主义思想主题教育，严格遵照集团公司党组决策部署，加快提高核心竞争力、增强核心功能，持续推进有机融合工程，建立健全工作体制机制，以高质量党建引领推动高质量发展。

2023年，川庆钻探工程公司党委坚持以习近平新时代中国特色社会主义思想为指导，落实新时代党的建设总要求，深化落实全国国有企业党的建设工作会议精神，以党的政治建设为统领，推动党建工作与中心工作全面融合、全面进步、全面过硬、更加有效。

（闵怡蔽　王静丽）

2023年5月22日，西南油气田公司党委在成都学习贯彻习近平新时代中国特色社会主义思想主题教育第二次专题学习研讨
韩超 摄

【党组织及党员队伍】 截至2023年底，西南油气田公司有基层党组织961个，其中党委136个、党总支34个、党支部791个。有中共党员15 490人，其中在岗职工党员15 424人、离退休党员66人。研究生学历1 821人，大学本科学历7 542人，大学专科学历3 453人，中专及高中、中技2 436人，初中及以下238人；35岁以下党员3 126人，36~45岁党员4 441人，46~55岁党员6 286人，56~60岁党员1 571人，60岁以上党员66人。在岗党员中，有管理岗位党员7 095人、专业技术岗位党员3 792人、操作技能岗位党员4 537人。

截至2023年12月底，川庆钻探工程公司有下属基层党委70个，党总支54个，党支部1 007个。有党员12 490人，占职工总数63%。其中女党员1 468人，占党员总数的11.75%。党员年龄结构中，35岁以下1 783人，占14.28%；36~45岁4 782人，占38.29%；46~55岁4 785人，占38.31%；56~60岁1 139人，占9.12%。党员文化结构，本科及以上学历6 748人，占54.03%；大专学历3 248人，占26%；中专学历594人，占4.76%，高中及以下文化程度1 900人，占15.21%（以上数据不包括参股企业）。

（闵怡蔽　王静丽）

【基层组织建设】 2023年，西南油气田公司党委推进有机融合工程，部署推进"655"重点工作机制❶，5家试点单位通过融合工作成果验收，形成一批涉及"党建项目领办""党小组和班组两组融合"等融合工作的标准和程序，汇编发布融合典型案例50篇，典型材料《坚持党建项目领办，"融"出攻坚上产"加速度"》在集团公司提升基层党建质量工作交流会上作书面交流。贯彻落实西南油气田公司党建工作责任制，推动西南、华南党建协作区建设获考评加分认可，西南油气田公司年度党建工作责任制考核获集团"A+"档评定。内部考核运用"铁人先锋"平台完成基本考核项的线上评定，采取"现场+书面"全覆盖方式组织党组织书记抓基层党建述职评议，在现场述职环节，首次抽选2名基层党组织书记提级述职，实现两级书记同台"晒绩"。

2023年，川庆钻探工程公司党委开展学习贯彻习近平新时代中国特色社会主义思想主题教育。成立领导小组和办公室机构，组建3个联络服务小组开展全覆盖帮促，制定两批主题教育工作安排和运行大表。将理论学习贯穿始终，两级党委举办读书班25期，讲授专题党课292场，

---

❶ "655"重点工作机制：第一个阶段是持续规范阶段，截至2023年6月，开展6项重点工作；第二个阶段是质量提升阶段，从2023年7月到2024年6月，开展5项重点工作；第三个阶段是巩固深化阶段，从2024年7月到2025年6月，推动实现"五个一"成果。

2023年6月13日，西南油气田公司召开重庆片区党建工作协作启动会　　邓疆湘　摄

各基层党组织开展集体学习讨论、理论宣传宣讲。大兴调查研究，两级党委确定课题359个、开展调研927次、提出推动高质量发展举措323项、解决民生领域突出问题82个。对标问题形成整改清单，制定整改措施479条。主题教育编印简报15期，经验做法3次上稿集团公司《主题教育情况通报》，获集团公司第八巡回督导组"党委重视、行动迅速、动作到位、实践深入、成效明显、局面生动"高度评价。强化理论武装，抓好党的二十大精神学习贯彻，开展多形式、分层次、全覆盖的学习培训、知识竞赛等，推动入脑入心。严格执行常态化学习提醒机制，各级党组织综合运用"三会一课"、专家辅导讲座、专题集中培训等形式，推动学习贯彻党的二十大精神走深走实。举办"学习党的二十大，奋勇争先创一流"党建知识竞赛，1.2万余人线上学习党的创新理论。开展"贯彻二十大、奋进新征程"专题党课和"认真学习党章、严格遵守党章"主题党日活动，引导党员干部做到学思践悟、融会贯通。严格执行新形势下党内政治生活若干准则。召开川庆钻探工程公司领导班子2022年度民主生活会和主题教育专题民主生活会，加强对所属各单位民主生活会的督促指导。全过程参与各单位党委换届选举工作，指导川庆地研院、川庆钻探工程公司机关党委完成换届选举，川庆井控应急中心完成"两委"选举。以"六位一体"考评体系为标尺，深化党支部达标晋级动态管理，命名70个示范党支部，以点带面、示范带动成效明显。深化区域党建联盟实践，组织9家参建单位成立"深地川科1井党建联盟"，保障万米深井各项举措落地落实。推进基层党建"三基本"建设与"三基"工作有机融合，印发《推进党小组与生产班组"两组"融合共建指导意见》，发挥基层党建在班组建设中的引领作用。以"双百党支部"等党建品牌为标杆，总结提炼党建与生产经营深度融合发展的好做法、好经验，打造主题鲜明、特色突出、成效显著、可推广借鉴的优秀党建品牌。开展2022年党建工作责任制考核评价和所属单位党委书记抓基层党建述职评议，22家单位均为A档。川庆钻探工程公司党建责任制考评结果继续保持集团公司A档前列。

（闵怡葳　王静丽）

【"四好"班子创建活动】　2023年，川庆钻探工程公司公司所属各单位领导班子坚持以习近平新时代中国特色社会主义思想为指导，围绕川庆钻探工程公司发展部署，开展"四好"领导班子创建活动，改革发展和党的建设各项工作都取得积极成效，政治素质持续增强、推进发展更加有为、班子合力稳步提升、作风建设有效推进，基本达到"四好"领导班子创建活动目标，8家单位评选为"四好"领导班子创建活动先进集体。

（王静丽）

【党员素质教育】　2023年，西南油气田公司党委统筹推进学习贯彻习近平新时代中国特色社会主义思想主题教育，与集团公司主题教育巡回指导组开展对接，对内建立健全"日提醒、周报告、月总结"机制，推动1.54万名党员、904个党组织开展主题教育，所属单位主题教育工作成效接受中央第20巡回指导组检验获好评，川中油气矿读书班典型做法获集团公司通报表扬。做优"铸魂、培养、提能"三大递进培训工程，分7期完成西南油气田公司中层领导人员学习贯彻党的二十大精神培训；开展西南、华南党建工作协作区基层党支部书记示范培训班1期、西南油气田公司基层党支部书记（党务工作者）示范培训班和优秀党员及发展对象示范培训班各2期。丰富党员教育培训载体，用好"铁人先锋""中油e学"等线上平台，党员在网、党员用网情况持续向好，全年开展"铁人先锋"线上专题学习26期，西南油气田公司党建业务考核成绩位列集团公司第一。

（闵怡葳）

2023年，川庆钻探工程公司推进教育联手机制，在各区域党建联盟内组织党员共学党建知识、共听优秀党课、共看红色影视等，提高党员党性修养和政治理论水平。推进党员教育信息化，利用"铁人先锋"平台，在全体党员中定期组织开展知识竞赛活动。加强"三支队伍"建设。抓住党支部书记这个"关键少数"，出台持续提升能力素质9项措施，举办2期示范培训班，督促各单位党委抓好"兜底"培训，实现书记轮训全覆盖，提升抓党建工作能力水平。加大党务干部培养力度，探索"理论提升＋实践锻炼＋交流学习"培训培养模式，举办2期培训班，帮促党务骨干锤炼党性、精进业务。开展新党员"三个一"集中培训8期，培训651人，党员宗旨意识、党性观念进一步增强。对贯彻落实《2019—2023年全国党员教育培训工作规划》进行总结评估，案例《把好"入口关"、念好"三字经"，新党员教育培训精准滴灌》上刊《国企》杂志。深化"四创四当"主题实践活动，选树表彰80名先锋党员并抓好事迹宣传，调动全员建功立业的积极性。

（王静丽）

【党员发展】 2023年，西南油气田公司发展党员266人。其中，女党员104人，少数民族党员3人；管理岗位党员108人，专业技术岗位党员86人，操作技能岗位党员72人；大学本科及以上学历党员196人，大学专科党员50人；35岁以下党员184人。发展对象164人、入党积极分子849人、申请入党人员1697人。

2023年，川庆钻探工程公司党委贯彻执行新时期发展党员"控制总量、优化结构、提高质量、发挥作用"十六字方针，进一步规范发展党员工作程序、严格发展党员审核备案、压实发展党员工作责任，把好发展党员入口关，提高发展党员质量，完成年度发展指标，全年发展党员180人。

（闵怡薇　王静丽）

【基础管理】 2023年，西南油气田公司党委召开庆祝中国共产党成立102周年暨有机融合工程成果交流会，表彰先进基层党组织70个、优秀共产党员120人、优秀党务工作者70人。发挥党建研究分会、党建工作特邀研究员作用，加大党建研究力度和成果转化，获集团公司2022年度党建研究成果二等奖、三等奖2项；参加第二届新时代石油石化企业党建与思政工作交流会，获奖27项，其中一等奖5项；《"党建项目领办"特色品牌创新实践》等3篇案例获第二届国有企业党的建设论坛"国企党建品牌建设优秀案例"。规范员工违规处理工作，在业务层面厘清员工内部违规领导小组办公室与纪检监察机构、审计部门关系，推广运用违规处理业务管理平台，组织西南油气田公司两级员工内部违规领导小组办公室对2023年以来数据进行核准、录入。

（闵怡薇）

【机关党建工作】 2023年，川庆钻探工程公司机关党委以政治建设为统领，加强思想建设、组织建设、纪律作风建设，3个党支部被川庆钻探工程公司党委命名为示范党支部。机关党委思想政治建设典型经验《打好"四四"组合拳抓实机关思想政治工作》入选集团公司《党支部工作指引》；机关党委指导推荐的质量健康安全环保部《多维度健康管理守护员工生命安全》，首次获评中国石油两级机关服务基层优秀案例。机关党委开展作风建设流动红旗季度评比，机关服务基层意识和能力显著提升，基层满意度98.3%，连续6年保持在95%以上。坚持推进政治建设，党的二十大精神和习近平总书记重要指示批示精神，在机关全覆盖贯彻落实。加强组织建设，撤、并、建党支部30个，按期换届党组织4个，党内表彰个人39人、集体5个、优秀党课9篇，新发展党员3人，慰问困难党员17人次。制定机关党委、纪委责任清单，建立修订制度、流程、工作规则8个，领题开展调研2项，履职尽责更加有效。深化纪律作风建设，机关纪委履行从严治党监督专责，开展学习贯彻习近平新时代中国特色社会主义思想主题教育和"转观念、勇担当、强管理、创一流"主题教育，整改调研发现的33项问题；改进机关作风，推动机关为基层办实事解难事，开展27个项目、表彰优秀项目6个。发挥党建带团建作用，开展机关青年"挺膺担当，能源报国"系列活动，开展机关青年员工调研，选派2名青年党员到石渠县开展专项助学支教活动，2名机关青年、1个集体首次获评川庆钻探工程公司团青先进，2名机关青年代表公司被选举为成华区青年联合会第一届委员会委员。

（黄洪勇　徐郁文）

# 纪检

【概述】 2023年，西南油气田公司两级纪检机构在集团公司纪检监察组、西南油气田公司党委的领导下，围绕学习贯彻党的二十大精神主线，开展主题教育和教育整顿，推进党风廉政建设和反腐败工作，强化正风肃纪反腐，发挥监督保障执行、促进完善发展作用，为西南油气田公司实现"跨越400亿，迈上新台阶"任务目标提供保障。

2023年，川庆钻探工程公司党委以习近平新时代中国特色社会主义思想为指导，坚定不移推进全面从严治党，政治生态持续向好。纪委全面落实集团公司纪检监察组、川庆钻探工程公司党委工作部署，忠诚履职担当，坚定有力保障企业经营业绩创近年最好水平、高质量发展迈上新台阶。

（陈婷婷 何林珀）

2023年2月9日，西南油气田公司纪委书记徐晓炜在2023年党的建设工作会上部署党风廉政建设和反腐败工作 韩超 摄

【党风建设】 2023年，西南油气田公司把落实党的二十大精神作为首要政治任务，明确10项重点监督内容，针对性开展监督270余次，确保融入企业生产经营与从严治党全过程。督促落实"第一议题"制度，学习研讨党的二十大精神及习近平总书记重要讲话、重要指示批示精神38次。协助党委研究部署党风廉政建设和反腐败工作，向党委专题汇报纪检工作7次。推动班子成员履行"一岗双责"，与党委管理干部开展经常性谈心谈话，掌握其思想与工作动态。紧扣中共中央、集团公司党组、西南油气田公司党委重大决策部署，制定13个方面18项监督重点，形成"一台账、两清单、双问责"监督机制，采取"方案+清单"工作模式，开展天然气上产、大运会保供、安全生产、科技自立自强等监督，发现并督促整改问题30余个，推动各项任务完成。强化"一把手"和领导班子监督，近距离监督西南油气田公司党委会、执行董事办公会和总经理办公会研究的105项"三重一大"决策事项，开展民主生活会跟踪监督46次，访谈所属单位"一把手"及领导班子成员70余人次，全年"一把手"信访举报同比下降66.7%。

2023年，川庆钻探工程公司统筹召开2023年度党风廉政建设和反腐败工作会议，安排部署年度重点工作任务56项，组织签订《党风廉政建设责任书》。结合纪律审查、党内巡察、专项检查和日常监督等情况，综合研判川庆钻探工程公司及所属单位政治生态，完善纪委向党委定期汇报机制，纪委研究党风廉政建设和反腐败工作17次，党委书记督办重要案件、重点问题15次，班子成员推动整改分管领域存在的问题28次。协助党委开展全面从严治党主体责任落实情况考核，扣减4个单位考核分值、9名二级正副职干部绩效薪酬。连续5年组织所属单位和机关部门"一把手"向纪委述责述廉，结合日常监督、执纪审查、巡察情况，约谈有关单位"一把手"和班子成员51人次，督促领导干部严于律己、严负其责、严管所辖。落实党内政治生活制度，派员参加基层民主生活会督导，督促19名党员领导干部就受到纪律处分、组织措施处理等情况在民主生活会上作出说明或检查。严把选人用人廉洁关，严格审核评先选优等人选，审慎回复党风廉政意见2 157人次，提出"不宜"或"暂缓"意见6人。

（陈婷婷 何林珀）

【党委巡察机构与人员】 2023年，西南油气田公司纪委协助党委强化对巡察工作的组织领导，建立新一轮党委巡察人员库，严格按标准遴选巡察人员150余人；做好巡前专项培训，为开展巡察工作打好基础。推荐1人参加十二届四川省委第二轮巡视工作，推荐10人参加集团公司党组2023年巡视。截至2023年底，党委巡察办配备专兼职巡察干部，其中主任1人（兼任党委巡察专员）、副主任1人（兼任纪委办公室副主任）、科长1人、主管1人、党委巡察专员5人。

2023年，川庆钻探工程公司党委印发《关于调整川庆钻探工程有限公司党的非常设机构设置及组成人员的通知》，党委巡察工作领导小组由执行董事、党委书记李雪岗任组长；总经理谭宾、党委副书记喻著成、纪委书记樊尚珍任副组长，党委组织部、纪委办公室负责人、党委巡察办主任、副主任为成员，纪委书记负责巡察工作领导小组日常工作。截至2023年底，党委巡察办配备专兼职巡察干部7人。其中，主任1人（同时兼任巡察专员、纪委办公室副主任），副主任1人（同时兼任巡察副专员、纪委办公室副主任），巡察管理资深高级主管1人、主管1人。巡察组配备巡察专员1人、副专员4人。在所属13个单位开展巡察工作，配备专兼职巡察干部56人（含专职18人）。建立新一轮党委巡察人员库，严格按标准遴选巡察人员84人。　　　　　　（陈婷婷　何林珀）

【**党委巡察制度建设**】　2023年，西南油气田公司党委对标中共中央、集团公司巡视巡察新要求，结合西南油气田公司实际，印发《关于加强巡察整改和成果应用的实施细则》，明确各方巡察整改责任，健全完善巡察整改和成果运用工作机制；制定《巡察资料立卷归档工作规范》，明确职责分工、工作流程，细化完善巡察准备、反馈、报告等11个环节具体工作要求。

2023年，川庆钻探工程公司对标中央、集团公司党组巡视巡察规定，制定《川庆钻探工程公司党委巡察工作规划（2023—2027年）》，明确巡察任务书和路线图。印发《"五位一体"巡察成果运用机制》《"六把关"巡察整改监督促进机制》等等制度，确保巡察制度化规范化；编制《巡察工作规范》《政治巡察模块化清单》，汇编巡察学习资料等，规范开展巡察工作。（陈婷婷　何林珀）

【**巡察组织与管理**】　2023年，西南油气田公司纪委协助党委制定新的五年巡察工作规划（2023—2027年），优化顶层设计，开启新一轮巡察。紧跟企业重点工作部署与全产业链特点，成立5个巡察组，分两轮对10家单位开展常规巡察，发现问题272个，移交问题线索1件，提出建议46条。强化"组办会商"机制，结合被巡察单位专业属性，加强对巡察方案、中期汇报等重要环节的质量把控。提升巡察数字化水平，探索运用数仓等工具，加大发现问题力度。构建"双向反馈"机制，既向被巡察单位反馈问题，又向机关7个部门提出建议11条，促进机关部门与被巡察单位同题共答。深化两级巡察上下联动机制，抓所属单位内部巡察质量，开展提级巡察课题研究，对9家开展内部巡察的二级单位调研督导、定向指导，探索形成有效模板。

2023年，川庆钻探工程公司召开巡察工作总结推进会，总结党的十九大期间巡察工作经验和成效，系统谋划党的二十大期间巡察工作，明确巡察任务书和路线图。坚持把"两个维护"作为政治巡察根本任务，围绕"四个落实"监督重点，对川庆新疆分公司、川庆重庆运输总公司、川庆长庆监督公司、川庆蜀渝公司、川庆酒店管理公司5家所属单位党委开展常规巡察，发现大类问题87个、细化问题301个，移交问题线索19个、违规问题7个，给予纪律处分9人、组织措施处理282人次，挽回、避免经济损失64.44万元，推动制修订制度31个。加强巡察与纪检、组织、审计等部门协作配合，推动监督成果共享。构建巡察上下联动工作格局，探索开展"巡察带巡察"工作模式，党委巡察与相关被巡察单位工作共推、成果共享，帮助基层单位提高巡察工作质量。所属11个单位党委自主开展巡察，发现问题383个，移交问题线索5个，给予组织措施处理115人次，制定、修订制度14个，挽回、避免经济损失20.95万元。（陈婷婷　何林珀）

2023年4月4日，西南油气田公司党委在成都召开2023年第一轮巡察工作动员部署会　　　　　　　杨舒然　摄

【**巡视巡察整改**】　2023年，针对近五年来巡视巡察审计提出的问题，西南油气田公司纪委协助党委抽调人员成立检查组，开展"回头看"，对13家所属单位、7个机关部

门开展"回头看",提出建议39条,督促立行立改,推动举一反三,做好"后半篇文章"。深化巡察成果运用,总结党的十九大巡察工作成效,9轮发现问题2107个,组织措施666人次,制定、修订制度430项,挽回经济损失245万元。

2023年,川庆钻探工程公司制定中央巡视集团公司党组反馈问题整改工作实施方案,深化集团公司党组2018年巡视反馈问题整改,推动巡视整改走深走实。落实巡察整改成果运用和监督促进机制,领导约谈被巡察单位党政主要领导、纪委书记、安全总监、总会计师共10人,党委巡察工作领导小组专题听取相关部门汇报业务领域整改情况,压紧压实整改责任。印发巡察发现共性问题通报,督促各单位对照检查、深化整改。梳理分析近3年多结算、多报销及屡巡屡犯问题124个,为相关部门开展招投标、物资采购、违规吃喝等问题专项整治提供支撑。加强巡察整改验收和日常监督,增强党员干部政治意识、合规意识,提升企业治理水平和治理效能,被巡察单位干部员工对整改工作平均满意度98.1%。(陈婷婷 何林珀)

【纪律审查】 2023年,西南油气田公司纪委保持反腐败高压态势,坚持有案必查、有腐必反,从严惩处违规违纪违法行为,定期通报纪律审查情况,释放一严到底强烈信号。全年受理信访举报38件、问题线索35件、立案7件、处分7人,分别同比下降44.1%、44.4%、46.2%、58.8%,收缴及挽回经济损失251万余元,主要纪律审查指标连续两年呈现"四个下降"良好态势,其中信访举报量为党的十八大以来最低,遏增清存取得成效。精准运用"四种形态"处理64人次,运用第一种形态抓早抓小51人次,占比79.7%,促进监督执纪"三个效果"有机统一。做实以案促改,印发"两书一函"28份,围绕16个业务领域明确44项整改措施。开展廉洁风险排查,梳理风险点5.8万余个,制定防控措施6万余项。压实属地责任,组织7家信访举报较多的二级单位召开专题研讨会,查找问题根源、研究破题对策。

2023年,川庆钻探工程公司严肃查处张同建严重违纪违法问题,从严惩治违反中央八项规定精神、套取资金等问题,给予纪律处分21人、组织措施处理143人次,挽回经济损失425万元。运用"四种形态"处理185人次,其中第一种、第二种形态运用占比97%,既抓早抓小,又从严处理顶风违纪行为。加强执纪审查安全管控,在成都、重庆等五地建成区域谈话场所,守住执纪"生命线"。立项开展以案促改软科学研究,出台以案促改制度化常态化工作实施细则,制定印发监督建议书21份,提出管理建议32条。督导开展现场物资、油料管理、费用报销等问题专项整治,推动修订完善制度21个。开展基层腐败问题专项治理,系统梳理8个方面14种小微权力,研提防控措施185条,形成任务、风险、责任、权力"四项清单",编制重点领域廉洁风险防控指引和手册,整治基层"集权变危、微权不微"现象。全年纪律审查主要指标实现"四个下降",受理信访举报55件、处置问题线索49件、立案审查15件、处分21人,分别同比下降5%、36%、32%、34%。(陈婷婷 何林珀)

【监督检查】 2023年,西南油气田公司纪委坚持把监督嵌入企业生产经营管理各个环节,采取"清单化定标明责、常态化推进履责、项目化管理督责"工作模式,开展监督检查60余次。结合企业特点,探索建立三个"三道防线",研究制定专项监督、日常监督工作规程,规范台账表单28份,打造全周期监督体系。完善重点监督任务提醒机制,梳理发布监督工作要点14期、监督重点任务65项。狠抓基层腐败治理,复盘近3年案件,形成24项措施,受理基层腐败问题线索27件。用好反腐败工作协调小组平台,统筹制定、推动实施联合监督任务41项,完善流程规范718项,追回经济损失43.8万余元,组织措施122人次,扣罚业绩奖30.5万余元。审慎回复干部提拔、评先选优等党风廉政意见7515人次,提出暂缓或否定性意见18人次,防止"带病提拔""带病评优"。加大联合监督信息系统应用力度,筛查风险提示信息31项,发现并处置问题4个,组织处理5人次。

2023年,川庆钻探工程公司印发年度监督工作指导意见,安排部署9项重点监督任务。聚焦"监学、监用、监效",监督党的二十大精神宣贯、主题教育开展情况46次,督促整改问题14项,推动主题教育和党的二十大精神学贯见效。抓好中央巡视集团公司党组反馈问题和川庆钻探工程公司党委巡察发现问题整改监督，协助党委召开整改工作部署会议，推动问题整改。到7家单位调研，专项检查12家单位，发现6个方面21项问题，提出整改建议52条，探索建立科技创新容错免责机制。以"点线面"结合方式会同安全部门开展安全生产监督37次，督促整改问题175个，保障企业安全平稳运行。建立与巡察、审计及合规管理委员会等监督机构的协作机制，健全两级反腐败协调小组贯通发力机制，以问题为导向"上下一体"立项监督204项，发现问题1 326个，给予组织措施处理400人次，挽回、避免经济损失112万元，促进建章立制93个。有序推进派驻监督，对机关和10个科研后辅单位实施派驻制度，推动派驻区域信访举报量同比下降13%。首次到厄瓜多尔分公司开展海外廉洁风险防控监督检查，系统梳理海外廉洁风险，充实海外专职监督力量，抓好境外佣金管理、物资采购等专项监督。（陈婷婷　何林珀）

【作风建设】2023年，西南油气田公司纪委把握风腐同源、风腐一体特征，紧盯节假日等"四风"问题易发、多发时间节点，严查新型腐败和隐性腐败问题，"四不两直"对29家基层单位开展监督检查，实地抽查快递接收点、办公室、食堂库房等重点场所80余处，利用GPS监控平台"云检查"公车使用管理情况2 600余台次，督促立行立改问题39个，及时纠正行为偏差。巩固违规吃喝专项治理、"反围猎"专项行动成效，对涉及违反中央八项规定精神、"四风"问题，优先受理、提速办理。严格审核16名二级副及以上中层领导干部婚丧喜庆报备事项，坚决刹住违规操办歪风陋习。全年受理违反中央八项规定精神信访举报和问题线索12件，严肃查处收受管理和服务对象礼金、长期借用管理和服务对象车辆等问题，纠治"四风"越往后越严的信号持续释放。协助党委精准整治增加基层负担等形式主义、官僚主义问题，推动两级制度体系重构，制度、流程分别压减71%、41%，优化效果显著。

2023年，川庆钻探工程公司常态化开展重大节日和关键敏感时段正风肃纪督查，深化部门联动、纪巡联动，紧盯违规收送礼品礼金、公车私用、违规吃喝等易发频发问题，开展"四不两直"突击检查47次，暗访基层单位周边酒店和快递驿站17次，督促整改问题35个。快查快办"四风"问题线索，严肃查处违反中央八项规定精神问题5起，给予纪律处分5人、组织措施处理31人次，强化越往后越严的鲜明导向。围绕公款吃喝、隐形变异吃喝、违规饮酒等重点，安排部署8个方面任务，组织开展违规吃喝问题"回头看"。坚持开展违规操办升学宴、谢师宴专项督查，严格督导婚丧喜庆事宜报备。纠治困扰基层的会多、文多、检查考核过多等问题，牵头开展会风会纪、劳动纪律专项检查，倒逼党员干部改进责任意识缺乏、作风慵懒的问题。发挥门户网站、微信公众号等阵地优势，推送纠"四风"树新风学习资料4期，教育引导广大党员干部自觉传承党的光荣传统和石油精神，带头弘扬新风正气。协助党委完善贯彻落实中央八项规定精神实施细则，修订落实中央八项规定精神10个"十不准"，列出作风建设负面清单，全覆盖开展"四风八规"答题活动，推动中央八项规定精神自觉内化于心、外践于行。

（陈婷婷　何林珀）

【反腐倡廉教育】2023年，西南油气田公司纪委坚持正面教育和反面警示相结合，推动普规普纪教育，培塑"清廉西油"文化，多措并举开展各类廉洁警示教育。统筹拍摄廉洁法治微电影、短视频《内审风云》《燃廉洁正气》等；聚焦中央纪委国家监委网、廉洁四川、石油清风等权威融媒体，在企业微信公众号"西油记"及主页等平台转载廉洁推文20余期；征集并上报原创廉洁文化作品203件，引导干部员工在创作中体悟廉洁文化魅力；组织集中观看《利剑啸歌》等警示教育片177场次，剖析企业违纪违法典型案例7件，发放并组织二级副及以上干部学习《中央企业靠企吃企案件警示录》等廉洁教育读本，同时以《王进喜廉洁故事》等石油人自己的廉洁读物为重点，推动全员读廉洁图书、讲廉洁故事、扬廉洁正气；深化"清扬川中""燃气侠"等廉洁子文化建设，构建具有西油特色的廉洁文化体系。对新提任9名中层领导及13名新聘任技术专家开展"六个一"廉洁教育，推动扣好廉洁从业"第一粒扣子"。

2023年，川庆钻探工程公司加强正面引导与反面警示，坚持把纪法教育作为党员干部的必修课，在各类培

2023年6月6日，西南油气田公司纪委与纪检监察组四中心到"三苏祠"联合开展廉洁教育活动　　　　陈婷婷　摄

训班开展纪法宣教38场次，向党员领导干部配发廉洁学习资料4期，对38名新任职党委管理干部进行"六个一"教育。组织召开警示教育大会，现场通报典型问题16个，根据近年来纪委查处的典型案件摄制警示教育片《贪欲之殇》，用典型案例实现全域教育。组织宣贯"立德守正，廉勤攻坚"廉洁文化理念，开展廉洁文化作品征集活动，组织编制川庆钻探工程公司廉洁文化手册，创作廉洁歌曲，在长庆区域建成廉洁文化教育基地，指导所属单位因地制宜打造"廉洁文化走廊""廉洁风采墙"，营造崇廉尚廉文化氛围。

（陈婷婷　何林珀）

**【队伍建设】** 2023年，西南油气田公司纪委结合融合开展主题教育和教育整顿，成立纪检干部队伍教育整顿领导小组，统筹推进两项政治任务相互促进、效应叠加。以政治教育和党性教育为重点，各级纪检巡察干部对照8个专题集中学习1 003次，相关负责人讲授专题党课133次，撰写学习体会282篇，开展教育活动160余场次。起底党的十八大以来涉及纪检干部的问题线索，对10名违规违纪的纪检干部点名通报；对涉及纪检干部的信访举报、问题线索提级办理、快查快处，全年受理涉及纪检干部问题线索2件，办结5件（含跨年3件），处理3人，其中1人调离纪检岗位。吸取李大勇、李明宇案件教训，组织45场次反思剖析座谈，分层开展警示教育、谈心谈话、自查自纠，自上而下推动检视剖析、反思警醒，全覆盖召开专题民主生活会、组织生活会82场次。教育整顿经验做法多次被上级摘用摘登。深化纪检监察体制改革，提出优化纪检机构设置建议方案，运用纪检干部岗位胜任力模型，摸清纪检干部能力情况，指导基层单位调整纪委书记、副书记6人。抓所属单位纪委书记履职考核，召开述职测评会，督促履职尽责。落实办案安全责任制，分区域建设改造6个标准化谈话场所。完善"三查三辨"、初核"双审"机制，召开线索排查及初核、审理集体审议会60余次，从源头提升办案质量；开展违规办案及纪检机构借用人员管理等专项整治，发现并整改问题22个，执纪审查规范化法治化正规化水平提升，案件质量评查连续3年位列纪检监察组区域中心第一名。制定纪检干部3年全覆盖培训计划，启动2023年两轮纪检干部实践锻炼，选派24名业务骨干到上级参加调研培训，组织近50名所属单位纪委书记、副书记参加纪委书记培训班。与大庆油田公司、青海油田公司等油田纪委开展座谈交流，推动经验共享、互促共进。举办"廉润西油"青年讲堂，17名青年干部讲述纪检人自己的故事，推动学先进、找差距、强作为。开展经常性纪法教育，组织各级纪检干部观看警示教育片546人次，学习《纪检监察干部违纪违法典型案例警示录》，做到严管严治、警钟长鸣，督促纪检干部自觉接受监督和约束。

2023年，川庆钻探工程公司融合开展学习贯彻习近平新时代中国特色社会主义思想主题教育和纪检巡察干部队伍教育整顿，衔接制订学习计划，严格落实"第一议题"制度，建立实施"双带头"和"四学联动"学习机制，组织全系统开展专题学习332次，举办读书班107场次。组织纪检巡察干部到延安革命圣地、小平故里、"烈焰丹心"陈列馆等接受教育熏陶，同步开展纪委书记讲党课、青年讲堂到现场等活动。吸取李大勇、李明宇案件教训，起底党的十八大以来涉及纪检巡察干部的问题线索61个，召开反思剖析座谈会25场次，分级开展警示教育、谈心谈话、自查自纠，建立个人自查事项报告表275份、问题清单231份。以零容忍态度处理纪检干部8人，3人调离纪检队伍。开展纪检巡察干部标准讨论，集中宣贯集团公司"四个坚如铁"铁人式铁军精神特质和价值追求。组织开展队伍结构、履职能力调研，制定干部队伍建设五年规划，建立岗位胜任力模型，调整交流所属单位纪委书记12人次，从生产、经营等领域优选纪检干部13人、遴选巡察人才库人员84人，推动队伍专业、年龄持续优化。承办纪检监察组四中心业务培训班，选派67名业务骨干到上级纪检机构实践锻炼、参加集团公司巡视和四川省国资委巡察等专项工作。队伍履职能力得到提升。制定纪检干部监督实施细则和谈心谈话制度，完善规范借调干部管理、违规过问案件等内控机制，分层分级开展廉洁家访，全覆盖寄送廉洁家书210份，推动自我监督"内外有感"。

（陈婷婷　何林珀）

2023年4月11日，西南油气田公司在成都召开所属单位纪委书记、派驻纪检组组长2022年度工作述职会　王任杰　摄

# 工会工作

【概述】 2023年，西南油气田公司各级工会学习贯彻习近平新时代中国特色社会主义思想，特别是习近平总书记关于工人阶级和工会工作的重要论述，落实四川省总工会和西南油气田公司党委决策部署，推动"一个阵地、五个家"体系建设提档升级，发挥桥梁纽带作用，团结引领全体职工不负嘱托、感恩奋进，如期实现天然气产量跨越400亿立方米、迈上新台阶的奋斗目标。

2023年，川庆钻探工程公司工会以习近平新时代中国特色社会主义思想为指导，学习党的二十大和中国工会十八大精神，始终保持工会工作正确政治方向，聚焦主责主业、坚持改革创新，保持和增强政治性、先进性、群众性，推动各项工作取得新进展新成效，川庆钻探工程公司获全国五一劳动奖状。

（丁扬阳　唐佳伟）

【企业民主管理与维权服务】 2023年，西南油气田公司工会坚持紧抓职工群众最关心最直接最现实的利益问题，大兴调查研究之风，按照查实情、出实招、求实效的工作原则，专项调研职工所盼所需，推动解决急难愁盼问题。表彰"我为员工群众办实事"十大优秀成果，集中呈现近年来落实政策、改善民生工作成效，巩固企业与职工共建共享良好氛围。深化工会维权服务体系建设，纵横加强工作联动，加大对职工休息休假、社会保障、劳动安全卫生等方面的权益维护力度。加强以职工代表大会为基本形式的企业民主管理，提高职工代表履职能力，督促、引导、鼓励职工代表通过职代会提案等形式参与民主管理工作，保障职工民主权利，提案办复率继续保持100%，首次获"全国厂务公开民主管理示范单位"称号，2名职工当选中国工会十八大代表，6名职工当选四川省工会十五大代表，数量位居全省产业集团工会第一。制定《民生项目清单》，办理职工意见建议61条，推动民生重点工作落实落地。

2023年11月10日，西南油气田公司在成都举办"我为员工群众办实事"十大优秀成果报告会　韩超摄

2023年，川庆钻探工程公司工会组织召开川庆钻探工程公司三届四次职代会、工代会。坚持民评议制度，对领导干部开展民主监督。完成川庆钻探工程公司2023年职工提案工作报告，征集处理职工提案15件，办结率100%。完善"职工信箱"运行机制，协同业务部门完成信件办理4封，办结率100%。1个单位获"四川省厂务公开民主管理先进单位"称号，1个班组获"四川省厂务公开民主管理先进班组"称号。开展女职工普法宣传月活动，组织流动课堂、知识竞赛，帮助女职工知法懂法用

法。推动女职工专项集体合同规范履行，投入132万元开展"两癌"筛查，办理生理保健用品2 694份319万元。倡导性别平等、生育友好及男女共担家庭责任的理念。普及女性健康知识，开展"快乐工作，幸福生活"女职工心理关爱2场。川庆钻探工程公司工会获四川工会系统"'两纲'贯彻实施优秀集体"称号。结合"安康杯"竞赛、"安全生产月"活动，以"人人讲安全、个个会应急"为主题，培训劳动保护监督检查员688人次，重点对高风险、露天作业场所开展劳动保护监督检查1 624次，督促整改问题7 162项。钻井安全技能大赛被纳入四川省职工安全健康素养提升示范引领活动。发放《安全生产法》《职业病防治法》等书籍6 000余册，开展防暑降温知识宣传教育1 087场次。在全国"职业健康达人"SHOW短视频征集活动中获全国三等奖。　　（丁扬阳　唐佳伟）

2023年11月1日，川庆钻探工程公司川渝地区"优技术提速度强管控降成本"重点劳动竞赛在川庆川东钻探公司承钻的蓬深21井举办第三阶段表彰会　　　　　　　　　　薛　柯摄

【**劳动和技能竞赛**】　2023年，西南油气田公司工会坚持聚焦服务高质量发展主责主业，围绕重点工程、重大项目、重要领域，组织开展西南油气田公司级劳动和技能竞赛12项，"数字化运维"技能竞赛入选省级竞赛。推进"建设气大庆"全国引领性竞赛，提前两年完成竞赛目标；承办竞赛推进会，获全国总工会、集团公司高度评价，入选竞赛优秀组织单位。探索专业技术人才培养选拔新路径，配合承办集团公司气藏动态分析竞赛，西南油气田公司获团体一等奖。开展"知岗、讲岗、爱岗"活动，结合业务培训、劳动竞赛等契机，宣传活动内容，丰富形式载体，推动活动实现一线班组全覆盖。配合质量健康安全环保部把"查患纠违"竞赛与日常监督紧密融合，职工违章行为显著减少；开展"岗位讲述"等各类活动，调动基层职工积极性和工作热情。

2023年，川庆钻探工程公司工会组织各单位开展劳动竞赛189项，覆盖员工3.7万人次。干部员工干事创业热情高涨，刷新国内外37项重大技术指标。其中，钻井提速成效显著，完成钻井进尺616万米，钻完井周期整体提速7.63%；压裂效率持续攀升，压裂1.63万层次，同比增长5%；产能建设再创新高，打成百万立方米高产井65口，全年生产天然气42.5亿立方米。促进破解各项生产难题，助推提质增效"精进版"落实落地。575支队伍获表彰奖励，兑现奖金3 160万元。在中油技服单队单机作业效率提升劳动竞赛中，3家单位获川渝和新疆地区钻井、压裂一等奖，23支队伍分获一等奖、二等奖、三等奖，收到中油技服贺信45封。川庆钻探工程公司分获西南地区、长庆地区"全国引领性劳动竞赛优秀组织单位"称号。全年组织省级职工技能大赛7项，首次把钻井安全、采气工、仓储管理纳入技能比赛范围，带动员工超9 000人次投身岗位练兵和技能比武。574名选手脱颖而出，产生优胜集体49个，金银铜牌获得者277人。在集团钻井安全比赛、财务会计技能大赛中，川庆钻探工程公司分获团体一等奖、三等奖，团队一等奖、二等奖，摘得个人金银铜牌18枚。"以赛促学、以赛促练、以赛促用"氛围更加浓厚，员工成长成才平台更加广阔，高素质产业工人队伍更加壮大。

　　　　　　　　　　　　（丁扬阳　唐佳伟）

【**职工创新活动**】　2023年，川庆钻探工程公司工会举办川庆钻探工程公司首届职工创新大会，展示91项创新技术与成果，110个职工创新创效先进集体和个人受到表彰，10家单位和个人作经验交流，千余项"有油味、接地气"的成果得到推广应用，为企业创造经济效益8.42亿元。3项技术成果在第二届大国工匠创新交流大会展示，在中国国际发明创新展览会上获32金6银3铜。获全国职工优秀成果三等奖1项，甘肃省特等奖、三等奖各1项。川庆钻探工程公司工会获首届"四川省职工创新大赛决赛优秀组织单位"称号，1项成果被评为优秀创新项目。3人被评为"四川工匠",6人被评为"成都工匠",8人被评为"成华工匠"。强化先进模范典型选树。推先选优,推荐"四川省工人先锋号"1个,"甘肃省五一劳动奖章"2人,集团公司"先进工作者"13人。评选表彰川庆钻探工程公司2022年度先进企业10个、先进集体95个、劳动模范39个、先进个人95人、川庆钻探工程公司第十六批"工人先锋号"21个。重视创新工作室创建。新增省级劳模创新工作室3个、局级劳模创新工作室5个,并提档升级巾帼创新工作室。关心劳模工作生活情况。组织省部级劳模8人进行健康体检,春节、五一慰问劳模80人,发放慰问金10.29万元。组织开展以"致敬劳动者"为主题的慰问活动,筹集慰问经费775.3万元,走访慰问职工4.3万人次,调研基层单位和队伍1 293次。组织80名优秀技术工人、技能专家、劳模代表参加疗休养活动。安排9 108名职工疗养,报销疗养费3 641万元。制作和发放"老石油"印章1 084枚。

(唐佳伟)

【保障帮扶】 2023年,西南油气田公司工会践行以人民为中心的发展思想,拓展普惠深度,工会会员福利标准提高13%。做实困难职工精准帮扶,以"七大帮扶平台"为载体,抓好"双节"等重大节日和日常帮扶送温暖慰问,惠及困难职工、离退休职工1.7万人次,帮助困难职工家庭脱困解困。推进"心灵驿站"心理健康服务,举办"幸福讲堂"、团体心理辅导等各类活动,职工心理健康服务的形式载体、覆盖范围均进一步拓展。深入一线开展"四季送"服务,表彰"老石油"工作者,举办幸福"油"约联谊,在西南油气田公司本级工会和基层工会同步启动职工子女托育服务试点,提升职工群众获得感幸福感安全感。加强与关联交易单位就业援助合作,帮助西南油气田公司职工家属就业创业。

2023年,川庆钻探工程公司工会帮扶慰问1 028人,发放慰问金561.67万元。推广职工互助保障,为3名职工申请到四川省关"癌"行动慰问金。建设职工心灵驿站平台,发布心理推文,增强职工心理健康关怀力度,对8家单位4 812名一线职工开展在线心理体检,为员工提供一对一心理咨询;"心理关爱进基层活动"走进西安、龙潭寺及猛追湾片区。1个心灵驿站获评2023年"四川省职工心灵驿站"。建设三级职工红娘志愿者队伍,在西安和成都举办2场单身职工联谊活动,340余人参加。

(丁扬阳 唐佳伟)

【社会责任履行】 2023年,西南油气田公司工会落实党中央和西南油田公司党委决策部署,按照四川省困难职工帮扶基金会2023年发布的定向捐助安排,向四川省困难职工帮扶基金会金秋助学捐款32万元,其中达州市总工会6万元、九龙县总工会6万元、武胜县总工会5万元、雅安市总工会5万元、沐川县总工会10万元。通过四川省帮扶基金会对达州市、九龙县、平武县等地对口援建,为贫困学子捐款34万元,改善贫困地区学生学习环境,营造企地共建共享良好氛围。

(丁扬阳)

【评优选优】 2023年,西南油气田公司工会搭建一线职工人才奋勇创新、脱颖而出的优质平台,评比表彰"奋进万亿方,圆梦大气田"勘探劳动竞赛、加快天然气生产建设劳动竞赛、"知岗、讲岗、爱岗"查患纠违劳动竞赛、数字化运维技能竞赛、网络安全攻防竞赛等12项竞赛活动;评比表彰西南油气田公司2023年度先进集体和先进个人,其中先进单位16个、金牌班组50个、劳动模范40人、先进工作者90人;评比表彰2023年度女职工工作先进集体和先进个人,其中五一巾帼标兵岗22个、"十佳"五一巾帼标兵10人、五一巾帼标兵32人、最美职工家庭78户。推选的马广文获全国工会系统劳动模范;输气管理处成都输气作业区成都输气站、天然气净化总厂机修车间铆工班获全国工人先锋号;王军、姚兵获重庆市五一劳动奖章,重庆相国寺储气库公司获重庆市五一劳动奖状,王小娟、常培敏获四川省五一劳动奖章;重庆气矿开州采输气作业区增压西站、输气管理处重庆输气作业区铜梁压气站、川港燃气公司渝川燃气有限责任公司龙兴分公司龙兴配气站获重庆市工人先锋号;天然气净化总厂安岳天然气净化有限公司生产二班获四川省工人先锋号;西南油气田公司获集团公司先进集体;淦文杰、张庆等16人获集团公司先进工作者。

(丁扬阳)

【女职工工作】 2023年,西南油气田公司工会女工委开展女职工关爱及素质提升工作，承办"四川省女职工天然气开采职业技能大赛"，西南油气田公司参赛队伍包揽团体赛前五名，创历史最佳成绩，并以此为契机牵头成立川渝油气行业首家女职工创新工作室联盟。编制西南油气田公司《女职工工作手册》，提升女职工工作精细化、规范化水平。开展"听党话感党恩，育家风蕴书香"、职工子女托管托育等重点工作，有效落实女职工特别关爱，引导女职工在巾帼建功、家教家风建设和家庭健康中进一步彰显"半边天"风采。西南油气田公司工会女职工委员会被评为2023年四川省三八红旗集体。　　　　　（丁扬阳）

【宣教文体】 2023年，西南油气田公司工会坚持用党的创新理论指导工会工作，在各级各类会议严格落实"第一议题"制度，各级工会干部政治判断力、政治领悟力、政治执行力不断提升。坚持把主题教育作为重大政治任务抓紧抓实，落实西南油气田公司党委主题教育工作安排，完成工会牵头的重点任务。在《四川石油报》开辟"劳模手记"专栏，开展劳模宣讲，组织劳模座谈，弘扬劳模精神、劳动精神、工匠精神，覆盖职工上万人次。引导资源配置向基层倾斜，支持基层"职工之家"实体化阵地建设，成功打造一批全国级、省级"职工书屋"，并以此为载体，推动党的二十大精神进基层、进班组。《西南油气田公司工会五年工作回眸》入选《工人日报》大会特刊，呈递四川省委、省总工会有关领导审阅，获充分肯定。原创影视作品《变迁》《你好，五年》入围亚洲微电影艺术节优秀作品。发挥"党委领导、工会指导、协会主导、宣传引导"精密联动优势，围绕"跨越400亿"这一重大主题，组织各级工会广泛开展主题鲜明、形式丰富的职工活动，在西南油气田公司上下营造起再接再厉、再启新程的劳动建功氛围。承办"牢记总书记殷切嘱托，勇担新时代能源使命"中国石油书协系列活动。组织职工参加全国、省市、集团公司职工体育赛事，多次斩金夺银，立体展现油气田职工拼搏奋进的精气神。连续3年获集团公司健步走比赛一等奖，被中国石油体协授予"抗击疫情，职工先行"全国石油职工健步走示范单位。歌舞《我们是新时代的半边天》作为唯一一个石油企业受邀节目入选四川省职工精品文艺展演。　　　　　　　　　　（丁扬阳）

【财务经审】 2023年，西南油气田公司工会加强和规范财务管理工作，结合四川省总工会、西南油气田公司最新管理要求，修订《基层工会经费收支管理实施细则》《工会资产管理实施细则》，并在第一时间宣贯学习，对重要项目安排、大额资金使用等履行规定程序，确保各项工作合规受控。加强经审规范化建设，依据西南油气田公司《基层工会组织领导干部经济责任审计办法》，配合完成2023年度调离岗位基层工会主席离任审计。财务工作连续6年获全国总工会"财务工作先进单位"称号，经审工作连续6年获四川省"经审规范化建设先进单位"称号，得到全国总工会、四川省总工会认可。　　　　　（丁扬阳）

【工会组织建设】 2023年，西南油气田公司工会在建机制、强功能、增实效上下功夫，指导基层工会按期换届，各级工会组建率、职工入会率持续保持100%，三级职代会制度有效运转。从顶层设计出发，建强制度夯实基础，召开西南油气田公司文联体协第二次会员代表大会，选举产生文联体协第二届理事会和19个专业协会，完善"党委领导、工会指导、协会主导、宣传引导"的工作格局，增强工会组织吸引力、凝聚力、战斗力。举办基层工会主席培训班，遴选优秀工会干部上挂锻炼，增长才干、积累经验、锤炼作风，为推进企业发展提供人才支撑。

2023年，川庆钻探工程公司工会强化工会干部教育培训，学习党的二十大精神，学习《新工会会计制度》《四川省基层工会经费收支管理实施办法》。开展"转作风、解难题、促发展、保稳定"专项行动，选派2名工会干部开展基层蹲点工作。壮大劳动争议调解员队伍，选派1名优秀选手参加全国人社法治知识竞赛，获团体第一名、个人一等奖；1人获四川省第四届"争当优秀调解员、争做优秀法律援助工作者"竞赛活动先进个人。1人获评全国优秀工会工作者，2人获评四川省工会系统先进工作者。编制印发《川庆钻探工程公司工会本级支出管理办法》，明确经费管理层级和支出标准，规范经费开支。开展工会经费审查审计监督、"2021—2022年工会经费使用和管理"专项审计和工会财务管理风险专项审计。完成6家基层单位原工会主席离任审计。组队参加四川省工会财务技能大赛，包揽团体、个人赛一等奖。川庆钻探工程公司工会连续3年被全国总工会评定为工会财务工作（市级）先进单位。经审工作受到四川省总工会通报表扬，川庆钻探工程公司工会获评2023年度四川省总工会经审工作规范化建设先进单位。

（丁扬阳　唐佳伟）

【乡村振兴】 2023年，川庆钻探工程公司领导3次带队到石渠县调研，派出1名干部担任托底性帮扶专班人员、4名干部驻村帮扶，邀请1名石渠县行政管理干部挂职交流锻炼。全年投入812万元通过消费、教育、产业、文化等方式，多措并举助力石渠振兴发展。在其他区域消费帮扶706万元。响应四川省"拼经济、搞建设、促发展"18条措施，为全体职工发放文旅消费券1 272.75万元，为助力四川经济社会建设贡献力量。

（唐佳伟）

【我为员工群众办实事】 2023年，川庆钻探工程公司工会开展调查研究，各单位通过基层走访、座谈访谈、问卷调查等方式深入基层一线，密切联系职工群众，掌握113项职工真实诉求。推动"我为员工群众办实事"，全年投入资金6 450万元，实施147项民生实事项目，切实解决员工"急难愁盼"。新建心灵驿站、增配文体设施、配置健康小屋、升级职工小家等一系列"暖心"工程纷纷落地，职工的工作和生活环境更加舒适、健康安全更有保障，幸福感安全感归属感稳步增强。

（唐佳伟）

【培育职工文化】 2023年，川庆钻探工程公司工会开展职工体育竞赛和全民健身活动，组织举办川庆钻探工程公司职工第六届乒乓球、第七届羽毛球、首届气排球及网络健步走比赛，营造健康文明、广泛参与的职工体育文化氛围，助推建设健康企业。组队参加四川省、甘肃省和集团公司组织的职工羽毛球、乒乓球、篮球等多项群众性赛事。创建学习型女职工组织，命名"最美女职工阅读点"7个、"最美女职工领读人"14人，川庆钻探工程公司工会第7次获全国"书香三八"活动优秀组织奖。川庆钻采院王兰被评为集团公司第三届"感动石油，巾帼风采"人物。开展职工家庭文明建设，以亲子阅读、家书征集、家风家教展示等活动为载体，推动社会主义核心价值观在广大职工家庭落地生根，2户职工家庭分获"最美家庭"和四川省"最美职工家庭"称号。各级工会结合实际开展各具特色的家庭文化建设和职工子女关爱活动，推动形成爱国爱家、相亲相爱、向上向善的社会主义家庭文明新风尚。

（唐佳伟）

【机关工会】 2023年，川庆钻探工程公司机关工会围绕川庆钻探工程公司党委战略部署和企业中心工作，团结带领广大机关职工奋力推进企业高质量发展，切实履行工会各项职能。融入中心履职尽责。在机关党委门户网站开辟学习专栏宣传贯彻中国工会十八大精神，强化思想政治导向。开展"二十大"原文诵读活动，1名女职工获"四川省总工会最美女职工领读人"称号。开展2022年度总结评比工作，评选机关先进集体27个、机关先进个人51人。开展省级劳模春节、五一慰问和体检工作，弘扬劳模精神、劳动精神、工匠精神。组织机关员工参加"优技术提速度，强管控降成本"等劳动竞赛、合理化建议征集评选，2个项目获川庆钻探工程公司职工创新表彰大会暨第二届优秀成果奖。维护职工合法权益。推进民主管理，机关工会上报的提案获川庆钻探工程公司三届四次职代会提案二等奖。履行社会责任、保障员工福利，发放文旅消费券和扶贫产品1 196份，发放节日生日慰问2 333份，慰问职工71人。发放困难帮扶金21.55万元。组织193名职工开展疗养。在页岩气工程项目部一线职工中开展"送清凉"活动。开展"我为员工办实事调研工作"并组织开展办实事项目10项。组织开展文体活动。组织开展三八节活动，"六一"儿童节活动。组织参加公司青年联谊活动。开展瑜伽、书法、足球等兴趣小组活动。以分工会为单位开展丰富多彩的活动31次。组织参加川庆钻探工程公司职工乒乓球比赛，取得团体第二名。组织参加钻探工程公司羽毛球气排球比赛，取得团体第八名。组织参加四川省第七届职工羽毛球赛，创川庆钻探工程公司最好成绩。加强工会自身建设。做好川庆钻探工程公司三届四次职代会代表增替补工作。组织召开机关工会经审委会议，参加川庆钻探工程公司工会财务经审培训暨2022工会经费决算汇总布置会。开展2021—2022年工会经费使用和管理监督检查自查工作、工会财务管理风险专项审计自查工作。打造集职工健身中心、职工书屋和职工心理咨询室为一体的职工之家。　　　　　　　　　　　（李　敏）

# 共青团工作

【概述】 2023年，西南油气田公司团委在西南油气田公司党委和集团公司团委的正确领导下，带领广大团员青年学习贯彻党的二十大精神和团十九大精神，开展学习贯彻习近平新时代中国特色社会主义思想主题教育，总结青年精神素养提升工程特色做法和工作效果，形成长效机制、发挥长效作用，提升团的"三力一度"（引领力、组织力、服务力，大局贡献度），团结动员广大团员青年努力在大事、难事面前彰显党的助手和后备军作用，用青春和奋斗奏响"请党放心、强国有我"的时代强音。西南油气田公司团委获"中央企业五四红旗团委"和"四川省五四红旗团委"称号。

2023年，川庆钻探工程公司团委坚持把学习贯彻习近平新时代中国特色社会主义思想和党的二十大精神放在首位，深入贯彻落实习近平总书记关于青年工作的重要思想，牢记总书记"能源的饭碗必须端在自己手里"重要嘱托，全面落实团十九大工作部署，聚焦川庆钻探工程公司中心任务，深化党建带团建工作机制，强化团员青年思想政治引领，深化青年岗位建功，发挥桥梁纽带作用，团结引领广大团员青年立足新时代新征程，坚定不移听党话、跟党走，为川庆钻探工程公司加快建设世界一流工程技术服务企业作出积极贡献。　　　（丁扬阳　王茜雯）

【组织建设】 2023年，西南油气田公司抓实集团公司党组书记、董事长戴厚良党建带团建调研要求，从严落实党建带团建工作责任，修订《"号手岗队"创建评选表彰管理实施细则》《"五四红旗团委（团支部）"管理办法》《青年工作委员会工作规则》等制度，全面提升专项工作科学化、制度化、精细化水平。开展团组织架构梳理和规范整顿工作，全年指导2家单位换届选举，指导调整2家团组织负责人，推优入党81人。加强"智慧团建""铁人先锋"应用建设，基本实现团内数据动态管理、基础团务网络管理、工作部署线上推进。建立"述、评、考"三步法，召开公司团委二届四次全委（扩大）会暨2022年度团组织书记述职会，着力提升团干部应变能力和业务水平。联合驻疆企业举办共青团和青年工作者培训班，全面提升团青干部综合业务水平。与北京项目管理公司召开团组织结对共建交流座谈会，带动不同板块、不同专业、不同岗位青年跨板块、跨单位合作提升。牵头举办西南协作区"理响新征程"石油青年演说初赛，协助举办西南协作区联合宣讲暨石油青年讲奋斗故事报告会和西南协作区（成都片区）"青马论坛"，牵头撰写协作区月度汇报材料等资料35份，形成共同团结奋斗、共同发展进步的联动新局面。截至2023年底，西南油气田公司有所属二级单位和参股企业团委21个，二级单位直属团支部11个，三级单位团支部185个，二级单位青年工作办公室33个，三级单位青年工作小组166个；28岁以下团员942人，35岁以下青年5 452人，45岁以下青年10 799人。

2023年，川庆钻探工程公司团委编制印发《2023年川庆钻探工程公司共青团和青年工作要点》，每月向集团公司团委西南协作区报送近期重点工作开展情况，定期向川庆钻探工程公司党委汇报团青工作推进情况。按照《关于进一步加强新时期川庆钻探工程公司共青团和青年工作的意见》，有序推进基层团青组织架构完善、规范设置、形态创新等具体工作，指导1家直属团支部开展换届选举工作。与煤层气公司团委联合召开团青工作结对共建视频交流会，以共建为起点，结合各自行业特点，进一步助推集团公司共青团工作蓬勃发展。举办川庆钻探工程公司第十五期团青干部培训班，培训新任职团青干部和基层优秀团干75人，提升团青干部业务水平和综合素质。开展2023年四川省"逐梦扬帆计划"大学生社会实践活动，动员各单位团委结合本单位实际，在共青团四川省委"逐梦扬帆计划"平台发布实习岗位50个，进一步发挥央企担当作用。推进"1+N"团属新媒体运营模式，编排全年微信值班运行表，提升基层团青干部新媒体编辑策划运营能力。组织青年向中国石油青年官微投稿，多渠道宣传展示川庆钻探工程公司青年良好风貌。做好团中央"智慧团建"、集团公司"铁人先锋"党建信息化平台团青业务各项工作，加大党建化信息平台的应用和管理，提升团务基础工作的信息化水平。

（丁扬阳　王茜雯）

2023年5月5日，西南油气田公司团委在成都召开二届四次全委（扩大）会暨2022年度团组织书记述职会　　韩超 摄

【青年思想政治教育】 2023年，西南油气田公司团委探索建立"党委引航、团委领学、支部研学"的"联学联动"模式，推动党的创新理论"青年化"阐释，青年精神素养提升工程作法（《突出"学思辨"展现新时代石油青年"精气神"》）代表集团公司团委在国务院国资委中央企业团工委会上交流；1篇典型案例（《紧扣"对标讨论"推动青年精神素养提升工作升级》）在杂志《中国共青团》全文刊发。学习宣传贯彻习近平总书记重要讲话精神全面落实团十九大部署，通过打造"一堂"专题课、开展"一场"青宣讲、策划"一系列"融传播等多形式、分层次、全覆盖的方式，学习团十九大相关学习内容。在新媒体平台开设专栏宣传学习动态、感悟体会和典型案例推文11期，点击阅读量2万余次。所属基层团组织依托"三会一课""青年大学习"等平台，开展学习交流活动200余次，覆盖青年6 000余人（次）。推进团员和青年主题教育，第一时间召开专题会议，细化5个方面33项工作内容，进一步明确"要干什么、应该干什么、干成什么样、达到什么效果"。构建"学原文+思差距+践行动+悟举措"的"学思践悟"学习法，指导各级团组织举办读书班、讲授专题团课、开展专题研讨。邀请共青团四川省委机关党委书记、四川省团校校长辜彬列席指导基层团支部"强国复兴"专题学习会和专题组织生活会，抓实团员和青年主题教育"最小单元"。所属基层团支部开展专题学习900余次，智慧团建专题学习录入完成率100%。召开"青马工程"第一期示范培训班结业暨第二期开班典礼，30名新进青马学员通过线上线下学习、实地体验实践、名师指导引航等方式，淬炼思想之魂，深扎信念之根。提炼推广精神素养提升"1334"特色工作法❶，形成"四个一"阶段成果。两级青年讲师团75人到基层开展主题宣讲163场次，受众青年2 497人，1人获集团公司"理响新征程"石油青年演说大赛三等奖，1人入选共青团四川省委青年宣讲分队，2人入选四川省企业青年讲师团。

2023年，川庆钻探工程公司团委始终坚定理想信念，用党的科学理论武装青年。开展党的二十大精神专题学习，组织团员青年深入学习党的二十大对能源行业的部署要求，学习总书记关于中国石油和中国石油有关工作的重要指示批示精神，学习习近平总书记给中国农业大学科学小院学生的回信、给中国石油大学（北京）中亚留学生的复信等重要精神，动员各级团青组织参加"青年大学习"网上团课学习，坚定理想信念。开展两期"青春理响"理论宣讲活动，第一期评选表彰优秀课件15部、优秀青年讲师15人，制作宣讲视频近90部，开展136场次，覆盖受众6 100人，推动党的理论教育向基层延伸。选拔、培育优秀青年参加集团公司"理想新征程"青年演说大赛，1人获大赛一等奖并入选集团公司青年讲师团。开展"转观念、勇担当、新征程、创一流""学习二十大、永远跟党走、奋进新征程"等系列主题教育活动40场次，引导青年员工认清新形势、明确新目标、落实新任务、扛起新责任。所属川庆新疆分公司团委组织团员青年参加中油技

---

❶ "1334"特色工作法："1"指"一个定位"把稳政治方向；"3"指三条路线，即一批红色游学线路、一批青年宣讲人才、一批石油奋斗故事；"3"指三方对话，与先辈"连线"、与时"对话"、自我"反省"，辨明笃行方向；"4"指四项举措（搭建成长窗口、搭建岗位建功平台、搭建关心关爱桥梁、搭建青春榜样舞台）激发建功动能。

服"弘扬铁人精神,讲好技服故事"主题征文大赛,2篇征文获三等奖。按照第二批主题教育工作要求,编制《川庆钻探工程公司团员和青年主题教育工作方案》,所属22家团青组织对照工作措施,坚持真抓实干,做好督促与落实工作。所属85个基层团支部依托"三会两制一课"、组织生活会、主题团日等载体,用好共青团中央微信公众号和"智慧团建"学习平台,完成必学专题学习与研讨,支部学习覆盖率100%,团员学习覆盖率100%。举办"传承铁人精神,书写奋斗青春"五四主题活动,表彰团青工作先进集体、邀请一线青年博士宣讲奋斗故事、为川庆钻探工程公司级青年突击队授旗,激发团员青年奋发有为、积极向上的精神风貌。各级团青组织通过主题教育、主题团日、座谈交流、宣传宣讲、知识竞赛、青年思辨、经典诵读等活动形式,利用爱国主义教育基地、地方红色教育基地和石油精神教育基地等资源深化主题学习,开展主题活动69场。组织召开学习贯彻团的十九大精神座谈会,集中学习团十九大的致词、团十九大报告精神、习近平总书记同团中央新一届领导班子成员集体谈话时的重要讲话精神。邀请出席团十九大的代表川庆钻探工程公司90025队机电工程师张鹏程分享参会的感受和工作实际。推进青年马克思主义者培养工程,关注第一期、二期学员返岗后的岗位实践锻炼情况,做好第三期"青马工程"学员的遴选工作。

(丁扬阳 王茜雯)

2023年4月6日,西南油气田公司在成都举办"青马工程"第一期示范培训班结业暨第二期开班仪式　　杨艺微　摄

【青年建功实践活动】 2023年,西南油气田公司团委坚持把引领青年岗位建功作为核心目标,助力西南油气田公司天然气年产量跨越400亿立方米新台阶,1篇报道(《西南油气田公司青年:冬季保供一线,有我坚守》)在杂志《中华儿女》全文刊发。启动青年职业生涯导航计划,从"入职培训期""实习锻炼期""职业成长期"3个阶段帮助青年科学制定个人职业生涯发展规划,1篇论文(《职业生涯发展视角下油气企业青年员工路径的再思考》)被《中国石油企业》录用。联合业务部门分层分类开展"青年论文交流会""青年论坛"等学术交流活动31场次、发布成果论文96个,邀请专业讲师讲授创新创效讲座49场次、覆盖青年千余人。丰富拓展"队号手岗赛"等品牌项目时代内涵,规范组建青年突击队159支1 829人,开展重大工程建设、隐患治理、冬季保供等突击活动381场次,解决实际问题千余项。组织全国一星级青年文明号、四川省青年文明号等14个青年集体围绕"奋进新征程,号声更嘹亮"主题,开展岗位建功活动43次,直接服务群众1 400余人次。采取"1+3"比武模式,举办青年岗位基本功"大比武"活动,授予38名青年"青年岗位能手"称号。以青年安全生产示范岗创建为载体,开展专题学习会726场次,"六个一"活动213场次,排查整治身边安全隐患778个。把握新时代青年多元现实需求,围绕思想状况、职业发展、生活情况等方面,开展各级思想调研工作200余次,解决实际问题九大项近百余个,受益623人。结合新入职培训、装置大修等契机,采取导师带徒、专题辅导、现场课堂等多种方式开展岗位练兵200余次,促进青年成长为"高、精、专"与一专多能相结合的复合型人才。

2023年,川庆钻探工程公司团委做好"岗号队手"调研工作,分片区对所属各单位"岗号队手"自建情况开展摸底调研,掌握基层团青组织实际情况。规范青年突击队队伍组建,落实习近平总书记给航天科技集团空间站建造青年团队和航空工业集团沈飞"罗阳青年突击队"队员们的回信精神。按照《中国石油天然气集团有限公司青年突击队工作管理办法》,开展川庆钻探工程公司2023年青年突击队创建备案活动,组建临时型、固定型、志愿型、专业型、常备型等不同类别或相互结合的青年突击队177

支,并报川庆钻探工程公司团委备案,组建5支川庆钻探工程公司级青年突击队并进行现场授旗。所属川庆井下作业公司团委打造"青年突击队+"品牌,组建"青年突击队"31支,在增储上产、提质增效、安全保障、科技创新等方面发挥青年的先锋作用。开展青年文明号创建评选工作。组织各级团青组织学习《中国石油天然气集团有限公司青年文明号活动管理办法》,创建2023—2024年度青年文明号37个。

（丁扬阳　王茜雯）

【青年志愿者活动】 2023年,西南油气田公司团委以"弘扬志愿服务精神,展现石油社会责任"为目标,突出具有石油特色的"中心、安心、爱心、关心"四心志愿服务体系,打造"青春志愿"系列品牌。印发《关于开展"3·5学雷锋纪念日"青年志愿服务活动的通知》,贯彻落实习近平总书记关于弘扬雷锋精神的重要指示精神,以"学雷锋树新风,西油青年争先锋"为主题,动员157支青年志愿服务队3 615名青年志愿者围绕"理论宣讲""燃气安全进课堂""青春志愿行,护航迎大运"等开展志愿服务活动337次,发放安全宣传资料3 600余份,接受现场咨询1 200余个。牵头组织青年志愿者为西南地区油气勘探开发"建设气大庆,建功'十四五',奋进新征程"主题劳动和技能竞赛推进会等大会提供志愿服务。

2023年,川庆钻探工程公司团委擦亮"宝石花"青年志愿服务品牌。各级"宝石花"青年志愿服务分队、小队学习贯彻习近平总书记对深入开展学雷锋活动作出的重要指示,川庆钻探工程公司团委组建志愿服务队到乡村振兴定点帮扶村开展"弘扬雷锋精神,传递川庆爱心"专项助学支教活动,通过宣传石油科普知识、共绘一幅画、捐助各类学习用具和体育用品等活动,为学生提供充足的精神食粮和丰富的物质资源,践行央企青年的社会责任与使命担当。川庆苏里格项目部团支部、川庆试修公司团委、越盛公司团委、川庆培训中心团委到成都自然博物馆联合开展讲解志愿服务工作,获赠成都自然博物馆感谢信,该活动被选入中国石油青年学雷锋志愿服务月微推送。各级团青组织围绕"青年志愿·情暖川庆"和"青年志愿·服务中心"两项内容开展志愿服务活动,用实际行动书写新时代"雷锋故事"。全年172支宝石花青年志愿服务队开展活动341场次,参与团员青年5 110余人,服务时长累计超10 000小时,受益人数13 489人。

（丁扬阳　王茜雯）

2023年2月23日,西南油气田公司共青团第一协作区联合遂宁市教育体育局开展"探秘天然气、安全进校园"石油科普公开课活动　　　　　　　　　　　　　　　　　　　　　　赵阳春　摄

【青年安全环保活动】 2023年,川庆钻探工程公司团委开展"人人讲安全,个个会应急"青年安全生产月活动,命名32个青年集体为川庆钻探工程公司2021—2022年度青年安全生产示范岗;开展川庆钻探工程公司2023年青年安全生产示范岗创建工作,65个集青年体参与申报创建工作。2个青年集体获集团公司2022年度青年安全生产示范岗。联合川庆钻探工程公司质量安全环保处、机关党委等部门开展全国安全宣传日活动,发放宣传资料500余份。开展第六届青年安全小视频征集等活动,征集原创青年安全小视频94部,评选表彰18部获奖作品,通报表扬76部优秀作品。所属川庆川西钻探公司团委组织团支部开展"讲形势,广宣传,抓实践,树典型"岗位讲述活动,调动团员青年降本增效的积极性和主动性。 （王茜雯）

【青年典型引领】 2023年,西南油气田公司团委注重典型选树、强化典型宣传,发挥先进典型示范引领由"点"到"线"、由"线"到"面"的辐射效应。开展评选争优活动,1个集体获评年度全国五四红旗团支部,1个集体被认定为年度全国青年安全生产示范岗,19个青年典型分获"共青团四川省委先进个人""集团公司团委先进个人"和"四川省企业系统先进个人"称号。在西南油田公司范围内开展"五四"评比活动,表彰五四红旗团组织25个、优秀共青团员18个、优秀共青团干部31个、优秀青年49个、青年安全生产示范岗16个、优秀青年突击队（手）36个（人）。联合新闻中心在"川油人"公众号上开设"青

春风采展"和"青春的样子,由我们来说"专栏,专题宣传报道西南油气田公司第六届"十大杰出青年"和典型青年集体、个人11期,形成看榜样、学榜样、做榜样的带动效应。

2023年,川庆钻探工程公司团委紧扣服务青年工作主线,发挥桥梁纽带作用。组织开展2021—2022年度团青工作先进集体和先进个人评选工作。围绕生产经营发展目标,紧贴青年发展需求,评选表彰川庆钻探工程公司五四红旗团委10个、五四红旗团支部(优秀青工组)45个、优秀共青团员34人、优秀青年70人、优秀团青干部35人。川庆钻探工程公司团委被集团公司评为五四红旗团委,1个集体被集团公司评为五四红旗团支部,2人被集团公司评为优秀共青团员,1人被集团公司评为优秀共青团青干部;1个集体获四川省企业系统评为五四红旗团委,1人被四川省企业系统评为优秀共青团员、1人被四川省企业系统评为创新创效青年先锋。（丁扬阳　王茜雯）

【青年文化活动】 2023年,西南油气田公司团委灵活运用共青团协作区平台开展户外团建活动,以青年喜闻乐见的团队游戏、live演唱会等方式,串联乐趣与共鸣。联合四川省环科院、成都高新区法院等单位,开展联谊活动15场次,促进各行业各领域青年交流交友。推动"青年之家"阵地建设,完成1个"青年之家"打造并投入使用,被评为四川省遂宁市"示范性青年之家"。

2023年,川庆钻探工程公司团委开展青年各类文化活动。探索青年更受欢迎的方式搭建交友平台,与工会举办"因'油'而遇,邂逅浪漫"长庆片区、"古韵心声,畅'油'七夕"成都片区单身职工联谊活动,以近年来受青年喜欢的露营派对、汉服文化体验等形式搭建青年可靠交友平台,让青年在趣味游戏中认识彼此,拓宽交友圈,参加活动的青年单身职工超500人。组织青年组队参加成都城市足球八人制联赛(企业组),连续多年获优异成绩。所属川庆地研院团委开展以石油文化为载体的户外拓展,通过"重温石油历史""石油运输""石油在我身边"等团建活动,引导青年追寻着铁人精神奋斗绵延的足迹。

（丁扬阳　王茜雯）

# 精神文明建设

【概述】 2023年,西南油气田公司以习近平新时代中国特色社会主义思想为指导,学习宣传贯彻党的二十大精神,落实集团公司党组和西南油气田公司党委各项决策部署,围绕企业高质量发展目标,举旗帜、聚民心、育新人、兴文化、展形象,为天然气年产量跨越400亿立方米提供思想保障、舆论支持、精神动力和文化条件。

2023年1月11日,西南油气田公司在成都召开的2023年工作会暨五届二次职代会、工代会上表彰2022年度劳动模范

敬宇翔 摄

2023年,川庆钻探工程公司坚持以习近平新时代中国特色社会主义思想为指导,深入学习党的二十大精神,贯彻落实集团公司党组决策部署,守正创新、锐意进取、拼搏实干,开创宣传思想文化工作新局面。川庆钻探工程公司获"中油技服'企业文化建设'先进单位"称号。

（廖书弘　文　毅）

【政治理论学习】 2023年,西南油气田公司落实"第一议题"制度,第一时间跟进学习习近平总书记最新重要讲话和重要指示批示精神,提升领导干部综合素质与专业能力,在第一批学习贯彻习近平新时代中国特色社会主义思想主题教育中,采取原文集中学、上下辅导学、专题研讨学、主题报告学、党课深入学、结对联合学"六维"学习模式,并总结运用到第二批主题教育中,督导所属44家单位党组织班子落实,推动党的创新理论学习走深走实。

发挥党委理论学习中心组的示范带动作用，探索实践研学形式，首次以视频会形式与云南石化公司党委开展中心组联学，以党建协作区互联共建推动互促共赢；落实对基层单位监督指导，制订印发年度中心组学习计划，发布4期季度学习要点提示，坚持每季度抽查调阅，确保理论学习内容全面、重点靠实、纪律严肃，推动两级理论学习规范化。党委理论学习中心组全年开展集体学习17次，集中学习内容154项，形成交流发言稿31篇。

2023年，川庆钻探工程公司推进主题教育理论学习，组织实施主题教育领导班子读书班，分3期集中7天落实集中学习、专题研讨、专题党课、专家辅导等规定动作，原原本本、逐字逐句学习《习近平著作选读》第一卷、第二卷等书籍，开展学习研讨2次，撰写心得体会14份。开展党委中心组集中学习13次，其中专题研讨6次、专家辅导3次，中心组成员参加集体学习89人次，研讨发言42人次。把主题教育规定学习书籍纳入党委中心组学习，反复学习研讨党的二十大报告、党章、习近平总书记对中国石油和中国石油相关工作重要指示批示精神等重点内容，学习习近平文化思想、中央经济工作会议精神等内容，确保学懂弄通做实。各单位党委中心组2023年开展集中学习248次、专题研讨135次。（廖书弘 文 毅）

【思想政治教育】 2023年，西南油气田公司开展"转观念、勇担当、新征程、创一流"主题教育活动，在（深入学习、宣讲讨论、对标提升、岗位实践）4项重点任务上精准发力，开展线下宣讲，邀请党的二十大代表、全国人大代表、机关处室负责人等组建片区宣讲团，分片区深入基层宣讲，所属44家二级单位实现全覆盖。全新推出"线上云课堂"宣讲，制作《奋斗2023》4集专题片，在"西油记"、四川石油电视频道等平台同步上线，阅览量超11万人次。动员干部员工开展"新征程、新使命、新作为"大讨论活动，激发全体员工积极性、主动性、创造性，形成指导实践、推动工作的具体举措。

2023年，川庆钻探工程公司推进示范单位创建工作，川庆钻探工程公司及川庆井控应急中心通过四川省文明单位验收，川庆培训中心通过四川省最佳文明单位验收。川庆井控应急中心获"四川省国资委党委系统国有企业'四心一高'基层思想政治工作示范点"称号。"形势、目标、任务、责任"主题教育活动实现全面覆盖。制订活动方案和"形势、目标、任务、责任"主题宣讲课件，组建5个宣讲组到各片区58个会场开展集中宣讲活动13场次、受众1 200余人，督促各单位深入基层一线、边远队站开展宣讲，确保"形势、目标、任务、责任"教育全覆盖。组织参加四川省社会主义核心价值观主题微电影（微视频）作品征集和四川省学雷锋活动示范点、岗位学雷锋标兵创建活动，组织开展《生命底色》集中观影活动，引导员工讲道德、尊道德、守道德，追求高尚理想。开展员工思想动态工作调研，总结形成涵盖11类问题14项建议的员工思想动态调查分析报告。

（廖书弘 文 毅）

【意识形态工作】 2023年，西南油气田公司落实意识形态工作责任制，探索新形势下意识形态工作新方法和新思路，掌握意识形态工作的领导权和主动权。每年向西南油气田公司党委作2次专题汇报意识形态工作，加强对重大问题分析研判和重要任务统筹指导。把意识形态工作纳入党建责任制考核，作为巡察工作必选项，组织巡察人员业务培训，紧盯关键重点，推动落实落地。党的二十大前后，开展意识形态工作专项检查，对所属44家基层单位实施全覆盖，梳理汇总问题132条，形成整改清单、落实立改即改。强化网络意识形态阵地管控，加强对各类媒体平台的全面摸底调查、备案登记、动态管理，做到守好阵地、管好队伍。举办宣传思想文化工作培训班，促进宣传思想文化战线素质整体提升。

2023年，川庆钻探工程公司贯彻执行四川省委宣传部、四川省委网信办、四川省国资委党委要求，开展意识形态工作责任制、网络安全和网络意识形态工作责任制自检自查。树牢"一盘棋"思想，把意识形态工作责任制落实情况纳入川庆钻探工程公司党委巡察、党建工作责任制考核，反馈问题并督促整改落实，推动构建党委统一领导、党政齐抓共管、宣传部门组织协调、有关部门分工负责的工作格局。

（廖书弘 文 毅）

【新闻宣传】 2023年,西南油气田公司聚焦重大成就、重大专题、重点工程新闻在央视等主流媒体平台的集中规模宣传,组织策划系列主题报道。全年8个重大专题宣传44条新闻在中央电视台轮播100余次。西南油气田公司达产400亿立方米、资201井投产、大页1H井获气发现盆地新层系等3个专题报道先后登上中央电视台"新闻联播"。"蓬深6井破亚洲最深直井纪录"相关报道在《人民日报(海外版)》一版刊发,并登陆央视"新闻30分""新闻直播间""经济信息联播"等栏目,形成规模宣传声势;"西南油气田公司建成我国特高含硫气田"等专题宣传登录央视栏目,成为海内外媒体关注热点。万米深井深地川科1井开钻获中央电视台、"封面新闻"《中国石油报》等3家媒体全程现场直播,30余家平台同步直播,总播放量超千万次,实现中国石油首次登上央视直播,并首次以主图形式亮相国务院官方网站,引发社会广泛关注。围绕西南油气田公司建成年产400亿立方米大气区、累计生产天然气突破6 000亿立方米、油气当量再次突破3 000万吨等重大节点,做好重要节点宣传策划。紧扣第一批、第二批学习贯彻习近平新时代中国特色社会主义思想主题教育基调,在省部级、地市级媒体发布相关报道324篇,营造主题教育浓厚舆论氛围。在成都世界大学生运动会期间推出系列保供宣传,营造良好社会形象。

2023年,川庆钻探工程公司开设专题专栏,开展贯彻落实党的二十大精神和习近平新时代中国特色社会主义思想主题教育专题报道,聚焦建设世界一流企业,打好提质增效、技术立企、数字赋能三大新闻攻坚战。在三大媒体平台编发新闻稿件2 482篇,出版发行内部期刊3期。围绕重点工程重点项目,策划开展打成亚洲最深直井蓬深6井、深地川科1井开钻、扬帆出海向未来等系列专题报道,并通过中央和行业主流媒体传播,提升企业品牌形象。在《中国石油报》发表稿件95篇,在中国新闻网、新华网、人民网、央视频等外媒平台发表稿件、视频等42篇(部),深地川科1井相关报道登上央视和各大主流媒体,获各类奖项53件。其中,微纪录片《奇迹》获《人民日报》(海外网)第五届全球华人生活短视频大赛"一带一路"特别作品奖,是中国石油唯一获奖作品。8件新闻作品获中国石油优秀新闻奖,44篇文章获中油技服"弘扬铁人精神,讲好技服故事"征文大赛奖,马里、刘玉在全国石油石化能源系统首届"好记者讲好故事"演讲比赛中分别获"十佳记者""优秀记者"荣誉。推进国际传播,20多篇原创作品在中国石油facebook、推特海外账号发布,国务院国资委新闻局采纳10余篇。

(廖书弘 文 毅)

2023年9月6日,中国石油媒体开放日——走进国内最大天然气净化厂,在天然气净化总厂遂宁净化公司举行    李宇摄

【先进典型宣传】 2023年,西南油气田公司聚焦天然气年产量跨越400亿立方米进程中涌现的先进典型人物和事迹开展宣传,把倡导的石油精神、大庆精神铁人精神转化为职工看得见的形象事迹,在企业凝聚起干事创业的澎湃正能量。搭建平台持续放大典型效益,中国天然气领域第一项国际标准的召集人周理入围中国石油"感动石油人物"提名,2023年重庆五一劳动奖章获得者王军做客人民网重庆频道演播厅,分享在科创领域的最新成果和实践经验,探讨未来的发展方向和目标。挖掘基层一线典型奋斗故事,以举办纪念铁人王进喜诞辰100周年活动为契机,邀请全国劳模、石油青年、科研工作者等谈体会、谈感悟,分享时代精神,用真挚的话语、感人的画面让在场每一个人产生情感共鸣,推动榜样精神力量持续传递升温;通过"西油记""川油人"公众号、《四川石油报》、四川石油电视台、西南油气田公司主页等平台,针对企业改革发展过程中涌现出的劳动模范、先进个人等开展专题宣传,向集团公司推送西南油气田公司先进典型宣传稿件。

2023年,川庆钻探工程公司选树表彰"川庆榜样"(新时代川庆铁人)刘泽明,举办表彰大会暨先进事迹报告会，深入遂宁、威远、苏里格、长庆、塔里木片区开展巡回宣讲，并受塔里木油田公司特邀举办宣讲会，累计受众超1.5万人次，引起强烈反响。筹办"纪念铁人王进喜诞辰100周年"先模事迹报告会，组织不同战线的5名先模代表进行宣讲，线上线下受众超3 000余人次，营造向铁人学习、向身边榜样学习的氛围。（廖书弘 文 毅）

【舆情管理】 2023年，西南油气田公司深化舆情导控，坚持网上网下一体处置，针对性做好突发事件舆情应急处置和日常网络评论，印发《关于做好特别重点阶段舆情管理工作的通知》《新闻舆论工作"十条提示"》，做好全国"两会"、冬季保供等特殊敏感时段舆情升级管理工作，确保舆情整体平稳可控。创建舆情通联互动新模式，开展2期"西油故事·融媒研习社"活动，通过联合"政、企、媒、学"四界资源推演验证，创新主题分享、案例分析、情景演绎、攻防演练等为一体的方式，构建"政企媒学"互信互认平台。坚持召开舆情通联会，邀请四川省委宣传部、网信办等业务主管部门走进西南油气田公司共享信息、共研风险、共享案例、共商举措，受到四川省委宣传部肯定。壮大媒体"朋友圈"，与国内重点媒体"红星新闻"建立战略合作关系，进一步畅通内外协同的舆情通联渠道。举办网评工作"创四优"竞赛活动，首次采取分片区、送服务形式举办4期网评工作交流座谈暨培训会，牵头承担中央网信办"中国石油四支队"网评任务，600人网评员队伍全年完成各级任务4万余次，获"集团公司优秀网评集体"称号，1人获评"集团公司百佳优秀网评员"称号。

2023年，川庆钻探工程公司加强舆情监测和预警，分析研判处理敏感信息42条，成功处置首起境外倒灌舆情，未发生舆情扩散和恶意炒作，舆情形势稳定可控。制定《川庆钻探工程公司员工网络行为八项规范》，开展个人社交媒体账号专项清理和敏感信息专项排查。修订发布《川庆钻探工程公司新闻突发事件应急预案（D版）》，开展新闻舆情、交通安全和危化品运输突发事件联动应急演练，提升现场应急处置能力。完成网评员扩容计划，新增200余名网评员，完成各类网评任务2万余次，获"集团公司网评先进单位"称号，1名网评员获"集团公司优秀网评个人"称号，18名网评员被选聘为国家网信办网评员。

（廖书弘 文 毅）

【企业文化品牌建设】 2023年，西南油气田公司完善以川油精神和合气文化为重要支撑的新时代天然气产业文化建设，推动文化引领战略部署，着重加强子文化、专项文化建设，指导蜀南气矿"战气文化"、输气管理处"输气文化"两项子文化成果发布，丰富合气文化内涵。印发《西南油气田公司新时代品牌引领行动实施方案》，打造"1+N"品牌模式，形成"一核多极"品牌格局。加强文化阵地建设，加大顶层设计力度，开展工业文化遗产及文化资源保护利用专题研讨和实地踏勘，对标西南油气田公司天然气产量500亿立方米发展规划，印发《西南油气田公司文化资源保护利用实施办法（试行）》，促进文化资源的保护利用，7个阵地分获集团公司"第二批石油精神教育基地""工业文化遗产"称号，获评总数位列集团公司第一。抓实社会责任和精神文明建设，西南油气田公司成功创建四川省最佳文明单位，一家二级单位成功创建四川省文明单位。首次代表西南油气田公司以党建类科研课题申报四川省科学技术进步奖，提升软科学研究含金量。重视石油精神和大庆精神铁人精神、川油精神的再学习再教育再传播，以精神内动力推动文化品牌管理效力持续提升。

2023年，川庆钻探工程公司策划实施科研楼"复杂油气攻坚者"形象展示项目，推动攻坚文化精品落地，与已有石油精神教育基地和各单位企业文化展厅形成相互支撑、丰富立体的思想文化阵地。组织实施深地川科1井场景文化建设，推动"攻坚文化"在国家重点工程项目中有形展示，扩大"川庆品牌"的宣传效应。参加集团公司第七届新媒体内容创作大赛，川庆钻探工程公司被评为大赛优秀组织单位，17件作品分别在微记录、微电影、摄影作品、动漫H5作品、随手拍作品单项评选中获奖，创造历年最好成绩。推进《安全文化建设指导手册》实践应用，组织召开安全文化分委会议2次，打造和丰富以攻坚文化为统领，以创新、安全、绿色、质量、廉洁、海外和"家"文化为支撑的攻坚文化实践体系。推进"1+36"特色技术推介片摄制工作，完成《烈火雄心》专题片摄制，推介川庆钻探工程公司宣传片《追着石油走》获四川省国资委企业形象宣传片展播一等奖。推动文化和文艺工作融合发展，文联成员韩刚创作的歌曲《大家小家》获全国总工会宣传教育部、国资委宣传工作局"喜迎二十大·建功新时代"全国企（行）业歌曲、职工舞蹈、职工曲艺小品征集展演活动优秀作品奖。弘扬石油精神和大庆精神铁人精神，宣贯集团公司、中油技服新版《企业文化手册》，制定和发布川庆钻探工程公司新版《企业文化手册》。制定发布《新时代品牌引领行动实施方案》，明确品牌建设任务目标、行动纲要。开展"复杂油气攻坚者品牌塑造及推广途径研究"软科学研究。组织参加西博会等行业展示交流活动，申报参与四川省国企十大企业文化品牌评选活动。

（廖书弘　文　毅）

**【思想政治理论研究】** 2023年，西南油气田公司提升政研工作质量，强化政研成果转化，开展2020—2021年度优秀政研成果评选表彰，征集成果168篇，评选出优秀政研成果一等奖、二等奖、三等奖共80篇。在集团公司2020—2021思想政治工作研究会研究成果和学习贯彻习近平总书记"七一"重要讲话精神研学课题成果评选中，获一等奖2项、二等奖1项、三等奖3项。印发《关于加强2022年度四川省石油系统职工思想政治工作研究会课题研究及相关工作的通知》，收集各单位上报成果110余篇。组织集团公司思想政治工作案例、论文的推荐上报，编印《工作与研究》2期。

2023年，川庆钻探工程公司立项政研课题46个，向集团公司政研会报送课题2个、党建研究会1个、石油企协1个，"新时代工程技术服务企业加强和改进思想政治工作路径研究"课题成果获评集团公司二等奖、四川省石油企业管理协会一等奖、中国石油企业协会三等奖。

（廖书弘　文　毅）

**【统战事务】** 2023年，西南油气田公司把统战工作融入生产经营各环节，为高质量发展提供和谐稳定的思想保证和智力支持。深化理论培训，聚焦在统战工作领域宣贯落实党的二十大精神，开展"凝心铸魂强根基、团结奋斗新征程"主题教育和"学习贯彻二十大、团结奋进新征程"主题活动，首次以党委班子成员承包"责任田"形式，组织宣讲，强化思想引领。开展专项调研，形成《关于做好新形势下西南油气田公司统一战线工作的调研报告》，组织统战成员围绕高质量发展建言献策、贡献智慧，征集合理化建议、意见10余条，征集提案2个。做好人大代表和无党派人士认定推荐，推荐2人完成集团公司无党派人士政治面貌认定，推荐1名优秀党外知识分子担任成都市第十八届人大代表，为构建和谐企地关系和营商环境、服务地方经济社会发展发挥积极作用。深化与党外代表人士联谊交友，开展送活动、送服务、送政策、送培训、送文化，增进彼此信任共识。

2023年，川庆钻探工程公司加强党对统战工作全面领导，开展"学习贯彻二十大，团结奋斗新征程"主题活动，推进理论学习、建言献策、调查研究、联谊交友等重点工作。举办民主党派成员、无党派人士和党外知识分子"凝心铸魂强根基、团结奋进新征程"主题教育专题培训班，川庆钻探工程公司领导作专题辅导，61名统战人员参培，锻造"政治上绝对忠诚、思想上紧紧跟随、情感上深刻认同、行动上坚决捍卫"的统战队伍。组织召开2023年党外代表人士座谈会，川庆钻探工程公司领导与8名党外代表人士座谈交流，听取意见建议。加强党外代表人士建言献策专家工作室建设，钻采院土文斌工作室被命名为中国石油首批党外代表人士建言献策工作室，是10个工作室之中工程技术服务领域唯一代表。邀请8名民主党派成员列席川庆钻探工程公司2023年工作会议，为川庆钻探工程公司发展献计献策。围绕核心技术攻关、重点项目建设、改革发展和党的建设等中心工作，组织开展川庆钻探工程公司统战工作、民族工作专项调研，形成调研报告21篇，2篇调研报告获评集团一等奖，民族工作调研报告获评集团公司优秀调研报告。完善统战成员基础信息台账，建立统战重点成员名单，挖掘统战人才。

（廖书弘　文　毅）

**【媒体报道资201井】** 2023年4月8日，资201井在全球首次发现距今5.4亿年的寒武系古老页岩地层具有商业开发价值的高产工业气流。新华社、中央电视台、《人民日报》《经济日报》等10余家中央媒体第一时间报道，《四川日报》、四川电视台、上海东方卫视等70余家国内媒体转载刊播。4月8—9日，中央电视台在3个频道6档栏目中先后报道该新闻13次。其中，央视CCTV-1综合频道和CCTV-13新闻频道"新闻联播"、CCTV-4中文国际频道"中国新闻""今日环球"、CCTV-13新闻频道"新闻直播间""24小时"栏目以《我国页岩气新层系勘探取得突破》为题报道，全国31个省区市卫视同期联播。在央视系列新闻播报的同时，各大中央主流媒体先后在第一时间发布消息。其中，《人民日报（海外版）》、新华社刊发消息《四川盆地在5亿多年前页岩地层钻获高产工业气流》；人民日报客户端、光明日报客户端发布《我国首次在5亿多年前页岩地层中钻获高产气藏》；经济日报发布消息《寒武系页岩地层首次钻获高产气藏》；《科技日报》《新京报》、中新网、中国日报网、中国青年网等主流媒体第一时间刊发《我国首次在5.4亿年前寒武系古老页岩地层中钻获高产气藏》消息，引起国内外广泛关注。消息被人民网四川频道、东方卫视、凤凰新闻、四川新闻联播、四川观察、《四川日报》、四川经济网、封面新闻、四川新闻网、红星新闻网、《解放日报》《华西都市报》《四川工人日报》《北京晚报》《南京日报》、中国西藏网等中央驻川及国内权威媒体转载发布。据不完全统计，百度搜索相关报道高达1亿条，进一步提升西南油气田公司知名度与美誉度。

（张曦予　敬宇翔　彭刚）

【**特高含硫气田铁山坡气田全面达产报道**】 2023年6月6日，中国石油首个自主开发的特高含硫气田铁山坡气田全面达产的消息受到《人民日报》、新华社、中央电视台等10余家中央媒体的广泛关注和报道，总浏览量超千万次。6月6—8日，央视"朝闻天下"、央视CCTV-13新闻频道"新闻直播间"、央视CCTV-2财经频道"正点财经"先后以《我国特高含硫气田开发技术实现新突破》为题作报道。各大中央主流媒体先后在第一时间发布消息。其中，人民日报客户端发布《新突破！我国首个，全面投产》和《国内硫化氢含量最高整装气田全面达产》两篇报道；央视新闻客户端以《"少井高产"！我国特高含硫气田开发技术实现新突破》为题进行报道；央视财经客户端以《重大突破！我国首个，全面投产》为题进行报道；新华社发布消息《四川盆地铁山坡气田日产天然气400万立方米》；中国新闻网发布消息《中国硫化氢含量最高整装气田在四川全面达产》；光明网发布消息《铁山坡气田在四川全面达产 我国特高含硫气田开发技术实现新突破》；光明日报客户端刊发《铁山坡气田在四川全面达产 我国特高含硫气田开发技术实现新突破》；科技日报客户端刊发《我国首个，全面投产》；环球网发布《重大突破！我国首个，全面投产》和《"少井高产"！我国特高含硫气田开发技术实现新突破》两篇报道；中国能源局刊发《中国石油首个自主开发特高含硫气田全面达产》，人民网四川频道、东方卫视、四川卫视、凤凰新闻、四川观察、《四川日报》、四川经济网、红星新闻、封面新闻、四川新闻网、《四川工人日报》《学习强国》《新京报》《中国化工报》《长江日报》等100余家中央驻川及国内媒体转载发布。

（张曦予　彭刚　胡婷婷）

【**深地川科1井媒体开放日活动**】 2023年7月19—20日，西南油气田公司在剑阁举办"探访中国石油深地川科1井"媒体开放日活动，新华社、中央电视台、中新社、人民网、《四川日报》、红星新闻网、封面新闻等14家媒体40余名记者走进深地川科1井开钻现场采访建设情况，了解万米深地油气钻探技术与装备运用。西南油气田公司总经理、党委副书记何骁，副总经理余朝毅；川庆钻探工程公司总经理、党委副书记李雪岗参加活动。据不完全统计，截至2023年7月21日，《人民日报》、新华社、中央电视台、中新社、《工人日报》等中央媒体第一时间报道深地川科1井开钻新闻，中央电视台、封面新闻还在开钻当天直播，10余家中央驻川、省级媒体发布深度稿件、视频新闻，掀起国内各大媒体平台转载热潮。

（刘梅）

【**媒体报道西南首个年产400亿立方米大气区建成**】 2023年12月14日9时，西南油气田公司年产天然气量突破400亿立方米，达到400.001亿立方米，中国西南首个年产400亿立方米大气区正式建成，实现程碑式跨越。达产当日，《人民日报》、新华社、中央电视台、中新社、《科技日报》等10余家中央媒体第一时间报道该消息，《四川日报》、四川新闻网、红星新闻等20余家媒体以深度稿件、H5、短视频等形式解读西南油气田公司上产400亿立方米，引起全网转载、讨论热潮。中央电视台在4个频道7档栏目中先后报道该新闻。其中，央视CCTV-1综合频道"新闻联播"、CCTV-13新闻频道"新闻直播间""朝闻天下""新闻30分"、CCTV-4中文国际频道"中国新闻""今日环球"、CCTV-2财经频道"正点财经"栏目分别以《我国西南油气田年产天然气突破400亿立方米》《我国西南地区建成年产400亿立方米大气区》《中国西南油气田年产天然气突破400亿立方米》等为题进行视频播报。新华社客户端刊发消息《我国西南首个年产400亿立方米大气区建成》，并同步向海外播发法语、日语、韩语、泰语等多种版本，中工网、中国经济网、新华网等19家省部级媒体转载发布；人民日报客户端刊发消息《占全国1/5！中石油西南油气田年产量跨越400亿方大关》，人民网各平台发布《能源强川，跨越400亿！西南油气田按下高质量发展快进键》等深度稿件4篇；中国新闻社、《科技日报》等中央媒体纷纷发布报道，四川电视台、上海东方卫视、《中国能源报》、澎湃新闻等数十家国内媒体转载刊播。《四川日报》、四川新闻网、红星新闻、封面新闻、《四川经济日报》、石油LINK等媒体推出多种形式的深度报道，揭秘西南首个年产400亿立方米大气区如何建成。

（张照东　张曦予）

2023年6月6日，西南油气田公司举办媒体开放日——走进中国石油首个自主开发特高含硫气田铁山坡气田　　韩超摄

# 维稳信访安保与平安建设

【概述】2023年，西南油气田公司维稳信访安保工作坚持以习近平新时代中国特色社会主义思想为指导，学习贯彻党的二十大精神及习近平总书记关于平安中国建设、加强和改进人民信访工作重要指示精神，围绕企业中心工作、服务发展大局，推动各项决策部署落地落实，推进"安防标准化建设""涉油气案件防控能力建设"两个硬提升；油气田及输油气管道安全保护专项整治工作落实率超95%；确保全国"两会"、成都世界大学生运动会等重点阶段维稳信访安保工作万无一失，为天然气上产500亿立方米营造平安稳定的内外部环境。西南油气田公司获集团公司成都大运会特别重点阶段电报嘉勉，通过集团公司"平安企业"复审，蝉联集团公司"平安企业"称号。

2023年，川庆钻探工程公司维稳信访安保工作围绕中心、服务大局，突出风险隐患源头治理、《信访工作条例》落实落地、安保防恐要素管理、干部队伍防范处置能力建设，完成全国"两会"、成都大运会、杭州亚运会等特别重点阶段维稳信访安保工作任务目标。稳定形势总体受控、改革发展总体平稳、员工队伍总体稳定，获集团公司成都大运会特别重点阶段电报嘉勉。

（许　新　宁　波　曾虹婷）

【维护稳定工作】2023年，西南油气田公司印发《西南油气田分公司2023年维稳信访安保（平安建设）工作要点》，制定7个方面27项举措，抓好维稳信访安保各项措施落实。压实成都大学生运动会期间维稳信访责任，制定印发《西南油气田分公司大运会特别重点阶段维稳信访安保工作方案》，细化8个方面24项工作举措。对西南油气田公司机关13个部门和46个二级单位下达特别重点阶段工作责任令，向所属12家涉稳重点单位下达预警函（警示函），组建驻蓉工作专班，稳控重点群体和重点人员，实现既定任务目标，确保重点时段大局和谐稳定。精准防控稳定风险，指导做好"油公司"模式、退休人员社会化管理、乘用车业务、宝石花医疗、物业收费等重大改革事项的稳定风险评估，做好涉及职工群众切身利益事项的稳定风险识别、分析和评估，制订有效预防、控制、化解措施和风险应对预案，及时发现和化解出现的矛盾，维护好广大员工群众切身利益，建立起覆盖街道社区、各类群体、班组站队各方面广泛的信息员队伍，及时掌握敏感性预警性信息，始终掌握维稳信访工作的主动权；加强舆情信息、异常情况收集分析，线上协调党委宣传部，线下联合基层单位网格员、信息员加大不稳定信息摸排，抓好信息梳理和舆情研判，上报监测报告27期。加强不稳定因素源头排查与化解，提升各级组织矛盾纠纷排查调处能力，建立企业调解员人才库，首批聘任调解员135人，其中包含资深调解员52人。按照《四川油气田不稳定因素和矛盾纠纷排查调处工作指导意见》，指导各级组织开展定期排查、专项排查、"两会"期间和成都大运会前重点时段排查等，2023年各级组织排查出不稳定因素和矛盾纠纷388项，化解376项，化解率96.9%。以5月信访法治宣传月为载体，组织开展"贯彻二十大、落实新条例、开创新局面"的《信访工作条例》实施一周年主题宣传活动。开展《信访工作条例》微视频展播，网页点击量1400余次，各单位组织员工集中观看，宣传覆盖2万余人。开通铁人先锋App《信访工作条例》线上答题活动，1.4万余人参与答题，4800余人参与"中油e学"考试，考试通过率97%。通过集中学习、培训讲座、现场宣传咨询、开辟专栏、悬挂标语、张贴海报、发放宣传单和手册等方式营造宣传氛围，把信访法律知识、法律精神、法律服务送到基层一线，增强员工群众和信访干部办事依法、遇事找法、解决问题用法、化解矛盾靠法的意识。

2023年，川庆钻探工程公司贯彻落实习近平总书记关于加强和改进人民信访工作的重要思想和第九次全国信访工作会议精神，安排部署6个方面21项年度重点工作。川庆钻探工程公司与各二级单位签订维稳信访工作责任书22份，各级党组织严格落实维稳信访、安保防恐、平安建设工作第一责任。升级管控全国"两会"、成都大运会、杭州亚运会等特别重点阶段，召开川渝地区油气供应和生产运行管理工作部署专题会，安排维稳安保工作，下达责任令、舆情监测令、风险提示函4批次，参与集团公司检查组特别重点阶段维稳安保工作督导检查2次，参加驻川企业专题协调会，制订预案、压实责任、严控舆情，以单位自查自改、片区综合检查、巡回驻扎式督导等方式，严查薄弱环节，堵塞隐患漏洞。安保防恐风险隐患"大排查、大督查、大整改"专项活动排查风险隐患108项，整改120余项，实现大运会前动态"清零"。主题教育期间成立两个专班，开展长庆、川渝、新疆区域工作调研，访谈基层班子73人，员工348人，问卷调查478份，发掘9家单位经验做法，整理6个方面17项问题并督促整改。印发《关于深入践行"浦江经验"推动领导干部接访下访解决信访问题工作方案》，完善领导干部接访下访机制。开展涉稳群体、人员专项摸排，逐级分类评估、制定措施，掌握处置主动。推动区域化网络舆情监测，按照"集中监测、分级研判、分散处置"原则，加强舆情信息、异常情况收集分析以及内部信息线索研判预警，上报监测报告33期，其中两级网格管理人员浏览信息13万余条，处置涉稳舆情信息10条。

（许　新　曾虹婷）

【信访工作】2023年，西南油气田公司信访总量325件（批）次，其中来访121批次，办理各渠道来源群众来信134件次。信访事项及时受理率100%，按期办结率100%、群众满意率95%，未发生规模性群体访和进京访。升级"群众满意窗口"，推进机关信访接待场所信息化升级改造，打造功能齐全、设施完善、环境温馨的员工群众满意窗口，实现视频监控全覆盖，多功能会议室远程接访，来访身份信息自动录入等功能。化解突出信访问题。坚持和发扬"枫桥经验""浦江经验"，开展"大调研大督查大接访"活动，到基层一线与员工、信访群众面对面接谈、实打实解决问题，开展下交流10余次。完成中央第十巡视组交办件的办理工作，形成专项办理报告上报集团公司；推动重点事项办理，就宝石花医院医疗改革员工关心关注的核心问题，组织人力资源部、矿区管理部相关工作人员与四川宝石花医院、成都宝石花医院员工代表座谈交流，就员工相关诉求进行解释疏导和引导。妥善处置个别滞留缠访，牵头组织人力资源部、企管法规部、工会、矿区管理部、工会、社保中心业务专家联合接访，确保把集体上访牵头人稳控在当地。常态化抓好"治重化积"专项工作，推动涉事单位输气管理处成立工作专班，落实包案领导机制、制订"一案一策"化解方案并推进实施，2件重复信访和信访积案通过国家、四川省、西南油气田公司三级评审认定化解清零。

2023年，川庆钻探工程公司落实信访工作责任，依靠各级组织，做好职工群众接访工作，畅通网上信箱、电话、信（函）件等渠道，运用信访管理平台、川油心声公众号、党组信箱、职工信箱等信息化平台，确保及时回应职工群众诉求表达。川庆钻探工程公司及所属各单位处理群众来访20件（次）、来信7件（次）、电话访9件（次），办理完成集团公司交办信访件3件（次）。开展新冠肺炎疫情矛盾纠纷排查化解，督导基层单位落实带案下访，加强职能部门联动、做好解释疏导。运用"党组信箱""川油心声"搭建员工发声说事表达诉求的信息平台，助推矛盾隐患在基层发现和解决。全年办理各信息平台留言181条，基层自建信息平台处理占比71%。（许　新　曾虹婷）

【平安建设工作】 2023年，西南油气田公司成立平安企业建设领导小组，下设政治安全、依法合规、网络安全、公共安全、综治安保和维稳信访等5个非常设专项小组。组织召开四川油气田平安建设工作会，印发《四川油气田2023年平安建设工作安排意见》《关于开展四川油气田"贯彻二十大、落实新条例、开创新局面"平安建设活动的通知》，统筹谋划推动全年重点工作。压实平安建设工作责任，签订平安建设责任书820份，形成"纵到底、横到边"的责任体系。注重平安建设经验推广交流，西南油气田公司作为5家企业代表之一，在集团公司平安企业建设推进会上作《筑平安建设之路，谱和谐共生乐章，为西南油气田公司改革发展保驾护航》经验交流。汇编四川油气田层面14篇典型工作经验材料，形成5期平安建设工作简报，印发至基层各单位交流借鉴学习。开展2022年"激活平安细胞，构筑和谐企业"平安创建竞赛活动，评选出优胜单位5家、先进单位18家、先进集体50个、平安创建示范场站40个、平安创建示范小区16个、平安创建示范班组17个、平安之星200个。开展宣传教育，以"川油心声"公众号为平台，开展"讲述平安好故事"活动，发布来自基层单位的车祸救援、落水救援、扑灭山火等平安故事，传递正能量，营造平安氛围。

2023年，川庆钻探工程公司召开四川油气田两级平安建设工作会、联席会议8次，巩固问题联治、矛盾联调、工作联动的良好局面。进一步完善省、市、县到镇一级的各级联系协调和联防联动机制，联合地方党委政府打造"党建+平安建设"示范工程，同内江市、威远县政法委和广元市、剑阁县政法委先后在威远页岩气工区、深地川科1井项目试点实施，形成以地方政法、公安、信访、经信、安全、应急等部门为主体的"工作专班"，推动建立平安建设工作室、三级联系机制，解决内部问题、强化外部协调。发挥"党建+平安建设"共建共治作用，川庆页岩气项目经理部在威远县政法委、公安局的支持和保障下，打击处置突发事件不法人员20余人，油气开发阻工数量下降55%。在深地川科1井建立驻井警务室、群众服务中心等工作阵地，安装一键报警装置，审查驻地及相关人员背景165人次，摸底周边20千米范围的社会群众，每周派驻2名警务人员协同维稳安保工作人员开展驻地及周边5千米范围内的巡逻摸排，保障钻井生产平稳运行、地企关系平安稳定。组织开展员工法规培训，加强员工法治宣传教育、严厉整治违法违规行为，出台一套实施办法和行动方案，有效遏制黄、赌、毒、酒等案（事）件发生。组织《信访工作条例》再学习再落实再提升系列宣传月活动，办事依法、遇事找法、化解矛盾靠法意识逐步增强。提升干部队伍能力素质，组织26人次参加7期集团公司培训班、51人参加川庆钻探工程公司培训班。维稳信访安保文化建设，组织拍摄电影《守护者》，谱写《信访工作者之歌》，制作群体性突发事件应急处突教学视频。电影《守护者》在集团公司处级干部培训班首映，参评中宣部精神文明建设"五个一工程"评选活动。

（许　新　曾虹婷）

【内部保卫】 2023年，西南油气田公司开展安保管理体系建设，以"实用、管用、够用"为原则，组织安研院、西南石油大学共同开展体系文件编制，以《西南油气田安保管理体系建设研究报告》为遵循，组织开展对13家二级单位和生产现场调研，完成体系管理手册和程序文件的编制。强化对重点目标、重要部位、关键环节、人口密集场所的管理，与辖区派出所、街道社区协助开展治安防范、巡查巡护等工作，加强西南油气田公司总部机关及周边治安秩序的管理。强化重大活动治安防范，完成西南油气田公司"三会""建设气大庆，建功'十四五'奋进新征程"主题劳动和技能竞赛活动、俄罗斯天然气公司专家培训班等重要活动现场安保工作12次；修订《恐怖袭击、特大刑事和治安突发事件专项应急预案》和《群体性突发事件专项应急预案》，优化应急响应分级、启动、信息报送、和应急保障程序。开展安保防恐风险隐患"大排查、大督查、大整改"工作，针对成都大运会等重大活动和西南油气田公司重点目标现场开展安保防恐风险隐患排查整改和督导检查工作，排查出风险隐患10处，并全部"清零"；针对重点人员开展排查稳控，与四川省政法委、四川省厅经文保总队密切联系，完成元旦、春节、四川省和全国"两会"、成都大运会等重点时段、特殊敏感时段安保防恐工作。

（宁 波）

【治安反恐】 2023年，西南油气田公司履行油气厅（局）际联席会议成员单位和省反恐怖工作领导小组工作联系单位职责，获地方公安部门肯定，被评选为2022年四川省油气田及输油气管道安全保护工作先进集体，1人被评为先进个人，11人被聘任为四川省反恐办专家咨询组专家，西南油气田公司及所属5家重点目标被评定为四川省重点目标达标建设先进单位；作为联系单位参加由四川省教育厅牵头的2023年涉恐隐患排查和督导检查组第三组，对绵阳市、德阳市、广元市、遂宁市开展治安反恐检查。推进治安反恐防范建设，对拟新增和变更的重点目标进行评定，新增油气田企业一级重点目标3处，油气田企业三级重点目1处；配合公安机关等部门对标地方要求和企业标准开展督导检查，联合四川省公安厅、经信厅、应急厅、"三电"办、油气办等部门开展全国"两会"安保防恐、成都大运会安保防恐等专项检查，消除隐患，补齐短板；开展"4·15"全民国家安全教育日活动和"八一"建军节系列拥军拥属活动，增强复员退伍军人的归属感认同感。

2023年，川庆钻探工程公司完成川渝103套、长庆新疆区域25套作业现场智能周界配套运行，2个油气区块46个采输场站、7个钻井液储配站视频监控中心、1个危化品车辆停放场所的标准化建设。2个油气采输区块配置3套巡线无人机，按每月、季度、半年开展巡线工作，钻井液安岳储配站接受集团公司保卫部检查组验收合格。川庆新疆分公司落实属地党委政府安防要求，推进安防达标建设，常态化+专项开展问题隐患排查13次，整改问题353项。巩固"反内盗"专项整治成果，完善常态长效"八项机制"。推进安保管理体系建设，组织启动会、评审会各1次，现场调研、适应性评价2次，编制形成管理手册、程序文件等13个体系文件，9月1日正式发布实施。完成川庆钻探工程公司"三会"、全国固井工大赛等重大活动安保任务。邀请集团公司专家、配合四川省公安厅对所属川渝作业现场安保防恐工作检查指导5次，开展特别重点阶段专项督导2次，各单位开展实战、联合应急演练6场209人次，制作治安反恐演练视频1条。与威远县公安局联合组织2023反恐防暴实战测评暨威204井区集气站反恐防暴实战演练，保障威远工区页岩气勘探开发。

（宁 波 曾虹婷）

责任编辑：孔令兴

# 单位概览
## Outline of Companies

# 川中油气矿

**【概况】** 川中油气矿隶属于中国石油西南油气田公司,成立于1956年,地理位置处于四川盆地中部,以遂宁、南充为中心,横跨川渝两地34个区县,矿权总面积2.18万平方千米,是川渝地区具有"油气并举"特色的资源勘探、油气生产、销售及化工生产基地,是西南油气田公司常规气生产的主力军、致密气开发的排头兵。截至2023年底,川中油气矿在矿权范围内发现含油气层系19个、油气田15个。其中:气田10个,累计探明天然气地质储量1.05万亿立方米;油田5个,累计探明原油地质储量7 119万吨。设机关部门14个,直属单位4个,基层单位18个,在册在岗员工3 294人。上市资产期末原值456.23亿元、期末净值166.11亿元。

2023年,川中油气矿提交天然气三级地质储量3 810.28亿立方米,完成天然气工业产量127.08亿立方米,完成石油液体产量10.82万吨,实现油气当量"跨越千万吨"目标。新建产能配套装置13套,建成日产能193万立方米;外销气量29.99亿立方米;全年实现营业收入168.73亿元,上市业务净利润82.78亿元。  (许书宇)

**【天然气勘探】** 2023年,川中油气矿聚焦川中古隆起,强化勘探开发一体化评价,获系列战略新发现、新成果。川中地区茅口组集中评价取得重要突破,全年气藏测获工业井10口,平均测试产量超百万立方米,其中蓬阳6井测试产量240.22万米$^3$/日,创四川盆地茅口组气藏测试新纪录。龙女寺区块、八角场—南充区块提交三级地质储量3 032.66亿立方米,成为西南油气田公司常规气最重要的增储上产新领域。蓬溪—武胜浅水陆棚长兴组取得重要发现,蓬深10井测试获日产量206.36万立方米,创川中长兴组直井测试新纪录,首次在浅水陆棚区发现高丰度、低含硫优质生物礁气藏,落实有利生物礁圈闭面积450平方千米,资源潜力达千亿立方米,展示出良好勘探开发前景。  (许书宇)

**【油藏评价】** 2023年,川中油气矿遵循西南油气田公司"评价、攻关、上产"部署思路,完成先导试验和老井挖潜方案,重点探井龙兴1井与公119H井分别在大安寨页灰互层和凉高山砂岩测获高产油流,合计测试日产量近40吨,支撑试采评价和专项试井,原油评价取得重要进展。  (许书宇)

**【气田开发】** 2023年,川中油气矿精细开发管理,优化生产组织,高效实施产能建设。保障老区气田持续稳产,强化龙王庙组气藏生产动态跟踪分析、主体区整体治水与外围试采评价,稳定水气比在1.05左右,保持水侵形势整体可控。气藏连续8年高产稳产,基础性大气藏地位得到巩固。强化磨溪、龙岗等其他老气田的气井分级分类管理,开展措施增产与关停井复产,多贡献年产量2.75亿立方米,全年综合递减率控制在-11.69%。加快新区新层试采评价,成立加快二叠系开发工作专班,突出"超前谋划、精细组织",推进相关方案及产建前期系列准备,为全面开发奠定坚实基础。茅口组气藏角探1井完成扩容工程,南充1井高效投运集团公司首个高含硫单井试采络合铁装置,5口生产井井均产气近40万米$^3$/日,单井产量高、试采效果好。栖霞组新投磨溪031-H3井、H4井投产能力强,可支撑后续建成10亿立方米产能。台内灯影组四段4口试采井全部获高产,井均测试72万米$^3$/日,进一步明确"断裂+岩溶"高产井模式。加强致密气生产动态与运维管理,规范执行临时排采管控标准,开展流程改造助推产能发挥,保障浅冷装置高负荷运行平稳受控,致密气产量同比增长近1倍。巩固提升开发管理水平,深化运用透明油气藏研究成果,丰富开发对标管理体系内涵,开展对标分析提升,产能到位率等关键指标高于西南油气田公司平均水平。强化完整性管理,全年管道无新增第三方隐患、未发生第三方破坏,站场完整性管理在西南油气田公司年度考核中排名第一。打造建产运销一体化运行管理模式,通过统筹运行过程管理、优化生产组织、强化要素保障,开井时率同比提高6.5%,全年增加产量8 429万立方米。净炼化装置安稳长满优运行时率99.86%,打造仪陇厂净化装置"两年一修"长周期运行样板,其经验获股份公司推广。  (许书宇)

**【油田开发】** 2023年,西南油气田公司重视盆地原油勘探开发工作,多次组织原油工作会、组建原油研究团队,提出2025年原油产能重上20万吨的发展目标。川中油气矿编制2023年重点开发工作运行大表，坚持日跟踪、周分析和月调整的生产组织原则。有5个油田和18个含油区块投入开发，截至2023年底，投产油井1159口，累计生产原油523.91万吨。其中：龙兴1井页灰互层首获高产，测试日产油17.5吨；公119H凉高山页岩油评价井取得突破，测试日产油20吨，为西南油气田公司原油上产20万吨蓄力。2023年矿区有原油生产井84口，年产原油1.24万吨。油气矿产出的石油液体除原油外，还包含凝析油、轻烃、液化石油气及对外合作区块产油，截至2023年底，累计生产石油液体596.9万吨。2023年，川中油气矿生产石油液体10.82万吨。

（许书宇）

【安全环保】 2023年，川中油气矿开展基层站队QHSE体系提质建设，修订"三册一图"1800余册，2个基层单位QHSE管理水平首次突破A2级。分专业制定个性化审核清单，扩大审核范围，提升审核精度，审核质量评分排名西南油气田公司第一。围绕关键风险完善"一井、一场、一段一策"的网格化管控模式，排查整治隐患1482项，隐患数量同比下降近40%，提升生产现场本质安全。运用安眼系统与视频监控系统，开展施工现场全覆盖信息化监管，全年安全完成风险作业9500次，其中A类作业2900次。统筹推进油气井安全隐患治理，1181口停产井全部转为中低风险井，67套遗失井口全部找到，进一步削减安全隐患风险。建立川中油气矿领导挂牌督办机制，33个西南油气田公司安全隐患项目全部完成闭环销项。开展大气污染综合治理，推进火炬熄灭、微泄漏监测等甲烷管控措施，"一厂一策"规范超标排放预警和应急处置，4个重点区域站场VOCs泄漏检测均达到排放标准要求。开展多项节能改造，实施能耗动态统计和风险预警，全年超额完成西南油气田公司下达节能指标，综合能耗同比下降10%。

（许书宇）

【经营管理】 2023年，川中油气矿重构"计划统筹+业务主导+专业支撑"的投资管控体系，亿立方米产能投资控制在2.79亿元，投资资本回报率31.57%，节约投资3000万元。强化能耗管控、设备管理与大修项目管控，降低运行成本6500万元。推进资产轻量化，完成西南油气田公司范围内首例大型净化装置报废集中处置，取得收益1255万元，增值率133%。全年实现提质增效综合收益6.67亿元，完成年度综合收益目标的272.2%。灵活应用代输气等营销策略，推进居民和非居民价格并轨，首次在合同内用气结构中引入浮动价格政策，全年调价增收近2.5亿元、促销增量3342万立方米，全年销量突破30亿立方米。精细灵活运用营销策略与量价政策，强化资源配置，在实现产销平衡的同时，保障遂宁、南充、广安等6市27个区县170个天然气用户平稳供气。立足片区资源禀赋，开展气田水提锂、压差发电地热利用、光伏发电、建筑节能等5类项目10个，投运集团公司首套应用于天然气J.T阀脱水脱烃工艺的余发电项目，签订西南油气田公司首个地热农业供暖合同，完成光伏围墙发电供能单井生产配套试点建设，有效推进"天然气+新能源"融合发展。

（许书宇）

2023年3月31日，川中油气矿参加遂宁市"全力拼经济、合力搞建设"推动高质量发展劳动竞赛启动仪式　赵阳春　摄

【改革创新】 2023年，川中油气矿推进"油公司"模式改革，完成"三定"工作，进一步推进专业化整合，理顺管理流程，压减机构12个、调整管理业务10余项，基本实现"机构、业务、人员精简"目标。试点维修和巡线业务下沉到中心井站，把无人值守范围扩大到转注水站，优化劳动组织模式。整合资源做专做强生产保障业务，设立遂宁、南充和射洪3个区域应急抢维修工作点，形成"1小时服务圈"。强化风险管理和合规监督，优化整合生产运行、项目管理等领域15个配套制度。锁定打造4个新型能力单元，实现11项价值效益目标，通过"'两化'融合管理体系2.0"3A级贯标评定，获国家工信部认证证书。聚焦生产现场需要开展选题，精准实施科技项目41项，

全年申报发明专利10项、实用新型专利5项，针对储层测井评价、井下节流与维护2项技术研究成果，获四川省石油天然气科学技术奖一等奖。　　　　　（许书宇）

【党建工作】 2023年，川中油气矿推进党的建设领航、强基、育人、凝心、清风"五大工程"，为中心工作提供支撑。落实"第一议题"制度，两级党委中心组学习200余次。进一步巩固增强政治信仰。推进主题教育，读书班经验登上集团公司主题教育通报，冬季保供成效被集团公司列为"以学促干"典型事例，整体工作得到集团公司巡回督导组高度评价。创新实施党建护航"再上千万吨"十大攻坚项目，解决各类"急、难、险、重"问题，发挥基层党组织战斗堡垒与党员先锋模范作用，进一步构建党建与生产经营深度融合体系。深化实践"7321"人才强企工程，完善"生聚理用"人才发展机制，进一步健全培训体系、搭建锻炼平台、强化岗位练兵，推动提升综合能力素养，多人在国家级、省部级及集团公司的各类竞赛获奖。首创构建"清扬川中"廉洁文化品牌体系，进一步丰富"1+1+N"廉洁文化主阵地，引导干部员工凝聚廉洁共识。推进"十四五"职工幸福工程，支出资金457.7万元，精准帮扶困难员工。构建维稳信访安保体系，保持内外部环境安全、稳定。　　　　　　　　　（许书宇）

邮政编码：629000
电话号码：0825-2516427
油网号码：516427　516427（传真）
单位地址：四川省遂宁市船山区香林南路178号

# 重庆气矿

【概况】 重庆气矿位于四川盆地东部，矿权面积约2.54万平方千米（含页岩气自营区块1 406平方千米），主要负责重庆及川东地区天然气勘探、开发、集输、销售、科研等生产经营活动。截至2023年底，重庆气矿设机关部门16个、直属单位5个、基层单位16个（含合资托管公司1个），其中上市部分机构36个、未上市部分机构1个。有员工3 207人，其中管理人员741人、专业技术人员428人、操作服务人员2 038人；有高级专业技术职称220人、中级专业技术职称674人、初级专业技术职称249人，有中共党员1 380人，占在册在岗员工总数的42.3%。重庆气矿有井1 295口，其中生产气井483口、非生产气井792口、回注井20口。建有各类场站609座，其中有单井站345座、集气站199座、输配气站65座。具备增压功能的场站50座（107台增压机组），具备脱水功能场站23座（脱水装置32套），减排回注站20座。有干法脱硫装置42座站76套，其中在用19座站34套。有湿法脱硫装置1座站1套，其中在用1座站1套。天然气自有管道4 884.11千米，其中采气管线（含气举管线）464.58千米、集气支线1 820.43千米（含燃料气管线）、集气干线1 130.38千米、输配气管线1 468.72千米。停用（含未投用6条）管道1 009.76千米。另有储运公司管道81.51千米，代管管道346.63千米。全年集输原料气32.61亿立方米，其中重庆气矿27.51亿立方米、川东北气矿转输重庆气矿5.1亿立方米。天然气脱水处理23.27亿立方米，增压处理天然14.78亿立方米，泡排井生产天然气6.68亿立方米；进大管线天然气10.62亿立方米，净进大管线完成48.15亿立方米。重庆气矿销售天然气110亿立方米。（张　蓉）

【气田开发】 2023年，重庆气矿坚持气藏、工程、地面一体化，优化生产组织，精细措施挖潜，着力产能发挥，全年生产天然气27.5亿立方米，产量同比提升14%，天然气产量呈现上升势头。

提质增效，新井产能建设。常规气产量24.92亿立方米，同比增加2.49亿立方米，增长11.1%；页岩气产量2.58亿立方米，同比增加0.91亿立方米，增长54.5%；全年开钻井8口、完钻井31口，新投产井9口，新建产能3.52亿立方米，完成峰探1井、云安012-X11-C1井、荣232井及黄202H6平台、黄202H7平台等新井产能建设，保障产能发挥。

重点项目建设。推动储气库建设，铜锣峡储气库注采井完钻4口，完成管线、110千伏线路主体工程建设，年注气0.73亿立方米；黄草峡储气库注采井完钻5口，建成并投运集注站及相关注气系统，年注气3.39亿立方米。开展万顺场储气库建设前期工作，三维地震解释成果通过西

单位概览

南油气田公司验收,完成建库前期评价及专题研究12项,可行性研究报告通过油气和新能源分公司专家评审。"两峡"(黄草峡和铜锣峡)储气库取得集团公司初步设计批复,全年注气4.12亿立方米。黄草峡储气库首次实现国内储气库离心式注气压缩机组"串、并联运行模式不停机在线自动切换控制技术"应用,节约年度注气成本约130万元。完成阿姆河项目外输商品气136.63亿立方米,保障海外项目平稳运行。

老区挖潜增效,生产运行组织。安排专项资金3 357万元,落实增产措施67项,增产8 200万立方米;实施风险合作项目10项,日增产15万立方米。云安厂气田"压舱石"工程开发规划方案通过股份公司审查,规划2026年达产10亿立方米;统筹停气检维修安排,优化检维修293项,减少气量影响4 420万立方米。实施万州末站掺混净化气、万卧线降压运行等措施,大猫坪、五百梯等气田增加高含硫产量120万立方米;优化调整增压脱水管网,停运增压、脱水站各1座,减少人员20人,年节约运行费用260万元。

完整性管理。整改站场严重腐蚀隐患3处、换管修复峰汝线严重缺陷10处,停运卧渝线C段、相渝线13.3千米老旧管道,达县站、大竹站及进出站天然气管道安全隐患治理工程项目初步设计通过油气和新能源分公司专家审查,获2.4亿元投资费用。　　　　　　　　　　(张　蓉)

【安全环保】2023年,重庆气矿贯彻习近平总书记关于"牢固树立安全发展理念"的重要论述和"绿水青山就是金山银山"的生态文明思想,抓好"两个现场"风险管控,推进绿色低碳发展,安全环保形势总体平稳,获"西南油气田公司QHSE先进单位"称号。

体系运行实效持续提升。紧盯关键环节、重点领域抓实QHSE体系量化审核,评定为B1级。坚持审核促提升,重庆气矿完成14家单位内审,查改问题1 008个,系统改进管理弱项8个。坚持对标夯基础,优化基层站队QHSE标准化,汽车服务大队、自控计量和环境监测站获评西南油气田公司QHSE示范站队。推进基层站队QHSE标准化建设,完成1 197名一线井站员工安全生产考评,全员安全履职能力不断提升。

"两个现场"风险稳定受控。科技赋能安全生产,28个重点场站增设46套云台激光甲烷检测仪,现场增配70台手持式激光甲烷检漏仪。治理油气井、集输管道等重点隐患,升级数字化融合平台,建立问题大数据库。启用安眼工程,273座站场实现视频违章智能识别、快速预警,配置200套移动摄像机,2023年安全完成各类风险作业7 400余项。

绿色低碳发展持续深化。健全环境风险防控体系,实施微地震技术监测回注井5座,常态化开展81座监测井水质检测,完成209座钻井池和34座固化池无害化治理。推进甲烷管控,利用增压抽吸方式,减少管道停气碰口放空量134万立方米;利用泄漏检测与修复技术,查改泄漏362个;利用放空系统大修、甲烷管控工程等项目,完成放空火炬智能化改造,熄灭25座站场的常明火,减排天然气46万立方米。推进能源双控,调整张家场等老气田增压工艺,淘汰370台高耗低效电机,更换13台高耗能变压器,实现单位气田生产综合能耗同比下降7.9%;在天东9井和龙门增压南站试点能源管控系统,实现"计量级"到"监测级"的跨越;完善能源管理体系运行,通过国家认证。

员工健康管理持续加强。开展全员"1+N"差异化健康体检,完成9个基层单位"健康小屋"建设,重点关心干预"三高"、心脑血管疾病员工健康状况,100%完成职业健康体检和复查。　　　　　　　　　　(张　蓉)

【地质勘探】2023年,重庆气矿着力规模增储,聚焦稳产上产,常非并举,深浅并重,突出重点领域勘探,精细气田开发策略,老区稳产与新区上产同步推进。

福禄场长兴组生物礁甩开评价。福禄场长兴组生物礁甩开评价取得突破,石炭系深化勘探取得重要进展、板东茅二段边缘滩及长兴组生物礁立体勘探取得成效、綦江台缘长兴组高能滩老井上试获气,进一步夯实气矿可持续发展资源基础。

矿权储量工作。通过自然资源部探矿权督察,完成新投产井报备,变更达川—梁平增列页岩气矿种矿权,抓实勘探开发矿权保障。编制南雅向斜大页1井区吴家坪组开发先导试验方案,部署大页1H1、1H2、1H3、1H4平台14支井,优选连续Ⅰ类储层厚度13~15米区域开展滚动评价,地质工程相结合,部署大页201井、大页202井

247

获批，大201井已开钻。形成一套较为成熟的深层较复杂导向技术，黄202井区水平井平均铂金靶体钻遇率由初期74%提升至末期97%；培育出黄202H6平台202H6-5井、202H6-6井、202H6-7井三口高产井，形成渝西区块页岩气高产井模式。

（张 蓉）

【市场营销】 2023年，重庆气矿发挥能源保供"顶梁柱"作用，利用一体化、互联互通、终端联管"三大优势"，拓展新增市场、强化营销管控、提升供气服务，实现天然气销售量效双增。

年度销量创历史新高。2023年销售天然气110亿立方米，完成西南油气田公司下达年度销售奋斗目标的111.49%，同比增加2.11亿立方米，增长1.96%。

天然气市场稳步拓展。争取到重庆市江津区昆仑燃气有限公司等6家客户投产；推进永川港桥园区"上大压小"热电联产项目投产，增销0.53亿立方米；助力LNG稳健发展，动态跟踪客户用气项目建设情况，力促重庆炘扬航能源有限公司液化储备调峰一期项目、重庆忠润能源有限公司液化储备调峰二期项目投产，日增供气量45万~55万立方米。开发5个气电项目、2个锂电配套热电项目，新增市场储备约30亿立方米。

新能源业务取得突破。以天然气为抓手换取风光资源，与重庆市黔江区、丰都县政府签订"新能源+天然气"合作开发协议，实际获23万千瓦风电指标，获重庆市风光电指标竞配；筹建重庆西南氢能产业促进会，取得重庆市经济和信息化委员会同意成立批复。

保供扩销工作两手抓。保障民生采暖季供气，发挥重庆卡贝乐化工有限责任公司等8家可中断客户的削峰填谷能力，执行"压非保民"调度指令，压减非居民用气需求2611万立方米。春节长假期间，着重畅通生产后路，有序安排非居民客户用气，为可中断客户日供气超570万立方米，达到春节日均用量的22.7%，有效填谷，促进管网产输平衡。

提升终端联管实效。发挥终端联管平台优势，支持终端公司扩市增销、加大并购，实现新市场占市扩销、老市场稳市增量。坚持把燃气联合、气电融合、交通混合、多能集合作为终端四大发展方向，支持终端公司适应能源发展趋势。发挥代输气调峰作用，进一步增销提效。

（张 蓉）

【人才队伍建设】 2023年，重庆气矿树立创先争优意识，弘扬"见红旗就扛、见排头就站、见第一就争"的优良传统，强化思想认识、完善体制机制、落实对策措施，增强分析问题、解决问题、推动工作能力，力争在工作理念上胜人一等、任务落实上先人一步、方法举措上高人一招，坚持不懈争一流、创佳绩。推进人才强企工程，选拔任用年轻干部31人。着力技能人才队伍能力提升。在西南油气田公司首届数字化运维技术技能竞赛决赛中，重庆气矿获个人1金2银2铜。在四川省女职工"我学、我练、我能"天然气开采工职业技能大赛，重庆气矿获个人一等奖、三等奖各1个，团体第二。川渝天然气（页岩气）采气工劳动和技能竞赛在中国石化涪陵页岩气勘探开发公司举行，重庆气矿获团队一等奖，获个人1银1铜。加强工匠等技能人才培养，"刘辉重庆市首席技能大师工作站"入驻重庆能源职业学院储能与油气工程学院，谢利平代表一线工人参加中国工会十八大。

（张 蓉）

【企业文化建设】 2023年9月28日，重庆气矿展厅开馆揭牌。展厅建设历时近4年，经历72次讨论、38次对接，涉及24个部门（单位），180余人参与建设。开馆以来已接待20家内外部单位360余人次参观交流。开展普惠服务、结对帮扶等活动，全年发放帮扶慰问金500余万元。开展"气田文明有你有我"系列活动，营造文明氛围。深化综治维稳信访工作格局，抓细片区牵头单位职责，创建重庆片区"大调解"机制，完成"两会"等特别重点时段、改革阶段稳定维护，确保改革发展大局和谐稳定。

（张 蓉）

2023年1月16日，重庆气矿在重庆召开工作会暨五届二次职代会、工代会　　　　　　　　　　　　　　郑元涛 摄

单位概览

【党建工作】 2023年，重庆气矿开展学习贯彻习近平新时代中国特色社会主义思想主题教育，用党的创新理论统一思想、统一意志、统一行动。推广党建项目领办试点经验做法，《"党建项目领办"特色品牌的创新实践》获2023年度"国企党建品牌建设优秀案例"。落实"第一议题"制度，完善"三重一大"决策程序。深化"站长+支部书记"的"1+1"管理模式。以项目化管理思维推进党建项目领办工作。构建重庆片区协作机制。牵头启动重庆片区党建协作工作，全面推动10个结对党支部共建活动常态化开展。重庆气矿获"四川省企业文化建设先进单位"称号。开展第二批学习贯彻习近平新时代中国特色社会主义思想主题教育和"转观念、勇担当、新征程、创一流"主题教育活动，做好理论学习、调查研究、推动发展、检视整改、建章立制，形成主题教育调研成果11个，细化4个方面24项主要任务，围绕主题开展现场宣讲254次。推进基层党建"三基本"建设与"三基"工作有机融合，固化"授权、自主、激励"管理模式，深化"五型"班组创建，班组达标率保持在96%以上。完成"知岗、讲岗、爱岗"活动，开展专题讨论510次，岗位讲述360人次，班组长培训196人次。加强舆论宣传，全年外媒用稿5 539篇，在西南油气田公司外媒排名第一。领办片区党建协作"拥抱新时代、聚气新征程"职工文艺汇演，凝聚发展新动能。

（张 蓉）

邮政编码：400021
电话号码：023-6731396　023-67329557
油网号码：351399　329557
单位地址：重庆市北碚区蔡家岗镇蔡通路398号

## 蜀南气矿

【概况】 蜀南气矿主要以天然气勘探、开发、集输和销售为主营业务，管辖面积超3万平方千米，跨3省级12地级44县级行政区。登记有8个油气勘查区块面积超2.5万平方千米，登记有50个采矿权区块面积约0.52万平方千米。担负新疆塔里木油田公司每年160亿立方米左右天然气的处理任务，为四川省6个地市150家用户提供产品销售服务。2023年底，蜀南气矿设职能部室13个、直属单位5个、基层单位20个。实际在岗2 725人，其中：管理、专业技术人员816人，占员工总数的29.9%；操作服务人员1 909人，占员工总数的70.1%。有中层领导人员10人、基层领导人员193人。

2023年，蜀南气矿完成天然气产量50.11亿立方米，刷新蜀南气矿近70年最高历史纪录。牟家坪—老翁场储气库群完成注气2.08亿立方米。销售天然气37.1亿立方米，较考核指标增销0.5亿立方米。营业收入约160亿元，实现账面利润超26亿元，每千立方米天然气完全成本近950元。蜀南气矿业绩考核在西南油气田公司生产板块中排名第二，连续两年获评西南油气田公司先进单位，并获评西南油气田公司2023年度QHSE先进单位，管理提升创新成果获第三十届全国企业管理现代化创新成果二等奖。

（王慰羽）

【油气勘探】 2023年，蜀南气矿深化基于龙马溪组"三控"富集高产地质理论，建立一体化评价部署模式，优选井位，资201井在筇竹寺组测试获日产工业气流约74万立方米，标志寒武系超深层页岩气勘探取得重大突破。深化四川盆地奥陶系上统勘探新层系、白云石化研究认识，优选威寒1井、威54井等老井上试，威寒1井宝塔组日获天然气超9万立方米，开拓四川盆地第31套工业产层。在川南向斜区茅口组开展云锦2井二次完井，推动泸探1井、胜探1井试采，摸清向斜区茅口组产能情况及生产动态特征，开辟蜀南地区茅口组增储上产新阵地。利用最新的河道砂体识别及断褶缝体刻画技术，开展大塔场沙溪庙组河道砂体及安岳地区须家河组二段储渗体精细刻画，塔005-H1井、岳101-X107井、岳101-X108井共3口评价井获批复，开辟川南致密气增储上产新阵地。实施地质工程一体化协同工作模式，统筹优化"钻井+压裂+排采"，多学科实时井轨迹优化，保障铂金靶体钻遇率，自205井区214井、自201井区自201H62平台、泸203井区泸203H9平台测试效果良好，分别创造区块测试新纪录。

（王慰羽）

【产能建设】 2023年，蜀南气矿统筹地质与工程、地面与工程进度，精细制定新井开井制度、储备投产必要物资等，常规气投产高石137井等新井9口，建成年产能近3.9亿立方米；页岩气投产资201井等新井21口，建成年产能约5.6亿立方米。建立蜀南气矿基建工程项目基础信息系统和综合项目管理平台，实现基建项目管理全业务链资料共建共享，打造基建项目管理全生命周期管理体系，高效完成重点工程建设6个。其中：荣县天然气净化厂脱硫工艺改造工程较计划提前30天投运，标志西南油气田公司首套自主研发的双塔络合铁脱硫装置正式投产运行；完成威202-1脱水站等5套脱水装置检修任务，累计减少影响气量1060万立方米。

（王慰羽）

【气田开发】 2023年，蜀南气矿推进高石梯多层系开发"一号工程"，开发方案设计总井数132口，测试15口井均获气，累计获测试日产量超920万立方米。编制《资201井等5项页岩气单井试采方案》和《泸州北区先导试验方案》等5项开发方案，抓各建设环节紧密衔接，完成页岩气井压裂25口。推动大塔场区块合作开发管理权回收，与昆仑燃气四川分公司签订终止协议，为大塔场区块致密气整体勘探开发打好基础。加强场站集输系统完整性管理，开展场站分级分类管理，编制完成487座《站场巡检图册》，优化完善1.3万余项巡检维保工单。加强井完整性管理，编制控制要点图版，全覆盖评估1045口停产井风险，确保本质安全。建立管道包保责任制度，作业区级包保管道324条2446.6千米，气矿级包保管道120条1658.2千米。组织油气运维，退出四川公司页岩气公司运维业务，承揽接管长宁公司一线井站生产运维管理业务；负责塔里木油气运维，全年处理天然气约132亿立方米、凝析油49.6万吨。创新储气库"地质—井筒—地面"一体化耦合模拟技术等三大技术，推动牟家坪、老翁场储气库群先导试验工程全面投运，标志中国复杂缝洞型碳酸盐岩储气库关键核心技术取得重大突破，牟家坪、老翁场储气库工程建设可行性研究方案通过油气和新能源公司审查。在西南油气田公司范围内率先成立新能源项目部，建立新能源管理体系，推进风电、光伏发电、余压发电、伴生资源、制碳制氢、控排减碳新能源"六大工程"，推进国内首个气田水伴生资源全流程综合利用项目建设，麻柳场地热资源、制碳制氢前期研究初见成效，光伏建成投运752千瓦。

（王慰羽）

【生产运行管理】 2023年，蜀南气矿发挥高石梯和页岩气两个专班作用，跨专业、全链条支撑高石梯、页岩气两大重点领域，高石梯区块全年完成产量超36亿立方米，页岩气产量近9.4亿立方米。建立"日纠偏、月对接"工作机制，气矿层面每日召开产量督导会，分析产量偏差，跟踪重点工作；作业区层面每月召开产量对接会，制定针对性措施。成立催产小组，以八大保障措施为基础，挂图督导产量、对表运行，严格督促落实日纠偏措施。全年召开产量督导会200余次，落实纠偏措施及工作计划550余项。组织开展"奋战100天，决胜五十亿"天然气上产劳动竞赛，将产量计划包干分配到各生产单位及一线班组，激发广大员工比学赶超、干事创业的热情。发布天然气加快上产专项考核实施方案，发挥目标责任考核的激励导向作用，调动广大干部员工的积极性、创造性。

（王慰羽）

【塔里木油气工程分公司】 蜀南气矿塔里木油气工程分公司为蜀南气矿下属的基层单位，主要从事天然气开发、储运、处理和分析化验综合性服务业务。2023年，累计为塔里木油田公司处理天然气约132亿立方米，生产凝析油49.17万吨、液化气44.87万吨、轻质油27.91万吨；轮南轻烃深加工天然气98.71亿立方米，生产乙烷73.20万吨；克深+克拉开采天然气155.45亿立方米；完成3个采油气管理区和1个能源公司装置立项检修；实现经营收入11500万元，边际贡献3500万元，各项指标保持健康可控状态。

（王慰羽）

【信息化建设】 2023年，蜀南气矿首创特色数字化转型管理体系，加快推进六大数字化转型核心工程建设，完成2023年度数字化转型管理体系全面审核、气井站场管线电子身份建设、综合智能指挥中心建设，高质量推进高石梯智能气田、牟家坪—老翁场智慧储气库数字化专篇编制，推广BI创新应用成果，完成85个驾驶舱和47张数据报表的开发，实现跨板块业务数据的统一采集和交互共享。建立报警管理数据分析跟踪群，利用报警管理平台开展报警情况的日处理、周分析和月总结，报警数量同比下降43.4%，并总结形成1项管理创新成果。试点推进自控计量站统一开展自控、网络与安防功能测试，总结梳理功能测试问题类型，新增检查标准9条，划分突出问题、重复问题、一般问题，分类跟踪并督促整改，全年新增采集点440个、控制点134个，实时视频监控点75个，6座有人值守站转无人值守站。首次开展蜀南气矿数字化运维技能大比武，评选团体奖6项、个人奖22项，6名优秀选手在西南油气田公司举办的数字化运维技术技能竞赛中获2银3铜。

（王慰羽）

【QHSE体系管理与安全生产】 2023年，蜀南气矿围绕1个大安全管理构架，以"不敢违、不能违、不想违"的"三不违"为核心，从"追责约束机制、岗位责任制、员工能力、设备完整性、现场运维、隐患防治、承包商管理、风险作业管控、监督体系、应急能力建设、体系审核、数字化转型、安全文化、表彰激励机制、人力资源保障"15个维度，核建蜀南气矿"1+3+15"大安全管理格局。全年QHSE曝光台通报问题17项，安全生产记分71人次，对应处罚8.9万元。落实承包商、服务商双"九条禁令"和严管厚爱双"四项措施"，实现过程监督常态化，处罚30家次，罚款84.55万元。开展自主QHSE管理体系审核，组织修订完善岗位QHSE职责和安全生产责任清单、气矿领导干部"三联系"工作手册，业务部门、基层单位、井站班组逐级建立业务工作清单，实现各级人员"照单履职"。开展全员安全环保隐患上报活动，打造安全环保隐患防治智能管理系统，落实激励处罚双向约束，全年上报隐患7 620项，奖励金额131万元。打造"六位一体"大监督体系，检查生产现场1 199个次、施工现场804个。推进安全环保隐患治理，完成34个西南油气田公司下达的督办治理项目，完成率100%。优化各级应急预案和应急处置卡，建设应急管理指挥系统，实现应急指挥中心一体化调控，开展气矿级应急演练7次、井站班组演练1 052次。分级分类开展35期作业许可培训，覆盖1 128名操作人员、499名技术管理人员、500名承包商人员，培训合格率99%。领导干部带头，4 164人次参加"知岗、讲岗、爱岗"岗位讲述活动，提高全员爱岗敬业精神和安全管理意识。贯彻生态文明建设要求，推进兴隆场、麻柳场2个绿色矿山建设，并通过四川省自然资源厅现场验收。建立蜀南气矿环保隐患排查新机制，清理出环保隐患111项。实施全员健康体检，开展早癌筛查1 500余人，组织"阳康"专项体检1 200余人，深化健康企业创建工作并在西南油气田公司作经验交流。强化计量监督检查，11项计量标准通过四川省市场监督管理局"两考"。

（王慰羽）

【市场营销】 2023年，蜀南气矿修订《蜀南气矿天然气客户偏差结算管理与操作程序》，每月组织召开天然气偏差结算审核会议，做到应收尽收。召开偏差审核讨论会23场，结算309家次客户短提气量3 424万立方米，收取补偿金额2 423万元，提质增效效果显著。50家次管道天然气客户完成仓单二次转让交易，成交气量364万立方米，增加收入965万元，实现内部资源流转，在资源紧张的环境下争取到更多的资源量，发挥合规增效的最大潜力。首次引入浮动价格结算方式，非居气价上浮增收2.33亿元，天然气销量超37亿立方米，创历史新高。

（王慰羽）

【管理创新与科技攻关】 2023年，蜀南气矿完善"1+17+N"管理提升"蜀南模式"，发布两批16个协同子方案，完成管理提升年度效果验证考核，评审奖励4个典型案例，坚持管理提升月度会与生产建设月会同步召开，进一步固化运行机制。树立奖惩分明的鲜明导向，表彰奖励15项，主页曝光台通报管理提升不力事件13起。创新实施管理提升与"三基"工作有机融合，精准制定32项重点工作措施，试点大学生担任中心站站长，推动基层治理能力不断提高。管理提升创新成果获第三十届全国企业管理现代化创新成果二等奖。作为西南油气田公司首批试点单位，率先完成"三定"工作，机构数量、基层领导职数、定员数压减比例分别为23%、12%、18%，并在西南油气田公司作经验交流。推进"十四五"增储上产人力资源保障专项工程，推进天然气集中调控改革，盘活132人。首次建立数字化转型管理体系审核新模式，推进气井站场管线电子身份证建设，建成综合智能指挥中心，推进高石梯智能气田、牟老智慧储气库数字化专篇编制。围绕增储上产技术瓶颈，开展41项科技攻关，获中国石油和化学工业联合会、中国石油和化工自动化应用协会等颁发的科技奖项7项、发表科技论文50余篇、申报专利13项、授权专利5项。制订技能人才专项激励方案，首次实施"单位+个人"双向激励，激励个人130人、激励单位9家，激励金额超21万元，在各类技能竞赛中获个人3金3银8铜。制订高校毕业生"一人一案"见习培养计划，首次采用

"人岗双选+积分优先"开展综合考评及岗位竞聘。试点基层单位青年干部交叉实践锻炼,以"立体式"培养助力员工"多元化"成才。制订培训管理提升方案,定期发布一线岗位应知应会要点,上线员工培训学习信息化平台,分类推送学习内容,实现精准培训。（王慰羽）

【财务管理】 2023年,蜀南气矿坚持以效益为中心,抓好预算管控、资产创效、资金安全、风险防范、服务保障等重点工作,提质增效成果在西南油气田公司交流。优化完善制度,强化过程管控,消除井工程投资缺口5亿元,完成投资37亿元,完成率99.1%,结算95项、完成率100%,投资总量及完成率在"五矿两处"（川中油气矿、重庆气矿、蜀南气矿、川西北气矿、川东北气矿、川中北部采气处、输气处）排名第一。加强物资管理,坚持平库利库、节支降储,全年采购物资1.8亿元,总平库利库金额超1 900万元。（王慰羽）

【内控与合规管理】 2023年,蜀南气矿编制员工应知应会手册,坚持每月收集、发布"学法用法"资料,针对性配发法律专业书籍;拓展普法渠道,借助"战气蜀南"平台发布"以案说法"知识,运用"无讼律师"学习软件开展气矿合规管理线上培训,提升干部员工依法合规管理素质与能力。组织开展经营证照突出问题专项排查、商标使用情况清理,按时完成工商年报信息公示,保障依法合规经营。开展交易对象管控,为交易管理人员开通企查查VIP权限,加强拟选用承包商的资质和关联性核查;全年运用大数据整理分析发布264家签约对象法律及经营风险信息、收集汇总"三商"不良业绩处理信息1 136条,提升日常监管和风险防控的精准性和靶向性。首次聘请中介机构,对7个业务领域开展内控测试,发现102项问题,进一步提升合规管理与风险防范水平。（王慰羽）

【党建工作】 2023年,蜀南气矿召开第三次党代会,选举产生新一届气矿党委领导班子,确立"聚力一个中心",坚持"思维对标",建设"四个蜀南"的党建工作总体思路,为今后五年党的建设指明了方向。贯彻落实"第一议题"制度,严格执行"三重一大"决策制度,全年召开党委会25期、矿长办公会19期,集体研究决策事项135项。

推进学习贯彻习近平新时代中国特色社会主义思想主题教育,筑牢党员干部思想根基。坚持"德才兼备、以德为先"选拔优秀干部,全年调整交流基层领导人员182人次,选人用人导向更加鲜明。外送井冈山市委党校、泸州市委党校分级分批开展领导干部培训,实现190余名基层领导人员全覆盖。发挥纪检、巡察、审计各类监督作用,增强监督"三道防线"效能。强化监督执纪,开展"一把手"和领导班子成员监督情况2项专项检查,开展老区生产组织管理、天然气保供工作等3项专项监督,提出整改意见19项。开展违反中央八项规定精神问题专项治理,落实针对性整治措施,进一步筑牢党员干部拒腐防变思想防线。（王慰羽）

【企业文化建设】 2023年,蜀南气矿完善蜀南特色文化体系,发布战气文化手册、战气文化主题曲《战气奔流》,战气文化影响力不断扩展。推进核心文化阵地升级打造,形成"一核多点"红色教育矩阵,四川石油大会战红村旧址、32111钻井队血战火海旧址、功勋气井自2井获评集团公司第二批石油精神教育基地和工业遗产。（王慰羽）

2023年8月11—13日,中国工程院院士胡文瑞（前左二）率西南油气田公司院士工作站"四川盆地致密气规模效益开发对策研究"项目团队到蜀南气矿展厅调研
施洋 摄

【和谐气矿建设】 2023年,蜀南气矿和谐稳定大局持续向好。紧跟形势目标策划系列主题活动,举办矿级文艺活动15项、体育赛事4项,文体赋能幸福蜀南。慰问困难人员2 895人次,大病医疗救助困难人员43人,切实为员工排忧解难。建立员工群众逐级咨询反映问题工作机

制，引导员工群众合法合理反映诉求，信访举报数量大幅下降。推进青年岗位基本功"大比武"活动，组建20支青年突击队参加"强企有我，青春出列"石油青年突击队建功竞赛，开展"宝石花"青年志愿服务活动31场次，激发岗位建功青春动能。优化重塑离退休管理服务业务36项，全年电话询访老职工2 265人次，上门看访老职工180人次。推进"一体两翼"平安建设新模式，完成特别重点时段维稳信访安保任务。促成建立泸州市与中石油驻泸企业对接机制，并召开首次对接会，打造泸州市政协经济界别委员工作室，为片区协同发展创造良好的外部环境。

（王慰羽）

邮政编码：646000
电话号码：0830-3921789
油网号码：421789
单位地址：四川省泸州市江阳区百子路110号

# 川西北气矿

【概况】 川西北气矿主要负责北起广元、南至雅安、乐山地区的油气勘探开发、管道运输、油气产品和天然气化工产品的加工、销售，为广元至成都沿线及川西地区的28个县（市、区）提供工业、民用和商业天然气。2023年底，设机关部门13个、直属单位5个、基层单位14个。有在册员工2 013人。在岗员工有管理人员469人（含基层领导人员138人）；专业技术人员251人，其中有三级工程师132人、二级工程师14人、一级工程师3人；操作服务人员1 166人，其中有主管技师63人、主任技师31人。有固定资产原值202.86亿元，净值50.8亿元。历年完钻井724口，获气井387口；纵向发现含油气层系14套，气田9个，含气构造19个，历年探明天然气地质储量2 701.14亿立方米；有集气管道313条1 032.73千米，输气管道54条921.08千米。

2023年，川西北气矿全年生产天然气25.05亿立方米，迈上200万吨油气产量当量新台阶，创建矿以来年产量最高纪录；销售天然气26.92亿立方米，同比增长8.28%，上市利润14.07亿元，同比增加2.13亿元。获西南油气田公司"先进单位""QHSE先进单位"称号。 （曹 向）

【勘探开发】 2023年，川西北气矿在天然气勘探开发上海陆并举、常非并重，各区块各层系多点开花，新的产量增长点不断涌现，夯实发展资源根基。科学部署打好增储基础。物探先行，部署实施苍溪—剑阁、绵阳南、中坝三维地震，满覆盖面积2 655平方千米；推动部署预探井及风险探井11口；强化矿储联动，双鱼石、简阳、剑阁等地区新增天然气探明地质储量979.46亿立方米，创历史新高；九龙山等4个矿业权通过自然资源部督察，获集团公司表扬。海相"压舱石"提供充足底气。双鱼石新增投产井3口，新增日产能45万立方米，稳产基础更加夯实；遂探1井、柘探1井、鹤探1井开启新领域探索；召开的第六届成都天然气论坛，助力打开龙门山推覆体多层系勘探新局面。陆相向致密气展现"生力军"潜力。《天府气田梓潼区块沙溪庙组一段气藏开发先导试验方案》获批复并实施，首口水平井文浅201井获日产天然气无阻流量42.5万立方米；魏探1井、邛西006-X1井、永浅3井区先导试验井点亮重要资源接替领域。 （曹 向）

【生产建设】 2023年，川西北气矿加强统筹协调，优化运行管理，效率效能实现双提升，全年完成天然气产量25.05亿立方米，销量26.92亿立方米，均创历年新高。

产量提升。自营区块新投产气井7口，老井挖潜措施增产5 606万立方米，综合递减率3.7%；高效完成双鱼石、九龙山气田停产检修，总增产约1 800万立方米；支撑天府气田简阳区块致密气上产进程，永浅3平台11口先导试验井全面投运，建成天府致密气首个规模日产气超100万立方米平台。

气井产能。文浅201井首次应用放空气回收工艺，产气1 500万立方米，永浅206井、215井试点"排采+CNG"模式，实现日产气2万~3万立方米低产致密气的效益开发；老区88口井增产增效，老气田年综合递减率由同期14%降至5%；完成老井改造43座，全年贡献产量1 500万立方米，实现"颗粒归仓"；创新"内外联动一体化"老气田挖潜合作模板，探索形成"三方联合体"与"风险承包技术服务"相结合的多元化合作模式；提炼形成老区挖潜经验成果，获西南油气田公司管理创新成果二等奖。

地面工程。深地川科1井钻前工程较计划提前7天完成；双鱼001-H6井29天完成主体建设；文浅203井等5口井，平均钻前工程建设周期28天，较西南油气田公司标准提前7天；梓潼2井成为首口产能恢复零周期井。

管理水平。与中国石化互联互通，减少突发情况产量影响1000万立方米。举办股份公司首届油气生产装置标准化检修现场会、西南油气田公司首届天然气净炼化技术交流大会等多个大型会议，提升净炼化水平，苍溪天然气净化一厂完成装置改造，摸索低负荷运行"地板值"，剑阁天然气净化厂成为西南油气田公司首个"三年一修"试点单位，打造股份公司标准化检修示范现场。（曹 向）

【新能源开发】 2023年，川西北气矿拓宽绿色"富矿"能源赛道。编制发布光伏发电管理手册，试点先行建设新能源一体化综合管理平台；与梓潼县签订100兆瓦风电合作协议，为下一步指标获取奠定基础；剑阁天然气净化厂、苍溪天然气净化一厂分别投运余压发电、光伏发电装置；开荒式实地调研陇南文县和雅安汉源，与中电建等电力头部企业广泛对接，开拓新市场。（曹 向）

【安全环保】 2023年，川西北气矿建制度、强监管、提素质、抓落实，保障安全环保形势平稳有序，连续安全生产13年，获四川省"'安康杯'竞赛优胜单位"称号。

风险管控能力。实行施工作业"安眼"全时段监督，保持承包商管理"高压态势"，2023年处罚13家承包商25.65万元；推进安全环保隐患治理，以实施进度和结算进度"双督办"实现"双受控"。

QHSE体系建设。压紧压实全员安全生产责任，严格QHSE过程考核；苍溪天然气净化二厂通过西南油气田公司QHSE标准化建设验收、消防大队成功创建西南油气田公司QHSE示范站队；实施基层单位安全生产督导帮扶，基层安全生产执行力和管理水平切实提升。

能力素质。健全HSE奖励机制，鼓励员工争当属地监督，创新安全生产每日答题"以赛促学"，2023年奖励上报隐患和事件、制止不安全行为、优秀属地监督、优秀答题员工等282人，奖励金额13.76万元；接受集团公司专职消防队专业化建设考核，得到考核组一致好评，获"优秀"成绩。

生态环境。梳理生态敏感区"6站13线"，落实防控责任；3座净化厂均实现尾气全时段达标，采集输系统、剑阁天然气净化厂被认定为西南油气田公司天然气损耗对标能效标杆；承办国内油气和新能源业务环保现场交流会。（曹 向）

【企业管理】 2023年，川西北气矿坚持提质增效和低成本发展战略，上市业务实现利润14.07亿元，较年度预算增盈4.28亿元，再创历史新高点，连续3年突破10亿元大关。

业财融合。以夯实"四精"管理为主线，细化配套措施25个，分解落实8个方面39项重点工作，提质增效3.33亿元；推动财务深入业务前端，打造老井挖潜合作分成样板；配合西南油气田公司测算零散气制CNG价格，推动内部销售价格落实落地，为发挥低效零散气井产能提供支撑。

预算管理。推进零基预算，细分17大类成本支出，固化常规性和周期性费用，保障老井挖潜、"数智"化转型等重点项目资金；深化"管业务管成本"，强化成本链路管控与分析，推动完全成本指标硬下降，自营气完全成本每千立方米891元，较年度预算每千立方米节约51元。

2023年3月21—22日，川西北气矿在毛泽东视察隆昌气矿炭黑车间旧址开展党委理论学习中心组"重温会战文化，书写龙门新篇"主题学习活动
刘 梅 摄

投资计划。坚持项目计划跟踪分析、预警纠偏，前期项目、投资计划完成率均高于考核指标；试点开展气矿级

设计回访，双鱼石区块栖霞组气藏试采工程后评价得到好评；加强投资项目控投降本，全年地面工程投资项目节约近1300万元，完工结算项目较概算批复节约近2700万元；突出结构优化，实现投资使用效能最大化，协调解决投资缺口2.27亿元，解决历史遗留问题。

（曹 向）

【科技创新】 2023年，川西北气矿突出"创新是第一动力"，把"数智"转型作为"一把手"工程，推进数字化气田建设，擦亮数字化转型智能化发展"名片"。

搭平台强素质。联合专业公司组建数字化转型"联合创新体"，依托联合实训基地与华为公司实施双向人才培养；举办数字化转型高级管理研修培训班，开展技能大练兵、信息化劳动竞赛等活动，在集团公司第三届网络安全攻防大赛上获团队一等奖，在西南油气田公司首届数字化运维竞赛上获1银2铜、团体三等奖。

管理促质效。围绕川西北气矿"一体化调控"完成应用系统一体化整合，初步实现多个应用系统一体化集成；优化数据架构，在西南油气田公司范围内首次实现生产实时数据一键同步汇聚，重点输配气场站全面实现DCC远程可控；提升中坝老区气田信息化基础建设水平，实现"一个气田一个中心"，探索新型集中管理模式，减少用工需求48人；川西北部文兴气区探索信息化建设新模式，建设成本减少30%以上，工期缩短20%以上。

科技成果。首次牵头申报省部级奖励2项，有望在高级别奖励领域实现零的突破；申报知识产权16项，发明专利授权2项、计算机软件著作权登记2项，超额完成西南油气田公司下达的知识产权指标任务；发表科技论文10篇。

（曹 向）

【队伍建设】 2023年，川西北气矿以改革立企、人才强企为主线，抓落实、促深化，在劳资业务、队伍管理上不断发力，构建机构精炼、人岗相适、人尽其才的良好发展环境。

"三定"工作。建立健全统筹协调机制，制定川西北气矿"三定"工作实施方案，确保改革过程员工队伍稳定，各项措施平稳实施；成立"数智和调控中心"，适配川西北气矿数字化、智能化发展需求。

劳资管理。制订加快上产专项考核实施方案，进一步强化过程管控、责任落实和一体化联动考核；优化薪酬结构和绩效考核，完善过程评价机制，员工干事创业积极性和创造性得到调动。

人才强企。开展"上产200万吨全员综合素质能力再提升"行动，实施"鱼跃龙门"计划，"人才强企"评价得分在西南油气田公司排名靠前；搭建"知岗、讲岗、爱岗""龙门山大讲堂"学习平台；发挥高技能人才工作室"揭榜挂帅"的专家作用；制订完善专业技术人员管理办法，畅通成长通道，拓展发展空间，促进管理人员向技术序列流动；选派青年至地方政府、兄弟单位挂职锻炼，"众师带一徒"、高校毕业生多岗轮训加岗位双选，厚植人才成长沃土。

（曹 向）

【党建工作】 2023年，川西北气矿党委落实"第一议题"制度，开展第二批主题教育，上报特色案例3个，相关工作成效得到集团公司肯定；与四川大学马克思主义学院、蜀南气矿等院校、兄弟单位开展联合党建活动，共学共研共提升。一次性通过西南油气田公司党委巡察反馈问题整改验收；启动川西北气矿党委新一轮五年巡察工作；深化"三不腐"一体推进，压紧压实"三道防线"；开设"龙门山前话清风"专题宣教栏目，打造具有气矿特色的廉洁教育阵地，政治生态持续向好。

（曹 向）

【群团工作】 2023年，川西北气矿文化研究成果丰硕，获四川省企业文化建设优秀成果一等奖、企业文化优秀论文一等奖等多项荣誉；与西南石油大学共建实习实训暨就业实习基地，打造媒体人才培养、媒体融合发展平台和"校企"合作典范。征集群众性经济技术创新活动成果130余个，1项入选四川工会职工优秀创新案例展；搭建建功立业舞台，实施竞赛16项，参与职工700余人次，获四川省女职工天然气开采工职业技能大赛团体三等奖、中国能源化学地质工会劳动和技能竞赛优秀班组等多项表彰；授牌川西北气矿青年创新工作室，开展分论坛活动12场次；部分单位获评四川省、集团公司青年安全生产示范岗及"青年文明号"，涌现出西南油气田公司"青马工程"优秀学员、绵阳市"十佳环保人物"、江油市"十大杰出青年""就业创业之星"等多名优秀青年。

（曹 向）

【民生保障】 2023年，川西北气矿坚持服务改革、服务发展、服务群众，连续3年获被评为四川油气田平安创建先

"党建＋工建"深度融合，编印《榜样的力量》，创作情景音乐剧《小站大爱》；举办以"石油工人心向党、建功200万吨"为主题的系列活动，参与员工2 800人次。

助力乡村振兴，"以买代帮"采购帮扶四川九龙县、重庆开州区等地货物150余万元，向九龙县乌拉溪镇捐赠价值1万元书籍；开展各类慰问活动，慰问员工8 000余人次，支出慰问金近600万元；川西北气矿为基层一线办实事成果获评西南油气田公司"我为员工群众办实事"十大优秀成果。

紧盯重点领域，与地方人民政府信息互通、联防联动联治，完成全国"两会"、成都大运会、杭州亚运会等特别重点阶段目标任务；4个治安反恐防范重点目标均一次性通过验收。

（曹 向）

邮政编码：621700
电话号码：0816-3611138
油网号码：261138
单位地址：四川省江油市李白大道南一段517号川西北石油天然气大厦

# 川东北气矿

【概况】 川东北气矿位于四川盆地东北部，探区范围横跨川渝两地11个市、县、区，矿权总面积约0.56万平方千米，主要从事区域内的天然气勘探开发和销售业务。2023年底，川东北气矿设有机关职能部室13个、直属单位4个、基层单位6个、临时机构1个；在岗员工642人，平均年龄40.4岁；党委下设基层党委2个、党总支1个、直属党支部6个，基层党支部15个。有党员392人，占在册在岗员工总数的58.6%。当年开井70口，有单井站52座，多井集气站14座，输配气站5座，气田水回注站7座，增压站11座，压缩机组25台，脱水站1座。

2023年，川东北气矿生产天然气地质产量14.56亿立方米、硫黄18.8万吨；销售天然气6.34亿立方米；实现净利润8.94亿元。

（邓 彬）

【天然气勘探】 2023年，川东北气矿加强高含硫、致密气区块立体勘探力度，寻找优质规模储量接替区。落实井位部署，实施风险探井1口（堰探1井），预探井3口（宣兴1井、渡探1井、九亭1井），获股份公司矿保井投资批复4口。实施五宝场先导试验井10口，累计获测试产量90万米$^3$/日，新增产能24万米$^3$/日。推进矿权储量联动，桃花气田宣экс1井区飞仙关组气藏新增探明储量122.89亿立方米，含气面积24.37平方千米，勘探成果获集团公司勘探重大突破一等奖。复算亭子铺石炭系及五宝场沙溪庙组探明地质储量23.87亿立方米。2023年SEC评估储量594.22亿立方米，老区三年SEC储量平稳率1.01，完成西南油气田公司考核指标。提升试修井水平，全年试修井作业8口，渡1井等5口井较计划平均提前38天完成封堵，节约投资1 870万元。龙会002-X2井完成井下落鱼打捞，此次作业为川渝地区首次大井斜五寸完井封隔器打捞作业。

（邓 彬）

【气田开发】 2023年，川东北气矿通过优化生产组织，抓好产能建设，气田开发管理能力增强，天然气产量同比翻番，综合递减率7.8%，9个关键指标排名西南油气田公司第二。加强生产组织，按照"一次停气，集中整改"原则，结合施工队伍情况，分区块优化实施175项检维修项目，累计减少气量影响2 110万立方米。抓好新井建产，建立"1+1+N"投产文件体系（1个总体方案+1套操作文件+自控调试、酸敏实验等N个专项方案），完成铁山坡特高含硫气田全面达产，编制完成16项运行管理方案保障气田安全平稳运行。持续抓好老井措施挖潜，采用"解堵＋泡排"等措施，优化龙会002-H5井等10口井排水采气制度，维护产能16万米$^3$/日；复产雷14井等3口关停井，恢复气井产能7万米$^3$/日。优化设备管理，强化设备全生命周期精益管理，设备综合完好率、设备利用率逐年提升，故障停机率逐年下降。成功试验14台压缩机长周期运行，节约维保费用30万元；完成压缩机组大修及状态监测，大修周期平均缩短25天。提升完整性管理水平，高效开展气井隐患治理项目，完成6口井永久性封堵。投入2 600万元专项资金实施集输系统隐患治理。完成铁山坡气田4座站场首次RBI、RCM风险评价、SIL等级验证，掌握系统运行风险，完整性管理首次达到7级水平。

（邓 彬）

【高含硫项目建设】 2023年，川东北气矿持续总结铁山坡气田建设、投产、运行经验做法，渡口河—七里北气田开发建设驶入快车道。资源接替加速推进，渡口河—七里北气田6口井累计测试获气972.01万米³/日，井均测试获气162万米³/日；宣探1井区测试获气272.48万米³/日。前期工作有序推进，渡口河项目施工图设计总体进度已完成90%，物资采购进入收尾阶段。黄龙场线路物资、净化厂工艺类物资已陆续到货，双金属线路物资具备提前交货条件，主要设备已完成定商。地面工程全面推进，黄龙场线路提前打火组焊，净化厂总图土建工程、埋地管网施工如期实施，"三通一平"、线路管沟开挖已进入收尾阶段。

（邓 彬）

2023年1月6日，西南油气田公司在四川宣汉举办四川盆地渡口河—七里北气田开发建设项目现场推进会　　郑海涛 摄

【改革创新】 2023年，川东北气矿全面深化改革，着力科技创新，企业内生动能持续释放。全面实施"三定"工作，整合机关部门、优化职能配置、简化机构序列，"三定"后机构压减5个、压减比例24%，二级、三级机构机关定员压减31人、压减比例12%。提升信息化水平，通过实施自动控制功能改造、SCADA系统功能完善等措施，实现重要集输场站激光甲烷微泄漏监测覆盖率100%、带压非生产井数据远传覆盖率100%、高后果区安眼监控覆盖率100%。推进科技成果申报，成立特高含硫气藏技术成果总结工作专班，与成都理工大学完成"产学研基地"平台搭建，川东北高含硫气田勘探开发技术研究中心正式挂牌。形成科技创新点5项，获知识产权14项（论文10篇、专利3件、专著1部）。

（邓 彬）

【安全生产】 2023年，川东北气矿坚持"控风险、除隐患、推体系、强业务、抓监管、保目标"工作思路，突出重点领域风险防控，提升安全环保管控能力。致力责任落实，修订完善安全环保责任制，将过程指标和激励指标与重点工作、单位特点相结合，强化过程考核。固化"领导干部＋关键岗位＋操作人员"3年全覆盖安全环保履职能力评估模式。强化体系建设，完成全要素量化审核，得分87.9分，定级B1级，排名西南油气田公司第一。自控计量站创建A2级培育基层单位，形成初步成果。着力风险防控，狠抓双重预防机制建设，对隐患治理项目挂牌督办、严格考核，形成排查、治理、销项、督办"一本账"。开展国家、地方及西南油气田公司部署的10余项安全生产专项整治行动，发现问题700余项，整改率100%。建强应急体系，修订完善应急管理体系，开展各层级演练300余次。制定17家承包商应急队伍管理要求，建立应急队伍值班值守清单、抢险储备物资清单。突出绿色环保，开展危废"全过程"物联网建设，实现"一码流转"。推行"环保管家"，温泉井、五灵山矿权区块进入全国绿色矿山备选名录。

（邓 彬）

【经营管理】 2023年，川东北气矿围绕效益和成本控制目标，深化业财融合、提升价值创造，实现提质增效成果6 602万元。业财融合深度推进，坚持"事前算赢"工作思路，推进财务管理向业务前端延伸，介入新井建产全过程，每千立方米单位完全成本同比减少351元，全员劳动生产率同比增加65.27万元/人。市场开发展现良好势头，紧抓达州市争创全省经济副中心及建设万达开川渝统筹发展示范区的机遇，新增正达凯employs气规模10亿米³/年，突破宣汉工业用气"零"市场，发展达州源峰、川港国兴2个用气项目，全年天然气销售均价增长8.4%。新能源业务稳步拓展，基地停车场光伏电站实现平稳高效运行，铁山坡脱水站光伏项目采用合作共建模式，节约投资90余万元。2023年，新能源产量当量完成58.9吨，完成西南油气田公司指标的117.8%。

（邓 彬）

【党建工作】 2023年，川东北气矿强化政治理论建设，严格执行"第一议题"制度，深入学习贯彻党的二十大精神、习近平总书记重要讲话和指示批示精神，开展第二批学习贯彻习近平新时代中国特色社会主义思想主题教育，专题研讨8次，学习内容230余项。强化基层党组织建设，推进党建联盟机制，党委与中国石化普光分公司签订党建共建协议，协力打造区域能源企业深度合作新标杆，与7个企地党组织共同组建"渡口河党建联盟"，完成21个基层党支部结对共建，构建"共建共赢"党建新格局。强化三支队伍建设，鲜明树立重担当、重实绩、重实干的选人用人导向，全年提拔使用基层领导7人次，交流调整39人次。推进气矿"1+5"人才培养计划，提高青年科技人才自主研发和攻关创新能力，以赛代训提升技能人员素质，川东北气矿员工在省市及西南油气田公司各类技术技能竞赛上斩获金牌团队等10余项佳绩。强化纪律作风建设，持续完善"五单五化"监督工作模式，对6家基层单位巡察整改开展"回头看"专项检查，发现问题88个，提出改进措施147条，全部完成整改闭环。推动机关"首问负责制、三个一限时办结制"政策落地，持续提升服务基层水平。强化思想文化建设，铁山坡特高含硫气田全面达产在中央电视台等重点媒体特别报道，展示了良好企业形象。深化思想政治研究工作，解决员工生活、思想问题30余项，1项政研成果获西南油气田公司一等奖，2部新媒体作品获集团公司二等奖。强化群团纽带建设，打造"真帮实解、知情暖心"服务品牌，《"三抓三促"精准帮扶"急难愁盼"办好办实》典型做法获西南油气田公司"我为员工群众办实事"十大优秀成果，4人分别获2023年"达州市五一劳动奖章"、首届"巴渠工匠""宣汉工匠"称号。强化民生工程建设，常态化开展全员健康体检，升级早癌及心血管疾病筛查，全面加强员工健康干预；健全企地共建共享机制，推动万源市乡村振兴托底性帮扶工作，捐赠帮扶资金61万元，消费帮扶资金125万元。

（邓 彬）

邮政编码：635000
外网号码：0818-2699311　2699704（传真）
油网号码：319311　319704（传真）
单位地址：四川省达州市西外凤凰大道436号川东北气矿

# 川中北部采气处

【概况】 川中北部采气处隶属西南油气田公司，是集团公司首个在气区的新建产能区块构建"油公司"模式的改革试点单位，成立于2020年7月31日，机关位于四川省遂宁市。主要负责川中古隆起高磨地区台缘带和蓬莱气田灯影组气藏的勘探开发业务，是西南油气田公司的主力生产单位和深化改革示范区。工作区域横跨遂宁、绵阳、南充、资阳、德阳、成都等6市16县，总面积超1万平方千米。已提交探明储量3 878亿立方米，具备天然气年产能力36亿立方米以上，管理集输管道近640千米，有资产总额原值近70亿元，年经营收入超40亿元。2023年底，实行"管理人员+技术人员"直接用工模式，人员编制控制在127人以内，实际96人，平均年龄约35岁。其中党员69人，占比72%。2023年，川中北部采气处在蓬莱气田提交三级地质储量1 846亿立方米，生产天然气36.12亿立方米，同比增加1.22亿立方米、增长3.5%。营业收入44.11亿元，全员人均劳动生产率3 870万元，单位完全成本每千立方米472元，效率效益指标位居业内上游。

（邓　欣）

【蓬莱气田勘探开发】 2023年，川中北部采气处实施高效勘探，聚焦跟踪评价和探转采，蓬莱气田增储上产取得新进展。储量资源持续落实，蓬探107井、蓬探108井、蓬探109井测试获工业气流，支撑蓬探1井区灯二外围提交探明储量279亿立方米；蓬深9井、蓬深10井测试获工业气流，支撑蓬深8井区灯影组四段气藏提交控制储量1 567亿立方米；蓬探1井区扩边新发现新增SEC储量13.68亿立方米。开发方案编制高效，紧扣西南油气田公司工作安排，倒排时间进度，统筹地面总体布局，蓬探1区块灯影组二段气藏开发概念设计通过西南油气田公司审查，中深103井区灯影组二段气藏产能建设项目开发方案1个月内完成编制并获批。快速优质推进产能建设，强化过程质量管控和各环节无缝衔接，多方协调并落实二次完井物资和投资渠道，蓬探106井、蓬探108井、中深103井建成投产，新增日产能39万立方米，井均较西南油气田公司计划提前20天以上。

（梁　锋　邓　伟）

【高磨台缘带开发管理】 2023年,川中北部采气处抓实台缘带灯影组气藏精细管理,提升开发效果,确保持续规模稳产。精细动态跟踪,完成16井次专项动态监测,执行"三级动态分析+地质例会"制度,深化气藏动静态认识,进一步优化分级分类开发技术政策,针对性开展制度调整60余井次。完善对标管理体系,促进3项差距指标有效提升,推动对标管理常态化,提升开发生产管理水平。狠抓产能维护,完善堵塞井治理管理体系,实施"一井一策"堵塞治理技术对策,完善井筒堵塞治理技术体系,解除10口井井筒堵塞,恢复气井日产能89万立方米。抓实完整性管理,强化地面集输系统高位运行下运行管控,抓好设备预防性维护和保养,完成9口长停产井标准化打造和物联网完善工作,夯实生产系统本质安全保障能力。

(李松岑)

【安全环保】 2023年,川中北部采气处QHSE体系运行稳健,强化QHSE基础管理,对管理制度、标准化手册、"1+12"应急预案等开展适应性评估和对标修订,QHSE基础管理能力进一步提升;制定风险分级防控3项原则,识别危害因素369项,确立隐患排查治理全闭环管理6项原则,全年发现问题隐患5 245项,整改率97.7%,提炼形成"3+6"双重预防工作机制。修订安全生产责任清单26份,细化QHSE过程指标35项,探索构建职责落实和培训考核等全过程工作机制,编制应用"两个清单",压实责任到最小工作单元;实施安全知识每日答题、"我要安全、我能安全"大学习大讨论、征集安全家书等6个方面10项举措,提升全员安全意识;实施奖惩双向激励,奖励在隐患排查、应急处置中表现突出的个人20余人次9 100元,监督检查记分282人次163分,安全生产记分31人次42分,约谈7人次,扣罚1.1万元。重点领域和关键环节风险受控,编制施工现场标准化管理手册,印发《作业许可工作手册》《承包商HSE管理指引卡》等口袋书,建立典型作业JSA模板、特殊作业基础信息数据、常见风险控制措施等数据库,全年911项风险作业安全受控;开展承包商人员分级分类座谈,总经理同4家主体承包商负责人开展一对一座谈,HSE总监同29家承包商人员开展全覆盖座谈,引导建立共同安全价值观。健康企业建设成效显著,打造井站、机关"健康小屋""健康角",联合医疗机构开展"送健康到基层"活动,关爱员工身心健康;开展全员"1+X"健康体检、新冠康复专项体检和40岁以上员工早癌筛查,举办健康知识讲座和心理健康讲座10余次,成功创建四川省"健康企业"。

(刘俊材 马浩帆)

【经营管理】 2023年,川中北部采气处组织制定7类39项提质增效措施,重点抓好提质增效和成本压减、投资控制集合,实现综合效益约1.25亿元,完成年度目标的143.68%。加强投资控制,做好投资项目运行计划跟踪,按照投资控制指标和结算计划执行情况,提前预警、加强监督、严格考核,确保投资完成率超98%;加强项目竣工验收节点跟踪,督促相关部门及时开展专项验收,6项竣工验收计划、24项专项验收计划完成率均100%。从严抓实合规管理,按照西南油气田公司"一级制度、两级流程"要求,制定实施细则9个、业务流程167个;开展全覆盖内控自我测试,发现问题24项并全部完成整改;提供法律咨询10余项,有效规避经营风险。

(唐 春)

【改革创新】 2023年,川中北部采气处持续推动体制机制改革走深走实,推进"大部制、大岗位"建设,设置一般管理和专业技术岗位34个,提升组织机构运行效率;探索建立工编挂钩机制,根据部门缺员比例核增部门工资总额,薪酬分配向人均劳效高和人员紧缺的部门倾斜;推进一线操服业务整体外包,协调宝石花油服公司成立川中北部采气处服务项目部,实现一线操服业务从"全面依托管理处管理"向"一体化运作,团队化管理"转变。科研攻关成果显著,立足蓬莱气田增储上产和高磨台缘带灯影组四段气藏高效开发,以突破生产技术瓶颈为导向,新安排科研项目16项,投入科研经费649万元。取得一系列科研成果:刊发论文7篇,包括中文核心论文1篇、SCI论文2篇,申报发明专利7项,取得著作权登记4项;《高磨台缘带灯影组气井堵塞机理及治理对策研究》获西南油气田公司采油气工程技术交流会一等奖,《四川盆地蓬莱地区灯影组二段储层特征与地震预测》《一种基于生产动态分析的气井产能计算方法》在全国天然气学术年会分获地质勘探一等奖、气藏开发二等奖。

(邓 欣 李 娟)

2023年11月8日，川中北部采气处推荐的论文《高磨台缘带灯影组气井堵塞机理及治理对策研究》在西南油气田公司2023年采油气工程技术交流会上获一等奖　　　　王丹雨　摄

【数字化转型】 2023年，川中北部采气处把数字化转型工作摆在更加突出的位置，创新推动信息技术和主营业务深度融合，支撑扁平化管理架构高效运转。推行"应用集成+数据共享+流程互通"模式，搭建生产组织、风险作业管控等不同维度的"一张图"集中展示，实现各生产管控环节数据整合共享；引入生产实时数据趋势预测技术，实现异常情况早期预警，解决传统固定阈值报警滞后问题，试点推进机器替代人工电子巡检，提高工作质效。"两化"融合取得阶段性成绩，深化数字化智能化融合赋能作用，优化重构作业计划统筹、现场巡检管理、生产过程管控等业务流程11项，完成新型能力指标15项，打造"天然气开发与生产智能化协同管控（AAA级）"新型能力，通过国家"两化"融合管理体系2.0评定认证。提升生产安全信息化保障能力，牵头编制《高石梯—磨溪区块SCADA系统数据共享与联锁控制方案》《高磨区块跨区域联锁测试及投用实施方案》，并在检修期间牵头组织区域内各生产单位完成94条跨单位联锁回路和119个共享数据的调试和投用，实现地面集输系统关键数据互通共享和跨单位自动联锁保护，保障高石梯—磨溪区块复杂地面集输系统安全平稳运行。
（粟　鹏）

【党建工作】 2023年，川中北部采气处开展学习贯彻习近平新时代中国特色社会主义思想主题教育，领导班子开展主题教育专题读书班7期，领导班子成员带头讲授专题党课5次，开展调查研究35次，发现问题30个，获西南油气田公司主题教育通报表扬1次。落实意识形态工作责任制，严肃宣传工作纪律，严格执行"三审三校"，从严把好新闻"出口关"，超额完成年度指标。开展全覆盖有害敏感信息自检自查2次，确保无政治流毒影响，坚决防范意识形态渗透。夯实基层组织建设，开展党员项目领衔活动，基于生产经营重难点问题，新确立8个党员领衔项目，形成一批经验成果。和宝石花油服公司、川中油气矿等7家兄弟单位共同打造"蓬莱气区党建联盟"，固化工作机制，开展党组织共建结对。强化人才队伍建设，建立履职能力专业题库、组建访谈专家组，组织开展理论测评和能力访谈，摸清员工能力短板。开展"1对1"培训，识别94项培训需求，匹配优质培训资源，培训效果大幅提升。全面从严治党纵深推进，开展巡察反馈问题整改，整改质量获西南油气田公司党委巡察办公室认可；强化监督执纪"四种形态"运用，开展违规吃喝专项整治和"反围猎"专项行动"回头看"，深化廉洁警示教育，营造风清气正的发展环境。和谐企业建设呈现新气象，创新"围炉夜话"机制，开展"我为员工群众办实事"实践活动，解决员工"急、难、愁、盼"问题21项；开展全覆盖节日慰问和"送温暖"慰问17次，参加西南油气田公司职工羽毛球赛获第三名，获遂宁市"文明单位"称号。深化"青字号"品牌建设，连续两年获西南油气田公司"五四红旗团支部"称号，创建遂宁市、西南油气田公司青年安全生产示范岗，联合地方团委开展"助力乡村振兴"志愿服务、"关爱留守儿童"公益活动。　（谢荣崇　陈　双）

邮政编码：629000
电话号码：0825-2515668
油网号码：515668
机关地址：四川省遂宁市船山区凯旋下路157号

## 输气处

【概况】 输气处是国内最早从事净化天然气集输管道管理和天然气运营的专业化企业。2023年底，设置机关职能部门13个、直属单位5个、基层单位15个、股权企业1个。有在册员工1692人，平均年龄42.51岁。其中管理人员461人、专业技术人员184人、操作服务员工1047人。

有博士研究生及硕士研究生76人，技师及以上高技能人才137人。管理着全长30.994千米、南北贯通的"四横、两纵、三环"❶"高低压分输、输配气分离"的全国独具特色的川渝环形骨干管网系统，包括输气干线53条、输气支线71条、输配气站116座、压气站2座、清管站6座、阀室226座、阀井34座、阴极保护站83座，在役管线途经川、渝、滇、黔三省一市148个市县区，管网年输配气能力450亿立方米，承担着西南油气田公司天然气年产量80%以上的输送任务。

2023年，输气处规模实力再上台阶，川渝骨干管网形成"四横、两纵、三环"新格局，管网年输配能力从400亿立方米提升至450亿立方米；整体利润26.78亿元，增幅排名西南油气田公司二级单位第一名。全年输送天然气345.43亿立方米、销售天然气132.75亿立方米；单位管输成本每千立方米70元，较年度考核指标降低6元。时隔25年，再次获国家级管理创新成果奖励，获油气和新能源公司"完整性管理先进单位"称号。安全态势持续向好，连续10年获西南油气田公司"QHSE先进单位"称号，连续5年获四川油气田"平安建设工作模范单位"称号。天然气输损率、管道完整性管理工作评价、投资控制、新能源业务评价、"两金"（应收款项与存货）压控、QHSE绩效考核以及党建类指标均在西南油气田公司控制范围内。

（冯雪）

【能源保障】 2023年，输气处加强天然气产、供、储、销体系建设，输销保供和项目建设齐头并进。冬供期间输送天然气近150亿立方米，保障川渝、北方地区民生安全用气、经济稳步发展；完成成都大运会天然气保供任务。完成15段困难段管道清管，清管秩序从75%恢复至92.13%；按计划完成15座站场工艺适应性改造，实现上游产能充分发挥、下游供气有效保障、站场工艺运行受控。市场供应平稳有序，应对采暖季城市燃气行业超5%的增量需求，全年城市燃气增销近4亿立方米；全年代输天然气6.3亿立方米，助力"黄金终端"增销增效。

（冯雪）

【绿色发展】 2023年，输气处投运四川盆地范围内压力等级最高、管径最大的威江线工程，打通川南、渝西页岩气外输新通道；江纳线增输工程江津增压站工艺设计变更按期建成投运，新增区域供气能力30亿米$^3$/年；北内环武胜增输上载工程实现当年立项、当年批复，成为西南油气田公司"十大压舱石工程"首个获批项目。新能源业务纵深推进，纳溪站余压发电项目完成现场安装，榕山站余压发电项目首次实现发电盈利；建成输气大厦和8个生产区域分布式光伏项目，新增装机容量263千瓦，全年绿色发电量44万千瓦·时。

（冯雪）

【安全工作】 2023年，输气处QHSE体系内审成绩连续11年保持在西南油气田公司第一梯队，QHSE体系内审质量评价连续两年在西南油气田公司名列前茅，输气处、成都输气作业区分别入选西南油气田公司A2级二级单位和基层单位培育名单。坚持人防与技防两手齐抓、差异化监督检查和重点时段升级管理协同发力，实现"两个现场"安全受控。统筹推动重大事故隐患专项整治等一系列专项行动落实落地，按计划完成7项西南油气田公司级隐患治理。建成"三位一体"计量管控新模式，输气处计量监督管理单位首次获集团公司年度"节能计量先进基层单位"称号。完成9座输气站场能量计量示范窗口打造，配合西南油气田公司建成天然气能量计量示范基地。建成四川省健康企业，被国家卫健委选为健康企业建设优秀案例，代表集团公司参加全国健康企业交流分享。

（冯雪）

【管道管理】 2023年，输气处首次应用基层单位全域"无人机巡检＋人工处置维护"管道巡护新模式，实现风险排查能力和管道巡护效率双提升。从系统排查、技术监测、专业评价3个维度开展自然灾害防控，确保管道安全平稳度汛。完成泸威线等10条管道内检测，检测长度为近五年之最；完成65座站场管道定检，全年消除管道本质缺陷612处，完成服役20年以上老旧管道风险排查评估，进一步夯实管道本质安全。拓展完善管道智能管理平台功能，光纤预警已覆盖323千米管道，骨干管网智能阴保覆

---

❶ "四横"：北外环（渡口河—连山），北干线（渠县—城厢），北内环（渠县—玉成），威江线（威远—江津）；"两纵"：南东段（肖溪—石桥—渡舟新—江津—纳溪西），南西段（城厢—纳溪）；"三环"：盆地东部高压环（南坎—屏锦—忠县），盆地内高压环（6.3兆帕及其以上），盆地内低压环（6.3兆帕以下）。

盖率近80%，管道风险状态感知能力进一步增强。深化工艺设备维保模式，实现重点工艺设备维护率、工艺设备故障处置率、主要工艺设备综合完好率3个100%。江津、铜梁两座压气站集中维保时间控制在10天以内，自主完成10余项维护改造，确保压缩机组"安、稳、长、满、优"运行。

（冯雪）

【改革调整】 2023年，输气处体制机制稳步改革，组织体系优化工作平稳实施落地，机构总量压减17.1%、总编制定员压减13.2%。完成岗位价值评价，构建起符合发展需要的岗位职级体系。建立起机关业务部门"从上至下"指导帮扶、基层单位"自下而上"全面跟进锻炼机制，实现业务帮扶与人才培养深度结合。补充33名操作技能人员到一般管理专业技术岗位，进一步贯通"能上能下"的人才成长晋升通道。

（冯雪）

【管理创新】 2023年，输气处科研攻关再获突破，自主研发天然气站场泄漏监测网格评估与优化技术，在第24届世界石油大会上分享交流，获与会专家和同行高度认可。完成与四川大学联合开展的科研攻关，为压气站安全平稳运行提供技术支撑。发布国家、行业标准5项，获国家发明专利2件。作为输配气业务首家开展两化融合管理体系2.0贯标取证的二级单位，已完成AAA级现场评定。基本建成以"业务归核、数智管控、机构扁平、用工多元、一岗多能"为特征的仪陇新型输气作业区，为形成可推广、可复制输气生产管控新模式奠定基础。完成17座无人值守站场油气生产物联网升级改造，进一步打牢无人值守硬件基础。完成输气大厦智慧会议室打造，会议质量、资源利用率、无纸化办公水平有力提升。提质增效从"升级版"向"精进版"转变。在西南油气田公司范围内率先完成制度流程体系优化工作，制度压减率85.5%，做法经验在西南油气田公司层面交流推广。招标选商集约化率提高至95%，合同审查周期控制在2个工作日内，合同选商更加高效。内控体系运行得分排名西南油气田公司二级单位第一名，获西南油气田公司"杰出"级评价。1项管理成果获第三十届全国企业管理现代化创新成果二等奖，7项成果分获四川省企业管理现代化创新成果一等奖、二等奖、三等奖。

（冯雪）

2023年9月23日，输气处在成都承办西南油气田公司"跨越400亿、迈上新台阶"职工篮球比赛暨第二届"铁人杯"男子篮球总决赛

郑剑雄 摄

【党建工作】 2023年，输气处开展学习贯彻习近平新时代中国特色社会主义思想主题教育，被中央第20巡回指导组点名表扬，尤其对调研工作结合单位发展实际给予肯定。从基层一线融合试点、基层党组织结对共建、生产经营难点攻关3个层面纵深推进基层党建"三基本"建设与"三基"工作有机融合，南充输气作业区融合试点形成党风廉政建设与合规管理深度融合的标准流程、示范文本，在西南油气田公司层面交流推广。完成党的二十大后输气处内首轮第一批次巡察。承办"建设气大庆"全国引领性竞赛推进活动，成都输气站、输气技能专家工作室受到中国能源化学地质工会参会领导高度评价。加强基层班组、员工队伍建设，成都输气站获全国工人先锋号，铜梁压气站获重庆市工人先锋号，1人被评为中国质量工匠、1人被评为四川工匠。发展大局和谐稳定，铁人精神耀一线、大运保供等重点专题报道广受好评，全年在国家级、省部级媒体发表稿件73篇，在央视频、《中国石油报》官微平台实现稿件"零突破"，7部作品在集团公司第七届新媒体大赛中获奖。建成以"输气文化展厅＋基层示范展示点"为核心的文化阵地矩阵，输气文化理念体系实现从"基因传承，末梢发力"向"输通四方，气润山川"提档升级。完成4项局级、处级大型运动赛事，"激扬输气情，奋进新征程"文体活动品牌深入人心。安排首批19名优秀技术工人疗（休）养，进一步完善2个基层单位办公基地功能，员工获得感、归属感增强。动态掌控重点人员，保障

全国"两会"和成都世界大学生运动会大运会和谐稳定。

（冯 雪）

邮政编码：610213
电话号码：028-85601201  028-85601898（传真）
内网号码：231201  231898
单位地址：四川省成都市天府新区华阳大道4段8号输气大厦

## 天然气净化总厂

【概况】 天然气净化总厂主要负责天然气净化业务，并利用脱除的含硫化合物生产硫黄。生产指挥中心位于重庆市江北区龙山路542号，下辖2个净化公司和4个净化分厂，分布在川渝两地6个区县。2023年底，设职能部门14个、直属单位4个、厂属基层单位10个。有在运净化装置16套，具有日处理原料天然气5 880万立方米、年处理原料天然气200亿立方米的生产能力，是国内起步最早、综合配套齐全、技术先进的大型天然气净化厂。天然气净化总厂同时开展大型净炼化装置检维修、天然气净化操作技能培训和职业技能鉴定等业务，下属单位重庆长发石油天然气安装工程有限责任公司，是川渝两地唯一一家成规模、体系完善的专业化天然气净化装置检维修公司，具有石油化工工程施工总承包二级资质。此外，天然气净化总厂还担负着土库曼斯坦阿姆河第一天然气处理厂、第二天然气处理厂和机修厂的生产运行管理。有在册员工1 881人，在岗员工1 664人，有一级工程师2人、高级专业技术职称101人，有集团公司技能专家1人、企业技能专家8人、资深技师9人，有首席技师资格1人、特级技师资格12人、高级技师资格48人、技师资格130人。2023年，天然气净化总厂处理原料天然气169.17亿立方米，生产硫黄27.49万吨，实现母公司利润总额4.6亿元，控股公司利润总额15.13亿元，参股企业净利润377万元，每千立方米天然气净化成本132元，天然气加工损失率3.56%，自产产品质量合格率100%，均优于指标完成任务。

（冯 艳 张立颖）

【生产运行】 2023年，天然气净化总厂坚持以产能最大发挥为发展之本、效益之源，直面严峻的天然气上产保供形势，以"产能最大化、成本最低化、指标最优化"为目标，多套装置保持高负荷生产，实现高质量发展。组织开展安岳净化公司装置性能标定，单列装置处理量达到650万米$^3$/日；强化应急保障措施落实和应急处突能力提升，坚持应急响应快速化、重点管控精准化，及时处理装置异常情况，全年无计划外停产。有序实施计划检修，提前31天完成年度装置大修，释放产能1.4亿立方米，大幅减少停产检修对产能的影响；组织不停产检修风险评估，大竹分厂由停产大修改为临停消缺，节约检修时间15天，释放产能2 600万立方米；开展引进分厂、忠县分厂"三年一修"风险评估，做好"三年一修"准备。全年9个基层单位按年初演练计划进行分厂级演练34次，防汛防高温专项演练8次；开展汛前专项检查9次，涉及检查点181处，排查隐患问题13项，整改率100%，有效提升异常天气下应急保障能力。

（冯 艳 张立颖）

【安全环保】 2023年，天然气净化总厂深化"控风险、除隐患、推体系、强业务、严监管、保目标"工作思路，打造QHSE核心竞争力，保障QHSE形势持续稳定向好。以创建西南油气田公司级QHSE体系审核A2级单位为契机，升级换版管理手册，开展全要素深度审核，在接受集团公司QHSE体系审核中，无突出严重问题；组织开展专（兼）职QHSE监督员、检验检测人员、汽车驾驶员职业技能竞赛，着力提升全员QHSE履职意识能力。落实"三管三必须"要求，对员工和承包商实施经济处罚24.12万元。开展重点领域安全生产集中整治、陆上石油天然气站场安全风险分级评估等专项活动，实施97项集中整治任务，排查整治问题3 139项。构建四方气质信息联动机制，提升质量管控效率，QC成果获重庆市二等奖、优秀奖；开展挥发性有机物泄漏监测与修复、污水处理恶臭气体治理，优化生产环境，成功创建"四川省绿色工厂"。建立污染物升级管控应急响应机制，形成废气全时段达标"一厂一策"，尾气二氧化硫同比减排696吨；编制天然气净化行业职业病危害因素检测规范，填补行业空白。开展"职业健康达人"评选，获重庆市化医农林水利工会"双保双促"职业健康劳动竞赛一等奖、优秀组织奖。

（冯 艳 张立颖）

2023年6月21日,天然气净化总厂承办遂潼川渝毗邻地区含硫天然气泄漏突发事件地企联动应急演练活动　　颜知音　摄

【经营管理】　2023年,天然气净化总厂通过强化生产运行调控、高效推进年度检修、精细装置操作管理、持续压减天然气脱损等工作开展,全年商品气输出增加12.88亿立方米,净化收入增加24 132万元;硫黄销量增加8万吨,销售增加收入3 396万元;依托能源管控平台和大数据分析,调整工艺参数,跟踪能耗考核,水总耗量较指标节约1万吨,每万立方米的电耗量较指标节约20千瓦·时,每万立方米天然气单耗量较指标节约25立方米。配合对外技术支撑、外借技术技能人才、承接对外培训等,全年增收953万元。参与电力市场改革,狠抓用电功率因数管控、余压发电运维等,节约电力相关费用约700万元;开展设备修旧利旧,探索备件国产化迭代更替,减少维修支出108万元;落实低碳行动,促进环境保护基础管理提升,节约环保税150万元。大竹分厂通过智能化工厂建设压减编制定员37人,利用协同办公平台完善各类业务应用,建立流程表单391个,新建业务12个,节约搭建成本100余万元。
（冯　艳　张立颖）

【改革创新】　2023年,天然气净化总厂开展"三定"工作,编制定员压减320个（含基层领导职数压减11个）,组织机构压减4个,优化调整9个组织机构管理职责,实现所有岗位设置和编制定员标准化管理;成立签约中心,逐步统筹总厂招标选商业务,最终实现集中化选商全覆盖;全面开展岗位价值评价,完成291个岗位价值评价以及28个单位（部门）职责和岗位说明书修订,形成应用建议报告。靶向完善分配体系,通过考核,单位之间收入水平拉开3%～14%、机关部门之间拉开2%～11%、专业序列拉开2%～15%、高技能人才拉开3%～20%;对考核特别优秀的3名技术人员和5名高技能人才实施"晋级+奖励",对4名考核不合格的应届毕业生延期转正,2个实习单位暂停实习资格,解聘考核末尾的二级、三级工程师11人,高技能人才11人和转岗人员1人。开展"阿米巴"管理模式宣贯,初步完成长发公司不定时工作制和综合工时制推行的调研任务,为下一步改革奠定基础。2023年度创新成果获西南油气田公司管理创新二等奖,中国石油企业协会三等奖,四川石油企业管理协会二等奖、三等奖。
（冯　艳　张立颖）

【技术创新】　2023年,天然气净化总厂立足优化生产运行和检维修标准化管理,坚持"引进吸收"与"自主创新"相结合,进一步提炼经验、总结归纳成熟案例形成体系,增强净化技术核心竞争力。攻坚技术瓶颈,在遂宁净化公司开展高风险装置检测评估技术研究及应用攻关,促进"两年一修"模式有效实施,获西南油气田公司科学技术进步一等奖;开展技术瓶颈突破尝试,在安岳净化公司开展Cansolv尾气处理装置中和废水低温蒸发结晶试验、APU树脂国产化试验,在忠县分厂开展尾气二氧化硫吸附试验,取得阶段性成效。提炼创新成果,申报专利19项,取得发明专利授权7项、实用新型专利授权7项,形成《天然气净化厂装置停产大修项目编制规范》等4项标准,《一种自动切除供电架空线路的方法和装置》获集团公司一线创新成果推广应用奖。探索标准化建设,牵头编制《西南油气田公司天然气工厂正逆向建设数字化交付规范（试行）》并在西南油气田公司发布;根据智能工厂建设成果初步编制《天然气工厂智能化建设规范》,是西南油气和新能源版块首个智能工厂专业化标准规范。
（冯　艳　张立颖）

【数字化转型】　2023年,天然气净化总厂遵循"领导推动、信息统领、业务主导、大力协同"工作原则,以数字化转型为契机,坚持以"试点先行、复制推广、优化迭代"原则推进智能工厂建设,树立西南油气田公司数字化转型标杆。开展国家"两化"融合管理体系2.0贯标工作,通过国家工信部审定,获3A级证书。以应用为基础,制定一套"属性全覆盖、业务易辨别、上下能对应、应用可调取"的净化数据编码规则,推进数字化管理平台建设与

单位概览

复用,实现多业务应用数据互通。按照"一厂一平台"思路,大竹分厂初步建成为"一个平台、一套数据、多维应用"的智能天然气净化厂。在遂宁净化公司、安岳净化公司、引进分厂、忠县分厂、万州分厂推广部署工业5G专网+UWB定位应用,升级配置功能更强大的智能安全帽,建成西南油气田公司最大的工业5G+智能工厂新模式。

(冯 艳 张立颖)

【新能源发展】 2023年,天然气净化总厂按照"清洁替代、战略接替、绿色转型"的发展路径,以落实节能减排、清洁替代、新能源技术项目为核心,推动余压发电工程建设,配合开展西南卧龙河气田茅口组气藏CCUS-EGR先导试验,保障新能源指标高质量完成。科学统筹安岳净化公司、万州分厂装置停产大修与余压发电装置建设,新增余压发电装机规模2180千瓦;精细余压发电装置运维管理,通过技术攻关维修改造励磁模块、喷嘴等部件,确保引进分厂余压发电装置安全、长周期运行,全年发电78万千瓦·时;通过投资与成本渠道相结合的方式,自主在安岳净化公司开展分布式光伏发电项目试点,新增装机规模436千瓦;配合重庆气矿开展西南卧龙河气田茅口组气藏CCUS-EGR先导试验,对引进分厂CPH尾气处理吸收塔排出的尾气中二氧化碳使用化学吸收法进行捕集,午捕集二氧化碳2.65万吨。

(冯 艳 张立颖)

【净化人才】 2023年,天然气净化总厂树立"人才是第一资源"理念,瞄准专业化净化人才队伍建设,实施人才强企战略举措,全力打造高素质专业化人才队伍。针对结构性缺员和管理、技术人员不足,采取措施挖掘内部潜力,优化调整岗位65人,非核心向核心工种转换28人,老区向新区流动18人,转岗人员考核退出1人;优化干部梯队建设,全年调整基层领导人员64人,调整4名三级正副职人员、6名关键岗位人员双向交叉任职。在109名三级正副职干部队伍中,有"80后"56人,占比51.38%,平均年龄44.06岁。以合规管理、业财融合、信息化知识为主题举办3期大讲堂,近400人次参与,提升关键岗位人员综合业务能力;组织渠县分厂91名员工到遂宁净化公司、安岳净化公司和万州分厂开展为期15个月轮训,强化高含硫净化厂、新工艺所需的操作技能,为上产储备优秀净化技能人才;在西南油气田公司净炼化专业首

次技术竞赛中获团队1金2银2铜、个人3金8银6铜。

(冯 艳 张立颖)

【党建工作】 2023年,天然气净化总厂深入推进学习贯彻习近平新时代中国特色社会主义思想主题教育,开展集中交流研讨108次、专题党课46堂、班子成员调研34轮次、检视整改问题29条;一体推进"形势、目标、责任、任务"宣讲和"转观念、勇担当、新征程、创一流"主题教育,组织3场宣讲会,覆盖42个班组957人次;同步开展"稳生产、保安全、强作风"主题大讨论和"知岗、讲岗、爱岗"岗位讲述,讨论总次数80余次,1017人次参与,收集意见建议116条,形成问题闭环22条;完成石油沟气矿东溪脱硫车间装置旧址保护、口述历史工作。刚性落实"第一议题"要求,党委学习研讨23次,4篇政研成果在西南油气田公司获奖。推进"党建+管理提升""党建+素质提升"等工作模式,评选、命名总厂首批3个优秀特色党建品牌。开展生产运行、"安康杯"等劳动竞赛,开展"强企有我,青春出列"石油青年突击队建功竞赛,凝聚起全厂员工智慧和力量,涌现出一批"重庆五一劳动奖章""集团公司先进工作者""集团公司青年岗位能手""西南油气田公司劳动模范"等荣誉获得者,长发公司铆工班等单位分别获"全国工人先锋号""四川省工人先锋号""集团公司五四红旗团委"等称号。

(冯 艳 张立颖)

邮政编码:400021
电话号码:023-67352205
油网号码:352205
通信地址:重庆市江北区龙山路542号天然气净化总厂

## 成都天然气化工总厂

【概况】 成都天然气化工总厂位于天府新区成都直管区华阳街道。总厂有XAI气体生产、零散气试采回收、硫黄销售、以氮气置换为主的工程技术服务、以安全阀校验为主的检定检测等五大业务。主要产品有XAI气体、含XAI标准气、液化天然气(LNG)、压缩天然气(CNG)等。

2023年底，成都天然气化工总厂设机关部门7个、直属单位1个、基层单位6个、托管投资公司1个。有员工254人（含外借外派6人），其中管理及专业技术人员144人（高级专业技术职称28人，中级专业技术职称84人，初级及以下技术职称32人），操作服务人员110人。资产总额为4 715.35万元，其中固定资产原值14 991.24万元，净值3 209.51万元。

（贺龄萱）

2023年，成都天然气化工总厂生产纯XAI产品9.5万立方米，零散气试采回收2.35亿立方米，硫黄销售53.07万吨。营业收入11.05亿元，账面利润2.61亿元，营业收入利润率24%，实现全员劳动生产率168.06万元/人，超额完成西南油气田公司下达的各项KPI指标。

（贺龄萱）

【项目建设】 2023年，成都天然气化工总厂响应集团公司、西南油气田公司XAI业务发展规划部署，推进提XAI项目建设。跟踪"西南油气田分公司'十四五'XAI业务发展工作实施方案"项目进展。细化重点项目规划目标和重点工作部署，确保规划目标的实现，推动西南油气田公司加快形成XAI产、研、供、储、销一体化产业链。完成《西南油气田分公司XAI销售方案》编制。聚焦"做精做优军品XAI销售平台"定位要求，开拓市场，寻找储备用户，形成市场分析及营销方案，为西南油气田公司提供决策支撑，为盐亭天然气处理厂XAI销售提供保障。助推盐亭天然气处理厂建设，牵头完成11项专项评价及初步设计技术审查；成立处理厂投产试运工作专班，从合规许可、人员培训、生产制度、材料机具准备、应急体系等方面形成工作组，为处理厂投运做好前期准备。推进提XAI技术与装备试验基地建设。做好各方协调统筹，主动参与初步设计，确保侧线装置建设与主体装置同步推进；依托集团公司科研项目"粗XAI纯化工艺装置试验平台"，开展"低温冷凝+变压吸附"粗XAI纯化试验平台研究及设计。推进川渝地区LNG生产中XAI资源回收利用。建成金浅3井、金浅822井XAI资源回收装置，为拓展XAI资源领域，实现XAI资源利用提供示范。完成精制装置适应性改造。提升华阳精制装置的适应性，解决零散气BOG提取粗XAI中杂质含量较高的问题，为分散XAI资源有效回收打下坚实基础。助力重点XAI产能建设工程投产。

发挥技术优势，为塔里木天然气综合利用工程项目提供技术咨询及技术支援，解决"低温冻堵、冷量调节"等关键性问题，保障提XAI装置按期投产，提高产品质量和收率，助推集团公司XAI产业发展。

（贺龄萱）

2023年9月18日，中国战略支援部航天系统部副司令吴锦高（左四）到成都天然气化工总厂调研　　　　　弓　静摄

【生产经营】 2023年，成都天然气化工总厂巩固五大业务，在提高XAI保供能力、提升装置高效运行水平、提高服务支撑能力上突破，发展基础更加牢固。XAI保供坚实有力。加强产销协调，优化生产组织，安全优质高效地保障市场供应。新建回收站7座，在运装置回收能力129万米$^3$/日；回收天然气2.35亿立方米，同比增长56.7%；实现井口产量2.89亿立方米，回收轻烃1 840吨，超计划、超额完成产量、产值任务。推进新井建设工作，形成各方"有机协同、高效参与"的良好局面，仅用73天建成资201井试验站，创造最快建投纪录。首次在零散气装置推行计划检维修工作，提升装置整体运行效率。优化销售模式，规范结算价格，逐步掌握市场主动，在川渝地区零散气市场建立话语权和价格主导权。硫黄销售实现"跨越式"增长。突出产销联动，实现自产硫黄固液比1∶3.9，进一步提高硫黄销售效率，安全拉运硫黄16 287车次。强化通道建设，打造"公路+铁路"联运模式，解决物流瓶颈，保障铁山坡硫黄销售业务开展。在行业不景气、销路不畅的情况下，实现全产全销，全年销售硫黄53.07万吨，同比增长86%。工程技术服务持续拓展。完成氮气置换工程项目190项，置换管线1 700千米，置换场站95座，出动应急抢险8次。完成中国石油首个自主开发的特高含硫

气田——铁山坡气田XAI氮试压检漏联合作业任务，保障特高含硫气田安全开发。形成《天然气处理装置XAI质谱检漏作业标准》，进一步加强XAI氮联合作业检漏工作规范性。检定检测稳步推进。完成安全阀校验4 950只，无缝气瓶检测1 101只，有效提升西南油气田公司站场设备完整性管理水平。　　　　　　　　　　　　（贺龄萱）

【风险防控与安全环保】 2023年，成都天然气化工总厂完成危险化学品安全生产许可证和危险化学品经营许可证延期换证工作，通过四川省危险化学品生产企业安全生产标准化二级达标评审。优化零散气单井生产现场管控，着力打造西南片区零散气回收业务行业标杆，编制重庆市地方标准《零散天然气橇装回收装置安全技术规程》，参与起草重庆市《关于加强陆上油气田场站范围内零散气回收安全生产工作的通知》，得到四川省应急厅、重庆应急局对总厂管理模式的高度认可。压紧压实"两个现场"风险管控，常态化督导"三项纪律"（工艺纪律、劳动纪律、操作纪律）执行，推进信息化监督手段，实现风险作业安眼监控全覆盖，对关键环节和常见违章进行智能抓拍预警。通过集团公司、四川省健康企业验收。强化节能减排，完成4 500吨标准煤的节能指标，通过西南油气田公司能源管理体系初次认证。通过三星九千、天一正等认证机构年度审核，产品质量检测合格率100%，计量器具检定合格率100%，通过计量标准复查换证评审。　　（贺龄萱）

【管理提升】 2023年，成都天然气化工总厂推动管理创新成果提炼及推广应用，完成制度流程优化专项工作，强化重大风险防控及依法合规治企，通过内控自我测试，查找经营管理中存在的问题，完成成都六菱化工厂工商注销工作，推动合同标准化、招标管控系统化集约化、股权管理规范化。全年回收XAI余气2 100立方米，增加XAI产值约40万元，控降成本20万元以上；推行特种设备自主年度检查，节约成本10余万元。强化大宗物资成本控制，成本压减约180万元。优化生产安排，全年节约电耗约10万元。全面压控"五项"费用，同比下降22万元。推进分配制度改革，健全完善绩效考核体系，推行绩效体系审核评价机制，强化业绩考核过程监控。深化三项制度改革，持续发挥人力资源保障作用，按照新增业务不新增机构、优化现有岗位职责从严定员的原则，完成"三定"工作。　　　　　　　　　　　　　　　　（贺龄萱）

【科技创新】 2023年，成都天然气化工总厂立足科技攻关和成果培育，聚焦生产现场的技术创新和成果转化，全力支撑高质量发展。发挥分析检测技术优势，开展集团公司"天然气中XAI含量测定分析方法研究"和"天然气中XAI含量分析检测项目实验室比对"，提高行业话语权。承担集团公司科研项目1项，西南油气田公司科研项目4项；研制低温液体（LNG）采样装置并应用于橇装LNG站液化天然气产品取样，解决易挥发低温液体代表性样品采集难题，为开展气体溶损研究和产品质量控制检测奠定基础；开展粗XAI纯化工艺技术研究，形成适用于不同工况的粗XAI纯化工艺包。巩固科技成果，形成企业标准2项，获发明专利授权1项；"基于变压吸附的粗XAI纯化新工艺研究"获西南油气田公司科学技术进步奖二等奖。实现零散气回收站信息化远传监控全覆盖，实现现场AI智能识别系统部署，助推安全监管全天候、全过程；新建信息系统（平台）6个，数字化转型取得新进展。　　（贺龄萱）

【党建工作】 2023年，成都天然气化工总厂开展学习贯彻习近平新时代中国特色社会主义思想主题教育，全年宣传宣讲30次、学习讨论44次，开展红色教育6次，专题党课12场，覆盖1 131人次。严格落实"三会一课"、谈心谈话、民主评议党员、主题党日等组织生活制度，严格落实"月通报+季评比+年考核"工作机制。探索新时期基层党建新举措，深化党建品牌创建，成果入选2023年度国企党建品牌建设优秀案例。贯彻落实政治监督具体化、精准化、常态化工作要求，常态化开展纠治"四风"、提质增效专项监督，开展纪委书记谈心谈话，分层级组织管理人员集体和个人廉洁谈话，打造风清气正的良好政治生态。树立正确选人用人导向，严格执行干部选拔任用工作程序，全年任免干部37人。深化专业技术岗位序列改革，畅通专业人才成长渠道，开展青年人才"一对一"培养，加大主营业务、主干专业领域优秀年轻干部培养力度。构建上下联动培养机制，选送优才参加各类研修培训。推进高技能人才队伍建设，建立"双导师"培养模式。统筹全媒体多平台协同发声，获四川油气田2022年度优秀新闻作品副刊类、电视新闻类、新媒体类三等奖。文体活动形式多样，员工面貌积极向上，意识形态平稳受控。弘扬劳模精神、工匠精神，1名高级技师被授予"成华工匠"。

（贺龄萱）

【和谐工厂建设】 2023年，成都天然气化工总厂把发展成果惠及广大员工，深入一线开展送温暖服务，加大困难员工精准帮扶，总厂慰问帮扶困难职工5人次，"八一"建军节党委书记带队走访慰问总厂职工退役军人及现役军人家属32人次，开展生日及节假日慰问894人次，开展领导班子夏送清凉活动，向一线员工送去慰问品262份。助力乡村振兴，巩固拓展脱贫攻坚成果，在定点的四川省九龙县、重庆市开州区开展消费帮扶。

（贺龄萱）

邮政编码：610213
电话号码：028-85607503
油网号码：237503
通信地址：四川省成都市天府新区华阳街道天研路152号

# 川东北作业分公司

【概况】 川东北作业分公司成立于2019年1月14日，是中国石油与美国雪佛龙公司合作的川东北天然气项目的作业者，代表双方履行生产、安全、财务经营等管理职能。合作区块位于四川省达州市宣汉县和重庆市开州区境内，主力气田为罗家寨（滚子坪）气田，单井产量高、压力高、硫化氢含量高，天然气中硫化氢含量最高14%。业务范围涵盖天然气生产、集输、净化及硫黄产销全部工作环节。2023年底，川东北作业分公司管辖25口井，其中生产井7口、封闭井16口、租赁回注井1口、正钻井1口。建成净化厂1座、采气井场2座、集气站1座、硫黄厂1座。管理管道总里程111.3千米，其中原料气集输管线为38千米，沿途设置可独立切断的阀室9座。设有职能部门7个、直属单位4个、基层单位4个。有中国石油员工554人、合作方员工15人，有高级专业技术职称103人、高级技师13人。党委管理中国石油党员337人，占员工总数的60.8%，代管业务外包党员32人。

2023年，川东北天然气项目年度天然气产能历史性跨越30亿立方米，累计产量突破200亿立方米，硫黄产销规模位居集团公司第一、全国第四。

（郝崇志）

【安全环保】 2023年，川东北作业分公司守住安全环保底线红线，创造528万安全人工时优良业绩，QHSE管理实现5个方面的新提升。提升体系建设水平。建立联合体系评估新模式，坚持42条优势做法并制定39条改进机会，获集团公司认可与好评，入选西南油气田公司QHSE体系建设A2级培育单位。提升风险管控水平。排查隐患311项，核实验证措施有效性25 589项，停工干预68次，"两个现场"安全形势总体稳定，连续5年获西南油气田公司"HSE先进单位"称号。提升井控管理水平。修订井控关键制度，井控设备维保认证通过率100%，关键人员国际认证通过率100%，三级联合演练参与率100%，形成一体化井控风险受控体系。提升生态管理水平。开展全要素监测199次，二氧化硫、氮氧化物排放量分别同比下降46%和25%，连续3年蝉联省级"环保诚信企业"称号，是四川油气田唯一省级"节水型企业"。提升健康管理水平。创新定制化健康管理体检模式，新增早癌等专项筛查，开展健康及职业体检1 168人次，全天候提供心理干预咨询，获四川省、达州市两级"健康企业"称号。

（郝崇志）

【生产运行】 2023年，川东北作业分公司抓实4个重点领域精益生产高效落实，各项生产关键指标均创历史新高，推动产量再攀新高峰。精益气田开发管理。开展产量测试及试井89井次，清洗集输系统硫沉积4.7吨，创满产运行320天、日均产气919万立方米开发新纪录，气藏开发指标持续向好。精益生产运行管理。抓好生产调度纠偏，开展受控跟踪432项，处置异常及故障360次，主动调参100次，生产计划符合率超99%，有效生产时率99.87%。精益装置运维管理。完成41台关键设备预防性维修，实施动设备检测2 849台次，处置异常50台次，抢修及堵漏34次，关键设备设施完好率99.76%。精益生产配套管理。提高电力可靠性，因供电引发的产损同比下降超50%；提高灾害预见性，发现并完成7处隐患治理；提高网络安全性，保持网络安全"零通报"，通过公

安部攻防考验。　　　　　　　　　　　　（郝崇志）

【经营创效】 2023年，川东北作业分公司注重提升经济增加值，从"预算管控、成本管控、物资管理、硫磺营销"4个方面加强价值创造能力提升，中方账净利润及净资产收益率持续保持正增长，折旧折耗同比下降26%，全员劳动生产率较计划增长10%。加强预算管控创造增量价值。强化预算执行分析，跟踪工作实施情况，预警执行度较低项目，推动日常预算完成率进一步提高3%，督促各项工作超预期完成。加强成本管控创造挖潜价值。总结往年降本经验，抓实"采办策略、生产用药、修旧利废、直购电"等重点措施，挖潜1.47亿元，生产投入产出效率进一步提高。加强物资管理创造利库价值。制订专项提升方案，细化13项具体举措，实现油气田平库0.35亿元，年内总降库0.5亿元，2倍于往年平均水平。加强营销管理创造扩销价值。硫黄生产41.59万吨、销售41.57万吨，销售均价与市场高价保持同步，同比增销2.16万吨，实现产销紧平衡，保障生产后路畅通。　　　　　（郝崇志）

【项目攻坚】 2023年，川东北作业分公司完成"高桥中学、大修技改、产能接替"等重点攻坚项目。推动新高桥中学建成投用。节省建设周期8个月，一举突破制约B井区钻井最大瓶颈，促进开州义务教育资源优质均衡发展，是企地共赢的典范项目。推动年度大修技改完成。检修后装置运行稳定性明显提高，创项目投产以来大修工期最短、项目完成率最高、产量影响最小纪录，实现增产3 200万立方米。推动补充开发井建设项目实施。完成罗家24井安全投产，解决水套炉、节流阀等生产难题，保障正常生产能力。B井区钻前工程应用泥浆储罐模块化技术，地面工程对利旧抗硫球阀开展维修升级，实现成本和工期双节约。罗家22井钻井工程有序开展，治服恶性井漏，创新应用超低密固井钻井液体系，创罗家寨"三开"固井合格率优质率新高，完成阶段性建井目标。
　　　　　　　　　　　　　　　　　　（郝崇志）

【创新管理】 2023年，川东北作业分公司实现管理创新与技术创新"双轮驱动"，推动管理成果加速涌现、管理水平快步提升。数字转型持续深化。完成顶层设计及关键项目分析，开展操作系统国产替代、数出同源数据治理、数据跨网合规交付等项目，起到节省成本、降低风险、加大互联互通等效果，获油气田业务认可和推介。科技管理成绩斐然。研发经费投入强度是上年2.5倍，推动"贫液制冷、电磁加热"等创新应用，解决生产痛点难题；开展成果交流及有形化，申报专利软著6项，完成行业标准2项，发表论文60余篇，1项管理成果获西南油气田公司一等奖，2份技术报告获行业一等奖。人才培养收获满满。技能人才成长步入"快车道"，坚持以训促赛、以赛促建，激发广大员工崇尚技术、学习技能热情，参与4场技术技能竞赛，获团队金牌1枚、个人金牌1枚，实现川东北作业分公司技能竞赛金牌零的突破。
　　　　　　　　　　　　　　　　　　（郝崇志）

2023年7月21日，中共西南油气田公司川东北作业分公司在成都召开第一次党代会　　　　　　　　　　　文　钊　摄

【党建工作】 2023年，川东北作业分公司坚持和加强党的全面领导，落实新时代党的建设总要求，提升"党委领导作用、基层组织建设、干部队伍建设、党建责任落实"4个方面工作质量，形成党建项目化管理、党建核实验证、红旗计划、五联工作法等典型做法的特色化卓越党建品牌集群，激发出强大新动能。

　　激发基层党组织新动能。在延安举办两期党务培训，使75名基层党务工作者综合能力得到提升，推选先进党组织6个。形成党建责任落实体系，实行基层党组织党建责任清单式管理、项目化推进、标准化考核，连续4年在西南油气田公司党建工作责任制考核中评为A级。

　　激发党员干部新动能。开展第二批主题教育，提升党员干部履职尽责、干事创业的精气神，涌现出各级优秀党员25人、优秀党务工作者12人，引领广大党员激发以学促干新动能。加强基层领导干部培养选拔，按照国企好干部"二十字"标准，提拔和进一步使用 13 人、序列岗位转换 5 人、交流调整 6 人，增强队伍活力、凝聚发展动能。

激发群团工会新动能。开展群团工会活动 47 场次，使用帮扶慰问资金 11.8 万元、为 83 人次困难党员及职工送上温暖，形成以党委领导为核心，群团工会发挥作用的"众星拱月"工作格局，密切党群干群关系，凝聚发展合力。

（郝崇志）

邮政编码：610021
电话号码：028-63218853
单位地址：四川省成都市滨江东路 9 号香格里拉中心 26 楼

# 勘研院

【概况】 勘研院是从事天然气勘探开发综合性应用科学研究的机构，立足西南油气田公司常规气、致密油气勘探开发参谋部、技术研究中心、技术支持中心职能定位，围绕西南油气田公司发展战略，开展四川盆地常规气、致密油气的勘探开发理论技术研究和生产技术支撑，以及页岩气分析实验工作。2023 年，勘研院支撑探井综合成功率 80%，开发井及滚动评价井成功率 100%；新增探明储量 1 867 亿立方米、控制储量 2 599 亿立方米、预测储量 3 210 亿立方米，三级储量合计 7 677 亿立方米、SEC 证实储量 609 亿立方米；科研生产工作完成率 100%；安全环保生产无事故。2023 年底，勘研院下设研究所（室、中心）、机关部门机构 23 个，其中机关职能科室 8 个、基层单位 14 个、托管投资公司 1 个（四川科力特油气技术服务有限公司）。西南油气田公司海外技术支持中心（正处级）与勘研院"一套机构、两块牌子。有在册员工 568 人，其中博士研究生 71 人（含博士后 8 人）、硕士研究生 287 人、大学本科 172 人、大专及以下 38 人。有教授级高级工程师 5 人，副高级专业技术职称 220 人，有中级专业技术职称人员 259 人、初级及以下人员 23 人。

（郑 果）

【科研工作及成果】 2023 年，勘研院围绕各级重大专项项目、集团（股份）公司科技及预探项目、西南油气田公司科技攻关和勘探前期项目、接替领域的科研和目标评选、重点探井跟踪等开展科研生产工作，组织开展并进行日常管理各类指令性科技攻关、勘探目标研究、前期工作、行业企业标准及西南油气田公司内部委托等综合研究项目共 232 个。加强研发费用投入管理，组织专家对所有下达项目开展"三新"鉴定工作。

推动科技成果集成及技术有形化，2023 年牵头申报省部级科技奖励 13 项，获科技奖励 5 项。其中：集团公司技术发明奖一等奖 1 项、科学技术进步奖一等奖 1 项、基础研究三等奖 1 项；四川省技术发明一等奖 1 项，科学技术进步奖二等奖 1 项；中国石油和化工自动化应用行业优秀科技标准奖 4 项。申请发明专利 98 件，国外专利 1 件，实现知识产权新突破。

牵头负责标准项目 26 项，其中，国际标准培育项目 3 项（含 2023 年新立项 1 项），制定、修订行业标准 6 项（新制定 3 项、修订 3 项），制定、修订西南油气田公司企业标准 11 项，制定团体标准 1 项，标准前期研究项目 1 项，标准体系研究项目 4 项（勘探开发各 2 项）。

（郑 果）

【勘探基础地质研究】 2023 年，勘研院围绕重点勘探领域，开展基础地质研究，取得多项创新认识。在常规气方面：构建并恢复古特提斯洋闭—张过程中控盆、控隆、控陷模式，提出二叠纪早期，上扬子加里东古隆起叠加地幔隆起效应控制茅口组早期地貌分异、二叠纪中晚期，上扬子西缘、北缘拉张作用控制裂陷和台缘带形成，引领二叠系重大勘探新突破及规模增储；围绕德阳—安岳裂陷槽生烃中心，重新认识震旦纪—早古生代沉积演化特征，指出兴凯地裂运动、加里东运动控制震旦纪—早古生代沉积演化，灯影期古裂陷控（丘）滩，寒武纪—奥陶纪古隆起控滩，受现今构造、地层、岩性等共同控制，裂陷西侧灯影组、奥陶系发育多类型气藏且整体富 XAI，是四川盆地天然气增储上产的重要新领域。在致密油气方面：重新认识盆地致密气，提出以须家河组为主力烃源岩形成一套含气系统、两套成藏体系，指出斜坡—坳陷为富集有利区带，为陆相致密气井位部署提供重要依据；形成多类型页岩油致密油甜点综合评价技术。揭示沙溪庙组一段致密河道砂岩、凉高山夹层砂岩、大安寨页灰互层 3 类储层为当前最现实的有利甜点段，公 119H 井取得重要突破，3 类储层资源量超30亿吨，有望为西南油气田公司取得页岩油新突破。
（郑　果）

【区带目标井位研究】 2023年，勘研院深化四川盆地"四新"领域研究，风险勘探取得重要新进展，支撑西南油气田公司增储上产。在风险勘探井位论证方面，以落实勘探战略发现为目标，形成"基础研究—目标刻画—井位论证"链条式的工作机制，盆地勘探取得重要新进展。发挥风险勘探团队协同攻关平台优势，全年提出成熟风险目标13口，通过风险探井7口，风险三维地震600平方千米，完成年度风险指标。在预探井位部署方面，围绕川中古隆起震旦系—下古生界、二叠系、致密气等重点领域开展地质综合研究，研究论证37口预探井位，为西南油气田公司2024年勘探发展赢得主动局面。在盆地勘探成果方面，牵头论证通过川渝地区首口万米科探井。深地川科1井肩负科学探索和油气发现两大任务，是发现规模战略接替资源、推动超深层油气地质理论创新、提升工程技术装备能力的关键途径，对四川盆地油气勘探具有里程碑式的重大意义；提出盆地二叠系"茅二早期台隆带、茅二晚期台缘带、长兴组棚内点礁群、梓潼—南充棚缘礁滩带、川东礁滩叠合带"5大规模勘探方向，获多口百万立方米高产工业气流井，形成西南油气田公司勘探接替新阵地；裂陷槽西侧灯影组取得勘探突破，落实有利丘滩体面积2 500平方千米，区带资源量约5 000亿立方米，是四川盆地天然气增储上产的重要新领域；四川盆地奥陶系取得重大新突破，初步刻画宝塔组大面积优质白云岩储层分布，落实资源量2 000亿立方米；四川盆地志留系取得重大认识进展，落实泸州地区石一段礁滩体、韩一段砂体累计有利勘探面积2 690平方千米，有望开辟志留系勘探新层系新类型；四川盆地洗象池组环古隆起发育厚层滩相白云岩储层，初步刻画潮缘滩带面积3万平方千米，是风险勘探的重要后备领域。
（郑　果）

【开发研究】 2023年，勘研院研究编制开发方案、调整方案、部署方案、规划方案等各类方案44项，为西南油气田公司勘探开发部署和决策提供依据。聚焦未开发区气藏科学上产，以"立体开发、效益建产"为思路，全年编制《高石梯区块未开发区多层系开发概念设计》《磨溪8井区灯四气藏开发方案》《高石1井区灯二气藏开发方案》等重要方案，动用储量4 600亿立方米，设计新增年产能超70亿立方米，涉及投资超350亿元，快速实现储产转化，支撑西南油气田公司快速规模上产；开展天府气田、梓潼气田12项开发类方案的编制工作，优化完善开发技术对策及指标，保障西南油气田公司致密气上产增速；转变评价思路，揭示4种类型致密油/页岩油成藏潜力，编制完成西南油气田公司首个原油开发先导试验，推动西南油气田公司原油产量止跌回升，规模上产重新启动；完成《"十四五"中期评估》《2024—2026年滚动计划》及《中长期稳产上产规划》3项规划方案，强化中评估及时"纠偏"作用，保障西南油气田公司"十四五"后三年重点工程顺利实施。首次完成页岩油、煤层气中长期发展规划编制工作，为西南油气田公司新业务的发展路径指明目标和道路。开发关键技术取得4项新突破，完善全生命周期递进式整体治水优化开发技术，针对整装边水气藏，完善特大型低幅高压有水气藏开发中期水侵影响定量化判识技术，优化整体治水技术对策，实现高产稳产与控水排水的动态平衡，保障龙王庙组气藏连续稳产7年；针对强非均质薄层碳酸盐岩气藏，建立"薄丘滩+弱岩溶+走滑断裂"三元控储和"高产井部署"模式，气井产能及稳产能力评价可靠程度提升，有效指导灯影组四段台内、二叠系气藏储量高效动用技术对策制定；完善大数据、人工智能的开发动态预测技术，气井产能变化数据更加丰富，动态预测模型自主学习能力不断增强，实现气藏实时优化配产；为开发优化调整智能化决策奠定基础。
（郑　果）

【气藏评价技术研究】 2023年，勘研院聚焦高产井模式，实现科技成果向效益转化。安岳气田、蓬莱气田灯影组攻关形成岩溶缝洞型储层底水气藏有利目标优选技术、小型丘滩弱岩溶低渗储层甜点优选技术，建立4类高产井模式，部署开发井18口，获高产井6口，新增年产能2.6亿立方米。川中二叠系攻关形成薄层强非均质台内滩高产目标优选技术，建立3类高产井模式，部署滚评井4口，测试均获百万方高产工业气流，新增年产能3.9亿立方米，为川中古隆起常规气上产200亿立方米工程提供支撑。落实川东北高含硫气田构造及礁滩储层展布，完善高产井模式，指导井轨迹优化、科学差异化制订试油方案、设计，高效支撑 5 口完试井口口高产，新增年产能 13.9 亿立方米，为高含硫气田 40 亿立方米上产工程提供保障。推广应用台缘低缓斜坡带小尺度生物礁群精细雕刻方法，福禄场地区部署首口生物礁井龙岗 83-C1 井测试日获气 108.65 万立方米，拓展生物礁滚探区块，估算可新增储量 60 亿立方米，新增年产能 0.7 亿立方米，为老气田"压舱石"工程长期稳产打下坚实基础。陆相致密气领域针对川中—川西地区沙溪庙组、须家河组分区块分层次部署开发井 32 口，完试井 10 口，成功率 100%，井均测试日产量 45.69 万立方米，单井日配产由 8 万立方米提升至 9.1 万立方米。精细评价龙兴 1 井大安寨段，测试日产气 3.36 万立方米，日产油 22.4 立方米。精准锁定公 119H 井 6.8 米靶体段，水平井钻进显示良好，已见油气，有望取得页岩油新突破。全年围绕安岳气田高石梯—磨溪区块和龙女寺区块多层系、盆地致密气、川西二叠系—三叠系、环开江—梁平海槽两侧礁滩气藏等西南油气田公司重点产能建设领域完成开发井位论证 137 口，成功率、有效率均 100%。

（郑 果）

【地球物理研究】 2023 年，勘研院围绕盆地勘探开发的地质需求，地球物理特色技术取得重要进展。形成二叠系白云岩薄储层相控叠前综合预测技术，大于 10 米的茅口组优质低阻抗储层地震预测符合率大于 80%，支撑川中地区二叠系井位部署和规模储量提交；创新多波联合复杂砂岩刻画及储层预测技术，提升"隐蔽"型河道砂体刻画和储层预测精度，砂体刻画符合率 100%；强化深层高保真高分辨弱信号处理和 TTI 各向异性叠前深度偏移成像技术，提升深层储集体弱信号和构造成像质量；形成基于地震波形大数据智能分析储集体高精度表征方法，落实复杂岩性背景下的优质储集体展布，支撑川中古隆起多层系新进展和川西南裂陷西侧灯影组重要勘探发现；引入 VPVS 变量构建测井解释模型，创新形成茅口组特殊矿物"硅质"含量计算新方法，提高茅口组复杂岩性定量及孔隙度计算精度。

（郑 果）

【新能源技术研究】 2023 年，勘研院进一步加强新能源技术支撑，筑牢绿色发展业务根基。首次开展四川盆地地温场精细评价，建立一套适用于四川盆地的地热资源评价方法。对川渝地区主要热储层地热资源量进行评价，建设地热井基础库。牵头编制完成国内首个探索注二氧化碳提高气藏采收率的先导试验项目方案，支撑西南卧龙河气田茅口组气藏 CCUS-EGR 先导试验方案顺利落地实施，支撑国家"双碳"战略目标。完成油气和新能源公司前期评价项目"西南储 XAI 库前期评价"，明确碳酸盐岩气藏改建储 XAI 库的封闭条件和关键建库参数设计流程，支撑国家重大战略物资储备，推进西南储 XAI 库落地。

（郑 果）

【规划方案编制】 2023 年，勘研院规划研究多向发力，战略引领作用提升。围绕西南油气田公司"上产 500 亿"目标，科学研究四川盆地勘探发现、产量增长客观规律，做深做实规划指标研究，开展 4 轮"十四五"目标正向推演，高质量完成"十四五"规划中期评估、"中长期稳产上产规划方案"等重点前瞻性工作，为西南油气田公司长期发展战略制定提供科学依据。西南天然气"气大庆"战略研究项目全面收官，形成的院士建议获国家领导人批示，强力支撑西南油气田公司打造高水平天然气生产基地。

（郑 果）

【勘探开发动态跟踪】 2023 年，勘研院作好重点区块精细跟踪与动态分析，支撑西南油气田公司开发生产组织与调整，发挥决策支撑作用。狠抓气田开发大调查、老区挖潜、重点气藏精细动态分析等重点工作成效显著，支撑西南油气田公司开发基础管理、生产组织和开发部署。以开发大调查为基础，以"压舱石"工程为引领，提出老井挖潜目标 580 井次，全年增产 10 亿立方米以上，递减率有效控制在 3% 以内，开井率同比提高 2%。系统评价挖潜技术经济条件，建立年度合作开发项目池，支撑合作挖潜年增产气量 8 237 万立方米，年增长率 229%。编制完成云安厂气田、安岳龙王庙组气藏 2 项"压舱石工程"工作方案，开展大猫坪长兴组、双鱼石栖霞组气藏精细描述工作，优化开发技术对策，提高气藏采收率。

（郑 果）

【储量及矿权研究】 2023 年，勘研院超额完成储量指标。高提交天然气探明储量 1 867 亿立方米、控制储量 2 599 亿立方米、预测储量 3 210 亿立方米，三级储量合计 7 677 亿立方米。开展 SEC 储量评估，新增 SEC 储量 609 亿立方米，超任务指标 9 亿立方米，SEC 储量平均替换率达 1.47，支撑西南油气田公司完成 KPI 指标及利润指标。提前谋划，快速推进，助力西南油气田公司全年新增采矿权 1 846 平方千米，夯实增储上产坚实基础。面对新的矿权政策和保护形势，协同相关处室编制完成第一轮西南油气田公司优质矿权保护部署方案，为西南油气田公司保护优质矿权、争取矿保资金奠定基础。（郑　果）

【储气库建设】 2023 年，勘研院储气库评价研究工作取得新成果，支撑西南油气田公司决策部署。编制完成铜锣峡、黄草峡储气库 2 项建设工程初步设计，新增储气库工作气量 18.5 亿立方米，助力"两峡"储气库建设开工取得通行证。编制完成牟家坪、老翁场、万顺场 3 个新库建库可行性研究方案，助力西南百亿储气中心建设稳步推进。着力相国寺扩压增量方案实施效果跟踪，完成相国寺"十一注九采"后储气库库容及产能变化规律研究，成为国内首座提压达容的储气库。（郑　果）

【分析实验技术研究】 2023 年，勘研院分析实验技术研发取得新成果。围绕深层—超深层勘探开发基础理论创新及关键技术攻关，开展旺 1 井各类实验分析，深度参与深地川科 1 井地质资料管理，提前做好岩心库检测工作，为万米科探井顺利实施做好保障。全面统筹安排实验分析进度、紧跟重点探井实施现场，完成各类实验分析 10.5 万样次，完成分析检测报告 2 081 份，有效支撑西南油气田公司增储上产和储量申报任务。加大基础实验研究力度，完成有水条件下硫沉积测试装置建立，推动硫沉积相关实验研究，为高含硫气藏开发提供依据。建立原油赋存特点表征实验体系和渗流模拟实验，为页岩油勘探开发奠定基础。（郑　果）

【信息化建设】 2023 年，勘研院信息化建设加快推进，支撑"两化"融合持续深化。推动信息化建设，初步完成勘探开发协同研究平台搭建，按照"边设计、边建设、边应用"模式，强化评测推广应用，为平台全面上线奠定坚实基础。创新应用三维可视化技术，打造多源数据集成展示的联合攻关环境，建成多功能井位研究大厅。深挖新一代信息技术与科研业务的结合点，创新研发碎屑岩薄片自动识别、单井产能智能预测等应用，推动科研智能化发展。（郑　果）

2023 年 1 月 17 日，勘研院在成都召开工作会暨四届六次职代会工代会。图为先进代表与领导合影　　　　张　晨摄

【科研保障】 2023 年，勘研院进一步推进科研服务管理。优化科技大厦智能系统建设，搭建"楼宇安防"模块，实现大厦设备运行、设施维保等可视化展示，后勤服务质量、效率显著提升；《天然气勘探与开发》由季刊变更为双月刊，期刊质量、载文量进一步提升，取得"两步走"发展规划阶段性成果。（郑　果）

【企业管理】 2023 年勘研院多措并举应对合同全过程管理新变化。汇总整理，方便查询。精心收集整理各级各类合同业务相关法律法规和制度要求，汇编成册，分发至各部门作为业务办理手边书，随用随查。提前培训，传达要求。将往常安排在下半年的企管法规业务培训提前到一开年举办，及时解读传达上级单位新要求。编制形成《非招标系统 2.0 操作指引》，集成非招标选商 5 种运行模式的操作模板，建立标准化审查机制，规范非招标采购流程、谈判过程文件以及响应文件格式。指导勘研院合同管理工作高效开展，进一步提升勘研院规范化水平。（郑　果）

【质量安全环保工作】 2023 年，勘研院深化 QHSE 管理体系建设，狠抓安全风险防控和隐患排查治理，提升全员安全履职能力。推进体系建设，完善"大安全"工作格局。依据业务特点和风险等级，突出针对性审核，强化审核发现问题"举一反三"和整改"回头看"，防止同类

问题重复发生;开展"补短板、强弱项"专项行动,强化应急处置能力提升。坚持党建引领,成功创建四川省健康企业。营造健康企业创建氛围,提升员工健康素养,员工参与度高,创建成效显著,得到西南油气田公司和地方政府褒奖,并于2023年2月正式获四川省健康企业授牌。

（郑 果）

【党建工作】 2023年,勘研院擦亮"蓝金引擎"党建品牌,以主题教育为契机,推动党建与科研生产深度融合,把党的领导贯彻和体现到勘研院改革发展全过程。勘研院连续9年获"西南油气田公司先进单位"称号。坚持把党的政治优势、组织优势转化为竞争优势、发展优势,有力推动井位论证、方案编制、储量研究、信息化建设等重点工作。坚持抓班子带队伍,抓基层打基础,抓纪律强作风,推进基层党建"三基本"建设与"三基"工作有机融合,推动基层党建与基层管理全面进步、全面过硬。一批基层党支部和青年集体先后获评集团公司"青年文明号"、西南油气田公司"示范党支部"称号,一批优秀员工首次获四川省"五一劳动奖章""四川工匠"等称号。

（郑 果）

【工会与群团工作】 2023年,勘研院工会围绕中心工作,竭诚服务职工,用心用情做好"五个家"建设。打造和宣传西南油气田公司"汪华五一巾帼创新工作室",牵头拍摄的"巾帼讲堂"系列宣传片引发热烈反响。以主题劳动竞赛为抓手,组织开展2023年科研、勘探、开发等11项主题劳动竞赛工作,助推中心工作和品牌文化建设再上新台阶。开展与西南油气田公司机关乒乓球交流赛,参加西南油气田公司"跨越400亿,迈上新台阶"气排球、足球、羽毛球、游泳等比赛,参加第六届"科研杯"男子篮球第二阶段比赛、西南油气田公司"铁人杯"男子篮球第二阶段比赛并取得优异成绩。组织编撰西南油气田公司女工手册,争取HPV疫苗接种、组织心理健康互动交流、举办服饰搭配美学沙龙等女职工系列活动,有效保障女职工身心健康。组织单身职工参加西南油气田公司主办的幸福"油"约单身职工线上与线下联谊活动,为单身青年员工搭"鹊桥"。举办"蓝金引擎,迎新纳福"迎新春游园活动、"巾帼心向党,建功新征程"主题系列活动、"践行二十大,奋发创一流"建院70周年主题趣味运动会和"守护成长,快乐暑期"职工子女暑期研学活动,多种形式为员工提供放松身心、释放工作压力的机会,增强员工的身心健康和幸福感。

（郑 果）

邮政编码:610041
电话号码:028-86015603
油网号码:215603
地　址:四川省成都市高新区天府大道北段12号中石油科技大厦

# 天研院

【概况】 天研院的前身是中央轻工业部重庆工业试验所天然气组,成立于1950年,是新中国天然气制炭黑、天然气制合成油和天然气提氦技术的发源地,历经70余年的发展,形成6大专业方向24项技术系列,天然气分析测试等特色技术处于国际领先水平。2023年底,制定国际标准8项,获国家科技奖励13项、省部级科技奖励88项,共授权专利224件(含国际发明专利8件);牵头建设以国家能源高含硫气藏开采研发中心、国家市场监管重点实验室为代表的作为"四位一体"科技创新平台,自主研发实验设备700余台(套),有国家、省部级资质8项,是国际标准化组织天然气上游领域分技术委员会(ISO/TC 193/SC 3)主席单位和秘书处,归口管理11家国际、国家、行业、企业标准化技术机构工作。有员工460余人,其中技术专家13人、教授级高级工程师4人,有博士48人,研究领域与美国、俄罗斯天然气科研机构相近,专注于天然气产业全链条技术支撑,发挥勘探开发化学主力军作用。

2023年,天研院各专业领域科研攻关瞄准行业前沿,注重开创性和前瞻性,梯次开展科研项目89项,高层级项目占比30%,成果获集团公司科学技术进步奖一等奖1项(连续3年获省部级一等奖);申报发明专利106件,PCT专利7件,分别同比增长30%、75%,获集团公司专利优秀奖2项,首次在北美地区获专利授权;发表SCI、EI论文41篇,论文发表数量、质量齐升。

（张庆南）

【流量检定与校准】 2023年,天研院聚焦天然气流量标准装置量值溯源能力提升,形成原级标准装置全量程0.05%的关键技术方法,实现大数据统计分析质量过程控制应用;建立脉动消减措施和温度控制模型,形成高压大流量环道装置技术方案,支撑西南油气田公司高压天然气流量溯源体系建设。首次开展俄罗斯标准器量值传递工作;流量计检定有力支撑中联油中俄东线天然气贸易交接;首次主导A类国家计量比对项目,完成流量计检定820台。

（张庆南）

【分析与测试】 2023年,天研院自主研发燃气加臭剂检测仪,实现装备国产化,检出限低至0.4毫克/米$^3$,重复性RSD7小于或等于2.5%,价格较同类型进口产品下降50%以上,技术指标达到国际领先水平,6台样机在西南油气田公司内部推广,实现燃气中加臭剂含量快速准确检测,保障城镇燃气加臭剂浓度的精准达标。承担西南油气田公司130余个天然气样品和68批次油品检测任务,支撑保障相国寺储气库公司、四川页岩气公司硫化氢检测。

（张庆南）

【腐蚀与防护】 2023年,天研院自主研发的特高含硫缓蚀剂打破国外垄断,支撑铁山坡气田投产;自主研发抗生物膜型杀菌剂,抗生物膜率由50%提高至80%以上,药剂用量降低10%;优化菌类快速检测用培养基配方,SRB检测周期较国际通用方法缩短85%。健全覆盖"井口—管道—厂站—终端"全流程腐蚀防控链条,支持多条集气管线重大失效事件分析;研发不停机管道腐蚀检测技术,首次在仪陇净化厂成功应用,为长周期安全平稳运行提供强力支撑。

（张庆南）

【天然气净化】 2023年,天研院胺液深度复活技术填补国内外相关领域空白,入选2023年度中国石油十大科技进展。"胺法+络合铁法"成套脱硫技术首次成功应用南充1井,助力年7000万立方米天然气产能发挥。自主研发固定床二氧化硫非再生催化吸附技术,尾气二氧化硫浓度小于400毫克/米$^3$;首次实现脱碳溶剂与超重力反应器耦合,二氧化碳生产能耗低至2.8吉焦每吨。完成14座净化装置性能考核及标定工作,支撑覆盖面大幅拓展;制订剑阁、磨溪等7座净化厂尾气改造方案,净化装置全时段达标技术改造快速推进;CT硫黄回收技术助力广东石化、和田河处理厂投产。

（张庆南）

【油气田化学】 2023年,天研院超高温降阻酸在亚洲最深直井蓬深6井成功应用,作业井深突破9000米,耐温达200℃。聚焦深地川科1井重点工程,研发超高温酸化缓蚀剂,初步攻克220℃条件下超高温酸液腐蚀关键难题;基于压驱一体化,研发低伤害滑溜水体系,助推页岩油评价井获得高产。在长宁111口气井成功应用智能管控系统,运行成本下降34%;建立堵塞物样品数据库,形成分级分类堵塞治理技术图版,开展解堵作业89井次,解堵成功率100%。

（张庆南）

【新能源技术】 2023年,天研院突破熔融金属催化工艺瓶颈,实现石墨烯与氢气联产,石墨烯纯度超90%。牵头制定国内首套气田水伴生资源综合利用装置方案,支撑装置设计与建设;持续跟踪在运光伏项目的指标评价和技术优化,发电量提升5%~10%。

（张庆南）

【标准化工作】 2023年,天研院牵头制定发布首个页岩气国际标准和煤制气国际技术报告,提升中国在非常规天然气领域的国际影响力;石油天然气行业唯一的国家标准验证点获批设立;拓展ISO/TC 193/SC 3的工作范围,新成立"数据交换文件格式"和"页岩气"工作组,国际标准立项3项,立项数量和领域均获突破;牵头发布国家及行业标准13项,企业标准10项。

（张庆南）

【平台建设】 2023年,天研院国家市场监管重点实验室（天然气质量控制和能量计量）高分通过验收并正式运行;深化与联合单位、科研院校和生产现场的合作交流,"双国重"平台运行高效,防腐、净化现场试验新基地建设有序推进;自主研发硫化氢热裂解等试验装置10余台（套）,着重设备全周期精益管理。

（张庆南）

【成果转化】 2023年,天研院加快技术、产品工程化步伐,络合铁技术工艺包在荣县净化厂得到应用,实现从"产品销售"向"技术输出"的转变。构建"液体+配液"

整体技术支撑模式,在浙江油田公司刷新国内酸化改造规模纪录,迈出酸液技术工程一体化第一步。优选装备制造企业,形成化工装备制造战略合作企业备选库。与俄罗斯伊尔库茨克石油公司签订催化剂项目战略合作协议,有机硫深度脱除、羰基硫水解等技术以一体化形式走出国门,缓蚀阻垢剂等产品持续畅销海外,开拓吉林油田公司、大庆油田公司腐蚀控制服务市场,成果转化版图进一步扩大。

(张庆南)

【经营管理】 2023年,天研院强围绕西南油气田公司"三定"要求,平稳推进机构优化调整,压减机构、职数和机关定员;调整修订18个三级机构的职能职责,分解定员编制,修订发布岗位说明书166份,实现人力资源均衡配置。落实集约化选商原则,压减合同主体数量,框架合同总量压减率超20%;精简制度8项,优化流程31项,首次在西南油气田公司内控与风险管理考评中获第一名。

(张庆南)

【质量安全环保】 2023年,天研院完善"前馈式"审核,提升标准化示范站队建设质量,流量所通过西南油气田公司"百千示范站队"验收;完成29个点位职业危害因素检测,被评为四川省健康企业;完成生态环境隐患排查,4项隐患整改销项;能特公司获四川省"环保信用诚信企业"称号。审批质检、分析测试报告168份,制定、修订能特公司产品标准31项;受邀在中国质量(成都)大会分论坛作主旨演讲;开展平安企业建设,坚持新时代"枫桥经验",抓牢抓实不稳定因素风险排查,开设员工留言板,联动发展氛围和谐稳定。获四川省质量领域最高荣誉——天府质量奖提名奖,获西南油气田公司"QHSE先进单位"称号,体系管理持续保持B1级别。 (张庆南)

【党建工作】 2023年,天研院开展学习贯彻习近平新时代中国特色社会主义思想主题教育,全面贯彻落实党的二十大精神,讲授专题党课18次,覆盖400余人次,开展集中学习讨论30余次,完成集团公司"党建带团建"工作调研。筑牢基层战斗堡垒聚焦制约高质量发展的堵点问题,做深走实大兴调研,实现100%全覆盖。创建党员示范岗、党员责任区55个,组建党员突击队10个,完成院属11个党支部集中换届选举,夯实基层党建根基。加大年轻干部培养选拔力度,形成主力研究所博士带团队新模式,干部年龄结构、学历组成持续优化。获集团公司首次人力资源大赛个人金奖,干部队伍专业素养得到认可。开展第三轮专业技术序列岗位选聘,人才队伍梯次结构更为完善。完成岗位廉洁风险点排查,聚焦"一把手"关键少数,开展"一对一"廉洁谈话;开展日常监督,精准"政治画像",持续筑牢良好政治生态。

(张庆南)

2023年5月26日,天研院获西南油气田公司"跨越400亿,迈上新台阶"职工气排球比赛冠军
张庆南 摄

【企业文化】 2023年,天研院唱响新闻宣传主旋律,聚焦意识形态与中心工作,拓展宣传渠道,发布省部级以上稿件298篇;宣传作品获亚洲微电影艺术节优秀奖,连续5年获西南油气田公司新媒体大赛组织奖。发布首批"天研里程碑"和"天研榜样",1人获集团公司首届"感动石油人物"提名,1人获评集团公司先进工作者。推进科技创新企业文化氛围打造,门户网站2.0焕新上线,文化阵地建设更加多元。激发青年创新动力,组建青年科委会,打破学术壁垒,营造"去行政化"良好氛围。培育集团公司青年岗位能手1人,获西南油气田公司团青工作先进集体1个。天研院团委连续3年被评为西南油气田公司五四红旗团委。

(张庆南)

邮政编码:610213
电话号码:028-85604664 028-85604665(传真)
油网电话:235664
单位地址:四川省成都市华阳镇天研路218号

# 工程院

【概况】 工程院隶属西南油气田公司,集井工程方案设计、工程技术研发、成果转化应用、现场技术监督、质量检测管理、实验评价及井完整性管理于一体的综合性科研生产单位,与西南油气田公司工程技术监督中心、西南油气田油气井工程质量监督站、西南油气田公司井完整性管理中心、西南油气田公司井控技术中心实行"一套班子、五块牌子"管理模式。工程院有钻井工程、完井试油、储层改造、采气工艺、井完整性等5大领域172项主体技术,其中精细控压压力平衡法固井等10项技术处于国际领先水平,水平井高强度低伤害多缝压裂等24项技术处于国际先进水平,68项技术处于国内领先水平。具备开展岩石力学参数测试、压裂酸化材料评价、采气工艺实验评价、井下工具检测、固井水泥浆评价、钻井液性能测试等测试评价和配套工具的研发能力。有国家实验室认可(CNAS)、国家计量认证(CMA)、ISO9001质量管理体系认证等多项资质,是"国家能源高含硫气藏开采研发中心""中国天然气工程技术研发系统"核心成员单位,是"中国石油碳酸盐岩气藏开采""中国石油海外阿姆河气田采气工程技术"支撑单位。

2023年底,设职能部室9个,设钻井研究(设计)所、完井试油研究所、压裂酸化研究所、采气工艺研究所、井下工具研究所、井完整性技术研究所、井控技术研究所、质量检测与评价所8个科研单位,设油气井增产技术实验室、采气工艺实验室、固井技术实验室3个实验室,设钻井试油监督室、地质监督室2个监督室,设成果转化平台圣诺公司1个,设科研服务中心1个后辅单位。有在册员工448人,平均年龄39岁;正高级专业技术职称3人,副高级专业技术职称122人;博士研究生22人,硕士研究生150人,在站博士后9人。建成国家级科研实验平台1个、省部级科研实验平台3个、局级科研实验平台3个,有实验科研设备156台(套)、软件51套,有CMA、CNAS及ISO 9001等认证资质,获5大领域432项检测参数认证/认可,取得集团公司钻井工程设计甲级资质,形成钻井、完井试油、采气工艺和井筒清洁4大类22小类61件(套)有自主知识产权的特色井下工具系列,认定集团公司自主创新重要产品5项。 (汪晓磊 王阳飞)

【科研成果】 2023年,工程院申请专利128件,同比增长79%,获发明专利授权75件。发表文章130篇,同比增长109%,其中SCI、EI 45篇。牵头制修订并发布集团公司企业标准1项、西南油气田公司企业标准17项,2项国际标准在国际标准化组织天然气技术委员会年会宣讲,获成员国广泛支持。"高钢级厚壁套管修井技术研究"项目入选第二届科创中国天府科技云服务大会"十大科技难题攻关项目"。23项西南油气田公司科技项目全部通过验收,优良率91.3%。通过专利许可创收520.8万元,技术服务创收1.4亿元,创历史新高。申报集团公司创效奖励26.2万元,申报西南油气田公司创效奖励156.3万元。

(汪晓磊 王阳飞)

【科技攻关】 2023年,工程院历时2年攻关,建立四川盆地万米井钻井设计底层逻辑,形成万米井井身结构方案及配套钻井工艺技术,完成深地川科1井钻井方案及工程设计。形成"双排同轨布齿强抗冲击研磨性PDC钻头+超高扭矩振荡螺杆"提速技术,蓬深101井241.3毫米井眼茅口—栖霞机械钻速较邻井提高128%,创蓬莱气区同层段最高纪录。形成致密气"二开一趟钻"国产化提速技术,在秋林218-8-H1井应用,机械钻速较邻井提高11%。创新形成钨合金镀层油管经济高效完井技术,在云安012-X17等井应用,节约完井成本2 327万元。升级超深高温碳酸盐岩深度酸压技术,酸蚀缝长提升至100米以上,探井井均测试产量44.7万米$^3$/日,同比提升359%,其中超200万立方米气井4口,新增三级储量超7 000亿立方米。完善采气工艺智能管理平台,支撑各类工艺措施井1 600余口,增产天然气近40亿立方米。自主研发便携式环空压力智能诊断测试装置通过集团公司PCT审查,填补该领域国际知识产权空白。形成"短段铣+柔性堵剂"封堵新技术,实现80钢级套管平均段铣效率提升113%,在界20井、码浅17井等4口井开展现场试验,封堵成功率100%。

(汪晓磊 王阳飞)

【技术支撑】 2023年,工程院加强编制常规气、致密气、页岩气、储气库等开发方案80余项,同比增长128%,方案质量获西南油气田公司领导肯定。完成钻井、试油、压裂、采气等工程（工艺）设计1 300余井次，及时完成率100%。制订钻井提速方案，助力西南油气田公司首口煤层气宁探1H导眼井完钻。制订公119H地质工程一体化穿层体积压裂方案，实现日产油20吨，助力西南油气田公司页岩油勘探评价取得重大突破。主导永浅3井组水力压裂试验场建设方案，完成国内首个致密气水力压裂试验。自主研发的压力等级105兆帕井下节流器，在磨溪031-H3井创造国内井下节流压差62兆帕最高纪录。创建试油提速提效模板，助力探井平均试油周期由52.2天缩短至47.3天，打造一批试油周期30天以内的标杆井。研发通、刮、洗、捞"四合一"井筒准备一体化技术，成功应用30井次，单井井筒准备时间节约62.8%。优化超声能谱井下漏点检测工艺，在双鱼001-X7井开展全球范围内首口超深"三高"气井超声探测三层环空井下漏点检测作业。建立"四位一体"的组织模式，在工艺选井论证、优化设计、组织实施等方面高效协作，在蜀南气矿、重庆气矿和川西北气矿实施30口井，增产气量超6 300万立方米。依托内部+外部专家团队和技术支撑团队，组建钻井优化中心，探索形成"井队+日费制监督团队+钻井优化中心"为一体的探井日费制模式，在蓬深16井、蓬深17井开展试点，钻井周期较模板进度提前超40天。

（汪晓磊　王阳飞）

2023年8月24日，西南油气田公司执行董事、党委书记何骁（二排中）到工程院调研　　　　　　　　　　丰欣平 摄

【平台建设】 2023年，工程院建成试油压裂技术支持中心，在高石009-H5井灯影组二段改造期间试运行，初步具备储层改造远程技术支持能力。建成井工程质量管控系统井身质量、固井质量分析、井工程质量监督模块开发，实现井工程质量红线问题自动判定以及质量监督流程线上运转。编制井工程数据中心建设可行性研究阶段代替初步设计阶段，构建包含钻、录、测、固、试、改、采的多专业融合的井工程数据库，实现"业务驱动"向"数据驱动"转型升级。

（汪晓磊　王阳飞）

【监督管理】 2023年，工程院派驻监督609人，开展5个专业序列监督工作，升级"住井+项目部巡井+EISC远程"三级监督监管，钻试现场监督覆盖率100%。住井监督对现场22项关键工序旁站监督21 258次，步步确认1 247次，查找井控隐患、设计执行等问题4 042个，开具处罚书114份，下达停钻31井次；监督前线项目部实共开展巡井2 228井次，开展各项检查活动563井次；EISC远程监督支撑溢流等复杂394井次，发现驻井监督履职不到位539人次。

（池崇荣　王阳飞）

【质量检测】 2023年，工程院取得开发实验、油田化学、钻完井液等11大类386项检测参数CMA认证，127项CNAS检测参数授权，建成西南地区入井流体材料检测能力最全的检测机构。从市场准入、材料质量、施工质量3个方面入手，强化源头控制，抓好入井流体材料质量检测，入井流体检测覆盖率100%，产品合格率持续上升；建立工具检测、评价、报废机制，配套实验检测平台，开展检查1 685次，严把工具现场入井质量关。形成"1+6"（1个室内评价基地、6个前线检测基地）室内与现场联动工作模式，全面覆盖各建设单位钻完井施工现场，配套各类检测仪器108台（套），建成石油行业首个通过国家CMA评审的移动式实验室。在全国64家支撑剂检测机构排名第七，获石油工业标准化技术委员会油田化学剂专业标准化技术委员会"先进油田化学检验检测机构"、集团公司"质量先进基层单位"等称号，承担集团公司油田化学剂产品质量认可、采购物资供应商审查，集团公司、油气和新能源公司、西南油气田公司各级产品质量监督抽查和质量仲裁任务。

（杨　欢　王阳飞）

【安全管理】 2023年，工程院提升体系审核质效，精准提升管理短板，负面清单问题消除100%，紧盯领导干部，抓牢最小单元，双向压实责任履行建立领导干部QHSE教育常态化机制，三级副以上干部100%参加履职能力评估。深化双重预防机制，主要领导牵头，分管领导抓实效，开展"四不两直"安全检查及工作联系330余次，发现问题100%销项整改，从根本上消除事故隐患。开展2023年作业许可管理培训，对考核通过的77名人员严格授权；对风险作业开展作业许可审核61次，压实关键环节、关键措施、关键人员，确保风险现场"有人管、管得住"。井控巡查组对蓬莱和泸州深层页岩气等高风险区块共开展井控巡查127井次，48人次参与集团公司、西南油气田公司井控检查（评估）13次，支撑溢流现场处置21井次，井控事件调查7次，出版《油气井井控典型案例解析》，夯实井工程作业现场井控风险防控能力。（杨　欢　王阳飞）

【合规管理】 2023年，工程院执行《工程技术研究院2023年提质增效行动实施方案》中20项具体措施，推进提质增效工作。以"强内控、防风险、促合规"为管控目标，开展内控测试3次、内部审计1次，重大风险采用法律论证，保障各项科研生产活动依法合规开展。圣诺公司经营稳定，开展技术服务935井次，同比增长11%，营业收入5.22亿元，利润2 007万元。（刘　青　王阳飞）

【队伍建设】 2023年，工程院着眼人才发展，深化人才强企，在高端人才和团队建设上发力，加快实施院"红日计划""星火计划""工匠培育计划"，加大对井工程技术领军人才、骨干人才、接续人才的培养及开发力度，培养出"四川省技能大师""成都工匠""德阳市五一劳动奖章""成华区东骄俊杰存量高端人才"各1人，罗伟带压作业技能专家工作室成功获批德阳市技能专家工作室，杨永韬工作室获"四川省劳模和工匠人才创新工作室"命名。为员工搭建成长平台，获四川省创新方法大赛一等奖；获集团公司第三届网络安全攻防大赛个人银奖；获集团公司首届人力资源管理大赛专业赛二等奖。（汪晓磊　王阳飞）

【党建工作】 2023年，工程院聚焦学习贯彻习近平新时代中国特色社会主义思想和党的二十大精神主题主线，一体推进"转观念、勇担当、新征程、创一流"主题教育活动，坚持"三个结合"和"六讲"模式，创新季度要点导学，组织党委中心组学习19次，学习重点内容290余篇，参与研讨发言30余人次。领导班子分7个主题分别为分管部门、联系单位党员讲授专题党课7次，基层党支部书记带头讲授专题党课15次，受众855人次。聚焦7个方面精准选题，开展调研座谈51次，查找出问题29项，开展正反面典型案例解剖调研，形成调研报告7篇。组织制订工程院作风建设专项行动实施方案，坚决抵制歪风邪气，推动开展作风问题自查自纠、基层腐败专项治理、重大节假日专项检查、"毕业季""升学季"纪律重申，释放一严到底的强烈信号。弘扬新风正气，推进"清风工研"廉洁文化建设，深化5个方面学习教育，抓实6个领域专项提升，推动工程院作风转变，营造风清气正干事创业浓厚氛围。发布以"西油工研"自主创新品牌和"工小研"IP形象为核心的13项文创产品系列。（汪晓磊　王阳飞）

【民生工程】 2023年，工程院构建处级工会、基层工会、4个前线项目部、6个兴趣协会"四个层级"，开展丰富多彩的文体活动，获西南油气田公司"科研杯"篮球赛冠军、"智信杯"足球赛冠军。开展迎新春"家年华"趣味游园、"六一"亲子研学、家庭井放日、升学咨询沙龙等深受员工好评的"家"元素活动，以建设温暖和谐职工小家庭，汇聚构建团结奋进工研大家庭的磅礴力量。构建"四有"暖心服务体系，走访慰问困难职工和重病职工21人次，日常走访慰问46人次，实现精准帮扶与民生普惠有机结合；升级完善"健康食堂""健康小屋""四季送"等一批惠民工程"精品"，为职工群众办实事、干好事、解难事。（汪晓磊　王阳飞）

邮政编码：610017
电话号码：028-86010392　028-8601384（传真）
油网号码：210392　210387
单位地址：四川省成都市青羊区小关庙后街25号
单位英文名称：Southwest Oil And Gas Field Company
　　　　　　　Engineering Technology Research Institute

# 安研院

【概况】 安研院是从事石油天然气安全环保技术研究的应用型研究院，承担着西南油气田公司安全环保"技术研发、决策支持、监督服务"的职责，负责安全环保、节能减排、管道检测与完整性管理、工程及物资采购质量与HSE监督及培训等方面的技术支撑、技术研发与推广应用工作。具有四川省建委授权的"四川省建设工程质量安全监督总站石油分站"、中国石油天然气集团有限公司石油天然气工程质量监督总站授权的"石油天然气川渝工程质量监督站"资质。有CNAS实验室、CNAS检查机构及压力管道检验许可证书，取得国家安全生产监督管理总局颁发的"安全评价资质证书"和"危险化学品专项安全评价资质证书"等资质。先后申请国家专利184件，其中中国发明专利160件、国外发明专利1件、实用新型专利23件；获授权专利52件，其中发明专利29件、实用新型专利23件；获认定技术秘密11件，取得软件著作权登记35件。2023年底，设机关职能部室9个，基层单位8个及托管公司2个。有在册员工341人（含外派川东北作业分公司6人、宝石花油服、汽服20人、离岗歇业1人），其中合同化员工287人、市场化员工54人。大学本科及以上人员285人，占员工中比例83.5%。有高级专业技术职称103人，其中正高级专业技术职称1人、副高级专业技术职称102人，中级专业技术职称154人。 （杨珍希）

【科研工作】 2023年，安研院申报专利62件、软件著作权3项、技术秘密2项，发表中文核心及以上论文30篇，主持、参与各级标准制修订29项、发布15项。举办安研院成立十五周年论文发布会。在环保方面，自主研发的天然气净化厂尾气氧化吸收工艺废水回用处理技术及核心处理药剂取得阶段性成功，研究论文作为集团公司环保领域唯一宣讲论文，亮相2023年阿布扎比国际石油展暨会议。创新研发的危险废物橇装化贮存装置，在生产现场推广应用，油基岩屑资源化处理技术在第十二届中日固体废物管理与资源化国际会议上进行交流。在完整性管理方面，高标准建成上游板块首个完整性管理试验基地并投入使用，率先自主完成管道漏磁内检测，支撑西南油气田公司管道本质安全保障技术跨越式发展。围绕双金属复合管内检测、漏磁量化模型、甲烷核算体系、净化厂废水处理等关键技术攻关，承担省部级项目1项、集团（股份）公司项目3项、油气和新能源公司项目1项、中国工程院项目1项、西南油气田公司项目44项。 （杨珍希）

【检测与技术服务】 2023年，安研院在完整性管理方面，支撑股份公司高风险装置检测评估，推动油气处理装置重点设备设施安全管理水平再提升。首次承担净化厂装置本质安全评估，实现业务扩容增项。突出管道与站场老旧设备设施、小口径非流动管段等重点领域的风险管控，助力西南油气田公司气田集输管道年失效次数首次降至个位数，处于上游板块领先水平。打造油气和新能源公司完整性管理共建共享模块，构建"区域湖"数据模型与质控标准，推动西南油气田公司领跑上游板块完整性管理数智化转型。在安全环保决策支撑方面，推进"十四五"规划环境评估、油气资源环境评估等专项任务15项，开展安全生产许可证取证、应急预案修订等重点工作13项，完成合规性评价项目134项，编制HSE专篇80项，覆盖16个重点区块，保障西南油气田公司勘探、开发及生产的安全环保程序合规。支撑西南油气田公司国际业务，助力首次通过集团公司国际业务社会安全管理体系审核。在HSE体系支撑工作方面，创新建立前馈式融审核方法，在试点单位应用，"审、溯、管"效果提升显著。支撑集团公司百千示范站队建设，助力基层站队HSE标准化建设稳步提升。在绿色低碳发展方面，开展甲烷核算体系研究，初步建立气田甲烷排放通量计算模型，为西南油气田公司碳资产开发、国家在国际甲烷排放核算领域取得话语权。支撑集团公司首次CCUS-EGR先导试验开展，建立川渝地区碳源及碳储量数据库，掌握二氧化碳排放源时空分布规律和排放规模。在HSE培训方面，建立HSE培训标准化管理机制，推进HSE培训数字化转型，提高培训质效。全年完成HSE培训53期4 509人次。 （杨珍希）

【QHSE监督】 2023年，安研院整合全院技术力量，创新"驻场+巡查+督导+帮扶"精准化服务模式，保障中国石油首个自主开发特高含硫铁山坡气田建成投产。推进安眼平台升级优化，完善安眼平台运行机制，创新监督新模式，现场违章行为较安眼平台上线初期下降45%。细化监督工作流程，形成"1+X+N"标准化监督模式，推动新版监督助手全面上线运行，信息化监督质效提升205%。开展专项监督17项，采取远程技术会诊、专项现场核查等方式，推行全过程、全要素、精准化监督，增强西南油气田公司风险管控能力。梳理QHSE管理检查核心要素，对13个二级单位、58个建设工程、36家承包商实施量化评估，开展精准管理帮扶。重构质量监督流程，全面打破工程质量、采购物资质量监督工作界面，推动现场监督、采购物资质量监督、专项监督形成合力，监督发现的突出问题数量同比提升25%，实现从物资采购到施工建设全周期管控，从源头保障建设工程质量本质安全。（杨珍希）

【信息化建设】 2023年，安研院对13套自建系统进行整合云化改造，按照梦想云统一技术架构、统一数据模型、统一业务场景的整体要求建立安研院QHSE一体化平台。围绕安眼平台可视化监控覆盖面扩展、智能化监控准确率提升、平台操作性增强等内容，升级安眼工程，优化50项功能。（杨珍希）

【企业管理】 2023年，安研院完成市场选商系统的升级迭代，实现系统项目统计功能，进一步强化选商过程的规范化管理。开展集中集约化公开招标，节约采购资金493万元，获西南油气田公司2023年度招标管理权限A级。组织186个非招标项目上载非招标管理系统，实现全过程电子化审查审批。在对外投资公司合同系统增设内审查流程，落实生产经营"一体化"合规管理。对压裂返排液处理药剂实现技术许可代加工生产，并对外销售。（杨珍希）

【队伍建设】 2023年，安研院统筹"引聚育用"培育人才举措，推动形成尊重人才、支持人才、关爱人才的环境。

2023年8月18日，安研院在成都举办建院十五周年成果展暨首届论文发布会　　胡思琪　摄

推出"书记课堂"党建品牌，开展5期。开展优秀年轻干部推荐选拔工作，其中40岁及以下占84.5%，提拔、交流基层领导人员21人次。引进博士后2人，成熟人才2人，推荐选拔青年技术骨干入选集团公司专业技术骨干进修班、集团公司青年科技人才能力提升培训班、西南油气田公司"青马工程"、攻读工程博士等6人次，开展"专家论坛""安研讲坛""博士论坛"23期。（杨珍希）

【党建工作】 2023年，安研院开展主题教育，党员领导干部讲授专题党课覆盖听众339人次，依托红色资源开展党性教育358人次。践行"四下基层"工作方法，到西南油气田公司所属二级单位30余家开展专题调研38次，"暑期托管平台""青年联谊活动平台"等案例被西南油气田公司择优报送。邀请党的二十大代表谢利平到安研院宣贯党的二十大精神。落实"第一议题"制度，构建"党委中心组学习主讲堂＋书记课堂＋党务微讲堂"三层级理论学习矩阵。提升"党建结对联建"特色党建品牌的影响力，与西南油气田公司内外部12家单位结对，开展联建活动37次。围绕党建品牌打造开展理论研究，"基层党建与基层管理深度融合实践研究—打造党建与安全环保工作相融互促的安研样板"获评西南油气田公司优秀党建研究成果二等奖。开展"知岗、讲岗、爱岗"岗位讲述比赛，《安评小白"成长记"》获西南油气田公司优秀作品并在线上展播。推动全面从严治党向纵深发展，创新形成一套适用于安研院的廉洁风险防控体系，推行正风肃纪包保联系机制。（杨珍希）

【企业文化】 2023年，安研院被评为四川省企业文化建设先进单位，多项文化建设成果获四川省党建文化、企业文化建设成果一等奖。推进"安心文化"落地建设，开展一系列以"安心"为主题的特色活动，"安心"合唱团献礼西南油气田公司天然气年产量跨越400亿主题活动，进一步提升"安心文化"的影响力。构建"院门户网页＋绿色安研公众号＋文化阵地墙＋楼层宣传片"线上线下联动的宣传机制，展现安研院取得的系列重要成果和涌现的先进典型。（杨珍希）

【工会群团工作】 2023年，安研院开展成立十五周年庆系列活动。坚持党建带团建，开展技术支撑和科技攻关，四川天宇公司获西南油气田公司"青年安全生产示范岗"称

号,"安全环保青年突击队"获评西南油气田公司优秀青年突击队。在西南油气田公司体育赛事中,取得西南油气田公司职工羽毛球比赛青年组男子双打冠军和团体混合季军、游泳比赛50米自由泳第一名。践行"我为员工群众办实事",做实安研院12项惠民工程。开展网格化健康管理,做好重疾员工关心关爱,在员工体检中推动引入癌症基因测序新技术。组织开展健康培训、心理团体辅导、专科义诊等活动,守护员工身心健康。坚持以满足广大员工的精神文化需求为出发点,推进8个文体协会建设,开展瑜伽、骑行、园艺等活动,邀请书画家送文化进基层,传递健康生活、愉快工作的理念。

（杨珍希）

邮政编码：610041

电话号码：028-82972808　028-82972856（传真）

油网号码：236808　236856（传真）

单位地址：四川省成都市天府大道北段12号

# 页岩气研究院

【概况】　页岩气研究院隶属西南油气田公司,是国内首个页岩气勘探开发技术创新和应用研究的专业化机构,是集页岩气勘探、开发、钻井、完井与压裂、信息与情报为一体的综合性研究单位。西南油气田公司将其定位为页岩气勘探开发的"一部三中心",即页岩气勘探开发决策参谋部、技术研发中心、技术支持中心和人才培养中心。主要负责西南油气田公司页岩气勘探开发的地质研究、规划部署、方案设计、技术优选、现场服务、人才培养,面向四川盆地和国内页岩气勘探开发,集"资源评价、开发设计、工程设计、数字化集成、情报调研"为一体,打造重大基础应用研究与原发创新、主体技术攻关与配套集成、科研成果转化与现场应用、专业技术队伍建设与人才培养"四位一体"的综合性研究机构。

2023年底,页岩气研究院机关设办公室（党委办公室）、科研管理部、计划财务部、人力资源部（党委组织部）、企管法规部5个职能科室,定员43人,其中二级正副职职数5人,三级正副职职数17人（含助理、副总师职数3人）。下设规划与资源评价研究所、开发研究所、地质工程一体化技术支持中心、完井与压裂研究所、信息与情报研究室、地球物理研究所、动态研究所、四川中页利华新能源科技有限公司8个正科级基层单位,定员142人,其中三级正副职数23人。有在册在岗员工193人（含女员工77人）,其中合同化用工117人、市场化用工76人。按"三支队伍"构成划分,有管理人员63人、专业技术人员118人、操作服务人员12人。有科研办公设备及软件732台（套）,资产总额12 902.13万元。其中,科研软件61套,资产总值8 408.89万元；办公试验大楼等固定资产671项,资产总额4 493.24万元。

（罗昱暄）

【科研成果】　2023年,页岩气研究院获省部级以上科技奖励2项,其中"海相页岩气富集机理与评价关键技术及应用成效""页岩气水平井长水平段强化井壁关键技术及规模化应用"项目均获中国石油和化学工业联合会科学技术进步奖一等奖。获西南油气田公司基础研究一等奖1项,科学技术进步奖一等奖2项、二等奖3项、三等奖4项；获四川省石油学会科学技术进步特等奖1项、一等奖1项；获西南油气田公司专利银奖1项、优秀奖1项。页岩气研究院评选科学技术进步奖一等奖1项、二等奖2项、三等奖3项。

（杨　柳）

【五峰组—龙马溪组天然裂缝分级分类精细刻画】　2023年,页岩气研究院针对泸州北区页岩断裂复杂、精准预测难度大的问题,按照地震—地质—工程一体化思路,攻关形成一套"多信息综合、多尺度表征"的深层页岩断裂精细预测技术。基于"三重"质控手段约束,初步建立一套适用于深层页岩的压缩感知地震数据提频方法,新资料主频提高近20赫兹,频带拓宽17赫兹,分辨率显著提升,为裂缝精细预测提供高品质地震数据；针对不同尺度断裂特征,完成不同方法的有机组合,建立一套面向深层页岩的地质—测井—地震多信息裂缝预测全流程,5～15米断裂预测符合率68%,实现泸州北区天然裂缝分级分类精细刻画。

（张入化）

【龙马溪组页岩气评价】　2023年,页岩气研究院在龙马溪组页岩气评价方面取得丰硕成果,多区域的多口评价井测试获高产,龙马溪组高产富集规律逐渐成熟。泸州中区11口新井静态参数好,泸212井、泸213井、泸214井、富页 3 井等多口井获高产,有望成为万亿立方米储量、百亿立方米产量的大气区。自 205 井、泸州北和大足预测储量区多口评价井排采效果好,井均 EUR(最终可采储量)1.34 亿立方米,有望整体升级为探明地质储量。自贡—荣昌北—大足薄储层区取得突破,自 224 井、荣 232 井等 EUR 超过 1.1 亿立方米,足 209 井、足 212 井、威 219 井钻探资料证实评价古地貌刻画和储层厚度预测的准确性。天宫堂构造评价井虽然遇到复杂情况,但地质"甜点"和工程"甜点"的认识进一步深化,有利进一步落实建产边界。通过本轮评价,明确"十四五"探明储量和建产目标区,为后续规划目标靠实夯实基础。

(冉乙钧)

【页岩气井水平段长技术经济一体化设计关键技术与应用】2023 年,页岩气研究院开展"页岩气井水平段长技术经济一体化设计关键技术与应用"项目研究,针对页岩气井气液产出规律诊断难度大、气液预测精度低、井筒压力梯度分布与地层渗流耦合流动表征困难、水平段长度技术经济界限确定方法欠缺等难题,采取大物模实验、数值仿真、井筒管流计算、数值试井、数值模拟、经济评价等技术手段,开展页岩气井井筒气液两相流动规律研究、井筒压力分布计算方法研究、地层井筒耦合流动模拟及产出能力研究、页岩气井水平段长度技术经济界限研究等研究工作,创新形成形成"物理实验+数值仿真"双重模拟的井筒气液流动规律综合评价方法、"地层+井筒"双向迭代的页岩气井非稳态产能评价预测技术、"技术+经济"双重耦合的水平段长度一体化优化方法,形成具有广泛适用性的技术积累,为页岩气田规模效益开发提供新的技术手段。

(蒋 睿)

【地质力学一体化量化模拟技术】2023 年,页岩气研究院以生产需求为导向,推进地质稳定性和套变预测科研攻关,支撑 14 井次钻井地质设计、61 井次试油地质设计、33 井次压裂设计、410 段次现场实施,在宜 202 井、泸 203 井、泸州中区和泸页 1 井正向构造等不同地质区域均取得良好生产效果,地质工程一体化技术支撑作用凸显。升级钻井地质设计,地质工程一体化精细钻井地质设计初见成效。首次承担钻井地质设计新业务,完成评价井钻井地质设计 14 口,完钻 2 口。建立一体化钻井地质设计精细流程,在井位论证阶段提前介入,启动设计,提升设计

时效 10%;强化上覆地层研究和风险预测,新增"地质工程一体化设计"专篇,升级钻井地质设计新模板,保障优快钻井,避免重大工程施工风险。全面推广一体化设计,提升压裂设计质量。坚持"一井一工程、一段一策""量身定制"的设计理念,针对不同储层品质、工程特征,依托精细三维模型,建立地质工程一体化压裂方案模板,明确设计思路、基本内容和优化模式,推动地质工程一体化联合审查,缩短审查周期。

(冯江荣)

【深层页岩气现场压裂技术研究】2023 年,页岩气研究院提升压裂技术方案质量和现场支撑力度,深化改造目标区域地质特征、储层特征、钻遇特征的认识,加强对导眼井、岩心评价、井轨迹恢复、测井资料再认识和邻井分析,围绕深层页岩气提产、降本、控复杂等目标,完善不同区块压裂技术,探索形成适合不同建产区地质工程特征的压裂模式和现场支撑人员+FOC 中心专家+早晚例会的技术支撑模式,保障现场施工质量受控,支撑资 201 井、威页 1 井等筇竹寺组评价井取得新突破,深层压裂复杂得到控制,并培育部分高产平台。

(宋雯静)

【安全生产管理】2023 年,页岩气研究院推动安全管控能力提升,推行安全经验分享及安全素质测评。编制《页岩气研究院发违章专项整治活动》《页岩气研究院安全生产大检查方案》《页岩气研究院安全环保管控能力提升专项行动》等专项活动方案,进一步强化风险管控。组织修订机关各部门、基层各单位危险因素辨识及风险控制清单,开展页岩气研究院安全生产重大事故隐患专项排查整治行动。制订专项方案,成立领导小组,划分整治行动排查职责及整改负责人,制定突出问题判定标准,对照判定标准严格落实问责,对发现的突出问题及较大以上隐患责任人严格落实安全记分、通报批评、约谈警示、行政处分等问责措施,严格问责关口前移,杜绝重复性问题发生率,全年各项问题重复性下降 30%,发现 13 处安全隐患均全部完成整改,闭环整改率 100%。从科研工作实际出发,利用月度会议、党委会议、生产会议开展安全经验分享,重点针对办公区域消防、电力、火灾、自然灾害等开展安全交流与分享,全年分享安全经验素材 33 份。推行领导干部的"岗位标准化、属地规范化、管理数字化"建设,对三级正以上干部进行安全生产

履职能力评估及安全风险预警提示13次，安全感知能力测评合格率100%。

（许廉峰）

2023年9月15日，页岩气研究院参加在青岛举办的第二届中国天然气开发技术年会　　　　　　　　　朱怡晖　摄

【党建工作】 2023年，页岩气研究院党委围绕科研生产中心任务，探索新时期党建工作新思路新方法，坚持把党建工作与科研生产经营工作同部署、同谋划、同落实，推动党的整治建设与科研生产相融互促。将党员突击队、党员先锋岗、党员志愿服务、党员责任区等特色行动与"十大攻关"结合起来，引领各党支部和党员模范在基础理论研究、生产现场支撑、数字化转型、地质工程一体化等工作中当先锋、作表率，当年组织开展特色行动22次。立足各党支部实际，将品牌建设理念植入工作中，以突出履行主要职能和特色来规划、设计党建品牌，突出党的引领、党员的作用发挥，形成"一支部一品牌"工作新格局。深化打造西南油气田公司级模范党支部1个。推进党建研究工作，挖掘研究院特色党建经验，1项政研成果获四川省石油政工协会二等奖，1项党建研究成果获西南油气田公司三等奖。

（潘一铭）

【群团工作】 2023年，页岩气研究院工会加强工会专兼职干部理论武装，通过办好职工刊物《页岩气研究院职工之家》加强职工思想政治教育和宣传。开展劳动竞赛、合理化建议活动，为职工搭建建功立业平台，弘扬劳模精神、劳动精神、工匠精神，激发职工干事创业斗志。坚持"我为职工群众办实事"理念，做好职工慰问和帮扶工作。开展丰富多彩分文体活动，职工在西南油气田公司组织的职工游泳比赛、"安心杯"足球邀请赛、"科研杯"男子篮球赛均有佳绩；2件文艺作品被评为西南油气田公司2018—2023年优秀职工文艺作品，页岩气研究院工会获西南油气田公司"2018—2023年文艺工作先进集体"称号。加强工会组织建设，先后获西南油气田公司"2022年度工会工作先进集体""工会财务2021—2022年度工会财务工作先进集体"等称号。

（杨一骁）

邮政编码：610051
电话号码：028-86017108　028-86010705　028-86018551
油网号码：217108　210705　218551
单位地址：四川省成都市成华区建设北路一段83号

# 集输工程所

【概况】 集输工程所隶属西南油气田公司，是以"油公司"模式改革为引领，以做精、做专集输工程科研设计，有效保障油气田主营业务为宗旨设立的天然气集输工程研究机构。职能定位为西南油气田公司天然气集输地面工程研究决策参谋部、技术研发中心、技术支持中心、设计咨询中心、人才培养中心、管网运行及智能化技术支持平台。集输工程所全面履行"一部四中心一平台"职能，在气田集输、长输、燃气、信息化与智能化、系统评价等重大领域开展关键技术研发攻关和推广应用，在地面工程建设领域提供设计、生产技术服务，为西南油气田公司高质量上产提供专业化技术支撑和决策支持。2023年底，集输工程所机关设职综合办公室（党群工作部）、科研管理部、计划财务部、人力资源部（党委组织部）、企管法规部（内控与风险管理部）5个职能部门；下设规划研究室、设计研究室（四川利能燃气工程设计有限公司）、工程研究室、信息技术应用研究室、评价实验中心、四川腾龙石油输气防腐有限公司6个基层单位。有在册员工144人，其中本科及以上学历125人，有高级专业技术职称54人，有中共党员107人。

（向　红）

【科研成果】 2023年，集输工程所获集团公司科学技术进步奖二等奖1项，获四川省科学技术进步奖三等奖1项。申请发明专利38件，授权发明专利4件，参与出版专著1部，发表SCI、中文核心期刊论文7篇。牵头制定并发布国家标准2项，能源行业标准1项，西南油气田公司标准

5项，首次成功立项集团公司国际标准培育项目。承担各级项目（课题）44项，项目（课题）数量同比增长26%。4项西南油气田公司项目验收优良率100%。（张圣兵）

【科研攻关】 2023年，集输工程所完善西南油气田公司地面工程数字化交付技术标准体系，完成建设标准、案例智库建设，完善地面工程建设智能管理平台，技术成果获油气和新能源分公司认可。构建西南油气田致密气地面建设标准化设计体系，首次发布《西南油气田公司致密气地面建设标准化设计》，填补西南油气田致密气标准化技术空白，持续简化优化平台工艺，升级标准化设计平台分册，发布《泸州深层页岩气地面建设标准化设计手册》，形成的两项一体化集成装置成果经油气和新能源分公司鉴定，整体达到国内领先水平。攻关西南油气田公司钻前工程三维数字化测设技术，基于场地特征研发数字化智能识别选址算法，实现1平方千米内万次级选址方案自动比选优化。（张圣兵）

【技术支撑】 2023年，集输工程所建成动设备健康管理中心，实现西南油气田公司208台动设备实施集中在线监测和远程诊断支持，系统平均报警、故障诊断准确率85%。自主构建铁山坡气田"井筒—站场—管线"一体化动态分析模型，支撑国内最高含硫气田投产。首次采用"集输+外输""区块+总体"的联动分析模式，搭建"全气田"多相流稳态集输管网模型，支撑川南页岩气160.9亿立方米、安岳气田150亿立方米等西南油气田公司重点区块产能发挥。交付首批自主设计的页岩气阳101H37平台新建橇装装置，首次组织西南油气田公司大规模集输橇装设备重复利用工程，实现橇装设备设计、制造、评价、复用全业务链条贯通，助力西南油气田公司在标准化橇装设计应用市场迈出坚实一步。深度参与新能源工作，牵头编制《卧龙河气田茅口组气藏CCUS-EGR先导试验方案》地面工程部分；参与中国石油氢能科技中长期战略规划部署与全流程技术清单编制；首次开展仪陇净化厂等10座在运光伏电站的现场检测及综合评估分析，支撑光伏建设项目管理提升。（张圣兵）

【深化改革】 2023年，集输工程所落实"三定"工作，推进岗位价值科学评价，首次构建招标（选商）管理模式，

以"三心"工作意识赋能2个托管公司组织机制改革创新，完成"油公司"模式下的机制体制构建。打破中下游业务市场主导的不利局面，以页岩气一体化橇装装置业务为突破口，实现上游业务市场"零"的突破，项目产值增长超亿元，产值增长创历史最高。（邓钦月）

【安全管理】 2023年，集输工程所深入贯彻党的二十大精神，全面学习落实党中央、国务院以及西南油气田公司关于安全生产工作的决策部署，持续推进"党建+安全"新模式。高质量完成"天然气管道技防系统运行现状调查及适应性评估""页岩气站场安全现状评估""气田地面工程典型站场自控系统有效性评估"3项安全专项支撑工作。西南油气田公司年度体系审核量化为B2级，问题整改闭环率100%。修订岗位安全生产责任清单和QHSE责任书182份，全面压实安全责任。抽查基层单位的安全管理基础工作，完成全体干部员工的安全环保履职能力评估，进一步补齐QHSE管理短板。全年开展安全生产检查52次，实现风险作业监控全覆盖，确保作业现场安全受控。落实"三管三必须"责任，严格"四全、四查"要求，严守"四条红线"准则，坚决完成"零事故、零亡人、零污染"总体目标，推动质量健康安全环保形势稳中向好。（何玉晶）

【党建工作】 2023年，集输工程所推进习近平新时代中国特色社会主义思想主题教育专题调研及整改提升，抓好党的二十大精神学习贯彻，落实"第一议题"、中心组学习制度等工作机制。完成集输工程所"两委"选举，调整基层党支部6个。坚持"四融"工作法，基层党支部全部推行联合主题党日活动，全面对接业务工作，党建引领科研生产经营成效显著，涌现出"'三基'与'三基本'有

2023年6月25—28日，集输工程所在延安举办党务工作者培训班　　　　　　　　　　　　　　　　向红摄

机融合推进，党建与科研协同发展"等有机融合事例10项。互联共建从基层党支部向二级单位党委延伸，联合二级单位举办延安党务工作者培训班和井冈山基层领导人员培训班，形成二级党委间"培训联办、经验联学、业务联促"的局面。"铁人先锋"党建信息化平台在西南油气田公司考核多次排名第一，党建信息化水平取得新高度。精准监督抓实从严治党，作风建设取得实效。推进"一个阵地、五个家"体系建设，树立"大民生"思维，开展困难职工帮扶、职工乒乓球比赛等活动，系列民生工程落地暖心。强化宣传引导，聚焦重点工作的相关报道首登《中国石油报》等主流媒体，凝聚发展力量。

（向 红）

邮政编码：610042
电话号码：028-86017505
油网号码：217505
单位地址：四川省成都市武侯区航空路1号国航世纪中心A座23—24楼

# 经研所

【概况】 经研所成立于1988年3月，是国内唯一以天然气为特色成建制的经济研究机构。位于成都市府青路一段19号附1号石油苑三楼。设有西南油气田公司博士后工作站天然气经济研究所分站，主办发行《天然气技术与经济（双月刊）》，是中国软科学研究会团体会员、法国国际天然气信息中心（CEDIGAZ）中国区会员。

2023年6月，经研所根据《关于西南油气田分公司所属单位"三定"建议方案的批复》（西南司人资〔2023〕47号）文件规定进行组织机构适应性调整，设办公室（党总支办公室）、财务部、科研管理部、企管法规部、党群工作部5个职能部门，天然气市场研究室、天然气价格研究室、战略与政策研究室、经营管理研究室、党建研究室、经济评价与规划研究室、新能源经济研究室、经济信息研究室8个研究室，出版与行政事务部（"天然气技术与经济"编辑部）1个科研辅助部门。2023年底，经研所在册81人，其中工人6人（含新分大学生3人，在册不在岗驾驶员1人）。硕博士学历40人，大学本科39人，专科及以下2人。高级专业技术职称36人，中级专业技术职称30人，助理级专业技术职称5人。党总支下设4个党支部，党员64名（含1名预备党员）。有固定资产原值2 188.54万元，净值1 392.85万元。

2023年，经研所完成1个国家级提案，形成3个省部级呈批件和提案，申报5项省部级奖励，编制5个涉及西南油气田公司全局的重大专题调研报告和研究报告，举办2次大型学术论坛，发布2个品牌产品，建设高质量行业智库取得突破性进展。

（李 庆 谭 琦）

【科研工作】 2023年，经研所围绕油气体制改革和西南油气田公司发展环境、天然气市场环境变化、新能源发展与"双碳"经济的跟踪及对策，内部审计、效益评价等业务管理创新与效果提升，在当前经研管理热点难点领域开展研究，为企业经营与管理提供决策支撑。承担各级各类项目132项，其中集团公司级2项、西南油气田公司计划项目24项。由行政和科研费用支出的外委科研项目18项。

参加高级别项目研究。深度参与"中国西南天然气大庆战略研究"院士项目，完成"气大庆"建设的投资与效益、组织机制与管理创新、市场需求与政策研究任务，为西南油气田公司增强内部活力、改善外部环境起到重要支撑作用。通过集团2023年度软科学课题"打造集团公司CCUS西南区域产业中心的路径与政策研究"，争取集团公司和川渝地方政府层面的CCUS产业支持政策，推动西南卧龙河气田茅口组气藏CCUS-EGR先导试验工作。通过四川省发展与改革委员会2023年度重大课题"四川天然气管道和储气调峰设施价格形成机制研究"，推动有利于西南油气田公司利益的政策制定，支撑四川省内管道和储气调峰设施价格管理政策出台。

2023年9月22日，经研所在成都召开"学铁人悟思想、新征程建新功"主题青年学术交流暨科技先进表彰会    谢雯娟 摄

提升项目研究质量把控。组织开展项目双选及开题审查工作。根据项目研究计划，开展新开项目长招聘和项目组成员双选工作。组织党建、经营与管理、信息化和新能源四个专业方向的开题审查工作，新开12项西南油气田公司计划项目全部通过开题审查。

组织结题项目验收工作。组织18个西南油气田公司级项目自验收和西南油气田公司正式验收，9个经营与管理、4个新能源、4个党建及1个HSE专业项目西南油气田公司验收，审查通过18个项目，优良率95%。

建立项目阶段预审机制。按照科研项目管理流程设置预审机制，由科研管理部组织所内专家在正式阶段检查前进行预审查，组织完成开题预审查、中评估预审及验收预审查，并对项目在预审过程中发现的问题进行闭环管理，确保并提升课题研究质量。　　　　　（李　庆　谭　琦）

【业务支撑】 2023年6月，经研所完成各项技术服务工作72项，发挥经研所的决策参谋作用。支撑西南油气田公司申报中国工业领域最高奖项——中国工业大奖（第八届），搜集整理西南油气田公司近60年来的科技奖励等材料，编写企业综合报告、综合评审会现场陈述材料等内容，完成申报工作并通过中国工业大奖评奖办公室现场评审。推动研究成果深度融入地方政府决策部署，在为地方政府提供咨询建议的同时以专业影响力为公司争取最大化政策效应。参与完成西南油气田公司未上市业务中长期高质量协同发展规划、油气业务中长期发展规划、"十四五"专项规划中评估等编制工作，为西南油气田公司的长期发展提供支撑。对西南油气田公司在哈萨克斯坦天然气勘探开发合作项目的技术经济开展可行性分析，完成西南油气田公司海外天然气项目战略环境分析、中哈油气合作框架建议方案编制，为西南油气田公司参与共建"一带一路"、拓展海外项目提供参考。开展对标指标体系构建工作，完成1～5层级的横向对标、纵向对标，建立内部对标指标库，为西南油气田公司开展"对标世界一流管理提升行动"提供支撑。完成西南油气田公司新能源2024—2026年滚动规划、光伏发电产业化发展专项规划编制，支撑西南油气田公司双碳与新能源工作顶层设计。聚焦价格与市场，完成天然气（页岩气）内部结算价格、西南油气田公司页岩气生产性劳务和维保业务内部结算等方案编制，设计米易—西昌输气管道建设区域天然气价格、管输费定价

机制，优化价价联动，动态测算天然气可中断客户的气价承受能力，专项调研典型化工客户，形成中国石油天然气化工产业链价值提升措施，为实现推价增效提供支撑。聚焦经济评价，开展页岩气开发效益、渝西页岩气单井效益、长宁公司整体效益及反算气价等分析，建立SEC储量—效益动态评价模式，为西南油气田公司剩余PD储量增加92.52亿立方米，全年折耗降低5.82亿元，完成多井区经济评价方案、投资项目经济评价参数编制，为西南油气田公司效益上产、争取页岩气补贴政策等提供决策参考。聚焦双碳与新能源，推动CCUS-EGR先导试验申报国家发改委绿色低碳示范项目，联合天津排放权交易所申报余压发电CCER方法学，编写西南油气田公司碳资产与碳交易管理办法、碳资产开发清单、碳资产管理建议及实施方案、新能源业务管理办法和激励方案，为西南油气田公司绿色低碳转型提供有力支撑。

持续推动西南油气田公司与地方政府数据融合应用工作，上报呈批件《关于加强公司与地方政府数据融合应用的建议》获领导批示，为西南油气田公司数字化分析和智能化决策提供支撑。　　　　　　　（李　庆　谭　琦）

【技术体系与常态化跟踪团队建设】 2023年，经研所在技术体系方案2.0的基础上，结合技术谱系，以高质量科研为主题，突出"业务支持、经济研究"两大业务，从技术、工具、知识成果、平台4个层次，强化"发展战略支撑、经营管理支持、成果转化输出、信息情报研判"4个功能作用发挥，打造定位明晰、目标明确、运行高效的高质量智库，为西南油气田公司发展提供智力支撑，修订完善技术体系建设方案3.0。在常态化跟踪团队建设方案2.0的基础上，完善"战略规划与管理创新""天然气经济评价""天然气市场与价格""双碳与新能源""党建与企业文化"5个跨部室的常态化跟踪研究团队，修订完善常态化跟踪团队建设方案3.0。（李　庆　谭　琦）

【成果奖励】 2023年，经研所对战略规划、实施、评价的新理念、新方法、新模式开展研究，"国家天然气千亿立方米级产能基地战略体系构建与应用"，获四川省科学技术进步奖三等奖。"油气科技创新价值分享理论与应用"以油气科技价值评估理论、方法与技术的创新，为油气科技评价提供可复制推广的新方法，获四川省第二十次社

会科学优秀成果二等奖。"西南地区致密气规模效益开发管理模式与政策研究"促进致密气乃至西南地区非常规气的理论研究与实践进展，对完善集团公司非常规天然气业务提质增效和规模效益开发具有参考价值；"推进川渝地区天然气发电与水电融合发展策略研究"推动构建多能融合发展新格局的必要性和可行性，力争将川渝地区打造成集团公司气水风光融合发展的新样板，2项课题成果均获2023年度集团公司软科学研究优秀成果二等奖。参与编制行业标准《石油天然气勘探开发科技成果的经济价值评估方法》，通过评审并提交国家能源局，该标准填补油气行业科技成果经济价值定量评估标准化方法的空白，为油气储运和炼化等领域行业标准的编制提供参考借鉴，提升集团公司和西南油气田公司在油气行业科技价值评估方面的话语权。组织申报集团公司软科学科技成果团队奖1项（"战略决策与管理创新研究团队"）；集团公司科学技术进步奖1项（"天然气产业文化发展模式研究及创新实践"）；四川省科技进步奖1项（"新时代天然气产业文化创新理论与应用"）；《西南储气中心储气库商业化运营模式创新与应用》申报四川石油学会奖。编写提案《关于支持川渝地区天然气（页岩气）资源就地高效转化利用的建议》通过住川全国政协委员联名提案形式向全国政协会议提交，对推动国家层面出台政策支持川渝地区天然气（页岩气）资源开发，实现"双碳"目标、促进成渝地区双城经济圈建设具有重要意义。上报呈批件《关于拼经济必须首先拼能源的建议》，对四川能源保供问题提出针对性建议，获四川省委、省政府领导批示。针对"双碳"目标提出《关于加快打造川渝地区天然气与新能源融合发展新格局的建议》，由四川政协代表向政协建议，全面贯彻落实习近平总书记调研四川时提出的要科学规划建设新型能源体系，促进水风光氢天然气等多能互补发展的指示精神，助力多能互补融合发展示范区的打造。编写提案《关于支持打造国家天然气（页岩气）千亿立方米级产能基地的建议》对制约四川天然气产业发展的突出问题提出针对性建议，对千亿立方米级产能基地建设起到推动作用，入选2024年四川省"两会"提案库。 （李　庆　谭　琦）

【合作交流】 2023年，经研所搭建"产、学、研、政"共享合作平台，举办大型学术论坛中国石油学会经专委天然气学组2023年学术研讨会、协办第二届管理科学与工程学会能源环境管理分会年会，围绕天然气产业中长期发展提供方向和建议，为天然气行业新发展搭建共建平台，会议得到国家能源局、中国石化、中国海油、国家管网集团、西南石油大学等行业人士肯定。与西南石油大学经济管理学院签订结对共建协议，依托经管院人才、科技和智力支持，从双方结对共建智库发展长远利益出发，共建形成优势互补、相互促进、双方共赢的合作交流平台。组织青年学术交流会，参加第33届全国天然气学术年会、2023年阿布扎比国际石油展览暨会议（ADIPEC）等国内外学术会议交流10余次。发表论文30篇，其中EI 3篇、SCI 1篇、科技核心3篇，出版专著6部，取得技术秘密1项、软著2项，发明专利进入实审阶段12项，成果转化创效91.32万元。 （李　庆　谭　琦）

【科技期刊】 2023年，经研所根据2023年11月最新公布数据，《天然气技术与经济》杂志影响因子1.22，名列92种期刊中上游，期刊稳步发展。全年收文256篇，刊发77篇，其中基金类文章41篇。围绕绿色低碳能源转型等热点问题，精心策划"天然气行业发展形势与策略""双碳与新能源发展"专题。《四川盆地天然气大发展中企地关系研究与思考——中国石油西南油气田为例》等文，受到专家读者一致好评，阅读量近万次；《2022年中国油气勘探形势及2023年展望》文章阅读量逾千次，下载量创新高。 （李　庆　谭　琦）

【"油公司"模式改革】 2023年，经研所开展"三定"工作，完成机构和人员调整，重新梳理所有岗位职责，编制岗位说明书。完成经研所岗位价值评价工作，形成经研所岗位价值图谱，为岗位评价结果与绩效奖金全面挂钩打下基础。梳理制度、流程，完成经研所制度流程配套建设工作，同步优化管理模式。修订发布经研所绩效管理实施细则、业绩合同关键指标考核说明，优化设置业绩合同差异化关键指标，推进全员绩效考核，逐级签订业绩合同，涵盖全体在岗员工，各部室制定绩效分配方案，全面落实绩效奖金二次分配。制定发布《天然气经济研究所专项奖管理实施细则》，进一步规范专项奖管理。 （李　庆　谭　琦）

【信息产品】 2023年，经研所跟踪国内外宏观经济、天然气行业，川渝地区天然气行业发展动态与国家地方天然气行业政策，并做好数据收集整理与相关政策解读，出版《川渝地区天然气行业发展报告（2023）》。及时将形势研判、政策分析等方面科研成果转化为西南油气田公司领导决策信息，编写《领导参阅》18期、《公司管理层月度例会备参（执行董事长）》10期，为西南油气田公司科学决策提供经济领域参考。立足川渝地区，聚焦天然气与新能源行业，编制《天然气与新能源大数据月报》9期，在《天然气技术与经济》期刊和公众号"经研在线"同步发布。跟踪分析天然气市场动态、重点用气行业市场价格形势和用气需求，打造《天然气市场形势月报》《天然气市场季度研报》等常态化信息产品，以精确的市场研判，为西南油气田公司领导和业务部门更好掌握市场形势变化提供支撑。

（李　庆　谭　琦）

【数字化转型】 2023年，经研所自主完成业务支持协同管理平台的开发，实现业务部门专项工作从任务下达、进度跟踪、任务完成的全过程闭环管理，能够逐级分解及落实各项任务，分工明确指派负责人，实现经研所与西南油气田公司处室内外部协作联动高效。依托西南油气田公司协同办公系统，搭建应用系统20余项，完善各类部门专业"微应用"。

（李　庆　谭　琦）

【党建工作】 2023年，经研所全年召开第一议题学习13次，中心组理论学习12次。开展专项监督检查，发现两大类9个方面36个问题，制订问题整改清单，问题全部完成整改。落实党总支工作规则和"三重一大"决策制度，召开党总支会24次，通报、审议议题77项，确保党的领导融入经研所治理体系各个环节。制订党总支主题教育实施方案及工作运行大表，领导班子连续7天参加主题教育读书班学习，研读《习近平著作选读》等9本书目，发挥示范引领作用。党总支委员坚持理论与调查研究、问题整改协同推进，开展专题研讨交流3次，讲授专题党课3次。各党支部开展集体学习讨论共27次。组织开展党总支理论学习中心组学习12次，专题研讨4次，到重庆歌乐山烈士陵园、毛泽东主席视察隆昌气矿纪念馆、西昌市委党校，开展现场学习，受教育党员160余人次。开通运行"经研在线"微信公众号，形成以经研所主页、微信公众号、《天然气技术与经济》杂志为一体的公开化、立体化宣传矩阵。编制印发《经研所党总支落实全面从严治党主体责任清单（2023年）》，落实全面从严治党主体责任。有6人参加入党积极分子、发展对象培训，发展党员1人。

（李　庆　谭　琦）

邮政编码：610056
电话号码：028-86016176
油网号码：216176
单位地址：成都市府青路一段19号附1号石油苑三楼
英文名称：Research Institute of Natural Gas Economy，PetroChina Southwest Oil and Gas Company

# 勘探事业部

【概况】 勘探事业部是西南油气田公司直属二级单位，负责川渝地区油气勘探项目的组织与实施，完成勘探实物工作量、投资任务、地质任务和储量任务等勘探重点工作。2023年底，设职能部门9个、基层单位5个，事业部在册员工160人；党支部7个，党员132人，占员工比例82.5%。

2023年，勘探事业部新增天然气三级储量连续20年保持高峰增长；完成三维地震4 250平方千米，VSP测井11口；新开钻井18口、完钻井27口、进尺13.6万米；探井成功率83.7%、试油层成功率64%，获井口测试日产能2 053万立方米；完成投资成本、安全环保、反腐倡廉、依法经营、综合治理和队伍建设考核目标。（刘婷婷）

【勘探成果】 2023年，勘探事业部践行"海陆并举、常非并重、深浅兼顾"理念，在盆地二叠系—三叠系、下古生界等领域取得系列新成果，其中9口井日产气超百万立方米、4口井日产气超200万立方米。"德阳—安岳裂陷槽西侧大探1井""二叠系—三叠系礁滩新区带勘探"获集团公司勘探重大突破一等奖，"川中地区茅口组多层系天然气勘探""川南向斜区茅口组多类型勘探"分获集团公司勘探重要发现二等奖、三等奖。

（刘婷婷）

【工作成效】 2023年，勘探事业部组建物探一体化管理实施组，促进地震采集与处理解释、物探与地质有机结合。地震采集时效提升40%，平均日效1 237炮，提速19%，单炮一级品率90%，创历史最好水平。完成三维地震处理解释1.1万平方千米，工作量创历年之最，处理解释周期同比节约10天。井位踏勘至井位批复、井位批复至开钻周期分别同比缩短1.2天、15.6天；钻井生产、故障复杂时效分别为90%、7.9%，纯钻时效19.6%同比提高1.7%；试油改造井次增长17.3%，单层试油周期缩短4.9天，井口测试产能增长126%。做好井眼轨迹设计优化及实时监控，探井井身质量合格率100%；狠抓固井设计执行，促进管理水平提升，固井质量合格率96.2%，同比提高2.8%。苍溪—剑阁三维地震采集参数、采集日效、一级品率领跑盆地纪录，风险探井实现90天内上钻目标，宜兴1井完钻再提速101.2天，树立"五位一体"特色管理标杆工程，亚洲最深直井蓬深6井在盆地首次实现超200℃酸化改造。

（刘婷婷）

【深地川科1井】 2023年，勘探事业部全球首口地质条件最复杂、工程难度最高的万米科探井—深地川科1井如期开钻，吹响"向地球深部进军"号角，标志正式跻身"万米俱乐部"。深地川科1井全球首创"六开六完"非标大尺寸井身结构，采用国产12 000米特深井自动化钻机，拟攻克抗230℃超高温工作液、11 000米连续油管等系列生产难题，对探寻万米超深层规模油气资源、创新形成中国特超深层油气成藏地质理论、推动中国油气工程核心技术装备能力进步意义重大。

（刘婷婷）

【勘探技术】 2023年，勘探事业部地震关键技术应用效果提升：推广激光LIDAR及配套技术，地物识别、道路提取准确率分别达90%、85%以上；推广砾石区注水法，采集资料频宽拓宽10~20赫兹；攻关川东地区"双复杂"采集技术，资料信噪比、构造成像得到改善；四合场三维提速33.3%，川东三维一级品率首次突破90%，绵阳南三维攻克超大型障碍绵阳城区。优快钻井配套技术长足发展：以重点区块整体提速为切入点，地质工程一体化精准预测断溶体，地层三压力预测剖面初见指导成效，开展垂钻工具、大扭矩螺杆、个性化钻头等措施优选。蓬莱气区专层井钻井周期提速135.6天，平均机械钻速提高36.9%；蓬深21井、106井、蓬探111井、宜兴1井等多口探井先后刷新盆地最高进尺、最快完钻纪录。迭代集成深层超压安全高效试油技术，完善形成"一体化变黏酸多级交替暂堵酸压""自生酸+胶凝酸复合酸压""交替注入+闭合酸化深度酸压""连油安全替深酸酸液体系"等多种个性化改造工艺，有效提升巨厚段储层均匀改造、孔隙型致密碳酸盐岩储层试油效果。复杂井况测井技术取得新进展，在蓬阳5井、蓬深105井等现场推广三维远场声波（3DFF）、随钻电成像（RIT）测井，有效提升地层资料录取质量；国产CPlog仪器在川渝地区正式投产，刷新812.8毫米超大井眼测井纪录。全年申报受理发明专利5项，"GeoEast云平台在四川盆地井位跟踪中的应用成效"获股份公司二等奖。

（刘婷婷）

【管理创新】 2023年，勘探事业部推进三项制度改革，优化机构设置，机关部门统一命名为"部"，新设风险勘探项目管理部与勘探项目管理三部合署办公，生产保障中心加挂"QHSE监督站"；完善分配机制，健全一般管理人员年度考评机制，优化以创新价值、能力、贡献为导向的考核体系，加大对在井工程管理、结算管理等重点生产经营任务中作出贡献员工的激励力度。实施"人才强企"工程，多维度开展干部年度考评和结果反馈应用，分层次搭建动态后备人才库；完善员工教育培训管理体系，健全专业技术序列考核评价机制，培养地质、工程、物探等专业领军型人才。统筹推进管理创新实践，首次聘请常年法律顾问，加大重要决策、重大合同、新增业务、监管检查重点及处罚多发点等风险高发点的合规审查力度，维护单位合法权益；严格投资管控，推行市场化定额，探索日费制、预算总承包、提速提效成果共享、风险费统一管理等机制；精简优化制度流程体系，废止制度39项、细化流程42项，新编制《投资控制管理手册》《非招标系统报审流程手册》等工作指南；加强合规管理重点工作提示预警，建立企管法规工作季度通报机制；加入成都市企业诚信促进会，获四川省石油企业管理协会管理创新成果三等奖，交流论文在2024年石油石化招标采购创新发展交流大会获优秀奖。深化高水平数字化转型，创建"井位落实—地质设计—钻井跟踪—试油评价"全流程跟踪评价体系，搭建跟踪基础信息管理数据库，初步构建多部门数字化协同办公平台。

（刘婷婷）

【安全环保】 2023年，勘探事业部QHSE体系全面升级。以"安全环保责任清单""QHSE责任书"为双利器，压实全员安全生产责任。发布领导干部安全联系点和承包点，持续完善事故事件、井控管理、重大风险隐患识别等台账，多维度夯实QHSE根基。井控安全管理稳定良好，"大井控"理念入脑入心、见行见效，单井运行强化"三评估三分级"管理，严格落实"恶性井漏视同溢流，发生溢流急速响应"管理模式，常态化开展现场防喷演习，年内未发生高套压事件，溢流发现及时率100%、平均处置时间减少6.8%。安全生产风险得到有效管控，聚焦重点领域安全生产集中整治，开展陆上石油天然气开采安全风险评估、天然气井防硫化氢措施达标等系列专项行动，问题闭环整改率100%，确保重大隐患动态清零。污染防治主体责任落地落实，推进聚磺岩屑分类管理，油基岩屑危废当年处置收尾，现场环保"零举报、零投诉、零问题"。　（刘婷婷）

【党建工作】 2023年，勘探事业部召开勘探事业部第三次党代会，完成换届选举各项工作任务，会议选举产生新一届党委和纪委领导班子。第二批主题教育走深走实，开展党委、党支部研讨互学、现场践学和专题党课，结合勘探工作全局实际大兴调查研究之风，教育成果转化应用成效斐然。坚持党的全面领导，健全习近平总书记重要指示批示和党中央重大决策部署落实机制，严格执行"第一议题"制度，落实党委参与企业重大决策职能，党建（政研）成果获石油石化企业系统一等奖2项、三等奖1项。全域深化党建共建，以推进重点勘探项目为纽带，通过党建联盟、党建示范、誓师大会等方式巩固甲乙方、企地合作关系，打造"勘探精品工程"。推进全面从严治党，构建"大监督"格局，开展机关作风建设专项行动，实行廉洁从业绩效考核，重视巡察、审计各类问题闭环整改，抓好新时代廉洁文化建设。　（刘婷婷）

2023年7月26日，中共西南油气田公司勘探事业部在成都召开第三次代表大会　　魏艺萌　摄

【和谐企业建设】 2023年，勘探事业部落地员工关爱工程，常态化"我为员工群众办实事"活动，开展"送清凉""送温暖"服务，走访慰问生病、新婚、生育等员工；开展摄影、篮球、气排球等各类活动，获西南油气田公司铁人杯篮球比赛第三名。推进健康企业整体创建，建立健全全员健康管理服务体系，开展心脑血管筛查、日常健康动态管理、心理筛查和咨询辅导等，员工体检率100%。巩固壮大主流舆论，讲述石油故事、弘扬劳模精神、宣传勘探成果，"亚洲最深直井"新闻登上《人民日报》、新华社、《光明日报》、中央视台视等主流媒体。"青"字号品牌影响力持续扩大，发挥"青年突击队"作用，获全国、西南油气田公司"五四红旗团支部"表彰。完成重大节假日、成都大运会等重点时段维稳目标，获"四川油气田平安创建优秀基层单位"、西南油气田公司"维稳信访综治内保先进集体"称号。　（刘婷婷）

邮政编码：610041
电话号码：028-86013032
油网号码：213032
单位地址：四川省成都市高新区天府大道北段12号

# 开发事业部

【概况】 开发事业部是西南油气田公司下属二级单位，主要负责井工程管理。2023年底，下设机关职能部门7个、基层单位7个、临时联合项目部6个，有在册员工199人，其中企业专家2人、一级工程师8人，具有高级及以上专业技术职称75人（含教授级高工3人）、中级专业技术职称99人，涵盖地质、钻井、试油、经济与管理、政工等专业，具备较强的技术和管理能力。

2023年，开发事业部开钻井223口，进尺145.6万米；试油完成井268口，获测试日产量4 246.65万立方米。固井质量合格率93.8%，井身质量合格率97.4%，全年故障复杂时效6.49%，均达到西南油气田公司考核指标。测试获日产百万立方米级以上气井16口，其中4口井测试日产量超200万立方米。完成投资111.6亿元，投资计划完成率99.3%；完成结算井120口，结算总额88亿元；实

现提质增效1.12亿元，超额完成西南油气田公司下达指标。获西南油气田公司"2023年度先进单位""QHSE先进单位"等称号。

（胡　静）

【管理创新】　2023年，开发事业部构建与国际接轨、国内领先的数字化管理平台。打造"统一办公场所、统一导向数据远程传输、统一导向软件、统一远程指挥"的"四统一"井工程地质导中心和试油压裂生产指挥中心，并与已有钻井生产指挥中心有机整合，实现远程支持、视频指挥、风险预警、数据分析、应急响应等多样化作业模式的深度融合。建设开发事业部地质、钻井、试油压裂三大业务板块的井工程管理平台，优化"生产指挥中心技术支持与决策＋前线联合项目部落实与执行"的全过程、全时段、全覆盖井工程精细化管理模式。"油公司"管理模式优势进一步显现。2023年，西南油气田公司把井工程地质、导向管理和投资交由开发事业部负责，发挥井工程项目制集中统一管理优势，提升井工程各项指标。利用开发事业部井工程主战场这一平台优势，以井工程业务驱动和业务发展为主线，创新打造"青蓝、繁星、菁英"三大人才能力提升计划，通过"订单式、定向式、顶岗式"培养方式，培养其基础能力、综合能力及决策能力，铺就人才成长"快车道"，建好人才接续"蓄水池"；加大多岗位锻炼，在各联合项目部与中心、部门之间建立"横向与纵向"的轮岗交流，培养既懂技术又懂管理的复合型人才。

（胡　静）

2023年6月13日，西南油气田公司安岳气田高石梯灯影组二段气藏第四口先导试验井高石009-H4井测试获日产天然气85.96万立方米，进一步展示高石1井区灯影组二段气藏良好的开发潜力

王峻源　摄

【地质管理】　2023年，开发事业部提升设计的精准性。靠前介入方案制定和设计编写，精细刻画全层段缝洞体系、井震结合的三压力预测，结合已钻井资料，分析区域地质工程特点，形成具有针对性的地质工程设计，突出一体化管理、全过程风险可控、方案可行、投资可控。全年审查地质设计92井次。创新形成川南地区页岩气地震地质工程一体化跟踪流程。面对川南页岩气井二叠系—三叠系断层、缝洞发育，石牛栏组灰岩透镜体局部高压，目的层地层微幅构造发育、产状变化大等地质特点，为均衡井工程合理避障、顺利入靶、提高钻遇率等技术要求，通过攻关研究建立了一套针对性的地震技术系列，实现地震地质主动导向，有效指导页岩气水平井钻井，铂金靶体钻遇率达98.6%。健全钻井地质精细管理。全方位管控测录井技术，全年完成卡层798次，符合率100%；测井一次成功率93.26%，剖面符合率96.18%，溢流异常预报50井次，准确率100%；坚持地质导向"提前介入、精细建模、实时调整"，2023年9月成立地质导向中心，实施"现场＋后台团队决策"工作模式，自主实施井44口，储层钻遇率显著提升，致密气、常规气、页岩气平均储层钻遇率分别为90.6%、91.4%、99.1%，分别同比提高6.5%、10%、6.8%；各类井储层钻遇率达83.5%，主导的第1口常规气渡001-X1井钻遇率95%、第一个页岩气平台泸208H2平台铂金靶体钻遇率98%。

（胡　静）

【钻井管理】　2023年，开发事业部把科学钻井理念与区域成功经验相结合，修订、制定《过裂缝复杂带安全操作规程》《堵漏安全管控措施》等10余项技术规范和30余项技术模板，完善井工程复杂工序、关键环节等技术指导，旋导故障率同比下降25.88%，蓬莱气区、深层页岩气等重点领域执行模板后钻井周期缩短20%以上；自建开发事业部工程信息数据共享系统，融合钻井、试油、井控、设计4个模块，形成26张标准生产报表，涉及100多项数据统计，实现工程技术管理决策分析"一体化"，工程数据管理"规范化"，服务商队伍考核"科学化"。全年各类井风险预警408井次，组织早会5 000次，下达作业指令91 176条，执行率98.47%。常规气平均钻井周期166.1天，同比缩短37%；致密气开发井平均钻井周期24.09天，同比缩短9.2%；中深层页岩气平均钻井周期52.1天，同比缩短6%；深层页岩气平均钻井周期105.3天，同比缩短9%，提速井全面实现85天目标；储气库平均钻井周期102.9天，同比缩短20%。其中：渡001-X1井以96.5天刷新川东北高含硫区块飞仙关组全井最快完钻纪录、四开目的层最快完钻纪录和日进尺最高纪录等多项指标；金浅816-8-H2井以11.85天创致密气4 000米井深完钻周期最快纪录；草储3井钻井周期39天，首次突破40天大关。日费制管理"高效、标准、精细"运行。发布《开发事业部日费制项目工作方案》，成立日费制项目组，独立管理日费制井工程项目。持续开展长宁、深层页岩气区块"日费制"试点工作，与科研院所开展钻井液封堵性能技术攻关，并推广使用微纳米封堵剂，大坝东区龙马溪组地层稳定性得到极大改善，钻井周期逐步从80天控制在50天以内。首批致密气"日费制"井，文浅202-4-H1井以33.15天刷新梓潼区块钻井周期最快纪录，致密气试点工作取得重要进展。新技术新工艺应用推广，提速提效潜力激发。云安012-X17井首次实施"一井穿三礁"模式，该井以117天高效完钻，刷新云安场构造长兴组生物礁气藏最快钻井周期纪录。自201井区成功应用微纳米封堵技术，初步改善自贡区块龙马溪页岩地层不稳定性难题；老储1井采用"强钻+随钻堵漏+精细化分层承压+低密度韧性防气窜水泥浆"措施，助力该区块首口储气库井钻井工作完成。

（胡　静）

【试油压裂】　2023年，开发事业部常规气完善"裸眼分段+精准酸压"工艺提升单井产量，高含硫井配套"暂闭完井一体化工艺"助力试油作业安全高效；累计获测试日产气量2 646万立方米，单井平均测试日产气量127.1万立方米，同比提高26%。川东北高含硫6口井累计获日产气量超1 500万立方米，取得"少井高产"重大突破；川中古隆起高石梯台内灯四气藏先导试验井高石018-4-H1井测试获日产气量112.27万立方米；川中古隆起高石梯—磨溪地区二叠系茅口组、栖霞组4口井均获日产气量167万立方米，磨溪039-H1井茅口组测试获日产气量223.66万立方米。致密气形成"段内多簇+大排量+变黏滑溜水+高强度连续加砂"为主体的"控液提砂"储层改造工艺。致密气开发井平均测试日产气量39.2万立方米，同比提高6%。其中：中浅203-6-H2井获日无阻流量142.55万立方米；金秋气田沙溪庙组二段8号砂组4口获日产气量50万方以上；天府气田测试获气量706.86万立方米，

新增日产能165万立方米。页岩气采取"段内多簇+高强度加砂+大排量泵注+暂堵转向"主体工艺，提升压裂质量和效果。泸214井测试获日产气量51.8万立方米，初步预测EUR1.55亿立方米；泸213井测试获日产气量52.6万立方米，初步预测EUR1.5亿立方米。

（胡　静）

【控投降本】　2023年，开发事业部以"地质工程一体化、技术经济一体化"为抓手，构建计划统筹、业务主导的井工程投资管控体系，发布《开发事业部投资控制管理工作手册》，明确投资管控工作界面及职责，将井工程费用按项目切块，各业务部门严格按照切块费用控制投资成本。计划牵头项目立项、费用下达、过程跟踪预警及项目结算；造价践行"先算后干、算好再干"工作理念，做好估算和概算上报，确保"批复估算、概算控制项目总投资"；财务准确入账，及时反映成本列支情况。3个专业协同融合管理，通过投资成本分析会和"日跟踪、周对接、月预警"管控机制，及时分析纠偏。总结铁山坡气田作业经验，开展储层改造机理研究，形成Ⅱ类、Ⅲ类储层为主的"暂闭封隔器+裸眼+不酸化"和Ⅲ类储层为主的"暂闭封隔器+衬管+转向酸控排量均匀解堵酸化+伴注液氮"的区块技术模板，在渡口河七里北气田6口井成功应用，取得井筒质量达标率100%、试油周期23.9天、节约投资约400万元。泸203H66-1井、泸203H66-2井开展增加压裂段长降本试验，分段段长80米，压后井均日产气量超10万立方米，单井成本节约500万~700万元。在渝西、泸州区块开展石英砂替代陶粒降本试验3井次，单井成本节约300万元。推行减量化管理，推广压滤、离心甩干等物化分离技术，试点负压振动筛应用实验，2023年油基岩屑平均每米产生量同比下降6%。开展市场调研、选商比价，2023年油基岩屑平均处置单价同比减少419.79元/吨，节省处置费用约38.31万元/井，节约处置总费用4 200万元。建成川渝片区返排液重复利用大循环，实现重复利用275.53万立方米，外运处理厂34.4万立方米，节约处理费约3.05亿元，回用率85%以上。

（胡　静）

【风险管控】　2023年，开发事业部优化井控管理架构，落实升级管理和值班值守，施工现场关键节点严格把关。在开发事业部主页建立井控管理专栏，包括重点井安全技术措施、应急钻井液储备、井控管理月报等公示专栏。夯实

井控"两小时应急保障圈",应急钻井液储备站已增加至8座,储备水基钻井液5 500立方米,值班罐车27辆,百千米直线距离支撑服务范围覆盖率94%,平均运距由145千米缩短至109千米;全面摸排和梳理其余各类型钻井液储备站14座,储备钻井液11 000立方米,值班罐车45辆,搭建应急资源信息互通平台,跟踪应急压裂车。在特殊敏感时期,组织20余名专家对高风险井、高风险层段、高风险作业全程把关;开展风险分析研判203井次,制定针对性预案与措施,落实积极井控管理。常态化开展井控、安全环保专项检查,全年检查865井次,整改问题5 277个,查处突出问题15井次、43项,扣罚承包商违约金28万元,处理相关责任人73人次;查处33井次、111批次不合格油化剂材料、15井次性能不合格钻井液,扣罚承包商合同违约金301万元,清退不合格材料2 085吨,处理相关责任人12人次。全面实施油基岩屑自主管理,稳步推进水基岩屑自主管理,完成清洁生产设计80井次,转运处置油基岩屑12.5万吨、水基岩屑3 594吨,实现完工现场清零。开展现场监督检查865井次,向承包商下发864份整改通知单,整改问题5 227个,26家承包商被处罚,共扣罚金额425万元。协调30余家单位外部人员到川庆井控培训中心培训取证350余人次。

（胡　静）

【党建工作】 2023年,开发事业部严格落实"第一议题"制度、党委中心组学习制度和党员"两线三级"学习制度,推动党员干部学习教育制度化,提升队伍政治素养和理论水平。严格落实意识形态工作责任制,加大作风建设力度,强化党风廉政建设和反腐败工作,压实各级党组织主体责任和纪检部门监督责任,巩固巡察整改成果,为高质量发展提供坚强有力的纪律保障。把主题教育活动与开发事业部安全生产、现场管理实际相结合;创新开展以"强意识、担责任、提质量、保安全"为主题的教育实践活动,引导广大员工和驻井监督进一步增强责任意识、质量意识和安全意识。新闻信息用稿总量创新高,全面、超额完成西南油气公司下达的新闻宣传考核指标,信息用稿得分首次排名前十。大兴调查研究之风,做实"四有"服务,营造和谐稳定的改革发展环境。组织开展形式多样的文体活动,用心为职工群众办实事,慰问职工1 000余人次、支出慰问费57万余元。

（胡　静）

邮政编码：610066
电话号码：028-86012880　028-86015937（传真）
油网号码：213605
单位地址：四川省成都市锦江区下沙河铺街59号联合广场
单位英文名称：Southwest oil and gas field company development department

# 致密油气项目部

【概况】 致密油气项目部于2018年5月组建,机构规格为正处级,列入西南油气田公司上市部分二级单位序列,主要负责川中—川西过渡带致密油气勘探开发全过程（勘探—评价—产能建设—生产）管理。有区块面积18 200平方千米,地跨大英—盐亭、简阳—乐至、西充—遂宁、龙泉驿—邛崃等4个探矿权登记区,行政区划隶属于绵阳市三台县、盐亭县、梓潼县、游仙区,德阳市中江县,成都市金堂县、龙泉驿区,简阳市,眉山市仁寿县,资阳市雁江区、乐至县,遂宁市船山区、射洪市、蓬溪县,南充市顺庆区、高坪区、嘉陵区、阆中市、西充县、南部县、蓬安县等7市21区县。2023年底,致密气项目部设7个部门,有在岗员工85人,平均年龄37岁,其中高级专业技术职称25人、中级专业技术职称55人;有中共党员66人（含预备党员1人）。资产总额57亿元,固定资产原值0.06亿元,净值0.03亿元。

2023年,致密油气项目部新增探明储量783亿立方米、经济可采280亿立方米、SEC储量100亿立方米,日产气量突破1 000万立方米、年产气量突破30亿立方米,产量净增加15.5亿立方米,增量连续两年占西南油气田公司40%以上;营业收入40.48亿元、净利润19.93亿元、每千立方米完全成本665元。

（李美娜　徐冷慧赟）

【地质勘探】 2023年,致密油气项目部坚持勘探开发一体化部署和实施、统筹推进、精细管理,在简阳、金秋、梓潼等区块取得系列新成果。集中评价简阳区块沙溪庙组一段气藏,两年高效探明千亿立方米大气田。整体部署预

单位概览

探和评价井26口，2年时间分3轮实施，获工业气井24口，探井成功率92.3%。一体化评价金华区块沙溪庙组一段气藏，打造致密气快速增储建产新样板。一体化部署实施6口井，探井成功率100%，获高产井4口，井均测试日产量28.21万立方米，新增探明储量163亿立方米，按照"三同步"工作模式，统筹加快地质勘探和开发建设节奏，实现"五个当年"，创造致密气快速增储建产新纪录。甩开评价梓潼区块沙溪庙组一段气藏，拓展规模增储新区块。勘探开发一体化部署储量评价井7口（3口转先导试验井）、先导试验井8口，完成测试3口，探井成功率100%，根据实施进度择优申报探明储量48亿立方米，推动致密气勘探开发由核心建产区向外拓展。集中评价简阳区块须家河组，落实规模增储新区块。采用"老井上试+新井钻探"高效勘探模式，试修老井3口、部署新井8口，完成测试7口，获工业气井5口，探井成功率71.4%。3口高产井全部转开发生产，试采效果良好，落实2024年探明储量区块。滚动扩边秋林沙溪庙组二段气藏，不断夯实气藏稳产基础。秋林16井区外围沙溪庙组二段完成测试11口，成功率100%，井均测试产量32.8万立方米、无阻流量72.1万立方米，新增探明储量54亿立方米，新增井口产能85万立方米，有效支撑已开发区块持续稳产。

（李美娜 徐冷慧赟）

【生产建设】 2023年，致密油气项目部突出科学高效开发，油气产量持续增长。落实"方案编制、生产组织、产能建设、现场管控"四大抓手，全面完成生产任务指标。抓好方案编制。坚持"储量、方案、初设"三同步，全年编制方案16项、地面初设18项，年度项目数量创历史新高。金华51井区沙溪庙组一段开发方案20个工作日完成审批，创方案审批周期新纪录；金浅8井区沙溪庙组二段开发方案与简阳沙溪庙组一段开发方案顺利通过审查，有利支撑气藏有效开发和地面建设快速启动。抓好生产组织。落实"一井一策"分类开发管理，抓实抓细"上新稳老"各项措施，常态化开展气井生产动态跟踪分析，实时优化调整生产制度，确保投产井产能充分发挥及长期稳产。全年实时优化生产制度200余井次，井均压力递减率小于28%，预测稳产期超24个月，单井EUR大于1.3亿立方米，全年老井贡献产量25.6亿立方米。抓好产能建设。强化全过程提速提效，稳步推进新区新井上产，实现"当年建设、当年投产"的目标，新井全年贡献产量6.06亿立方米。永浅3平台完成国内首个致密气水力压裂矿场试验，建成四川盆地首座百万立方米致密气平台，打造盆地致密气一体化实施样板工程。抓好现场管控。固化排采标准化生产模式，推行"排采生产与试油测试、地面建设与排采生产"同步建产模式，全年投产排采平台15座44口井，生产天然气12.3亿立方米，放喷气回收0.7亿立方米。2023年，日产气量突破1 000万立方米，全年完成产量31.66亿立方米，天然气产量增量连续两年占西南油气田公司40%以上，占集团公司五分之一。

（李美娜 徐冷慧赟）

【地面建设】 2023年，致密油气项目部着力"精心谋划、精准施策、精细管理、精打细算"四举措，严控设计审查、物资供应、招标选商、施工组织、中间交工等关键环节，快速推进储量向产能转化。强化项目管理产能建设高效推进。全年钻前工程完工18个，施工周期37天，较考核指标提前8天。新建平台场站23座，集输管线117千米，投产新井54口，新增日产能361万立方米，年产能11.91亿立方米，永浅3先导试验外输、秋林集气站至秋1井联络线、金浅8井区凯江北内外输等重点工程如期投运。强化地面工艺标准化研究和推广。调研苏里格、中国石化、八角场等同类型气藏生产建设现状，按照"管用、够用、实用"原则，开展地面工艺适应性分析研究，结合现场运行情况对地面工艺持续优化简化。坚持"模块化、一体化、橇装化"设计理念，固化形成"中低压集气+带液计量+气液混输+集中增压+集中处理"集输工艺，编制发布《致密气地面建设标准化设计手册》，取得标准化设计的重大进展。强化技术经济结合持续控降投资。以前期开发方案规划和拟定技术路线为导向，开展"两个替代"新工艺新技术试点应用，加强方案优化简化，合理控制投资；通过预审、集中复审、分类专审等方式开展施工图审查，审减金额2 400余万元，同步形成自控通讯、电气仪表等辅助专业的设计标准工作量清单。强化看库看目录设计，优先平库，全年利库467项、节约1 300万元，搬迁复用19项、节约793万元。

（李美娜 徐冷慧赟）

【提质增效】 2023年，致密油气项目部坚持业财融合、事前算赢，构建全员、全要素、全过程投资管控体系，最大限度控投降本增效。向经营管理升级要效益。营业收入40.48亿元，同比增加20.46亿元；天然气每千立方米单位完全成本665元，同比减少54元；利润总额19.93亿元，同比增加11.25亿元，各项经营指标创历史新高。强化合同谈判，完成38口合作井井工程费用结算15.23亿元，较方案批复15.75亿元节约5 230万元。向技术创新要效益。钻前工程通过丛式井组大平台部署，单井平均钻前投资从1 045万元下降到303万元。井工程通过多轮设计方案优化、精细化项目管理，单井投资由前期5 321万元降至3 834万元，下降27.9%。地面工程通过推行标准化设计及施工，单井平台投资从1 043万元下降到三井平台单井眼440万元，下降57.8%。向质量升级要效益。打造提质增效"精进版"，实现提质增效成果3.37亿元，其中增收2.63亿元、控投0.65亿元、降本0.09亿元。持续节约操作成本，推动排采生产由技术服务合同转变为设备租赁合同，实际节约操作成本2 900万元（折算全年1.16亿元），排采生产全年创效约15亿元；用好用足政策补贴，及时申报致密气增产国家财政补贴，2023年预拨4.83亿元，折算抵扣可降低每千立方米完全成本150元。

（李美娜　徐冷慧贇）

2023年12月5日，西南油气田公司天府气田盐亭区块致密气中浅210平台4口水平井累计获测试日产天然气量超200万立方米、日产无阻流量超400万立方米　　　　王锦西　供

【安全环保】　2023年，致密油气项目部以QHSE体系建设为主线，推进安全环保隐患治理，安全环保态势总体平稳。抓好QHSE体系建设。完成各项QHSE责任指标，2023年西南油气田公司体系审核定为B1级，获西南油气田公司"2023年度QHSE先进单位"称号。抓牢现场安全风险管控。建立"日常巡检＋驻场监督＋安眼监控"联动监管模式，实现远程可约束、问题可追溯。对照集团公司QHSE体系审核报告开展安全环保对标排查，108项问题全部完成整改。理清排采现场管理界面及职责，严格监督检查持续高压态势，发放红牌、黄牌13张，清退5人。抓严生态环境保护。党总支专题研究生态环境保护工作，制定管理和改进措施；改造VOC压缩机、增设回收装置，做好VOC治理；开展生态环境隐患排查治理，完成排查问题闭环；落实专人监管"三废"，确保处置合规，杜绝环保事件。抓实建设项目评价。提前谋划，提早介入，加快开展各项评价工作；钻井环境评价平均周期95天，较西南油气田公司考核周期提前25天；按期取得盐亭处理厂、永浅3井等重点工程评价手续。

（李美娜　徐冷慧贇）

【管理创新】　2023年，致密油气项目部坚持创新驱动发展，推动经营理念、组织模式、管理方式变革，提高资源配置效率，释放发展活力。运行"油公司"管理模式。按照"油公司"组织运行，实行"大部制、多职能"精简设置7个部门，适时总结经验，优化职责界面、业务流程，工作质效持续提升。干部员工践行"担当，奋斗，成长"致密气人形象，在致密气事业上担当奋斗、攻坚克难，涌现出一批劳动模范和先进个人，锻造一支有精气神、有战斗力的管理和技术人才队伍。探索项目制管理。试点项目制管理新模式，按照西南油气田公司9项授权清单，制定5项配套实施细则，创新"四位一体"扁平化工作模式，明晰制度流程、提升运行效率，改革发展成果得到肯定。管理创新成果丰硕。系统梳理致密气快速增储上产管理经验，"四川盆地致密气规模效益勘探开发管理创新与实践"获西南油气田公司2022年度管理创新优秀成果二等奖；"致密气规模效益开发管理模式创新与应用"获西南油气田公司2022年度科学技术进步奖二等奖；《四川盆地致密气效益开发模式创新与实践》获第十届全国石油经济学术年会优秀论文三等奖，《四川盆地致密油气钻井提速关键技术》《金华—秋林区块沙溪庙组致密砂岩钻井综合配套技术》《复杂工况下的井壁稳定快速评价方法研究》《低伤

单位概览

害可变黏连续混配压裂液研究及评价研究》入选年会学术论文集。

（李美娜　徐冷慧赟）

【党建与精神文明建设】 2023年，致密油气项目部党总支学习贯彻党的二十大精神，领会习近平新时代中国特色社会主义思想，加强党的领导和党的建设，以高质量党建引领和保障高质量发展。注重政治引领把方向。完善"第一议题"配套制度3项，跟进学习习近平总书记重要讲话和对中国石油重要指示批示精神25次；把学习贯彻习近平新时代中国特色社会主义思想主题教育摆在首要位置，制定5个方面34项重点任务，召开专题研讨、主题党日等20余次，推进主题教育走深走实。注重大抓基层强党建。组织开展"担当奋斗致密气，攻坚上产三十亿"主题实践活动，成立生产、建设两支党员突击队，激励党员创先争优，助推日产气量突破1 000万立方米，基层党支部连续两年获西南油气田公司"先进基层党组织"称号，党建工作连续4年被评定为A档。注重教育监督强作风。关键节点常提醒，开展提任干部"六个一"廉洁教育，组织廉洁谈话83人次、发送廉洁提醒300余人次，打好廉洁"预防针"。关键事项常监督，配合西南油气田公司完成审计项目41个，及时整改落实，提升监督质效。紧抓基层腐败问题专项治理，组织编制14个重点业务领域和64个重点岗位的防控指引，筑牢合规防线。注重强化意识形态管理。按照"管业务必须管意识形态"的原则，以落实意识形态工作责任制为抓手，抓紧抓牢分管业务部门的意识形态领域安全，用好员工思想动态调研，把下基层见思想和基层思想上平台相结合，关注好员工思想动态，做好员工困难诉求解决，筑牢意识形态工作坚实底线。

（李美娜　徐冷慧赟）

邮政编码：610051

电话号码：028-86017143　028-86011905

油网号码：217143　211905

单位地址：四川省成都市成华区猛追湾横街99号世茂大厦14层

单位英文名称：Department of Tight Oil & Gas Exploration & Development of Southwest Oil & Gasfield Company

# 燃气分公司

【概况】 燃气分公司是西南油气田公司下属专业从事天然气终端销售业务的分支机构。主营为天然气终端市场开发与销售、CNG加气站、加油站开发与经营。市场区域覆盖川渝15市45区（县），管理配气站24座、CNG站26座、无人橇装站53座，有天然气管线3 198千米，承担向成都市、乐山市、雅安市、绵阳市等地区的输供气任务及南充市、泸州市、重庆部分区域的CNG供应及成品油销售业务。有燃气用户35万户，其中工业用户434户、民用36.7万户，商业及集体客户5 616户，转供城市燃气23户，转供CNG站15座。燃气分公司设机关部门13个、直属单位3个、基层单位14个。从业人员1 563人，含中国石油员工、对外投资公司股东方委派员工、四川华油集团公司、宝石花油服自招员工及业务外包从业人员。其中，中国石油员工510人（管理、技术人员404人，技能操作人员106人）、对外投资公司股东方委派员工106人、四川华油集团公司借用人员70人，宝石花油服外派员工48人。2023年，燃气分公司销售天然气22.16亿立方米，销售成品油8 212.72吨，新增市场规模0.88亿立方米，新投产项目增量2.15亿立方米。安全环保实现"三零"目标，"五项"费用严格控制在考核指标范围内，无重大维稳、治安事件发生，获"2023年度西南油气田公司先进单位"称号。

（何佳欣）

【安全环保】 2023年，燃气分公司夯实安全根基，提升本质安全水平。启动成都片区健康企业创建工作并通过四川省健康企业评审验收。开展全员健康体检，机关员工健康体检率100%，职业病危害因素检测率、职业健康体检率99.7%，新增职业病为零。采取"主动介入、优化清单、精准审核"的创新方式深化QHSE体系审核，在西南油气田公司14家内审指导单位审核质量考评中获87分，排名第三。全覆盖开展QHSE体系量化审核，分层级、分专业对568人开展安全履职能力评估。开展基层站队对标，HSE标准化建设复评验收结果合格。发布燃气分公司《2023年度风险人员到场矩阵》《风险作业目录》及JSA库，修订印发《2023版风险作业配合方案模版》，做好高风险作业升级管控，针对风险作业升级高风险作业方案审批 40 次，到场检查 28 次。组织开展鱼洞 CNG 站、新津 CNG 站两站厂界噪声超标隐患治理工作并完工验收。燃气分公司计量检测实验室通过中国合格评定国家认可委员会（CNAS）复评审。紧盯自产产品生产过程管控，加强关键质量控制点监管，完成 25 个 CNG 站水露点及 8 家天然气公司 231 个点加臭剂含量检查，合格率 100%。强化采购产品质量监控，完成 4 个工程项目 22 个样的质量抽查，合格率 100%。组织燃气分公司级应急演练 3 次，其中实战演练 2 次、桌面演练 1 次。　　　　　（何佳欣）

【市场营销】 2023 年，燃气分公司制定"一区一策""一户一策"价格政策，对乐山、成都、雅安片区工业用户科学实施阶梯价格优惠政策，实现精准营销。推动居民、非居用气价格上浮工作，与地方人民政府建立价格联动机制，实现增收 4 亿元。与上游气矿、销售部对接，协调到合同量资源 2 215 万立方米，增效 1 406 万元。协调代输气资源，与四川华油集团公司、川港燃气公司交流对接，组织代输气资源 1.06 亿立方米，增效 1.41 亿元。与内江市人民政府沟通，组织留存气资源 3 389 万立方米，创效 397 万元。组织外购气资源 3 079 万立方米，增效 4 536 万元。承接成化总厂 LNG 产品总包销售，销售 LNG（液化天然气）1.37 亿立方米，创收 3.97 亿元。与川西北气矿金堂"永浅 206 井、永浅 215 井"开展 CNG 试点销售合作，销售 CNG（压缩天然气）315 万立方米，创收 630 万元。与政府投资平台合资合作，成立安岳盛投天然气有限公司、甘孜盛投天然气有限公司、威远盛投天然气有限公司 3 家终端燃气公司，新增供气区域 2 171 平方千米、增加市场规模 23 亿米$^3$/年，为区域市场开拓、工程项目的推进奠定良好基础。聚焦新能源发展，完成新顺通公司基地楼屋顶及都江堰产业园区分布式光伏项目落地、宝鸡地热项目完成协议签订、南充综合能源站建设开工建设，延伸"天然气 + 新能源"产业链。　　（何佳欣）

【生产信息管理】 2023 年，燃气分公司投运重点项目 6 项、重点客户 18 家，新增投运量 6 100 万立方米。指导编制《五通桥园区增量生产运行调配方案》，统筹协调输气处金山至金粟段压压 1~1.2 兆帕，增供至 40 万米$^3$/日，保障五通园区用户用气；与川西北气矿对接丹夹线增供事宜，从 7 万~ 8 万米$^3$/日增供至 10 万~ 15 万米$^3$/日，缓解黄洪线下载压力，并减少上游中油管道供气管输费用；协调川西北平落输气站完成高低压分输工艺改造，高压气直接供雅安配气总站，提升雅安片区整体保供能力。对接落实大运会重点保供用户，编制《燃气分公司大运会安全保供方案》及《燃气分公司今冬明春保供方案和应急预案》，落实保供应急物资、抢险队伍、值班值守人员情况，执行日跟踪、日汇报、24 小时值班值守，保证关键节点压力和气量需求，保障大运会和冬季安全平稳运行保供。开展节电专项行动，24 座 CNG 站完成直购电合同签订，完成电力降本 122 万元，15 座 CNG 站取得四川地区清洁能源消纳凭证，奠定绿色能源发展基础。完成《SCADA 系统应用管理提升方案》，制定调控中心、监控中心 SCADA 系统关键数据收集、报警、趋势、报表、双向语音对讲、安防监控等巡检方案，完成终端燃气生产管理系统、客户信息系统抄表平台的试点和推广应用，完成 14 家基层单位"安眼工程"视频数据接入。开展沙湾、科技园配气站无人值守改造设计审查及实施工作，沐川配气站实施"监控中心 + 有人值守"管理，减少配气站值班人员 4 人，节约直接经济效益 48 万元，优化生产管理具体方案（犍为公司委托沙湾公司代管），沙湾公司增加管理收入 37 万元。完成专利申报 1 项、软件著作 1 项、发表科技论文 4 篇，在西南油气田公司网络安全攻防竞赛获个人赛银牌、团队赛三等奖。　　　　　　　　　　　（何佳欣）

【基建工程建设】 2023 年，燃气分公司加快推进基建工程建设，建成输气管道 1.3 千米，燃气管道 11 千米（含 PE 管道）；完成 10 吨、20 吨锅炉安装及附属设施，完成燃气安装项目 24 项，完成新安装民用户 15 054 户，提升管道输配气能力约 155 万米$^3$/日。建设项目管线焊接射线探伤一次性合格率 98.9%，单位工程质量合格率 100%，单位工程验收一次性通过率 100%，重点限上项目实现数字化管理，视频监视覆盖率 100%。推进重点投资项目建设，安岳工业园区暨燃气电站供气工程管沟开挖 1 896 米，布管 883 米，岳阳河定向钻穿越部分，完成扩孔 172 米。开展"基建工程管理提升年"系列活动，提升工程项目建设及燃气安装业务的管理水平，完成《燃气分公司项目管理调研报告》，逐步形成燃气分公司承包商派工管理办法。根据《油气田地面建设标准化承包商 HSE 检查技术手册》，对标检查在建投资项目 13 项，燃气安装项目 31 项，发现问题152个,均完成闭环整改。建立"红黄牌"及"黑白名单"制,促使承包商良性竞争,提高服务质量。

(何佳欣)

【管道与设备管理】 2023年,燃气分公司构建燃气安全运行风险的高效、长效管控机制,建设无泄漏区5座。加强隐患排查治理,彻底整治隐患156项,完成迁改整治1.42千米,拆除建构筑物46处。开展管网适应性分析,形成"区域输配供气图""用气量表""工作量表"重要报告成果。巩固深化完整性管理,完成完整性项目321项,在8家基层单位推广燃气管网智能失效处置系统,提高完整性全生命周期管理水平。提升阴极保护覆盖率及有效性,完成荣和公司、温江公司阴极保护项目验收;完成沙湾城区项目问题处理;完成苏稽及嘉农片区、乐华公司、四川天新公司项目的设计审查。加强重点管道管理,排查高失效管道19.63千米,完成计划换管1.89千米;完成17.74千米管线检测修复工作。排查评估老旧管道518.32千米,完成换管7.53千米,检测修复34.86千米。加大相交相遇相邻管线及密闭空间管控,编制印发《城镇燃气管道周边5米范围密闭空间的管理指引(试行)》,制定并实施5米内密闭空间监测计划,对5米范围内存在密闭空间,实施应用管网哨兵泄漏在线监控技术,实现双高管段监控覆盖100%。推进管道巡护工作,管控第三方施工126次,其中红色预警49次;针对第三方施工导致的10项管道迁改项目,燃气分公司迁改管道1.77千米。

(何佳欣)

2023年9月5日,燃气分公司在成都举办成立30周年"超燃杯"三人制篮球邀请赛　　　　　　　　　　钟幼龄 摄

【企业改革管理】 2023年,燃气分公司聚焦改革转型,推进发展升级,提升治理水平。开展合同管理突出问题专项治理,全面清理排查终端公司燃气资质,重视商标专用权保护,规范农民工工资合同条款保障,发布《燃气分公司QHSE法律法规和其他要求适用清单汇编》,开展法律咨询专场服务11期,提供法律咨询服务23次。开展制度清理,优化制度流程,将在用制度优化为13项,精简率87%,内控与风险管理体系获西南油气田公司"杰出"级评价。落实提质增效措施,通过管理变革、科技攻关、内部挖潜、推广燃气服务多元创效等,重点抓好六个方面27条措施,实现增收12.3亿元,降本4762万元,节约投资8535万元。优化机构职能,精简各级机构及定员,机关基层领导职数总体压减10%以上,优化领导班子年龄结构,新提拔8名基层领导人员,其中35岁及以下人员占比50%,推进岗位价值评价试点,岗位价值系数与季度奖挂钩比例上浮20%,激发员工干事创业内生动力。编制发布《燃气分公司2023年人才强企规划—人才开发方案》,组织各类从业人员963人参加"基础级"测试,合格率98.6%。建成乐华实操培训基地,提供实操训练平台。

(何佳欣)

【党建工作】 2023年,燃气分公司党委突出政治建设,推进主题教育,分层制订工作方案并细化6个阶段23项重点任务,燃气分公司党委开展7天14堂70项内容的中心组读书班,"第一议题"学习13次,党委班子成员讲授专题党课受众356人,围绕人才队伍培养、合同选商管理等8项主题,开展调研65次,形成具体问题35个和CNG脱困扭亏经验材料1份,列出整改措施75项,党员建言献策20条。严格执行"三重一大"决策制度,组织召开党委会27次,审议议题105项;经理办公会15次,班子集体研究议题34项,确保民主决策、依法决策。召开燃气分公司第三次党代会,并指导10个基层党支部按期规范完成换届选举;提升党务工作者能力素质,严格执行党支部书记抓党建专项述职,推进党支部互联共建,构建优势互补、共谋发展的党建长效机制。推进党建"三基本"建设与"三基"工作有机融合,创建党员示范岗、党员责任区、党员突击队147个,党员参加志愿服务427人次。开展基层党业融合专项调研,提炼形成5个终端特色党建品牌,品牌建设取得阶段性成效。开展基层腐败专项治理、合规管理和"四风"问题监督检查;分层级廉洁谈话568

人次，发送廉洁短信367条，修订完善《岗位廉洁风险评价表》554份，组织各级签订《党风廉政建设责任书》221份，各级干部员工纪律规矩明显增强。创新推出"燃气人说纪"、青"廉"讲堂、"廉洁文化角"等特色廉洁文化作品，建立健全巡察工作体制机制，完成首次内部巡察，发挥巡察震慑、治本作用。

（何佳欣）

【**精神文明建设**】 2023年，燃气分公司注重思想建设，落实意识形态工作责任制，加强新闻宣传力度，被西南油气田公司采用信息222篇，总采用量排名第六；在权威主流媒体发表新闻作品228篇；在"铁人先锋"党建栏目、"川油人""西油记"等公众号发布35篇。激发青年员工建功立业，燃气分公司团委获西南油气田公司"2022年度五四红旗团委"称号，雅安CNG二站被评为西南油气田公司青年安全生产示范岗，1人获四川省企业系统"优秀共青团员"称号。聚焦广大职工精神文化需求，组织策划燃气分公司成立30周年主题文化活动，发布"燃气侠安全卫士2.0"版本，承办"牢记总书记殷切嘱托，勇担新时代能源使命"中国石油书法系列活动，开展30周年系列文体活动5项，"学习贯彻党的二十大精神，建功三千万吨级大油气田"体育活动3项等文体活动，燃气分公司工会获西南油气田公司2022年度工会工作先进集体称号。投入65万元支持地方乡村振兴工作，运用企地共建共治机制，化解矛盾纠纷，为职工群众办实事、做好事、解难事。

（何佳欣）

邮政编码：610017
电话号码：028-86911498
油网号码：211946
单位地址：四川省成都市狮子巷55号

# 数智分公司

【**概况**】 2023年6月，原通信与信息技术中心更名为数字智能技术分公司（简称数智分公司），是西南油气田公司下属唯一的数字智能信息化专业单位，主要为集团公司、西南地区企业及各片区油田等72家用户单位在勘探、生产、开发、管道、销售、油气专业管理和支撑管理等业务领域的信息化建设提供管理、技术、操作支撑，服务范围跨越川渝全境及云南、贵州，实现服务支撑专业化全覆盖、运营管理技建维一体化协同。2023年底，数智分公司设职能科室9个，直属单位7个，基层单位5个，股权托管公司1个。有在册员工637人，其中大学本科及以上313人（含博士2人）。有高级专业技术职称52人、中级专业技术职称207人，有高级技师7人、技师23人，有一级工程师3人，有三级副及以上领导人员66人（不含退出现职的基层领导人员）。固定资产原值33 394.52万元、净值7 514.41万元，未上市部分无固定资产及无形资产。

2023年，数智分公司围绕西南油气田公司下达的各项绩效考核指标，经营收入3.66亿元，因量价体系调整导致收入同比减少2 636万元，下降6.7%。发生总成本6.5亿元，其中内部成本4.78亿元，外部成本1.72亿元，完全成本较油气田公司下达指标节约率1.67%，"两金"压控指标完成120%。

（韩胜男）

【**基础设施建设与网络安全**】 2023年，数智分公司抓基础设施建设与网络安全，打牢生产运行保障基础。运维光缆总里程数11 378.48千米、信息化场站2 729个，运行正常率99.6%，场站生产视频（AI）在线率超96%，服务满意度较上年的98.5%升至99.96%。编制西南油气田公司首个算力运营规范，完成算力资源规模化扩容，支撑梦想云区域湖和专业软件云化部署。建立西南油气田公司国产生产实时数据平台，编制印发油气工控物联数据传输协议规范，首次打破厂商垄断格局。组织开展IPV6规模化部署顶层规划和技术实施工作，打造形成标准示范模板，支撑45家二级、三级单位完成办公网IPV4/IPV6双栈改造。信创油气生产物联关键技术成果被中国石油和化工自动化应用协会认定为达到国际先进水平。探索以"一平台、一流程、一机制"为核心的"三机一人"运维方式，在川南总站开展试点验证，释放部分人力资源，成都总站、重庆总站牵头联合开展的5G智慧油气田项目分别获第六届"绽放杯"5G应用征集大赛川渝赛区一等奖。推动网络安全综合防控体系建设，编制形成企业标准草案、工控网络安全防护指引、数据安全规划和网络安全风险识别防控3类清单，打造加密流量监测及工控网络评估等4类工具方法。2023年获集团公司网络安全攻防大赛团队一等奖、个人银牌，并在西南油气田公司网络安全攻防团队和个人竞赛中夺冠。

（韩胜男）

【数据治理】 2023年，数智分公司以数据全生命周期八大环节为基础，结合油气田业务场景开展数据价值评估，编制完成《西南油气田公司数据业务发展顶层设计方案》，协助西南油气田公司制定主数据管理标准规范，打造形成三级数据质控验收体系，初步构建产量业务指标算法库，完成物探成果品质分析工具试点开发，为打破油气田业务管理与数据管理之间的连接壁垒迈出重要一步。全年按照系统规范的数据治理方法流程，完成井、场站、管道主数据和历史主数据治理，形成基础数据"一本台账、一套标准、一套系统"的新格局。推动涵盖9 354口井、4 506条管线、6 912个站库等已治理主数据及650万条专业数据全面入湖，分类建立涵盖270个业务域、851个业务对象、5.9万个数据项的数据资源目录，形成西南油气田公司主营业务数据资源"总目录、总清单、总家底"，为数据资产沉淀、应用支撑奠定基础。

（韩胜男）

2023年11月3日，数智分公司在成都召开党建品牌创建启动会
杨洋 摄

【信息化管理与能力建设】 2023年，数智分公司以西南油气田公司天然气全产业链业务需求为主导，推动设计、建设、运维、迭代一体化运作，分类建立专业信息化项目管理流程，完成业务板块建库建标，构建形成项目管控"一张图"，全年编制印发《项目运行管理工作指引》《规划计划管理工作指引》《修理项目管理工作指引》3项制度和67份任务书、规划书，确保安眼工程、三井工程、铁山坡产能配套通信工程等项目成本、质量、安全、进度、功能受控，实现西南油气田公司数字化转型重点项目零滞后。成立专业技术委员会，打造以技术引领为核心的竞争力，形成"一册两平台"（管理手册和协同平台、企业门户）运行管理体系。

（韩胜男）

【数字化转型重点项目】 2023年，数智分公司利用标准化项目管理工具和专业建设方法，执行"两书两报告一经理"管理方式，推动关停井数据采集工程、三终端三页岩安眼工程、铁山坡高含硫气田产能建设、威远—泸州页岩气集输干线光通信、致密气产能建设通信工程等重点项目相继建成。首次承接产能建设项目数字化专篇设计任务，支撑蜀南气矿、川中油气矿、川中北部编制数字化转型和信息化工作方案，获相关单位高度认可。

（韩胜男）

【技术运用与研究】 2023年，数智分公司推动迭代体系建设，形成工控系统、生产信息化辅助系统、软件建设、产品研发等4项分级分类迭代流程和迭代方法。运用油气生产场站信息化设备迭代方法，完成气田集输工控系统硬件迭代升级评估、川东北气矿6大辅助系统迭代评估，支撑西南油气田公司软硬件迭代工作。初步形成软件开发快速响应、快速迭代、基于价值驱动的敏捷开发模式，完成规划计划与投资管控平台、资产管理信息系统等6个系统建设。通过"产品策划—产品研究与建设—产品运营"流程，推出智飞无人机平台、油气场站信息化橇装集成设备、BI数据定制开发服务3款产品。截至2023年底，智飞无人机平台为智能化巡检业务服务累计运行600+小时、执行任务1 600+次、飞行里程4 900+千米；橇装设备在川西北、川东北气矿等站场进行试点验证并取得良好效果；BI产品已为多家单位完成定制服务，高质效响应各生产单位数字智能技术应用需求。西南油气田公司在"端网、数据、AI"三大领域5项科技成果首次获"中国石油与化工自动化应用协会"省部级大奖。

（韩胜男）

【改革与管理】 2023年，数智分公司着力在组织模式、运行机制、管控手段上调结构、转方式、提效能，确保以高效的管理体系为西南油气田公司数字化转型工作提供强力支撑。在西南油气田公司政策支持下，完成更名及"三定"工作，实现压减"三个10%"的目标任务。统筹做好规划计划工作，围绕天然气全产业链业务，形成涵盖93

家需求主体、36项需求分类、27项处理分类、26项供应分类的信息化业务需求库，为识别最有价值的业务需求提供标准方法。推进合规治企，开展流程"五点法"建设，设计绘制主要业务流程53个，压减率84%。带头遵守法律法规，建立业法融合资源库，收集、整理、梳理专业+通用法律法规62部，形成《"4+1"板块业务领域适用法律法规清单》及风险防控措施；推动预制性采购，开展集中集约化公开招标4项。加速财务转型升级，制定并发布《财务业务指南》《成本控制手册》，打造稽核工作和财务检查、规范化抽查的三重模式，推进业务会计向管理会计转变。建立西南油气田公司首个资金计划管理平台，提高资金计划综合执行率。

（韩胜男）

【安全生产】 2023年，数智分公司加强风险防控，实现安全环保形势稳定向好。落实整改QHSE体系审核发现的问题，严格闭环销项，整改完成率100%。优化基层站队QHSE标准化建设，累计完成目视化整改337项，完善风险防控措施103项。加强全员QHSE工具方法和安全管理标准、规范培训，推动常规人力监管和"安眼"工程远程监管同步发力，确保全年生产安全平稳受控。推动健康管理从"疾病防治"向"健康风险防范"转变，完成员工健康管理和服务平台搭建、便民设备配置、健康食堂建设等系列措施，健康企业创建工作通过成都市卫健委验收。连续7年获西南油气田公司"QHSE先进单位"称号。（韩胜男）

【人才队伍建设】 2023年，数智分公司推进"人才强企"工程，加快培养一批懂需求、懂经营、懂市场的高素质复合型人才，助力西南油气田公司智能油气田建设。推进全员分级分类培养，创建智信学院学习平台，采用线上线下双轨运行助力队伍素质能力提升。建立"揭榜挂帅"机制，推行"项目经理制"，完成二级、三级工程师年度及任期考核，拓宽技术人员能力提升平台。推进青年精神素养提升，举办青年论文交流会，成立青年突击队，在国产自主可控推进、"三机一人"运维转型、无人机平台试点、管道光纤声波预警系统应用等重点工作中发挥青年生力军作用，川中自控仪表运维青年突击队获2023年度西南油气田公司"优秀青年突击队"称号。建立骨干人员长效激励机制，加大专项奖重点激励、精准激励和补充激励力度，营造"以业绩论奖惩"的绩效文化氛围。（韩胜男）

【党建工作】 2023年，数智分公司落实新时代党的建设总要求，探索党业融合路径，以高质量党建引领保障高质量发展。开展习近平新时代中国特色社会主义思想第二批主题教育活动，组织读书班2期、党委中心组学习12次、党委会学习8次，两级领导班子带头深入基层一线开展工作调研，及时梳理、协调解决制约高质量发展问题63个，大兴调研工作获集团公司党组第八巡回督导组高度肯定。发布"数先锋"党建特色品牌，升级打造智信文化品牌，数智分公司获2021—2022年度四川省企业文化建设优秀案例一等奖，获四川省"企业文化建设突出贡献人物"、西南油气田公司"2018—2023文化艺术工作先进集体"等称号。全年调整干部50人次，未发现用人失察失误的问题。旗帜鲜明反对"四风"，未发现违反中央八项规定精神的问题。举办首届"智信杯"足球邀请赛，谋划开展"千帆竞发"劳动竞赛，组织"青马燎原""关爱行动"青年志愿者服务以及"传承铁人精神""奋斗新征程"主题团日等活动，凝聚全员行动、创新创效的合力。通过打造智慧食堂、配备健康器具、组织上门问诊等措施，落实为员工群众办实事，提升员工群众的幸福感、安全感。践行新时代"枫桥经验"，落实稳定风险预防化解措施，营造和谐稳定的发展环境，全年"六无"指标达标率100%，获四川油气田"贯彻二十大、落实新条例、开创新局面"平安建设活动优胜单位称号。

（韩胜男）

邮政编码：610051
电话号码：028-86013538　028-86011456（传真）
油网号码：211088
单位地址：四川省成都市踏水桥北街60号首创天禧68三栋
单位英文名称：Center of communication and information technology

## 物资分公司

【概况】 物资分公司历经60余年发展，建成采购、仓储、配送、质控、结算一体化的物资供应链管理体系，是一家服务油气和新能源生产全产业链的专业化物资供应公司，致力于推进西南区域物资共享服务，加快形成"全链条、全共享"物资供应发展新格局。2023年底，有在册员工674人，其中一般经营管理人员335人、专业技术人员160人、操作服务人员179人；有一级造价工程师1人、注册会计师3人、注册设备监理师8人、国家二级和三级口译8人、国家注册安全工程师19人、物流师34人、招标师32人、法律职业资格12人。设机关部门10个、直属单位2个、基层单位9个、托管单位1个。有固定资产原值6.87亿元、净值4.65亿元，外部净收入2.82亿元、完全成本4.92亿元。获西南油气田公司"先进单位""QHSE先进单位"等称号。

（白雪茹）

【服务保障】 2023年，物资分公司践行"服务保障、决策支持"职责使命，打造一支熟悉油气生产建设、掌握产品工艺、精通物资管控、重大项目保障经验丰富的专业化物资供应团队。服务内外部用户44家，服务区域覆盖国内川、渝、内蒙古及海外土库曼斯坦，全年完成各项指标任务，实现结算工作量84.14亿元。突出服务集成与整合，组建"一站式"项目服务团队33个，实施"两策划＋一介入"（项目管理策划、采购策划＋介入初期设计），通过集中组料降低管材规格数量50%，助力后端规模采购、高效供应。赋能赋权项目负责人，专人跟进项目建设进度，处理紧急、重大供需差异77起，保障高含硫等18个重点项目建设。

（白雪茹）

【西南共享】 2023年，物资分公司代表中国石油接受国资委中央企业采购管理对标评估，川南页岩气物资共享服务实践案例生动展示物资系统探索改革创新路径，构建供应链上下游、内外部、全流程集中共享大格局，为区域协同供应链建设提供可推广可复制的西南经验，区域物资共享服务模式及评估迎检工作得到国务院国资委高度好评。形成《川南页岩气区域集中共享供应链管理创新与实践》，首次获集团公司管理创新成果二等奖。"区域协同供应链建设经验"立项上升为中国能源研究会团体标准。

（白雪茹）

【专业价值】 2023年，物资分公司参与集团公司一级物资集采，西南区域石英砂和陶粒集采价格分别下降12%和8%。首次建立物资分公司层面全流程集采运行机制，创造性划小单元建立针对性目录，完成集采项目118个，新增目录5000余条，二级物资目录采购率提升9%，达历史最好水平。精准大宗物资实物流管控，物资周转次数连续3年保持正增长，3年及以上积压库存在连续两年降库40%和24%的基础上再降6%。构建物资质量"管、监、办"体系，发现并闭环问题403个，促进监检机构履职质量提升。紧扣结算痛点，重构业财结算协同流程，加强"应结未结、应付未付"分析处理。参与编制《集团公司二级物资集中采购管理办法》，西南油气田公司物资计划、采购和质量管理等制度，推动完善供应链管理秩序。紧盯关键短板指标精准施策，上网采购率、目录采购达标率和制造商直采率均创历史新高。参加集团公司首届物资采购全过程管理建模大赛，2个建模作品分获二等奖。5项专利被国家知识产权局受理，实现零突破。

（白雪茹）

【数字化转型】 2023年，物资分公司顶层设计供应链数智发展规划，形成涵盖业务、数据、场景等内容的实施路径，为2025年数字供应链、2030年数智供应链交底画像。以"一把手工程"力度推进供应链管理平台建设，践行"业务再造、管理重塑和IT赋能"核心理念，采用敏捷开发、滚动迭代新开发模式，业务流程、台账及管理驾驶舱上线，初步实现数字技术赋能供应链业务，为企业管理从业务驱动转型为数字驱动打下坚实基础。遵循"以数促管、以数促用"理念，划分专业模块、梳理流程逻辑、规范业务字段，初步建立全链数据标准，提高数据单体与全域利用价值。

（白雪茹）

2023年4月23—24日，物资分公司在成都举办供应链数字化转型思维提升培训班　黄春霞　摄

【人才强企】 2023年，物资分公司统筹三支队伍建设，推

动人才使用政策更加灵活、成长通道更加畅通、激励机制更加完善。首次获批在物资供应系统实施专业技术序列改革，科学构建3类6层级200个专业技术岗位，从政策层面突破供应链人才发展瓶颈，实现优秀人才干事有平台、发展有空间、待遇有保障。开展人力资源专题调研，召开19场覆盖317人次座谈会，推动多维度"精准画像"，夯实干部人才培育基础。设计供应链人才孵化基地，集中轮训三级管理人员，针对性开展数字化思维提升和评价模型培训，分类提升专业素养。根据职业技能鉴定需求，加大技能人才开发力度。完成"三定"工作，开展富余人员调剂、机关基层双向交流，"奖缺惩超"工编挂钩稳妥落地。

（白雪茹）

【资源创效】 2023年，物资分公司树立"为公司守土开疆""为用户降本增效"发展理念，整合供应链内外部资源，发挥西南区域物资共享平台作用，推动内外部市场共建共享共赢。分析传统市场历史数据，多方掌握用户自采品类，追回流失的川庆钻探工程公司物资工作量2000万元，涉及物资大类8个。新增共享市场用户4家，服务范围向运维领域延伸；扩充大宗共享物资品种及服务专业范围，推动川庆页岩气地面管业务回流，全年共享工作量增长24%，实现三连增。重启土库曼斯坦分公司国际贸易平台功能，打造新形势下海外业务发展支点。发挥四川石油物资实业发展有限公司生产有益补充作用，高效保障油套管资金周转。厘清房屋及土地情况，规范管理机制、丰富租赁模式，实现安全保值。统筹铁路专用线和仓储资源，联合铁路企业发挥集货集运优势，探索市场化合作新模式。

（白雪茹）

【风险防控】 2023年，物资分公司保持全面从严治党的清醒与坚定，频道不换、力度不减，常态化开展业务管理、内控、纪检等各类监督检查。实现机关、基层"常规+专项"纠察全覆盖，首次运用纠察结果实施负向激励，严肃处理屡查屡犯和重复问题，释放执纪必严强烈信号。加强以案促改实效，归纳巡察、审计、内控检查等发现的共性问题，构建"典型案例库"，督促各级自查自纠、举一反三，发挥强震慑、固防线作用。构建长效防控机制，优化制度8项，增补业务流程73项，健全四级制度体系。全面梳理供应链业务流程，完成1497个主要廉洁风险点排查，发布《供应链廉洁从业"六条禁令"》，实行采购等关键岗位定期轮换，筑牢廉洁履职屏障。

（白雪茹）

【党建工作】 2023年，物资分公司聚焦11项发展重难点开展专题调研，靶向施策推进问题解决，主题教育成果转化为供应链建设实绩实效。优化设置、按期换届党组织14个，党支部达标率100%，党员教育培训覆盖率100%。提炼党建品牌建设案例4个，推动共建共联17次，实现示范经验、业务知识互学互鉴。压实意识形态工作责任制，启动企业文化系统建设，确立"供赢"文化品牌。精准谋划、高效发布公众号推文175条，省市两级媒介用稿132篇，"内鼓士气，外树形象"作用日益凸显。围绕"管理转型"主题开展劳动竞赛、技术比武8个，创新青年论坛专业建设与个人素养"双赛道"模式，营造浓厚建功立业氛围。做实精准帮扶与全面普惠，打造"职工之家"实体化阵地，职工群众获得感、幸福感显著增强。

（白雪茹）

邮政编码：610017
电话号码：028-86014823
油网号码：214823　214822　214024
单位地址：四川省成都市青羊区小关庙街6号

# 新能源事业部

【概况】 新能源事业部主要负责西南油气田公司新能源市场开发、新能源项目一体化管理及新能源技术研究等工作。2023年底，设置综合办公室、计划财务科、项目管理科、市场开发科4个科室，有在册员工22人，其中硕士研究生及以上学历9人，占员工总数40.9%；有高级专业技术职称11人，占员工总数50%；有党员21人，占员工总数95.5%，平均年龄40.4岁。

（谢雯洁）

【市场开发】 2023年，新能源事业部践行"天然气+新能源"融合发展战略，拓展川、渝、滇、黔、桂、藏、青、豫、晋、皖等区外市场，加大新能源指标获取力度，扩大"朋友圈"，发挥"天然气+"优势，与政府、企业签订战略合作协议7份，与相关企业组建资源竞争联合体，借智借势借力获取风光指标。聚焦重点项目，参与竞配。组织人员到有开发潜力的10省60余市、县开展交流对接，摸清各地需求、政策，结合自身优势，优选攻关重点项目。全年参与集中式风光项目市场竞配5项，与兄弟单位共同获取风光指标33.6万千瓦，中标攀枝花10万千瓦集中式光伏项目、重庆黔江区15万千瓦和丰都区8万千瓦风电项目，中选都江堰产城集团0.2万千瓦、云南民族大学0.4万千瓦分布式光伏项目，风光获取任务指标完成率112%。开拓区外市场，加快地热资源拓展进度，到安徽、河南、贵州等地实地察看拟供暖意向房地产项目，筛选优质资源开发利用。探索合作路径。推动地热项目合资合作，完成地热项目可行性研究编制2项，与北京宝石花能源公司签订地热项目合作开发协议，会同四川华油集团公司、川港燃气公司共同获取地热供暖面积72.6万平方米，为西南油气田公司地热业务拓展打开新市场，地热获取任务指标完成率145.2%。风光项目、地热项目市场开发任务完成情况取得突破。

（谢雯洁）

【前期计划】 2023年，新能源事业部建立"1136"（围绕1个核心、搭建1个平台、协调3个层面、狠抓6项工作）工作模式，推进攀枝花10万千瓦集中式光伏等项目合作协议签订，打通区外市场化竞配关键环节，形成可推广的模板，为新能源业务拓展打下基础。推进"1个总体规划+N个专项规划+N个项目群"新能源规划体系，完成"十四五"风光发电产业化发展专项规划和攀枝花地区天然气与风光气电融合发展区域规划编制，为西南油气田公司新能源业务发展明确路径；完成西南油气田公司2024年新能源投资项目论证报告编制工作，基本摸清新能源资源情况，建立新能源项目可行性评价标准体系和经济评价体系，生成储备项目50个，为西南油气田公司新能源业务可持续发展奠定基础。完成集中式光伏、余压发电、地热、分布式光伏项目前期工作6项，装机规模11.2万千瓦、地热供暖面积41万平方米。其中西南油气田攀枝花米易县光伏发电（一期）工程可行性研究报告一次性通过油气和新能源公司审查，工作质效得到油气和新能源公司、攀枝花各级人民政府肯定；通过开展天然气余压发电项目可行性研究，进一步明确余压发电项目可行性边界条件，积累余压发电项目可实施性和效益化评估经验；完成地热供暖项目可研报告编制2项，较计划时间缩短60%，为西南油气田公司完成地热供暖面积任务指标争取宝贵的时间；提前开展分布式光伏项目前期工作2项，为西南油气田公司完成2024年装机指标任务奠定基础。（谢雯洁）

【项目建设】 2023年，新能源事业部提炼项目管理方法形成《新能源项目高质量建设"三化"管理创新与实践》管理成果，获西南油气田公司管理创新成果三等奖。创新推动"专业小组工作制"，采用"个人主抓+小组配合"的工作方式，通过"高效推进、创新模式、强化联动、厘清界面"等措施，高效开展工程建设4项。突破难关，提速分布式光伏建设节奏。筑牢施工现场安全线，聚焦和宁化工分布式光伏"非主体加固、主体加固、光伏板安装、并网发电"四大关键节点，高效完成项目建设，统筹做好参建人员安排，成功解决现场"卡点"技术难题5项，助推项目质量管理迈上新台阶。内外联动，促进余压示范工程有序推进。联合西南油气田公司5家二级单位成立项目管理机构，构建"设计+主设备厂家+事业部+属地单位"四级联动模式，坚持标准化管理，推动共建合作项目建成投运。优化方案，增强光伏示范工程发电效益。首次建立"三化"管理模式，完成西南油气田公司首个光伏示范工程建设，发电160余万千瓦·时，清洁替代标准煤172.2吨。整合资源，提高余压项目管理水平。明确管理职责界面划分，建立上下游联动机制，加强内外沟通协调，统筹上下游单位产能建设和用户用气需求，利用天然气压差量达100万米$^3$/日，建成西南油气田公司首个余压发电科研现场。

（谢雯洁）

2023年3月6日，新能源事业部在西南石油大学举办西南油气田公司新能源人才队伍建设专项培训班开班仪式　谢雯洁 摄

【前沿布局】 2023年，新能源事业部推进新型储能项目。开展国家、地方一次调频政策及市场研究，调研国内外飞轮储能先进技术及应用，开展项目技术、经济性初判，以昔阳县储能项目为契机，打造集团飞轮储能应用示范，与山西省昔阳县人民政府达成合作意向，项目总装机容量200兆瓦，其中飞轮储能装机容量100兆瓦/0.83兆瓦·时，磷酸铁锂储能装机容量100兆瓦/100兆瓦·时，为西南油气田公司新能源业务拓展提供新方向。推进氢能项目。跟踪绿氢技术进展，开展绿氨应用供需调研，明确绿氨项目技术要点及经济性边界，为项目决策奠定基础，拟建设电解水制氢合成油脂示范项目，处理能力2 000米³/时，西南油气田公司拟通过参股方式参与，签订三方合作备忘录。建立余压发电技术管理体系。建成涵盖透平、双转子、螺杆3种余压发电技术的试点项目，建立集团公司首个完整的余压发电技术管理体系，完整掌握余压发电项目资源评估、效益评价、工程建设、生产运维全过程的技术管理经验，成功实践自主建设、合作建设2种建设模式，奠定西南油气田公司余压发电技术规模化、效益化、产业化发展的基础。

（谢雯洁）

【经营管理】 2023年，新能源事业部构建合规管理体系，通过引入专业机构，开展新能源业务法律咨询，提供合规管理支撑服务，为合规开展新能源业务奠定坚实基础。实践项目开发流程，在米易县注册成立集团公司在川渝地区的首个新能源公司——四川西油新能源有限公司，打通成立新能源分、子公司的路径，为后续拓展竞配区外新能源项目积累宝贵经验。加强投资合规管理，研究集团公司现有政策下可行的股权收购方式，编制完成《海南州共和县25万千瓦光伏项目股权收购方案》，为新能源项目投资提供可行性方案。理顺工作流程，围绕"项目咨询、投资控制、费用报销、绩效管理"等领域，制定并发布实施细则10余项，指导项目咨询的过程管理，建立健全投资、成本全生命周期管控体系。

（谢雯洁）

【财务管理】 2023年，新能源事业部精准财务管理，编制工作报表、报告300余份；落实资金计划申请制度，合理调配资金，资金计划执行率在西南油气田公司名列前茅；精准分解预算，按照"2大类别、24项科目"执行预算，每月进行动态分析、及时纠偏，有效规范财务成本运行。配合股份公司审计专项工作组完成2023年经济责任审计工作，为后续新能源项目的合规化管理提供借鉴；完成新能源事业部费用报销稽核专项工作和"五项"费用专项检查工作，召开专题推进会议，发现并整改问题24项，整改涉及金额264.05万元，闭环整改完成率100%。规范工会财务，完成工会资金收支、账务核算、迎审、编制和调整预算等财务管理工作，提升工会财务工作的合规性、及时性，保障工会资金的合理使用。

（谢雯洁）

【安全管理】 2023年，新能源事业部加强新能源项目现场安全体系建设，梳理管理手册36个二级要素管理要求、职责划分、支撑性文件，新增二级要素6项，新建《新能源事业部建设项目QHSE管理办法》等5项QHSE管理制度，修订《新能源事业部承包商HSE监督管理细则》等6项QHSE管理制度，新建《危害辨识及控制清单》《风险作业目录》等5项QHSE基础资料，建立《施工现场负责清单库》等3项专项体系运行资料，针对余压、风电施工现场风险，按照电气工程、土建施工、管道管线等6类作业项目，编制《风险作业管理目录及风险人员到现场矩阵》61项作业子项目，建立光伏、余压两个现场101项工作前安全分析库，助推安全生产工作步入新台阶。强化现场管理，按照"专项检查、督促自查"的方式，对在建项目安全检查20余次，发现并整改问题48个，整改完成率100%。加快"三同时"建设，完成和宁化学分布式光伏一期工程项目的安全预评价、职业病危害预评价的报告编制和审批，提前组织开展攀枝花米易集中式光伏一期工程、河南商丘3个地热项目的安全预评价、职业病危害预评价、水土保持方案、环境评价等专项评价工作，保障工程项目合法合规开展。

（谢雯洁）

【信息化管理】 2023年，新能源事业部精心组织，实现工程信息化展示。搭建基于梦想云架构和生产数据管理平台的光伏示范工程信息化展示模块，实现分布式光伏示范工程场站大屏展示。强化论证，建立规范的传输方式。根据新能源项目的特点和需求，论证建立数据和视频信号专用数据服务器的必要性；根据项目的区域分布，选择不同的网络方式，保证新能源项目数据和视频传输的高效、规范。申报"西南油气田公司光伏发电项目数据接入、采集方案"项目，从源头管理新能源数据资源，统一数据标

准,助力新能源业务智能化发展应用。 （谢雯洁）

【综合管理】 2023年,新能源事业部发文153份,收文流转1 121份,确保公文处理的规范性;组织起草全局性文稿50余份,组织召开领导班子会11期,通过"定期通报、主动对接、专项提醒、积极汇报"等方式重点督促工作108项;处理各类后勤需求,保障办公用品、设备、场地需求,为新能源事业部创造良好的工作环境;交流、借用3人,调动8人,实现人力资源的优化配置。弘扬文化氛围。制作新能源业务对外宣传手册,发放宣传手册1 000余份,助力新能源业务成果展示,推动对外交流合作;专题谋划人物报道4期,阅读量突破4 000余人次,激发团队工作热情;完成办公区文化墙的制作,创作"双碳之路"等动漫作品。 （谢雯洁）

【党建工作】 2023年,新能源事业部突出党建引领,推深做实"红色领航 绿色发展",把握新能源发展新机遇,拓展融合发展深度,打造4项党建工程。在党总支层面,以创建先进基层党组织为目标,打造"领航工程",举旗定向,发挥党总支领航作用,引领新能源事业部高质量发展。在党支部层面,以党支部达标晋级为目标,打造"堡垒工程",发挥支部堡垒作用,推动新能源业务攻坚克难。在党员层面,锤炼堪当新时代重任的党员队伍,打造"先锋工程",示范带动,发挥党员先锋作用,夯实发展基础。在员工层面,注重综合素质提升,促进员工成长成才、全面发展。对标先进企业,组织开展集体调研学习3次,与专业公司开展座谈研讨10余次,通过交流学习提升全员专业素质;通过线上线下双结合的方式,组织开展新能源业务专项培训4次,培训300余人,送外培训2次,加快培养一批"技术业务精、管理能力强"的新能源人才队伍;关注管理人员到攀枝花发改委挂职情况,年初收到攀枝花市发改委发来对挂职人员的感谢信,架起与当地人民政府合作共赢的桥梁。 （谢雯洁）

邮编:610066
电话号码:028-86017014
油网号码:217014
单位地址:四川省成都市府青路一段3号

# 新闻中心

【概况】 新闻中心承担着西南油气田公司、川庆钻探工程公司两家单位的新闻宣传职能,具体负责《四川石油报》、四川石油电视频道、"川油人"微信公众号、"川油人"微信视频号、中国石油西南油气田抖音号、四川石油新闻网、《新闻桥》的编辑、发行、刊播工作的日常管理工作。2023年底,新闻中心设职能部门9个,包括管理部室3个、报纸业务部室3个、电视业务部室3个。有在册员工51人,其中高级专业技术职称12人、中级专业技术职称32人、初级专业技术职称7人;有大专及本科以上学历51人(含硕士研究生6人);有中共党员47人。《四川石油报》继续保持全国企业报"先进报纸"第一方阵行列,四川石油频道继续位列集团公司影视中心先进集体。 （张 东）

【新闻宣传】 2023年,新闻中心深入学习贯彻习近平新时代中国特色社会主义思想和党的二十大精神,生动践行习近平文化思想,提升媒体矩阵的内容生产力、信息聚合力和新闻传播力,推进具有大油气田特色的新闻中心品牌文化建设。全年《四川石油报》编辑出版144期576个版面,专题策划70余个;四川石油电视频道播出新闻144期,《纪实》及"微访谈"48期,"气田视点"专题及短视频38部;"川油人"微信公众号发布内容957条,"中国石油西南油气田"抖音号和"川油人"微信视频号发布短视频43条,新媒体粉丝数累计突破3.4万人次;《新闻桥》刊印6期;四川石油新闻网发布新闻1 571篇(条),8人分别被西南油气田公司评为劳动模范、先进个人和优秀党务工作者。 （张 东）

【舆论引导】 2023年,新闻中心坚持高站位、宽视野、重策划、大手笔,服务高质量发展大局。完成四川油气田年度重要会议、高层领导调研及各项指令宣传任务230余项。开展"跨越400亿新闻宣传报道""能源强国纵深行""铁人精神耀一线"等重要策划,立体呈现西南油气田公司为成都大运会做好保供的责任担当,支撑中央电视台、中国石油报道深地川科1井开钻双线直播任务,多维度展现各单位在各领域取得的成绩,多角度宣传一线员工为油气奉献的典型事例,凝聚磅礴奋进力量。多条报道被中央电视台、四川电视台、中新网、学习强国等10余家国内重点主流媒体转载刊播,做到关键时刻不缺位,重大报道不失声。

（张 东）

【媒体融合】 2023年,新闻中心加强与《中国石油报》、集团公司影视中心、四川电视台、《四川日报》等集团公司内外主流媒体业务交流。报纸建立全媒体评论员队伍,提升稿件在中国石油新闻联播采用率,新媒体作品持续强化原创策划力。《这,就是西南油气田》特别策划在中国石油微信公众号推出,形成"10万+"现象级传播;《铁人,我想对您说》短视频在国务院国资委官方视频号播出,打造油气田内外刷屏热传的"爆款"。集团公司短视频专业委员会和西南油气田公司影视与新媒体协会一体化运作,各项工作已有实质性推进,平台建设再上新台阶。《中国石油报》、中国石油视频号、"铁人先锋"等集团平台上稿率不断攀升。全年获省部级以上的奖项61项（含报纸32件、电视25件、新媒体4件）,其中一等奖有11件,获奖数创新高。

（张 东）

【精益管理】 2023年,新闻中心坚持"管业务必须管合规",逐步建立业务部门履行主体职责、合规管理部门履行管理职责、财务部门履行审核职责的"三道防线"机制。对标集团公司内外主流媒体管理理念和思路,全面优化中心制度流程,全年废、改、立制度73项。加强管理增效,"五项"费用与运行成本实现双下降。完成西南油气田公司党委巡察、审计和各类监督检查反馈问题的整改。加强招投标、合同管理、物资采购等重点领域和关键环节监督检查,全员按工作岗位再排查廉洁风险点167个,制定防控措施346项。落实岗位安全责任制,开展安全大检查,及时发现和整改安全隐患。建立新闻宣传负面清单,开展"低、老、坏"问题专项集中整治,制定整改措施56项,对新闻宣传报道审核不严、文字错漏等问题通报批评、追责问责,舆情风险管控持续巩固。（张 东）

【队伍建设】 2023年,新闻中心抓实为员工办实事工作,积极争取维修计划,完成办公区域多功能室、卫生间、淋浴房及楼道维修改造,工作生活环境不断改善。回应员工关切,打通职称晋升渠道,争取政策支持,8名顺评、1名破格人员通过中高级职称转评或初评,1人获西南油气田公司2023年度"劳动模范"称号。开展员工"定制化"体检,开展大病帮扶、日常走访慰问员工9人次。加强企业文化和群团工作,开展记者节庆祝活动,组织参加西南油气田公司气排球、羽毛球等比赛,创新推进"师带徒"结对、"我用镜头记录美"劳动竞赛,丰富员工文化生活。

（张 东）

【党建工作】 2023年,新闻中心推进学习贯彻习近平新时代中国特色社会主义思想主题教育走深走实,深化调查研究,推动解决"新闻队伍建设短板"等方面发展难题。激发基层党建活力,"铁人先锋"平台应用持续名列前茅,"融媒向党呈大气"——"1+3"特色党建品牌凝聚全员干事创业热情。编制发布强才培优实施意见、领导班子结对联系实施方案,"融媒微讲堂"激活浓厚学习氛围,6名业务骨干到集团公司、地方主流媒体跟岗历练获良好反馈,参与《中国石油新闻联播》改版升级等重大任务,合作完成《这场"革命"让"方便"更方便》新闻报道推荐进入中央主题教育整治整改案例汇编。1人获全国石油石化能源系统首届"好记者讲好故事"演讲比赛"十佳记者"称号、2人获中国石油首届播音主持大赛"金话筒"奖、2人获四川省报纸行业首届编辑校对技能大赛三等奖等。

（张 东）

2023年7月6日,中共西南油气田新闻中心委员会召开党员大会完成换届选举　　韩　超　摄

【主题教育】 2023年,新闻中心把握主题教育"学思想、强党性、重实践、建新功"总要求,成立学习贯彻习近平新时代中国特色社会主义思想主题教育领导小组,按照实施方案和运行大表科学谋划、精心组织主题教育,确保理

论学习、调查研究、推动发展、检视整改有机融合、一体推进。围绕工作目标、具体任务，落实推进措施，落实细化责任，把开展主题教育同推动西南油气田公司党委重要部署、新闻中心党委重点工作紧密结合，确保主题教育在以学铸魂、以学增智、以学正风、以学促干上取得显著成效。

（张 东）

【品牌创建】 2023年，新闻中心打造"融媒向党呈大气"特色党建品牌，创作党建品牌短视频，创新开展"融媒微讲堂"，深化全媒融合转型，把基层党组织建设成为推动中心发展的坚强战斗堡垒。同步创建行政党支部"凝心建标杆"，报纸党支部"初心映文华"和电视党支部"同心耀荧屏"3个子品牌，共同支撑新闻中心"融媒向党呈大气"品牌建设，推进党的建设与新闻宣传工作同频互促。

（张 东）

【理论建设】 2023年，新闻中心学习贯彻党的二十大精神，严格落实"第一议题"制度，严格执行"三重一大"决策机制，推动上级党组织决策部署落到实处。全年召开中心组学习（扩大）会12次，举办"第一议题"制度学习会13次，两级党组织举办党课8次，开展主题党日活动38次，用党的二十大精神和习近平新时代中国特色社会主义思想武装头脑、指导实践、推动工作。

（张 东）

【作风建设】 2023年，新闻中心制订完善全面从严治党主体责任清单，逐级签订"责任书"与"承诺书"，构建形成"党政同责、一岗双责、齐抓共管"的严控态势。深化巡察审计问题整改。针对巡察、审计以及调查研究发现的问题，实行动态管理与滚动销号，提升新闻中心的治理能力与合规管理水平。严格主题教育检视整改，建立问题清单15条，明确整改措施24项。排查整治"庸懒散慢"，突出"党建凝心，文化铸廉"，到三苏祠开展主题党日暨廉洁教育活动，不断激励干部员工岗位奉献、担当作为。

（张 东）

邮政编码：610051
电话号码：028-86018406（传真）
油网号码：218406
单位地址：四川省成都市府青路一段3号6号楼

# 重庆协调小组

【概况】 重庆协调小组主要服务50家不同层级中国石油驻渝单位与重庆市政府及相关部门的联系沟通，协调解决生产经营、安全环保、维稳信访、新闻媒体等方面的事务。2023年底，重庆协调小组有员工14人，其中高级专业技术职称8人、中级专业技术职称6人。

（陈 维）

【主要工作】 2023年，重庆协调小组围绕"协调、监督、保障"职能定位，按照"统筹服务抓关键，协调地企促发展"的要求，参与协调事宜27项，其中为集团公司及关联央企等石油企业协调服务17项，为地方服务5项，其他服务5项。协调完成集团公司董事长、党组书记戴厚良一行拜会中共中央政治局委员、重庆市委书记袁家军的相关工作。协调做好集团公司党组副书记段良伟到渝参加中国西部国际贸易洽谈会期间的相关服务工作。配合完成集团公司党组成员、副总经理、安全总监黄永章到渝调研安全生产工作的相关服务，并做好调研期间与重庆市政府副市长郑向东会见事宜。协调完成集团公司党组成员、副总经理任立新参加中国（重庆）智能制造国际博览会的相关服务工作。协调做好集团公司党组成员、副总经理谢军陪同国家能源局领导及相关部委领导到渝调研页岩气勘探开发现场的相关服务工作。协调西渝高铁高爿桥1号、2号隧道控制性工程施工与川东北作业分公司高含硫原料气输气管道交叉存在严重安全隐患的问题，主动对接促成重庆市开州区政府牵头，协调业主方、设计方、建设方和管线业主方等多方参会，解决前期协调工作障碍，建立专项协调工作机制。做好中油工程建设四川油建第三工程分公司6名员工的接访工作，第一时间将情况向西南油气田公司信访办和四川油建公司信访办报告，并将不稳定因素向重庆市信访办、市退役军人事务局报备。开展学习贯彻习近平新时代中国特色社会主义思想主题教育专题调研，到8家单位开展调研，了解驻渝单位协调需求，优化协调服务。按照重庆市信访工作联席会办公室通知，参与协调处理市长督办维稳信访事项。按照重庆市委宣传部意识形态安全专项清理工作专题会议部署，组织12家中国石油驻渝企业开展意识形态安全专项清理并实现零报告。组织

召开中国石油重庆地区石油企业办公室系统主任会议，优化联系协调机制。（陈维）

【党建工作】 2023年，重庆协调小组党支部以学习宣传贯彻落实党的二十大精神为首要政治任务，以开展学习习近平新时代中国特色社会主义思想主题教育为主线，以党支部"三会一课"和主题党日活动为载体，提升党建成效。召开党员大会4次、支委会12次、开展主题党日活动12次，支部委员讲党课4次。丰富党员活动载体，创新开展主题党日活动。开展西南油气田公司机关工会"与时代同向，与巾帼劳模同行"岗位实践活动，组建"巾帼建功12队"，搭建好联系基层服务基层的桥梁，开展定制化的业务理论知识和实务培训。（郭珍）

【派驻纪检组工作】 2023年，西南油气田公司纪委派驻第二纪检组把握关键，突出抓好政治理论学习，开展整顿教育、转变工作作风，持续推进纪检工作高质量发展。对3家被监督单位开展党风廉政建设和反腐败工作的执纪监督。建立完善3家被监督单位三级正、副领导干部廉政档案51份，实行动态管理。围绕主责主业，开展政治监督，完成被监督单位政治生态评价报告和3家被监督单位领导班子及13名班子成员的"画像"评价报告。聚焦"三重一大"、选人用人、安全生产、严控会议费用的重点领域，按照纪检组监督工作清单，围绕11项日常监督，全年开展监督检查66次。开展天然气加快上产、高水平科技自立自强、天然气保供、基层腐败问题专项治理、巡视巡察

2023年7月23日，西南油气田公司纪委派驻第二纪检组与重庆页岩气公司开展工作对接　　　　　　　　　　邓昕婷 摄

审计反馈问题再整改再落实、重大节假日纠"四风"等专项监督，督促推动被监督单位各项工作落实。（陈维）

邮政编码：400021
电话号码：023-67352588
油网号码：352588
地址：重庆市江北区大庆村400号

# 公共事务中心（武装部、保卫部）

【概况】 公共事务中心（武装部、保卫部）（简称公共事务中心）隶属西南油气田公司，属未上市二级单位机构序列。主要负责矿区服务、离退休、维稳信访、保卫、行政事务、档案、史志年鉴等矿服留存业务、生产后勤服务业务及其他相关业务的管理和组织实施。

2023年底，公共事务中心内设办公室（党委办公室）、计划经营部、人力资源部（党委组织部）、财务资产部、矿区业务管理部、离退休管理部（老干部管理部）、维稳信访部、保卫部、党群工作部9各机关职能科室，资产管理中心、行政事务管理中心、档案年鉴管理中心、成都维稳信访管理中心（保卫部）、成都离退休管理中心（成都老干部服务管理中心）、社保中心成都管理所、成都综合服务中心7个基层单位。有在册员工260人，其中二级正职3人、二级副职7人助理及副总师4人、三级正职22人，三级副职28人（含专项职数量）。在岗人员212人，退居二线人员43人，借出人员5人，平均年龄49.38岁，其中中共党员194人。（任愚）

【离退休管理服务】 2023年，公共事务中心服务管理对象6 319人，其中离退休人员5 463人（含离休干部9人、局级干部30人、建国初期干部16人及建国前参加工作老工人1人），退休"五七"人员160人、退休大集体人员85人、供养亲属170人、遗属46人、精减下放人员1人，代管四川燃料公司、华成监理公司、中油工程公司和宝石机械厂等单位的退休人员394人。深挖内部潜能，强化服务意识，优化工作流程，把过去办理离退休业务"一

揽子事"整合为"一件事",应用《集团公司离退休职工管理办公平台》,实现窗口服务全流程线上办结。持续推进"夕阳红"关爱工程,着力关心关注高龄、高病发"双高期"和"空巢、孤寡"老人,建立5个"夕阳红关爱"志愿者服务队,对802名"空巢""孤寡""重病"等退休人员建立重点关爱档案。以退休人员需求为导向,针对不同年龄、不同健康状况等实际情况,制订体检方案,组织1380多名离退休人员开展健康体检关爱活动;联合宝石花医院开展"夕阳红"大健康关爱活动,为6200余名退休人员进行颈椎健康理疗服务。健全党建共建活动联办机制,与成都市7个区61个街道680个社区建立常态化的工作联系机制,丰富员工群体活动联办载体,开展企地会议99场次,党建共建活动106场次,开展文体活动541次7.4万人次员工参加。西南油气田公司代表队参与四川省第十届老运会比赛,获太极拳第二名等多项优异成绩,获"优秀组织奖"称号。推动"石油五老"发光发热,宣传好"五老"先进典型和感人事迹,授予裴成平为集团公司关心下一代"石油五老"荣誉聘任,杨天宇评为成都市精神文明办"关心下一代"工作先进工作者。　　(任　偲)

【社保业务】　2023年,公共事务中心开展西南油气田公司、川庆钻探工程公司驻成都片区51家单位2.1万余人(含在职员工1.29万人、成都片区退休职工5500人、有偿解除劳动合同领取养老金人员2700人)的基本医疗、补充医疗保险、养老保险及退休管理、企业年金、工伤保险等各项工作。归集缴纳基本医疗保险、生育保险费2.4亿元。完成本单位在职员工各类保险金4716.48万元缴纳,其中基本养老保险2088.01万元、企业年金1126.68万元、基本医疗908.59万元、失业保险89.06万元、企业补充医疗保险478.64万元、工伤保险25.50万元。全年理赔企业补充医疗保险团险住院、特殊疾病门诊9145人次707.07万元,集团重病保障理赔880人次283.32万元。工伤及工亡待遇补助金69人48.74万元。新增有解领取养老金人员生活补贴登记人员150人,申报发放有偿解除劳动合同人员领取养老金人员生活补贴1019.35万元,物业补贴417.6万元,节日补贴754万元,疗养费203万元。全年在四川省社会保险企业平台管理系统和中意系统处理完善信息75人次,接收新增退休人员429人。优化整合服务业务,将中心有关部门新退休人员报到登记管理、有解人员管理、离退休各服务站点相关社保业务进行归口整合,统一纳入综合服务大厅窗口服务范围,优化工作流程,减少服务环节,缩短社保业务办理时间,运用"互联网+业务系统+手机App"模式,实现"小窗口,大服务""一站式"综合服务窗口业务办结。　　(任　偲)

【资产管理】　2023年,公共事务中心开展数字化转型,以打造资产调度管理中心为基础,健全完善管理制度与工作流程,通过资产、合同、收费、安全、用户5个功能模块,完整录入1055项主资产和6653项子资产近10万余条基础信息,建成数字化资产运营管理平台,改变资产"多点管理"为"集中集约管理",盘活人力资源,减少运行成本与安全风险,迈出资产管理数字化转型的第一步。盘活闲置资产,开展资产状况大摸底,形成231户价格调整清单,分片区现场开展合同租赁谈判,签订调价租赁合同233份,租赁收入增加450万元;盘活闲置资产21项,增加租金68万元。着力提质增效各项工作,各部门协同配合,形成4个方面19条提质增效举措,增收503万元,节约成本1305万元,相关管理经验被西南油气田公司以OA简报形式发布并予以宣传推广。　　(任　偲)

【矿区业务】　2023年,公共事务中心召开联席会议4次,专题会议6次,协调解决矛盾问题18次,参加集团公司沟通协调工作总结会议并作交流发言;推进处理南充石油新城集资房面积补差、房屋渗漏及遂宁天星石油A区3号楼房屋安全隐患等遗留问题。推进房屋隐患整治工作。强化重点单位、重要场所的房屋隐患情况,直面公房与收缩基地隐患整改面临的实际难题,深入基层单位,督促隐患整改进程,加快房屋建筑物专项整治工作收尾。针对北书院街房屋隐患历史成因复杂,做好租住人员的沟通劝解工作,借助政府资源力量,多向发力,促成人员搬离,并完成对房屋封堵,消除安全隐患。按照市场化运行管理要求,严控存量业务规模,严格新增业务可不招标审批,审查退回20余个新增物业项目并规范选商程序。通过增设离退休爱心打餐窗口,增加"白味"菜等措施,进一步提升离退休服务满意率,离退休爱心窗口中午打餐人数增加到150余人。　　(任　偲)

【行政事务】 2023年,公共事务中心精心做好公务服务。坚持高标准,升级改造相关重要会议室,全过程参与会场布置和过程服务,发挥经验优势,牵头公司级大型会议活动,确保机关中枢高效运转。细心做好后勤保障。优化物业服务管理模式,实行机关办公区统一管理、统一标准,细化物业考核标准。坚持车辆归口管理、统一调派,提升机关用车效率;牵头协调商旅平台、国航、南航大客户优惠政策,为员工公务出行提供便利。围绕健康食堂建设,每日科学配置菜品,严格实行油盐糖"三减",建立价格管控机制,各类菜品、面点、糕点不断推陈出新,让员工从"吃得饱、吃得好"变为"吃得营养、吃出健康",食堂标准化建设提前完成达标验收。

（任 偲）

2023年6月13日,公共服务中心与成都市猛追湾街道石油社区签订退休人员党建共建合作协议　　　邓姗妮　摄

【安全环保】 2023年,公共事务中心以打造"安全环保管控2.0"为纲,健全完善QHSE体系,编制形成中心各部门、单位QHSE职责清单,识别出17类180余项中心适用的法律法规、123项QHSE管理制度,确保中心安全管理有章可循、经营活动有法可依。按照"谁主管谁负责、谁组织谁负责、谁执行谁负责"的直线责任,对近年体系审核发现问题与监督检查典型问题进行深入分析,"以审促管"正向拉动。开展安全联系、"四不两直"检查及专项排查90人次,保持"强基础、严监管、零容忍"的从严态势。抓干部员工安全意识,学习习近平关于安全生产的重要论述内容,牵头组织机关安全生产月、"11·9"消防演练、"4·15"全民国家安全教育日等活动,开展安全知识答题,参与网上逃生训练营,组织观看《生命重于泰山》等警示片,强化"我的属地我负责、安全工作我尽责"的理念。

（任 偲）

【内控管理】 2023年,公共事务中心贯彻落实集团公司法治工作会议精神,坚持"防风险、强内控、促合规"工作思路,提前部署制度流程优化工作,修订工作制度1项、流程45项,废止相关制度14项、流程56项,开展《中华人民共和国民法典》等讲座培训17次,组织全员梳理、查找、识别廉洁风险点187个,对30余个内控测试中发现的问题实现闭环管理,对已有业务流程进行再梳理,按照西南油气田公司"一级制度、两级流程"管理体制的要求,对业务流程开展撤销、合并、修订完善等工作,建立"管理制度化、制度流程化、流程信息化"的内控管理体系,形成"制度管人、流程管事"的工作格局。

（任 偲）

【党建工作】 2023年,公共事务中心开展学习贯彻习近平新时代中国特色社会主义思想主题教育和学习二十大系列活动。党委落实"第一议题"制度,组织开展学习贯彻习近平新时代中国特色社会主义思想主题教育读书班7期,邀请四川省委党校教授现场授课,组织干部员工到四川长征干部学院、两弹一星干部学院拓展学习,开展党委理论学习中心组学习12次,做到"两个维护"。推进党建"三基本"建设与"三基"工作有机融合,各级党组织以参观学习、知识竞赛等多种方式组织200余名党员以规定动作+自选动作的方式,到5处主题教育基地开展主题党日活动,实现活动全参与、教育全覆盖,活动深入一线生产现场,既有"党"味,又有"油"味。领导班子到基层进行"形势、目标、任务、责任"宣讲、调研、讲专题党课10余场,围绕"学思想、强党性、重实践、建新功"总要求,开展学习贯彻习近平新时代中国特色社会主义思想主题教育,制订公共事务中心8项调研主题与方案,立足工作实际,深入基层一线,先后到北京、川南、重庆、川东北及相关油田,以座谈访谈、现场交流等方式调研20家单位220余人,贯通推进理论学习、调查研究、推动发展,把学习教育和抓好改革发展紧密结合起来,推动主题教育取得实效。完善全面从严治党主体责任清单、层层签订党风廉政建责任书及廉洁从业承诺书,签约覆盖率

100%。组织观看《永远吹冲锋号》《零容忍》《利剑啸歌》警示教育专题片,制作《纪律学习之窗》12期,组织中心领导班子及三级副职以上党员干部30余人参加"弘扬好家风,传递正能量"廉洁警示专题教育活动,提高党员干部廉洁意识。参与西南油气田公司纪检干部教育整顿学习,开展集体学习2次、专题谈心谈话5人次、纪检专题自学10个专题、学习教育读本20余册。（任 偲）

邮政编码：610051
电话号码：028-86013195
油网号码：213195
单位地址：四川省成都市成华区府青路一段三号

# 长宁公司

【概况】 长宁公司是国内首家企地合资的页岩气勘探开发企业,成立于2013年12月2日,由中国石油天然气股份有限公司出资55%、四川省能源投资集团有限责任公司出资30%、宜宾发展控股集团有限公司出资10%、北京国联能源产业投资基金（有限合伙）出资5%,4家股东共同组成,注册资本金75亿元人民币。长宁公司勘探开发目标区块位于四川西南部,矿权面积6 000余平方千米,横跨四川、云南两省4市18县,初步落实龙马溪组—五峰组页岩气资源量近1万亿立方米。按照"油公司"模式运行,实行扁平化管理,2023年底,设置10个部门,员工由各股东方委派,在册员工为142人。长宁公司累计生产页岩气304.24亿立方米,建产投产井541口,年产气52.13亿立方米,连续4年稳产50亿立方米以上,产量规模稳居川南第一和西南油气田公司第二,安全生产发展大局平稳受控,持续引领川南页岩气勘探开发。2023年,长宁公司生产页岩气52.01亿立方米,实现页岩气销售收入63.35亿元,新开钻井25口,完钻井22口,投产井41口,页岩气井地面投运装置5套,新增页岩气产能8.99亿立方米。长宁公司连续4年上榜四川省100强企业、四川省服务业100强企业,获国家教育部科学技术进步奖一等奖、四川省技术发明一等奖、四川省健康企业、四川省工业质量标杆、四川省治安反恐防范标准达标建设先进单位等荣誉。

（李 晶）

【页岩气勘探】 2023年,长宁公司完成部署立体开发评价井1口、煤层气评价井2口,开发井84口,平均铂金靶体钻遇率92.7%,超西南油气田公司考核指标7.7%,井均EUR 1.07亿立方米,开发井有效率100%。完成宜202井区东三维地震I期173.4平方千米野外采集和中期成果验收,通过西南油气田公司审查。完成《长宁页岩气田年产50亿立方米产能建设稳产方案等119口井4个实施方案》的编制、报审、批复工作,解决投资缺口。完成50亿立方米主体区"一扩两突破",外扩有利建产区面积15平方千米,可新增部署井17口,突破立体开发和加密开发效益建产瓶颈,可部署井405口,完成《长宁主体区加密先导试验方案》《长宁页岩气田年产50亿立方米产能建设稳产方案——2023年、2024年实施方案》全部工作。落实宜202井区地质—工程"双甜"点区300平方千米,可部署井300口,夯实建产基础；锚定"煤岩气"新层系,落实有利区面积1 351平方千米,资源量1 742亿立方米,2口专项评价井获集团公司批复。

（李 晶）

【页岩气开发】 2023年,长宁公司产量连续4年保持50亿立方米以上。抓新井钻、试提速提效,投产新井41口,新建产能8.99亿立方米,产气5.56亿立方米,井均EUR 1.07亿立方米；抓老井产能维护和挖潜,实施脱水装置大修、及时处理井下复杂、开展低压平台挖潜等措施,全年老井产气46.45亿立方米,超产1.7亿立方米,年度老井综合递减率控制在29.2%,优于年初预期2个点,开井率连续保持在98%以上,生产时率提高至94%,老井挖潜成效显著。完成宁209井区5套脱水装置大修,较计划减少影响产量3 329万立方米,节省工程费用超300万元；首次推行"三年一检"试点工作,为后续生产组织和降本增效创造条件；完成宁209东区150万/40万脱水装置尾气回收工艺试点,停用150万立方米脱水装置的灼烧炉,年减少燃料气消耗10万立方米。

采气工艺。以抓进度、提标准、降成本、增效果为着力点,泡排/柱塞工艺运行率维持在90%以上；气举复产助排5 456井次,同比下降13%,有效气举占比首次超

90%以上。

页岩气修井。开展生产组织，完成带压下完井管柱井55口、换阀作业井6口、修井50口（大修5口），解决长宁老井堵塞、油管腐蚀难题；在宁209H71-1井开展连油修套及爆炸整形试验，取得重大进展，打破"套变修套的黑色禁区"。

（李 晶）

【地面建设】2023年，长宁公司第一季度超计划建设完成集输管线7条、返排液管线10条、增压站1座、泵站7座，上半年完成全年工作量的70%。全年建成集输管线21.44千米、平台井站11座。

老井增产。增压工程老井增产，设计初期提前介入，对接沟通设计单位、施工单位，优化简化设计流程，采取提前开展压缩机基础施工及橇外工艺深度预制等措施，有效缩短建设、调试、试运周期，全年建成增压工程4座，其中3座增压站提前完成，累计增产4000万立方米。

返排液工程。新井排采面对因部分拟建设区域与岩溶发育区域重叠而导致初设、环评、物资等滞后的挑战，克服海拔高、地形地貌险峻、地方协调等困难，优化管网架构和工艺流程，灵活调配工程余料，实现"快定、快改、快投"，建成供水及返排液线路12.71千米、泵站14座，保障今冬明春供消平衡。

钻前工程。利用三维设计成果，优化总图布局，降低土石方工程量；先后3次组织各部门对宁209H59平台等7个钻前工程单、双排布局的技术经济性进行论证，将宁209H59平台钻前工程从双平台布局，优化为单平台布局，并降低池类工程数量等，投资从约3660万元降低至2200万元，节约投资约1460万元，单井投资指标的有效控制。2023年，开展19个稳产平台的一体化设计，实现单个钻前工程平均节约投资约70万元，缩短单个平台井站平均建设工期8.3天，累计降低工程投资约2200余万元。

（李 晶）

【工程技术】2023年，长宁公司新开钻平台8个，新开钻井25口，完钻井22口，完成进尺11.54万米。

试油（压裂）工作。完成压裂井35口825段；注入压裂液165.62万立方米，注入支撑剂16.70万吨。

完整性管理。强化源头治理、过程管控和技术攻关，全年井身质量合格率100%，井筒完整性达到100%。

迭代地质工程一体化。实施稳产井均处于三维地震资料边界的北部常压区和大坝岩溶发育区，中小尺度断层和裂缝发育，钻井过程中溢漏同存，施工困难，通过一体化实施，快速建立学习曲线，同平台学习井较第一口复杂井周期提升62%，油基钻井液漏失降低87%，并保障全年铂金靶体钻遇率92.7%。

安全管理。聚焦钻井工程全生命周期管理，建成投运宜202井区钻井液应急储备站，完善2小时井控应急保障圈，与洛表、大坝东钻井液应急储备站相互支撑，共同为长宁公司安全高效推进产能建设和长期稳产上产提供坚实的井控应急保障基础。

压裂优化。优化支撑剂组合，石英砂比例提高至91%，累计节约费用2397万元；开展新材料试验，探索控投降本新途径，开展8口井覆膜石英砂试验；优化压裂分段单段段长至80米左右，累计减少13段；优化压裂参数，精细压裂过程控制，改造效果持续向好；依托压裂优化中心，实现"精细压裂全过程控制"，压裂设计执行率100%，井筒完整性94.3%，井均EUR1.07亿立方米。

钻速创新纪录。宁209H73-5井215.9毫米井眼龙马溪组造斜段至水平段日进尺1039米，日进尺首次突破1000米，创造中国页岩气钻井速度新纪录，为中国页岩气钻井提速树立新标杆，该井钻井周期创区块最短纪录15.71天，该井打破最快机械钻速、最高日进尺、最短钻完井周期等7项纪录。

科技创新。"四川盆地页岩气地质工程一体化高效开发关键技术与装备研发"获2022年度四川省技术发明一等奖；"纳米流体协同清洁压裂与压裂排驱一体化关键技术及应用"获2022年度国家教育部科学技术进步奖一等奖；负压振动筛现场试验取得重大突破，综合节约钻井成本。

（李 晶）

【生产管理】2023年，长宁公司开展停气作业426项，较计划少影响气量1754万立方米。处置异常关停724起，气量影响同比下降8.1%。优化内输调气16次，协调降外输压力30余次，维护气田产能1.2亿立方米。

钻试组织。2023年搬迁钻机34台次，搬迁压裂设备13套次，钻机平均有效搬安周期18.7天，较考核平均周期提前1.3天。

供电管理。维护保障10千伏及以上变电站供电可靠率大于或等于99.7%，超考核指标9.7%。14座钻井平台供电保障率98%，6座压裂平台供电保障率55.6%，同比增长17.03%。13座场站、107座平台井组、108座转供水泵站、42套电驱往复式增压机供电保障率均100%；开展电池储能技术探索，实现电源切换时间小于或等于200毫秒，增压机不停电，减少停电倒网停机4次，贡献产量60万立方米，全年节约电费68万元。

供水管理。2023年井区产返排液100万立方米，取清水51.76万立方米，保障11个平台35口井压裂用水需求，保障率100%。压裂回用87.4万立方米，回用率87%；返排液达标外排12万立方米，拉运回注及共享处置0.6万立方米。

设备管理。开展场站降阻改造2座，集输橇装拆除75套，保障新建平台集输橇需求；完成增压适应性改造1座，小型增压建设11座，投运后产量平均增幅36%，完成井口接收78口，井口阀门内漏验证4635批次，井安装置维护保养355柜次，故障处理88柜次，处理突发事件5起，运行率97%以上；开展压缩机年保38台，机泵维保43台次，阀门等维保884项，设备有效运行率维持在98%以上；组织开展压力容器定检283台、安全阀整定938只，保障设备安全平稳运行。完成5套脱水装置检修及101项同步检维修作业，较计划提前18.8天完成，少影响气量2159万立方米；完成54条管线外腐蚀直接评价，管线阴极保护率由2021年40%提升至83%，开展地灾、浅埋、安全间距、第三方施工等隐患识别和治理，消除隐患36项，设备、管线失效得到有效控制。

土地协调。开展"市、县、镇、社"四级联动，开展县级及以上工作对接16次，现场协调解决阻工阻路事件165起，平均每起处理时间0.6天，当日协调处理完毕的占比92%。完成15个新平台交地工作，涉及面积905.59亩、459户，平均交地周期39.2天；续租平台110宗，面积3685亩；林地手续办理103宗。　　　　（李　晶）

【安全环保】2023年，长宁公司全面完成各项QHSE指标，连续10年获西南油气田公司"HSE先进单位"称号。提升"三管三必须"运行效能，把蜀南气矿派驻员工和华鑫盛技术支撑人员纳入长宁公司整体管理，签订QHSE责任书459份。召开承包商QHSE联管会及专业委员会28次，确保现场工作安全开展。发挥业务主导深度参与体系审核，培育内审员29人，监督部门全程验证把关问题整改，推动QHSE管理体系规范运行。连续4年审核得分保持在B1级行列，生产指挥中心通过西南油气田公司示范站队评选。举办QHSE履职能力提升培训3期，作业许可管理培训7期，总培训人数800余人。其中作业许可培训合格率98.85%，在西南油气田公司排名靠前。

安全风险管控。履行企业主体责任，系统推进5个国家专项行动、集团公司4个重点领域集中整治，排查停产井隐患。检查发现问题317个，整改率97.5%，64口停产井均处于受控状态。全年检查作业现场2099次，发现问题8480个，查处典型问题9个，开展安全生产约谈3次，出示STOP卡9次。"数智"转型，安眼工程全面落地。在页岩气公司中率先自主完成安眼工程建设，实现中高风险作业现场、钻试修及建设项目现场视频监督全覆盖。严格承包商施工作业监管，通报突出问题和事件82次，处罚作业队伍87支，黄牌警告承包商3个，人员处罚87名，扣减违约金121.4万元。

环境保护。高度重视中央环保督察工作，完成7个大类90余项具体重点工作迎检资料，完成西南油气田公司督导帮扶检查。建设危险废物全过程物联网监控系统，强化危险废物全过程精细化管理。开展页岩气开发重要区域保护论证工作，为推动岩溶发育区域页岩气项目落地提供支撑。落实各项水土保持措施，6项水土流失防治指标实现全部达标，获乐山市"水土保持履职先进单位"称号。推动绿色矿山创建，获2023年四川省绿色矿山遴选最高分。

质量计量。利通过质量管理体系再认证审核，取得西南油气田分公司质量管理体系认证证书子证。构建具备"油公司"特点的井筒完整性管控体系，QC成果获西南油气田公司一等奖1项、三等奖1项，获"2023年四川省工业质量标杆"称号。

节能管理。首次取得《能源管理体系认证证书》，油气生产综合能耗等3项关键指标实现连续3年下降，长宁页岩气田被评为油气和新能源公司能效标杆场站。投用西南油气田公司首套三甘醇脱水装置废气回收试验装置，实现甲烷燃烧热量充分利用，年节省燃料气 9 万立方米，年节能 120 吨标准煤。光伏发电初见成效，实现西南油气田公司首座分布式光伏并网绿电全额消纳，全年发电 8 700 千瓦·时，年减少二氧化碳排放 83 吨。

健康企业。精细化健康服务，推行"1+X"体检，新增心脑血管风险和早癌筛查，全面掌握员工健康风险。坚持"健康小屋"医生坐诊，对中、高风险人群进行健康指标跟踪、实施健康干预，强化职业病源头防治，职业病防护设施全配备，职业病危害因素检测全合格，职业禁忌证人员妥善调岗，新增职业病患者为零。

反恐重点目标达标建设。经过改造建设，四川省能源局、反恐办现场验收，长宁公司完成国家重点反恐目标一级项目宁 201 中心站、209 中心站，二级项目宁 216 中心站达标验收，完成其余 6 个二级目标建设，以此为契机完成安防常态化信息管理体系搭建。

（李　晶）

【企业管理】 2023 年，长宁公司下达投资计划 33.40 亿元，完成率 99%。开展《长宁页岩气田年产 50 亿立方米产能建设稳产方案——宁 209H72 平台等 39 口井实施方案》等 5 个开发方案的编制以及上报工作，获西南油气田公司批复。组织相关部门对技服企业申报的截至 2022 年底以及 2023 年未结算投资进行清理，对 510 个项目（含 10 口评价井）的具体实施情况、合同签到情况和已结算情况进行梳理，与技服企业达成一致，并按时完成结算工作。

经济评价管理。完成 2020—2024 年实施方案、主体区加密开发先导试验方案等 5 个开发方案的经济评价，配合完成长宁页岩气田压舱石工程方案经济评价工作。完成 2022 年度 60 口投产井经济效益评价，分析投产井盈利能力，发挥决策参谋、综合平衡和协调服务职能。

市场营销。2023 年销售页岩气 50 亿立方米，实现页岩气销售收入 63.35 亿元。

工程造价。强化全过程造价管控，夯实工作基础、规范工作流程，优化并精细管理流程，加强"四算"管理，贯彻"提质增效专项行动"工作要求，1—8 月完成各专业"四算"编审 792 项，完成结算 546 项，完成结算项目 68 个，包括钻前工程 15 项、钻井工程 38 项、地面工程 14 项；发挥造价联络服务支撑作用，定期跟踪项目进展加快编审进度。

企管内控。优化顶层设计，开展新建、修订规章制度 96 项。

管理创新。申报奖项，连续 4 年上榜四川省 100 强企业、四川省服务业 100 强企业；开展管理创新申报工作，2023 年获"四川省企业管理创新"等级奖 8 项、"四川省石油协会管理创新"等级奖 4 项、"西南油气田公司管理创新"等级奖 1 项。

法律合规。发布普法专栏 26 期，开展党委中心组普法讲座 1 次，组织开展全员法律合规培训 1 次。2023 年处理纠纷案件 5 起，均胜诉。

合同管理。启用中国石油合同管理系统 2.0，2023 年签订合同 522 份。

物资采购。2023 年接收需求计划 94 份，实施采购金额 3.02 亿元，集中采购率 96.3%，目录执行率 96.3%，同比下降 2.4%，居西南油气田公司前列。通过调整仓储方案减少运距，开展工厂端质控等实现提质增效，实现投资节约 7 000 余万元。

仓储管理。2023 年入库 2 612 项物资，出库 3 019 项物资，降库 115.58%，大宗物资库存周转 18.7 次。推行看库设计，看库提料和精准匹配计划优化仓储，库存下降 60%。在川南页岩气范围内率先共享调剂使用油套管，向西南油气田公司内部单位、钻探公司调剂油套管积压物资 1 839.15 吨，回收资金 2 508 万元。压裂支撑剂支撑剂废料控制在单平台平均不超过 20 吨，产生率仅约 0.42%；创新开展油套管回收待处理料检定修复工作，修复套管 5.13 万米、油管 2.98 万米（修复进度 70%）。截至 2023 年底，上井使用 3.07 万米，节约重购费用 1 228.81 万元，取得较好经济效益和环保效果。

招投标管理。2023 年委托公开招标项目 17 项，资金节约率 7.89%，综合招标成功率 88.23%，同比上升 8.47%。实施招标限下采购项目 197 个，其中应用西南油气田公司集采成果库项目 123 个。

（李　晶）

【党建工作】 2023 年，长宁公司党委领导班子开展主题教育读书班，围绕企业现状及长远发展开展 5 次专题研讨，班子成员以围绕"推动公司高质量发展"讲授专题党课；科学确定 15 个调研课题，内容覆盖勘探开发、提质增效、安全生产等重点领域。直通基层"研"，调研梳理问题

23项,形成高质量调研成果并转化运用2项。联通发展"干",形成推动高质量发展的具体举措3条。贯通严实"改",专题民主生活会领导班子查摆问题12项,并形成专项整治方案,得到集团公司第八巡回督导组认可。1月13日,中国共产党长宁公司第一次代表大会在成都召开。开展"认真学习党章、严格遵守党章"主题党日活动,开展"两优一先"评比工作,党委书记讲红色党课,组织召开"庆祝中国共产党成立102周年暨先进表彰大会"。优化党建工作责任体系,探索和创新国有性质合资合作企业党建模式,形成一系列党建成果和管理创新成果,获西南油气田公司2022年度优秀党建研究成果二等奖、优秀奖,获四川省企业管理现代化创新成果二等奖。以"业务关联性"配置联合党支部,发挥党建生产协同优势,指导各支部完成换届改选和增补支委工作。

（李 晶）

【队伍建设】 2023年,长宁公司以盘活人力资源为根本,打造"选、培、练、用"四位一体的成才机制,优化组织机构及人员配置,聚焦员工素质提升,拓宽成长成才通道,把推动人才强企工程与主营业务同谋划、同部署、同落实。坚持党管干部原则,树立德才兼备、以德为先的良好选人用人导向,优化调整干部队伍。7月31日,长宁公司完成"三定"改革工作,实现内部机构重单、职责职能优化、人员岗位调整,在中国石油内部员工中调整干部16人次。做好2023年应届毕业生接收工作,制定《长宁公司2023届新入职高校毕业生培养计划》,明确培养方向、周期,指定指导老师,签订师徒协议,培养适应长宁公司当前和未来发展的青年技术人才。2023年7月,把蜀南气矿运维项目部纳入长宁公司一体化管理,通过人员工资总额单列,组织关系转入,党、工、团活动集中开展,主导对人员服务质量、工作态度、劳动纪律、评优选先、党员发展、职称评聘、技能等级认定等直接管理,实现由委托管理变为自主管理。

（李 晶）

【精神文明建设】 2023年,长宁公司以"转观念、勇担当、新征程、创一流"为主题,开展"形势、目标、任务、责任"主题教育活动,宣讲受众人数200余人次。在革命老区兴文县建武村长征国家文化公园组织开展"新征程,强作风"主题党日活动,组织员工集中观看西南油气田公司纪念铁人王进喜诞辰100周年活动,为推进油公司发展奠定良好思想政治基础。在各级媒体平台发布稿件160余篇,超额20%完成西南油气田公司下达任务指标。聚焦上产发展成就,推出"长宁公司累产突破300亿方""宁209H73平台创造多项区块纪录"等一批关于稳产保供和社会责任等宣传报道。结合长宁公司"精锐"文化的推广落地,开展合气文化的宣传贯彻,完成生产指挥中心、宁209井中心站、宁216井中心站的企业文化建设,完成宁201井中心站企业文化升级改造工作,完成长宁公司页岩气文化体验基地建设,实现页岩气文化、井站文化与生产经营管理的深度融合,丰富页岩气特色文化内涵。紧盯上级重大决策部署,对学习贯彻党的二十大精神情况、天然气上产等重点部署跟进监督28次。推动廉洁教育,先后组织领导干部员工参观天府家风馆、到法院旁听职务犯罪庭审、参加管理人员廉洁教育培训班等廉洁警示教育活动。关注重大节日等关键节点,围绕学习贯彻党的二十大精神、公车使用、业务招待、党员干部违规操办婚丧喜庆等事宜开展监督检查5次。紧盯重点领域防控廉洁风险,组织2轮廉洁风险排查,梳理形成2023年《重点业务领域廉洁风险防控工作指引》和《重点岗位廉洁风险防控工作指引》。凝聚监督合力,以党风廉政建设和反腐败工作协调小组为载体,督促相关部门制定21项监督计划,编制监督管理月报10期,跟踪监督各类合规问题及重点工作进展。做好巡视巡察"后半篇文章",对标中央巡视、集团公司党组巡视、西南油气田公司党委巡察以及

2023年3月3日,油气和新能源公司组织中国石油规划总院、大庆油田公司等19家单位80余位领导、专家到长宁公司成都生产调度大厅调研智能化气田建设成果　　李 晶 摄

专项巡察公司反馈问题，组织各部门、各单位完成对照整改，历年巡视巡察问题整改完成率100%。开展教育整顿，撰写心得体会3篇，开展警示教育2次，相关负责人讲授专题党课2次。坚持把政治思想引领摆在青年精神素养提升工程的首要位置，印发《四川长宁天然气开发有限责任公司青年精神素养提升工程实施进度表》，组织团员青年以收看直播、座谈研讨、宣讲体会等多渠道深学细悟习近平总书记"4·25人大考察""庆祝中国共青团成立100周年""党的二十大"关于共青团和青年工作的系列重要讲话精神，组织策划"学习二十大精神、传承先辈薪火、弘扬英雄正气"多样化沉浸主题团日活动，邀请地质专家讲授《四川盆地油气勘探史论》，选派青年代表参与四川省"青马工程"国企班讲述《重温川油发展史》，引导团员对标优秀典型明确岗位建功的努力方向。将"我为员工群众办实事"落到实处，建设职工之家、职工书屋。坚持协助中国扶贫基金会继续组织"旭航助学"志愿者活动及助学金发放；与省级党媒打造长宁特色的公益品牌，与四川日报社合作成立的四川童声合唱团宜宾分团活动开展；与四川传媒集团合作组织开展"四川发布·精神午餐"进校园公益读书活动，凝聚合力开创企地合作新局面。全面推动"一体两翼"平安建设新模式，以党建为统领"大平安"为纽带，紧盯"四重"领域，推动法治信访有效防范风险，开展特色活动宣传引导，推动油服、工程、地面等各单位联动交流合作，与地方政府共建示范点，汇聚区域单位同地方政府之间、区域单位与单位之间联动联治联创合力，打好平安建设"组合拳"。长宁公司推进各方共建共享，主要领导与辖区地方政府定期开展年度工作协调、会晤，支持地方基础设施、灾后重建、扶贫帮困、教育事业和乡村振兴，实现企地合作共赢。 （李　晶）

邮政编码：610051
电话号码：028-86010775
油网号码：210775
单位地址：四川省成都市成华区猛追湾横街99号世贸大厦

# 相国寺储气库公司

【概况】　相国寺储气库公司主要负责储气库生产运营专业化管理工作，为中卫—贵阳联络线和川渝地区季节调峰、事故应急供气，投入运行注采站11座、生产井22口、监测井6口、封堵井14口、集输场站2座（铜梁站、旱土站）、集注站1座、阀室9座、110千伏变电站1座，管辖长输管线123.9千米，注采干线53.19千米。设机关职能部门7个、基层单位2个，定员150人，实际在岗139人，其中管理人员76人、专业技术人员12人、技能操作人员51人。

2023年，相国寺储气库公司完成西南油气田公司下达的各项KPI指标，注气23.46亿立方米，采气21.86亿立方米，最大日注气量1613万立方米，最大日采气量3364万立方米，单周期库存量、日调峰能力、注采气量再创历史新高，历年累计注气170亿立方米，采气136亿立方米，获重庆五一劳动奖状。 （赵　丹）

【产能建设】　2023年，相国寺储气库公司推进扩压增量工程建设，完成扩压增量工程采气系统建设，全面建成"12+2"微地震监测网络，形成"点—面—体"立体监测体系，相国寺储气库安全提压至30兆帕，工作气量增加3亿立方米，库容量45亿立方米，达容率100%，国内率先实现安全提压全面达容，成为国内气藏型储气库安全提压运行典范。建成投运国内首套千万立方米橇装三甘醇脱水装置，日应急采气冲锋能力由2800万立方米提升至3800万立方米。 （赵　丹）

【安全环保】　2023年，相国寺储气库公司聚焦现场风险管控，压实全员安全责任，深化QHSE体系建设，升级标准化站（队）管理，储气库安全环保专项审核首次突破88分，连续4年在油气新能源板块储气库业务专项审核中保持第一，连续4年获西南油气田公司"QHSE先进单位"称号。按照"手册+现场""管理+操作"两步走两手抓思路，从强规范、抓执行双向发力，建立2个生产现场标准化样板，相国寺集注站获集团公司2023年度HSE标准化先进基层单位称号。立足安防设备设施、安全教育培训、隐患治理等方面，加大安全生产投入，提升安全管控能力，投入安全生产费用635万元，完成隐患排查治理13项，筑牢现场安全环保防线。深化"健康企业"建设长效机制，加大员工健康管理力度，开展癌症早筛，实施"1+X"差异化健康体检，获重庆市"健康企业"称号，被西南油气田公司列为集团公司健康企业建设达标验收先进基层单位。组织环境风险排查和评估，加强危废管理，攻坚污染防治难点，推进节能节水技改措施，全年获取监测报告72份、数据1490个，取得能源管理体系认证证书，连续3年被评为北碚区环境良好企业。

（赵　丹）

【经营管理】 2023年，相国寺储气库公司持续加强财务管理，编制提质增效行动实施方案，从生产运营、精益管理、改革创新、风险防控四大方面细化21条提质增效措施，全年收入10.86亿元，净利润4.65亿元，完全成本控制在5.39亿元，经营业绩呈现逐年增长态势。加强成本均衡管控，严控非生产支出，节约成本支出503万元，实现提质增效目标1127万元。与两江新区人民政府开展工作对接，落实享受税收返还补贴和办公楼房租补贴政策。聚焦"双碳"目标，建成投运首个15千瓦光伏发电装置，年发电量1.04万千瓦·时，年减排二氧化碳10.4吨，利用乙二醇尾气处理余热向综合楼、安全教育室集中供暖，节约电能25 600千瓦·时，减少碳排放25.5吨。

（赵　丹）

【信息化建设】 2023年，相国寺储气库公司推动数字化向智能化转型，建成并投运国内首个覆盖"注采运行、地质气藏、井工程、地面工程、安全管理、经营协同"全业务链的智能储气库云平台，实现智能配产配注，指导储气库安全高效注采。构建"气藏—井筒—地面"一体化模型，建立气藏、井筒、地面完整性管理功能模块，完成基础设施优化提升，搭建一体化运行环境。建立安全管控工作流，集成机器人智能巡检、甲烷在线泄漏监测、压缩机组在线监测诊断等内容，实现对重点设备、管道、站场等生产运行状态的在线监测和风险预警。建立地质气藏与井工程管理、地面完整性管理"驾驶舱"，14口封堵井、5口监测井及铜相线672条阴保数据纳入智能远传，实现自动采集全覆盖。优化改造铜线相84个电位桩，实现铜相线阴保数据集中管理和数据共享，同时设置报警规则，自动推送报警信息，管理模式由"发现问题—人工检测—被动处理"转变到"集中监控—智能预警—及时处理"的智能管理。

（赵　丹）

【完整性管理】 2023年，相国寺储气库公司首次与大张坨、呼图壁、双6、苏桥4家国内储气库开展横向对标，从技术水平、生产管理水平、可持续能力和经营效益水平4个维度、14项一级指标、47项二级指标进行分析，完善指标体系，体系文件通过西南油气田公司审查，推进地质体、井筒、地面工程专业动态分析、检测、评价等工作。开展铜相线、相旱线2条外输管道能力测试，12月铜相线实现日安全输气3 000万立方米，最高日输气瞬量3 300万立方米，大幅度提高上载调峰能力。开展管道智能检测，完成铜相线、相旱线和3条D273采气管道的智能检测，以及5条管道IMU惯性测绘检测，并对127处防腐层破损点和防腐层老化部位进行外防腐修复。

（赵　丹）

【改革创新】 2023年，相国寺储气库公司创新构建适用于党建引领下的国有企业岗位价值评估模型，充分体现国有企业党建引领与生产经营深度融合的特质，并运用该模型再次完成全员岗位价值评估，进一步完善"岗位价值+绩效考核"的"两位一体"的薪酬分配模式。强化关键技术攻关，围绕注采管柱振动、架空电力线路防雷、高压注气电驱往复式压缩机组长周期运行等难点开展科技攻关11项，投入研发经费370.6万元。全年出版专著1部，申报专利9项，受理9项，牵头修订集团公司企业标准1项，发布西南油气田公司标准4项。参与项目"天然气管道系统流动监检测及风险防控技术"获集团公司科学技术进步奖二等奖、"老龄油气管道安全可靠性及动态风险评估理论与技术"获中国职业安全健康协会科学技术奖二等奖、"注气压缩机振动治理"获西南油气田公司一线创新成果推广应用奖。

（赵　丹）

【党建工作】 2023年，相国寺储气库公司落实"第一议题"制度，学习贯彻习近平总书记重要讲话和重要指示批示精神，召开党委专题学习会12次、党委理论学习中心组学习12次。开展"贯彻二十大，奋进新征程"专题党课活动，领导班子成员、基层党支部书记、党员先进代表带头讲授专题党课9场次。研究制定学习贯彻习近平新时代中国特色社会主义思想主题教育工作方案及运行大表，围绕5本必读书目学原文、悟原理，举办为期7天的专题读书班学习，开展专题研讨分析会2次，梳理发言提纲5份，推动主题教育走深走实。围绕落实基层党建工作"一岗双责"、合规管理、风险管控、智能化建设等重点工作、难题，开展调查研究29次，形成调研报告5篇，梳理解决问题41项，推进调查研究见行见效。建立新闻信息审查机制，规范对外提供资料审批流程，定期开展员工思想动态分析，做好"一人一事"思想政治工作，筑牢意识形态阵地。组织三级副及以上领导干部签订党风廉政建设责任书，签约率100%。加强基层党组织建设，开展基层党支部达标晋级、党支部书记和党员教育培训，增强党务工作本领。探索党建互联共建模式，与油气田公司兄弟单位、地方政府等8个基层党支部签订共建协议，共同推动基层建设全面进步、全面过硬。加强春节、全国"两会"、国庆等特殊时段维稳安保工作，密切关注企业改革推进中出现的不稳定动态和苗头趋势，常态化开展矛盾纠纷排查调处，全年未发生非正常上访、越级访、群体访事件。

（赵 丹）

【企业文化】 2023年，相国寺储气库公司拓展"储采文化"内涵，做好相18井党员教育基地、储气库展厅、集注站走廊文化的完善升级，精心打造相国寺集注站文化步道，建成以相18井党员教育基地—文化步道—相国寺储气库展厅—集注站文化走廊为主要内容的"四点一线"特色文化阵地，相18井入选中国石油工业文化遗产名录。用好"一网一微"宣传平台，加大对内对外宣传力度，全年编报信息483篇，其中被西南油气田公司主页采用136篇，被集团公司主页采用11篇；策划微信公众号100期，发布文章240篇，在中央电视台、人民网、新华网等主流媒体报道和刊发稿件150篇，原创文章《2023不负热爱，2024不负期待》24小时内点击率破千。制作五折屏沉浸式宣传片、拍摄相18井申遗宣传视频、联合四川石油新闻联播推出《十年磨一"舰"》系列视频报道，登陆各大媒体。

（赵 丹）

2023年6月28日，相国寺储气库公司党委与西南油气田公司党委巡察办公室党支部、重庆协调小组党支部联合开展"赓续红色血脉、坚定理想信念"党建结对共建活动　　杨译凯 摄

【队伍建设】 2023年，相国寺储气库公司出台《相国寺储气库公司基层领导人员管理办法》，明确新时代干部选拔标准，规范干部选拔任用程序，全年新提拔干部6人，调整交流7人。加强人才优化配置，对外引进优秀人才，对内开展多岗位锻炼，全年引进专业技术人员5人、技能操作人员6人，岗位调整29人，到机关部门实践锻炼5人。推动人才强企工程，外送交流培训120人，优化高校毕业生见习计划，根据专业背景及人才需求，精心挑选指导老师，"师带徒"结对10对，外派6人至兄弟单位一线班组跟班锻炼。坚持以赛促长，4人在西南油气田公司数字化运维技术技能竞赛中获三等奖，集团公司技能专家姜婷婷获国家政府特殊津贴奖励，并被授予"集团公司技术能手"称号。

（赵 丹）

邮政编码：401121
电话号码：023-67329035
油网号码：329035
单位地址：重庆市渝北区人和街道万年路432号附43-46号

# 川港燃气公司

【概况】 川港燃气公司于2010年8月成立，注册资本9亿元。昆仑能源公司占股51%，四川石油管理局有限占股49%。业务定位于西南油气田公司在川渝地区从事终端燃气业务的三大平台之一，取得四川省住建厅颁发的燃气经营许可证，主要从事城市管道天然气、陆上LNG加气站和江河加注码头的规划、建设与运营；城市燃气、CNG、LNG的销售；投资管理与租赁等。川港燃气公司形成管道燃气业务和LNG业务两大核心业务，管道燃气业务主要辐射川、渝、云、贵125个区域市场，开发工业园区60个，管理各类管道12 772.3千米。其中，输气管道408.5千米，燃气管道12 363.8千米。各类站场共69座，其中CNG站7座、LNG站6座、配气站56座。川港燃气公司用户总数超178万户，供气面积4 392平方千米，年销售规模超31亿立方米；川港燃气公司LNG业务主要分布于川、渝地区的遂宁市、乐山市、攀枝花市、重庆市等地区，年销售规模6 000万立方米。

截至2023年底，川港燃气公司有分支机构（分公司）5个，全资及控股公司8个，控制性经营参股公司14个，再投资公司14个。机关设置部（室）11个、直属机构4个、直属单位3个。从业人员1 647人，其中中国石油员工1 188人。川港燃气公司党委设基层党委5个、直属党支部19个、基层党委所属党支部21个、基层单位党组织覆盖率100%。有党员人684，占全体员工的57.97%。2023年，川港燃气公司销售天然气31.11亿立方米，实现经营收入74.44亿元，实现净利润4.64亿元，均创历史新高。安全环保实现"四零"目标，"五项"费用控制在规定指标范围内，处级、科级两级班子无违纪违规行为，无维稳、治安事件发生。川港燃气公司获西南油气田公司"2022年度先进单位"称号。

（曾林莉）

【企业改革】 2023年，川港燃气公司制订"三定（定职责、定机构岗、定编制）"工作实施方案，完成所属机构"三定"暨主要职责及岗位优化设置，促进企业生产组织模式、运行机制和管控方式转型升级。优化制度流程，确立"一级制度、两级流程"的管理体制，新建业务流程270余个，制度压减率53.4%。深化三项制度改革，推进领导干部任期制和契约化管理。围绕董事会"定战略、作决策、防风险"的职责定位，科学规范配套完善制度，完成27家基层单位董事、监事、股东代表调整，持续推进高水平董事会建设。修订公司章程，理顺法人治理结构，

提升治理能力和运行效率；建立健全投资公司"三会"召开及决议落实情况台账，强化议案的报审及审查质量，提升董监事人员的履职能力，推动行权管理质量再上台阶。

（曾林莉）

【经营管理】 2023年，川港燃气公司融合内控、巡察、审计、专业稽核、专业检查，聚焦合规管理薄弱领域，突出重点领域合规管控。强化合同管理，抓实标准示范文本的使用，加强对非标准文本审查、合同签订、变更、履行等重点环节的管控；严格执行集团公司招标业务"六条禁令"，规范招标业务前置审查流程；严格执行违规追责制度，明晰责任范围，细化惩处标准，加大违规成本，形成"管业务必管合规"的氛围；强化营销稽核成果的运用，实现抄收报表、营销报表与财务报表数据"三统一"；规范用户气价优惠审批程序，科学合理制定价差；规范转供城镇燃气企业的结构气核查；加快彭山、诚实等公司燃气经营资质办理，避免无证经营；聚焦外包项目"立项、审查、实施、评价、考核"全流程管理，落实业务外包管理责任，规范标准与价格，建立标准清晰、内容完善的业务外包管理工作质量考核体系。优化集中集约化采购，提高目录采购占比，实现目录式采购率占比90%的工作目标，平稳推进降库利库，实现库存金额降库5%，其中积压物资降库10%。采取信息化手段加强采购物资质量管控，实现必监必检物资检验率100%。

（曾林莉）

【天然气市场开发】 2023年，川港燃气公司建立"四级"信息互通机制，拓宽重庆开州浦里新区、万州长岭化工园等区域，全年新增市场规模2.55亿立方米，市场区域新增面积58.6平方千米。合规整合优势资源，全年组织外部资源气3亿立方米，代输气3亿立方米，为所属基层单位减少额外购气成本2亿元。加强价格管理，建立完善顺价机制，全年购销价同比上浮0.08元/米$^3$，创效2 160万元。拓宽LNG采购渠道，推动乐山川港星源公司LNG零售、批发和CNG销售多种经营模式，LNG销售6 067万立方米，同比增加3 332万立方米，新增CNG销量1 770万立方米。把便民服务与安全隐患治理相结合，形成双覆盖、双提升"一体化"整改模式，便民服务产值同比增加258.52万元。推进靠实区域合资合作落实落地、天然气+新能源市场

开发，统筹拓展湖南、贵州等4个区外市场。加快新能源项目前期建设节奏，推进分布式光伏项目，落实落地压差发电和地热供暖项目，谋划发展充换电业务，开发山青钒业、攀枝花末站等光伏项目4个，与重庆两江新区签订地热供暖协议，完成重庆万博氧化铝、天府新区智能制造产业园等配气站压差发电项目投运和推进工作。（曾林莉）

【安全环保】 2023年，川港燃气公司推进QHSE标准化建设，9家单位通过QHSE标准化建设复评验收，1家单位入选西南油气田公司A2级基层单位培育名单。推进体系建设、双重预防机制、应急能力建设等65项提升举措，推动安全管理由碎片化向系统化升级。一体推进城镇燃气安全、重大事故隐患等专项排查整治，坚持"常态化排查、动态化清零"，排查治理隐患246项，用户安全隐患整改率77.22%，本质安全水平持续夯实。统一应急物资储备标准，建立应急物资信息化管理联系机制，形成应急抢险资源整合管理模式，常态化开展双盲演练，全年开展应急演练376次，首次承办四川省油气田天然气管道泄漏应急演练，展示在川央企的应急处置能力。深化环境风险管控，对加油加气站实施VOCs排放监测，对加气站、有人值守站实施噪声自主监测，14座加气站、31座有人值守输配站全部完成排污许可登记，保持"三废"规范处置率100%。

（曾林莉）

【生产运行】 2023年，川港燃气公司以"补短板、优运行、强技术、促提升"为轴线，深化投资管理、强化造价管控，投资完成率93.89%，项目"四算"、设备材料价格管理完成率100%。有效实施库存压控工作，采购金额2.49亿元，其中执行目录式集中采购2.19亿元，占比88.14%，节约资金1 547.12万元。累计出库2.54亿元，下降15.4%，完成库存压减500万元目标。推进标准化示范站场建设、管理和操作标准统一，搭建站场完整性管理体系，完成站场目视化改造实施计划37项，发布配气站、输气站等7套站场完整性管理模板，形成"一张脸"模式。深化管道完整性管理，加强隐患排查、短板筛查，完成埋地管道半定量风险评价、在役阴保评价及全覆盖完整性管理审核定级，建立调压箱（柜）三级维保标准，大运会期间全力保证管道安全平稳运行。整改优化SCADA系统建设接入情况，推进系统分级授权，关键节点安全受控，SCADA管理水平切实提升。聚焦攀米线（攀枝花—米易）、半边街等13个重点工程，攀米线项目实现中国石油油气管道首次穿越金沙江，西南油气田公司首个"一孔两管"定向钻穿越。首次实现项目建设数字化交付，攀米线项目被油气和新能源分公司评为优秀标准化施工工程。

（曾林莉）

【党建工作】 2023年，川港燃气公司开展学习贯彻习近平新时代中国特色社会主义思想主题教育，推进党的二十大精神再学习再落实，把握意识形态工作主动权，干部员工思想集中统一。编制印发《川港燃气公司加强"三基"工作实施方案》，推进基层党建"三基本"建设与"三基"工作有机融合工程。紧扣"一流队伍"建设目标，从建设"三支队伍"、打造培训平台、激发干事活力、发挥党建引领4个方面着力，形成12项具体措施，推动人才强企工程整体提升。创新"书记讲团课""智慧团建"等系列平台，开展系列主题团日活动，培养选树十大杰出青年，原创歌曲《逐梦川港》入围集团公司新媒体大赛展播。推进政治监督具体化常态化，坚持精准高效问责，构建巩固"大监督"格局，创新巡察方式，探索建立两级巡察上下联动机制，抓好巡察问题整改，做实"后半篇文章"，建设具有川港特色的廉洁文化。

（曾林莉）

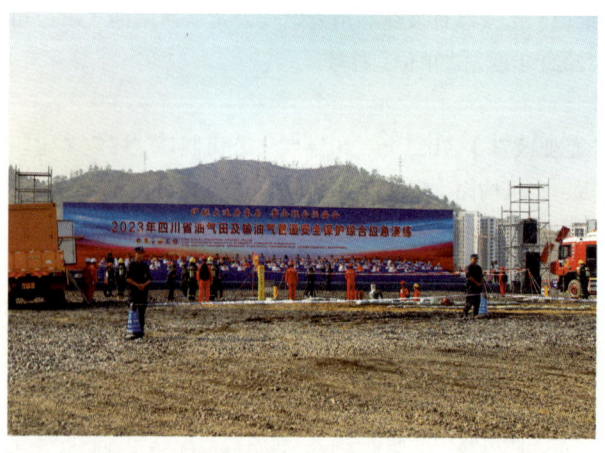

2023年6月26日，川港燃气公司在攀枝花承办四川省油气田及输油管道安全保护综合应急演练　　岳芯如　摄

单位概览

【和谐企业建设】 2023年，川港燃气公司秉持共建共享、守护健康的理念，实施覆盖全员的身心健康评估和分级分类干预，完善"健康小屋"、健康角、心理咨询室，举办AED、兼职急救员等健康专项培训，实施健康食堂创建、无烟单位建设、病媒生物防治等专项行动，通过四川省卫健委评审验收，川港燃气公司进入省级健康企业行列。把合气文化贯穿于生产经营、改革发展全过程，推进历年文化成果收集，初步提炼形成特色"坚兵文化"，进一步打响川港文化品牌。围绕"十四五"职工幸福工程各项具体工作，同步推进劳模风采学习展示活动，"华盛杯"足球、"川南页岩气杯"乒乓球赛和钓鱼比赛等系列文体活动，以及职工权益保护、特殊困难群体帮扶兜底和各类普惠项目。全年送温暖、送清凉慰问2 930人次123.38万元，扶贫帮困94人次13.3万元。加强舆情管理，处置3起网络舆情事件，提升全员舆情风险防控意识。完成重大节日、重要时段、特殊敏感时期平安建设工作，获集团公司"特别贡献先进"称号。

（曾林莉）

邮政编码：610017
电话号码：028-86017085
油网号码：217085
单位地址：四川省成都市青羊区红星路一段12号

# 四川页岩气公司

【概况】 四川页岩气公司矿权面积1.27万平方千米，作业范围涵盖四川省内江市、自贡市、泸州市、乐山市、资阳市、眉山市和宜宾市7市28区（县），是国内最有利的海相页岩气富集区之一。由中国石油（持股35%）、四川省能源投资集团有限责任公司（持股25%）、北京市燃气集团有限责任公司（持股10%）、中国华电集团清洁能源有限公司（持股10%）、内江投资控股集团有限公司（持股10%）、自贡市国有资产能源投资有限责任公司（持股10%）6家股东共同出资组建，是四川省内第二家页岩气勘探开发合资合作公司。2023年底，机关设置办公室（党委办公室）、计划经营部、财务资产部、人力资源部（党委组织部）、生产运行部、勘探开发部、井工程管理部、基建工程部、质量安全环保部、党群工作部10个部门，下设生产建设项目部、QHSE监督站共2个直属单位。有股东方派出员工118人，其中西南油气田公司派出员工101人、其他股东方派出员工17人；有董事长1人，高级管理人员9人，挂职锻炼1人；有教授级专业技术职称人员2人、高级专业技术职称人员46人；有博士研究生5人、硕士研究生28人、本科84人。

2023年，四川页岩气公司完成投资58.24亿元，生产页岩气18.7亿立方米，年产油气当量突破150万吨，同比增长27.9%；全年销售页岩气18.03亿立方米，实现销售收入23.5亿元，净利润2.8亿元。

（黄诗鸿）

【页岩气勘探】 2023年，四川页岩气公司深挖泸州深层，泸州中区11口新井静态参数优，3口评价井测试日产气均超50万立方米，井均EUR超1.5亿立方米，试采效果好，有利区面积1 000平方千米，资源量可达1万亿立方米，第二个万亿储量区基本落实。合理调配生产制度，强化沟通对接、优化采气工艺、提升运维管理，老井递减率同比下降13%，气井生产时效提升8.4%，年产油气当量突破150万吨，同比增长27.9%。

（黄诗鸿）

【深化地质认识】 2023年，四川页岩气公司深化地质认识，可持续发展家底丰厚。泸州中区11口评价井实钻证实：泸州区块中部Ⅰ类储层连续厚度大，储层物性优，勘探开发潜力巨大。五峰组—龙一$_1$亚段Ⅰ类连续储层厚度12~20米，龙一$_1^1$—龙一$_1^2$小层有机碳4.1%~5%，孔隙度4.6%~7.1%，脆性矿物74%~89%，含气量8.1~12.3米$^3$/吨，储层品质略优于泸州北区。投产井开井压力高、见气快、产量峰值高、压力递减慢，试采效果好，其中泸214井测试获日产52万立方米高产工业气流。

（黄诗鸿）

【页岩气建产】 2023年，四川页岩气公司快速推进建产工作，产能建设效果突出。一体化推进地震勘探、井位部署、产能建设，钻井作业提速提效，压裂试油不断优化，生产运维保障有力。全年新开钻井57口，完钻井93口，新投产井51口，新建成平台22座、脱水站2座、集气增压站2座、集气管线48千米、返排液管线60千米，新建产能10.6亿立方米。

（黄诗鸿）

【生产运行组织】 2023年，四川页岩气公司树立"大运行"理念，统筹优化资源调配、快速推进生产建设、有效提升要素保障，进一步细化调整油嘴级别，生产效果明显好转。深化研究，形成以泡排、柱塞、气举为主体工艺的深层页岩气采气工艺技术体系，各类工艺措施增产气量2.3亿立方米，老井递减率同比下降13%；坚持三级管理模式，抓进度、降成本、增效果，提升工艺运维质量和生产效果，老井及上年新井工艺覆盖率80%，运行率97.06%，有效率97.95%，提升工艺稳产效果。强化要素保障，按照"项目＋采购"原则，按工期倒排采购计划，提高采购效率。整合市场资源，提前锁定23串优质高温旋导仪器及配套工具，保障钻井工程高效推进。建成13.2万立方米压裂返排液暂存设施，坚持"多点暂存、综合调度、回用优先"原则，全年产液量138万立方米，压裂回用92万立方米，达标外排31万立方米，外送16万立方米、接收8万立方米，试采期返排液回用率100%，返排液综合回用率79%。强化维保，管道及场站安全高效运行。全年新建35千伏专线32千米、10千伏专线26千米，支撑泸203井区、阳101井区4个泵站、10个增压工程及泸216脱水站投运。

（黄诗鸿）

2023年5月25日，四川页岩气公司生产建设现场指挥部在泸州揭牌　　　　　　　　　　　　　　　黄诗鸿　摄

【企地协调】 2023年，四川页岩气公司强化沟通对接，完成生产运维管理移交，与重庆气矿、蜀南气矿、长宁公司的四方协调，确保人员及时到位、隐患排查到位。重庆气矿支撑人员及时到位，成立4个专业组，操作人员到蜀南气矿跟班学习，熟练掌握工艺流程和现场操作。成立"1+N"专业互补现场值班领导小组，强化现场管理、落实安全管理制度，指导生产建设项目部和QHSE监督站及时协调解决生产作业现场出现的问题，提高应急处置能力。

（黄诗鸿）

【科技创新】 2023年，四川页岩气公司坚持科技先行、技术立企，深化地质认识、攻关技术瓶颈，首次应用多信息融合"真地表"速度建模技术、物探井控Q补偿技术、AI智能断裂预测等新方法，打造物探精品工程、样板工程。配套攻关高精度三维建模、优快钻井、套变和压窜防控等一系列关键瓶颈技术，支撑泸州深层高效建产、效益开发，实施压裂井50口，套变率同比下降50%以上，压窜程度明显减弱。强化科技成果和知识产权管理，获专利受理2项，形成技术标准13项（含西南油气田企业标准5项）。

（黄诗鸿）

【管理创新】 2023年，四川页岩气公司加强基础管理，完善岗位责任制，梳理制度流程和技术标准，制定发布各业务管理手册，企业管理基础不断夯实，管理效率、管控能力大幅提升，首次获"西南油气田先进集体"称号。开展工程投资切块和限额控制管理，确定投资可降空间，确保投资控制在批复范围内。深化经济评价，综合运用《川渝页岩气单井效益图版（2023）》测算单井费用。坚持甲方主导，以《深层页岩气效益合作总承包框架合同》建立单井投资结算与EUR挂钩机制，技术、管理双向挖潜，与上轮2021年框架合同相比，实施井深从6 050米增加至6 300米，水平段长从1 800米增加至2 000米，压裂段数从24段增加至27段，同口径相比乙方施工费用下降971万元，井工程投资单井合同价6 130万元，控投降本工作取得进展。

（黄诗鸿）

【安全环保】 2023年，四川页岩气公司突出风险防控，打造绿色矿山，QHSE业绩考核完成率104.88%，完善顶层设计，全面构建"油公司"QHSE管理体系，优化安全环保工作体系，提升运行标准，连续3年量化审核成绩提升，QHSE管理由B2级向B1级跨越式迈进，首次获QHSE管理体系及能源体系一体化认证证书，QHSE和能源管理迈上新台阶；全员投保安全责任险，母子公司首次取得陆上采油气安全生产许可证，进一步夯实安全生产基础。构建"一对一"健康干预机制，差异化、精准化实施健康体检，针对性开展健康咨询；升级健康保障硬件设施，强化健康生活理念宣传，首次达标创建四川省健康企业。优化应急管理体系，统筹推进安全管理强化年等重点工作，强化重点敏感时段升级管理，6 000余项风险作业安全受控，风险防控能力全面提升，首次获"西南油气田公司QHSE先进单位"称号。 （黄诗鸿）

【效益经营】 2023年，四川页岩气公司坚持"先算后干、算赢再干"，立足技术创新和管理创新，纵深推进管理创效，常态化推进开源节流降本增效，深挖产业链各环节潜力，完成投资58.24亿元，实现净利润2.8亿元，实现收入23.5亿元，上交税费2.3亿元，连续两年向股东分红。
 （黄诗鸿）

【共建共享】 2023年，四川页岩气公司深化和谐气田建设，全面推进"一体两翼"平安建设新模式，营造良好发展环境。推广深化"党建+平安"区域联盟建设，与公安机关共同打造警务室，融入资源地政府社会治理体系和属地网格，提升重点场站、作业现场"N无"达标率，筑牢深层页岩气平安开发根基，阳101脱水站通过市级防恐重点单位验收。 （黄诗鸿）

【党建工作】 2023年，四川页岩气公司学习党的二十大精神，高质量开展学习贯彻习近平新时代中国特色社会主义思想主题教育，强化意识形态阵地监管。迎接西南油气田公司党委巡察，接受集团公司、西南油气田专项审计，开展内部审计，推进党风廉政建设，营造风清气正的政治生态。提炼形成"顺和"文化，并随之丰富"安全文化""家文化"理念，凝聚干事创业的强大正能量，涌现一批先进典型人物，全年评选各类先进18人次。
 （黄诗鸿）

邮政编码：610053
电话号码：028-86018652
油网号码：218652
单位地址：成都市成华区猛追湾横街99号世茂大厦四川页岩气公司

# 重庆页岩气公司

【概况】 重庆页岩气公司由中国石油天然气股份有限公司、国投重庆页岩气开发利用有限公司、中化石油勘探开发有限公司及重庆华地资环科技有限公司共同出资成立，设股东会、董事会和监事会，机关设置综合办公室、计划经营部、财务资产部、人力资源部、勘探开发部、生产运行部、井工程管理部和质量安全环保部8个部门，所有井站按照自动化控制设计。截至2023年底，建成采气平台11座、脱水站1座，日脱水处理能力300万立方米，累计修建集气管道126千米；获工业气流井73口，累计产气14.52亿立方米、销售13.93亿立方米。

2023年，重庆页岩气公司完成钻前工程4个，开钻井21口，完钻井20口，完成压裂井40口，钻井进尺142 003米；新建集输管道28千米、输水管道26千米，建成投产4个平台，建成投运转水泵站11座，日转水能力6 000立方米。全年生产页岩气8.23亿立方米，完成率100.3%；销售7.93亿立方米，完成率100.5%，商品率96.35%；未发生一般A级及以上工业生产安全事故、环境污染和生态破坏事件、党风廉政建设问题。 （袁敬睿）

【勘探开发】 2023年，重庆页岩气公司加快推进建产井实施进度，完成《渝西页岩气田足208井区页岩气新增预测储量》。对标足203井区方案设计完成38口建产井，提前1年建成9亿立方米产能，已实施井EUR达到开发方案要求；按照"整体部署、分步实施"原则，把足201井区划分为3个建产单元，足208井区5.5亿米$^3$/年开发方案于9月获西南油气田公司批复，同步编制足210井区5.5亿米$^3$/年开发方案，并把足206井区作为稳产接替区。拓展评价区域资源潜力，足209井Ⅰ类储层5米EUR 1.24亿立方米，为足203井区开发调整方案编制范围北扩奠定基础；足211井Ⅰ类储层品质与足208井相当，有望实现弥陀场向斜建产区东扩目标；足212井Ⅰ类储层4米揭示弥陀场向斜西北部具备较大勘探潜力；在广普向斜以及七塘场向斜部署实施广域电磁法勘探，落实有利目标区，为后期该区井位部署打下基础。　　　　　（衷敬睿）

【生产组织】 2023年，重庆页岩气公司做好老井挖潜，实施分级管理，优化间歇生产井制度，开展平台增压、排水采气、气举等工艺措施，老井产气3.88亿立方米；组织新井排采，强化组织前瞻性，统筹提效建产和最优配产，践行高产井培育模式，执行"高压控压"要求，强化动态监测、优化生产制度，新井产气4.32亿立方米。统筹产运销衔接，建成足201井区主干管网，投运足202脱水站二期装置，形成450万米$^3$/日集输能力；深化完整性管理，狠抓优化细菌防治模式、新增光纤震动预警系统、开展出砂规律研究等措施，连续4年保持管道零失效纪录；拓宽销售市场，协调渝西管道公司、重庆燃气集团加快足虎线建设和外环高压环网改造，新增300万米$^3$/日外输通道。强化要素保障，构建"网电+燃气发电"多元电力供应模式，保障16个平台钻井、压裂用电；按照返排液"先回用+临储存+达标排"处置原则，做优动态调度，保障回用实效，投运转水泵站11座，返排液回用率86.5%。　　　　　　　　　（衷敬睿）

【工程技术】 2023年，重庆页岩气公司物探地质工程一体化取得新成效，引入深度域高精度速度建模，解决地表地下双复杂成像难题，为足203井区稳产井部署和足209井区东扩提供高品质物探支撑；在七塘场向斜部署广域电磁勘查项目，解决高陡构造主体及两翼地震成像瓶颈，助力扩展建产区。钻井提速再上新台阶，以"优化井身结构"与"形成钻井防漏模板"为抓手，足201井区井均漏失量及损失时间较足203井区分别下降95.1%、95.2%，扭转恶性井漏不利影响；完善"四开"精益钻井管理，足203H7-2井仅10.38天完成"四开"进尺2 965米，刷新国内纪录；足201H17-8井"四开"水平段日进尺突破580米，足212井1米薄储层2 200米水平段铂金靶体钻遇率100%，均刷新川渝纪录。压裂提效贡献新力量，锚定薄储层、长水平段、深层页岩气压裂增产，开展段长、砂陶比等关键参数试验，完善"高排量+短簇距+复合暂堵转向+多级监控"的渝西个性化压裂工艺，全年40口压裂井平均时效同比提升3.36%，实现零丢段、零套变。开展提升EUR攻关试验，探索总结影响单井EUR主控因素，足208H1平台井均EUR1.51亿立方米，足203H7平台井均EUR1.47亿立方米。　　　（衷敬睿）

【经营管理】 2023年，重庆页岩气公司把握新形势下合资合作"油公司"模式的内涵实质，聚焦合规意识提升、合规责任落实、合规风险管控、合规管理监督，构建现代合规管理体系，强化内控和重大风险管理力度，促使合规管理向管理提效升级转变。投资管控体系日趋成熟，执行"管业务、管投资、管成本、管效益"的"量量结合"管理模式，足203井区开发方案第一批实施井单井投资金额较足202井区试采方案井下降3.36%，足203井区开发方案第二批正实施井单井投资金额较第一批实施井再下降约9.67%，足208H1平台实现EUR与投资双达标。开展技术交流与技术攻关，推动并完成14个科技项目立项，其中13个科研项目中期评估优良率92.3%，"四川盆地海相页岩气规模效益开发关键技术与应用"等成果获重庆市科学技术奖一等奖、中国石油和化学工业联合会科学技术进步奖二等奖等4个奖项。新能源项目实现"零"的突破，在足202脱水站实施50千瓦的光伏发电项目。　（衷敬睿）

【安全环保】 2023年，重庆页岩气公司坚持以QHSE体系建设为抓手，狠抓"两个现场"风险管控，连续安全生产3 082天。QHSE体系管理水平持续提升，做深安全环保责任制建设，狠抓能力提升与执行考核，把安全环保责任落实到最小单元；精准定位弱项短板，统筹运用审核和科研成果，制定实施《体系运行效果评估与效能提升方案》。风险管控力度持续增强，坚持"业务主导"和"综合监管"有机结合，深化重点领域集中整治；推进以"视频监控+作业许可"为核心的承包商风险作业管控机制，组建"远程+巡检+驻井"的安全监督团队，狠抓违章曝光处罚，有效防范化解安全环保重大风险隐患,全年风险作业2.31万项、监控率超85%,监督巡检1408井次,发现问题隐患3200个,立查立改3072个、限期整改128个。协同推进岩屑、返排液、噪声等领域的减污减排,探索环保新处置技术路线,全年合规处置水基岩屑7.87万吨、油基岩屑1.5万吨。

(袁敬睿)

2023年8月31日,重庆页岩气公司、重庆气矿联合重庆市铜梁区人民政府在铜梁区开展生产场站和集输管道泄漏突发事件暨页岩气天然气调度应急演练　　袁敬睿　摄

【党建工作】 2023年,重庆页岩气公司坚持落实"第一议题"制度,推动理论学习中心组集中学习研讨长效化。学习贯彻习近平新时代中国特色社会主义思想,组织领导班子读书班、中心组学习研讨、专题党课等多种学习形式,开展专题调研29次、典型案例剖析9次,开展覆盖党的建设、勘探评价、工程技术、生产建设、依法合规、业财融合、安全环保、土地征租8个调研课题。党建与中心工作深度融合,推动基层党建与生产经营同部署、同落实、同考核,专题研讨投资管控、渝西深层页岩气高效压裂等重点工作,开展党员突击队、党员技术攻关组、党员志愿服务等创建活动。擦亮特色品牌,联合多家兄弟单位举办主题党日活动4次,组织"弘扬延安精神,汲取奋进力量"红色研学活动2期,构建"三横四纵"党建工作法,钻研打造具有"油公司"特色的国有合资公司党建工作模式日益成熟。纪律建设全面加强,压紧压实全面从严治党主体责任,综合运用外部审计、内控测试、民主测评等监督方式,加大重点领域监督力度,严防"四风"反弹,营造良好党内政治生活新常态;加强党风廉政建设工作部署与宣传教育,推进作风建设长效化。

(袁敬睿)

【民生建设】 2023年,重庆页岩气公司推进健康型企业达标建设,落地"健康小屋",增设心理咨询室等功能区;持续打造"安心食堂",开展"三减"活动,推出轻食减脂餐,保障员工身心健康。强化工会群团组织作用,推进职工文化体育工程建设,开展"健步走网络公开赛"活动与5个兴趣小组活动;深化"巾帼建功"工程,丰富和活跃女职工业余生活;开展"为民办实事"慰问活动,覆盖约700人次。做好维稳信访保密档案及平安创建工作,确保全国"两会"、成都大运会、杭州亚运会等关键时间节点的和谐稳定,全年获西南油气田公司维稳办的嘉勉电报2次,连续9年生产生活秩序正常、员工队伍稳定。

(袁敬睿)

邮政编码:401120

电话号码:023-67680628

单位地址:重庆市北部新区黄山大道中段64号高科总部广场F幢

# 华盛能源公司

【概况】 华盛能源公司前身为四川华盛石油工贸实业开发总公司。按照国务院国资委和中石油集团公司加快推进厂办大集体改革部署,2021年9月,改制更名为四川华盛能源公司,注册资本10亿元。2023年底,华盛能源公司设立综合办公室(董事会办公室,监事会办公室)、战略投资部、财务管理部、人力资源部、审计法务部5个职能部室,1个直属单位(审计服务中心),1个直管投资公司(四川华广综合能源有限公司)。经过30年的发展,华盛能源已成为一家以燃气销售和服务油气田生产建设为主的综合性能源公司,有投资控股公司99家,其中终端燃气公司78家,其他业务公司21家,主营终端燃气、新能源、油田工程技术服务和辅助业务(房地产、物资、运输、物业等）四大板块，业务领域涉及油气田全产业链，市场范围覆盖川渝、滇黔桂、陕西、安徽及周边地区，是西南地区最大的终端燃气投资管理公司。　　　　（钟长波）

【战略管控】 2023年，华盛能源公司参照集团公司、油气和新能源分公司投资管理办法，结合西南油气田公司经营管理实际，发布《华盛公司投资管理办法（试行）》《设计变更管理实施细则》《工程项目估算、概算、预算和结算管理实施细则》《概算分解实施细则》等制度，初步建成投资管控制度体系，统筹推进经营、投资、预算"三大计划"形成衔接，分级分类明确造价管控事项，强化前期立项把关，严控非生产性支出，投资管控更加科学有效。全年取消、暂缓、终止前期项目120项，审减资阳安岳电厂供气管道等5个重点项目投资7 500万元，非安设备投资同比下降1 100万元。　　　　　　　（罗在勤）

【战略布局】 2023年，华盛能源公司开展规划编制工作，下达各类规划项目17项，其中华盛本部4项、所投资公司13项。组织编制完成《华盛公司2023—2025年业务发展滚动规划》《投资公司对标分析评价机制》《四川华盛能源发展集团有限公司业务与组织架构方案》3项本部规划编制工作。推动主营业务高质量发展，组织竞得甘孜州燃气市场开发权，收购荣县健宏51%股权、贵燃播州50%股权等8个燃气公司股权，新增燃气市场区域面积约1 600平方千米，年新增市场规模7.5亿立方米。逐步开展

2023年3月16日，四川安岳县盛投天然气有限公司揭牌仪式在资阳市安岳县举行　　　　　　　　　　　李奥 摄

新能源业务，完成宝石花汽服公司、天然气研究院、成都化工总厂等14充电桩项目立项审批，开发充电桩信息化平台；布局制氢及销售产业，完成雅安汉宏制氢项目研究论证；稳步推进推进综合能源站项目，完成重庆两江新区重庆黄茅坪综合能源站项目可行性研究报告编制，拟定华创星空A地块综合能源站项目收购协议，开展重庆江津、铜罐驿、雅安等川渝地区综合能源站项目建设选址调研。
　　　　　　　　　　　　　　　　　　（罗在勤）

【财务管理】 2023年，华盛能源公司按照"统一管理、分级授权"的思路，健全完善管理机制，突出集团式财务管控定位。推进业财融合，为生产经营优化赋能，定期开展生产经营分析、对标管理分析和价值跟踪分析，以财务数据"深入"揭示价值成因，用财务语言"浅出"反映企业发展状况。组织制定融资（展期）方案，解决投资公司业务发展资金缺口。开展信息系统建设，加快财务数智化转型升级，实现全集团"一张网、一个库、一个池"。2023年5月成功上线华盛集团财务资金信息系统，开展财务共享。同时推进资金集中，按照司库启动会精神，于2023年末实现18家全资公司资金集中工作，集中后实施统一规范精细化运作，资金池收益率同比增加51个BP。制订2023年华盛公司深化提质增效专项行动方案。把控投资规模、成本精细管理、资金管理创效等10个领域12个关键措施，进一步增强提质增效价值创造能力。　（陈　媛）

【人力资源建设】 2023年，华盛能源公司有在册员工46人（女性19人），其中硕士研究生9人、大学本科37人；有高级专业技术职称14人、中级专业技术职称30人、初级专业技术职称2人；30岁以下64人，31～40岁25人，41～50岁15人，51岁及以上6人。取得国家职业资格的有10人，其中注册会计师3人、一级造价工程师3人、二级建造师1人、咨询工程师2人、法律职业资格证1人。加强先进典型选树，1人获西南油气田公司"十大杰出青年"称号。加强人才队伍培养，1名人获集团公司财务会计专业技术竞赛金牌，2人分获集团公司首届人力资源管理大赛银牌、铜牌。　　　　　　　　（谯　华）

【审计管理】 2023年，华盛能源公司完成审计项目23个，提出管理建议37条，推动追责处理26项，取得经济成果6255万元。　　　　　　　　　　　　　　　（阮江宁）

【合规管理】 2023年，华盛能源公司建立董事会决策涉法事项、融资项目专项法律论证机制，制定合规管理基本制度、合规审查制度，18名业务骨干考取"企业合规师"，企业合规管理水平和风险防控能力显著提升。　（阮江宁）

【股权管理】 2023年，华盛能源公司开展法人清理处置及亏损企业深化改革专项工作，以天新公司股权整合为契入点，开展业务转型和处置必要性、可行性研判，指导家益公司、鑫瑞飞公司转型，处置股权项目2个，推进投资效益稳步增长，确保国有资本保值增值。　　（阮江宁）

【党建工作】 2023年，华盛能源公司落实"第一议题"制度，学习习近平总书记相关重要讲话及最新指示批示精神，贯彻党的二十大精神和习近平总书记对石油能源行业的重要指示批示精神。组织开展学习贯彻习近平新时代中国特色社会主义思想主题教育，连续举办7天读书班，开展调查研究，撰写调研报告，破解发展难题，各项经营指标持续向好。召开华盛能源公司党员大会，选举产生新一届党总支班子成员，分析当前党建工作面临的形势目标任务，科学谋划今后三年工作思路和6个方面具体工作内容，为企业高质量发展提供坚强政治引领。印发《华盛能源公司党总支落实全面从严治党主体责任清单》，进一步推动全面从严治党向纵深发展。开展课题研究，获四川省石油系统政研课题一等奖、西南油气田公司优秀党建研究成果二等奖。　　　　　　　　　　　　　　（刘　军）

邮政编码：610051
电话号码：028-86014147　028-86012486（传真）
油网号码：214147
单位地址：四川省成都市成华区猛追湾横街99号。

# 四川华油集团公司

【概况】 四川华油集团公司是西南油气田公司三大终端燃气销售平台公司之一，主要从事城市燃气、CNG、管道安装、分布式能源、劳保用品等。市场主要分布在四川天府新区、龙泉驿、双流、温江、郫都、泸州、自贡、宜宾、德阳、眉山、内江、江油、重庆主城区及长寿、万州、江津、永川、广西百色、云南曲靖、楚雄、贵州开阳、陕西榆林、安徽定远等50多个市区县。2023年底，机关设职能部室14个，直属单位5个，基层单位40个（含凯源所属9个基层单位），有分支机构4个，所属各类法人实体101个，其中全资及控股公司56个、参股公司20个、再投资公司23个、受托管理单位2个。管理各类燃气管道3.73万千米，用户数502.29万户，有站场120座，其中CNG站33座。有人值守输配站65座，无人值守配气站19座。气源橇装柜72座，阀室（井）14410座，调压箱（柜）73870座。用工总量3796人，其中中国石油员工2556人、自招大学生及成熟人才550人、股东方员工246人、社会化用工444人。有高级专业技术职称77人、中级专业技术职称714人、初级专业技术职称357人。资产总额107.96亿元、负债总额65.31亿元、股东权益总额42.65亿元。资产负债率60.49%，流动比率0.94，总资产周转率157.93%，净资产收益率15.45%。

2023年，四川华油集团公司抓住国内天然气市场发展有利时机，完成年度目标任务，落实"5769"❶工作目标，销售天然气63.44亿立方米，再创历史新高，实现经营收入157.06亿元。四川华油集团公司在"中国服务业企业500强"位列323位、"成都企业百强"位列37位。
　　　　　　　　　　　　　　　　　　（彭扬翊）

【管理创新】 2023年，四川华油集团公司在党建工作、风险防控、市场拓展等6个方面创新管理模式，取得显著成效，管理能力和水平得到有效提升。

党建引领。78个基层党组织、1500多名在岗党员贯彻落实党的二十大精神，开展学习贯彻习近平新时代中国

---

❶ "5769"指力争到2025年末实现用户550万户、天然气销量70亿立方米、经营收入160亿元、净利润9亿元。

特色社会主义思想主题教育，解决一批制约四川华油集团公司高质量发展的痛点堵点问题，把党的创新理论转化为企业高质量发展的生动实践；坚持把准政治方向、落实政治要求，召开第四次党代会，完成换届选举。

风险防控。建成覆盖"两个现场"的立体化管理平台，利用 SCADA 系统、哨兵检测系统等技术手段，对监控点实施全天候、无死角的信息化监测，开创数字化"一张图"监督新模式，确保 3 117 项风险作业安全受控；完善城镇燃气安全长效机制，发挥同属地政府部门、社区等联动作用，形成隐患整治齐抓共管局面，整改 1 444 个城镇燃气安全隐患、消除 29 万户内安全隐患，安全管理能力实现有效提升。

市场拓展。新增市场规模 3.03 亿立方米，天然气销量连续 3 年保持 11% 增速，外部气源购进量增长 69.65%，开发用户 27.3 万户、新投产重点项目增销 2.03 亿立方米，重点用户万华化学销售价差每立方米增长 0.04 元；签订分布式能源、光伏等新能源业务意向合作协议 5 份，建成并投运首座换电站，参股开发地热项目 1 项，新收购公司 4 家，特许经营权新增 1 704 平方千米，拓市增销能力实现有效提升。

保供措施。强化管网适应性分析，精准研判 CNG/LNG 补供点位 10 处，完成本轮冬季保供项目 14 项，保障最高日输供 2 440 万立方米，坚守住人民群众温暖过冬的政治底线；扛起成都大运会保供主体责任，对 10 个片区 22 个保供点位制定"一区一案、一馆一案"，期间安稳供气 10.69 万立方米，完成保供任务，获成都经信委、大运会执委会保障部等 9 封感谢信，重点保供能力实现有效提升。

"三定"工作。首次推行 20% 优秀员工绩效精准激励，推动宽带薪酬在龙天司落地运行，发挥绩效杠杆作用。优化驻站服务，建立"外包 + 借聘"新用工模式，完成机构改革、"三定"工作，优化精简机关机构、所属单位机构 41 个，细化岗位职责，规范员工调动管理，总体编制、三级机构数、基层领导职数及两级机关定员压减率均超 10%，改革调整能力实现有效提升。

精细管理。推动 185 项历史投资项目完成结算，治理高失效管道 128.58 千米、老旧管道 84.05 千米，市政、庭院管道失效率分别下降 47%、28%；连续 6 个月"0 方量"用户占比降至 12.38%，工业用户应收账款下降 42%，完成重庆居民、非居和陕西非居等地顺价，更换到期气表 76.94 万只，完成率 128.23%，基础治理能力实现有效提升。

（彭扬翊）

【安全环保】 2023 年，四川华油集团公司贯彻国家能源安全新战略，健全安全管理体系，开展 QHSE 管理体系"A2 级"创建行动，新增"A2 级"单位 3 家，结合生产运行、作业过程等重点管控环节，完善全员安全生产责任考核清单，促进第一责任、直线领导责任、专业直线管理责任、综合监管责任和属地管理责任共同发力，形成强大的安全监管合力；加强承包商过程管控，严格执行风险作业预约制度，强化问责考核，处罚承包商 46.4 万元，有效提升各参建方责任心。推动各项安全生产专项整治行动，强化安全隐患"清单制"管理，以安全、财务、管道 3 个专业分组深度引领隐患整改，完成 158 项隐患治理项目；强化生产保障水平提升，整改 27 项站场隐患，实现 824 户工业用户加臭管理，在眉山片区实施"驻点、物资"双优化的应急资源整合试点，抢险时效提高 55%；高效应对所辖区域普降雪、强降雨、多次偶发性地震，最大限度降低自然灾害对生产的影响；强化交通安全，开展特殊敏感时段专项检查，实现安全行车 18 年。

（彭扬翊）

【市场营销】 2023 年，四川华油集团公司立足一体化运营优势，着力破解市场竞合难题，推动 5 个股权项目落地。以"资源换市场"的方式，收购播州公司 50% 股权并主导经营，经营效益较收购之前大幅提升，应收账款下降 4.86%，销量、收入、净利润增长均超 10%；围绕成渝双城经济圈建设，抢占新区市场，收购邻水渝邻公司、忠县顺通公司，完成荣县健宏公司增资扩股，整合成都东部新区、崇州、重庆渝北 3 个燃气市场，与内江市人民政府平台组建合资公司，规划建设管线 36 千米，抢占沿线市场开发先机；把握政策机遇，整合泸县全域 7 家无证燃气公司，接收管线 3 000 余千米用户 18 万户；加速推进"天然气 + 新能源"业务协同发展，与四川吉电公司合资组建分布式能源销售公司，拓宽市场创效之路。实施营销月度例会制度，开展应收账款清收、增效劳动竞赛，激发全员活力，新增四川天华时代公司等 17 个重点客户，增销天然气5087万立方米，深化高端高效市场占有率；以提升客户服务效能为主线，以打造无人值守营业厅为载体，引入51座自助一体机，建立便民服务市场化合作机制，开展"综合服务网点""一站式服务窗口"建设。（彭扬翃）

【生产运行】 2023年，四川华油集团公司明确机关"大调度"职责，拓展基层"中心站"职责，开发线上报警处置分析功能，实现处置过程全流程把控；制定有人值守输配气站四级三类分级标准，首次建立站场工艺图册，形成《生产信息化监测技术应用与管理标准》，打通新增改造生产信息化建设流程；开发生产设备运维模块，试点推进燃气加臭智能化、关键设备性能在线监测，创新实现调压器关键性能的在线计算与实时监测。发布《天然气接管管理指导意见》，明确各方责任，强化考核机制，投运项目6项，日增供气能力257万立方米；科学分析常用物资采购数据，新增200余条集采目录，集采目录覆盖率超98%，助力"供应链管理平台"上线运行，精准高效服务工程建设；承担终端燃气板块物采"领航员"责任，完成4个集采招标项目，整理74个物资品种目录，资金节约率20.98%，为终端燃气板块保供贡献华油力量。（彭扬翃）

【提质增效】 2023年，四川华油集团公司聚焦精细化管理，强化管理标准化、执行规范化对标，突出依法治企，建立全管理链保障体系。抓实终端燃气成本写实，明确成本费用在不同区域、规模、销售结构的单位最佳成本限额，为零基预算和强化成本管控提供实践支撑；将合规要求贯穿到生产经营决策、执行、监督全过程，抓好顶层设计，优化整合已有制度至190项，聚焦股权投资、分级授权、内外部交易等关键环节，抓好风险防控，完成各项制度、文件、方案等法律审查59项，出具法律审查意见书37份，提升合规经营水平。完善工程造价管理体系，指导检维修工程、管道测绘等生产经营管理，分片区探索单散户计价新模式，梳通优化营商环境"症结"；强化基建工程标准化管理，推进34项重点工程项目建设，有效确保泸215井集气管道工程等12项工程安全投运；精简加臭维保外包内容，明确控价标准，年节省臭剂采购、维保费276万元；运用国家政策，申请财政资金1.26亿元助力管道隐患治理，运用各项税收政策红利，节约税金近1.44亿元。

（彭扬翃）

【党建工作】 2023年，四川华油集团公司及时跟进学习习近平总书记重要讲话和指示批示精神95项，专题研讨党风廉政建设等10项工作，对股权投资等41项内容论证把关，发挥党委在重大事项决策的前置研究及把关定向作用；落实"转观念、勇担当、新征程、创一流"主题教育活动，加强意识形态阵地建设，注重理论培训与实战演练相结合，6人在全国"两会"期间网评工作获上级表扬；多维度开展宣传，在系统各级主页、《人民日报》、中国石油等内外部媒体发布稿件2700余篇，在公众号发布推文215期，阅读总量30.2万人次；深化政治监督，实现第一轮党委巡察五年全覆盖，创新监督方法，推进纪检审计贯通融合，保持执纪力度只增不减，年度信访举报处于四川华油集团公司成立以来历史最低，政治生态持续向好；制定党纪、政务处分（处分）决定执行工作规定，员工违规行为处理规定及实施细则，引导全员自觉遵守规定，员工队伍稳定向好；构建员工健康管理长效机制，开展健康干预效果竞赛，完成99人次精准帮扶、280人次住院慰问。

（彭扬翃）

2023年8月16—18日，四川华油集团公司在成都召开第四次党代会
廖 易 摄

邮政编码：610041
电话号码：028-82978116
油网号码：234116
单位地址：四川省成都市高新区天府一街695号中环岛广场A座

# 家益公司

【概况】 家益公司是西南油气田公司从事综合性房地置投资的未上市单位,具有房地产开发二级资质。2023年底,家益公司机关设职能部门7个,有直属单位4个、子公司2个,家益公司有在册员工99人。其中,有党员75人;有合同化用工95人,市场化用工4人;有管理岗位91人,专业技术岗位7人,操作服务岗1人;有高级专业技术职称24人,中级专业技术职称51人,初级专业技术职称4人;有硕士研究生6人,大学本科62人,大专28人,高中2人,技校1人。有中层领导人员7人,其中二级正2人、二级副5人;有基层领导人员39人,其中三级正20人(含兼任1人)、三级副19人。

2023年,家益公司营业收入2.47亿元,同比下降17%。实现净利润6068万元,完成率120%,同比增长26%。资金回款1.3亿元,同比下降72%。完成投资额70.2万元,完成率100%。"五项"费用发生208万元,占计划的103.5%,同比增加7%。完成2022年度收益向股东分配股利2545万元,归还以前年度股利分配额2750万元。应收款项回收率、存货压减额等均控制在考核指标以内,完成全年预算目标。

（吴冬妮）

【转型发展】 2023年,家益公司开展业务发展规划调整系列工作,编制完善《家益公司业务发展规划调整方案》,明确下一步业务发展规划调整总体思路:继续做好存量物业销售及收尾工作,进一步优化业务布局,做强置业管理、新能源主营业务,做精土地管理专项业务,做优工程建设辅助业务,形成"两主一专一辅"的"新四大业务"产业格局。

（吴冬妮）

【项目建设】 2023年,家益公司普洱"春风云庭"项目具备竣工验收条件。完成系列设计优化、招投标、选型定样工作,进入精装修、设施设备安装和室外绿化工程冲刺收尾阶段。配合云南省住建厅房屋市政工程质量安全工作调研督导,被评为云南省质量管理标准化示范项目和安全生产标准化工地。完成华创星空城油气大厦项目基坑及土石方工程、桩基工程、基础工程、主体结构工程,11月正式封顶。编制完善华创星空城油气大厦项目的《运营管理方案》,初步确定租金测算、租赁模式及入驻单位,该项目获2023年成都市优质示范工程。在建筑安装方面,竣工交付邛崃作业区倒班公寓维修整改等项目13个,完成四川销售公司维修改造等13个项目的结算工作。开展地方协调、入驻单位确认、功能需求调查、设计方案完善等工作,初步确定下一步工作方向及补充协议签订内容。

（吴冬妮）

【土地利用】 2023年,家益公司开展重点土地及地面资产处置工作。原石油总机厂1栋、14栋公有房屋承诺书签约率、腾退率均100%。基本完成西南油气田公司存量土地盘活利用试运行工作并通过验收,取得服务费用356.08万元。编制农场盘活利用规划方案,形成地理信息数据库。开展泸州炭黑厂收储资产清查、组织预评估、地方协调等工作。推进宝石花医院划转工作,完成房产测绘、审计、稳评工作,形成划转清单,签订划转协议,取得一期进度款。全年签订存量物业租赁合同41份,租赁收入1148万元。与潜在租赁户沟通对接漾溪、嘉科、天研院、纳9井、资阳钢管厂等地块租赁事宜。寻找承租方,完成遂宁石油南苑C组团地块租赁。协商收回2018年以来泸州炭黑厂地块土地使用税107万元、九龙坡石桥铺和江北区大石坝地块土地使用税132万元。彻底解决原华宇房产办证遗留问题。

【现代农业业务】 2023年,家益公司利用三水、简阳农场和龙泉炸药库地块种植蔬果20余种,全年试销蔬菜5.93万斤、水果1.29万斤,向食堂供应并向员工试销,实现营业收入17.28万元,净利润0.65万元。

（吴冬妮）

【市场营销】 2023年,家益公司销售收入8033万元,其中在售项目6238万元、存量项目1795万元。销售住宅87套、车位229个、商铺12套。举办国家地理"大美普洱,至美滇西环线起点"暨项目示范区亮相及二期入市揭幕活动。开展"全员营销"劳动竞赛助力销售,老业主回馈及宣讲"老带新"政策,建设"一亩茶园"等配套设施,扩大宣传面,销售住宅39套。南充"江畔春色"项目销售住宅48套、车位53个。"凤凰富居"项目销售车位176个、

商铺12套。　　　　　　　　　　　　（吴冬妮）

【经营管理】 2023年，家益公司编制提质增效工作方案，制定6个方面30项措施管控成本。完成原南充炼油厂土地收储免税备案登记。完成"凤凰富居"项目土地增值税清算工作，退税1 357万元。启动权属分离土地及地面资产的土地使用税清理工作，向兄弟单位结算土地使用税金额增加314万元。建立生产设施设备管理台账，发现整改设施设备隐患5项。开展质量隐患排查工作，印发质量问题整改单12次，提出整改隐患20项。抽检"春风云庭"项目重点部位、重点材料25批次，质量合格率100%。加强承包商管理，对"春风云庭"项目开展承包商现场检查4次，完成项目档案归档207卷。开展制度优化整合，实现压减率43.24%。签订合同252份，标的总金额6.02亿元，审查平均周期7天，合同订立率、法律审查率、履约率均为100%。系统上报非招标选商事项103项，完成87项，预算价合计3 547.41万元，中选价合计3 239.87万元，选减率8.76%。完成招标业务相关人员持证上岗培训，完成率和通过率均100%。挖掘企业管理创新优秀成果和先进经验，管理创新论文《新形势下国企纪检工作与生产经营深度融合的思考与探索》获四川石油企协企业管理优秀论文三等奖，成功申报2022年成都市AA守合同重信用企业。　　　　　　　　　　　　（吴冬妮）

【安全环保】 2023年，编制《家益公司安全管理强化年专项工作实施方案》，修订完善岗位QHSE职责和生产责任清单84个，开展"四不两直"检查678次，到联系点及承包点开展活动135次，梳理整合修订规章制度15项，废止制度3项，开展QHSE管理体系审核，发现整改问题152项。落实安全生产重大事故隐患专项排查整治、夏季安全生产大检查、燃气安全专项整治，发现整改隐患49余项。未发生质量、安全事故、突发环境事件或环境保护违法违规事件。废弃物合规处置率100%。开展承包商"五位一体"监管和项目标准化建设，整顿承包商11家，追究违约金3.85万元。修订专项应急预案，开展应急演练20次。实施"1+N"差异化全员健康体检，员工体检率100%，无职业病发生。创建健康企业，是成都市第一家通过健康企业验收的房地产开发企业，也是第一家参与省级健康企业整体创建的房地产开发企业。（吴冬妮）

2023年9月23日，家益公司在云南省普洱市"家益·春风云庭"项目现场举办"大美普洱 至美滇西环线起点"揭幕仪式暨"家益·春风云庭"实景示范区呈现及二期入市活动　　梁涵摄

【党建工作】 2023年，家益公司学习宣传贯彻习近平新时代中国特色社会主义思想和党的二十大精神，同集团公司"转观念、勇担当、新征程、创一流"主题教育相结合。开展主题教育专题读书班7天，严格落实"第一议题"制度，开展"第一议题"学习13次，中心组学习12次。完成西南油气田公司党委党建工作责任制2022年度考核评价指标，综合评定为A档。根据"贯彻二十大、奋进新征程"专题党课活动和"认真学习党章、严格遵守党章"主题党日活动要求，中层领导人员讲授专题党课7场次，基层党支部书记讲授专题党课8场次，覆盖党员干部员工88人次，开展大兴调查研究34人次。开展"缅怀革命先烈，传承红色精神"主题活动。开展"清网"行动2次，梳理排查395个廉洁风险点，制定422条防控措施。政研课题《筑牢"根""魂"优势，不断探索和推进党建与生产经营相融合》获西南油气田公司2022年度优秀政研成果二等奖。　　　　　　　　　　　　（吴冬妮）

【精神文明建设】 2023年，家益公司发布国家级、省部级外媒新闻22篇，公众号推送信息45篇，上级采用信息66篇。正式发布《"家"文化手册》。承办西南油气田公司"跨越400亿，泳往直前"职工游泳比赛，获优秀组织奖；组织职工参加健步走网络公开赛，获团体三等奖；参加西南油气田公司"跨越400亿，迈上新台阶"职工气排球比赛，获体育道德风尚奖；参加首届"华盛杯"五人制

足球邀请赛，获最佳组织奖。开展"守护绿水青山，共建美丽家园"主题党日活动，助力绿色发展。成立项目建设和营销青年突击队，做好青年精神素养提升工程总结，开展团员和青年主题教育。

（吴冬妮）

邮政编码：610051
联系电话：028-86011353
油网号码：211353
单位地址：四川省成都市成华区府青路一段34号

# 华成监理公司

【概况】 华成监理公司是西南油气田华盛公司控股的独立法人企业，具备化工石油工程、房屋建筑、市政公用工程三项国家甲级监理资质，以及机电安装、电力两项国家乙级监理资质。华成监理公司是四川省建设工程质量安全与监理协会理事单位，中国建设监理协会、中国建设监理协会石油天然气分会、成都市建设监理协会会员单位。已取得质量管理体系、职业健康安全管理体系和环境管理体系认证。主要从事油气工程监理业务，市场覆盖西南油气田公司各油气工程项目。2023年，华成监理公司承监项目422个。其中：跨年166个，当年新开256个；全年完工261个，在建161个。管理咨询业务承揽合同40项，其中跨年5项、新签35项，均在履行中。全过程咨询业务承揽合同13项，其中跨年4项、新签9项。

2023年底，华成监理公司有员工384人，平均年龄50岁。其中：西南油气田公司合同化员工29人，股东员工7人，社会化员工348人；机关及直属管理人员63人，各项目部、管理咨询组技术类员工321人。有注册监理工程师80人，一级建造师19人，一级造价师5人，注册安全工程师5人，注册设备监理师9人。高级专业技术职称26人，中级专业技术职称126人；有硕士研究生6人，大学本科124人，大专220人。

2023年，华成监理公司年度营业收入再超亿元，达到12 399万元，同比增长13.4%；净利润853万元，同比增长14.5%，完成预算指标的106%，达到奋斗目标的101%。营业收入和净利润均连续5年取得增长，刷新历史纪录。

（陈洋）

【主营业务】 2023年，华成监理公司承监工程质量安全全面受控。总计承监工程366项，实现质量受控率100%、进度受控率100%、安全受控率100%，获业主肯定。保障铁山坡气田建成达产，组织保障、技术支持、新工艺技术应用等执业表现较以往工程提升显著，支撑特高含硫气田开发技术实现新突破；采用"监理+管理咨询"方式推进相国寺储气库投运中国首套1 000万立方米三甘醇脱水装置，在股份公司2023年度油气田地面建设检查西部组监理单位排名第一。全年管理咨询服务对象25家，同比翻番，业务范围覆盖业务发展所规划的全部7项内容，标志着量变到质变正在加速；组织黄草峡储气库等工程前期审查，拓展设计咨询业务；组织龙灯山档案库建设投运，开创"建设+服务"新模式，成为区域档案中心服务的开端。全过程工程咨询的市场触及范围稳中有升，服务内容集成加快进行；保障宁夏和宁光伏项目、攀枝花米易光伏项目前期工作等新能源业务，抢占新能源领域的市场先机，抓住全过程工程咨询发展的主动权。

（陈洋）

2023年11月28日，华成监理服务保障的相国寺储气库扩压增量工程投运

张馨予 摄

【安全环保】 2023年，华成监理公司开展"查患纠违"竞赛、安全生产重大隐患专项排查整治、"安全生产月"、安全警示教育等系列活动，保持安全"零事故"良好态势，大运会等特殊敏感时段安全全面受控，成功创建健康企业。首次参与重庆气矿"两个现场"QHSE监督服务，实

现从被监督方向监督方代表、从内部职能向盈利业务的双重升级，提升企业QHSE管理技术信心，展示新的发展前景。

2023年，华成监理公司审查施工组织设计、专项方案、应急预案2 625份，管理人员2 623人、特种作业人员3 956人，出具书面审查意2 197份。审查施工机具、设备6 365台（套）。发出各类监理履职指令4 303份（不含立查立改项），其中工程暂停令142份、监理通知单634份、工作联系单279份、不符合事项整改通知单3 248份。以A类、B类风险作业周级管控计划为抓手，保障关键作业现场管控力量的全面覆盖，通过推进"重大隐患专项排查整治""检维修作业专项检查""统筹高质量发展与安全"等专项和文化活动，华成监理公司级排查并整改现场470项隐患，各现场管理机构排查并整改现场2 500余项安全隐患。

（陈 洋）

【科研成效】 2023年，华成监理公司构建"数治华成""数字化监理平台建设"等2个应用课题加速推进，成功服务川西北气矿信息化建设，"数治"发展的基础得到检验并积累了经验。注重提升行业技术话语权，完成中国建设监理协会委任《国家注册监理工程师继续教育培训教材》之《化工石油工程》部分章节编制任务，《石油天然气建设工程监理规范第2部分平行检验》通过行业标准审核，总结形成"双金属复合管组平行检验"等技术成果。

（陈 洋）

【人员队伍建设】 2023年，华成监理公司抓好顶层设计，细化完善人才储备、人才招聘、人才梯队、专家库建设等7个方面人才规划，优化人才聘任机制、业绩奖励机制，使薪酬分配的价值驱动作用同工程建设未来一个时期的需求动态匹配，紧密契合。编制完成无损检测、电仪安装等9个分册的专业监理培训教材；开展总监能力、施工监管安全、水保环保帮扶培训20多次；以发展为导向，组织鼓励员工参加亟需专业、高前景专业考证取证，国家注册监理工程师等各类持证人数大幅增长。选拔实干英才，以执业成效、多方评价作为考察重点，鼓励基层骨干尽职尽责，敢讲敢干，展示自我，全年有4名骨干走上各项目部副经理岗位，1名"80后"骨干走上总监的领导岗位。有50余人次取得各类职业资格证书，113人具有国家注册监理工程师等相关资格，较"十三五"末上升102%，占到员工总数的29%。

（陈 洋）

【党建工作】 2023年，华成监理公司开展学习贯彻习近平新时代中国特色社会主义思想主题教育，领导班子参加集中学习研讨和读书班4人，开展专题研讨交流3次，讲专题党课4次，覆盖听众60人次。开展调研26次，汇总形成13类问题25个，把脉生产经营、生存发展的问题隐患，提出整改举措52条。组织中心组学习12次，党员大会1次，党委委员上党课7次，召开"三重一大"会议45次，决策事项79项；开创性推动自然人股东进入党委班子，成立党委办公室、党委组织部，完成党支部扩编及换届，党总支升格为党委后首个自然年实现高水平起步。以加强机关作风建设为重点，开展作风建设专项行动，推动思想作风、工作作风、纪律作风转变；加强廉洁从业管理，依托西南油气田公司纪委派驻第一纪检组，加大管理力度，保持廉洁从业良好态势。开展形势任务、工作动态、发展成果、人物事迹等各类宣传，宣传水平提升到新层次、站上新台阶；用好新媒体，在"全、深、精、广、密"五字上下功夫，推动"华成监理"微信公众号的名气越发响亮，成为联系内外的主要渠道和重要窗口，进一步树立和展示企业良好形象，扩大企业影响力，增强全体员工的归属感和向心力。

（陈 洋）

邮政编码：610051
电话号码：028-86013122
邮网号码：213122
单位地址：四川省成都市新鸿路406号

# 宝石花汽服公司

【概况】 宝石花汽服公司主要承担西南油气田公司、川庆钻探工程公司等6家局级机关和成都地区34个二级单位的车辆服务。2023年底，机关设综合管理部（党委组织部）、财务资产部、质量安全环保部、生产运行部和计划经营部；基层设有成都一分公司、成都二分公司、成都三分公司3个生产服务单位。有在册职工总数261人（其中成都地区整合单位外借外派116人），其中管理人员34人、操作服务人员227人。有高级专业技术职称4人、中级专业技术职称14人、助理级（或员级）专业技术职称6人、技师7人。有各类车辆570辆，原值9 036万元。

2023年，宝石花汽服公司营业收入2.34亿元，净利润401万元，达到投资回报率目标，员工收入持续提升。

（马 绰）

【改革发展】 2023年，宝石花汽服公司利用改制后的灵活体制机制，全方位保障用户的多样化用车服务需求。利用社会化资源，发挥专业化平台作用，在重庆气矿垫江作业区开展"一体化"模式项目试点，降低用户用车成本，提升用户用车体验，得到用户好评；针对车辆老旧问题，综合排查制订年度车辆更新计划，采取自购与租赁相结合的方式解决车辆更新渠道，新购车辆95台；清理处置老旧车辆和问题车辆，确保车辆本质安全。处置第一批次国二排放标准及无经营价值车辆65辆，取得处置收益234万元；按照乘用车业务整合统一部署，完成12家单位228名驾驶员劳动合同签订，配合完成劳资相关系统配置及党工团关系迁移，并打通整合驾驶员薪酬查询的关键环节，提升驾驶员归属感，为一体化管理提供支撑。

（马 绰）

【安全环保】 2023年，宝石花汽服公司安全行驶里程1 381.6万千米，安全运行7 115天。打造投用集实时监测、驻点医疗服务、健康咨询、知识宣教于一体的"健康小屋"，帮助员工筑起健康"防护墙"。组织开展AED操作和员工身心健康知识培训，进一步增强员工急救能力，提升员工健康保健意识。编制标准化管理手册、操作手册和图册，强化运行过程分析，提升标准化运行质量。与各单位、各部门签订QHSE责任书8份，与各岗位员工签订QHSE责任书282份，压紧压实全员安全生产责任。为233名正式驾驶员核发内部准驾证，为275名业务外包驾驶员核发内部准驾备案证。开展专项安全检查17次，发现和整改问题32项。举办"防御性驾驶培训优秀课件评选大赛"及以"筑牢安全发展基石，深化全员健康管理"为主题的安康杯劳动竞赛。开展安全生产月活动，学习贯彻习近平总书记关于安全生产重要论述，营造"人人讲安全、个个会应急"的良好氛围。

（马 绰）

【经营管理】 2023年，宝石花汽服公司投资总额3 256.79万元，其中车辆采购2 984.91万元、办公设备购置26.33万元、信息化建设项目12.44万元、跨年结算项目233.11万元。签订收入类合同76份，其中局级单位5份、西南油气田公司各二级单位43份、对外投资公司24份、实物资产交易合同4份。全年签约用户数、合同总额大幅增加。开展合同管理培训1次，合同表单、文本、履行管理逐步完善。面向对外投资公司群体，拓展新增用户，2023年新增包括四川华油集团公司、川港公司等8家用户。修订发布《关于调整公司竞争性谈判选商相关工作流程的通知》《关于委托开展工程造价咨询服务相关事宜的通知》，优化调整选商流程，提高效率、缩短时间。依法合规开展选商工作85次，其中公开招标2次、竞争性谈判20次、单一来源选商45次、询价比价选商18次。全年召开股东会5次、董事会1次、监事会1次，根据授权提交董事长审批重要事项22次，为宝石花汽服公司在项目立项、重大选商事宜等方面提供决策支撑。

（马 绰）

【队伍建设】 2023年，宝石花汽服公司完成基层领导干部选拔任用2人，调入管理人员1人，通过三支人才队伍转换将操作岗位聘任到管理岗位3人，操服岗位调整1人，通过内部挖潜充实管理团队；推进职称评定及技能提升工作。协调政府相关部门，完成政工师职称申报2人次。配合技能鉴定中心完成驾驶高级工技能鉴定10人次、技师认定考评4人次。开展优秀班组长评选工作，2名班组长获西南油气田公司"百优"班组长称号。

（马 绰）

【党建工作】 2023年，宝石花汽服公司加强党的全面领导，严格履行"三重一大"决策实施细则，召开党委会19次，总经理办公会19次。落实"第一议题"制度，学习内容58项，召开党委专题会议学习2次，确保重要文件及时学习、及时贯彻，在学懂弄通、学深悟透上见到新成效。开展主题教育，通过举办读书班、讲授专题党课、开展调查研究、召开专题民主生活会等一系列工作，使学

单位概览

2023年11月4日，宝石花汽服公司在成都举办首届汽车驾驶员专业技能竞赛　　　马　绰摄

习贯彻习近平新时代中国特色社会主义思想走深走实。配合西南油气田公司党委第二巡察组巡察工作，及时召开2次专题会议和1次巡察整改专题民主生活会，研究制订整改方案，推进整改工作落实。开展"贯彻二十大、奋进新征程"专题党课活动，党委班子成员带头宣讲党的二十大精神专题党课5场次、受众160人次，党支部书记、党员、先进代表讲专题党课4场次、受众100人次。落实意识形态工作责任制，制定《成都大运会期间网络舆情升级管理专项工作方案》及风险排查表。宣贯新闻舆论工作的要求，排查舆情风险，规范员工网络行为，确保意识形态受控。加强廉洁教育，通过观看警示教育片，通报违反中央八项规定精神典型问题，增强警示震慑作用，及时对2名新提拔领导干部开展"六个一"廉洁从业教育，筑牢拒腐防变思想防线。紧盯关键节点，纠治"四风"树新风，元旦春节、五一端午、中秋国庆发送廉洁短信743条；开展纪检干部队伍教育整顿，打造忠诚干净担当、敢于善于斗争的纪检队伍；坚持精准高效问责，收到西南油气田公司纪委纪律检查监督建议书1份，执行开除党籍处分1人次，发挥"问责一起，警示一片"的效果，巩固良好政治生态。

（马　绰）

【精神文明建设】 2023年，宝石花汽服公司开展同心奋进"鑫"征程户外拓展活动及首届汽车驾驶员专业技能竞赛活动，进一步提升全体干部员工团结协作精神，提高团队凝聚力、向心力和执行力，让"汽服是驾驶员之家"深入人心。在重要节点慰问生活有困难、生病职工20人次，慰问金额1.85万元；大病帮扶29人次，慰问金额3.9万元；慰问困难党员16人次，慰问金额2.6万元。

（马　绰）

邮政编码：610051
电话号码：028-86013030
油网号码：213030
单位地址：成都市成华区建设北路一段49号附6号
单位英文名称：Chengdu automobile service center

## 宝石花油服公司

【概况】 2020年1月22日，宝石花油服公司由四川省华鑫盛油气运营管理有限公司混合所有制改革而成立。定位为西南油气田公司用工方式转型的主平台，发挥人力资源服务和业务外包规范管理两大职能作用。2023年底，宝石花油服公司机关设综合办公室（党群工作部）、财务资产部、人力资源部（党委组织部）、生产运行部（安全环保部）、经营管理部5个职能部室，设楚攀输气管道运维项目部、成都项目部、泸州项目部、广安项目部、川中北部采气管理处5个项目部，设分公司（重庆分公司）1个、全资子公司（达州开元石油服务有限公司）1个、控股投资公司（四川宝石花鑫盛信息技术服务有限公司）1个。有员工1 780余人。

（雍雅婷）

【法人治理体系】 2023年，宝石花油服公司深化治理体系及治理能力建设。全年组织召开股东会2次、董事会1次、监事会1次，审议批准各项议案14项。按法定程序完成董事会、监事会成员调整，完善董监事工作职责和议事规则。落实上级关于股东行权管理的相关要求，按被投资企业章程规定，履行股东方决策职责。落实西南油气田对公司运行实施直管的总体部署和相关要求，签订委托管理协议，建立健全宝石花油服公司与西南油气田公司、四川华盛能源发展集团有限公司等股东方内部行权管理机制流程；落实对全资子公司——达州开元石油服务有限公司的委托管理，完成与川东北气矿2023—2024年的委托管理协议续签。
（王　煜）

【经营管理】 2023年，宝石花油服公司推进和深化依法合规治企管理建设，完善和保障对劳动关系管理、职工权益维护、招投标活动等各类经营决策涉法事项的法律风险评估和法律论证机制，深化市场管理标准化建设，强化"三商"监督与考核。2023年，宝石花油服公司被成都市市场监督管理局连续3年评选为年度市级"守合同、重信用"企业。
（王　煜）

【创新成果】 2023年，宝石花油服公司推广合理化建议和"五新五小"创新成果活动实施，肖红纱主笔撰写的3篇论文分别在国际天然气研究论坛和第33届全国天然气学术年会上发表；温博、蒋茂琴、高上钧等研发的创新成果分获2023年度绿色矿山科学技术二等奖，四川省石油企业管理协会创新成果奖，西南油气田公司科学技术进步奖二等奖、三等奖，西南油气田公司一线创新成果推广应用奖，西南油气田公司QC成果二等奖。
（雍雅婷）

【技能竞赛】 2023年，宝石花油服公司完成首届操作工技能竞赛，达到"以赛促学、以赛促练、以赛增智"的目标。傅茂林、杨忠强等在业主单位开展的数字化运维职业技能竞赛中，获个人三等奖2次、团体二等奖1次，母明檑在西南油气田公司数字化运维技术技能竞赛中获银牌并被授予西南油气田公司"青年岗位能手"称号；易子翔、杨帆在达州市首届"安康杯"天然气开采行业（采气工）职工职业技能比赛中获团体金牌；何仕林等在西南油气田公司"知岗、讲岗、爱岗"岗位讲述活动中获一等奖及优秀奖，刘洪伟、方建华被授予"百优班组长"称号。
（雍雅婷）

【主题教育】 2023年，宝石花油服公司开展学习贯彻习近平新时代中国特色社会主义思想主题教育，围绕"学思想、强党性、重实践、建新功"总要求，开展中心组学习、主题教育学习班和读书班，组织开展党的二十大精神专题讲座、党务工作者培训班、岗位安全知识竞赛等主题活动，同时结合主题教育举办"传承红色基因，赓续石油血脉""红色"精神诗歌朗诵大赛、重走长征路等红色教育活动，引导全体职工坚定理想信念、牢记初心使命。推进"转观念、勇担当、新征程、创一流"主题教育活动，建好用好工会传播媒介，依托即时通、职工之家、职工书屋、劳模讲课、一线慰问和调研等载体，把主题教育精神传达到一线。
（向　恒）

2023年9月8—9日，宝石花油服公司机关第一党支部、第二党支部党员干部到四川雅安夹金山开展"铭记党的历史、传承红色基因"主题党日暨学习教育活动　　雍雅婷　摄

【党建工作】 2023年，宝石花油服公司落实"第一议题"制度，推动基层党建"三基本"建设与"三基"工作有机融合，提供坚强组织保障。推进全面从严治党，坚持正风肃纪。落实意识形态工作责任制，开展"形势、目标、任务、责任"宣讲到厂区、进班组，受众1 000余人次。召开宝石花油服公司第一次党代会，选举产生第一届党委、第一届纪委，明确今后五年党的建设指导思想和工作安排。探索混合所有制企业党建工作研究与创新，获西南油气田公司优秀党建研究成果优秀奖1项、四川省石油系统优秀政研成果奖2项。
（向　恒）

邮政编码：610051
外网号码：028-86017409
油网号码：217409
单位地址：四川省成都市成华区府青路一段3号

# 四川宝石花医疗公司

【概况】 四川宝石花医疗公司位于四川成都天府新区，由宝石花健康投资控股有限公司与四川石油管理局公司合股建立。旗下有四川宝石花医院（原四川石油总医院，三级综合型医院）、成都宝石花医院（原四川石油成都医院，一级综合型医院）、重庆宝石花医院（原重庆石油医院，一级综合型医院）、江油宝石花医院（原江油川西北石油医院，二级综合型医院），各医院均为独立法人。2023年，四川宝石花医疗公司机关下设办公室（党委办公室）、人力资源部（党委组织部）、财务资产部、业务发展部、运营管理部、党群工作部、医学装备信息部、安全环保部8个部室。

2023年，四川宝石花医疗公司门急诊量607 470人次，同比增长13.26%；入院量32 154人次，同比增长10.56%；住院手术量8 611例次，同比增长6.15%；体检量96 383人次，同比增长16.67%；药占比22.3%、耗材占比9.8%，均在预算范围内。全年收入73 395万元，考核净利润514万元，同比减亏907万元，完成年度经营指标。所属重庆宝石花医院和四川宝石花医院健康管理部总收入均超1亿元，实现历史突破。

（肖　相）

【医疗质量】 2023年，四川宝石花医疗公司制定《四川宝石花医院2023年度"质量强化年"工作方案》，健全质量管理组织架构，新增POCT管理委员会；加强"品管圈"（指由相同、相近或互补之工作场所的人们自动自发组成数人一圈的小圈团体）活动开展，全年26个品管圈项目结题。印发《四川宝石花医院开展医疗质量核心制度贯彻落实行动计划》通知，成立18项医疗核心制度落实行动领导小组，依托"2023年国家医疗质量安全改进目标"工作，聘请医疗质量与安全管理专家每月对科室医疗安全与质量工作进行督导。开展病历书写培训，全年抽查住院归档病历1 000余份，其中甲级病历率约70%；对运行病历交叉抽查，全年抽查1 800份，合格率91%。加强"三医"监管力度，讨论分析不合理耗材问题线索8例、不合理住院费用问题线索14例、医师处方权限问题线索5例、信息对码问题18例。全年上报护理不良事件55例；开展护理人员岗位胜任能力年度考核，晋级合格率100%。完成日常质控及专项质控近500次，PDCA循环6个。开展院感培训61场5 503人次，考核3 461人次，考核合格率96.4%。

（肖　相）

【科研教学】 2023年，四川宝石花医疗公司依托高校深度合作，在学科建设和人才培养方面建立更加密切的交流与沟通，全年与四川大学华西医院、川北医学院、四川科技职业学院、吉林医药学院等多所高校开展交流7次；四川宝石花医院在通用宝石花医疗集团首届教学查房大赛中获一等奖、在成都市"新苗杯"青年教师授课比赛中获优秀奖。全年接收实习生159人（含本科学生37人），专业涵盖临床医学、医学影像、口腔医学、麻醉学等12个专业。四川宝石花医院立项继续医学教育项目6项、备案3项；科研项目立项4项，实用型授权4项。发表论文7篇，科普4项。四川宝石花医院"天府新区居民颈部血管异常疾病模型智能构建及仿真决策优化"获2022年四川省医学会科研课题立项，"一种通用型可更换式防受压保护性约束棉垫"获国家知识产权局实用性专利授权。

（肖　相）

【服务油田】 2023年，四川宝石花医疗公司为使"健康小屋"同质化管理，制定《四川宝石花医疗"健康小屋"服务规范（试行）》内容，针对西南油气田公司40岁及以上员工的早癌筛查项目，在执行过程中规范服务流程，最大程度保证西南油气田公司所属医院的服务同质化，避免内部市场的混乱。在服务质量、管理流程及效果、流程优化等方面实施改进措施41项；新增早癌筛查、阳康体检、心理团辅、一对一心理咨询等多种服务类型6个。打造的四川省总工会员工"心灵驿站""妈咪宝贝屋"示范点项目获四川省总工会、四川省卫健委授牌。"精心打造'心灵驿站'助力油气田健康发展"项目被西南油气田公司评为十大优秀成果。全年签订购买服务合同2.4亿元，同比增长10.28%；有健康小屋44个，累计服务1.2万余人次，宝石花医疗品牌得到认可。

（肖　相）

【运营管理】 2023年，四川宝石花医疗公司健全运营管理组织体系，成立运营管理委员会，制定《运营管理体系建设方案》和运营管理组织体系架构图，提升运营管理水平。扩大自主运营科室范围，四川宝石花医院在临床科室全面试点科室自主运营，江油宝石花医院增加试点科室3个。开展"周五大批量出院分析""单日门诊量突增分析""骨科、肝胆胰脾外科单日入院患者分析"。完善就医流程，四川宝石花医院成立消化疾病诊治中心，整合消化内科、肝胆胰脾外科、胃肠外科、肛肠疝血管外科等科室。发挥"MDT"的功能作用，实现门诊量、住院量、手术量等同比增长。发挥"全院一张床"功能，通过"W床"的设置和配套管理，既满足患者能够及时入院，又保证患者能够专科专治。加强市场拓展，全年开展义诊志愿服务活动45次，参与人员206人次，惠及辖区百姓4 050人次；开展健康知识科普宣讲14次，参与34人次，惠及辖区百姓830人次。义诊及健康知识科普宣讲志愿服务时长共计236小时，受益群众近5 000人。新增派出21人参加对口帮扶工作。

（肖 相）

【安全环保】 2023年，四川宝石花医疗公司党政主要负责人处处讲安全，各业务分管领导及职能部门定期到科室开展安全检查，各科室日检、周检、月检执行到位。重大隐患得到有效治理，投入资金近400万元，完成"消防系统隐患治理项目"和"中央空调系统锅炉大气污染物排放达标改造项目"2个重点项目，确保四川宝石花医院消防系统处于正常状态，大气污染物排放达到成都市排放标准。"安全生产月"活动组织全员消防安全知识培训1 000余人次。

（肖 相）

【主题教育】 2023年，四川宝石花医疗公司结合第二批主题教育要求，围绕"学思想、强党性、重实践、建新功"的总要求，举办7天主题教育读书班，党委领导班子成员逐字逐句研读党的二十大报告、《中国共产党章程》《习近平著作选读》《习近平新时代中国特色社会主义思想专题摘编》等学习材料。通过集中学习和个人自学相结合的方式，注重思考，学深悟透党的创新理论和其中蕴含的世界观方法论。通过调研查问题，班子成员坚持问题导向，敢于正视问题、善于发现问题，开展事关人民健康的战略性调研、破解医院复杂难题的对策性调研、推动落实医院高质量发展的督查式调研，问需于民、问计于民，切实解决各医院在医疗质量、医疗安全、学科建设、深化改革等领域的难题。班子4名成员分批采取实地走访、资料查阅、面对面访谈等形式，实地蹲点调研9次，发现问题29个，收集建议94条，形成调研报告4份。班子成员通过调研，梳理总结出现存的五大问题：市场竞争压力、经营性质问题、管理界面模糊、信息化更新滞后、人才梯队建设不够完善。针对以上方面的问题，找到33个解决措施。

（肖 相）

2023年10月19—21日，四川宝石花医疗公司组织领导班子、中层干部、重要岗位员工到四川眉山三苏祠开展廉洁文化教育

陈 苗 摄

【党建工作】 2023年，四川宝石花医疗公司坚持"第一议题"制度，组织党委中心组学习会议12次，领导班子成员参与中心组学习出席率85%以上。坚持党管人才，全年提拔基层领导人员8人，调整基层领导人员14人。做好人才引进，整合招聘需求岗位，面试112人。坚持舆论引导，微信服务号关注人数同比增长21%；订阅号关注人数同比增长39%。坚持品牌宣传，制作宣传橱窗及各临床科室宣传栏10余期，制作手卫生、乳甲外科、职业病防护、营养保健、医保宣传折页等近7 000册。坚持正风肃纪，传达上级相关文件并研究部署有关工作5次，结合医疗行业实际组织观看警示教育片100余人次；对新提拔25名干部进行"六个一"廉洁教育。开展岗位廉洁风险排查工作，梳理21个风险岗位、59项业务活动和130条防控措施；开展廉洁风险梳理排查工作，梳理21个领域，拟定41条防控措施，形成重大重要廉洁风险事项清单。开展"九项准则"培训，组织医生600余人次、护士400余人次签订廉洁从业承诺书。收到感谢信、锦旗72封（面），

拒收红包（物品）26个（件），金额约3.4万元，同比增长148%。全年慰问帮扶89人次，发放慰问帮扶资金14.9万元。

（肖相）

【平安院区建设】 2023年，四川宝石花医疗公司组织学习《信访工作条例》和《干部员工网络行为负面清单》。签订平安建设责任书55份，层层落实平安建设工作责任。化解矛盾纠纷和应急处置26次，开展应急演练2次，排查矛盾纠纷4次。开展宣教活动56次，累计培训员工1000余人次。

（肖相）

邮政编码：610213
电话号码：028-85608598
内网号码：259098
单位地址：四川省成都市天府新区华阳街道通济巷26号 四川宝石花医院综合楼

# 川庆长庆指挥部

【概况】 川庆长庆指挥部负责川庆钻探工程公司长庆地区单位与地方人民政府、长庆油田公司的公共关系协调、生产运行协调、质量安全环保、市场开发、井控管理、维护稳定与信访等工作，施工区域覆盖陕西省、甘肃省、宁夏回族自治区、内蒙古自治区四省（自治区）。截至2023年底，川庆长庆指挥部有在册职工52人，其中二级正8人、一级工程师1人、资深高级主管13人；有高级专业技术职称38人、中级专业技术职称10人。设党总支1个、党支部3个，有党员53人。

2023年，川庆长庆指挥部积极应对集团公司投资政策调整，加大沟通协调，从优化队伍布局、严控非生产成本支出、加快业务转型等方面稳妥调整，将损失降到最低。全年完成钻井进尺447.78万米、试油压裂13 517层、固完井2 626口，其中水平井分别完成189.79万米10 131层747口；长庆区域实现经营收入155.32亿元，实现考核利润3.29亿元，完成川庆钻探工程公司经营考核指标。

（刘春平）

【协调关系】 2023年，川庆长庆指挥部加强与长庆油田公司沟通协作，完善"责任共担、要事共商、资源共用、成果共享"的协同发展工作机制。保持领导层面、业务部门层面常态化沟通对接，固化产能建设钻采工程方案联合编制、联合会审机制，不定期联合讨论重大新工艺试验、重点勘探井方案，共同成立"两个1"新井提产工程等重点工作联合专班，共同组建风险探井钻井工作领导小组，建立健全联席会议制度，保障生产经营运行，维护和巩固川庆钻探工程公司在长庆市场的主力军地位。

（刘春平）

【市场开发】 2023年，川庆长庆指挥部统筹区域各单位开发市场，多元拓展发展空间。担当长庆市场主力军排头兵作用，主动承揽油田急难险重任务，规模占领水平井等高端市场，一体化总包陇东页岩油、储气库、盐下高含硫、老井水平井重复改造等项目，钻井、井下、固井在长庆油田市场服务保障率分别为34.13%、53.93%、65.34%，其中水平井的钻井、井下、固井分别为56.9%、68.01%、92.53%。深度培育延长战略市场，精心组织延长页岩油一期项目，完成钻井28口进尺9.97万米、压裂77口1 370段，助力甲方实现投资不增的情况下产能显著提高；实施子长东气田地质工程一体化总包工程，启动页岩油二期项目，探索区块总包和安全监管、技术管理、井控应急服务、数字化建设等战略合作，市场品牌得到认可。开发油田矿权流转区块、中联煤临兴项目等周边市场，与玉门油田公司签订合作框架协议，总包玉门油田青石峁流转区块3口气井施工，中标辽河矿权流转区块5部钻机和陕西燃气集团4口氦气井项目。

（刘春平）

【组织运行】 2023年，川庆长庆指挥部坚持以服务油气勘探、效益开发为己任，创中油技服工程纪录3项，获中油技服贺信表扬24次，支撑长庆油田公司油气当量产量突破6 600万吨。成立深层煤层气一体化服务工作专班，投入16部钻机保障煤层气先导性实验，完井21口，刷新水平段长（2 222米）等多项纪录；完成米172H超大排量压裂、麒35H国内最大规模二氧化碳泡沫减水压裂等26口深层煤层气井压裂，横探8H井测试获日产18.16万立方米高产气流。全部承揽蟠探1井等9口"1"字号重点井施工，支撑铝土岩、太原组灰岩、长$7_3$纹层型页岩油等新领域勘探评价实现重大突破，首口铝土岩水平井陇 47-1CH 井创盆地上古生界最高无阻流量纪录（353.4 万米³/日）。加快页岩油开发上产，完钻 182 口进尺 70.36 万米、压裂 4 333 段，平均单井日产油达近 4 年规模建设以来最高，庆 H37-9 井单日产油突破 100 吨，华 H100 平台日产油气当量保持在 400 吨以上，保障建成年产 200 万吨国内最大页岩油开发示范区。打成国内首口水力压裂保形取心井、82 口 5 000 米以上深井等一批高难复杂井，试获重大发现井 4 口、超百万立方米高产气井 22 口、超 50 吨高产油井 10 口。

（刘春平）

【安全环保管理】 2023 年，川庆长庆指挥部深化双重预防工作机制建设，狠抓井控、高危作业、承包商、特种设备、危化品等重点风险防控，开展重大事故隐患专项排查整治行动，建立管控机制，实施关键作业安全管控计划，长庆区域未发生一般 C 级及以上生产安全事故和环境事件。承办中油技服和延长气田"三标一规范"示范观摩活动，长庆区域特色安全亲情文化和钻井井下专业 100 个标准化作业程序在钻探企业全面推行。执行黄河流域生态环境保护工作措施，强化施工现场固废管控，完善三级钻井液不落地工艺，建成 2 座一体化钻井液储配站；加大水资源综合利用，回用返排液 97 万立方米、回用率同比提高 2.7%。推进健康企业创建，对健康重点人员实施"单位+医院+家庭"健康帮扶，建成 30 个"健康小屋"，与 4 家三甲医院建立绿色医疗通道，3 家单位通过川庆钻探工程公司健康企业达标验收。

（刘春平）

【技术进步】 2023 年，川庆长庆指挥部推进"技术立企"战略，实施科研攻关"八二"布局和重点项目"揭榜挂帅"，区域各单位科技投入 4.22 亿元，完成集团公司级项目 11 个，获省部级奖 9 项。深化地质工程一体化，强化地质研究，集成应用自主研发旋转地质导向、水基钻井液、TiFrac 一体化设计分析软件等特色技术产品，支撑非常规油气资源高效开发，开展庆 H32 平台、庆 H42 平台新的总包探索。与油田共同建设国内首个页岩油水力压裂试验场，水平段保形取心 300 米、收获率 100%。紧跟油田 CCUS 示范工程，实施黄 138 井区 CCUS 钻井 40 口、进尺 11.83 万米；完成长庆油田首口 CCUS 全井段抗二氧化碳腐蚀体系固井作业，推广应用 74 井次；攻关二氧化碳注驱采一体化压裂提采新技术，完成二氧化碳压裂 115 井次 564 层、二氧化碳泵注埋存 19 井次，二氧化碳用量累计超 24 万吨。研发应用钻井提速利器，PDC 钻头包井 433 口，非常规悬浮器成功应用于油田首口小井眼页岩油水平井，近钻头方位伽玛打入中石油山西煤层气市场。研制全自动控压钻井系统，规模应用控压钻井 630 口，有效解决溢流出水、溢漏同存、窄安全密度窗口钻进难题。自主研制泵送式连续油管液压底封压裂工具，单趟施工实现从 6 段到 30 段的突破。完成国内首口超长水平段（4 088 米）带压作业清理井筒，刷新国内带压作业机钻磨最大作业井深和水平段长纪录。

（刘春平）

2023 年 1 月 31 日，川庆钻探工程公司在西安召开长庆区域 2023 年生产启动会

苏建军　摄

【提质增效】 2023 年，川庆长庆指挥部统筹实施提质增效措施 43 项，区域各单位提质增效贡献 6.56 亿元。协调加快井间运行节奏，平均井间周期 14.72 天、同比减少 4.22 天，钻井整体提速 8.02%，油、气井队伍年进尺最高分别达 3.91 万米、3.94 万米。统筹推进区域数字化转型，完善 EISC 功能，建成数字化钻井队 28 支、压裂队 4 支、固井队 3 支和国内首个固井生产全数字化管理平台，井身质量、固井质量合格率分别为 99.76%、95.6%。推动专业化服务转型升级，联合长庆油田公司建设井控技术服务中心，开展油田一体化井控培训业务，提升人力资源、工程技术和物资供应等专业化服务创效能力。统筹钻井、压裂用能需求，统建共享、一体化运行集中电网，协调使用油田自用气，电（气）代油用电当量 2.43 亿千瓦·时，减少

碳排放 5.68 万吨。　　　　　　　　　　（刘春平）

【党建工作】 2023 年，川庆长庆指挥部落实"第一议题"制度，跟进学习习近平总书记重要讲话和指示批示精神。开展学习贯彻习近平新时代中国特色社会主义思想主题教育，把握"学思想、强党性、重实践、建新功"总要求，一体推进理论学习、调查研究、检视整改，在以学铸魂、以学增智、以学正风、以学促干上取得明显成效。开展"我为员工群众办实事"活动，推进区域生产生活基地保障功能提档升级，建设川庆钻探工程公司陇东指挥中心，建成投用长庆钻井延安生产生活保障基地、长庆固井高沟口倒班公寓。履行社会责任，组织向延安市、庆阳市捐赠救灾，完成甘肃永昌县 15 口抗旱水源井施工，得到当地政府好评。　　　　　　　　　　　　（刘春平）

邮政编码：710018
电话号码：029-86978888　029-86978666（传真）
单位地址：陕西省西安市未央路 151 号长庆大厦

# 川庆川东钻探公司

【概况】 川庆川东钻探公司隶属于川庆钻探工程公司，成立于 1983 年 10 月，由原四川石油管理局川东矿区、川东北勘探会战指挥部的部分职能和单位经专业化分工组建而成，2008 年 3 月重组并入川庆钻探工程公司，总部位于重庆市。主要从事石油天然气钻井工程施工作业和技术服务。主要服务于西南油气田公司，作业区域分布在川渝等地区。2023 年底，川庆川东钻探公司设置机关部室 13 个、二级单位 10 个、附属单位 7 个，有在编钻井队 50 支。用工总量 3 670 人，其中合同化用工 2 093 人、市场化用工 548 人、业务外包引进 1 029 人。有高级专业技术职称 119 人、中级专业技术职称 446 人。有技能专家 10 人，其中集团公司技能专家 2 人、企业技能专家 8 人。有首席技师 9 人、高级技师 13 人、技师 90 人。固定资产原值 23.09 亿元，净值 9.18 亿元。主要装备有钻机 49 台，其中 9 000 米钻机 1 台、8 000 米钻机 4 台（含越盛钻机 1 台）、7 000 米钻机 32 台（含越创钻机 3 台、越盛钻机 1 台）、6000 型（液压智能）钻机 1 台（自带顶驱 1 套）、5 000 米钻机 10 台、4 000 米钻机 1 台，自有顶驱 34 套（含越创顶驱 12 套）。

2023 年，川庆川东钻探公司开钻井 62 口，完钻井 86 口，钻获进尺 40.15 万米，同比增长 14%。蓬深 6 井完钻井深 9 026 米，创亚洲最深直井纪录。宁探 1H 井取心至 4 382 米，创国内煤岩气取心最深纪录。试采获百万立方米以上气井 16 口，其中 200 万立方米以上气井 3 口。创新川庆钻探工程公司钻井指标 26 项。全年实现营业收入 28 亿元，实现提质增效 3.17 亿元。自主定向井 71 口，产值 8 150 万元，首次突破 8 000 万元，再创历史新高。获川庆钻探工程公司 2023 年度"先进企业""QHSE 先进企业""提质增效专项行动先进单位"等称号。　（宋　静）

【安全环保】 2023 年，川庆川东钻探公司深化 QHSE 体系建设，全年杜绝有责溢流及以上井控事件、一般 C 类及以上生产安全事故、一般及以上环境污染事件。落实安全生产责任，优化安全生产管理制度 5 项，修订完善安全环保责任清单 239 份，各级领导签订 QHSE 责任书 87 份。强化安全生产投入，投入安全隐患整改费用 1 639 万元。落实安技措项目 38 项，其中重大项目 7 项，投入资金 4 793.8 万元。识别岗位风险 2 159 项，利用"风险矩阵评价方法"对后辅单位、钻井队岗位风险进行评价出 134 项分为四级管控，制定风险防控方案 13 个管控措施 837 条。开展专项整治活动 6 次。学习宣贯《中华人民共和国安全生产法》和《中华人民共和国环境保护法》，发放《安全生产与应急管理培训教材》《反三违 查隐患 防事故 抓整改》等知识读本。推行 CNG 气源清洁化利用，首次在川渝地区宁探 1H 井利用 CNG 罐车输送 CNG 气源，实现井场能源清洁化。实施电代油，用电 1.71 亿千瓦·时，同比增长 36%，减少排放二氧化碳 6 万余吨，49 支钻井队全面使用电磁灶减少二氧化碳排放量 428 吨、使用太阳能灯具年节约用电 1 万千瓦·时。加强地企联动、甲乙方互动，开展三级井控演练 9 井次。制定收集安全环保课件、教案 20 项，在川庆川东钻探公司"东钻学堂"App 组织学习 3 500 余人次；举办安全生产知识和管理能力取证（复训）培训班、承包商 HSE 培训班等 7 个培训班；开展新入厂员工、承包商、安全管理人员HSE培训21期，培训员工9 000余人次。开展急救培训3次、健康知识讲座4次、健康咨询2次、心理咨询1次，参与员工1 172人。

（宋 静）

【钻井提速提效】 2023年，川庆川东钻探公司全面推进井筒作业整体提速，平均钻机月速1 171米/（台·月），同比提高38%，机械钻速6.38米/时，同比提高25%。在拆卸、搬迁、安装提速方面，平均井间周期25.35天，同比缩短2.84天，提速10%。在中完井提速方面，平均中完及完井周期11.2天，同比缩短1.27天，提速10%。在试油提速方面，新开井平均单层试油周期41.8天，同比缩短6.69天，提速13.8%。故障复杂时率5.65%，同比下降23%，其中复杂时率3.98%，同比下降31%。加强钻具管理，钻具故障同比减少7次，下降58%。加强定向仪器管理，自主定向仪器故障时率1.1%，同比下降25%。下川东区域优化钻头工具选型、统筹固井承压堵漏，在平均井深增加975米的情况下，渡口河—七里北平均钻井周期比铁山坡减少48天，提速27%。页岩气区域强化钻井参数，集成运用"抗高温旋导+个性化PDC+大扭矩螺杆"提速利器，平均钻机月速1 745米/（台·月），同比提高10%。川中区域试行低密度大排量快速钻进模式，平均钻机月速691米/（台·月）、机械钻速4.46米/时，同比分别提高25%、24%，蓬深21井打出"日进公里"指标。页岩气年进尺上2.5万米队伍有1支，上2万米队伍有3支，常规井年进尺上万米队伍有3支。

（宋 静）

【科技进步】 2023年，川庆川东钻探公司参与集团公司项目5项、中油技服统筹项目3项、川庆钻探工程公司项目43项（含牵头2项）。获科技奖励11项（集团公司级2项、重庆市级2项、川庆钻探工程公司级7项），其中牵头取得科技奖励5项。获集团公司科学技术进步奖三等奖1项，川庆钻探工程公司科学技术进步奖二等奖2项、三等奖2项。张杰工作室首次承担完成集团公司创新基金项目"快速处理旋导驱动轴断裂故障"。助力钻井提速，大安2H1-1井以82.94天的钻井周期创大安区块深层页岩气井最短钻井周期纪录，比原纪录提速12.8%，实现周期突破90天的目标。优化故障处理工艺，龙会002-X2井应用"反扣铣筒解除封隔器锚定+可退式捞矛/捞筒打捞"工艺，完成川渝地区首口大斜度井127毫米尾管内封隔器打捞作业。完善取心技术，卧深1井完成下川东区域首次桐梓组取心作业；创新形成"满尺寸钻头取心不扩眼技术"，威215井龙马溪组在川渝地区首次开展螺杆带满尺寸钻头取心试验；页岩气井新层系推广应用螺杆长筒取心工艺，福东1井创川渝地区机械钻速最高、茅口组行程钻速最高、茅口组首次成功试验螺杆三筒取心、大井眼首次试验螺杆三筒取心等4项新纪录。

（宋 静）

2023年11月7日，川庆钻探工程公司在川庆川东钻探公司70506钻井队和70582钻井队共同承钻的自205H2平台举行钻井清洁生产暨"三标一规范"现场推进会　　薛柯摄

【精细化管理】 2023年，川庆川东钻探公司开拓浙江油田公司市场，进入大安页岩气区块，新获取一批流转区块常规井。通过压裂供水、安防门禁系统实施，创收1 261万元。为外部钻井队提供钻具、井控检维修服务，创收469万元。用信息化服务开拓外部市场，为昆仑数智搭建实验载体，创收479万元。与天石和创公司合作，开展旋导作业3口井。无压痕下油管业务产值711万元。表层旋挖19井次，降本570万元。实施钻机"气代油"2井次。自主加工地脚螺栓等，产值853万元。顶驱自主修理首次实现100%。开展成本对标分析12次，开展能耗费、材料费等专项治理，电代油用电量1.72亿千瓦·时，电油比达到80%，平均进尺能耗同比下降18%，平均每台月材料费同比下降23%，平均每米运输费同比降低4%。加大劳务对外输出力度，向西油物资公司东供提供护厂服务26人，创收232万元。综合利用自有基地，优化功能结构布局，减少场地外租费用98万元。强化制度建设，新建制度3

单位概览

项、修订16项、废止31项。　　　　　　（宋　静）

【"三基"工作】 2023年，川庆川东钻探公司推行升级实施"三标一规范"3.0方案，开展钻井标准化现场"红黑榜"活动评比13期，4个基层队站被推荐为川庆钻探工程公司HSE标准化建设示范队，建设达标率100%。建成全量版数字化钻井队16支、轻量版数字化钻井队25支，实现"EISC、液面坐岗仪、司钻领航仪"三方联动，把数据填报、检测、监控高度集成，减轻钻井队资料填报负担。加强队伍建设人才强企，2人被提拔为副处级领导，1人获聘川庆钻探工程公司企业高级专家。全年提拔任用三级正、副职干部14人，调整交流科级干部79人次，选聘三级副职钻井队队长3人，调整交流股级干部101人次，公开竞聘三级钻井队队长2人、钻井队技术员5人。18人获评高级专业技术职称。获川庆钻探工程公司财务会计专业技术比赛团体第一。　　　　　　（宋　静）

【党建工作】 2023年，川庆川东钻探公司加强基层党组织建设，完善基层党组织机构设置，新成立基层党支部11个，撤销党支部17个。截至2023年底，有基层党支部94个党员总数971人，其中钻井队338人，新发展党员18人。党员集中轮训11期948人。开展主题教育，举办专题读书班4期，开展专题研讨3次，形成书面专题研讨发言材料23份，领导班子成员和所属党组织书记讲授专题党课115场次。开展政治理论学习，贯彻落实党的二十大精神，开展党的二十大精神专题培训；贯彻习近平总书记重要指示批示精神，开展第一议题学习13次、中心组学习11次；围绕"保障国家能源安全""技术立企"等专题开展研讨9次，邀请专家授课1场次，到遵义开展红色实境教学活动1次，完成调研报告12篇。深化甲乙方党建联盟，落实片区党建联盟、地企党建联盟、机关基层联盟。完善党建责任制考核，提升党建工作水平和质量，开展年度党支部书记集中培训、党建工作观摩交流活动。获川庆钻探工程公司"学习党的二十大，奋勇争先创一流"知识竞赛优秀组织奖。《川东钻探公司党建品牌研究与实践探索》获评2023年度国企党建品牌建设优秀案例，3篇党建成果分获川庆钻探工程公司一等奖、二等奖。7支党支部获评川庆钻探工程公司"示范党支部"称号。　　　　　　（宋　静）

【党风廉政建设】 2023年，川庆川东钻探公司组织召开2023年党风廉政建设和反腐败工作视频会议。印发《关于进一步明确川庆川东钻探公司党委委员党风廉政建设联系工作的通知》，强化党委委员党风廉政建设联系责任。组织层层签订《党风廉政建设责任书》或《廉洁从业承诺书》，签约人数1 583人，实现全覆盖。开展廉洁教育6次，收集编辑典型案例30个，开展季度主题纪法教育4期，结合典型案例开展专题教育7期，邀请川庆钻探工程公司纪委对关键岗位进行专题授课2期，开展"三商"廉洁教育1期，开展"崇廉尚洁、激扬清风"廉洁文化作品征集活动，收到作品157件，在"微东钻"公众号推送廉洁文化作品14期。发挥巡察利剑利器作用，制定《被巡察党组织落实巡察整改主体责任实施细则（试行）》，修订《川东钻探公司党委巡察工作实施细则》，完善《川东钻探公司巡察工作规范》，修订政治巡察模块化清单。　　　　　　（宋　静）

【企业文化】 2023年，川庆川东钻探公司推进"转观念、勇担当、新征程、创一流"主题教育活动，开辟主题教育活动专栏，刊登稿件159篇。结合习近平新时代中国特色社会主义思想、二十大精神和川庆川东钻探公司实际情况撰写宣讲材料，开展宣讲176次；围绕如何落实"提速度、降成本、强基础、增效益"开展全员大讨论。加强企业文化建设，修订《企业文化手册》，整改企业文化展示厅，拍摄形象片，策划"新征程、新形象"栏目，推广钻井一线"岗位明星荣誉墙"；丰富安全文化，在生产现场醒目区域放置"安全亲情文化墙"，张贴安全家书、家庭合影、家人安全寄语等内容。狠抓意识形态工作，开展意识形态工作培训16场次。加强宣传阵地建设，开辟"提质增效""安全第一"等8个专栏，门户网编发新闻稿件3 484条，在省部级及以上主流媒体上稿66篇，同比提高25%。获集团公司"先进报道组"称号，获川庆钻探工程公司"宣传先进单位"称号。　　　　　　（宋　静）

【工会工作】 2023年，川庆川东钻探公司开展劳动竞赛，各级累计获奖542万元，参加局级以上技术比赛5场次，承办省部级技术比赛1场次。创新开展"训赛一体化"新模式，举办钻井队骨干岗位焊割比赛、首届生活管理员和炊事员技能比赛。在集团公司、川庆钻探工程公司钻井安全技能竞赛中均获团体第一名,51人在集团公司、省部级、局级技术比赛中获奖,1人代表四川省参加国家级技术比赛。开展合理化建议和"五新五小"活动,全年收集合理化建议192条,2项创新成果受邀参展全国第二届大国工匠创新交流大会并纳入全国总工会展区,获川庆钻探工程公司首届职工创新示范单位。新成立井控专家劳模创新工作室,张杰工作室获评集团公司技能专家工作室、四川省劳模与工匠人才创新工作室。深化"我为员工群众办实事"实践活动,深入基层开展专题调研146场次,收集员工"急难愁盼"事项32项,新建3个员工驿站,实施一批生产生活区域环境改造项目。加强维护稳定信访工作,开展"国家安全日""6·26禁毒日""法制宣传日"等宣教活动。开通"民'声'直通车",处理员工咨询疑惑、信息反映118条。精准帮扶,帮扶慰问困难职工152人次,发放帮扶金91万元。开展健康咨询和专家讲座活动;组织开展"油嫂油娃进一线"体验日活动;组织召开"庆五一迎五四"先进劳模座谈会。3幅女职工作品在全国"书香三八"活动中获奖。川庆川东钻探公司获重庆市五一劳动奖状,90025队获四川省工人先锋号。　　（宋　静）

【团青工作】 2023年,川庆川东钻探公司发挥团员青年生力军作用,印发《关于成立公司基层团青组织的通知》,健全川庆川东钻探公司两级团青组织,编写发放团青工作操作指南、工作记录本,推动团青基础管理制度化、流程化、表单化。强化团青理论学习,开展学习贯彻习近平新时代中国特色社会主义思想主题教育,组织集中理论学习3次,组织宣讲、读书和研讨7次,团支部联学共办专题研讨24次;在"中国知网"搭建知识学习平台,提供钻井、装备等方面付费文献123篇。开展2023年青年创新成果发布会,评选出12个创新成果项目、15个创新成果论文课件。打造青字品牌工程,围绕"青春在重点工程闪光"开展青年突击队活动53次,围绕"企地和谐建设"开展青年志愿者活动16次。培育青年领军人物,向川庆钻探工程公司"推优荐才"3名青年,1人当选共青团的十九大代表,1人被评为集团公司优秀团干部。获川庆钻探工程公司"五四红旗团委"称号。　　（宋　静）

邮政编码：401147
电话号码：023-67320396
油网号码：219812
单位地址：重庆市渝北区红石路258号
单位英文简称：CCDC ChuanDong Drilling Company

# 川庆川西钻探公司

【概况】 川庆川西钻探公司隶属于川庆钻探工程公司,成立于2004年9月,由原四川石油管理局川中、川西北、川西南、川南矿区的钻井及相关业务整合而成,2008年2月重组并入川庆钻探工程公司。主要从事石油天然气钻井工程技术服务及其直接相关的业务。区域主要分布在川渝地区关联交易、页岩气、致密油气以及外部苏里格市场。2023年底,川庆川西钻探公司设置机关部室8个、二级单位6个、代管多元经济企业1个、川渝项目部4个,有钻井队55支。在册员工总量4 178人,干部总数885人;副高级专业技术职称101人,中级专业技术职称466人,专业技术人才队伍主要由钻井、机械、安全环保及油气田开发的专业人员构成。在用钻机55台,钻机新度系数0.36;在用顶驱52台,新度系数0.48。二层台机械手44套,配置率80%。固定资产原值24.89亿元,净值9.02亿元。

2023年,川庆川西钻探公司营业收入29.1亿元,完成提质增效5.6亿元、贡献增利1.7亿元;改制企业实现收入8.8亿元,其中对外创收2亿元;在工作量不均衡、市场价格持续走低的形势下,实现减亏3 300万元。全年完成总进尺43.8万米,钻完井整体提速16%;获蓬阳6井等超百万立方米高产井7口,年增储上产贡献1 796.2万米$^3$/日,创历史新高;获中油技服单队单机作业效率提升劳动竞赛一等奖,收到中油技服贺信表扬11次、西南油气田公司等建设方感谢信8封。　　（谢绍祥）

【安全环保】 2023年,川庆川西钻探公司未发生井喷事故、一般C级及以上生产安全事故,环保节能、职业健康、质量管理等方面指标均控制在川庆钻探工程公司下达指标范围内。深入贯彻习近平总书记关于安全生产重要论述,川庆川西钻探公司主要领导以讲授安全课、组织专项整治活动为重点,践行"五带头"。坚持奖惩并重,针对全年5起险兆事件问责处理责任人26人,约谈相关单位主要负责人7人。强化正面激励,发放安全专项奖励361.3万元。提档升级标准化建设,发布《钻井作业现场标准化示范图册》(D版),完成川庆川西钻探公司体系证书换证,试点应用电子作业许可和节点管控。开展"内训日""标准学"培训活动12期,发布安全榜25期,选树"安全之星"33人。严格落实川庆钻探工程公司"井控三个100%"要求,处置溢流10井次,同比下降63%。全面运行关键作业预约报备,审批关键作业3.2万余项;强化拆除联锁报警装置专项作业许可执行,推广应用等离子切割机。开展安全生产重大事故隐患排查2023行动和"安全管理强化年"等活动,督促整改问题890余项。抓实三级联动专项检查,排查整改问题4 562项、督导验证783井次。针对井控装备、特种设备等重点风险领域,下达安全技措项目32项,投入资金3 295.6万元。推进生态文明建设,组织井间废水回用6 130余立方米,节约处置费用180余万元。完成LED改造和钻井现场太阳能路灯安装。通过川庆钻探工程公司健康企业验收,对35名中高风险人员建立健康干预"月报制",职业健康与健康体检完成率、职业危害因素场所检测完成率均为100%。全年各项安全环保考核成绩列川庆钻探工程公司前列,连续多年获"QHSE先进单位"称号。

(谢绍祥)

【科技进步】 2023年,川庆川西钻探公司强化顶层设计,专题部署"打造原创技术策源地",完善科技创新长效激励机制。围绕解决现场生产难题,研制行业首台激光智能点火装置;首次完成自主设计加工"划眼扶正器及偏心扶正器";挑战大尺寸井眼提速瓶颈,开展双径钻头设计及现场应用,完成大尺寸井眼钻柱动力学分析。组建万米深井钻井提速创新示范团队,通过实施"专家+团队"、专家带徒培育模式,培养高层次科技创新人才,打造川庆钻探工程公司科研生产一体化示范田。授牌"钻完井工程技术实训示范基地"和"电气专家工作站",成立以"钻头研发、钻柱研究、井筒模型研究"为主的博士工作室,推动一批原创技术和工具的形成与发展。

(谢绍祥)

【钻井提速】 2023年,川庆川西钻探公司发挥一体化优势,推进井筒业务质效双提。加强"三级联动"协调,统筹钻机布局,开展井位优选,持续"小替大"钻机试油,年进尺上万米队17支。实施中完分段责任制,创新主附分离搬迁、安装,中完和可控井间周期分别提速11.9%、3%;攻坚低效施工治理,同比压减48.7%;均创历史新高。推进人员、设备、技术、物资全面共享,多措并举实现创效1 878.7万元。试油业务配套一体化工艺及完井技术,推进全工序提速,新开工完成井单层平均试油周期提速19.8%。深地川科1井统筹实施地质工程、科研生产、技术经济一体化管理,定制个性化钻头、中空螺杆等破岩工具和高强度大尺寸钻具,强化钻井排量与钻井液性能,平均趟钻进尺和机械钻速稳步提升。加强井工程质量管控,修订蓬莱、页岩气等重点区块模板9个,精准故障复杂治理,刷新优快技术指标30余项,平均钻机月速提高2.3%,创历史新高;纯钻时效提高9%;非地质因素故障复杂时率降低12%。其中,大安1H26-1井刷新川渝深层页岩气最短钻完井周期,魏探1井首次实现川渝地区24小时进尺破千米。引进万米钻机,实施4部7 000米机械钻机电动化改造;获中油技服"2022—2023年装备管理先进单位"称号。后辅保障业务突出优质高效,全年井口配送率提高12.1%、钻具车修增长15.3%;定向井仪器时间故障率降低27%;现场设备修理率、顶驱检修台次,均创历史新高;电代油通电率85%以上;清洁生产保障钻井生产129井次;全年安全行驶1 032万千米。

(谢绍祥)

2023年12月22日,川庆川西钻探公司在中油技服国内重点地区提速提效劳动竞赛表彰会上获一等奖　　　　张玥摄

【提质增效】 2023年,川庆川西钻探公司基层队推行"4小时集中办公",落实"四个必须",实施"要素+项目管理",加强全员执行力建设,实现效率效益双提升。开展"三定"工作和"大部室制"改革,完成机构改革、三级正副职领导职数压减阶段目标。加大市场耕耘,新开井合同金额23.4亿元,增长2.5%。建立结算工作专班,主动加强对接,结算合同资产18.7亿元。电代油用电量突破2亿千瓦·时,创历史新高,实现增利3 160万元。加快低效无效资产处置,实现处置效益1 203万元。新开工井平均单层试油成本控减10.3%,实现降本4 180万元。开展合同持有者制度,审减费用2 538.3万元。建立钻具租购分析模型,降低钻具使用成本390万元。靶向开展亏损治理,回收外包业务8项,降本544万元;自制产品替代6项,减少对外支出40万元。物资、工程与采购资金节约率6.2%。从严抓实各项非生产性费用,后辅单位变动成本压减3%。梳理评价、修订机关部室制度193项。强化依法治企、合规经营,开展合同全生命周期流程管控,获川庆钻探工程公司创新突出成果奖,连续8年被评为四川省"守合同重信用"企业。以"进尺、效率、效益"为主线,创新开展"安全总包米进尺"和"日费井"考核,打造"快干多收"高素质队伍,提升员工劳动效率。

(谢绍祥)

【数字化建设】 2023年,川庆川西钻探公司创建"EISC+生产大指挥中心"新模式,正钻井数字化钻井队全覆盖试点,推动人力资源、考核、培训、装备等业务信息化集成管理。主动融入川庆钻探工程公司级区域联合项目部管理模式,一体推进"单井安全提速创效工程"与"井工程一体化统筹管理",单井平均实现减员3人以上,完成川庆钻探工程公司下达单井周期、可控成本达标率、亏损区块治理成本下降12%。

(谢绍祥)

【党建工作】 2023年,川庆川西钻探公司彰显党建价值,在深度融合中展现企业动力活力。把学习贯彻党的二十大精神作为最重要政治任务,"第一议题"跟进学习习近平总书记最新重要讲话、指示批示精神185篇,两级党委中心组学习99次,全方位、多层面推动党的创新理论入脑入心。研究谋划建设世界一流企业战略部署,明确打造"六个一流"路径实践,以实际行动捍卫"两个确立"、做到"两个维护"。开展主题教育,党委举办读书班3期,开展专项调研30场次,制定高质量发展举措110项,推动主题教育成果接续转化。压紧压实意识形态工作责任制,彻底清除流毒。开展"转观念、勇担当、新征程、创一流"主题教育86场次、"青春理响"理论主题宣讲15场次,组织收看"纪念铁人100周年诞辰"宣讲报告会。提炼、诠释钻探文化,塑造丰富品牌形象。基层堡垒"建强夯实"。推进基层党建"三基本"建设与"三基"工作有机融合,拓展"共建共享共赢"特色党建品牌,选树表彰"两优一先",创新开展"学有榜样、追有标杆"活动,以点带面、辐射引领效应凸显。深化"五好部室"创建和机关作风建设,服务基层满意率99.3%。深化"人才强企工程提升年"活动,选聘二级、三级工程师4人,获川庆钻探工程公司"一化五型"优秀人才8人、"人才强企工程"先进工作者1人。严格落实"两个责任",推进监督工作常态化具体化,开展基层腐败专项治理,锲而不舍纠治"四风",完成3个党组织常规巡察,一体推进"三不"。坚持和完善职代会、厂务公开制度,参加川庆钻探工程公司劳动竞赛兑现奖励402.9万元,获首届四川省职工创新大赛优秀项目1个。履行社会责任,开展消费帮扶36.7万元。完成全国"两会"、成都大运会等特别重点阶段大局稳定,获"四川油气田平安创建优胜单位"称号。

(谢绍祥)

【企业文化建设】 2023年,川庆川西钻探公司坚持不懈用习近平新时代中国特色社会主义思想凝心铸魂、坚定信念,凝聚干事创业浓厚氛围。在局级及以上媒体发表稿件618篇,实现集团公司官网"今日头条"栏目刊载零突破,获"2020—2022年川庆钻探工程公司新闻宣传工作先进单位"称号。开展石油精神和大庆精神铁人精神再学习再教育,组织员工收看"纪念铁人100周年诞辰"宣讲报告会,汲取榜样力量。提炼、诠释钻探文化,制作党建宣传片《党旗引领新征程》,编制新版《企业文化手册》。

(谢绍祥)

单位概览

【工会工作】 2023年，川庆川西钻探公司完成四届四次职代会提案征集处理24件。开展劳动竞赛、岗位练兵、技术比赛等活动，刷新一批新纪录新指标，获川庆钻探工程公司表彰107项。发挥"我为员工群众办实事"长效机制作用，投入资金148万元。继续实施工程，帮扶慰问94.5万元。推进先模选树，1人被评为"四川工匠"，3人被评为"成都工匠"，1人被评为"成华区最美职工"。

（谢绍祥）

【团青工作】 2023年，川庆川西钻探公司在川庆钻探工程公司五四主题活动上，"万米深井钻井工程青年突击队"被授予旗帜。4个团支部按照规定开展团支部书记增补选工作，落实新入职员工组织关系的转递工作，完善团组织机构。以"青春理响"宣讲为契机，以"宣讲+学习"的模式强化理论武装、坚定理想信念，开展两轮主题宣讲；组织召开"党的二十大报告"专题学习会，邀请党委书记讲授"青年精神素养提升工程"主题团课，落实"青年精神素养提升工程"重点任务推进计划；组织开展"党建带团建"学习宣贯党的二十大精神知识竞赛活动，推动党的二十大精神在各级党团组织落地落实；组织团支部联合开展"圈在一起共创新未来"创意沙龙活动，烘托青年学习氛围，打造青年交流平台。组织参加川庆钻探工程公司"党的二十大精神基层理论宣讲优秀微视频征集展示活动"和"第六届青年安全小视频"；成立志愿者小队，以联合地方社区开展志愿服务、联合社团为山区送温暖、一线员工走进驻地村落等方式，组织开展各项青年志愿服务活动；擦亮"青"字号招牌，推荐川庆70594队和50020队参与川庆钻探工程公司"青年文明号"复核报备，推荐川庆70189队、90028队和维修加工车间青年团参与川庆钻探工程公司2023—2024年度"青年文明号"创建报备；推荐川庆80002队参与2023年度集团公司"青年安全生产示范岗"创建报备，推荐川庆70542队参与"全国青年文明号"创建报备；川庆70227队和90005队获川庆钻探工程公司2021—2022年度"青年安全生产示范岗"称号。（谢绍祥）

邮政编码：610000
电话号码：028-86012676
油网号码：212676
单位地址：四川省成都市成华区泰安街1号
单位英文名称：CCDC Chuanxi Drilling Company

# 川庆长庆钻井总公司

【概况】 川庆长庆钻井总公司隶属于川庆钻探工程公司，是组内规模最大、产业链最完整、一体化程度最高的综合性钻井工程技术服务公司，生产区域分布在陕、甘、宁、蒙四省（区），主要服务保障鄂尔多斯盆地油气市场。2023年底，川庆钻探公司长庆钻井总公司设置机关职能部室8个、机关附属7个，下设5个工程项目部、11个专业公司（中心），现有员工4568人。党委下设基层党委9个、党总支1个、直属党支部5个、党支部260个，现有党员2698人。完成钻井进尺447.8万米，收入78.75亿元，利润2379万元，全年未发生一般C级及以上生产安全事故和环境事件，全面完成川庆钻探工程公司下达的各项指标，获中油技服"市场开发先进集体""EISC先进企业"，川庆公司"先进企业""QHSE先进单位"等27项局级以上荣誉。

（李玉江　高晓军）

【市场布局】 2023年，川庆长庆钻井总公司坚持放眼鄂尔多斯盆地，立足长庆油田主力市场，拓展延长战略储备市场，开发盆地周边市场，稳固反承包市场，总包延长致密油二期项目和26口天然气井，进入辽河油田公司流转区块，中标陕西燃气集团4口氦气井项目，进入煤岩气、灰岩、盐下高含硫等新领域市场，市场结构更加多元。

（李玉江　高晓军）

【生产组织】 2023年，川庆长庆钻井总公司完井1338口，进尺447.8万米（含水平井189.8万米），长庆油田市场总进尺占34.14%，水平井占56.91%，水平井等高价值工作量占比同比提升3.3%。强化项目部区域保障功能，推进单井全工序定额管理，8月前完成进尺同比增长9.6万米。优化工序流程，紧密生产衔接，生产时率97%。实施拆迁安主辅分离，平均井间周期14.72天，同比减少4.22天，分别以4.21天、5.08天、5.88天、7.42天刷新30型、40型、50型和70型钻机最短拆迁安周期纪录。

（李玉江　高晓军）

【技术提速】　2023年，川庆长庆钻井总公司整体提速8.02%（水平井7.9%、重点井6.2%），刷新创造67项最优技术指标。坚持定方案、建模版、强攻关、创指标、作示范，成立20个区块提速小组，制定29个提速模版，升级59个"激进钻井"参数模型，陇东页岩油提速模版被确定为中油技服模版。实施"一趟钻"工程，油井平井分段"一趟钻"比例57%。成立10个重点项目和5个提速专班，形成长庆区域煤岩气优快钻井等5项前沿储备技术，打成82口5 000米以上深井等一批重点井和高难井，获中油技服贺信嘉奖14次。

（李玉江　高晓军）

【经营管理】　2023年，川庆长庆钻井总公司优化"五位一体"（单井全成本定额提成、单位分类分级管理、综合绩效考核评价、工资总额浮动包干、岗位动态级管理）经营政策，实施单位和岗位"双动态"分类分级管理，以政策驱动全员价值创造。围绕提速提效、服务创效和成本控降，实现提质增效2.28亿元。制定21项"淘金"行动措施，处置报废资产1 548万元。强化预算刚性考核，从严控制成本支出，百元营收成本下降1.4%。实行代储代销、最高限价和物资直达，节约采购成本8 918万元。实施电（气）代油节约成本1 907万元。坚持精准投资，全年投资完成率99.8%。坚持管业务必须管合规，修订28项制度流程，对34家单位实施内控测试，开展油材料、承包商等重点领域和关键环节监督检查，成功处置15起法律纠纷案件。

（李玉江　高晓军）

【科技研发】　2023年，川庆长庆钻井总公司召开科技与信息化创新大会，实施99个科研项目，承担川庆钻探工程公司1个"揭榜挂帅"项目，授权发明专利9件，形成19项自主创新成果，15项成果获局级以上科学技术进步奖，"侧钻井关键装备与核心技术研究及规模化应用"获集团公司科学技术进步一等奖。变径稳定器首次实现1 500米水平段水平井二开"一趟钻"，近钻头方位伽马进入中国

石油山西煤层气市场，13项创新成果在中国国际发明创新展览会上获8金2银3铜。

（李玉江　高晓军）

【工程质量】　2023年，川庆长庆钻井总公司坚守井筒质量"七条红线"，推进井筒质量整治三年行动，建立质量过程控制全要素清单，对标9项专项目标，井身质量合格率99.76%，取心进尺2 384.2米、收获率99.35%，未发生两井相碰、井斜超标等质量事故。引进3D打印技术支撑自主研发工具性能提升，完善自主研发产品加工和检验标准8项，规范水力振荡器等6种工具产品使用，提升井筒质量满意度和服务效果。强化入井材料检验，全年各级抽检1 510批次，整体合格率97.81%。开展132项QC活动，16项成果获局级以上奖励，川庆长庆钻井总公司被评为甘肃省2023年度质量管理小组活动优秀企业。

（李玉江　高晓军）

【安全环保】　2023年，川庆长庆钻井总公司QHSE各项指标均控制在川庆钻探公司下达范围之内。围绕"知形势、提认识、压责任、重治理、固根本"安全主线，制修订21项制度标准，牵头编制《中油技服HSE作业程序文件》，推广32项"三标一规范"建设成果，梳理55项三级属地一体化责任清单，开展全员谈安全、小班组大安全、隐患专项治理"三个专项行动"，建立关键作业风险管控机制，推广钻井作业现场101工作法2.0版，安全形势持续稳定向好。加快健康企业建设，建立健康负面清单，全覆盖开展健康体检，新建8个健康小屋，配置健康随诊包、制氧机、除颤仪等275套，保障员工身心健康。制定《环境保护管理办法》，研究定型清洁化生产工艺，电（气）代油当量2.2亿千瓦·时，碳排放量同比减少5.2万吨。

（李玉江　高晓军）

【人才队伍建设】　2023年，川庆长庆钻井总公司实施三年培训计划和两个"千人计划"，强化"三支人才队伍"建设，优化调整各级领导班子53个，选拔交流三级正副干部131人，22名"80后、85后"进入三级正副职岗位，选聘配置30岁以下队长2人、副队长17人，20名优秀"越盛工"（越盛公司招聘工人）走上副队长岗位。纵深推进"双序列"改革，转换晋级专业技术序列36人，搭建以4

名企业高级专家、6名一级工程师为领军人才及95名二级、三级工程师为核心关键人才的"两层四级"技术人才队伍。畅通人才引进渠道，引进硕士、博士研究生3人、本科生31人。联合西安长立油气工程技术服务有限公司在庆阳职业技术学院挂牌"人才培养基地""实践培训基地"，订单式培养246人。实施员工素质提升工程，选派863人参加集团公司、川庆钻探工程公司能力提升培训，15人取得井控专职教师资格，全年组织"线上+线下"培训3万余人次。加大技能人才选拔培养力度，分7批次完成2026人技能等级鉴定，组织133人参加技师、高级技师等级鉴定。

（李玉江　高晓军）

2023年4月30日，川庆长庆钻井总公司在西安举办技能大赛获奖选手、先模及先进青年座谈会　　　　　　　　张俊睿　摄

【党建工作】 2023年，川庆长庆钻井总公司集中学习33次、专题研讨5次。开展主题教育，逐级抓实理论学习、调查研究、推动发展、检视整改等各环节重点工作，解决6个方面51项问题。坚持用好区域红色资源，巩固拓展党史学习教育成果。周密组织建党102周年系列庆祝活动。发挥党委把关定向作用，审定2024—2026年滚动规划，以及8个"十四五"专项规划，研究重大事项148项。部署49项重点工作，召开3次党群例会安排阶段性重点工作，全覆盖开展党群工作督导检查。在甘肃南梁干部学院挂牌成立"党员教育基地"，分5期培训党组织书记248人，实现党组织书记轮训全覆盖。深化基层党建"三基本"建设与"三基"工作有机融合，打造"区域项目制+专业化"党建升级版，建立22个甲乙方党建联建机制，建成26个党支部党建品牌，规范67个基层党建阵地。

"2436"党建工作模式被评为全国企业党建创新优秀案例。

（李玉江　高晓军）

【党风廉政建设】 2023年，川庆长庆钻井总公司部署六个方面40项重点工作，强化过程督导落实，信访举报总量同比下降59%。优化调整考核指标，分层分级签订党风廉政建设责任书4754份。紧盯"关键少数"廉洁风险，对8个单位（部门）负责人进行"一对一"约谈。强化正风肃纪，全年查处问题线索9件，问责处理26人，召开以案促改警示教育大会4次。修订贯彻落实中央八项规定精神实施细则，落实川庆钻探工程公司10个"十不准"要求，召开两级机关作风整顿大会，持续纠"四风"、树新风。常态化开展警示教育，将党纪条规纳入"三会一课"学习内容。编制党委巡察五年工作规划，分两轮巡察4家单位95个基层党组织，督导整改问题37项。向5个工程项目部派驻专职纪检干部，强化靠前监督。开展高水平科技自立自强等6项专项监督，推动11项联合检查项目，监督质效不断增强。

（李玉江　高晓军）

【思想文化建设】 2023年，川庆长庆钻井总公司严格落实意识形态工作责任制，分层分类加强7大类意识形态阵地管理，深化与油田公司、属地政府防控协作机制，高效处置8起舆情。全面清查敏感信息，肃清流毒影响。落实保密工作责任，全年未发生违规外发和失泄密事件。做好统一战线工作，收集建言献策成果11项，高质量形成4篇调研报告。践行社会主义核心价值观，弘扬石油精神和大庆精神铁人精神，精心组织纪念铁人王进喜诞辰100周年系列活动，选树"新时代长钻铁人"张彦兵和10名"新时代最美长钻人"。发挥内部媒体平台优势，策划15个宣传专题，门户网站刊发稿件3426篇，局级以上媒体刊发292篇，"律动钻头"公众号推送177期。推进"1+4"特色文化建设，开展各类文化创作活动，职工群众精神文化生活更加丰富充实。

（李玉江　高晓军）

【和谐企业建设】 2023年，川庆长庆钻井总公司建成延安生产生活保障基地，加大"四化"建设，建成5条纯净水生产线，改善生产生活环境。完善绩效考核体系，一线员工人均收入实现稳定增长。推进健康企业建设，投入921万元实施全员健康体检，建成8个"健康小屋"，配置150套健康随诊包，发放防暑降温、急救药品30.3万元。开展"我为员工群众办实事"，专项投入1863万元落实员工健康疗休养、节日慰问和帮扶助困等惠民暖心工程。开展立功创优劳动竞赛，102队次在川庆钻探工程公司长庆区域劳动竞赛中获奖，种奋刚获全国引领性劳动和技能竞赛立功个人奖励。推进职工创新，2项成果参展全国首届"大国工匠"交流会，13项成果在第六届国际发明创新展览会上获奖。组织开展9项职工职业技能大赛，72人次获"技术状元""技术能手"等称号。召开综治维稳专题工作会，开展"三禁一反""私家车管理"等专项整治，查治各类问题224项，全国"两会"等重点时期和关键节点大局和谐稳定，获川庆钻探工程公司通报嘉勉。

（李玉江　高晓军）

邮政编码：710018
电话号码：029-86595770　029-86598237（传真）
单位地址：陕西省西安市未央路151号长庆大厦2601室
单位英文名称：CCDC Changqing General Drilling Company

# 川庆新疆分公司

【概况】　川庆新疆分公司是塔里木油田公司党工委油服成员单位。其前身是1987年参加塔里木石油勘探开发大会战的四川石油天然气工程公司南疆钻井指挥部，1989年更名为四川石油天然气工程公司南疆钻井公司，1990年更名为塔里木四川钻井公司，1995年更名为塔里木石油勘探开发指挥部第二勘探公司，2017年更名为川庆新疆分公司。2023年底，有机关科室8个、附属单位5个、基层单位9个，有钻井队28支、试修队6支。有员工2 266人（含少数民族员工155人）。其中，合同化、市场化员工1 087人，业务外包用工1 179人。有大学本科及以上学历286人；有高级及以上专业技术职务43人、中级专业技术职称193人；有川庆钻探工程公司企业高级专家1人、一级工程师4人、三级工程师9人；有高级技师3人、技师15人。有基层党委1个、党总支1个、党支部54个，党员442人。主要装备有钻机27台，其中9000型钻机8台、8000型钻机2台、7000型钻机16台、7000型以下浅钻钻机1台，修井机7台，顶驱31台。设备新度系数0.17。2023年，川庆新疆分公司获中油技服塔里木区域劳动竞赛第一名，连续两年蝉联塔里木油田承包商综合考评榜首，获川庆钻探工程公司"先进企业""提质增效价值创造先进单位""井控先进单位"，塔里木油田公司"QHSE先进单位""井控先进单位"等称号。

2023年，川庆新疆分公司动用钻机27部，开钻50口井，完成58口井，进尺27.82万米。钻机利用率90.03%，11支队伍年进尺超万米。试修作业动用修井机7台，开工井51口，完工井51口，作业时率85.73%。井下事业部完成常规固井作业258井次，同比增长35%；注水泥塞等442井次，同比增长129%；固井作业注水泥量3.8万吨，同比增长24%；压裂酸化作业86井次，同比增长91%；注入液量6.9万立方米，同比增长124%；注入地层总砂量2 177吨，同比增长183%。钻采事业部完成定向井、欠平衡等各类技术服务156井/层次，同比增长31.09%。测试工程事业部完成地面计量、地层测试服务68井次。运输事业部完成运输货运量31.58万吨，同比增长56%；货物周转量1.89亿吨·公里，同比提高23%。钻井液技术服务部完成钻井液服务54井次，进尺20.52万米。井控主体设备维修2 418台（套），井控现场检维修555井次，井控现场安装试压3 033井次。

（雷成杰）

【钻井技术指标】　2023年，川庆新疆分公司优化"五位一体"技术管理体系，完善区域钻井提速模板，细化单井提速措施，机速月速、故障复杂整体实现"双提双降"。全年刷新25项钻井技术指标，故障复杂时率2.47%。库车山前区块集成应用"个性化PDC钻头＋垂钻＋大扭矩螺杆＋减振器"，结合"三高两大"钻井参数，砾石核心区利用空气钻井技术，攻克山前巨厚砾石层提速难题，平均钻完井周期255.83天，同比提速14.21%。克深31井首次实现山前8 000米以深200天内完钻，再创最快钻井纪录；大北1206井、大北1302井均实现190天内完钻，获油田提速专项奖励。台盆区块推广应用"PDC钻头＋弯螺杆＋短钻铤＋扶正器"预弯钻具组合，推进钻井"一趟钻"工程，严控钻工具故障率，攻关二叠系、三叠系防漏治漏及防塌技术，平均钻完井周期97.98天，同比提速22.49%。富源302-H9井、富源302-H10井均实现8 000米以深百天内完钻，提速不断实现自我超越。

（雷成杰）

【生产组织】 2023年，川庆新疆分公司巩固塔里木主力市场，完成进尺20.91万米，同比增加3.58万米，占比油田18.9%，8支钻井队进尺超万米。深化实施区域总包、区域专打，库车山前、台盆富满两大主力区域工作量分别同比增长50%、120%，形成队伍集中、生产共建、资源共享的有利局面。实施新型总包井13口，占比总包井总数34.21%，累计周期节约452天，占比油田总包井周期节约52.62%，提速成效在塔里木油田排名第一。坚持提前介入井位协调，精准落实井位衔接，抓好钻前施工到试油完井全过程管控，实施拆搬安并行方案，搬迁41井次，平均井间周期15.92天/井次，同比提速3.9%，富源302-H14井创塔里木油田超1 000千米长距离搬迁14.04天最快纪录。优化中完工序，生产无缝衔接，平均中完周期14.47天，同比提速3.5%。同时主动应对投资压控的局面，强化市场信息收集，做好风险效益评估，深入与业主方沟通交流，展示复杂油气攻坚者品牌和完整产业链优势，成功开拓互盈市场，4支队伍进入信源、博源区块，实现以钻井为龙头带动川庆钻探工程公司在疆单位协同发展。根据整体战略规划及市场需求变化，有序回撤川渝市场队伍。

（雷成杰）

【安全环保】 2023年，川庆新疆分公司强化查患纠违，夯实安全基础工作，严格落实"三管三必须"工作要求，打造"三标一规范"优秀示范队，组织观摩交流，提升整体标准化管理水平；实施安技措项目18项，投入安全资金1 514万元；以"安全管理强化年"活动为主线，开展吊装作业、危化品管理等7个专项整治活动，查改隐患9.65万个，分级管控高危作业9 911项，运用"互联网+安全生产"远程监管模式，纠正违章行为570余起。严格质量管控，制订"十四五"后三年质量强企重点工作计划29项；强化井筒质量管控，完成井井身质量合格率100%；开展QC活动32场次，查改质量隐患356项。推进绿色健康企业建设，实施"电代油"64口井，网电覆盖率96%，用电9 807万千瓦·时，减少碳排放2.28万吨，节能减排指标创历史新高；抓实员工健康管理，建立三级健康管理责任清单，开展送健康到基层3次，配备紧急呼叫装置等医疗设施150台（套），152人完成救护员取证，通过川庆钻探工程公司健康企业验收。

（雷成杰）

【经营管理】 2023年，川庆新疆分公司巩固改革成效，提升管理能力，优化产业结构，管理创效能力持续增强，健全政策配套和过程考核，完成提质增效1.35亿元。加强依法合规经营，发布适用性法律法规清单121项，修订《油料管理实施细则》等制度8项。坚持"以收定支、量入为出"原则，规范招标谈判管理，实现应招必招，工程、物资、服务采购资金节约率6.26%。全面堵塞支付结算漏洞，开展合同、稽核等多维度审核，形成事前预防、事中管控、事后检验全过程管理。突出成本精细管控，量化下达单井成本指标，配套完善"4+1"可控成本管控和激励政策，深化应用成本写实预警，精细控制费用，推进井队由"被动核算"向"主动管控"转变，配件材料、动力、修理费、日常运输费和钻井液成本分别同比下降3.8%、14.8%、3.7%、3.4%、6.2%。深挖内部创效潜力，生产保障中心做实机制机修业务，完成1 143台（套）设备更新和改造配套，推进顶驱市场化运营，持续做优测斜、定向业务，实现总产值7 451万元；钻井液技术服务部将原来单一技术管理转换为"技术+经营"管理，通过技术集成运用和精细成本管控，连续两年实现盈利；钻具井控技术事业部拓展自有钻具使用规模，全年使用20口井，覆盖率同比增长35.97%，实现产值5 288万元。通过调整业务结构、激发动力活力，后辅单位基本实现自己养活自己。

（雷成杰）

【技术攻关】 2023年，川庆新疆分公司支持以生产现场需求为导向的科研项目，投入3 500万元科研经费，形成"塔里木台盆区超深水平井提速钻井配套技术""富满油田深层和库车山前高陡构造防斜打快配套技术"等一批科研成果，助力塔里木地区整体提速12.26%，先后获中油技服贺信嘉奖3封。针对塔西南勘探山前上部大井眼井段因钻遇破碎性地层井壁出现的严重掉块、垮塌导致的阻卡频繁、卡钻事故，开展"塔西南勘探区块破碎性地层钻井液技术研究及应用"项目，研究应用集中封堵技术、物理+

化学防塌并举、轻浆＋重稠浆携砂、全程高黏切强触变性高效携岩等技术对井壁垮塌与井筒清洁进行有效治理，确保破碎性地层安全钻井，该课题论文《塔西南勘探山前破碎性地层钻井液技术对策研究》获2023年石油工程钻井液与完井液新技术研讨会三等奖。

（雷成杰）

2023年4月28日，川庆新疆分公司在新疆塔里木开展"庆五一迎五四"徒步健身活动　　　　　　　　　　　雷彪 摄

【人才队伍建设】 2023年，川庆新疆分公司深化人才强企战略，制修订干部管理制度2项，调整干部102人次，提拔科股级干部39人次，招聘应届大学生11人，引进成熟人才13人，17人从操作岗位聘用到专业技术及管理岗位，9名优秀业务外包员工进入基层管理层级。

【党群工作】 2023年，川庆新疆分公司贯彻落实新时代党的建设总要求，坚持和加强党的全面领导，切实把党的政治优势转化为发展优势。严格落实第一议题制度，组织"第一议题"学习19次、党委理论中心组学习12次，学习习近平总书记重要讲话精神179篇。推进主题教育，开展专题读书班7天，一线调研19次，梳理改革发展、生产经营、基层建设等方面43项69个问题，制定12个方面49项措施推进整改，解决基层急难愁盼23件。夯实基层党建基础，推进"六大工程"（政治领航工程、强基固本工程、人才强企工程、品牌提升工程、正风肃纪工程、凝心聚力工程），动态优化党组织设置，高标准完成支部换届选举，发展党员向一线关键岗位倾斜，打造示范党支部3个、星级党支部1个；发挥党建服务小组职能，深入一线开展专项指导帮扶，推动基层党建与生产经营同频共振。推进甲乙方、川庆钻探工程公司在疆单位等多层面党建联盟，形成"四个强化"等特色品牌。持之以恒正风肃纪，严格落实"两个责任"，一体推进"三不腐"，开展处罚执行情况、油料管理、提质增效等监督检查16项；接受川庆钻探工程公司党委巡察，针对4个方面57项问题，制定141项整改措施。加强宣传文化工作，企业形象宣传片获"能源奥斯卡"一等奖；清查敏感信息，定期开展员工思想动态分析，把握意识形态工作主动权；持续推进家文化建设，编发《大漠攻坚者》人物故事手册；发挥榜样引领作用，涌现出"新时代川庆铁人"刘泽明、"新时代塔里木标兵"马龙、"集团公司先进个人"陈燕青等一批先进典型。打造和谐环境，开展"我为员工群众办实事"，帮扶困难员工112人，发放大病帮扶、春秋助学资金35.45万元；推进网络建设、更新营房配套、提高生活费标准，员工获得感幸福感不断增强；开展民族团结一家亲活动，168名结亲干部开展活动1182人次；完善依法依规信访和矛盾调处机制，川庆新疆分公司大局保持和谐稳定。

（雷成杰）

邮政编码：841000
电话号码：0996-2174774　0996-2173439
单位地址：新疆库尔勒市石化大道塔指小区兴塔路68幢
单位英文名称：CCDC Xinjiang Branch Company

# 川庆国际工程公司

【概况】 川庆国际工程公司是川庆钻探工程公司下属二级单位，是川庆钻探工程公司开展海外业务的主导者、合同的经营主体和海外市场的开拓者，负责建立和完善海外业务经营管理体系，组织和协调川庆钻探工程公司所属专业公司对海外项目的实施，主要从事海外油气工程技术服务和国际贸易，具备向各油气资源国和国际油气公司提供油气工程技术一体化服务的成熟技术和能力。

川庆国际工程公司下辖分公司10个，分别为土库曼斯坦分公司、巴基斯坦分公司、厄瓜多尔分公司、中东分公司、吉尔吉斯斯坦分公司、阿富汗分公司、秘鲁分公司、玻利维亚分公司、伊拉克分公司、伊朗分公司。其中，授权土库曼斯坦分公司管理吉尔吉斯斯坦分公司，厄瓜多尔分公司管理秘鲁、玻利维亚分公司，中东分公司管理伊拉克、伊朗分公司；设国内基层单位 5 个，分别为进出口业务管理中心、物资采供中心、海外商务保障中心、海外技术支持中心、西安服务站；机关设职能部室 8 个、附属单位 4 个，分别为办公室 / 党委办公室、市场开发部、生产技术部、质量健康安全环保部、财务资产部、人力资源部（党委组织部）、企管计划部、纪委办公室；附属单位分别为信息管理站、财务结算站、外事管理办公室、井控管理办公室。

有各类型号钻修井机 31 部（钻机 23 部、修井机 8 部），其中土库曼斯坦分公司钻机 10 部、修井机 4 部；巴基斯坦分公司钻机 6 部；厄瓜多尔分公司钻机 7 部、修井机 4 部。

截至 2023 年 12 月 31 日，有固定资产原值 18.7 亿元，净值 0.83 亿元。用工总量 2 121 人，其中中方员工 652 人、外籍员工 1 469 人。在册员工 464 人，其中博士 1 人、硕士 60 人、本科 281 人。正高级职称 1 人、副高级职称 112 人、中级职称 213 人。借聘内部单位人员 154 人，劳务派遣人员 34 人；党员 398 人，其中海外项目党员 249 人。

2023 年，营业收入 27.85 亿元，主要经营指标创近 8 年新高。全力打造海外业务提质增效"精进版"，提质增效同比创效 7 447 万元，百元收入营业成本同比压降 5%。巴基斯坦项目提前两年实现扭亏。强化物资采购精细化考核管理，采购成本同比下降 5%。落实精细化配载，单位运输成本下降明显，最高下降 35%。　（马　里）

【工作量完成情况】 2023 年，川庆国际工程公司钻修井工程技术服务市场主要分布在土库曼斯坦、巴基斯坦、厄瓜多尔。其中：土库曼斯坦市场服务方式为工程技术服务总包制，主要甲方业主为中油国际阿姆河天然气公司、土库曼斯坦天然气康采恩；巴基斯坦市场服务方式为日费制，主要甲方业主为巴基斯坦石油天然气开发有限公司（OGDCL）、巴基斯坦国家石油公司（PPL）；厄瓜多尔市场服务方式为总包、日费制，主要甲方业主为厄瓜多尔国家石油公司（PEC）、中油国际安第斯公司。

2023 年，开钻 74 口，完钻 70 口，钻井进尺实现 19.6 万米，总包项目井筒整体提速成效位居川庆钻探工程公司前列，日费项目全日费率 98%。P 油田增产服务项目产量稳步提升，实现年产 83.1 万桶。　（马　里）

【市场开发】 2023 年，川庆国际工程公司准确把握项目国油气市场新动向新机遇，创新思路方式，海外业务可持续发展的市场基础进一步夯实。分国别推进市场开发小分队和一把手工程，各分公司主动加压，全部超额完成年度签约指标，签约合同金额 3.99 亿美元。钻井业务中标厄瓜多尔安第斯、哈里伯顿、巴基斯坦 OGDCL、POL 公司钻机日费服务项目，续签厄瓜多尔国家石油公司 3 部修井日费服务项目，夯实业务发展基本盘。技术服务多点开花，中标阿姆河公司地质大包、酸化、固井，安第斯公司固井、钻井液服务，伊拉克鲁迈拉、哈法亚油田三级井控服务项目等，打造新的业务增长点。恢复玻利维亚公司营业资质。突出市场开发"一把手"工程，建立分公司主要领导带队定期拜访甲方工作机制。多渠道开展市场开发人员合同管理、法律财税、外语等能力素质提升培训。（马　里）

【重点项目】 2023 年，川庆国际工程公司土库曼斯坦项目探索"1+N"生产组织模式（一个工区内，钻井队机械师、电气师及部分设备共享），最大程度实现同区域内钻井队大班人员、配件材料和机具车辆共享。针对阿姆河以及复兴气田盐膏层定向以及快速钻进难题，优化西部构造定向技术，LLJ-103D 井等 4 口阿姆河重点井的造斜段和储层增斜段实现"一趟钻"作业，创造当地最深定向井深、最长水平井段、最长单根螺杆试用时间等多项新纪录。巴基斯坦项目按照"控规模、保安全、创效益"的思路，推进本土化队伍远程运管机制，加快本土化高级人员招聘和培养，中方员工同比压减 17%。历时 138 天完成 PPL 公司侧钻、井眼轨迹控制难度大的 ADHI SHOUTH X-5（2）井施工作业，甲方多次给予高度评价。CCDC-23 队承担施工的 PPL 公司 SUI-115 井、MURAD-1 井，两口井作业区域偏远，生产保障难度大，通过视频全程监控，超前计划，优化组织，精心操作，保证该 2 口井施工，为 PPL 公司在该区块加大布井增强信心。顺应海外业务优化布局，完成 2 部钻机跨国调拨。厄瓜多尔项目强化重点项目保障工作，主动发挥生产运行"总调度—总协调"中枢作用，助推厄瓜多尔 ITT 油田的高效开发，ISHPINGO 项目 B 平台双钻机同平台作业，开创厄瓜多尔钻机工厂化作业的先河，ITT 项目已完成24口井平均钻井周期14.7天，刷新当地12区块完钻井深和最大位移纪录。安第斯项目高效完成年度9口钻井任务施工，CCDC-51队实现1 000天安全生产无损工事故，受到甲方书面表扬。厄瓜多尔石油公司3部修井机项目收到甲方表扬信，对修井项目生产作业、安全管理等方面给予高度评价。中东项目以"服务项目运行""强化物资保障"为工作抓手，发挥区位优势，履行好大中东地区项目管理职能。全力服务保障土库曼斯坦、巴基斯坦等区域市场以及安检院、地研院伊拉克米桑、鲁迈拉油田井控项目运行。推进川庆海外作业支持中心建设，完成川庆海外井控应急中心选址调研。

（马　里）

2023年7月1日（土库曼斯坦时间），川庆国际工程公司土库曼斯坦分公司在土库曼斯坦举办汉语培训班，在当地员工中掀起中国文化热

王轶林　摄

【安全环保健康工作】　2023年，川庆国际工程公司严抓安全生产责任落实，完成关键岗位人员安全履职能力第三方评估和改进提升。开展安全生产大检查和安全生产"回头看"活动，检查整改问题188项。狠抓重点领域风险管控，以土库曼斯坦项目井控安全、巴基斯坦项目零中方运行模式下生产作业安全和厄瓜多尔项目社会安全为重点的各类安全风险平稳受控，全年未发生一般C类及以上事故事件。加强安全文化建设，编印各语言版本《钻修井队安全文化手册》，提升不同文化背景员工的安全生产意识。强化依法治企、合规管理，建立合规管理专项监督长效机制，各类经营风险全面受控。圆满完成全国"两会"、成都大运会等特别重点阶段维稳信访安保工作，大局保持平稳。

（马　里）

【企业管理】　2023年，川庆国际工程公司聚焦商务与合同、项目组织管理、人才选育管用、绩效考核变革，贯彻"盈利是目的、商务是核心、合同是准则、回款是主线"管理理念，推动发展量质齐升。分国别制订税收筹划方案，推行"金融＋服务"等模式，土库曼斯坦项目年度回款2.61亿元，厄瓜多尔分公司收入结算率从年初13%提升至73%。P项目运营管理费同比下降8%，下半年平均产量较上半年提升5.0%。巴基斯坦项目深化成本费用管理机制，加大创收，深化探索资金回国方式，实现盈利10万元，提前两年实现扭亏。

（马　里）

【党建工作】　2023年，川庆国际工程公司严格落实"第一议题"制度，及时跟进学习习近平总书记最新重要讲话、指示批示精神。高质量推进学习贯彻习近平新时代中国特色社会主义思想主题教育，带头开展调研11人次，研究提出高质量发展举措48项。充分发挥国内外党建联盟作用，推动党建与生产相融互促，优质高效完成一批重难点项目，初步形成具有海外特色的"党建＋攻坚文化"党建模式。贯通落实"两个责任"，抓牢政治监督、聚焦问题整改、集合监督力量、创新廉洁教育，党风廉政建设持续深化。严肃政治纪律政治规矩，持续肃清流毒影响，政治生态巩固向好。全面落实意识形态工作责任制，舆情风险严格受控。持续强化国际传播能力建设，微纪录《奇迹》在《人民日报》海外网获评"一带一路"特别作品奖，川庆钻探工程公司海外"复杂油气攻坚者"影响力不断提升。

（马　里）

【幸福企业建设】　2023年，川庆国际工程公司践行"全心全意依靠职工群众办企业"的理念，坚持企业发展成果惠及员工，员工平均收入增长同比再提升，员工幸福感、获得感、安全感显著增强。深化"三送"思想政治工作法，用好专项经费，全力改善海外员工生产生活条件。筹建长庆区域海外员工家属服务平台，及时为海外员工家属排忧解难。以数智赋能助力健康企业建设，海外健康管理云平台2.0全天候监控重点人群，通过川庆钻探工程公司健康企业建设验收。融入乡村振兴战略，持续协同做好石渠县帮扶工作。推进中外文化相融互促，内外宣量质齐升，聚焦海外项目重大进展的新闻作品获中国石油新闻作品一等奖。开展"美美与共"主题宣传12次,"喜迎二十大"随手拍、征文活动反响热烈,微电影《逐梦》获中国石油新媒体创作大赛一等奖。　　　　　　　　　　（马　里）

邮政编码：610051
电话号码：028-86012770　028-86011909（传真）
油网号码：212770　211909（传真）
单位地址：四川省成都市成华区猛追湾街6号
单位英文名称：CNPC Chuanqing Drilling Engineering Company Limited International Ltd.

# 川庆苏里格项目部

【概况】　川庆苏里格项目部是川庆钻探工程公司所属正处级二级单位,代表川庆钻探工程公司在苏里格气田合作开发区域开展风险投资、天然气开采和产能建设的组织运行管理机构,有苏5、桃7、苏59、苏46、苏119风险合作开发区块5个,工区面积4 418平方千米。按300亿立方米方案规划5个区块建产20.3亿米³/年,规划年产量19.1亿立方米。2023年,川庆苏里格项目经理部机关有职能部室8个(7部1室)和附属机构2个、基层单位5个,有员工154人,其中干部104人、工人50人,员工平均年龄42.5岁。有二级工程师、三级工程师8人,有高级专业技术职称19人、中级专业技术职称53人。有党员人数101人,占员工总数的65.58%。

2023年,川庆苏里格项目部5个区块动用地质储量903.78亿立方米、动用率39.31%。其中,富集区动用地质储量620.76亿立方米,动用率72.06%,累计生产天然气287.4亿立方米。建成无人值班集气站17座(含集气管理中心站4座)、监控指挥中心1座,管理单井1 521口。全年生产天然气19.4亿立方米,连续13年稳产18亿立方米以上,创同口径历史最高纪录。区块年综合递减率18.45%,低于苏里格气田20%的管理要求。销售凝析油1.29万吨,连续6年突破万吨大关。实现营业收入16.77亿元,利润3.52亿元,完成川庆钻探工程公司下达利润总额指标的109.3%,营业收入、利润总额为近5年最好水平。净资产收益率6.91%,单位操作成本每千立方米178.7元,100元收入营业成本71.4元收入结算率100%。获川庆钻探工程公司"先进企业""提质增效专项行动先进单位"称号。　　　　　　　　　　　　（肖　荣）

【产能建设】　2023年,川庆苏里格项目部合作区块深化"井工程一体化",强化建产各工序资源共享,一体协同,开钻井63口,完钻井62口,完成进尺29.53万米,储层改造67口井70井次405层,试气井67口。直井、定向井动态Ⅰ+Ⅱ比例80.8%,动静态符合率80%,平均无阻流量18.5万米³/日;水平井动态Ⅰ+Ⅱ类比例71.8%,平均无阻流量47.5万米³/日。建成管线15.11千米,安装井口70口,投产新井66口,新井产量1.68亿立方米,与产建部署计划相比,产量完成率104.23%、产量贡献率33.27%、产能产量符合率99.91%。西区建产2.44亿立方米,在桃7、苏5、苏59、苏46等区块建成产能规模并形成配套生产能力20.76亿米³/年。抓全过程工程质量管控,钻井井身质量合格率100%,固井质量合格率100%。地面工程合格率100%。

坚持地质工程一体化,突出地质工程"双甜点"的布井模式,高效动用有利区,精准预测潜力区,推行"1+N"井位部署方式,部署井场53个,论证并印发井位坐标137口。优化一体化方案设计,试气地质设计66口井,全年获无阻流量大于20万米³/日的高产井22口,其中无阻流量百万立方米气井9口。推广随钻动态模型控制的地质导向技术,完钻水平井39口,平均水平段长1 019.15米,平均砂体钻遇率96.09%、储层钻遇率80.07%,同比提高9.6%。采用混合井型立体加密、优化井网,在桃7区块南部部署12口井,建成产能1.3亿米³/年,获无阻流量超百万立方米气井3口;分区域甩开评价、富集区井网加密、水平井规模动用"厚砂薄储"型Ⅱ类、Ⅲ类储层,在苏5区块中北部新落实2个次富集区,实施15口井,水平井占比66.7%,获无阻流量超百万立方米气井1口,取得建1亿米³/年产能井数由2022年的30口降至26.8口;优化井网,水平井立体动用盒8和山1两套主力层,在苏46区块东北部实施井15口,均获较好的静动态效果,建成无阻流量超400万立方米的高产平台井组,折算直井21.8口,建成1亿米³/年产能;以山西组储层地震响应模式,带动盒8气藏评价,在苏59区块富水气藏区，获无阻流量超百万立方米气井1口，实施18口井，建成产能1.33亿米³/年；开发主力层，拓展新层系，井震联合刻画西区山2段非主力层河道砂体展布，低品位致密区取得突破，苏46-16-62井、苏59-20-51井分别获无阻流量108.46万米³/日、52.17万米³/日，为富水区资源接替提供新思路。在苏5区东北部古地貌高点的苏5-4-35井的马五6小层钻遇较好气层，为该区域下古生界马家沟组的勘探打开新局面。

（肖 荣）

【天然气生产】 2023年，川庆苏里格项目部围绕19.2亿立方米产量目标，采用"产建跟踪—产能核算—计划制定"的管理模式，编制生产计划及运行曲线，完成全年油气产量任务。精细气井管理，坚持"一井一法一工艺"分类管理模式，形成"地质—开发—工程"三维一体化气井分析模式，解决生产中存在的问题，确保气井稳定生产。坚持以"解堵—增能"排水采气措施的技术体系，措施有效率89.24%。实施泡排、储层解水锁、柱塞等11项措施工艺547口井，增产4.15亿立方米，同比增加642.77万立方米。开展柱塞气举、自动间开、自动注剂3项自动化排水采气工艺，当年实施井206口，增产1.48亿立方米，占总增量的35.62%，增产贡献率7.62%，平均单井生产时率提高1.09%。引入智能机器人自主定量排液和无线传输两种智能柱塞排水采气新工艺，自动优化生产制度，精准控制排液，提高排水效果，实施8口井，增产气量1.35万米³/日，累计增产气量100.6万立方米。针对携液能力差、井筒积液等问题单井，首次把正负压开采工艺技术纳入综合排水采气工艺中，实现日均产气1.11万立方米，同比增加3 600立方米。梳理老井措施挖潜案例，完成223口长停井潜力分析，根据长停井成因类型、技术对策、适用条件，总结出一套配套治理技术体系。开展"一类一法、一井一策"治理，采取排水采气、故障修复、转层开发或重复压裂改造等系列措施，恢复气井产能、挖掘气井潜力，提高气井EUR（最终可采储量）。优化轻烃生产管理，推动"一站一实验一比例"加注管理方式，优化注入破乳剂比例，提高破乳质量，破乳出油率整体提升7%。

（肖 荣）

【质量安全环保】 2023年，川庆苏里格项目部开展QHSE管理体系升级换版，完成1套QHSE管理手册28个QHSE程序文件的制定、修订工作；签订QHSE责任书13份、QHSE岗位责任书143份，开展体系内审2次，接受上级QHSE审核3次，考核、追责严重问题10项，23人被问责，清退承包商2家，处罚8家。组织风险分级防控再辨识，形成7个生产安全风险防控方案。践行双重预防工作机制，明确"六不"防控目标，压实"四级"防控责任，落实96项具体措施。突出井控、油气场站和管道、承包商及特殊作业等6个重点领域，细化整治内容37项，重大风险全面受控。召开生态环境保护专题会议2次，落实生态环保重大事项议事制度，环境监测完成率100%，污染物处置合格率100%。抓好建设项目安全、环保"三同时"，取得建设项目环境影响评价报告书等文件批复，确保项目部生产建设项目依法合规运行。采取技术措施节能102吨标煤、节水1.54万立方米，能源消耗总量4.99万吨。制订9大类29项整治重点工作方案，辖区内未发生环境污染和信访举报事件。抓好特种设备管理，注册率、检验率、合格率均100%。建立健全质量风险分级防控机制，完成64口井的现场物资核查，必检物资质量性能合格率100%。推进运行"三标一规范"建设，组织验收标准化基层队（站）19个，其中3个优秀示范队（站）标准并向川庆钻探工程公司推荐申报。在17个集气场站开展职业病危害场所检测，组织37名岗位接害人员进行职业健康体检，建成并投用"健康小屋"5个，对健康负面清单11人落实一对一健康干预。全年未发生生产安全事故和环境污染、生态破坏事件，以及较大及以上质量责任事故；安全生产指标全部达标，环保节能指标超额完成，健康管理稳步持续巩固。

（肖 荣）

【企业管理】 2023年，川庆苏里格项目部推进组织管理体系、工作运行体系、合规制度体系建设，构建项目部治理效能和项目管理提升长效机制。加强基层执行力建设，推进以"操作手册""管理手册"为核心的"两册"建设工作，提升基层能力。加强法律法规与规章制度的适用性评价，建立国家适用法律法规194项，上级规章制度331项，审查在用的142项规章制度，建立并完善64个高风险岗位合规职责清单，建立生产运营、数据信息等5大业务领域的风险数据库。开展合规风险分析评估，专项审查制度8项，再造规范流程2个。优化合规监督体系，严格内部合规性审核，与65家内外部承包商签订合规承诺书。

巩固国企改革三年行动成效,围绕核心业务简化优化管理程序,探索重复压裂改造风险合作、排水采气工艺增产分成、区块承包等"项目+专业化"运行模式,形成优势互补、运行高效、共建共享的市场拓展格局。推进"三项制度"改革,单位利润、人均营业收入和劳动生产率均保持在川庆钻探工程公司先进行列。

(肖 荣)

【科技进步】 2023 年,川庆苏里格项目部完善科学技术委员会,优化重点项目"揭榜挂帅"机制,围绕生产技术瓶颈开展攻关,超额完成川庆钻探工程公司下达的年度科技工作量化考核指标。组织专家评委开展知识产权价值评审,提升知识产权管理效率及知识产权资产质量和价值。参加全国天然气学术年会、油气开发新成果及新技术展会、技术交流会 7 次,获奖论文 5 篇,优秀学术报告 1 篇。员工李虹受邀出席 SPE 亚太石油与天然气会议,并作交流发言。推进课题合规管理与监督,开展科研项目管理专项检查,提升科研领域合规管控能力。全年运行各级科研 28 项。其中 B 类项目 1 项、牵头 D 类项目 6 项、参与 12 项、自研 E 类项目 9 项。研发投入 1 843.96 万元,投入强度指标完成率 102%。4 项成果获川庆钻探工程公司科学技术奖,申请专利 3 件,发明专利申请占比 100%。推广自主创新科技成果 3 项、应用 10 项,实现经济效益 1.29 亿元。

(肖 荣)

【党建工作】 2023 年,川庆苏里格项目部推动党建与生产经营深度融合、创新实践,获"四好班子"称号,党建工作保持川庆钻探工程公司 A 档序列。落实"第一议题"和党委理论中心组学习制度,党委中心组完成学习计划 12 期,传达学习重要讲话重要指示批示精神和企业会议精神、领导讲话原文 260 余篇,形成以"党委中心组为龙头,所属党支部为重点,党员干部为骨干"的理论学习教育机制,实现理论研学全参与、全覆盖两个 100% 目标。把原有 6 个党支部调整为 11 个党支部,为 5 个基层党支部配备专职党支部书记,设立党小组,动态推进党员班组全覆盖。促进提升两级党组织政治引领能力,推动完善全面从严治党制度规范体系,制定、修订项目部党委工作规则、"三重一大"决策制度实施细则、全面从严治党责任清单等 5 个治理制度。坚持每年党建会和每季度党群例会工作机制,69 项党建工作与生产经营中心工作同谋划、共部署、齐推进。制定印发监督检查工作计划,督促职能部门履行监管责任,发现并整改问题 46 个。下沉监督密闭流程输气伴生凝析油 3 井次,督促回收混合油 21.32 立方米,保障凝析油"颗粒归仓"。落实组织生活制度,两级党组织高质量召开民主生活会和组织生活会,征求并整改职工"急难愁盼"问题 42 个。编制《苏里格项目经理部党建工作责任手册》,明确党委班子成员党建工作职责和党支部书记、委员责任清单,推行党建月度工作清单,形成"月初对接、月末检查"的工作制度。生产运行部党支部以"保重点、盯热点、撬难点"践行"党建+运行";产能建设项目部党支部打造"党建+提质增效"品牌,助力提质增效工作,形成"专业化管理、一体化运行"的工作局面;第一作业区党支部搭建推动安全生产经营的有效载体,成立以支部委员牵头的"争气人才"等 3 个攻坚组,天然气产量超 1 900 余万立方米、凝析油超产 350 余吨。开展"四创四当"活动,形成"一党员一先锋,一支部一特色"的活动氛围。完善采输基地党员活动阵地,评定优秀党支部 3 个,达标党支部 8 个。指导基层党支部按时换届选举 2 次,发展预备党员 2 人,转正 1 人。发挥党建带团建作用,成立"西进"攻坚青年突击队,获集团公司奖项 1 个、川庆钻探工程公司奖项 5 个。

(肖 荣)

【企业文化建设】 2023 年,川庆苏里格项目部打造油气开发领先者的品牌形象和特色文化,拍摄微电影《川庆牌苏里格》获集团公司融媒体大赛优秀二等奖,《安全的意义》《传与承》《一粒种子》等 8 部短视频微电影均在"今日川庆""中国石油""国资小新"等平台登载展播,《不可撤回》《安全的意义》《你可以选对吗》获四川省新媒体应用技能大赛多个奖项;《川庆苏里格》官微通过线上宣传、线下活动等方式,推送期刊 360 余期。围绕铁人诞辰 100 周年,组织开展 2023 年文化作品创作大赛,拍摄制作纪念铁人 100 周年原创歌曲,并作为川庆钻探工程公司唯一入选歌曲,被"中国石油"及"中国石油青年"官微推荐展播,获良好反响。2 篇稿件获中油技服"弘扬铁人精神,讲好铁人故事"征文比赛二等奖和优秀奖。在《四川石油报》上稿量超过 50 篇,《中国石油报》上稿量超 10 篇,创历史新高,1 名员工被聘为《四川石油报》特约记者。

(肖 荣)

【和谐企业建设】 2023年，川庆苏里格项目部坚持以人为本，营造和谐稳定的发展环境和"家文化"氛围，投入近200万元，为职工群众打造温暖和谐的"第二家"，苏里格项目部工会首次获"四川省模范职工之家"称号。健全"我为员工群众办实事"长效机制。开展节日、生日、婚丧、生育、住院等慰问，全年慰问支出42.7余万元，受益员工1 680人次。开展"夏送清凉、冬送温暖"活动，帮扶消费5万余元，为一线职工购买理发套装，解决职工理发难等问题，新建室内活动室，配备台球桌、乒乓球桌等运动器材，让职工有更多的锻炼方式。参与"乡村振兴"战略工程，构建和谐社会环境，捐赠150万元用于旗县道路修建、项目帮扶、金秋助学等，在无定河林场植树50亩。川庆苏里格项目部获乌审旗苏力德苏木"石榴籽集体"称号。发挥工团桥梁纽带作用和服务职能，参加川庆钻探工程公司"稳基础、促上产"增产提效重点劳动竞赛，40口井获单井高产奖，28口井获储层钻遇率奖。组织"冬季保供""增储提速""降本增效"等专项劳动竞赛，一线员工顶风冒雪保"冬供"，累计生产天然气8.27亿立方米，同比增加2 966万立方米；推动群众性经济技术创新活动助力高质量发展，全年收到合理化建议和"五新五小"57条，其中"采气曲线自动绘制VB程序编制"获川庆钻探工程公司合理化建议和"五新五小"成果三等奖、"气井自动开关技术"获优秀奖。收集"金点子"6项，累计创效20万余元。以"2023年四川省职工职业技能大赛·川庆钻探工程公司首届采气工职业技能比赛"为契机，开展岗位练兵，川庆苏里格项目经理部获优秀组织单位奖，1个团队获银奖，4人分获个人奖金、银、铜牌。开展女职工"两癌"筛查，发放女职工保健费用，促进女职工身心健康发展。"三八"妇女节组织集体读书会、"巾帼心向党，建功新征程"插花活动，激发女工爱岗敬业的工作热情。投入5 300余元购买女工喜爱书籍，提高女工自身素养和履职能力。完善维稳信访网格化建设，做好春节、全国"两会"、成都世界大学生运动会、国庆等特殊时段的维稳信访工作，走访一线员工60人以上，及时化解风险矛盾，未发生任何性质的上访、聚访事件，川庆苏里格项目部维稳信访工作受到川庆钻探工程公司电报嘉勉。黄文明家庭被评为全国"最美家庭"称号，川庆钻探工程公司首个"最美家庭"落户苏里格项目部。（肖　荣）

2023年10月25日，川庆钻探工程公司在成都举办的首届采气工职业技能大赛开幕　　　　　　　　　　　　　　林一阳　摄

邮政编码：610052
办公电话：028-82971175
办公地址：四川省成都市成华区华泰路42号越盛能源大厦
英文全称：CCDC Sulige Project Management Department

# 川庆井下作业公司

【概况】 井下作业公司是为油气勘探开发提供压裂酸化、固井、连续油管工程技术服务，研制和生产井下工具、油田化学添加剂产品的专业化公司。截至2023年底，设置机关职能部室13个、机关附属机构8个。有基层单位16个，一线主体队伍19支，其中固井队7支、压裂酸化队8支，连续油管作业队4支。在册职工总数2 061（含多经人员305人），其中合同化1 506人、市场化555人；有高级专业技术职称127人、中级专业技术职称488人，有高级技师6人、技师57人。有YLC1860-140/奔驰4150型、YLC105-1340/奔驰4144型，FC-2251/C500B型等压裂车组、GJC100-26Ⅱ、GJC70-30Ⅱ、GJC45-21型固井车组，50.8毫米CTU/奔驰4144K、60.3毫米连续油管车组，CH360k/奔驰4158K、UEM1150FCMC/奔驰4144K液氮泵车等各类在用车辆设备569台（含租赁），设备固定资产原值29.7亿元，净值10.1亿元，设备新度系数0.34，平均完好率达98%。全年提质增效3.16亿元，增产改造后无

阻流量超百万立方米单井（平台）27个，优质工程累获集团公司、各业主方表扬信22封。全产业链生产保障能力、一体化优质服务水平再上台阶。

2023年，川庆井下作业公司完成压裂酸化4 152层次，注入总液量847.9万立方米、支撑剂96.7万吨，酸化工作量、注入酸液总量分别同比增长5.6%、15%；完成固井1 137井次；完成连续油管作业2 793层次；销售工具138套、油化产品2.3万吨。攻克蓬阳1井靶向深度酸压、塔里木首口"七开七完"井——博孜25井固井等一批高难度作业难题，打造大安深层页岩气首个先导试验平台大安2H1储层改造、亚洲最深直井——蓬深6井127毫米尾管悬挂固井等系列精品亮点工程，实现威远自营区块24小时连续作业目标，响应现场应急抢险11井次。（陈 燕）

【市场开发】2023年，川庆井下作业公司基础市场保持稳定、非常规油气服务市场开拓有力、反承包市场得以稳固；海外市场"产品服务、技术服务、一体化服务"三步走策略指向明晰。国内市场新签合同67.41亿元，关联交易&到致密气市场份额均100%，川渝集团内、外部深层页岩气市场份额分别为46.8%、46.2%。（陈 燕）

【生产经营】2023年，川庆井下作业公司应对工作量下降、生产任务不均衡、深井大幅增多作业更趋复杂等多重挑战，采取"项目式管理+专项化攻坚"优运行、促共享、破难题，升级压裂酸化、固井、连油EISC"智慧作业"远程支撑模式，强化技术质量管理和工艺安全把控，合力排除复杂故障、紧密衔接转场供应、积极协调生产组织，压裂效率1.21段/日、提速7.1%，固井合格率持续提升、质量红线控制在94.6%以内；连油复杂故障率降低33%。统筹推进生产运行降本、采购优化节支、管理提升创效等贯穿经营管理、覆盖全员的提质增效措施116项，坚持"自有设备优先、提高电驱占比、杜绝大量零租"生产组织原则，在川渝地区22个页岩气平台开展电动压裂，完成施工作业1 592段，节约能耗费用3 676.5万余元。加强风险辨识，强化风险意识，升级车辆出行汇报及审批、行车过程监管、车辆违章处罚等。全年实时监控车辆52 163台次，车辆上线率99.61%，开展吊装指挥人员评估和培训、强化承包商现场管控和业绩考核，实施压裂车等主力装备调拨调配38台次、人力资源共享712人次。（陈 燕）

【设备管理】2023年，川庆井下作业公司完善设备管理制度、标准体系建设，制定、修订《井下作业公司设备管理实施细则》等管理制度8项，新建电驱压裂设备二级操作规程14项，修订高压与液罐三级操作规程2项，建立一级、二级、三级设备安全操作规程二维码，实现操作规程在线查看。开展"吊装隐患治理"专项整治，开展电气线路、防雷设施、冬季防冻、燃气检查等专项检查11次，检查问题321项，开展迎集团公司设备大检查专项自检自查工作，检查发现问题408项，开展特种设备专项检查，检查发现问题10项，所有问题全部完成整改。召开装备HSE分委会4次，开展应急演练4次。推广数字化压裂队，持续建设数字化固井和连续油管示范队。开展关键设备机修共享53台次，节约70.59万余元。开展现场维修工作1 087项、修理设备650台，节约费用169.07万余元。执行润滑油按质换油指导意见，推进昆仑润滑油的现场使用管理，实施修旧利废工作103项，节约费用128.38万元。（陈 燕）

【财务资产管理】2023年，川庆井下作业公司推进财务制度和大集中ERP建设，设立12个专业项目组27名关键用户，做好指标分解下达。召开资金顶算会12次，规范大额资金管理，目标成本管理实施有力，采购降本约2.48亿元。单井（平台）安全创效工程深度推行，自有页岩气平台可控成本达标率90.9%。严把资金出口关，切实保障资金安全，执行承兑汇票管理，灵活运用"背书转让"汇票的方式对外支付，争取合理市场价格，在集团公司2023定额及相关计价标准修订中取得共识，最大限度减少影响，提高结算质效，全年收入结算率96.09%。加强陈欠清理，收回四川页岩气公司账龄3年以上投标保证金80万元。完成川庆钻探工程公司下达的"两金"压控指标及自由现金流指标，实现自由现金流2.47亿元。开展财务稽核，发现并整改问题185个，实施资产轻量化管理，全面实施单井、单平台成本写实605份，加强财会队伍建设，业务培训128人次，在多层级职业技能大赛中多次获奖。（陈 燕）

2023年10月28日，川庆井下作业公司在成都承办集团公司全国固井工职业技能大赛　　　　　　　　　　　庞　圆　摄

【科技创新】 2023年，川庆井下作业公司承担各级科研项目98项，形成科技成果17项，新增授权专利16件，获省部级及以上表彰8项；形成致密砂岩压裂增产全域支撑等重大核心技术3项，研制200℃/105兆帕裸眼分段压裂酸化等重大工具利器5项、防腐水泥浆等油化产品2种，开发连续油管疲劳管理系统2.0等特色软件11套，非标封隔式尾管悬挂器、低伤害纳米增渗压裂液体系、140兆帕远程电驱自动化投球装置等核心攻关项目取得重大进展。凭借过硬技术实力、发挥科技创效作用，主导浙江油田大安101H井储层改造方案设计并创多项施工纪录；助推全过程自动精细控压固井技术在塔里木现场应用，并获甲方认可；悬挂完井一体化工具相较国外同类产品降本近30%；环保多用体积改造压裂液、非常规气藏连续油管"一趟管"井筒高效作业技术等10项成果推广应用创效超4 000万元。　　　　　　　　　　　　　　　　　　（陈　燕）

【人才培养】 2023年，川庆井下作业公司落实推动"人才强企工程提升年"活动，建强三支人才队伍，引入博士后3人，引进专业对口的7名硕博士进入杨柳青专家工作室；落实"石油名匠"培养计划、选派1人到德国交流，技能创新团队立足一线、破解生产难题助力创效8项。报送在聘川庆钻探工程公司技术专家9人，考核二级、三级工程师32人，推进"一化五型"人才队伍分级分类培养，筛选出"一化五型"6类人才100余人进入川庆井下作业公司"百人计划"。开展机关和基层人员双向交流，采取专业知识考试和专业实务测试方式选拔机关岗位人员，从基层单位调入机关2人，聘用优秀年轻工人到管理或专业技术岗位10人。试用期满转正考核大学生（含越盛借聘员工）26人，接收新入职大学毕业生20人。报送局级及以上高层次平台培训班10个，参培26人次。（陈　燕）

【安全环保】 2023年，川庆井下作业公司抓实安全生产责任清单制管理，聚焦安全生产重大事故隐患专项排查整治，开展"安全管理强化年"活动，制定、修订HSE标准化作业程序9个、HSE检查表14个，地方应急管理机构检查60次、严防严管严控高压、井控、交通、消防、吊装等领域安全风险。健全"四级、四色"关键作业安全管控计划和"四环节"风险防控。开展重大事故隐患专项排查整治工作，排查整改各类隐患430项。吸取连续油管注入头着火事件经验教训，制定落实整改措施19条，完成应急抢险专用连续油管设备配置。坚持绿色发展，健全危险废物"内外双控"管理机制，雨污分流系统改造见实效，生产基地能源管控节约用电16.86万千瓦·时，"电代油""气代油"减少碳排放1.58万吨。建立"单位+医院+家庭"全方位健康风险干预机制，开展"一对一"健康帮扶176次，医疗救护"绿通"服务254次。（陈　燕）

【队伍建设】 2023年，川庆井下作业公司坚持党管干部原则，着力建设政治坚强、本领高强、意志顽强的"三强"干部队伍。开展领导干部队伍情况分析研判，大胆选用"信念坚定、勤政务实、敢于担当、清正廉洁"的好干部，注重调结构、搭平台、促交流、激活力，加大对德才兼备、实绩突出、群众公认的优秀年轻干部的选拔力度，构建涵盖"选、育、管、用"各环节的干部管理制度体系。促进人才正向流动，开展科股级任免148人次；组织开展科股级干部轮训三期123人次，形成优秀成果31篇。（陈　燕）

【党建工作】 2023年，川庆井下作业公司贯彻落实党的二十大精神，开展学习贯彻习近平新时代中国特色社会主义思想主题教育，"第一议题"学习习近平总书记重要讲话和重要指示批示精神159篇，党委中心组集中学习27次、研讨8次，集体决策251项，"政治三力"不断提高。践行"四下基层"，深入一线调研22次、解决问题64

项；党建载体融合、党建指导服务等助力两级党组织提质焕新；从严正风肃纪，开展"微权不微"等专项治理和监督33项，完成2家基层党组织内部巡察、保持震慑常在；压实意识形态工作责任制，开展"形势、目标、任务、责任、教育学习、宣讲61期次，基层党组织换届选举18个，开展"四创四当"主题实践活动，评选先锋党员7人。获川庆钻探工程公司"两优一先"表彰34人、示范党支部4个，参加川庆钻探工程公司"学习党的二十大·奋勇争先创一流"知识竞赛活动，参与率和及格率均100%，排名第一。参加川庆钻探工程公司党的二十大专题党课评比活动，获一等奖2个、二等奖1个、三等奖1个。吸收预备党员16人，预备党员转正14人。

(陈 燕)

【宣传工作】 2023年，川庆井下作业公司开展特色文化调研，完成企业品牌及文化认知度调研，提炼井下特色文化。围绕60年发展经验总结和文化提炼传承，开展"新征程·新奋斗·再回首·向未来"主题活动，部署联动式策划33项，《甲子——时代之问》宣传片等文化作品广获好评、反响热烈，企业认同感、集体荣誉感提升，井下"纵横文化"已具雏形，企业文化基础进一步夯实。制定印发《学习宣传贯彻党的二十大精神重点工作任务分解表》，明确5项20条措施要求。党委委员深入基层一线多层面多方式开展党的二十大精神宣讲13次。成立"青春理响"青年宣讲团，制作宣讲课件6件，通过"井下纵横"公众号展播，观看1744人次。发布《井下作业公司"4+1"双循环融媒体矩阵管理运营方案》，编订新闻采编管理标准化流程，开展2023年新闻宣传提质提效劳动竞赛，收到参赛作品80个，评选优秀作品51个，在A8办公系统开设"以文化道"专题，共享新闻宣传优质内容9期，实现龙潭楼宇电视端口与各生产基地屏幕端口联动。在上级媒体发稿668篇，同比增长29%。其中《中国石油报》等媒体用稿32篇；川庆门户用稿183篇，增长8%。《四川井下》杂志出刊3期。在"弘扬铁人精神，讲好技服故事"主题征文比赛中，3篇作品分获一等奖、二等奖、三等奖，2篇作品获优秀奖，1人获"金笔奖"。1人获评2023年全国石油石化系统首届"好记者讲好故事"活动"优秀记者"。

(陈 燕)

【群团工作】 2023年，川庆井下作业公司加强民主管理工作，召开三届二次职工代表大会和工会会员代表大会。收集各类职工代表提案15件，厂务公开事项310项。开展群众性劳动竞赛工作，蝉联中油技服压裂竞赛榜榜首；开展第六届井下作业工、固井工专业技术比赛，并取得优异成绩；承办四川省职工职业技能大赛川庆钻探工程公司第四届财务会计专业业务技能比赛，囊括"优秀组织单位奖""优胜单位奖"，获团队银奖、个人"金牌、铜牌选手"，在2023年全国行业职业技能竞赛固井工竞赛中，6名参赛选手获个人金牌2枚、银牌3枚、铜牌1枚，团队金牌1枚、银牌1枚，并助力川庆钻探工程公司获团体比赛一等奖。加强先模选树工作，1人被评为"成都工匠"；强化职工创新创效活动，助推创新成果转换应用，征集成果46项。打造井下作业公司"青年突击队+"品牌，组建"青年突击队"33支，在增储上产、提质增效、安全保障、科技创新等方面发挥青年的先锋作用，创建青年文明号2支，复核青年文明号5支。开展以"安全生产·青年当先"为主题的青年安全生产示范岗创建活动。组织成都自然博物馆志愿者、无偿献血、志愿植树、宣贯雷锋精神等"学雷锋树新风，学铁人立新功"青年志愿服务活动，组织青年到石渠县参与专项助学支教，践行井下青年志愿初心，彰显青年力量。

(陈 燕)

【和谐企业】 2023年，川庆井下作业公司坚持"一把手接待日"、员工思想动态分析等制度，收集、答复群众建议、信息128条，全年信访举报同比下降83.3%。把员工利益放在首位，务实办好员工心理援助等8件民生实事，投入940余万元落实节日慰问、困难帮扶、金秋助学、健康疗养等惠民政策；"成都市健康企业""全国工会职工书屋"落户川庆井下作业公司。

(陈 燕)

邮政编码：610051
电话号码：028-86019188　028-86019288（传真）
油网号码：219188　219288（传真）
单位地址：四川省成都市成华区龙潭工业园华盛路46号
单位英文名称：CCDC Downhole Service Company

# 川庆长庆井下公司

【概况】 川庆长庆井下公司主要从事试油试气、压裂酸化、测试试井、连续管作业、带压完井、修井侧钻等专业化工程技术服务业务。具有井下工具、化工助剂研发生产能力，是储层研究、工程设计、施工监测、分析评价与现场作业一体化的专业技术服务公司。2023年底，自有员工总量2455人，其中合同化员工1443人、市场化员工1012人；干部1004人，其中经营管理干部565人、专业技术干部439人。正高级工程师1人，副高级职称146人，中级专业技术职称642人，博士12人，硕士75人。企业高级专家2人，一级工程师8人，二三级工程师40人；集团公司技能专家2人，川庆钻探工程公司技能专家6人，特级技师5人、高级技师5人、技师60人。设有机关职能部门8个，机关附属机构3个；基层大队级单位22个，基层小队级单位72个。有各类专业施工设备2768台（套）、生产辅助设施3208台（套）。主要包括各型试修装备、压裂装备、连续油管装备、测试试井装备、带压作业装备、修完井装备、二氧化碳作业装备、自动化装备及生产生活辅助类装备。自有压裂设备装机总功率40.06万水马力，其中，电驱压裂设备12万水马力。

2023年，川庆长庆井下公司完成试油气压裂酸化13517层次（特殊作业1125层）、完井1802口，水平井工作量首次超过1万层次，同比提高8.9%，主营业务量效齐增。全面巩固长庆主体市场，全力维护陇东页岩油、采气二厂、青石峁气田评价、深层煤岩气、勘探评价、油气田老井综合治理等重点市场份额，适度开展总包合作，全年承揽工作量2273口，同比增长3.88%。扩展非关联交易和外部市场，探索与辽河油田、玉门油田、同欣科技等油气田企业开展多方合作，承接项目18个，签订合同29亿元。建立全新"大生产"指挥体系，推行精细化生产组织流程法、"43452"❶生产管理模式落地生根，刷新启动周期最短、完成万层最快等20余项生产纪录。支撑陇东页岩油规模化开发，完成4178层次，水平井176口；庆H37-9井日产油气产量当量107吨，创区域单井日产新纪录。高效保障26口深层煤岩气储量落实，在横探8H井试获日产18.16万立方米高产气流。高质量开展西233区、元284区37口低产老井重复压裂改造，增油37万吨。支撑油田新领域、新类型勘探评价，完成探评井128口867层，盆地西缘冲断带任17井试获无阻流量21.5万立方米；首口铝土岩水平井陇47-1CH井获无阻流量353.4万立方米；盆地东部太原组灰岩榆探3H1井获无阻流量62.9万立方米；青石峁气田直定向井李21-24井获无阻流量106万立方米。完成延长页岩油一期1370段压裂、76口井试油任务。全年试获日产超100万立方米高产气井22口，日产超50吨高产油井10口，重大发现井4口，获中油技服贺信8封。

（杨迪）

【质量安全环保与节能节水】 2023年，川庆长庆井下公司深化安全管理体系建设，全面修订5个专业"两书一表"和标准操作程序化图册，开展吊装、交通、危化品等专项整治11次，固化形成吊装图册、标准化作业程序教学视频等成果4项。强化双重预防机制建设，完善安全风险分级分类标准，辨识评估动态风险880条，制定风险控制清单42份，关键作业风险全面受控。投入6850万元实施安全技术措施项目35项。打造基层队站"三标一规范"3.0版，开展桃124井、子18平台现场标准化建设观摩交流。推行承包商HSE同标管理，完善承包商队伍信息卡，实行末位淘汰和"黑名单"制度。严格落实井控"三评估三分级"❷要求，升级"3+3"应急保障中心❸，建成2小时应急响应圈，开展Ⅲ级专项预案演习7次。投入清洁生产费

---

❶ "43452"生产组织法："4"指生产组织"四靠前"，即集中营地靠前、井场衔接超前、踏勘井场提前、多样压前准备；"3"指作业流程"三专业"，即专业化物流直达、专业化压裂准备、专业化服务保障；"4"指压裂施工"四连续"，即连续供水、连续供砂、连续混配、连续施工；"5"指现场管理"五优化"，即优化作业现场布局、优化人员结构配置、优化设备设施配套、优化安全环保措施、优化压裂泵注流程；"2"指实现"两创优"，即生产指标创优、经营指标创优。

❷ 井控"三评估三分级"指井控风险评估分级包括盆地、区块和单井的风险分级，以及钻井队伍、井下作业队伍的井控风险防控能力分级，实现作业队伍井控能力等级与井风险等级相匹配，有效防控井控风险。

❸ 完善靖边、乌审旗、陇东项目部3个应急响应基地，为对外、垍塬、靖安项目部配置基础应急抢险资源。

单位概览

用1.65亿元，开展污染减量化和资源化再利用双向治理，推广电驱、混驱、二氧化碳压裂项目，节能377吨标准煤、减碳4800吨，节水19.5万立方米，二氧化碳用量超24万吨，返排液回用率提升2.7个百分点。群众性质量活动获局级及以上优秀QC成果奖16项，获甘肃省质量管理小组活动优秀企业，连续10年保持全国"安康杯"竞赛活动优胜单位。

（杨　迪）

【经营管理】 2023年，川庆长庆井下公司经营收入70.6亿元，利润1.86亿元，利润贡献值再创新高。落实"四化"治企准则和"四精"管理要求，以精求进、以精促进，推动全业务链降本、全管理链挖潜、全价值链增效，9个方面全线发力，打造提质增效"精进版"，实现提质增效3.3亿元，连续3年实现高基数上的高增长。全面推进目标成本管理，精细单井成本核算，完善安全创效措施，覆盖615个平台、2067口井，形成特色单井成本数据池。

（杨　迪）

【科技进步】 2023年，川庆长庆井下公司科研投入2亿元，承担川庆钻探工程公司原创技术策源地和创新高地建设5项工程任务。实施各级科研项目122项，获授权发明专利41件，获局级及以上科技进步奖9项。推广应用自主创新科技成果35项1067井次，实现创效2.55亿元。围绕鄂尔多斯盆地非常规油气勘探开发需求，攻关页岩油压裂提速、油田老水平井重复改造、二氧化碳埋存与驱油等技术难点，靖64-31YH2井首次采用自主二氧化碳泡沫体积压裂工艺，综合减水率51%。华H50-7井带压钻磨清理井筒，刷新国内最大作业井深6130米、最长水平段4088米施工纪录。庆H32-6井单套CTY连续油管拖动工具完成全井72段压裂，创造区域工具拖动压裂新纪录。自主研发连续油管氮气泡沫清理井筒技术，作业18井次，较常规冲砂效率提升30%以上。定型高含硫储层试气压裂工艺，安全高效完成米探6井试采，为探明奥陶系盐下储量提供可靠资料。自主研发可控流变金属封堵技术，有力支撑安全带压起换采气速度管作业。升级工具支撑压裂提速，单套YK双封单卡工具具备4段施工能力；TDY油管带压拖动压裂单日最高施工4段，单段较常规拖动压裂节省7小时；免回压连油底封压裂工具在青石峁李40-28

井36.7兆帕停泵压力下实现"零"回压水力喷射，有效降低喷射压力35%以上。建立全面涵盖主营业务、重点装备、工具制造管理的数据平台和信息系统，构建两级EISC分级管控模式，打造4支数字化压裂示范队，建设陇东页岩油、盐下高含硫、致密气等5个数字化压裂示范平台，推动数字技术全面融入生产经营全过程。

（杨　迪）

【管理创新】 2023年，川庆长庆井下公司统筹开展"十四五"规划中期评估工作，对标五大类24项指标，全面查找业务发展短板弱项，科学部署后三年发展目标和业务调整方案。深化专业公司业务转型和职能调整，装备技术服务业务做实公用设备、高压管件、井控设施等统一管理和专业化维保；压裂、特作业务资源重组，3个压裂公司业务均衡互补发展；质量监督检验和计量检定业务实现集中管理、集约化发展，压力检定等级升至0.05级。完善企业管理制度和运行流程，更新发布制度21项，新增修订流程110项，深化管理创新理论研究，获局级及以上奖项14项。

（杨　迪）

【党建工作】 2023年，川庆长庆井下公司学习贯彻党的二十大精神，高标准推进第二批学习贯彻习近平新时代中国特色社会主义思想主题教育，对照12个方面33项重点内容，开展调研35场次，解决实际问题72项，推动调研成果转化为高质量发展的新举措。推进"形势、目标、任务、责任"主题教育活动，加快推进党建"三基本"建设与"三基"工作从思想教育、人才队伍培养、提速提效、风险管控、提质增效、企业文化建设六大方面深度融合。健全完善理论学习机制，开展党委会、中心组研讨式学习14次，推动学用结合、以学促干。加快党建工作数字化升级，建成智慧化党建联盟阵地，在"铁人先锋"平台形成5大类40项"三会一课"活动主题。加强基层党组织建设，新建6个党支部，调整隶属关系党组织15个，充实33人到党支部书记岗位，发展新党员17名，预备党员转正21名。树立德才兼备用人导向，干部队伍结构更趋合理。持续推进专业技术岗位序列改革，新选聘二级、三级工程师10名，靶向引进博士后高层次人才1人，19人从操作岗位聘任到管理、技术岗位。健全党风廉政建设责任体系，463名科股级干部联系一线作业队及班组，推动责任落实向基层深度延伸。分两轮开展6个基层党组织政治巡察，发现并整改问题80余项。开展合规管理两级立项、专项监督38项，持续整治基层"微腐败"问题，推动"清廉井下"建设走深走实。

（杨迪）

【民心工程】 2023年，川庆长庆井下公司召开长庆井下作业创新发展50年总结交流大会，总结展示"压裂文化"历史脉络和时代底蕴。打造健康管理模式，建成健康小屋11个、运行随诊包227个，健康监测覆盖全员。常态化推进"我为员工群众办实事"实践活动，办好16项涉及生产一线职工住宿、就餐、文化生活等民生实事。夏送清凉、冬送温暖，发放510万元节日慰问品，关心关爱大病困难员工243人次，发放慰问金80万元。倡导全民健身，促进友谊交流，承办川庆钻探工程公司体育比赛，举办西南油气田公司和兄弟单位邀请赛，赢得各方美誉。组织员工积极参加劳动竞赛、岗位练兵、技能比赛活动，27名一线操作、技术人员分别在全国行业、集团公司、甘肃省技能竞赛中获奖。推进厂（队）务公开，利用公示栏、视频会议等形式公开厂务厂情，100%落实职工提案。开通"党委连心桥"信箱，跟进办理留言问题26条，及时化解矛盾纠纷，畅通网、电、信、访多种员工诉求渠道，保障了员工队伍和公司大局稳定。

（杨迪）

2023年4月10日，川庆长庆井下公司在咸阳朝阳七路生产科研基地召开50年创新发展总结交流大会　　王川　摄

邮政编码：710018

电话号码：029-86599195　029-86599000（传真）

单位地址：陕西省西安市未央区未央路151号长庆大厦

单位英文名称：CCDC Changqing Downhole Technology Company

# 川庆试修公司

【概况】 川庆试修公司于2020年1月1日成立，主要从事试油试气、测试试井、修井作业、带压连油等业务。2023年底，川庆试修公司设机关职能部室8个、附属机构4个、三级单位6个。有基层队伍67支，其中试修队28支、测试队31支、带压作业队7支、连油队1支。用工总量1952人，其中合同工886人、市场化217人、社会化用工849人。有高级专业技术职称54人、中级专业技术职称179人，有高级技师18人、技师44人、技能专家3人，有川庆钻探工程公司企业技术专家3人、一级工程师4人。川庆试修公司固定资产原值6.42亿元，净值1.42亿元。有修井机37台、带压作业机11套；测试流程94套；试井设备6套；连续油管1套。全年营业收入13.2亿元，同比增长16.8%，完成考核利润1728万元，超盈368万元。获川庆钻探工程公司2023年"先进企业"、2023年"提质增效专项行动先进单位"称号。

2023年，川庆试修公司施工1516井次，完工1303井次。施工井同比增加114井次，增长8.13%，完工井同比增加184井次，增长16.44%。其中，带压作业施工271井次、完工264井次；试油修井施工100井次、完工91井次；隐患治理施工108井次、完工92井次；地面测试施工603井次、完工424井次；地层测试及计量施工79井次、完工77井次；钢丝作业施工355井次、完工355井次。通过强化计划组织，加强协调对接，2023年完工井大幅增长的情况下，非生产时间同比下降490天，川渝地区生产时效92.93%，同比提高1.25个百分点。完善预警管理体系，规范复杂处置程序，故障复杂时效1.4%，降幅12.5%。特车转场123井次，安全行使1.85万千米，平均搬迁运距150千米。

（徐宏伟）

【市场开发】 2023年，川庆试修公司与各建设方及协作方签定框架合作协议37份、单井协议8份。全心全意满足客户需求，为大庆油田组织试油物资，用精准的服务方案取得潼深3口井5000万元试油大包合同。实施差异化市场策略，关注集团公司油田矿权流转工作量部署，与吉林油田公司、大庆油田公司、浙江油田公司在川渝流转区块建立长期合作机制，首次签订浙江油田公司老井试油大包合同、吉林油田公司措施井框架合同，实现市场规模历史突破。进入塔里木高压测试市场，保障好塔科1井、富东区块一批超深超高压井试油测试，稳步发展高端测试市场，市场规模突破5000万元。以中油技服带压作业技术中心为引领，推动带压修井技术服务纵深发展，带动川渝地区各成员企业带压作业业务结算效益最大化。瞄准天然气回收新业务，多次与建设方开展技术交流，进入川渝地区脱水脱烃、CNG回收市场，拓展川庆试修公司排采输气产业链，增强核心竞争力，首年实现天然气回收600万立方米，助推天然气快速上产保供。举办川庆钻探工程公司首届试油技术成果发布会，邀请油气和新能源公司、中油技服和塔里木油田公司等七大油气田客户参会，现场签订合作意向书3份。

（徐宏伟）

【质量安全环保与节能节水】2023年，川庆试修公司杜绝一般C级生产安全事故、火灾、环境污染等事故的发生，QHSE指标均在控制范围内。逐级开展生产安全风险再辨识，辨识出464项危害因素、198项环境风险、职业卫生风险1项，分专业分层级制定管控措施。对照上位制度修改，修订完善质量安全环保管理制度、梳理288个岗位安全环保职责与安全生产责任清单。全年进行关键作业高风险45项，次高风险285项，派驻349人次开展现场管理，视频监控2154次。开展以吊装作业为重点的高危作业升级管理申报制度，升级管理8357次。暂存并处置一般工业固废160井次1.23万立方米，危险废物34井次0.19万吨，转运处置各类废水17.35万立方米，开展返排液直接回用2.46万立方米，回用占比12.42%。提高各区域电代油使用比例，全年电代油用电300.46万千瓦·时，替代柴油841.29吨。对84个噪声作业场所（245个检测点）开展职业病危害作业场所检测，组织健康体检1136人次，接触危害因素岗位员工和特殊作业人员职业健康体检127人次。

（徐宏伟）

【工程技术】2023年，川庆试修公司完成钻机试油88井123层，其中探评井46井79层、开发井42井44层。总体呈现探井更深、压力温度更高、转层上试多的特点。平均单层周期51.07天（钻机占用时间），同比提速15.79%，其中31层周期低于30天；新开工井平均单层周期43.09天，同比提速11%。试油总时间151 036.26小时，生产时间139 285.53小时，生产时效92.22%；故障复杂时间5 952.59小时，故障复杂时效3.94%。较2022年4.12%下降0.18%；转层周期进一步缩短，试油转层周期同比提速12.63%；工程技术服务能力创新高。创造以蓬深6井、大北401井为代表的等10余项试油工程纪录，助力西南油气田公司勘探发现（寒武系、二叠系、三叠系）取得系列新突破，获中油技服贺信表扬信8封。研发形成98.43毫米和127毫米两个系列的地层测试工具并通过室内高温高压性能评价，工具整体耐温230℃、压差105兆帕，抗静压280兆帕，填补石油行业耐温230℃和抗静压280兆帕的地层测试工具空白。其中RDS/RD循环阀和测试封隔器在塔里木油田大北401井首次应用成功，工具下深8 301.98米，刷新国内测试工具下深最深纪录，达到国际最高水平；研发集团公司首套175兆帕超高压地面测试管汇，并在国家级检验检测机构完成PR2试验验证合格，为保障万米科探井试油测试任务做好准备；首次引入245兆帕/200℃和175兆帕/220℃超高压超高温电子压力计，解决蓬深7井和蓬深6井两口井录取资料难题，为万米深井试油奠定基础。

（徐宏伟）

【科技进步】2023年，川庆试修公司开展科研项目57项，其中牵头和参与集团公司课题6项、股份公司横向课题1项，中油技服课题2项、川庆钻探工程公司课题30项、处级课题18项。制定《川庆试修公司核心技术攻关任务实施细则》，为关键核心技术攻关任务攻关的过程管理提供制度保障，并对攻关团队上浮研发奖标准，鼓励科研人员研究攻关"卡脖子"技术。全年申报各级科技奖励6项，其中省部级奖励3项、局级奖励3项。获各级科技奖励3项，其中"四川盆地超高压超高温含硫化氢天然气地层试气作业关键技术与工业化应用"获全国职工优秀技术创新成果三等奖、"105兆帕/200℃高温高压测试封隔器"获川庆钻探工程公司技术发明奖一等奖。升级CPV试油完井一体化工具性能,指标由 70 兆帕 /177℃提升为 105 兆帕 /200℃,该技术被列为集团公司试油提速保障措施推广技术;自主研制适用于川渝老井套管尺寸的高效段铣工具,在 N80 钢级套管使用 8 井次,平均段铣时间 18 天,最快 3 天完成相 22 井段铣作业,创造川庆钻探工程公司首次一趟钻完成 30 米段铣作业,平均段铣时速 0.4 米 / 时,最高 0.7 米 / 时,突破以往外包服务 0.23 米 / 时的技术水平;研制出 60.33 毫米、73 毫米、88.9 毫米 105 兆帕 /105℃系列可溶堵塞器,在黄 202H7-7 井完成现场试验,可溶材料耐蚀及管内封堵工具领域打破国外封锁。　　（徐宏伟）

【提质增效】 2023 年,川庆试修公司持续推进提质增效专项行动工作,实现提质增效 8 839 万元。制定提质增效专项行动方案,细化措施、明确指标、落实责任,将管理重心延伸到业务前端,实现"源头降本"和"综合成本最低"。加强重点成本项目管控,定期分析管控效果并严格考核,确保成本进一步降低。首次签订浙江油田老井试油大包合同、吉林油田措施井框架合同,实现市场规模历史突破。全年带压产值同比增加 3 050 万元,封堵井产值同比增加 3 200 万元,增收创效 1 250 万元。保持与中国石化各家单位在带压、除硫、APR 测试作业等业务的友好合作关系,外部市场产值同比增加 1 600 万元,增收创效 320 万元。开展致密气脱水脱烃、CNG 充装回收 7 井次,实现产值 193 万元。修井机故障复杂损失时率 1.4%;川庆钻探工程公司老井措施挖潜工程实施成功率 100%;钻机试油转层周期提速 10.96%;通过先进技术解决生产问题,发挥特色优势技术,增收创效 455 万元。（徐宏伟）

2023 年 4 月 7 日,在蜀南气矿 2023 年承包商管理年度工作会上,川庆试修公司被评为"卓越承包商"　　徐宏伟　摄

【队伍建设】 2023 年,川庆试修公司修订完善人事工作制度,创新丰富干部培养模式。加大培养选拔调整力度,注重班子合理搭配和整体功能发挥,选拔调整一批优秀干部,优化各级领导班子,提升班子整体力量。全年调整科级干部 21 人次,股级干部 97 人次。从操作岗位选拔优秀员工 19 人代理管理或专业技术岗位,从操作岗位聘用 7 人到管理或专业技术岗位,配齐配强各基层队班子。敢于大胆启用优秀年轻干部,提拔任用 40 岁以下科级干部 10 人。引进高校毕业生 16 人,做好新进大学生"三级"培训管理工作。畅通人才成长通道。推进专业技术序列改革,选聘（推荐）企业高级专家及二级、三级工程师 8 人。
　　（徐宏伟）

【企管法规】 2023 年,川庆试修公司开展"三基"工作、制度建设、项目管理、合规性评价、招标业务专项整治、重大风险管理等重点工作,推进依法合规治企,完善内控与风险管理体系,提升执行力和风险管控能力。清理试运行制度,厘清必建制度,提升制度体系的集约化,并推进制度审查流程信息化。评估确定年度重大风险 5 项,精准管控企业风险,确保不发生重大管理缺陷及重大生产经营风险事件。牵头完成"十四五"规划中期评估及 2024—2026 年滚动计划编制,确立建成"世界一流试修专业化公司"的发展定位,明确"十四五"后三年的发展思路、发展目标和部署。修改完善考核办法,科学合理设置考核体系,调整再分配比例,力求绩效考核公平公正,发放合理合规。开展第十个国家宪法日和法制宣传月活动,贯彻落实习近平法治思想和全面依法治国理念,通过"12·4"国家宪法日普法宣传答题、门户网页法治宣传专栏、宣传海报等多种方式,推进普法宣传教育,推动依法治企文化建设。法律顾问深度参与重大法律事项,出具法律咨询意见书 4 份,重要涉法决策事项法律参与率 100%。制订合同工作计划,跟踪合同动态履行台账,加强超合同结算监督,执行合同预警机制。层层压实安全生产责任,加强现场安全监管和承包商施工作业过程安全管理,严把承包商准入关。
　　（徐宏伟）

【党建工作】 2023 年,川庆试修公司严格落实"第一议题"制度,以第一议题学习习近平总书记重要讲话和指示

单位概览

批示精神 19 次 184 项。召开党委会 18 次，专题研究党的建设、改革发展、生产经营、安全环保等重大事项。开展第二批主题教育，印发主题教育通知 13 份。举办读书班、专题学习 58.5 学时，开展调查研究 28 次、座谈会 42 场、现场访谈员工 200 余人。运用"三会一课"、主题党日等多种方式，引领各级党组织全年召开学习讨论 195 场次，讲授专题党课 127 场次。开展 2023 年上半年、年终基层党建工作检查，分别开具《党建工作检查问题清单》45 份、44 份，检查并整改问题 344 个、282 个，并将考核分数按照 20% 纳入绩效考核体系。动态调整设置党支部 59 支，打造党建示范点 1 个，创新党员示范岗、党员责任区 73 个，组建党员突击队 48 个。按照选举条例规定，完成 50 个基层党组织换届选举工作。开展党支部书记跟岗锻炼 4 次、岗位学习 4 人次，培训班集中学习 49 人次，一对一教导示范培训 14 人次。

（徐宏伟）

【企业文化】 2023 年，川庆试修公司打造企业文化室，全方位、多角度、深层次展示试修人锐意进取、勇往直前的精神传承。开展"转观念、勇担当、新征程、创一流"主题教育活动，开展宣讲 60 余场次，实现"形势、目标、任务、责任"教育全覆盖。围绕中心工作目标，建立"年度有目标、季度有要点、月度有专栏、每周有计划、每日有侧重"工作机制，通过"一网一微"主阵地 + 石油系媒体矩阵，开设"先锋模范""我有金点子""安全生产月""一线写真""大战四季度"等专栏，发布新闻宣传稿件 437 篇。在《中国石油报》《四川石油报》"时代川庆"、川庆钻探工程公司门户网页等平台发表各类文章 141 篇，讲好试修故事、传递试修声音、展示试修形象。

（徐宏伟）

【工团维稳工作】 2023 年，川庆试修公司承办川庆钻探工程公司首届气排球比赛，参加甘肃省百万职工劳动和技能竞赛暨川庆钻探工程公司仓储管理员技能大赛，取得优胜单位奖、优秀组织奖、优胜团队铜奖。组织开展主题团日和"青春理想"宣讲，引导青年建新功，展现试修人风采。开展各类劳动竞赛，激发基层潜力、释放基层活力。建立"我为职工群众办实事"长效机制，下拨专项经费 15.8 万元解决职工群众困难和问题 24 项。实施大病帮扶、特别关爱、金秋助学等项目，帮扶救助 31 人，发放助困资金 17.2 万元。压实维护稳定工作责任，抓好重要时段维稳安保工作，排查矛盾纠纷 1 起、党组信箱 4 起，宣贯检查 8 次，领导下访 30 余次，省信访局信访件转交办事件 1 个，调节化解率 100%。

（徐宏伟）

邮政编码：610081
电话号码：028-86017195
油网号码：217195
单位地址：四川省成都市成华区华泰路 42 号越盛能源大厦
单位英文名称：CNPC Chuanqing Drilling Engineering oil Testing-Workover Company Limited

# 川庆长庆固井公司

【概况】 川庆长庆固井公司是一个集固井施工、固井技术研究、固井技术服务，以及固井工具和添加剂研发生产、固井新工艺推广应用于一体的综合性固井工程技术服务公司。2023 年底，川庆长庆固井公司机关设置 7 部、1 室、4 个附属；基层设有项目部（工程部）6 个、固井中队 10 支，设有技术研发、物资供应、固井工具材料、质量安全监督等一体化服务保障单位 4 个；托管陕西固德石油工程有限公司。有各类用工 1 370 人，有各类设备 1 376 台（套），其中 100（70）-30 型、45-21 型等水泥车 116 台；建有自动化和半自动化固井水泥干混站 5 座，油气井水泥化验室 6 个，"公司 + 区域项目部"工程作业智能支持中心（EISC）7 个，建成国内首家固井数字化指挥中心，年固油气井能力达 4 500 口以上，作业能力、固井质量、品牌影响力位居国内同行业前列。

2023 年，川庆长庆固井公司固完井 2 626 口、技措井及封井 1 299 口 3 032 井次。总包页岩油、陕北油探、天然气勘探、风险勘探等 8 个厂和储气库、煤岩气、延长一体化等 4 个重点项目，长庆油田市场服务保障率 65% 以上。推进创新驱动战略，取得科研成果 23 项，获发明专利 4 项，科技成果转化率 69%，固井质量合格率 95.6%，提高 0.6%。纵深推进提质增效"精进版"，加强指标牵引，强化要素管控，突出技术增效，实现营业收入12.35亿元，提质增效贡献9 498万元，百元收入营业成本同比下降2.88%，全员劳动生产率同比增长12%。加快数字化转型智能化发展，整合内外优势资源，建成"1+6"两级EISC，上线运行固井一体化信息平台，数字固井能力初步形成。

（尹沭）

【安全环保】 2023年，川庆长庆固井公司深化QHSE体系建设，建立"全要素+专项审核+专家指导"内审模式，整改各级审核问题1 068项。完善作业现场"一牌一图"（风险告知牌和区域平面布置图）、后勤场点"两牌一图"（主要风险告知牌、集团公司反违章禁令告知牌、现场平面布置及逃生示意图），规范改进"两书一表"（作业计划书、作业指导书和岗位检查表），推动"三标一规范"2.0建设。开展专项整治，梳理固井专业关键作业29项，升级交通安全管理，强化班组作业"四环节"风险管控；投入隐患整治资金1 038万元，完成水泥车旋塞阀泄压作业等10个治理项目。推动绿色健康企业建设，高沟口基地首批光伏发电项目累计发电2.87万千瓦·时，建成基层"健康小屋"4个，开展健康干预。坚持创新管理抓安全，查纠违章340起、查治隐患1 049项。开展分级安全大讲堂48场次，选树奖励"安全之星"189人次。 （尹沭）

【市场保障】 2023年，川庆长庆固井公司牢固树立"甲方思维、乙方定位"理念，构建市场保障新格局，深化市场+信息、技术、生产、装备、队伍"六位一体"市场营销模式，全力保障甲方项目组26个，"清单+专班"服务页岩油、储气库、延长一体化、煤岩气水平井等重点项目、重点井，争取承揽88.9毫米小套管复注、油田堵水等新业务，合同金额同比增长16.4%，重点市场服务保障率提高2.3%，高价值工作量边际效益贡献率提升1%。优化"五区"（延安、靖边、定边、庆阳、乌审旗5个生产保障区域）联动、就近联保机制，单机单队作业能力提升8%，关键设备动用率提高3.5%。强化"技术靠前支撑+项目一体统筹"，联动"产品+服务+市场"，打造市场品牌形象，专业化服务得到甲方认可，收到甲方感谢信26封。 （尹沭）

【技术质量】 2023年，川庆长庆固井公司聚力打造"三低"固井技术创新新业态，建立科技创新"四大清单"，论证开展43项科研攻关项目，形成防侵扰、二氧化碳防腐等6项新材料，配套20种水泥浆体系，研制热塑性复合材料弓形扶正器等7类新工具，推动关键材料自主化、工具产品特色化、工艺技术集成化。推广应用复合低密度、玻璃微珠、免钻分级箍等新体系新工具，实现技术创收1.2亿元。加强质量全生命周期管理，编印《固井工程师手册》，优化区域水泥浆体系12种，开展两个质量专项行动，规范"资料收集""井筒确认"两个清单，技术专家"现场会诊+远程支撑"168井次，建立固井质量"日跟踪、周通报、月考核"机制，追溯23项质量问题，7个产建项目、3个重点项目实现固井质量合格率100%，质量三年专项行动收官。 （尹沭）

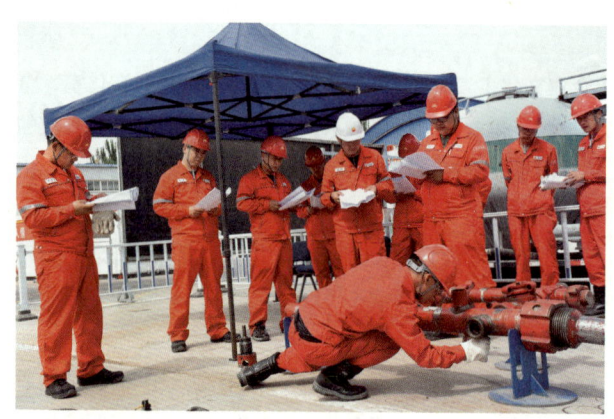

2023年6月24日，川庆长庆固井公司第三固井工程项目部在靖边生产生活基地开展岗位大练兵活动   李养财 摄

【信息化建设】 2023年，川庆长庆固井公司顶层推动"十四五"信息化建设规划，制定《2023年信息化建设项目计划》，加快数字固井体系建设。建成投用数字化指挥中心，打造固井一体化信息平台，生产运行管理系统、工程技术管理系统、设备管理系统等4大系统高质量上线运行，实现数字远程支持、技术靠前支撑。推进"互联网+QHSE"，开发BDS监控平台"11+1"特色功能，升级"主动安全预警+360°全景视频监控"，配置岗前数据检测自动化采集一体机10台，完成安全事故事件管理模块建设。制订数字化中队建设方案，试验远控水泥头，增配"一键式"自动化固井装备8台套，优化数据传输网络环

单位概览

境,数字化固井中队建设取得阶段性成果。 （尹 泺）

【经营管理】 2023年,川庆长庆固井公司加强战略引领,完成"十四五"中期评估及2024—2026年滚动计划编制。重点投资固井数字化指挥车2台,正向拉动市场转型、数字赋能、绿色发展。开展管理提升专项行动,完善合规管理制度体系,修订管理制度19项,分层次组织法律法规培训119场次。推进阳光效益采购,采购立项同比下降43.36%,合同总量同比压减21.32%。按期完成"三定"工作,机关部门压减2个、人员编制压缩10%。抓实提质增效工作,细化保障措施44条,加强过程考核兑现,提质增效完成全年目标的138.62%。建立完善财务与业务一体化协同联动机制,推进大集中ERP项目建设。完善绩效激励约束机制,优化关键指标16项,规范基层绩效二次分配,激发全员价值创造积极性。 （尹 泺）

【党建工作】 2023年,川庆长庆固井公司围绕"学思想、强党性、重实践、建新功"总要求,开展主题教育,调研解决问题35项,谋划发展举措63项,持之以恒"以学铸魂、以学增智、以学正风、以学促干"。推动党建"三基本"与"三基"工作有效融合,打造川庆钻探钻探工程公司示范党支部2个,选树先进典型3人,组织开展红色专题党性教育。推动"九大人才专项工程",实施技术专家接替计划,聘任二级、三级工程师15人;推进校企联合培养,121名员工分批到中国石油大学(华东)等高校深造;建成陇东区域数字化实训室,分层分类推进"三支队伍"提素赋能。完成4个基层单位巡察,发现整改问题54个;立项监督检查差旅费报销等7个项目;开展"微权不微"专项治理、招标业务突出问题专项整治、高水平科技自立自强专项监督,多层面组织警示案例教育10场次,严肃处理违纪违法党员干部,推进纪检监察干部队伍教育整顿,发展环境风清气正。 （尹 泺）

【队伍管理】 2023年,川庆长庆固井公司开展"转观念、勇担当、新征程、创一流"主题教育活动,加强固井文化淬炼,编制固井企业文化手册;坚持办好"一网一微",宣传重点管理成效、创新成果、攻坚业绩101项,选树榜样模范11人,塑造固井"复杂油气攻坚者"品牌形象。组织劳动竞赛,表彰竞赛成果56项;备战参加固井工"国赛"和仓储管理员、财务会计专业技能比赛,涌现金银牌选手5人、优胜团队3个;推动大众创新、全员创新,评选奖励创新项目25个。办理民生实事25件,因地制宜建成员工洗衣房及足球场、健步跑道等活动场地。
（尹 泺）

邮政编码:710018
电话号码:029-86594516  029-86598344(传真)
单位地址:陕西省西安市未央区未央路151号长庆大厦
单位英文名称:CCDC Changqing Well Cementing Company

# 川庆钻采院

【概况】 川庆钻采院于2010年5月由原钻采工艺技术研究院、工程技术研究院重组整合而成,专业从事石油天然气钻井完井、油气田增产稳产、井控等新工艺新技术研发、工程设计、产品生产及技术服务业务,为客户提供一流的钻井完井工程设计、技术服务及相关产品,形成适应"三高、三低"油气田及页岩气、致密油气等非常规油气资源勘探开发的12项特色技术系列,塑造"三高、三低"钻完井工程设计、精细控压钻完井、水平井优快钻井、气体钻井、个性化PDC智能制造、特色钻井液、"川式"取心、可回收清洁压裂液、井筒工程一体化信息等优势品牌。业务遍及国内各油气田和土库曼斯坦、厄瓜多尔、巴基斯坦、秘鲁等国家,客户包括中国石油、中国石化、中国海油的旗下分公司,以及壳牌、雪佛龙等国际石油公司,为"亚洲第一超深井、陆上最深井""中国第一口水平井、气体钻水平井、七分支水平井、全过程欠平衡井、陆上最深天然气水平井""攻克世界陆地钻井'魔窟'的土库曼斯坦钻井液技术难题""国内最大单体海相整装气藏勘探突破""长宁、威远、昭通国家级页岩气示范区建设"等标志性事件发挥了不可或缺的作用。2023年底,设机关职能部门8个、院属基层单位17个。有在册员工761人,其中硕士研究生及以上学历224人。有教授级高级专业技术职称7人、高级专业技术职称243人、中级专业技术职称293人。有川庆钻探工程公司首席技术专家3人、企业技术专家3人、一级工程师15人，有固定资产原值7.49亿元，净值2.15亿元。

2023年，川庆钻采院实现收入17.23亿元、利润5578万元，超额完成川庆钻探工程公司下达指标。获四川省"健康企业"、川庆钻探工程公司"先进企业""创新示范单位""QHSE先进单位"等称号。

（戚丽衡）

【科技创新情况】 2023年，川庆钻采院围绕国家、集团公司等关键核心攻关任务和原创技术策源地建设进行攻关，获授权发明专利75件、登记软件著作权31项，科技奖励、创效奖励、项目分红再创新高。牵头组织完成"1025"专项二期年度任务，精细控压钻完井技术实现自动化升级，井眼轨迹自动控制系统指令合格率90%，二氧化碳泡沫压裂增产关键核心技术装备取得新突破，拓展升级工程智能一体化系统功能。研发32项新工具新产品，120升/秒大排量直井随钻测斜等10项新成果在深地川科1井转化为生产力，扭力冲击器、方位伽马等6项新工具扩大现场试验，可降解携砂剂、遇二氧化碳自修复剂等11项化剂产品实现自主化。举办《钻采工艺》第五届编委会会议暨深地钻采学术交流会，吹响建设世界一流期刊的号角。

（戚丽衡）

【工程技术工作】 2023年，川庆钻采院强化靠前技术支撑，制定落实新工艺新工具保障计划，推广自主创新成果45项，支撑蓬深6井打成亚洲最深直井，支撑深地川科1井安全平稳钻进，支撑川渝高含硫、页岩气、致密气区块分别提速15%、17%、11%，支撑塔里木博孜区块砾石层提速116%、塔中—富满—库车山前整体提速30%，在长庆油田公司实施常规控压钻井630口，有效降低井控风险，出水率下降46%，助力CCUS示范区建设，精细控压助推土库曼斯坦6口高难度风险井打成，特别是3口续钻井实施，全年创造70余项领先工程纪录。

（戚丽衡）

【质量安全环保】 2023年，川庆钻采院开展"安全生产重大事故隐患专项排查整治2023行动"和"安全管理强化年"活动，打造早期溢漏监测等科技兴安利器，重点整治井控、交通、环境、危化品、承包商等领域安全风险，投入1640万元整治隐患39项，实现安全绿色发展。健康企业创建成效显著，入选2022全国健康企业建设特色案例。加强依法治企、合规管理，制修订制度12项，开展"八五"普法和合规培训提醒，专项整治招投标、"三商"等重点领域，有效防控法律合规风险。升级管理成都大运会等敏感时段维稳安保工作，确保大局稳定。

（戚丽衡）

【提质增效】 2023年，川庆钻采院坚持向市场要效益，精细控压业务首次进入川渝深层页岩气市场，常规控压钻井首次被长庆油田列为重点推广工程，挺进长庆深层煤岩气和深探井钻井液服务市场，中标塔里木油田常规控压项目，连续循环钻井业务开辟中国海油市场，拿下秘鲁58区两口井钻井设计项目，配合国际工程公司中标巴基斯坦PPL南部及北部钻井液服务等高端项目，实现开源增收2.25亿元、创效900万元；坚持向管理要效益，以提质增效为抓手，实现降本增效1592万元，保证全年收入、利润"双连增"。

（戚丽衡）

【党建工作】 2023年，川庆钻采院学习宣贯党的二十大精神，高质量推进学习贯彻习近平新时代中国特色社会主义思想主题教育，出台加强政治理论学习的实施意见。加强意识形态和宣传思想文化工作，建成科技创新成果展厅，获川庆钻探工程公司"新闻宣传工作先进集体"称号。党外代表人士建言献策工作工作室——王文斌工作室获集团公司首批授牌。坚持大抓基层，新建党建联盟2个，推进"三基本"与"三基"深度融合，涌现出川庆钻

2023年7月11日，集团公司党外代表人士建言献策工作工作室——王文斌工作室获集团公司首批授牌　　苏娣娣　摄

单位概览

探工程公司示范党支部2个、先进基层党组织2个、优秀共产党员13人、"四创四当"先锋党员3人、优秀党务工作者5人。全年引进成熟人才10人（含博士研究生1人），接收大学毕业生26人（博士研究生3人），新晋正高级专业技术职称2人、副高级专业技术职称17人，1人入选四川省"天府青城计划"卓越工程师，2人分别入选四川省学术技术带头人和后备人选，调整党委管理干部36人次。一体推进"三不腐"，高质量完成党的二十大后首轮4家单位巡察，持续纠"四风"、肃流毒，营造良好政治生态。获川庆钻探工程公司"'四好'领导班子先进集体""巡察工作先进基层党组织"等称号。　（戴丽衡）

【工会与群团工作】　2023年，川庆钻采院加强厂务公开民主管理，支持工团组织参加劳动竞赛、技能比赛、展览展示、"青"字号等活动，在上海国际发明创新展览会、川庆钻探工程公司首届职工创新大赛及财务会计技能大赛等活动上获45项奖励，王兰劳模和工匠人才创新工作室被四川省命名，川庆钻采院团委获川庆钻探工程公司"五四红旗团委"称号，蔡雨阳获全国国家安全比武创新奖、四川省国家安全比武第一名、集团公司青年演说大赛一等奖。落实"我为员工群众办实事"项目37个，实现人均年收入持续增长，提档升级职工食堂，落实地方人才公寓12套，"七组两堂"活动更加丰富多彩，企业凝聚力和员工归属感进一步增强。　（戴丽衡）

邮政编码：618300
电话号码：0838-5151338　0838-5152350（传真）
油网号码：251338　252350（传真）
单位地址：四川省广汉市中山大道南二段88号
单位英文名称：CCDC Drilling & Production Engineering Technology Research Institute

## 川庆地研院

【概况】　川庆地研院主要从事油气田地质研究、油气田勘探开发方案编制与研究、综合录井、地质导向等技术服务及施工作业。已发展成为一个多学科、跨国际、科研生产一体化的综合性研究院，在诸多研究领域独具特色，处于国内外先进水平。2023年底，有员工1 196人，有专业从事科研人员249人；本科以上学历620人，其中硕、博士研究生214人；有正高级专业技术职称3人，副高级专业技术职称146人，中级专业技术职称343人；有集团公司技能专家1人、企业技术专家3人；有特级技师3人，高级技师和技师72人。国内主要服务于川渝、长庆、新疆、苏里格等区块；海外主要服务于土库曼斯坦、伊拉克、阿曼、厄瓜多尔等国家和地区。　（李　劼）

【生产组织】　2023年，川庆地研院完成录井1 238口、进尺347万米。完成单井跟踪176口。完成地质设计3 040口，单井跟踪176口。水平井储层钻遇率96.7%。牵头建设川庆钻探工程公司油气地质工程技术中心，支撑风险合作区高效开发，推进地质工程一体化，开展钻前地质风险预测50口井，提示地质风险419井次，风险预测符合率82.7%。　（李　劼）

【科技成果及应用】　2023年，川庆地研院科技研发投入超过国家高新企业标准。申请专利47件，首次申请PCT国际专利。4项成果达到"整体国际先进、部分国际领先"水平。推广自主创新成果29项，首次申报集团公司推广创效奖2项。获中油技服年度"科技创新先进单位"称号。在阿姆河项目，新钻开发井实现一井穿多个缝洞储层，测试日产123万立方米，创东部新高。在阿曼5区，承担集团公司（山川工程2）2个专题研究。伊拉克项目，推进"春季攻坚、全力冲刺"，超额完成全年230万吨产量目标。在致密气项目，强化动态跟踪分析，编写10余口重点井试采方案，有效提升开发水平。在厄瓜多尔P油田项目，完成原油产量83.5万桶，新钻井1口，修井2口，成功复产1口。在西南油气田老区挖潜，实施74口井，开展进攻性措施13口井，累计增产气4 992万立方米、油713吨，日均增产气42万立方米。　（李　劼）

【信息化建设】　2023年，川庆地研院承担川庆钻探工程公司工程地质一体化项目建设工作，完成井筒地质工程建模开发，初步实现地质研究与钻井工程相互层递模型以及井筒多专业综合分析、展示。开展勘探开发地质综合支持平台（GSP）数据管理标准制定及数据治理研究，提高服务器存储利用率及平台数据使用效率。油气开发投资效益跟踪评价软件、页岩气勘探开发数据集成管理应用系统2.0、有序研发随钻地质分析及辅助决策系统等软件。通过对现场EISC井场版录井平台的实施应用，实现岗位数字赋能，提升工程作业风险管控水平、工程质量和运行效率。

（李 劼）

【市场开拓】 2023年，川庆地研院录井板块站稳长庆油田和川渝两大主营支柱区域。中标2023—2025年塔里木油田录井服务、冀东油田长庆矿权流转区录井技术服务，稳定未来3年区域录井市场。"一体化"业务，地质导向、录井解释评价、排水采气等业务占比逐步扩大。延伸长庆区域产业链。海外科研，签订阿姆河大包合同，推动排水采气业务在阿姆河落地。中标艾哈代布油田3年支持服务项目，续签中油锐思项目。打造中东市场新的增长极，推进西古尔纳等油气田技术支撑项目。联合川庆国际工程公司完成文莱、哈萨克斯坦东扎、阿曼71区和印度尼西亚等多个项目初步评价，为海外市场开拓奠定基础。国内科研，落地蜀南气矿技术支撑大包合同，拓展四川页岩气公司、长宁页岩气公司、川中北部采取作业区等研究业务。信息化市场开拓取得新突破，新增8个业主单位，信息化对外服务产值创历史新高。

（李 劼）

【质量安全环保】 2023年，川庆地研院贯彻落实习近平总书记安全生产重要论述和生态文明思想重要指示批示精神，以安全管理强化年为主线，坚持严抓严管，宣贯"两个理念、一个信念"，落实"四全"管理和"四查"要求。落实全员安全责任，完善风险防控治理机制，夯实标准化基础，建立违章隐患排查长效治理机制。聚焦重点领域安全环保风险，实施吊装作业、承包商管理、危化品管理、燃气消防等薄弱环节专项治理。通过北京中油认证公司的监督审核。接受川庆钻探工程公司体系审核1次，发现102个问题，制定整改措施17项；开展体系内审，分组对11个机关部室、19个基层单位全覆盖审核2次，完成40余支"三标一规范"2.0示范标杆队的创建。筛选健康重点关注人员160余人，建立"单位+医院+家庭"健康风险干预机制，实施分级分类管理。全年未发生一般C级及以上安全环保事故事件和有责交通事故，完成各项QHSE指标，安全环保形势平稳受控。

（李 劼）

2023年5月3日，川庆地研院承办的四川省2023年油气勘探开发职工职业技能大赛在四川遂宁市开幕　　李 璇摄

【合规管理】 2023年，川庆地研院把落实法治建设要求与推进各项重点工作同谋划、同部署、同推进、同检查，营造良好的依法治企氛围。梳理已有规章制度，并根据实际情况进行细化、修订、废止。评估管控年度风险20项，开展普法宣传10余次。强化对标管理提升，收集问题清单，制定整改措施。严格绩效考核管理，追责7家未完成经营目标单位，指导修订绩效考核细则9次，提出建议12条。针对招标方案、"三重一大"、重大合同、战略协议，100%开展规章制度审查。合同管理水平稳步提升，合同退回率下降，合同审批时效提高；全年未发生合同纠纷。推动"三基本"与"三基"工作深度融合，总结提炼典型经验成果，获四川石油企协管理创新成果奖项3个。

（李 劼）

【财务管理】 2023年，川庆地研院制订年度提质增效方案，拟定7个方面56项具体措施，提质增效目标完成率107%。严格以收定支、量入为出，强化资金管理，有效缓解资金压力。落实陈欠清收行动。加强投资项目过程监管，协调推进大集中ERP建设，坚持"一切成本皆可降"的理念，持续压减各类成本费用开支，确保非生产性费用合理、可控。全覆盖开展资产盘点清查，处置不良资产，资产结构持续优化。开展财务检查"回头看"，针对审计查出问题进行联合监督，开展专项稽核，"以案促改"，深挖问题根源，查找风险漏洞，有效发挥财会监督职能。

（李 劼）

【保密管理】 2023年，川庆地研院落实保密责任制，明确各单位保密工作分管领导及专兼职管理人员，对保密工作进行网格式管理，逐级落实保密责任。开展保密管理量化评估考核，严格落实"泄密追责"和评先评优"保密工作一票否决制"。开展保密专项培训，运用保密专题党课、"铁人先锋"等手段，定期组织保密知识学习，实现科研、重点岗位涉密人员保密教育全覆盖，提升员工保密意识。开展各专项活动，重点抓好"密""网""人"三大基础管理，保密风险平稳受控。规范涉密信息存储销毁管理，销毁涉密资料和内部资料，销毁文件近万份，销毁文件总重量超2吨。

（李 劼）

【人才队伍建设】 2023年，川庆地研院提拔使用交流调整科级干部23人，优化领导班子结构。推荐9名"一化五型"优秀人才和人才强企工程先进工作者，纵深推进人才强企工程。考核二级工程师、三级工程师49人次。推荐21人申报成华区2022年度产业急需紧缺人才奖励项目。推荐16人参评高级专业技术职称，选聘技师和高级技师14人、特级技师3人，培养"双师型"人才4人。完成1名企业高级专家的推荐工作，打造高素质领军人才队伍。成立何鑫技能人才工作室，发挥高技能人才引领和辐射作用，领导联系服务高素质人才123人次。

（李 劼）

【党建工作】 2023年，川庆地研院党委落实"第一议题"制度，深入领会习近平新时代中国特色社会主义思想、党的二十大精神，第一时间学习习近平总书记重要讲话和重要指示批示精神160篇，并针对调查研究、科技自立自强、党和国家对能源行业和国有企业最新要求等内容开展集中研讨10余次；执行《川庆地研院党委学习贯彻习近平总书记重要指示批示精神情况落实机制》，建立贯彻落实措施及成效台帐。落实民主生活会、"三会一课"等组织生活制度，规范"三重一大"决策表决程序，召开党委会20次，科学民主决策事项87项。推进党建"三基本"建设与"三基"工作相互融合、互相促进，抓好三支队伍建设，提升党的建设质量。按季度开展员工思想动态分析，守住意识形态阵地。深耕"转观念、勇担当、新征程、创一流"主题教育活动，开展第二批学习贯彻习近平新时代中国特色社会主义思想主题教育，把学习成果转化为坚定理想、锤炼党性、指导实践、推动工作的强大力量。

（李 劼）

【党风廉政建设】 2023年，川庆地研院党委推进全面从严治党，推动党风廉政建设纵深发展。推进内部巡察，全年对4家基层单位开展一轮常规巡察。针对川庆钻探工程公司党委2022年巡察川庆地研院2个基层党支部反馈的突出问题，结合川庆地研院内部巡察发现的系统性、全局性问题，督促机关部门堵塞制度漏洞、强化业务监管，查纠不合规问题25个，制定、修订制度5个。落实主体责任，专项整治违规吃喝，解决员工"急难愁盼"问题10余项。常态化开展重大节日和重要时段正风肃纪督查。压紧上级"一把手"抓下级"一把手"链条，督导下级"一把手"落实第一责任人职责。开展"新征程，心廉心"廉洁文化作品征集活动，营造崇廉、尚廉、思廉、敬廉的浓厚氛围。

（李 劼）

【企业文化建设】 2023年，川庆地研院文化阵地建设实现新突破，打造何鑫劳模创新工作室，推进"人才强企"战略，持续助力机关部室及各单位打造党建长廊、活动阵地的标准化升级改造。打造"地研信息化宣传阵地"，制作宣传展板52块，在各区域通过电子宣传屏实现多地信息实时推送。拍摄制作5部文艺精品参加集团公司第八届新媒体内容创作人赛。向上级媒体平台报送提质增效专项行动中院的先进典型和好经验做法，在《人民日报》客户端、中国新闻网、央广网登国家级媒体平台刊登新闻5篇，在《中国石油报》《四川石油报》、四川新闻网等省部级媒体刊登新闻20篇。1篇稿件获中国石油年度新闻奖二等奖；4篇稿件分获中油技服"弘扬铁人精神，讲好技服故事"主题征文大赛一等奖、二等奖，1人获"金笔奖"称号，1篇征文获集团公司"赓续精神学铁人，踔厉奋发新征程"主题征文活动一等奖。"川庆地研"公众号推送107期169篇，订阅用户3 000余人。开展统战工作，组织引导建言献策，统战成员撰写的1份调研报告获集团公司一等奖。

（李 劼）

【工团工作】 2023年，川庆地研院开展"提质提效、科技创效、管理增效"和"HSE三标一规范"单井（单项目）

管理两项专题劳动竞赛。承办四川省2023年油气勘探开发职工职业技能大赛，为职工搭建成长成才平台。开展川庆地研院首届地质导向、信息技术、档案管理技术比赛，提升职工技能水平。开展劳模、技术工人疗休养、夏送清凉冬送温暖等活动，打造职工暖心服务品牌。坚持"党建带团建，党团共建促发展"工作思路，开展青年精神素养提升工程，丰富青年员工业余文化生活，培养青年阳光健康心态，组织单身青年参加联谊活动，开展青年志愿者活动、户外素质拓展、石油精神纪念馆参观等活动，开展青年安全示范岗和青年突击队评选活动，有效推进各项团青工作。

（李 劼）

【维稳信访与内保综治】 2023年，川庆地研院在全国"两会"、成都大运会、杭州亚运会等特别重点时段，聚焦"五重一关键"，实施重点时段升级管控。加强源头防范，推动建立矛盾纠纷排查调处机制，开展"四重"专项排查，重点时段排查，定期常态化排查，共排查出不稳定因素和矛盾纠纷隐患3起，调处3起，化解3起，调节率100%，化解率100%。严格执行内保治安管理规定和所属地管理要求，配置更新视频监控设备，加强人防、物防和技防，严控不安全因素渗入。针对调研中发现的很多职工群众对制度政策不了解的情况，梳理制度124项，编制《川庆地研院职工政策解答两百问》。

（李 劼）

邮政编码：610051
电话号码：028-86015192
油网号码：215192
单位地址：四川省成都市建设北路一段83号
单位英文名称：CCDE Geological Exploration & Development Research Institute

# 川庆安检院

【概况】 川庆安检院是全国石油行业唯一集安全环保监督服务、技术检测评价服务、安全环保工程服务为一体的科技型企业。取得国际标准化组织石油和天然气工业用材料设备和海上结构钻采设备中国技术归口单位、国家安全生产石油井控和钻采设备检测检验中心等4个国家冠名机构，中国石油井控装置质量监督检验中心、中国石油工程技术节能监测中心等4个中国石油冠名机构头衔，建有1个工业（石油井控和钻采设备）产品质量控制和技术评价国家级实验室、18个专业实验室，拥有CNAS检验机构认可证书、API SpecQ2、BV ISO 9001质量管理体系认证等38项国际、国家或行业内资质。形成三大类19项特色技术服务能力，可为油气生产全过程提供全方位"油气服务保障、装备检测检验、QHSE专业咨询"3大业务板块的37项专业技术服务。业务遍及国内各大油气田，以及伊拉克、古巴、土库曼斯坦、乌干达等国家。2023年底，设置机关部室7个、机关直属单位3个、基层单位13个。有在册职工551人，其中合同化员工414人、市场化员工137人，有干部270人、工人281人，有博士研究生4人、硕士研究生54人、本科202人，有高级专业技术职称65人（含教授级高级工程师1人）、中级专业技术职称128人。

（刘瀚琳）

【经营管理】 2023年，川庆安检院加强经营统计分析，增强分析的针对性和实效性，分析总结阶段性生产经营情况，跟踪指标完成情况，强化经营分析会诊断、预警、适时纠偏的功能，提升经营管理决策支持力度。修订《内控与风险管理手册》，评估重大风险，定量评级风险23项，制订风险管控方案，健全内控风险机制，提升风控管理水平。加强财务管理，强化经营统计分析，提升经营管理决策能力。厘清内部服务结算体系，修订计价标准，调整完善指令性业务结算价格12项。加强财务稽核，细化境外资金支付流程，有效防范财务风险。优化预算指标体系，强化资金营运管理，提升两金管控水平。推进陈欠清收，确保颗粒归仓，清收结算工作受到川庆钻探工程公司表扬。坚持低成本发展战略，深挖各环节降本潜力，提质增效3505万元，完成率159.32%。开展全员合规管理培训，强化合规管理意识。加强招标项目顶层设计，严把合规招标关口，保障安全、高效、稳健运营。狠抓合同管理质量提升，实现全过程标准化管控。强化承包商准入审核，实地核查承包商12家，举办承包商培训2期，持续净化承包商资源。

（刘瀚琳）

【科技进步】 2023年,川庆安检院立足高水平科技自立自强,聚焦市场需求,加速技术成果落地转化。突出强化科技创新,全年运行科研项目56项,获中国石油工程建设协会科学技术一等奖等省部级奖项4项,川庆钻探工程公司奖励2项。专利管理实现新突破,"防喷器金属密封性能监测方法及装置"通过集团公司国际PCT专利申请论证,"石油天然气钻井作业废弃泥浆微生物处理工艺"获川庆钻探工程公司专利奖。全年申请专利50件,同比增长200%;获专利授权12件,同比增长120%,取得软件著作权登记9件。加快科技成果转化,推广应用"在用油气输配系统完整性检测评价技术"等成果,实现科研成果转化落地。推广项目16项、签订创效合同32份。升级科研基础,整合科研团队,组建5个"创新工作室",提升多专业协同研发效率。研制多工况剪切试验装置,建设140兆帕防喷器型式试验基地,填补高端井控装备剪切型式试验空白。加强对外合作,布局科研创新基地,与清华大学、北京大学、阿布扎比大学等国内外高校联合开展低碳新能源及检验检测等新技术研发,与中安协、德阳国检中心等行业协会、地方特检所共建共享试验基地,实现优势互补、战略共赢。

(刘瀚琳)

【市场开发】 2023年,川庆安检院抓一体化协同发展,设立西北、华北、长庆和海外4个区域市场协调中心,增强市场开发引领作用。统筹推进一体化合同签订,做大单体合同容量,加强市场开发统筹协调力度。紧抓中油技服"五统一、六共享"政策契机,借力川庆钻探工程公司"同等条件、内部优先"政策,分区域开展客户回访和业务推介,拓宽市场业务范围。实现国内市场新签合同量6.84亿元,获川庆钻探工程公司市场开发突出贡献奖。加大国际市场开发力度,设立QHSSE咨询中东中心,加强中东地区检验检测和咨询开拓力度;扩大海外效益市场,中标哈法亚CPPM腐蚀预防管理服务、B9油气装置调试服务等项目;非洲区域实现"从无到有"突破,成功中标乌干达工程建设和安全服务项目。实现海外市场新签合同量3.2亿元,同比增长146%。与四川省特种设备检验研究院等企业签订战略合作协议,增强市场博弈实力;与西南石油大学等签订校企合作协议,强化校企科创联动;与厄瓜多尔中央大学等国内外10余所高校,洽谈共建共享联合实验室,推动校企项目合作;携手西部钻探合作开发中亚地区市场,与埃及国家石油公司签订合作备忘录。

(刘瀚琳)

2023年8月16日,川庆安检院环境监测人员在深地川科1井使用无人机对周边环境进行勘查　　马瑞艺 摄

【安全监督】 2023年,川庆安检院以现场风险管控为主线,突出强管理、转方式、提素质、抓执行,高质量推进监督工作。聚焦监督高效履职,厘清"站部"两级、"固移"两类监控界面,完善监督岗位职责,健全EISC视频监控机制。派驻安全监督4 687人次,覆盖率100%。排查整治隐患25万余项,查处纠治违章1.8万余起,参与井控应急响应20井次。强化重点项目保障,护航万米深地油气钻探,组建安全监督专班,保障深地川科1井安全钻进;重点保障川东北高含硫井11口、蓬莱气区超深井35口、深层页岩气井175口、带压作业井259口;深度参与渡口河净化厂、川庆井控应急中心大楼等重点建设项目4个,推动油气增储上产。推动监督转型升级,优化智能违章辨识系统,完善智能识别案例模型库180例,涵盖钻井、钻机拆搬安场景,累计应用61井次。提升数字赋能水平,完善监督信息化管理系统,实现监督业务全覆盖,助推监督由"人工"向"数智"转变。服务保障井筒质量,抓好塔里木油田、川渝地区监督服务,派驻监督2 276井次,查处井控隐患1 985项。修订川庆钻探工程公司《井筒质量巡查监督工作规范》,提升井筒巡检工作成效,井筒质量巡检200余井次,发现井筒质量问题1 127个,保障工程监督质量。

(刘瀚琳)

【环境保护】 2023年，川庆安检院以主要环保风险控制为导向，落实"危险化学品专项整治"总体部署，制订《海外项目化学药品管控清单》，从"生产、经营、储存、运输、使用、废物处理"方面，梳理药品类别、性质、涉及项目、存储量、使用量，辨识主要风险、细化防控措施及应急处置程序。开展环保新标准专题培训，制订危废管理计划，升级5个固废暂存点，依法合规处置固废、污水。履行环境保护职责，开展环境监测与应急工作，完成各类水质监测4 013个，噪声监测1 624个场所2.7万余点次，空气、废气、柴油机尾气等374个监测场所1 517个点次，土壤、固废及浸出液监测700余个。完成环境应急监测任务15次，分别在长宁公司应急监测13次、蓬深5井测试放喷大气应急监测2次，参加长宁公司突发事件应急演练。推进"五化"建设，环境健康监测中心重庆所、泸州所和遂宁所分别按照川庆钻探工程公司一级标准、二级标准建设维护标准化实验室；加强信息化建设，完善"环境监测信息系统"，增加样品扫码、质量管理、数据统计等功能模块，并推广使用。

（刘瀚琳）

【技术检测】 2023年，川庆安检院调整重点业务攻关方向，优化生产组织和资源统筹，全力保障生产项目平稳运行。设备检验与评价中心检测业务以西南油气田公司、塔里木油田公司、川庆钻探工程公司为主导市场，完成井控装备气密封检测1 166台（次），防喷器、节流压井管汇、四通、储能器声发射检测1 483台（套），零星委托检验检测1 441件（次）。井口装置检测业务在聚焦新疆油田公司、塔里木油田公司、西南油气田公司市场的同时，推进长庆油田公司、华北油田公司、青海油田公司市场，完成井口检测524套。管道检验检测、压力容器检验和无损检测业务以国家管网、西南油气田公司、长庆油田公司、川庆钻探工程公司及集团外部企业市场为依托，利用DD1、MFL资质优势，开拓管道内检测市场，加大市场开发力度。产品质量监督检验业务完成集团公司监督抽查36批次，委托检测560批次，川庆钻探工程公司监督抽查210批次，为集团公司安全平稳生产严把质量关。完成土库曼坦复兴气田技术评价服务项目，累计检测评价采气树、压力管道、压力容器、橇装设备、安全阀、压缩机等2万余件，发现故障4 329件，获土库曼斯坦业主方高度评价。建成川庆钻探工程公司首个非金属材料检验测试平台，健全井控非金属材料检验检测能力，助力钻采装备整体性能提升。

（刘瀚琳）

【质量安全健康与节能节水】 2023年，川庆安检院实施关键作业计划管控，梳理关键作业清单43项、国际项目风险作业21项，核查作业信息17 588队次，形成全过程全方位风险防控机制。开展重大隐患专项排查整治，严格落实整改销项，查改问题1 378项。以安全专项活动为主线，检查燃气设施、危化品库房等重点领域，开展火灾逃生应急演练，优化消防系统联动报警功能，消除安全隐患。开展"首件检验"和报告异体审核活动，严控报告质量。制定、修订国际标准3项、行业标准3项、企业团体标准1项、集团公司企业标准2项、川庆钻探工程公司企业标准19项。设立中油技服QHSE监督中心，获集团公司"质量先进基层单位"、北京中实国金"能力验证质量奖"等称号。创建"四川省职工心灵驿站"、申报"四川省健康企业"，开展员工健康管理、心理咨询。制定重点人群管控"九项措施"，邀请华西医院专家现场授课，培训取证急救人员60余人。聚焦"绿色低碳"，实现深地川科1井现场和院科研基地能耗数据自动化实时采集，完成兆瓦级储能装置及储能管理系统钻井现场试点，建成长庆固井120千瓦光储发电系统并稳定运行。

（刘瀚琳）

【队伍建设】 2023年，川庆安检院加快优秀年轻干部选拔、加速成熟干部培养，推荐川庆钻探工程公司二级副职干部1人，调整交流科级干部10人次；选聘二级工程师1人，三级工程师4人，干部队伍整体年龄结构更加优化。推进"人才强企"战略，组织召开"人才强企工程提升年"启动会，作为川庆钻探工程公司首家试点单位，开展人才评估及梯队建设项目，科学盘点和分析员工思想、业务能力和综合素质，定制人才发展计划、培养计划。组织开展内部培训班218期，参培8 454人次，送外培训545人次，持有注安师、容器检验师等各类资质人员1 121人次。打造"党建+科研""党建+安全"等创新示范点，选树海外油田腐蚀预防管理等党员旗帜先锋工程3个，组建万米钻机监造等党员突击队3个，发挥党员先锋模范作用。搭建党建联盟平台，参与深地川科1井、渡口河—七

里北气田"党建联盟"活动,助力万米深井、高含硫勘探开发。 (刘瀚琳)

【党建工作】 2023年,川庆安检院党委发挥"把方向、管大局、保落实"作用。严格执行"第一议题"、中心组理论学习制度,组织"第一议题"学习16次、324项,中心组集中学习15次、专题研讨6次。贯彻落实民主集中制,严格履行"三重一大"决策制度,组织召开党委会16次,院长办公会16次,决策事项201项。开展学习贯彻习近平新时代中国特色社会主义思想主题教育,组织读书班集中学习8期56个学时、专题研讨2次,院领导班子讲授专题党课7场,研究确定常规调研课题7个、正反面典型案例调研课题2个,开展基层调研32次,收集问题37项。履行党风廉政建设责任,开展联合监督检查,确保党的建设始终运行在制度轨道上。关注"微权不微",推进基层腐败专项治理,防止"微腐败"。落实中央八项规定精神,肃清流毒影响,守好意识形态阵地。 (刘瀚琳)

邮政编码:618300
电话号码:0838-5150027
油网号码:250027 252134(传真)
单位地址:四川省广汉市绍兴路三段11号
单位英文名称:CCDC Safety Environment Quality Supervision & Testing Research Institute

# 川庆蜀渝公司

【概况】 川庆蜀渝公司成立于2004年,由川庆钻探工程公司全资控股,是石油工程建设一类总承包企业,总部位于四川省成都市。有建筑工程施工总承包壹级、石油化工工程施工总承包贰级、地基基础工程专业承包壹级、工程勘察(工程测量专业丙级)等14项资质,年施工能力达到20亿元以上,是一个集油气田勘探开发服务、房屋建筑工程施工、土石方工程施工、钻井清洁化生产等多项业务为一体的专业化公司。川庆蜀渝公司为川渝地区油气田勘探开发钻前工程、地面工程、房屋建筑工程、公路、土石方工程施工和钻井清洁化生产等提供工程技术服务,业务范围从川渝地区,延伸至新疆、内蒙古等12个省(自治区、直辖市)和土库曼斯坦,是中国石油山地油气勘探的"开路先锋"和一体化、全产业链绿色工程建设总承包企业。

2023年底,川庆蜀渝公司设有1个机关、7个分公司、2个项目部、1个物资采供中心、1个勘察设计所和1个多元经济企业。现有职工1 057人,一级注册建造师64人,注册造价师22人,注册安全工程师33人,注册岩土工程师1人,注册结构工程师2人;高级专业技术职称57人,中级专业技术职称241人,项目经理180余人。

2023年,川庆蜀渝公司发布《钻前工程生产运行管理流程》等制度,促进项目规范运行。协调业主、地方政府,前延生产组织,川渝地区完成钻前工程93个,平均有效工期39天。实施设备就近调配、人员跨区服务、承包商资源共享,机械设备"五快五优"推动生产提速提效。在重点工程开展"一项目一策划",保障盐亭净化厂项目有序推进;塔油建大二线化验室改造工程96天即验收交付;新建石油射孔器材及配套件生产线、龙远大厦二期装修等项目完工。投入资金2 000万元,生产装配式场面板13 242张,推广应用至深地川科1井等36个项目。组织汛期等应急抢险救援98井次。推进信息化补强、数字化赋能,融合生产、机械和监控系统,发挥EISC作用,数字化转型、智能化发展见成效。 (胡华军 杨宇可)

【质量安全环保与节能节水】 2023年,川庆蜀渝公司开展质量通病整治和质量问题检查,梳理通病17类,整改问题265个。强化技术指导,保障工艺安全,对永浅104井大型桥梁吊装、高沟口网架结构安装等重点项目、危大工程开展方案评审和技术交底13次。复审标准8个,制定《钻前工程装配式场面施工质量验收规范》等标准3个。开展群众性质量活动,3项QC成果分别获川庆钻探工程公司一等奖、二等奖、三等奖,1个施工班组获川庆钻探工程公司"质量信得过班组"称号。压实考核指标,签订责任书641份、发布责任清单516份。召开3次事故案例警示视频会,1 860人次参加。编制完成安全生产承包点督导记录本、违章处罚通知单、隐患整改通知单、查患纠违查询与指导手册。投入安全生产费用2 197万元,全面覆盖"三标"（标准化现场、标准化操作、标准化管理）建设、设备设施、安全监督、隐患治理和健康建设等领域。完成职业体检和健康体检，实施"单位+医疗机构+家庭"健康干预，推动"健康小屋"和心理咨询室落地运营，以第一名成绩通过川庆钻探工程公司验收。

（胡华军　杨宇可）

【经营管理】 2023年，川庆蜀渝公司建立、稳步推行合同计划管理体系，一次性评审合格率90%。强化前端策划，实行"片区、项目集成+特殊个体"采购机制，全面排查供应商关联关系，推行源头采购、制造商采购、多元化采购，实现线上采购率99%、资金节约率6.5%。编制负面清单，实行熔断机制，严格考核兑现，清退不合格承包商41家。开展钻前工程内部验收及竣工验收督查项目84个。坚持减存量、控增量，着力压减存量合同资产，实现存量合同资产综合去化率86%。强化三级联动，压实审计责任，压控综合审减率至1.74%。建立财务预警机制，优化全面预算管理体系。实施"专人、专班、专项"陈欠清收管理手段，结算收款效果良好。打造提质增效"精进版"，推进价值创造行动，完成率124%。　（胡华军　杨宇可）

【科技进步】 2023年，川庆蜀渝公司加强"四新"技术引进，劈裂机在长宁H2井（扩建）项目"首秀成功"。开展技术交流10余次，参与人员230人次。论文《装配式模块结构在非常规天然气钻前工程中的应用研究》收录进"中国石油石化科技创新大会暨新技术成果展"。全年在研科技项目4项，其中D类项目3项，E类项目1项。验收E类项目2项、D类项目1项，川庆钻探工程公司验收评价为优秀。开展"川渝地区非常规天然气勘探开发钻前工程绿色设计与施工技术研究"等科研攻关，"钻井固体废弃物资源化处置关键技术及规模应用"获川庆钻探工程公司科学技术进步奖二等奖。推进装配式场面板等技术专利申请，2项发明专利、2项实用新型专利获国家专利受理。

（胡华军　杨宇可）

【信息化建设】 2023年，川庆蜀渝公司强化信息化工作，推动业务数字化转型。发挥EISC远程辅助功能，实现专家远程协助，完成长庆固井公司高沟口项目等4个项目的远程专家协助及方案评审工作，较大地降低管理成本。参与川庆钻探工程公司"基于生产数据传输的新一代川庆专网研究SD-WAN"科研项目，落实远程监控设备用于科研项目的试点，为科研项目提供数据支撑，安装104套次监控设备，涉及97个现场，全面覆盖川庆蜀渝公司主营业务施工项目，设备运行良好，视频信号传输稳定，全面实现远程调试。响应上级单位IT基础建设要求，梳理应用软件合规性，购买海地、PKPM、南方CASS等正版应用软件6套12个接点。组织完成135台电脑终端安装win10神州版，位列川庆钻探工程公司第四。强化网络安全管理，定期开展网络信息安全意识、系统操作培训，及时整改上级单位发布的网络预警12个，修补信息安全通告处置平台60余次。建立网络设备及网络安全巡检机制，严格执行网络信息安全管理各项规定，协助川庆钻探工程公司完成"HW行动"，连续3年"HW行动"重大网络安全事件零通报。

（胡华军　杨宇可）

【党建工作】 2023年，川庆蜀渝公司党委中心组集体学习9次，专题研讨5次。严格执行"三重一大"决策制度，召开党委会、总经理办公会审定涉及党的建设、企业发展、生产经营等事项117项。开展学习贯彻习近平新时代中国特色社会主义思想主题教育，依托"三会一课"、主题党日等开展主题教育，开展集体学习讨论75场次，理论宣讲35场。提拔调整科级干部13人次，其中1人为35岁以下年轻干部，严格执行股级岗位人员调整预审制度，

2023年10月31日，川庆蜀渝公司自贡项目部组织开展学习贯彻习近平新时代中国特色社会主义思想主题教育　李琪摄

提拔调整股级干部3人，干部队伍年龄结构、专业结构进一步优化。提升党建工作质量，打造蜀渝特色党建品牌，党建责任制考核获A级评价。

（胡华军　杨宇可）

【工会工作】 2023年，川庆蜀渝公司持续推动落实"我为员工群众办实事"，为项目施工一线职工提供暖风机等设施设备600余件（台），配置2套三合一大型移动式职工之家，开展爱心托管班、暑期"反探亲"等活动。大病帮扶47名职工、27.1万元，开展各类慰问290人次、疗养404人、455万元。获川庆钻探工程公司财务技能比赛团体赛第二名、柳工土石方工程机械技能比武大赛第一名。

（胡华军　杨宇可）

邮政编码：610081
电话号码：028-86013677
油网号码：213677
单位地址：四川省成都市金牛区解放路一段田家巷5号
单位英文名称：Sichuan shu-Yu Petroleum Construction & Installion Co.Ltd

# 川庆重庆运输总公司

【概况】 川庆重庆运输总公司隶属于川庆钻探工程公司生产服务板块。2023年底，设置机关职能部室8个、附属机构3个，下设基层单位11个、参股企业1个。有合同化员工655人、市场化用工120人，其中干部232人、工人543人；有高级专业技术职称18人、中级专业技术职称95人，有高级技师1人、技师1人；有社会化用工651人，其中多经企业合同化员工129人、市场化用工13人、社会化用工53人。自有营运车492台，运力11 655吨。其中：运输车195台，运力4 480吨；半挂车40台，运力1 350吨；油罐车24台，运力520吨；背罐车19台，运力95吨；酸罐车15台，运力240吨；下灰车37台，运力925吨；真空吸排车7台；泥浆罐车19台，吨位304吨；运砂车10台，吨位180吨；随车吊2台，装载机26台；叉车1台，应急车2台，吊车103台，4 370吨起吊能力；载人车辆81台。管理服务商营运车3 500余台。天然气处理能力35万米$^3$/日。固定资产原值115.81万元，净值97.58万元。

（陈泽音）

【生产经营】 2023年，川庆重庆运输总公司搬迁钻机358台次，同比增加67台次，增长23.02%；搬迁试油队783队次，同比增加97队次，增长14.13%；完成货运量920.19万吨，同比增加61.71万吨，增长7.19%；完成货物周转量16.15亿吨·公里，同比增加2.2亿吨·公里，增长15.77%；完成吊车作业66.73万台·时，同比增加7万台·时，增长11.72%，安全行驶里程8 640.83万公里。年处理天然气13 212.11万立方米。实现产值23.66亿元，考核利润1 944万元，双创历史新高。

（陈泽音）

【运输生产】 2023年，川庆重庆运输总公司跟踪各甲方单位生产动态，强化沟通，实时掌握生产信息，合理安排运输保障力量。发挥"项目点站—分公司—部门"三级管理职能，健全"上下贯通、左右协同"管理格局，优化自有、服务商双向联动，集结效率有效提升，生产保障更加高效。推动数智运输建设，新建、优化"智慧物流平台"功能，加强川庆钻探工程公司EISC平台应用，打造"智油（畅）行"职能调度系统，实现生产任务全业务链衔接，解放人力劳动消耗，精准分析数据信息，运行效率持续提升。推进共享提速，利用川庆钻探工程公司EISC平台提前掌握生产实施动态和物资需求计划，激活内部资源活力，优化钻机搬迁套搬套运，钻机搬迁平均周期减少0.66天，支撑川庆钻探工程公司提速提效。优化运行方案，选派专人强化关键环节管理，打破万米深井搬迁纪录，完成横跨五国钻机搬迁任务。强化应急管理，建立运输生产应急抢险系统，完成蓬阳2井、大安1H1-4井等148井次急料抢险物资1.74万吨。

（陈泽音）

【安全管控】 2023年，川庆重庆运输总公司树立红线意识和底线思维，推动安全管理强化年各项工作部署落实落地，保持安全环保平稳态势。深化QHSE体系建设，发布QHSE管理体系F版，优化管理方案，开展体系审核，做好审核问题整改提升，管理根基不断夯实。形成36条问题清单，举一反三追溯管理根源，补齐安全管理短板。开展安全管理"上挂下帮"能力提升工作，推动基层、机关双向交流学习，安全管理人员综合素质得到有效提升。承办石油工业出版社《石油石化行业高危作业丛书：吊装作业分册》研讨会，并参与编写工作。协办川庆钻探工程公司清洁生化生产现场标准化推广观摩会，推动"三标一规范"46项重点工作落实落地，基层标准化建设水平进一步提升。召开2次落实习近平生态文明思想专题党委会议，完成3项污染防治攻坚工作，强化后勤基地能源管控；强化健康企业建设，打造重庆基地"健康小屋"，配备基层队健康随诊包，推动企业绿色健康发展。开展吊装、道路交通运输等4类安全生产专项整治，围绕7类重点风险部署安全生产重大隐患专项排查行动，风险防控能力持续提升。强化关键作业管控，建立"红橙黄蓝"分级评审机制，制定5项措施强化道路交通安全管控；制定新100吨吊车操作规程，落实副科级人员驻点监管天然气回收处理站设备检维修，多措并举保证生产安全。排查治理安全隐患，全年排查并督促整改隐患5 195项，查处违章行为1 025起，隐患违章得到遏制。改造升级智能监控大厅，完善遂宁区域、长庆区域、成都区域监控中心，形成多区域联动协同，监控死角进一步缩减。开展科、股级安全履职能力评估246人次，安全环保履职考核775人次，确保能岗匹配。常态化开展安全经验分享、安全大家谈，开展"人人讲安全、个个会应急"安全生产月活动，编制安全类两级培训项目114个，举办安全类、资质类培训115班次，全员安全意识和安全技能明显提升。

（陈泽音）

【市场开拓】 2023年，川庆重庆运输总公司主动应对复杂多变的市场形势，聚焦资源优化、结构稳定、多元发展，全面激发市场活力。深化"2443"市场格局，专题研判市场走向，因势而谋、应势而动、乘势而上，加快转型升级，立足传统业务市场，扩大天然气回收处理、清洁化生产、新能源等业务，打造"好运来"平台经济，凸显多元化发展优势。深化三级市场管理机制，分层级处理市场信息；加大重要客户回访交流频次，针对性开展深度质量回访、满意度调查，综合满意度99.7%；强化内部责任书和框架合同的谈判、续签工作，新签合同额增长率6.6%。川渝地区依托行业领先优势，紧跟油气市场动态，拓展载人车辆服务范围，打开天然气回收处理、新能源市场，重新获取国际钻机搬迁业务，紧握跨省钻机搬迁机遇，川渝市场得到新发展。长庆区域有效拓展二氧化碳、返排液、岩屑、油品等运输业务市场，实现长钻第三工程项目部、第五工程项目部业务总包以及长钻第一工程项目部管具运输总包，新增江汉机械研究所长庆区域零星运输吊装业务；青海区域天然气回收处理市场稳量增产，日产量35万立方米，扩大采出水等常规运输市场规模，延伸平衡管起泡剂衍生服务市场，紧盯油水混合液运输项目新增配套服务；新疆区域做优传统运输吊装业务，深挖川庆新疆分公司、迪北区块、四川油建公司等市场潜力，实现扭亏转盈，差异化发展优势全面展现。外部市场新增资阳油库油品运输市场，拓展巨龙钢管公司业务；赋能好运来平台经济，新增衍生产品服务，支撑产值增长。

（陈泽音）

2023年6月18日，川庆重庆运输总公司入围2022—2023中国行业影响力品牌榜　　　　　　　　　　　　底　洪　摄

【企业管理】 2023年，川庆重庆运输总公司制定《重庆运输总公司2023年规章制度建设计划》，完成制度制订4项、修订19项、废止22项。按计划推进78项全年重点工作落实落地，年初以清单方式逐项分解到部门、基层，推行考核结果与绩效挂钩，强化过程跟踪与指导，各项工作高效有序完成。推进"三基"工作，推动支部建设、基础管理、岗位练兵上台阶，实现基层队"两册"全覆盖；结合"包保小组"，创新开展班组建设，创建班组41个，"五型"班组达标率68%。对标国内一流企业，获"全国'AAAAA'物流企业"称号；启动创一流工作有形化发展规划编制，分析企业现状，明确指导思想、规划三个阶段任务、统一三项工作原则、提出二十四字标准、推行五大战略，形成"创一流"发展规划的基本思路。强化内控与

风险管理，编制《2023年度风险管理报告》，修订《2023年内控与风险管理手册》，更新岗位工作职责和工作说明书风险识别目录，按时整改完成川庆钻探工程公司内控测试检查发现7项问题。突出重大项目事前法律风险评价，抓实招标、合同专项整治；组织法律风险防控体系研究，完善重大涉法事项论证规范，开展重要管理节点风险法律提示，实现法律风险防控流程化、体系化、标准化。

（陈泽音）

【提质增效】 2023年，川庆重庆运输总公司制定6方面28项考核指标和148条具体措施，强化过程监管，严格结果考核，适时总结提升，实现提质增效4167万元，超指标68%。强化市场增效，深挖西南油气田公司内部等市场潜力，创新拓展平台经济，新增市场收入1.65亿元；突出管理创效，以优化组织方式、深化资源共享等举措实现创效2502.39万元。加强变动成本管控，实现节油率12.26%，材料费同比节约6.32%。深度应用共享平台、商旅平台，推行线上报销，全面整改差旅费专项整治发现问题，确保差旅费支出合规。强化"两金"压控，利用资金集中优势创效204万元；开展陈欠清收，收回川庆钻探工程公司督办陈欠款948.04万元；打包转让部分陈欠时间久远的应收款项，实现资产轻量化。开展基层单位减亏控亏帮扶，专题调研2次制定措施28条，亏损单位扭亏效果明显，实现当期盈利。

（陈泽音）

【服务商管理】 2023年，川庆重庆运输总公司与服务商共建物流生态圈，提升服务商双重管理能力，把数智成果融合到服务商管理全流程，服务商使用风险持续降低。修订完善服务商管理体系，细化各层级管理职责和界面，明确各类服务商管理标准，实施服务商考核评价全覆盖，服务商管理基础更加夯实。严格服务商准入标准，优化审批流程，强化4类高风险业务"人车绑定"，从源头杜绝管控风险。评选关键服务商，并制定强化管理措施，抓住关键少数，解决管理资源供需矛盾，对56家关键服务商开展QHSE联系审核186次，评估关键岗位人员履职209人次，培训10次。优化智慧物流平台服务商管理板块，新增人员评估、安全约谈、关键服务商、质量及违规事件等内容，结合年审关键要素及管控重点，升级年审模块，提高服务商数智化管控能力。

（陈泽音）

【信息技术】 2023年，川庆重庆运输总公司聚焦"数智运输"，建立完善"智慧物流平台、好运来快运平台、智能监控指挥中心"，构建数据分析应用体系，特色的核心竞争优势初步建立。建成运输数据标准库，基本实现"安全、生产、经营、服务商管理"全业务链智能化管控、标准化运营、自动化核算；提升"好运来快运"平台用户体验感，整合乘用车、快递、小件货运资源，新引进中国邮政快递服务，探索平台衍生经济，推动企业差异化竞争力持续增强。推行大数据展示、分析、挖掘，拓展深度应用，整合形成基础数据库的基础上，建立大数据看板。加大信息安全管理力度，完成自建系统向川庆钻探工程公司DMZ区迁移。改造升级智能监控大厅，完善遂宁区域、长庆区域、成都区域监控中心，形成"1+3"多区域联动协同，打造集品牌展示、应急指挥、实时监控"三位一体"综合智能监控体系。升级天然气回收处理场站设备智能控制系统，实现数据精准显示、预报警和远程控制功能。创新实施"校企、企企、企研数智共建"合作模式，集智推动数智化建设上新台阶。

（陈泽音）

【装备技术】 2023年，川庆重庆运输总公司根据设备全生命周期管理要素环节，完善设备管理制度，推动设备管理数智化。编制年度装备技术工作要点、科技工作要点，明确工作重点与目标，推动各项工作落实落地。修订完善操作规程，新增QY100K7C汽车起重机、F7-PAD故障检测仪等3项安全操作规程，印发《重庆运输总公司设备操作规程手册（第七版）》，设备管理更趋规范。突破设备管理难点，购置Byes-g230型钢丝绳电脑探伤仪，破解诊断钢丝绳的技术难题；设计制作吊索具、支腿垫板钻机搬迁共享提篮，规范吊索具管理；加装"液位检测仪"，严格气田废水运输全过程管理。开展"一月一主题"设备专项检查活动，重点突出滑轮及钢丝绳、车辆（特种设备）、定制管理等内容，检查车辆21 305台（次）、天然气设备389台（次），整改提升5 861项问题。强化设备数智化管理，优化智慧物流平台设备管理模块功能，新增专用设备档案、轮胎管理、设备购置等功能，覆盖设备管理全生命周期，设备数智化管理水平得到提升。组织开展"强基础、促标准"装备管理劳动竞赛，重点突出基础管理、标准化管理、服务商设备管理3个方面，设备基础管理不断夯实。加强科技创新管理，开展科技项目3项，软实力得到提升。

（陈泽音）

【队伍建设】 2023年，川庆重庆运输总公司以"四好"班子为标准，坚持民主集中制，落实"第一议题"制度和党委理论中心组学习制度，开展"第一议题"学习16期176项内容，组织党委理论中心组学习12场次、专题研讨5场次；完善"三重一大"事项决策事项，班子科学决策能力持续增强。制订机关"三定"工作实施方案，精简机关部室2个。推进人才强企战略，细化干部培养任用二十条措施，激发人才队伍活力。优化基层领导班子结构，提拔科级人员2人，进一步使用2人，调整交流5人，提拔人员中全日制本科大学生占比100%。推进科级领导班子和领导人员业绩考核管理，深化32名正科级干部定期联系帮促青年人才工作举措，开展"上挂下帮"和"轮岗交流"，组织40名青年骨干人才开展基础业务能力夯基轮训，提升履职本领。推动专业职称评定，完成4名副高级专业技术职称、4名中级专业技术职称和15名初级专业技术职称评审、推荐、申报工作。强化员工教育培训，合理运用"考试星"云平台，推行线上培训；开展两级培训157期次，培训3 361人次，员工能力素质全面提高。

（陈泽音）

【党建工作】 2023年，川庆重庆运输总公司推进党建工作与中心工作深度融合，取得全面从严治党新成效。组织党的二十大精神学习宣贯，开展专题学习5期、主题研讨4次、专家辅导1期；开展"转观念、勇担当、新征程、创一流"形势、目标、任务、责任主题教育，领导班子带头开展集中宣讲7场、277人次，凝聚发展人心合力。抓实学习贯彻习近平新时代中国特色社会主义思想主题教育，举办57.5个小时的读书班，开展专题研讨，成立7个专题组深入基层调研发现5类41项问题，征求意见建议308条，提出重点问题处置措施39项，推动主题教育走深走实。推进基层党建"三基本"建设与"三基"工作有机融合，全面落实党建工作责任制，抓好基层党组织书记党建工作述职评议，组织基层党组织书记业务培训班，按月开展重点工作提醒及跟踪考核，基层党务工作能力有效提高。坚持开展"党员先锋岗"评选，共评选党员先锋岗140人次，党员先锋模范作用全面发挥。配合完成川庆钻探工程公司党委对川庆重庆运输总公司党委的巡察工作，整改提升巡察反馈的71项问题，建立健全长效整改机制。组织开展"微权不微"专项整治，梳理本单位风险点29项，形成29项责任清单和15项权力清单，制定针对性防控措施，净化企业政治生态。开展意识形态工作，把好舆论导向，凝聚干事创业能量。深入推进"我为员工群众办实事"实践活动，发放慰问、帮扶金302.24万元。加强企业文化建设，编写《企业文化手册》，以川庆重庆运输公司被评为全国AAAAA物流企业为契机，策划各基地文化建设，配合CCTV《创新之路》栏目组完成专题拍摄并在央视第七频道冠名播放，进一步提振全员对企业发展的信心和动力。

（陈泽音）

邮政编码：400021
电话号码：023-67311592
油网号码：310952
单位地址：重庆市江北区红石路299号
单位英文名称：CCDC chongqing transportation Co.Ltd

## 川庆长庆监督公司

【概况】 川庆长庆监督公司主要承担256支钻井队、211套试油（气）机组、苏里格项目经理部17座集气站及地面建设现场的HSE监督工作，负责长庆油田公司14个产建项目组、苏里格2个经理部、冀东油田西部分公司的工程监督工作，工作区域覆盖陕西、甘肃、宁夏、内蒙古四省（自治区）。

2023年底，设机关部室7个、附属单位2个，基层设监督站5个、工程监督中心4个，控参股企业1个（西安德安注册安全工程师事务所有限公司）。用工总量1 100人。全年未发生一般C级及以上生产安全事故、交通安全、火灾爆炸、食物中毒等事故事件，无谎报（瞒报）信息现象。

（赵　康）

【HSE监督】 2023年，川庆长庆监督公司全覆盖完成生产启动、防洪防汛、井控、冬季安全4轮事故案例警示展板宣讲，开展电气安全、地质灾害等专项排查21次，阶段性重点风险全面受控。及时对接关键作业安全管控计划，推动安全风险分级防控落实落地。督促落实"三评估三分级"，完善盐下高含硫井监督方案，编制控压作业监督检查表，主动履职确保井控安全。全面实施"一井一策"，突出重点、兼顾一般，强力保障蟠探1井、惠探2井、靖探3井等一批重点井施工。开展安全环保履职能力评估，协助兄弟单位压实关键岗位管理责任。紧盯违章高频人员及转岗新员工等特殊人群，监督强化风险预警提示与相关培训。分层级定期召开监察联席会，合力协调解决安全监管重难点问题57个。推动安全监管管理系统规模应用，实现光伏野营房项目转化创效。全年督促整改各类隐患266 833项，纠正员工违章行为15 837起，监督叫停51队次，杜绝井喷事故、一般C级及以上安全生产事故。

（赵　康）

【工程监督】 2023年，川庆长庆监督公司监管联合定期开展不合格井原因剖析，定向施策前移质量监督关口。紧盯拆搬安、连油、带压等关键作业，精准管控安全风险。践行环保理念，落实"三清楚、三监督"要求，督促岩屑堆放拉运、返排液及现场垃圾合规处置。抽调专人参加集团公司井筒质量交叉检查、中油技服体系审核，人员技能、工作质量赢得赞誉。配合完成井筒工程监督数字化系统升级改造，数据共享、协同监督作用有效发挥。注重监督提素，承办3期监督取证班，汇编取证练习题库，组织开展模拟面试，新增持证监督82人。优化管理模式，对内实施专业化管理，对外实施项目化运作，监督管理成效显著，长庆区域监督公司年度考核排名第一。全年钻井监督完井1 862口，试油气监督完井2 039口，井身质量、固井质量合格率均优于上级下达指标。

（赵　康）

【提质增效】 2023年，川庆长庆监督公司将"转观念、勇担当、新征程、创一流"主题教育与中心重点任务同步开展，以学促干，推动上级部署落地见效，凝聚全员干事创业积极性。开展项目可行性评估，接手采油七厂工程监督项目。开发其他零星市场，承揽中国石油工程技术研究院工程监督平台现场试验技术服务、长庆油田苏南分公司技术支撑和延长经理部工程监督项目，完成驻项目组人员、措施井改造监督等32份收入合同，签约金额3 745万元。据理力争结算有利条件，合同总额从1.4亿元提升至1.7亿元，进度款调整为按季度结算。把提质增效工作贯穿生产经营管理全过程，推行一体化监督减少外包费用。

（赵　康）

【企业管理】 2023年，川庆长庆监督公司修订发布D版管理手册及程序文件的。内审整治问题792项，机关干部在承包点纠治问题165项，全员自查隐患2 310项、违章723起。组织安全生产培训"走过场"回头看，治理突出问题36个。乌审旗新驻地投运，基层"三标一规范"建设2.0全面达标。督促承包商落实好交通安全管理主体责任，全年车辆安全行驶469万千米。推进健康企业建设，强化高危疾病员工"单位+家庭+医院"三方干预，落实下基层心理疏导与职业健康宣讲。送培76人取得红十字会救护员证书。建立外聘律师定期坐班机制，开展重大事项的法律审查与咨询。完善监督站（部）经营绩效专项考核，激发基层单位内在动力。

（赵　康）

2023年8月22日，川庆长庆监督公司在靖边区域开展第二届安全监督技能比赛　　　　　　　　　　　赵　康摄

【党建工作】 2023年，川庆长庆监督公司推进"第一议题"与党委中心组学习制度执行，筹办主题教育读书班，原文学习贯彻党的二十大精神与习近平新时代中国特色社会主义思想。开展专题调研，推动调研成果转化，党的创新理论与川庆长庆监督公司实践结合更加紧密。严格执行"三重一大"集体决策制度，发挥党委"把方向、管大局、保落实"作用。严格落实全面从严治党主体责任清单，开展党建工作责任制考核评价，抓实党支部书记述职评议。先后两次深入基层开展党建辅导，全覆盖组织党支部书记培训，党支部标准化规范化建设见行见效。完成"三定"改革阶段任务。加强干部培养选拔，向上推荐1名二级副干部，提拔交流三级正、副干部18人，干部队伍结构更加优化。实施专业技术序列改革，搭建一级、二级、三级工程师团队。围绕中心开设7个党员先锋项目，"四创四当"岗位实践走深走实。连续5年党建考核被评A档。开展保密培训教育与弱口令整治。加强敏感有害信息清查，坚决肃清流毒影响。开展纪检巡察干部队伍教育整顿。

（赵 康）

【群团工作】 2023年，川庆长庆监督公司发布企业文化手册，企业发展历史与文化得到凝炼和升华。用好传播载体，在门户网站开设"安全故事""质量故事"等专题，编发新闻稿件700余篇。打造外宣矩阵，在川庆钻探工程公司网页、微信公众号、杂志发稿65篇；在《中国石油报》《四川石油报》发稿43篇，弘扬油气质量安全守护者形象。组织"青春理响"宣讲与志愿者服务活动，选派优秀青年参与"青马工程"。为基层配置洗烘一体机21台、拉杆箱1 000个、电子血压计518个，给乌审旗新驻地配建职工书屋和健身房。维护职工权益，办理住院及慢病核销46人次，提取公积金83人次，开展困难职工慰问21人次、大病帮扶6人，金秋助学7人。

（赵 康）

邮政编码：710018
电话号码：029-86596222 029-86592867（传真）
单位地址：陕西省西安市未央区未央路151号长庆大厦
单位英文名称：CCDC Changqing Petroleum Engineering Supervision Co.，Ltd

# 川庆钻井液公司

【概况】 川庆钻井液公司是中国石油天然气集团有限公司4家专业化钻井液技术服务公司之一，主营业务包括钻井液、完井液设计及技术服务、科研以及相关业务的技术培训和咨询论证；钻井液、完井液材料产品研发、生产、销售和检测服务；川渝地区钻井液、完井液存储和应急保障服务；清洁生产技术服务等。有专业化仪器设备300余台（套），具备同时为120台钻机提供钻井液、完井液技术服务的能力。在国内主要服务于西南油气田公司、塔里木油田公司、新疆油田公司，以及大庆油田公司流转区块等，业务分布于川、渝、新疆等省（直辖市、自治区）。2023年底，川庆钻井液公司设机关职能部门7个（五部两室）、机关附属单位2个、所属二级单位7个。有在册职工536人（含川庆新疆分公司及国外劳务输出32人），其中合同化406人、市场化130人。有干部266人，其中企业技术专家2人、一级工程师2人，正高级专业技术职称1人、高级专业技术职称56人、中级专业技术职称164人、初级专业技术职称29人，有工人270人，其中首席技师2人、高级技师3人、技师38人；有博士研究生6人，硕士研究生34人。资产总额14 573.91万元。

2023年，川庆钻井液公司在钻井液技术服务方面，服务进尺88.62万米。其中，川渝地区支撑服务83.73万米，同比下降3.67%；新疆地区支撑服务4.89万米，同比上升86.23%。在完井液技术服务方面，服务121井次，同比上升30.11%，创历史新高。清洁生产业务方面，完成油基岩屑甩干处理11.87万吨，收集处理水基岩屑16.88万吨。在经营业绩方面，实现考核收入13.68亿元、考核利润2 503万元，超额完成上级考核指标，全产业链一体化发展实现新跨越。

（刘夕侨）

【生产运行】 2023年，川庆钻井液公司深化甲、乙方一体化联动，推进各区块生产组织和服务保障，支撑油气勘探增储上产。

提升区域保障能力。完善川渝地区钻井液场站"网格化"建设，形成8座钻井液场站、仓储总容量2.4万立方米的全方位生产保障格局，拓展应急保障服务市场，为中国石化、西南油气田公司、大庆钻探公司等多家内外部单位提供应急抢险服务51次。

加强物资精细管控。推进重晶石集中保供模式，2023年保障重晶石29.73万吨。抓运输费用管控，川渝地区每万吨重晶石运费同口径下降3.94%，每万立方米钻井液倒运运费同口径下降9.69%。

优化细化各区块现场管理。落实"片长负责制"，强化区块协调联动，各级管理职责进一步压实，各作业队基础管理更加规范。

推进设备设施优化升级。加强设备设施创新改造，推广液体化工罐，自主研发清洁生产水油一体甩干离心设备、自卸式油基岩屑甩干设备等，现场作业更加安全高效。编制数字化建设中长期规划，优化完善运行管理系统，实现钻井液要料申请、调拨、签认全过程信息化。配合开展数字化井场建设，上线钻井液智能调度系统、防漏堵漏数据挖掘系统，数字化转型步伐加快。（刘夕侨）

【工程技术】 2023年，川庆钻井液公司围绕井筒工程提质降本增效主线，强化科技攻关，狠抓全过程技术管控，保障重点工程优质高效。

严抓技术过程管控。建立健全EISC专家值班制度，落实分级审批制度，开展技术措施审核195井次，提升技术措施执行力度，助推单井成本管控更加精细。

持续助推钻井提速。优化各区块钻井液提速模板，推进上部大尺寸井眼提速、大安区块提速成效显著，深层页岩气优化破碎带治理技术助推深层页岩气最快完钻周期突破60天，打成"大安样本"。

开展新技术、工艺现场试验。煤岩气双疏成膜、致密气水基钻井液体系在现场首试成功，技术储备更加充足。打造完井液技术利器，研发"三抗一稳"等完井液新体系，关键性能指标大幅提升，获得建设方认可并纳入计价体系。

狠抓复杂故障治理。规范区块堵漏工艺措施，加强专项治理攻关，井漏复杂时率2.64%，下降24.55%，万米漏失量717立方米，同比下降21.2%。加强卡钻治理，解卡剂解卡成功率91.3%，同比提升18.1%。

加强科研创新和成果转化。受理专利14件，获集团公司科学技术奖2项、川庆钻探工程公司"创新示范单位"称号。加强科研成果转化创效，首次与新疆油田公司签订科技成果技术许可合同。（刘夕侨）

【提质增效】 2023年，川庆钻井液公司部署提质增效价值创造专项行动7方面25项工作举措，实现提质增效金额5 755万元，超额完成上级指标。抓市场拓展助力经营提质，巩固川渝地区基础市场，拓展清洁生产业务市场，在浙江油田公司实现清洁生产的全面总包；拓展新疆地区技术服务高价值市场，在北疆地区获和丰1井、沙排21井等9口井钻井液技术服务工作量。探索海外市场，与俄罗斯天然气工业股份公司等业主开展业务交流，探索海外市场技术服务模式。加强全过程预算管控，精细做好经营分析和成本管控，逐月开展重点项目及区块单井材料成本专项分析，完成"十四五规划"中期评估和滚动调整。统筹开展资金、资产、税务管理。多措并举推进结算工作，确保企业经营效益。（刘夕侨）

2023年7月14日，川庆钻井液公司科研工作者胡静在2023中国石油工程油田化学技术交流会上做论文宣讲，并获一等奖　漆　梅　摄

【质量健康安全环保】 2023年，川庆钻井液公司围绕QHSE体系建设主线，抓风险防控和隐患治理，强化安全环保责任落实，安全环保形势全面受控。

深化QHSE体系建设。完善安全生产责任制，开展QHSE业绩考核，压紧压实各层级安全生产责任，修订完善《钻井液作业队HSE管理指南》，推进现场"三标一规范"建设水平持续提升。

夯实QHSE培训。组织开展全员安全环保履职能力评估，培训评估人员757人。创新培训矩阵模式，组织基层单位岗位轮训以及各片区现场观摩会，岗位安全能力和素质持续提升。

抓风险管控和隐患违章治理。组织开展吊装、危化品、重点领域等6个专项整治，整治排查隐患332个，隐患排查治理成效显著。

抓实质量标准管控。深化井筒质量过程管控，规范计量标准管理，牵头编写的集团公司企业标准《钻井废物处理技术规范》获集团优秀标准二等奖。开展群众性质量活动，获省级优秀QC成果1项、质量信得过班组1个。加强清洁生产业务管理，承办川庆钻探工程公司钻井清洁生产暨"三标一规范"现场推进会，展示清洁生产技术水平和服务绿色钻井实力。

抓好健康企业创建。关注员工健康管理，启用"健康小屋"，开展急救、心理健康等培训课程，通过川庆钻探工程公司健康企业验收。

（刘夕侨）

【企业管理】 2023年，川庆钻井液公司按照"大部门制"改革方向，优化组织架构，开展"三定"工作，推进机构职能和编制职数精简优化，促使管理机构与业务架构、组织模式更加适应。加强制度体系建设，推进"三基"工作与"三基本"深度融合，开展"三基"调研，编制发布"两册"，促进基层管理更加规范。注重对标对表和经验总结，对标管理创新成果获四川省石油企业协会一等奖。

（刘夕侨）

【队伍建设】 2023年，川庆钻井液公司搭建人才成长平台，开展多期"党建+专家大讲堂""青年科技论坛"等系列活动和博士"揭榜挂帅"解难题活动，营造浓厚学术交流氛围。突出以赛代练，派员参加全国石油石化行业职业技能竞赛—钻井液工竞赛获1金1银。承办2023年四川省职工职业技能大赛川庆钻探工程公司第三届钻井液专业技术比赛，包揽团体、团队和个人第一名，专业技能水平显著提升。加强员工能力培养和技能认定，开展8期钻井液片长及作业队队长轮训，培训114人，提升一线关键岗位工作能力及业务素质。首次面向社会化用工开展技能鉴定，实施6个批次303人参加认定，其中社会化员工209人，社会化员工初级工比例提升64.2%，全方位提升现场作业团队能力素质，打通优秀社会化用工成长通道。 （刘夕侨）

【党建工作】 2023年，川庆钻井液公司开展政治理论学习。发挥班子引领示范作用，学习贯彻习近平新时代中国特色社会主义思想和党的二十大精神，开展第一议题学习13次，党委理论中心组学习及主题教育读书班12期，专题研讨21次，以学促干凝聚发展合力。

抓实思想政治工作。加强新闻宣传、企业文化建设，编制《复杂油气勘探钻井液技术领跑者》画册，在《四川石油报》、川庆钻探工程门户等各级媒体刊发新闻331篇。把好意识形态关口，做好石油精神再学习再教育，开展学习"川庆榜样"刘泽明、纪念铁人王进喜诞辰100周年等活动。

夯实党建基础工作。健全完善"三级联动"工作机制，深化支部"清单式"管理，打造基层党建"三大品牌"，研发应用中心党支部党建案例成功入选第二届国有企业党的建设论坛2023年度"国企党建品牌建设优秀案例"。推进基层党建"三基本"建设与"三基"工作走深走实，党支部标准化规范化建设水平显著提高。严格抓好党风廉政建设，常态化抓好以案促改警示教育，开展基层腐败治理专项行动，对2个科级单位开展巡察，推进8个监督检查项目。

（刘夕侨）

【群团工作】 2023年，川庆钻井液公司开展"我为员工群众办实事"活动，为基层单位、一线基层队配备生活电器及文体用品，为新建钻井液转运站安装净水设备等。优化员工办事流程，发布《机关办事指南》《劳资政策解读》等文件，推进解决"急难愁盼"心声。弘扬劳模精神，1人获"成华工匠"称号。坚持党建带团建，发布"青春理响"团课2期，开展"青字号"系列活动，推进青年精神素养提升工程工作全覆盖。丰富职工业余文化生活，持续做好大病帮扶、金秋助学等暖心工程，企业大局和谐稳定。

（刘夕侨）

邮政编码：610056
电话号码：028-86010829
油网号码：210829
单位地址：四川省成都市成华区猛追湾街26号
单位英文名称：CCDC Drilling Fluid Technology Service Company

# 川庆页岩气项目经理部

【概况】 川庆页岩气项目部成立于2014年4月10日，是川庆钻探工程公司按照集团公司加快"长宁—威远国家级页岩气示范区"总体部署成立的二级单位，主要负责川庆钻探工程公司威远区块页岩气风险合作勘探开发。

2023年底，机关设综合办公室、生产协调部、计划经营部、财务资产部、质量安全环保部、工程技术部和勘探开发部7个部（室）；下设威远采输作业区、抢险保供中心和页岩气地质工程一体化中心3个基层单位。川庆项目经理部有员工270人，其中管理及专业技术人员153人，技能操作人员117人；有一级工程师2人、二级和三级工程师12人；有博士研究生8人、硕士研究生50人；有副高级专业技术职称43人，中级专业研技术职称84人，有技师2人；平均年龄41.7岁。

2023年，川庆页岩气项目经理部完成页岩气产量23.1亿方米，实现收入30.3亿元。获川庆钻探工程公司"'四好'领导班子""QHSE先进单位"等称号。

（蒋雨晋　杨朴岩）

【运行组织】 2023年，川庆页岩气项目经理部统筹新井快建早投，强化产建节点管理，确保进度可控。超前分析研判外协形势，提前介入阻工风险，全年阻工堵路影响同比下降35%，8个平台压裂实现24小时施工，平均提前15天投产，地方政策调整后复产周期控制在5天以内。全年完成钻前工程平台3个，开钻井40口，完钻井37口，完成压裂井40口，投产井41口；新建集气站1座、采气平台7座、采集气管线32千米。改造3个枢纽站，建成威204H50至H39平台集气干线工程和威204H50平台集气站，打破威远区块东北部集输瓶颈。建立压缩机故障历史库，提高维护检修效率，故障停机率同比下降8.8%。落实燃气发电、农网转专线改造等措施。创新"高标准农田＋耕种"复垦模式，完成备案移交平台10个。

（蒋雨晋　杨朴岩）

【产建生产】 2023年，川庆页岩气项目经理部开展上部层系剩余资源刻画、筇竹寺组地质目标优选、西部浅层区资源潜力评价研究。完成威205井区三维处理解释，3口评价井试采效果达到预期，井均EUR大于0.85亿立方米，稳产基础更加牢固。强化地质风险预测和随钻跟踪，4米箱体钻遇率96.5%，铂金靶体钻遇率96.3%。东区提速初见成效，平均机械钻速8.7米/时，钻完井周期83.1天，同比提速8.9%。威204H88-5井单趟进尺2 727米，"一趟钻"完成"三开"，获中油技服通报表扬。压裂准备周期缩短至10天，压裂时效1.5段/日，同比提升16.3%。实施地面建设技术革命，单井建设周期缩减45天以上。成立老井挖潜专班、气井管理小组，精细控压、科学排采，气井初期压降速率下降约15%。在长水平段，总结形成采气工艺技术图版，分级分类实施增产工艺超4 800井次，措施有效率超93%，挖潜增产3.3亿立方米。

（蒋雨晋　杨朴岩）

【开发技术】 2023年，川庆页岩气项目经理部新开各级科研项目14项，牵头川庆钻探工程公司及以上项目23项，获各级奖励10项，其中集团和省部级3项、厅局级7项。"复杂油气藏流场控制关键技术及规模应用"获2023年度中国石油和化工自动化应用协会技术发明一等奖。授权发明专利2件，登记软件著作权10项，制定标准3项，发表各级学术论文32篇，其中SCI、EI论文9篇。主导钻头改型优化，"三开"单趟最高进尺2 386米，平均机械钻速10.8米/时，提速效果明显。定型"单卡瓦＋低温小胶条"可溶桥塞，优化连油钻塞工艺，实现钻塞"一趟钻"，平均单井桥塞钻磨时间缩短50%以上。构建长水平段气水两相复杂流态，形成"低密度泡沫＋地面降压＋合理间开"复合工艺，低压小产井月递减率同比下降3%。推广新型解堵药剂，成功解堵18井次。应用低密度起泡剂，实施压力波动低位定点加注。创新压窜井井间协同排水采气措施，平均复产周期从108天降至65天。

（蒋雨晋　杨朴岩）

【经营管理】 2023年，川庆页岩气项目经理部开展立项前技术经济论证、钻前井位踏勘、平行设计、限价设计，钻前工程费用降低350万元。优化桥塞选型，连油钻磨作业费用降低800万元。高效替换46套试采流程，节约费用超260万元。实际单井投资整体控制在开发方案目标内。

开展成本写实，制订重点费用控制方案，16项费用总体较年初预算下降11%。通过优化缓释杀菌方式、实施压缩机变频改造、坚持气田水回用、试采流程撬并、可溶桥塞优选等措施，节约采输成本近1 300万元。实行零星基建总包、修井作业阶梯计价和增产分成模式、泡排作业增产分成模式，节约费用近1 000万元。强化设计方案内部审核，提高设计方案质量。加强项目评价测算，识别效益风险关键因素，整理单井投资、EUR、操作成本对收益的影响。开展近3年采购、合同、工程建设等3个高风险领域专项检查。

（蒋雨晋　杨朴岩）

【质量安全环保】 2023年，川庆页岩气项目经理部成立质量管理专班，统一标准规范20余项；严抓关键质量节点管控和物资材料抽样检测，实施改进措施25项，本质安全水平进一步提升。制定《无人值守场站HSE标准化管理清单》《油气场站HSE检查表》，制作25项HSE标准化作业程序和有形化视频教材。落实关键风险作业"四色"分级管控，落实489项关键作业管控；制定推行《采输生产现场同步交叉作业管理规范》，开展地面建设联合监督检查9次，实施安全技术措施项目8项。全年回用气田水88.3万立方米，回用率99.5%；资源化合规处置水基岩屑8.8万吨、油基岩屑3万吨；电代油供电6 358万千瓦·时，减少碳排放2.2万吨；完成10个平台土壤污染现状调查，开展环境监测422项次，区域环境质量得到良好保持。

（蒋雨晋　杨朴岩）

2023年12月5日，川庆页岩气项目经理部与威远县公安局联合组织开展"威远县2023反恐防暴实战测评暨威204井区集气站反恐防暴实战演练"　　　　　　　　　　　李诗阳　摄

【党建工作】 2023年，川庆页岩气项目经理部开展第二批学习贯彻习近平新时代中国特色社会主义思想主题教育，落实中心组学习和第一议题制度，跟进学习贯彻习近平总书记系列重要讲话、重要指示批示精神162篇。执行民主集中制，全年召开党委会18期讨论议题112个、总经理办公会10期讨论议题45个，坚持党的领导与完善企业治理相统一。夯实基层党建，常态化开展4期"红旗堡垒"党支部评比创建，推进基层党建"三基本"建设和"三基"工作有机融合。深化党员"四创四当"主题实践，评选先锋党员26人次。构建"三道防线"，修订廉洁风险防控手册，压实监督主体责任。实施自立监督检查项目5项，严格落实中央八项规定和反"四风"工作要求。开展廉洁教育和警示约谈，全年约谈187人次，追责问责12人次。签订"三商"廉洁公约43份。完善员工能力培养体系，编制《采气工岗位技能操作手册》。修订《中层管理人员管理办法》和《干部年度及任期制考核管理办法》。1人获孙越崎青年科学技术奖，1人申报"蓉漂杯"创新领军人才和"天府峨嵋计划"。

（蒋雨晋　杨朴岩）

【文化民生】 2023年，川庆页岩气项目经理部深化企业文化建设，工会团青活力彰显。形成《2023年企业文化和目视化建设落地提升方案》，组织开展各级劳动竞赛10项，承办2023年四川省职工职业技能大赛川庆钻探工程公司首届采气工职业技能比赛，获优胜单位奖、团体金奖、个人金奖。获评四川省民主管理厂务公开先进单位和首届职工创新大会创新示范单位，参加第二届大国工匠创新交流大会并获高度赞誉。通过健全制度，完善配置和健康干预，建成四川省健康企业，落实"我为员工群众办实事"活动，投入资金147万元，办成7大项21件民生实事。安排职工疗养82人次，开展各类慰问482人次，帮扶困难职工22人次。与威远县政法委签订平安共建协议，成立"山哥平安建设工作室"，妥善处置外协事件300余起。开展四川油气田首次油气场站反恐防暴应急演练，营造平安和谐环境。承办"石油缘·西藏情"企地手拉手暑期优秀藏族学生夏令营教育助学活动。采购石渠县扶贫产品，履行社会责任。

（蒋雨晋　杨朴岩）

单位概览

邮政编码：610051
电话号码：028-86011181
油网号码：211181
单位地址：四川省成都市猛追湾街6号
单位英文名称：CCDC Shale Gas Exploration and Development Department

# 川庆页岩气工程项目部

【概况】 川庆页岩气工程项目部于2018年6月正式设立，代表川庆钻探工程公司统一开展川渝页岩气、致密油气工程服务管理，履行"组织、协调、督促、把关"职能，行使"统一市场开发、统一协调、统一技术、统一结算"等"四统一"职责。2021年，川庆页岩气工程项目部开始在川渝页岩气市场统一引进钻井队伍。川庆页岩气工程项目部主要负责管辖西南油气田公司自营及合作页岩气、西南油气田公司致密油气区块；吉林油田公司、浙江油田公司等非常规气川渝流转区块。施工作业区域横跨川渝9地市。2023年，川庆页岩气工程项目部聚焦页岩气技术革命，突出创新创效，主动适应低成本战略，持续技术集成配套应用，探索管理新路径，统一市场引领，统筹11家专业化公司，发挥地质工程一体化、全业务链一体化优势，优化生产组织，系统治理故障复杂。2023年底，川庆页岩气工程项目部设立市场与综合管理部、生产技术部（EISC中心）、财务经营部、质量安全环保部四个职能部门。在册职工27人，其中男员工20人、女员工7人。有中共党员26人，有处级领导干部5人，有高级专业技术职称9人，中级专业技术职称18人。

2023年，川庆页岩气工程项目部动用钻机79台（自有45台、外包34台）。其中，页岩气区块动用57台（自有28台、外包29台），致密气区块动用22台（自有17台、外包5台）。开钻井93口（自有井57、外包井36口），完钻井139口（自有井76口、外包井63口）。其中，页岩气区块开钻井48口（外包井28口），完钻井90口（外包井55口），致密气区块开钻井45口（外包井8口），完钻井49口（外包井8口）。2023年，总进尺70.41万米，同比下降7.37%。其中：页岩气区块进尺51.63万米，同比增长9.64%；致密气区块进尺18.78万米，同比下降35.06%。页岩气动用15套压裂机组，完成23个平台61井次1 211段压裂，压裂段数同比增长32.9%；致密气动用5套压裂机组，完成57井次413段压裂，压裂段数较2022年887段下降53.4%。全年收到中油技服贺信4封，有5支钻井队进入中油技服和川渝页岩气前线指挥部英雄榜前10名，有4支压裂队进入中油技服和川渝页岩气前线指挥部英雄榜前10名，创造16项区块纪录。

（曾 茜）

【生产组织】 2023年，川庆页岩气工程项目部修订《钻机搬迁流程》《钻机复核流程》，制定《旋挖作业流程》，保障钻机搬迁、压裂准备周期控制在15天以内，推广旋挖导眼作业，平均单井节约周期1天。编制生产计划，建立"月计划，周调整"工作机制，优选井位60余个，组织钻机上钻30余个平台，四季度井位紧张阶段抢占优质平台12个，组织16台钻机上钻，缓解钻机等停压力。按照"统一规划，分步实施，先开先建"原则统筹规划网电，合理调配燃气发电，用电5 840万千瓦·时，区域使用自建网电化占比91%，其中燃气发电占比91%。优化"中完"、完井生产组织，钻井液体系转换100%实现无缝连接，协调优化测井、通井、套管试压等工艺，"中完"、完井作业分别提速20.15%、7.64%。保障种子队作业效率，带动区域整体提速上台阶。协调联系各方解决现场反映问题70余次，甲方和其他组停同比下降37.13%。开展区域资源"六共享"，提升页岩气作业保障能力，组建项目管理专家联合管理团队，内部共享182人次，共享钻具6.1万米，井控设备37套，提供技术服务共享71井次。2023年生产效率持续提升，钻井乙方组停时效0.88%。自有钻机单队单机作业效率提升8.86%，钻机搬安周期14.62天，压裂平均准备时间14.6天，钻井进尺月度计划偏差率5.06%。

（曾 茜）

【工程提速】 2023年，川庆页岩气工程项目部强化技术管理，聚焦提质增效，井筒集群提速更加有力。集成应用

"井身结构优化+极限优快一趟钻钻井技术+旋导及地面降温+精准控压降密度+特色钻井液及固井技术+精细地质导向"等6项主体技术,创造自205H2-7井区块钻井周期68.12天等7项最优指标。建立风险井段识别清单,完善预防处置机制,故障复杂大幅降低。开展地质资料精细解释,实时优化轨迹,提供异常岩性预警32次、断层裂缝预警19次,避免恶性井漏等故障复杂发生。加强核心科技攻关,关键技术取得突破。开展CGSTEER-175井旋导试验3口井,最高146.59℃实现单趟进尺662米。组织推动新型高性能水基钻井液在致密气开展现场成功试验。五是狠抓关键环节管控,井筒质量稳步提升。完善《关于进一步加强固井技术工作管理》等3项制度规范,形成井身质量关键要素管控清单15类40项内容,制定确保套管居中、水泥返高及封固质量等为主要内容的"一井一策"固井方案及确认流程。2023年完成井73口,整体平均钻完井周期73.18天,提速6.49%;五类重点井完成35口,平均钻完井周期101.93天,提速23.91%;页岩气产建井完成30口,平均钻完井周期93.83天,提速18.77%;致密气产建井完成18口,平均钻完井周期27天,提速8.01%;页岩气、致密气工程技术模板执行率100%;井身质量合格率100%,固井质量合格率96.2%。　　（曾 茜）

2023年9月22日,川庆页岩气工程项目部在成都艾芜纪念馆开展"忆峥嵘、树信念、明使命"主题党日活动　　曾 茜 摄

【市场经营】 2023年,川庆页岩气工程项目部创新合作模式,聚焦合同谈判,市场整体布局更加优化。稳固主力市场,与西南油气公司司签订《深层页岩气效益合作总承包框架合同》,实施效益合作开发,甲方优化降本,确保投资内部收益率6%。优化市场控制策略,形成日费、工程总包、效益总包等承揽方式,系统开发效益市场,挺进压裂高效新兴市场,首次把钻前工程整体纳入总包合同,探索新的总包模式。统一市场管理,统筹引进队伍,累计动用29支队伍,川渝深层页岩气市场占有率46.38%、致密气100%,在五大钻探里排名第一。强化合同谈判,创新合同签订模式,细化合同关键环节,突出评价并合同效益,争取企业利益最大化。网电单价商谈取得突破,长宁公司网电价降至合理水平。2023年,新签合同金额50.41亿元,同比增长15.5%,收入结算率75.5%。川南页岩气、致密气市场占有率分别为45.22%、100%,市场收入37.3亿元,外部收入2.99亿元,收入结算率87.38%。各项指标均超额完成川庆钻探工程公司考核目标。　　（曾 茜）

【安全环保】 2023年,川庆页岩气工程项目部签订34项QHSE指标的责任书42份;QHSE联委会解决重难点问题6项;修签订12类1 178份岗位安全责任清单;开展领导承包点检查64井次,查改问题371项。落实14个作业类别121个作业项目及450项具体管理活动的责任;开展队伍风险管控能力评估86井次、关键岗位等人才画像967人次;形成"3手册+4图册"外包管理有形化成果。分层级管控关键作业12 487项次、公示1 138项次、现场把关28项次,针对性查纠违章隐患243项;对28起服务商典型事件形成失误操作清单,组织对照查改问题396项;对照排查共性典型隐患124项,并对120名违章记分满6分人员实施评估及脱岗培训,清退1人。开展13项专项整治活动,自查152井次,查改问题1 884项,纠违335起;督办"清理淘汰液化气罐、淘汰氧气乙炔瓶"等重点工作5项;开展"安全生产月"活动,召开专题会议2次,协调解决重要问题7项、安排部署重点工作11项。划分生产现场环保风险"红、橙、黄、蓝"四色风险等级,梳理环境风险分级防控清单,公示环境高风险生产现场16井次;约谈清洁生产单位3次,印发违章通报7井次;通过川庆钻探工程公司健康企业验收,组织健康培训24人次,3人取得急救员证书。　　（曾 茜）

【党建工作】 2023年,川庆页岩气工程项目部坚持党建

引领，聚焦主题教育，干事创业氛围更加浓厚。高质量推进学习贯彻习近平新时代中国特色社会主义思想主题教育，坚持"第一议题"学习167篇，通过集体学、研讨学、上党课等形式20余次，全方位、多层次推进习近平新时代中国特色社会主义思想主题教育理论入脑入心。领导班子开展调研，提出推动高质量发展举措62项，解决问题24项，有效推动主题教育成果转化。将上级党组、公司各类会议文件精神，纳入"三会一课"，及时集中宣贯学习18次，强化意识形态，贯穿全年工作，把牢政治方向，引导党员干部把学习内化为思想引领。打造标准化党支部，严肃党内政治生活，落实领导班子"一岗双责"，坚持"三重一大"制，召开11次专题党支部会，加强民主监督。坚持"党建+安全、保密"模式，推进"三基本"和"三基"工作有机融合。开廉洁教育常态化，深入改进作风，严格落实中央八项规定，着力打造清廉政治环境。

（曾 茜）

邮政编码：610051
电话号码：028-86013906
油网号码：213908
单位地址：四川省成都市成华区猛追湾街道6号川庆科研大厦

# 川庆井控应急中心

【概况】 川庆井控应急中心是国家油气田井控应急救援专业化队伍，根据集团公司要求，负责区域范围内油气井井喷事件的抢险救援，完成国家、集团公司安排的国内外井控应急救援任务，负责井喷抢险技术研究与装备、工具研发，负责精神传承和警示教育等7项职责。通过持续研发配套，形成清障切割、冷却掩护、井口重建、检测仪器、安全防护、应急通信等八大类主题设备。钢圈槽修复器、全地形大排量雪炮、大尺寸环形管道切割装置等14项集团公司专项投资设备已列装，抢险机器人、长臂抢险机器人等已完成信息化改造。坚持"平战结合"，以全员基地日常练兵为基础，带压作业、隐患治理现场练兵为拓展，全面提升人员应急实战能力，全年高效处置4次险情，实现队伍战斗力和影响力"双提升"，得到集团公司井控管理办公室和相关油气田企业认可。中心基地建设项目进入竣工验收阶段。2023年底，有机关部室2个、基层单位4个，有在册员工68人，其中班子成员4人、三级正副12人，有一般管理人员及专业技术人员33人、技能人员31人，有博士学历1人，硕士学历14人，有高级专业技术职称17人、集团公司技能专家1人，有川庆钻探工程公司技能专家1人、首席技师1人、高级技师5人、技师5人。有设备数量575台（套），固定资产2.49亿元，全年营业收入9 421万元，利润355万元，完成川庆钻探工程公司下达的各项考核指标。获中油技服技术创新团队奖，获川庆钻探工程公司"QHSE先进单位"称号，获四川省"精神文明单位"称号，1人获集团公司首届"感动石油人物"称号、1人获集团公司"先进工作者"称号。

（陈凯英）

【科技进步】 2023年，川庆井控应急中心主研的集团公司井控重大专项取得新突破，形成喷量、温度场预测方法，最高预测精度95%以上，基础理论研究获得新成就；行业最高技术水平的18项新装置研制成功；基丁白组网通信，首创孪生控制抢险机器人群组，实现地—空协同信息化感知和全地形机动化灵活掩护，具备1 500℃高温环境长时稳定监测能力，远程可视化对中控制精度突破毫米级大关，整体应急救援能力由105兆帕迈进140兆帕，多项关键核心技术达到国际领先，获中国石油和化工自动化应用协会科学技术进步奖一等奖和中油技服技术创新团队奖。高级别科研项目立项获得新进展，首次成功获批国家级项目国家重点研发计划安全专项1项、集团公司基础性前瞻性科研项目1项，川庆钻探工程公司7个课题完成开题，被纳入川庆钻探工程公司Ⅰ类创新企业。科技研发领域获得新延伸，生产井、压裂井的小型化抢险装备进入试制阶段，应急救援手段更加多元化。应急抢险远程节流控制装置、基于混合现实技术的隐患排查装置等样机成功落地，创新研发不断向大井控范围拓展，井控装备研发中心的基础更加牢固。知识产权培育实现新成效，全年申报发明专利22件，同比增长260%，国际专利申报实现零突破，知识产权保护壁垒更加牢固。技能专家工作室、劳模创新工作室的技改革新能力更加凸显，成功解决一线生产技术难题8项，获川庆钻探工程公司级技能创新奖4项，其中创新成果"管柱带压钻孔抱箍研制与应用"纳入国家安全生产应急救援中心推广应用目录。

（陈凯英）

【应急救援能力建设】 2023年，川庆井控应急中心聚焦主责主业，完善"精准培训、系统作训、量化考核、全面总结"科学练兵体系，编制"从一次到三次井控，从技能操作到技术提升"的多元化培训课件20余件；制定从险情侦察到井口重置全覆盖的37个场景作训指南，练兵工况更加丰富；细化以"操作正确性、反应熟练性、配合默契性"为要点的作训标准，练兵考核更加精准；建立全员单兵岗位技能"短板卡"，开设专项技能提升班，开展培优补弱作训120余人次，单兵作战能力更加全面；开展协同演练20余次，以练代训开展带压作业、隐患治理40余井次，团队作战更加默契；处置花4-8X井、杜84-56-140井等4次险情。推进抢险信息化转型，一线战斗员全程参与冷却掩护机器人、井口重置机器人等20余套新装备试制、实验、调试、定型、列装，开展信息化抢险作训10余次，完成四川油气田2023年"井控警示日"井喷失控应急实战演练，开启信息化抢险救援新模式，新质救援能力快速形成。

（陈凯英）

2023年11月15日，川庆井控应急中心应急救援装备亮相中国国际应急管理展览会　　　　　　　　　　　李艾龙　摄

【井控技术支撑】 2023年，川庆井控应急中心参与集团公司、川庆钻探工程公司井控专项检查、细则及预案评审，首次代表集团公司开展极高风险区块井控"三评估三分级"[1]工作，完成深地川科1井等5井次井控能力评估；首次到川东北高含硫、长庆盐下高含硫、迪北风险合作区块等高风险井驻井把关；首次运用国际先进井控软件开展万米深井超大井眼、长裸眼井段压井模拟，大井支撑能力实现新提升。评估吉林油田公司井控管理现状，提供5井次井控复杂事件处置专家咨询，与大庆油田公司在西南地区、长城钻探工程公司在威远区块等风险流转区块签订井控支持服务合同。协助中国石油国际公司建立6个海外项目井控管理手册，远程支撑哈萨克斯坦8044井漏转溢等复杂处置，连续7年获中油国际井控应急技术支持合同。依托中国海油米桑项目合作经验，中标伊拉克鲁迈拉5年期、哈法亚4年期项目，签订首个超1000万美元单项框架合同。

（陈凯英）

【企业管理】 2023年，川庆井控应急中心推进"三项制度"改革，优化"小机关大部室"运行模式，创新推进"三基"建设，增强高质量发展的组织基础。开展内控跟踪测试、合规自查、财务稽核，组织完成制度制（修）订18个，开展专项检查8个，风险防范体系更加牢固。推进"管、训、战"一体化管理平台建设，合同管理、设备管理、承包商管理模块上线，作业项目、合规管理模块完成原型设计，大集中ERP建设方案通过集团公司审查。深度解读"质效"内涵，创新提出"四精三效"（精良装备、精湛技艺、精进科技、精益管理，效益、效率、效果）发展模式、评价模型，突破劳动竞赛可比性瓶颈，形成特色的提质增效矩阵式评价指标300余项，全年实现提质增效1221万元。全面强化预算管理，推行收入确定和成本核算的管理思路，强化资金管控，确保紧急救援任务应急资源储备充分，提高应急救援实效性。突出精细成本管控，降低采购成本，实现采购资金节约率5.38%。

（陈凯英）

---

[1] "三评估三分级"是指井控风险评估分级包括盆地、区块和单井的风险分级，以及钻井队伍、井下作业队伍的井控风险防控能力分级，实现作业队伍井控能力等级与井控风险等级相匹配，有效防控井控风险。

【安全环保】 2023年，川庆井控应急中心推进QHSE体系建设，突出隐患集中整治，抓实环保污染防治和健康企业建设，巩固安全环保稳定态势，年度QHSE绩效考核在生产辅助单位排名第一，获川庆钻探工程公司"QHSE先进单位"称号。开展安全检查、审核139次，推进"四个责任"落实落地。统筹推进安全管理强化年、吊装作业、重大隐患排查专项整治等重点工作，落实关键作业管控280余次，投入645.07万元用于安全隐患治理。坚持大抓基层的鲜明导向，建立带压作业"标准化现场"图册，标准化作业程序36项，以"一月一主题"、集中和送外培训等方式提升岗位QHSE技能，开展全员安全环保履职评估，岗位人员QHSE能力进一步提升。梳理井控应急救援标准化体系表，主持修订国家等各级标准4项，申报国标1项，获集团公司第五届优秀标准奖奖励2项。推进危废闭环管理，危废处置合规率100%。建成"健康小屋"，优化"1+N"员工差异化体检套餐，实施"绿、黄、红"健康风险分级管控，高分通过川庆钻探工程公司健康企业建设验收。

（陈凯英）

【党建工作】 2023年，川庆井控应急中心开展学习贯彻习近平新时代中国特色社会主义思想主题教育，召开中心第一次党员大会，组织保证更加坚强有力。开展党支部标准化规范化建设，推进基层党建"三基本"建设与"三基"工作有机融合，着力"双百"党支部建设，"党建+"工程成果丰硕，先锋队、突击队作用凸显，获川庆钻探工程公司党建考核A档，排名前列，获评四川省优秀党课、集团公司优秀党课一等奖、川庆钻探工程公司二等奖各1个。加强党员干部"八小时外"监督，深化廉洁文化建设、作风建设，开展"微权不微"专项整治，政治监督细化实化具体化，发展环境更加风清气正。创新完善"生聚理用"人才机制，引进人才7人，新增高级工程师3人、特级技师2人，高级专业技术职称占管理和专业技术人员比例46%，技师及以上高技能人才占技能人才比例33%。

（陈凯英）

【企业文化】 2023年，川庆井控应急中心围绕党的二十大精神、作训练兵、科研创新开展专题宣传。获"四川省精神文明单位"称号，1人获中国石油首届"感动石油人物"称号。报道《火场上下征途人谭伟》《一线写真曾国玺》《历练在带压作业上的新兵尹曾赋》等10余篇人物专访，发挥榜样人物的引领示范作用。全年被国家安全生产应急救援中心采用新闻稿5篇，集团公司门户网站采用4篇，《四川石油报》采用2篇，川庆钻探工程公司门户网站采用42篇、"今日川庆"采用15篇。在川庆井控救援中心公众号发布新闻稿60余篇，门户网发布新闻稿280余篇。邀请老专家讲授抢险灭火故事，开展"烈焰丹心"大讲堂17次，全年接待陈列馆参观110批次，2 000余人次，发挥石油精神教育和井控警示教育传播功能。

（陈凯英）

【群团工作】 2023年，川庆井控应急中心践行"以人为本""管理从关爱开始，要求从尊重起步"理念，构建"我为员工群众办实事"常态长效机制。通过座谈、问卷调查等形式了解员工需求，开展一线员工慰问111人次，解决员工急难愁盼问题48项，组织"三组一堂"系列文体活动38场次。建立"健康小屋"、心理咨询室等健康场所，完善员工及家属绿色就诊通道，通过川庆钻探工程公司健康企业验收。开展元旦、春游、秋游健步走等系列活动，组织举办羽毛球、乒乓球、篮球等体育比赛，愉悦员工身心健康。加强团员青年政治引领工作，成功创建川庆钻探工程公司青年安全生产示范岗、"烈焰丹心"青年突击队，在井控警示日实战演练、防洪防汛、水力喷砂切割参数基础实验、热切割作训等重点工作任务中奋勇争先，青年建功成效显著。开展"抓基础提能力，控风险保安全"等劳动竞赛4项，突出创新引领，推动高质量发展。"可加压式管柱内防喷阀抢装工具研制""井口重置法兰紧固装置设计"获川庆钻探工程公司首届创新突出成果奖，刘贵义获评川庆钻探工程公司首届创新能手，刘贵义油气井抢险技能专家工作室获评川庆钻探工程公司首届创新示范团队。开展合理化建议和"五新五小"活动，实施4件创造价值200余万元。

（陈凯英）

邮政编码：618300
电话号码：0838-252903
油网号码：252960

单位地址：四川省广汉市福州路四段中国石油井控应急救援响应中心

单位英文名称：CNPC Well Control Emergency Response Center

# 越盛公司

【概况】 越盛公司业务涵盖工程技术服务、油田助剂生产与销售、新能源与环保、机械制造、产融结合、后辅保障六大业务板块，主要服务于川庆钻探工程公司和西南油气田公司、长庆油田公司、塔里木油田公司，市场分布于四川、重庆、陕西、甘肃、宁夏、内蒙古、新疆7个省（自治区、直辖市），以及伊朗、土库曼斯坦、伊拉克等国家。有钻井类资质14项；环境污染防治工程等级确认证书等清洁生产资质8项；有井控装备生产企业、国际货运代理企业、检验检测机构认定、建筑企业安全生产许可、电力承装（修、试）、危险化学品经营等各类资质38项；此外还拥有集团公司重晶石粉、石英砂一级供应商、集团公司唯一授权内部商密测评单位等内部资质。2023年底，越盛公司有高新技术企业8家，设机关部门8个，有采购供应中心、长庆事业部、四川越盛油气田技术服务有限公司、江油分公司、泸州分公司、信息技术分公司、成都龙远科技有限公司7个基层单位。有全资子企业16家，其中川庆钻探工程公司合作管理的子企业14家，与中油测井公司、东方地球物理勘探公司所属单位合作管理的子企业2家。参股企业2家（参股泸州聚购科技发展有限公司30%、参股四川科宏天然气工程有限公司3.3%）。越盛公司及子企业有从业人员6489人，其中ERP员工4627人（川庆钻探工程公司派出ERP员工4266人），越盛公司本部ERP用工103人（含机关66人）。有各型设备2491台（套），固定资产原值24.95亿元、净值8.04亿元，主要包括租赁钻机及配套设备、石英砂等生产检测设备、石油专用设备、机修加工设备等。越盛公司合并资产总额61.48亿元，固定资产净额11.88亿元；合并负债总额48.97亿元，资产负债率79.66%。

2023年，越盛公司完成各项考核指标，实现合并经营收入76.16亿元，同比增长5.9%；合并利润7861万元，同比增长7.12%；纳税总额2.71亿元，经营收入、利润续创历史新高，入围四川省百强企业，获川庆钻探工程公司QHSE、提质增效先进单位等称号。

（刘　欣）

【工程技术服务】 2023年，越盛公司发展特色技术，增强服务能力，工作量同比增长30.2%。完成钻井进尺48万米、压裂酸化821层、定向井技术服务259井次。钻采科技超深井、特殊井取心服务刷新5项国内纪录。鑫源公司国内最大马力8000型电驱压裂橇完成首秀。川秦公司恒电位脉冲电流套管智能阴极保护系列技术成果整体达到国际先进水平。四川华油集团公司跨界拓展多家地方非油气射孔市场。

（刘　欣）

【油田助剂产品】 2023年，越盛公司推进产品迭代更新，生产能力显著提升，生产油田助剂产品12.17万吨，供应石英砂59.25万吨、重晶石粉8.2万吨，完成保供任务。井下科技一体化纳米变黏压裂液在苏里格地区多口井测试产量超百万立方米，实现产品替代，成功拓展多个国内外市场。威能公司WN、HYO系列产品竞争性市场占比达到25%。固德公司新增5项油田助剂产品获集团公司一级物资供应商准入资质。恒溢公司眉山油田助剂产品生产线投用。

（刘　欣）

【新能源与环保业务】 2023年，越盛公司开展分布式储能技术研究，意通公司在长庆钻井双河基地实施分布式光伏发电；安齐盛公司建成越盛公司首个新能源充电站；越创公司、大有公司、意通公司电代油均达到亿千瓦·时以上规模，供电5.62亿千瓦·时。保障水基岩屑和钻试废水处理能力，整体工作量同比增长40.28%。

（刘　欣）

【机械加工制造】 2023年，越盛公司坚持科技创新引领，突出研发技术含量高、应用前景广的机加工产品，实现产品优化升级，生产各类入井工具36.56万件、钻头289个、检波器1.54万件，新制维修结构件2527件，工作量同比增长30.38%。钻采科技自主研发PDC钻头在多个区块和单井创造最高机械钻速、单日最高进尺纪录。吉赛特智能检波器租赁和物探采集工程配套服务外部市场收入占27%。

（刘　欣）

【产融结合】　2023年，越盛公司与昆仑金融租赁公司签订战略合作框架协议，与渤海能克公司等第三方和川东钻探公司、川西钻探公司分别达成钻具、钻井泵组的融资租赁意向，为鑫源公司协调融资租赁电驱压裂设备，向主业单位租赁钻机15台、顶驱19台（套）、无线随钻20台（套），工作量同比增长49.83%。意通公司石油云商平台上线运行服务主业效果良好。四川华油集团公司运用石油E采平台拓展非生产型物资贸易，交易额突破5 600余万元。

（刘　欣）

【后辅保障】　2023年，越盛公司坚持效益发展思路，做好支撑服务保障，盈利创效能力有所提升，工作量同比增长36.88%。建安公司土地服务新增合同总量2.9亿元，创历史新高。宏大公司新拓展乌干达、尼日尔两项人员技术服务项目，合同金额1.18亿元。安齐盛"仓配一体化"与主业形成差异化发展。德安公司开拓外部工程质量监督市场取得积极进展。

（刘　欣）

【合规管理】　2023年，越盛公司优化完善"三会一层"决策程序，股东会、董（监）事会、管委会审议通过重大事项23项。建立董事会例会工作机制，畅通股东双方沟通交流渠道。依法向16家子企业委派董事16名、监事17名代表越盛公司行权，协商调整9家子企业董监事成员45人，优化子企业法人治理结构，各层级治理逐渐规范合理。与合作管理单位修订完善《合作管理协议》，明确责权利关系，双方管理界面更加清晰。开展合规性评价，制修订各类规章制度29项，促进企业规范管理。开展财务经营合规管理和物资采购、供应商、仓储管理现场专项检查，促进管理能力提升、业务更加规范。研发上线合同管理系统，差旅费报销系统全面运行，合规管理水平得到有效提升。紧盯关键领域，开展虚假合资合作项目、工程服务队伍代管、委托产品加工、项目转分包等挂靠经营事项清查，开展石英砂、重晶石粉和电代油等重点业务专项合规评价。清理股权投资项目，完成重庆越盛环保科技有限公司清算注销，开展泸州聚购股权投资项目后评价，13项问题全部整改完毕。继续持有长庆油田同欣科技公司混改项目合伙份额，投资收益良好。

（刘　欣）

【市场拓展】　2023年，越盛公司推进"一体化统筹、专业化服务"管理，统筹和服务能力明显提升。外部投标、内部竞标获得竞争市场份额占比21%，对主业市场依存度降低到80%以下，一体化统筹推进大安、威远区块电（气）代油业务，组建专业运营团队，靠前协调，建设供电服务平台11个，覆盖率100%，供电量5 860万千瓦·时。协调鑫源公司二氧化碳泵注和免带压下钻业务、意通公司野营房业务进入长庆油田公司市场。

（刘　欣）

【科技研发成果】　2023年，越盛公司投入科研经费1.02亿元，开展两级科研项目83项，新增高新技术企业1家，新增知识产权申报和授权75项，实现成果转化推广创收1.08亿元，钻采科技万米超深层取心技术与工具研究列入集团公司项目。帮助5家子企业11种产品获集团公司一级物资供应商准入资质，指导了企业参与一级物资投标，中标率提升22.62%，实施通用型共性物资和大宗重要物资集中采购，采降率14.23%。

（刘　欣）

2023年8月8日，越盛能源大厦职工活动中心在成都投入运行
叶蒴柄　摄

【资金管理】 2023年，越盛公司坚持资金集中管理，严格以收定支，建立资金池沉淀资金合理利用机制，向8家子企业累计转借资金1.35亿元，缓解子企业资金压力，提高资金使用效率，降低资金成本。与银行协调争取最低贷款利率和最高存款利率，实现一年期、三年期贷款利率分别降至每年2.35%、2.53%，获存款补息237万元。加大商票开具规模，占对外付款28%。优化调整上缴投资收益、现金分红比例。深入落实提质增效措施，实现提质增效3.32亿元。

（刘 欣）

【人力资源】 2023年，越盛公司开展派出人员和划转业务匹配情况写实工作。发挥人力资源引进平台作用，全年新招越盛油服工92人，缓解主业一线技术人员紧缺矛盾。建立"5221"绩效考核模式（经营业绩50%，党员20%，安全20%，管理10%），指标体系更加完整。完善重点项目考核机制，二氧化碳泵注、电代油技术服务等专项激励效果显著。

（刘 欣）

【重点投资项目】 2023年，越盛公司重点保障主营业务、促进新增业务、提升优质业务，完成越盛能源大厦二期装饰装修工程项目，满足主业单位和子企业办公需求。协调大有公司、井下科技公司、钻采科技公司、建安公司、安齐盛公司等多家企业在钻井技术服务、钻前、运输等多个专业参与深地川科1井生产保障，为国家重点工程项目提供支撑。

（刘 欣）

邮政编码：610051
电话号码：028-8617664（传真）
油网号码：217664
单位地址：四川省成都市成华区华泰路42号越盛能源大厦
单位英文名称：Yuesheng Petroleum Support & Services Group, Inc.

# 川庆纪检审计中心

【概况】 川庆纪检审计中心设立于2018年1月，主要负责审计、纪律审查、合规管理监督等工作的具体实施和运行。2023年底，在册员工51人，其中大学本科及以上学历51人，有高级及以上专业技术职称19人。川庆纪检审计中心党总支下设党支部3个，有中共党员45人。

（王冬平）

【纪检工作】 2023年，川庆纪检审计中心落实加强对"一把手"和领导班子监督要求，依纪依规对8起涉及二级正副职、11起涉及三级正职问题线索进行核实，14名二级正副职干部受到处分。紧盯系统性、倾向性、频发性问题，狠刹"管企吃企""靠企吃企"歪风，查处违规收送礼金、公款吃喝、公车私用等4起案件；立案查处违规经商办企业、重复结算维修费、违规处置废旧物资等8起典型案件。全年承办问题线索35件、案件审查（调查）12件，挽回直接经济损失90.97万元，与成华区监委联合办案挽回经济损失330.58万元，提出管理建议31条、处理意见98条，配合印发监督建议书26份，运用"四种形态"批评教育帮助和处理154人次，推动党风企风稳定向好。

（王冬平）

【审计工作】 2023年，川庆纪检审计中心履行审计经济监督职能，实施审计28项，问题金额3.08亿元，挽回直接经济损失1 691.7万元，聚焦影响企业生产运营效益及依法合规经营重大风险，查处工程建设项目质量管理、废旧物资处置、结算签认计量管理等焦点问题，追责处理56人次，扣减单位及个人绩效6.38万元。深入剖析问题根源，从体制机制上提出改进建议，促进川庆钻探工程公司及各二级单位建章立制35项。着眼"抓早抓小防未病"，出具风险提示函5份，跟踪督促重大投资项目立行立改管理问题36个，有效控制1 268.79万元资金风险。围绕"三大战略"及重大决策部署提出专项审计建议13条，推动清洁能源替代、提质增效、数字化转型等决策部署有效落实。完成集团公司委派的数字化转型专项审计，审计成果得到集团公司肯定。

（王冬平）

【配合监督】 2023年，川庆纪检审计中心加强与业务主管部门、被审计单位沟通，选派4名纪检干部到集团公司纪检监察组、四中心及成华区纪委监委跟案实训；7名审计人员参加集团公司巡视、川庆钻探工程公司党委巡察；

4名业务骨干到纪委办公室上挂锻炼；组织8名二级单位纪检人员上挂锻炼，推动纪检干部业务水平同步提升。

（王冬平）

【内部管理】 2023年，川庆纪检审计中心组织召开总支会、办公例会25次，对全年工作跟踪督办9次，完成重点工作155项。完善工作规程，修订《纪检项目质效控制管理办法》，夯实制度基础。推进提质增效专项行动，完成16方面59条提质增效举措，优化审计项目"两段式"运行模式❶及"3579"现场核查时限制❷，初核平均用时同比下降22%，监督质效持续提升。强化创新驱动，坚持研究型审计，做深审前调查，做细审计实施，做实项目总结，实施"平台+数据"审计模式，推进"集中分析、系统研究、发现问题、分散核实"数据驱动型审计，全过程推送审计线索，建立入井材料数据对比分析等3个实战模型，"疑似拆分合同分析模型"获集团公司数据分析模型大赛团队三等奖。开展理论研究，撰写5篇纪检巡察论文、12篇审计论文，6篇审计论文分获集团公司奖励；2个审计项目分获集团公司优秀审计项目二等奖、三等奖。

（王冬平）

【队伍建设】 2023年，川庆纪检审计中心引进纪检审计人员3人，新聘资深高级主管、高级主管11人，内部调整岗位4人，竞聘遴选2名纪检业务单元临时负责人，进一步盘活中心人力资源。立足职能定位，实施纪检审计人员能力提升专项计划，选派4名纪检干部到集团公司纪检监察组、四中心及成华区纪委监委跟案实训；7名审计人员参加集团公司巡视、川庆钻探工程公司党委巡察；4名业务骨干到纪委办公室上挂锻炼；组织8名二级单位纪检人员上挂锻炼，推动纪检干部业务水平同步提升。建立内部自训、送外培训、竞赛练兵等复合培训模式，开展纪检审计业务骨干人员能力提升培训，送外培训37人次。开展"紧扣监督主责，稳步提升质效"纪检审计专项劳动竞赛，20个纪检审计项目分获优秀项目奖，2个业务单元获"优胜集体"称号，16名纪检审计干部获"优胜个人"称号。

（王冬平）

【党建工作】 2023年，川庆纪检审计中心严格落实"第一议题"制度，深入学习领会习近平总书记重要讲话重要指示精神，党组织把方向、管大局、保落实作用充分发挥。开展学习贯彻习近平新时代中国特色社会主义思想主题教育，专题研讨9次，讲授党课7次，组织全体党员赴遵义会议纪念馆开展主题党日活动，推动主题教育学习入脑入心入魂，开展调研21次，收集基层意见问题19个，完成调研报告4篇，助推治理体系提升。开展纪检巡察干部教育整顿，组织集中学习、研讨19次，谈心谈话、自查事项报告及党性分析39人次，廉洁家访13人次，组织革命传统教育、警示教育5次。

（王冬平）

2023年5月29日，川庆纪检审计中心组织全体党员在遵义会议纪念馆开展主题党日活动　　　　　　　王冬平 摄

邮政编码：610051
电话号码：028-86210573
油网号码：210573
单位地址：四川省成都市成华区追湾街6号

---

❶ "两段式"运行模式审计项目实施分前后两段协同开展，前段进行后台资料收集分析，寻找问题线索；后段审计人员对问题进行落实。

❷ "3759"现场核查时限制：纪检审计中心监督执纪现场核查时效考核机制，致力提升现场核查时效，对常规核查任务，按照问题线索数量、难易程度等，以3天、5天、7天、9天为现场核查目标时限。

# 川庆培训中心

**【概况】** 川庆培训中心为集团公司在西南地区重点专业教育培训机构，同时挂"中共川庆钻探工程公司委员会党校""四川石油学校"两块牌子，承担在职培训、特殊（专项）培训任务。2023年底，设科室16个，其中机关科室5个、基层科室11个；有基层党支部7个，党员101人；设基层工会组织6个；有教职工154人，其中干部103人。

（蒋　伟）

**【培训教学情况】** 2023年，川庆培训中心关注市场走势，调动线上线下资源，市场份额有序增长。培训总量攀历史高峰，举办各类培训班755期次，培训98 865人次，其中线上培训39 340人次，线下培训59 525人次。线下人次同比增长135%、人天次均增长167%。创新"超卖、一回、二加"管理模式，防范应对业务当量激增，校内资源供不应求导致的利润流失风险。年内增加15期培训班800余人，自校外调回20期培训班近2 000人次，各班学员增加460余人次，校内每周平均预排入住率96%。稳步固化原有市场，西南油气田公司及川庆钻探工程公司内部市场同比增长21%。开拓昆仑数智公司、长庆油田公司、海洋工程公司、东方地球物理勘探公司、燃料油公司等新市场。深化项目制运营，推进培训业务向标准化、精细化、专业化发展，高标准办好集团新员工集中培训、党的二十大精神专题等重点班级，标杆作用释放品牌魅力，为党建和管理类培训业务持续引流。加强与大庆油田公司、塔里木油田公司、青海油田公司等油田企业的对接沟通，以井控实战能力提升、井控高级研讨培训服务等定制化产品深获市场青睐，主动拓展高端培训市场，国内的领先地位持续巩固。坚持培训管理服务和教学质量管控标准"双过硬"，防止"走过场"现象反弹回潮，同大庆油田公司、西部钻探工程公司、吉林油田公司增进客户黏度，深挖市场潜能。强化保障能力，竭诚服务赛会。完成川庆钻探工程公司三届四次职代会工代会、集团公司第二届钻井安全技能大赛、全国固井工职业技能竞赛等重大赛会的承办、协办工作，彰显了专业的服务水平和过硬的保障能力。

（蒋　伟）

**【安全环保】** 2023年，川庆培训中心把安全管理强化年行动贯穿全年，巩固安全生产专项整治三年行动工作成效。全覆盖编制个人安全行动计划，签订QHSE责任书15份，与绩效考核有机结合。开展两级审核和各类专项检查，实施危险化学品专项整治，整改排查出的安全隐患。建设智慧消防管理中心，搭建智慧消防管理平台试点。完善QHSE体系建设，开展管理评审，完成履职能力评估工作。加强承包商入场安全教育，年内开展承包方入场安全教育8次，参与98人次。推进"安全生产月"和"消防宣传月"等系列活动，全员观看学习事故案例，开展专题研讨，组织HSE能力提升培训班和员工、承包商人员应急救援知识培训，开展绘制逃生图等应急科普"五个一"活动。组织集中和个别访谈2次，40人次参与，安全生产自觉性和主动性逐步提升。加强项目全过程监管，"公司安全生产专题专项教育培训""校园消防主管网隐患改造"和"钻井实训场柴油机隐患治理"等3个项目安全技术改造措施项目实施完工。全年未发生人员踩踏或食品中毒事故、一般B类及以上生产安全事故。

（蒋　伟）

**【基础设施建设】** 2023年，川庆培训中心完成校园地下水管网改造施工、第一培训区户外地板维修，以及第三培训区应急演播厅维修、风雨长廊搭建、报到服务厅维修、一号住宿楼外墙翻新等维修翻新工作。校园硬件设施完善，培训实力增强。开展服务人员岗前培训和再教育，提升服务至上理念。

（蒋　伟）

**【科研成果】** 2023年，川庆培训中心落实聚力发展融合创新战略，突出应用性、对策性研究，严把选题方向、思路框架、课题内容和价值输出关，科研管理更趋标准化、制度化、规范化，评选出优质原创科研项目6个。井控培训中心深度参与集团公司重大科技专项"陆上井控应急关键装备与配套技术研究"、中油技服"高危作业风险管控装备研制"项目；培训管理部、综合培训中心、专业实训部按进度要求推进川庆钻探工程公司D类软科学课题"基于'工匠传承'薪火计划的高技能人才培养体系研究"。

（蒋　伟）

【队伍建设】 2023年，川庆培训中心优中选优，加大培训人才重点定向培养力度。推荐参加集团公司业务培训23人次，高校及外部培训机构12人次，川庆钻探工程公司业务培训95人次，中心内部培训136人次。专业实训部落实"师带徒"培养机制，发挥高级技能人才在技术比武、技能攻关、技艺传承等方面的作用，全程参与培训项目设计、教研管理、技能竞赛服务，1人获集团公司金牌教练、2人获川庆公司优秀教练。推进二级、三级工程师选聘和操作岗位转聘工作，内部聘任井控三级工程师3名，通过绿色通道聘用操作岗位到专业技术岗位人员2名。

（蒋 伟）

【企业管理】 2023年，川庆培训中心把亏损企业治理作为提质增效行动的重中之重，优化调整组织体系，三级机构数量、基层领导职数分别下降6%和15%。坚持以盈利为目标开展"一班一测"。建立收支模型，匹配收入成本，修订价格体系，完善收费标准。严格管控资金，全年收支流水超3亿元，年收支超7000笔，运行效率效益稳步提升。升级统计精度，提升收入电子化流程体验感。加大开具商业承兑汇票管理力度，节约资金成本30万元。推动税收优惠政策落地实施，增值税加计抵减实现税收优惠93万元。完成教育用电优惠政策申报，全年节约电费超30万元。开展制度合规适用性评价，完成全员合规管理承诺书签订；加强对承包商（供应商）管理、合同管理、物资采购及设备管理等工作的检查督导力度，全年签订合同103个，数量同比增长161%，审查效率提升8%。强化流程管控，修订发布新版内控与风险管理手册，补充主营业务流程6个，关键控制点7个，风险控制文档4个。开展食品卫生安全、火灾事故风险等5项风险重大风险评估，坚持落实季度跟踪机制，突出管理实效，提升管控水平。全员签订保密工作责任书、保密协议，针对教学教案、学员信息等重要载体的管理难题，组织多方人员开展保密宣传教育作品征集评选，全方位多层面提升保密意识。加强档案存用管理，定期检查现场设施设备，严肃印章使用纪律，强化上线流程申请，严格用印台账填报，防范法律风险。

（蒋 伟）

【党建和精神文明建设】 2023年，川庆培训中心推进"党建+生产经营"融合发展。学习贯彻党的二十大精神，开展学习贯彻习近平新时代中国特色社会主义思想主题教育，"第一议题"学习13期，跟进学习习近平总书记重要讲话、重要指示批示和重要文章223篇，党委理论学习中心组集中学习、研讨12次。下基层调研9次，提出高质量发展措施12条，完善成果转化应用机制。与川庆钻探工程公司同步组织2期学习贯彻党的二十大精神集中学习研讨，实现二级副职、三级正副职领导人员，以及三级工程师培训全覆盖。开展两级党建工作责任制考核评价，召开党建工作推进会、季度党建工作例会，落实党建工作责任制和三级联动党建工作机制。开展理论研究和实践探索，上报1项集团级、3项川庆钻探工程公司级党建研究课题和2篇优秀党课、1篇优秀创新案例。举办党支部书记、党务工作者培训班，抓实三支队伍集中培训。实施"精运营、强管控"培训项目运营高质量发展劳动竞赛，释放生产活力，推动整体业绩提升。坚持党建带团建，开展青年讲师"青春理响"理论宣讲29场，制作微宣讲视频3期，用"青言青语"传递党的创新理论的核心要义。保持惩治腐败高压态势，多种形式开展廉洁教育，围绕重点工作重要环节开展监督工作，推动

2023年2月6日，川庆培训中心团员青年"青春理响"理论宣讲团走进第一区培训区宣讲　　余艾颖 摄

全面从严治党不断走向严紧硬，政治生态持续良好。开展节日慰问，夏送清凉，职工生日、婚丧生育、退休、住院慰问；开展户外骑行踏青活动、趣味运动会、读书分享会、红色观影等主题活动，丰富员工精神文化生活。钻井教学实训基地电代油改造项目顺利完工，设备能耗、碳排及噪音污染大幅降低；职工健康小屋、校园步道相继落成，工作环境更为环保；第三培训区文化长廊、1号楼外墙施工项目陆续竣工，校园整体景观更加美化。

（蒋　伟）

邮政编码：610213
电话号码：028-82975082
油网号码：255082
单位地址：四川省成都市高新区中和街道龙灯山路二段1760号
单位英文简称：CCDC Training Center

# 川庆酒店管理公司

【概况】川庆酒店管理公司主要从事酒店经营和物业管理。酒店客源市场主要是北京、上海、西安、重庆等国内市场和马来西亚、法国、意大利、德国、荷兰、西班牙等境外市场。物业主要服务于川庆钻探工程公司、西南油气田公司、集团公司共享运营有限公司成都中心等石油内部市场，政府部门和社会机构等外部市场。按照"用心极致，追求完美"的服务理念，坚守"服务主业提供保障　服务社会提升价值"的企业使命，实施"人才立企、技术赋能、成本领先、多元发展"四大战略，坚持和加强党的领导，完整、准确、全面贯彻新发展理念，坚持稳中求进工作总基调，加快打造独具石油特色的"酒店+物业"服务领跑者。

2023年底，川庆酒店管理公司有机关部室6个，有在册职工48人，其中有干部34人；有非全日制用工507人，劳务派遣用工43人，劳务外包424人；有副高级专业技术职称5人、中级专业技术职称15人。有酒店1个、房间223间、床位341个、会议室9个、洽谈室1个，有餐饮包间9个、餐厅2个、餐位357个，有物业管理公司1个、在管物业项目16个，服务总面积55万平方米。

（房　茜）

【经营情况】2023年，川庆酒店管理公司实现收入同比增长24%，实现利润同比增长347%，超额完成川庆钻探工程公司下达的任务指标。优质服务广受赞誉，酒店获集团公司第二批主题教育第八巡回督导组书面表扬；物业获业主表扬信12封，年度平均满意率98%。价值创造成效显著，人均创效大幅提升，全员劳动生产率同比增长20%，实现提质增效下达指标的156%，首次获川庆钻探工程公司"提质增效专项行动先进单位"称号。

（房　茜）

【市场开发】2023年，川庆酒店管理公司公司物业管理、餐饮管理业务纳入川庆钻探工程公司与中国石油四川销售公司战略合作协议。酒店以"稳"应"变"，抢抓成都"大运会"等市场机遇，完成2023年尼泊尔旅游推介会、新冠肺炎疫情后成都首个境外旅游考察团等重要接待服务，两次承接"2023年越共司高级干部考察团"访川接待服务工作，酒店住房率68%，较2019年增长13%，餐饮收入较2019年增长7%，酒店实现收入较2019年增长14%，实现利润较2019年增长221万元。坚持"流量思维"，"线上+线下"同步发力，实现外卖收入76万元，同比增长29%，边际收益持续提升。物业以"进"固"稳"，开发四川省委党校等社会市场，新承接培训中心、川庆井控应急中心、西南油气田华盛公司等项目，物业实现收入同比增长18%，实现利润同比增长3%，管理面积同比增长31%。深化支撑油气主业，开展勘探开采一线调研，探索服务油气新模式。

（房　茜）

【品质服务】2023年，川庆酒店管理公司回归产品本源，打造特色餐饮、优质服务、工程安全三大核心产品。建立标准化餐厅及菜品研发中心，酒店推广三国主题宴，物业设计节气特色菜品，开展厨师交流活动，评选名厨名菜14个，持续塑造餐饮拳头产品。筑牢"用心极致、追求完美"服务理念，提炼"触点服务"23项，推广应用"满意+惊喜"奖励，提升服务质量。启用数字化管理系统"考试星"，建立HACCP体系知识、晋级晋升考评等题库37个，提升考核质效；用好消毒机器人、高压冲洗车等智能设备，强化人工替代，赋能服务升级。酒店通过四星级旅游饭店评定性复核，获"2023年美团酒店年度卓越服务酒店"称号，连续15年通过国际质量标准ISO 9001体系认证；物业连续5年获成都市锦江区"优秀会员单位"称号。

（房 茜）

2023年3月9日，川庆酒店管理公司邀请西南航空职业院校礼仪资深培训师开展礼仪培训　　　　　　　　　　曾 琰 摄

【强化管理】 2023年，川庆酒店管理公司组织实施提质增效23项专项行动，开拓市场创效1 100万元、资金管理创效35万元。推进亏损治理，连续3年实现盈利。抓实"三基"工作5个方面69项措施，修订基层单位及物业项目操作手册、管理手册，完善制度规程10项。深化依法合规治企，识别收集法律法规51项，组织合法合规性审核8项，宣贯《中华人民共和国民法典》《中华人民共和国宪法》，全年未发生法律纠纷和违法事件。落实改革发展任务，推进"三定"工作，制定地区绩效奖金方案，激发内生动力。深化人工成本峰值管理，平稳推进用工方式转变。配合完成北京蓉驿致家酒店股权变更工作，获川庆钻探工程公司肯定。

（房 茜）

【质量安全环保】 2023年，川庆酒店管理公司深化QHSE体系建设，完成12大主题91项重点工作。升级实施"三标一规范"3.0方案，制定QHSE绩效考核办法，落实生产责任。严控安全风险，在质量曝光台通报问题311项，开展燃气安全等专项整治，查改问题31项。强化应急管理，修订应急预案，梳理制作应急处置卡，开展两级演练31次，有效提升应急处置能力。推进绿色发展，强化分区域能耗数据统计及控制。推进健康企业建设，建成使用"健康小屋"，改造酒店"氧吧房"22间，更新菜牌食品过敏原提示信息，在四川省旅游住宿业调研座谈会进行塑料污染治理经验分享，酒店获成都市首批"健康餐厅"称号。在川庆钻探工程公司健康企业验收中排名第七。压实保密安保维稳责任，获川庆钻探工程公司重点阶段电报嘉勉，再获成都市"5A级模范劳动关系和谐单位"称号。

（房 茜）

【党建工作】 2023年，川庆酒店管理公司开展第二批主题教育，"第一议题"学习习近平总书记重要讲话、重要指示批示、重要文章163篇，党委中心组集中学习、研讨15次，讲授专题党课8期次，开展调研12场次，提出高质量发展举措18项，投入17.5万元办理员工实事。开展"转观念、勇担当、新征程、创一流"主题教育。坚持强文化塑品牌，修订发布《企业文化手册》，完善致美物业品牌视觉系统设计。坚持大抓基层鲜明导向，打造"阳光先锋，暖心物业"党建品牌，党建工作与生产经营进一步深度融合，党委连续第3年获评川庆钻探工程公司党建责任制考核A档。擦亮"青字号"品牌，连续12年种植阳光林，累计植树2 000余株；连续10年组织青年志愿者献血，获"无偿献血工作先进单位"称号。开展定点帮扶工作，助力简阳市雷家镇黑水寺村全面振兴。实施人才立企战略，45岁及以下科级干部占比71%，培养3名中国"金钥匙"，引入2名成熟人才到关键岗位，开展礼仪服务技能比赛、厨艺技能比赛、电工技能比赛，备战川渝旅游饭店服务技能大赛，3人获奖。压实全面从严治党责任，深化"三不"机制建设,统筹开展重点领域监督检查10项,抓好常态化廉洁教育,靶向纠治形式主义、官僚主义,作风建设持续走深走实。迎接川庆钻探工程公司党委巡察,压实整改责任制定措施144项。

(房 茜)

邮政编码:610021

电话号码:028-86012188　028-86012222(传真)

单位地址:四川省成都市红星路一段18号附2号

单位英文名称:CCDC Hotel Management Company

**责任编辑:孔令兴**

机构·人物

Organizations & Figures

SICHUAN OIL AND GAS FIELDS YEARBOOK 2024

# 组织机构设置与调整

【组织机构设置】 2023年初,西南油气田公司设置机关职能处室16个、机关附属机构2个、直属机构11个、二级单位44个。经机构调整,2023年底,设置机关职能处室15个、机关附属机构2个、直属机构8个、二级单位43个。西南油气田公司2023年底组织机构体系见图1。

2023年底,川庆钻探工程公司设置机关职能处室15个、机关附属机构9个、二级单位25个。川庆钻探工程公司组织机构体系见图2。

（岳　韬　先　羿）

【内部机构调整】 2023年,西南油气田分公司有规划计划处3个处（部）室和川中油气矿等23个所属单位调整内部机构编制（表1）。

2023年,川庆钻探工程公司调整Parahuacu油田增产服务项目管理部等23个内部机构编制（表2）。

（岳　韬　先　羿）

表1　2023年西南油气田公司机构编制调整一览表

| 时　间 | 机构编制调整主体 | 文件号 |
| --- | --- | --- |
| 1月11日 | 规划计划处 | 西南司人资〔2023〕2号 |
| 1月11日 | 财务处 | 西南司人资〔2023〕2号 |
| 1月11日 | 企管法规处 | 西南司人资〔2023〕2号 |
| 4月17日 | 四川华盛能源发展集团有限公司 | 西南司人资〔2023〕32号 |
| 5月10日 | 长宁公司 | 西南司人资〔2023〕39号 |
| 6月11日 | 川中油气矿 | 西南司人资〔2023〕47号 |
| 6月11日 | 川西北气矿 | 西南司人资〔2023〕47号 |
| 6月11日 | 川东北气矿 | 西南司人资〔2023〕47号 |
| 6月11日 | 输气处 | 西南司人资〔2023〕47号 |
| 6月11日 | 天然气净化总厂 | 西南司人资〔2023〕47号 |
| 6月11日 | 成化总厂 | 西南司人资〔2023〕47号 |
| 6月11日 | 四川华油集团公司 | 西南司人资〔2023〕47号 |
| 6月11日 | 川港燃气公司 | 西南司人资〔2023〕47号 |
| 6月11日 | 燃气分公司 | 西南司人资〔2023〕47号 |
| 6月11日 | 勘研院 | 西南司人资〔2023〕47号 |
| 6月11日 | 页岩气研究院 | 西南司人资〔2023〕47号 |
| 6月11日 | 工程院 | 西南司人资〔2023〕47号 |
| 6月11日 | 天研院 | 西南司人资〔2023〕47号 |
| 6月11日 | 安全环保与技术监督研究院 | 西南司人资〔2023〕47号 |
| 6月11日 | 经研所 | 西南司人资〔2023〕47号 |
| 6月11日 | 集输工程技术研究所 | 西南司人资〔2023〕47号 |
| 6月11日 | 数智分公司 | 西南司人资〔2023〕47号 |
| 6月11日 | 物资分公司 | 西南司人资〔2023〕47号 |
| 6月11日 | 勘探事业部 | 西南司人资〔2023〕47号 |
| 7月21日 | 开发事业部 | 司人资〔2023〕208号 |
| 10月20日 | 公共事务中心（保卫部、武装部） | 西南司人资〔2023〕82号 |

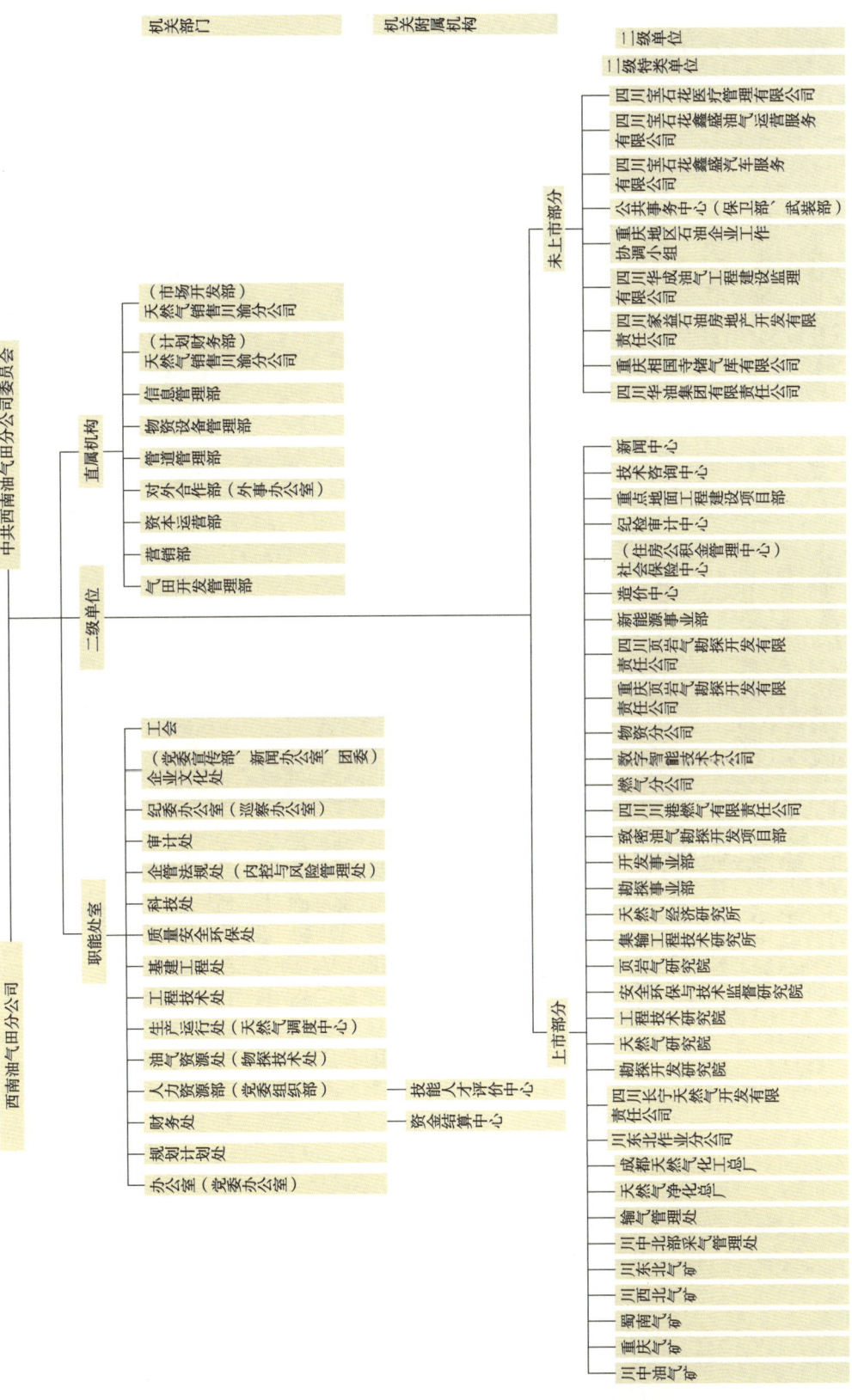

图1 2023年底西南油气田公司组织机构图

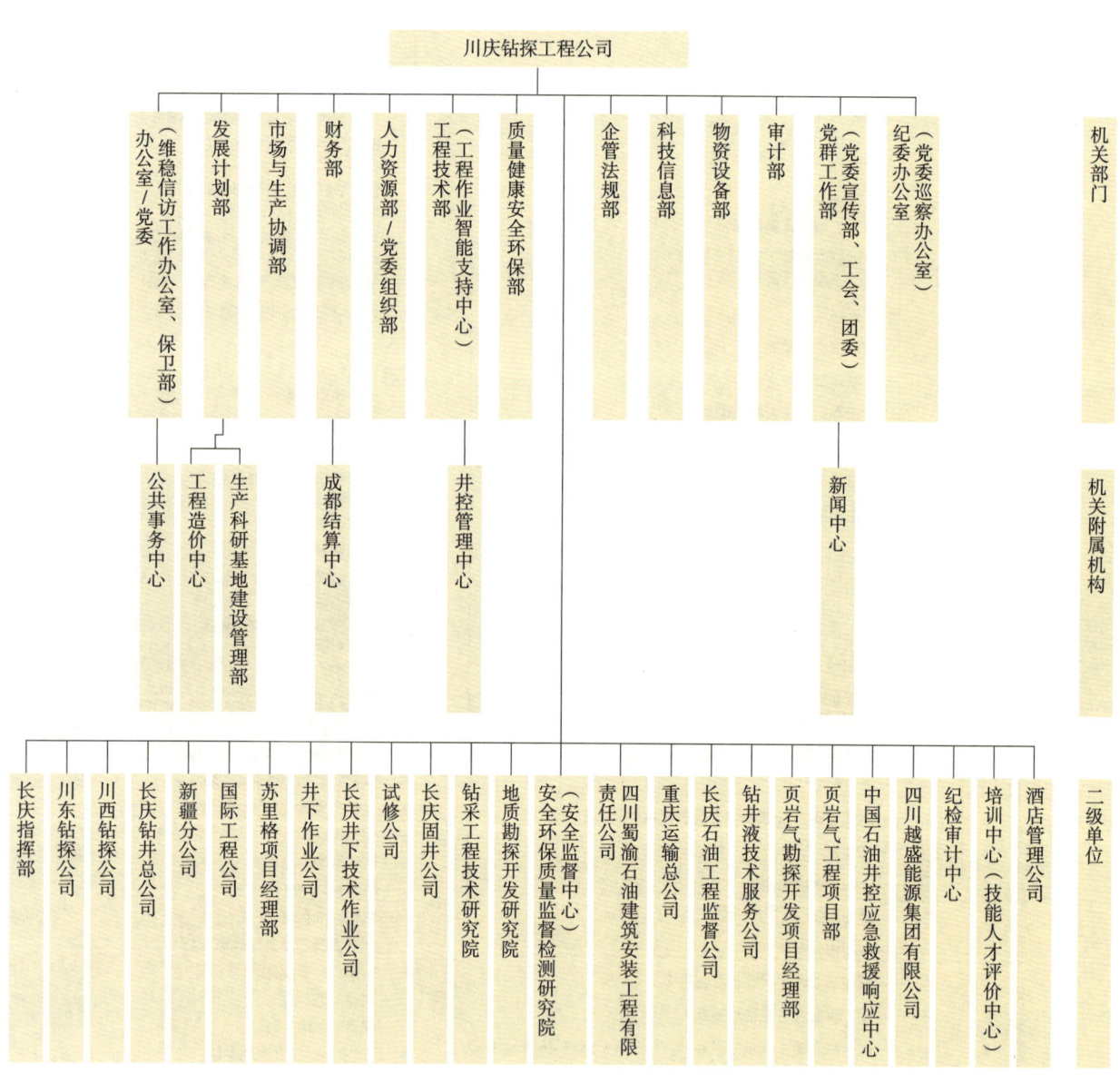

图2　2023年川庆钻探工程公司组织机构图

表2  2023年川庆钻探工程公司机构编制调整一览表

| 时间 | 机构编制调整主体 | 文件号 |
|---|---|---|
| 4月24日 | Parahuacu油田增产服务项目管理部 | 川庆劳发〔2023〕5号 |
| 11月1日 | 川庆钻探工程公司 | 川庆钻探人资〔2023〕32号 |
| 12月15日 | 川庆川东钻探公司、川庆川西钻探公司、川庆长庆钻井总公司、川庆新疆分公司、川庆国际工程公司、川庆井下作业公司、川庆长庆井下公司、川庆试修公司、川庆长庆固井公司、川庆地研院、川庆钻采院、川庆安检院（安全监督中心）、川庆蜀渝公司、川庆重庆运输总公司、川庆长庆监督公司、川庆钻井液公司、川庆井控应急中心、川庆页岩气工程项目部、越盛公司、川庆培训中心（技能人才评价中心）、川庆酒店管理公司 | 川庆钻探人资〔2023〕45号 |

【新建（增）机构】 2023年，西南油气田公司新建（增）勘探事业部风险勘探项目管理部等机构8个（表3）。

2023年，川庆钻探工程公司新建（增）川庆钻采院井控技术支持中心、川庆国际工程公司外事管理办公室等机构21个（表4）。

（岳韬　先昇）

【内部机构更名】 2023年，西南油气田公司将四川长宁天然气开发有限责任公司井工程管理部等136个机构更名（表5）。

2023年，川庆钻探工程公司将规划计划处、财务资产处等机关处部室和所属二级单位有关科室等130个机构更名（表6）。

（岳韬　先昇）

【撤销（并）机构】 2023年，西南油气田公司撤销（合并）资本运营部等机构134个（表7）。

2023年，川庆钻探工程公司机关和所属基层单位整合业务相近机构，撤销机构65个，合并机构4个（表8）。

（岳韬　先昇）

表3  2023年西南油气田公司新建（增）机构编制一览表

| 时间 | 名称 | 文件号 | 备注 |
|---|---|---|---|
| 4月17日 | 四川华盛能源发展集团有限公司党群工作部 | 西南司人资〔2023〕32号 | |
| 4月17日 | 四川华盛能源发展集团有限公司信息科技部 | 西南司人资〔2023〕32号 | |
| 6月11日 | 勘探事业部QHSE监督站 | 西南司人资〔2023〕47号 | 生产保障中心加挂QHSE监督站牌子 |
| 6月11日 | 勘探事业部风险勘探项目管理部 | 西南司人资〔2023〕47号 | 勘探项目管理三部合署办公 |
| 6月11日 | 数智分公司设计部 | 西南司人资〔2023〕47号 | |
| 10月20日 | 公共事务中心（保卫部、武装部）党群工作部 | 西南司人资〔2023〕82号 | |
| 10月20日 | 公共事务中心（保卫部、武装部）计划经营部 | 西南司人资〔2023〕82号 | |
| 10月20日 | 公共事务中心（保卫部、武装部）资产管理中心 | 西南司人资〔2023〕82号 | |

### 表4　2023年川庆钻探工程公司新建（增）机构编制一览表

| 时　间 | 名　称 | 文件号 | 备　注 |
|---|---|---|---|
| 3月2日 | 川庆钻采院井控技术支持中心 | 川庆劳发〔2023〕1号 | 与欠平衡钻井技术服务公司合署 |
| 3月2日 | 川庆试修公司技术研发中心 | 川庆劳发〔2023〕2号 | |
| 3月2日 | 川庆地研院西安技术研究中心 | 川庆劳发〔2023〕3号 | |
| 10月20日 | 川庆钻探工程公司遂宁联合项目部 | 川庆钻探人资〔2023〕31号 | 临时机构 |
| 12月15日 | 川庆川东钻探公司技能人才评价工作站 | 川庆钻探人资〔2023〕45号 | |
| 12月15日 | 川庆川东钻探公司综合事务管理中心 | 川庆钻探人资〔2023〕45号 | |
| 12月15日 | 川庆川东钻探公司信息与档案管理中心 | 川庆钻探人资〔2023〕45号 | |
| 12月15日 | 川庆川西钻探公司钻井技术服务公司 | 川庆钻探人资〔2023〕45号 | |
| 12月15日 | 川庆长庆钻井总公司钻井业务外包管理公司 | 川庆钻探人资〔2023〕45号 | |
| 12月15日 | 川庆新疆分公司综合事务管理中心 | 川庆钻探人资〔2023〕45号 | |
| 12月15日 | 川庆国际工程公司外事管理办公室 | 川庆钻探人资〔2023〕45号 | |
| 12月15日 | 川庆国际工程公司海外技术支持中心 | 川庆钻探人资〔2023〕45号 | |
| 12月15日 | 川庆长庆井下公司质量计量检定站 | 川庆钻探人资〔2023〕45号 | |
| 12月15日 | 川庆试修公司物资设备管理中心 | 川庆钻探人资〔2023〕45号 | |
| 12月15日 | 川庆蜀渝公司质量技术中心 | 川庆钻探人资〔2023〕45号 | |
| 12月15日 | 川庆蜀渝公司重点项目部 | 川庆钻探人资〔2023〕45号 | |
| 12月15日 | 川庆重庆运输总公司财务结算站 | 川庆钻探人资〔2023〕45号 | |
| 12月15日 | 川庆钻井液公司企管计划部 | 川庆钻探人资〔2023〕45号 | |
| 12月15日 | 川庆钻井液公司完井液作业部 | 川庆钻探人资〔2023〕45号 | |
| 12月15日 | 越盛公司采购供应中心 | 川庆钻探人资〔2023〕45号 | |
| 12月15日 | 越盛公司成都龙远科技有限公司 | 川庆钻探人资〔2023〕45号 | |

### 表5　2023年西南油气田公司机构更名一览表

| 时　间 | 单位（部门） | 更名前名称 | 更名后名称 | 文件号 |
|---|---|---|---|---|
| 5月10日 | 长宁公司 | 井工程管理部 | 地质工程部 | 西南司人资〔2023〕39号 |
| 5月10日 | 长宁公司 | 勘探开发部 | 开发管理部 | 西南司人资〔2023〕39号 |
| 5月10日 | 长宁公司 | 生产运行部 | 生产指挥中心 | 西南司人资〔2023〕39号 |
| 5月30日 | 西南油气田公司 | 信通中心 | 数智分公司 | 西南司人资〔2023〕45号 |
| 6月26日 | 西南油气田公司 | 工程项目造价中心 | 造价中心 | 西南司人资〔2023〕51号 |
| 6月26日 | 造价中心 | 综合科 | 综合办公室 | 西南司人资〔2023〕51号 |
| 6月26日 | 造价中心 | 地面工程管理科 | 地面工程管理部 | 西南司人资〔2023〕51号 |
| 6月26日 | 造价中心 | 工程结算管理科 | 结算管理部 | 西南司人资〔2023〕51号 |
| 6月26日 | 造价中心 | 价格信息管理科 | 价格信息管理部 | 西南司人资〔2023〕51号 |

机构·人物

续表

| 时　间 | 单位（部门） | 更名前名称 | 更名后名称 | 文件号 |
|---|---|---|---|---|
| 6月26日 | 造价中心 | 钻前工程管理科 | 钻井工程管理一部 | 西南司人资〔2023〕51号 |
| 6月26日 | 造价中心 | 物探钻井工程管理科 | 钻井工程管理二部 | 西南司人资〔2023〕51号 |
| 6月26日 | 造价中心 | 开发事业部工程项目造价中心 | 造价中心成都造价一站 | 西南司人资〔2023〕51号 |
| 6月26日 | 造价中心 | 川中油气矿工程项目造价中心 | 造价中心遂宁造价站 | 西南司人资〔2023〕51号 |
| 6月26日 | 造价中心 | 蜀南气矿工程项目造价中心 | 造价中心泸州造价站 | 西南司人资〔2023〕51号 |
| 6月11日 | 川中油气矿 | 规划计划科 | 规划计划部 | 西南司人资〔2023〕47号 |
| 6月11日 | 川中油气矿 | 财务科 | 财务部 | 西南司人资〔2023〕47号 |
| 6月11日 | 川中油气矿 | 人事科（党委组织部） | 人力资源部（党委组织部） | 西南司人资〔2023〕47号 |
| 6月11日 | 川中油气矿 | 净化科 | 净化管理部 | 西南司人资〔2023〕47号 |
| 6月11日 | 川中油气矿 | 生产运行科 | 生产运行部 | 西南司人资〔2023〕47号 |
| 6月11日 | 川中油气矿 | 质量安全环保科 | 质量安全环保部 | 西南司人资〔2023〕47号 |
| 6月11日 | 川中油气矿 | 企管法规科（内控与风险管理科） | 企管法规部（内控和风险管理部） | 西南司人资〔2023〕47号 |
| 6月11日 | 川中油气矿 | 党群工作科 | 党群工作部 | 西南司人资〔2023〕47号 |
| 6月11日 | 川中油气矿 | 工艺研究所 | 工艺技术所 | 西南司人资〔2023〕47号 |
| 6月11日 | 川西北气矿 | 规划计划科 | 规划计划部 | 西南司人资〔2023〕47号 |
| 6月11日 | 川西北气矿 | 财务科 | 财务部 | 西南司人资〔2023〕47号 |
| 6月11日 | 川西北气矿 | 人事科（党委组织部） | 人力资源部（党委组织部） | 西南司人资〔2023〕47号 |
| 6月11日 | 川西北气矿 | 生产运行科 | 生产运行部 | 西南司人资〔2023〕47号 |
| 6月11日 | 川西北气矿 | 质量安全环保科 | 质量安全环保部 | 西南司人资〔2023〕47号 |
| 6月11日 | 川西北气矿 | 企管法规科（内控与风险管理科） | 企管法规部（内控和风险管理部） | 西南司人资〔2023〕47号 |
| 6月11日 | 川西北气矿 | 党群工作科 | 党群工作部 | 西南司人资〔2023〕47号 |
| 6月11日 | 川西北气矿 | 川西北社保所 | 人力资源服务中心（西南油气田公司安全消防培训基地） | 西南司人资〔2023〕47号 |
| 6月11日 | 川西北气矿 | 信息站 | 数智和调控中心 | 西南司人资〔2023〕47号 |
| 6月11日 | 川西北气矿 | 汽车服务中心 | 汽车服务大队 | 西南司人资〔2023〕47号 |
| 6月11日 | 川西北气矿 | 四川川油众益园林有限公司 | 四川川油鑫瑞飞油气工程技术服务有限公司 | 西南司人资〔2023〕47号 |
| 6月11日 | 川东北气矿 | 规划计划科 | 规划计划部 | 西南司人资〔2023〕47号 |
| 6月11日 | 川东北气矿 | 财务科 | 财务部 | 西南司人资〔2023〕47号 |
| 6月11日 | 川东北气矿 | 人事科（党委组织部） | 人力资源部（党委组织部） | 西南司人资〔2023〕47号 |
| 6月11日 | 川东北气矿 | 生产运行科 | 生产运行部 | 西南司人资〔2023〕47号 |

续表

| 时 间 | 单位（部门） | 更名前名称 | 更名后名称 | 文件号 |
|---|---|---|---|---|
| 6月11日 | 川东北气矿 | 质量安全环保科 | 质量安全环保部 | 西南司人资〔2023〕47号 |
| 6月11日 | 川东北气矿 | 企管法规科（内控与风险管理科） | 企管法规部（内控和风险管理部） | 西南司人资〔2023〕47号 |
| 6月11日 | 川东北气矿 | 党群工作科 | 党群工作部 | 西南司人资〔2023〕47号 |
| 6月11日 | 川东北气矿 | 达州应急抢险维修中心 | 达州应急抢险维修大队 | 西南司人资〔2023〕47号 |
| 6月11日 | 输气处 | 规划计划科 | 规划计划部 | 西南司人资〔2023〕47号 |
| 6月11日 | 输气处 | 财务科 | 财务部 | 西南司人资〔2023〕47号 |
| 6月11日 | 输气处 | 人事科（党委组织部） | 人力资源部（党委组织部） | 西南司人资〔2023〕47号 |
| 6月11日 | 输气处 | 管道管理科 | 管道管理部 | 西南司人资〔2023〕47号 |
| 6月11日 | 输气处 | 生产运行科（天然气调度中心） | 生产运行部（天然气调度中心） | 西南司人资〔2023〕47号 |
| 6月11日 | 输气处 | 质量安全环保科 | 质量安全环保部 | 西南司人资〔2023〕47号 |
| 6月11日 | 输气处 | 企管法规科（内控与风险管理科） | 企管法规部（内控和风险管理部） | 西南司人资〔2023〕47号 |
| 6月11日 | 输气处 | 党群工作科 | 党群工作部 | 西南司人资〔2023〕47号 |
| 6月11日 | 输气处 | 成都管道抢险维修中心 | 成都管道抢险维修大队 | 西南司人资〔2023〕47号 |
| 6月11日 | 输气处 | 计量监督检测中心 | 计量监督检测站 | 西南司人资〔2023〕47号 |
| 6月11日 | 天然气净化总厂 | 生产运行科 | 生产运行部 | 西南司人资〔2023〕47号 |
| 6月11日 | 天然气净化总厂 | 工艺技术科 | 工艺技术部 | 西南司人资〔2023〕47号 |
| 6月11日 | 天然气净化总厂 | 设备管理科 | 设备管理部 | 西南司人资〔2023〕47号 |
| 6月11日 | 天然气净化总厂 | 质量安全环保科 | 质量安全环保部 | 西南司人资〔2023〕47号 |
| 6月11日 | 天然气净化总厂 | 规划计划科 | 规划计划部 | 西南司人资〔2023〕47号 |
| 6月11日 | 天然气净化总厂 | 财务科 | 财务部 | 西南司人资〔2023〕47号 |
| 6月11日 | 天然气净化总厂 | 企管法规科（内控与风险管理科） | 企管法规部（内控和风险管理部） | 西南司人资〔2023〕47号 |
| 6月11日 | 天然气净化总厂 | 人事科（党委组织部） | 人力资源部（党委组织部） | 西南司人资〔2023〕47号 |
| 6月11日 | 天然气净化总厂 | 党群工作科 | 党群工作部 | 西南司人资〔2023〕47号 |
| 6月11日 | 天然气净化总厂 | 信息管理部 | 信息科技部 | 西南司人资〔2023〕47号 |
| 6月11日 | 天然气净化总厂 | 重庆长发石油天然气安装工程有限责任公司（长寿应急抢险维修中心） | 重庆长发石油天然气安装工程有限责任公司（长寿应急抢险维修大队） | 西南司人资〔2023〕47号 |
| 6月11日 | 天然气净化总厂 | 汽车服务中心 | 汽车服务大队 | 西南司人资〔2023〕47号 |
| 6月11日 | 天然气净化总厂 | 环境与质量计量监督中心 | 计量和环境监测站 | 西南司人资〔2023〕47号 |
| 6月11日 | 成化总厂 | 人事科（党委组织部） | 人力资源部（党委组织部） | 西南司人资〔2023〕47号 |
| 6月11日 | 成化总厂 | 财务科 | 财务部 | 西南司人资〔2023〕47号 |

续表

| 时　间 | 单位（部门） | 更名前名称 | 更名后名称 | 文件号 |
|---|---|---|---|---|
| 6月11日 | 成化总厂 | 质量安全环保科 | 质量安全环保部 | 西南司人资〔2023〕47号 |
| 6月11日 | 成化总厂 | 生产技术科 | 生产运行部 | 西南司人资〔2023〕47号 |
| 6月11日 | 成化总厂 | 计划经营科 | 计划经营部 | 西南司人资〔2023〕47号 |
| 6月11日 | 成化总厂 | 党群工作科（纪委办公室） | 党群工作部（纪委办公室） | 西南司人资〔2023〕47号 |
| 6月11日 | 成化总厂 | 工艺技术研究所 | 工艺技术所 | 西南司人资〔2023〕47号 |
| 6月11日 | 成化总厂 | 分析检验中心 | 分析检验站 | 西南司人资〔2023〕47号 |
| 6月11日 | 成化总厂 | 工程技术服务中心 | 工程技术服务大队 | 西南司人资〔2023〕47号 |
| 6月11日 | 勘研院 | 科研管理科 | 科研管理部 | 西南司人资〔2023〕47号 |
| 6月11日 | 勘研院 | 财务科 | 财务部 | 西南司人资〔2023〕47号 |
| 6月11日 | 勘研院 | 人事科（党委组织部） | 人力资源部（党委组织部） | 西南司人资〔2023〕47号 |
| 6月11日 | 勘研院 | 企管法规科（内控与风险管理科） | 企管法规部（内控和风险管理部） | 西南司人资〔2023〕47号 |
| 6月11日 | 勘研院 | 质量安全环保科 | 质量安全环保部 | 西南司人资〔2023〕47号 |
| 6月11日 | 勘研院 | 党群工作科 | 党群工作部 | 西南司人资〔2023〕47号 |
| 6月11日 | 页岩气研究院 | 科研管理科 | 科研管理部 | 西南司人资〔2023〕47号 |
| 6月11日 | 页岩气研究院 | 计划财务科 | 计划财务部 | 西南司人资〔2023〕47号 |
| 6月11日 | 页岩气研究院 | 人事科（党委组织部） | 人力资源部（党委组织部） | 西南司人资〔2023〕47号 |
| 6月11日 | 页岩气研究院 | 企管法规科 | 企管法规部（内控和风险管理部） | 西南司人资〔2023〕47号 |
| 6月11日 | 工程院 | 人事科（党委组织部） | 人力资源部（党委组织部） | 西南司人资〔2023〕47号 |
| 6月11日 | 页岩气研究院 | 科研管理科 | 科研管理部 | 西南司人资〔2023〕47号 |
| 6月11日 | 页岩气研究院 | 财务科 | 财务部 | 西南司人资〔2023〕47号 |
| 6月11日 | 页岩气研究院 | 生产运行科 | 生产运行部 | 西南司人资〔2023〕47号 |
| 6月11日 | 页岩气研究院 | 质量安全环保科 | 质量安全环保部 | 西南司人资〔2023〕47号 |
| 6月11日 | 页岩气研究院 | 企管法规科（内控与风险管理科） | 企管法规部（内控和风险管理部） | 西南司人资〔2023〕47号 |
| 6月11日 | 页岩气研究院 | 党群工作科 | 党群工作部 | 西南司人资〔2023〕47号 |
| 6月11日 | 页岩气研究院 | 井下工具研究所 | 工具研发与评价研究所 | 西南司人资〔2023〕47号 |
| 6月11日 | 天研院 | 财务科 | 财务部 | 西南司人资〔2023〕47号 |
| 6月11日 | 天研院 | 人事科（党委组织部） | 人力资源部（党委组织部） | 西南司人资〔2023〕47号 |
| 6月11日 | 天研院 | 科研管理科 | 科研管理部 | 西南司人资〔2023〕47号 |
| 6月11日 | 天研院 | 生产运行科 | 生产运行部 | 西南司人资〔2023〕47号 |
| 6月11日 | 天研院 | 质量安全环保科 | 质量健康安全环保部 | 西南司人资〔2023〕47号 |

续表

| 时间 | 单位（部门） | 更名前名称 | 更名后名称 | 文件号 |
|---|---|---|---|---|
| 6月11日 | 天研院 | 企管法规科（内控与风险管理科） | 企管法规部（内控与风险管理部） | 西南司人资〔2023〕47号 |
| 6月11日 | 天研院 | 党群工作科 | 党群工作部 | 西南司人资〔2023〕47号 |
| 6月11日 | 安研院 | 人事科（党委组织部） | 人力资源部（党委组织部） | |
| 6月11日 | 安研院 | 科研管理科 | 科研管理部 | 西南司人资〔2023〕47号 |
| 6月11日 | 安研院 | 质量安全环保科 | 质量安全环保部 | 西南司人资〔2023〕47号 |
| 6月11日 | 安研院 | 生产运行科 | 生产运行部 | 西南司人资〔2023〕47号 |
| 6月11日 | 安研院 | 财务科 | 财务部 | 西南司人资〔2023〕47号 |
| 6月11日 | 安研院 | 企管法规科（内控与风险控制科） | 企管法规部（内控和风险控制部） | 西南司人资〔2023〕47号 |
| 6月11日 | 安研院 | 党群工作科 | 党群工作部 | 西南司人资〔2023〕47号 |
| 6月11日 | 经研所 | 财务科 | 财务部 | 西南司人资〔2023〕47号 |
| 6月11日 | 经研所 | 科研管理科 | 科研管理部 | 西南司人资〔2023〕47号 |
| 6月11日 | 经研所 | 企管法规科 | 企管法规部 | 西南司人资〔2023〕47号 |
| 6月11日 | 经研所 | 党群工作科 | 党群工作部 | 西南司人资〔2023〕47号 |
| 6月11日 | 集输工程所 | 科研管理科 | 科研管理部 | 西南司人资〔2023〕47号 |
| 6月11日 | 集输工程所 | 计划财务科 | 计划财务部 | 西南司人资〔2023〕47号 |
| 6月11日 | 集输工程所 | 人事科（党委组织部） | 人力资源部（党委组织部） | 西南司人资〔2023〕47号 |
| 6月11日 | 集输工程所 | 企管法规科（内控与风险管理科） | 企管法规部（内控和风险管理科） | 西南司人资〔2023〕47号 |
| 6月11日 | 四川华油集团公司 | 工程项目造价 | 造价站 | 西南司人资〔2023〕47号 |
| 6月11日 | 四川华油集团公司 | 企管法规部（内控与风险管理部） | 企管法规部（内控和风险管理部） | 西南司人资〔2023〕47号 |
| 6月11日 | 川港燃气公司 | 信息管理部 | 信息科技部 | 西南司人资〔2023〕47号 |
| 6月11日 | 川港燃气公司 | 工程项目造价中心 | 造价站 | 西南司人资〔2023〕47号 |
| 6月11日 | 数智分公司 | 规划计划科 | 规划计划部 | 西南司人资〔2023〕47号 |
| 6月11日 | 数智分公司 | 财务科 | 财务部 | 西南司人资〔2023〕47号 |
| 6月11日 | 数智分公司 | 人事科（党委组织部） | 人力资源部（党委组织部） | 西南司人资〔2023〕47号 |
| 6月11日 | 数智分公司 | 质量安全环保科 | 质量安全环保部 | 西南司人资〔2023〕47号 |
| 6月11日 | 数智分公司 | 企管法规科（内控与风险管理科） | 企管法规部（内控和风险管理部） | 西南司人资〔2023〕47号 |
| 6月11日 | 数智分公司 | 党群工作科 | 党群工作部 | 西南司人资〔2023〕47号 |
| 6月11日 | 数智分公司 | 建设项目管理部 | 建设部 | 西南司人资〔2023〕47号 |
| 6月11日 | 物资分公司 | 供应链管理科 | 供应链管理部 | 西南司人资〔2023〕47号 |
| 6月11日 | 物资分公司 | 规划计划科 | 规划计划部 | 西南司人资〔2023〕47号 |

续表

| 时　间 | 单位（部门） | 更名前名称 | 更名后名称 | 文件号 |
|---|---|---|---|---|
| 6月11日 | 物资分公司 | 财务资产科 | 财务资产部 | 西南司人资〔2023〕47号 |
| 6月11日 | 物资分公司 | 人事科（党委组织部） | 人力资源部（党委组织部） | 西南司人资〔2023〕47号 |
| 6月11日 | 物资分公司 | 质量安全环保科 | 质量安全环保部 | 西南司人资〔2023〕47号 |
| 6月11日 | 物资分公司 | 企管法规科（内控与风险管理科） | 企管法规部（内控和风险管理部） | 西南司人资〔2023〕47号 |
| 6月11日 | 物资分公司 | 党群工作科 | 党群工作部 | 西南司人资〔2023〕47号 |
| 6月11日 | 物资分公司 | 科技信息科 | 信息科技部 | 西南司人资〔2023〕47号 |
| 10月20日 | 公共事务中心（保卫部、武装部） | 维稳信访管理部（保卫部） | 成都维稳信访管理中心（保卫部） | 西南司人资〔2023〕82号 |
| 10月20日 | 公共事务中心（保卫部、武装部） | 离退休管理部（老干部服务管理中心） | 成都离退休管理中心（老干部服务管理中心） | 西南司人资〔2023〕82号 |
| 10月20日 | 公共事务中心（保卫部、武装部） | 成都综合服务站 | 成都综合服务中心 | 西南司人资〔2023〕82号 |

**表6　2023年川庆钻探工程公司机构更名一览表**

| 时　间 | 单位（部门） | 更名前名称 | 更名后名称 | 文件号 |
|---|---|---|---|---|
| 10月17日 | 川庆钻探工程公司 | 安全环保质量监督检测研究院 | 安全环保质量监督检测研究院（安全监督中心） | 川庆钻探人资〔2023〕30号 |
| 10月17日 | 川庆钻探工程公司 | 培训中心 | 培训中心（技能人才评价中心） | 川庆钻探人资〔2023〕30号 |
| 11月1日 | 川庆钻探工程公司 | 规划计划处 | 发展计划部 | 川庆钻探人资〔2023〕32号 |
| 11月1日 | 川庆钻探工程公司 | 财务资产处 | 财务部 | 川庆钻探人资〔2023〕32号 |
| 11月1日 | 川庆钻探工程公司 | 人力资源部（党委组织部） | 人力资源部/党委组织部 | 川庆钻探人资〔2023〕32号 |
| 11月1日 | 川庆钻探工程公司 | 工程技术部（远程技术支持中心） | 工程技术部（工程作业智能支持中心） | 川庆钻探人资〔2023〕32号 |
| 11月1日 | 川庆钻探工程公司 | 质量安全环保处 | 质量健康安全环保部 | 川庆钻探人资〔2023〕32号 |
| 11月1日 | 川庆钻探工程公司 | 企管法规处 | 企管法规部 | 川庆钻探人资〔2023〕32号 |
| 11月1日 | 川庆钻探工程公司 | 审计处 | 审计部 | 川庆钻探人资〔2023〕32号 |
| 11月1日 | 川庆钻探工程公司 | 纪委办公室（党委巡察工作领导小组办公室） | 纪委办公室（党委巡察办公室） | 川庆钻探人资〔2023〕32号 |
| 11月1日 | 川庆钻探工程公司 | 机关事务中心（机关党委） | 公共事务中心 | 川庆钻探人资〔2023〕32号 |
| 12月15日 | 川庆川东钻探公司 | 质量安全环保部 | 质量健康安全环保部 | 川庆钻探人资〔2023〕45号 |
| 12月15日 | 川庆川东钻探公司 | 纪委办公室 | 纪委办公室（党委巡察办公室） | 川庆钻探人资〔2023〕45号 |
| 12月15日 | 川庆川东钻探公司 | 维护稳定工作办公室（信访办公室、保卫部） | 维稳信访工作办公室（保卫部） | 川庆钻探人资〔2023〕45号 |
| 12月15日 | 川庆川东钻探公司 | 钻井成本核算站（财务共享中心） | 财务结算站 | 川庆钻探人资〔2023〕45号 |

续表

| 时 间 | 单位（部门） | 更名前名称 | 更名后名称 | 文件号 |
|---|---|---|---|---|
| 12月15日 | 川庆川西钻探公司 | 质量安全环保部 | 质量健康安全环保部 | 川庆钻探人资〔2023〕45号 |
| 12月15日 | 川庆川西钻探公司 | 纪委办公室 | 纪委办公室（党委巡察办公室） | 川庆钻探人资〔2023〕45号 |
| 12月15日 | 川庆川西钻探公司 | 维护稳定工作办公室（信访办公室、保卫部） | 维稳信访工作办公室（保卫部） | 川庆钻探人资〔2023〕45号 |
| 12月15日 | 川庆川西钻探公司 | 财务结算中心 | 财务结算站 | 川庆钻探人资〔2023〕45号 |
| 12月15日 | 川庆川西钻探公司 | 川庆钻探技能人才评价工作站 | 技能人才评价工作站 | 川庆钻探人资〔2023〕45号 |
| 12月15日 | 川庆川西钻探公司 | 技术应用与研发中心 | 钻井技术研发中心 | 川庆钻探人资〔2023〕45号 |
| 12月15日 | 川庆川西钻探公司 | 遂宁钻井工程项目部 | 外部区块钻井工程项目部 | 川庆钻探人资〔2023〕45号 |
| 12月15日 | 川庆川西钻探公司 | 川西北钻井工程项目部 | 深井钻井工程项目部 | 川庆钻探人资〔2023〕45号 |
| 12月15日 | 川庆川西钻探公司 | 信息档案管理中心 | 信息技术服务中心 | 川庆钻探人资〔2023〕45号 |
| 12月15日 | 川庆川西钻探公司 | 浅井钻井及钻机试油管理部 | 钻机试油管理部 | 川庆钻探人资〔2023〕45号 |
| 12月15日 | 川庆长庆钻井总公司 | 质量安全环保部 | 质量健康安全环保部 | 川庆钻探人资〔2023〕45号 |
| 12月15日 | 川庆长庆钻井总公司 | 纪委办公室 | 纪委办公室（党委巡察办公室） | 川庆钻探人资〔2023〕45号 |
| 12月15日 | 川庆长庆钻井总公司 | 川庆钻探技能人才评价工作站 | 技能人才评价工作站 | 川庆钻探人资〔2023〕45号 |
| 12月15日 | 川庆长庆钻井总公司 | 装备公司 | 装备公司（钻井设备资产管理中心） | 川庆钻探人资〔2023〕45号 |
| 12月15日 | 川庆新疆分公司 | 市场经营科 | 市场经营部 | 川庆钻探人资〔2023〕45号 |
| 12月15日 | 川庆新疆分公司 | 生产协调科 | 生产协调部 | 川庆钻探人资〔2023〕45号 |
| 12月15日 | 川庆新疆分公司 | 财务资产科 | 财务资产部 | 川庆钻探人资〔2023〕45号 |
| 12月15日 | 川庆新疆分公司 | 人事劳资科（党委组织部） | 人力资源部/党委组织部 | 川庆钻探人资〔2023〕45号 |
| 12月15日 | 川庆新疆分公司 | 质量安全环保科 | 质量健康安全环保部 | 川庆钻探人资〔2023〕45号 |
| 12月15日 | 川庆新疆分公司 | 纪委办公室 | 纪委办公室（党委巡察办公室） | 川庆钻探人资〔2023〕45号 |
| 12月15日 | 川庆新疆分公司 | 维护稳定工作办公室（信访办公室、保卫部） | 维稳信访工作办公室（保卫部） | 川庆钻探人资〔2023〕45号 |
| 12月15日 | 川庆新疆分公司 | 教育培训中心（中国石油川庆钻探技能人才评价工作站） | 职业技能提升中心（技能人才评价工作站） | 川庆钻探人资〔2023〕45号 |
| 12月15日 | 川庆国际工程公司 | 人力资源部（党委组织部） | 人力资源部/党委组织部 | 川庆钻探人资〔2023〕45号 |
| 12月15日 | 川庆国际工程公司 | 质量安全环保部 | 质量健康安全环保部 | 川庆钻探人资〔2023〕45号 |
| 12月15日 | 川庆国际工程公司 | 企管法规部 | 企管计划部 | 川庆钻探人资〔2023〕45号 |
| 12月15日 | 川庆国际工程公司 | 财务结算中心 | 财务结算站 | 川庆钻探人资〔2023〕45号 |
| 12月15日 | 川庆国际工程公司 | 海外技术商务支持保障中心 | 海外商务保障中心 | 川庆钻探人资〔2023〕45号 |
| 12月15日 | 川庆井下作业公司 | 安全环保节能部 | 质量健康安全环保部 | 川庆钻探人资〔2023〕45号 |
| 12月15日 | 川庆井下作业公司 | 计划经营部 | 企管计划部 | 川庆钻探人资〔2023〕45号 |

续表

| 时间 | 单位（部门） | 更名前名称 | 更名后名称 | 文件号 |
|---|---|---|---|---|
| 12月15日 | 川庆井下作业公司 | 纪委办公室 | 纪委办公室（党委巡察办公室） | 川庆钻探人资〔2023〕45号 |
| 12月15日 | 川庆井下作业公司 | 维护稳定工作办公室（信访办公室、保卫部） | 维稳信访工作办公室（保卫部） | 川庆钻探人资〔2023〕45号 |
| 12月15日 | 川庆井下作业公司 | 川庆钻探技能人才评价工作站 | 技能人才评价工作站 | 川庆钻探人资〔2023〕45号 |
| 12月15日 | 川庆长庆井下公司 | 财务资产科 | 财务资产部 | 川庆钻探人资〔2023〕45号 |
| 12月15日 | 川庆长庆井下公司 | 人事劳资科（党委组织部） | 人力资源部/党委组织部 | 川庆钻探人资〔2023〕45号 |
| 12月15日 | 川庆长庆井下公司 | 质量安全环保科 | 质量健康安全环保部 | 川庆钻探人资〔2023〕45号 |
| 12月15日 | 川庆长庆井下公司 | 企管法规科 | 企管计划部 | 川庆钻探人资〔2023〕45号 |
| 12月15日 | 川庆长庆井下公司 | 纪委办公室 | 纪委办公室（党委巡察办公室） | 川庆钻探人资〔2023〕45号 |
| 12月15日 | 川庆长庆井下公司 | 维护稳定工作办公室（信访办公室、保卫部） | 维稳信访工作办公室（保卫部） | 川庆钻探人资〔2023〕45号 |
| 12月15日 | 川庆长庆井下公司 | 信息中心 | 信息与档案中心 | 川庆钻探人资〔2023〕45号 |
| 12月15日 | 川庆长庆井下公司 | 连续油管大队 | 连续油管公司 | 川庆钻探人资〔2023〕45号 |
| 12月15日 | 川庆长庆井下公司 | 油气井修井大队 | 油气井修井公司 | 川庆钻探人资〔2023〕45号 |
| 12月15日 | 川庆长庆井下公司 | 测试试井大队 | 测试试井公司 | 川庆钻探人资〔2023〕45号 |
| 12月15日 | 川庆长庆井下公司 | 物资管理中心 | 物资公司 | 川庆钻探人资〔2023〕45号 |
| 12月15日 | 川庆长庆井下公司 | 生产科研基地管理站 | 综合事务管理中心 | 川庆钻探人资〔2023〕45号 |
| 12月15日 | 川庆试修公司 | 办公室（党委办公室、维护稳定工作办公室、信访办公室） | 办公室/党委办公室（维稳信访工作办公室、保卫部） | 川庆钻探人资〔2023〕45号 |
| 12月15日 | 川庆试修公司 | 市场与生产协调科 | 生产市场部 | 川庆钻探人资〔2023〕45号 |
| 12月15日 | 川庆试修公司 | 财务资产科 | 财务资产部 | 川庆钻探人资〔2023〕45号 |
| 12月15日 | 川庆试修公司 | 人事劳资科（党委组织部） | 人力资源部/党委组织部 | 川庆钻探人资〔2023〕45号 |
| 12月15日 | 川庆试修公司 | 质量安全环保科 | 质量健康安全环保部 | 川庆钻探人资〔2023〕45号 |
| 12月15日 | 川庆试修公司 | 计划经营科 | 企管计划部 | 川庆钻探人资〔2023〕45号 |
| 12月15日 | 川庆试修公司 | 财务共享中心 | 财务结算站 | 川庆钻探人资〔2023〕45号 |
| 12月15日 | 川庆长庆固井公司 | 市场与生产协调科 | 生产市场部 | 川庆钻探人资〔2023〕45号 |
| 12月15日 | 川庆长庆固井公司 | 财务资产科 | 财务资产部 | 川庆钻探人资〔2023〕45号 |
| 12月15日 | 川庆长庆固井公司 | 人事劳资科（党委组织部） | 人力资源部/党委组织部 | 川庆钻探人资〔2023〕45号 |
| 12月15日 | 川庆长庆固井公司 | 安全环保节能科 | 质量健康安全环保部 | 川庆钻探人资〔2023〕45号 |
| 12月15日 | 川庆长庆固井公司 | 企管法规科 | 企管计划部 | 川庆钻探人资〔2023〕45号 |
| 12月15日 | 川庆钻采院 | 人事劳资部（党委组织部） | 人力资源部/党委组织部 | 川庆钻探人资〔2023〕45号 |
| 12月15日 | 川庆钻采院 | 工程技术部 | 工程技术部（工程作业智能支持中心） | 川庆钻探人资〔2023〕45号 |
| 12月15日 | 川庆钻采院 | 质量安全环保部 | 质量健康安全环保部 | 川庆钻探人资〔2023〕45号 |

续表

| 时间 | 单位（部门） | 更名前名称 | 更名后名称 | 文件号 |
|---|---|---|---|---|
| 12月15日 | 川庆钻采院 | 科技管理部（国家工程实验室管理办公室、实验中心） | 科技信息部（国家工程实验室管理办公室、实验中心） | 川庆钻探人资〔2023〕45号 |
| 12月15日 | 川庆钻采院 | 采购与招标管理办公室 | 采购办公室 | 川庆钻探人资〔2023〕45号 |
| 12月15日 | 川庆钻采院 | 信息管理站 | 数字和信息化管理站 | 川庆钻探人资〔2023〕45号 |
| 12月15日 | 川庆地研院 | 办公室（党委办公室） | 办公室/党委办公室 | 川庆钻探人资〔2023〕45号 |
| 12月15日 | 川庆地研院 | 财务计划资产部 | 财务资产部 | 川庆钻探人资〔2023〕45号 |
| 12月15日 | 川庆地研院 | 人事劳资部（党委组织部） | 人力资源部/党委组织部 | 川庆钻探人资〔2023〕45号 |
| 12月15日 | 川庆地研院 | 质量安全环保部 | 质量健康安全环保部 | 川庆钻探人资〔2023〕45号 |
| 12月15日 | 川庆地研院 | 科技发展部 | 科技信息部 | 川庆钻探人资〔2023〕45号 |
| 12月15日 | 川庆地研院 | 维护稳定工作办公室（信访办公室、保卫部） | 维稳信访工作办公室（保卫部） | 川庆钻探人资〔2023〕45号 |
| 12月15日 | 川庆地研院 | 财务结算中心 | 财务结算站 | 川庆钻探人资〔2023〕45号 |
| 12月15日 | 川庆地研院 | 中国石油川庆钻探技能人才评价工作站 | 技能人才评价工作站 | 川庆钻探人资〔2023〕45号 |
| 12月15日 | 川庆安检院（安全监督中心） | 办公室（党委办公室） | 办公室/党委办公室（维稳信访工作办公室、保卫部） | 川庆钻探人资〔2023〕45号 |
| 12月15日 | 川庆安检院（安全监督中心） | 企管经营部（内控与风险管理部） | 生产市场部 | 川庆钻探人资〔2023〕45号 |
| 12月15日 | 川庆安检院（安全监督中心） | 人事劳资部（党委组织部） | 人力资源部/党委组织部 | 川庆钻探人资〔2023〕45号 |
| 12月15日 | 川庆安检院（安全监督中心） | 质量安全环保部 | 质量健康安全环保部 | 川庆钻探人资〔2023〕45号 |
| 12月15日 | 川庆安检院（安全监督中心） | 市场与生产协调部 | 企管计划部 | 川庆钻探人资〔2023〕45号 |
| 12月15日 | 川庆安检院（安全监督中心） | 设备运行中心 | 设备物资运行中心 | 川庆钻探人资〔2023〕45号 |
| 12月15日 | 川庆蜀渝公司 | 办公室（党委办公室） | 办公室/党委办公室 | 川庆钻探人资〔2023〕45号 |
| 12月15日 | 川庆蜀渝公司 | 生产运行部 | 生产协调部 | 川庆钻探人资〔2023〕45号 |
| 12月15日 | 川庆蜀渝公司 | 人事劳资部（党委组织部） | 人力资源部/党委组织部 | 川庆钻探人资〔2023〕45号 |
| 12月15日 | 川庆蜀渝公司 | 维护稳定工程办公室（信访办公室、保卫部） | 维稳信访工作办公室（保卫部） | 川庆钻探人资〔2023〕45号 |
| 12月15日 | 川庆蜀渝公司 | 中国石油川庆钻探技能人才评价工作站 | 技能人才评价工作站 | 川庆钻探人资〔2023〕45号 |
| 12月15日 | 川庆重庆运输总公司 | 人事劳资部（党委组织部） | 人力资源部/党委组织部 | 川庆钻探人资〔2023〕45号 |
| 12月15日 | 川庆重庆运输总公司 | 质量安全环保部 | 质量健康安全环保部 | 川庆钻探人资〔2023〕45号 |
| 12月15日 | 川庆重庆运输总公司 | 纪委办公室 | 纪委办公室（党委巡察办公室） | 川庆钻探人资〔2023〕45号 |

机构·人物

续表

| 时　间 | 单位（部门） | 更名前名称 | 更名后名称 | 文件号 |
|---|---|---|---|---|
| 12月15日 | 川庆重庆运输总公司 | 维护稳定工作办公室（信访办公室、保卫部） | 维稳信访工作办公室（保卫部） | 川庆钻探人资〔2023〕45号 |
| 12月15日 | 川庆重庆运输总公司 | 川庆钻探技能人才评价工作站 | 技能人才评价工作站 | 川庆钻探人资〔2023〕45号 |
| 12月15日 | 川庆重庆运输总公司 | 安全监控信息中心 | 智能监控指挥中心 | 川庆钻探人资〔2023〕45号 |
| 12月15日 | 川庆长庆监督公司 | 办公室（党委办公室） | 办公室/党委办公室（维稳信访工作办公室、保卫部） | 川庆钻探人资〔2023〕45号 |
| 12月15日 | 川庆长庆监督公司 | 企管市场科 | 市场与企管计划部 | 川庆钻探人资〔2023〕45号 |
| 12月15日 | 川庆长庆监督公司 | 石油工程监督管理科 | 工程监督管理部 | 川庆钻探人资〔2023〕45号 |
| 12月15日 | 川庆长庆监督公司 | 财务资产科 | 财务资产部 | 川庆钻探人资〔2023〕45号 |
| 12月15日 | 川庆长庆监督公司 | 人事劳资科（党委组织部） | 人力资源部/党委组织部 | 川庆钻探人资〔2023〕45号 |
| 12月15日 | 川庆长庆监督公司 | QHSE管理科 | 质量健康安全环保部 | 川庆钻探人资〔2023〕45号 |
| 12月15日 | 川庆长庆监督公司 | 综合管理站 | 综合事务管理中心 | 川庆钻探人资〔2023〕45号 |
| 12月15日 | 川庆长庆监督公司 | 安全环保监测研究所 | 安全环保与信息技术研究中心 | 川庆钻探人资〔2023〕45号 |
| 12月15日 | 川庆钻井液公司 | 市场法规部 | 生产市场部 | 川庆钻探人资〔2023〕45号 |
| 12月15日 | 川庆钻井液公司 | 财务计划部 | 财务资产部 | 川庆钻探人资〔2023〕45号 |
| 12月15日 | 川庆钻井液公司 | 人事劳资部（党委组织部） | 人力资源部/党委组织部 | 川庆钻探人资〔2023〕45号 |
| 12月15日 | 川庆钻井液公司 | 生产技术发展部 | 工程技术部（工程作业智能支持中心） | 川庆钻探人资〔2023〕45号 |
| 12月15日 | 川庆钻井液公司 | 质量安全环保部 | 质量健康安全环保部 | 川庆钻探人资〔2023〕45号 |
| 12月15日 | 川庆钻井液公司 | 综合服务中心 | 清洁生产技术服务公司 | 川庆钻探人资〔2023〕45号 |
| 12月15日 | 川庆页岩气工程项目部 | 市场与综合管理部 | 综合管理部（维稳信访工作办公室、保卫部） | 川庆钻探人资〔2023〕45号 |
| 12月15日 | 川庆页岩气工程项目部 | 生产技术部（EISC中心） | 生产技术部 | 川庆钻探人资〔2023〕45号 |
| 12月15日 | 川庆页岩气工程项目部 | 质量安全环保部 | 质量健康安全环保部 | 川庆钻探人资〔2023〕45号 |
| 12月15日 | 川庆井控应急中心 | 办公室（党委组织部、纪委办公室、工会） | 办公室/党委办公室（党委组织部、党委宣传部、纪委办公室、工会、团委、维稳信访工作办公室、保卫部） | 川庆钻探人资〔2023〕45号 |
| 12月15日 | 川庆培训中心（技能人才评价中心） | 办公室（党委办公室、纪委办公室、工会、团委） | 办公室/党委办公室（党委宣传部、纪委办公室、工会、团委、维稳信访工作办公室、保卫部） | 川庆钻探人资〔2023〕45号 |
| 12月15日 | 川庆培训中心（技能人才评价中心） | 人事劳资科（党委组织部） | 人力资源部/党委组织部 | 川庆钻探人资〔2023〕45号 |
| 12月15日 | 川庆培训中心（技能人才评价中心） | 安全环保科（维护稳定工作办公室、信访办公室） | 质量健康安全环保部 | 川庆钻探人资〔2023〕45号 |
| 12月15日 | 川庆培训中心（技能人才评价中心） | 培训管理科 | 培训管理部 | 川庆钻探人资〔2023〕45号 |

续表

| 时间 | 单位（部门） | 更名前名称 | 更名后名称 | 文件号 |
| --- | --- | --- | --- | --- |
| 12月15日 | 川庆酒店管理公司 | 人力资源部（组织部） | 人力资源部/党委组织部 | 川庆钻探人资〔2023〕45号 |
| 12月15日 | 川庆酒店管理公司 | 质量安全环保部 | 质量健康安全环保部 | 川庆钻探人资〔2023〕45号 |
| 12月15日 | 越盛公司 | 人事劳资部（党委组织部） | 人力资源部/党委组织部 | 川庆钻探人资〔2023〕45号 |
| 12月15日 | 越盛公司 | 质量安全环保部 | 质量健康安全环保部 | 川庆钻探人资〔2023〕45号 |
| 12月15日 | 越盛公司 | 企业管理部 | 企管计划部 | 川庆钻探人资〔2023〕45号 |
| 12月15日 | 越盛公司 | 党群工作部（纪委办公室） | 纪委办公室 | 川庆钻探人资〔2023〕45号 |

**表7　2023年西南油气田公司撤销（合并）机构一览表**

| 时间 | 机构名称 | 文件号 | 备注 |
| --- | --- | --- | --- |
| 1月11日 | 资本运营部 | 西南司人资〔2023〕2号 | |
| 1月11日 | 资本运营部股权管理科 | 西南司人资〔2023〕2号 | |
| 1月11日 | 资本运营部股权投资科 | 西南司人资〔2023〕2号 | |
| 5月10日 | 长宁公司前线开发建设项目部 | 西南司人资〔2023〕39号 | |
| 5月10日 | 长宁公司QHSE监督站 | 西南司人资〔2023〕39号 | 职能调整到质量安全环保部保留牌子 |
| 6月11日 | 川中油气矿维稳信访管理部（保卫部） | 西南司人资〔2023〕47号 | 整合进入办公室 |
| 6月11日 | 川中油气矿开发科 | 西南司人资〔2023〕47号 | 整合为开发管理部 |
| 6月11日 | 川中油气矿井工程管理科 | 西南司人资〔2023〕47号 | |
| 6月11日 | 川中油气矿管道与销售部 | 西南司人资〔2023〕47号 | |
| 6月11日 | 川中油气矿科技科 | 西南司人资〔2023〕47号 | 整合为信息科技部 |
| 6月11日 | 川中油气矿信息管理部 | 西南司人资〔2023〕47号 | |
| 6月11日 | 川中油气矿新闻中心 | 西南司人资〔2023〕47号 | 整合进入行政事务中心 |
| 6月11日 | 川中油气矿社会保险中心川中管理所 | 西南司人资〔2023〕47号 | 整合为人力资源服务中心 |
| 6月11日 | 川中油气矿采油气培训基地（第二技能人才评价工作站） | 西南司人资〔2023〕47号 | |
| 6月11日 | 川中油气矿地质科 | 西南司人资〔2023〕47号 | 整合为地质技术所 |
| 6月11日 | 川中油气矿地质研究所 | 西南司人资〔2023〕47号 | |
| 6月11日 | 川中油气矿石油输运部 | 西南司人资〔2023〕47号 | 整合进入汽车服务中心 |
| 6月11日 | 川中油气矿水电管理中心 | 西南司人资〔2023〕47号 | 整合为遂宁应急抢险维修大队 |
| 6月11日 | 川中油气矿遂宁应急抢险维修中心 | 西南司人资〔2023〕47号 | |

续表

| 时间 | 机构名称 | 文件号 | 备注 |
|---|---|---|---|
| 6月11日 | 川中油气矿信息站 | 西南司人资〔2023〕47号 | 整合为自控计量站 |
| 6月11日 | 川中油气矿计量中心 | 西南司人资〔2023〕47号 | |
| 6月11日 | 川中油气矿矿区业务管理部 | 西南司人资〔2023〕47号 | 整合为遂宁综合服务中心 |
| 6月11日 | 川中油气矿离退休管理部（老干部科） | 西南司人资〔2023〕47号 | |
| 6月11日 | 川中油气矿川中综合服务站 | 西南司人资〔2023〕47号 | |
| 6月11日 | 川西北气矿维稳信访管理部（保卫部） | 西南司人资〔2023〕47号 | 整合进入办公室 |
| 6月11日 | 川西北气矿开发科 | 西南司人资〔2023〕47号 | 整合为开发管理部 |
| 6月11日 | 川西北气矿井工程管理科 | 西南司人资〔2023〕47号 | |
| 6月11日 | 川西北气矿管道与销售管理部 | 西南司人资〔2023〕47号 | |
| 6月11日 | 川西北气矿科技科 | 西南司人资〔2023〕47号 | 整合为信息科技部 |
| 6月11日 | 川西北气矿信息管理部 | 西南司人资〔2023〕47号 | |
| 6月11日 | 川西北气矿新闻中心 | 西南司人资〔2023〕47号 | 整合进入行政事务中心 |
| 6月11日 | 川西北气矿地质科 | 西南司人资〔2023〕47号 | 整合为油气田开发技术所 |
| 6月11日 | 川西北气矿地质勘探开发研究所 | 西南司人资〔2023〕47号 | |
| 6月11日 | 川西北气矿江油应急抢险维修中心 | 西南司人资〔2023〕47号 | 整合为江油应急抢险维修大队 |
| 6月11日 | 川西北气矿水电管理中心 | 西南司人资〔2023〕47号 | |
| 6月11日 | 川西北气矿环境节能监测中心 | 西南司人资〔2023〕47号 | 整合为计量和环境监测站 |
| 6月11日 | 川西北气矿计量监测中心 | 西南司人资〔2023〕47号 | |
| 6月11日 | 川西北气矿江油综合服务站 | 西南司人资〔2023〕47号 | 整合为江油综合服务中心（矿区管理部） |
| 6月11日 | 川西北气矿矿区业务管理部（老干部科） | 西南司人资〔2023〕47号 | |
| 6月11日 | 川西北气矿江油天然气净化厂 | 西南司人资〔2023〕47号 | |
| 6月11日 | 川东北气矿开发科 | 西南司人资〔2023〕47号 | 整合为开发管理部 |
| 6月11日 | 川东北气矿井工程管理科 | 西南司人资〔2023〕47号 | |
| 6月11日 | 川东北气矿管道与销售部 | 西南司人资〔2023〕47号 | |
| 6月11日 | 川东北气矿科技科 | 西南司人资〔2023〕47号 | 整合为信息科技部 |
| 6月11日 | 川东北气矿信息管理部 | 西南司人资〔2023〕47号 | |
| 6月11日 | 川东北气矿地质科 | 西南司人资〔2023〕47号 | 整合为油气田开发技术所 |
| 6月11日 | 川东北气矿科研所 | 西南司人资〔2023〕47号 | |

续表

| 时　间 | 机构名称 | 文件号 | 备　注 |
|---|---|---|---|
| 6月11日 | 输气处维稳信访管理部（保卫部） | 西南司人资〔2023〕47号 | 整合进入办公室 |
| 6月11日 | 输气处科技科 | 西南司人资〔2023〕47号 | 整合为信息科技部 |
| 6月11日 | 输气处信息管理部 | 西南司人资〔2023〕47号 | |
| 6月11日 | 输气处汽车服务中心 | 西南司人资〔2023〕47号 | 整合进入行政事务中心 |
| 6月11日 | 输气处社会保险中心川西管理所 | 西南司人资〔2023〕47号 | 整合为人力资源服务中心 |
| 6月11日 | 输气处输气培训基地（西南油气田公司输气培训基地） | 西南司人资〔2023〕47号 | |
| 6月11日 | 输气处矿区业务管理部 | 西南司人资〔2023〕47号 | 整合为华阳综合服务中心（矿区管理部） |
| 6月11日 | 输气处离退休管理部（老干部科） | 西南司人资〔2023〕47号 | |
| 6月11日 | 输气处华阳综合服务站 | 西南司人资〔2023〕47号 | |
| 6月11日 | 天然气净化总厂维稳信访管理部（保卫部） | 西南司人资〔2023〕47号 | 整合进入办公室 |
| 6月11日 | 天然气净化总厂净化培训基地 | 西南司人资〔2023〕47号 | 整合为净化技术教研中心 |
| 6月11日 | 天然气净化总厂净化技术研究所 | 西南司人资〔2023〕47号 | |
| 6月11日 | 天然气净化总厂渠县分厂 | 西南司人资〔2023〕47号 | 整合进入大竹分厂 |
| 6月11日 | 成化总厂零散气试采作业项目部 | 西南司人资〔2023〕47号 | 整合为零散气试采作业项目部（犍为液化天然气厂） |
| 6月11日 | 成化总厂液化天然气分厂（犍为液化天然气厂） | 西南司人资〔2023〕47号 | |
| 6月11日 | 勘研院科技信息档案室 | 西南司人资〔2023〕47号 | 整合进入科研服务中心 |
| 6月11日 | 工程院科技信息档案室 | 西南司人资〔2023〕47号 | 整合进入科研服务中心 |
| 6月11日 | 天研院科技信息所 | 西南司人资〔2023〕47号 | 整合进入科研服务中心 |
| 6月11日 | 经研所"天然气技术与经济"编辑部 | 西南司人资〔2023〕47号 | 整合为出版与行政事务部 |
| 6月11日 | 经研所科研服务中心 | 西南司人资〔2023〕47号 | |
| 6月11日 | 四川华油集团公司维稳信访管理部（治安保卫部） | 西南司人资〔2023〕47号 | 整合进入办公室（党委办公室） |
| 6月11日 | 四川华油集团公司资金结算管理部 | 西南司人资〔2023〕47号 | 整合进入财务资产部 |
| 6月11日 | 四川华油集团公司重点工程建设项目部 | 西南司人资〔2023〕47号 | 整合进入重点工程建设项目部 |
| 6月11日 | 四川华油集团公司客户服务管理部 | 西南司人资〔2023〕47号 | 整合为客户服务中心 |
| 6月11日 | 四川华油集团公司呼叫中心 | 西南司人资〔2023〕47号 | |
| 6月11日 | 四川华油集团公司西南油气田第四技能人才评价工作站（培训中心） | 西南司人资〔2023〕47号 | 整合进入行政事务中心 |

续表

| 时间 | 机构名称 | 文件号 | 备注 |
|---|---|---|---|
| 6月11日 | 重庆凯源公司办公室（党委办公室） | 西南司人资〔2023〕47号 | 整合为综合管理部 |
| 6月11日 | 重庆凯源公司人力资源部（党委组织部） | 西南司人资〔2023〕47号 | |
| 6月11日 | 重庆凯源公司党群工作部 | 西南司人资〔2023〕47号 | |
| 6月11日 | 重庆凯源公司财务资产部 | 西南司人资〔2023〕47号 | 整合为计划财务部 |
| 6月11日 | 重庆凯源公司计划经营部 | 西南司人资〔2023〕47号 | |
| 6月11日 | 重庆凯源公司生产运行部 | 西南司人资〔2023〕47号 | 整合为生产技术部 |
| 6月11日 | 重庆凯源公司工程技术部 | 西南司人资〔2023〕47号 | |
| 6月11日 | 重庆凯源公司行政事务中心 | 西南司人资〔2023〕47号 | 整合为生产保障中心 |
| 6月11日 | 重庆凯源公司呼叫中心重庆分中心 | 西南司人资〔2023〕47号 | |
| 6月11日 | 重庆凯源公司QHSE监督站 | 西南司人资〔2023〕47号 | |
| 6月11日 | 重庆凯源公司北城分公司 | 西南司人资〔2023〕47号 | 整合为北部分公司 |
| 6月11日 | 重庆凯源公司北新分公司 | 西南司人资〔2023〕47号 | |
| 6月11日 | 重庆凯源公司西永分公司 | 西南司人资〔2023〕47号 | 整合为西部分公司 |
| 6月11日 | 重庆凯源公司西城分公司 | 西南司人资〔2023〕47号 | |
| 6月11日 | 泸州华油浅层油气公司 | 西南司人资〔2023〕47号 | |
| 6月11日 | 川港燃气公司客户服务管理部 | 西南司人资〔2023〕47号 | 整合为客户服务中心 |
| 6月11日 | 川港燃气公司计量管理站 | 西南司人资〔2023〕47号 | |
| 6月11日 | 川港燃气公司遂宁兴港公司 | 西南司人资〔2023〕47号 | 由遂宁分公司托管 |
| 6月11日 | 川港燃气公司华坪分公司 | 西南司人资〔2023〕47号 | 由攀枝花川港公司托管 |
| 6月11日 | 川港燃气公司乐山川港星源公司 | 西南司人资〔2023〕47号 | 由新津川港公司托管 |
| 6月11日 | 川港燃气公司重庆川港中汇公司 | 西南司人资〔2023〕47号 | 由重庆渝川（川港）公司托管 |
| 6月11日 | 川港燃气公司达州川港国兴公司 | 西南司人资〔2023〕47号 | 由中石油达州公司托管 |
| 6月11日 | 燃气分公司生产技术部 | 西南司人资〔2023〕47号 | 整合为生产信息部 |
| 6月11日 | 燃气分公司信息管理部 | 西南司人资〔2023〕47号 | |
| 6月11日 | 犍为中油能源公司 | 西南司人资〔2023〕47号 | 由沙湾营销部托管 |
| 6月11日 | 成都蓉盛能源公司 | 西南司人资〔2023〕47号 | 由成都台商公司托管 |
| 6月11日 | 乐山蓉嘉公司 | 西南司人资〔2023〕47号 | 由新津营销部托管 |

续表

| 时　间 | 机构名称 | 文件号 | 备　注 |
|---|---|---|---|
| 6月11日 | 数智分公司生产运行科 | 西南司人资〔2023〕47号 | 整合为市场管理部 |
| 6月11日 | 数智分公司科技信息科 | 西南司人资〔2023〕47号 | |
| 6月11日 | 数智分公司物资采购管理部 | 西南司人资〔2023〕47号 | |
| 6月11日 | 数智分公司信息系统业务部 | 西南司人资〔2023〕47号 | 整合为运维部 |
| 6月11日 | 数智分公司物联网业务部 | 西南司人资〔2023〕47号 | |
| 6月11日 | 物资分公司QHSE监督站 | 西南司人资〔2023〕47号 | 整合为生产保障中心（QHSE监督站） |
| 6月11日 | 物资分公司行政事务中心 | 西南司人资〔2023〕47号 | |
| 6月26日 | 输气处工程项目造价中心 | 西南司人资〔2023〕51号 | 整合为造价中心成都造价二站 |
| 6月26日 | 川西北气矿工程项目造价中心 | 西南司人资〔2023〕51号 | |
| 6月26日 | 重庆气矿工程项目造价中心 | 西南司人资〔2023〕51号 | 整合为造价中心重庆造价站 |
| 6月26日 | 川东北气矿工程项目造价中心 | 西南司人资〔2023〕51号 | |
| 6月26日 | 天然气净化总厂工程项目造价中心 | 西南司人资〔2023〕51号 | |
| 10月20日 | 维护稳定工作办公室（信访办公室、保卫处） | 西南司人资〔2023〕82号 | 整合为公共事务中心（保卫部、武装部） |
| 10月20日 | 矿区管理部 | 西南司人资〔2023〕82号 | |
| 10月20日 | 离退休管理部（老干部处） | 西南司人资〔2023〕82号 | |
| 10月20日 | 行政事务中心（档案中心） | 西南司人资〔2023〕82号 | |
| 10月20日 | 综合服务中心 | 西南司人资〔2023〕82号 | |
| 10月20日 | 维护稳定工作办公室（信访办公室、保卫处）信息与综合管理科 | 西南司人资〔2023〕82号 | |
| 10月20日 | 维护稳定工作办公室（信访办公室、保卫处）信访科 | 西南司人资〔2023〕82号 | 整合为公共事务中心（保卫部、武装部）维稳信访部 |
| 10月20日 | 维护稳定工作办公室（信访办公室、保卫处）维稳保卫科 | 西南司人资〔2023〕82号 | |
| 10月20日 | 维护稳定工作办公室（信访办公室、保卫处）综合治理办公室 | 西南司人资〔2023〕82号 | 整合为公共事务中心（保卫部、武装部）保卫部 |
| 10月20日 | 矿区管理部物业管理科 | 西南司人资〔2023〕82号 | 整合为公共事务中心（保卫部、武装部）矿区业务管理部 |
| 10月20日 | 矿区管理部矿区建设科 | 西南司人资〔2023〕82号 | |
| 10月20日 | 矿区管理部房产管理科 | 西南司人资〔2023〕82号 | |
| 10月20日 | 矿区管理部公共事务管理科 | 西南司人资〔2023〕82号 | |

续表

| 时间 | 机构名称 | 文件号 | 备注 |
|---|---|---|---|
| 10月20日 | 离退休管理部（老干部处）老干部管理科 | 西南司人资〔2023〕82号 | 整合为公共事务中心（保卫部、武装部）离退休管理部（老干部管理部） |
| 10月20日 | 离退休管理部（老干部处）退休人员管理科 | 西南司人资〔2023〕82号 | |
| 10月20日 | 离退休管理部（老干部处）党建管理科 | 西南司人资〔2023〕82号 | |
| 10月20日 | 离退休管理部（老干部处）经费管理科 | 西南司人资〔2023〕82号 | |
| 10月20日 | 行政事务中心（档案中心）综合信息科 | 西南司人资〔2023〕82号 | 整合为公共事务中心（保卫部、武装部）行政事务管理中心 |
| 10月20日 | 行政事务中心（档案中心）行政管理科 | 西南司人资〔2023〕82号 | |
| 10月20日 | 行政事务中心（档案中心）事务管理科 | 西南司人资〔2023〕82号 | |
| 10月20日 | 行政事务中心（档案中心）档案管理科 | 西南司人资〔2023〕82号 | 整合为公共事务中心（保卫部、武装部）档案年鉴管理中心 |
| 10月20日 | 行政事务中心（档案中心）史志年鉴科 | 西南司人资〔2023〕82号 | |

**表8　2023年川庆钻探工程公司撤销（合并）机构一览表**

| 时间 | 撤销（合并）机构 | 所属单位 | 文件号 |
|---|---|---|---|
| 11月1日 | 整合办公室（党委办公室）、维护稳定工作办公室（信访办公室、保卫处）为办公室/党委办公室（维稳信访工作办公室、保卫部） | 川庆钻探工程公司 | 川庆钻探人资〔2023〕32号 |
| 11月1日 | 整合对外合作和市场开发处（外事办公室、工程项目管理部）、生产协调处为市场与生产协调部 | 川庆钻探工程公司 | 川庆钻探人资〔2023〕32号 |
| 11月1日 | 整合信息管理部、科技处为科技信息部 | 川庆钻探工程公司 | 川庆钻探人资〔2023〕32号 |
| 11月1日 | 整合物资管理部、设备处为物资设备部 | 川庆钻探工程公司 | 川庆钻探人资〔2023〕32号 |
| 11月1日 | 整合党委宣传部（企业文化处、团委）、工会为党群工作部（党委宣传部、工会、团委） | 川庆钻探工程公司 | 川庆钻探人资〔2023〕32号 |
| 11月1日 | 撤销安全监督中心、人事服务中心（中国石油川庆钻探技能人才评价中心） | 川庆钻探工程公司 | 川庆钻探人资〔2023〕32号 |
| 12月15日 | 整合办公室（党委办公室）、党群工作部、工会为办公室/党委办公室（党委宣传部、工会、团委） | 川东钻探公司 | 川庆钻探人资〔2023〕45号 |
| 12月15日 | 整合市场开发部、生产协调部为生产市场部 | 川庆川东钻探公司 | 川庆钻探人资〔2023〕45号 |

续表

| 时间 | 撤销（合并）机构 | 所属单位 | 文件号 |
|---|---|---|---|
| 12月15日 | 整合人事部（党委组织部）、劳动工资部为人力资源部 / 党委组织部 | 川庆川东钻探公司 | 川庆钻探人资〔2023〕45号 |
| 12月15日 | 整合工程技术部、装备部为技术装备部（工程作业智能支持中心） | 川庆川东钻探公司 | 川庆钻探人资〔2023〕45号 |
| 12月15日 | 行政事务管理中心 | 川庆川东钻探公司 | 川庆钻探人资〔2023〕45号 |
| 12月15日 | 信息管理站 | 川庆川东钻探公司 | 川庆钻探人资〔2023〕45号 |
| 12月15日 | 档案馆 | 川庆川东钻探公司 | 川庆钻探人资〔2023〕45号 |
| 12月15日 | 机电工程公司 | 川庆川东钻探公司 | 川庆钻探人资〔2023〕45号 |
| 12月15日 | 整合办公室（党委办公室）、党群工作部、工会为办公室 / 党委办公室（党委宣传部、工会、团委） | 川庆川西钻探公司 | 川庆钻探人资〔2023〕45号 |
| 12月15日 | 整合市场开发部、生产协调部为生产市场部 | 川庆川西钻探公司 | 川庆钻探人资〔2023〕45号 |
| 12月15日 | 整合人事部（党委组织部）、劳动工资部为人力资源部 / 党委组织部 | 川庆川西钻探公司 | 川庆钻探人资〔2023〕45号 |
| 12月15日 | 整合工程技术部、装备部为技术装备部（工程作业智能支持中心） | 川庆川西钻探公司 | 川庆钻探人资〔2023〕45号 |
| 12月15日 | 机电工程公司 | 川庆川西钻探公司 | 川庆钻探人资〔2023〕45号 |
| 12月15日 | 汽车服务公司 | 川庆川西钻探公司 | 川庆钻探人资〔2023〕45号 |
| 12月15日 | 整合办公室（党委办公室）、党群工作部、工会为办公室 / 党委办公室（党委宣传部、工会、团委、维稳信访工作办公室、保卫部） | 川庆长庆钻井总公司 | 川庆钻探人资〔2023〕45号 |
| 12月15日 | 整合市场开发部、生产协调部为生产市场部 | 川庆长庆钻井总公司 | 川庆钻探人资〔2023〕45号 |
| 12月15日 | 整合工程技术部、装备部为技术装备部（工程作业智能支持中心） | 川庆长庆钻井总公司 | 川庆钻探人资〔2023〕45号 |
| 12月15日 | 钻井业务外包管理部 | 川庆长庆钻井总公司 | 川庆钻探人资〔2023〕45号 |
| 12月15日 | 整合办公室（党委办公室）、党群工作科（工会、团委）、工会为办公室 / 党委办公室（党委宣传部、工会、团委） | 川庆新疆分公司 | 川庆钻探人资〔2023〕45号 |
| 12月15日 | 整合工程技术科、装备科为技术装备部（工程作业智能支持中心） | 川庆新疆分公司 | 川庆钻探人资〔2023〕45号 |
| 12月15日 | 整合办公室（党委办公室）、党群工作部（工会、团委）为办公室 / 党委办公室（党委宣传部、工会、团委、维稳信访工作办公室、保卫部） | 川庆国际工程公司 | 川庆钻探人资〔2023〕45号 |
| 12月15日 | 整合生产协调部、装备部、工程技术部为生产技术部 | 川庆国际工程公司 | 川庆钻探人资〔2023〕45号 |
| 12月15日 | 安全监督站 | 川庆国际工程公司 | 川庆钻探人资〔2023〕45号 |
| 12月15日 | 整合办公室（党委办公室）、党群工作部（团委）、工会为办公室 / 党委办公室（党委宣传部、工会、团委） | 川庆井下作业公司 | 川庆钻探人资〔2023〕45号 |

续表

| 时 间 | 撤销（合并）机构 | 所属单位 | 文件号 |
|---|---|---|---|
| 12月15日 | 整合对外合作和市场开发部、生产协调部为生产市场部 | 川庆井下作业公司 | 川庆钻探人资〔2023〕45号 |
| 12月15日 | 整合人事部（党委组织部）、劳动工资部为人力资源部/党委组织部 | 川庆井下作业公司 | 川庆钻探人资〔2023〕45号 |
| 12月15日 | 整合工程技术和质量标准部、装备部、科技发展部为技术装备部（工程作业智能支持中心） | 川庆井下作业公司 | 川庆钻探人资〔2023〕45号 |
| 12月15日 | 整合办公室（党委办公室）、党群工作科（团委）、工会为办公室/党委办公室（党委宣传部、工会、团委） | 川庆长庆井下公司 | 川庆钻探人资〔2023〕45号 |
| 12月15日 | 整合市场开发科、生产协调科为生产市场部 | 川庆长庆井下公司 | 川庆钻探人资〔2023〕45号 |
| 12月15日 | 整合工程技术科、装备科为技术装备与科技部（工程作业智能支持中心） | 川庆长庆井下公司 | 川庆钻探人资〔2023〕45号 |
| 12月15日 | 交通服务队 | 川庆长庆井下公司 | 川庆钻探人资〔2023〕45号 |
| 12月15日 | 质量监督站 | 川庆长庆井下公司 | 川庆钻探人资〔2023〕45号 |
| 12月15日 | 整合物资装备科、工程技术科为技术装备部（工程作业智能支持中心） | 川庆试修公司 | 川庆钻探人资〔2023〕45号 |
| 12月15日 | 整合党群工作科（工会、团委）、纪委办公室为党群工作部（纪委办公室、工会、团委） | 川庆试修公司 | 川庆钻探人资〔2023〕45号 |
| 12月15日 | 整合工程技术科、装备科为技术装备部 | 川庆长庆固井公司 | 川庆钻探人资〔2023〕45号 |
| 12月15日 | 整合党群工作科（工会、团委）、纪委办公室为党群工作部（纪委办公室、党委巡察办公室、工会、团委） | 川庆长庆固井公司 | 川庆钻探人资〔2023〕45号 |
| 12月15日 | 整合对外合作与市场开发部、企管计划部为市场与企管计划部 | 川庆钻采院 | 川庆钻探人资〔2023〕45号 |
| 12月15日 | 整合党群工作部（工会、团委）、纪委办公室为党群工作部（纪委办公室、党委巡察办公室、工会、团委） | 川庆钻采院 | 川庆钻探人资〔2023〕45号 |
| 12月15日 | 行政事务组 | 川庆钻采院 | 川庆钻探人资〔2023〕45号 |
| 12月15日 | 整合企管法规部、市场开发部为市场与企管计划部 | 川庆地研院 | 川庆钻探人资〔2023〕45号 |
| 12月15日 | 整合工程技术部、生产协调部为生产协调与工程技术部（工程作业智能支持中心） | 川庆地研院 | 川庆钻探人资〔2023〕45号 |
| 12月15日 | 整合党群工作部（工会、团委）、纪委办公室为党群工作部（纪委办公室、党委巡察办公室、工会、团委） | 川庆地研院 | 川庆钻探人资〔2023〕45号 |
| 12月15日 | 整合党群工作部（工会、团委）、纪委办公室为党群工作部（纪委办公室、党委巡察办公室、工会、团委） | 川庆安检院（安全监督中心） | 川庆钻探人资〔2023〕45号 |
| 12月15日 | 物资采购管理办公室 | 川庆安检院（安全监督中心） | 川庆钻探人资〔2023〕45号 |
| 12月15日 | 整合市场开发部、工程造价部为市场开发与工程造价部 | 川庆蜀渝公司 | 川庆钻探人资〔2023〕45号 |

续表

| 时间 | 撤销（合并）机构 | 所属单位 | 文件号 |
|---|---|---|---|
| 12月15日 | 整合安全环保部、质量技术部为质量健康安全环保部 | 川庆蜀渝公司 | 川庆钻探人资〔2023〕45号 |
| 12月15日 | 整合党群工作部（工会、团委）、纪委办公室为党群工作部（纪委办公室、党委巡察办公室、工会、团委） | 川庆蜀渝公司 | 川庆钻探人资〔2023〕45号 |
| 12月15日 | 核算管理中心 | 川庆蜀渝公司 | 川庆钻探人资〔2023〕45号 |
| 12月15日 | 整合办公室（党委办公室）、党群工作部（工会、团委）为办公室/党委办公室（党委宣传部、工会、团委） | 川庆重庆运输总公司 | 川庆钻探人资〔2023〕45号 |
| 12月15日 | 整合生产协调部、装备技术部为生产技术部 | 川庆重庆运输总公司 | 川庆钻探人资〔2023〕45号 |
| 12月15日 | 信息管理站 | 川庆重庆运输总公司 | 川庆钻探人资〔2023〕45号 |
| 12月15日 | 整合党群工作科（工会、团委）、纪委办公室为党群工作部（纪委办公室、工会、团委） | 川庆长庆监督公司 | 川庆钻探人资〔2023〕45号 |
| 12月15日 | 整合办公室（党委办公室、工会、团委）、纪委办公室为办公室/党委办公室（党委宣传部、纪委办公室、党委巡察办公室、工会、团委、维稳信访工作办公室、保卫部） | 川庆钻井液公司 | 川庆钻探人资〔2023〕45号 |
| 12月15日 | 整合财务资产科、企管法规科为计划财务部 | 川庆培训中心（技能人才评价中心） | 川庆钻探人资〔2023〕45号 |
| 12月15日 | 整合总经理办公室、党群工作部为办公室/党委办公室（党委宣传部、纪委办公室、工会、团委、维稳信访工作办公室、保卫部） | 川庆酒店管理公司 | 川庆钻探人资〔2023〕45号 |
| 12月15日 | 整合计划财务部、市场经营部为计划财务部 | 川庆酒店管理公司 | 川庆钻探人资〔2023〕45号 |
| 12月15日 | 整合办公室（党委办公室）、党群工作部为办公室/党委办公室（党委宣传部、工会、团委、维稳信访工作办公室、保卫部） | 越盛公司 | 川庆钻探人资〔2023〕45号 |
| 12月15日 | 整合市场营销部、生产技术部为生产市场部 | 越盛公司 | 川庆钻探人资〔2023〕45号 |
| 12月15日 | 采购管理部 | 越盛公司 | 川庆钻探人资〔2023〕45号 |

# 领导机构名录

【行政领导名录】 2023年，西南油气田公司行政领导班子成员及总经理助理、副总师名录见表9，四川石油管理局有限公司行政领导名录见表9。

2023年，川庆钻探工程公司行政领导班子成员及总经理助理、副总师名录见表10。　　（闵怡薇　王静丽）

【党委领导名录】 2023年，中共西南油气田公司委员会成员名录见表11，中共川庆钻探工程公司委员会成员名录见表12。
（闵怡薇　黄勤）

【纪委领导名录】 2023年，中共西南油气田公司纪律检查委员会成员名录见表13，中共川庆钻探工程公司纪律检查委员会成员名录见表13。
（王任杰　黄玉兰）

【工会领导名录】 2023年，西南油气田公司第五届工会委员会名表见表14，川庆钻探工程公司第三届工会委员会见表14。
（丁扬阳　唐佳伟）

表9  2023年西南油气田公司（四川石油管理局有限公司）行政领导名录

| 单位名称 | 职　务 | 姓　名 |
|---|---|---|
| 西南油气田公司 | 执行董事 | 姜鹏飞（7月16日前） |
| | | 何　骁（7月16日后） |
| | 总经理 | 何　骁（7月16日前） |
| | | 雍　锐（7月16日后） |
| | 副总经理 | 董焕忠 |
| | | 乐　宏 |
| | | 何小川 |
| | | 雍　锐（7月16日前） |
| | | 佘朝毅 |
| | | 王振嘉（10月7日后） |
| | | 文　龙（7月16日后） |
| | 总会计师 | 何　强（7月16日前） |
| | | 韩保庆（10月7日后） |
| | 总工程师 | 乐　宏 |
| | 安全总监 | 乐　宏 |
| | 总地质师 | 杨　雨（7月16日前） |
| | | 义　龙（7月16日后） |
| | 总经理助理 | 朱力洋（12月25日前） |
| | | 唐建荣 |
| | | 张　明 |
| | | 李　海 |
| | 安全副总监 | 朱　进 |
| | 副总工程师 | 陈力力 |
| | 副总经济师 | 赵　伟（10月7日前） |
| | 副总地质师 | 杨洪志 |
| 四川石油管理局有限公司 | 执行董事、总经理 | 姜鹏飞（7月16日前） |
| | | 何　骁（7月16日后） |

表10  2023年川庆钻探工程公司行政领导名录

| 职　务 | 姓　名 |
|---|---|
| 执行董事 | 王治平（7月16日前） |
| | 李雪岗（7月16日后） |
| 总经理 | 李雪岗（7月16日前） |
| | 谭　宾（7月16日后） |
| 副总经理 | 伍贤柱（4月6日前） |
| | 张志东 |
| | 孙　虎 |
| | 欧阳诚（10月7日后） |
| 安全总监 | 张志东 |
| 总工程师 | 谭　宾（7月16日前） |
| | 罗　鑫（10月7日后） |
| 纪委书记 | 樊尚珍 |
| 总会计师 | 张新刚 |
| 总经理助理 | 曾　翀 |
| | 卢尚勇 |
| 副总工程师 | 张汉信 |
| 副总经济师 | 朱春荣（11月27日前） |
| 总法律顾问 | 朱春荣（11月27日前） |
| | 熊　伟（11月27日后） |
| 首席合规官 | 熊　伟（11月27日后） |

表11  2023年西南油气田公司党委成员名表

| 职　务 | 姓　名 |
|---|---|
| 党委书记 | 姜鹏飞（7月16日前） |
| | 何　骁（7月16日后） |
| 党委副书记 | 何　骁（7月16日前） |
| | 雍　锐（7月16日后） |

续表

| 职　务 | 姓　名 |
|---|---|
| 党委委员 | 姜鹏飞（7月16日前） |
| | 何　骁 |
| | 雍　锐 |
| | 李宝军 |
| | 董焕忠 |
| | 何　强（7月16日前） |
| | 乐　宏 |
| | 徐晓炜 |
| | 杨　雨（7月16日前） |
| | 何小川 |
| | 韩宝庆（10月7日后） |
| | 佘朝毅 |
| | 王振嘉（10月7日后） |
| | 文　龙（7月16日后） |

表12　2023年川庆钻探工程公司党委成员名表

| 职　务 | 姓　名 |
|---|---|
| 党委书记 | 王治平（7月16日前） |
| | 李雪岗（7月16日后） |
| 党委副书记 | 李雪岗（7月16日前） |
| | 喻著成 |
| | 谭　宾（7月16日后） |
| 党委委员 | 王治平（7月16日前） |
| | 伍贤柱（4月6日前） |
| | 李雪岗 |
| | 谭　宾 |
| | 喻著成 |
| | 樊尚珍 |
| | 孙　虎 |
| | 张志东 |
| | 张新刚 |
| | 欧阳诚（10月7日后） |
| | 罗　鑫（10月7日后） |

表13　2022年西南油气田公司、川庆钻探工程公司纪律检查委员会名表

| 职　务 | 中共西南油气田公司纪律检查委员会 | 中共川庆钻探工程公司纪律检查委员会 |
|---|---|---|
| 书　记 | 徐晓炜 | 樊尚珍 |
| 副书记 | 曾　科（6月20日前） | 杨　帅 |
| | 刘力铭（11月14日后） | |
| 委　员 | 徐晓炜 | 樊尚珍 |
| | 谭敬明（6月1日前） | 杨　帅 |
| | 杨　刚（6月1日后） | 曾　翀 |
| | 曾　科（6月20日前） | 李　林 |
| | 刘力铭（11月14日后） | 徐志勇 |
| | 王　虓 | 蔡激扬 |
| | 殷小卫 | 刘利军 |
| | 李　璞 | 张　晨 |
| | 李　磊 | 黄玉兰 |

表14  2023年西南油气田公司、川庆钻探工程公司工会成员名表

| 职务 | 西南油气田公司第五届工会委员会 | 川庆钻探工程公司第三届工会委员会 |
|---|---|---|
| 主席 | 李宝军 | 喻著成 |
| 副主席 | 马广文（常务副主席）  韩旭 | 香军  陈帅  杨健 |
| 委员（按姓氏笔画排序） | 马广文  王奕（女）  毛宏  毛建人  付冠<br>冯勐  刘超  米庆  李剑  李斌<br>李龙云  李宝军  李朝贵  李登华  杨忠<br>杨春  杨琳（女）  杨洪志  杨毓杰  何佳<br>余有金  张明  张祥仁  陈军  苟昭辉<br>赵伟  赵培  香进  夏伟  高大明<br>梅小兵  蒋可  蒋永劲  韩旭  雷程（女）<br>谭艳（女）  熊波 | 丁进（女）  马佳  尹川  卢明雄  田华<br>田杨  朱书  向晓彦  李平  杨健<br>杨爱忠  杨舜尧  何洁如（女）  张晓曦<br>陈帅（女）  罗强  宝靖（女）  胡志宏<br>钟辉  香军  侯斌  贺绍强<br>秦刚  聂小明  唐佳伟  唐晓兵<br>梁波  董礼  董剑南  喻著成<br>曾剑  曾翀  雷震  熊伟<br>薛清恩 |

# 机关部门及直附属单位

【机关部门】 2023年底，西南油气田公司设机关职能处室15个，主要领导人员名录见表15。

2023年底，川庆钻探工程公司设机关部门15个，各部门领导人员名录见表16。 （闵怡薇  黄勤）

【机关附属】 2023年底，西南油气田公司设机关附属2个，主要领导人员名录见表17。

2023年底，川庆钻探工程公司设机关附属单位7个，各单位领导人员录见表18。 （闵怡薇  王静丽）

【直属机构】 2023年底，西南油气田公司设直属机构8个，主要领导人员名录见表19。

2023年底，川庆钻探工程公司无直属机构。（闵怡薇）

表15  2023年西南油气田公司机关部门主要领导人员名表

| 机关职能处室名称 | 职务 | 姓名 |
|---|---|---|
| 办公室（党委办公室） | 主任 | 刘怀平 |
| 规划计划处 | 处长 | 刘海峰 |
| 财务处 | 处长 | 冯勐 |
| 人力资源部（党委组织部） | 主任（部长） | 张明 |
| 油气资源处（物探技术处） | 处长 | 谢继容 |

续表

| 机关职能处室名称 | 职务 | 姓名 |
|---|---|---|
| 生产运行处（天然气调度中心） | 处长（主任） | 黄雪松 |
| 工程技术处 | 处长 | 陈力力 |
| 基建工程处 | 处长 | 罗明 |
| 质量安全环保处 | 处长 | 朱进（1月12日前）<br>龚建华（1月12日后） |
| 科技处 | 处长 | 党录瑞 |
| 企管法规处（内控与风险管理处） | 处长 | 杨刚 |
| 审计处 | 处长 | 王虓 |
| 纪委办公室 | 主任 | 刘力铭 |
| 企业文化处（党委宣传部、新闻办公室、团委） | 处长（部长、主任） | 苟朝晖 |
|  | 团委书记 | 何理 |
| 工会 | 常务副主席 | 马广文 |
|  | 女工委主任 | 袁涛 |
|  | 经审委主任 | 韩旭 |
| 维护稳定工作办公室（信访办公室、保卫处）（10月20日前） | 主任 | 张英（10月19日前） |

表16  2023年川庆钻探工程公司机关部门领导人员名表

| 机关职能处（部）室名称 | 职　务 | 姓　名 |
| --- | --- | --- |
| 办公室/党委办公室（维稳信访工作办公室、保卫部） | 主　任 | 卢尚勇 |
| | 办公室/党委办公室副主任 | 黄　宁（二级正，3月27日后，10月30日前） |
| | | 韩建禹（二级正，11月27日后） |
| | | 曾　剑（二级正，10月30日后） |
| | | 刘思冬 |
| | | 兰　宇 |
| | | 程小宝（10月30日后） |
| | 维稳信访工作办公室副主任 | 韩建禹（11月27日后） |
| | | 李建伟（二级副） |
| | 保卫部副主任 | 韩建禹（11月27日后） |
| | | 李建伟（二级副） |
| 发展计划部 | 总经理 | 徐　迪（10月30日后） |
| | 副总经理 | 蒋国平（二级正，10月30日前） |
| | | 戴正海（二级正，10月30日后） |
| | | 李　银（10月30日后，11月27日前） |
| | | 徐　辉（二级正，11月27日后） |
| | | 宋庆波（10月30日后） |
| | | 王德康（10月30日后） |
| 市场与生产协调部 | 总经理 | 谢祥锋（10月30日后） |
| | | 万永生（10月30日前） |
| | 副总经理 | 刘　刚（10月30日后，11月27日前） |
| | | 周荣海（11月27日后） |
| | | 林　斌（10月30日后） |
| | | 景　洋（11月27日后） |
| | | 方　曦（11月27日后） |
| | | 李官华（二级正，10月30日前） |
| | | 吴　俊（10月30日前） |
| | | 侯新荣（10月30日前） |
| 财务部 | 总经理 | 聂小明 |
| | 副总经理 | 吴　茜 |
| | | 王立军 |
| | | 曹晓丽 |
| | | 谢　钊 |

续表

| 机关职能处（部）室名称 | 职 务 | 姓 名 |
| --- | --- | --- |
| 人力资源部/党委组织部 | 总经理（部长） | 曾 翀 |
| | 副总经理（副部长） | 董剑南（二级正） |
| | | 王 涛（11月27日前） |
| | | 傅红村 |
| | | 曹中渝 |
| | | 胡 志 |
| | 公司党委副处级组织员 | 曾世洪（10月30日前） |
| 工程技术部（工程作业智能支持中心） | 总经理 | 付 强 |
| | 副总经理 | 薛让平（11月27日前） |
| | | 曾 静 |
| | | 胡 军 |
| | | 张 平 |
| | | 叶林祥（10月30日前） |
| | | 袁小兵（11月27日后） |
| 质量健康安全环保部 | 总经理 | 徐非凡 |
| | 副总经理 | 杨厚天 |
| | | 贺吉安 |
| | | 马文胜 |
| | | 周 浩（安全监督中心主任，二级副，10月30日前） |
| 企管法规部 | 总经理 | 蔡激扬 |
| | 副总经理 | 熊 伟 |
| | | 潘 登 |
| | | 孙中磊 |
| 科技信息部 | 总经理 | 喻建胜（10月30日后） |
| | 副总经理 | 谢 意（10月30日后） |
| | | 刘 炯（10月30日后） |
| | | 陈思锦（10月30日后） |
| | | 李枝林（11月27日后） |
| 物资设备部 | 总经理 | 张增年（10月30日后） |
| | 副总经理 | 杨 铃（10月30日后） |
| | | 范旭潮（10月30日后，11月27日前） |
| | | 刘东方（10月30日后） |
| | | 张 洪（10月30日后） |
| | | 李朝阳（11月27日后） |

续表

| 机关职能处（部）室名称 | 职务 | 姓名 |
|---|---|---|
| 审计部 | 总经理 | 李　林 |
| | 副总经理 | 蒋光斌（二级正，10月30日前） |
| | | 张兴俊 |
| 党群工作部<br>（党委宣传部、工会、团委） | 主任（部长） | 侯　斌 |
| | 副主任（副部长） | 陈　军 |
| | | 刘玉学 |
| | 工会主席 | 喻著成（一级副） |
| | 工会副主席 | 香　军 |
| | | 陈　帅（二级副） |
| | | 杨　健（二级副） |
| | 团委书记 | 侯　斌 |
| | 团委副书记 | 胡雪姣 |
| 纪委办公室（党委巡察办公室） | 纪委副书记 | 杨　帅 |
| | 纪委办公室主任 | 杨　帅 |
| | 纪委办公室<br>副主任 | 杨运杰（二级正） |
| | | 刘利军（二级正） |
| | | 张　晨 |
| | | 邓　平（10月30日后） |
| | | 黄玉兰 |
| | 党委巡察办公室主任 | 徐志勇（10月30日前） |
| | | 杨运杰（10月30日后） |
| | 党委巡察办公室主任 | 邓　平 |
| | | 曾世洪（10月30日前） |

表17　2023年西南油气田公司机关附属单位领导人名表

| 单位名称 | 职务 | 姓名 |
|---|---|---|
| 资金结算中心 | 临时负责人 | 杨　涛（兼）（10月19日前）（10月19日后空缺） |
| 技能人才评价中心 | 主任 | 郭　伶（兼）（10月19日前）（10月19日后空缺） |

表18　2023年川庆钻探工程公司机关附属单位领导人名表

| 单位名称 | 职务 | 姓名 |
|---|---|---|
| 公共事务中心 | 主任 | 曾　剑（二级正） |
| | 副主任 | 兰　宇（兼，二级副） |
| | | 田　明（二级副） |

续表

| 单位名称 | 职　务 | 姓　名 |
| --- | --- | --- |
| 公共事务中心 | 机关党委书记 | 喻著成（一级副） |
| | 机关党委常务副书记 | 曾　剑 |
| | 机关纪委书记 | 黄玉兰 |
| | 机关工会主席 | 曾　剑 |
| 工程造价中心 | 主任 | 李　银（11月27日前） |
| | | 徐　辉（11月27日后） |
| | 副主任 | 包小红（二级副，11月27日前） |
| | | 刘电辉（二级副） |
| 生产科研基地建设管理部 | 经理、党支部书记 | 戴正海 |
| 成都结算中心 | 主任 | 谢　钊（兼） |
| 井控管理中心 | 主任 | 叶林祥（兼，10月30日前） |
| | | 袁小兵（兼，11月27日后） |
| 新闻中心 | 主任 | 陈　军（兼） |
| 党委巡察组 | 巡察专员 | 杨运杰（正处级） |
| | 巡察副专员 | 邓　平（二级副，10月30日后） |
| | | 王学钦（二级副） |
| | | 程小宝（二级副，10月30日前） |
| | | 杜　刚（二级副） |
| | | 陈晓军（二级副，11月27日后） |

表19　2023年西南油气田公司直属机构主要领导人员名录

| 单位名称 | 职　务 | 姓　名 |
| --- | --- | --- |
| 气田开发管理部 | 主任 | 杨洪志 |
| 营销部 | 主任 | 张　川 |
| 资本运营部（1月11日前） | 主任 | 朱国武（临时主持，1月12日前） |
| 对外合作部（外事办公室） | 主任 | 刘成根（1月12日前）<br>曾青松（1月12日后） |
| 管道管理部 | 主任 | 钱　浩 |
| 物资设备管理部 | 主任 | 王　欣 |
| 信息管理部 | 主任 | 刘晓天 |
| 矿区管理部（10月20日前） | 主任 | 肖玉辉（10月19日前） |
| 离退休管理部（老干部处）（10月20日前） | 主任 | 张　英（10月19日前） |
| 计划财务部 | 主任 | 杨再勇 |
| 市场开发部 | 主任 | 朱力洋（12月25日前） |

# 二级单位领导

【西南油气田公司二级单位】 2023年,西南油气田公司所属二级单位43个,主要领导人员名录见表20。（闵怡薇）

【川庆钻探工程公司二级单位】 2023年,川庆钻探工程公司有二级单位25个,领导人员名录见表21。（王静丽）

表20 2023年西南油气田公司二级单位主要领导人员名表

| 单位名称 | 行政正职 | 党委（党总支、党支部）书记 |
| --- | --- | --- |
| 川东北作业分公司 | 葛 枫 | 葛 枫 |
| 长宁公司 | 赵 松（10月7日前） | 赵 松（10月7日前） |
| | 赵 伟（10月7日后） | 赵 伟（10月7日后） |
| 川中油气矿 | 方 进（10月19日前） | 杨子海 |
| | 贾 静（10月19日后） | |
| 重庆气矿（重庆天然气销售与管道分公司） | 赵 伟（10月19日前） | （1月12日前空缺） |
| | 方 进（10月19日后） | 孙开俊（1月12日后） |
| 蜀南气矿 | 李 海 | 杨 春 |
| 川西北气矿 | 杜 强 | 蒋 彬 |
| 川东北气矿 | 青 春 | 李 杰 |
| 川中北部采气处 | 贾 静（10月19日前） | 香 进 |
| | （10月19日后空缺） | |
| 输气处 | 安建川（12月25日前） | 李红亮 |
| 相国寺储气库公司 | 蒋华全 | 李 斌 |
| 天然气净化总厂 | 王 军 | 李 剑 |
| 成化总厂 | 高立新 | 胡光辉（1月12日前） |
| | | 郑 雷（1月12日后） |
| 勘研院 | 文 龙 | 雷 程 |
| 天研院 | 熊 钢 | 谯华平 |
| 工程院 | 范 宇 | （10月19日前空缺） |
| | | 唐诗国（10月19日后） |
| 安研院 | 李 静 | 文 明 |
| 页岩气研究院 | 吴建发 | 李跃纲 |
| 集输工程所 | 戴志向 | 曲 林 |
| 经研所 | 何润民 | 刘用成（1月12日前） |

机构·人物

续表

| 单位名称 | 行政正职 | 党委（党总支、党支部）书记 |
|---|---|---|
| 勘探事业部 | 黄平辉 | 余有金（10月19日前） |
| | | （10月19日后空缺） |
| 开发事业部 | 段国彬（12月25日前） | 唐诗国（10月19日前） |
| | | （10月19日后空缺） |
| 致密油气项目部 | 肖 尧 | 许深皓（10月19日前） |
| | | （10月19日后空缺） |
| 四川华油集团公司 | 曾润奇 | 邹光国（含任执行董事） |
| 川港燃气公司 | 邓经纬 | 石 磊（含任董事长） |
| 燃气分公司 | 陈 革 | 曾 勇（含任执行董事） |
| 信通中心（5月30日前） | 张继斌 | 杜 波 |
| 数智分公司（5月30日后） | | |
| 物资分公司 | 张 勇 | 樊新胜（10月19日前） |
| | | （10月19日后空缺） |
| 重庆页岩气公司 | 李 维 | 朱 愚 |
| 四川页岩气公司 | 唐建荣（1月12日前） | 唐建荣（1月12日后同时任董事长） |
| | 陶诗平（1月12日后） | |
| 新能源事业部 | 胡 剑 | 熊 波 |
| 行政事务中心（档案中心）（10月20日前） | 代华明（10月19日前） | 段义贤（10月19日前） |
| 工程项目造价中心（6月26日前） | 邱 斌 | 李登华 |
| 造价中心（6月26日后） | | |
| 社会保险中心（公积金中心） | 李天祥 | 杨 琳 |
| 纪检审计中心 | 殷小卫 | 李 璞 |
| 重点地面工程建设项目部 | 周德志 | 何 甫 |
| 技术咨询中心 | 陈水银 | 王良锦 |
| 新闻中心 | 李 磊 | 李勇军 |
| 宝石花汽服公司 | 孟宪雨 | 孟宪雨 |
| 重庆协调组 | 赵 伟（10月19日前） | 刘金全 |
| | 方 进（10月19日后） | |
| 重庆分公司 | 刘金全 | （暂缺） |
| 家益公司 | 王蜀源 | 张 刚（含任董事长） |

续表

| 单位名称 | 行政正职 | 党委（党总支、党支部）书记 |
|---|---|---|
| 华成监理公司 | 董晓文（10月19日前） | 郭争光（10月19日前） |
| | （10月19日后空缺） | 董晓文（10月19日后，同时任董事长） |
| 宝石花物业公司 | 唐大兴 | 唐宗文（10月19日前） |
| | | 肖玉辉（10月19日后） |
| 宝石花油服公司 | 李阳波 | 李阳波 |
| 四川宝石花医疗公司 | 谭　靖 | 谭　靖 |
| 综合服务中心（10月20日前） | 谭敬明（10月19日前） | （暂缺） |
| 公共事务中心（保卫部、武装部）（10月20后） | 谭敬明（10月19日后） | 代华明（10月19日后） |
| 四川华盛能源公司 | 朱国武 | 夏　晖 |

**表21　2023年川庆钻探工程公司二级单位领导人员名表**

| 单位名称 | 行政正职 | 党委（党总支、党支部）书记 |
|---|---|---|
| 川庆长庆指挥部 | 孙　虎 | 王海平（党总支书记） |
| 川庆川东钻探公司 | 王明华 | 朱占林 |
| 川西钻探公司 | 罗　鑫（10月7日前） | 胡　影 |
| | 董钟骏（11月27日后） | |
| 长庆钻井总公司 | 王运功 | 吕凤军 |
| 　第一工程项目部 | 王　浩（经理，二级副） | 王　浩（3月27日前） |
| 　第二工程项目部 | 石仲元（经理，二级副） | 石仲元（3月27日前） |
| 　第三工程项目部 | 贺会锋（经理，二级副，10月30日前） | 贺会锋（3月27日前） |
| | 石崇东（经理，二级副，11月27日后） | |
| 　第四工程项目部 | 杨勇平（经理，二级副，11月27日前） | 杨勇平（3月27日前） |
| | 高　龙（经理，二级副，11月27日后） | |
| 　第五工程项目部 | 周荣海（经理，二级副，11月27日前） | 周荣海（3月27日前） |
| | 陶海君（经理，二级副，11月27日后） | |
| 川庆新疆分公司 | 徐　杨 | 习延红 |
| 川庆国际工程公司 | 郑　重 | 林　平 |
| 　厄瓜多尔分公司 | 张　雄 | |
| 　巴基斯坦分公司 | 刘晓明 | |
| 　土库曼斯坦分公司 | 李明胜 | |
| 　中东分公司 | 颜玉川 | |
| 川庆苏里格项目部 | 吴永春 | |

续表

| 单位名称 | 行政正职 | 党委（党总支、党支部）书记 |
|---|---|---|
| 川庆井下作业公司 | 刘伟 | 余才焌 |
| 川庆长庆井下公司 | 樊兴安 | 刘文祥 |
| 川庆试修公司 | 王东林 | 韩建禹（11月27日前）<br>黄伟（11月27日后） |
| 川庆长庆固井公司 | 袁卓 | 张明力 |
| 川庆钻采院 | 许期聪 | 陈倩 |
| 川庆地研院 | 欧阳诚（10月7日前）<br>张庆（11月27日后） | 唐建侯（11月27日前）<br>袁诚（11月27日后） |
| 川庆安检院 | 陈晓彬 | 刘万家 |
| 川庆蜀渝公司 | 王遂泸 | 罗勇（11月27日前）<br>李川江（11月27日后） |
| 川庆重庆运输总公司 | 伍兵 | 陈晓超（11月27日前）<br>李平（11月27日后） |
| 川庆长庆监督公司 | 苏金柱（11月27日前）<br>王文武（11月27日后） | 李明 |
| 川庆钻井液公司 | 冉启华 | 徐辉（11月27日前）<br>刘刚（11月27日后） |
| 川庆页岩气项目经理部 | 何怀银 | 袁诚（11月27日前）<br>何怀银（11月27日后） |
| 川庆页岩气工程项目部 | 干建华（经理） | 干建华（党支部书记，11月27日前）<br>薛让平（党支部书记，11月27日后） |
| 川庆井控应急中心 | 罗园（主任） | 罗园 |
| 越盛公司 | 巫波 | 张杰 |
| 川庆纪检审计中心 | 蒋光斌（主任，11月27日前）<br>刘利军（主任，11月27日后） | 刘利军（党总支书记，11月27日前） |
| 川庆培训中心（四川石油学校） | 钟瑛（11月27日前）<br>杜东（11月27日后） | 杜东（11月27日前）<br>王涛（11月27日后） |
| 川庆公司党校 | 校长 | （空缺） | （暂缺） |
| | 副校长 | 钟瑛（11月27日前）<br>杜东<br>王涛（11月27日后） | |
| 川庆酒店管理公司 | 赵彩虹 | 赵彩虹（11月27日前）<br>范旭潮（11月27日后） |
| 中国石油井控装置质量检验中心 | 邓勇刚（主任） | （暂缺） |

# 技术管理专家及高级专业技术人员

**【享受国务院政府特殊津贴专家】** 2023年，四川油气田享受国务院政府特殊津贴人员28人。其中，西南油气田公司有15人，分别是黄先平、陈更生、杨雨、刘辉、杨跃明、杨光、向启贵、余忠仁、冯曦、胡勇、郭贵安、余进、王川洪、贺志明、马晶晶；川庆钻探工程公司有8人，分别是钱斌（油气田开发）、刘国良（油气田开发）、张冕（油气田开发）、白云海（油气田开发）、田军（油气田开发）、刘贵义（钻井工程）、李洪兴（钻井工程）、张勇（钻井工程）。

（欧阳清华　游先勇）

**【集团公司技术专家名录】** 2023年，川庆钻探工程公司有集团公司井控抢险专家3人，分别是谭宾、晏凌、罗园，有集团公司井控资深专家4人，分别是孙虎、付强、王勇、叶林祥，有集团公司井控高级专家20人，分别是邓乐、姚先荣、任晓彬、吴会胜、胥宏图、李爱、王华平、罗琼英、陶思才、黄忠、王均良、王武、莫光文、曾静、李兵、柳志勇、卿玉、刘宝军、王茂林、花仁敬。（游先勇）

**【技术专家】** 2023年，西南油气田公司在聘期内的技术专家127人，其中企业首席专家7人（表22），企业高级专家18人（表23），一级工程师102人（表24）。

2023年，川庆钻探工程公司在聘期内的技术专家124人，其中企业首席专家5人（表25），企业高级专家41人（表26），一级工程师78人（表27）。

（欧阳清华　游先勇）

表22　2023年西南油气田公司企业首席专家名录

| 工作单位（部门） | 姓　名 | 专　业 |
|---|---|---|
| 技术咨询中心 | 傅敬强 | 天然气净化与化工 |
| | 黄先平 | 油气勘探 |
| | 郑有成 | 钻完井工程 |
| | 文　明 | 油气田开发 |
| | 郭贵安 | 油气田开发 |
| | 文绍牧 | 油气田开发 |
| | 贺志明 | 经济与管理 |

表23　2023年西南油气田公司企业高级专家名录

| 工作单位（部门） | 姓　名 | 专　业 |
|---|---|---|
| 蜀南气矿 | 李建林 | 地质工程 |
| | 黎隆兴 | 油气田开发 |
| 川东北气矿 | 曾汇川 | 地质勘探 |
| 输气处 | 殷　朋 | 天然气储运与计量 |
| 成化总厂 | 李均方 | 天然气净化与化工 |
| 川东北作业分公司 | 李丁川 | 安全工程 |
| | 贾长青 | 油气田开发 |
| 天研院 | 何金龙 | 天然气净化与化工 |
| 工程院 | 胡锡辉 | 钻完井工程 |
| 安研院 | 向启贵 | HSE与节能减排 |
| 开发事业部 | 曾　光 | 钻完井工程 |
| | 李润川 | 钻完井工程 |
| 长宁公司 | 蔡从德 | 地面工程 |
| | 吴春林 | 修井工程 |
| 技术咨询中心 | 蒋伟雄 | 地质勘探 |
| | 赵路子 | 地质勘探 |
| | 刘泽军 | 化工与设备 |
| | 汪云福 | 信息技术 |

表24　2023年西南油气田公司一级工程师名录

| 工作单位（部门） | 姓　名 | 专　业 |
|---|---|---|
| 川中油气矿 | 李俊良 | 地质工程 |
| | 罗孝雄 | 采油气工艺 |
| | 孙小虎 | 计量技术 |
| | 李　涛 | 净炼化工艺 |
| 重庆气矿 | 冯青平 | 地质工程 |
| | 何志强 | 地面工程 |
| | 沈大均 | 安全工程 |
| 蜀南气矿 | 李　羿 | 地质工程 |
| | 董荣祥 | 经济与管理 |
| | 陈　平 | 安全工程 |
| | 董应兴 | 地面工程 |
| | 刘旭光 | 天然气净化 |

续表

| 工作单位（部门） | 姓　名 | 专　业 |
|---|---|---|
| 川西北气矿 | 龚　兵 | 经济与管理 |
| | 李　梅 | 地质工程 |
| | 杜　诚 | 油气藏工程 |
| 川东北气矿 | 黄继超 | 安全 |
| | 任洪明 | 开发地质 |
| | 汪　洋 | 采气工艺 |
| 输气管理处 | 张登高 | 信息技术 |
| | 罗　敏 | 管道运行技术 |
| | 黄　成 | HSE与计量技术 |
| | 王　靖 | 管道运行技术 |
| | 薛献忠 | 地面工程 |
| 天然气净化总厂 | 郑　民 | 天然气净化 |
| | 周　军 | 天然气净化 |
| 成化总厂 | 李文艺 | 安全工程 |
| | 丁　力 | 天然气净化与化工 |
| 川东北作业分公司 | 兰云霞 | 采气工艺 |
| | 彭维茂 | 天然气净化 |
| | 张俊良 | 钻井工程 |
| | 曾　刚 | 天然气净化 |
| 勘研院 | 刘　均 | 油气藏工程 |
| | 李国辉 | 综合地质研究 |
| | 刘义成 | 开发地质 |
| | 余宗胜 | 勘探部署 |
| | 朱占美 | 开发地质 |
| | 何绪全 | 测井 |
| | 黄　平 | 物探 |
| | 陈颖莉 | 开发部署 |
| | 苑保国 | 综合地质研究 |
| | 彭　先 | 气田开发 |

续表

| 工作单位（部门） | 姓　名 | 专　业 |
|---|---|---|
| 天研院 | 温崇荣 | 天然气净化 |
| | 唐永帆 | 腐蚀与防护 |
| | 黄红兵 | 产品制备工艺 |
| | 段继芹 | 天然气流量测试 |
| | 曾文平 | 天然气分析测试 |
| | 涂振权 | 天然气分析测试 |
| | 张春阳 | 油气地面工程 |
| | 刘友权 | 油气田化学 |
| | 李万俊 | 天然气流量测试 |
| | 陈昌介 | 天然气净化 |
| | 蒋泽银 | 油气田化学 |
| | 陈　文 | 腐蚀与防护 |
| 工程院 | 尹　强 | 井下工具研发技术 |
| | 李　力 | 储层改造技术 |
| | 唐　庚 | 完井、试油工艺技术 |
| | 韩慧芬 | 采气工艺实验评价技术 |
| | 向建华 | 采气工艺技术 |
| | 刘祥康 | 修井工艺技术 |
| | 卢正东 | 地质 |
| 安研院 | 罗方宇 | 环保 |
| | 江　丽 | 环境节能监测 |
| | 周　劲 | HSE监督 |
| | 乔　蓓 | 安全 |
| | 熊　军 | 环保工程 |
| | 卓先德 | 安全工程 |
| | 秦　林 | 管道完整性检测与评价 |
| 页岩气研究院 | 张德宽 | 地质综合研究 |
| | 林盛旺 | 完井试油工艺 |
| 经研所 | 罗旻海 | 技术经济评价 |
| | 熊　伟 | 天然气价格与市场 |
| | 周　娟 | 战略管理与政策研究 |

续表

| 工作单位（部门） | 姓　名 | 专　业 |
|---|---|---|
| 勘探事业部 | 赵晓红 | 物探 |
| | 胡　华 | 综合地质研究 |
| 开发事业部 | 倪根生 | 地质工程 |
| | 陆英权 | 经济与管理 |
| | 米光勇 | 钻完井工程 |
| | 刘　波 | 钻完井工程 |
| | 高德伟 | 钻完井工程 |
| | 向　斌 | 试油工程 |
| | 马廷虎 | 地质工程 |
| | 杨　健 | 试油工程 |
| 致密油气项目部 | 肖红林 | 地质工程 |
| 数智分公司 | 岳　松 | 经济与管理 |
| | 鲍自翔 | 安全 |
| | 孙　韵 | 信息工程 |
| 长宁公司 | 杨晓敏 | 安全 |
| | 何　焱 | 地面工程 |
| | 杨建英 | 采气工艺 |
| 四川页岩气公司 | 周安富 | 地质工程 |
| | 唐桂林 | 采气工艺 |
| | 张小涛 | 气藏工程 |
| 技术咨询中心 | 宁　飞 | 储气库气藏工程 |
| | 张振应 | 经济与管理 |
| | 赵传斌 | 经济与管理 |
| | 戴　忠 | 环保 |
| | 李恒根 | 经济与管理 |
| | 范明燕 | 经济与管理 |
| | 徐　境 | 经济与管理 |
| | 林　倩 | 经济与管理 |
| | 毛川勤 | 储气库技术 |
| | 张润兰 | 净炼化工艺 |

**表 25　2023 年川庆钻探工程公司企业首席专家名录**

| 工作单位（部门） | 姓　名 | 专　业 |
|---|---|---|
| 川庆钻采院 | 晏　凌 | 钻井工程 |
| | 陆灯云 | 油气田开发 |
| | 李晓明 | 钻井工程 |
| 川庆井下作业公司 | 钱　斌 | 油气田开发 |
| | 杨柳青 | 机械 |

**表 26　2023 年川庆钻探工程公司企业高级专家名录**

| 工作单位（部门） | 姓　名 | 专　业 |
|---|---|---|
| 市场与生产协调部 | 杨华斌 | 钻井工程 |
| 工程技术部 | 王　勇 | 钻井工程 |
| | 陈　敏 | 钻井工程 |
| | 李晓阳 | 钻井工程 |
| | 叶林祥 | 钻井工程 |
| | 邓　乐 | 油气田开发 |
| | 刘子平 | 油气田开发 |
| 质量健康安全环保部 | 赵维斌 | 安全环保 |
| 科技信息部 | 徐　文 | 钻井工程 |
| | 江　涛 | 信息工程 |
| 物资设备部 | 孟　军 | 机械 |
| | 黎宗琪 | 机械 |
| 生产科研基地建设管理部 | 袁坤德 | 地面建设与油气储运 |
| 川庆川东钻探公司 | 谯抗逆 | 钻井工程 |
| | 张林平 | 钻井工程 |
| 川庆川西钻探公司 | 李洪兴 | 钻井工程 |
| | 陶思才 | 钻井工程 |
| 川庆长庆钻井总公司 | 王均良 | 钻井工程 |
| | 贺会锋 | 钻井工程 |
| | 王万庆 | 钻井工程 |
| | 宋顺平 | 机械 |
| 川庆新疆分公司 | 买买提吐尔逊·塔里甫 | 钻井工程 |
| 川庆井下作业公司 | 冯　彬 | 钻井工程 |
| | 石孝志 | 油气田开发 |
| | 管　彬 | 油气田开发 |

机构·人物

续表

| 工作单位（部门） | 姓 名 | 专 业 |
|---|---|---|
| 川庆长庆井下公司 | 张 冕 | 油气田开发 |
| | 白明伟 | 机械 |
| 川庆试修公司 | 贺秋云 | 钻井工程 |
| | 张明友 | 油气田开发 |
| 川庆钻采院 | 韦海防 | 钻井工程 |
| | 陈 平 | 油气田开发 |
| | 钱浩东 | 信息工程 |
| 川庆地研院 | 李 立 | 地质勘探 |
| | 罗谋兵 | 地质勘探 |
| 川庆安检院 | 彭远春 | 安全环保 |
| 川庆蜀渝公司 | 谭树成 | 地面建设与油气储运 |
| 川庆长庆监督公司 | 李红瑞 | 安全环保 |
| 川庆钻井液公司 | 周华安 | 钻井工程 |
| | 黄 平 | 钻井工程 |
| 川庆页岩气工程项目部 | 尹丛彬 | 油气田开发 |
| 越盛公司 | 李建忠 | 油气田开发 |

**表27　2023年川庆钻探工程公司一级工程师名录**

| 工作单位（部门） | 姓 名 | 专 业 |
|---|---|---|
| 川庆长庆指挥部 | 郭百利 | 钻井工程 |
| 川庆川东钻探公司 | 王华平 | 钻井工程 |
| | 周永建 | 钻井工程 |
| | 张 建 | 机械 |
| 川庆川西钻探公司 | 刘春林 | 钻井工程 |
| | 姚先荣 | 钻井工程 |
| | 叶长文 | 钻井工程 |
| | 罗 辉 | 机械 |
| 川庆长庆钻井总公司 | 张延兵 | 钻井工程 |
| | 李录科 | 钻井工程 |
| | 李润苗 | 钻井工程 |
| | 王清臣 | 钻井工程 |

续表

| 工作单位（部门） | 姓 名 | 专 业 |
|---|---|---|
| 川庆长庆钻井总公司 | 石宪峰 | 机械 |
| | 苏兴华 | 信息工程 |
| 川庆新疆分公司 | 孙 俊 | 钻井工程 |
| | 莫光文 | 钻井工程 |
| | 刘 平 | 钻井工程 |
| | 陈 亮 | 安全环保 |
| 川庆国际工程公司 | 王成学 | 钻井工程 |
| | 吉永忠 | 钻井工程 |
| | 贺 彬 | 钻井工程 |
| | 何志强 | 钻井工程 |
| | 李 强 | 机械 |
| 川庆井下作业公司 | 刘运楼 | 钻井工程 |
| | 杨万忠 | 钻井工程 |
| | 张成金 | 钻井工程 |
| | 张道鹏 | 油气田开发 |
| | 朱炬辉 | 油气田开发 |
| | 潘 勇 | 油气田开发 |
| | 陈明忠 | 油气田开发 |
| 川庆长庆井下公司 | 刘国良 | 油气田开发 |
| | 兰建平 | 油气田开发 |
| | 曹 欣 | 油气田开发 |
| | 陈万林 | 油气田开发 |
| | 许洪星 | 油气田开发 |
| | 欧阳伟平 | 油气田开发 |
| | 费节高 | 油气田开发 |
| | 苏敏文 | 机械 |
| 川庆试修公司 | 贾 海 | 油气田开发 |
| | 潘 登 | 油气田开发 |
| | 付建华 | 油气田开发 |
| | 何明格 | 油气田开发 |
| 川庆长庆固井公司 | 魏周胜 | 钻井工程 |
| | 周兴春 | 钻井工程 |
| | 兰小林 | 钻井工程 |

续表

| 工作单位（部门） | 姓名 | 专业 |
|---|---|---|
| 川庆钻采院 | 邓祥华 | 钻井工程 |
| | 王文斌 | 钻井工程 |
| | 陈俊斌 | 钻井工程 |
| | 胡超 | 钻井工程 |
| | 魏强 | 钻井工程 |
| | 庞东晓 | 钻井工程 |
| | 王培峰 | 钻井工程 |
| | 陈小荣 | 钻井工程 |
| | 唐贵 | 钻井工程 |
| | 贾利春 | 钻井工程 |
| | 李勇 | 油气田开发 |
| | 白云海 | 油气田开发 |
| | 刘彬 | 机械 |
| | 李前春 | 机械 |
| | 张治发 | 信息工程 |
| 川庆地研院 | 王自明 | 油气田开发 |
| | 何健 | 油气田开发 |
| | 余佳 | 油气田开发 |
| | 陈果 | 地质勘探 |
| | 欧阳明华 | 物探 |
| | 韩翀 | 物探 |
| 川庆安检院 | 万夫 | 机械 |
| | 陈立云 | 安全环保 |
| | 金雪梅 | 安全环保 |
| | 李辉 | 安全环保 |
| 川庆蜀渝公司 | 张明政 | 地面建设和油气储运 |
| 川庆长庆石油工程监督公司 | 秦等社 | 安全环保 |
| 川庆钻井液公司 | 李茂森 | 钻井工程 |
| | 杨兰平 | 钻井工程 |
| 川庆页岩气项目经理部 | 饶晓东 | 钻井工程 |
| | 吴磊 | 地质勘探 |
| 川庆工程技术部 | 徐勇军 | 机械 |
| 川庆生产科研基地建设管理部 | 李华平 | 地面建设和油气储运 |

【正高级专业技术人员】 2023年，西南油气田公司晋升正高级职称19人（西南司职改〔2023〕2号），其中正高级工程师15人、正高级经济师2人、正高级政工师2人，任职资格时间从2023年7月14日开始计算。

2023年，川庆钻探工程公司晋升正高级职称11人（川庆钻探职改〔2023〕2号），其中正高级工程师9人、正高级会计师1人、正高级政工师1人，任职资格资历时间从2023年7月14日开始计算。（欧阳清华　游先勇）

**西南油气田公司**
1. 正高级工程师（15人）
输气处：安建川
川东北作业分公司：张培军
勘研院：彭先　汪华
天研院：周理
工程院：范宇　唐庚
页岩气研究院：吴建发
西南油气田公司机关：何骁　雍锐　杨雨
　　　　　　　　　　陈力力　刘海峰　刘晓天
　　　　　　　　　　杨健
2. 正高级经济师（2人）
经研所：何润民
西南油气田公司机关：何小川
3. 正高级政工师（2人）
勘研院：雷程
技术咨询中心：景扬

**川庆钻探工程公司**
1. 正高级工程师（9人）
川庆钻探工程公司机关：谭宾　刘石　付强
　　　　　　　　　　　刘子平
川庆井下作业公司：杨柳青
川庆钻采院：韦海防　白璟
川庆页岩气项目经理部：吴磊　李彦超
2. 正高级会计师（1人）
川庆钻探工程公司机关：吴茜
3. 正高级政工师（1人）
川庆钻探工程公司机关：曾翀

【高级专业技术人员】 2023年，西南油气田公司晋升高级职称644人（西南司职改〔2023〕1号，集团人资〔2023〕

79号、105号和110号）。其中：笪玲任职资格时间从2022年3月17日起开始计算；余慧、于刚任职资格时间从2022年12月13日起开始计算；周柏年等315人任职资格时间从2023年12月30日起开始计算。

2023年，川庆钻探工程公司晋升副高级职称201人（川庆职改发〔2024〕1号），其中高级工程师148人、高级经济师11人、高级会计师11人、高级审计师2人、高级政工师29人，任职资格资历时间从2023年12月30日开始计算。

（欧阳清华　游先勇）

**西南油气田公司**

1. 高级工程师（224人）

川渝页岩气前线指挥部：匡云帆　梁　爽
川中油气矿：邓　庄　周思立　陈　锐　李宜南
　　　　　　唐仕谷　甘笑非　钟礼萍　邓渝川
　　　　　　田　力　李培蓉　冯泽江　鄢小兵
重庆气矿：罗　鑫　陈　波　谢利平　邓　婷
　　　　　殷洪川　朱英杰　熊东宁　熊　伟
　　　　　陈桂平　王　煜　张利华　任玉清
　　　　　黄　杰　黄　莹
蜀南气矿：董俊韬　唐雪清　何桥松　杨　强
　　　　　郑清平　冉龙祥　何同均　武利洪
　　　　　江胜飞　王洪彬　张凤霞
川西北气矿：孙志昀　景芊荃　朱遂晖　袁小金
　　　　　　罗　静　高　龙　李　华　刘　雷
　　　　　　袁　焜　邓启志　林德健　罗丝露
川东北气矿：张洁伟　谢　川　张泽伟　袁志华
　　　　　　高　玥　杨红梅　黄英海　曾　超
　　　　　　李自强　史春艳　刘智巍
川中北部采气管理处：李松岑　吕亚博　吴泓霖
输气处：李　鹏　李剑峰　吕雯丽　林睿南
　　　　肖　飞　黎　铁　杨丽茹　彭基华
　　　　陈方超　周　雪　田淑娴　周　英
天然气净化总厂：范秦楚　王向林　黄　辉
　　　　　　　　曹　东　张晓云　高健文
　　　　　　　　张云光　吴怡良　刘柯宏
成化总厂：冉东明
川东北作业分公司：廖　果　柳卓君　陈思齐
　　　　　　　　　邓信文　王　杰　蒋兴旺
　　　　　　　　　甘凤明　王　希
勘研院：李　勇　孙豪飞　山述娇　林　怡
　　　　赵春妮　吴雪峰　蔡长宏　申　艳
　　　　徐建亭　惠　栋　杨　山　张　楷
　　　　张　娟　赵梓寒　杨　曦　丁　钊
　　　　陈　康　汤　聪　杨广广　夏小勇
　　　　黎　萌　吴　勇
天研院：黄刚华　刘　可　薛靖文　赵西向超
　　　　谢　明　刘丁发　蒲长胜　芮祎鸣
工程院：朱　鹏　喻　冰　桑鹏飞　黄　玲　闵　建
　　　　冯星铮　陈怀刚　何亚锐　苏　强　陈　烨
　　　　陈　骥　谭宇龙　雷　银　郑　科
安研院：李　虹　李东华　何　沫　魏　东　许　洁
页岩气研究院：桂俊川　胡晓华　王广耀　文山师
　　　　　　　张成林　罗浩然
集输工程所：赵红娱　朱　珠　王　鲜
勘探事业部：周远志　刘　成　何　柳　王　铁
　　　　　　冯永东
开发事业部：陈　虎　符　豪　廖　伟　王峻源
　　　　　　王柯人　陈　鑫　肖　平
致密油气项目部：李唐律　魏俊吉　杨　帆
燃气分公司：吴　猛　李　勒　罗　洁　杨　伟
数智分公司：张　军　程小曼　秦　超
物资分公司：张　勇
新能源事业部：徐　凌
工程项目造价中心：陈翎霄　温　泉　李　扬
　　　　　　　　　谭　婷　王晋瑶
重点地面工程建设项目部：陈　波　熊俊杰
技术咨询中心：董　莎
公共事务中心：田松林　陈　思
长宁公司：王文婧　衡　德　谢贵林　叶秀茹
　　　　　杨　柳　曾　忱
相国寺储气库公司：雷思罗　汤　丁
川港燃气公司：温钰梅　潘毅涛　宋　捷
四川页岩气公司：李家君　戴　赟
重庆页岩气公司：陈马林　严俊涛
四川华油集团公司：刘程玮　沈　娇　杨　妮　袁　锐
家益公司：张　伟
华成监理公司：汤　浩

西南油气田公司办公室（党委办公室）：周柏年
规划计划处：曾 凯 米 杰
油气资源处（物探技术处）：李卓沛
生产运行处（天然气调度中心）：刘小斌
工程技术处：张志成
质量安全环保处：曾维烁 曾燕光
气田开发管理部：黄兴鸿 李菡韵 魏林胜 陈松林
物资设备管理部：安俞蓉
信息管理部：杨永维
市场开发部：黄晓琪

2. 高级经济师（19人）
重庆气矿：陈 学
蜀南气矿：王黄芬
川西北气矿：包 铖
川东北气矿：龙顺凤
输气管理处：李晏彬
川东北作业分公司：戴元梅
勘探开发研究院：张芳梅
经研所：谭 琦 蒋 龙
物资分公司：高晓蕾
社会保险中心（住房公积金管理中心）：兰正福
公共事务中心：李林洪
长宁公司：蔡隆晶
川港燃气公司：邓经纬
四川页岩气公司：王亚丽
四川华油集团公司：林 萍
家益公司：林 桃
企管法规处（内控与风险管理处）：兰 珂
物资设备管理部：吴 敏

3. 高级会计师（19人）
川中油气矿：刘 阳
重庆气矿：周栋梁
蜀南气矿：刘 敏
输气处：刘 伟
天然气净化总厂：王 皓
川东北作业分公司：付苹华
勘研院：陈灯松
勘探事业部：沈 积
物资分公司：官智灵 王 洋

社会保险中心（住房公积金管理中心）：陈虹汐
公共事务中心：薛 健
长宁公司：刘思源
四川页岩气公司：张玉萍
财务处：黄 宓 张 军 李雯瑶
计划财务部：徐乔竹 沈 诚

4. 高级审计师（2人）
纪检审计中心：黄 佳
审计处：白 建

5. 主任编辑（3人）
新闻中心：笪 玲 杜 闃
企业文化处（党委宣传部、团委）：闵晓娣

6. 副编审（1人）
技术咨询中心（天然气工业杂志社）：张 敏

7. 副研究馆员（2人）
公共事务中心：余 慧 于 刚

8. 高级政工师（48人）
川中油气矿：何高翔 张莉娟 钟科清
重庆气矿：严 丹 王 红
蜀南气矿：汪宸成 刘智勇
川西北气矿：胡文英 陈国斌
川东北气矿：胡晓东 姚小莉
输气处：聂 华 罗 斌
天然气净化总厂：李思蕾
川东北作业分公司：谭 浩
勘研院：潘 瑞 阮明龙
天研院：王 莉
工程院：杨 洋
安研院：何 佳
集输所：史 岩
勘探事业部：刘婷婷
开发事业部：魏 莱
致密油气项目部：徐冷慧赟
燃气分公司：石 磊
数智分公司：赵 洁
物资分公司：柳 荫
新能源事业部：余 洋
工程项目造价中心：熊 英
纪检审计中心：王 勇

新闻中心：黄文俊
公共事务中心：陈千慧　李　勇　林　勇
长宁公司：周潮光
川港燃气公司：蔡云逸　林　梅　邹国仙
重庆页岩气公司：邓昕婷
四川华油集团公司：廖　蓉　周　末
西南油气田公司办公室（党委办公室）：郭晓光
　　　　　　　　　　　　　　　　徐　鑫
人力资源部（党委组织部）：张浩森
企管法规处（内控与风险管理处）：王　宁
纪委办公室（巡察办公室）：严学光
企业文化处（党委宣传部、团委）：何　理
工会：袁　涛

**川庆钻探工程公司**

1. 高级工程师（148人）

川庆长庆指挥部：何　勇
川庆川东钻探公司：秦富兵　简　旭　田清江
　　　　　　　　　林添才　汪　勇　刘　维
　　　　　　　　　唐思诗　严少东　李洪清
　　　　　　　　　赵世庆
川庆川西钻探公司：肖劲超　彭　浩　林师瑶
　　　　　　　　　王书维　骆晓雪　王利全
　　　　　　　　　骆笑飞　郭茂磊　蒋宇鸿
　　　　　　　　　赵　强
川庆长庆钻井总公司：张金平　王　凯　孙　艳
　　　　　　　　　　王　岗　王向延　冉　华
　　　　　　　　　　袁　君　程　召　何积鹏
　　　　　　　　　　陈　镇　杜旭东　何　斌
　　　　　　　　　　母志波　杨文川　宋　尧
　　　　　　　　　　裴勇毅　杜旭鹏　王朋康
　　　　　　　　　　胡　刚　何　剑　孙海合
川庆新疆分公司：祝学飞　陈小华　查凌飞　郭泽龙
　　　　　　　　解　新
川庆国际工程公司：杨　刚　李从东　王永文
　　　　　　　　　王宝宁　龚顺祥　赵学峰
　　　　　　　　　张　刚
川庆苏里格项目部：刘成钢　张　庆
川庆井下作业公司：代　清　宾国成　杨　川

机构·人物
SICHUAN OIL AND GAS FIELDS YEARBOOK 2024

　　　　　　　　　　周太彬　余　建　何　乐
　　　　　　　　　　陈星宇　孙兆岩　张照阳
　　　　　　　　　　于世虎　孙亚东　张　杰
　　　　　　　　　　房　伟
川庆长庆井下公司：夏玉磊　李杉杉　左　挺
　　　　　　　　　姬随波　李泽锋　陈亚联
　　　　　　　　　刘　海　纪冬冬　车昊阳
　　　　　　　　　王建树　贾凯雄　杨小朋
　　　　　　　　　邵秀丽　马凤杰　田文超
　　　　　　　　　端木晓亮
川庆试修公司：刘兴华　陈华良　郑晓龙
川庆长庆固井公司：杨　晨　田国强　朱　洪
　　　　　　　　　李　庆　薛　瑜
川庆钻采院：李宬晓　卢　齐　范生林　李露春
　　　　　　汪　洋　杨茂红　黄宁生　周　杨
　　　　　　张　林　杨瑞帆　吴保玉　赵晨君
　　　　　　温　杰　林　冲
川庆地研院：肖高棉　陆　涛　赵　伟
　　　　　　赖　强　王　欣　梁　霄
　　　　　　夏慧萍　何　英　蔡默仑
　　　　　　付　宇　江　樵
川庆安检院：廖飞龙　王　凯　舒　畅
　　　　　　唐　桃　王　刚　王荣华
川庆蜀渝公司：李思薇　郭小燕　廖　桦
川庆重庆运输总公司：张　政　黎晓红
川庆长庆监督公司：高赛男
川庆钻井液公司：邓正强　范　劲　冯学荣　张　松
　　　　　　　　徐　毅　王晓丽
川庆页岩气项目经理部：戴　昆　王本强　马　强
川庆井控应急救援响应中心：胡旭光　谢意湘
　　　　　　　　　　　　　赖向东
越盛公司：陈飞虎
川庆培训中心：彭茂桓　何　勇
川庆钻探工程公司机关：赵　地　马世杰　许园园

2. 高级经济师（11人）

川庆川东钻探公司：吴　鹏
川庆长庆钻井总公司：刘艳来　缪旭阳
川庆国际工程公司：雷　波　李　林
川庆钻采院：罗祝涛

川庆重庆运输总公司：吕　营
川庆长庆监督公司：刘文涛
川庆酒店管理公司：唐　明
川庆钻探工程公司机关：杨　霞　何　虹
3. 高级会计师（11人）
川庆长庆指挥部：张展鹏
川庆川东钻探公司：于小舟
川庆长庆钻井总公司：王　辉
川庆国际工程公司：赵超军
川庆长庆固井公司：常珍瑜
川庆地研院：任　宏
川庆安检院：汪　锐
川庆蜀渝公司：范庆华
川庆钻井液公司：张睿洁
越盛公司：余欣恬
川庆钻探工程公司机关：何乔森
4. 高级审计师（2人）
川庆纪检审计中心：胡　怡　毕　薇
5. 高级政工师（29人）
川庆川东钻探公司：冯晓勇
川庆川西钻探公司：杨　强　全青松　薛薇雨
川庆长庆钻井总公司：李传华　刘　伟　蔡　利
　　　　　　　　　雷俊锋
川庆井下作业公司：刘　玉
川庆长庆井下公司：黄　雷　李　铭
川庆试修公司：吴　畏
川庆长庆固井公司：杨　锋
川庆钻采院：王　锐
川庆安检院：刘万家　余朝辉
川庆蜀渝公司：汪　洋
川庆长庆监督公司：王小平　牛亚红　代　波
越盛公司：邓　斌
川庆纪检审计中心：王学钦
川庆培训中心：王　强
川庆酒店管理公司：赵彩虹
川庆钻探工程公司机关：刘思辰　郭　洋　刘　桓
　　　　　　　　　　　曾文琦　谭沁汶
　　　　　　　　　　　（欧阳清华　游先勇）

# 技能专家及高级技能人员

【集团公司技能专家】 2023年，西南油气田公司在聘期内的集团公司技能专家有12人（表28）。

2023年，川庆钻探工程公司聘期内的集团公司技能专家有11人（表29），川庆川西钻探公司石油钻井工张勇获聘集团公司技能大师。　　　　（闵怡薇　唐　睿）

【局级技能专家】 2023年，西南油气田公司在聘期内的技能专家49人（表30）。

2023年，川庆钻探工程公司在聘期内的技能专家有40人（表31）。　　　　　　　　（闵怡薇　唐　睿）

【资深技师名录】 2023年，西南油气田公司在聘期内的资深技师56人（表32）。

2023年，川庆钻探工程公司在聘期内的资深技师53人（表33），职业资格时间从2023年1月1日起开始计算（川庆钻探人资〔2023〕25号）。　（闵怡薇　唐　睿）

【高级技师名录】 2023年，西南油气田公司新取得高级技

表28　2023年西南油气田公司获聘集团公司技能专家名录

| 单　位 | 姓　名 | 工　种 |
| --- | --- | --- |
| 川中油气矿 | 李忠良 | 采油工 |
|  | 陈本学 | 采气工 |
|  | 胡　勇 | 天然气净化操作工 |
| 重庆气矿 | 刘　辉 | 采气工 |
|  | 王川洪 | 采气工 |
| 蜀南气矿 | 宋殷俊 | 采气工 |
| 川西北气矿 | 鲁大勇 | 仪表维修工 |
| 输气处 | 王　帅 | 电焊工 |
|  | 谢宗宝 | 输气工 |
| 重庆相国寺储气库管理有限公司 | 姜婷婷 | 采气工 |
|  | 李　强 | 天然气压缩机修理工 |
| 天然气净化总厂 | 唐忠渝 | 天然气净化操作工 |

师职业技能等级资格86人（表34）。

2023年，川庆钻探工程公司未新聘高级技师。

（闵怡薇）

**表29　2023年川庆钻探工程公司获聘集团公司技能专家名录**

| 单　位 | 姓　名 | 工　种 |
|---|---|---|
| 川庆川东钻探公司 | 张　杰 | 石油钻井工 |
| | 熊　刚 | 电工 |
| 川庆川西钻探公司 | 苏　伟 | 石油钻井工 |
| 川庆长庆钻井总公司 | 李　缨 | 石油钻井工 |
| | 王亚红 | 石油钻井工 |
| 川庆井下作业公司 | 方福君 | 井下作业工 |
| 川庆长庆井下公司 | 田　军 | 井下作业工 |
| | 王国锋 | 井下作业工 |
| 川庆井控应急中心 | 刘贵义 | 石油钻井工 |
| 川庆钻采院 | 高　强 | 钻井液工 |
| 川庆地研院 | 许绍俊 | 录井工 |

**表30　2023年西南油气田公司技能专家名录**

| 单　位 | 姓　名 | 工　种 |
|---|---|---|
| 川中油气矿 | 杨贤辉 | 采气工 |
| | 杨　忠 | 采气工 |
| | 张晓辉 | 采气工 |
| | 马大兵 | 采油工 |
| | 马　彪 | 采油工 |
| | 蒲怀强 | 天然气净化操作工 |
| | 王　云 | 仪表维修工 |
| | 陈　强 | 维修电工 |
| 重庆气矿 | 甘德顺 | 采气工 |
| | 李　明 | 采气工 |
| | 万　戈 | 采气工 |
| | 蒋　伟 | 天然气压缩机操作工 |
| | 钟朝富 | 采输气仪表工 |
| | 代志军 | 采输气仪表工 |
| | 杨卫东 | 电工 |

续表

| 单　位 | 姓　名 | 工　种 |
|---|---|---|
| 蜀南气矿 | 郭梁柱 | 采气工 |
| | 何　剑 | 采气工 |
| | 黄　全 | 采气工 |
| | 陈　兰 | 采气工 |
| | 李　莎 | 采气工 |
| | 邹定国 | 采气工 |
| | 邱宗毅 | 采气工 |
| | 马庭红 | 天然气压缩机操作工 |
| | 古有聪 | 采输气仪表工 |
| 川西北气矿 | 侯宗伦 | 采气工 |
| | 李　庆 | 采气工 |
| | 徐　斌 | 采气工 |
| | 钟　涛 | 采气工 |
| | 罗　刚 | 采气工 |
| | 羊　映 | 采输气仪表工 |
| | 李爱民 | 天然气净化操作工 |
| 川东北气矿 | 陈小明 | 采气工 |
| 输气处 | 陈蓉萍 | 输气工 |
| | 刘旭兵 | 输气工 |
| | 滕世明 | 采输气仪表工 |
| | 郑立东 | 采输气仪表工 |
| | 罗洪宇 | 采输气仪表工 |
| | 周　健 | 电焊工 |
| | 崔　嘉 | 油气管线安装工 |
| 天然气净化总厂 | 徐　飞 | 天然气净化操作工 |
| | 梁　革 | 天然气净化操作工 |
| | 罗　斌 | 天然气净化操作工 |
| | 温　涛 | 仪表维修工 |
| | 汪　斌 | 仪表维修工 |
| | 金蓁庆 | 维修电工 |
| | 郑　杰 | 维修电工 |
| | 罗　涛 | 电焊工 |
| 工程院 | 王　柯 | 采气工 |
| 四川华油集团公司 | 杨　林 | 油气管线安装工 |

表31  2023年川庆钻探工程公司技能专家名录

| 单 位 | 姓 名 | 工 种 | 技能等级 |
| --- | --- | --- | --- |
| 川庆川东钻探公司 | 冯志军 | 石油钻井工 | 高级技师 |
| | 李高文 | 石油钻井工 | 高级技师 |
| | 段绪林 | 石油钻井工 | 高级技师 |
| | 胡 诚 | 石油钻井工 | 高级技师 |
| | 魏 彬 | 石油钻井工 | 高级技师 |
| | 谢昌斌 | 钻井柴油机工 | 高级技师 |
| | 杨 成 | 钻井柴油机工 | 高级技师 |
| | 潘亚松 | 电工 | 高级技师 |
| 川庆川西钻探公司 | 聂 高 | 石油钻井工 | 高级技师 |
| | 赵文东 | 石油钻井工 | 高级技师 |
| | 刘 强 | 钻井柴油机工 | 高级技师 |
| | 余建勇 | 钻井柴油机工 | 高级技师 |
| | 任 涛 | 钻井柴油机工 | 高级技师 |
| | 闵光平 | 石油钻井工 | 高级技师 |
| 川庆长庆钻井总公司 | 王晓伟 | 石油钻井工 | 高级技师 |
| | 黄东平 | 钻井柴油机工 | 高级技师 |
| | 苟学宁 | 钻井柴油机工 | 高级技师 |
| | 郑国栋 | 柴油机修理工 | 高级技师 |
| | 朱亚峰 | 钻井柴油机工 | 高级技师 |
| 川庆井下作业公司 | 李 林 | 固井工 | 高级技师 |
| | 李先刚 | 井下作业工 | 高级技师 |
| | 蒋 涛 | 井下作业工 | 高级技师 |
| | 徐铁军 | 井下作业工 | 高级技师 |
| | 谢文成 | 井下作业工 | 高级技师 |
| 川庆长庆井下公司 | 晏 军 | 井下作业工 | 高级技师 |
| | 何 炜 | 井下作业工具工 | 高级技师 |
| | 张海涛 | 井下作业工具工 | 高级技师 |
| | 侯俊耀 | 车工 | 高级技师 |
| | 徐孝山 | 电焊工 | 高级技师 |
| | 景立军 | 汽车修理工 | 高级技师 |
| 川庆试修公司 | 伍建勇 | 石油钻井工 | 高级技师 |
| | 马 兵 | 井下作业工 | 高级技师 |
| | 邵友勤 | 采气测试工 | 高级技师 |
| 川庆钻采院 | 黄述春 | 石油钻井工 | 高级技师 |
| | 李 刚 | 钻井柴油机工 | 高级技师 |

续表

| 单 位 | 姓 名 | 工 种 | 技能等级 |
|---|---|---|---|
| 川庆地研院 | 黄 弋 | 录井工 | 高级技师 |
| | 刘 迪 | 录井工 | 高级技师 |
| | 张 柯 | 录井工 | 高级技师 |
| 川庆蜀渝公司 | 宁 桥 | 工程测量员 | 高级技师 |
| 川庆井控应急中心 | 李红兵 | 石油钻井工 | 高级技师 |

表32 2023年西南油气田公司资深技师名录

| 单 位 | 姓 名 | 工 种 |
|---|---|---|
| 川中油气矿 | 廖丁辉 | 采气工 |
| | 赵 东 | 采油工 |
| | 钟万华 | 采油工 |
| | 龙德林 | 天然气净化操作工 |
| | 刘振华 | 天然气净化操作工 |
| | 秦 军 | 电焊工 |
| 重庆气矿 | 赵周红 | 采气工 |
| | 胡 建 | 采气工 |
| | 程 锋 | 采气工 |
| | 李小平 | 采气工 |
| | 余 慧 | 采气工 |
| | 张海涛 | 天然气压缩机操作工 |
| | 何春燕 | 天然气压缩机操作工 |
| | 郑 静 | 采输气仪表工 |
| 蜀南气矿 | 王玉梅 | 采气工 |
| | 陈兴平 | 采气工 |
| | 陈晓华 | 采气工 |
| | 邱 静 | 天然气压缩机操作工 |
| | 林 波 | 天然气压缩机操作工 |
| | 梁小青 | 天然气压缩机操作工 |
| | 吴利锋 | 天然气净化操作工 |
| | 胡 涛 | 油气管线安装工 |
| | 杨 波 | 电工工 |
| 川西北气矿 | 李 全 | 采气工 |
| | 李 化 | 采气工 |
| | 杨 敏 | 采气工 |
| | 郭 敏 | 采气工 |
| | 庞 成 | 采气工 |

续表

| 单 位 | 姓 名 | 工 种 |
|---|---|---|
| 川西北气矿 | 齐梓荣 | 采输气仪表工 |
| | 唐剑波 | 维修电工工 |
| 川东北气矿 | 林大川 | 采输气仪表工 |
| | 钟兴伟 | 天然气压缩机修理工 |
| 输气处 | 董 兵 | 输气工 |
| | 黄贵胜 | 输气工 |
| | 徐 东 | 输气工 |
| | 陈德彬 | 输气工 |
| | 武 强 | 输气工 |
| | 吴 鸿 | 输气工 |
| | 温传平 | 输气工 |
| | 汪 洋 | 输气工 |
| | 母 明 | 油气管线安装工 |
| | 张义兵 | 维修电工工 |
| 相国寺储气库公司 | 陈 彪 | 天然气压缩机操作工 |
| 天然气净化总厂 | 夏 进 | 天然气净化操作工 |
| | 杨 阳 | 天然气净化操作工 |
| | 苟永健 | 天然气净化操作工 |
| | 吴 静 | 天然气分析工 |
| | 孙沪虹 | 天然气分析工 |
| | 王 琪 | 仪表维修工 |
| | 陈德华 | 油气管线安装工 |
| | 付 博 | 油气管线安装工 |
| | 罗明平 | 电焊工 |
| 成化总厂 | 文联勇 | 天然气提氦操作工 |
| 工程院 | 杨永韬 | 采气测试工 |
| 四川华油集团公司 | 李 巍 | 输气工 |
| | 龙德翠 | 输气工 |

表33 2023年川庆钻探工程公司在聘资深技师名录

| 单位 | 姓名 | 工种 |
|---|---|---|
| 川庆川东钻探公司 | 杨建军 | 石油钻井工 |
| | 曾奇 | 石油钻井工 |
| | 汪川 | 电工 |
| | 陈锦泉 | 石油钻井工 |
| | 陈习民 | 石油钻井工 |
| 川庆川西钻探公司 | 谭阳兵 | 石油钻井工 |
| | 刘珂 | 石油钻井工 |
| | 罗军 | 石油钻井工 |
| | 陈和平 | 电工 |
| | 何玉龙 | 石油钻井工 |
| | 薛沁嵩 | 石油钻井工 |
| 川庆长庆钻井总公司 | 郭宝珍 | 石油钻井工 |
| | 曹拜军 | 装配钳工 |
| | 李魏钢 | 装配钳工 |
| | 薛卫东 | 装备钳工 |
| | 袁小云 | 石油钻井工 |
| | 巨国庆 | 石油钻井工 |
| 川庆井下作业公司 | 余慧欣 | 井下作业工 |
| | 陈科 | 井下作业工 |
| 川庆长庆井下公司 | 吴效金 | 井下作业工 |
| | 田永峰 | 井下作业工 |
| | 田永杰 | 井下作业工 |
| | 张强生 | 井下作业工 |
| | 胡耀辉 | 井下作业工 |
| 川庆试修公司 | 马小东 | 井下作业工 |
| | 刘辉 | 井下作业工 |
| | 方波 | 井下作业工 |
| | 郑勇明 | 井下作业工 |
| | 黄辉 | 石油钻井工 |
| | 张国红 | 井下作业工 |
| | 霍桂川 | 地层测试工 |
| 川庆钻采院 | 王志斌 | 地层测试工 |
| | 赵军 | 石油钻井工 |

续表

| 单位 | 姓名 | 工种 |
|---|---|---|
| 川庆钻采院 | 甘涛 | 随钻测量工 |
| | 唐明 | 石油钻井工 |
| 川庆地研院 | 黄继鹏 | 录井工 |
| | 何鑫 | 录井工 |
| | 李传红 | 录井工 |
| 川庆蜀渝公司 | 黄卫东 | 工程测量员 |
| | 曾彬 | 工程测量员 |
| | 鞠继波 | 路基路面工 |
| | 徐兵 | 工程测量员 |
| | 吴永春 | 工程测量员 |
| | 罗云川 | 工程测量员 |
| | 熊涛 | 路基路面工 |
| 川庆钻井液公司 | 彭涛 | 钻井液工 |
| | 高阳 | 钻井液工 |
| | 郭艳 | 钻井液工 |
| | 刘明 | 钻井液工 |
| | 郑鑫玮 | 钻井液工 |
| 川庆井控应急中心 | 钱卫斌 | 路基路面工 |
| | 杨宁 | 石油钻井工 |
| 川庆培训中心 | 成川 | 石油钻井工 |

表34 2023年西南油气田公司高级技师名录

| 单位 | 姓名 | 工种 |
|---|---|---|
| 川中油气矿 | 韩建 | 采气工 |
| | 彭光久 | 采气工 |
| | 唐成 | 采气工 |
| | 李勇 | 采油工 |
| | 李育东 | 采油工 |
| | 王淇 | 采油工 |
| | 莫宣彦 | 电工 |
| | 杨松 | 天然气净化操作工 |
| | 何奎晏 | 天然气净化操作工 |
| | 李刚 | 天然气净化操作工 |
| | 李双 | 压缩机操作工 |

续表

| 单位 | 姓 名 | 工 种 |
|---|---|---|
| 重庆气矿 | 王 岳 | 采气测试工 |
| | 程浩然 | 采气工 |
| | 黄立恒 | 采气工 |
| | 刘 英 | 采气工 |
| | 吕 丰 | 采气工 |
| | 吴立军 | 采气工 |
| | 余 慧 | 采气工 |
| | 张 平 | 采气工 |
| | 张 宜 | 采气工 |
| | 邱 俊 | 采输气仪表工 |
| | 诸宗秀 | 采输气仪表工 |
| | 杨 胜 | 管工 |
| | 曹代航 | 压缩机操作工 |
| | 杜 杰 | 压缩机操作工 |
| | 梁军平 | 压缩机操作工 |
| | 宋 李 | 压缩机操作工 |
| | 吴晓镇 | 压缩机操作工 |
| | 张 阁 | 压缩机操作工 |
| | 张 涛 | 压缩机操作工 |
| 蜀南气矿 | 廖小林 | 采气工 |
| | 王明勇 | 采气工 |
| | 夏 杰 | 采气工 |
| | 谢显锐 | 采气工 |
| | 杨 兵 | 采气工 |
| | 何永亮 | 压缩机操作工 |
| | 梁小青 | 压缩机操作工 |
| | 林 波 | 压缩机操作工 |
| | 徐 春 | 仪器仪表维修工 |
| | 胡 涛 | 油气管线安装工 |
| 川西北气矿 | 庞 成 | 采气工 |
| | 王达林 | 采气工 |
| | 余 敏 | 采气工 |
| | 严 飞 | 采输气仪表工 |
| | 金 伟 | 油气管线安装工 |
| 川东北气矿 | 谢 伟 | 采气工 |
| | 林 勇 | 装配钳工 |
| 输气处 | 唐建军 | 采输气仪表工 |
| | 吴 华 | 采输气仪表工 |

续表

| 单位 | 姓 名 | 工 种 |
|---|---|---|
| 输气处 | 邓 军 | 电工 |
| | 段金伟 | 焊工 |
| | 曹 锐 | 输气工 |
| | 陈 刚 | 输气工 |
| | 龚雪华 | 输气工 |
| | 何 严 | 输气工 |
| | 李 博 | 输气工 |
| | 卢 杰 | 输气工 |
| | 谭 敏 | 输气工 |
| | 王晨姣 | 输气工 |
| | 肖 洒 | 输气工 |
| | 程 斌 | 仪器仪表维修工 |
| 天然气净化总厂 | 杨 勇 | 电工 |
| | 张 庆 | 电工 |
| | 郑 宇 | 电工 |
| | 邹佑彤 | 电工 |
| | 查先德 | 天然气净化操作工 |
| | 何 勤 | 天然气净化操作工 |
| | 黄春强 | 天然气净化操作工 |
| | 李 勇 | 天然气净化操作工 |
| | 石俊兵 | 天然气净化操作工 |
| | 杨旭帆 | 天然气净化操作工 |
| | 张 军 | 天然气净化操作工 |
| | 郑 植 | 天然气净化操作工 |
| | 曾 刚 | 仪器仪表维修工 |
| | 陈 刚 | 仪器仪表维修工 |
| | 黄 勇 | 仪器仪表维修工 |
| 川东北作业分公司 | 刘滇荣 | 天然气净化操作工 |
| | 李家国 | 天然气净化操作工 |
| | 李 平 | 天然气净化操作工 |
| 工程院 | 易德正 | 采气测试工 |
| | 张 勇 | 采气测试工 |
| | 蔡道钢 | 采气工 |
| | 兰瑞洪 | 采气工 |
| 相国寺储气库公司 | 陈 彪 | 压缩机操作工 |
| 川港燃气公司 | 林 杰 | 油气管线安装工 |
| 四川华油集团公司 | 谢建平 | 输气工 |

# 先进集体与人物

**【国家级表彰】** 2023年，四川油气田获国家级表彰的先进集体3个、先进个人1个（表35）。其中：西南油气田公司先进集体2个，先进个人1个；川庆钻探工程公司先进集体1个。

（丁阳扬　田　杨）

**【省部级表彰】** 2023年，四川油气田获省部级表彰的先进集体9个（表36）、先进个人37人（表37）。其中：西南油气田公司先进集体6个，先进个人20人；川庆钻探工程公司先进集体3个，先进个人17人。

（丁阳扬　田　杨）

**【厅局级表彰】** 2023年，四川油气田获厅局级表彰先进集体170个、先进个人257人。其中：西南油气田公司先进单位16个（表38）、金牌班组50个（表38），劳动模范40人（表39）、先进工作者90人（表40）；川庆钻探工程公司先进企业9个（表41）、先进集体96个（表41），劳动模范38人（表42）、先进个人97人（表43）。

（丁阳扬　田　杨）

表35　2023年四川油气田获国家级表彰先进集体与个人

| 获奖名称 | 获奖集体与个人 |
| --- | --- |
| 全国五一劳动奖状 | 川庆钻探工程公司 |
| 全国工人先锋号 | 输气管理处成都输气作业区成都输气站 |
| | 天然气净化总厂机修车间铆工班 |
| 全国工会系统劳动模范 | 马广文　西南油气田公司群团工作部主任、工会副主席 |

表36　2023年四川油气田获省部级表彰先进集体

| 获奖名称 | 获奖单位 |
| --- | --- |
| 重庆市五一劳动奖状 | 相国寺储气库公司 |
| | 川庆川东钻探公司 |
| 四川省工人先锋号 | 天然气净化总厂安岳天然气净化有限公司生产二班 |
| | 川东钻探公司90025钻井队 |
| 重庆市工人先锋号 | 重庆气矿开州采输气作业区增压西站 |
| | 输气处重庆输气作业区铜梁压气站 |
| | 川港燃气公司渝川燃气有限责任公司龙兴分公司龙兴配气站 |
| 集团公司先进集体 | 西南油气田公司 |
| | 川庆钻探工程公司 |
| 甘肃省示范性劳模和工匠人才创新工作室 | 王亚红劳模和工匠人才创新工作室 |

表37　2023年四川油气田获省部级表彰先进个人

| 获奖名称 | 姓　名 | 所在单位及职务（岗位） |
| --- | --- | --- |
| 重庆五一劳动奖章 | 王　军 | 天然气净化总厂厂长、党委副书记 |
| | 姚　兵 | 重庆气矿党群工作部干事 |
| 四川省五一劳动奖章 | 王小娟 | 勘研院致密油气技术支持中心党支部书记、副主任 |
| | 常培敏 | 西南油气田公司群团工作部工会办公室主任 |

续表

| 获奖名称 | 姓 名 | 所在单位及职务（岗位） |
|---|---|---|
| 甘肃省五一劳动奖章 | 陈雄涛 | 川庆长庆井下公司 |
| | 杜 龙 | 川庆长庆井下公司 |
| 西南油气田公司<br>（集团公司先进工作者） | 淦文杰 | 川中油气矿地质技术所开发动态组组长 |
| | 张 庆 | 重庆气矿梁平采输气作业区经理、党委副书记 |
| | 田 婧 | 蜀南气矿安岳油气处理厂生产技术室主任 |
| | 郑玉龙 | 川东北气矿铁山坡气田飞仙关组气藏开发地面工程建设项目部自控与通讯 |
| | 吴云波 | 川中北部采气管理处生产指挥中心主任 |
| | 段金伟 | 输气处成都管道抢险维修大队电焊工 |
| | 谢黎旸 | 相国寺储气库公司运维作业部地面工艺岗 |
| | 熊 勇 | 天然气净化总厂安全二级工程师 |
| | 刘 鹏 | 长宁公司生产指挥中心主任工程师 |
| | 汪 华 | 勘研院区域地质研究所党支部书记、副所长 |
| | 刘宗社 | 天研院天然气净化研究所硫磺回收工艺技术研发岗 |
| | 文联勇 | 成化总厂氦气分厂资深技师 |
| | 陈建宇 | 四川华油集团公司榆林榆川天然气有限责任公司经理 |
| | 谭 斌 | 数智分公司川中总站经理、党委副书记 |
| | 肖红林 | 致密油气项目部地质工程一级工程师 |
| | 涂廷健 | 西南油气田办公室（党委办公室）机关党委办公室主管 |
| 川庆钻探工程公司<br>（集团公司先进工作者） | 黄 忠 | 川庆川西钻探公司井控管理办公室主任 |
| | 陈燕青 | 川庆新疆分公司 90025 钻井队平台经理 |
| | 王喜松 | 川庆国际工程公司厄瓜多尔分公司生产运行部主任 |
| | 陈 嘉 | 川庆井下作业公司工会副主席 |
| | 张宏波 | 川庆长庆井下公司测试试井大队大队长 |
| | 吴 畏 | 川庆试修公司人事劳资科科长、党委组织部部长 |
| | 胡 翔 | 川庆安检院纪委办公室纪检干事 |
| | 李宜真 | 川庆页岩气项目经理部地质工程研究所党支部书记、副所长 |
| | 罗卫华 | 川庆井控应急中心运行控制科科长、救援保障党支部书记 |
| | 王奕博 | 川庆蜀渝公司成都分公司副经理 |
| | 王明华 | 川庆川东钻探公司总经理、党委副书记 |
| | 王运功 | 川庆长庆钻井总公司总经理、党委副书记，西安意通石油工程有限责任公司董事长、页岩油工程项目部经理 |
| | 吴永春 | 川庆苏里格项目部总经理、党委副书记 |

表38　2023年西南油气田公司先进单位与金牌班组一览表

| 荣誉名称 | 获奖单位 | |
|---|---|---|
| 先进单位（16个） | 川中油气矿 | |
| | 重庆气矿 | |
| | 蜀南气矿 | |
| | 川西北气矿 | |
| | 川东北气矿 | |
| | 川中北部采气管理处 | |
| | 天然气净化总厂 | |
| | 长宁公司 | |
| | 勘研院 | |
| | 工程院 | |
| | 勘探事业部 | |
| | 开发事业部 | |
| | 川港燃气公司 | |
| | 燃气分公司 | |
| | 物资分公司 | |
| | 四川页岩气公司 | |
| 金牌班组（50个） | 川中油气矿 | 磨溪开发项目部龙王庙总站中心站 |
| | | 地质研究所开发研究组 |
| | | 遂宁采油气作业区磨溪雷一$^1$总站中心站 |
| | | 磨溪天然气净化厂生产运行大班操作四班 |
| | | 轻烃厂三台站操作三班 |
| | | 工艺技术所采油气工艺组 |
| | | 遂宁应急抢险维修大队磨溪水电班 |
| | | 川中综合服务中心石油南路综合服务班 |
| | 重庆气矿 | 开州采输气作业区增压东站 |
| | | 万州采输气作业区汝溪中心站 |
| | | 梁平采输气作业区大池干中心站 |
| | | 梁平采输气作业区大池干中心站 |
| | | 垫江采输气作业区集气总站中心站 |
| | 蜀南气矿 | 安岳采气作业区高石梯中心站 |
| | | 威远采气作业区威202-1中心站 |
| | | 塔里木油气工程分公司牙哈生产运行班组 |
| | | 长宁页岩气运维项目部宁209中心站 |
| | | 消防大队威远值守班组 |

续表

| 荣誉名称 | | 获奖单位 |
|---|---|---|
| 金牌班组（50个） | 川西北气矿 | 邛崃采气作业区平落集气中心站 |
| | | 江油作业区中坝中心站 |
| | | 剑阁天然气净化厂净化操作四班 |
| | 川东北气矿 | 铁山中心站 |
| | | 达州应急抢险维修大队电工班 |
| | 输气处 | 合江输气作业区江津压气站 |
| | | 南充输气作业区磨溪输气站 |
| | | 梁平输气作业区万州输气站 |
| | | 重庆输气作业区西彭输气站 |
| | 工程院 | 绳索（试井）班组 |
| | 天然气净化总厂 | 遂宁净化公司净化工段生产二班 |
| | | 引进分厂净化工段生产三班 |
| | | 环境和质量计量站检测班 |
| | 川东北作业分公司 | 罗家寨生产作业区采气中心站B班组 |
| | 勘研院 | 油气田地质研究所茅口研究室 |
| | 天研院 | 天然气分析测试研究所天然气分析技术研究室 |
| | 成化总厂 | 零散气试采项目部液化一班 |
| | 安研院 | 完整性管理研究所管道检测评价室 |
| | 川港燃气公司 | 遂宁分公司客户服务中心 |
| | | 重庆市渝川燃气有限责任公司江津分公司油气管道保护班 |
| | | 自贡分公司自贡营销部 |
| | 燃气分公司 | 夹江营销部杨场中心站 |
| | | 新津营销部乐山CNG加气站 |
| | 四川华油集团公司 | 重庆凯源石油天然气有限责任公司科学城分公司西永配气站 |
| | | 重庆凯源石油天然气有限责任公司CNG分公司陈家坪加气站 |
| | | 成都市双流区兴能天然气有限责任公司抢险维修班 |
| | | 四川江油川西北恒丰天然气公司崇州工业园配气站 |
| | 四川宝石花医疗公司 | 消化内分泌内科护理组 |
| | 数智分公司 | 重庆总站生产一班 |
| | 物资分公司 | 川东物资供应公司白市驿站 |
| | | 川西物资供应公司江油站 |
| | 宝石花汽服公司 | 成都三分公司天研院一分队 |
| | 宝石花物业西南油气田地区公司 | 川西物业项目广汉办公物业服务区 |

表39  2023年西南油气田公司劳动模范一览表

| 姓　名 | 工作单位 | 职务/工种 |
| --- | --- | --- |
| 淦文杰 | 川中油气矿地质技术所 | 开发动态组组长 |
| 覃　勇 | 川中油气矿射洪采油气作业区 | 金浅5H中心站站长 |
| 张　庆 | 重庆气矿梁平采输气作业区 | 经理、党委副书记 |
| 程洪涛 | 重庆气矿重庆抢险应急维修大队 | 增压维护员 |
| 田　婧 | 蜀南气矿安岳油气处理厂 | 生产技术室主任 |
| 赵文韬 | 蜀南气矿开发管理部 | 副主任工程师 |
| 李　华 | 川西北气矿基建工程管理部 | 主任 |
| 侯　曲 | 川西北气矿广元采气作业区 | 双鱼石首站中心站副站长 |
| 郑玉龙 | 川东北气矿飞仙关组气藏开发地面工程建设项目部 | 自控与通讯岗 |
| 吴云波 | 川中北部采气管理处 | 生产指挥中心主任 |
| 陈吉权 | 输气处 | 处长助理 |
| 段金伟 | 输气处成都管道抢险维修大队 | 电焊工 |
| 熊　勇 | 天然气净化总厂安全 | 二级工程师 |
| 文联勇 | 成化总厂氦气分厂 | 资深技师 |
| 曾　洪 | 川东北作业分公司土地与地方关系协调中心 | 主任 |
| 刘　鹏 | 长宁公司生产指挥中心 | 主任工程师 |
| 汪　华 | 勘研院区域地质研究所 | 党支部书记、副所长 |
| 刘宗社 | 天研院天然气净化研究所 | 硫黄回收工艺技术研发岗 |
| 罗双平 | 工程院钻井试油监督室 | 钻井副总监督 |
| 孙明楠 | 安研院科研管理部、完整性管理研究所 | 副主任、副所长 |
| 黎俊峰 | 页岩气研究院地质工程一体化技术支持中心 | 三级工程师 |
| 余良志 | 勘探事业部物探项目管理部 | 副主任 |
| 符　豪 | 开发事业部川东北联合项目部 | 经理 |
| 肖红林 | 致密油气勘探开发项目部 | 地质工程一级工程师 |
| 李光照 | 川港燃气公司中油南充燃气有限责任公司生产保障中心 | 主任 |
| 余利萍 | 燃气分公司经理 | 助理 |
| 谭　斌 | 数智分公司川中总站 | 经理、党委副书记 |
| 周大成 | 物资分公司川东北物资供应项目部达州站 | 仓库保管工 |
| 严俊涛 | 重庆页岩气公司井工程管理部 | 部长 |
| 王　星 | 四川页岩气公司经营计划部 | 部长 |
| 李婷婷 | 新闻中心电视编辑部 | 副主任 |
| 王　巾 | 四川华油集团公司财务资产部 | 合并总账岗 |
| 陈建宇 | 四川华油集团公司榆林榆川天然气有限责任公司 | 经理 |

续表

| 姓　名 | 工作单位 | 职务/工种 |
|---|---|---|
| 谢黎旸 | 相国寺储气库公司运维作业部 | 地面工艺岗 |
| 王焕佳 | 家益公司项目运营中心 | 副书记、副主任 |
| 张　丽 | 公共事务中心档案年鉴管理中心 | 主任 |
| 程秋华 | 宝石花公司四川宝石花医院神经内科 | 护士长 |
| 涂廷健 | 西南油气田公司办公室（党委办公室）机关党委办公室 | 主管 |
| 赵建平 | 西南油气田公司生产运行处油地生产协调办公室 | 主任 |
| 黄　放 | 西南油气田公司计划财务部会计科 | 科长 |

表40　2023年西南油气田公司先进工作者一览表

| 姓　名 | 工作单位 | 职务/工种 |
|---|---|---|
| 刘　滔 | 川中油气矿磨溪开发项目部生产运行中心 | 主任 |
| 秦　勤 | 川中油气矿仪陇采油气作业区生产运行中心 | 副主任 |
| 舒麟涵 | 川中油气矿潼南项目部金浅5H中心站 | 副站长 |
| 王志刚 | 川中油气矿磨溪天然气净化厂生产运行大班 | 副班长 |
| 罗　弘 | 川中油气矿地质技术所开发动态组 | 副组长 |
| 闵　华 | 川中油气矿遂宁应急抢维修大队射洪作业班检泵班 | 班长 |
| 王　炯 | 川中油气矿射洪采油气作业区 | 副经理 |
| 郑荣军 | 川中油气矿开发管理部 | 副主任 |
| 唐兴波 | 重庆气矿开州采输气作业区 | 副经理 |
| 冯小波 | 重庆气矿自控计量和环境监测站 | 副主任 |
| 刘　娅 | 重庆气矿储气库建设项目部 | 规划与综合管理岗 |
| 苏　蔚 | 重庆气矿人力资源部 | 人事档案管理岗 |
| 胡　波 | 重庆气矿垫江采输气作业区集气总站中心站 | 站长 |
| 罗光平 | 重庆气矿汽车服务大队驾驶六班 | 班长 |
| 张俊杰 | 蜀南气矿安岳采气作业区 | 经理 |
| 叶联平 | 蜀南气矿生产运行部 | 生产保障管理岗 |
| 钟　杰 | 蜀南气矿企管法规部 | 副主任 |
| 苏立东 | 蜀南气矿泸州采气作业区生产运行中心 | 主任 |
| 李清华 | 蜀南气矿自控计量站 | 计量管理岗 |
| 苏　昶 | 蜀南气矿自贡采气作业区 | 副经理 |
| 王　斌 | 蜀南气矿威远采气作业区技术信息室 | 副主任 |
| 王达林 | 川西北气矿邛崃采气作业区平落集气中心站 | 采气工 |
| 宋孟秋 | 川西北气矿剑阁天然气净化厂生产技术组 | 工艺技术管理岗 |
| 胡　欣 | 川西北气矿油气田开发技术所 | 副所长 |

续表

| 姓　名 | 工作单位 | 职务/工种 |
|---|---|---|
| 杨　国 | 川西北气矿江油应急抢险维修大队 | 三级工程师 |
| 蒋光合 | 川东北气矿开发管理部 | 管道管理岗 |
| 刘汶鑫 | 川东北气矿自控计量站仪修班 | 副班长 |
| 倪　强 | 输气处销售公司（成都销售部） | 副经理 |
| 邱　勇 | 输气处自贡输气作业区综合管理室 | 负责人 |
| 赵文秀 | 输气处南充输气作业区综合办公室 | 经营管理岗 |
| 杜　爽 | 输气处计量监督检测站分析化验室 | 技术员 |
| 张　倩 | 天然气净化总厂遂宁净化公司HSE管理部 | 部长 |
| 何　为 | 天然气净化总厂大竹分厂生产技术办公室 | 副主任 |
| 王俊豪 | 天然气净化总厂万州分厂 | 工艺管理岗 |
| 郭富成 | 天然气净化总厂忠县分厂生产四班 | 班长 |
| 苟文雨 | 成化总厂销售公司 | 经理 |
| 郝崇志 | 川东北作业分公司办公室（党委办公室） | 文秘 |
| 任海兵 | 川东北作业分公司罗家寨生产作业区采气中心站A井场 | 采气操作工 |
| 陈　超 | 长宁公司开发管理部 | 油气水井措施管理岗 |
| 任晓莉 | 长宁公司财务资产部 | 二级工程师 |
| 陈　康 | 勘研院地球物理研究所 | 所长、党支部副书记 |
| 朱德宇 | 勘研院致密油气技术支持中心油气藏评价室 | 副主任 |
| 吴　晨 | 天研院新能源技术研究所 | 新能源技术研发岗 |
| 唐忠怀 | 天研院成都能特科技发展有限公司 | 副总经理 |
| 李　明 | 工程院井下工具研究所 | 高级工程师 |
| 杨　欢 | 工程院质量安全环保部 | 主任 |
| 杨　杰 | 安研院环保节能技术研究所污染治理室 | 环境工程二级工程师 |
| 王　畅 | 页岩气研究院地球物理研究所 | 三级工程师 |
| 陈　信 | 集输工程技术研究所工程研究室 | 天然气集输岗 |
| 李森圣 | 天然气经济研究所天然气价格研究室 | 主任 |
| 陈　琪 | 勘探事业部勘探项目管理一部 | 试油工程管理岗 |
| 邱前程 | 开发事业部泸州联合项目部 | 副经理 |
| 张继升 | 致密油气勘探开发项目部生产运行部 | 科长 |
| 王健麟 | 川港燃气公司生产技术部 | 设备管理岗 |
| 任玉婷 | 川港燃气公司南充嘉能天然气有限责任公司生产运行部 | 副部长 |
| 张新锋 | 川港燃气公司四川联发天然气有限责任公司高新客服中心 | 副主任 |
| 张　敏 | 燃气分公司四川天新燃气有限责任公司生产安全管理部 | 主任 |

续表

| 姓　名 | 工作单位 | 职务/工种 |
|---|---|---|
| 孟秋实 | 燃气分公司新津营销部雅安CNG加气一、二站 | 站长 |
| 黄威皓 | 数智分公司规划计划部 | 规划及前期管理岗 |
| 何宇晓 | 数智分公司川中总站生产安全办公室 | 副主任 |
| 刘朝阳 | 物资分公司四川石油物资实业发展有限公司 | 经理、党支部副书记 |
| 冯小琴 | 物资分公司供应链管理科供应链 | 副主任工程师 |
| 丁　奕 | 重庆页岩气公司综合办公室 | 主任 |
| 张　羿 | 四川页岩气公司党群工作部 | 部长、工会副主席 |
| 罗拥军 | 四川页岩气公司阳101中心站 | 站长 |
| 林　业 | 新能源事业部市场开发科 | 副科长 |
| 李　昊 | 造价中心 | 副总经济师 |
| 陈　阳 | 纪检审计中心经济责任审计科 | 科长 |
| 李　安 | 重点地面工程建设项目部工程管理科 | 科长 |
| 何　宇 | 四川华油集团公司重庆凯源公司北部分公司生产保障中心 | 主任 |
| 鲁星月 | 四川华油集团公司成都天府新区华天兴能燃气有限公司工程技术部 | 副主任 |
| 毛婷婷 | 四川华油集团公司四川佳源燃气有限责任公司生产运行保障中心 | 主任 |
| 刘　勇 | 四川华油集团公司泸县华油天然气有限责任公司中心站 | 站长 |
| 何　舢 | 四川华油集团公司成都市温江区兴能天然气有限责任公司 | 党委书记、副经理 |
| 管贞平 | 相国寺储气库公司相国寺集注站生产运行组 | 副组长 |
| 肖建国 | 家益公司重庆佳朋公司 | 党支部书记、经理 |
| 王　丰 | 华成监理公司计划财务部 | 主任 |
| 杨　雷 | 公共事务中心社保中心成都管理所 | 所长 |
| 雷　涛 | 公共事务中心成都综合服务站综合办公室 | 主任 |
| 廖克峰 | 宝石花汽服公司成都一分公司 | 驾驶员 |
| 傅　军 | 宝石花油服公司重庆分公司 | 经理、党支部书记 |
| 崔建威 | 四川宝石花医疗公司江油宝石花医院办公室 | 主任 |
| 文　雯 | 四川华盛能源发展集团有限公司监事会办公室 | 主任 |
| 杨琪敏 | 宝石花物业西南油气田地区公司市场管理部 | 副经理 |
| 徐莹艳 | 宝石花物业西南油气田地区公司重庆物业项目重庆气矿办公物业服务区 | 第一支部书记 |
| 陈　静 | 财务处稽核科 | 科长 |
| 贾　宇 | 质量安全环保处环保科 | 科长 |
| 彭子成 | 科技处成果管理科 | 科长 |
| 朱　讯 | 气田开发管理部致密油气开发管理科 | 副科长 |
| 袁　灿 | 营销部客户管理科 | 副科长 |

表41 2023年川庆钻探工程公司先进集体一览表

| 荣誉名称 | 获奖单位 | |
| --- | --- | --- |
| 先进企业（9个） | 川庆川东钻探公司 | |
| | 川庆长庆钻井总公司 | |
| | 川庆钻采院 | |
| | 川庆安检院 | |
| | 川庆长庆井下公司 | |
| | 川庆试修公司 | |
| | 川庆国际工程公司 | |
| | 川庆苏里格项目部 | |
| | 川庆新疆分公司 | |
| 先进集体（96） | 川庆川东钻探公司 | 70135钻井队 |
| | | 70262钻井队 |
| | | 70255钻井队 |
| | | 80022钻井队 |
| | | 90025钻井队 |
| | | 70175钻井队 |
| | | 70527钻井队 |
| | | 70576钻井队 |
| | | 工程技术研究与服务中心教导培训队 |
| | 川庆川西钻探公司 | 120006钻井队 |
| | | 90018钻井队 |
| | | 80023钻井队 |
| | | 70563钻井队 |
| | | 70228钻井队 |
| | | 50617钻井队 |
| | | 50004钻井队 |
| | | 40123钻井队 |
| | | 钻具井控公司江油钻具队 |
| | | 大有物流运输公司经营办 |
| | 川庆长庆钻井总公司 | 50697钻井队 |
| | | 50123钻井队 |
| | | 50732钻井队 |
| | | 40632钻井队 |
| | | 70232钻井队 |
| | | 50652钻井队 |

续表

| 荣誉名称 | 获奖单位 | |
|---|---|---|
| 先进集体（96） | 川庆长庆钻井总公司 | 50577 钻井队 |
| | | 50121 钻井队 |
| | | 50125 钻井队 |
| | | 第二工程项目部 |
| | | 器材供应公司 |
| | | 西安意通石油工程有限责任公司 |
| | 川庆新疆分公司 | 70524 钻井队 |
| | | 90203 钻井队 |
| | | 904205 钻井队 |
| | | D17546 队 |
| | | 市场经营科 |
| | | 钻具井控技术事业部维修队 |
| | 川庆国际工程公司 | 土库曼斯坦分公司 CC50043 队 |
| | | 土库曼斯坦分公司办公室（临时党委办公室） |
| | | 厄瓜多尔分公司市场开发部 |
| | | 厄瓜多尔分公司 CC70036 队 |
| | | 巴基斯坦分公司装备部 |
| | | 物资采供中心 |
| | | 财务资产部 |
| | 川庆苏里格项目部 | 第一作业区 |
| | 川庆井下作业公司 | 压裂酸化 1 队 |
| | | 固井 2 队 |
| | | 压裂酸化 5 队 |
| | | 压裂酸化 7 队 |
| | | 固井 7 队 |
| | 川庆长庆井下公司 | S00527 队 |
| | | 地面服务队 |
| | | YS49129 队 |
| | | YS55137 队 |
| | | DY11901 队 |
| | 川庆试修公司 | 市场与生产协调科 |
| | | 成都项目部 |
| | | DY11133 队 |
| | | D23527 队 |

续表

| 荣誉名称 | 获奖单位 | |
|---|---|---|
| 先进集体（96） | 川庆长庆固井公司 | 第二固井工程项目部 |
| | | GJ12214 队 |
| | | 苏里格固井工程部 |
| | 川庆钻采院 | 塔里木钻采事业部 |
| | | 钻井研究所 |
| | | 工程技术信息研究中心 |
| | | 欠平衡钻井技术服务公司 |
| | 川庆地研院 | 页岩气技术中心 |
| | | 第二录井作业部 录井研究中心跟踪评价室 |
| | | 第三录井作业部生产技术办公室 |
| | | L10699 队 |
| | | L10680 队 |
| | | L10751 队 |
| | 川庆安检院 | 国际事业部 |
| | | 石油钻采设备检测技术研究所 |
| | 川庆蜀渝公司 | 新疆分公司工程队 |
| | | 成都分公司工程二队 |
| | | 纪委办公室 |
| | 川庆重庆运输总公司 | 长庆运输事业部靖边运输中队 |
| | | 青海运输事业部冷湖运行中队 |
| | | 安全监控信息中心现场监督部 |
| | | 汽车服务分公司成都中队 |
| | 川庆长庆监督公司 | 第三 QHSE 监督站 |
| | 川庆钻井液公司 | 研发应用中心防漏治漏研究所 |
| | | 重庆威能钻井助剂有限公司长寿助剂厂 |
| | | ZY5082 队 |
| | | ZY5040 队 |
| | | ZY5112 队 |
| | 川庆页岩气项目部 | 质量安全环保部 |
| | 川庆井控应急中心 | 运行控制科 |
| | 越盛公司 | 财务资产部 |
| | 川庆培训中心 | 安全培训中心 |
| | 川庆酒店管理公司 | 致美物业管理公司 |
| | 川庆钻探工程公司机关 | 工程技术部（工程作业智能支持中心）井控管理中心 |
| | | 质量健康安全环保部 |
| | | 科技信息部 |

表42 2023年川庆钻探工程公司劳动模范一览表

| 姓 名 | 工作单位 | 职务/工种 |
| --- | --- | --- |
| 戴 军 | 川庆川东钻探公司越创机电公司 | 三级工程师 |
| 吴云开 | 川庆川东钻探公司川南项目部 | 经理 |
| 李 超 | 川庆川东钻探公司70135钻井队 | 司钻 |
| 刘 伟 | 川庆川西钻探公司70092钻井队 | 队长 |
| 蔡明杰 | 川庆川西钻探公司120006钻井队 | 技术负责人 |
| 何 伟 | 川庆川西钻探公司90005钻井队 | 大班司钻 |
| 李鹏刚 | 川庆长庆钻井总公司50732钻井队 | 队长、党支部副书记 |
| 肖 羽 | 川庆长庆钻井总公司CC50115钻井队 | 队长、党支部副书记 |
| 贺 航 | 川庆长庆钻井总公司第三工程项目部 | 副经理 |
| 张云和 | 川庆长庆钻井总公司CC40106钻井队 | 钻井液大班 |
| 杨勇平 | 川庆长庆钻井总公司第四工程项目部 | 经理、党委副书记 |
| 马 龙 | 川庆新疆分公司90203钻井队 | 平台经理 |
| 阿不力克木·提里瓦地 | 川庆新疆分公司70552钻井队 | 大班司钻 |
| 吉永忠 | 川庆国际工程公司土库曼斯坦分公司 | 一级工程师 |
| 王国庆 | 川庆国际工程公司厄瓜多尔分公司作业部 | 主任 |
| 李明胜 | 川庆国际工程公司土库曼斯坦分公司 | 总经理、临时党委副书记 |
| 鲁晓华 | 川庆苏里格项目部第二作业区 | 副经理 |
| 李 嘉 | 川庆井下作业公司井下科技有限公司 | 总经理 |
| 何 乐 | 川庆井下作业公司井下技术研发中心 | 副主任 |
| 盛万里 | 川庆长庆井下公司S00543队 | 队长 |
| 张 凡 | 川庆长庆井下公司压裂二公司 | 经理兼党总支副书记 |
| 潘 勇 | 川庆试修公司带压公司 | 经理、党总支书记 |
| 王东林 | 川庆川庆试修公司 | 总经理 |
| 康晓明 | 川庆长庆固井公司GJ23217队 | 队长、党支部书记 |
| 张 斌 | 川庆钻采院工程技术部 | 部长 |
| 许朝阳 | 川庆钻采院 | 副院长 |
| 陈 倩 | 川庆钻采院 | 党委书记、副院长 |
| 杨 宇 | 川庆地研院岩石物理所 | 测井三级工程师 |
| 唐 桃 | 川庆安检院 | 院长助理兼安全监督站站长 |
| 彭远春 | 川庆安检院 | 企业技术专家 |
| 王大均 | 川庆蜀渝公司生产运行部、盐亭天然气处理厂 | 副部长、场平工程项目经理 |
| 王振东 | 川庆重庆运输总公司长庆运输事业部 | 经理、党委副书记 |

续表

| 姓　名 | 工作单位 | 职务/工种 |
|---|---|---|
| 伍　兵 | 川庆重庆运输总公司 | 总经理 |
| 户鸿章 | 川庆长庆监督公司乌审旗监督部 | 经理、党支部副书记 |
| 范　劲 | 川庆钻井液公司油基钻完井液研究所 | 三级工程师 |
| 赵　晗 | 川庆页岩气项目经理部地质工程研究所 | 钻井工艺二级工程师 |
| 杨亚东 | 川庆页岩气项目经理部 | 副总经理 |
| 付　强 | 川庆钻探工程公司工程技术部 | 总经理 |

表43　2023年川庆钻探工程公司先进个人一览表

| 单　位 | 姓　名 |
|---|---|
| 川庆川东钻探公司 | 罗悄然　王勘　郑长江　王飞　喻修涛　陈磊　付泰　唐一元　杨俊 |
| 川庆川西钻探公司 | 曾亮　冉建　张灵　江晓舟　王皓　陶涛　王佳　聂高　葛健军 |
| 川庆长庆钻井总公司 | 庞三保　靳晓松　温伟伟　孙海合　石崇东　王林刚　周韬　靳志鹏　刘明辉　高原　张宏安 |
| 川庆新疆分公司 | 郭磊　何坤　王全峰　游伟　冯勇 |
| 川庆国际工程公司 | 王吉伟　陈曲　曹晓　任荣　土林　顾磊　叶锋 |
| 川庆苏里格项目部 | 康吉新　刘帆 |
| 川庆井下作业公司 | 丁光强　王静波　袁吉祥　张作宏　张志明 |
| 川庆长庆井下公司 | 杨波　周波　潘耀瑞　王建树　高钰翔　赵延海 |
| 川庆试修公司 | 王家洪　吴健　杨建军　黄小平 |
| 川庆长庆固井公司 | 孙荣　秦仲奎　马学如 |
| 川庆钻采院 | 王坤　万夫磊　张小平 |
| 川庆地研院 | 唐帮弟　毛嘉宾　温朝阳　舒宇 |
| 川庆安检院 | 余德建　金莉 |
| 川庆蜀渝公司 | 熊江　段朝俊　胡珉郡　吴静 |
| 川庆重庆运输总公司 | 唐道贵　刘飞　李果　付磊 |
| 川庆长庆石油工程监督公司 | 肖海龙　李正君 |
| 川庆钻井液公司 | 张丹　邱杰 |
| 川庆页岩气项目经理部 | 李科 |
| 川庆井控应急中心 | 刘伟 |
| 越盛公司 | 童叶森 |
| 川庆培训中心 | 杨逆舟 |
| 川庆酒店管理公司 | 董亚菲 |
| 川庆钻探工程公司机关 | 朱红兵　徐家雄　肖磊　邹菲菲　陈帅　田明　赵根山　简利　蒋光斌　向平虎 |

# 共青团先进集体与个人

【国家级表彰】 2023年，西南油气田公司青工组织获国家级表彰先进集体2个（表44）。
（丁阳扬）

【省部级表彰】 2023年，西南油气田公司青工组织获省部级表彰先进集体14个、先进个人8人（表45）。
（丁阳扬）

【厅局级表彰】 2023年，西南油气田公司青工组织获厅局级表彰的先进集体1个、先进个人3人（表46）。
（丁阳扬）

【公司级表彰】 2023年，西南油气田公司青工组织获公司级表彰的先进集体59个（表47）、先进个人116人（表48）。
（丁阳扬）

表44  2023年西南油气田公司青工组织获国家级表彰的先进集体一览表

| 荣誉名称 | 获奖单位 |
| --- | --- |
| 全国五四红旗团支部 | 勘探事业部团支部 |
| 全国青年安全生产示范岗 | 川中油气矿仪陇天然气净化厂运维保障大班 |

表45  2023年西南油气田公司青工组织获省部级表彰的先进集体和个人一览表

| 荣誉名称 | 获奖单位和个人 |
| --- | --- |
| 中央企业五四红旗团委 | 西南油气田公司团委 |
| 四川省五四红旗团委 | 西南油气田公司团委 |
| 四川省青年安全生产示范岗 | 川西北气矿剑阁天然气净化厂净化二班 |
|  | 天然气净化总厂安岳净化公司生产技术部 |
|  | 川中油气矿仪陇天然气净化厂运维保障大班 |
|  | 天然气净化总厂遂宁天然气净化有限公司净化工段行政班 |
|  | 蜀南气矿安岳油气处理厂生产技术室 |
| 集团公司五四红旗团委 | 大然气净化总厂团委 |
| 集团公司五四红旗团支部 | 四川华油集团公司龙泉驿华油兴能天然气有限公司团支部 |
| 集团公司青年文明号 | 输气处磨溪输气站 |
|  | 川西北气矿地质勘探开发研究所开发室 |
|  | 勘研院计算机应用研究所信息应用研究室 |
| 集团公司青年安全生产示范岗 | 川西北气矿剑阁天然气净化厂净化二班 |
|  | 安研院完整性管理研究所 |
| 集团公司青年岗位能手 | 唐  诗  川中油气矿管道完整性岗 |
|  | 薛靖文  天研院净化所脱硫技术研发室技术研发岗 |
|  | 何璐汐  天然气净化总厂遂宁净化公司生产三班中控操作岗 |
| 集团公司五四优秀共青团干部 | 岳一星  川东北气矿团委副书记 |
|  | 向欣荣  长宁公司团支部书记 |
|  | 蒲  鲲  工程院团委书记 |
| 集团公司五四优秀共青团员 | 叶富铭  重庆气矿采气工程岗 |
|  | 阳  雨  蜀南气矿安岳采气作业区设备管理岗 |

表46  2023年西南油气田公司青工组织获厅局级表彰先进集体和个人一览表

| 荣誉名称 | 获奖单位和个人 |
| --- | --- |
| 四川省企业系统五四红旗团支部 | 蜀南气矿泸州采气作业区井站团支部 |
| 四川省企业系统优秀共青团干部 | 曹　卫　数智分公司团委副书记 |
| 四川省企业系统优秀共青团员 | 杨文锦　燃气分公司成都荣和天然气有限责任公司合同管理兼团支部书记 |
| 四川省企业系统担当作为青年标兵 | 张　傲　重庆气矿高级工程师 |

表47  2023年西南油气田公司青工组织获公司级表彰先进集体一览表

| 荣誉名称 | 获奖单位 |
| --- | --- |
| 五四红旗团委 | 重庆气矿团委 |
| | 蜀南气矿团委 |
| | 川西北气矿团委 |
| | 川东北气矿团委 |
| | 输气处团委 |
| | 天然气净化总厂团委 |
| | 川东北作业分公司团委 |
| | 勘研院团委 |
| | 天研院团委 |
| | 工程院团委 |
| | 川港燃气公司团委 |
| | 燃气分公司团委 |
| | 数智分公司团委 |
| | 物资分公司团委 |
| | 四川华油集团公司团委 |
| 五四红旗团支部 | 川中油气矿射洪采油气作业区团支部 |
| | 川中北部采气管理处团支部 |
| | 成化总厂液化天然气分厂团支部 |
| | 长宁公司团支部 |
| | 页岩气研究院开发研究所团支部 |
| | 经研所团支部 |
| | 勘探事业部团支部 |
| | 四川页岩气公司团支部 |
| | 相国寺储气库公司团支部 |
| | 家益公司团支部 |

续表

| 荣誉名称 | 获奖单位 |
| --- | --- |
| 青年安全生产示范岗 | 川中油气矿仪陇天然气净化厂生产运行大班 |
| | 重庆气矿梁平采输气作业区磨盘场增压站 |
| | 蜀南气矿自贡采气作业区技术信息室 |
| | 川西北气矿消防大队江油中队 |
| | 川东北气矿黄龙场中心站 |
| | 川中北部采气管理处北2应急巡维点 |
| | 输气处合江输气作业区江津压气站 |
| | 成化总厂氦气分厂生产二班 |
| | 川东北作业分公司罗家寨生产作业区宣汉净化厂生产操作团队 |
| | 勘研院区域所三室 |
| | 工程院压裂酸化研究所 |
| | 安研院四川天宇石油环保安全技术咨询服务有限公司 |
| | 勘探事业部勘探项目管理一部 |
| | 开发事业部长宁联合项目部 |
| | 四川华油集团公司郫天司德源配气站 |
| | 燃气分公司夹江营销部叶高山中心站 |
| 优秀青年突击队 | 川中油气矿无畏上产青年突击队 |
| | 重庆气矿增储上产青年突击队 |
| | 蜀南气矿增储上产决胜五十亿青年突击队 |
| | 川西北气矿宋孟秋青年突击队 |
| | 川东北气矿"巴山铁军"青年突击队 |
| | 输气处输气"抢险铁军"青年突击队 |
| | 天然气净化总厂"火聚"青年突击队 |
| | 川东北作业分公司罗家寨气田产能建设青年突击队 |
| | 勘研院深层—超深层风险勘探青年突击队 |
| | 天研院天然气质量控制和能量计量青年突击队 |
| | 安研院安全环保青年突击队 |
| | 页岩气研究院地质评价青年突击队 |
| | 经研所双碳与新能源经济研究青年突击队 |
| | 致密油气项目部致密气产能建设青年突击队 |
| | 四川华油集团公司四川华油集团有限责任公司龙天司桃燃青年突击队 |
| | 川港燃气公司"三线阳光"青年突击队 |
| | 数智分公司川中自控仪表运维青年突击队 |
| | 物资分公司川科一井保障青年突击队 |

表48 2023年西南油气田公司青工组织获公司级表彰先进个人一览表

| 荣誉名称 | 姓名 | 所在单位 |
| --- | --- | --- |
| 优秀共青团员 | 杨建东 | 川中油气矿地质研究所综合地质 |
| | 程洪涛 | 重庆气矿抢险维修大队压缩机维护工 |
| | 张瑜繁 | 蜀南气矿合江采气作业区助理工程师 |
| | 李婷 | 川西北气矿计量监测中心助理工程师 |
| | 张雪伦 | 川东北气矿开发科工程师 |
| | 唐嘉阳 | 输气管理处南充输气作业区助理工程师 |
| | 杨俊妍 | 天然气净化总厂遂宁净化公司净化操作工 |
| | 奚茜 | 成化总厂生产技术科工助理工程师 |
| | 李坷芮 | 勘研院地球物理研究所地震解释助理工程师 |
| | 钟洋 | 天研院腐蚀与防护研究所助理工程师 |
| | 杨智帆 | 工程院油气井增产技术实验室助理工程师 |
| | 孙月 | 安研院环保节能技术研究所环境监测 |
| | 钟可塑 | 页岩气研究院规划与资源评价研究所工程师 |
| | 任向宇 | 川港燃气公司攀枝花川港燃气有限公司工程管理 |
| | 苏名玥 | 燃气分公司夹江营销部企业文化基层建设岗 |
| | 李晨 | 数智分公司技术应用研究所信息架构与规划研究 |
| | 赵灵琳 | 物资分公司川西物资供应公司仓库保管工 |
| | 刘奕 | 四川华油集团公司泸州川油天然气有限公司财务资产部稽核会计 |
| 优秀青年 | 袁野 | 川中油气矿磨溪天然气净化厂净化操作工 |
| | 阚云隆 | 川中油气矿仪陇作业区采油工 |
| | 龙双双 | 重庆气矿办公室（党委办公室）秘书 |
| | 蒙雁琳 | 蜀南气矿自控计量站工程师 |
| | 余瑞欣 | 川西北气矿办公室（党委办公室）行政秘书 |
| | 唐力 | 川东北气矿工程师 |
| | 罗元宏 | 川中北部采气管理处项目建设与运维中心地面工程 |
| | 李权 | 输气处绵阳输气管道管理部工艺技术 |
| | 向里 | 天然气净化总厂办公室（党委办公室）副主任 |
| | 柴露华 | 成化总厂计划经营科工程师 |
| | 文钊 | 川东北作业分公司党群工作部工程师 |
| | 唐艺侨 | 长宁公司人力资源部（党委组织部）政工师 |
| | 李天军 | 勘研院油气田地质研究所地质勘探工程师 |
| | 邱奕龙 | 天研院流量所高级工程师 |
| | 龚浩 | 工程院三级工程师 |

续表

| 荣誉名称 | 姓　名 | 所在单位 |
|---|---|---|
| 优秀青年 | 王　尧 | 安研院党群工作科主管 |
| | 陈　烨 | 页岩气研究院水平井钻井研究工程师 |
| | 郑思佳 | 集输工程所规划研究室高级工程师 |
| | 何晋越 | 经研所战略与政策研究室经济师 |
| | 吴　坷 | 勘探事业部工程技术科副科长 |
| | 弋　山 | 开发事业部生产保障中心工程师 |
| | 李泳锡 | 致密油气项目部生产运行科工程师 |
| | 张雨晋 | 川港燃气公司党群工作部宣传干事 |
| | 曾萍萍 | 燃气分公司办公室（党委办公室）助理政工师 |
| | 赵雨润 | 数智分公司建设项目管理部采气工中级 |
| | 易　思 | 物资分公司团委副书记 |
| | 陈维铭 | 重庆页岩气公司勘探开发部主管 |
| | 陈　珂 | 四川页岩气公司井工程管理部副部长 |
| | 余　洋 | 新能源事业部市场开发科工程师 |
| | 陈　思 | 行政事务中心（档案中心）事务管理科主管 |
| | 温　泉 | 工程项目造价中心地面工程管理科科长 |
| | 彭婉玲 | 社会保险中心（住房公积金管理中心）高级会计师 |
| | 周金辉 | 纪检审计中心综合办公室主管 |
| | 陈国浩 | 重点地面工程建设项目部综合科综合管理岗 |
| | 杨　帆 | 技术咨询中心综合部主任 |
| | 金芳汀 | 新闻中心采编二部编辑、记者 |
| | 蒋文彬 | 四川华油集团公司重庆凯源北新分公司管道运行维护中心管网技术 |
| | 王一鸿 | 四川华油集团公司四川省眉山天然气有限责任公司工程师 |
| | 向米立 | 相国寺储气库公司相国寺集注站综合管理技术员 |
| | 李若威 | 家益公司土地利用中心党支部书记、副主任 |
| | 童昱婷 | 华成监理公司企管法规部市场管理岗 |
| | 郭　珍 | 重庆协调小组政工师 |
| | 蒋　艳 | 综合服务中心副站长 |
| | 张　聪 | 宝石花汽服务公司成都二分公司驾驶员 |
| | 易忠明 | 宝石花油服公司重庆分公司生产运行和安全管理 |
| | 赵玥昀璐 | 宝石花医疗公司重庆宝石花医院主治医师 |
| | 刘夏兰 | 四川华盛能源发展集团有限公司审计法务部副经理 |
| | 米　杰 | 西南油气田公司机关发展计划部主管 |
| | 杨子叶 | 西南油气田公司机关办公室、党委办公室（维稳信访工作办公室）秘书科科长 |

续表

| 荣誉名称 | 姓　名 | 所在单位 |
| --- | --- | --- |
| 优秀共青团干部 | 雷智豪 | 川中油气矿磨溪开发项目部团委副书记 |
| | 谭　军 | 重庆气矿团委副书记 |
| | 且　迪 | 蜀南气矿党群工作部团青干事 |
| | 卢　可 | 川西北气矿团委委员、团青干事 |
| | 杨倩铷 | 川东北气矿党群工作科新媒体管理 |
| | 王丹雨 | 川中北部采气管理处党群办公室党群综合 |
| | 陈佳作 | 输气处成都输气作业区团支部委员 |
| | 姚春前 | 天然气净化总厂安岳净化公司工作团支部副书记 |
| | 秦硕瑾 | 成化总厂团委员 |
| | 宋洪锦 | 川东北作业分公司团委委员 |
| | 王文婧 | 长宁公司勘探开发部工作工程管理 |
| | 钱红杉 | 勘研院区域地质研究所团支部书记 |
| | 牟　欣 | 天研院天然气流量测试研究所助理工程师 |
| | 杨少云 | 工程院质量检测与评价所团支部书记 |
| | 胡学华 | 安研院团委委员 |
| | 陈　月 | 页岩气研究院开发所团支部书记 |
| | 贾　杰 | 经研所团支部副书记 |
| | 刘佳欣 | 勘探事业部团支部委员 |
| | 梅　雪 | 开发事业部办公室（党委办公室）党务、机要秘书 |
| | 樊雅妮 | 致密油气项目部综合办公室群团综合岗 |
| | 曾静芸 | 川港燃气公司团委委员 |
| | 钟幼龄 | 燃气分公司沐川燃气公司团支部书记 |
| | 张新瑜 | 数智分公司团委委员、信息技术应用研究所团支部副书记 |
| | 蔡　颖 | 物资分公司川西公司团支部书记 |
| | 林昕昕 | 四川页岩气公司团支部副书记 |
| | 张　寻 | 新闻中心采编一部记者、编辑 |
| | 郑　超 | 四川华油集团公司郫天司团支部书记 |
| | 谭沁心 | 相国寺储气库公司团支部副书记 |
| | 苟　鑫 | 家益公司团支部副书记 |
| | 张漪远 | 华成监理公司青工办副主任 |
| | 刘　军 | 华盛能源公司综合管理部（董事会办公室）主管 |

机构·人物

续表

| 荣誉名称 | 姓　名 | 所在单位 |
|---|---|---|
| 优秀突击队手 | 严昀坤 | 川中油气矿南广采油气作业区生产运行中心副主任 |
| | 唐　雯 | 重庆气矿地质技术所气藏工程岗 |
| | 王维一 | 蜀南气矿开发管理部主管 |
| | 宋孟秋 | 川西北气矿剑阁天然气净化厂生产技术组净化工艺技术二级工程师 |
| | 周岐双 | 川东北气矿高含硫气田运行管理项目部党支部委员、副经理 |
| | 黄若愚 | 输气处成都管道抢险维修大队抢险应急作业组焊工 |
| | 盛　斌 | 天然气净化总厂忠县分厂生产办主任 |
| | 柳卓君 | 川东北作业分公司工程建设项目部风险及整合工程 |
| | 杨岱林 | 勘研院地质勘探岗 |
| | 宋柯静 | 天研院天然气分析测试研究所天然气分析技术研发岗 |
| | 蒋国斌 | 安研院环保节能技术研究所副所长 |
| | 杨　雪 | 页岩气研究院规划与资源评价研究所助理工程师 |
| | 李森圣 | 经研所天然气价格研究室副主任 |
| | 刘承龙 | 致密油气项目部基建工程管理部地面工程施工岗 |
| | 吕　科 | 四川华油集团公司龙泉驿华油兴能天然气有限公司油气管道保护工 |
| | 段　宇 | 川港燃气公司攀枝花川港燃气有限公司综合办公室党群干事 |
| | 周子游 | 数智分公司川中总站生产安全办公室生产运行管理岗 |
| | 陈一铭 | 物资分公司川西物资供应公司副经理 |

# 国家级表彰集体简介

【全国五一劳动奖状】 2023年,川庆钻探工程公司获全国五一劳动奖状。川庆钻探工程公司成立于2008年2月,是四川油气田、鄂尔多斯盆地油田、塔里木盆地油田工程技术服务主力军,用工总量4万多人,年收入规模300亿元以上。曾获全国"安康杯"竞赛优胜单位、四川省五一劳动奖状、四川省抗震救灾模范集体、中国石油绿色企业、中国石油先进集体等荣誉。

坚持政治领航,引领保障作用充分发挥。以高度的政治自觉坚定捍卫"两个确立"、坚决做到"两个维护",制定22项举措喜迎党的二十大,推进习近平总书记重要指示批示精神再学习、再落实、再提升,"第一议题"学习112篇,推进党建三基本建设与三基工作"五个融合"。

强化技术立企,科技创新动能持续提升。制定川庆钻探工程公司科技自立自强"双十条"措施,完善研究—制造—应用一体化模式,重奖一批突出贡献个人和集体,全力打造工程技术创新高地。新增科技成果100项、授权发明专利170件,获得省部级、行业科技奖励20项,推广技术创效3.1亿元。

抓实安全生产,健康绿色发展走深走实。严格落实"十五条"硬措施,强化敏感时段升级管理,重点领域风险全面受控,完成安全生产专项整治三年行动。建立健全制度措施清单571项,制定碳达峰碳中和路径,节能4742吨标准煤,减少碳排放11.9万吨,节约能耗成本3亿元,获中国石油QHSE先进企业称号。凝聚职工力量,深化产业工人队伍建设。作为四川省产改工作的先锋队,2022年开展了系列劳动竞赛,构建形成"党政主导、工会牵头、部门协作、基层实施"的竞赛工作格局,加强产业工人技能培训，强化部署、实施、考核"三同步"管理，突出集群提速，单队进尺提升12%，钻完井提速8%，创指标纪录55项，2022年创中国陆上最深气井纪录（9 010米）；接替国际知名油服无法完成的复杂井钻探任务，完成土库曼斯坦复兴气田3口续钻井项目，复杂油气攻坚者品牌形象享誉国内外；打成无阻流量超百万立方米高产气井82口，生产天然气45.1亿立方米，经营收入增长12%。组织开展技能大赛22项，结合生产经营实际扩大技能比赛参与面，吸纳更多工种、专业进入竞赛范围，为产业工人提供良好的成长空间，有11个单位5394名选手参赛，产生7名技术标兵、38名技术能手。尊重员工首创精神，开展"五小"成果征集展示交流活动，激发产业工人小改小革热情，征集成果220项，创造经济效益7.63亿元。以展板、宣传册和实物展示等方式宣传成果，提升成果的应用效率，切实解决生产经营难题，川庆钻探工程公司获四川省"五小"活动先进单位称号。

助力乡村振兴，履行央企责任担当。累计捐赠资金831.32万元，从产业、消费、人才、党建等多方面助力石渠县乡村振兴，同时开展多项社会公益事业；持续对困难职工开展生活救助、医疗救助、金秋助学等帮扶活动，累计帮扶1 188人次613.5万元，发展成果更多惠及职工家庭，促进企业和谐稳定。

（田　杨）

【马广文】　全国工会系统劳动模范，男，汉族，1970年生，山东鄄城人，大学，高级政工师，中共党员，西南油气田公司工会副主席。马广文长期从事工会工作，牵头负责承办"建设气大庆，建功十四五，奋进新征程"全国引领性劳动和技能竞赛（2020—2025），动员川渝13家国有石油石化企业、10万余名职工上产攻坚，推动四川盆地油气产量创历史新高。打造"一个阵地、五个家"工会工作体系和品牌，在全国和全省工会系统形成一定影响力。着力培养选树先进典型，弘扬劳模精神劳动精神工匠精神，选树数十项省部级及以上先进集体和个人，其中1名全国五一劳动奖章获得者当选党的二十大代表，1名全国劳模亮相北京传递冬奥圣火。用心用情关爱职工，精准搭建"七大帮扶平台"，做实"四有"普惠服务，惠及职工4万余人次。在其工作期间，西南油气田公司获"全国厂务公开民主管理示范单位"等荣誉，工会工作年年考核居四川省总工会前列。

（丁扬阳）

责任编辑：闵　军

# 附 录
## Appendixes

# 专业组织

## 西南油气田分公司平安企业建设领导小组

组　　　长：何　骁　雍　锐
副 组 长：李宝军　董焕忠　乐　宏
成　　　员：朱力洋　张　明　陈力力　杨洪志
　　　　　　刘怀平　刘海峰　冯　勐　谢继容
　　　　　　黄雪松　罗　明　龚建华　党录瑞
　　　　　　杨　刚　王　虓　刘力铭　熊　亮
　　　　　　苟昭辉　马广文　张　英　张　川
　　　　　　曾青松　钱　浩　王　欣　刘晓天
　　　　　　肖玉辉　杨再勇　李天祥　束　海
　　　　　　刘　波

领导小组办公室设在维护稳定工作办公室（信访办公室、保卫处），张英兼任办公室主任，束海、刘波兼任办公室副主任。

## 西南油气田公司劳动竞赛委员会

主　　　任：李宝军
委　　　员：刘怀平　敬兴胜　冯　勐　张　明
　　　　　　黄雪松　龚建华　党录瑞　杨　刚
　　　　　　王　虓　刘力铭　苟昭辉　马广文
　　　　　　韩　旭　杨长城　谢继容　周井红
　　　　　　罗　明　张　川　曾青松　钱　浩
　　　　　　王　欣　刘晓天　杨再勇　朱国武

劳动竞赛委员会下设办公室，办公室设在工会。

## 经济责任审计迎审工作协调组

组　　　长：何　骁
副 组 长：徐晓炜
成　　　员：余鹏宇　刘海峰　冯　勐　杨鹏程
　　　　　　谢继容　李　麟　周　朗　罗　明
　　　　　　龚建华　党录瑞　方　健　王　虓
　　　　　　刘力铭　熊　亮　熊　珍　韩　旭
　　　　　　张　英　杨长城　任　伟　曾青松
　　　　　　钱　浩　王　欣　刘晓天　康洪强
　　　　　　谭　勇　邓　刚　代华明　肖　鹰
联　络　员：廖　星　陈耀文　陈　静　闵怡薇
　　　　　　罗明生　卓　强　徐冰青　余建飞
　　　　　　雍崧生　周　祥　黄韬澄　舒　婷
　　　　　　王任杰　梁青城　朱学熹　钟嘉玮
　　　　　　许　新　相　臻　罗学渊　彭　轩
　　　　　　陈　雪　李　涛　许建伟　蒋　超
　　　　　　魏　薇　黄　放　谢汝君　颜　铭
　　　　　　黄　婕

## 西南油气田分公司原油轻烃液化气乙烷销售领导小组

组　　　长：何小川
副 组 长：张　川
成　　　员：李　龙　王智雄　刘　巍　陈学锋
　　　　　　郑志斌　范　锐　任　伟

原油轻烃液化气乙烷销售领导小组办公室设在营销部，张川任办公室主任，任伟任办公室副主任。

## 西南油气田分公司股权企业管理委员会

主　　　任：姜鹏飞
副 主 任：何　骁　董焕忠　何　强
委　　　员：李宝军　乐　宏　徐晓炜　杨　雨
　　　　　　何小川　雍　锐　佘朝毅

## 西南油气田分公司合规管理委员会

主　　　任：姜鹏飞
副 主 任：何　骁　李宝军　董焕忠　何　强
　　　　　　乐　宏　徐晓炜　杨　雨　何小川
　　　　　　雍　锐　佘朝毅
成　　　员：朱力洋　张　明　朱　进　陈力力
　　　　　　刘怀平　刘海峰　冯　勐　谢继容
　　　　　　黄雪松　罗　明　党录瑞　杨　刚
　　　　　　贺　年　王　虓　刘力铭　李　磊
　　　　　　苟昭辉　马广文　张　英　杨洪志

张　川　朱国武　刘成根　钱　浩
王　欣　刘晓天　肖玉辉　杨再勇

## 西南油气田分公司内部产品及劳务价格管理委员会

主　　任：何　强
副 主 任：冯　勍　王智雄
成　　员：黄　宓　赵洪斌　陈　宇　刘孝锋
　　　　　李铁军　邓　刚　饶　勇　李　欣
　　　　　陈方兵　王　皓　邓晓峰　何春蕾
　　　　　张雨华　王　凯　梅小兵　王　浩
　　　　　王　刚　黄俊锋　张　瑞

## 西南油气田分公司燃气管道泄漏专项整治领导小组

一、领导小组成员
组　　长：何小川
成　　员：朱　进　钱　浩　冯　勍　刘海峰
　　　　　朱国武　邹光国　陈　革　邓经纬
　　　　　李　静　程　华

二、工作小组成员
组　　长：钱　浩
成　　员：肖启强　王　峰　林　冬　李明华
　　　　　李　佳　王　飞　牟洪陶　黎登辉
　　　　　曾婉苏　张瀚月　黄义淋　周金田
　　　　　唐　兵　范利勇　魏　滨　蒋振东
　　　　　汪　科　张文艳　唐柳怡　黄　海
　　　　　夏太武　杨　刚　高　健　孙明楠
　　　　　汪钰森

## 西南油气田公司QHSE信息与设备专业委员会

主　　任：董焕忠
副 主 任：傅敬强
委　　员：刘晓天　敬兴胜　王智雄　郭　伶
　　　　　唐玉林　肖长久　周　朗　罗　明
　　　　　刘春艳　邹小龙　于　磊　张亚明
　　　　　朱国武　刘成根　郑晓春　刘泽军
　　　　　康洪强　汪云福　周晓亮　陈敬东
　　　　　汪　亮　马科笃　林钟灵

## 西南油气田公司双碳与新能源领导小组

一、双碳与新能源领导小组
组　　长：姜鹏飞　何　晓
常务副组长：董焕忠
副 组 长：李宝军　康建国　何　强　乐　宏
　　　　　徐晓炜　杨　雨　何小川　雍　锐
成　　员：傅敬强　余　进　郭绪明　郭贵安
　　　　　郑有成　文绍牧　贺志明　朱力洋
　　　　　张　明　朱　进　陈力力　赵　伟
　　　　　刘海峰　冯　勍　黄雪松　文　志
　　　　　党录瑞　杨　刚　杨洪志　张　川
　　　　　朱国武　钱　浩　王　欣　刘晓天

二、双碳与新能源工作组
组　　长：董焕忠
副 组 长：文绍牧　朱力洋　朱　进　刘海峰
　　　　　胡　剑
成　　员：熊　波　敬兴胜　余鹏宇　王智雄
　　　　　孙开俊　肖长久　马　勇　罗　明
　　　　　刘春艳　邹小龙　郑志斌　于　磊
　　　　　张亚明　高久生　郑晓春　刘泽军
　　　　　周晓亮　李　军　邓　波　胡昌全
　　　　　杨　辉　李　建　任艳辉　陈　林
　　　　　晏贤臣　杨　颖　王鸿宇　邓晓峰
　　　　　欧　威　刘旭宁　彭　先　宋　彬
　　　　　李文哲　林　冬　吴建发　陈敬东
　　　　　王富平　梅小兵　邓经纬　刘文蜀
　　　　　魏源良　廖　欣　王道成

三、双碳与新能源工作办公室
主　　任：刘海峰
副 主 任：敬兴胜
成　　员：秦章晋　李　琦　陈　宇　王开宇
　　　　　邢鹏飞　徐伟宁　李　捷　贾　宇
　　　　　彭子成　谭箭航　陈仕锦　王　宇

　　　　　龙征海　陈　雪　王　农　吴　曦
　　　　　王晓东　胡俊坤　米　杰

双碳与新能源工作办公室设在规划计划处。

## 川庆钻探工程有限公司QHSE委员会

主　　　任：李雪岗
副 主 任：谭　宾　喻著成　樊尚珍　孙　虎
　　　　　张志东　张新刚　欧阳诚　罗　鑫
成　　　员：晏　凌　陆灯云　李晓明　钱　斌
　　　　　杨柳青　李香华　刘　石　曾　翀
　　　　　卢尚勇　张汉信　韩建禹　徐　迪
　　　　　谢祥锋　聂小明　付　强　徐非凡
　　　　　蔡激扬　喻建胜　张增年　李　林
　　　　　侯　斌　香　军　杨　帅　曾　剑
　　　　　戴正海　赵维斌　杨厚天　贺吉安
　　　　　马文胜　袁小兵　李红瑞　陈晓彬
　　　　　王文武

办公室设在质量健康安全环保部，徐非凡任办公室主任。

## 川庆钻探工程有限公司网络安全与信息化工作指导委员会（暨川庆钻探工程有限公司数字化转型智能化发展工作领导小组）

主　　　任：李雪岗
副 主 任：谭　宾　孙　虎
成　　　员：喻著成　樊尚珍　张志东　张新刚
　　　　　欧阳诚　罗　鑫　陆灯云　曾　翀
　　　　　卢尚勇　张汉信
　　　　　以及办公室/党委办公室、发展计划部、市场与生产协调部、财务部、人力资源部/党委组织部、工程技术部（工程作业智能支持中心）、质量健康安全环保部、企管法规部、科技信息部、物资设备部、审计部、党群工作部（党委宣传部、团委）、生产科研基地建设管理部负责人和科技信息部班子成员

办公室设在科技信息部，喻建胜任办公室主任。

## 川庆钻探工程有限公司厂务公开领导小组

组　　　长：李雪岗
副 组 长：喻著成　樊尚珍　张新刚　欧阳诚
成　　　员：办公室/党委办公室、发展计划部、财务部、人力资源部/党委组织部、企管法规部、审计部、党群工作部（党委宣传部、团委）、工会、纪委办公室、维稳信访工作办公室（保卫部）、公共事务中心负责人

办公室设在工会，香军任办公室主任，杨健任副主任。

## 川庆钻探工程有限公司乡村振兴和对口支援工作领导小组

组　　　长：李雪岗　谭　宾
常务副组长：喻著成
副 组 长：张新刚　曾　翀　卢尚勇　熊　伟
成　　　员：发展计划部、市场与生产协调部、财务部、人力资源部/党委组织部、企管法规部、审计部、党群工作部（党委宣传部、团委）、工会、纪委办公室、公共事务中心、越盛公司负责人，以及人力资源部/党委组织部、财务部、党群工作部（党委宣传部、团委）、工会分管相关业务副总经理、副主任、副主席

办公室设在工会，香军任办公室主任，曾剑、陈军、陈帅任副主任。

## 川庆钻探工程有限公司帮扶中心领导小组

组　　　长：李雪岗
副 组 长：喻著成
成　　　员：人力资源部/党委组织部、财务部、审计部、纪委办公室、工会、维稳信访工作办公室（保卫部）负责人，以及企管法规部分管相关业务副总经理

办公室设在工会，香军任办公室主任，陈帅任副主任。

## 川庆钻探工程有限公司企业年金管理委员会

主　　任：李雪岗　谭　宾
副 主 任：喻著成　张新刚
成　　员：财务部、人力资源部/党委组织部、企管法规部、审计部、工会负责人，以及人力资源部/党委组织部分管相关业务副总经理

办公室设在人力资源部/党委组织部，傅红村任办公室主任。

## 《川庆钻探工程有限公司年鉴》编纂委员会

主　　任：李雪岗　谭　宾
副 主 任：喻著成　樊尚珍　孙　虎　张志东
　　　　　张新刚　欧阳诚　罗　鑫
成　　员：曾　翀　卢尚勇　张汉信
　　　　　以及公司机关各部门（附属单位）负责人，办公室/党委办公室分管相关业务副主任

办公室设在办公室/党委办公室，刘黑冬任办公室主任。

## 川庆钻探工程有限公司应急管理工作领导小组

组　　长：李雪岗　谭　宾
副 组 长：喻著成　樊尚珍　孙　虎　张志东
　　　　　张新刚　欧阳诚　罗　鑫
成　　员：晏　凌　陆灯云　李晓明　钱　斌
　　　　　杨柳青　李香华　刘　石　曾　翀
　　　　　卢尚勇　张汉信
　　　　　以及公司机关各部门、公共事务中心、生产科研基地建设管理部负责人，市场与生产协调部分管相关业务副总经理

办公室设在市场与生产协调部，欧阳诚、罗鑫任办公室主任，卢尚勇、谢祥锋、徐非凡、付强任副主任。

## 川庆钻探工程有限公司科学技术委员会（知识产权管理委员会）

主　　任：李雪岗　谭　宾
副 主 任：喻著成　樊尚珍　孙　虎　张志东
　　　　　张新刚　欧阳诚　罗　鑫
成　　员：晏　凌　陆灯云　李晓明　钱　斌
　　　　　杨柳青　李香华　刘　石　曾　翀
　　　　　卢尚勇　张汉信
　　　　　以及公司机关各部门负责人，钻采院、地研院和安检院负责人，科技信息部班子成员及企业高级专家

办公室设在科技信息部，喻建胜任办公室主任。

## 川庆钻探工程有限公司深化人事劳动分配制度改革专项领导小组

组　　长：李雪岗　谭　宾
副 组 长：喻著成　樊尚珍　孙　虎　张志东
　　　　　张新刚　欧阳诚　罗　鑫
成　　员：曾　翀
　　　　　以及公司机关各部门（附属单位）负责人，人力资源部/党委组织部班子成员

办公室设在人力资源部/党委组织部，曾翀任办公室主任。

## 川庆钻探工程有限公司参股企业管理委员会

主　　任：李雪岗　谭　宾
副 主 任：喻著成　樊尚珍　孙　虎　张志东
　　　　　张新刚　欧阳诚　罗　鑫
成　　员：公司总法律顾问、首席合规官，公司机关各部门负责人，企管法规部分管相关业务副总经理

办公室设在企管法规部，蔡激扬任办公室主任。

## 川庆钻探工程有限公司员工培训工作领导小组

组　　长：李雪岗　谭　宾
成　　员：喻著成　樊尚珍　孙　虎　张志东
　　　　　张新刚　欧阳诚　罗　鑫　晏　凌
　　　　　陆灯云　李晓明　钱　斌　杨柳青
　　　　　曾　翀
　　　　　以及市场与生产协调部、人力资源部/党委组织部、工程技术部（工程作业智能支持中心）、党群工作部（党委宣传部、团委）负责人

办公室设在人力资源部/党委组织部，傅红村任办公室主任。

## 川庆钻探工程有限公司中长期规划工作领导小组

组　　长：李雪岗　谭　宾
成　　员：喻著成　樊尚珍　孙　虎　张志东
　　　　　张新刚　欧阳诚　罗　鑫　晏　凌
　　　　　陆灯云　李晓明　钱　斌　杨柳青
　　　　　曾　翀　卢尚勇　张汉信
　　　　　以及公司机关各部门负责人

办公室设在发展计划部，徐迪任办公室主任。

## 川庆钻探工程有限公司碳达峰碳中和及新能源工作领导小组

组　　长：李雪岗　谭　宾
副 组 长：孙　虎　张志东　张新刚　欧阳诚
　　　　　罗　鑫
成　　员：晏　凌　陆灯云　李晓明　钱　斌
　　　　　杨柳青　曾　翀　卢尚勇　张汉信
　　　　　徐　迪　谢祥锋　聂小明　付　强
　　　　　徐非凡　蔡激扬　喻建胜　张增年
　　　　　巫　波

办公室设在发展计划部，徐迪任办公室主任。

## 川庆钻探工程有限公司节能减排和清洁生产领导小组

组　　长：李雪岗　谭　宾
成　　员：喻著成　樊尚珍　孙　虎　张志东
　　　　　张新刚　欧阳诚　罗　鑫　陆灯云
　　　　　李晓明　钱　斌　刘　石　张汉信
　　　　　以及发展计划部、市场与生产协调部、财务部、工程技术部（工程作业智能支持中心）、质量健康安全环保部、企管法规部、科技信息部、物质设备部负责人，质量健康安全环保部分管相关业务副总经理

办公室设在质量健康安全环保部，徐非凡任办公室主任。

## 川庆钻探工程有限公司职称改革工作领导小组

组　　长：李雪岗　谭　宾
副 组 长：喻著成
成　　员：樊尚珍　孙　虎　张志东　张新刚
　　　　　欧阳诚　罗　鑫　曾　翀　卢尚勇
　　　　　张汉信

下设工程系列，经济、会计、审计系列，政工专业等3个高级专业技术职务评审委员会。

办公室设在人力资源部/党委组织部，曾翀任办公室主任。

## 川庆钻探工程有限公司人才工作领导小组

组　　长：李雪岗　谭　宾
副 组 长：喻著成
成　　员：樊尚珍　孙　虎　张志东　张新刚
　　　　　欧阳诚　罗　鑫
　　　　　以及办公室/党委办公室、市场与生产协调部、财务部、人力资源部/党委组织部、工程技术部（工程作业智能支持

中心)、质量健康安全环保部、企管法规部、科技信息部、物资设备部、审计部、党群工作部（党委宣传部、团委）、纪委办公室（党委巡察办公室）负责人

办公室设在人力资源部/党委组织部，曾翀任办公室主任。

## 川庆钻探工程有限公司平安企业建设领导小组

组　　长：李雪岗

副 组 长：喻著成　孙　虎　张志东

成　　员：曾　翀　卢尚勇　张汉信

以及办公室/党委办公室、发展计划部、市场与生产协调部、财务部、人力资源部/党委组织部、质量健康安全环保部、企管法规部、科技信息部、党群工作部（党委宣传部、团委）、工会、纪委办公室、维稳信访工作办公室（保卫部）、公共事务中心和长庆指挥部负责人

办公室设在维稳信访工作办公室（保卫部），韩建禹任办公室主任，李建伟任副主任。

## 川庆钻探工程有限公司井控工作领导小组

组　　长：李雪岗　谭　宾

常务副组长：罗　鑫

副 组 长：喻著成　樊尚珍　孙　虎　张志东
　　　　　张新刚　欧阳诚

成　　员：晏　凌　陆灯云　李晓明　钱　斌
　　　　　刘　石　张汉信

以及办公室/党委办公室、发展计划部、市场与生产协调部、财务部、人力资源部/党委组织部、工程技术部（工程作业智能支持中心）、质量健康安全环保部、企管法规部、科技信息部、物资设备部、审计部、党群工作部（党委宣传部、团委）、工会、纪委办公室（党委巡察办公室）、井控管理中心负责人，工程技术部（工程作业智能支持中心）分管相关业务企业高级专家和长庆指挥部分管相关业务副指挥

办公室设在工程技术部（工程作业智能支持中心），付强任办公室主任，袁小兵任副主任。长庆地区设井控管理办公室，张汉信任办公室主任，张岳荣任副主任。

## 川庆钻探工程有限公司防汛领导小组

组　　长：李雪岗　谭　宾

副 组 长：孙　虎　欧阳诚

成　　员：喻著成　樊尚珍　张志东　张新刚
　　　　　罗　鑫　晏　凌　陆灯云　李晓明
　　　　　钱　斌　杨柳青　李香华　刘　石
　　　　　曾　翀　卢尚勇　张汉信

以及公司机关各部门、公共事务中心、生产科研基地建设管理部负责人

办公室设在市场与生产协调部，谢祥锋任办公室主任。

## 川庆钻探工程有限公司原创技术策源地暨关键核心技术攻关领导小组

组　　长：李雪岗

副 组 长：谭　宾　喻著成　樊尚珍　孙　虎
　　　　　张志东　张新刚　欧阳诚　罗　鑫

成　　员：晏　凌　陆灯云　李晓明　钱　斌
　　　　　杨柳青　李香华　刘　石　曾　翀
　　　　　卢尚勇　张汉信

以及发展计划部、市场与生产协调部、财务部、人力资源部/党委组织部、工程技术部（工程作业智能支持中心）、质量健康安全环保部、企管法规部、物资设备部负责人，钻采院、地研院和安检院负责人，科技信息部班子成员及企业高级专家

办公室设在科技信息部，喻建胜任办公室主任。

## 川庆钻探工程有限公司全面深化改革领导小组

组　　长：李雪岗　谭　宾
副 组 长：喻著成　樊尚珍　孙　虎　张志东
　　　　　张新刚　欧阳诚　罗　鑫
成　　员：公司总法律顾问、首席合规官，公司机关各部门负责人，企管法规部分管相关业务副总经理

办公室设在企管法规部，蔡激扬任办公室主任。

## 川庆钻探工程有限公司法治建设领导小组（暨合规管理委员会）

组　　长：李雪岗　谭　宾
副 组 长：喻著成　樊尚珍　孙　虎　张志东
　　　　　张新刚　欧阳诚　罗　鑫
成　　员：公司总法律顾问、首席合规官，公司机关各部门负责人，企管法规部分管相关业务副总经理

办公室设在企管法规部，蔡激扬任办公室主任。

## 川庆钻探工程有限公司内控与风险管理领导小组

组　　长：李雪岗　谭　宾
副 组 长：喻著成　樊尚珍　孙　虎　张志东
　　　　　张新刚　欧阳诚　罗　鑫
成　　员：公司总法律顾问、首席合规官，公司机关各部门负责人，企管法规部分管相关业务副总经理

办公室设在企管法规部，蔡激扬任办公室主任。

## 川庆钻探工程有限公司"三基"暨管理提升工作领导小组组成人员

组　　长：李雪岗　谭　宾
副 组 长：喻著成　樊尚珍　孙　虎　张志东
　　　　　张新刚　欧阳诚　罗　鑫
成　　员：公司总法律顾问、首席合规官，公司机关各部门负责人，企管法规部分管相关业务副总经理

办公室设在企管法规部，蔡激扬任办公室主任。

## 川庆钻探工程有限公司"四化"建设领导小组

组　　长：李雪岗　谭　宾
副 组 长：罗　鑫
成　　员：晏　凌　陆灯云　李晓明　钱　斌
　　　　　杨柳青　刘　石
以及办公室/党委办公室、发展计划部、市场与生产协调部、财务部、人力资源部/党委组织部、工程技术部（工程作业智能支持中心）、质量健康安全环保部、企管法规部、科技信息部、物资设备部、党群工作部（党委宣传部、团委）负责人

领导小组下设推进办公室，推进办公室设在物资设备部，并分设标准化、专业化、自动化、信息化4个专项推进组，张增年任办公室主任。

## 川庆钻探工程有限公司市场开发领导小组组成人员

组　　长：李雪岗　谭　宾
常务副组长：张志东　欧阳诚
副 组 长：喻著成　樊尚珍　孙　虎　张新刚
　　　　　罗　鑫
成　　员：办公室/党委办公室、发展计划部、市场与生产协调部、财务部、人力资源部/党委组织部、工程技术部（工程作业智能支持中心）、质量健康安全环保部、企管法规部、科技信息部、物资设备部、党群工作部（党委宣传部、团委）、工程造价中心负责人

办公室设在市场与生产协调部，负责公司市场开发管理日常工作，谢祥锋任办公室主任。

## 川庆钻探工程有限公司提质增效领导小组

组　　　长：李雪岗　谭　宾
常务副组长：张新刚
副　组　长：喻著成　樊尚珍　孙　虎　张志东
　　　　　　欧阳诚　罗　鑫
成　　　员：公司专家、总经理助理、副总师，公司机关各部门、公共事务中心、生产科研基地建设管理部负责人

领导小组下设实施推进办公室，聂小明任办公室主任，曹晓丽任副主任。

## 川庆钻探工程有限公司预算委员会

主　　任：李雪岗　谭　宾
副 主 任：张新刚
成　　员：喻著成　樊尚珍　孙　虎　张志东
　　　　　欧阳诚　晏　凌　罗　鑫　陆灯云
　　　　　李晓明　钱　斌　杨柳青　曾　翀
　　　　　卢尚勇　张汉信
　　　　　以及公司机关各部门、公共事务中心、生产科研基地建设管理部负责人

办公室设在财务部，聂小明任办公室主任，曹晓丽任副主任。

## 川庆钻探工程有限公司绩效考核领导小组

组　　长：李雪岗　谭　宾
副 组 长：喻著成
成　　员：樊尚珍　孙　虎　张志东　张新刚
　　　　　欧阳诚　罗　鑫　曾　翀
　　　　　以及公司机关各部门（附属单位）负责人，财务部、人力资源部/党委组织部分管相关业务副总经理

办公室设在人力资源部/党委组织部，曹中渝任办公室主任。

## 川庆钻探工程有限公司职业病防治工作领导小组组成人员

组　　长：李雪岗　谭　宾
成　　员：孙　虎　张志东　刘　石
　　　　　以及办公室/党委办公室、发展计划部、市场与生产协调部、财务部、人力资源部/党委组织部、工程技术部（工程作业智能支持中心）、质量健康安全环保部、企管法规部、科技信息部、物资设备部、党群工作部（党委宣传部、团委）负责人

办公室设在质量健康安全环保部，贺吉安任办公室主任。

## 川庆钻探工程有限公司标准化技术委员会

主　　任：李雪岗
副 主 任：谭　宾　孙　虎　张志东
成　　员：张新刚　欧阳诚　罗　鑫　晏　凌
　　　　　陆灯云　李晓明　钱　斌　杨柳青
　　　　　李香华　刘　石　曾　翀　卢尚勇
　　　　　张汉信
　　　　　以及办公室/党委办公室、发展计划部、市场与生产协调部、财务部、人力资源部/党委组织部、工程技术部（工程作业智能支持中心）、质量健康安全环保部、企管法规部、科技信息部、物资设备部、生产科研基地建设管理部负责人，质量健康安全环保部班子成员，工程技术部（工程作业智能支持中心）企业高级专家、分管相关业务副总经理和一级工程师，物资设备部分管相关业务副总经理，安检院负责人

办公室设在质量健康安全环保部，杨厚天任办公室主任。

## 川庆钻探工程有限公司技能专家评审和考核领导小组

组　　长：谭　宾
副 组 长：喻著成
成　　员：晏　凌　陆灯云　李晓明　钱　斌
　　　　　杨柳青
　　　　　以及市场与生产协调部、人力资源部/党委组织部、工程技术部（工程作业智能支持中心）、质量健康安全环保部、物资设备部、工会负责人，人力资源部/党委组织部分管相关业务副总经理

办公室设在人力资源部/党委组织部，傅红村任办公室主任。

## 川庆钻探工程有限公司医务劳动鉴定委员会组成人员

组　　长：喻著成
成　　员：市场与生产协调部、人力资源部/党委组织部、质量健康安全环保部、工会、维稳信访工作办公室（保卫部）负责人

办公室设在人力资源部/党委组织部，傅红村任办公室主任。

## 川庆钻探工程有限公司技能人才评价委员会

主　　任：谭　宾
副 主 任：喻著成　罗　鑫
成　　员：晏　凌　陆灯云　李晓明　钱　斌
　　　　　杨柳青
　　　　　以及市场与生产协调部、财务部、人力资源部/党委组织部、工程技术部（工程作业智能支持中心）、质量健康安全环保部、物资设备部、工会负责人

办公室设在人力资源部/党委组织部，傅红村任办公室主任。

## 川庆钻探工程有限公司保密委员会（密码工作领导小组）

主　　任：喻著成　孙　虎
副 主 任：曾　翀　卢尚勇　谢祥锋　付　强
　　　　　喻建胜
成　　员：发展计划部、财务部、人力资源部/党委组织部、质量健康安全环保部、企管法规部、物资设备部、审计部、党群工作部（党委宣传部、团委）、工会、纪委办公室（党委巡察办公室）、公共事务中心、工程造价中心、生产科研基地建设管理部负责人，办公室/党委办公室分管相关业务副主任

办公室设在办公室/党委办公室，兰宇任办公室主任。

## 川庆钻探工程有限公司劳动争议调解委员会

主　　任：喻著成
副 主 任：樊尚珍　张新刚
成　　员：发展计划部、财务部、人力资源部/党委组织部、质量健康安全环保部、企管法规部、物资设备部、工会、维稳信访工作办公室（保卫部）、公共事务中心负责人，人力资源部/党委组织部分管相关业务副总经理、工会分管相关业务副主席和公司所属单位工会主席

办公室设在工会，陈帅任办公室主任。

## 川庆钻探工程有限公司劳动竞赛委员会

主　　任：喻著成
副 主 任：樊尚珍　张新刚　欧阳诚
成　　员：公司机关各部门、公共事务中心负责人

办公室设在工会，香军任办公室主任，杨健任副主任。

## 川庆钻探工程有限公司品牌管理委员会

主　　　任：喻著成
副　主　任：侯　斌
成　　　员：市场与生产协调部、财务部、企管法规部负责人，办公室/党委办公室和党群工作部（党委宣传部、团委）分管相关业务副主任

办公室设在党群工作部（党委宣传部、团委），侯斌任办公室主任。

## 川庆钻探工程有限公司档案工作领导小组

组　　　长：喻著成
副　组　长：卢尚勇
成　　　员：公司机关各部门（附属单位）负责人，办公室/党委办公室分管相关业务副主任

办公室设在办公室/党委办公室，程小宝任办公室主任。

## 川庆钻探工程有限公司工会劳动保护监督检查委员会

主　　　任：喻著成
副　主　任：谢祥锋　徐非凡　香　军
成　　　员：财务部、人力资源部/党委组织部、工程技术部（工程作业智能支持中心）、企管法规部、物资设备部、工会、公共事务中心负责人，人力资源部/党委组织部分管相关业务副总经理、公司所属单位工会主席和质量健康安全环保部安全管理资深高级主管

办公室设在工会，杨健任办公室主任。

## 川庆钻探工程有限公司绿化委员会

主　　　任：喻著成
成　　　员：公共事务中心负责人，发展计划部、财务部、人力资源部/党委组织部、质量健康安全环保部、企管法规部、党群工作部（党委宣传部、团委）、生产科研基地建设管理部分管相关业务副总经理、副主任，公共事务中心副主任

办公室设在公共事务中心，曾剑任办公室主任。

## 川庆钻探工程有限公司专家委员会

主　　　任：李雪岗　谭　宾
副　主　任：罗　鑫
成　　　员：晏　凌　陆灯云　李晓明　钱　斌
　　　　　　杨柳青　李香华　刘　石　曾　翀
　　　　　　卢尚勇　张汉信
以及市场与生产协调部、人力资源部/党委组织部、工程技术部（工程作业智能支持中心）、质量健康安全环保部、科技信息部、物资设备部负责人

办公室设在人力资源部/党委组织部，曾翀任办公室主任。

## 川庆钻探工程有限公司工程技术资质管理领导小组

组　　　长：罗　鑫
副　组　长：张汉信
成　　　员：市场与生产协调部、财务部、人力资源部/党委组织部、工程技术部（工程作业智能支持中心）、质量健康安全环保部、企管法规部、物资设备部、审计部负责人

办公室设在工程技术部（工程作业智能支持中心），张平任办公室主任，王贵刚任副主任。

## 川庆钻探工程有限公司承包商准入审查委员会

主　　　任：张新刚
成　　　员：发展计划部、市场与生产协调部、财务

部、人力资源部/党委组织部、工程技术部（工程作业智能支持中心）、质量健康安全环保部、企管法规部、科技信息部、物资设备部、审计部、纪委办公室（党委巡察办公室）负责人，企管法规部分管相关业务副总经理

办公室设在企管法规部，蔡激扬任办公室主任。

## 川庆钻探工程有限公司招标管理委员会

主　　任：张新刚
成　　员：发展计划部、市场与生产协调部、财务部、人力资源部/党委组织部、工程技术部（工程作业智能支持中心）、质量健康安全环保部、企管法规部、科技信息部、物资设备部、审计部、纪委办公室（党委巡察办公室）负责人，企管法规部分管相关业务副总经理

办公室设在企管法规部，蔡激扬任办公室主任。

## 川庆钻探工程有限公司设备管理委员会

主　　任：罗　鑫
副 主 任：张增年
成　　员：发展计划部、市场与生产协调部、人力资源部/党委组织部、企管法规部负责人，财务部、工程技术部（工程作业智能支持中心）、质量健康安全环保部、科技信息部、物资设备部分管相关业务副总经理，公共事务中心分管相关业务副主任，公司所属单位分管设备副总经理

办公室设在物资设备部，黎宗琪任办公室主任。

## 川庆钻探工程有限公司设施完整性和可靠性分委会

主　　任：罗　鑫
副 主 任：张增年
成　　员：发展计划部、市场与生产协调部、物资设备部、质量健康安全环保部、工程技术部（工程作业智能支持中心）分管相关业务副总经理，物资设备部班子成员、公共事务中心分管相关业务副主任、公司所属单位分管设备副总经理

办公室设在物资设备部，刘东方任办公室主任。

## 川庆钻探工程有限公司员工内部违规处理工作领导小组

组　　长：喻著成
副 组 长：曾　翀
成　　员：人力资源部/党委组织部、纪委办公室负责人为常设成员，办公室/党委办公室、财务部、质量健康安全环保部、企管法规部、审计部、党群工作部（党委宣传部、团委）、维稳信访工作办公室（保卫部）负责人为非常设成员

办公室设在人力资源部/党委组织部，曾翀任办公室主任。

## 川庆钻探工程有限公司"我为员工群众办实事"工作领导小组

主　　任：李雪岗　谭　宾
常务副主任：喻著成
副 主 任：樊尚珍　孙　虎　张新刚　张志东
成　　员：公司机关各部门、公共事务中心负责人

办公室设在工会，香军任办公室主任。

## 川庆钻探工程有限公司党的建设工作领导小组

组　　长：李雪岗
副 组 长：谭　宾　喻著成　樊尚珍
成　　员：党委办公室、党委组织部、纪委办公室（党委巡察办公室）、党委宣传部、工会、维稳信访工作办公室（保卫部）、

附 录

公共事务中心负责人，以及党委组织部分管相关业务副部长

办公室设在党委组织部，曾翀任办公室主任。

## 川庆钻探工程有限公司党委党风廉政建设和反腐败工作领导小组

组　　长：李雪岗

副 组 长：谭　宾　喻著成　樊尚珍

成　　员：孙　虎　张志东　张新刚　欧阳诚
　　　　　罗　鑫

办公室设在纪委办公室，杨帅任办公室主任。

## 川庆钻探工程有限公司国家安全人民防线建设小组

组　　长：李雪岗

副 组 长：谭　宾　喻著成　孙　虎　张志东

成　　员：党委办公室、市场与生产协调部、党委组织部、质量健康安全环保部、企管法规部、科技信息部、物资设备部、党委宣传部、纪委办公室（党委巡察办公室）、国际工程公司、地质勘探开发研究院、安全环保质量监督检测研究院、页岩气勘探开发项目经理部负责人，以及党委办公室分管业务副主任

办公室设在党委办公室，卢尚勇任办公室主任，林平、兰宇任副主任。

## 川庆钻探工程有限公司宣传思想文化（意识形态、精神文明）工作领导小组

组　　长：李雪岗

副 组 长：谭　宾　喻著成　樊尚珍　孙　虎
　　　　　张志东　张新刚　欧阳诚　罗　鑫

成　　员：公司机关各部门、公共事务中心、生产科研基地建设管理部负责人，以及党委宣传部班子成员

办公室设在党委宣传部，侯斌任办公室主任。

## 川庆钻探工程有限公司党委巡察工作领导小组

组　　长：李雪岗

副 组 长：谭　宾　喻著成　樊尚珍

成　　员：党委组织部、纪委办公室负责人，党委巡察办公室主任、副主任

巡察工作领导小组日常工作由樊尚珍负责。

办公室设在党委巡察办公室，杨运杰任办公室主任，邓平任办公室副主任。

## 川庆钻探工程有限公司统一战线工作领导小组

组　　长：李雪岗

副 组 长：喻著成

成　　员：党委办公室、市场与生产协调部、党委组织部、企管法规部、党委宣传部、工会、维稳信访工作办公室（保卫部）负责人，以及党委宣传部分管相关业务副主任

办公室设在党委宣传部，侯斌任办公室主任。

## 川庆钻探工程有限公司舆情管理工作领导小组

组　　长：喻著成

副 组 长：侯　斌

成　　员：公司机关各部门、公共事务中心、生产科研基地建设管理部负责人，以及党委宣传部班子成员

办公室设在党委宣传部，侯斌任办公室主任。

## 川庆钻探工程有限公司党委青年工作委员会

主　　任：喻著成

副 主 任：侯　斌　胡雪姣

成　　员：办公室/党委办公室、发展计划部、市

场与生产协调部、财务部、人力资源部/党委组织部、工程技术部（工程作业智能支持中心）、质量健康安全环保部、企管法规部、科技信息部、审计部、党委宣传部、工会、团委、纪委办公室（党委巡察办公室）、公共事务中心负责人

办公室设在团委，胡雪姣任办公室主任。

## 川庆钻探工程有限公司党风廉政建设和反腐败工作协调小组

组　　长：樊尚珍

成　　员：办公室/党委办公室、发展计划部、市场与生产协调部、财务部、人力资源部/党委组织部、质量健康安全环保部、企管法规部、科技信息部、物资设备部、审计部、党群工作部（党委宣传部、团委）、工会、纪委办公室（党委巡察办公室）、公共事务中心负责人

办公室设在纪委办公室，杨帅任办公室主任。

## 川庆钻探工程有限公司党委机构编制委员会

主　　任：李雪岗

副 主 任：喻著成

成　　员：公司总法律顾问、首席合规官，办公室/党委办公室、财务部、人力资源部/党委组织部、企管法规部负责人，人力资源部/党委组织部分管相关业务副总经理

办公室设在人力资源部/党委组织部，董剑南任办公室主任。

## 川庆钻探工程有限公司党委审计工作领导小组

组　　长：李雪岗

副 组 长：谭宾 樊尚珍

成　　员：曾翀 李林 杨帅

办公室设在审计部，李林任办公室主任。

# 文件选编

## 西南油气田分公司党委推进管理人员能上能下工作实施细则

### 第一章　总　则

**第一条**　为持续深化干部人事制度改革，优化完善从严管理干部队伍制度体系，健全干部能上能下选人用人机制，充分调动各层级干部推动企业高质量发展的积极性，积极营造干事创业良好氛围，根据中央《推进领导干部能上能下规定》、集团公司《关于加强和改进管理人员考核退出工作的意见（试行）》有关规定精神，结合西南油气田分公司（以下简称分公司）实际，制定本细则。

**第二条**　本细则主要适用于分公司在职中层领导人员和基层领导人员，其他管理人员参照执行。

**第三条**　推进管理人员能上能下，坚持以习近平新时代中国特色社会主义思想为指导，贯彻新时代党的建设总要求和新时代党的组织路线，落实新时代好干部标准，坚持党要管党、全面从严治党，坚持实事求是、公道正派，坚持事业为上、人事相宜，坚持依法依规、积极稳妥，着力解决不担当、不作为、乱作为等问题，推动形成能者上、优者奖、庸者下、劣者汰的用人导向和工作环境。

**第四条**　推进管理人员能上能下，在精准科学做好干部选拔任用的同时，重点是解决能下的问题。结合实际分类施策，严格执行问责、党纪政务处分、组织处理、辞职、职务任期、退职退休等有关制度规定，加大考核结果运用力度，采取末等调整、不胜任退出等多种方式，畅通干部下的渠道，促进干部科学配置、有序流动和妥善退出。

### 第二章　不适宜担任现职的情形

**第五条**　不适宜担任现职，主要指干部的德、能、

勤、绩、廉与所任职务要求不符，不宜在现岗位继续任职。干部具有以下情形之一的，认定为不适宜担任现职，应当及时予以调整：

（一）政治能力不过硬，缺乏应有的政治判断力、政治领悟力、政治执行力，在不折不扣贯彻落实党中央、集团公司党组、分公司党委决策部署，结合实际推动落地见效上存在明显差距的。

（二）理想信念动摇，在涉及党的领导、中国特色社会主义制度、国有企业改革方向等重大原则问题上立场不坚定、态度暧昧，关键时刻经不住考验的。

（三）担当和斗争精神不强，在事关党和国家利益、人民群众生命财产安全等紧要关头临阵退缩，在急难险重任务、重大风险考验面前消极逃避或者应对处置不力的。

（四）政绩观存在偏差，不能坚持以人民为中心的发展思想，不能准确把握新发展阶段、完整准确全面贯彻新发展理念，在构建新发展格局、推动高质量发展上不积极不作为，搞"形象工程""政绩工程"乱作为的。

（五）违背党的民主集中制原则，独断专行或者软弱涣散、自行其是，不执行或者擅自改变组织作出的决定，在领导班子中闹无原则纠纷，或者任人唯亲、拉帮结派，破坏所在单位政治生态的。

（六）组织观念淡薄，不严格执行重大事项请示报告、个人有关事项报告等制度，无正当理由拒不执行组织的分配、调动、交流等决定的。

（七）事业心和责任感不强，精神状态差，对职责范围内的事项敷衍塞责，对群众急难愁盼问题不上心、不尽力，工作推拖绕躲、贻误事业发展的。

（八）领导能力不足，不能有效履行职责、按要求完成目标任务，重大战略、重要改革、重点工作推进不力，所负责的工作较长时间处于落后状态或者出现较大失误的。

（九）违规决策或者决策论证不充分、不慎重，造成公共资金、国有资产、国有资源损失浪费，生态环境破坏，公共利益损害等后果的。

（十）作风不严不实，执行中央八项规定精神不严格，形式主义、官僚主义问题突出，造成不良影响的。

（十一）品行不端，行为失范，违背社会公德、职业道德、家庭美德，造成不良影响的。

（十二）因存在配偶、子女移居国（境）外，配偶、子女及其配偶经商办企业等情况，按照有关规定需要组织调整的。

（十三）因健康原因无法正常履行工作职责1年以上的。

（十四）因在机构改革或单位重组中竞聘落选的。

（十五）其他不适宜担任现职的情形。

**第六条** 加大考核退出力度，根据干部考核评价结果，具有下列情形之一，经综合研判认定为不适宜担任现职的领导人员，应采取适当方式及时予以调整。对任期业绩考核或任期综合考核评价结果认定为不称职（不合格）的，不再续聘进入下一任期。

（一）年度业绩考核结果未达到完成底线（低于百分制70分），或年度业绩考核任一主要指标未达到完成底线（完成率低于70%）的。

（二）连续两年业绩考核结果不合格（低于百分制80分）的。

（三）年度考核民主测评"称职"及以上票数不到2/3，或"不称职"票数超过1/3的。

（四）年度综合考核结果为"不称职"，或连续两个年度综合考核结果为"基本称职"等次的。

（五）年度综合考核得分在同类型单位、同层级人员中连续两年排名末位，且明显低于整体平均水平（低于5分以上）的。

（六）任期业绩考核结果不合格（低于百分制80分），或任期综合考核评价结果不合格（低于百分制80分）的。

（七）党建工作责任制考核评价等次连续两年为"D"档或述职评议结果为"差"的党组织书记。

（八）设定了试用期的岗位，试用期满考核结果不合格的。

（九）其他因考核结果较差，应给予考核退出处理的。

### 第三章　调整方式及程序

**第七条** 对认定为不适宜担任现职的领导人员，应当根据其一贯表现和工作需要，区分不同情形，采取免职、降职、调离等方式予以调整。其中，调离主要是指调动并离开原工作单位或岗位，包括平级调动、序列转换、提前退出领导岗位等。

**第八条** 调整不适宜担任现职领导人员，可结合干部选拔任用年度工作计划统筹开展，一般按照以下程序进行：

（一）核实研判。组织人事部门综合年度、任期考核评价结果，结合任前考察、巡察审计、民主评议、信访举报等各方面情况，认真开展综合分析研判，注重听取工作对象、服务对象等相关人员的意见，了解员工群众口碑，客观公正做出评价。

（二）提出建议。组织人事部门根据调查核实、综合研判和评价结果，对不适宜担任现职的领导人员提出调整建议。调整建议包括考核结果、存在问题、调整原因、调整方式、岗位安排等内容，并听取有关方面意见。根据工作需要，也可与干部本人谈话，听取本人意见。

（三）研究决定。党组织召开会议集体研究，按照管理权限作出调整决定。

（四）开展谈话。党组织负责人或组织人事部门负责人与调整对象进行谈话，宣布组织决定，认真细致做好思想工作。

（五）发文任免。按照有关规定履行任免程序。

**第九条** 干部本人对调整决定不服的，可以按照有关规定申请复核或者提出申诉。复核、申诉期间不停止调整决定的执行。

## 第四章 跟踪管理

**第十条** 对被组织调整的干部，应当跟踪了解其思想动态和工作状况，有针对性地做好教育管理工作，特别应鼓励其放下思想包袱，积极调整心态，在新岗位上履职尽责、担当作为，发挥好应有作用。

**第十一条** 对考核认定为不适宜担任现职的领导人员，在考核退出程序启动前主动提出退出现岗位的，可综合考虑其工作状态、业务专长等多方面情况，予以妥善安排。

**第十二条** 对非个人原因或者健康原因不能胜任现职岗位的，应当从事业需要和关心爱护干部出发，予以妥善安排。

**第十三条** 对考核退出前主观比较努力，但由于能力素质欠缺、管理经验不足等因素退出的干部，视情况安排培训或者实践锻炼，并根据现实表现和工作需要安排适当工作。

**第十四条** 对考核退出后德才表现和工作实绩突出的，经履行相应程序后可安排到原岗位或同层级岗位任职，表现特别优秀的也可提拔或进一步使用。受到调离处理的，原则上一年内不得提拔或进一步使用；受到免职处理的，一年内不得安排领导职务，两年内不得提任高于原职务层次的领导职务；受到降职处理的，两年内不得提拔或进一步使用。

**第十五条** 组织人事部门应当对不适宜担任现职领导人员的考核结果、存在问题、调整原因、调整方式和后续管理等情况进行纪实。

## 第五章 纪律监督

**第十六条** 推进管理人员能上能下，各级党组织要坚决扛起主体责任，党组织书记要切实履行第一责任人的责任，组织人事部门要自觉承担具体工作责任，坚持原则、敢于负责，做到真管真严、敢管敢严、长管长严，结合日常干部选拔任用、管理监督等工作，推进能上能下常态化。

**第十七条** 坚持严管和厚爱结合、激励和约束并重，落实"三个区分开来"要求，正确把握政策界限，保护干部干事创业、改革创新的积极性，宽容改革探索、先行先试等工作中的失误。

**第十八条** 严明推进干部能上能下工作纪律，不得搞好人主义，不得避重就轻、以党纪政务处分规避组织调整或者以组织调整代替党纪政务处分，不得借机打击报复。

**第十九条** 积极营造推进干部能上能下的制度环境和舆论氛围，加强督促检查，把本细则执行情况纳入党委巡察、选人用人工作专项检查等内容，督促各单位党组织及组织人事部门严格落实管理责任，持续加大工作力度，以鲜明的用人导向引领干事创业。对考核退出重视程度不够、敷衍塞责、掌握情况不透、研究处理不及时，特别是考核退出成效不明显、退出比例偏低、导向不正确的单位，以及不敢坚持原则、不愿主动担当的相关负责人，视情况进行提醒、通报或追究相关责任。

## 第六章 附则

**第二十条** 本细则自印发之日起施行。各单位可根据本细则，结合自身实际，进一步细化完善本单位相关管理规定和措施，确保与本细则规定衔接配套。

**第二十一条** 本细则由分公司人力资源处（党委组织部）负责解释。

## 西南油气田分公司管理创新工作实施细则

### 第一章 总 则

**第一条** 为进一步规范西南油气田分公司（以下简称公司）管理创新立项、申报、评审和奖励等工作，建立健全管理创新长效激励机制，持续提升公司企业管理水平，依据股份公司相关规定，特制定本细则。

**第二条** 本细则适用于公司机关部门及所属单位的管理创新工作。控股公司通过法定程序执行本办法，参股公司参照执行。

**第三条** 本细则所称管理创新是指为了解决制约企业发展的矛盾和问题，以创新的思维、方式和方法，机关部门及所属单位开展生产经营管理及科研管理实践，实现向管理要效益、要质量、要安全，全面提升管理现代化水平。

**第四条** 公司管理创新工作的原则是目标引领、问题导向、继承传统、博采众长、融合创新。

### 第二章 组织机构与职责

**第五条** 企管法规处是公司管理创新工作的归口管理部门，主要职责是：

（一）建立健全公司管理创新工作开展的有关规章制度，不断完善管理创新项目管理以及成果申报、评审、奖励的有关方法、程序和标准等。

（二）受理年度管理创新优秀项目的申报，组织专家对申报项目进行评审。

（三）组织开展管理创新研究与实践、成果总结、成果评审、成果发布、成果推广、经验交流、人才培训等工作。

（四）管理和维护管理创新信息系统。

（五）指导、监督、评价和考核各单位的管理创新工作，并将管理创新工作成效纳入绩效考核。

**第六条** 公司所属单位履行以下职责：

（一）组织编制本单位管理创新年度计划。

（二）组织开展本单位管理创新的项目管理、成果申报及推广应用。

**第七条** 公司所属单位的企业管理部门是本单位管理创新工作的归口管理部门，应设置管理创新岗位，明确工作职责，组织开展管理创新研究与实践、成果总结、成果评审、成果推广、经验交流、人才培训和队伍建设等工作。

### 第三章 项目管理

**第八条** 公司参照集团公司软科学研究项目管理模式，立足公司管理问题诊断，结合实际业务需求，采取自上而下、自下而上两种形式，通过揭榜挂帅、赛马制等方式优选揭榜方开展管理创新项目。

**第九条** 公司领导和机关各处室根据生产经营重点拟定管理创新项目题目，企管法规处组织专家进行评估遴选后形成管理创新项目榜单。

**第十条** 公司领导拟定的管理创新项目，由机关各处室揭榜；机关各处室拟定的管理创新项目，由各单位揭榜，在规定时间内填报《管理创新项目立项审查表》（见附件1）报企管法规处立项揭榜。

**第十一条** 项目承担单位在揭榜后要明确实施主体，严格按照进度安排，组织开展管理创新项目研究工作。

**第十二条** 无法确定唯一项目承担单位的，则采取"赛马制"鼓励各单位、各部门同时揭榜、竞争攻关。项目平行启动，以最先达标的项目承担单位为优胜者，其余自动淘汰。原则上每个项目参与"赛马制"的项目承担单位不超过3家。

**第十三条** 项目实施期间，公司实行全过程的动态跟踪和监督，由企管法规处定期对各项目承担单位的管理创新项目的进展情况进行检查、督促和指导。

**第十四条** 项目实施完成后，项目承担单位应组织撰写成果总结报告。总结报告应包括矛盾问题分析、方法措施梳理、实施效果总结等主要内容，做到内容真实、观点鲜明、逻辑清晰、文字简洁（见附件2）。

**第十五条** 项目具备验收条件后，项目承担单位及时对项目进行评估并组织验收。

## 第四章 项目申报

**第十六条** 各项目承担单位在管理创新项目验收完成后，在规定时间内向公司申报管理创新优秀成果。管理创新优秀成果分为管理创新论文（著）和管理创新成果两类，各项目承担单位可根据验收实际选择申报管理创新论文（著）或成果。原则上，公司领导不参与公司级别的管理创新优秀成果评选。

**第十七条** 管理创新论文（著）是指在公司发展战略框架下，各单位、各部门结合自身经营管理实际在深化改革、转换经营机制、业务流程等方面所作的的理论研究结果。论文（著）侧重理论研究，具有较高理论水平和实际指导意义，同时符合国内关于科技文献编辑规范。

管理创新成果是指公司各单位、各部门运用现代管理科学理论，在企业生产经营管理各个业务领域内，对过程和方法、标准、工具等采取的具有改进、创新因素的措施，总结形成的以经济效益为主要衡量指标的实际工作结果。成果侧重实践应用，具有可操作性和推广价值，既包括对新型理论的学习应用，也包括对实践经验的提炼和总结。

**第十八条** 管理创新优秀成果的申报范围：

（一）集团公司、公司统一组织开展的主题管理活动或重大专项活动中总结和提炼出的创新成果。

（二）公司发布的管理创新研究范围内或各单位、各部门自行确定的、并被列入当年度公司管理创新计划项目的研究成果。

（三）正式发布并已实施完成的、包括各项业务发展战略、组织机构及职能调整、运行机制优化等与各项深化改革方案有关的成果。

（四）各单位及部门在生产经营实践中自主研究或探索形成的创新理论、方法与新的管理模式和管理标准。

（五）获得集团公司、股份公司表彰的取得突出成绩的各项经营管理工作经验类成果。

（六）属于企业管理范畴的一些新观点、新理论的研究与探索成果。

**第十九条** 管理创新优秀成果的申报程序：

（一）公司机关各部门的论文（著）或成果的申报需填写申报表或推荐报告书，经处室领导签字并加盖部门公章后提交企管法规处。

（二）公司所属各单位的论文（著）或成果的申报由本单位企管部门进行汇总初审，填写申报表或推荐报告书，经本单位主管领导签字并加盖单位行政公章后统一提交企管法规处。

**第二十条** 申报单位对所申报的管理创新论文（著）和成果的真实性和可靠性负责，按要求规范填写申报表和申报材料并进行初审：

（一）申报管理创新论文时，申报单位负责：

1. 对论文（著）的知识产权等权属情况和完成单位及主要完成人的资格及排序等进行严格审查。

2. 负责组织申报表的填报和申报材料的准备，包括管理创新论文（著）申报表（见附件3）、管理创新论文（著）。

（二）申报管理创新成果，申报单位负责：

1. 对成果的知识产权等权属情况、成果的真实性、有效性和完成单位及主要完成人的资格及排序等进行严格审查。

2. 负责组织申报表的填报和申报材料的准备，包括管理创新成果推荐报告书（见附件4）、管理创新成果主报告。

3. 其中经济效益的财务数据，必须经单位财务部门认可并盖章。

**第二十一条** 申报时每项论文（著）或成果需提交全套申报材料一式一份，同时报送电子文本。

## 第五章 组织评审

**第二十二条** 企管法规处组织行业内具有丰富实践经验的管理专家组成年度评审工作组，采用"背靠背"方式对申报参评的管理创新优秀成果进行分组评审，并提出奖项建议名单。

**第二十三条** 企管法规处结合相关业务处室意见以及各单位、各部门的活动组织情况，综合评定形成最后评审名单。

**第二十四条** 评审实行回避制度，与评审项目有利益关系的专家应回避。评审专家以及相关工作人员应恪守职业道德，遵守评审规则，保证评审工作透明公正，杜绝任何影响评审公正性的不端行为。

**第二十五条** 公司对获得管理创新表彰的个人颁发证

书，作为考核、晋级以及申报高级职称的重要依据之一。对获得管理创新表彰以及积极开展管理创新工作的单位，依据公司年度业绩指标配套考核相关规定，在年度绩效考核中进行考核兑现。

## 第六章 管理创新奖项类型和奖励

**第二十六条** 公司管理创新奖设立下列奖励：

（一）管理创新成果奖。

（二）管理创新论文奖。

（三）管理创新集体贡献奖。

**第二十七条** 管理创新成果奖设一等奖、二等奖和三等奖，每年表彰总数按照不超过申报总数的30%原则设置奖项，其中一等奖奖项数量不超过10项，二等奖奖项数量不超过15项，三等奖奖项数量不超过20项。

**第二十八条** 管理创新成果单项授奖人数不超过10人，没有直接参与成果创作的个人不得纳入表彰奖励范畴。

**第二十九条** 管理创新论文奖设一等奖、二等奖和三等奖，每年奖励总数按照不超过申报总数的30%的原则设置奖项，其中一等奖奖项数量不超过15项，二等奖奖项数量不超过20项，三等奖奖项数量不超过30项。

**第三十条** 管理论文单项授奖人数不超过5人，没有参与撰写的个人不得纳入表彰奖励范畴。

**第三十一条** 管理创新集体贡献奖着重对公司管理创新研究实践、推广应用、组织评审等工作开展过程中做出突出贡献的单位集体给予表彰奖励；对荣获集团公司管理创新优秀成果奖的单位集体一并纳入表彰奖励范畴。

**第三十二条** 公司按年度对管理创新优秀成果进行表彰，并对获得管理创新表彰的个人颁发证书，奖金纳入公司年度工资总额管理。

**第三十三条** 奖金标准：

（一）管理创新成果奖：一等奖每项5万元，二等奖每项3万元，三等奖每项2万元；单人奖励最高不超过公司劳模奖励标准。

（二）管理创新论文奖：一等奖每项0.2万元，二等奖每项0.15万元，三等奖每项0.1万元。

（三）管理创新集体贡献奖：每个单位不超过8万元。

**第三十四条** 按照合理分配的原则，由成果或者论文的推荐单位和主创人员根据贡献大小协商分配奖金。同一成果不得重复奖励。管理创新奖金须专款专用，不得截留或者挪作他用。

## 第七章 应用推广

**第三十五条** 公司每年将根据各单位、各部门管理创新工作开展情况择优向集团公司、中国石油企业协会以及全国企业管理现代化创新等推荐参与行业（部）管理创新项目的评比，由企管法规处负责统一报送。

**第三十六条** 对具有重大推广价值、适合在公司范围内推广应用的管理创新优秀成果，由企管法规处牵头统一制定推广计划，组织定向推广。

## 第八章 监督与责任

**第三十七条** 管理创新相关人员应严格遵守公司相关保密规定，对管理创新工作中形成的秘密事项应及时定密，并采取相应的保护措施，防止泄密。管理创新成果如需公开发表，除经本单位批准，还须经本单位保密部门对相关内容进行保密审查，未经审查通过不得发表。

**第三十八条** 公司及所属单位在管理创新工作中形成的知识产权，应按照股份公司知识产权管理相关规定，及时发现、申请和保护。

**第三十九条** 违反本细则，有下列情形之一的，按照公司违纪违规行为处分规定对责任人给予相应处分：

（一）管理创新成果报告存在抄袭、剽窃、弄虚作假的。

（二）违反保密规定和知识产权管理规定的。

（三）评审人员和有关工作人员在评审过程中违反评审规程和纪律的。

（四）其他违反本细则禁止性规定的行为。

**第四十条** 公司管理创新奖是授予员工和单位的荣誉，授奖证书不作为确定管理创新成果权属的依据。

**第四十一条** 在管理创新实践过程中，因大胆探索、锐意进取导致失误并造成管理创新成果未达预期效果的，应予以容错，免除相关人员的责任。

## 第九章 附 则

**第四十二条** 本细则由公司企管法规处负责解释。所属单位不再制定实施细则。

**第四十三条** 本细则自印发之日起施行，原《西南油气田分公司管理创新工作实施细则》（西南司企〔2022〕9号）以及《西南油气田分公司管理创新奖励实施细则》（司企法〔2022〕44号）同时废止。

## 川庆钻探工程有限公司技术专家管理办法

### 第一章 总 则

**第一条** 为贯彻落实新时代人才强国战略，大力推进人才强企工程，完善"生聚理用"人才发展机制，健全专家管理体系，发挥专家队伍引领作用，全力建设工程技术领域创新中心和人才高地，为世界一流工程技术服务企业建设提供坚强人才支撑，根据有关规定，结合公司实际，制定本办法。

**第二条** 本办法适用于公司及所属各单位，参股企业参照执行。

**第三条** 本办法所称技术专家是指选聘到专业技术岗位的企业首席专家、企业高级专家、一级工程师。

### 第二章 管理机构及工作职责

**第四条** 公司技术专家实行分级管理，企业首席专家由公司协助集团公司人力资源部管理，企业高级专家、一级工程师由公司管理。

**第五条** 建立公司党委统一领导、组织人事部门牵头实施、有关部门和专家所在单位密切配合的工作运行机制，充分发挥各方面的作用和积极性，做好技术专家队伍建设和管理服务工作。

**第六条** 公司人力资源部/党委组织部是技术专家工作的归口管理部门，主要负责制定管理办法和队伍规划，组织开展选聘、考核与管理。

**第七条** 公司发展计划部、市场与生产协调部、工程技术部（工程作业智能支持中心）、质量健康安全环保部、科技信息部、物资设备部等职能部门负责技术专家量化评审、业绩考核方案中专业技术指标的确定，共同做好技术专家选拔、考核等工作；纪委办公室（党委巡察办公室）负责技术专家党风廉政建设和廉洁从业监督检查考核工作。

**第八条** 所在单位（部门）负责技术专家的日常管理服务工作，配合做好企业高级专家、一级工程师的选聘及考核工作。

### 第三章 岗位设置与选聘

**第九条** 岗位设置。综合考虑战略发展规划、业务发展需求、人才队伍规模与结构、全员劳动生产率等因素，在公司主要专业技术领域分级分类设置技术专家岗位，企业首席专家主要结合公司功能定位和发展方向设置在主干领域；企业高级专家和一级工程师主要设置在分支专业及所涉及业务（附件1）。岗位设置时科学合理地制定岗位说明书，作为技术专家上岗履职及考核的重要依据。

**第十条** 技术专家选聘坚持公开、公平、公正、择优原则，注重选拔战略科技人才、科技领军人才、青年拔尖人才、卓越工程师。控制技术专家岗位总量，不断优化结构。选聘到岗后专职从事专业技术工作，不得跨序列兼岗兼职。

**第十一条** 参评人员应具备以下基本条件：

（一）自觉践行习近平新时代中国特色社会主义思想，坚决执行党和国家的方针政策，严格遵守党的政治纪律和政治规矩。

（二）诚实守信，爱岗敬业，担当实干，治学严谨，遵纪守法，廉洁从业，有强烈的事业心和责任感。

（三）具备相应专业领域深厚的理论知识、良好的专业素养、突出的业务能力、丰富的工作经验。

（四）原则上首次参加选聘应距离法定退休年龄一个聘期以上。

（五）身心健康，可以正常履职。

**第十二条** 资格条件。参评人员应具备相应的专业技术职务任职资格和下一层级工作经历（附件2），且聘期考核或近三年年度考核结果均为"称职"及以上（凡是有聘期考核结果的以聘期考核结果为准，无聘期考核结果则按照"近三年年度考核结果均为称职及以上"执行）。

对获得国家级奖励荣誉的，或研究成果丰硕、在行业内影响力较大、知名度较高的特别优秀的专业人才，可放宽下一层级工作年限参加选聘。

**第十三条** 技术专家在满足基本条件和资格条件的同时，还应具备相应专业能力。

企业首席专家。理论功底深厚，熟悉本专业前沿理论和技术，实践经验丰富，对从事的专业方向有较为深入的研究和见解，能够主持或参与国家级、集团公司级重大科研项目或重点生产项目，能够为公司业务发展提供战略引领和预判，为公司党委决策提供支持和参谋。

企业高级专家。精通所从事领域的专业知识及技能，具有丰富的本专业科研或现场技术工作经验，能够解决较重大科学或工程技术难题，能够协助组织或参与国家级、集团公司级重大科研项目或重点生产项目，能够主持或承担公司重大科研项目或重点生产项目，为所在单位（部门）决策提供支持和参谋。

一级工程师。通晓所从事领域的专业知识及技能，具有较高的技术水平，能够主持或参与公司重大科研项目或重点生产项目，能够主持或承担所属单位级重大科研项目或重点生产项目，为所在单位（部门）决策提供支持和参谋。

**第十四条** 推进人才成长通道建设，发挥人才专长特长，跨序列选拔人员到适合的专业技术岗位应符合以下条件：

（一）在专业一致（或相近）基础上，认可不同岗位序列对应层级从业经历和资历情况下符合规定要求（附件3）。

（二）具备聘任相应岗位的基本条件、任职资格和专业能力。

**第十五条** 技术专家选聘主要采取竞争选聘、组织选聘和公开招聘等方式。

（一）竞争选聘适用于符合资格条件的人员较多、意见不够集中，需要进一步拓宽视野、全面了解和发现更多适合岗位人才的情形。主要程序为：

1. 制定方案。人力资源部/党委组织部根据人才队伍结构、生产业务发展需要以及岗位配置情况，制定技术专家选聘方案，报公司领导审批同意后启动选聘工作。

2. 发布启事。在公司范围内发布选聘公告，明确选聘标准和条件，组织报名人员在规定时间内报名。

3. 申报推荐。员工按照公布的岗位要求，结合自身情况向本人所在单位（部门）申报，所在单位（部门）研究后提出推荐意见。

4. 资格审查。人力资源部/党委组织部对推荐人员进行资格审查。

5. 评审选拔。按照个人述职、专业评审组量化评审、评议决表等程序进行，将达到量化评价"门槛分"要求及与会评委总数三分之二以上赞成票的申报人员确定为考察对象。

6. 组织考察。人力资源部/党委组织部对考察对象进行考察，确定拟聘任人选，提交公司党委研究审定。

（二）组织选聘适用于人选比较突出，各方面认可度比较高的情形。主要程序为：

1. 制定方案。人力资源部/党委组织部依据岗位设置，制定选聘方案，确定提名人选，报公司领导审批同意后启动选聘工作。

2. 发布预告。人力资源部/党委组织部根据选聘方案，在一定范围内发布选聘预告。

3. 民主推荐。人力资源部/党委组织部在预告发布范围内，组织开展民主推荐，确定考察对象。

4. 组织考察。人力资源部/党委组织部对考察对象进行考察，确定拟聘任人选，提交公司党委研究审定。

（三）公开招聘适用于公司内部没有合适人选且又特别需要补充、需面向社会开展选聘的情形。主要程序为：

1. 制定方案。人力资源部/党委组织部依据岗位设置，制定招聘方案，报公司领导审批同意后启动招聘工作。

2. 发布招聘公告。人力资源部/党委组织部根据招聘方案，面向社会发布招聘公告，受理报名与资格审查。

3. 能力素质测评。人力资源部/党委组织部对符合条件人选开展能力素质测评，确定参加评审人选。

4. 评审选拔。人力资源部/党委组织部组织开展量化评审和投票表决，赞成票数达到与会评委总数三分之二以上的，确定为考察对象。

5. 组织考察。人力资源部/党委组织部对考察对象进行考察，确定拟聘任人选，提交公司党委研究审定。

**第十六条** 经公司党委研究审定后，对拟聘任人选在一定范围内公示（公示期5个工作日）。经公示不影响聘任的，组织任前谈话，行文聘任。

在党委会议研究审定前，对拟聘任人选征求纪委办公室的意见。

**第十七条** 技术专家岗位实行聘期制，聘期一般为 3 年，依托项目设置岗位的可与项目周期一致。

**第十八条** 对因涉及违纪违法、问责和责任追究等影响使用的，不得参加技术专家选聘。

### 第四章 职责和主要任务

**第十九条** 技术专家的职责主要包括承担科技创新、业务把关、智囊参谋、人才培养等工作（附件 4）。

企业首席专家根据工作分工履行职责，并根据公司领导委托和安排，完成专项工作任务。

企业高级专家、一级工程师由所在单位（部门）明确工作任务，并根据工作需要接受公司统一调配使用。

**第二十条** 技术专家应突出工作重点，集中主要精力，努力在科技创新和技术把关上取得突出成果，充分发挥技术专家的领军才能和核心作用。原则上每名公司专家都应领衔或参与公司级以上科研项目或工程项目，形成可验证、可复制、可推广的论文、专利、技术报告、工艺、配方、标准、制度、案例、模版等高质量有形化成果，并协助有关部门做好新技术、新产品、新工艺的推介，提高科技成果转换率和市场份额。

**第二十一条** 技术专家应对技术路线进行把关，对重点工程、重大课题或重点任务方案科学性、规范性进行指导，对项目、课题或任务实施进展和阶段性成果进行评价评估，对事故复杂处置方案、提速提效措施等进行审核和现场把关，对本专业领域下一层级专业技术人员进行指导、审核和把关。

**第二十二条** 技术专家应把履行智囊参谋工作职责作为重要任务，为公司科学决策提供有力支撑。原则上公司技术专家均应成为公司专家委员会或下属专业组的负责人或成员。

（一）根据公司的工作安排，参加决策咨询活动，提供高水平、高质量的咨询报告或意见。

（二）根据工作需要，参加公司或所在单位组织的经济、技术方面的重要会议，就科技发展规划、重大经济技术投资项目论证、重点项目（重大工程）审查、重大关键技术攻关、科技和人才方面的重要改革等事项提供意见建议。

（三）协助公司有关部门或所在单位做好科研立项论证、成果鉴定、专业技术岗位选聘、职称评审、人才招聘等方面的评审、选拔工作。

**第二十三条** 技术专家应发挥"传帮带"作用，积极培养后备人才。

（一）每年应参加学术讲座，并作不少于 1 次学术报告。

（二）聘期内应与所在单位签订学术梯队建设的专项责任书，明确培养对象名单和培养目标，每名技术专家培养后备人选不少于 2 人。

### 第五章 履职保障措施

**第二十四条** 积极为技术专家履职尽责和成长进步创造条件。

（一）强化日常服务。企业首席专家由公司安排办公场所，依托机关职能部门开展工作并参加党组织生活，相关职能部门提供请销假、出差安排、差旅费报销等日常办公服务。企业高级专家、一级工程师由所在单位（部门）提供日常办公服务。

（二）组建工作团队。公司和专家所在单位为技术专家建立工作室或科技创新团队，原则上每名技术专家至少配备 1 名专职助手，根据工作需要可配备若干名兼职助手，并按需组建跨单位、跨专业、跨区域、跨体制"四跨"创新团队。

（三）搭建干事平台。优先推荐或安排技术专家担任重点工程项目、重大科技项目的负责人。推行重点项目专家负责制，充分赋予专家创新资源调度权、创新团队绩效考核权、团队成员自主评价权等，积极为专家减负松绑，持续激发创新创效活力。

（四）促进知识更新。积极支持技术专家提升工作能力、业务水平和综合素质，优先选派技术专家参加学术培训，帮助其丰富和更新专业理论知识。推行实施个性化的提升措施，对于实践经验丰富而又急需夯实理论基础的技术专家，可选派到国内外知名大学、中国石油国家卓越工程师学院等攻读学位或到研究机构、跨国公司访问研修；对于专业造诣精深、相邻专业知识不足的技术专家，可采取短期学术进修等方式，完善知识结构。

（五）搭建交流平台。优先推荐青年技术专家参加集团公司跨单位、跨专业、跨区域"三跨"锻炼，安排技术专家参加国内外学术技术交流会。公司定期举办专家学术技术交流、专家大讲堂等活动，支持技术专家出版、发行专业技术学术论文和著作。

（六）强化典型选树。优先推荐技术专家参加国家、集团公司等各类高层次人才工程（项目）的评选。加大对优秀人才学术成果、技术水平、业绩贡献和典型事迹的宣传力度，提高其知名度和影响力。

第二十五条 落实党委（党组织）联系服务专家职责，领导班子成员与专家建立"一对一"直接联系服务关系，专家向直接联系领导干部反映的问题，领导职责分工范围内事项应在5个工作日内协调处理，职责分工范围外、本单位权限内事项应在10个工作日内协调处理。

第二十六条 公司有关部门和专家所在单位定期总结分析专家管理服务工作，查找问题，补齐短板，持续提升服务保障水平。

## 第六章 考核激励

第二十七条 技术专家实行年度和聘期考核评价。

（一）年度考核。包括定量和定性两部分，定量部分以工作业绩为主，定性部分以职业道德、廉洁自律等情况为主。业绩考核权重占比80%，履职测评权重占比20%。业绩考核主要考查技术专家在科技创新、业务把关、智囊参谋、人才培养等方面作用发挥情况。履职测评主要考查专家职业道德、工作作风、担当作为、廉洁自律等方面情况。履职测评可与同层级领导人员年度履职测评同步进行。

（二）聘期考核。聘期考核结果依据聘期内三个年度考核结果加权计算确定，权重分别为30%、30%、40%；任职两个年度的权重分别为40%、60%；任职一个年度的，年度考核结果视同聘期考核结果。

第二十八条 企业首席专家考核由集团公司人力资源部指导公司实施。企业高级专家、一级工程师的考核由公司组织实施。

第二十九条 年度考核和聘期考核结果分为"优秀""称职+""称职""基本称职""不称职"五个档次，原则上考核结果为"优秀"等次的不超过25%，"称职+"等次的不超过30%，"称职"等次的不超过35%，"基本称职"与"不称职"等次的不低于10%。

第三十条 考核结果运用。

（一）年度考核结果作为业绩兑现和岗位工资调整的依据

1. 业绩兑现。年度考核结果为"优秀""称职+""称职""基本称职"等次的，分别按应兑现基数的105%、100%、95%、90%发放绩效工资，年度考核结果为"不称职"等次的，不兑现绩效工资。

2. 岗位工资调整。年度考核结果连续2年为"基本称职"及以上等次的，可晋升一档岗位工资。

（二）聘期考核结果作为岗位变动的依据

聘期考核结果为"称职+"及以上等次的，可直接续聘且有资格参加上一层级岗位选聘；聘期考核结果为"称职"及"基本称职"的，须重新参加本层级岗位选聘，落选的可参加下一层级岗位选聘；聘期考核结果为"不称职"的，只能参加下一层级岗位选聘。

第三十一条 薪酬收入。技术专家年度薪酬总收入主要由"岗位工资、津贴补贴、绩效工资"三部分构成，业绩贡献突出的技术专家薪酬目标值与相应层级经营管理人员相当。

（一）岗位工资。执行集团公司统一岗位工资标准。

（二）津贴补贴。包括技术津贴和其他津补贴。技术津贴计入专家月度预支奖，与本单位（部门）对应层级经营管理岗位人员月度预支奖同步发放。其他津贴补贴按相关规定执行。

（三）绩效工资。技术专家的绩效工资与个人工作业绩挂钩，依据考核结果发放。

第三十二条 专家的差旅费、防暑降温费、取暖费、健康体检标准等相关福利待遇，按照对应经营管理岗位序列相应层级有关标准执行；办公用房按照不高于对应经营管理岗位相应标准执行。

## 第七章 解聘退出

第三十三条 健全完善专家退出机制。有下列情形之一，应及时予以解聘：

（一）不再从事所聘岗位工作的；

（二）退休或劳动合同终止、解除的；

（三）个人原因，不能正常履职超过1年的；

（四）因泄露技术秘密导致企业利益受损、违规从事或参与营利性活动等情节较重的，及其他涉及违纪违法、问责和责任追究的情况应当退出的；

（五）不宜任职的其他情形。

专家主动提出辞去专家职务的，应提前30日提交书面申请，经公司批准后，办理解聘手续。男满57岁、女满53岁，聘期考核结果为"称职+"及以上，且在本层级专业技术序列岗位工作满2个聘期的，可享受现岗位职级待遇；男满57岁、女满53岁，其余情况的，享受下一层级岗位职级待遇。

**第三十四条** 技术专家离岗离企后，依法依规继续对原聘任岗位涉及的商业秘密和核心技术负有保密责任和义务，保密期限按照国家和公司有关规定执行。

## 第八章 附 则

**第三十五条** 本办法由公司人力资源部/党委组织部负责解释。

**第三十六条** 本办法自印发之日起施行，之前与本办法不一致的，按照本办法执行。原《川庆钻探工程有限公司技术专家管理办法》（川庆制发〔2021〕8号）同时废止。

## 川庆钻探工程有限公司设备安全操作规程实施办法

### 第一章 总 则

**第一条** 为进一步健全川庆钻探工程有限公司（以下简称公司）设备管理制度，强化设备安全操作，规范员工操作行为，确保安全生产，根据相关法律法规制度，制定本办法。

**第二条** 本办法中所称设备是指公司及所属单位生产经营活动中所使用的机器、装置、仪器、仪表、工具、车辆、飞行器、特种设备等。

**第三条** 设备安全操作规程分为三级目录管理，"一级"目录设备是指重大设备设施，"二级"目录设备是指主要、一般设备，"三级"目录设备是指"一级""二级"目录以外的辅助设备、工具等。

**第四条** 公司设备安全操作规程实行动态分级管理，"一级"目录由公司统一管理，"二级""三级"目录由公司所属单位管理。特种设备应按照一级目录进行管理。

**第五条** 本办法适用于公司及所属相关单位的自有及租赁设备。

### 第二章 管理机构及职责

**第六条** 物资设备部是公司设备安全操作规程的归口管理部门，其主要职责：

（一）贯彻落实国家相关法律法规、集团公司、中油技服和公司设备安全操作规程相关规定。

（二）负责制订公司设备安全操作规程管理规定，完善相关管理制度和要求。

（三）负责建立一级设备安全操作规程目录。

（四）负责组织公司"一级"目录设备安全操作规程的编写，按管理职责和业务分工做好评审、组织发布工作。

（五）指导、检查公司所属单位设备安全操作规程的管理工作。

**第七条** 公司机关部门按照业务分工，组织或参与设备安全操作规程的编写、修订、评审等工作，检查设备安全操作规程的执行情况，并履行管理职责。

**第八条** 公司所属各单位是设备安全操作规程管理的责任主体，设备管理部门是设备安全操作规程业务归口管理部门，其主要职责：

（一）贯彻落实国家、集团公司、公司有关规定、技术标准和规范。

（二）负责建立"二级""三级"设备安全操作规程目录。

（三）参与"一级"目录设备安全操作规程的编写、修订、评审，负责现场验证等工作，并收集整理存档。

（四）负责"二级""三级"目录设备安全操作规程的编写、修订、评审、现场验证等工作，并收集整理存档。

（五）负责"一级""二级""三级"目录设备安全操作规程的宣贯和培训工作。

（六）检查、指导设备安全操作规程的培训学习和执行情况。

**第九条** 后辅厂站、基层队（站）是设备安全操作规程的具体执行单位，其主要职责：

（一）参与"三级"目录设备安全操作规程的编写、

制修订等工作。

（二）负责设备安全操作规程的现场验证，并及时反馈意见，协助完成设备安全操作规程的制修订。

（三）负责开展设备安全操作规程的宣贯和培训。

（四）执行设备安全操作规程的相关规定。

### 第三章 管理内容与要求

**第十条** 设备安全操作规程应包含适用范围、安装、启动前检查、运行操作、维护保养、拆卸、其他等七项主要内容。

**第十一条** 设备安全操作规程中七项主要内容所涉及的关键操作步骤，应进行风险识别，并注明防控措施。

**第十二条** "一级""二级""三级"目录设备安全操作规程应做到内容齐全，按照公司统一格式进行规范。

**第十三条** 租赁设备或以工程技术服务方式引入的设备、"四新"设备、特种设备必须按照公司相关规定要求制定设备安全操作规程。

**第十四条** 租赁设备或以工程技术服务方式引入的设备、"四新"设备按照谁引进谁负责的原则，由设备租入、引入部门或单位，负责制定设备安全操作规程，并组织评审和管理。

### 第四章 管理程序

**第十五条** 公司所属单位依据JCA工作循环分析法，每三年对设备安全操作规程按照梳理、修订、评审、现场验证、发布的程序，制定修订计划，逐步规范和完善设备安全操作规程。对上升为标准的设备安全操作规程按照相关规定进行统筹管理。

**第十六条** 设备安全操作规程的梳理。公司所属单位对照设备管理信息系统中的设备台帐进行梳理，所有设备必须具有设备安全操作规程。

**第十七条** 设备安全操作规程的修订。公司机关部门和所属单位按照职责分工组织对已有的设备安全操作规程进行评估及补充完善；对新增的新型设备应制定设备安全操作规程，对更新或升级改造后的设备应修订设备安全操作规程。

**第十八条** 设备安全操作规程的评审。公司相关部室和所属单位组织设备、安全、工程等各类技术专家和岗位员工组成的评审组，对"一级"目录设备安全操作规程所涉及的适用范围、安装、启动前检查、运行操作、维护保养、拆卸等主要内容进行评审。公司所属单位组织设备、安全、工程等各类技术专家和岗位员工组成的评审组，对"二级""三级"目录设备安全操作规程所涉及的适用范围、安装、启动前检查、运行操作、维护保养、拆卸等主要内容进行评审。

**第十九条** 设备安全操作规程的验证。公司所属单位组织对修订后的设备安全操作规程进行现场验证，包括操作步骤、安全提示、拆装要求等内容，并根据验证意见补充完善，对验证记录进行归档保存。

**第二十条** 设备安全操作规程的发布。经过梳理、修订、评审、现场验证过的设备安全操作规程应规范统一格式，采用印刷成册或公文的形式进行发布。"一级"目录设备安全操作规程由公司组织发布，"二级""三级"目录设备安全操作规程由公司所属单位组织发布。

### 第五章 宣贯培训

**第二十一条** 公司所属单位是设备安全操作规程培训的责任主体，应采用集中培训或者现场实际操作培训等方式，组织对已发布的设备安全操作规程及上升为标准的操作规程进行宣贯培训，公司相关部室对其培训工作开展督导与检查。

**第二十二条** 设备操作人员必须进行设备安全操作规程的培训学习，理论培训和实际操作均要有培训记录。

**第二十三条** 设备操作人员培训结束后，应对其操作能力、熟练程度、培训效果等进行考核，合格后才能上岗操作。

**第二十四条** 公司所属单位应对重点关键设备的安全操作规程在醒目位置进行可视化管理，内容必须包括操作、维护保养中的重点关键步骤，格式要规范统一。

### 第六章 检查考核

**第二十五条** 公司所属单位结合HSE审核和各类专项检查，每年开展设备安全操作规程检查工作。

**第二十六条** 物资设备部是公司所属单位设备安全操

作规程执行情况的考核管理部门。每年开展一次设备安全操作规程管理考核，并纳入年底公司绩效考核。

**第二十七条** 公司所属单位应按照设备安全操作规程管理程序认真开展制修订、评审和现场执行情况的检查等工作，及时梳理相关信息并存档。

## 第七章 附则

**第二十八条** 本办法由公司物资设备部负责解释。

**第二十九条** 本办法自印发之日起施行，《川庆钻探工程公司设备安全操作规程管理规定（试行）》（川庆制发〔2018〕19号）同时废止。

责任编辑：孔令兴

索 引
Index

# 索引
# 使用说明

一、本索引采用内容分析索引法编制。除大事记外，年鉴中有实质检索意义的内容均予以标引，以便检索使用。

二、索引基本上按汉语拼音音序排列，具体排列方法如下：以数字开头的，排在最前面；以英文字母打头的，列于其次；汉字标目则按首字的音序、音调依次排列，首字相同时，则以第二个字排序，并依此类推。

三、索引标目后的数字，表示检索内容所在的年鉴正文页码；数字后面的英文字母a、b，表示年鉴正文中的栏别，合在一起即指该页码及左右两个版面区域。年鉴中用表格、图片反映的内容，则在索引标目后面用括号注明（表）、（图）字，以区别于文字标目。

四、为反映索引款目间的隶属关系，对于二级标目，采取在上一级标目下缩二格的形式编排，之下再按汉语拼音音序、音调排列。

## A–Z

HSE 监督检查　136b
HSE 与节能减排技术　157b
QHSE 管理体系建设　146b
QHSE 管理体系审核　146a
QHSE 体系　145b

## A

阿姆河区块钻井　81a
安全环保　10a
安全环保管控2.0　135a
安全环保技术　158a
安全环保责任制建设　146a
安全教育与培训　136a
安全生产　134a
安全生产专项行动　134a
安全隐患排查治理　136a
安研院　280a
　　QHSE 监督　280b
　　党建工作　281b
　　队伍建设　281a

工会群团工作　281b
检测与技术服务　280b
科研工作　280a
企业管理　281a
企业文化　281b
信息化建设　281a
"安眼工程"建设　135b

## B

宝石花汽服公司　335b
　　安全环保　336a
　　党建工作　336b
　　队伍建设　336b
　　改革发展　336a
　　经营管理　336b
　　精神文明建设　337a
宝石花油服公司　337b
　　创新成果　338a
　　党建工作　338b
　　法人治理体系　337b
　　技能竞赛　338a
　　经营管理　338a

索 引

主题教育　338a
保密工作　210b
保障帮扶　226a
标准工作　153b
标准化管理　142a
博士后科研工作站　152b

## C

财务共享　181a
财务基础管理　181a
财务监督　182b
财务经审　227b
财务信息化　181a
财务资产　178b
采购成本控制　119b
采购供应链绿色低碳转型策略研究　122b
采购管理对标现场评估迎检　122a
采购物资质量合格率专项行动　119b
采购物资质量监督　141a
采购业务诊断评估　122a
采油气工艺　69b
测试工艺技术运用　96a
产能建设　69a
产品销售管理　113b
产品质量抽查　140b
产业结构调整　168a
常规气精准酸压2.0技术运用　97a
长宁公司　313a
　　安全环保　315a
　　党建工作　316b
　　地面建设　314a
　　队伍建设　317a
　　工程技术　314a
　　精神文明建设　317b
　　企业管理　316a
　　生产管理　314b
　　页岩气开发　313b

页岩气勘探　313b
长庆地区钻井　81a
长庆地区钻井液服务　88b
长庆区块综合治漏　87b
长庆区域水平井钻井　81b
撤销（并）机构　409b
成本管理　179b
成都天然气化工总厂　265b
　　党建工作　267b
　　风险防控与安全环保　267a
　　管理提升　267a
　　和谐工厂建设　268a
　　科技创新　267b
　　生产经营　266b
　　项目建设　266a
承包商HSE监管　135b
承包商准入管理　107a
出国（境）人员管理　166b，187b
储层改造工艺技术运用　96b
储量管理　66a
储气库生产建设　71b
储气库项目　103b
储运专业标准体系建设　104b
川东北气矿　256a
　　安全生产　257b
　　党建工作　258a
　　改革创新　257a
　　高含硫项目建设　257a
　　经营管理　257b
　　气田开发　256b
　　天然气勘探　256b
川东北作业分公司　268a
　　安全环保　268b
　　创新管理　269a
　　党建工作　269b
　　经营创效　269a
　　生产运行　268b
　　项目攻坚　269a

503

川港燃气公司　320b
　　安全环保　322a
　　党建工作　322b
　　和谐企业建设　323a
　　经营管理　321b
　　企业改革　321a
　　生产运行　322a
　　天然气市场开发　321b
川庆安检院　376a
　　安全监督　377b
　　党建工作　379a
　　队伍建设　378b
　　环境保护　378a
　　技术检测　378a
　　经营管理　376b
　　科技进步　377a
　　市场开发　377a
　　质量安全健康与节能节水　378b
川庆川东钻探公司　343a
　　安全环保　343b
　　党风廉政建设　345b
　　党建工作　345a
　　工会工作　345b
　　精细化管理　344b
　　科技进步　344a
　　企业文化　345b
　　"三基"工作　345a
　　团青工作　346a
　　钻井提速提效　344a
川庆川西钻探公司　346b
　　安全环保　346b
　　党建工作　348a
　　工会工作　349a
　　科技进步　347a
　　企业文化建设　348b
　　数字化建设　348a
　　提质增效　348a
　　团青工作　349a

　　钻井提速　347b
川庆地研院　373a
　　保密管理　375a
　　财务管理　374b
　　党风廉政建设　375b
　　党建工作　375a
　　工团工作　375b
　　合规管理　374b
　　科技成果及应用　373b
　　企业文化建设　375b
　　人才队伍建设　375a
　　生产组织　373b
　　市场开拓　374a
　　维稳信访与内保综治　376a
　　信息化建设　373b
　　质量安全环保　374a
川庆国际工程公司　354b
　　安全环保健康工作　356a
　　党建工作　356b
　　工作量完成情况　355a
　　企业管理　356b
　　市场开发　355b
　　幸福企业建设　356b
　　重点项目　355b
川庆纪检审计中心　398a
　　党建工作　399b
　　队伍建设　399a
　　纪检工作　398b
　　内部管理　399a
　　配合监督　398b
　　审计工作　398b
川庆井控应急中心　393a
　　安全环保　395a
　　党建工作　395a
　　井控技术支撑　394b
　　科技进步　393b
　　企业管理　394b
　　企业文化　395a

# 索 引

　　群团工作　395b
　　应急救援能力建设　394a
川庆井下作业公司　360b
　　安全环保　362b
　　财务资产管理　361b
　　党建工作　362b
　　队伍建设　362b
　　和谐企业　363b
　　科技创新　362a
　　群团工作　363b
　　人才培养　362a
　　设备管理　361b
　　生产经营　361a
　　市场开发　361a
　　宣传工作　363a
川庆酒店管理公司　402a
　　党建工作　403b
　　经营情况　402b
　　品质服务　402b
　　强化管理　403a
　　市场开发　402b
　　质量安全环保　403b
川庆培训中心　400a
　　安全环保　400b
　　党建和精神文明建设　401b
　　队伍建设　401a
　　基础设施建设　400b
　　科研成果　400b
　　培训教学情况　400a
　　企业管理　401a
川庆试修公司　366b
　　党建工作　368b
　　队伍建设　368b
　　工程技术　367b
　　工团维稳工作　369a
　　科技进步　367b
　　企管法规　368b
　　企业文化　369a

　　市场开发　366b
　　提质增效　368a
　　质量安全环保与节能节水　367a
川庆蜀渝公司　379a
　　党建工作　380b
　　工会工作　381a
　　经营管理　380a
　　科技进步　380a
　　信息化建设　380a
　　质量安全环保与节能节水　379b
川庆苏里格项目部　357a
　　产能建设　357b
　　党建工作　359a
　　和谐企业建设　360a
　　科技进步　359a
　　企业管理　358b
　　企业文化建设　359b
　　天然气生产　358a
　　质量安全环保　358a
川庆新疆分公司　352a
　　安全环保　353a
　　党群工作　354a
　　技术攻关　353b
　　经营管理　353b
　　人才队伍建设　354a
　　生产组织　353a
　　钻井技术指标　352b
川庆页岩气工程项目部　391a
　　安全环保　392b
　　党建工作　392b
　　工程提速　391b
　　生产组织　391a
　　市场经营　392a
川庆页岩气项目经理部　389a
　　产建生产　389a
　　党建工作　390b
　　经营管理　389b
　　开发技术　389b

文化民生　390b
运行组织　389a
质量安全环保　390a
川庆长庆固井公司　369b
　　安全环保　370a
　　市场保障　370a
　　技术质量　370b
　　信息化建设　370b
　　经营管理　371a
　　党建工作　371a
　　队伍管理　371a
川庆长庆监督公司　384b
　　HSE监督　385a
　　党建工作　386a
　　工程监督　385a
　　企业管理　385b
　　群团工作　386a
　　提质增效　385b
川庆长庆井下公司　364a
　　党建工作　365b
　　管理创新　365b
　　经营管理　365a
　　科技进步　365a
　　民心工程　366a
　　质量安全环保与节能节水　364b
川庆长庆指挥部　341a
　　安全环保管理　342a
　　党建工作　343a
　　技术进步　342a
　　市场开发　341b
　　提质增效　342b
　　协调关系　341b
　　组织运行　341b
川庆长庆钻井总公司　349b
　　安全环保　350b
　　党风廉政建设　351b
　　党建工作　351a
　　工程质量　350b

和谐企业建设　351b
技术提速　350a
经营管理　350a
科技研发　350a
人才队伍建设　350b
生产组织　349b
市场布局　349b
思想文化建设　351b
川庆重庆运输总公司　381a
　　安全管控　381b
　　党建工作　384a
　　队伍建设　384a
　　服务商管理　383a
　　企业管理　382b
　　生产经营　381b
　　市场开拓　382a
　　提质增效　383a
　　信息技术　383b
　　运输生产　381b
　　装备技术　383b
川庆钻采院　371b
　　党建工作　372b
　　工程技术工作　372a
　　工会与群团工作　373a
　　科技创新情况　372a
　　提质增效　372b
　　质量安全环保　372a
川庆钻井液公司　386b
　　党建工作　388b
　　队伍建设　388a
　　工程技术　387a
　　企业管理　388a
　　群团工作　388b
　　生产运行　386b
　　提质增效　387b
　　质量健康安全环保　387b
川庆钻探工程公司撤销（合并）机构（表）　425
川庆钻探工程公司党委成员名录（表）　430b

川庆钻探工程公司二级单位　436b
川庆钻探工程公司二级单位领导人员名录（表）　438
川庆钻探工程公司获集团公司科技奖励一等奖及以上项（表）　161
川庆钻探工程公司获聘集团公司技能专家名录（表）　449a
川庆钻探工程公司机构编制调（表）　409
川庆钻探工程公司机构更名（表）　415
川庆钻探工程公司机关部门领导人员名录（表）　432
川庆钻探工程公司机关附属单位领导人名录（表）　434
川庆钻探工程公司技能专家名录（表）　450
川庆钻探工程公司劳动模范一览表（表）　465
川庆钻探工程公司企业高级专家名录（表）　442b
川庆钻探工程公司企业首席专家名录（表）　442b
川庆钻探工程公司先进个人一览表（表）　466
川庆钻探工程公司先进集体一览表（表）　462
川庆钻探工程公司新建（增）机构编制（表）　410
川庆钻探工程公司行政领导名录（表）　429b
川庆钻探工程公司一级工程师名录（表）　443a
川庆钻探工程公司在聘资深技师名录（表）　452a
川庆钻探工程公司组织机构（图）　408
川庆钻探工程公司钻井市场工作量统计表（表）　78
川庆钻探工程有限公司"三基"暨管理提升工作领导小组组成人员　482a
川庆钻探工程有限公司"四化"建设领导小组　482b
川庆钻探工程有限公司"我为员工群众办实事"工作领导小组　486b
川庆钻探工程有限公司QHSE委员会　478a
川庆钻探工程有限公司帮扶中心领导小组　478b
川庆钻探工程有限公司保密委员会　484b
川庆钻探工程有限公司标准化技术委员会　483b
川庆钻探工程有限公司参股企业管理委员会　479b
川庆钻探工程有限公司厂务公开领导小组　478b
川庆钻探工程有限公司承包商准入审查委员会　485b
川庆钻探工程有限公司党的建设工作领导小组　486b
川庆钻探工程有限公司党风廉政建设和反腐败工作协调小组　488a
川庆钻探工程有限公司党委党风廉政建设和反腐败工作领导小组　487a
川庆钻探工程有限公司党委机构编制委员会　488a
川庆钻探工程有限公司党委青年工作委员会　487b
川庆钻探工程有限公司党委审计工作领导小组　488a
川庆钻探工程有限公司党委巡察工作领导小组　487b
川庆钻探工程有限公司档案工作领导小组　485a
川庆钻探工程有限公司法治建设领导小组　482a
川庆钻探工程有限公司防汛领导小组　481b
川庆钻探工程有限公司工程技术资质管理领导小组　485b
川庆钻探工程有限公司工会劳动保护监督检查委员会　485a
川庆钻探工程有限公司国家安全人民防线建设小组　487a
川庆钻探工程有限公司技能人才评价委员会　484a
川庆钻探工程有限公司技能专家评审和考核领导小组　484a
川庆钻探工程有限公司绩效考核领导小组　483a
川庆钻探工程有限公司节能减排和清洁生产领导小组　480b
川庆钻探工程有限公司井控工作领导小组　481a
川庆钻探工程有限公司科学技术委员会　479b
川庆钻探工程有限公司劳动竞赛委员会　484b
川庆钻探工程有限公司劳动争议调解委员会　484b
川庆钻探工程有限公司绿化委员会　485a
川庆钻探工程有限公司内控与风险管理领导小组　482a
《川庆钻探工程有限公司年鉴》编纂委员会　479a
川庆钻探工程有限公司品牌管理委员会　485a
川庆钻探工程有限公司平安企业建设领导小组　481a
川庆钻探工程有限公司企业年金管理委员会　479a
川庆钻探工程有限公司全面深化改革领导小组　482a
川庆钻探工程有限公司人才工作领导小组　480b
川庆钻探工程有限公司设备管理委员会　486a
川庆钻探工程有限公司设施完整性和可靠性分委会　486a
川庆钻探工程有限公司深化人事劳动分配制度改革专项领导小组　479b
川庆钻探工程有限公司市场开发领导小组组成人员　482b
川庆钻探工程有限公司碳达峰碳中和及新能源工作领导小组　480a
川庆钻探工程有限公司提质增效领导小组　483a
川庆钻探工程有限公司统一战线工作领导小组　487b

川庆钻探工程有限公司网络安全与信息化工作指导
　　委员会　478a
川庆钻探工程有限公司乡村振兴和对口支援工作领导
　　小组　478b
川庆钻探工程有限公司宣传思想文化工作领导小组　487a
川庆钻探工程有限公司医务劳动鉴定委员会组成
　　人员　484a
川庆钻探工程有限公司应急管理工作领导小组　479a
川庆钻探工程有限公司舆情管理工作领导小组　487b
川庆钻探工程有限公司预算委员会　483a
川庆钻探工程有限公司员工内部违规处理工作领导
　　小组　486b
川庆钻探工程有限公司员工培训工作领导小组　480a
川庆钻探工程有限公司原创技术策源地暨关键核心技术
　　攻关领导小组　481b
川庆钻探工程有限公司招标管理委员会　486a
川庆钻探工程有限公司职称改革工作领导小组　480b
川庆钻探工程有限公司职业病防治工作领导小组组成
　　人员　483b
川庆钻探工程有限公司中长期规划工作领导小组　480a
川庆钻探工程有限公司专家委员会　485b
川西北气矿　253a
　　安全环保　254a
　　党建工作　255b
　　队伍建设　255a
　　勘探开发　253b
　　科技创新　255a
　　民生保障　255b
　　企业管理　254b
　　群团工作　255b
　　生产建设　253b
　　新能源开发　254a
川渝地区核心运输市场服务　123b
川渝地区水平井钻井　81a
川渝地区钻井　80a
川渝地区钻井防漏治漏　87a
川渝地区钻井液服务　88a
川渝地区钻井液生产保障能力　88a

"川渝气电"项目开发　107b
川渝协调组部分成员单位经营业绩　13a
川中北部采气处　258b
　　安全环保　259a
　　党建工作　260b
　　改革创新　259b
　　高磨台缘带开发管理　259a
　　经营管理　259b
　　蓬莱气田勘探开发　258b
　　数字化转型　260a
川中油气矿　244a
　　安全环保　245a
　　党建工作　246a
　　改革创新　245b
　　经营管理　245a
　　气田开发　244b
　　天然气勘探　244a
　　油藏评价　244a
　　油田开发　244b
垂直钻井技术　84b

# D

大事记　41
带压作业　95b
单位概览　243
党的建设　216a
党风建设　219a
党建研究成果　159a
党群工作·精神文明建设　215
党委领导名录　428a
党委巡察机构与人员　219b
党委巡察制度建设　220a
党员发展　218a
党员素质教育　217b
党组织及党员队伍　216a
档案管理　211a
地面工程　102a

# 索引

地面工程技术　156b
"地企协同"市场开发　107b
地质工程技术　154a
地质勘探　154b
低碳管控　139a
定额研究计价管理　194b
督办工作　208b
渡口河—七里北气田飞仙关组气藏开发地面工程　129b
队伍建设　213a
队伍建设　223a
对外合作交流　164b

## E

二级单位领导　436a
二氧化碳加砂压裂储层改造　96b

## F

发展战略研究　168b
法律风险防控　206b
法律事务　206a
反腐倡廉教育　222b
防治故障复杂的钻井液工艺技术　86b
风险合作开发　9a
附录　475

## G

改革与管理　168a
干部队伍建设　185a
干部培训　186a
高端精细化工开发　108a
高级技师名录　448b
高级专业技术人员　444b
高石 018-1-H2 井酸化压裂　98a
工程技术服务　77
工程技术服务　8a

工程技术服务项目　164a
工程技术管理　196a
工程技术管理制度建设　196a
工程技术与监督　195b
工程建设审计　204b
工程项目管理　196b
工程项目结算管理　195a
工程项目联合监督检查　197b
工程项目审查　193b
工程院　277a
　　安全管理　278b
　　党建工作　279a
　　队伍建设　279a
　　合规管理　279a
　　技术支撑　277b
　　监督管理　278b
　　科技攻关　277b
　　科研成果　277b
　　民生工程　279b
　　平台建设　278a
　　质量检测　278b
工程造价　193a
工会工作　224a
工会领导名录　428b
工会组织建设　227b
工商商标管理　207b
公共事务中心　310b
　　安全环保　312a
　　党建工作　312b
　　矿区业务　311b
　　离退休管理服务　310b
　　内控管理　312b
　　社保业务　311a
　　行政事务　312a
　　资产管理　311b
公司级表彰　467b
供应商准入管理　107a
共青团工作　229a

509

共青团先进集体与个人　467a
股权管理　182b
股权投资管理　176a
固井　90b
固井工具研制与运用　91b
固井工艺技术运用　91a
固井全过程井筒压力精细控制技术　92a
固井水泥浆应用　92b
固井作业技术平台打造　91a
固井作业质量体系建设　90b
固完井一体化工具首次入井试用　92a
关联交易　181b
管道风险治理　73a
管道数字化建设　73b
管道完整性管理　73a
管具　131a
管理创新理论研究与成果　170a
管网输配能力建设　73a
规划计划　171b
规章制度建设　169a
国家安全人民防线建设　211b
国家级表彰　454a
国家级表彰　467a
国家级表彰集体简介　473a
国内工程技术服务市场　106b
国内合作项目　165a
国内首个页岩气新层系地震采集项目　67a
国外工程技术服务市场　106b

## H

海外 HSSE 管理　147a
海外 HSSE 培训　148b
海外合作项目　163a
海外区块钻井液服务　90a
海外业务管理　166a
合规管理　206a
合同管理　206a

合作交流与外事活动　166b
合作区块油气勘探开发　74b
华成监理公司　334a
　安全环保　334b
　党建工作　335b
　科研成效　335a
　人员队伍建设　335a
　主营业务　334b
华盛能源公司　327b
　财务管理　328b
　党建工作　329a
　股权管理　329a
　合规管理　329a
　人力资源建设　328b
　审计管理　329a
　战略布局　328a
　战略管控　328a
化工产品产销　113b
化工生产　71b
环保技术服务　138b
环保教育与培训　140a
环境保护　137b
环境保护管理　138a
环境监测　138b
环境监督　140a
环境隐患治理　139b
货款回收　110b

## J

机构·人物　405
机关部门　431a
机关部门及直附属单位　431a
机关财务管理　181b
机关党建工作　218b
机关附属　431a
机关工会　228b
机关事务管理　212a

基层站（队）QHSE标准化建设  147a
基层组织建设  216b
基础管理  187b
基础管理  214b
基础管理  218a
基础建设  170b
基础设施建设  125b
基础研究奖  162a
集输工程所  284b
　　安全管理  285b
　　党建工作  285b
　　技术支撑  285a
　　科研成果  284b
　　科研攻关  285a
　　深化改革  285a
集团公司技能专家  448b
集团公司技术专家名录  440a
集中采购  117a
计量管理  142a
纪检  219a
纪律审查  221a
纪委领导名录  428b
技能专家队伍建设  192b
技能专家及高级技能人员  448b
技术发明奖  162b
技术管理专家及高级专业技术人员  440a
技术运用与研究  128a
技术专家  440a
家益公司  332a
　　安全环保  333a
　　党建工作  333b
　　经营管理  333a
　　精神文明建设  333b
　　市场营销  332b
　　土地利用  332b
　　现代农业业务  332b
　　项目建设  332a
　　转型发展  332a

价税管理  180b
价税管理  182b
监督管理  197b
监督检查  221b
检测与维修  132b
建设项目环保管理  139b
健康保障  145a
健康企业  144b
健康体检  144b
健康宣教  145b
交通安全管理  137a
节能管理  142b
节能技术运用  143a
节能节水  142b
节能科研工作  143a
结算管理  182a
进站院士合作项目  150b
经费投入  150a
经济与管理  158b
经济责任审计  204a
经济责任审计迎审工作协调组  476a
经研所  286a
　　成果奖励  287b
　　党建工作  289a
　　合作交流  288a
　　技术体系与常态化跟踪团队建设  287b
　　科技期刊  288b
　　科研工作  286b
　　数字化转型  289a
　　信息产品  288b
　　业务支撑  287a
　　"油公司"模式改革  288b
经营管理  9b
经营管理系统建设  128a
经营业绩  6b
精神文明建设  233b
井壁稳定瓶颈技术攻关与运用  88a
井工程质量管理  197a

井工程质量监督　141a
井控　98a
井控安全管理　98b
井控基础管理　100a
井控监督管理　99b
井控培训管理　101b
井控信息化管理　99b
井控应急管理　100b
井控装备管理　100a
井身结构优化设计技术　84a
纠纷案件诉讼与管理　207a
局级技能专家　448b

## K

开发储量　68b
开发事业部　291b
　　党建工作　294a
　　地质管理　292b
　　风险管控　293b
　　管理创新　292a
　　控投降本　293b
　　试油压裂　293a
　　钻井管理　292b
勘探·开发　63
勘探工作量　64a
勘探事业部　289b
　　安全环保　290b
　　党建工作　291a
　　工作成效　289b
　　管理创新　290b
　　和谐企业建设　291b
　　勘探成果　289b
　　勘探技术　290a
　　深地川科1井　290a
勘探项目管理　66a
勘研院　270a
　　储量及矿权研究　272b

储气库建设　273a
党建工作　274a
地球物理研究　272a
分析实验技术研究　273a
工会与群团工作　274a
规划方案编制　272b
开发研究　271a
勘探基础地质研究　270b
勘探开发动态跟踪　272b
科研保障　273b
科研工作及成果　270a
企业管理　273b
气藏评价技术研究　271b
区带目标井位研究　271a
新能源技术研究　272a
信息化建设　273a
质量安全环保工作　273b
科技创新　10b
科技发展　150a
科技攻关与创新　154a
科技管理　151a
科技平台建设　152a
科技与对外合作　149
科技专项组织管理　151b
科技资源　3b
科学技术奖　160b
科研成果　139b
科研成果　159b
科研项目　150b
客户管理与服务　110b
会计核算　180a
矿权管理　66b

## L

劳动工资　188b
劳动和技能竞赛　225a
劳动用工管理　189a

索　引

劳动组织与管理　188b
历史沿革　5a
连续油管作业　95b
"两金"压控与陈欠清收　182a
领导班子建设　184b
领导机构名录　428a
录井　93a
录井服务成果　94a
录井科研成果　93b
录井市场服务　93b
录井新工艺技术试验与应用　94a
绿色转型　9a

## M

马广文　474b
媒体报道西南首个年产400亿立方米大气区建成　238b
媒体报道资201井　237b
秘书工作　208a

## N

内部保卫　241b
内部机构调整　406b
内部机构更名　409a
内控与全面风险管理体系建设　169b
年度工作概述　6b
女职工工作　226b

## P

培育职工文化　228a
蓬深6井酸化作业　97b
平安建设工作　241a
评估与申报　183b
评优选优　226b
普法宣传教育　207a

## Q

企业补充医疗保险业务　213b
企业党建工作　11a
企业管理　167
企业民主管理与维权服务　224b
企业年金管理　213b
企业文化品牌建设　236b
企业协调　12a
企业资质　183a
起重工具采购方案和采购执行获"最佳实践"项目　122b
气藏评价　68a
气体钻井　83b
欠平衡/控压钻井技术应用　83b
青年安全环保活动　232b
青年典型引领　232b
青年建功实践活动　231a
青年思想政治教育　230a
青年文化活动　233a
青年志愿者活动　232a
轻烃生产　71a
氢能业务市场研发　108b
清洁化生产　89a
清洁化生产　95b
清洁生产　139b
区域市场运输服务　123b
区域市场钻井指标　80a
全国五一劳动奖状　473a

## R

燃气分公司　297b
　　安全环保　297b
　　党建工作　299b
　　管道与设备管理　299a
　　基建工程建设　298b
　　精神文明建设　300a
　　企业改革管理　299b

513

  生产信息管理　298a
  市场营销　298a
人力资源管理系统　191b
人事　184b
人物奖　163a
荣县净化厂脱硫工艺改造工程　103a
软科学研究　159b

## S

商业保险　181a
设备材料价格管理　194a
设备管理　198a
设备管理体系建设　200b
设备节能减排　201b
设备数字化转型　201a
设备提质增效　201a
设备完整性管理　200a
设备质量安全管理　201a
社保业务综合管理　213b
社会保险管理　213a
社会基本保险业务　213a
社会责任履行　13a
社会责任履行　226b
深层页岩气高压固井　92b
深地川科1井媒体开放日活动　238b
深地川科1井前期固井　92a
深地川科1井钻井　85a
审计管理　202b
审计监督与评价　202a
审计问题整改　204b
审计信息化建设　203a
审计业务培训　205b
生产服务　115
生产管理系统建设　127b
生产设备技术管理　199a
生产设备运行管理　198b
生产运行管理　176a

生产组织　178b
省部级表彰　454a
省部级表彰　467a
省部级科学技术奖　160a
石化产品销售　113a
石油建筑安装　128b
石油液体产销　113b
市场·销售　105
市场管理　129b
市场开发　129a
市场开发基础管理　108b
市场开发与管理　106a
事故事件管理　134b
试油修井及地层测试　94a
输气处　260b
  安全工作　261b
  党建工作　262b
  改革调整　262a
  管道管理　261b
  管理创新　262a
  绿色发展　261b
  能源保障　261a
蜀南气矿　249a
  QHSE体系管理与安全生产　251a
  财务管理　252a
  产能建设　250a
  党建工作　252a
  管理创新与科技攻关　251b
  和谐气矿建设　252b
  内控与合规管理　252a
  企业文化建设　252b
  气田开发　250a
  生产运行管理　250b
  市场营销　251b
  塔里木油气工程分公司　250b
  信息化建设　250b
  油气勘探　249b
数据治理　126b

索　引

数智分公司　300a
　　安全生产　302a
　　党建工作　302b
　　改革与管理　301b
　　基础设施建设与网络安全　300b
　　技术运用与研究　301b
　　人才队伍建设　302a
　　数据治理　301a
　　数字化转型重点项目　301b
　　信息化管理与能力建设　301a
数字化交付　104a
数字化现场建设　127a
数字化转型　11a
数字化转型项目　125b
水电管理　178a
思想政治教育　234a
思想政治理论研究　237a
四川宝石花医疗公司　339a
　　安全环保　340a
　　党建工作　340b
　　服务油田　339b
　　科研教学　339b
　　平安院区建设　341a
　　医疗质量　339a
　　运营管理　339b
　　主题教育　340a
四川地区油气业务管理沿革（图）　7
四川华油集团公司　329b
　　安全环保　330b
　　党建工作　331b
　　管理创新　329b
　　生产运行　331a
　　市场营销　330b
　　提质增效　331a
四川盆地川南向斜区茅口组多类型勘探获重要发现　65a
四川盆地川中地区茅口组多层系天然气勘探重要发现　65a
四川盆地德阳—安岳裂陷槽西侧大探 1 井灯影组勘探
　　重大突破　64b

四川盆地第 31 套工业产层发现　65b
四川盆地二叠系—三叠系礁滩新区带勘探重要发现　64b
四川盆地寒武系筇竹寺组深层页岩气勘探重要发现　64b
四川盆地油气储层地质层系（图）　4
四川页岩气公司　323a
　　安全环保　324b
　　党建工作　325a
　　共建共享　325a
　　管理创新　324b
　　科技创新　324b
　　企地协调　324a
　　深化地质认识　323b
　　生产运行组织　324a
　　效益经营　325a
　　页岩气建产　323b
　　页岩气勘探　323b
四川油气田大事记　42a
四川油气田概述　2a
四川油气田获国家级表彰先进集体与个人（表）　454
四川油气田获省部级表彰先进个人（表）　454
四川油气田获省部级表彰先进集体（表）　454
"四好"班子创建活动　217b
苏里格合作区块技术运用　74b
苏里格合作区块生产管理　75a
苏里格合作区块生产建设　74b
随钻扩眼技术　84b

## T

塔油建大二线化验室　130b
套变防治　96b
特高含硫气田铁山坡气田全面达产报道　238a
特载　15
天然气保供　109b
天然气集输　70a
天然气净化　70b
天然气净化与化工　157a
天然气净化总厂　263a

安全环保 263b
党建工作 265b
改革创新 264a
技术创新 264b
经营管理 264a
净化人才 265a
生产运行 263b
数字化转型 264b
新能源发展 265a
天然气开发 8b
天然气撬动新能源 108a
天然气区域销售 111b
天然气生产调度 176b
天然气市场规划 107b
天然气推价与结算 110a
天然气线上交易 110a
天然气销售 110b
天然气销售结构 111b
天然气销售与保供 8b
天研院 274b
 标准化工作 275b
 成果转化 275b
 党建工作 276a
 分析与测试 275a
 腐蚀与防护 275a
 经营管理 276a
 流量检定与校准 275a
 平台建设 275b
 企业文化 276b
 天然气净化 275a
 新能源技术 275b
 油气田化学 275a
 质量安全环保 276a
铁山坡气田飞仙关组气藏开发地面工程 102b
铁山坡气田物资供应 122a
厅局级表彰 454b
厅局级表彰 467b
统计管理 173b

统战事务 237a
投资计划管理 173a
投资控制管理 174b
土地管理 177a

## W

外事管理与交流 166a
万米深井钻井液保障服务 88b
网络安全管理 126a
危险化学品风险防控 137b
威远—泸州区块页岩气集输干线工程 103a
威远页岩气生产管理 75b
违规经营投资责任追究 205a
维护稳定工作 239b
维稳信访安保与平安建设 239b
文件选编 488b
文书机要 209a
我为员工群众办实事 228a
污染防治 139a
污染源管理 140a
物探技术管理 66b
物资采购供应 118b
物资采购监督检查 119b
物资采购监管 119a
物资采购全过程管理建模大赛 122b
物资采购与供应 116a
物资采购制度建设 116b
物资采购质量控制 117b
物资仓储管理 120a
物资分公司 302b
 党建工作 304b
 风险防控 304a
 服务保障 303a
 人才强企 303b
 数字化转型 303b
 西南共享 303a
 专业价值 303a

索 引

资源创效 304a
物资信息化应用 120b
物资招标管理 121b

## X

西南油气田分公司股权企业管理委员会 476b
西南油气田分公司合规管理委员会 476b
西南油气田分公司内部产品及劳务价格管理委员会 477a
西南油气田分公司平安企业建设领导小组 476a
西南油气田分公司燃气管道泄漏专项整治领导小组 477a
西南油气田分公司原油轻烃液化气乙烷销售领导小组 476b
西南油气田公司、川庆钻探工程公司工会成员名录（表） 431
西南油气田公司、川庆钻探工程公司纪律检查委员会名录（表） 430
西南油气田公司QHSE信息与设备专业委员会 477a
西南油气田公司撤销（合并）机构（表） 420
西南油气田公司党委成员名录（表） 429b
西南油气田公司二级单位 436a
西南油气田公司二级单位主要领导人员名录（表） 436
西南油气田公司高级技师名录（表） 452b
西南油气田公司获集团公司科技奖励（表） 160
西南油气田公司获聘集团公司技能专家名录（表） 448b
西南油气田公司机构编制调整（表） 406
西南油气田公司机构更名（表） 410
西南油气田公司机关部门主要领导人员名录（表） 431a
西南油气田公司机关附属单位领导人名录（表） 434
西南油气田公司技能专家名录（表） 449a
西南油气田公司勘探工作量完成（表） 65
西南油气田公司劳动竞赛委员会 476a
西南油气田公司劳动模范一览表（表） 458
西南油气田公司企业高级专家名录（表） 440b
西南油气田公司企业首席专家名录（表） 440a
西南油气田公司青工组织获公司级表彰先进个人（表） 470
西南油气田公司青工组织获公司级表彰先进集体（表） 468
西南油气田公司青工组织获国家级表彰的先进集体（表） 467
西南油气田公司青工组织获省部级表彰的先进集体和个人（表） 467
西南油气田公司青工组织获厅局级表彰先进集体和个人（表） 468
西南油气田公司首个光伏示范工程投运 109a
西南油气田公司双碳与新能源领导小组 477b
西南油气田公司天然气（含页岩气）井口产量统计表（表） 68
西南油气田公司天然气区域销售情况（表） 112
西南油气田公司天然气外销结构变化情况（表） 111
西南油气田公司先进单位与金牌班组一览表（表） 456
西南油气田公司先进工作者一览表（表） 459
西南油气田公司新建（增）机构编制（表） 409
西南油气田公司行政领导名录（表） 429a
西南油气田公司一级工程师名录（表） 440b
西南油气田公司直属机构主要领导人员名录（表） 435
西南油气田公司主要化工产品销售价格（表） 114
西南油气田公司资深技师名录（表） 451a
西南油气田公司组织机构（图） 407
西南油气田科技奖励人物奖（表） 163
西南油气田科技奖励项目奖（表） 161
西南油气田三大终端燃气平台天然气销售（表） 113
西南油气田天然气终端市场分省区销售（表） 112
系统维护与管理 128b
先进典型宣传 235b
先进集体与人物 454a
现场作业风险管控 134b
乡村振兴 210a
乡村振兴 228a
相国寺储气库公司 318b
　安全环保 318b
　产能建设 318b
　党建工作 319b
　队伍建设 320b
　改革创新 319b
　经营管理 319a
　企业文化 320a

　　　　完整性管理　319b

　　　　信息化建设　319a

相国寺储气库扩压增量工程　103b

享受国务院政府特殊津贴专家　440a

项目前期管理　172a

消防安全管理　137a

新材料项目开发　108a

新建（增）机构　409a

新建石油射孔器材及配套件生产线项目　130a

新疆地区水平井钻井　82a

新疆地区钻井　80b

新疆地区钻井液成本管理　89b

新能源工程　71a

新能源管理　175b

新能源技术　73b

新能源事业部　304b

　　　　安全管理　306b

　　　　财务管理　306a

　　　　党建工作　307a

　　　　经营管理　306a

　　　　前期计划　305a

　　　　前沿布局　306a

　　　　市场开发　304b

　　　　项目建设　305b

　　　　信息化管理　306b

　　　　综合管理　307a

新能源业务工作　158b

新闻宣传　235a

新闻中心　307b

　　　　党建工作　308b

　　　　队伍建设　308a

　　　　精益管理　308a

　　　　理论建设　309a

　　　　媒体融合　308a

　　　　品牌创建　309a

　　　　新闻宣传　307b

　　　　舆论引导　307b

　　　　主题教育　308b

　　　　作风建设　309a

新项目投产管理　108a

薪酬管理　189b

信访工作　240b

信息"孤岛"治理　126b

信息管理　211b

信息化管理与能力建设　127a

信息化建设　125a

信息技术　158a

行政领导名录　428a

行政综合管理　207b

宣教文体　227a

宣探1井飞仙关组两层获气　66a

学会工作　154a

巡察组织与管理　220a

巡视巡察整改　220b

## Y

压裂酸化　96a

亚洲最深直井蓬深6井　84b

业绩考核　190a

页岩气标准化设计　103b

页岩气风险作业区块技术运用　75a

页岩气风险作业区块生产建设　74b

页岩气集输干线——威江线投运　74a

页岩气勘探开发　155b

页岩气项目　103b

页岩气压裂提产技术运用　97b

页岩气研究院　282a

　　　　安全生产管理　283b

　　　　党建工作　284a

　　　　地质力学一体化量化模拟技术　283a

　　　　科研成果　282b

　　　　龙马溪组页岩气评价　282b

　　　　群团工作　284a

　　　　深层页岩气现场压裂技术研究　283b

　　　　五峰组—龙马溪组天然裂缝分级分类精细刻画　282b

索 引

页岩气井水平段长技术经济一体化设计关键技术与应用　283a
页岩气钻井　81a
意识形态工作　234b
溢流井情况分析　101a
应急抢维修　177a
应急体系建设　137a
营销策略研究　109b
营销管理　109a
营销计划管理　109a
油地协调　177b
油气层系　2b
油气产量当量1 000万吨级页岩气产区建成　14b
油气管道　73a
油气合作开发　165b
油气勘探　6b，64a
油气田开发　67b
油气田开发技术　156a
油气资源　3a
有偿解除劳动合同退休人员补助　213b
舆情管理　236a
预算管理　179a
员工健康　144b
员工培训管理　191a
越盛公司　396a
　　产融结合　397a
　　工程技术服务　396b
　　合规管理　397a
　　后辅保障　397a
　　机械加工制造　396b
　　科技研发成果　397b
　　人力资源　398a
　　市场拓展　397b
　　新能源与环保业务　396b
　　油田助剂产品　396b
　　重点投资项目　398a
　　资金管理　398a

运输车辆管理　124a
运输生产　123a

## Z

造价信息系统管理　194b
造价业务基础管理　195a
战略规划管理　171b
正高级专业技术人员　444b
政策研究　209b
政治理论学习　233b
直属机构　431a
值班和应急工作　210a
职称评定与管理　187a
职工创新活动　225b
职业病防护设施"三同时"　144a
职业技能等级认定　192a
职业健康　143b
职业健康监护　144a
志鉴管理　211a
质量安全环保·节能节水　133
质量管理体系建设　140b
质量技术监督　140a
质量与计量技术　157b
质量综合管理　141b
治安反恐　242a
致密气多缝压裂技术攻关与运用　97a
致密油气地面建设标准化设计　104a
致密油气项目部　294b
　　安全环保　296a
　　党建与精神文明建设　297a
　　地面建设　295b
　　地质勘探　294b
　　管理创新　296b
　　生产建设　295a
　　提质增效　295b
中国石油井控应急救援响应中心建设项目　130b
中国首口产层为距今5.4亿年寒武系的页岩气井投产　72b

中国特高含硫气田铁山坡气田投产　72a
中国西南首个年产400亿立方米大气区建成　13b
终端燃气管理　73b
终端市场开发　108a
终端市场销售　111b
重大项目法律论证与审查　207a
重点（特色）试油工程　94b
重点领域风险防控　134b
重点领域造价管理　193b
重庆气矿　246a
　　安全环保　247a
　　党建工作　249a
　　地质勘探　247b
　　企业文化建设　248b
　　气田开发　246b
　　人才队伍建设　248b
　　市场营销　248a
重庆协调小组　309b
　　党建工作　310a
　　派驻纪检组工作　310a
　　主要工作　309b
重庆页岩气公司　325b
　　安全环保　326b
　　党建工作　327a
　　工程技术　326a
　　经营管理　326b
　　勘探开发　325b
　　民生建设　327b
　　生产组织　326a
主要化工产品价格　113b
住房公积金管理　214a
住房公积金业务　214a
专利与知识产权　152b
专项工作　212b
专项审计　204a
专项市场运输服务　124a
专业技术干部及专家管理　186b
专业组织　476a

专职董事监事管理　171a
装备及工具研究　96a
装备配套及工具研制　97b
咨询服务　152b
资产与保险管理　180b
资产总况　5a
资金管理　179b
资深技师名录　448b
资质审查与考评　183b
自然灾害防治　178a
综合管理　184a
综合评价管理　174a
总述　1
组工队伍建设　188a
组织机构设置　406a
组织机构设置与调整　406a
组织建设　229a
钻井"日费制"管理　197a
钻井工程　78a
钻井工程技术　155a
钻井提速　82a
钻井提速工艺升级　83a
钻井液　85b
钻井液技术攻关　89b
钻井液技术助力钻井提速提效　86a
钻井液数字化　87b
钻井液质量检测　89a
钻井液质量控制　90a
钻井运行　176b
钻井指标纪录　78b
钻具管理　131b
钻具使用管理检查　131b
钻探工程质量监督　141b
作风建设　222a
作业场所检测　144a
作业组织与市场分布　164a